中国物业管理
常用法律法规文件汇编

ZHONGGUO WUYE GUANLI
CHANGYONG FALÜ FAGUI WENJIAN HUIBIAN

北京物业管理行业协会　编

中国计划出版社

北　京

图书在版编目（CIP）数据

中国物业管理常用法律法规文件汇编 / 北京物业管理行业协会编. -- 北京 : 中国计划出版社, 2022.1(2022.2重印)
ISBN 978-7-5182-1391-7

Ⅰ. ①中… Ⅱ. ①北… Ⅲ. ①物业管理—法规—汇编—中国 Ⅳ. ①D922.181.9

中国版本图书馆CIP数据核字(2021)第270537号

策划编辑：刘　闯　　　责任编辑：李　陵　张文征
封面设计：韩可斌　　　责任校对：杨奇志　谭佳艺
责任印制：赵文斌　李　晨

中国计划出版社出版发行
网址：www.jhpress.com
地址：北京市西城区木樨地北里甲11号国宏大厦C座3层
邮政编码：100038　电话：(010) 63906433（发行部）
北京天宇星印刷厂印刷

787mm×1092mm　1/16　50.25印张　1458千字
2022年1月第1版　2022年2月第2次印刷

定价：200.00元

序

“治国者，圆不失规，方不失矩，本不失末，为政不失其道，万事可成，其功可保。”当历史的车轮滚滚而来，行至民族复兴关键之程的中国，人民群众对法治的期待和要求之高前所未有，已到了体现人民利益、反映人民愿望、维护人民权益、增进人民福祉必须落实到全面依法治国各领域、全过程的时期。

习近平总书记指出，要坚持建设中国特色社会主义法治体系。中国特色社会主义法治体系是推进全面依法治国的总抓手，要健全国家治理急需的法律制度和满足人民日益增长的对美好生活的向往应必备的法律制度，以良法善治保障新业态、新模式的健康发展。

近年来，中央和地方各级立法部门出台了一系列与物业管理相关的法律法规和政策文件，涉及城乡社区治理、居家社区养老、环境治理、市场秩序规范、物业管理工作的加强与改进等多个方面，切实推进了全面依法治国在物业管理领域的落地落实，特别是2020年颁布的《中华人民共和国民法典》，有多章内容与物业管理直接相关，并且首次将物业服务合同作为典型合同进行了专章规定。使物业管理领域建制立法工作聚焦问题导向、统筹规划全局、突出顶层设计、强化高位推动，取得了积极效果，引领形成了物业管理行业发展的良好预期。

北京物业管理行业协会作为地方性物业服务行业组织，认真学习贯彻习近平法治思想，坚决落实中央和各级行业主管部门决策部署，积极履行行业自律和会员监管职责，着力培育和践行社会主义核心价值观，弘扬社会主义法治精神。为促进物业管理行业法治化进程，推动物业管理活动各方主体学法知法、守法用法，北京物业管理行业协会法律专业委员会组织开展了本项法律法规文件汇编工作。法律法规文件编订组历经数月，依照物业管理服务的特点归纳集成，几易其稿，最终完成《中国物业管理常用法律法规文件汇编》及《北京市物业管理常用法律法规文件汇编》编订。此举若能为我国物业管理行业法治建设尽点绵薄之力则是莫大荣幸。当然，期盼我们的千虑一得、引玉之砖能够得到广大物业管理同仁的不吝指教和金玉良言。

“故治民无常，唯治为法。法与时转则治，治与世宜则有功。”中国物业管理的法治之路行稳致远。建立顺应时代发展、产业升级的政策法治体系是建设信仰法治、公平正义、保障权利、守法诚信、充满活力、和谐有序的物业管理法治的重要一环和重要保障，我们物业人将坚持不懈、努力践行、添砖加瓦，为全面建设社会主义现代化国家、实现中华民族伟大复兴的中国梦筑牢坚实法治基础。

艾白露

二〇二一年十一月

前　言

“立善法于天下，则天下治；立善法于一国，则一国治。”自古以来，中国的古圣先贤们就非常重视立善法以治国。党的十八大以来，习近平总书记从坚持和发展中国特色社会主义全局和战略高度，定位法治、布局法治、厉行法治，创造性提出全面依法治国的一系列新理念新思想新战略。党的十九届四中全会对推进国家治理体系和治理能力现代化作出全面部署，诠释了依法治国新理念。近年来，国家和地方层面，与物业管理有关的多部“善法”和“良策”陆续出台，影响深远。推进物业管理行业在依法治国道路上的长远发展，需要物业管理市场各方主体认真学习贯彻习近平法治思想，正确行使权利、规范履行义务，培养知法、学法、守法、用法的良好习惯，增强依法、依规、依标、依约的行为意识。

为此，北京物业管理行业协会法律专业委员会组织来自北京安恒泰物业管理有限公司、北京美好家园物业管理有限公司、北京搜厚物业管理有限公司、国寿物业管理有限公司、北京大唐星源物业管理有限公司、北京首华物业管理有限公司、北京阜贞物业管理有限责任公司的部分委员成立编订组，收集编订了《中国物业管理常用法律法规文件汇编》（以下简称本汇编）。

为便于查阅使用，本汇编从服务内容角度将国内物业管理行业常用法律法规及政策文件分为十个部分进行了梳理和选录，包括综合管理、房屋及设备设施管理、安全生产、客户服务、环境管理、秩序维护、传染病防治与突发事件应对、增值服务、城市更新与服务、地方性法规（省级及主要城市）等。附录中则收录了其他相关法规文件，相关标准和规范目录，旧版法规文件选录。各个部分中做了二级目录的划分，并将法律法规文件按照法规效力、发布机关、发布时间的区别进行了排序。

本汇编按照与物业管理的相关性强弱对国内现行有效的法律法规文件进行了遴选，对部分与物业管理行业强相关的法律法规文件采取了全文刊载的方式予以收录，对部分与物业管理行业弱相关但具有收录必要性的法律法规文件采取了“摘录”的方式予以收录。同时为配合纸质版文件的使用，方便读者查询和理解各法律法规文件，我们随书附赠视频讲解，为读者的扩展性学习创设路径。综合管理中收录了物业管理行业核心及综合性法律法规、顶层设计政策文件；房屋及设备设施管理、安全生产、客户服务、环境管理、秩序维护中分别收录了物业管理日常服务的相关法律法规文件；传染病防治与突发事件应对中特别收录了关于疫情防控及重大传染病防护的相关法律法规文件；增值服务中收录了社区增值服务相关法律法规文件；城市更新与服务中收录了老旧小区管理及“三供一业”移交的相关法律法规文件；地方性法规中收录了省级物业管理地方性法规及个别副省级城市最新发布或修订的物业管理地方性法规。附录分为三部分。附录一编订了部门与物业管理行业弱相关但具有收录必要性的法律法规文件相关信息；附录二收录了物业管理相关国家标准、行业标准和规范文件，为保护相关知识产权，仅提供了其标准名称和标准号；附录三收录了个别曾广泛适用但目前已修订的重要的物业管理法律法规文件，意在提供法规和政策适用的追溯性和参照性。

本汇编收录的法律法规文件印发时间截至 2021 年 11 月 30 日，随着物业管理相关法律法规的不断完善和修订，我们将及时进行更新和补充，定期编订新版汇编文件。时间仓促，水平有限，如有错漏，敬请不吝指正。

感谢中国计划出版社对本次编订工作的大力支持！

编订组成员：刘立华　王　帅　王树森　刁文予　石尚梅　张慧璇　张　丽
温艳秋　张　莉　刘　拓

审 定 人 员：艾白露　王劲松　宋宝程　王玉明

北京物业管理行业协会

二〇二一年十一月

目　　录

第一部分　综合管理

第二部分　房屋及设备设施管理

承接查验

地下室及人防工程安全使用

设备设施管理

住宅专项维修资金

第三部分　安全生产

基本规定

消防安全

特种设备管理和特种作业

劳动保护

第四部分　客户服务

物业收费

装饰装修管理

第五部分　环境管理

环境保护

市容卫生

园林绿化

第六部分　秩序维护

保安服务

车辆管理

第七部分　传染病防治与突发事件应对

第八部分　增值服务

第九部分　城市更新与服务

老旧小区管理

“三供一业”移交

第十部分　地方性法规（省级及主要城市）

附　　录

第一部分

综合管理

中华人民共和国民法典（摘）

（2020年5月28日第十三届全国人民代表大会第三次会议通过，
2020年5月28日，中华人民共和国主席令第45号公布）

…………

第二编　物权

第一分编　通则

…………

第六章　业主的建筑物区分所有权

第二百七十一条　业主对建筑物内的住宅、经营性用房等专有部分享有所有权，对专有部分以外的共有部分享有共有和共同管理的权利。

第二百七十二条　业主对其建筑物专有部分享有占有、使用、收益和处分的权利。业主行使权利不得危及建筑物的安全，不得损害其他业主的合法权益。

第二百七十三条　业主对建筑物专有部分以外的共有部分，享有权利，承担义务；不得以放弃权利为由不履行义务。

业主转让建筑物内的住宅、经营性用房，其对共有部分享有的共有和共同管理的权利一并转让。

第二百七十四条　建筑区划内的道路，属于业主共有，但是属于城镇公共道路的除外。建筑区划内的绿地，属于业主共有，但是属于城镇公共绿地或者明示属于个人的除外。建筑区划内的其他公共场所、公用设施和物业服务用房，属于业主共有。

第二百七十五条　建筑区划内，规划用于停放汽车的车位、车库的归属，由当事人通过出售、附赠或者出租等方式约定。

占用业主共有的道路或者其他场地用于停放汽车的车位，属于业主共有。

第二百七十六条　建筑区划内，规划用于停放汽车的车位、车库应当首先满足业主的需要。

第二百七十七条　业主可以设立业主大会，选举业主委员会。业主大会、业主委员会成立的具体条件和程序，依照法律、法规的规定。

地方人民政府有关部门、居民委员会应当对设立业主大会和选举业主委员会给予指导和协助。

第二百七十八条　下列事项由业主共同决定：

（一）制定和修改业主大会议事规则；

（二）制定和修改管理规约；

（三）选举业主委员会或者更换业主委员会成员；

（四）选聘和解聘物业服务企业或者其他管理人；

（五）使用建筑物及其附属设施的维修资金；

（六）筹集建筑物及其附属设施的维修资金；

（七）改建、重建建筑物及其附属设施；

（八）改变共有部分的用途或者利用共有部分从事经营活动；

（九）有关共有和共同管理权利的其他重大事项。

业主共同决定事项，应当由专有部分面积占比三分之二以上的业主且人数占比三分之二以上的业主参与表决。决定前款第六项至第八项规定的事项，应当经参与表决专有部分面积四分之三以上的业主且参与表决人数四分之三以上的业主同意。决定前款其他事项，应当经参与表决专有部分面积过半数的业主且参与表决人数过半数的业主同意。

第二百七十九条　业主不得违反法律、法规以及管理规约，将住宅改变为经营性用房。业主将住宅改变为经营性用房的，除遵守法律、法规以及管理规约外，应当经有利害关系的业主一致同意。

第二百八十条 业主大会或者业主委员会的决定，对业主具有法律约束力。

业主大会或者业主委员会作出的决定侵害业主合法权益的，受侵害的业主可以请求人民法院予以撤销。

第二百八十一条 建筑物及其附属设施的维修资金，属于业主共有。经业主共同决定，可以用于电梯、屋顶、外墙、无障碍设施等共有部分的维修、更新和改造。建筑物及其附属设施的维修资金的筹集、使用情况应当定期公布。

紧急情况下需要维修建筑物及其附属设施的，业主大会或者业主委员会可以依法申请使用建筑物及其附属设施的维修资金。

第二百八十二条 建设单位、物业服务企业或者其他管理人等利用业主的共有部分产生的收入，在扣除合理成本之后，属于业主共有。

第二百八丨三条 建筑物及其附属设施的费用分摊、收益分配等事项，有约定的，按照约定；没有约定或者约定不明确的，按照业主专有部分面积所占比例确定。

第二百八十四条 业主可以自行管理建筑物及其附属设施，也可以委托物业服务企业或者其他管理人管理。

对建设单位聘请的物业服务企业或者其他管理人，业主有权依法更换。

第二百八十五条 物业服务企业或者其他管理人根据业主的委托，依照本法第三编有关物业服务合同的规定管理建筑区划内的建筑物及其附属设施，接受业主的监督，并及时答复业主对物业服务情况提出的询问。

物业服务企业或者其他管理人应当执行政府依法实施的应急处置措施和其他管理措施，积极配合开展相关工作。

第二百八十六条 业主应当遵守法律、法规以及管理规约，相关行为应当符合节约资源、保护生态环境的要求。对于物业服务企业或者其他管理人执行政府依法实施的应急处置措施和其他管理措施，业主应当依法予以配合。

业主大会或者业主委员会，对任意弃置垃圾、排放污染物或者噪声、违反规定饲养动物、违章搭建、侵占通道、拒付物业费等损害他人合法权益的行为，有权依照法律、法规以及管理规约，请求行为人停止侵害、排除妨碍、消除危险、恢复原状、赔偿损失。

业主或者其他行为人拒不履行相关义务的，有关当事人可以向有关行政主管部门报告或者投诉，有关行政主管部门应当依法处理。

第二百八十七条 业主对建设单位、物业服务企业或者其他管理人以及其他业主侵害自己合法权益的行为，有权请求其承担民事责任。

…………

第三编 合同

第二分编 典型合同

…………

第二十四章 物业服务合同

第九百三十七条 物业服务合同是物业服务人在物业服务区域内，为业主提供建筑物及其附属设施的维修养护、环境卫生和相关秩序的管理维护等物业服务，业主支付物业费的合同。

物业服务人包括物业服务企业和其他管理人。

第九百三十八条 物业服务合同的内容一般包括服务事项、服务质量、服务费用的标准和收取办法、维修资金的使用、服务用房的管理和使用、服务期限、服务交接等条款。

物业服务人公开作出的有利于业主的服务承诺，为物业服务合同的组成部分。

物业服务合同应当采用书面形式。

第九百三十九条 建设单位依法与物业服务人订立的前期物业服务合同，以及业主委员会与业主大会依法选聘的物业服务人订立的物业服务合同，对业主具有法律约束力。

第九百四十条　建设单位依法与物业服务人订立的前期物业服务合同约定的服务期限届满前，业主委员会或者业主与新物业服务人订立的物业服务合同生效的，前期物业服务合同终止。

第九百四十一条　物业服务人将物业服务区域内的部分专项服务事项委托给专业性服务组织或者其他第三人的，应当就该部分专项服务事项向业主负责。

物业服务人不得将其应当提供的全部物业服务转委托给第三人，或者将全部物业服务支解后分别转委托给第三人。

第九百四十二条　物业服务人应当按照约定和物业的使用性质，妥善维修、养护、清洁、绿化和经营管理物业服务区域内的业主共有部分，维护物业服务区域内的基本秩序，采取合理措施保护业主的人身、财产安全。

对物业服务区域内违反有关治安、环保、消防等法律法规的行为，物业服务人应当及时采取合理措施制止、向有关行政主管部门报告并协助处理。

第九百四十三条　物业服务人应当定期将服务的事项、负责人员、质量要求、收费项目、收费标准、履行情况，以及维修资金使用情况、业主共有部分的经营与收益情况等以合理方式向业主公开并向业主大会、业主委员会报告。

第九百四十四条　业主应当按照约定向物业服务人支付物业费。物业服务人已经按照约定和有关规定提供服务的，业主不得以未接受或者无需接受相关物业服务为由拒绝支付物业费。

业主违反约定逾期不支付物业费的，物业服务人可以催告其在合理期限内支付；合理期限届满仍不支付的，物业服务人可以提起诉讼或者申请仲裁。

物业服务人不得采取停止供电、供水、供热、供燃气等方式催交物业费。

第九百四十五条　业主装饰装修房屋的，应当事先告知物业服务人，遵守物业服务人提示的合理注意事项，并配合其进行必要的现场检查。

业主转让、出租物业专有部分、设立居住权或者依法改变共有部分用途的，应当及时将相关情况告知物业服务人。

第九百四十六条　业主依照法定程序共同决定解聘物业服务人的，可以解除物业服务合同。决定解聘的，应当提前六十日书面通知物业服务人，但是合同对通知期限另有约定的除外。

依据前款规定解除合同造成物业服务人损失的，除不可归责于业主的事由外，业主应当赔偿损失。

第九百四十七条　物业服务期限届满前，业主依法共同决定续聘的，应当与原物业服务人在合同期限届满前续订物业服务合同。

物业服务期限届满前，物业服务人不同意续聘的，应当在合同期限届满前九十日书面通知业主或者业主委员会，但是合同对通知期限另有约定的除外。

第九百四十八条　物业服务期限届满后，业主没有依法作出续聘或者另聘物业服务人的决定，物业服务人继续提供物业服务的，原物业服务合同继续有效，但是服务期限为不定期。

当事人可以随时解除不定期物业服务合同，但是应当提前六十日书面通知对方。

第九百四十九条　物业服务合同终止的，原物业服务人应当在约定期限或者合理期限内退出物业服务区域，将物业服务用房、相关设施、物业服务所必需的相关资料等交还给业主委员会、决定自行管理的业主或者其指定的人，配合新物业服务人做好交接工作，并如实告知物业的使用和管理状况。

原物业服务人违反前款规定的，不得请求业主支付物业服务合同终止后的物业费；造成业主损失的，应当赔偿损失。

第九百五十条　物业服务合同终止后，在业主或者业主大会选聘的新物业服务人或者决定自行管理的业主接管之前，原物业服务人应当继续处理物业服务事项，并可以请求业主支付该期间的物业费。

…………

第七编　侵权责任

…………

第九章　饲养动物损害责任

第一千二百四十五条　饲养的动物造成他人损害的，动物饲养人或者管理人应当承担侵权责任；但是，能够证明损害是因被侵权人故意或者重大过失造成的，可以不承担或者减轻责任。

第一千二百四十六条　违反管理规定，未对动物采取安全措施造成他人损害的，动物饲养人或者管理人应当承担侵权责任；但是，能够证明损害是因被侵权人故意造成的，可以减轻责任。

第一千二百四十七条　禁止饲养的烈性犬等危险动物造成他人损害的，动物饲养人或者管理人应当承担侵权责任。

第一千二百四十八条　动物园的动物造成他人损害的，动物园应当承担侵权责任；但是，能够证明尽到管理职责的，不承担侵权责任。

第一千二百四十九条　遗弃、逃逸的动物在遗弃、逃逸期间造成他人损害的，由动物原饲养人或者管理人承担侵权责任。

第一千二百五十条　因第三人的过错致使动物造成他人损害的，被侵权人可以向动物饲养人或者管理人请求赔偿，也可以向第三人请求赔偿。动物饲养人或者管理人赔偿后，有权向第三人追偿。

第一千二百五十一条　饲养动物应当遵守法律法规，尊重社会公德，不得妨碍他人生活。

第十章　建筑物和物件损害责任

第一千二百五十二条　建筑物、构筑物或者其他设施倒塌、塌陷造成他人损害的，由建设单位与施工单位承担连带责任，但是建设单位与施工单位能够证明不存在质量缺陷的除外。建设单位、施工单位赔偿后，有其他责任人的，有权向其他责任人追偿。

因所有人、管理人、使用人或者第三人的原因，建筑物、构筑物或者其他设施倒塌、塌陷造成他人损害的，由所有人、管理人、使用人或者第三人承担侵权责任。

第一千二百五十三条　建筑物、构筑物或者其他设施及其搁置物、悬挂物发生脱落、坠落造成他人损害，所有人、管理人或者使用人不能证明自己没有过错的，应当承担侵权责任。所有人、管理人或者使用人赔偿后，有其他责任人的，有权向其他责任人追偿。

第一千二百五十四条　禁止从建筑物中抛掷物品。从建筑物中抛掷物品或者从建筑物上坠落的物品造成他人损害的，由侵权人依法承担侵权责任；经调查难以确定具体侵权人的，除能够证明自己不是侵权人的外，由可能加害的建筑物使用人给予补偿。可能加害的建筑物使用人补偿后，有权向侵权人追偿。

物业服务企业等建筑物管理人应当采取必要的安全保障措施防止前款规定情形的发生；未采取必要的安全保障措施的，应当依法承担未履行安全保障义务的侵权责任。

发生本条第一款规定的情形的，公安等机关应当依法及时调查，查清责任人。

第一千二百五十五条　堆放物倒塌、滚落或者滑落造成他人损害，堆放人不能证明自己没有过错的，应当承担侵权责任。

第一千二百五十六条　在公共道路上堆放、倾倒、遗撒妨碍通行的物品造成他人损害的，由行为人承担侵权责任。公共道路管理人不能证明已经尽到清理、防护、警示等义务的，应当承担相应的责任。

第一千二百五十七条　因林木折断、倾倒或者果实坠落等造成他人损害，林木的所有人或者管理人不能证明自己没有过错的，应当承担侵权责任。

第一千二百五十八条　在公共场所或者道路上挖掘、修缮安装地下设施等造成他人损害，施工人不能证明已经设置明显标志和采取安全措施的，应当承担侵权责任。

窨井等地下设施造成他人损害，管理人不能证明尽到管理职责的，应当承担侵权责任。

…………

最高人民法院关于审理建筑物区分所有权纠纷案件适用法律若干问题的解释

（2009 年 3 月 23 日最高人民法院审判委员会第 1464 次会议通过，根据 2020 年 12 月 23 日最高人民法院审判委员会第 1823 次会议通过的《最高人民法院关于修改〈最高人民法院关于在民事审判工作中适用《中华人民共和国工会法》若干问题的解释〉等二十七件民事类司法解释的决定》修正，2020 年 12 月 29 日法释〔2020〕17 号公布）

为正确审理建筑物区分所有权纠纷案件，依法保护当事人的合法权益，根据《中华人民共和国民法典》等法律的规定，结合民事审判实践，制定本解释。

第一条　依法登记取得或者依据民法典第二百二十九条至第二百三十一条规定取得建筑物专有部分所有权的人，应当认定为民法典第二编第六章所称的业主。

基于与建设单位之间的商品房买卖民事法律行为，已经合法占有建筑物专有部分，但尚未依法办理所有权登记的人，可以认定为民法典第二编第六章所称的业主。

第二条　建筑区划内符合下列条件的房屋，以及车位、摊位等特定空间，应当认定为民法典第二编第六章所称的专有部分：

（一）具有构造上的独立性，能够明确区分；

（二）具有利用上的独立性，可以排他使用；

（三）能够登记成为特定业主所有权的客体。

规划上专属于特定房屋，且建设单位销售时已经根据规划列入该特定房屋买卖合同中的露台等，应当认定为前款所称的专有部分的组成部分。

本条第一款所称房屋，包括整栋建筑物。

第三条　除法律、行政法规规定的共有部分外，建筑区划内的以下部分，也应当认定为民法典第二编第六章所称的共有部分：

（一）建筑物的基础、承重结构、外墙、屋顶等基本结构部分，通道、楼梯、大堂等公共通行部分，消防、公共照明等附属设施、设备，避难层、设备层或者设备间等结构部分；

（二）其他不属于业主专有部分，也不属于市政公用部分或者其他权利人所有的场所及设施等。

建筑区划内的土地，依法由业主共同享有建设用地使用权，但属于业主专有的整栋建筑物的规划占地或者城镇公共道路、绿地占地除外。

第四条　业主基于对住宅、经营性用房等专有部分特定使用功能的合理需要，无偿利用屋顶以及与其专有部分相对应的外墙面等共有部分的，不应认定为侵权。但违反法律、法规、管理规约，损害他人合法权益的除外。

第五条　建设单位按照配置比例将车位、车库，以出售、附赠或者出租等方式处分给业主的，应当认定其行为符合民法典第二百七十六条有关“应当首先满足业主的需要”的规定。

前款所称配置比例是指规划确定的建筑区划内规划用于停放汽车的车位、车库与房屋套数的比例。

第六条　建筑区划内在规划用于停放汽车的车位之外，占用业主共有道路或者其他场地增设的车位，应当认定为民法典第二百七十五条第二款所称的车位。

第七条　处分共有部分，以及业主大会依法决定或者管理规约依法确定应由业主共同决定的事项，应当认定为民法典第二百七十八条第一款第（九）项规定的有关共有和共同管理权利的“其他重大事项”。

第八条　民法典第二百七十八条第二款和第二百八十三条规定的专有部分面积可以按照不动产登记簿记载的面积计算；尚未进行物权登记的，暂按测绘机构的实测面积计算；尚未进行实测的，暂按房屋买卖合同记载的面积计算。

第九条　民法典第二百七十八条第二款规定的业主人数可以按照专有部分的数量计算，一个专有部分按一人计算。但建设单位尚未出售和虽已出售但尚未交付的部分，以及同一买受人拥有一个以上专有部分的，按一人计算。

第十条　业主将住宅改变为经营性用房，未依据民法典第二百七十九条的规定经有利害关系的业主一致同意，有利害关系的业主请求排除妨害、消除危险、恢复原状或者赔偿损失的，人民法院应予支持。

将住宅改变为经营性用房的业主以多数有利害关系的业主同意其行为进行抗辩的，人民法院不予支持。

第十一条　业主将住宅改变为经营性用房，本栋建筑物内的其他业主，应当认定为民法典第二百七十九条所称“有利害关系的业主”。建筑区划内，本栋建筑物之外的业主，主张与自己有利害关系的，应证明其房屋价值、生活质量受到或者可能受到不利影响。

第十二条　业主以业主大会或者业主委员会作出的决定侵害其合法权益或者违反了法律规定的程序为由，依据民法典第二百八十条第二款的规定请求人民法院撤销该决定的，应当在知道或者应当知道业主大会或者业主委员会作出决定之日起一年内行使。

第十三条　业主请求公布、查阅下列应当向业主公开的情况和资料的，人民法院应予支持：

（一）建筑物及其附属设施的维修资金的筹集、使用情况；

（二）管理规约、业主大会议事规则，以及业主大会或者业主委员会的决定及会议记录；

（三）物业服务合同、共有部分的使用和收益情况；

（四）建筑区划内规划用于停放汽车的车位、车库的处分情况；

（五）其他应当向业主公开的情况和资料。

第十四条　建设单位、物业服务企业或者其他管理人等擅自占用、处分业主共有部分、改变其使用功能或者进行经营性活动，权利人请求排除妨害、恢复原状、确认处分行为无效或者赔偿损失的，人民法院应予支持。

属于前款所称擅自进行经营性活动的情形，权利人请求建设单位、物业服务企业或者其他管理人等将扣除合理成本之后的收益用于补充专项维修资金或者业主共同决定的其他用途的，人民法院应予支持。行为人对成本的支出及其合理性承担举证责任。

第十五条　业主或者其他行为人违反法律、法规、国家相关强制性标准、管理规约，或者违反业主大会、业主委员会依法作出的决定，实施下列行为的，可以认定为民法典第二百八十六条第二款所称的其他“损害他人合法权益的行为”：

（一）损害房屋承重结构，损害或者违章使用电力、燃气、消防设施，在建筑物内放置危险、放射性物品等危及建筑物安全或者妨碍建筑物正常使用；

（二）违反规定破坏、改变建筑物外墙面的形状、颜色等损害建筑物外观；

（三）违反规定进行房屋装饰装修；

（四）违章加建、改建，侵占、挖掘公共通道、道路、场地或者其他共有部分。

第十六条　建筑物区分所有权纠纷涉及专有部分的承租人、借用人等物业使用人的，参照本解释处理。

专有部分的承租人、借用人等物业使用人，根据法律、法规、管理规约、业主大会或者业主委员会依法作出的决定，以及其与业主的约定，享有相应权利，承担相应义务。

第十七条　本解释所称建设单位，包括包销期满，按照包销合同约定的包销价格购买尚未销售的物业后，以自己名义对外销售的包销人。

第十八条　人民法院审理建筑物区分所有权案件中，涉及有关物权归属争议的，应当以法律、行政法规为依据。

第十九条　本解释自2009年10月1日起施行。

因物权法施行后实施的行为引起的建筑物区分所有权纠纷案件，适用本解释。

本解释施行前已经终审，本解释施行后当事人申请再审或者按照审判监督程序决定再审的案件，不适用本解释。

最高人民法院
关于审理物业服务纠纷案件适用法律若干问题的解释

（2009年4月20日最高人民法院审判委员会第1466次会议通过，根据2020年12月23日最高人民法院审判委员会第1823次会议通过的《最高人民法院关于修改〈最高人民法院关于在民事审判工作中适用《中华人民共和国工会法》若干问题的解释〉等二十七件民事类司法解释的决定》修正，2020年12月29日法释〔2020〕17号公布）

为正确审理物业服务纠纷案件，依法保护当事人的合法权益，根据《中华人民共和国民法典》等法律规定，结合民事审判实践，制定本解释。

第一条　业主违反物业服务合同或者法律、法规、管理规约，实施妨碍物业服务与管理的行为，物业服务人请求业主承担停止侵害、排除妨碍、恢复原状等相应民事责任的，人民法院应予支持。

第二条　物业服务人违反物业服务合同约定或者法律、法规、部门规章规定，擅自扩大收费范围、提高收费标准或者重复收费，业主以违规收费为由提出抗辩的，人民法院应予支持。

业主请求物业服务人退还其已经收取的违规费用的，人民法院应予支持。

第三条　物业服务合同的权利义务终止后，业主请求物业服务人退还已经预收，但尚未提供物业服务期间的物业费的，人民法院应予支持。

第四条　因物业的承租人、借用人或者其他物业使用人实施违反物业服务合同，以及法律、法规或者管理规约的行为引起的物业服务纠纷，人民法院可以参照关于业主的规定处理。

第五条　本解释自2009年10月1日起施行。

本解释施行前已经终审，本解释施行后当事人申请再审或者按照审判监督程序决定再审的案件，不适用本解释。

最高人民法院
关于适用《中华人民共和国民法典》时间效力的若干规定

（法释〔2020〕15号，2020年12月29日）

《最高人民法院关于适用〈中华人民共和国民法典〉时间效力的若干规定》已于2020年12月14日由最高人民法院审判委员会第1821次会议通过，现予公布，自2021年1月1日起施行。

根据《中华人民共和国立法法》《中华人民共和国民法典》等法律规定，就人民法院在审理民事纠纷案件中有关适用民法典时间效力问题作出如下规定。

一、一般规定

第一条　民法典施行后的法律事实引起的民事纠纷案件，适用民法典的规定。

民法典施行前的法律事实引起的民事纠纷案件，适用当时的法律、司法解释的规定，但是法律、司法解释另有规定的除外。

民法典施行前的法律事实持续至民法典施行后，该法律事实引起的民事纠纷案件，适用民法典的规定，但是法律、司法解释另有规定的除外。

第二条 民法典施行前的法律事实引起的民事纠纷案件，当时的法律、司法解释有规定，适用当时的法律、司法解释的规定，但是适用民法典的规定更有利于保护民事主体合法权益，更有利于维护社会和经济秩序，更有利于弘扬社会主义核心价值观的除外。

第三条 民法典施行前的法律事实引起的民事纠纷案件，当时的法律、司法解释没有规定而民法典有规定的，可以适用民法典的规定，但是明显减损当事人合法权益、增加当事人法定义务或者背离当事人合理预期的除外。

第四条 民法典施行前的法律事实引起的民事纠纷案件，当时的法律、司法解释仅有原则性规定而民法典有具体规定的，适用当时的法律、司法解释的规定，但是可以依据民法典具体规定进行裁判说理。

第五条 民法典施行前已经终审的案件，当事人申请再审或者按照审判监督程序决定再审的，不适用民法典的规定。

二、溯及适用的具体规定

第六条 《中华人民共和国民法总则》施行前，侵害英雄烈士等的姓名、肖像、名誉、荣誉，损害社会公共利益引起的民事纠纷案件，适用民法典第一百八十五条的规定。

第七条 民法典施行前，当事人在债务履行期限届满前约定债务人不履行到期债务时抵押财产或者质押财产归债权人所有的，适用民法典第四百零一条和第四百二十八条的规定。

第八条 民法典施行前成立的合同，适用当时的法律、司法解释的规定合同无效而适用民法典的规定合同有效的，适用民法典的相关规定。

第九条 民法典施行前订立的合同，提供格式条款一方未履行提示或者说明义务，涉及格式条款效力认定的，适用民法典第四百九十六条的规定。

第十条 民法典施行前，当事人一方未通知对方而直接以提起诉讼方式依法主张解除合同的，适用民法典第五百六十五条第二款的规定。

第十一条 民法典施行前成立的合同，当事人一方不履行非金钱债务或者履行非金钱债务不符合约定，对方可以请求履行，但是有民法典第五百八十条第一款第一项、第二项、第三项除外情形之一，致使不能实现合同目的，当事人请求终止合同权利义务关系的，适用民法典第五百八十条第二款的规定。

第十二条 民法典施行前订立的保理合同发生争议的，适用民法典第三编第十六章的规定。

第十三条 民法典施行前，继承人有民法典第一千一百二十五条第一款第四项和第五项规定行为之一，对该继承人是否丧失继承权发生争议的，适用民法典第一千一百二十五条第一款和第二款的规定。

民法典施行前，受遗赠人有民法典第一千一百二十五条第一款规定行为之一，对受遗赠人是否丧失受遗赠权发生争议的，适用民法典第一千一百二十五条第一款和第三款的规定。

第十四条 被继承人在民法典施行前死亡，遗产无人继承又无人受遗赠，其兄弟姐妹的子女请求代位继承的，适用民法典第一千一百二十八条第二款和第三款的规定，但是遗产已经在民法典施行前处理完毕的除外。

第十五条 民法典施行前，遗嘱人以打印方式立的遗嘱，当事人对该遗嘱效力发生争议的，适用民法典第一千一百三十六条的规定，但是遗产已经在民法典施行前处理完毕的除外。

第十六条 民法典施行前，受害人自愿参加具有一定风险的文体活动受到损害引起的民事纠纷案件，适用民法典第一千一百七十六条的规定。

第十七条 民法典施行前，受害人为保护自己合法权益采取扣留侵权人的财物等措施引起的民事纠纷案件，适用民法典第一千一百七十七条的规定。

第十八条 民法典施行前，因非营运机动车发生交通事故造成无偿搭乘人损害引起的民事纠纷案件，适用民法典第一千二百一十七条的规定。

第十九条 民法典施行前，从建筑物中抛掷物品或者从建筑物上坠落的物品造成他人损害引起的民事纠纷案件，适用民法典第一千二百五十四条的规定。

三、衔接适用的具体规定

第二十条　民法典施行前成立的合同，依照法律规定或者当事人约定该合同的履行持续至民法典施行后，因民法典施行前履行合同发生争议的，适用当时的法律、司法解释的规定；因民法典施行后履行合同发生争议的，适用民法典第三编第四章和第五章的相关规定。

第二十一条　民法典施行前租赁期限届满，当事人主张适用民法典第七百三十四条第二款规定的，人民法院不予支持；租赁期限在民法典施行后届满，当事人主张适用民法典第七百三十四条第二款规定的，人民法院依法予以支持。

第二十二条　民法典施行前，经人民法院判决不准离婚后，双方又分居满一年，一方再次提起离婚诉讼的，适用民法典第一千零七十九条第五款的规定。

第二十三条　被继承人在民法典施行前立有公证遗嘱，民法典施行后又立有新遗嘱，其死亡后，因该数份遗嘱内容相抵触发生争议的，适用民法典第一千一百四十二条第三款的规定。

第二十四条　侵权行为发生在民法典施行前，但是损害后果出现在民法典施行后的民事纠纷案件，适用民法典的规定。

第二十五条　民法典施行前成立的合同，当时的法律、司法解释没有规定且当事人没有约定解除权行使期限，对方当事人也未催告的，解除权人在民法典施行前知道或者应当知道解除事由，自民法典施行之日起一年内不行使的，人民法院应当依法认定该解除权消灭；解除权人在民法典施行后知道或者应当知道解除事由的，适用民法典第五百六十四条第二款关于解除权行使期限的规定。

第二十六条　当事人以民法典施行前受胁迫结婚为由请求人民法院撤销婚姻的，撤销权的行使期限适用民法典第一千零五十二条第二款的规定。

第二十七条　民法典施行前成立的保证合同，当事人对保证期间约定不明确，主债务履行期限届满至民法典施行之日不满二年，当事人主张保证期间为主债务履行期限届满之日起二年的，人民法院依法予以支持；当事人对保证期间没有约定，主债务履行期限届满至民法典施行之日不满六个月，当事人主张保证期间为主债务履行期限届满之日起六个月的，人民法院依法予以支持。

四、附则

第二十八条　本规定自2021年1月1日起施行。

本规定施行后，人民法院尚未审结的一审、二审案件适用本规定。

物业管理条例

（2003年6月8日中华人民共和国国务院令第379号公布，根据2007年8月26日《国务院关于修改〈物业管理条例〉的决定》第一次修订，根据2016年2月6日《国务院关于修改部分行政法规的决定》第二次修订，根据2018年3月19日《国务院关于修改和废止部分行政法规的决定》第三次修订，2018年3月19日中华人民共和国国务院令第698号公布）

第一章　总则

第一条　为了规范物业管理活动，维护业主和物业服务企业的合法权益，改善人民群众的生活和工作环境，制定本条例。

第二条　本条例所称物业管理，是指业主通过选聘物业服务企业，由业主和物业服务企业按照物业服务合同约定，对房屋及配套的设施设备和相关场地进行维修、养护、管理，维护物业管理区域内的环境卫生和相关秩序的活动。

第三条 国家提倡业主通过公开、公平、公正的市场竞争机制选择物业服务企业。

第四条 国家鼓励采用新技术、新方法，依靠科技进步提高物业管理和服务水平。

第五条 国务院建设行政主管部门负责全国物业管理活动的监督管理工作。

县级以上地方人民政府房地产行政主管部门负责本行政区域内物业管理活动的监督管理工作。

第二章 业主及业主大会

第六条 房屋的所有权人为业主。

业主在物业管理活动中，享有下列权利：

（一）按照物业服务合同的约定，接受物业服务企业提供的服务；

（二）提议召开业主大会会议，并就物业管理的有关事项提出建议；

（三）提出制定和修改管理规约、业主大会议事规则的建议；

（四）参加业主大会会议，行使投票权；

（五）选举业主委员会成员，并享有被选举权；

（六）监督业主委员会的工作；

（七）监督物业服务企业履行物业服务合同；

（八）对物业共用部位、共用设施设备和相关场地使用情况享有知情权和监督权；

（九）监督物业共用部位、共用设施设备专项维修资金（以下简称专项维修资金）的管理和使用；

（十）法律、法规规定的其他权利。

第七条 业主在物业管理活动中，履行下列义务：

（一）遵守管理规约、业主大会议事规则；

（二）遵守物业管理区域内物业共用部位和共用设施设备的使用、公共秩序和环境卫生的维护等方面的规章制度；

（三）执行业主大会的决定和业主大会授权业主委员会作出的决定；

（四）按照国家有关规定交纳专项维修资金；

（五）按时交纳物业服务费用；

（六）法律、法规规定的其他义务。

第八条 物业管理区域内全体业主组成业主大会。

业主大会应当代表和维护物业管理区域内全体业主在物业管理活动中的合法权益。

第九条 一个物业管理区域成立一个业主大会。

物业管理区域的划分应当考虑物业的共用设施设备、建筑物规模、社区建设等因素。具体办法由省、自治区、直辖市制定。

第十条 同一个物业管理区域内的业主，应当在物业所在地的区、县人民政府房地产行政主管部门或者街道办事处、乡镇人民政府的指导下成立业主大会，并选举产生业主委员会。但是，只有一个业主的，或者业主人数较少且经全体业主一致同意，决定不成立业主大会的，由业主共同履行业主大会、业主委员会职责。

第十一条 下列事项由业主共同决定：

（一）制定和修改业主大会议事规则；

（二）制定和修改管理规约；

（三）选举业主委员会或者更换业主委员会成员；

（四）选聘和解聘物业服务企业；

（五）筹集和使用专项维修资金；

（六）改建、重建建筑物及其附属设施；

（七）有关共有和共同管理权利的其他重大事项。

第十二条 业主大会会议可以采用集体讨论的形式，也可以采用书面征求意见的形式；但是，应当有物业管理区域内专有部分占建筑物总面积过半数的业主且占总人数过半数的业主参加。

业主可以委托代理人参加业主大会会议。

业主大会决定本条例第十一条第（五）项和第（六）项规定的事项，应当经专有部分占建筑物总面积 2/3 以上的业主且占总人数 2/3 以上的业主同意；决定本条例第十一条规定的其他事项，应当经专有部分占建筑物总面积过半数的业主且占总人数过半数的业主同意。

业主大会或者业主委员会的决定，对业主

具有约束力。

业主大会或者业主委员会作出的决定侵害业主合法权益的，受侵害的业主可以请求人民法院予以撤销。

第十三条　业主大会会议分为定期会议和临时会议。

业主大会定期会议应当按照业主大会议事规则的规定召开。经20%以上的业主提议，业主委员会应当组织召开业主大会临时会议。

第十四条　召开业主大会会议，应当于会议召开15日以前通知全体业主。

住宅小区的业主大会会议，应当同时告知相关的居民委员会。

业主委员会应当做好业主大会会议记录。

第十五条　业主委员会执行业主大会的决定事项，履行下列职责：

（一）召集业主大会会议，报告物业管理的实施情况；

（二）代表业主与业主大会选聘的物业服务企业签订物业服务合同；

（三）及时了解业主、物业使用人的意见和建议，监督和协助物业服务企业履行物业服务合同；

（四）监督管理规约的实施；

（五）业主大会赋予的其他职责。

第十六条　业主委员会应当自选举产生之日起30日内，向物业所在地的区、县人民政府房地产行政主管部门和街道办事处、乡镇人民政府备案。

业主委员会委员应当由热心公益事业、责任心强、具有一定组织能力的业主担任。

业主委员会主任、副主任在业主委员会成员中推选产生。

第十七条　管理规约应当对有关物业的使用、维护、管理，业主的共同利益，业主应当履行的义务，违反管理规约应当承担的责任等事项依法作出约定。

管理规约应当尊重社会公德，不得违反法律、法规或者损害社会公共利益。

管理规约对全体业主具有约束力。

第十八条　业主大会议事规则应当就业主大会的议事方式、表决程序、业主委员会的组成和成员任期等事项作出约定。

第十九条　业主大会、业主委员会应当依法履行职责，不得作出与物业管理无关的决定，不得从事与物业管理无关的活动。

业主大会、业主委员会作出的决定违反法律、法规的，物业所在地的区、县人民政府房地产行政主管部门或者街道办事处、乡镇人民政府，应当责令限期改正或者撤销其决定，并通告全体业主。

第二十条　业主大会、业主委员会应当配合公安机关，与居民委员会相互协作，共同做好维护物业管理区域内的社会治安等相关工作。

在物业管理区域内，业主大会、业主委员会应当积极配合相关居民委员会依法履行自治管理职责，支持居民委员会开展工作，并接受其指导和监督。

住宅小区的业主大会、业主委员会作出的决定，应当告知相关的居民委员会，并认真听取居民委员会的建议。

第三章　前期物业管理

第二十一条　在业主、业主大会选聘物业服务企业之前，建设单位选聘物业服务企业的，应当签订书面的前期物业服务合同。

第二十二条　建设单位应当在销售物业之前，制定临时管理规约，对有关物业的使用、维护、管理，业主的共同利益，业主应当履行的义务，违反临时管理规约应当承担的责任等事项依法作出约定。

建设单位制定的临时管理规约，不得侵害物业买受人的合法权益。

第二十三条　建设单位应当在物业销售前将临时管理规约向物业买受人明示，并予以说明。

物业买受人在与建设单位签订物业买卖合同时，应当对遵守临时管理规约予以书面承诺。

第二十四条　国家提倡建设单位按照房地产开发与物业管理相分离的原则，通过招投标的方式选聘物业服务企业。

住宅物业的建设单位，应当通过招投标的方式选聘具有相应资质的物业服务企业；投标人少于3个或者住宅规模较小的，经物业所在地的区、县人民政府房地产行政主管部门批准，可以采用协议方式选聘具有相应资质的物业服务企业。

第二十五条 建设单位与物业买受人签订的买卖合同应当包含前期物业服务合同约定的内容。

第二十六条 前期物业服务合同可以约定期限；但是，期限未满、业主委员会与物业服务企业签订的物业服务合同生效的，前期物业服务合同终止。

第二十七条 业主依法享有的物业共用部位、共用设施设备的所有权或者使用权，建设单位不得擅自处分。

第二十八条 物业服务企业承接物业时，应当对物业共用部位、共用设施设备进行查验。

第二十九条 在办理物业承接验收手续时，建设单位应当向物业服务企业移交下列资料：

（一）竣工总平面图，单体建筑、结构、设备竣工图，配套设施、地下管网工程竣工图等竣工验收资料；

（二）设施设备的安装、使用和维护保养等技术资料；

（三）物业质量保修文件和物业使用说明文件；

（四）物业管理所必需的其他资料。

物业服务企业应当在前期物业服务合同终止时将上述资料移交给业主委员会。

第三十条 建设单位应当按照规定在物业管理区域内配置必要的物业管理用房。

第三十一条 建设单位应当按照国家规定的保修期限和保修范围，承担物业的保修责任。

第四章 物业管理服务

第三十二条 从事物业管理活动的企业应当具有独立的法人资格。

国务院建设行政主管部门应当会同有关部门建立守信联合激励和失信联合惩戒机制，加强行业诚信管理。

第三十三条 一个物业管理区域由一个物业服务企业实施物业管理。

第三十四条 业主委员会应当与业主大会选聘的物业服务企业订立书面的物业服务合同。

物业服务合同应当对物业管理事项、服务质量、服务费用、双方的权利义务、专项维修资金的管理与使用、物业管理用房、合同期限、违约责任等内容进行约定。

第三十五条 物业服务企业应当按照物业服务合同的约定，提供相应的服务。

物业服务企业未能履行物业服务合同的约定，导致业主人身、财产安全受到损害的，应当依法承担相应的法律责任。

第三十六条 物业服务企业承接物业时，应当与业主委员会办理物业验收手续。

业主委员会应当向物业服务企业移交本条例第二十九条第一款规定的资料。

第三十七条 物业管理用房的所有权依法属于业主。未经业主大会同意，物业服务企业不得改变物业管理用房的用途。

第三十八条 物业服务合同终止时，物业服务企业应当将物业管理用房和本条例第二十九条第一款规定的资料交还给业主委员会。

物业服务合同终止时，业主大会选聘了新的物业服务企业的，物业服务企业之间应当做好交接工作。

第三十九条 物业服务企业可以将物业管理区域内的专项服务业务委托给专业性服务企业，但不得将该区域内的全部物业管理一并委托给他人。

第四十条 物业服务收费应当遵循合理、公开以及费用与服务水平相适应的原则，区别不同物业的性质和特点，由业主和物业服务企业按照国务院价格主管部门会同国务院建设行政主管部门制定的物业服务收费办法，在物业服务合同中约定。

第四十一条 业主应当根据物业服务合同的约定交纳物业服务费用。业主与物业使用人约定由物业使用人交纳物业服务费用的，从其约定，业主负连带交纳责任。

已竣工但尚未出售或者尚未交给物业买受人的物业，物业服务费用由建设单位交纳。

第四十二条 县级以上人民政府价格主管部门会同同级房地产行政主管部门，应当加强对物业服务收费的监督。

第四十三条 物业服务企业可以根据业主

的委托提供物业服务合同约定以外的服务项目，服务报酬由双方约定。

第四十四条　物业管理区域内，供水、供电、供气、供热、通信、有线电视等单位应当向最终用户收取有关费用。

物业服务企业接受委托代收前款费用的，不得向业主收取手续费等额外费用。

第四十五条　对物业管理区域内违反有关治安、环保、物业装饰装修和使用等方面法律、法规规定的行为，物业服务企业应当制止，并及时向有关行政管理部门报告。

有关行政管理部门在接到物业服务企业的报告后，应当依法对违法行为予以制止或者依法处理。

第四十六条　物业服务企业应当协助做好物业管理区域内的安全防范工作。发生安全事故时，物业服务企业在采取应急措施的同时，应当及时向有关行政管理部门报告，协助做好救助工作。

物业服务企业雇请保安人员的，应当遵守国家有关规定。保安人员在维护物业管理区域内的公共秩序时，应当履行职责，不得侵害公民的合法权益。

第四十七条　物业使用人在物业管理活动中的权利义务由业主和物业使用人约定，但不得违反法律、法规和管理规约的有关规定。

物业使用人违反本条例和管理规约的规定，有关业主应当承担连带责任。

第四十八条　县级以上地方人民政府房地产行政主管部门应当及时处理业主、业主委员会、物业使用人和物业服务企业在物业管理活动中的投诉。

第五章　物业的使用与维护

第四十九条　物业管理区域内按照规划建设的公共建筑和共用设施，不得改变用途。

业主依法确需改变公共建筑和共用设施用途的，应当在依法办理有关手续后告知物业服务企业；物业服务企业确需改变公共建筑和共用设施用途的，应当提请业主大会讨论决定同意后，由业主依法办理有关手续。

第五十条　业主、物业服务企业不得擅自占用、挖掘物业管理区域内的道路、场地，损害业主的共同利益。

因维修物业或者公共利益，业主确需临时占用、挖掘道路、场地的，应当征得业主委员会和物业服务企业的同意；物业服务企业确需临时占用、挖掘道路、场地的，应当征得业主委员会的同意。

业主、物业服务企业应当将临时占用、挖掘的道路、场地，在约定期限内恢复原状。

第五十一条　供水、供电、供气、供热、通信、有线电视等单位，应当依法承担物业管理区域内相关管线和设施设备维修、养护的责任。

前款规定的单位因维修、养护等需要，临时占用、挖掘道路、场地的，应当及时恢复原状。

第五十二条　业主需要装饰装修房屋的，应当事先告知物业服务企业。

物业服务企业应当将房屋装饰装修中的禁止行为和注意事项告知业主。

第五十三条　住宅物业、住宅小区内的非住宅物业或者与单幢住宅楼结构相连的非住宅物业的业主，应当按照国家有关规定交纳专项维修资金。

专项维修资金属于业主所有，专项用于物业保修期满后物业共用部位、共用设施设备的维修和更新、改造，不得挪作他用。

专项维修资金收取、使用、管理的办法由国务院建设行政主管部门会同国务院财政部门制定。

第五十四条　利用物业共用部位、共用设施设备进行经营的，应当在征得相关业主、业主大会、物业服务企业的同意后，按照规定办理有关手续。业主所得收益应当主要用于补充专项维修资金，也可以按照业主大会的决定使用。

第五十五条　物业存在安全隐患，危及公共利益及他人合法权益时，责任人应当及时维修养护，有关业主应当给予配合。

责任人不履行维修养护义务的，经业主大会同意，可以由物业服务企业维修养护，费用由责任人承担。

第六章　法律责任

第五十六条　违反本条例的规定，住宅物业的建设单位未通过招投标的方式选聘物业服务企业或者未经批准，擅自采用协议方式选聘物业服务企业的，由县级以上地方人民政府房地产行政主管部门责令限期改正，给予警告，可以并处10万元以下的罚款。

第五十七条 违反本条例的规定，建设单位擅自处分属于业主的物业共用部位、共用设施设备的所有权或者使用权的，由县级以上地方人民政府房地产行政主管部门处5万元以上20万元以下的罚款；给业主造成损失的，依法承担赔偿责任。

第五十八条 违反本条例的规定，不移交有关资料的，由县级以上地方人民政府房地产行政主管部门责令限期改正；逾期仍不移交有关资料的，对建设单位、物业服务企业予以通报，处1万元以上10万元以下的罚款。

第五十九条 违反本条例的规定，物业服务企业将一个物业管理区域内的全部物业管理一并委托给他人的，由县级以上地方人民政府房地产行政主管部门责令限期改正，处委托合同价款30%以上50%以下的罚款。委托所得收益，用于物业管理区域内物业共用部位、共用设施设备的维修、养护，剩余部分按照业主大会的决定使用；给业主造成损失的，依法承担赔偿责任。

第六十条 违反本条例的规定，挪用专项维修资金的，由县级以上地方人民政府房地产行政主管部门追回挪用的专项维修资金，给予警告，没收违法所得，可以并处挪用数额2倍以下的罚款；构成犯罪的，依法追究直接负责的主管人员和其他直接责任人员的刑事责任。

第六十一条 违反本条例的规定，建设单位在物业管理区域内不按照规定配置必要的物业管理用房的，由县级以上地方人民政府房地产行政主管部门责令限期改正，给予警告，没收违法所得，并处10万元以上50万元以下的罚款。

第六十二条 违反本条例的规定，未经业主大会同意，物业服务企业擅自改变物业管理用房的用途的，由县级以上地方人民政府房地产行政主管部门责令限期改正，给予警告，并处1万元以上10万元以下的罚款；有收益的，所得收益用于物业管理区域内物业共用部位、共用设施设备的维修、养护，剩余部分按照业主大会的决定使用。

第六十三条 违反本条例的规定，有下列行为之一的，由县级以上地方人民政府房地产行政主管部门责令限期改正，给予警告，并按照本条第二款的规定处以罚款；所得收益，用于物业管理区域内物业共用部位、共用设施设备的维修、养护，剩余部分按照业主大会的决定使用：

（一）擅自改变物业管理区域内按照规划建设的公共建筑和共用设施用途的；

（二）擅自占用、挖掘物业管理区域内道路、场地，损害业主共同利益的；

（三）擅自利用物业共用部位、共用设施设备进行经营的。

个人有前款规定行为之一的，处1000元以上1万元以下的罚款；单位有前款规定行为之一的，处5万元以上20万元以下的罚款。

第六十四条 违反物业服务合同约定，业主逾期不交纳物业服务费用的，业主委员会应当督促其限期交纳；逾期仍不交纳的，物业服务企业可以向人民法院起诉。

第六十五条 业主以业主大会或者业主委员会的名义，从事违反法律、法规的活动，构成犯罪的，依法追究刑事责任；尚不构成犯罪的，依法给予治安管理处罚。

第六十六条 违反本条例的规定，国务院建设行政主管部门、县级以上地方人民政府房地产行政主管部门或者其他有关行政管理部门的工作人员利用职务上的便利，收受他人财物或者其他好处，不依法履行监督管理职责，或者发现违法行为不予查处，构成犯罪的，依法追究刑事责任；尚不构成犯罪的，依法给予行政处分。

第七章　附则

第六十七条 本条例自2003年9月1日起施行。

住房和城乡建设部等部门
关于推动物业服务企业加快发展线上线下生活服务的意见

（建房〔2020〕99 号，2020 年 12 月 4 日，住房和城乡建设部
工业和信息化部 公安部 商务部 卫生健康委 市场监管总局发布）

各省、自治区、直辖市及新疆生产建设兵团住房和城乡建设厅（委、管委、局）、工业和信息化主管部门、公安厅（局）、商务主管部门、卫生健康委、市场监管局（厅、委）：

为深入贯彻落实《中共中央 国务院关于加强和完善城乡社区治理的意见》《国务院关于加快推进“互联网+政务服务”工作的指导意见》，推进基于信息化、数字化、智能化的新型城市基础设施建设，对接新型基础设施建设，加快建设智慧物业管理服务平台，补齐居住社区服务短板，推动物业服务线上线下融合发展，满足居民多样化多层次生活服务需求，增强人民群众的获得感、幸福感、安全感。现就推动物业服务企业加快发展线上线下生活服务提出如下意见。

一、构建智慧物业管理服务平台

（一）明确平台基础功能。广泛运用 5G、互联网、物联网、云计算、大数据、区块链和人工智能等技术，建设智慧物业管理服务平台，对接城市信息模型（CIM）和城市运行管理服务平台，链接各类电子商务平台。以智慧物业管理服务平台为支撑，打造物业管理、政务服务、公共服务和生活服务应用，构建居住社区生活服务生态，为居民提供智慧物业服务。

（二）支持物业服务企业建设平台。住房和城乡建设主管部门制定智慧物业管理服务平台建设工作规划，加强平台建设工作指引，在统一物业管理服务规范的基础上明确数据共享标准，促进物业服务行业资源整合。引入政务服务和公用事业服务数据资源，利用 CIM 基础平台，为智慧物业管理服务平台提供数据共享服务。支持物业服务企业联合建设通用、开放的智慧物业管理服务平台，降低平台建设运营成本，提高服务资源整合能力。鼓励大型物业服务企业开放自有智慧物业管理服务平台功能，拓展服务范围，为中小物业服务企业提供平台支撑和技术支持。引导各类智慧物业管理服务平台加强与电商、科技、金融、快递等第三方平台互联互通，实现资源对接、互补。利用智慧物业管理服务平台对物业服务企业及其从业人员进行信用信息收集、整理和利用，加强信用管理和信用评价，规范物业服务企业经营行为。

（三）保障平台安全运营。严格落实网络和数据安全法律法规和政策标准，建立健全安全管理制度，采用国产密码技术，增强安全可控技术和产品应用，加强日常监测和安全演练，确保智慧物业管理服务平台网络和数据安全。规范与第三方平台合作，在数据安全、应用安全、网络安全、应急处理等方面，制定安全管理策略，实现智慧物业管理服务平台计算资源和数据资源的有序共享。全面建立隐私数据保护机制，保障用户知情权、选择权和隐私权。

二、全域全量采集数据

（四）采集物业管理数据。以加强城市新型基础设施建设为基础，大力推进居住社区物联网建设，对设施设备进行数字化、智能化改造，补齐数字化短板。对设施设备赋予唯一识别码，运用传感器、全球定位、射频识别、红外感应等装置与技术，全面感知、识别和记录水、电、气、热、安防、消防、电梯、水泵、照明、管线、变压器等设施设备运行数据。运用物联网、大数据、人工智能等先进技术，实时记录物业服务动态信息。对物业服务基础资

料和档案进行全面数字化。

（五）共享公共服务数据。通过数据集成、应用集成和平台集成等技术手段，推动智慧物业管理服务平台与各类政务服务平台、公用事业服务平台相关资源、信息和流程的协同和共享。充分利用数据交互成果，为住房公积金、住房保障、就医、就学、养老、供水、供电、供气、供暖以及社区警务等各种应用场景提供动态需求信息。

（六）优化数据资源管理。依托智慧物业管理服务平台，对多主体、多来源、多应用、多服务产生的数据进行全周期系统化管理。优化数据组织方式，按照用途、用户、权限等维度对数据封装打包，进行分布式文件存储。鼓励物联网设备制造企业按照统一标准接入智慧物业管理服务平台，并与CIM基础平台、公共服务平台以及各类电子商务服务平台实现便捷数据交互。

三、推进物业管理智能化

（七）推动设施设备管理智能化。提高设施设备智能管理水平，实现智能化运行维护、安全管理和节能增效。通过基于位置的服务(LBS)、声源定位等技术，及时定位问题设备，实现智能派单，快速响应，提高维修管理效率。通过大数据智能分析，对消防、燃气、变压器、电梯、水泵、窨井盖等设施设备设置合理报警阈值，动态监测预警情况，有效识别安全隐患，及时防范化解相关风险。监测分析设施设备运行高峰期和低谷期情况，科学合理制定设备运行时间表，加强节能、节水、节电控制，有效降低能耗。

（八）实现车辆管理智能化。加强车辆出入、通行、停放管理。增设无人值守设备，实现扫码缴费、无感支付，减少管理人员，降低运营成本，提高车辆通行效率。统筹车位资源，实现车位智能化管理，提高车位使用率。完善新能源车辆充电设施，方便绿色出行。实时监控车辆和道闸、充电桩等相关设施设备运行情况，保障车辆行驶和停放安全。

（九）促进居住社区安全管理智能化。推动智能安防系统建设，建立完善智慧安防小区，为居民营造安全的居住环境。完善出入口智能化设施设备，为居民通行提供安全、快捷服务。根据居民需要，为儿童、独居老人等特殊人群提供必要帮助。加强对高空抛物、私搭乱建、侵占绿地等危害公共环境和扰乱公共秩序的行为分析，及时报告有关部门，履行安防管理职责。

四、融合线上线下服务

（十）拓宽物业服务领域。鼓励物业服务企业依托智慧物业管理服务平台，发挥熟悉居民、服务半径短、响应速度快等优势，在做好物业基础服务的同时，为家政服务、电子商务、居家养老、快递代收等生活服务提供便利。发挥物业服务企业连接居住社区内外的桥梁作用，精准掌握居民消费需求，对接各类供给端，通过集中采购等方式，为居民提供优质商品和服务。推动物业服务线上线下融合，促进物业服务企业由物的管理向居民服务转型升级。

（十一）对接各类商业服务。构建线上线下生活服务圈，满足居民多样化生活服务需求。连接居住社区周边餐饮、购物、娱乐等商业网点，对接各类电子商务平台，为居民提供定制化产品和个性化服务，实现家政服务、维修保养、美容美发等生活服务一键预约、服务上门，丰富生活服务内容。通过在居住社区布设智能快递柜、快件箱、无人售卖机等终端，发展智能零售。

（十二）提升公共服务效能。推进智慧物业管理服务平台与城市政务服务一体化平台对接，促进“互联网＋政务服务”向居住社区延伸，打通服务群众的“最后一公里”。对接房屋网签备案、住房公积金、住房保障、城市管理、医保、行政审批、公安等政务服务平台，为政务服务下沉到居住社区提供支撑。对接供水、供电、供气、供暖、医疗、教育等公用事业服务平台，为居民提供生活缴费、在线预约等便民服务。鼓励物业服务企业线下“代跑腿”“接力办”，助力实现公共服务线上“一屏办”“指尖办”。

（十三）发展居家养老服务。以智慧物业

管理服务平台为支撑，大力发展居家养老服务。通过线上预约，为老年人提供助餐、助浴、保洁、送药等生活服务。对接医疗医保服务平台，提供医疗资源查询、在线预约挂号、划价缴费、诊疗报告查询、医保信息查询、医疗费用报销等医疗医保服务。加强动态监测，为居家养老提供安全值守、定期寻访、疾病预防、精神慰藉等服务，降低老年人意外风险。

五、推进共建共治共享

（十四）加强党组织对物业工作领导。依托智慧物业管理服务平台，加强社区党组织对物业工作的领导，促进党建引领下的社区居民委员会、业主委员会、物业服务企业协调运行机制有效发挥，推动物业管理与基层治理的深度融合。通过“指尖上的党务”促进社区党建工作。

（十五）促进城市管理下沉。对接城市运行管理服务平台，实现城市管理进社区。畅通居民投诉举报网络渠道，结合城市管理线下执法，有效治理私搭乱建、侵占绿地、乱堆乱放、张贴小广告等违法违规行为。把智慧物业管理服务平台作为城市管理政策宣传、政策解读、信息发布、舆论引导、执法结果公示的重要窗口，方便居民开展政策咨询、提出政策建议、实施政策监督，增强居民对城市管理工作的认同和支持，推动居民参与城市管理，营造“人民城市人民建，人民城市为人民”的良好氛围。

（十六）发动居民共建共治共享。通过智慧物业管理服务平台调动居民参与居住社区事务的积极性和主动性。建立“网上议事厅”，引导居民参与互动，不断完善业主大会议事规则。畅通电子投票渠道，对重大事项进行表决。公开利用业主共有部位开展停车、广告、租赁等经营收支明细及入账情况，以及住宅专项维修资金使用及结存信息，接受居民监督。组织居民开展线上线下形式多样的居民互助、邻里守望活动，共同缔造美好家园。

六、加强领导统筹推进

（十七）切实加强组织领导。各省级住房和城乡建设、工业和信息化、公安、商务、卫生健康、市场监管部门要会同有关部门完善协作机制，细化职责分工，建立保障措施，指导各地推进物业服务企业发展线上线下生活服务。各地要加强组织领导，统筹协调各方力量，整合利用已有信息化基础设施和数据资源，整体谋划、系统推进，及时研究解决工作中遇到的困难。

（十八）分期分批组织实施。按照先试点探索、后全面覆盖的模式，区分商品房、保障性住房和老旧小区等不同类型，结合城镇老旧小区改造、绿色社区创建、完整居住社区建设等工作，以点带面、分类推进，逐步提高物业服务智慧化水平。2021年，各省（区、市）选择部分基础条件较好的城市开展试点。在试点工作的基础上，总结形成可复制、可推广的实践经验，加快推进智慧物业管理服务平台建设，实现居住社区生活服务线上线下融合，推动城市提质增效，促进城市高质量发展。

住房和城乡建设部关于印发《业主大会和业主委员会指导规则》的通知

（建房〔2009〕274号，2009年12月1日）

各省、自治区住房和城乡建设厅，直辖市房地局（建委），新疆生产建设兵团建设局：

为了规范业主大会和业主委员会的活动，维护业主的合法权益，根据《物权法》和《物业管理条例》等法律法规的规定，我部制定了《业主大会和业主委员会指导规则》，现印发给你们，请贯彻执行。执行中的情况，请及时告我部房地产市场监管司。

业主大会和业主委员会指导规则

第一章 总则

第一条 为了规范业主大会和业主委员会的活动，维护业主的合法权益，根据《中华人民共和国物权法》《物业管理条例》等法律法规的规定，制定本规则。

第二条 业主大会由物业管理区域内的全体业主组成，代表和维护物业管理区域内全体业主在物业管理活动中的合法权利，履行相应的义务。

第三条 业主委员会由业主大会依法选举产生，履行业主大会赋予的职责，执行业主大会决定的事项，接受业主的监督。

第四条 业主大会或者业主委员会的决定，对业主具有约束力。

业主大会和业主委员会应当依法履行职责，不得作出与物业管理无关的决定，不得从事与物业管理无关的活动。

第五条 业主大会和业主委员会，对业主损害他人合法权益和业主共同利益的行为，有权依照法律、法规以及管理规约，要求停止侵害、消除危险、排除妨害、赔偿损失。

第六条 物业所在地的区、县房地产行政主管部门和街道办事处、乡镇人民政府负责对设立业主大会和选举业主委员会给予指导和协助，负责对业主大会和业主委员会的日常活动进行指导和监督。

第二章 业主大会

第七条 业主大会根据物业管理区域的划分成立，一个物业管理区域成立一个业主大会。

只有一个业主的，或者业主人数较少且经全体业主同意，不成立业主大会的，由业主共同履行业主大会、业主委员会职责。

第八条 物业管理区域内，已交付的专有部分面积超过建筑物总面积50%时，建设单位应当按照物业所在地的区、县房地产行政主管部门或者街道办事处、乡镇人民政府的要求，及时报送下列筹备首次业主大会会议所需的文件资料：

（一）物业管理区域证明；

（二）房屋及建筑物面积清册；

（三）业主名册；

（四）建筑规划总平面图；

（五）交付使用共用设施设备的证明；

（六）物业服务用房配置证明；

（七）其他有关的文件资料。

第九条 符合成立业主大会条件的，区、县房地产行政主管部门或者街道办事处、乡镇人民政府应当在收到业主提出筹备业主大会书面申请后60日内，负责组织、指导成立首次业主大会会议筹备组。

第十条 首次业主大会会议筹备组由业主代表、建设单位代表、街道办事处、乡镇人民政府代表和居民委员会代表组成。筹备组成员人数应为单数，其中业主代表人数不低于筹备组总人数的一半，筹备组组长由街道办事处、乡镇人民政府代表担任。

第十一条 筹备组中业主代表的产生，由街道办事处、乡镇人民政府或者居民委员会组织业主推荐。

筹备组应当将成员名单以书面形式在物业管理区域内公告。业主对筹备组成员有异议的，由街道办事处、乡镇人民政府协调解决。

建设单位和物业服务企业应当配合协助筹备组开展工作。

第十二条 筹备组应当做好以下筹备工作：

（一）确认并公示业主身份、业主人数以及所拥有的专有部分面积；

（二）确定首次业主大会会议召开的时间、地点、形式和内容；

（三）草拟管理规约、业主大会议事规则；

（四）依法确定首次业主大会会议表决规则；

（五）制定业主委员会委员候选人产生办法，确定业主委员会委员候选人名单；

（六）制定业主委员会选举办法；

（七）完成召开首次业主大会会议的其他准备工作。

前款内容应当在首次业主大会会议召开15日前以书面形式在物业管理区域内公告。业主对公告内容有异议的，筹备组应当记录并作出答复。

第十三条　依法登记取得或者根据物权法第二章第三节规定取得建筑物专有部分所有权的人，应当认定为业主。

基于房屋买卖等民事法律行为，已经合法占有建筑物专有部分，但尚未依法办理所有权登记的人，可以认定为业主。

业主的投票权数由专有部分面积和业主人数确定。

第十四条　业主委员会委员候选人由业主推荐或者自荐。筹备组应当核查参选人的资格，根据物业规模、物权份额、委员的代表性和广泛性等因素，确定业主委员会委员候选人名单。

第十五条　筹备组应当自组成之日起90日内完成筹备工作，组织召开首次业主大会会议。

业主大会自首次业主大会会议表决通过管理规约、业主大会议事规则，并选举产生业主委员会之日起成立。

第十六条　划分为一个物业管理区域的分期开发的建设项目，先期开发部分符合条件的，可以成立业主大会，选举产生业主委员会。首次业主大会会议应当根据分期开发的物业面积和进度等因素，在业主大会议事规则中明确增补业主委员会委员的办法。

第十七条　业主大会决定以下事项：

（一）制定和修改业主大会议事规则；

（二）制定和修改管理规约；

（三）选举业主委员会或者更换业主委员会委员；

（四）制定物业服务内容、标准以及物业服务收费方案；

（五）选聘和解聘物业服务企业；

（六）筹集和使用专项维修资金；

（七）改建、重建建筑物及其附属设施；

（八）改变共有部分的用途；

（九）利用共有部分进行经营以及所得收益的分配与使用；

（十）法律法规或者管理规约确定应由业主共同决定的事项。

第十八条　管理规约应当对下列主要事项作出规定：

（一）物业的使用、维护、管理；

（二）专项维修资金的筹集、管理和使用；

（三）物业共用部分的经营与收益分配；

（四）业主共同利益的维护；

（五）业主共同管理权的行使；

（六）业主应尽的义务；

（七）违反管理规约应当承担的责任。

第十九条　业主大会议事规则应当对下列主要事项作出规定：

（一）业主大会名称及相应的物业管理区域；

（二）业主委员会的职责；

（三）业主委员会议事规则；

（四）业主大会会议召开的形式、时间和议事方式；

（五）业主投票权数的确定方法；

（六）业主代表的产生方式；

（七）业主大会会议的表决程序；

（八）业主委员会委员的资格、人数和任期等；

（九）业主委员会换届程序、补选办法等；

（十）业主大会、业主委员会工作经费的筹集、使用和管理；

（十一）业主大会、业主委员会印章的使用和管理。

第二十条　业主拒付物业服务费，不缴存专项维修资金以及实施其他损害业主共同权益行为的，业主大会可以在管理规约和业主大会议事规则中对其共同管理权的行使予以限制。

第二十一条　业主大会会议分为定期会议和临时会议。

业主大会定期会议应当按照业主大会议事规则的规定由业主委员会组织召开。

有下列情况之一的，业主委员会应当及时组织召开业主大会临时会议：

（一）经专有部分占建筑物总面积20%以上且占总人数20%以上业主提议的；

（二）发生重大事故或者紧急事件需要及时处理的；

（三）业主大会议事规则或者管理规约规定的其他情况。

第二十二条　业主大会会议可以采用集体讨论的形式，也可以采用书面征求意见的形式；但应当有物业管理区域内专有部分占建筑物总面积过半数的业主且占总人数过半数的业主参加。

采用书面征求意见形式的，应当将征求意见书送交每一位业主；无法送达的，应当在物业管理区域内公告。凡需投票表决的，表决意见应由业主本人签名。

第二十三条　业主大会确定业主投票权数，可以按照下列方法认定专有部分面积和建筑物总面积：

（一）专有部分面积按照不动产登记簿记载的面积计算；尚未进行登记的，暂按测绘机构的实测面积计算；尚未进行实测的，暂按房屋买卖合同记载的面积计算；

（二）建筑物总面积，按照前项的统计总和计算。

第二十四条　业主大会确定业主投票权数，可以按照下列方法认定业主人数和总人数：

（一）业主人数，按照专有部分的数量计算，一个专有部分按一人计算。但建设单位尚未出售和虽已出售但尚未交付的部分，以及同一买受人拥有一个以上专有部分的，按一人计算；

（二）总人数，按照前项的统计总和计算。

第二十五条　业主大会应当在业主大会议事规则中约定车位、摊位等特定空间是否计入用于确定业主投票权数的专有部分面积。

一个专有部分有两个以上所有权人的，应当推选一人行使表决权，但共有人所代表的业主人数为一人。

业主为无民事行为能力人或者限制民事行为能力人的，由其法定监护人行使投票权。

第二十六条　业主因故不能参加业主大会会议的，可以书面委托代理人参加业主大会会议。

未参与表决的业主，其投票权数是否可以计入已表决的多数票，由管理规约或者业主大会议事规则规定。

第二十七条　物业管理区域内业主人数较多的，可以幢、单元、楼层为单位，推选一名业主代表参加业主大会会议，推选及表决办法应当在业主大会议事规则中规定。

第二十八条　业主可以书面委托的形式，约定由其推选的业主代表在一定期限内代其行使共同管理权，具体委托内容、期限、权限和程序由业主大会议事规则规定。

第二十九条　业主大会会议决定筹集和使用专项维修资金以及改造、重建建筑物及其附属设施的，应当经专有部分占建筑物总面积三分之二以上的业主且占总人数三分之二以上的业主同意；决定本规则第十七条规定的其他共有和共同管理权利事项的，应当经专有部分占建筑物总面积过半数且占总人数过半数的业主同意。

第三十条　业主大会会议应当由业主委员会作出书面记录并存档。

业主大会的决定应当以书面形式在物业管理区域内及时公告。

第三章　业主委员会

第三十一条　业主委员会由业主大会会议选举产生，由5至11人单数组成。业主委员会委员应当是物业管理区域内的业主，并符合下列条件：

（一）具有完全民事行为能力；

（二）遵守国家有关法律、法规；

（三）遵守业主大会议事规则、管理规约，模范履行业主义务；

（四）热心公益事业，责任心强，公正廉洁；

（五）具有一定的组织能力；

（六）具备必要的工作时间。

第三十二条　业主委员会委员实行任期制，每届任期不超过5年，可连选连任，业主委员会委员具有同等表决权。

业主委员会应当自选举之日起7日内召开

首次会议，推选业主委员会主任和副主任。

第三十三条　业主委员会应当自选举产生之日起30日内，持下列文件向物业所在地的区、县房地产行政主管部门和街道办事处、乡镇人民政府办理备案手续：

（一）业主大会成立和业主委员会选举的情况；

（二）管理规约；

（三）业主大会议事规则；

（四）业主大会决定的其他重大事项。

第三十四条　业主委员会办理备案手续后，可持备案证明向公安机关申请刻制业主大会印章和业主委员会印章。

业主委员会任期内，备案内容发生变更的，业主委员会应当自变更之日起30日内将变更内容书面报告备案部门。

第三十五条　业主委员会履行以下职责：

（一）执行业主大会的决定和决议；

（二）召集业主大会会议，报告物业管理实施情况；

（三）与业主大会选聘的物业服务企业签订物业服务合同；

（四）及时了解业主、物业使用人的意见和建议，监督和协助物业服务企业履行物业服务合同；

（五）监督管理规约的实施；

（六）督促业主交纳物业服务费及其他相关费用；

（七）组织和监督专项维修资金的筹集和使用；

（八）调解业主之间因物业使用、维护和管理产生的纠纷；

（九）业主大会赋予的其他职责。

第三十六条　业主委员会应当向业主公布下列情况和资料：

（一）管理规约、业主大会议事规则；

（二）业主大会和业主委员会的决定；

（三）物业服务合同；

（四）专项维修资金的筹集、使用情况；

（五）物业共有部分的使用和收益情况；

（六）占用业主共有的道路或者其他场地用于停放汽车车位的处分情况；

（七）业主大会和业主委员会工作经费的收支情况；

（八）其他应当向业主公开的情况和资料。

第三十七条　业主委员会应当按照业主大会议事规则的规定及业主大会的决定召开会议。经三分之一以上业主委员会委员的提议，应当在7日内召开业主委员会会议。

第三十八条　业主委员会会议由主任召集和主持，主任因故不能履行职责，可以委托副主任召集。

业主委员会会议应有过半数的委员出席，作出的决定必须经全体委员半数以上同意。

业主委员会委员不能委托代理人参加会议。

第三十九条　业主委员会应当于会议召开7日前，在物业管理区域内公告业主委员会会议的内容和议程，听取业主的意见和建议。

业主委员会会议应当制作书面记录并存档，业主委员会会议作出的决定，应当有参会委员的签字确认，并自作出决定之日起3日内在物业管理区域内公告。

第四十条　业主委员会应当建立工作档案，工作档案包括以下主要内容：

（一）业主大会、业主委员会的会议记录；

（二）业主大会、业主委员会的决定；

（三）业主大会议事规则、管理规约和物业服务合同；

（四）业主委员会选举及备案资料；

（五）专项维修资金筹集及使用账目；

（六）业主及业主代表的名册；

（七）业主的意见和建议。

第四十一条　业主委员会应当建立印章管理规定，并指定专人保管印章。

使用业主大会印章，应当根据业主大会议事规则的规定或者业主大会会议的决定；使用业主委员会印章，应当根据业主委员会会议的决定。

第四十二条　业主大会、业主委员会工作经费由全体业主承担。工作经费可以由业主分摊，也可以从物业共有部分经营所得收益中列支。工作经费的收支情况，应当定期在物业管理区域内公告，接受业主监督。

工作经费筹集、管理和使用的具体办法由业主大会决定。

第四十三条 有下列情况之一的，业主委员会委员资格自行终止：

（一）因物业转让、灭失等原因不再是业主的；

（二）丧失民事行为能力的；

（三）依法被限制人身自由的；

（四）法律、法规以及管理规约规定的其他情形。

第四十四条 业主委员会委员有下列情况之一的，由业主委员会三分之一以上委员或者持有20%以上投票权数的业主提议，业主大会或者业主委员会根据业主大会的授权，可以决定是否终止其委员资格：

（一）以书面方式提出辞职请求的；

（二）不履行委员职责的；

（三）利用委员资格谋取私利的；

（四）拒不履行业主义务的；

（五）侵害他人合法权益的；

（六）因其他原因不宜担任业主委员会委员的。

第四十五条 业主委员会委员资格终止的，应当自终止之日起3日内将其保管的档案资料、印章及其他属于全体业主所有的财物移交业主委员会。

第四十六条 业主委员会任期内，委员出现空缺时，应当及时补足。业主委员会委员候补办法由业主大会决定或者在业主大会议事规则中规定。业主委员会委员人数不足总数的二分之一时，应当召开业主大会临时会议，重新选举业主委员会。

第四十七条 业主委员会任期届满前3个月，应当组织召开业主大会会议，进行换届选举，并报告物业所在地的区、县房地产行政主管部门和街道办事处、乡镇人民政府。

第四十八条 业主委员会应当自任期届满之日起10日内，将其保管的档案资料、印章及其他属于业主大会所有的财物移交新一届业主委员会。

第四章 指导和监督

第四十九条 物业所在地的区、县房地产行政主管部门和街道办事处、乡镇人民政府应当积极开展物业管理政策法规的宣传和教育活动，及时处理业主、业主委员会在物业管理活动中的投诉。

第五十条 已交付使用的专有部分面积超过建筑物总面积50%，建设单位未按要求报送筹备首次业主大会会议相关文件资料的，物业所在地的区、县房地产行政主管部门或者街道办事处、乡镇人民政府有权责令建设单位限期改正。

第五十一条 业主委员会未按业主大会议事规则的规定组织召开业主大会定期会议，或者发生应当召开业主大会临时会议的情况，业主委员会不履行组织召开会议职责的，物业所在地的区、县房地产行政主管部门或者街道办事处、乡镇人民政府可以责令业主委员会限期召开；逾期仍不召开的，可以由物业所在地的居民委员会在街道办事处、乡镇人民政府的指导和监督下组织召开。

第五十二条 按照业主大会议事规则的规定或者三分之一以上委员提议，应当召开业主委员会会议的，业主委员会主任、副主任无正当理由不召集业主委员会会议的，物业所在地的区、县房地产行政主管部门或者街道办事处、乡镇人民政府可以指定业主委员会其他委员召集业主委员会会议。

第五十三条 召开业主大会会议，物业所在地的区、县房地产行政主管部门和街道办事处、乡镇人民政府应当给予指导和协助。

第五十四条 召开业主委员会会议，应当告知相关的居民委员会，并听取居民委员会的建议。

在物业管理区域内，业主大会、业主委员会应当积极配合相关居民委员会依法履行自治管理职责，支持居民委员会开展工作，并接受其指导和监督。

第五十五条 违反业主大会议事规则或者未经业主大会会议和业主委员会会议的决定，擅自使用业主大会印章、业主委员会印章的，物业所在地的街道办事处、乡镇人民政府应当责令限期改正，并通告全体业主；造成经济损失或者不良影响的，应当依法追究责任人的法律责任。

第五十六条 业主委员会委员资格终止，拒不移交所保管的档案资料、印章及其他属于全体业主所有的财物的，其他业主委员会委员可以请求物业所在地的公安机关协助移交。

业主委员会任期届满后，拒不移交所保管的档案资料、印章及其他属于全体业主所有的财物的，新一届业主委员会可以请求物业所在地的公安机关协助移交。

第五十七条　业主委员会在规定时间内不组织换届选举的，物业所在地的区、县房地产行政主管部门或者街道办事处、乡镇人民政府应当责令其限期组织换届选举；逾期仍不组织的，可以由物业所在地的居民委员会在街道办事处、乡镇人民政府的指导和监督下，组织换届选举工作。

第五十八条　因客观原因未能选举产生业主委员会或者业主委员会委员人数不足总数的二分之一的，新一届业主委员会产生之前，可以由物业所在地的居民委员会在街道办事处、乡镇人民政府的指导和监督下，代行业主委员会的职责。

第五十九条　业主大会、业主委员会作出的决定违反法律法规的，物业所在地的区、县房地产行政主管部门和街道办事处、乡镇人民政府应当责令限期改正或者撤销其决定，并通告全体业主。

第六十条　业主不得擅自以业主大会或者业主委员会的名义从事活动。业主以业主大会或者业主委员会的名义，从事违反法律、法规的活动，构成犯罪的，依法追究刑事责任；尚不构成犯罪的，依法给予治安管理处罚。

第六十一条　物业管理区域内，可以召开物业管理联席会议。物业管理联席会议由街道办事处、乡镇人民政府负责召集，由区、县房地产行政主管部门、公安派出所、居民委员会、业主委员会和物业服务企业等方面的代表参加，共同协调解决物业管理中遇到的问题。

第五章　附则

第六十二条　业主自行管理或者委托其他管理人管理物业，成立业主大会，选举业主委员会的，可参照执行本规则。

第六十三条　物业所在地的区、县房地产行政主管部门与街道办事处、乡镇人民政府在指导、监督业主大会和业主委员会工作中的具体职责分工，按各省、自治区、直辖市人民政府有关规定执行。

第六十四条　本规则自2010年1月1日起施行。《业主大会规程》（建住房〔2003〕131号）同时废止。

住房和城乡建设部等部门
关于加强和改进住宅物业管理工作的通知

（建房规〔2020〕10号，2020年12月25日，住房和城乡建设部 中央政法委中央文明办 发展改革委 公安部 财政部人力资源社会保障部 应急部 市场监管总局 银保监会发布）

各省、自治区、直辖市、新疆生产建设兵团住房和城乡建设厅（委、管委、局）、党委政法委、文明办、发展改革委、公安厅（局）、财政厅（局）、人力资源社会保障厅（局）、应急厅（局）、市场监管局（厅、委），各银保监局：

居住社区（住宅小区）是居民生活的主要空间，是基层社会治理的重要内容。住宅物业管理事关群众生活品质，事关城市安全运行和社会稳定。为深入贯彻党的十九大和十九届四中、五中全会精神，全面落实《中华人民共和国民法典》《中共中央 国务院关于加强和完善城乡社区治理的意见》和《中共中央办公厅印发〈关于加强和改进城市基层党的建设工作的意见〉的通知》有关要求，加快发展物业服务业，推动物业服务向高品质和多样化升级，满足人民群众不断增长的美好居住生活需要，现就加强和改进住宅物业管理工作通知如下。

一、融入基层社会治理体系

（一）坚持和加强党对物业管理工作的领导。推动业主委员会、物业服务企业成立党组织。建立党建引领下的社区居民委员会、业主委员会、物业服务企业协调运行机制，充分调动居民参与积极性，形成社区治理合力。推动业主委员会成员和物业项目负责人中的党员担任社区党组织兼职委员，符合条件的社区“两委”成员通过法定程序兼任业主委员会成员。鼓励流动党员、退休人员中的党员将组织关系转入社区党组织，推动市、区两级机关和企事业单位党组织、在职党员主动参与社区治理，有效服务群众。

（二）落实街道属地管理责任。街道要建立健全居住社区综合治理工作制度，明确工作目标，及时研究解决住宅物业管理重点和难点问题。鼓励街道建立物业管理工作机制，指导监督辖区内物业管理活动，积极推动业主设立业主大会、选举业主委员会，办理业主委员会备案，并依法依规监督业主委员会和物业服务企业履行职责。指导开展物业承接查验并公开结果，监督物业项目有序交接。突发公共事件应对期间，街道指导物业服务企业开展应对工作，并给予物资和资金支持。委托物业服务企业承担公共服务事项的，应当向物业服务企业支付相应费用。

（三）推动城市管理服务下沉。推动城市管理服务向居住社区延伸，依托城市综合管理服务平台，建立群众反映问题的受理处置机制。明确部门和单位职责清单，压实工作责任，及时查处物业服务区域内违章搭建、毁绿占绿、任意弃置垃圾、违反规定饲养动物、电动自行车违规停放充电、占用堵塞公共和消防通道等违法违规行为。依法明确供水、排水、供电、供气、供热、通信、有线电视等专业运营单位服务到最终用户，落实专业运营单位对物业服务区域内相关设施设备的维修、养护和更新责任。

（四）构建共建共治共享格局。街道要发挥居民的主体作用，调动社区社会组织、社会工作服务机构、社区志愿者、驻区单位的积极性，共同参与居住社区治理，构建共建共治共享的基层社会治理体系，实现决策共谋、发展共建、建设共管、效果共评、成果共享。畅通居民投诉渠道，健全12345热线投诉转办机制，提高投诉处置效能。加强物业管理调解组织建设，发挥基层综治中心和网格员作用，积极促进物业管理矛盾纠纷就地化解。

二、健全业主委员会治理结构

（五）优化业主委员会人员配置。街道负责指导成立业主大会筹备组、业主委员会换届改选小组，加强对业主委员会的人选推荐和审核把关。鼓励“两代表一委员”参选业主委员会成员，提高业主委员会成员中党员比例。探索建立业主委员会成员履职负面清单，出现负面清单情形的，暂停该成员履行职责，提请业主大会终止成员资格并公告全体业主。市、县住房和城乡建设部门、街道要加强业主委员会成员法律法规和业务培训，提高业主委员会成员依法依规履职能力。

（六）充分发挥业主委员会作用。业主大会可根据法律法规规定，通过议事规则和管理规约约定，授权业主委员会行使一定额度内业主共有部分经营收益支出、住宅专项维修资金（以下简称维修资金）使用决策权力。业主委员会应当督促业主遵守法律法规、议事规则、管理规约和业主大会决议，对业主违规违约行为进行劝阻。对多次催交仍拖欠物业费的业主，可根据管理规约规定的相应措施进行催交。探索将恶意拖欠物业费的行为纳入个人信用记录。

（七）规范业主委员会运行。业主委员会应当定期召开会议，在决定物业管理有关事项前，应公开征求业主意见，并报告社区党组织和居民委员会。业主大会可授权业主委员会聘请专职工作人员承担日常事务，明确工作职责和薪酬标准。探索建立业主委员会换届审计制度。

（八）加强对业主委员会监督。业主委员会每年向业主公布业主共有部分经营与收益、维修资金使用、经费开支等信息，保障业主的知情权和监督权。业主委员会作出违反法律法规和议事规则、管理规约的决定，街道应当责令限期整改，拒不整改的依法依规撤销其决定，并公告业主。业主委员会不依法履行职责，严重损害业主权益的，街道指导业主大会召开临时会议，重新选举业主委员会。加大对业主委员会成员违法违规行为查处力度，涉嫌犯罪的移交司法机关处理。

三、提升物业管理服务水平

（九）扩大物业管理覆盖范围。街道要及时积极推动业主设立业主大会，选举业主委员会，选聘物业服务企业，实行专业化物业管理。暂不具备设立业主大会条件的，探索组建由社区居民委员会、业主代表等参加的物业管理委员会，临时代替业主委员会开展工作。结合城镇老旧小区改造，引导居民协商确定老旧小区的管理模式，推动建立物业管理长效机制。鼓励物业服务企业统一管理在管项目周边老旧小区。暂不具备专业化物业管理条件的，由街道通过社区居民委员会托管、社会组织代管或居民自管等方式，逐步实现物业管理全覆盖。

（十）提升物业服务质量。全面落实物业服务企业服务质量主体责任。物业服务企业要健全服务质量保障体系，建立服务投诉快速处理机制，加强人员车辆管理，定期巡检和养护共用部位、共用设施设备，采取合理措施保护业主的人身、财产安全，做好绿化养护，协助规范垃圾投放并及时清扫清运，改善居住环境，提升居住品质，打造优秀物业服务项目。发挥物业行业协会作用，编制物业服务标准，规范从业人员行为。支持物业服务企业兼并重组，推动物业服务规模化、品牌化经营，提升整体服务水平。

（十一）完善物业服务价格形成机制。物业服务价格主要通过市场竞争形成，由业主与物业服务企业在物业服务合同中约定服务价格，可根据服务标准和物价指数等因素动态调整。提倡酬金制计费方式。城市住房和城乡建设部门要公布物业服务清单，明确物业服务内容和标准。物业行业协会要监测并定期公布物业服务成本信息和计价规则，供业主和物业服务企业协商物业费时参考。引导业主与物业服务企业通过合同约定物业服务价格调整方式。物业服务价格实行政府指导价的，由有定价权限的价格部门、住房和城乡建设部门制定并公布基准价及其浮动幅度，建立动态调整机制。

（十二）提升物业服务行业人员素质。推动物业服务人员职业技能等级认定工作。开展职业技能培训和竞赛，提高从业人员整体素质和技能水平。引导物业服务企业健全薪酬制度和员工激励制度，引入高技能人才和专业技术人才。物业服务企业在保障安全、业主共同决策同意的前提下，可利用闲置房屋用于员工住宿。符合条件的员工优先纳入住房保障范围。组织开展最美物业人宣传选树活动，增强从业人员荣誉感和归属感。

四、推动发展生活服务业

（十三）加强智慧物业管理服务能力建设。鼓励物业服务企业运用物联网、云计算、大数据、区块链和人工智能等技术，建设智慧物业管理服务平台，提升物业智慧管理服务水平。采集房屋、设施设备、业主委员会、物业服务企业等数据，共享城市管理数据，汇集购物、家政、养老等生活服务数据，确保数据不泄露、不滥用。依法依规与相关部门实现数据共享应用。

（十四）提升设施设备智能化管理水平。鼓励物业服务企业以智慧物业管理服务平台为支撑，通过在电梯、消防、给排水等重要设施设备布设传感器，实现数据实时采集。建立事件部件处置权责清单，明确处置业务流程和规范，实现智慧预警、智慧研判、智慧派单、智慧监督。

（十五）促进线上线下服务融合发展。鼓励有条件的物业服务企业向养老、托幼、家政、文化、健康、房屋经纪、快递收发等领域延伸，探索“物业服务＋生活服务”模式，满足居民多样化多层次居住生活需求。引导物业服务企业通过智慧物业管理服务平台，提供定制化产品和个性化服务，实现一键预约、服务上门。物业服务企业开展养老、家政等生活性服务业务，可依规申请相应优惠扶持政策。

五、规范维修资金使用和管理

（十六）提高维修资金使用效率。优化维修资金使用流程，简化申请材料，缩短审核时限。建立紧急维修事项清单，符合清单内容的，业主委员会可直接申请使用维修资金，尚未产生业主委员会的，由街道组织代为维修，并从维修资金中列支相关费用。因供水、排水、消防、电梯等紧急事项使用维修资金的，维修工程竣工后，应当公开维修资金使用数额。探索维修资金购买电梯安全责任保险。

（十七）健全维修资金管理制度。提高维修资金管理机构专业化、规范化管理水平。采用公开招标方式，综合存款利率、资产规模和服务效能等因素，择优确定专户管理银行，控制专户管理银行数量。探索委托专业机构运营维修资金，提高资金收益水平，并将收益分配给业主。加快维修资金管理信息系统建设，方便业主实时查询。每年披露资金管理和使用情况，接受社会监督。加强维修资金监管，严肃查处侵占挪用资金等违法违规行为。

（十八）加大维修资金归集力度。推动新建商品房在办理网签备案时，由建设单位代为足额缴纳维修资金。加大对建设单位、物业服务企业代收维修资金的清缴力度。业主共有部分经营收益应当主要用于补充维修资金。逐步实行商品房与已售公房维修资金并轨管理。

六、强化物业服务监督管理

（十九）建立服务信息公开公示制度。物业服务企业应当在街道指导监督下，在物业服务区域显著位置设立物业服务信息监督公示栏，如实公布并及时更新物业项目负责人的基本情况、联系方式以及物业服务投诉电话、物业服务内容和标准、收费项目和标准、电梯和消防等设施设备维保单位和联系方式、车位车库使用情况、公共水电费分摊情况、物业费和业主共有部分经营收益收支情况、电梯维护保养支出情况等信息，可同时通过网络等方式告知业主公示内容。物业服务企业开展家政、养老等服务业务也应对外公示，按双方约定价格收取服务费用。物业服务企业不得收取公示收费项目以外的费用。

（二十）建立物业服务企业信用管理制度。建立物业服务信用评价制度，制定统一的信用评价标准，建设全国信用信息管理平台。根据合同履行、投诉处理、日常检查和街道意见等情况，采集相关信用信息，实施信用综合评价，依法依规公开企业信用记录和评价结果。依据企业信用状况，由城市住房和城乡建设部门授予信用星级标识，实行信用分级分类监管，强化信用信息在前期物业管理招标投标、业主大会选聘物业服务企业、政府采购等方面的应用。

（二十一）优化市场竞争环境。加强物业服务企业登记注册信息部门共享，探索建立健全物业服务合同备案、项目负责人备案制度。完善物业管理招标投标制度，加强招标投标代理机构、评标专家和招标投标活动监管。引导业主委员会通过公开招标方式选聘物业服务企业。住房和城乡建设部门在征求街道意见的基础上，建立物业服务企业红黑名单制度，推动形成优胜劣汰的市场环境。对严重违法违规、情节恶劣的物业服务企业和直接责任人员，依法清出市场。

各地区各部门要坚持以人民为中心的发展思想，把加强和改进住宅物业管理作为保障和改善民生、创新基层社会治理的重要举措，切实加强组织领导，优化机构设置，配齐专业人员，加强舆论宣传，落实工作责任，研究制定出台配套政策措施，确保本通知确定的各项任务落到实处。住房和城乡建设部将会同相关部门对贯彻落实情况进行评估，总结各地经验，及时完善住宅物业管理有关制度。

住房和城乡建设部办公厅
关于做好取消物业服务企业资质核定相关工作的通知

（建办房〔2017〕75号，2017年12月15日）

各省、自治区住房城乡建设厅，北京市住房城乡建设委，上海市住房城乡建设管委，天津市、重庆市国土资源房屋管理局：

为贯彻落实《国务院关于第三批取消中央

指定地方实施行政许可事项的决定》（国发〔2017〕7号）和《国务院关于取消一批行政许可事项的决定》（国发〔2017〕46号），做好取消物业服务企业资质的后续管理工作，现将有关事项通知如下：

一、各地不再受理物业服务企业资质核定申请和资质变更、更换、补证申请，不得以任何方式要求将原核定的物业服务企业资质作为承接物业管理业务的条件。

二、切实承担物业服务属地管理主体责任，按照业主自我管理与社会化服务相结合的原则，积极推动将物业管理纳入社区治理体系。县级以上房地产主管部门要会同城市管理、民政、公安、价格等有关部门按照各自职责指导监督物业管理工作，充分发挥街道办事处或乡镇人民政府在加强社区党组织建设、指导业主大会和业主委员会、监督物业管理活动等方面的重要作用，建立健全物业管理联席会议制度，维护社区和谐稳定。

三、建立健全物业服务标准和服务规范，规范物业服务合同行为，明确物业服务企业责任边界，引导物业服务企业增强服务意识，创新服务理念，提升服务品质。

四、进一步落实物业承接查验制度，指导监督建设单位、业主和物业服务企业依法做好物业共用部位、共用设施设备的查验和交接工作，厘清各方主体之间的权利义务关系，减少开发建设遗留问题，确保物业服务项目交接的平稳顺利。

五、完善物业服务投诉平台，畅通投诉渠道，建立健全投诉反馈机制，明确受理、处理投诉的程序和要求，加强投诉反馈监督检查，及时解决群众有效投诉，预防化解物业服务矛盾纠纷。

六、加强物业服务行业事中事后监管，制定随机抽查事项清单，建立健全“双随机”抽查机制，合理确定抽查的比例和频次，对发现的违法违规行为，依法依规加大惩处力度。

七、加快推进物业服务行业信用体系建设，建立信用信息共享平台，定期向社会公布物业服务企业信用情况，建立守信联合激励和失信联合惩戒机制，构建以信用为核心的物业服务市场监管体制。

物业服务事关广大人民群众的切身利益。各地要把加强物业服务市场监管作为保障和改善民生的重要举措，确保各项措施落实到位，并将落实情况及时上报我部。我部将抓紧研究制定物业服务导则和信用评价体系，适时对各地贯彻落实本通知的情况进行监督检查，并通报检查结果。

此前有关物业管理规范性文件规定与本通知不一致的，以本通知为准。

中华人民共和国个人信息保护法

（2021年8月20日第十三届全国人民代表大会常务委员会第三十次会议通过，2021年8月20日中华人民共和国主席令第91号公布）

第一章　总则

第一条　为了保护个人信息权益，规范个人信息处理活动，促进个人信息合理利用，根据宪法，制定本法。

第二条　自然人的个人信息受法律保护，任何组织、个人不得侵害自然人的个人信息权益。

第三条　在中华人民共和国境内处理自然人个人信息的活动，适用本法。

在中华人民共和国境外处理中华人民共和国境内自然人个人信息的活动，有下列情形之一的，也适用本法：

（一）以向境内自然人提供产品或者服务为目的；

（二）分析、评估境内自然人的行为；

（三）法律、行政法规规定的其他情形。

第四条　个人信息是以电子或者其他方式记录的与已识别或者可识别的自然人有关的各

种信息，不包括匿名化处理后的信息。

个人信息的处理包括个人信息的收集、存储、使用、加工、传输、提供、公开、删除等。

第五条 处理个人信息应当遵循合法、正当、必要和诚信原则，不得通过误导、欺诈、胁迫等方式处理个人信息。

第六条 处理个人信息应当具有明确、合理的目的，并应当与处理目的直接相关，采取对个人权益影响最小的方式。

收集个人信息，应当限于实现处理目的的最小范围，不得过度收集个人信息。

第七条 处理个人信息应当遵循公开、透明原则，公开个人信息处理规则，明示处理的目的、方式和范围。

第八条 处理个人信息应当保证个人信息的质量，避免因个人信息不准确、不完整对个人权益造成不利影响。

第九条 个人信息处理者应当对其个人信息处理活动负责，并采取必要措施保障所处理的个人信息的安全。

第十条 任何组织、个人不得非法收集、使用、加工、传输他人个人信息，不得非法买卖、提供或者公开他人个人信息；不得从事危害国家安全、公共利益的个人信息处理活动。

第十一条 国家建立健全个人信息保护制度，预防和惩治侵害个人信息权益的行为，加强个人信息保护宣传教育，推动形成政府、企业、相关社会组织、公众共同参与个人信息保护的良好环境。

第十二条 国家积极参与个人信息保护国际规则的制定，促进个人信息保护方面的国际交流与合作，推动与其他国家、地区、国际组织之间的个人信息保护规则、标准等互认。

第二章 个人信息处理规则

第一节 一般规定

第十三条 符合下列情形之一的，个人信息处理者方可处理个人信息：

（一）取得个人的同意；

（二）为订立、履行个人作为一方当事人的合同所必需，或者按照依法制定的劳动规章制度和依法签订的集体合同实施人力资源管理所必需；

（三）为履行法定职责或者法定义务所必需；

（四）为应对突发公共卫生事件，或者紧急情况下为保护自然人的生命健康和财产安全所必需；

（五）为公共利益实施新闻报道、舆论监督等行为，在合理的范围内处理个人信息；

（六）依照本法规定在合理的范围内处理个人自行公开或者其他已经合法公开的个人信息；

（七）法律、行政法规规定的其他情形。

依照本法其他有关规定，处理个人信息应当取得个人同意，但是有前款第二项至第七项规定情形的，不需取得个人同意。

第十四条 基于个人同意处理个人信息的，该同意应当由个人在充分知情的前提下自愿、明确作出。法律、行政法规规定处理个人信息应当取得个人单独同意或者书面同意的，从其规定。

个人信息的处理目的、处理方式和处理的个人信息种类发生变更的，应当重新取得个人同意。

第十五条 基于个人同意处理个人信息的，个人有权撤回其同意。个人信息处理者应当提供便捷的撤回同意的方式。

个人撤回同意，不影响撤回前基于个人同意已进行的个人信息处理活动的效力。

第十六条 个人信息处理者不得以个人不同意处理其个人信息或者撤回同意为由，拒绝提供产品或者服务；处理个人信息属于提供产品或者服务所必需的除外。

第十七条 个人信息处理者在处理个人信息前，应当以显著方式、清晰易懂的语言真实、准确、完整地向个人告知下列事项：

（一）个人信息处理者的名称或者姓名和联系方式；

（二）个人信息的处理目的、处理方式，处理的个人信息种类、保存期限；

（三）个人行使本法规定权利的方式和程序；

（四）法律、行政法规规定应当告知的其他事项。

前款规定事项发生变更的，应当将变更部分告知个人。

个人信息处理者通过制定个人信息处理规则的方式告知第一款规定事项的，处理规则应当公开，并且便于查阅和保存。

第十八条 个人信息处理者处理个人信息，有法律、行政法规规定应当保密或者不需要告知的情形的，可以不向个人告知前条第一款规定的事项。

紧急情况下为保护自然人的生命健康和财产安全无法及时向个人告知的，个人信息处理者应当在紧急情况消除后及时告知。

第十九条 除法律、行政法规另有规定外，个人信息的保存期限应当为实现处理目的所必要的最短时间。

第二十条 两个以上的个人信息处理者共同决定个人信息的处理目的和处理方式的，应当约定各自的权利和义务。但是，该约定不影响个人向其中任何一个个人信息处理者要求行使本法规定的权利。

个人信息处理者共同处理个人信息，侵害个人信息权益造成损害的，应当依法承担连带责任。

第二十一条 个人信息处理者委托处理个人信息的，应当与受托人约定委托处理的目的、期限、处理方式、个人信息的种类、保护措施以及双方的权利和义务等，并对受托人的个人信息处理活动进行监督。

受托人应当按照约定处理个人信息，不得超出约定的处理目的、处理方式等处理个人信息；委托合同不生效、无效、被撤销或者终止的，受托人应当将个人信息返还个人信息处理者或者予以删除，不得保留。

未经个人信息处理者同意，受托人不得转委托他人处理个人信息。

第二十二条 个人信息处理者因合并、分立、解散、被宣告破产等原因需要转移个人信息的，应当向个人告知接收方的名称或者姓名和联系方式。接收方应当继续履行个人信息处理者的义务。接收方变更原先的处理目的、处理方式的，应当依照本法规定重新取得个人同意。

第二十三条 个人信息处理者向其他个人信息处理者提供其处理的个人信息的，应当向个人告知接收方的名称或者姓名、联系方式、处理目的、处理方式和个人信息的种类，并取得个人的单独同意。接收方应当在上述处理目的、处理方式和个人信息的种类等范围内处理个人信息。接收方变更原先的处理目的、处理方式的，应当依照本法规定重新取得个人同意。

第二十四条 个人信息处理者利用个人信息进行自动化决策，应当保证决策的透明度和结果公平、公正，不得对个人在交易价格等交易条件上实行不合理的差别待遇。

通过自动化决策方式向个人进行信息推送、商业营销，应当同时提供不针对其个人特征的选项，或者向个人提供便捷的拒绝方式。

通过自动化决策方式作出对个人权益有重大影响的决定，个人有权要求个人信息处理者予以说明，并有权拒绝个人信息处理者仅通过自动化决策的方式作出决定。

第二十五条 个人信息处理者不得公开其处理的个人信息，取得个人单独同意的除外。

第二十六条 在公共场所安装图像采集、个人身份识别设备，应当为维护公共安全所必需，遵守国家有关规定，并设置显著的提示标识。所收集的个人图像、身份识别信息只能用于维护公共安全的目的，不得用于其他目的；取得个人单独同意的除外。

第二十七条 个人信息处理者可以在合理的范围内处理个人自行公开或者其他已经合法公开的个人信息；个人明确拒绝的除外。个人信息处理者处理已公开的个人信息，对个人权益有重大影响的，应当依照本法规定取得个人同意。

第二节 敏感个人信息的处理规则

第二十八条 敏感个人信息是一旦泄露或者非法使用，容易导致自然人的人格尊严受到侵害或者人身、财产安全受到危害的个人信息，包括生物识别、宗教信仰、特定身份、医疗健康、金融账户、行踪轨迹等信息，以及不满十四周岁未成年人的个人信息。

只有在具有特定的目的和充分的必要性，

并采取严格保护措施的情形下，个人信息处理者方可处理敏感个人信息。

第二十九条 处理敏感个人信息应当取得个人的单独同意；法律、行政法规规定处理敏感个人信息应当取得书面同意的，从其规定。

第三十条 个人信息处理者处理敏感个人信息的，除本法第十七条第一款规定的事项外，还应当向个人告知处理敏感个人信息的必要性以及对个人权益的影响；依照本法规定可以不向个人告知的除外。

第三十一条 个人信息处理者处理不满十四周岁未成年人个人信息的，应当取得未成年人的父母或者其他监护人的同意。

个人信息处理者处理不满十四周岁未成年人个人信息的，应当制定专门的个人信息处理规则。

第三十二条 法律、行政法规对处理敏感个人信息规定应当取得相关行政许可或者作出其他限制的，从其规定。

第三节 国家机关处理个人信息的特别规定

第三十三条 国家机关处理个人信息的活动，适用本法；本节有特别规定的，适用本节规定。

第三十四条 国家机关为履行法定职责处理个人信息，应当依照法律、行政法规规定的权限、程序进行，不得超出履行法定职责所必需的范围和限度。

第三十五条 国家机关为履行法定职责处理个人信息，应当依照本法规定履行告知义务；有本法第十八条第一款规定的情形，或者告知将妨碍国家机关履行法定职责的除外。

第三十六条 国家机关处理的个人信息应当在中华人民共和国境内存储；确需向境外提供的，应当进行安全评估。安全评估可以要求有关部门提供支持与协助。

第三十七条 法律、法规授权的具有管理公共事务职能的组织为履行法定职责处理个人信息，适用本法关于国家机关处理个人信息的规定。

第三章 个人信息跨境提供的规则

第三十八条 个人信息处理者因业务等需要，确需向中华人民共和国境外提供个人信息的，应当具备下列条件之一：

（一）依照本法第四十条的规定通过国家网信部门组织的安全评估；

（二）按照国家网信部门的规定经专业机构进行个人信息保护认证；

（三）按照国家网信部门制定的标准合同与境外接收方订立合同，约定双方的权利和义务；

（四）法律、行政法规或者国家网信部门规定的其他条件。

中华人民共和国缔结或者参加的国际条约、协定对向中华人民共和国境外提供个人信息的条件等有规定的，可以按照其规定执行。

个人信息处理者应当采取必要措施，保障境外接收方处理个人信息的活动达到本法规定的个人信息保护标准。

第三十九条 个人信息处理者向中华人民共和国境外提供个人信息的，应当向个人告知境外接收方的名称或者姓名、联系方式、处理目的、处理方式、个人信息的种类以及个人向境外接收方行使本法规定权利的方式和程序等事项，并取得个人的单独同意。

第四十条 关键信息基础设施运营者和处理个人信息达到国家网信部门规定数量的个人信息处理者，应当将在中华人民共和国境内收集和产生的个人信息存储在境内。确需向境外提供的，应当通过国家网信部门组织的安全评估；法律、行政法规和国家网信部门规定可以不进行安全评估的，从其规定。

第四十一条 中华人民共和国主管机关根据有关法律和中华人民共和国缔结或者参加的国际条约、协定，或者按照平等互惠原则，处理外国司法或者执法机构关于提供存储于境内个人信息的请求。非经中华人民共和国主管机关批准，个人信息处理者不得向外国司法或者执法机构提供存储于中华人民共和国境内的个人信息。

第四十二条 境外的组织、个人从事侵害中华人民共和国公民的个人信息权益，或者危害中华人民共和国国家安全、公共利益的个人信息处理活动的，国家网信部门可以将其列入限制或者禁止个人信息提供清单，予以公告，并采取限制或者禁止向其提供个人信息等措施。

第四十三条　任何国家或者地区在个人信息保护方面对中华人民共和国采取歧视性的禁止、限制或者其他类似措施的，中华人民共和国可以根据实际情况对该国家或者地区对等采取措施。

第四章　个人在个人信息处理活动中的权利

第四十四条　个人对其个人信息的处理享有知情权、决定权，有权限制或者拒绝他人对其个人信息进行处理；法律、行政法规另有规定的除外。

第四十五条　个人有权向个人信息处理者查阅、复制其个人信息；有本法第十八条第一款、第三十五条规定情形的除外。

个人请求查阅、复制其个人信息的，个人信息处理者应当及时提供。

个人请求将个人信息转移至其指定的个人信息处理者，符合国家网信部门规定条件的，个人信息处理者应当提供转移的途径。

第四十六条　个人发现其个人信息不准确或者不完整的，有权请求个人信息处理者更正、补充。

个人请求更正、补充其个人信息的，个人信息处理者应当对其个人信息予以核实，并及时更正、补充。

第四十七条　有下列情形之一的，个人信息处理者应当主动删除个人信息；个人信息处理者未删除的，个人有权请求删除：

（一）处理目的已实现、无法实现或者为实现处理目的不再必要；

（二）个人信息处理者停止提供产品或者服务，或者保存期限已届满；

（三）个人撤回同意；

（四）个人信息处理者违反法律、行政法规或者违反约定处理个人信息；

（五）法律、行政法规规定的其他情形。

法律、行政法规规定的保存期限未届满，或者删除个人信息从技术上难以实现的，个人信息处理者应当停止除存储和采取必要的安全保护措施之外的处理。

第四十八条　个人有权要求个人信息处理者对其个人信息处理规则进行解释说明。

第四十九条　自然人死亡的，其近亲属为了自身的合法、正当利益，可以对死者的相关个人信息行使本章规定的查阅、复制、更正、删除等权利；死者生前另有安排的除外。

第五十条　个人信息处理者应当建立便捷的个人行使权利的申请受理和处理机制。拒绝个人行使权利的请求的，应当说明理由。

个人信息处理者拒绝个人行使权利的请求的，个人可以依法向人民法院提起诉讼。

第五章　个人信息处理者的义务

第五十一条　个人信息处理者应当根据个人信息的处理目的、处理方式、个人信息的种类以及对个人权益的影响、可能存在的安全风险等，采取下列措施确保个人信息处理活动符合法律、行政法规的规定，并防止未经授权的访问以及个人信息泄露、篡改、丢失：

（一）制定内部管理制度和操作规程；

（二）对个人信息实行分类管理；

（三）采取相应的加密、去标识化等安全技术措施；

（四）合理确定个人信息处理的操作权限，并定期对从业人员进行安全教育和培训；

（五）制定并组织实施个人信息安全事件应急预案；

（六）法律、行政法规规定的其他措施。

第五十二条　处理个人信息达到国家网信部门规定数量的个人信息处理者应当指定个人信息保护负责人，负责对个人信息处理活动以及采取的保护措施等进行监督。

个人信息处理者应当公开个人信息保护负责人的联系方式，并将个人信息保护负责人的姓名、联系方式等报送履行个人信息保护职责的部门。

第五十三条　本法第三条第二款规定的中华人民共和国境外的个人信息处理者，应当在中华人民共和国境内设立专门机构或者指定代表，负责处理个人信息保护相关事务，并将有关机构的名称或者代表的姓名、联系方式等报送履行个人信息保护职责的部门。

第五十四条　个人信息处理者应当定期对其处理个人信息遵守法律、行政法规的情况进行合规审计。

第五十五条　有下列情形之一的，个人信息处理者应当事前进行个人信息保护影响评估，并对处理情况进行记录：

（一）处理敏感个人信息；

（二）利用个人信息进行自动化决策；

（三）委托处理个人信息、向其他个人信息处理者提供个人信息、公开个人信息；

（四）向境外提供个人信息；

（五）其他对个人权益有重大影响的个人信息处理活动。

第五十六条　个人信息保护影响评估应当包括下列内容：

（一）个人信息的处理目的、处理方式等是否合法、正当、必要；

（二）对个人权益的影响及安全风险；

（三）所采取的保护措施是否合法、有效并与风险程度相适应。

个人信息保护影响评估报告和处理情况记录应当至少保存三年。

第五十七条　发生或者可能发生个人信息泄露、篡改、丢失的，个人信息处理者应当立即采取补救措施，并通知履行个人信息保护职责的部门和个人。通知应当包括下列事项：

（一）发生或者可能发生个人信息泄露、篡改、丢失的信息种类、原因和可能造成的危害；

（二）个人信息处理者采取的补救措施和个人可以采取的减轻危害的措施；

（三）个人信息处理者的联系方式。

个人信息处理者采取措施能够有效避免信息泄露、篡改、丢失造成危害的，个人信息处理者可以不通知个人；履行个人信息保护职责的部门认为可能造成危害的，有权要求个人信息处理者通知个人。

第五十八条　提供重要互联网平台服务、用户数量巨大、业务类型复杂的个人信息处理者，应当履行下列义务：

（一）按照国家规定建立健全个人信息保护合规制度体系，成立主要由外部成员组成的独立机构对个人信息保护情况进行监督；

（二）遵循公开、公平、公正的原则，制定平台规则，明确平台内产品或者服务提供者处理个人信息的规范和保护个人信息的义务；

（三）对严重违反法律、行政法规处理个人信息的平台内的产品或者服务提供者，停止提供服务；

（四）定期发布个人信息保护社会责任报告，接受社会监督。

第五十九条　接受委托处理个人信息的受托人，应当依照本法和有关法律、行政法规的规定，采取必要措施保障所处理的个人信息的安全，并协助个人信息处理者履行本法规定的义务。

第六章　履行个人信息保护职责的部门

第六十条　国家网信部门负责统筹协调个人信息保护工作和相关监督管理工作。国务院有关部门依照本法和有关法律、行政法规的规定，在各自职责范围内负责个人信息保护和监督管理工作。

县级以上地方人民政府有关部门的个人信息保护和监督管理职责，按照国家有关规定确定。

前两款规定的部门统称为履行个人信息保护职责的部门。

第六十一条　履行个人信息保护职责的部门履行下列个人信息保护职责：

（一）开展个人信息保护宣传教育，指导、监督个人信息处理者开展个人信息保护工作；

（二）接受、处理与个人信息保护有关的投诉、举报；

（三）组织对应用程序等个人信息保护情况进行测评，并公布测评结果；

（四）调查、处理违法个人信息处理活动；

（五）法律、行政法规规定的其他职责。

第六十二条　国家网信部门统筹协调有关部门依据本法推进下列个人信息保护工作：

（一）制定个人信息保护具体规则、标准；

（二）针对小型个人信息处理者、处理敏感个人信息以及人脸识别、人工智能等新技术、新应用，制定专门的个人信息保护规则、标准；

（三）支持研究开发和推广应用安全、方便的电子身份认证技术，推进网络身份认证公共服务建设；

（四）推进个人信息保护社会化服务体系建设，支持有关机构开展个人信息保护评估、认证服务；

（五）完善个人信息保护投诉、举报工作机制。

第六十三条　履行个人信息保护职责的部门履行个人信息保护职责，可以采取下列措施：

（一）询问有关当事人，调查与个人信息处理活动有关的情况；

（二）查阅、复制当事人与个人信息处理活动有关的合同、记录、账簿以及其他有关资料；

（三）实施现场检查，对涉嫌违法的个人信息处理活动进行调查；

（四）检查与个人信息处理活动有关的设备、物品；对有证据证明是用于违法个人信息处理活动的设备、物品，向本部门主要负责人书面报告并经批准，可以查封或者扣押。

履行个人信息保护职责的部门依法履行职责，当事人应当予以协助、配合，不得拒绝、阻挠。

第六十四条　履行个人信息保护职责的部门在履行职责中，发现个人信息处理活动存在较大风险或者发生个人信息安全事件的，可以按照规定的权限和程序对该个人信息处理者的法定代表人或者主要负责人进行约谈，或者要求个人信息处理者委托专业机构对其个人信息处理活动进行合规审计。个人信息处理者应当按照要求采取措施，进行整改，消除隐患。

履行个人信息保护职责的部门在履行职责中，发现违法处理个人信息涉嫌犯罪的，应当及时移送公安机关依法处理。

第六十五条　任何组织、个人有权对违法个人信息处理活动向履行个人信息保护职责的部门进行投诉、举报。收到投诉、举报的部门应当依法及时处理，并将处理结果告知投诉、举报人。

履行个人信息保护职责的部门应当公布接受投诉、举报的联系方式。

第七章　法律责任

第六十六条　违反本法规定处理个人信息，或者处理个人信息未履行本法规定的个人信息保护义务的，由履行个人信息保护职责的部门责令改正，给予警告，没收违法所得，对违法处理个人信息的应用程序，责令暂停或者终止提供服务；拒不改正的，并处一百万元以下罚款；对直接负责的主管人员和其他直接责任人员处一万元以上十万元以下罚款。

有前款规定的违法行为，情节严重的，由省级以上履行个人信息保护职责的部门责令改正，没收违法所得，并处五千万元以下或者上一年度营业额百分之五以下罚款，并可以责令暂停相关业务或者停业整顿、通报有关主管部门吊销相关业务许可或者吊销营业执照；对直接负责的主管人员和其他直接责任人员处十万元以上一百万元以下罚款，并可以决定禁止其在一定期限内担任相关企业的董事、监事、高级管理人员和个人信息保护负责人。

第六十七条　有本法规定的违法行为的，依照有关法律、行政法规的规定记入信用档案，并予以公示。

第六十八条　国家机关不履行本法规定的个人信息保护义务的，由其上级机关或者履行个人信息保护职责的部门责令改正；对直接负责的主管人员和其他直接责任人员依法给予处分。

履行个人信息保护职责的部门的工作人员玩忽职守、滥用职权、徇私舞弊，尚不构成犯罪的，依法给予处分。

第六十九条　处理个人信息侵害个人信息权益造成损害，个人信息处理者不能证明自己没有过错的，应当承担损害赔偿等侵权责任。

前款规定的损害赔偿责任按照个人因此受到的损失或者个人信息处理者因此获得的利益确定；个人因此受到的损失和个人信息处理者因此获得的利益难以确定的，根据实际情况确定赔偿数额。

第七十条　个人信息处理者违反本法规定处理个人信息，侵害众多个人的权益的，人民检察院、法律规定的消费者组织和由国家网信部门确定的组织可以依法向人民法院提起诉讼。

第七十一条 违反本法规定，构成违反治安管理行为的，依法给予治安管理处罚；构成犯罪的，依法追究刑事责任。

第八章 附则

第七十二条 自然人因个人或者家庭事务处理个人信息的，不适用本法。

法律对各级人民政府及其有关部门组织实施的统计、档案管理活动中的个人信息处理有规定的，适用其规定。

第七十三条 本法下列用语的含义：

（一）个人信息处理者，是指在个人信息处理活动中自主决定处理目的、处理方式的组织、个人。

（二）自动化决策，是指通过计算机程序自动分析、评估个人的行为习惯、兴趣爱好或者经济、健康、信用状况等，并进行决策的活动。

（三）去标识化，是指个人信息经过处理，使其在不借助额外信息的情况下无法识别特定自然人的过程。

（四）匿名化，是指个人信息经过处理无法识别特定自然人且不能复原的过程。

第七十四条 本法自2021年11月1日起施行。

中华人民共和国邮政法（摘）

（1986年12月2日第六届全国人民代表大会常务委员会第十八次会议通过，中华人民共和国主席令第70号，2009年4月24日第十一届全国人民代表大会常务委员会第八次会议修订，根据2012年10月26日第十一届全国人民代表大会常务委员会第二十九次会议《关于修改〈中华人民共和国邮政法〉的决定》修正，根据2015年4月24日第十二届全国人民代表大会常务委员会第十四次会议《关于修改〈中华人民共和国义务教育法〉等五部法律的决定》修正，2015年4月24日中华人民共和国主席令第25号公布）

第一章 总则

第一条 为了保障邮政普遍服务，加强对邮政市场的监督管理，维护邮政通信与信息安全，保护通信自由和通信秘密，保护用户合法权益，促进邮政业健康发展，适应经济社会发展和人民生活需要，制定本法。

…………

第三条 公民的通信自由和通信秘密受法律保护。除因国家安全或者追查刑事犯罪的需要，由公安机关、国家安全机关或者检察机关依照法律规定的程序对通信进行检查外，任何组织或者个人不得以任何理由侵犯公民的通信自由和通信秘密。

除法律另有规定外，任何组织或者个人不得检查、扣留邮件、汇款。

…………

第二章 邮政设施

…………

第十条 机关、企业事业单位应当设置接收邮件的场所。农村地区应当逐步设置村邮站或者其他接收邮件的场所。

建设城镇居民楼应当设置接收邮件的信报箱，并按照国家规定的标准验收。建设单位未按照国家规定的标准设置信报箱的，由邮政管理部门责令限期改正；逾期未改正的，由邮政管理部门指定其他单位设置信报箱，所需费用由该居民楼的建设单位承担。

…………

第三十二条 邮政企业采取按址投递、用户领取或者与用户协商的其他方式投递邮件。

机关、企业事业单位、住宅小区管理单位等应当为邮政企业投递邮件提供便利。单位用户地址变更的，应当及时通知邮政企业。

…………

第三十五条　任何单位和个人不得私自开拆、隐匿、毁弃他人邮件。

…………

第三十七条　任何单位和个人不得利用邮件寄递含有下列内容的物品：

（一）煽动颠覆国家政权、推翻社会主义制度或者分裂国家、破坏国家统一，危害国家安全的；

（二）泄露国家秘密的；

（三）散布谣言扰乱社会秩序，破坏社会稳定的；

（四）煽动民族仇恨、民族歧视，破坏民族团结的；

（五）宣扬邪教或者迷信的；

（六）散布淫秽、赌博、恐怖信息或者教唆犯罪的；

（七）法律、行政法规禁止的其他内容。

第三十八条　任何单位和个人不得有下列行为：

（一）扰乱邮政营业场所正常秩序；

（二）阻碍邮政企业从业人员投递邮件；

（三）非法拦截、强登、扒乘带有邮政专用标志的车辆；

（四）冒用邮政企业名义或者邮政专用标志；

（五）伪造邮政专用品或者倒卖伪造的邮政专用品。

…………

第六十六条　任何单位和个人对违反本法规定的行为，有权向邮政管理部门举报。邮政管理部门接到举报后，应当及时依法处理。

…………

第七十一条　冒领、私自开拆、隐匿、毁弃或者非法检查他人邮件、快件，尚不构成犯罪的，依法给予治安管理处罚。

…………

第八十条　有下列行为之一，尚不构成犯罪的，依法给予治安管理处罚：

（一）盗窃、损毁邮政设施或者影响邮政设施正常使用的；

…………

第八十二条　违反本法规定，构成犯罪的，依法追究刑事责任。

…………

第八十七条　本法自2009年10月1日起施行。

最高人民法院关于民事诉讼证据的若干规定

（2001年12月6日最高人民法院审判委员会第1201次会议通过，根据2019年10月14日最高人民法院审判委员会第1777次会议《关于修改〈关于民事诉讼证据的若干规定〉的决定》修正，2019年12月25日法释〔2019〕19号公布）

为保证人民法院正确认定案件事实，公正、及时审理民事案件，保障和便利当事人依法行使诉讼权利，根据《中华人民共和国民事诉讼法》（以下简称民事诉讼法）等有关法律的规定，结合民事审判经验和实际情况，制定本规定。

一、当事人举证

第一条　原告向人民法院起诉或者被告提出反诉，应当提供符合起诉条件的相应的证据。

第二条　人民法院应当向当事人说明举证的要求及法律后果，促使当事人在合理期限内积极、全面、正确、诚实地完成举证。

当事人因客观原因不能自行收集的证据，可申请人民法院调查收集。

第三条　在诉讼过程中，一方当事人陈述的于己不利的事实，或者对于己不利的事实明确表示承认的，另一方当事人无需举证证明。

在证据交换、询问、调查过程中，或者在起诉状、答辩状、代理词等书面材料中，当事人明确承认于己不利的事实的，适用前款规定。

第四条 一方当事人对于另一方当事人主张的于己不利的事实既不承认也不否认，经审判人员说明并询问后，其仍然不明确表示肯定或者否定的，视为对该事实的承认。

第五条 当事人委托诉讼代理人参加诉讼的，除授权委托书明确排除的事项外，诉讼代理人的自认视为当事人的自认。

当事人在场对诉讼代理人的自认明确否认的，不视为自认。

第六条 普通共同诉讼中，共同诉讼人中一人或者数人作出的自认，对作出自认的当事人发生效力。

必要共同诉讼中，共同诉讼人中一人或者数人作出自认而其他共同诉讼人予以否认的，不发生自认的效力。其他共同诉讼人既不承认也不否认，经审判人员说明并询问后仍然不明确表示意见的，视为全体共同诉讼人的自认。

第七条 一方当事人对于另一方当事人主张的于己不利的事实有所限制或者附加条件予以承认的，由人民法院综合案件情况决定是否构成自认。

第八条 《最高人民法院关于适用〈中华人民共和国民事诉讼法〉的解释》第九十六条第一款规定的事实，不适用有关自认的规定。

自认的事实与已经查明的事实不符的，人民法院不予确认。

第九条 有下列情形之一，当事人在法庭辩论终结前撤销自认的，人民法院应当准许：

（一）经对方当事人同意的；

（二）自认是在受胁迫或者重大误解情况下作出的。

人民法院准许当事人撤销自认的，应当作出口头或者书面裁定。

第十条 下列事实，当事人无须举证证明：

（一）自然规律以及定理、定律；

（二）众所周知的事实；

（三）根据法律规定推定的事实；

（四）根据已知的事实和日常生活经验法则推定出的另一事实；

（五）已为仲裁机构的生效裁决所确认的事实；

（六）已为人民法院发生法律效力的裁判所确认的基本事实；

（七）已为有效公证文书所证明的事实。

前款第二项至第五项事实，当事人有相反证据足以反驳的除外；第六项、第七项事实，当事人有相反证据足以推翻的除外。

第十一条 当事人向人民法院提供证据，应当提供原件或者原物。如需自己保存证据原件、原物或者提供原件、原物确有困难的，可以提供经人民法院核对无异的复制件或者复制品。

第十二条 以动产作为证据的，应当将原物提交人民法院。原物不宜搬移或者不宜保存的，当事人可以提供复制品、影像资料或者其他替代品。

人民法院在收到当事人提交的动产或者替代品后，应当及时通知双方当事人到人民法院或者保存现场查验。

第十三条 当事人以不动产作为证据的，应当向人民法院提供该不动产的影像资料。

人民法院认为有必要的，应当通知双方当事人到场进行查验。

第十四条 电子数据包括下列信息、电子文件：

（一）网页、博客、微博客等网络平台发布的信息；

（二）手机短信、电子邮件、即时通信、通讯群组等网络应用服务的通信信息；

（三）用户注册信息、身份认证信息、电子交易记录、通信记录、登录日志等信息；

（四）文档、图片、音频、视频、数字证书、计算机程序等电子文件；

（五）其他以数字化形式存储、处理、传输的能够证明案件事实的信息。

第十五条 当事人以视听资料作为证据的，应当提供存储该视听资料的原始载体。

当事人以电子数据作为证据的，应当提供原件。电子数据的制作者制作的与原件一致的副本，或者直接来源于电子数据的打印件或其他可以显示、识别的输出介质，视为电子数据的原件。

第十六条　当事人提供的公文书证系在中华人民共和国领域外形成的，该证据应当经所在国公证机关证明，或者履行中华人民共和国与该所在国订立的有关条约中规定的证明手续。

中华人民共和国领域外形成的涉及身份关系的证据，应当经所在国公证机关证明并经中华人民共和国驻该国使领馆认证，或者履行中华人民共和国与该所在国订立的有关条约中规定的证明手续。

当事人向人民法院提供的证据是在香港、澳门、台湾地区形成的，应当履行相关的证明手续。

第十七条　当事人向人民法院提供外文书证或者外文说明资料，应当附有中文译本。

第十八条　双方当事人无争议的事实符合《最高人民法院关于适用〈中华人民共和国民事诉讼法〉的解释》第九十六条第一款规定情形的，人民法院可以责令当事人提供有关证据。

第十九条　当事人应当对其提交的证据材料逐一分类编号，对证据材料的来源、证明对象和内容作简要说明，签名盖章，注明提交日期，并依照对方当事人人数提出副本。

人民法院收到当事人提交的证据材料，应当出具收据，注明证据的名称、份数和页数以及收到的时间，由经办人员签名或者盖章。

二、证据的调查收集和保全

第二十条　当事人及其诉讼代理人申请人民法院调查收集证据，应当在举证期限届满前提交书面申请。

申请书应当载明被调查人的姓名或者单位名称、住所地等基本情况、所要调查收集的证据名称或者内容、需要由人民法院调查收集证据的原因及其要证明的事实以及明确的线索。

第二十一条　人民法院调查收集的书证，可以是原件，也可以是经核对无误的副本或者复制件。是副本或者复制件的，应当在调查笔录中说明来源和取证情况。

第二十二条　人民法院调查收集的物证应当是原物。被调查人提供原物确有困难的，可以提供复制品或者影像资料。提供复制品或者影像资料的，应当在调查笔录中说明取证情况。

第二十三条　人民法院调查收集视听资料、电子数据，应当要求被调查人提供原始载体。

提供原始载体确有困难的，可以提供复制件。提供复制件的，人民法院应当在调查笔录中说明其来源和制作经过。

人民法院对视听资料、电子数据采取证据保全措施的，适用前款规定。

第二十四条　人民法院调查收集可能需要鉴定的证据，应当遵守相关技术规范，确保证据不被污染。

第二十五条　当事人或者利害关系人根据民事诉讼法第八十一条的规定申请证据保全的，申请书应当载明需要保全的证据的基本情况、申请保全的理由以及采取何种保全措施等内容。

当事人根据民事诉讼法第八十一条第一款的规定申请证据保全的，应当在举证期限届满前向人民法院提出。

法律、司法解释对诉前证据保全有规定的，依照其规定办理。

第二十六条　当事人或者利害关系人申请采取查封、扣押等限制保全标的物使用、流通等保全措施，或者保全可能对证据持有人造成损失的，人民法院应当责令申请人提供相应的担保。

担保方式或者数额由人民法院根据保全措施对证据持有人的影响、保全标的物的价值、当事人或者利害关系人争议的诉讼标的金额等因素综合确定。

第二十七条　人民法院进行证据保全，可以要求当事人或者诉讼代理人到场。

根据当事人的申请和具体情况，人民法院可以采取查封、扣押、录音、录像、复制、鉴定、勘验等方法进行证据保全，并制作笔录。

在符合证据保全目的的情况下，人民法院应当选择对证据持有人利益影响最小的保全措施。

第二十八条 申请证据保全错误造成财产损失，当事人请求申请人承担赔偿责任的，人民法院应予支持。

第二十九条 人民法院采取诉前证据保全措施后，当事人向其他有管辖权的人民法院提起诉讼的，采取保全措施的人民法院应当根据当事人的申请，将保全的证据及时移交受理案件的人民法院。

第三十条 人民法院在审理案件过程中认为待证事实需要通过鉴定意见证明的，应当向当事人释明，并指定提出鉴定申请的期间。

符合《最高人民法院关于适用〈中华人民共和国民事诉讼法〉的解释》第九十六条第一款规定情形的，人民法院应当依职权委托鉴定。

第三十一条 当事人申请鉴定，应当在人民法院指定期间内提出，并预交鉴定费用。逾期不提出申请或者不预交鉴定费用的，视为放弃申请。

对需要鉴定的待证事实负有举证责任的当事人，在人民法院指定期间内无正当理由不提出鉴定申请或者不预交鉴定费用，或者拒不提供相关材料，致使待证事实无法查明的，应当承担举证不能的法律后果。

第三十二条 人民法院准许鉴定申请的，应当组织双方当事人协商确定具备相应资格的鉴定人。当事人协商不成的，由人民法院指定。

人民法院依职权委托鉴定的，可以在询问当事人的意见后，指定具备相应资格的鉴定人。

人民法院在确定鉴定人后应当出具委托书，委托书中应当载明鉴定事项、鉴定范围、鉴定目的和鉴定期限。

第三十三条 鉴定开始之前，人民法院应当要求鉴定人签署承诺书。承诺书中应当载明鉴定人保证客观、公正、诚实地进行鉴定，保证出庭作证，如作虚假鉴定应当承担法律责任等内容。

鉴定人故意作虚假鉴定的，人民法院应当责令其退还鉴定费用，并根据情节，依照民事诉讼法第一百一十一条的规定进行处罚。

第三十四条 人民法院应当组织当事人对鉴定材料进行质证。未经质证的材料，不得作为鉴定的根据。

经人民法院准许，鉴定人可以调取证据、勘验物证和现场、询问当事人或者证人。

第三十五条 鉴定人应当在人民法院确定的期限内完成鉴定，并提交鉴定书。

鉴定人无正当理由未按期提交鉴定书的，当事人可以申请人民法院另行委托鉴定人进行鉴定。人民法院准许的，原鉴定人已经收取的鉴定费用应当退还；拒不退还的，依照本规定第八十一条第二款的规定处理。

第三十六条 人民法院对鉴定人出具的鉴定书，应当审查是否具有下列内容：

（一）委托法院的名称；

（二）委托鉴定的内容、要求；

（三）鉴定材料；

（四）鉴定所依据的原理、方法；

（五）对鉴定过程的说明；

（六）鉴定意见；

（七）承诺书。

鉴定书应当由鉴定人签名或者盖章，并附鉴定人的相应资格证明。委托机构鉴定的，鉴定书应当由鉴定机构盖章，并由从事鉴定的人员签名。

第三十七条 人民法院收到鉴定书后，应当及时将副本送交当事人。

当事人对鉴定书的内容有异议的，应当在人民法院指定期间内以书面方式提出。

对于当事人的异议，人民法院应当要求鉴定人作出解释、说明或者补充。人民法院认为有必要的，可以要求鉴定人对当事人未提出异议的内容进行解释、说明或者补充。

第三十八条 当事人在收到鉴定人的书面答复后仍有异议的，人民法院应当根据《诉讼费用交纳办法》第十一条的规定，通知有异议的当事人预交鉴定人出庭费用，并通知鉴定人出庭。有异议的当事人不预交鉴定人出庭费用的，视为放弃异议。

双方当事人对鉴定意见均有异议的，分摊预交鉴定人出庭费用。

第三十九条 鉴定人出庭费用按照证人出庭作证费用的标准计算，由败诉的当事人负担。因鉴定意见不明确或者有瑕疵需要鉴定人出庭的，出庭费用由其自行负担。

人民法院委托鉴定时已经确定鉴定人出庭费用包含在鉴定费用中的，不再通知当事人预交。

第四十条　当事人申请重新鉴定，存在下列情形之一的，人民法院应当准许：

（一）鉴定人不具备相应资格的；

（二）鉴定程序严重违法的；

（三）鉴定意见明显依据不足的；

（四）鉴定意见不能作为证据使用的其他情形。

存在前款第一项至第三项情形的，鉴定人已经收取的鉴定费用应当退还。拒不退还的，依照本规定第八十一条第二款的规定处理。

对鉴定意见的瑕疵，可以通过补正、补充鉴定或者补充质证、重新质证等方法解决的，人民法院不予准许重新鉴定的申请。

重新鉴定的，原鉴定意见不得作为认定案件事实的根据。

第四十一条　对于一方当事人就专门性问题自行委托有关机构或者人员出具的意见，另一方当事人有证据或者理由足以反驳并申请鉴定的，人民法院应予准许。

第四十二条　鉴定意见被采信后，鉴定人无正当理由撤销鉴定意见的，人民法院应当责令其退还鉴定费用，并可以根据情节，依照民事诉讼法第一百一十一条的规定对鉴定人进行处罚。当事人主张鉴定人负担由此增加的合理费用的，人民法院应予支持。

人民法院采信鉴定意见后准许鉴定人撤销的，应当责令其退还鉴定费用。

第四十三条　人民法院应当在勘验前将勘验的时间和地点通知当事人。当事人不参加的，不影响勘验进行。

当事人可以就勘验事项向人民法院进行解释和说明，可以请求人民法院注意勘验中的重要事项。

人民法院勘验物证或者现场，应当制作笔录，记录勘验的时间、地点、勘验人、在场人、勘验的经过、结果，由勘验人、在场人签名或者盖章。对于绘制的现场图应当注明绘制的时间、方位、测绘人姓名、身份等内容。

第四十四条　摘录有关单位制作的与案件事实相关的文件、材料，应当注明出处，并加盖制作单位或者保管单位的印章，摘录人和其他调查人员应当在摘录件上签名或者盖章。

摘录文件、材料应当保持内容相应的完整性。

第四十五条　当事人根据《最高人民法院关于适用〈中华人民共和国民事诉讼法〉的解释》第一百一十二条的规定申请人民法院责令对方当事人提交书证的，申请书应当载明所申请提交的书证名称或者内容、需要以该书证证明的事实及事实的重要性、对方当事人控制该书证的根据以及应当提交该书证的理由。

对方当事人否认控制书证的，人民法院应当根据法律规定、习惯等因素，结合案件的事实、证据，对于书证是否在对方当事人控制之下的事实作出综合判断。

第四十六条　人民法院对当事人提交书证的申请进行审查时，应当听取对方当事人的意见，必要时可以要求双方当事人提供证据、进行辩论。

当事人申请提交的书证不明确、书证对于待证事实的证明无必要、待证事实对于裁判结果无实质性影响、书证未在对方当事人控制之下或者不符合本规定第四十七条情形的，人民法院不予准许。

当事人申请理由成立的，人民法院应当作出裁定，责令对方当事人提交书证；理由不成立的，通知申请人。

第四十七条　下列情形，控制书证的当事人应当提交书证：

（一）控制书证的当事人在诉讼中曾经引用过的书证；

（二）为对方当事人的利益制作的书证；

（三）对方当事人依照法律规定有权查阅、获取的书证；

（四）账簿、记账原始凭证；

（五）人民法院认为应当提交书证的其他情形。

前款所列书证，涉及国家秘密、商业秘密、当事人或第三人的隐私，或者存在法律规定应当保密的情形的，提交后不得公开质证。

第四十八条　控制书证的当事人无正当理由拒不提交书证的，人民法院可以认定对方当事人所主张的书证内容为真实。

控制书证的当事人存在《最高人民法院关于适用〈中华人民共和国民事诉讼法〉的解释》第一百一十三条规定情形的，人民法院可以认定对方当事人主张以该书证证明的事实为真实。

三、举证时限与证据交换

第四十九条 被告应当在答辩期届满前提出书面答辩，阐明其对原告诉讼请求及所依据的事实和理由的意见。

第五十条 人民法院应当在审理前的准备阶段向当事人送达举证通知书。

举证通知书应当载明举证责任的分配原则和要求、可以向人民法院申请调查收集证据的情形、人民法院根据案件情况指定的举证期限以及逾期提供证据的法律后果等内容。

第五十一条 举证期限可以由当事人协商，并经人民法院准许。

人民法院指定举证期限的，适用第一审普通程序审理的案件不得少于十五日，当事人提供新的证据的第二审案件不得少于十日。适用简易程序审理的案件不得超过十五日，小额诉讼案件的举证期限一般不得超过七日。

举证期限届满后，当事人提供反驳证据或者对已经提供的证据的来源、形式等方面的瑕疵进行补正的，人民法院可以酌情再次确定举证期限，该期限不受前款规定的期间限制。

第五十二条 当事人在举证期限内提供证据存在客观障碍，属于民事诉讼法第六十五条第二款规定的“当事人在该期限内提供证据确有困难”的情形。

前款情形，人民法院应当根据当事人的举证能力、不能在举证期限内提供证据的原因等因素综合判断。必要时，可以听取对方当事人的意见。

第五十三条 诉讼过程中，当事人主张的法律关系性质或者民事行为效力与人民法院根据案件事实作出的认定不一致的，人民法院应当将法律关系性质或者民事行为效力作为焦点问题进行审理。但法律关系性质对裁判理由及结果没有影响，或者有关问题已经当事人充分辩论的除外。

存在前款情形，当事人根据法庭审理情况变更诉讼请求的，人民法院应当准许并可以根据案件的具体情况重新指定举证期限。

第五十四条 当事人申请延长举证期限的，应当在举证期限届满前向人民法院提出书面申请。

申请理由成立的，人民法院应当准许，适当延长举证期限，并通知其他当事人。延长的举证期限适用于其他当事人。

申请理由不成立的，人民法院不予准许，并通知申请人。

第五十五条 存在下列情形的，举证期限按照如下方式确定：

（一）当事人依照民事诉讼法第一百二十七条规定提出管辖权异议的，举证期限中止，自驳回管辖权异议的裁定生效之日起恢复计算；

（二）追加当事人、有独立请求权的第三人参加诉讼或者无独立请求权的第三人经人民法院通知参加诉讼的，人民法院应当依照本规定第五十一条的规定为新参加诉讼的当事人确定举证期限，该举证期限适用于其他当事人；

（三）发回重审的案件，第一审人民法院可以结合案件具体情况和发回重审的原因，酌情确定举证期限；

（四）当事人增加、变更诉讼请求或者提出反诉的，人民法院应当根据案件具体情况重新确定举证期限；

（五）公告送达的，举证期限自公告期届满之次日起计算。

第五十六条 人民法院依照民事诉讼法第一百三十三条第四项的规定，通过组织证据交换进行审理前准备的，证据交换之日举证期限届满。

证据交换的时间可以由当事人协商一致并经人民法院认可，也可以由人民法院指定。当事人申请延期举证经人民法院准许的，证据交换日相应顺延。

第五十七条 证据交换应当在审判人员的主持下进行。

在证据交换的过程中，审判人员对当事人无异议的事实、证据应当记录在卷；对有异议的证据，按照需要证明的事实分类记录在卷，并记载异议的理由。通过证据交换，确定双方当事人争议的主要问题。

第五十八条　当事人收到对方的证据后有反驳证据需要提交的，人民法院应当再次组织证据交换。

第五十九条　人民法院对逾期提供证据的当事人处以罚款的，可以结合当事人逾期提供证据的主观过错程度、导致诉讼迟延的情况、诉讼标的金额等因素，确定罚款数额。

四、质证

第六十条　当事人在审理前的准备阶段或者人民法院调查、询问过程中发表过质证意见的证据，视为质证过的证据。

当事人要求以书面方式发表质证意见，人民法院在听取对方当事人意见后认为有必要的，可以准许。人民法院应当及时将书面质证意见送交对方当事人。

第六十一条　对书证、物证、视听资料进行质证时，当事人应当出示证据的原件或者原物。但有下列情形之一的除外：

（一）出示原件或者原物确有困难并经人民法院准许出示复制件或者复制品的；

（二）原件或者原物已不存在，但有证据证明复制件、复制品与原件或者原物一致的。

第六十二条　质证一般按下列顺序进行：

（一）原告出示证据，被告、第三人与原告进行质证；

（二）被告出示证据，原告、第三人与被告进行质证；

（三）第三人出示证据，原告、被告与第三人进行质证。

人民法院根据当事人申请调查收集的证据，审判人员对调查收集证据的情况进行说明后，由提出申请的当事人与对方当事人、第三人进行质证。

人民法院依职权调查收集的证据，由审判人员对调查收集证据的情况进行说明后，听取当事人的意见。

第六十三条　当事人应当就案件事实作真实、完整的陈述。

当事人的陈述与此前陈述不一致的，人民法院应当责令其说明理由，并结合当事人的诉讼能力、证据和案件具体情况进行审查认定。

当事人故意作虚假陈述妨碍人民法院审理的，人民法院应当根据情节，依照民事诉讼法第一百一十一条的规定进行处罚。

第六十四条　人民法院认为有必要的，可以要求当事人本人到场，就案件的有关事实接受询问。

人民法院要求当事人到场接受询问的，应当通知当事人询问的时间、地点、拒不到场的后果等内容。

第六十五条　人民法院应当在询问前责令当事人签署保证书并宣读保证书的内容。

保证书应当载明保证据实陈述，绝无隐瞒、歪曲、增减，如有虚假陈述应当接受处罚等内容。当事人应当在保证书上签名、捺印。

当事人有正当理由不能宣读保证书的，由书记员宣读并进行说明。

第六十六条　当事人无正当理由拒不到场、拒不签署或宣读保证书或者拒不接受询问的，人民法院应当综合案件情况，判断待证事实的真伪。待证事实无其他证据证明的，人民法院应当作出不利于该当事人的认定。

第六十七条　不能正确表达意思的人，不能作为证人。

待证事实与其年龄、智力状况或者精神健康状况相适应的无民事行为能力人和限制民事行为能力人，可以作为证人。

第六十八条　人民法院应当要求证人出庭作证，接受审判人员和当事人的询问。证人在审理前的准备阶段或者人民法院调查、询问等双方当事人在场时陈述证言的，视为出庭作证。

双方当事人同意证人以其他方式作证并经人民法院准许的，证人可以不出庭作证。

无正当理由未出庭的证人以书面等方式提供的证言，不得作为认定案件事实的根据。

第六十九条　当事人申请证人出庭作证的，应当在举证期限届满前向人民法院提交申请书。

申请书应当载明证人的姓名、职业、住所、联系方式，作证的主要内容，作证内容与待证事实的关联性，以及证人出庭作证的必要性。

符合《最高人民法院关于适用〈中华人民共和国民事诉讼法〉的解释》第九十六条第一款规定情形的，人民法院应当依职权通知证人出庭作证。

第七十条　人民法院准许证人出庭作证申请的，应当向证人送达通知书并告知双方当事人。通知书中应当载明证人作证的时间、地点，作证的事项、要求以及作伪证的法律后果等内容。

当事人申请证人出庭作证的事项与待证事实无关，或者没有通知证人出庭作证必要的，人民法院不予准许当事人的申请。

第七十一条　人民法院应当要求证人在作证之前签署保证书，并在法庭上宣读保证书的内容。但无民事行为能力人和限制民事行为能力人作为证人的除外。

证人确有正当理由不能宣读保证书的，由书记员代为宣读并进行说明。

证人拒绝签署或者宣读保证书的，不得作证，并自行承担相关费用。

证人保证书的内容适用当事人保证书的规定。

第七十二条　证人应当客观陈述其亲身感知的事实，作证时不得使用猜测、推断或者评论性语言。

证人作证前不得旁听法庭审理，作证时不得以宣读事先准备的书面材料的方式陈述证言。

证人言辞表达有障碍的，可以通过其他表达方式作证。

第七十三条　证人应当就其作证的事项进行连续陈述。

当事人及其法定代理人、诉讼代理人或者旁听人员干扰证人陈述的，人民法院应当及时制止，必要时可以依照民事诉讼法第一百一十条的规定进行处罚。

第七十四条　审判人员可以对证人进行询问。当事人及其诉讼代理人经审判人员许可后可以询问证人。

询问证人时其他证人不得在场。

人民法院认为有必要的，可以要求证人之间进行对质。

第七十五条　证人出庭作证后，可以向人民法院申请支付证人出庭作证费用。证人有困难需要预先支取出庭作证费用的，人民法院可以根据证人的申请在出庭作证前支付。

第七十六条　证人确有困难不能出庭作证，申请以书面证言、视听传输技术或者视听资料等方式作证的，应当向人民法院提交申请书。申请书中应当载明不能出庭的具体原因。

符合民事诉讼法第七十三条规定情形的，人民法院应当准许。

第七十七条　证人经人民法院准许，以书面证言方式作证的，应当签署保证书；以视听传输技术或者视听资料方式作证的，应当签署保证书并宣读保证书的内容。

第七十八条　当事人及其诉讼代理人对证人的询问与待证事实无关，或者存在威胁、侮辱证人或不适当引导等情形的，审判人员应当及时制止。必要时可以依照民事诉讼法第一百一十条、第一百一十一条的规定进行处罚。

证人故意作虚假陈述，诉讼参与人或者其他人以暴力、威胁、贿买等方法妨碍证人作证，或者在证人作证后以侮辱、诽谤、诬陷、恐吓、殴打等方式对证人打击报复的，人民法院应当根据情节，依照民事诉讼法第一百一十一条的规定，对行为人进行处罚。

第七十九条　鉴定人依照民事诉讼法第七十八条的规定出庭作证的，人民法院应当在开庭审理三日前将出庭的时间、地点及要求通知鉴定人。

委托机构鉴定的，应当由从事鉴定的人员代表机构出庭。

第八十条　鉴定人应当就鉴定事项如实答复当事人的异议和审判人员的询问。当庭答复确有困难的，经人民法院准许，可以在庭审结束后书面答复。

人民法院应当及时将书面答复送交当事人，并听取当事人的意见。必要时，可以再次组织质证。

第八十一条　鉴定人拒不出庭作证的，鉴定意见不得作为认定案件事实的根据。人民法院应当建议有关主管部门或者组织对拒不出庭作证的鉴定人予以处罚。

当事人要求退还鉴定费用的，人民法院应当在三日内作出裁定，责令鉴定人退还；拒不退还的，由人民法院依法执行。

当事人因鉴定人拒不出庭作证申请重新鉴定的，人民法院应当准许。

第八十二条 经法庭许可，当事人可以询问鉴定人、勘验人。

询问鉴定人、勘验人不得使用威胁、侮辱等不适当的言语和方式。

第八十三条 当事人依照民事诉讼法第七十九条和《最高人民法院关于适用〈中华人民共和国民事诉讼法〉的解释》第一百二十二条的规定，申请有专门知识的人出庭的，申请书中应当载明有专门知识的人的基本情况和申请的目的。

人民法院准许当事人申请的，应当通知双方当事人。

第八十四条 审判人员可以对有专门知识的人进行询问。经法庭准许，当事人可以对有专门知识的人进行询问，当事人各自申请的有专门知识的人可以就案件中的有关问题进行对质。

有专门知识的人不得参与对鉴定意见质证或者就专业问题发表意见之外的法庭审理活动。

五、证据的审核认定

第八十五条 人民法院应当以证据能够证明的案件事实为根据依法作出裁判。

审判人员应当依照法定程序，全面、客观地审核证据，依据法律的规定，遵循法官职业道德，运用逻辑推理和日常生活经验，对证据有无证明力和证明力大小独立进行判断，并公开判断的理由和结果。

第八十六条 当事人对于欺诈、胁迫、恶意串通事实的证明，以及对于口头遗嘱或赠与事实的证明，人民法院确信该待证事实存在的可能性能够排除合理怀疑的，应当认定该事实存在。

与诉讼保全、回避等程序事项有关的事实，人民法院结合当事人的说明及相关证据，认为有关事实存在的可能性较大的，可以认定该事实存在。

第八十七条 审判人员对单一证据可以从下列方面进行审核认定：

（一）证据是否为原件、原物，复制件、复制品与原件、原物是否相符；

（二）证据与本案事实是否相关；

（三）证据的形式、来源是否符合法律规定；

（四）证据的内容是否真实；

（五）证人或者提供证据的人与当事人有无利害关系。

第八十八条 审判人员对案件的全部证据，应当从各证据与案件事实的关联程度、各证据之间的联系等方面进行综合审查判断。

第八十九条 当事人在诉讼过程中认可的证据，人民法院应当予以确认。但法律、司法解释另有规定的除外。

当事人对认可的证据反悔的，参照《最高人民法院关于适用〈中华人民共和国民事诉讼法〉的解释》第二百二十九条的规定处理。

第九十条 下列证据不能单独作为认定案件事实的根据：

（一）当事人的陈述；

（二）无民事行为能力人或者限制民事行为能力人所作的与其年龄、智力状况或者精神健康状况不相当的证言；

（三）与一方当事人或者其代理人有利害关系的证人陈述的证言；

（四）存有疑点的视听资料、电子数据；

（五）无法与原件、原物核对的复制件、复制品。

第九十一条 公文书证的制作者根据文书原件制作的载有部分或者全部内容的副本，与正本具有相同的证明力。

在国家机关存档的文件，其复制件、副本、节录本经档案部门或者制作原本的机关证明其内容与原本一致的，该复制件、副本、节录本具有与原本相同的证明力。

第九十二条 私文书证的真实性，由主张以私文书证证明案件事实的当事人承担举证责任。

私文书证由制作者或者其代理人签名、盖

章或捺印的，推定为真实。

私文书证上有删除、涂改、增添或者其他形式瑕疵的，人民法院应当综合案件的具体情况判断其证明力。

第九十三条　人民法院对于电子数据的真实性，应当结合下列因素综合判断：

（一）电子数据的生成、存储、传输所依赖的计算机系统的硬件、软件环境是否完整、可靠；

（二）电子数据的生成、存储、传输所依赖的计算机系统的硬件、软件环境是否处于正常运行状态，或者不处于正常运行状态时对电子数据的生成、存储、传输是否有影响；

（三）电子数据的生成、存储、传输所依赖的计算机系统的硬件、软件环境是否具备有效的防止出错的监测、核查手段；

（四）电子数据是否被完整地保存、传输、提取，保存、传输、提取的方法是否可靠；

（五）电子数据是否在正常的往来活动中形成和存储；

（六）保存、传输、提取电子数据的主体是否适当；

（七）影响电子数据完整性和可靠性的其他因素。

人民法院认为有必要的，可以通过鉴定或者勘验等方法，审查判断电子数据的真实性。

第九十四条　电子数据存在下列情形的，人民法院可以确认其真实性，但有足以反驳的相反证据的除外：

（一）由当事人提交或者保管的于己不利的电子数据；

（二）由记录和保存电子数据的中立第三方平台提供或者确认的；

（三）在正常业务活动中形成的；

（四）以档案管理方式保管的；

（五）以当事人约定的方式保存、传输、提取的。

电子数据的内容经公证机关公证的，人民法院应当确认其真实性，但有相反证据足以推翻的除外。

第九十五条　一方当事人控制证据无正当理由拒不提交，对待证事实负有举证责任的当事人主张该证据的内容不利于控制人的，人民法院可以认定该主张成立。

第九十六条　人民法院认定证人证言，可以通过对证人的智力状况、品德、知识、经验、法律意识和专业技能等的综合分析作出判断。

第九十七条　人民法院应当在裁判文书中阐明证据是否采纳的理由。

对当事人无争议的证据，是否采纳的理由可以不在裁判文书中表述。

六、其他

第九十八条　对证人、鉴定人、勘验人的合法权益依法予以保护。

当事人或者其他诉讼参与人伪造、毁灭证据，提供虚假证据，阻止证人作证，指使、贿买、胁迫他人作伪证，或者对证人、鉴定人、勘验人打击报复的，依照民事诉讼法第一百一十条、第一百一十一条的规定进行处罚。

第九十九条　本规定对证据保全没有规定的，参照适用法律、司法解释关于财产保全的规定。

除法律、司法解释另有规定外，对当事人、鉴定人、有专门知识的人的询问参照适用本规定中关于询问证人的规定；关于书证的规定适用于视听资料、电子数据；存储在电子计算机等电子介质中的视听资料，适用电子数据的规定。

第一百条　本规定自2020年5月1日起施行。

本规定公布施行后，最高人民法院以前发布的司法解释与本规定不一致的，不再适用。

最高人民法院关于依法妥善审理高空抛物、坠物案件的意见

（法发〔2019〕25号，2019年10月21日）

近年来，高空抛物、坠物事件不断发生，严重危害公共安全，侵害人民群众合法权益，影响社会和谐稳定。为充分发挥司法审判的惩罚、规范和预防功能，依法妥善审理高空抛物、坠物案件，切实维护人民群众“头顶上的安全”，保障人民安居乐业，维护社会公平正义，依据《中华人民共和国刑法》《中华人民共和国侵权责任法》等相关法律，提出如下意见。

一、加强源头治理，监督支持依法行政，有效预防和惩治高空抛物、坠物行为

1. 树立预防和惩治高空抛物、坠物行为的基本理念。人民法院要切实贯彻以人民为中心的发展理念，将预防和惩治高空抛物、坠物行为作为当前和今后一段时期的重要任务，充分发挥司法职能作用，保护人民群众生命财产安全。要积极推动预防和惩治高空抛物、坠物行为的综合治理、协同治理工作，及时排查整治安全隐患，确保人民群众“头顶上的安全”，不断增强人民群众的幸福感、安全感。要努力实现依法制裁、救济损害与维护公共安全、保障人民群众安居乐业的有机统一，促进社会和谐稳定。

2. 积极推动将高空抛物、坠物行为的预防与惩治纳入诉源治理机制建设。切实发挥人民法院在诉源治理中的参与、推动、规范和保障作用，加强与公安、基层组织等的联动，积极推动和助力有关部门完善防范高空抛物、坠物的工作举措，形成有效合力。注重发挥司法建议作用，对在审理高空抛物、坠物案件中发现行政机关、基层组织、物业服务企业等有关单位存在的工作疏漏、隐患风险等问题，及时提出司法建议，督促整改。

3. 充分发挥行政审判促进依法行政的职能作用。注重发挥行政审判对预防和惩治高空抛物、坠物行为的积极作用，切实保护受害人依法申请行政机关履行保护其人身权、财产权等合法权益法定职责的权利，监督行政机关依法行使行政职权、履行相应职责。受害人等行政相对方对行政机关在履职过程中违法行使职权或者不作为提起行政诉讼的，人民法院应当依法及时受理。

二、依法惩处构成犯罪的高空抛物、坠物行为，切实维护人民群众生命财产安全

4. 充分认识高空抛物、坠物行为的社会危害性。高空抛物、坠物行为损害人民群众人身、财产安全，极易造成人身伤亡和财产损失，引发社会矛盾纠纷。人民法院要高度重视高空抛物、坠物行为的现实危害，深刻认识运用刑罚手段惩治情节和后果严重的高空抛物、坠物行为的必要性和重要性，依法惩治此类犯罪行为，有效防范、坚决遏制此类行为发生。

5. 准确认定高空抛物犯罪。对于高空抛物行为，应当根据行为人的动机、抛物场所、抛掷物的情况以及造成的后果等因素，全面考量行为的社会危害程度，准确判断行为性质，正确适用罪名，准确裁量刑罚。

故意从高空抛弃物品，尚未造成严重后果，但足以危害公共安全的，依照刑法第一百一十四条规定的以危险方法危害公共安全罪定罪处罚；致人重伤、死亡或者使公私财产遭受重大损失的，依照刑法第一百一十五条第一款的规定处罚。为伤害、杀害特定人员实施上述行为的，依照故意伤害罪、故意杀人罪定罪处罚。

6. 依法从重惩治高空抛物犯罪。具有下列情形之一的，应当从重处罚，一般不得适用缓刑：(1) 多次实施的；(2) 经劝阻仍继续实

施的；（3）受过刑事处罚或者行政处罚后又实施的；（4）在人员密集场所实施的；（5）其他情节严重的情形。

7. 准确认定高空坠物犯罪。过失导致物品从高空坠落，致人死亡、重伤，符合刑法第二百三十三条、第二百三十五条规定的，依照过失致人死亡罪、过失致人重伤罪定罪处罚。在生产、作业中违反有关安全管理规定，从高空坠落物品，发生重大伤亡事故或者造成其他严重后果的，依照刑法第一百三十四条第一款的规定，以重大责任事故罪定罪处罚。

三、坚持司法为民、公正司法，依法妥善审理高空抛物、坠物民事案件

8. 加强高空抛物、坠物民事案件的审判工作。人民法院在处理高空抛物、坠物民事案件时，要充分认识此类案件中侵权行为给人民群众生命、健康、财产造成的严重损害，把维护人民群众合法权益放在首位。针对此类案件直接侵权人查找难、影响面广、处理难度大等特点，要创新审判方式，坚持多措并举，依法严惩高空抛物行为人，充分保护受害人。

9. 做好诉讼服务与立案释明工作。人民法院对高空抛物、坠物案件，要坚持有案必立、有诉必理，为受害人线上线下立案提供方便。在受理从建筑物中抛掷物品、坠落物品造成他人损害的纠纷案件时，要向当事人释明尽量提供具体明确的侵权人，尽量限缩“可能加害的建筑物使用人”范围，减轻当事人诉累。对侵权人不明又不能依法追加其他责任人的，引导当事人通过多元化纠纷解决机制化解矛盾、补偿损失。

10. 综合运用民事诉讼证据规则。人民法院在适用侵权责任法第八十七条裁判案件时，对能够证明自己不是侵权人的“可能加害的建筑物使用人”，依法予以免责。要加大依职权调查取证力度，积极主动向物业服务企业、周边群众、技术专家等询问查证，加强与公安部门、基层组织等沟通协调，充分运用日常生活经验法则，最大限度查找确定直接侵权人并依法判决其承担侵权责任。

11. 区分坠落物、抛掷物的不同法律适用规则。建筑物及其搁置物、悬挂物发生脱落、坠落造成他人损害的，所有人、管理人或者使用人不能证明自己没有过错的，人民法院应当适用侵权责任法第八十五条的规定，依法判决其承担侵权责任；有其他责任人的，所有人、管理人或者使用人赔偿后向其他责任人主张追偿权的，人民法院应予支持。从建筑物中抛掷物品造成他人损害的，应当尽量查明直接侵权人，并依法判决其承担侵权责任。

12. 依法确定物业服务企业的责任。物业服务企业不履行或者不完全履行物业服务合同约定或者法律法规规定、相关行业规范确定的维修、养护、管理和维护义务，造成建筑物及其搁置物、悬挂物发生脱落、坠落致使他人损害的，人民法院依法判决其承担侵权责任。有其他责任人的，物业服务企业承担责任后，向其他责任人行使追偿权的，人民法院应予支持。物业服务企业隐匿、销毁、篡改或者拒不向人民法院提供相应证据，导致案件事实难以认定的，应当承担相应的不利后果。

13. 完善相关的审判程序机制。人民法院在审理疑难复杂或社会影响较大的高空抛物、坠物民事案件时，要充分运用人民陪审员、合议庭、主审法官会议等机制，充分发挥院、庭长的监督职责。涉及侵权责任法第八十七条适用的，可以提交院审判委员会讨论决定。

四、注重多元化解，坚持多措并举，不断完善预防和调处高空抛物、坠物纠纷的工作机制

14. 充分发挥多元解纷机制的作用。人民法院应当将高空抛物、坠物民事案件的处理纳入到建设一站式多元解纷机制的整体工作中，加强诉前、诉中调解工作，有效化解矛盾纠纷，努力实现法律效果与社会效果相统一。要根据每一个高空抛物、坠物案件的具体特点，带着对受害人的真挚感情，为当事人解难题、办实事，尽力做好调解工作，力促案结事了人和。

15. 推动完善社会救助工作。要充分运用诉讼费缓减免和司法救助制度，依法及时对经济上确有困难的高空抛物、坠物案件受害人给予救济。通过案件裁判、规则指引积极引导当

事人参加社会保险转移风险、分担损失。支持各级政府有关部门探索建立高空抛物事故社会救助基金或者进行试点工作，对受害人损害进行合理分担。

16. 积极完善工作举措。要通过多种形式特别是人民群众喜闻乐见的方式加强法治宣传，持续强化以案释法工作，充分发挥司法裁判规范、指导、评价、引领社会价值的重要作用，大力弘扬社会主义核心价值观，形成良好社会风尚。要深入调研高空抛物、坠物案件的司法适用疑难问题，认真总结审判经验。对审理高空抛物、坠物案件中发现的新情况、新问题，及时层报最高人民法院。

卫星电视广播地面接收设施管理规定（摘）

（1993 年 10 月 5 日中华人民共和国国务院令第 129 号发布，根据 2013 年 7 月 18 日《国务院关于废止和修改部分行政法规的决定》第一次修订，根据 2018 年 9 月 18 日《国务院关于修改部分行政法规的决定》第二次修订，2018 年 9 月 18 日中华人民共和国国务院令第 703 号公布）

第一条　为了加强对卫星电视广播地面接收设施的管理，促进社会主义精神文明建设，制定本规定。

第二条　本规定所称卫星电视广播地面接收设施（以下简称卫星地面接收设施），是指接收卫星传送的电视节目的天线、高频头、接收机及编码、解码器等设施。

…………

第八条　个人不得安装和使用卫星地面接收设施。

如有特殊情况，个人确实需要安装和使用卫星地面接收设施并符合国务院广播电视行政管理部门规定的许可条件的，必须向所在单位提出申请，经当地县、市人民政府广播电视行政管理部门同意后报省、自治区、直辖市人民政府广播电视行政管理部门审批。

第九条　本规定发布前未经批准设置卫星地面接收设施的，必须自本规定发布之日起 6 个月内依照本规定办理审批手续。

第十条

…………

违反本规定，擅自安装和使用卫星地面接收设施的，由广播电视行政管理部门没收其安装和使用的卫星地面接收设施，对个人可以并处5000元以下的罚款，对单位可以并处 5 万元以下的罚款。

第十一条　当事人对处罚决定不服的，可以依照有关法律、行政法规的规定，申请行政复议或者提起行政诉讼。

第十二条　本规定的实施细则由国务院广播电视行政部门商有关行政部门制定。

第十三条　本规定自发布之日起施行。

中华人民共和国无线电管理条例（摘）

（1993 年 9 月 11 日中华人民共和国国务院、中华人民共和国中央军事委员会令第 128 号发布，2016 年 11 月 11 日中华人民共和国国务院、中华人民共和国中央军事委员会令第 672 号修订）

第一章　总则

第一条　为了加强无线电管理，维护空中电波秩序，有效开发、利用无线电频谱资源，保证各种无线电业务的正常进行，制定本条例。

第二条　在中华人民共和国境内使用无线

电频率，设置、使用无线电台（站），研制、生产、进口、销售和维修无线电发射设备，以及使用辐射无线电波的非无线电设备，应当遵守本条例。

…………

第六条 任何单位或者个人不得擅自使用无线电频率，不得对依法开展的无线电业务造成有害干扰，不得利用无线电台（站）进行违法犯罪活动。

…………

第三章 频率管理

第十三条 国家无线电管理机构负责制定无线电频率划分规定，并向社会公布。

制定无线电频率划分规定应当征求国务院有关部门和军队有关单位的意见，充分考虑国家安全和经济社会、科学技术发展以及频谱资源有效利用的需要。

第十四条 使用无线电频率应当取得许可，但下列频率除外：

（一）业余无线电台、公众对讲机、制式无线电台使用的频率；

…………

第十六条 无线电管理机构应当自受理无线电频率使用许可申请之日起20个工作日内审查完毕，依照本条例第十五条规定的条件，并综合考虑国家安全需要和可用频率的情况，作出许可或者不予许可的决定。予以许可的，颁发无线电频率使用许可证；不予许可的，书面通知申请人并说明理由。

无线电频率使用许可证应当载明无线电频率的用途、使用范围、使用率要求、使用期限等事项。

…………

第十八条 无线电频率使用许可由国家无线电管理机构实施。国家无线电管理机构确定范围内的无线电频率使用许可，由省、自治区、直辖市无线电管理机构实施。

…………

第十九条 无线电频率使用许可的期限不得超过10年。

无线电频率使用期限届满后需要继续使用的，应当在期限届满30个工作日前向作出许可决定的无线电管理机构提出延续申请。受理申请的无线电管理机构应当依照本条例第十五条、第十六条的规定进行审查并作出决定。

无线电频率使用期限届满前拟终止使用无线电频率的，应当及时向作出许可决定的无线电管理机构办理注销手续。

…………

第二十一条 使用无线电频率应当按照国家有关规定缴纳无线电频率占用费。

无线电频率占用费的项目、标准，由国务院财政部门、价格主管部门制定。

…………

第二十六条 除因不可抗力外，取得无线电频率使用许可后超过2年不使用或者使用率达不到许可证规定要求的，作出许可决定的无线电管理机构有权撤销无线电频率使用许可，收回无线电频率。

…………

第八章 法律责任

第七十条 违反本条例规定，未经许可擅自使用无线电频率，或者擅自设置、使用无线电台（站）的，由无线电管理机构责令改正，没收从事违法活动的设备和违法所得，可以并处5万元以下的罚款；拒不改正的，并处5万元以上20万元以下的罚款；擅自设置、使用无线电台（站）从事诈骗等违法活动，尚不构成犯罪的，并处20万元以上50万元以下的罚款。

…………

第八十五条 本条例自2016年12月1日起施行。

城市房地产转让管理规定（摘）

（1995年8月7日中华人民共和国建设部令第45号公布，根据2001年8月15日《建设部关于修改〈城市房地产转让管理规定〉的决定》修正，2001年8月15日中华人民共和国建设部令第96号公布）

第一条　为了加强对城市房地产转让的管理，维护房地产市场秩序，保障房地产转让当事人的合法权益，根据《中华人民共和国城市房地产管理法》，制定本规定。

第二条　凡在城市规划区国有土地范围内从事房地产转让，实施房地产转让管理，均应遵守本规定。

第三条　本规定所称房地产转让，是指房地产权利人通过买卖、赠与或者其他合法方式将其房地产转移给他人的行为。

…………

第八条　房地产转让合同应当载明下列主要内容：

（一）双方当事人的姓名或者名称、住所；

（二）房地产权属证书名称和编号；

（三）房地产坐落位置、面积、四至界限；

（四）土地宗地号、土地使用权取得的方式及年限；

（五）房地产的用途或使用性质；

（六）成交价格及支付方式；

（七）房地产交付使用的时间；

（八）违约责任；

（九）双方约定的其他事项。

第九条　以出让方式取得土地使用权的，房地产转让时，土地使用权出让合同载明的权利、义务随之转移。

…………

第二十一条　本规定由国务院建设行政主管部门负责解释。

第二十二条　本规定自1995年9月1日起施行。

商品房销售管理办法（摘）

（中华人民共和国建设部令第88号，2001年4月4日）

《商品房销售管理办法》已于2001年3月14日经建设部第38次部常务会议审议通过，现予发布，自2001年6月1日起施行。

第一章　总则

第一条　为了规范商品房销售行为，保障商品房交易双方当事人的合法权益，根据《中华人民共和国城市房地产管理法》《城市房地产开发经营管理条例》，制定本办法。

第二条　商品房销售及商品房销售管理应当遵守本办法。

第三条　商品房销售包括商品房现售和商品房预售。

…………

第二章　销售条件

…………

第七条　商品房现售，应当符合以下条件：

（一）现售商品房的房地产开发企业应当具有企业法人营业执照和房地产开发企业资质证书；

（二）取得土地使用权证书或者使用土地的批准文件；

（三）持有建设工程规划许可证和施工许可证；

（四）已通过竣工验收；

（五）拆迁安置已经落实；

（六）供水、供电、供热、燃气、通讯等配套基础设施具备交付使用条件，其他配套基础设施和公共设施具备交付使用条件或者已确定施工进度和交付日期；

（七）物业管理方案已经落实。

…………

第十三条 商品房销售时，房地产开发企业选聘了物业管理企业的，买受人应当在订立商品房买卖合同时与房地产开发企业选聘的物业管理企业订立有关物业管理的协议。

…………

第十六条 商品房销售时，房地产开发企业和买受人应当订立书面商品房买卖合同。

商品房买卖合同应当明确以下主要内容：

（一）当事人名称或者姓名和住所；

（二）商品房基本状况；

（三）商品房的销售方式；

（四）商品房价款的确定方式及总价款、付款方式、付款时间；

（五）交付使用条件及日期；

（六）装饰、设备标准承诺；

（七）供水、供电、供热、燃气、通讯、道路、绿化等配套基础设施和公共设施的交付承诺和有关权益、责任；

（八）公共配套建筑的产权归属；

（九）面积差异的处理方式；

（十）办理产权登记有关事宜；

（十一）解决争议的方法；

（十二）违约责任；

（十三）双方约定的其他事项。

…………

第五章 交付

…………

第三十二条 销售商品住宅时，房地产开发企业应当根据《商品住宅实行质量保证书和住宅使用说明书制度的规定》（以下简称《规定》），向买受人提供《住宅质量保证书》《住宅使用说明书》。

第三十三条 房地产开发企业应当对所售商品房承担质量保修责任。当事人应当在合同中就保修范围、保修期限、保修责任等内容做出约定。保修期从交付之日起计算。

商品住宅的保修期限不得低于建设工程承包单位向建设单位出具的质量保修书约定保修期的存续期；存续期少于《规定》中确定的最低保修期限的，保修期不得低于《规定》中确定的最低保修期限。

非住宅商品房的保修期限不得低于建设工程承包单位向建设单位出具的质量保修书约定保修期的存续期。

在保修期限内发生的属于保修范围的质量问题，房地产开发企业应当履行保修义务，并对造成的损失承担赔偿责任。因不可抗力或者使用不当造成的损坏，房地产开发企业不承担责任。

…………

第六章 法律责任

…………

第四十条 房地产开发企业将未组织竣工验收、验收不合格或者对不合格按合格验收的商品房擅自交付使用的，按照《建设工程质量管理条例》的规定处罚。

…………

第四十七条 本办法由国务院建设行政主管部门负责解释。

第四十八条 本办法自2001年6月1日起施行。

已购公有住房和经济适用住房上市出售管理暂行办法（摘）

（中华人民共和国建设部令第69号，1999年4月12日）

《已购公有住房和经济适用住房上市出售管理暂行办法》已于1999年4月19日经第十一次部常务会议通过，并经国土资源部会签，现予发布，自1999年5月1日起施行。

第一条　为规范已购公有住房和经济适用住房的上市出售活动，促进房地产市场的发展和存量住房的流通，满足居民改善居住条件的需要，根据《国务院关于进一步深化城镇住房制度改革加快住房建设的通知》及有关规定，制定本办法。

第二条　本办法适用于已购公有住房和经济适用住房首次进入市场出售的管理。

第三条　本办法所称已购公有住房和经济适用住房，是指城镇职工根据国家和县级以上地方人民政府有关城镇住房制度改革政策规定，按照成本价（或者标准价）购买的公有住房，或者按照地方人民政府指导价购买的经济适用住房。

本办法所称经济适用住房包括安居工程住房和集资合作建设的住房。

…………

第十二条　已购公有住房和经济适用住房上市出售后，房屋维修仍按照上市出售前公有住房售后维修管理的有关规定执行。个人缴交的住房共用部位、共用设施设备维修基金的结余部分不予退还，随房屋产权同时过户。

…………

第十九条　本办法由国务院建设行政主管部门负责解释。

第二十条　本办法自1999年5月1日起施行。

中共中央 国务院关于加强和完善城乡社区治理的意见（摘）

（中发〔2017〕13号，2017年6月12日）

城乡社区是社会治理的基本单元。城乡社区治理事关党和国家大政方针贯彻落实，事关居民群众切身利益，事关城乡基层和谐稳定。为实现党领导下的政府治理和社会调节、居民自治良性互动，全面提升城乡社区治理法治化、科学化、精细化水平和组织化程度，促进城乡社区治理体系和治理能力现代化，现就加强和完善城乡社区治理提出以下意见。

一、总体要求

（一）指导思想。

…………

（二）基本原则。

——坚持党的领导，固本强基……

——坚持以人为本，服务居民……

——坚持改革创新，依法治理……

——坚持城乡统筹，协调发展……

——坚持因地制宜，突出特色……

（三）总体目标。到2020年，基本形成基层党组织领导、基层政府主导的多方参与、共同治理的城乡社区治理体系，城乡社区治理体制更加完善，城乡社区治理能力显著提升，城乡社区公共服务、公共管理、公共安全得到有效保障。再过5到10年，城乡社区治理体制更加成熟定型，城乡社区治理能力更为精准全面，为夯实党的执政根基、巩固基层政权提供有力支撑，为推进国家治理体系和治理能力现代化奠定坚实基础。

二、健全完善城乡社区治理体系

（一）充分发挥基层党组织领导核心作用……

（二）有效发挥基层政府主导作用……

（三）注重发挥基层群众性自治组织基础作用……

（四）统筹发挥社会力量协同作用……

三、不断提升城乡社区治理水平

（一）增强社区居民参与能力……

（二）提高社区服务供给能力……

（三）强化社区文化引领能力……

（四）增强社区依法办事能力……

（五）提升社区矛盾预防化解能力……

（六）增强社区信息化应用能力……

四、着力补齐城乡社区治理短板

（一）改善社区人居环境。完善城乡社区基础设施，建立健全农村社区基础设施和公用设施的投资、建设、运行、管护和综合利用机制。加快城镇棚户区、城中村和危房改造。加强城乡社区环境综合治理，做好城市社区绿化美化净化、垃圾分类处理、噪声污染治理、水资源再生利用等工作，着力解决农村社区垃圾收集、污水排放、秸秆焚烧以及散埋乱葬等问题，广泛发动居民群众和驻社区机关企事业单位参与环保活动，建设资源节约型、环境友好型社区。推进健康城市和健康村镇建设。强化社区风险防范预案管理，加强社区应急避难场所建设，开展社区防灾减灾科普宣传教育，有序组织开展社区应对突发事件应急演练，提高对自然灾害、事故灾难、公共卫生事件、社会安全事件的预防和处置能力。加强消防宣传和消防治理，提高火灾事故防范和处置能力，推进消防安全社区建设。

（二）加快社区综合服务设施建设。将城乡社区综合服务设施建设纳入当地国民经济和社会发展规划、城乡规划、土地利用规划等，按照每百户居民拥有综合服务设施面积不低于30平方米的标准，以新建、改造、购买、项目配套和整合共享等形式，逐步实现城乡社区综合服务设施全覆盖。加快贫困地区农村社区综合服务设施建设，率先推动易地搬迁安置区综合服务设施建设全覆盖。落实不动产统一登记制度，做好政府投资建设的城乡社区综合服务设施不动产登记服务工作。除国家另有规定外，所有以社区居民为对象的公共服务、志愿服务、专业社会工作服务，原则上在城乡社区综合服务设施中提供。创新城乡社区综合服务设施运营机制，通过居民群众协商管理、委托社会组织运营等方式，提高城乡社区综合服务设施利用率。落实城乡社区综合服务设施供暖、水电、燃气价格优惠政策。

（三）优化社区资源配置。组织开展城乡社区规划编制试点，落实城市总体规划要求，加强与控制性详细规划、村庄规划衔接；发挥社区规划专业人才作用，广泛吸纳居民群众参与，科学确定社区发展项目、建设任务和资源需求。探索建立基层政府面向城乡社区的治理资源统筹机制，推动人财物和责权利对称下沉到城乡社区，增强城乡社区统筹使用人财物等资源的自主权。探索基层政府组织社区居民在社区资源配置公共政策决策和执行过程中，有序参与听证、开展民主评议的机制。建立机关企事业单位履行社区治理责任评价体系，推动机关企事业单位积极参与城乡社区服务、环境治理、社区治安综合治理等活动，面向城乡社区开放文化、教育、体育等活动设施。注重运用市场机制优化社区资源配置。

（四）推进社区减负增效。依据社区工作事项清单建立社区工作事项准入制度，应当由基层政府履行的法定职责，不得要求基层群众性自治组织承担，不得将基层群众性自治组织作为行政执法、拆迁拆违、环境整治、城市管理、招商引资等事项的责任主体；依法需要基层群众性自治组织协助的工作事项，应当为其提供经费和必要工作条件。进一步清理规范基层政府各职能部门在社区设立的工作机构和加挂的各种牌子，精简社区会议和工作台账，全面清理基层政府各职能部门要求基层群众性自治组织出具的各类证明。实行基层政府统一对社区工作进行综合考核评比，各职能部门不再单独组织考核评比活动，取消对社区工作的“一票否决”事项。

（五）改进社区物业服务管理。加强社区党组织、社区居民委员会对业主委员会和物业服务企业的指导和监督，建立健全社区党组织、社区居民委员会、业主委员会和物业服务企业议事协调机制。探索在社区居民委员会下设环境和物业管理委员会，督促业主委员会和物业服务企业履行职责。探索完善业主委员会的职能，依法保护业主的合法权益。探索符合条件的社区居民委员会成员通过法定程序兼任业主委员会成员。探索在无物业管理的老旧小区依托社区居民委员会实行自治管理。有条件的地方应规范农村社区物业管理，研究制定物业管理费管理办法；探索在农村社区选聘物业服务企业，提供社区物业服务。探索建立社区微型消防站或志愿消防队。

五、强化组织保障

（一）完善领导体制和工作机制……

（二）加大资金投入力度……

（三）加强社区工作者队伍建设……

（四）完善政策标准体系和激励宣传机制……

最高人民法院 最高人民检察院 公安部关于印发《关于办理涉窨井盖相关刑事案件的指导意见》的通知

（高检发〔2020〕3号，2020年3月16日）

各省、自治区、直辖市高级人民法院、人民检察院、公安厅（局），解放军军事法院、军事检察院，新疆维吾尔自治区高级人民法院生产建设兵团分院，新疆生产建设兵团人民检察院、公安局：

为依法惩治盗窃、破坏窨井盖以及相关管理部门失职渎职等犯罪行为，维护公共安全和人民群众合法权益，最高人民法院、最高人民检察院、公安部联合制定了《关于办理涉窨井盖相关刑事案件的指导意见》，现予以印发，请结合实际认真贯彻执行。对盗窃、破坏窨井盖等刑事犯罪，符合立案条件的，公安机关应当依法及时立案侦查。检察机关要加强立案监督，依法及时批捕、起诉。人民法院要依法及时审判，作出裁判。在办案中发现的公职人员涉窨井盖职务犯罪线索，应当及时移送监察机关依法处理。要加强公安机关、检察机关、人民法院与行政执法机关的沟通协调，完善涉窨井盖相关案件行政执法与刑事司法的衔接机制。对于办案中发现的倾向性问题和社会管理漏洞，要通过公安提示函、检察建议、司法建议等方式提出意见，努力做到办理一案，治理一片。要加强法治宣传，做好释法说理工作，有效预防涉窨井盖的各类违法犯罪行为，积极推进窨井盖问题的综合治理。

在贯彻执行中遇到的新情况、新问题，请及时分别报告最高人民法院、最高人民检察院、公安部。

关于办理涉窨井盖相关刑事案件的指导意见

近年来，因盗窃、破坏窨井盖等行为导致人员伤亡事故多发，严重危害公共安全和人民群众生命财产安全，社会反映强烈。要充分认识此类行为的社会危害性、运用刑罚手段依法惩治的必要性，完善刑事责任追究机制，维护人民群众“脚底下的安全”，推动窨井盖问题的综合治理。为依法惩治涉窨井盖相关犯罪，切实维护公共安全和人民群众合法权益，提升办案质效，根据《中华人民共和国刑法》等法律规定，提出以下意见。

一、盗窃、破坏正在使用中的社会机动车通行道路上的窨井盖，足以使汽车、电车发生倾覆、毁坏危险，尚未造成严重后果的，依照刑法第一百一十七条的规定，以破坏交通设施罪定罪处罚；造成严重后果的，依照刑法第一百一十九条第一款的规定处罚。

过失造成严重后果的，依照刑法第一百一十九条第二款的规定，以过失损坏交通设施罪定罪处罚。

二、盗窃、破坏人员密集往来的非机动车道、人行道以及车站、码头、公园、广场、学校、商业中心、厂区、社区、院落等生产生活、人员聚集场所的窨井盖，足以危害公共安全，尚未造成严重后果的，依照刑法第一百一十四条的规定，以以危险方法危害公共安全罪定罪处罚；致人重伤、死亡或者使公私财产遭受重大损失的，依照刑法第一百一十五条第一款的规定处罚。

过失致人重伤、死亡或者使公私财产遭受重大损失的，依照刑法第一百一十五条第二款的规定，以过失以危险方法危害公共安全罪定罪处罚。

三、对于本意见第一条、第二条规定以外的其他场所的窨井盖，明知会造成人员伤亡后果而实施盗窃、破坏行为，致人受伤或者死亡的，依照刑法第二百三十四条、第二百三十二条的规定，分别以故意伤害罪、故意杀人罪定罪处罚。

过失致人重伤或者死亡的，依照刑法第二百三十五条、第二百三十三条的规定，分别以过失致人重伤罪、过失致人死亡罪定罪处罚。

四、盗窃本意见第一条、第二条规定以外的其他场所的窨井盖，且不属于本意见第三条规定的情形，数额较大，或者多次盗窃的，依照刑法第二百六十四条的规定，以盗窃罪定罪处罚。

故意毁坏本意见第一条、第二条规定以外的其他场所的窨井盖，且不属于本意见第三条规定的情形，数额较大或者有其他严重情节的，依照刑法第二百七十五条的规定，以故意毁坏财物罪定罪处罚。

五、在生产、作业中违反有关安全管理的规定，擅自移动窨井盖或者未做好安全防护措施等，发生重大伤亡事故或者造成其他严重后果的，依照刑法第一百三十四条第一款的规定，以重大责任事故罪定罪处罚。

窨井盖建设、设计、施工、工程监理单位违反国家规定，降低工程质量标准，造成重大安全事故的，依照刑法第一百三十七条的规定，以工程重大安全事故罪定罪处罚。

六、生产不符合保障人身、财产安全的国家标准、行业标准的窨井盖，或者销售明知是不符合保障人身、财产安全的国家标准、行业标准的窨井盖，造成严重后果的，依照刑法第一百四十六条的规定，以生产、销售不符合安全标准的产品罪定罪处罚。

七、知道或者应当知道是盗窃所得的窨井盖及其产生的收益而予以窝藏、转移、收购、代为销售或者以其他方法掩饰、隐瞒的，依照刑法第三百一十二条和《最高人民法院关于审理掩饰、隐瞒犯罪所得、犯罪所得收益刑事案件适用法律若干问题的解释》的规定，以掩饰、隐瞒犯罪所得、犯罪所得收益罪定罪处罚。

八、在窨井盖采购、施工、验收、使用、检查过程中负有决定、管理、监督等职责的国家机关工作人员玩忽职守或者滥用职权，致使公共财产、国家和人民利益遭受重大损失的，依照刑法第三百九十七条的规定，分别以玩忽职守罪、滥用职权罪定罪处罚。

九、在依照法律、法规规定行使窨井盖行政管理职权的公司、企业、事业单位中从事公务的人员以及在受国家机关委托代表国家机关行使窨井盖行政管理职权的组织中从事公务的人员，玩忽职守或者滥用职权，致使公共财产、国家和人民利益遭受重大损失的，依照刑法第三百九十七条和《全国人民代表大会常务委员会关于〈中华人民共和国刑法〉第九章渎职罪主体适用问题的解释》的规定，分别以玩忽职守罪、滥用职权罪定罪处罚。

十、对窨井盖负有管理职责的其他公司、企业、事业单位的工作人员，严重不负责任，导致人员坠井等事故，致人重伤或者死亡，符合刑法第二百三十五条、第二百三十三条规定的，分别以过失致人重伤罪、过失致人死亡罪定罪处罚。

十一、国家机关工作人员利用职务上的便利，收受他人财物，为他人谋取与窨井盖相关利益，同时构成受贿罪和刑法分则第九章规定的渎职犯罪的，除刑法另有规定外，以受贿罪和渎职犯罪数罪并罚。

十二、本意见所称的“窨井盖”，包括城市、城乡结合部和乡村等地的窨井盖以及其他井盖。

国务院办公厅关于进一步规范行业协会商会收费的通知

（国办发〔2020〕21号，2020年7月2日）

各省、自治区、直辖市人民政府，国务院各部委、各直属机构：

进一步规范行业协会商会收费，是落实减税降费政策的重要举措，有利于为市场主体减负松绑、增添活力。要坚持以习近平新时代中国特色社会主义思想为指导，深入贯彻落实党的十九大和十九届二中、三中、四中全会精神，持续深化“放管服”改革，针对部分行业协会商会乱收费和监管不到位等突出问题，从严监管、综合施策、标本兼治，全面规范各类收费行为，进一步完善监管机制，做到对违法违规收费“零容忍”，促进行业协会商会健康有序发展。经国务院同意，现就有关事项通知如下：

一、全面清理取消行业协会商会违法违规收费

（一）严禁强制入会和强制收费。除法律法规另有规定外，行业协会商会不得强制或变相强制市场主体入会并收取会费，不得阻碍会员退会。行业协会商会不得依托行政机关或利用行业影响力，强制市场主体参加会议、培训、考试、展览、出国考察等各类收费活动或接受第三方机构有偿服务，不得强制市场主体付费订购有关产品、刊物，不得强制市场主体为行业协会商会赞助、捐赠。（民政部、市场监管总局按职责分工负责）

（二）严禁利用法定职责和行政机关委托、授权事项违规收费。未经批准，行业协会商会不得利用法定职责增设行政事业性收费项目或提高收费标准。行业协会商会不得继续实施或变相实施已经取消的行政许可，未与行政机关脱钩的行业协会商会不得开展与业务主管单位所负责行政审批相关的中介服务。行政机关委托行业协会商会开展相关工作，将行业协会商会服务事项作为行政行为前置条件，以及赋予行业协会商会推荐权、建议权、监督权等，均应实施清单管理并向社会公开，同时应合理安排支出，保障相关工作正常开展。行业协会商会应当向社会公开接受行政机关委托或授权的事项，以及相关办事流程、审查标准、办理时限、行政机关拨付经费情况等，严禁向市场主体违规收取费用。（国家发展改革委、财政部按职责分别牵头，各地区、各有关部门负责）

（三）严禁通过评比达标表彰活动收费。行业协会商会组织开展评比达标表彰活动要符合国家有关规定和自身章程，不得超出活动地域和业务范围，做到奖项设置合理、评选范围和规模适当、评选条件和程序严格、评选过程透明，严禁向评选对象收取或变相收取任何费用。未经批准，不得对评比达标表彰活动冠以“中华人民共和国”“中国”“全国”“中华”“国家”“国际”“世界”等字样。（人力资源社会保障部、民政部负责）

（四）严禁通过职业资格认定违规收费。行业协会商会可以根据市场需要和行业需求，自行开展职业能力水平评价，但不得以此为由变相开展职业资格认定，颁发的证书不得使用“中华人民共和国”“中国”“全国”“中华”“国家”“职业资格”或“人员资格”等字样和国旗、国徽标志。行业协会商会按照要求承担相关职业资格认定工作的，不得收取除考试费、鉴定费外的其他任何费用。（人力资源社会保障部、市场监管总局负责）

（五）组织开展自查抽查。2020年底前，各行业协会商会要按照上述要求，对收费情况

开展全面自查，对于违法违规收费，要立即全面清理取消并限期退还违法违规所得。2021年3月底前，有关部门要对行业协会商会乱收费自查自纠情况组织开展抽查检查，确保整改到位。（市场监管总局、民政部按职责分别牵头，各地区、各有关部门负责）

二、进一步提升行业协会商会收费规范性和透明度

（六）持续规范会费收取标准和程序。行业协会商会应按照法律法规和自身章程要求，合理、自主确定会费标准和档次，并明确会员享有的基本服务，严禁只收费不服务或多头重复收费。会费标准须经会员（代表）大会以无记名投票方式表决通过，未按规定程序制定或修改会费标准的，一律不得收取会费。对已脱钩和直接登记的行业协会商会确定的会费标准，行政机关不得通过行政手段强制要求调整。行业协会商会不得利用分支（代表）机构多头收取会费，不得采取“收费返成”等方式吸收会员、收取会费。（民政部负责）

（七）合理设定经营服务性收费标准。对于行业协会商会开展的具有一定垄断性和强制性的经营服务性收费项目，要通过放宽准入条件、引入多元化服务主体等方式破除垄断，实现服务价格市场化；暂时无法破除垄断的，应按照合法合理、弥补成本、略有盈余的原则确定收费标准，并经会员（代表）大会或理事会以无记名投票方式表决通过。对于其他能够由市场调节价格的经营服务性收费项目，引导行业协会商会在合法合理的前提下，根据服务成本、市场需求和当地经济发展水平等因素确定收费标准，并向社会公示。2020年底前，各行业协会商会要按照上述要求完成经营服务性收费标准调整和规范工作。（国家发展改革委牵头，民政部、市场监管总局、工业和信息化部、财政部、人民银行、国务院国资委、银保监会、证监会等国务院相关部门及各地区按职责分别负责）

（八）推动降低部分重点领域行业协会商会偏高收费。依法加强对行业协会商会特别是银行、证券、基金、期货、资产评估等履行法定职责的行业协会商会收费项目的成本审核。2020年底前，有关地区和部门要针对部分行业协会商会收费项目多、标准高、经费使用不透明等突出问题，督促指导相关行业协会商会综合考虑会员经营状况、承受能力、行业发展水平等因素，严格核定成本，合理制定收费标准，防止过高收费。（国家发展改革委牵头，民政部、财政部、自然资源部、人民银行、银保监会、证监会等国务院相关部门及各地区按职责分别负责）

三、建立健全行业协会商会收费长效监管机制

（九）强化收费源头治理。2020年底前，基本完成行业协会商会与行政机关脱钩改革，从根本上解决行业协会商会依托行政机关或利用行政影响力乱收费问题。推动出台《社会组织登记管理条例》。严把行业协会商会登记入口关，探索完善行业协会商会退出机制，推进行业协会商会优化整合，减轻市场主体多头缴费负担。（国家发展改革委、民政部、司法部等国务院相关部门及各地区按职责分别负责）

（十）进一步落实部门监管职责。发展改革部门要做好行业协会商会收费政策相关组织实施工作，市场监管部门要加强对行业协会商会收费及价格行为的监督检查并依法查处行业协会商会违法违规收费行为，民政、财政、审计等部门要按职责分工切实加大对行业协会商会收费的监管力度。各业务主管单位和行业管理部门要分别对未脱钩、已脱钩行业协会商会的业务活动加强指导和监管，地方各级政府要落实对本地区行业协会商会的监督管理责任。（国家发展改革委、民政部、财政部、审计署、市场监管总局等国务院相关部门及各地区按职责分别负责）

（十一）完善投诉举报机制。依托各级减轻企业负担举报机制、“12315”举报平台和中国社会组织公共服务平台举报系统等，畅通行业协会商会乱收费问题投诉举报渠道，建立投诉举报处理反馈机制，对违法违规收费行为发现一起、查处一起。定期曝光行业协会商会的违法违规收费典型案例。（工业和信息化部、

市场监管总局、民政部、国家发展改革委、财政部等国务院相关部门及各地区按职责分别负责）

（十二）加强行业协会商会自身建设。行业协会商会要健全内部监督制度，严格约束收费行为，通过“信用中国”网站以及协会商会门户网站、微信公众号等渠道，向社会公示收费项目、收费性质、服务内容、收费标准及依据等信息，向会员公示年度财务收支情况，自觉接受社会监督。（各地区、各有关部门负责）

（十三）支持行业协会商会更好发挥作用。各级行政机关要充分发挥行业协会商会积极作用，加强对行业协会商会的管理服务。行业协会商会要推动行业企业自律，并及时反映行业企业诉求，维护行业企业合法权益，为市场主体提供优质服务。鼓励行业协会商会积极参与相关标准和政策性文件制修订，鼓励行政机关向行业协会商会购买服务。及时总结推广行业协会商会在行业自治、服务企业等方面的典型经验做法，促进行业协会商会持续规范健康发展。（各地区、各有关部门负责）

各地区、各有关部门要结合实际和自身职责，抓紧制定完善相关配套政策措施和具体管理办法，认真抓好贯彻落实。国家发展改革委、市场监管总局、民政部要会同有关部门加强督促指导和监督检查，确保各项任务落实到位。

国务院办公厅转发国家发展改革委等部门关于推动城市停车设施发展意见的通知

（国办函〔2021〕46号，2021年5月7日）

各省、自治区、直辖市人民政府，国务院各部委、各直属机构：

国家发展改革委、住房城乡建设部、公安部、自然资源部《关于推动城市停车设施发展的意见》已经国务院同意，现转发给你们，请认真贯彻落实。

关于推动城市停车设施发展的意见

国家发展改革委 住房城乡建设部 公安部 自然资源部

城市停车设施是满足人民美好生活需要的重要保障，也是现代城市发展的重要支撑。近年来，我国城市停车设施规模持续扩大，停车秩序不断改善，产业化发展逐步深入，但仍存在供给能力短缺、治理水平不高、市场化进程滞后等问题。为加快补齐城市停车供给短板，改善交通环境，推动高质量发展，现提出以下意见。

一、总体要求

（一）指导思想。以习近平新时代中国特色社会主义思想为指导，全面贯彻党的十九大和十九届二中、三中、四中、五中全会精神，坚持稳中求进工作总基调，坚持以人民为中心的发展思想，立足新发展阶段、贯彻新发展理念、构建新发展格局，推动高质量发展，坚持以供给侧结构性改革为主线，着力加强规划引导，以市场化、法治化方式推动城市停车设施发展，提高综合管理能力，有效满足市场主体和人民群众合理停车需求，为改善城市人居环境、提升城市运行效率和增强城市综合竞争力提供有力支撑。

（二）基本原则。

——科学规划、分类施策。根据城市发展需要，区分基本停车需求和出行停车需求，统筹布局城市停车设施。加强重点区域停车设施建设管理，优化停车设施供给结构。

——政府引导、市场运作。加强顶层设计和政策引导，深化“放管服”改革，营造良好市场环境。坚持“谁投资、谁受益”原则，激发各类市场主体投资运营城市停车设施的动力。

——建管并重、集约发展。节约集约利用土地资源，合理利用地上地下空间，扩大城市停车设施有效供给。盘活存量资源，提高管理水平，推进开放共享，充分发挥停车设施效能。

——改革创新、支撑保障。健全管理体制机制，落实主体责任，完善停车治理。强化资金、土地等要素支撑，推进现代信息技术融合应用，提高城市停车设施智能化水平。

（三）主要目标。到2025年，全国大中小城市基本建成配建停车设施为主、路外公共停车设施为辅、路内停车为补充的城市停车系统，社会资本广泛参与，信息技术与停车产业深度融合，停车资源高效利用，城市停车规范有序，依法治理、社会共治局面基本形成，居住社区、医院、学校、交通枢纽等重点区域停车需求基本得到满足。到2035年，布局合理、供给充足、智能高效、便捷可及的城市停车系统全面建成，为现代城市发展提供有力支撑。

二、推进停车设施规划建设

（四）加强规划引导。做好城市停车普查，摸清停车资源底数，建立城市停车设施供给能力评价制度。依据国土空间规划和城市综合交通体系规划，区分不同城市及其不同区域的功能要求，按照差异化供给策略和集约紧凑发展模式，统筹地上地下空间利用，科学编制城市停车规划。（各城市人民政府负责，自然资源部、住房城乡建设部、交通运输部按职责分工加强指导支持）

（五）有效保障基本停车需求。新建居住社区严格按照城市停车规划和居住社区建设标准建设停车位。鼓励有条件的城市加快实施城市更新行动，结合老旧小区、老旧厂区、老旧街区、老旧楼宇等改造，积极扩建新建停车设施，地方各级财政可合理安排资金予以统筹支持。支持城市通过内部挖潜增效、片区综合治理和停车资源共享等方式，提出居民停车综合解决方案。充分发挥基层政府和街道、社区作用，完善业主委员会协调机制，兼顾业主和相关方利益，创新停车设施共建共管共享模式。加大公交场站配建力度，保障公交车辆停放，逐步消除公交车夜间占道停车。（各城市人民政府负责，公安部、财政部、自然资源部、住房城乡建设部、交通运输部、应急部按职责分工加强指导支持）

（六）合理满足出行停车需求。在学校、医院、办公楼、商业区、旅游景区等重点区域，结合公共交通发展情况和周边区域交通条件，区分不同时长停车需要，综合采取资源共享、价格调节、临时停车等措施，合理确定停车设施规模。适当控制公共交通发达区域停车设施建设规模。（各城市人民政府负责，国家发展改革委、公安部、自然资源部、住房城乡建设部、交通运输部按职责分工加强指导支持）

（七）加强停车换乘衔接。加强出行停车与公共交通有效衔接，鼓励大中城市轨道交通外围站点建设“停车＋换乘”（P＋R）停车设施，支持公路客运站和城市公共交通枢纽建设换乘停车设施，优化形成以公共交通为主的城市出行结构。（各城市人民政府负责，国家发展改革委、自然资源部、住房城乡建设部、交通运输部按职责分工加强指导支持）

三、加快停车设施提质增效

（八）提升装备技术水平。支持停车装备制造企业强化自主创新，加强机械式停车装备等研发，打造自主品牌。鼓励电子不停车快捷收费系统在停车设施应用。统筹推进路内停车和停车设施收费电子化建设，并按一定比例配建新能源小汽车、公交车等充电设施。（国家发展改革委、工业和信息化部、住房城乡建设部、交通运输部、国家能源局按职责分工负责）

（九）优化停车信息管理。鼓励多元主体合作，根据各地实际情况完善和更新停车数据信息，最大限度开放停车数据，促进停车信息共享。支持有条件的地区推进停车信息管理平台与城市信息模型（CIM）基础平台深度融合。引导互联网平台企业等依法依规为公众提供停车信息引导等服务。（各城市人民政府负责，国家发展改革委、工业和信息化部、自然资源部、住房城乡建设部、交通运输部按职责分工加强指导支持）

（十）推广智能化停车服务。加快应用大数据、物联网、第五代移动通信（5G）、“互联网+”等新技术新模式，开发移动终端智能化停车服务应用，实现信息查询、车位预约、电子支付等服务功能集成，推动停车资源共享和供需快速匹配。鼓励停车服务企业依托信用信息提供收费优惠、车位预约、通行后付费等便利服务。（各城市人民政府负责，国家发展改革委、工业和信息化部、住房城乡建设部、交通运输部、人民银行按职责分工加强指导支持）

（十一）鼓励停车资源共享。充分挖掘既有资源潜力，提高停车设施利用效率。支持机关、企事业单位在加强安全管理的前提下，率先向社会开放停车设施。鼓励商业设施、写字楼、旅游景区、体育场馆等停车设施在空闲时段向社会开放。鼓励居住社区在保障安全和满足基本停车需求的前提下，错时向社会开放停车设施。鼓励城镇老旧小区居民夜间充分利用周边道路或周边单位的闲置车位停放车辆。发挥市场机制作用，探索通过网络化智能化手段实现车位共享、提高使用效率。（各城市人民政府负责，国家发展改革委、公安部、住房城乡建设部按职责分工加强指导支持）

四、强化资金用地等政策保障

（十二）鼓励社会资本参与。规范运用政府和社会资本合作（PPP）等模式推动共同投资运营停车设施。对停车需求大、收益较好的中心城区、交通枢纽等区域的停车设施，鼓励社会资本以市场化投资为主开发运营。有条件的城市片区可通过项目打包、统一招标、规范补贴等方式鼓励进行规模化开发。对停车需求较小区域的停车设施，可通过合理确定收费标准、政府适当让渡项目收益权等方式，吸引社会资本参与。允许利用地方政府专项债券资金支持具有一定收益的停车设施项目建设。积极拓展配套服务功能，在不减少车位的前提下，可允许停车设施配建一定比例的洗车点、便利店等便民设施，提升项目综合收益能力。（各城市人民政府负责，国家发展改革委、财政部、住房城乡建设部按职责分工加强指导支持）

（十三）创新金融支持方式。开展城市停车设施建设试点，对有规划、有目标、有进度、有政策、有治理措施的城市，加大金融支持力度。在完善偿债措施等前提下，支持企业以市场化方式发行用于城市停车设施建设的专项债券。鼓励商业银行等金融机构在风险可控、商业可持续的前提下，探索提供基于停车设施产权和使用权的抵押融资、融资租赁等金融服务；鼓励通过资产证券化等方式，盘活存量资产。鼓励采取“债贷组合”等方式，构建多元化、可持续的城市停车设施融资体系。（国家发展改革委、住房城乡建设部、人民银行、银保监会、证监会、各省级人民政府按职责分工负责）

（十四）完善停车设施用地政策。加强独立新建停车设施用地保障，充分利用城市边角空闲土地、中心城区功能搬迁腾出土地、城市公共设施新改建预留土地以及机关、企事业单位自有土地增建停车设施，鼓励其他土地使用权人利用自有土地增建停车设施。充分利用地上地下空间建设停车设施，挖掘城市道路、广场、公园绿地以及公交场站、垃圾站等公共设施地下空间潜力，布局建设停车设施，鼓励建设多功能综合体。各地区结合具体实际，抓紧出台土地分层开发实施细则，落实土地要素市场化配置政策，采用长期租赁、先租后让等方式供应停车设施用地；符合《划拨用地目录》的停车设施用地，采取划拨方式供地。（各城市人民政府负责，自然资源部、住房城乡建设部、交通运输部按职责分工加强指导支持）

五、营造良好市场环境

（十五）放宽市场准入条件。深化“放管服”改革，培育公平开放的停车市场环境，消除市场壁垒和障碍，鼓励各类市场主体全面参与设施建设、装备研发、产品供应、设施维保、运营管理和信息系统建设。降低停车设施建设运营主体、投资规模等准入标准，允许中小微企业和个人申请投资运营公共停车设施，原则上不对车位数量作下限要求。细化停车设施设备分类及审批管理办法，对小型停车设施项目和利用自有土地建设的停车设施项目实行备案制。（各城市人民政府负责，国家发展改革委、自然资源部、住房城乡建设部按职责分工加强指导支持）

（十六）加强建设运营监管。加强停车设施建设工程质量和验收管理，做好各类机械式停车设施设备养护维护和监测，确保安全运行。推动停车服务市场化改革，培育规模化、规范化、专业化停车服务企业，提升管理效率和服务水平。加强对停车设施及服务企业的监督管理，严厉打击违法违规行为。（各城市人民政府负责，国家发展改革委、住房城乡建设部、交通运输部按职责分工加强指导支持）

（十七）完善停车收费政策。健全主要由市场决定价格的停车收费机制，逐步缩小政府定价范围。政府定价主要限定在具有公益性特征和自然垄断经营特征的停车设施。综合考虑停车设施等级、服务条件、供求关系及社会承受能力等因素，区分不同区域、位置、时段、车型和占用时长等，科学制定差异化收费标准，并建立动态调整机制。停车收费标准应向社会公开。（各城市人民政府负责，国家发展改革委、住房城乡建设部、交通运输部、各省级人民政府按职责分工加强指导支持）

（十八）完善标准规范体系。加强标准化建设，建立健全停车设施建设和运营管理标准规范，构建多层次标准规范体系。各城市人民政府负责制定或修编居住建筑和不同类型公共建筑的停车设施、公交场站配建地方标准，根据不同项目使用性质和停车需求，合理确定配建指标，并根据城市交通发展变化适时评估调整。（住房城乡建设部、交通运输部、各城市人民政府按职责分工负责）

六、完善停车管理法治保障

（十九）健全停车管理法规体系。在地方立法权限范围内，结合城市交通管理实际，抓紧清理不符合停车设施建设管理要求的规章制度，推动编制或修订地方性停车设施建设管理法规，为依法治理城市停车问题提供法治保障。出台停车设施不动产登记细则，明确不同类型停车设施的产权归属，做好不动产登记。（各城市人民政府负责，公安部、司法部、自然资源部、住房城乡建设部、交通运输部、应急部按职责分工加强指导）

（二十）依法规范停车秩序。建立健全执法联动机制，充分利用科技手段，依法查处违法停车行为，维护良好停车秩序。严格按照规定标准设置消防通道并实行标识化管理，严格依法查处堵塞消防通道等停车行为，确保生命通道畅通。新改建公共停车设施建成营业后，基本停车需求得到有效满足的，视情减少或逐步取消周边路内停车位。（各城市人民政府负责，公安部、住房城乡建设部、交通运输部、应急部按职责分工加强指导）

七、加强组织领导

（二十一）强化组织实施。各城市人民政府作为停车设施规划建设管理的责任主体，要建立健全工作机制，有力有序推动城市停车设施发展。各省级人民政府要抓紧制定本省（自治区、直辖市）实施办法，加强统筹协调和监督评价，督促指导本行政区域内各城市推动停车设施规划建设。国家发展改革委、住房城乡建设部、公安部、自然资源部、交通运输部、应急部等有关部门要指导和协调督促各地区完善相关政策、落实各项任务，确保目标如期实现。重大问题及时向国务院报告。

（二十二）做好宣传引导。地方各级人民政府和国务院有关部门要加强城市停车相关法律法规政策解读，引导公众建立积极参与、共建共享、有偿使用等观念，及时向社会公布停车普查结果、停车设施配建标准及建设规划。总结推广各地停车设施规划建设管理的好经验、好做法，充分发挥行业协会等中介组织作用，加大宣传交流力度，共同推动城市交通条件持续改善和宜居水平不断提升。

住房和城乡建设部等 8 部门
关于持续整治规范房地产市场秩序的通知

（建房〔2021〕55 号，2021 年 7 月 13 日，住房和城乡建设部
国家发展和改革委员会 公安部 自然资源部 国家税务总局
国家市场监督管理总局 中国银行保险监督管理委员会 国家互联网信息办公室发布）

各省、自治区、直辖市及新疆生产建设兵团住房和城乡建设厅（委、管委、局）、发展改革委、公安厅（局）、自然资源主管部门、市场监管局（厅、委）、银保监局、网信办，国家税务总局各省、自治区、直辖市和计划单列市税务局，国家税务总局驻各地特派员办事处：

整治规范房地产市场秩序是促进房地产市场平稳健康发展的重要举措，事关人民群众切身利益，事关经济社会发展大局。2019 年，住房和城乡建设部等 6 部门联合开展住房租赁中介机构乱象专项整治工作，取得了明显成效。但房地产领域违法违规行为仍时有发生，整治规范房地产市场秩序还存在不少薄弱环节。为深入贯彻落实党中央、国务院关于促进房地产市场平稳健康发展的决策部署，聚焦人民群众反映强烈的难点和痛点问题，加大房地产市场秩序整治力度，切实维护人民群众合法权益，住房和城乡建设部、国家发展改革委、公安部、自然资源部、税务总局、市场监管总局、银保监会、国家网信办决定，持续开展整治规范房地产市场秩序工作（以下简称整治工作）。现就有关事项通知如下。

一、总体要求

（一）指导思想。以习近平新时代中国特色社会主义思想为指导，始终坚持以人民为中心的发展思想，坚持房子是用来住的、不是用来炒的定位，进一步提高政治站位，增强“四个意识”、坚定“四个自信”、做到“两个维护”，紧紧围绕稳地价、稳房价、稳预期目标，充分运用法治思维和法治方式，科学谋划、精心组织，加强市场监管、净化市场环境、改进政务服务、增进民生福祉，确保整治工作取得实效，促进房地产市场平稳健康发展，增强人民群众的获得感、幸福感、安全感。

（二）基本原则。

——坚持聚焦问题、重点整治。以问题为导向，重点整治房地产开发、房屋买卖、住房租赁、物业服务等领域人民群众反映强烈、社会关注度高的突出问题。

——坚持群众参与、开门整治。以维护人民群众切身利益为出发点和落脚点，充分调动群众广泛参与的积极性，定期公布整治工作阶段性成果，不断提升群众满意度。

——坚持齐抓共管、综合整治。充分发挥部门职能作用，加强协同配合，整合资源力量，建立部门联动机制，提高房地产市场秩序综合整治能力。

——坚持标本兼治、长效整治。综合运用法律、经济、行政和信息化等多种手段，既解决当前房地产市场突出问题，又注重完善体制机制，从源头上规范房地产市场秩序。

（三）主要目标。力争用 3 年左右时间，实现房地产市场秩序明显好转。违法违规行为得到有效遏制，监管制度不断健全，监管信息系统基本建立，部门齐抓共管工作格局逐步形成，群众信访投诉量显著下降。

二、因城施策突出整治重点

（一）房地产开发。房地产开发企业违法违规开工建设；未按施工图设计文件开发建设；未按房屋买卖合同约定如期交付；房屋渗漏、开裂、空鼓等质量问题突出；未按完整居住社区建设标准建设配套设施。

（二）房屋买卖。发布虚假违法房地产广

告，发布虚假房源信息；捂盘惜售，囤积房源；挪用交易监管资金；套取或协助套取“经营贷”“消费贷”等非个人住房贷款用于购房；协助购房人非法规避房屋交易税费；违规收取预付款、“茶水费”等费用，变相涨价；利用不公平格式条款侵害消费者权益；捆绑销售车位、储藏室；捏造、散布不实信息，扰乱市场秩序。

（三）住房租赁。未提交开业报告即开展经营；未按规定如实完整报送相关租赁信息；网络信息平台未履行信息发布主体资格核验责任；克扣租金押金；采取暴力、威胁等手段强制驱赶租户；违规开展住房租赁消费贷款业务；存在“高进低出”“长收短付”等高风险经营行为；未按规定办理租金监管。

（四）物业服务。未按照物业服务合同约定内容和标准提供服务；未按规定公示物业服务收费项目标准、业主共有部分的经营与收益情况、维修资金使用情况等相关信息；超出合同约定或公示收费项目标准收取费用；擅自利用业主共有部分开展经营活动，侵占、挪用业主共有部分经营收益；物业服务合同依法解除或者终止后，无正当理由拒不退出物业服务项目。

三、依法有效开展整治工作

（一）全面排查问题线索。各城市要对房地产开发、房屋买卖、住房租赁、物业服务等领域进行全面排查，充分利用媒体、12345热线、电子信箱、门户网站，结合“双随机、一公开”抽查与专项检查，多渠道收集问题线索，逐条分析研判，形成整治问题清单。

（二）建立整治工作台账。各城市要将整治问题清单分类建档，建立工作台账，明确责任部门，制定整治措施，确定整改时限。建立转办和督办机制，实施销号管理。对实名举报的案件，要认真核实、逐件处理、及时反馈。

（三）发挥部门协同作用。住房和城乡建设部门负责牵头组织实施整治工作，制订实施方案，开展摸底调查，移交问题线索，汇总处理结果，总结通报情况，会同有关部门依职责对房地产领域违法违规行为进行查处。发展改革部门负责协调汇总房地产领域违法违规信息，并纳入全国信用信息共享平台，推动各部门依法依规对相关企业及从业人员实施失信联合惩戒。公安部门负责查处房地产领域合同诈骗、非法集资等涉嫌犯罪行为。自然资源部门负责查处未依法依规取得土地即开工等问题。税务部门负责查处非法规避房屋交易税费行为。市场监管部门负责查处虚假违法房地产广告、价格违法、利用不公平格式条款侵害消费者权益等问题。金融监管部门负责查处信贷资金违规流入房地产市场等问题。网信部门负责查处通过网络发布虚假房地产信息等问题。

（四）持续加大惩处力度。各地要根据实际情况，创新思路，多措并举，依法依规开展整治。对本行政区域内违法违规的房地产开发企业、中介机构、住房租赁企业、物业服务企业、金融机构、网络媒体及从业人员，依法依规采取警示约谈、停业整顿、吊销营业执照和资质资格证书等措施，并予以公开曝光；涉嫌犯罪的，移交公安司法部门依法查处。对逾期不能偿还债务、大规模延期交房、负面舆情较多等存在重大经营风险的企业，实施重点监管，提升风险防范化解能力。

四、建立制度化常态化整治机制

（一）切实加强组织领导。充分发挥部省市纵向联动和部门横向协同作用。住房和城乡建设部会同国家发展改革委、公安部、自然资源部、税务总局、市场监管总局、银保监会、国家网信办，通过加强信息共享、联动查处、齐抓共管等方式，共同推动整治工作。省级住房和城乡建设部门要会同相关部门指导监督各城市整治工作。各城市要认真制定整治方案，可针对本地突出问题增加整治项目，及时动员部署，依法依规查处违法违规行为，督促整改落实，完善相关制度，建立长效管理机制。

（二）强化监督评价考核。省级住房和城乡建设部门每季度向住房和城乡建设部报送工作进展情况、典型案例和经验做法。住房和城乡建设部每半年对各地工作进展情况进行通报，同时抄送省、自治区、直辖市人民政府及新疆生产建设兵团。落实房地产市场调控评价考核措施，对整治工作得力、成效明显的城市，予以表扬；对房地产市场秩序问题突出，未履行监管责任及时妥善处置的城市，进行约谈问责。

（三）正确引导社会舆情。各地要综合运用报纸、电视、广播、网络等新闻媒体，加强正面宣传，正确引导舆论，及时总结推广整治工作做法、经验和成效，公开曝光典型违法违规违纪案例，发挥警示震慑作用。中国建设报、中国建设新闻网要开辟专栏进行宣传报道，形成浓厚整治氛围，为整治工作创造良好舆论环境。

住房和城乡建设部等部门关于开展城市居住社区建设补短板行动的意见

（建科规〔2020〕7号，2020年8月18日，中华人民共和国住房和城乡建设部 中华人民共和国教育部 中华人民共和国工业和信息化部 中华人民共和国公安部 中华人民共和国商务部 中华人民共和国文化和旅游部 中华人民共和国国家卫生健康委员会 国家税务总局 国家市场监督管理总局 国家体育总局 国家能源局 国家邮政局 中国残疾人联合会发布）

各省、自治区、直辖市住房和城乡建设厅（委、管委）、教育厅（委）、通信管理局、公安厅（局）、商务主管部门、文化和旅游厅（局）、卫生健康委、市场监管局（厅、委）、体育局、能源局、邮政局、残联，国家税务总局各省、自治区、直辖市和计划单列市税务局，新疆生产建设兵团住房和城乡建设局、教育局、公安局、商务主管部门、文化和旅游局、卫生健康委、市场监管局、体育局、能源局、邮政局、残联：

居住社区是城市居民生活和城市治理的基本单元，是党和政府联系、服务人民群众的“最后一公里”。当前，居住社区存在规模不合理、设施不完善、公共活动空间不足、物业管理覆盖面不高、管理机制不健全等突出问题和短板，与人民日益增长的美好生活需要还有较大差距。为贯彻落实习近平总书记关于更好为社区居民提供精准化、精细化服务的重要指示精神，建设让人民群众满意的完整居住社区，现就开展居住社区建设补短板行动提出以下意见：

一、总体要求

（一）指导思想。以习近平新时代中国特色社会主义思想为指导，全面贯彻党的十九大和十九届二中、三中、四中全会精神，坚持以人民为中心的发展思想，坚持新发展理念，以建设安全健康、设施完善、管理有序的完整居住社区为目标，以完善居住社区配套设施为着力点，大力开展居住社区建设补短板行动，提升居住社区建设质量、服务水平和管理能力，增强人民群众获得感、幸福感、安全感。

（二）工作目标。到2025年，基本补齐既有居住社区设施短板，新建居住社区同步配建各类设施，城市居住社区环境明显改善，共建共治共享机制不断健全，全国地级及以上城市完整居住社区覆盖率显著提升。

二、重点任务

（一）合理确定居住社区规模。以居民步行5～10分钟到达幼儿园、老年服务站等社区基本公共服务设施为原则，以城市道路网、自然地形地貌和现状居住小区等为基础，与社区居民委员会管理和服务范围相对接，因地制宜合理确定居住社区规模，原则上单个居住社区以0.5万～1.2万人口规模为宜。要结合实际统筹划定和调整居住社区范围，明确居住社区建设补短板行动的实施单元。

（二）落实完整居住社区建设标准。按照《完整居住社区建设标准（试行）》（附件），结合地方实际，细化完善居住社区基本公共服务设施、便民商业服务设施、市政配套基础设施和公共活动空间建设内容和形式，作为开展居住社区建设补短板行动的主要依据。

（三）因地制宜补齐既有居住社区建设短板。结合城镇老旧小区改造等城市更新改造工作，通过补建、购置、置换、租赁、改造等方式，因地制宜补齐既有居住社区建设短板。优先实施排水防涝设施建设、雨污水管网混错接改造。充分利用居住社区内空地、荒地及拆除违法建设腾空土地等配建设施，增加公共活动空间。统筹利用公有住房、社区居民委员会办公用房和社区综合服务设施、闲置锅炉房等存量房屋资源，增设基本公共服务设施和便民商业服务设施。要区分轻重缓急，优先在居住社区内配建居民最需要的设施。推进相邻居住社区及周边地区统筹建设、联动改造，加强各类配套设施和公共活动空间共建共享。加强居住社区无障碍环境建设和改造，为居民出行、生活提供便利。

（四）确保新建住宅项目同步配建设施。新建住宅项目要按照完整居住社区建设标准，将基本公共服务、便民商业服务等设施和公共活动空间建设作为开发建设配套要求，明确规模、产权和移交等规定，确保与住宅同步规划、同步建设、同步验收和同步交付，并按照有关规定和合同约定做好产权移交。规模较小的新建住宅项目，要在科学评估周边既有设施基础上按需配建；规模较大的，要合理划分成几个规模适宜的居住社区，按照标准配齐设施。地方相关行政主管部门要切实履行监督职责，确保产权人按照规定使用配套设施，未经法定程序，任何组织和个人不得擅自改变用途和性质。

（五）健全共建共治共享机制。按照基层党组织领导下的多方参与治理要求，推动建立“党委领导、政府组织、业主参与、企业服务”的居住社区管理机制。鼓励引入专业化物业服务，暂不具备条件的，通过社区托管、社会组织代管或居民自管等方式，提高物业管理覆盖率。推动城市管理进社区，将城市综合管理服务平台与物业管理服务平台相衔接，提高城市管理覆盖面，依法依规查处私搭乱建等违法违规行为，协助开展社区环境整治活动。

三、组织实施

（一）加强组织领导和部门协调。各级住房和城乡建设部门要会同教育、工业和信息化、公安、商务、文化和旅游、卫生健康、税务、市场监管、体育、能源、邮政管理、残联等部门建立协同机制，统筹整合涉及居住社区建设的各类资源、资金和力量，有序开展居住社区建设补短板行动。住房和城乡建设部门要结合城镇老旧小区改造、绿色社区创建、棚户区改造等同步推进居住社区建设补短板行动，建立居住社区建设项目审批绿色通道，加强对幼儿园、养老等基本公共服务设施的设计、建设、验收、移交的监管落实，提高物业管理覆盖率，推动城市管理进社区。教育部门要配合有关部门做好居住社区配套幼儿园规划、建设、验收、移交等工作。工业和信息化部门要加快光纤入户和多网融合。公安机关要加强社区警务工作及警务室建设，推进社区智能安防设施及系统建设。商务部门要支持便民商业服务设施建设，鼓励小店“一店多能”提供多样化便民服务，引导连锁企业进社区提供优质服务。文化和旅游部门要支持社区文化设施建设。卫生健康部门要协调有关部门加强社区卫生服务机构建设，完善婴幼儿照护服务政策规范。税务部门要落实社区服务税收优惠政策。市场监管部门要依法对住宅加装的电梯实施监督检验和使用登记。体育部门要加大对社区健身场地设施建设的指导支持力度，协调有关资金向居住社区倾斜。能源部门要支持居住社区充电桩等设施建设。邮政管理部门要加强对居住社区快递末端网点的监督管理。残联要积极组织残疾人代表开展体验活动，配合推进社区无障碍环境建设和改造工作。

（二）制定行动计划。各城市住房和城乡建设部门要会同有关部门按照完整居住社区建设标准，开展居住社区建设情况调查，摸清居住社区规模和数量，找准各类设施和公共活动空间建设短板，制定居住社区建设补短板行动计划，明确行动目标、重点任务和推进时序，并与城镇老旧小区改造计划等相衔接。按照行动计划，细化年度工作任务和建设项目库，纳入政府重点工作统筹推进。

（三）推动社会力量参与。通过政府采购、新增设施有偿使用、落实资产权益等方式，吸引各类专业机构等社会力量参与居住社区配套设施建设和运营。支持规范各类企业以政府和社会资本合作模式开展设施建设和改造。引导供水、供气、供热、供电、通信等专业经营单位履行社会责任，出资参与相关管线设施设备的改造提升及维护更新管理。建立物业管理服务平台，推动物业服务企业发展线上线下社区服务业，接入电子商务、健身、文化、旅游、家装、租赁等各类优质服务，拓展家政、教育、护理、养老等增值服务。

（四）动员居民广泛参与。以开展居住社区建设补短板行动为载体，大力推进美好环境与幸福生活共同缔造活动，搭建沟通议事平台，充分发挥居民主体作用，推动实现决策共谋、发展共建、建设共管、效果共评、成果共享。引导各类专业人员进社区，辅导居民参与居住社区建设和管理。加强培训和宣传，发掘和培养一批懂建设、会管理的老模范、老党员、老干部等社区能人。建立激励机制，引导和鼓励居民通过捐资捐物、投工投劳等方式参与居住社区建设。发布社区居民公约，促进居民自我管理、自我服务。

（五）做好评估和总结。各省级住房和城乡建设部门要会同有关部门加强跟踪督导，定期开展本辖区居住社区建设补短板行动评估，每年 11 月 30 日前将工作进展情况报送住房和城乡建设部，2025 年底前对城市居住社区建设补短板行动进行总结。住房和城乡建设部会同有关部门将定期对全国居住社区建设补短板行动进行调研评估。

附件：完整居住社区建设标准（试行）（略）

住房和城乡建设部等部门
关于印发绿色社区创建行动方案的通知

（建城〔2020〕68 号，2020 年 7 月 22 日，中华人民共和国住房和城乡建设部 中华人民共和国国家发展和改革委员会 中华人民共和国民政部 中华人民共和国公安部 中华人民共和国生态环境部 国家市场监督管理总局发布）

各省、自治区、直辖市住房和城乡建设厅（委、管委）、发展改革委、民政厅（局）、公安厅（局）、生态环境厅（局）、市场监管局（厅、委），北京市城市管理委、园林绿化局、水务局，天津市城市管理委、水务局，上海市绿化和市容管理局、水务局，重庆市城市管理局，新疆生产建设兵团住房和城乡建设局、发展改革委、民政局、公安局、生态环境局、市场监管局：

按照《国家发展改革委关于印发〈绿色生活创建行动总体方案〉的通知》（发改环资〔2019〕1696 号）部署要求，住房和城乡建设部、国家发展改革委等 6 部门共同研究制定了《绿色社区创建行动方案》，现印发实施。

附件：绿色社区创建行动方案

附件

绿色社区创建行动方案

为深入贯彻习近平生态文明思想，贯彻落实党的十九大和十九届二中、三中、四中全会精神，按照《绿色生活创建行动总体方案》部署要求，开展绿色社区创建行动，现制定具体方案如下。

一、创建目标

绿色社区创建行动以广大城市社区为创建对象，即各城市社区居民委员会所辖空间区域。开展绿色社区创建行动，要将绿色发展理念贯穿社区设计、建设、管理和服务等活动的全过程，以简约适度、绿色低碳的方式，推进社区人居环境建设和整治，不断满足人民群众对美好环境与幸福生活的向往。通过绿色社区创建行动，使生态文明理念在社区进一步深入人心，推动社区最大限度地节约资源、保护环境。

到2022年，绿色社区创建行动取得显著成效，力争全国60%以上的城市社区参与创建行动并达到创建要求，基本实现社区人居环境整洁、舒适、安全、美丽的目标。

二、创建内容

（一）建立健全社区人居环境建设和整治机制。绿色社区创建要与加强基层党组织建设、居民自治机制建设、社区服务体系建设有机结合。坚持美好环境与幸福生活共同缔造理念，充分发挥社区党组织领导作用和社区居民委员会主体作用，统筹协调业主委员会、社区内的机关和企事业单位等，共同参与绿色社区创建。搭建沟通议事平台，利用“互联网+共建共治共享”等线上线下手段，开展多种形式基层协商，实现决策共谋、发展共建、建设共管、效果共评、成果共享。推动城市管理进社区。推动设计师、工程师进社区，辅导居民谋划社区人居环境建设和整治方案，有效参与城镇老旧小区改造、生活垃圾分类、节能节水、环境绿化等工作。

（二）推进社区基础设施绿色化。结合城市更新和存量住房改造提升，以城镇老旧小区改造、市政基础设施和公共服务设施维护等工作为抓手，积极改造提升社区供水、排水、供电、弱电、道路、供气、消防、生活垃圾分类等基础设施，在改造中采用节能照明、节水器具等绿色产品、材料。综合治理社区道路，消除路面坑洼破损等安全隐患，畅通消防、救护等生命通道。加大既有建筑节能改造力度，提高既有建筑绿色化水平。实施生活垃圾分类，完善分类投放、分类收集、分类运输设施。综合采取“渗滞蓄净用排”等举措推进海绵化改造和建设，结合本地区地形地貌进行竖向设计，逐步减少硬质铺装场地，避免和解决内涝积水问题。

（三）营造社区宜居环境。因地制宜开展社区人居环境建设和整治。整治小区及周边绿化、照明等环境，推动适老化改造和无障碍设施建设。合理布局和建设各类社区绿地，增加荫下公共活动场所、小型运动场地和健身设施。合理配建停车及充电设施，优化停车管理。进一步规范管线设置，实施架空线规整（入地），加强噪声治理，提升社区宜居水平。针对新冠肺炎疫情暴露出的问题，加快社区服务设施建设，补齐在卫生防疫、社区服务等方面的短板，打通服务群众的“最后一公里”。结合绿色社区创建，探索建设安全健康、设施完善、管理有序的完整居住社区。

（四）提高社区信息化智能化水平。推进社区市政基础设施智能化改造和安防系统智能化建设。搭建社区公共服务综合信息平台，集成不同部门各类业务信息系统。整合社区安保、车辆、公共设施管理、生活垃圾排放登记等数据信息。推动门禁管理、停车管理、公共活动区域监测、公共服务设施监管等领域智能化升级。鼓励物业服务企业大力发展线上线下社区服务。

（五）培育社区绿色文化。建立健全社区宣传教育制度，加强培训，完善宣传场所及设施设置。运用社区论坛和“两微一端”等信息化媒介，定期发布绿色社区创建活动信息，开展绿色生活主题宣传教育，使生态文明理念扎根社区。依托社区内的中小学校和幼儿园，开展“小手拉大手”等生态环保知识普及和社会实践活动，带动社区居民积极参与。贯彻共建共治共享理念，编制发布社区绿色生活行为公约，倡导居民选择绿色生活方式，节约资源、开展绿色消费和绿色出行，形成富有特色的社区绿色文化。加强社区相关文物古迹、历史建筑、古树名木等历史文化保护，展现社区特色，延续历史文脉。

三、组织实施

（一）建立工作机制。绿色社区创建行动由住房和城乡建设部牵头，国家发展改革委、民政部、公安部、生态环境部、市场监管总局等单位参与。全国层面加强部门协调配合，及时沟通相关工作情况。各地有关部门要把绿色社区创建工作摆上重要议事日程，在当地人民政府的统一领导下，建立部门协作机制，形成工作合力，共同破解难题，统筹推进绿色社区创建。

（二）明确工作职责。各级住房和城乡建设部门要做好绿色社区创建行动的牵头协调工作，会同有关部门扎实开展调查研究，按照统筹规划、分步推进、尽力而为、量力而行的原则，合理安排创建目标和时序，科学制定本地区绿色社区创建行动实施方案。各省（区、市）制定的实施方案，要于 2020 年 8 月底前报住房和城乡建设部。市县住房和城乡建设部门会同有关部门指导城市社区结合创建行动，开展人居环境建设和整治，推动基础设施绿色化，营造宜居环境、培育绿色文化。省级住房和城乡建设部门要会同有关部门加强对市县绿色社区创建工作的指导。

（三）抓好示范引领。各地要建立激励先进机制，优先安排居民创建意愿强、积极性高、有工作基础的社区开展创建，发挥示范引领作用，探索可复制可推广的经验做法。要及时总结和推广绿色社区创建行动中的经验做法，建设一批绿色社区创建行动示范教育基地，以点带面，逐步推开创建活动。结合城镇老旧小区改造，同步开展绿色社区创建。

（四）做好评估总结。省级住房和城乡建设部门要会同有关部门，对本地区绿色社区创建行动开展情况和实施效果进行年度评估，总结创建进展成效，于每年 11 月 30 日前将年度总结评估报告报住房和城乡建设部。

四、保障措施

（一）统筹相关政策予以支持。各地住房和城乡建设部门要加强与财政部门沟通，争取资金支持。各地应统筹用好城镇老旧小区改造、绿色建筑、既有建筑绿色化改造、海绵城市建设、智慧城市建设等涉及住宅小区的各类资金，推进绿色社区创建，提高资金使用效率。鼓励和引导政策性银行、开发性银行和商业银行加大产品和服务创新力度，在风险可控前提下，对参与绿色社区创建的企业和项目提供信贷支持。通过政府采购、新增设施有偿使用、落实资产权益等方式，吸引各类专业机构等社会力量，投资参与绿色社区创建中各类设施的设计、改造、运营。

（二）强化技术支撑。各地在社区人居环境建设和整治中，应积极选用经济适用、绿色环保的技术、工艺、材料、产品。要因地制宜加强绿色环保工艺技术的集成和创新，加大绿色环保材料产品的研发和推广应用力度。根据创建工作需要，立足当地实际，制订绿色社区建设标准和指标体系。

（三）加强宣传动员。各地要加大绿色社区创建行动的宣传力度，注重典型引路、正面引导，宣传绿色社区创建行动及其成效，营造良好舆论氛围。要动员志愿者、企事业单位、社会组织广泛参与绿色社区创建行动，形成各具特色的绿色社区创建模式。对绿色社区创建行动中涌现的优秀单位、个人和做法，要通过多种方式予以表扬鼓励。

附件：绿色社区创建标准（试行）

附件

绿色社区创建标准（试行）

内 容	创建标准	
建立健全社区人居环境建设和整治机制	1	坚持美好环境与幸福生活共同缔造理念，各主体共同参与社区人居环境建设和整治工作
	2	搭建沟通议事平台，利用“互联网＋共建共治共享”等线上线下手段，开展多种形式基层协商
	3	设计师、工程师进社区，辅导居民有效谋划人居环境建设和整治方案
推进社区基础设施绿色化	4	社区各类基础设施比较完善
	5	开展了社区道路综合治理、海绵化改造和建设，生活垃圾分类居民小区全覆盖
	6	在基础设施改造建设中落实经济适用、绿色环保的理念
营造社区宜居环境	7	社区绿地布局合理，有公共活动空间和设施
	8	社区停车秩序规范，无占压消防、救护等生命通道的情况
	9	公共空间开展了适老化改造和无障碍设施建设
	10	对噪声扰民等问题进行了有效治理
提高社区信息化智能化水平	11	建设了智能化安防系统
	12	物业管理覆盖面不低于30％
培育社区绿色文化	13	社区有固定宣传场所和设施，能定期发布创建信息
	14	对社区工作者、物业服务从业者等相关人员定期开展培训
	15	发布了社区居民绿色生活行为公约
	16	社区相关文物古迹、历史建筑、古树名木等历史文化资源得到有效保护

住房和城乡建设部等部门
关于加快发展数字家庭 提高居住品质的指导意见

（建标〔2021〕28号，2021年4月6日，住房和城乡建设部 中央网信办 教育部 科技部 工业和信息化部 公安部 民政部 人力资源社会保障部 交通运输部 商务部 文化和旅游部 卫生健康委 应急部 市场监管总局 广电总局 体育总局发布）

各省、自治区、直辖市住房和城乡建设厅（委、管委）、党委网信办、教育厅（委）、科技厅（委）、工业和信息化主管部门、公安厅（局）、民政厅（局）、人力资源社会保障厅（局）、交通运输厅（委）、商务主管部门、文化和旅游厅（局）、卫生健康委、应急管理厅（局）、市场监管局（厅、委）、广电局、体育局，新疆生产建设兵团住房和城乡建设局、党委网信办、教育局、科技局、工业和信息化局、公安局、民政局、人力资源社会保障局、交通运输局、商务局、文化体育广电和旅游局、卫生健康委、应急管理局、市场监管局：

数字家庭是以住宅为载体，利用物联网、云计算、大数据、移动通信、人工智能等新一代信息技术，实现系统平台、家居产品的互联互通，满足用户信息获取和使用的数字化家庭生活服务系统。近年来，信息技术发展迅速，数字家庭的功能和服务内容不断扩充，但还存在发展不平衡、住宅和社区配套设施智能化水平不高、产品系统互联互通不够等问题。为落实党中央、国务院扩大内需和发展数字经济战略决策部署，加快发展数字家庭，提高居住品质，改善人居环境，提出以下意见：

一、总体要求

（一）指导思想。以习近平新时代中国特色社会主义思想为指导，全面贯彻落实党的十九大和十九届二中、三中、四中、五中全会精神，立足新发展阶段、贯彻新发展理念、构建新发展格局，坚持以人民为中心，坚持系统观念，统筹推进高质量发展，深化住房供给侧改革，深度融合数字家庭产品应用与工程设计，强化宜居住宅和新型城市基础设施建设，提升数字家庭产品消费服务供给能力，提高便民服务水平，适应消费升级趋势和疫情防控常态化要求，不断满足人民日益增长的美好生活需要。

（二）基本原则。

——坚持市场主导，政府引导。充分发挥市场在数字家庭发展中的主导作用，更好发挥政府在规划布局、安全保障、政策制定等方面作用，推动形成多元化参与协同机制。

——坚持因地制宜，系统推进。立足于城市基础条件和消费现状，做好统筹规划，突出重点，按需求分类发展，鼓励试点先行，推动数字家庭应用落地。

——坚持融合共享，创新发展。强化跨领域跨行业产品与平台互联互通，推动新一代信息技术、互联网协议第六版（IPv6）与智能家居的协同应用，带动相关产业融合发展，营造跨界应用的产业生态。

——坚持安全可靠，绿色发展。强化网络和信息、文化和宣传安全管理，切实保护居民隐私，保障数字家庭产品和系统网络安全，严格遵循绿色低碳循环的基本要求，提高能源资源利用效率。

（三）发展目标。到2022年底，数字家庭相关政策制度和标准基本健全，基础条件较好的省（区、市）至少有一个城市或市辖区开展数字家庭建设，基本形成可复制可推广的经验和生活服务模式。到2025年底，构建比较完备的数字家庭标准体系；新建全装修住宅和社区配套设施，全面具备通信连接能力，拥有必要的智能产品；既有住宅和社区配套设施，拥有一定的智能产品，数字化改造初见成效；初步形成房地产开发、产品研发生产、运营服务等有序发展的数字家庭产业生态；健康、教育、娱乐、医疗、健身、智慧广电及其他数字家庭生活服务系统较为完善。

二、明确数字家庭服务功能

（一）满足居民获得家居产品智能化服务的需求。包括居民更加便利地管理和控制智能家居产品，智能家居产品与家居环境的感知与互动，防范非法入侵、不明人员来访，居民用电、用火、用气、用水安全，以及节能控制、环境与健康监测等。

（二）满足居民线上获得社会化服务的需求。包括居民更加便利地获得建筑设施维修、家政、医疗护理等上门服务，以及自然灾害预警提醒、教育、餐饮外卖、养老助残、医疗咨询、预约诊疗、居家办公、快递收寄、电子商城、房屋租赁、交通出行、旅游住宿、影音娱乐、健身指导等服务。

（三）满足居民线上申办政务服务的需求。包括公共教育、劳动就业、社会保障、民政事业、医疗健康、住房保障、广播电视、文化体育等政务服务事项进家庭，充分利用智能家居产品，联动当地政务服务平台，实现线上“一屏办”“指尖办”“电视办”。

三、强化数字家庭工程设施建设

（一）加强智能信息综合布线。加大住宅

和社区的信息基础设施规划建设投入力度，实现光纤宽带与第五代移动通信（5G）等高速无线网络覆盖，广播电视光纤与同轴电缆入户。鼓励开展光纤到房间、光纤到桌面建设，着力提升住宅户内网络质量。推动三网融合，推广住宅户内综合信息箱应用，提升满足数字家庭系统需求的电力及信息网络连接能力，预留充足的数字家庭接口和线路。

（二）强化智能产品在住宅中的设置。对新建全装修住宅，明确户内设置楼宇对讲、入侵报警、火灾自动报警等基本智能产品要求；鼓励设置健康、舒适、节能类智能家居产品；鼓励预留居家异常行为监控、紧急呼叫、健康管理等适老化智能产品的设置条件。鼓励既有住宅参照新建住宅设置智能产品，并对门窗、遮阳、照明等传统家居建材产品进行电动化、数字化、网络化改造。

（三）强化智能产品在社区配套设施中的设置。对新建社区配套设施建设，明确要求设置入侵报警、视频监控等基本智能产品要求，保障消防通道畅通，提升社区安防水平；养老设施应配置健康管理、紧急呼叫等智能产品，提升社区适老化水平；鼓励建设智能停车、智能快递柜、智能充电桩、智慧停车、智能健身、智能灯杆、智能垃圾箱等公共配套设施，提升智能化服务水平。鼓励既有社区参照新建社区设置基本智能产品，并对养老设施和公共配套设施进行数字化改造。

四、完善数字家庭系统

（一）加强数字家庭系统基础平台建设。强化平台建设工作指引，细化数字家庭功能设置，支持建设开放的数字家庭基础平台。以数据集成、应用集成等技术手段，提高平台接收、分析、处理数据的能力，推动服务精细化，提升居民生活智慧化、便利化。

（二）加强与相关平台对接。推进数字家庭系统基础平台与新型智慧城市“一网通办”、“一网统管”、智慧物业管理、智慧社区信息系统以及社会化专业服务等平台的对接，开放信息接口，在遵循信息安全与隐私保护的前提下，推动信息资源共享，保障居民更加安全便利地获得政务、社会和产品智能化服务。

（三）推进智能家居产品跨企业互联互通和质量保障。规范智能家居系统平台架构、网络接口、组网要求、应用场景，推动智能家居设备产品、用户、数据跨企业跨终端互联互通，打破不同企业智能家居产品连接壁垒，提升智能家居系统平台、设备产品、应用等对IPv6的支持能力，提高设备兼容性。鼓励符合条件的检测认证机构开展产品检测和认证，保障产品质量。

（四）强化网络和数字安全保障。数字家庭系统应同步规划、同步建设、同步使用网络安全技术。按照法律法规规定和国家强制性标准要求，采取技术等必要措施，保障数字家庭系统安全稳定运行，防止信息泄露、损毁、丢失，确保收集、产生数据和个人信息安全。遵守密码应用规定，形成安全可控完整的产业生态系统。

五、加强组织实施

（一）加强组织领导。各地要高度重视数字家庭工作，各有关部门要在同级党委和政府领导下，建立协同机制，形成工作合力，以城市或市辖区为单元，综合利用信息化资源，推动数字家庭系统基础平台建设，强化工程规划建设管理，引导相关市场主体立足居民消费新需求，推动数字家庭产业协同发展。

（二）加强科技支撑。充分发挥行业领先企业及科研机构作用，加大数字家庭系统关键技术研发，鼓励开展产学研用基础软件与应用平台研发。加快开展环境质量监测、人体位置及行为状态获取等新型传感技术研发，重点推进核心芯片、部件、安全等关键技术创新，构筑自主创新技术产业体系。

（三）完善标准体系。开展数字家庭标准体系研究，完善智能家居规划设计、安装施工、运营服务等标准，制定综合信息箱等设施配置标准。完善智能产品、数字家庭场景、智能家居，以及广播电视、通信与数据技术要求、系统功能要求等标准，优先制定安全与隐私保护、设备互联互通与数据共享等关键标准。充分发挥社会团体作用，鼓励制定快速适应技术发展与市场需求的团体标准，加大标准供给。

（四）加强人才培养。重视数字家庭产业人才队伍建设，把人才作为支撑数字家庭发展的第一资源。建立多层次人才培养体系，储备相关专业人才。支持与高校、科研院所共建共享产学研用协同创新平台，与职业院校开展产教融合，合作培养技术技能人才。

（五）做好宣传引导。坚持党建引领，充分发挥各级政府和社区组织作用，开展加快发展数字家庭政策宣传贯彻、技术指导、交流合作与成果推广活动。引导人民群众广泛参与，加强国际交流与合作，营造数字家庭健康发展的良好环境。

第二部分

房屋及设备设施管理

承接查验

建设工程质量管理条例（摘）

（2000年1月10日国务院第25次常务会议通过，根据2017年10月7日国务院令第687号《国务院关于修改部分行政法规的决定》第一次修正，根据2019年4月23日国务院令第714号《国务院关于修改部分行政法规的决定》第二次修正）

第一章　总则

第一条　为了加强对建设工程质量的管理，保证建设工程质量，保护人民生命和财产安全，根据《中华人民共和国建筑法》，制定本条例。

第二条　凡在中华人民共和国境内从事建设工程的新建、扩建、改建等有关活动及实施对建设工程质量监督管理的，必须遵守本条例。

本条例所称建设工程，是指土木工程、建筑工程、线路管道和设备安装工程及装修工程。

…………

第二章　建设单位的质量责任和义务

…………

第三章　勘察、设计单位的质量责任和义务

…………

第四章　施工单位的质量责任和义务

第二十五条　施工单位应当依法取得相应等级的资质证书，并在其资质等级许可的范围内承揽工程。

禁止施工单位超越本单位资质等级许可的业务范围或者以其他施工单位的名义承揽工程。禁止施工单位允许其他单位或者个人以本单位的名义承揽工程。

施工单位不得转包或者违法分包工程。

第二十六条　施工单位对建设工程的施工质量负责。

施工单位应当建立质量责任制，确定工程项目的项目经理、技术负责人和施工管理负责人。

建设工程实行总承包的，总承包单位应当对全部建设工程质量负责；建设工程勘察、设计、施工、设备采购的一项或者多项实行总承包的，总承包单位应当对其承包的建设工程或者采购的设备的质量负责。

第二十七条　总承包单位依法将建设工程分包给其他单位的，分包单位应当按照分包合同的约定对其分包工程的质量向总承包单位负责，总承包单位与分包单位对分包工程的质量承担连带责任。

第二十八条　施工单位必须按照工程设计图纸和施工技术标准施工，不得擅自修改工程设计，不得偷工减料。

施工单位在施工过程中发现设计文件和图纸有差错的，应当及时提出意见和建议。

第二十九条　施工单位必须按照工程设计要求、施工技术标准和合同约定，对建筑材料、建筑构配件、设备和商品混凝土进行检验，检验应当有书面记录和专人签字；未经检验或者检验不合格的，不得使用。

第三十条　施工单位必须建立、健全施工质量的检验制度，严格工序管理，作好隐蔽工程的质量检查和记录。隐蔽工程在隐蔽前，施工单位应当通知建设单位和建设工程质量监督机构。

第三十一条　施工人员对涉及结构安全的试块、试件以及有关材料，应当在建设单位或者工程监理单位监督下现场取样，并送具有相应资质等级的质量检测单位进行检测。

第三十二条　施工单位对施工中出现质量

问题的建设工程或者竣工验收不合格的建设工程，应当负责返修。

第三十三条　施工单位应当建立、健全教育培训制度，加强对职工的教育培训；未经教育培训或者考核不合格的人员，不得上岗作业。

第五章　工程监理单位的质量责任和义务

…………

第六章　建设工程质量保修

…………

第七章　监督管理

…………

第八章　罚则

…………

第九章　附则

第七十八条　本条例所称肢解发包，是指建设单位将应当由一个承包单位完成的建设工程分解成若干部分发包给不同的承包单位的行为。

本条例所称违法分包，是指下列行为：

（一）总承包单位将建设工程分包给不具备相应资质条件的单位的；

（二）建设工程总承包合同中未有约定，又未经建设单位认可，承包单位将其承包的部分建设工程交由其他单位完成的；

（三）施工总承包单位将建设工程主体结构的施工分包给其他单位的；

（四）分包单位将其承包的建设工程再分包的。

本条例所称转包，是指承包单位承包建设工程后，不履行合同约定的责任和义务，将其承包的全部建设工程转给他人或者将其承包的全部建设工程肢解以后以分包的名义分别转给其他单位承包的行为。

第七十九条　本条例规定的罚款和没收的违法所得，必须全部上缴国库。

第八十条　抢险救灾及其他临时性房屋建筑和农民自建低层住宅的建设活动，不适用本条例。

第八十一条　军事建设工程的管理，按照中央军事委员会的有关规定执行。

第八十二条　本条例自发布之日起施行。

房屋建筑工程质量保修办法

（中华人民共和国建设部令第80号，2006年6月30日）

《房屋建筑工程质量保修办法》已于2000年6月26日经第24次部常务会议讨论通过，现予发布，自发布之日起施行。

第一条　为保护建设单位、施工单位、房屋建筑所有人和使用人的合法权益，维护公共安全和公众利益，根据《中华人民共和国建筑法》和《建设工程质量管理条例》，制订本办法。

第二条　在中华人民共和国境内新建、扩建、改建各类房屋建筑工程（包括装修工程）的质量保修，适用本办法。

第三条　本办法所称房屋建筑工程质量保修，是指对房屋建筑工程竣工验收后在保修期限内出现的质量缺陷，予以修复。

本办法所称质量缺陷，是指房屋建筑工程的质量不符合工程建设强制性标准以及合同的约定。

第四条　房屋建筑工程在保修范围和保修期限内出现质量缺陷，施工单位应当履行保修义务。

第五条 国务院建设行政主管部门负责全国房屋建筑工程质量保修的监督管理。

县级以上地方人民政府建设行政主管部门负责本行政区域内房屋建筑工程质量保修的监督管理。

第六条 建设单位和施工单位应当在工程质量保修书中约定保修范围、保修期限和保修责任等，双方约定的保修范围、保修期限必须符合国家有关规定。

第七条 在正常使用下，房屋建筑工程的最低保修期限为：

（一）地基基础和主体结构工程，为设计文件规定的该工程的合理使用年限；

（二）屋面防水工程、有防水要求的卫生间、房间和外墙面的防渗漏，为5年；

（三）供热与供冷系统，为2个采暖期、供冷期；

（四）电气系统、给排水管道、设备安装为2年；

（五）装修工程为2年。

其他项目的保修期限由建设单位和施工单位约定。

第八条 房屋建筑工程保修期从工程竣工验收合格之日起计算。

第九条 房屋建筑工程在保修期限内出现质量缺陷，建设单位或者房屋建筑所有人应当向施工单位发出保修通知。

施工单位接到保修通知后，应当到现场核查情况，在保修书约定的时间内予以保修。发生涉及结构安全或者严重影响使用功能的紧急抢修事故，施工单位接到保修通知后，应当立即到达现场抢修。

第十条 发生涉及结构安全的质量缺陷，建设单位或者房屋建筑所有人应当立即向当地建设行政主管部门报告，采取安全防范措施；由原设计单位或者具有相应资质等级的设计单位提出保修方案，施工单位实施保修，原工程质量监督机构负责监督。

第十一条 保修完成后，由建设单位或者房屋建筑所有人组织验收。涉及结构安全的，应当报当地建设行政主管部门备案。

第十二条 施工单位不按工程质量保修书约定保修的，建设单位可以另行委托其他单位保修，由原施工单位承担相应责任。

第十三条 保修费用由质量缺陷的责任方承担。

第十四条 在保修期内，因房屋建筑工程质量缺陷造成房屋所有人、使用人或者第三方人身、财产损害的，房屋所有人、使用人或者第三方可以向建设单位提出赔偿要求。建设单位向造成房屋建筑工程质量缺陷的责任方追偿。

第十五条 因保修不及时造成新的人身、财产损害，由造成拖延的责任方承担赔偿责任。

第十六条 房地产开发企业售出的商品房保修，还应当执行《城市房地产开发经营管理条例》和其他有关规定。

第十七条 下列情况不属于本办法规定的保修范围：

（一）因使用不当或者第三方造成的质量缺陷；

（二）不可抗力造成的质量缺陷。

第十八条 施工单位有下列行为之一的，由建设行政主管部门责令改正，并处1万元以上3万元以下的罚款。

（一）工程竣工验收后，不向建设单位出具质量保修书的；

（二）质量保修的内容、期限违反本办法规定的。

第十九条 施工单位不履行保修义务或者拖延履行保修义务的，由建设行政主管部门责令改正，处10万元以上20万元以下的罚款。

第二十条 军事建设工程的管理，按照中央军事委员会的有关规定执行。

第二十一条 本办法由国务院建设行政主管部门负责解释。

第二十二条 本办法自发布之日起施行。

物业承接查验办法

（建房〔2010〕165号，2010年10月14日）

第一条　为了规范物业承接查验行为，加强前期物业管理活动的指导和监督，维护业主的合法权益，根据《中华人民共和国物权法》、《中华人民共和国合同法》和《物业管理条例》等法律法规的规定，制定本办法。

第二条　本办法所称物业承接查验，是指承接新建物业前，物业服务企业和建设单位按照国家有关规定和前期物业服务合同的约定，共同对物业共用部位、共用设施设备进行检查和验收的活动。

第三条　物业承接查验应当遵循诚实信用、客观公正、权责分明以及保护业主共有财产的原则。

第四条　鼓励物业服务企业通过参与建设工程的设计、施工、分户验收和竣工验收等活动，向建设单位提供有关物业管理的建议，为实施物业承接查验创造有利条件。

第五条　国务院住房和城乡建设主管部门负责全国物业承接查验活动的指导和监督工作。

县级以上地方人民政府房地产行政主管部门负责本行政区域内物业承接查验活动的指导和监督工作。

第六条　建设单位与物业买受人签订的物业买卖合同，应当约定其所交付物业的共用部位、共用设施设备的配置和建设标准。

第七条　建设单位制定的临时管理规约，应当对全体业主同意授权物业服务企业代为查验物业共用部位、共用设施设备的事项作出约定。

第八条　建设单位与物业服务企业签订的前期物业服务合同，应当包含物业承接查验的内容。

前期物业服务合同就物业承接查验的内容没有约定或者约定不明确的，建设单位与物业服务企业可以协议补充。

不能达成补充协议的，按照国家标准、行业标准履行；没有国家标准、行业标准的，按照通常标准或者符合合同目的的特定标准履行。

第九条　建设单位应当按照国家有关规定和物业买卖合同的约定，移交权属明确、资料完整、质量合格、功能完备、配套齐全的物业。

第十条　建设单位应当在物业交付使用15日前，与选聘的物业服务企业完成物业共用部位、共用设施设备的承接查验工作。

第十一条　实施承接查验的物业，应当具备以下条件：

（一）建设工程竣工验收合格，取得规划、消防、环保等主管部门出具的认可或者准许使用文件，并经建设行政主管部门备案；

（二）供水、排水、供电、供气、供热、通信、公共照明、有线电视等市政公用设施设备按规划设计要求建成，供水、供电、供气、供热已安装独立计量表具；

（三）教育、邮政、医疗卫生、文化体育、环卫、社区服务等公共服务设施已按规划设计要求建成；

（四）道路、绿地和物业服务用房等公共配套设施按规划设计要求建成，并满足使用功能要求；

（五）电梯、二次供水、高压供电、消防设施、压力容器、电子监控系统等共用设施设备取得使用合格证书；

（六）物业使用、维护和管理的相关技术资料完整齐全；

（七）法律、法规规定的其他条件。

第十二条　实施物业承接查验，主要依据下列文件：

（一）物业买卖合同；

（二）临时管理规约；

（三）前期物业服务合同；

（四）物业规划设计方案；

（五）建设单位移交的图纸资料；

（六）建设工程质量法规、政策、标准和规范。

第十三条 物业承接查验按照下列程序进行：

（一）确定物业承接查验方案；

（二）移交有关图纸资料；

（三）查验共用部位、共用设施设备；

（四）解决查验发现的问题；

（五）确认现场查验结果；

（六）签订物业承接查验协议；

（七）办理物业交接手续。

第十四条 现场查验 20 日前，建设单位应当向物业服务企业移交下列资料：

（一）竣工总平面图，单体建筑、结构、设备竣工图，配套设施、地下管网工程竣工图等竣工验收资料；

（二）共用设施设备清单及其安装、使用和维护保养等技术资料；

（三）供水、供电、供气、供热、通信、有线电视等准许使用文件；

（四）物业质量保修文件和物业使用说明文件；

（五）承接查验所必需的其他资料。

未能全部移交前款所列资料的，建设单位应当列出未移交资料的详细清单并书面承诺补交的具体时限。

第十五条 物业服务企业应当对建设单位移交的资料进行清点和核查，重点核查共用设施设备出厂、安装、试验和运行的合格证明文件。

第十六条 物业服务企业应当对下列物业共用部位、共用设施设备进行现场检查和验收：

（一）共用部位：一般包括建筑物的基础、承重墙体、柱、梁、楼板、屋顶以及外墙、门厅、楼梯间、走廊、楼道、扶手、护栏、电梯井道、架空层及设备间等；

（二）共用设备：一般包括电梯、水泵、水箱、避雷设施、消防设备、楼道灯、电视天线、发电机、变配电设备、给排水管线、电线、供暖及空调设备等；

（三）共用设施：一般包括道路、绿地、人造景观、围墙、大门、信报箱、宣传栏、路灯、排水沟、渠、池、污水井、化粪池、垃圾容器、污水处理设施、机动车（非机动车）停车设施、休闲娱乐设施、消防设施、安防监控设施、人防设施、垃圾转运设施以及物业服务用房等。

第十七条 建设单位应当依法移交有关单位的供水、供电、供气、供热、通信和有线电视等共用设施设备，不作为物业服务企业现场检查和验收的内容。

第十八条 现场查验应当综合运用核对、观察、使用、检测和试验等方法，重点查验物业共用部位、共用设施设备的配置标准、外观质量和使用功能。

第十九条 现场查验应当形成书面记录。查验记录应当包括查验时间、项目名称、查验范围、查验方法、存在问题、修复情况以及查验结论等内容，查验记录应当由建设单位和物业服务企业参加查验的人员签字确认。

第二十条 现场查验中，物业服务企业应当将物业共用部位、共用设施设备的数量和质量不符合约定或者规定的情形，书面通知建设单位，建设单位应当及时解决并组织物业服务企业复验。

第二十一条 建设单位应当委派专业人员参与现场查验，与物业服务企业共同确认现场查验的结果，签订物业承接查验协议。

第二十二条 物业承接查验协议应当对物业承接查验基本情况、存在问题、解决方法及其时限、双方权利义务、违约责任等事项作出明确约定。

第二十三条 物业承接查验协议作为前期物业服务合同的补充协议，与前期物业服务合同具有同等法律效力。

第二十四条 建设单位应当在物业承接查验协议签订后 10 日内办理物业交接手续，向物业服务企业移交物业服务用房以及其他物业共用部位、共用设施设备。

第二十五条 物业承接查验协议生效后，当事人一方不履行协议约定的交接义务，导致前期物业服务合同无法履行的，应当承担违约责任。

第二十六条 交接工作应当形成书面记

录。交接记录应当包括移交资料明细、物业共用部位、共用设施设备明细、交接时间、交接方式等内容。交接记录应当由建设单位和物业服务企业共同签章确认。

第二十七条　分期开发建设的物业项目，可以根据开发进度，对符合交付使用条件的物业分期承接查验。建设单位与物业服务企业应当在承接最后一期物业时，办理物业项目整体交接手续。

第二十八条　物业承接查验费用的承担，由建设单位和物业服务企业在前期物业服务合同中约定。没有约定或者约定不明确的，由建设单位承担。

第二十九条　物业服务企业应当自物业交接后30日内，持下列文件向物业所在地的区、县（市）房地产行政主管部门办理备案手续：

（一）前期物业服务合同；

（二）临时管理规约；

（三）物业承接查验协议；

（四）建设单位移交资料清单；

（五）查验记录；

（六）交接记录；

（七）其他承接查验有关的文件。

第三十条　建设单位和物业服务企业应当将物业承接查验备案情况书面告知业主。

第三十一条　物业承接查验可以邀请业主代表以及物业所在地房地产行政主管部门参加，可以聘请相关专业机构协助进行，物业承接查验的过程和结果可以公证。

第三十二条　物业交接后，建设单位未能按照物业承接查验协议的约定，及时解决物业共用部位、共用设施设备存在的问题，导致业主人身、财产安全受到损害的，应当依法承担相应的法律责任。

第三十三条　物业交接后，发现隐蔽工程质量问题，影响房屋结构安全和正常使用的，建设单位应当负责修复；给业主造成经济损失的，建设单位应当依法承担赔偿责任。

第三十四条　自物业交接之日起，物业服务企业应当全面履行前期物业服务合同约定的、法律法规规定的以及行业规范确定的维修、养护和管理义务，承担因管理服务不当致使物业共用部位、共用设施设备毁损或者灭失的责任。

第三十五条　物业服务企业应当将承接查验有关的文件、资料和记录建立档案并妥善保管。

物业承接查验档案属于全体业主所有。前期物业服务合同终止，业主大会选聘新的物业服务企业的，原物业服务企业应当在前期物业服务合同终止之日起10日内，向业主委员会移交物业承接查验档案。

第三十六条　建设单位应当按照国家规定的保修期限和保修范围，承担物业共用部位、共用设施设备的保修责任。

建设单位可以委托物业服务企业提供物业共用部位、共用设施设备的保修服务，服务内容和费用由双方约定。

第三十七条　建设单位不得凭借关联关系滥用股东权利，在物业承接查验中免除自身责任，加重物业服务企业的责任，损害物业买受人的权益。

第三十八条　建设单位不得以物业交付期限届满为由，要求物业服务企业承接不符合交用条件或者未经查验的物业。

第三十九条　物业服务企业擅自承接未经查验的物业，因物业共用部位、共用设施设备缺陷给业主造成损害的，物业服务企业应当承担相应的赔偿责任。

第四十条　建设单位与物业服务企业恶意串通、弄虚作假，在物业承接查验活动中共同侵害业主利益的，双方应当共同承担赔偿责任。

第四十一条　物业承接查验活动，业主享有知情权和监督权。物业所在地房地产行政主管部门应当及时处理业主对建设单位和物业服务企业承接查验行为的投诉。

第四十二条　建设单位、物业服务企业未按本办法履行承接查验义务的，由物业所在地房地产行政主管部门责令限期改正；逾期仍不改正的，作为不良经营行为记入企业信用档案，并予以通报。

第四十三条　建设单位不移交有关承接查验资料的，由物业所在地房地产行政主管部门责令限期改正；逾期仍不移交的，对建设单位予以通报，并按照《物业管理条例》第五十九条的规定处罚。

第四十四条　物业承接查验中发生的争议，可以申请物业所在地房地产行政主管部门调解，也可以委托有关行业协会调解。

第四十五条　前期物业服务合同终止后，业主委员会与业主大会选聘的物业服务企业之间的承接查验活动，可以参照执行本办法。

第四十六条　省、自治区、直辖市人民政府住房和城乡建设主管部门可以依据本办法，制定实施细则。

第四十七条　本办法由国务院住房和城乡建设主管部门负责解释。

第四十八条　本办法自2011年1月1日起施行。

商品住宅实行住宅质量保证书和住宅使用说明书制度的规定

（建房〔1998〕102号，1998年5月20日）

第一条　为加强商品住宅质量管理，确保商品住宅售后服务质量和水平，维护商品住宅消费者的合法权益，制定本规定。

第二条　本规定适用于房地产开发企业出售的商品住宅。

第三条　房地产开发企业在向用户交付销售的新建商品住宅时，必须提供《住宅质量保证书》和《住宅使用说明书》。《住宅质量保证书》可以作为商品房购合同的补充约定。

第四条　《住宅质量保证书》是房地产开发企业对销售的商品住宅承担质量责任的法律文件，房地产开发企业应当按《住宅质量保证书》的约定，承担保修责任。

商品住宅售出后，委托物业管理公司等单位维修的，应在《住宅质量保证书》中明示所委托的单位。

第五条　《住宅质量保证书》应当包括以下内容：

1. 工程质量监督部门核验的质量等级。

2. 地基基础和主体结构在合理使用寿命年限内承担保修。

3. 正常使用情况下各部位、部件保修内容与保修期：

屋面防水3年；墙面、厨房和卫生间地面、地下室、管道渗漏1年；墙面、顶棚抹灰层脱落1年；地面空鼓开裂、大面积起砂1年；门窗翘裂、五金件损坏1年；管道堵塞2个月；供热、供冷系统和设备1个采暖期或供冷期；卫生洁具1年；灯具、电器6个月。其他部位、部件的保修期限，由房地产开发企业与用户自行约定。

4. 用户报修的单位，答复和处理的时限。

第六条　住宅保修期从开发企业将竣工验收的住宅交付用户使用之日起计算，保修期限不应低于本规定第五条规定的期限。房地产开发企业可以延长保修期。

国家对住宅工程质量保修期另有规定的，保修期限按照国家规定执行。

第七条　房地产开发企业向用户交付商品住宅时，应当有交付验收手续，并由用户对住宅设备、设施的正常运行签字认可。用户验收后自行添置、改动的设施、设备，由用户自行承担维修责任。

第八条　《住宅使用说明书》应当对住宅的结构、性能和各部位（部件）的类型、性能、标准等做出说明，并提出使用注意事项，一般应当包含以下内容：

1. 开发单位、设计单位、施工单位，委托监理的应注明监理单位。

2. 结构类型。

3. 装修、装饰注意事项。

4. 上水、下水、电、燃气、热力、通讯、消防等设施配置的说明。

5. 有关设备、设施安装预留位置的说明和安装注意事项。

6. 门、窗类型，使用注意事项。

7. 配电负荷。

8. 承重墙、保温墙、防水层、阳台等部

位注意事项的说明。

9. 其他需说明的问题。

第九条　住宅中配置的设备、设施，生产厂家另有使用说明书的，应附于《住宅使用说明书》中。

第十条　《住宅质量保证书》和《住宅使用说明书》应在住宅交付用户的同时提供给用户。

第十一条　《住宅质量保证书》和《住宅使用说明书》以购买者购买的套（幢）发放。每套（幢）住宅均应附有各自的《住宅质量保证书》和《住宅使用说明书》。

第十二条　房地产开发企业在《住宅使用说明书》中对住户合理使用住宅应有提示。因用户使用不当或擅自改动结构、设备位置和不当装修等造成的质量问题，开发企业不承担保修责任；因住户使用不当或擅自改动结构，造成房屋质量受损或其他用户损失，由责任人承担相应责任。

第十三条　其他住宅和非住宅的商品房屋，可参照本规定执行。

第十四条　本规定由建设部负责解释。

第十五条　本规定从1998年9月1日起实施。

地下室及人防工程安全使用

人民防空工程建设管理规定（摘）

（国人防办字〔2003〕第18号，2003年2月21日）

第一章　总则

第一条　为加强人民防空工程建设管理，规范人民防空工程建设活动，确保人民防空工程的战备效益、社会效益和经济效益，根据《中华人民共和国人民防空法》《中华人民共和国城市规划法》《中华人民共和国建筑法》《中华人民共和国招标投标法》等有关法律、法规，制定本规定。

第二条　本规定所称人民防空工程，是指为保障战时人员与物资掩蔽、人民防空指挥、医疗救护而单独修建的地下防护建筑，以及结合地面建筑修建的战时可用于防空的地下室（以下简称防空地下室）。

第三条　人民防空工程建设，坚持与城市建设相结合；坚持长远建设与应急建设相结合；坚持国家投资与社会筹资建设相结合。人民防空工程建设应当遵循统一规划，量力而行，平战结合，质量第一的原则。

…………

第五十九条　由单位、个人投资建设或者连同地面建筑整体购置的防空地下室，平时由投资者或使用者按照有关规定进行维护、管理和使用，战时由人民防空主管部门统一安排使用。

…………

第六十一条　本规定由国家国防动员委员会、国家发展计划委员会、建设部、财政部按照职责分工负责解释。

第六十二条　本规定自发布之日起施行。

设备设施管理

生活饮用水卫生监督管理办法（摘）

（1996年7月9日经建设部、卫生部批准，依据2010年2月12日《卫生部关于修改〈公共场所卫生管理条例实施细则〉等规范性文件部分内容的通知》第一次修改，依据2016年6月1日《住房城乡建设部 国家卫生计生委关于修改〈生活饮用水卫生监督管理办法〉的决定》第二次修改，2016年6月1日中华人民共和国住房和城乡建设部 中华人民共和国国家卫生和计划生育委员会令第31号公布）

第一章　总则

第一条　为保证生活饮用水（以下简称饮用水）卫生安全，保障人体健康，根据《中华人民共和国传染病防治法》及《城市供水条例》的有关规定，制定本办法。

第二条　本办法适用于集中式供水、二次供水单位（以下简称供水单位）和涉及饮用水卫生安全的产品的卫生监督管理。

…………

第十一条　直接从事供、管水的人员必须取得体检合格证后方可上岗工作，并每年进行一次健康检查。

凡患有痢疾、伤寒、甲型病毒性肝炎、戊型病毒性肝炎、活动性肺结核、化脓性或渗出性皮肤病及其他有碍饮用水卫生的疾病的和病原携带者，不得直接从事供、管水工作。

直接从事供、管水的人员，未经卫生知识培训不得上岗工作。

第十二条　生产涉及饮用水卫生安全的产品的单位和个人，必须按规定向政府卫生计生主管部门申请办理产品卫生许可批准文件，取得批准文件后，方可生产和销售。

任何单位和个人不得生产、销售、使用无批准文件的前款产品。

…………

第十五条　当饮用水被污染，可能危及人体健康时，有关单位或责任人应立即采取措施，消除污染，并向当地人民政府卫生计生主管部门和建设行政主管部门报告。

…………

第二十九条　本办法下列用语的含义是：

…………

二次供水：将来自集中式供水的管道水另行加压、贮存，再送至水站或用户的供水设施；包括客运船舶、火车客车等交通运输工具上的供水（有独自制水设施者除外）。

涉及饮用水卫生安全的产品：凡在饮用水生产和供水过程中与饮用水接触的连接止水材料、塑料及有机合成管材、管件、防护涂料、水处理剂、除垢剂、水质处理器及其他新材料和化学物质。

直接从事供、管水的人员：从事净水、取样、化验、二次供水卫生管理及水池、水箱清洗人员。

第三十条　本办法由国务院卫生计生主管部门、国务院住房城乡建设主管部门负责解释。

第三十一条　本办法自一九九七年一月一日起施行。

城市供水水质管理规定（摘）

（中华人民共和国建设部令第156号，2007年3月1日）

《城市供水水质管理规定》已于2006年12月26日经建设部第113次常务会议讨论通过，现予发布，自2007年5月1日起施行。

第一条 为加强城市供水水质管理，保障城市供水水质安全，根据《中华人民共和国产品质量法》和《城市供水条例》等有关法律、行政法规，制定本规定。

第二条 从事城市供水活动，对城市供水水质实施监督管理，适用本规定。

第三条 本规定所称城市供水水质，是指城市公共供水及自建设施供水（包括二次供水、深度净化处理水）的水质。

本规定所称二次供水，是指单位或者个人使用储存、加压等设施，将城市公共供水或者自建设施供水经储存、加压后再供用户的形式。

本规定所称深度净化处理水，是指利用活性炭、膜等技术对城市自来水或者其他原水作进一步处理后，通过管道形式直接供给城市居民饮用的水。

本规定所称城市供水单位，是指从事城市公共供水及自建设施供水（包括深度净化处理供水）的企业和单位。

…………

第七条 城市供水单位对其供应的水的质量负责，其中，经二次供水到达用户的，二次供水的水质由二次供水管理单位负责。

城市供水水质应当符合国家有关标准的规定。

…………

第十四条 二次供水管理单位，应当建立水质管理制度，配备专（兼）职人员，加强水质管理，定期进行水质检测并对各类储水设施清洗消毒（每半年不得少于一次）。不具备相应水质检测能力的，应当委托经质量技术监督部门资质认定的水质检测机构进行现场检测。

…………

第二十三条 任何单位和个人发现违反本规定行为的，有权向建设（城市供水）主管部门举报。

…………

第二十六条 任何单位和个人发现城市供水水质安全事故或者安全隐患后，应当立即向有关城市供水单位、二次供水管理单位或者所在地直辖市、市、县人民政府城市供水主管部门报告。

城市供水单位、二次供水管理单位接到安全事故或者安全隐患报告的，应当立即向所在地直辖市、市、县人民政府城市供水主管部门和其他有关部门报告。

直辖市、市、县人民政府城市供水主管部门接到安全事故或者安全隐患报告的，应当按照有关规定，向同级人民政府报告，并通知有关城市供水单位、二次供水管理单位。

第二十七条 发现城市供水水质安全隐患或者安全事故后，直辖市、市、县人民政府城市供水主管部门应当会同有关部门立即启动城市供水水质突发事件应急预案，采取措施防止事故发生或者扩大，并保障有关单位和个人的用水；有关城市供水单位、二次供水管理单位应当立即组织人员查明情况，组织抢险抢修。

城市供水单位发现供水水质不能达到标准，确需停止供水的，应当报经所在地直辖市、市、县人民政府城市供水主管部门批准，并提前24小时通知用水单位和个人；因发生灾害或者紧急事故，不能提前通知的，应当在采取应急措施的同时，通知用水单位和个人，并向所在地直辖市、市、县人民政府城市供水主管部门报告。

…………

调查期间，有关单位和个人应当予以配合，如实提供有关情况和证据，不得谎报或者隐匿、毁灭证据，阻挠、妨碍事故原因的调查和取证。

第二十九条　违反本规定，有下列行为之一的，由直辖市、市、县人民政府城市供水主管部门给予警告，并处以3万元的罚款：

（一）供水水质达不到国家有关标准规定的；

（二）城市供水单位、二次供水管理单位未按规定进行水质检测或者委托检测的；

（三）对于实施生产许可证管理的净水剂及与制水有关的材料等，选用未获证企业产品的；

…………

（六）二次供水管理单位，未按规定对各类储水设施进行清洗消毒的；

（七）城市供水单位、二次供水管理单位隐瞒、缓报、谎报水质突发事件或者水质信息的；

（八）违反本规定，有危害城市供水水质安全的其他行为的。

第三十条　违反本规定，有下列行为之一的，由直辖市、市、县人民政府城市供水主管部门给予警告，并处以5000元以上2万元以下的罚款：

…………

第三十二条　因城市供水单位原因导致供水水质不符合国家有关标准，给用户造成损失的，应当依法承担赔偿责任。

第三十三条　本规定自2007年5月1日起施行。《城市供水水质管理规定》（建设部令第67号）、《建设部关于修改〈城市供水水质管理规定〉的决定》（建设部令第132号令）同时废止。

城市危险房屋管理规定

（1989年11月16日经建设部部务会议审议通过，根据2004年7月20日《建设部关于修改〈城市危险房屋管理规定〉的决定》修正，2004年7月20日中华人民共和国建设部令第129号公布）

第一章　总则

第一条　为加强城市危险房屋管理，保障居住和使用安全，促进房屋有效利用，制定本规定。

第二条　本规定适用于城市（指直辖市、市、建制镇，下同）内各种所有制的房屋。

本规定所称危险房屋，系指结构已严重损坏或承重构件已属危险构件，随时有可能丧失结构稳定和承载能力，不能保证居住和使用安全的房屋。

第三条　房屋所有人、使用人，均应遵守本规定。

第四条　房屋所有人和使用人，应当爱护和正确使用房屋。

第五条　建设部负责全国的城市危险房屋管理工作。

县级以上地方人民政府房地产行政主管部门负责本辖区的城市危险房屋管理工作。

第二章　鉴定

第六条　市、县人民政府房地产行政主管部门应设立房屋安全鉴定机构（以下简称鉴定机构），负责房屋的安全鉴定，并统一启用“房屋安全鉴定专用章”。

第七条　房屋所有人或使用人向当地鉴定机构提出鉴定申请时，必须持有证明其具备相关民事权利的合法证件。

鉴定机构接到鉴定申请后，应及时进行鉴定。

第八条　鉴定机构进行房屋安全鉴定应按下列程序进行：

（一）受理申请；

（二）初始调查，摸清房屋的历史和现状；

（三）现场查勘、测试、记录各种损坏数据和状况；

（四）检测验算，整理技术资料；

（五）全面分析，论证定性，作出综合判

断，提出处理建议；

（六）签发鉴定文书。

第九条 对被鉴定为危险房屋的，一般可分为以下四类进行处理：

（一）观察使用。适用于采取适当安全技术措施后，尚能短期使用，但需继续观察的房屋。

（二）处理使用。适用于采取适当技术措施后，可解除危险的房屋。

（三）停止使用。适用于已无修缮价值，暂时不便拆除，又不危及相邻建筑和影响他人安全的房屋。

（四）整体拆除。适用于整幢危险且已无修缮价值，需立即拆除的房屋。

第十条 鉴定机构的鉴定人员应做到专业技术配套。

鉴定人员必须经市、县人民政府房地产行政主管部门资格审查合格，并取得鉴定作业证书。

第十一条 进行安全鉴定，必须有两名以上鉴定人员参加。对特殊复杂的鉴定项目，鉴定机构可另外聘请专业人员或邀请有关部门派员参与鉴定。

第十二条 房屋安全鉴定应使用统一术语，填写鉴定文书，提出处理意见。

经鉴定属危险房屋的，鉴定机构必须及时发出危险房屋通知书；属于非危险房屋的，应在鉴定文书上注明在正常使用条件下的有效时限，一般不超过一年。

第十三条 房屋经安全鉴定后，鉴定机构可以收取鉴定费。鉴定费的收取标准，可根据当地情况，由鉴定机构提出，经市、县人民政府房地产行政主管部门会同物价部门批准后执行。

房屋所有人和使用人都可提出鉴定申请；经鉴定为危险房屋的，鉴定费由所有人承担；经鉴定为非危险房屋的，鉴定费由申请人承担。

第十四条 受理涉及危险房屋纠纷案件的仲裁或审判机关，可指定纠纷案件的当事人申请房屋安全鉴定；必要时，亦可直接提出房屋安全鉴定的要求。

第十五条 鉴定危险房屋执行部颁《危险房屋鉴定标准》（CJ 13—86）。对工业建筑、公共建筑、高层建筑及文物保护建筑等的鉴定，还应参照有关专业技术标准、规范和规程进行。

第三章 治理

第十六条 房屋所有人应定期对其房屋进行安全检查。在暴风、雨雪季节，房屋所有人应做好排险解危的各项准备；市、县人民政府房地产行政主管部门要加强监督检查，并在当地政府统一领导下，做好抢险救灾工作。

第十七条 房屋所有人对危险房屋能解危的，要及时解危；解危暂时有困难的，应采取安全措施。

第十八条 房屋所有人对经鉴定的危险房屋，必须按照鉴定机构的处理建议，及时加固或修缮治理；如房屋所有人拒不按照处理建议修缮治理，或使用人有阻碍行为的，房地产行政主管部门有权指定有关部门代修，或采取其他强制措施。发生的费用由责任人承担。

第十九条 房屋所有人进行抢险解危需要办理各项手续时，各有关部门应给予支持，及时办理，以免延误时间发生事故。

第二十条 治理私有危险房屋，房屋所有人确有经济困难无力治理时，其所在单位可给予借贷；如系出租房屋，可以和承租人合资治理，承租人付出的修缮费用可以折抵租金或由出租人分期偿还。

第二十一条 经鉴定机构鉴定为危险房屋，并需要拆除重建时，有关部门应酌情给予政策优惠。

第二十二条 异产毗连危险房屋的各所有人，应按照国家对异产毗连房屋的有关规定，共同履行治理责任。拒不承担责任的，由房屋所在地房地产行政主管部门调处；当事人不服的，可向当地人民法院起诉。

第四章 法律责任

第二十三条 因下列原因造成事故的，房屋所有人应承担民事或行政责任；

（一）有险不查或损坏不修；

（二）经鉴定机构鉴定为危险房屋而未采

取有效的解危措施。

第二十四条　因下列原因造成事故的，使用人、行为人应承担民事责任：

（一）使用人擅自改变房屋结构、构件、设备或使用性质；

（二）使用人阻碍房屋所有人对危险房屋采取解危措施；

（三）行为人由于施工、堆物、碰撞等行为危及房屋。

第二十五条　有下列情况的，鉴定机构应承担民事或行政责任。

（一）因故意把非危险房屋鉴定为危险房屋而造成损失；

（二）因过失把危险房屋鉴定为非危险房屋，并在有效时限内发生事故；

（三）因拖延鉴定时间而发生事故。

第二十六条　有本章第二十三、二十四、二十五条所列行为，给他人造成生命财产损失，已构成犯罪的，由司法机关依法追究刑事责任。

第五章　附则

第二十七条　县级以上地方人民政府房地产行政主管部门可依据本规定。结合当地情况，制定实施细则，经同级人民政府批准后，报上一级主管部门备案。

第二十八条　未设镇建制的工矿区可参照本规定执行。

第二十九条　本规定由建设部负责解释。

第三十条　本规定自 1990 年 1 月 1 日起施行。

城市居民住宅安全防范设施建设管理规定

（中华人民共和国建设部 中华人民共和国公安部令第 49 号，1996 年 1 月 5 日）

第一条　为加强城市居民住宅安全防范设施的建设和管理，提高居民住宅安全防范功能，保护居民人身财产安全，制定本规定。

第二条　在中华人民共和国境内从事城市居民住宅安全防范设施的建设和管理，应当遵守本规定。

第三条　本规定所称城市，是指国家按行政建制设立的直辖市、市、镇。

本规定所称居民住宅安全防范设施，是指附属于住宅建筑主体并具有安全防范功能的防盗门、防盗锁、防踹板、防护墙、监控和报警装置，以及居民住宅或住宅区内附设的治安值班室。

第四条　城市居民住宅安全防范设施，必须具备防撬、防踹、防攀缘、防跨越、防爬入等安全防范功能。

第五条　城市居民住宅安全防范设施的建设，应当遵循下列原则：

（一）适用、安全、经济、美观；

（二）符合消防法规、技术规范、标准的要求和城市容貌规定；

（三）符合当地居民习俗；

（四）因地制宜。

第六条　城市居民住宅安全防范设施的建设，应当纳入住宅建设规划，并同时设计、同时施工、同时投入使用。

第七条　设计单位应当依据与住宅安全防范设施建设有关的规范、标准、规定进行设计。

第八条　建设行政主管部门组织审批的有关住宅建筑设计文件应当包括城市居民住宅安全防范设施部分。对不符合安全防范设施规范、标准、规定的设计文件，应责成原设计单位修改。

第九条　施工单位应当严格按照安全防范设计要求进行施工，不得擅自改动。必须修改的，应当由原设计单位出具变更设计通知书及相应的图纸并报设计审批部门重新审批后方可进行。

第十条　城市居民住宅安全防范设施所用产品、设备和材料，必须是符合有关标准规定并经鉴定合格的产品。未经鉴定和不合格的产品不得采用。

第十一条 城市居民住宅竣工后，工程质量监督部门和住宅管理单位必须按规定对安全防范设施进行验收，不合格的不得交付使用。

第十二条 城市居民住宅安全防范设施建设所需费用，由产权人或使用人承担。

第十三条 城市居民住宅安全防范设施的管理，由具体管理住宅的单位实施。

公安机关负责城市居民住宅安全防范设施管理的监督检查。

第十四条 居民住宅区的防护墙、治安值班室等公共安全防范设施应由产权人和使用人妥善使用与保护，不得破坏或挪作他用。

第十五条 公民和单位有责任保护居民住宅安全防范设施，对破坏居民住宅安全防范设施的行为有权向公安机关举报。

第十六条 违反本规定，有下列行为之一的，由城市人民政府建设行政主管部门责令增补、修改、停工、返工、恢复原状，或采取其他补救措施，并可处以罚款：

（一）未按有关规范、标准、规定进行设计的；

（二）擅自改动设计文件中安全防范设施内容的；

（三）使用未经鉴定和鉴定不合格的产品、材料、设备的；

（四）安全防范设施未经验收或验收不合格而交付使用的。

有（三）、（四）行为之一，造成经济损失的，由责任者负责赔偿损失。

第十七条 违反本规定，破坏居民住宅安全防范设施，由公安机关责令其改正、恢复原状，并可依据《治安管理处罚条例》的规定予以处罚；构成犯罪的，依法追究刑事责任。

第十八条 本规定由建设部、公安部负责解释。

第十九条 省、自治区、直辖市人民政府建设行政主管部门、公安行政主管部门，要根据本规定制定实施细则。

第二十条 本规定自1996年2月1日起施行。

信息产业部 建设部关于进一步规范住宅小区及商住楼通信管线及通信设施建设的通知

（信部联规〔2007〕24号，2007年1月15日）

各省、自治区、直辖市建设厅（建委）、规划局（规委）、房地局、通信管理局，中国电信集团公司，中国网络通信集团公司、中国移动通信集团公司、中国联合通信有限公司、中国卫星通信集团公司、中国铁通集团有限公司：

为规范住宅小区和商住楼通信管线及通信设施的建设行为，减少不必要的重复建设，维护用户自由选择电信业务的权利，保障电信业务平等接入，根据《中华人民共和国城市规划法》《中华人民共和国电信条例》及相关法律法规，特作如下规定：

一、住宅小区及商住楼内的通信设施建设应符合城乡规划要求，与电信发展规划相适应。

为保障消费者的合法权益，满足广大电信用户使用通信设施的需要，住宅小区及商住楼应同步建设建筑规划用地红线内的通信管道和楼内通信暗管、暗线，建设并预留用于安装通信线路配线设备的集中配线交接间，所需投资一并纳入相应住宅小区或商住楼的建设项目概算，并作为项目配套设施统一移交。

二、住宅小区及商住楼的通信管线等通信设施应纳入设计文件，设计审查部门在审批设计时，建设、规划主管部门在核发建设工程规划许可证、施工许可证时，应依法定职责严格把关。建设项目竣工后、接入公用电信网前，各省通信管理部门要严把接入关。建设单位应当在竣工验收3个月内向城乡建设档案管理部门报送有关竣工资料。

三、房地产开发企业、项目管理者不得就接入和使用住宅小区和商住楼内的通信管线等通信设施与电信运营企业签订垄断性协议，不得以任何方式限制其他电信运营企业的接入和使用，不得限制用户自由选择电信业务的权利。

四、各省、自治区、直辖市建设行政主管部门和通信管理部门要依据各自的管理职责严格落实相关责任，切实加强监督管理。在国家及行业有关住宅小区和商住楼内通信设施工程建设技术标准发布之前，各地可根据本地实际情况制定地方标准。

五、本通知自发布之日起施行。《关于在城市建设中进一步搞好通信设施及管线配套建设的联合通知》（邮部联〔1992〕488号）同时废止。

建设部关于印发《电梯应急指南》的通知

（建住房〔2006〕3号，2006年1月4日）

各省、自治区建设厅，直辖市建委、房地局，新疆生产建设兵团建设局：

为了应对电梯紧急情况，最大限度的保障乘客的人身安全以及设备安全，我部制订了《电梯应急指南》。现印发给你们，请做好宣传、贯彻工作。

电梯应急指南

第一章　总则

第一条　为了保障电梯乘客在乘梯出现紧急情况（困人、开门运行、溜梯、冲顶、夹人和伤人等）时能够得到及时解救，帮助人们应对电梯紧急情况，避免因恐慌、非理性操作而导致伤亡事故，最大限度地保障乘客的人身安全以及设备安全，制定本指南。

第二条　电梯使用管理单位应当根据《特种设备安全监察条例》及其他相关规定，加强对电梯运行的安全管理。

第三条　本指南所指电梯，是指动力驱动、沿刚性导轨或固定线路运送人、货物的机电设备，包括载人（货）电梯、自动扶梯、自动人行道等。

本指南所指电梯使用管理单位，是指设有电梯房屋建筑的产权人或其委托的电梯管理单位。

第二章　电梯的应急管理

第四条　电梯使用管理单位应当根据本单位的实际情况，配备电梯管理人员，落实每台电梯的责任人，配置必备的专业救助工具及24小时不间断的通讯设备。

电梯使用管理单位应当制定电梯事故应急措施和救援预案。

第五条　电梯使用管理单位应当与电梯维修保养单位签定维修保养合同，明确电梯维修保养单位的责任。

电梯维修保养单位作为救助工作的责任单位之一，应当建立严格的救助规程，配置一定数量的专业救援人员和相应的专业工具等，确保接到电梯发生紧急情况报告后，及时赶到现场进行救助。

第六条　市、县人民政府应当逐步建立和完善电梯发生紧急情况时的社会救援体系。有条件的地方，应当设立电梯救援中心，组织专业力量，按区域建立救助网络。

第七条　电梯发生异常情况，电梯使用管理单位应当立即通知电梯维修保养单位或向电梯救援中心报告（已设立的），同时由本单位专业人员先行实施力所能及的处理。电梯维修保养单位或电梯救援中心应当指挥专业人员迅速赶到现场进行救助。

第八条　政府有关部门应当加强各种电梯紧急情况应对常识的宣传。电梯使用管理单位应当每年进行至少一次电梯应急预案的演练，并通过在电梯轿厢内张贴宣传品和标明注意事项等方式，宣传电梯安全使用和应对紧急情况的常识。

第三章 电梯的应急救援

第九条 乘客在遇到紧急情况时，应当采取以下求救和自我保护措施：

（一）通过警铃、对讲系统、移动电话或电梯轿厢内的提示方式进行求援，如电梯轿厢内有病人或其他危急情况，应当告知救援人员。

（二）与电梯轿厢门或已开启的轿厢门保持一定距离，听从管理人员指挥。

（三）在救援人员到达现场前不得撬砸电梯轿厢门或攀爬安全窗，不得将身体的任何部位伸出电梯轿厢外。

（四）保持镇静，可做屈膝动作，以减轻对电梯急停的不适应。

第十条 电梯使用管理单位接报电梯紧急情况的处理程序：

（一）值班人员发现所管理的电梯发生紧急情况或接到求助信号后，应当立即通知本单位专业人员到现场进行处理，同时通知电梯维修保养单位。

（二）值班人员应用电梯配置的通讯对讲系统或其他可行方式，详细告知电梯轿厢内被困乘客应注意的事项。

（三）值班人员应当了解电梯轿厢所停楼层的位置、被困人数、是否有病人或其他危险因素等情况，如有紧急情况应当立即向有关部门和单位报告。

（四）电梯使用管理单位的专业人员到达现场后可先行实施救援程序，如自行救助有困难，应当配合电梯维修保养单位实施救援。

第十一条 乘客在电梯轿厢被困时的解救程序：

（一）到达现场的救援专业人员应当先判别电梯轿厢所处的位置再实施救援。

（二）电梯轿厢高于或低于楼面超过0.5米时，应当先执行盘车解救程序，再按照下列程序实施救援：

1. 确定电梯轿厢所在位置；
2. 关闭电梯总电源；
3. 用紧急开锁钥匙打开电梯厅门、轿厢门；
4. 疏导乘客离开轿厢，防止乘客跌伤；
5. 重新将电梯厅门、轿厢门关好；
6. 在电梯出入口处设置禁用电梯的指示牌。

第十二条 电梯使用管理单位的善后处理工作：

（一）如有乘客重伤，应当按事故报告程序进行紧急事故报告。

（二）向乘客了解事故发生的经过，调查电梯故障原因，协助做好相关的取证工作。

（三）如属电梯故障所致，应当督促电梯维修保养单位尽快检查并修复。

（四）及时向相关部门提交故障及事故情况汇报资料。

第四章 紧急状态时对电梯的处理

第十三条 发生火灾时，应当采取以下应急措施：

（一）立即向消防部门报警。

（二）按动有消防功能电梯的消防按钮，使消防电梯进入消防运行状态，以供消防人员使用；对于无消防功能的电梯，应当立即将电梯直驶至首层并切断电源或将电梯停于火灾尚未蔓延的楼层。在乘客离开电梯轿厢后，将电梯置于停止运行状态，用手关闭电梯轿厢厅门、轿门，切断电梯总电源。

（三）井道内或电梯轿厢发生火灾时，必须立即停梯疏导乘客撤离，切断电源，用灭火器灭火。

（四）有共用井道的电梯发生火灾时，应当立即将其余尚未发生火灾的电梯停于远离火灾蔓延区，或交给消防人员用以灭火使用。

（五）相邻建筑物发生火灾时，也应停梯，以避免因火灾停电造成困人事故。

第十四条 应对地震的应急措施：

（一）已发布地震预报的，应根据地方人民政府发布的紧急处理措施，决定电梯是否停止，何时停止。

（二）震前没有发出临震预报而突然发生震级和强度较大的地震，一旦有震感应当立即就近停梯，乘客迅速离开电梯轿厢。

（三）地震后应当由专业人员对电梯进行

检查和试运行，正常后方可恢复使用。

第十五条　发生湿水时，在对建筑设施及时采取堵漏措施的同时，应当采取以下应急措施：

（一）当楼层发生水淹而使井道或底坑进水时，应当将电梯轿厢停于进水层站的上二层，停梯断电，以防止电梯轿厢进水。

（二）当底坑井道或机房进水较多，应当立即停梯，断开总电源开关，防止发生短路、触电等事故。

（三）对湿水电梯应当进行除湿处理。确认湿水消除，并经试梯无异常后，方可恢复使用。

（四）电梯恢复使用后，要详细填写湿水检查报告，对湿水原因、处理方法、防范措施等记录清楚并存档。

卫生部关于印发《公共场所集中空调通风系统卫生管理办法》的通知

（卫监督发〔2006〕53号，2006年2月10日）

各省、自治区、直辖市卫生厅局，新疆生产建设兵团卫生局，中国疾病预防控制中心，卫生部卫生监督中心：

为了加强公共场所集中空调通风系统卫生管理，根据《中华人民共和国传染病防治法》和《公共场所卫生管理条例》等法律法规，我部制定了《公共场所集中空调通风系统卫生管理办法》，现印发给你们，请遵照执行。本办法自2006年3月1日起实施，我部2003年8月19日颁布的《公共场所集中空调通风系统卫生规范》同时废止。

公共场所集中空调通风系统卫生管理办法

第一条　为了预防空气传播性疾病在公共场所的传播，保障公众健康，依据《中华人民共和国传染病防治法》、《公共场所卫生管理条例》和《突发公共卫生事件应急条例》，制定本办法。

第二条　本办法适用于公共场所集中空调通风系统的卫生管理。其他场所的集中空调通风系统参照本办法执行。

第三条　公共场所集中空调通风系统（以下简称集中空调通风系统）应当符合《公共场所集中空调通风系统卫生规范》和有关卫生标准的要求。

公共场所经营者应当采取措施，保证本场所集中空调通风系统符合前款要求。

第四条　集中空调通风系统的新风应当直接来自室外，严禁从机房、楼道及天棚吊顶等处间接吸取新风。

新风口应当远离建筑物的排风口、开放式冷却塔和其他污染源，并设置防护网和初效过滤器。

送风口和回风口应当设置防鼠装置，并定期清洗，保持风口表面清洁。

第五条　空调机房内应保持清洁、干燥，严禁存放无关物品。

第六条　集中空调通风系统应当具备下列设施：

（一）应急关闭回风和新风的装置；

（二）控制空调系统分区域运行的装置；

（三）空气净化消毒装置；

（四）供风管系统清洗、消毒用的可开闭窗口。

第七条　新建、改建和扩建的集中空调通风系统应当进行预防空气传播性疾病的卫生学评价，评价合格后方可投入运行。

已投入运行的集中空调通风系统应每两年对其进行一次预防空气传播性疾病的卫生学评价，评价合格后方可继续运行。

卫生学评价应当符合《公共场所集中空调通风系统卫生学评价规范》的规定。

第八条　集中空调通风系统应当保持清

洁、无致病微生物污染，并按照下列要求定期清洗：

（一）开放式冷却塔每年清洗不少于一次；

（二）空气过滤网、过滤器和净化器等每六个月检查或更换一次；

（三）空气处理机组、表冷器、加热（湿）器、冷凝水盘等每年清洗一次；

（四）风管系统的清洗应当符合集中空调通风系统清洗规范。

开展集中空调通风系统清洗的专业机构应当具有专业技术人员、设备、技术力量，并符合《公共场所集中空调通风系统清洗规范》的要求。

第九条 公共场所经营者应当按照本办法的规定做好集中空调通风系统的卫生管理工作，建立健全集中空调通风系统的卫生管理制度，定期开展检查、检测和维护，并建立专门档案。

档案应当包括以下内容：

（一）卫生学评价报告书；

（二）清洗、消毒及其资料记录；

（三）经常性卫生检查及维护记录；

（四）空调故障、事故及其他特殊情况记录；

（五）空调系统竣工图；

（六）预防空气传播性疾病应急预案。

第十条 预防空气传播性疾病的应急预案应包括以下内容：

（一）发生空气传播性疾病后对集中空调通风系统进行应急处理的责任人；

（二）不同送风区域隔离控制措施、最大新风量或全新风运行方案、空调系统的清洗、消毒方法等；

（三）集中空调通风系统停用后应采取的其他通风与调温措施。

第十一条 有下列情形之一的，公共场所经营者应当立即对集中空调通风系统进行清洗和消毒，待其检测、评价合格后，方可运行：

（一）冷却水、冷凝水中检出嗜肺军团菌；

（二）空调送风中检出嗜肺军团菌、b-溶血性链球菌等致病微生物；

（三）风管积尘中检出致病微生物；

（四）风管内表面细菌总数每平方厘米大于100菌落形成单位；

（五）风管内表面真菌总数每平方厘米大于100菌落形成单位；

（六）风管内表面积尘量每平方米大于20克；

（七）卫生学评价表明需要清洗和消毒的其他情况。

第十二条 当空气传播性疾病在本地区暴发流行时，公共场所经营者应当按照卫生行政部门的要求启动预防空气传播性疾病的应急预案。

符合下列要求的集中空调通风系统方可继续运行：

（一）采用全新风方式运行的；

（二）装有空气净化消毒装置，并保证该装置有效运行的；

（三）风机盘管加新风的空调系统，能确保各房间独立通风的。

对不符合上述要求的集中空调通风系统应当立即停用，进行卫生学评价，并依照卫生学评价报告采取继续停用、部分运行或其他通风方式等措施。

第十三条 当空气传播性疾病在本地区暴发流行时，公共场所经营者应当每周对运行的集中空调通风系统下列设备或部件进行清洗、消毒或者更换。

（一）开放式冷却塔；

（二）过滤网、过滤器、净化器、风口；

（三）空气处理机组；

（四）表冷器、加热（湿）器、冷凝水盘等。

空调系统的冷凝水和冷却水以及更换下来的部件在处置前应进行消毒处理。

第十四条 集中空调通风系统导致或者可能导致空气传播性疾病时，公共场所经营者应当及时关闭所涉及区域的集中空调通风系统，并按照当地疾病预防控制机构的要求对公共场所及其集中空调通风系统进行消毒处理。消毒处理的集中空调通风系统，经卫生学评价合格后方可重新启用。

第十五条 县级以上卫生行政部门负责对本辖区内公共场所实施本办法的情况进行

监督。

县级以上地方卫生行政部门应当定期对以下内容进行监督检查：

（一）公共场所经营者执行本办法的情况；

（二）集中空调通风系统专业清洗机构执行《公共场所集中空调通风系统清洗规范》的情况；

（三）卫生学评价机构执行《公共场所集中空调通风系统卫生学评价规范》的情况。

第十六条　卫生行政部门在履行监督检查职责时发现集中空调通风系统不符合规定的，应当责令改进；经责令仍不改进的，予以公示。

有下列情形之一的，卫生行政部门可以采取暂停集中空调通风系统运行、要求进行消毒处理等控制措施：

（一）当空气传播性疾病在本地区暴发流行时，集中空调通风系统不符合规定的；

（二）集中空调通风系统导致或者可能导致空气传播性疾病流行的；

（二）经检测，发现集中空调通风系统存在重大隐患的。

第十七条　对违反本办法的公共场所经营者，由县级以上地方卫生行政部门依据《中华人民共和国传染病防治法》和《公共场所卫生管理条例》的有关规定进行处罚。

第十八条　《公共场所集中空调通风系统卫生规范》、《公共场所集中空调通风系统卫生学评价规范》、《公共场所集中空调风管系统清洗规范》由卫生部制定并发布。

第十九条　本办法的术语含义如下：

集中空调通风系统：为使房间或封闭空间空气温度、湿度、洁净度和气流速度等参数达到设定的要求，而对空气进行集中处理、输送、分配的所有设备、管道及附件、仪器仪表的总和。

风管系统：集中空调通风系统中用于处理和输送空气的风管、风口、空气处理机组及其他部分。

空气传播性疾病：以空气为主要传播途径的疾病。

第二十条　本办法颁布实施前已经投入运行的集中空调通风系统不符合本办法第六条规定的，应当自本办法施行之日起一年内达到要求。

第二十一条　本办法自 2006 年 3 月 1 日起施行。

住宅专项维修资金

住宅专项维修资金管理办法

（中华人民共和国建设部 中华人民共和国财政部令第 165 号，2007 年 12 月 4 日）

《住宅专项维修资金管理办法》已经 2007 年 10 月 30 日建设部第 142 次常务会议讨论通过，经财政部联合签署，现予发布，自 2008 年 2 月 1 日起施行。

第一章　总则

第一条　为了加强对住宅专项维修资金的管理，保障住宅共用部位、共用设施设备的维修和正常使用，维护住宅专项维修资金所有者的合法权益，根据《物权法》、《物业管理条例》等法律、行政法规，制定本办法。

第二条　商品住宅、售后公有住房住宅专项维修资金的交存、使用、管理和监督，适用本办法。

本办法所称住宅专项维修资金，是指专项用于住宅共用部位、共用设施设备保修期满后的维修和更新、改造的资金。

第三条　本办法所称住宅共用部位，是指根据法律、法规和房屋买卖合同，由单幢住宅内业主或者单幢住宅内业主及与之结构相连的非住宅业主共有的部位，一般包括：住宅的基础、承重墙体、柱、梁、楼板、屋顶以及户外的墙面、门厅、楼梯间、走廊通道等。

本办法所称共用设施设备，是指根据法律、法规和房屋买卖合同，由住宅业主或者住宅业主及有关非住宅业主共有的附属设施设备，一般包括电梯、天线、照明、消防设施、绿地、道路、路灯、沟渠、池、井、非经营性车场车库、公益性文体设施和共用设施设备使用的房屋等。

第四条　住宅专项维修资金管理实行专户存储、专款专用、所有权人决策、政府监督的原则。

第五条　国务院建设主管部门会同国务院财政部门负责全国住宅专项维修资金的指导和监督工作。

县级以上地方人民政府建设（房地产）主管部门会同同级财政部门负责本行政区域内住宅专项维修资金的指导和监督工作。

第二章　交存

第六条　下列物业的业主应当按照本办法的规定交存住宅专项维修资金：

（一）住宅，但一个业主所有且与其他物业不具有共用部位、共用设施设备的除外；

（二）住宅小区内的非住宅或者住宅小区外与单幢住宅结构相连的非住宅。

前款所列物业属于出售公有住房的，售房单位应当按照本办法的规定交存住宅专项维修资金。

第七条　商品住宅的业主、非住宅的业主按照所拥有物业的建筑面积交存住宅专项维修资金，每平方米建筑面积交存首期住宅专项维修资金的数额为当地住宅建筑安装工程每平方米造价的 5%至 8%。

直辖市、市、县人民政府建设（房地产）主管部门应当根据本地区情况，合理确定、公布每平方米建筑面积交存首期住宅专项维修资金的数额，并适时调整。

第八条　出售公有住房的，按照下列规定交存住宅专项维修资金：

（一）业主按照所拥有物业的建筑面积交存住宅专项维修资金，每平方米建筑面积交存首期住宅专项维修资金的数额为当地房改成本价的 2%。

（二）售房单位按照多层住宅不低于售房款的 20%、高层住宅不低于售房款的 30%，从售房款中一次性提取住宅专项维修资金。

第九条　业主交存的住宅专项维修资金属

于业主所有。

从公有住房售房款中提取的住宅专项维修资金属于公有住房售房单位所有。

第十条 业主大会成立前，商品住宅业主、非住宅业主交存的住宅专项维修资金，由物业所在地直辖市、市、县人民政府建设（房地产）主管部门代管。

直辖市、市、县人民政府建设（房地产）主管部门应当委托所在地一家商业银行，作为本行政区域内住宅专项维修资金的专户管理银行，开立住宅专项维修资金专户，应当以物业管理区域为单位设账，按房屋户门号设分户账；未划定物业管理区域的，以幢为单位设账，按房屋户门号设分户账。

第十一条 业主大会成立前，已售公有住房住宅专项维修资金，由物业所在地直辖市、市、县人民政府财政部门或者建设（房地产）主管部门负责管理。

负责管理公有住房住宅专项维修资金的部门应当委托所在地一家商业银行，作为本行政区域内公有住房住宅专项维修资金的专户管理银行，并在专户管理银行开立公有住房住宅专项维修资金专户。

开立公有住房住宅专项维修资金专户，应当按照售房单位设账，按幢设分账；其中，业主交存的住宅专项维修资金，按房屋户门号设分户账。

第十二条 商品住宅的业主应当在办理房屋入住手续前，将首期住宅专项维修资金存入住宅专项维修资金专户。

已售公有住房的业主应当在办理房屋入住手续前，将首期住宅专项维修资金存入公有住房住宅专项维修资金专户或者交由售房单位存入公有住房住宅专项维修资金专户。

公有住房售房单位应当在收到售房款之日起30日内，将提取的住宅专项维修资金存入公有住房住宅专项维修资金专户。

第十三条 未按本办法规定交存首期住宅专项维修资金的，开发建设单位或者公有住房售房单位不得将房屋交付购买人。

第十四条 专户管理银行、代收住宅专项维修资金的售房单位应当出具由财政部或者省、自治区、直辖市人民政府财政部门统一监制的住宅专项维修资金专用票据。

第十五条 业主大会成立后，应当按照下列规定划转业主交存的住宅专项维修资金：

（一）业主大会应当委托所在地一家商业银行作为本物业管理区域内住宅专项维修资金的专户管理银行，开立住宅专项维修资金专户，应当以物业管理区域为单位设账，按房屋户门号设分户账。

（二）业主委员会应当通知所在地直辖市、市、县人民政府建设（房地产）主管部门；涉及已售公有住房的，应当通知负责管理公有住房住宅专项维修资金的部门。

（三）直辖市、市、县人民政府建设（房地产）主管部门或者负责管理公有住房住宅专项维修资金的部门应当在收到通知之日起30日内，通知专户管理银行将该物业管理区域内业主交存的住宅专项维修资金账面余额划转至业主大会开立的住宅专项维修资金账户，并将有关账目等移交业主委员会。

第十六条 住宅专项维修资金划转后的账目管理单位，由业主大会决定。业主大会应当建立住宅专项维修资金管理制度。

业主大会开立的住宅专项维修资金账户，应当接受所在地直辖市、市、县人民政府建设（房地产）主管部门的监督。

第十七条 业主分户账面住宅专项维修资金余额不足首期交存额30%的，应当及时续交。

成立业主大会的，续交方案由业主大会决定。

未成立业主大会的，续交的具体管理办法由直辖市、市、县人民政府建设（房地产）主管部门会同同级财政部门制定。

第三章 使用

第十八条 住宅专项维修资金应当专项用于住宅共用部位、共用设施设备保修期满后的维修和更新、改造，不得挪作他用。

第十九条 住宅专项维修资金的使用，应当遵循方便快捷、公开透明、受益人和负担人相一致的原则。

第二十条 住宅共用部位、共用设施设备的维修和更新、改造费用，按照下列规定分摊：

（一）商品住宅之间或者商品住宅与非住宅之间共用部位、共用设施设备的维修和更新、改造费用，由相关业主按照各自拥有物业建筑面积的比例分摊。

（二）售后公有住房之间共用部位、共用设施设备的维修和更新、改造费用，由相关业主和公有住房售房单位按照所交存住宅专项维修资金的比例分摊；其中，应由业主承担的，再由相关业主按照各自拥有物业建筑面积的比例分摊。

（三）售后公有住房与商品住宅或者非住宅之间共用部位、共用设施设备的维修和更新、改造费用，先按照建筑面积比例分摊到各相关物业。其中，售后公有住房应分摊的费用，再由相关业主和公有住房售房单位按照所交存住宅专项维修资金的比例分摊。

第二十一条　住宅共用部位、共用设施设备维修和更新、改造，涉及尚未售出的商品住宅、非住宅或者公有住房的，开发建设单位或者公有住房单位应当按照尚未售出商品住宅或者公有住房的建筑面积，分摊维修和更新、改造费用。

第二十二条　住宅专项维修资金划转业主大会管理前，需要使用住宅专项维修资金的，按照以下程序办理：

（一）物业服务企业根据维修和更新、改造项目提出使用建议；没有物业服务企业的，由相关业主提出使用建议；

（二）住宅专项维修资金列支范围内专有部分占建筑物总面积三分之二以上的业主且占总人数三分之二以上的业主讨论通过使用建议；

（三）物业服务企业或者相关业主组织实施使用方案；

（四）物业服务企业或者相关业主持有关材料，向所在地直辖市、市、县人民政府建设（房地产）主管部门申请列支；其中，动用公有住房住宅专项维修资金的，向负责管理公有住房住宅专项维修资金的部门申请列支；

（五）直辖市、市、县人民政府建设（房地产）主管部门或者负责管理公有住房住宅专项维修资金的部门审核同意后，向专户管理银行发出划转住宅专项维修资金的通知；

（六）专户管理银行将所需住宅专项维修资金划转至维修单位。

第二十三条　住宅专项维修资金划转业主大会管理后，需要使用住宅专项维修资金的，按照以下程序办理：

（一）物业服务企业提出使用方案，使用方案应当包括拟维修和更新、改造的项目、费用预算、列支范围、发生危及房屋安全等紧急情况以及其他需临时使用住宅专项维修资金的情况的处置办法等；

（二）业主大会依法通过使用方案；

（三）物业服务企业组织实施使用方案；

（四）物业服务企业持有关材料向业主委员会提出列支住宅专项维修资金；同第二十二条第四项；

（五）业主委员会依据使用方案审核同意，并报直辖市、市、县人民政府建设（房地产）主管部门备案；动用公有住房住宅专项维修资金的，经负责管理公有住房住宅专项维修资金的部门审核同意；直辖市、市、县人民政府建设（房地产）主管部门或者负责管理公有住房住宅专项维修资金的部门发现不符合有关法律、法规、规章和使用方案的，应当责令改正；

（六）业主委员会、负责管理公有住房住宅专项维修资金的部门向专户管理银行发出划转住宅专项维修资金的通知；

（七）专户管理银行将所需住宅专项维修资金划转至维修单位。

第二十四条　发生危及房屋安全等紧急情况，需要立即对住宅共用部位、共用设施设备进行维修和更新、改造的，按照以下规定列支住宅专项维修资金：

（一）住宅专项维修资金划转业主大会管理前，按照本办法第二十二条第四项、第五项、第六项的规定办理；

（二）住宅专项维修资金划转业主大会管理后，按照本办法第二十三条第四项、第五项、第六项和第七项的规定办理。

发生前款情况后，未按规定实施维修和更新、改造的，直辖市、市、县人民政府建设

（房地产）主管部门可以组织代修，维修费用从相关业主住宅专项维修资金分户账中列支；其中，涉及已售公有住房的，还应当从公有住房住宅专项维修资金中列支。

第二十五条 下列费用不得从住宅专项维修资金中列支：

（一）依法应当由建设单位或者施工单位承担的住宅共用部位、共用设施设备维修、更新和改造费用；

（二）依法应当由相关单位承担的供水、供电、供气、供热、通讯、有线电视等管线和设施设备的维修、养护费用；

（三）应当由当事人承担的因人为损坏住宅共用部位、共用设施设备所需的修复费用；

（四）根据物业服务合同约定，应当由物业服务企业承担的住宅共用部位、共用设施设备的维修和养护费用。

第二十六条 在保证住宅专项维修资金正常使用的前提下，可以按照国家有关规定将住宅专项维修资金用于购买国债。

利用住宅专项维修资金购买国债，应当在银行间债券市场或者商业银行柜台市场购买一级市场新发行的国债，并持有到期。

利用业主交存的住宅专项维修资金购买国债的，应当经业主大会同意；未成立业主大会的，应当经专有部分占建筑物总面积三分之二以上的业主且占总人数三分之二以上业主同意。

利用从公有住房售房款中提取的住宅专项维修资金购买国债的，应当根据售房单位的财政隶属关系，报经同级财政部门同意。

禁止利用住宅专项维修资金从事国债回购、委托理财业务或者将购买的国债用于质押、抵押等担保行为。

第二十七条 下列资金应当转入住宅专项维修资金滚存使用：

（一）住宅专项维修资金的存储利息；

（二）利用住宅专项维修资金购买国债的增值收益；

（三）利用住宅共用部位、共用设施设备进行经营的，业主所得收益，但业主大会另有决定的除外；

（四）住宅共用设施设备报废后回收的残值。

第四章 监督管理

第二十八条 房屋所有权转让时，业主应当向受让人说明住宅专项维修资金交存和结余情况并出具有效证明，该房屋分户账中结余的住宅专项维修资金随房屋所有权同时过户。

受让人应当持住宅专项维修资金过户的协议、房屋权属证书、身份证等到专户管理银行办理分户账更名手续。

第二十九条 房屋灭失的，按照以下规定返还住宅专项维修资金：

（一）房屋分户账中结余的住宅专项维修资金返还业主；

（二）售房单位交存的住宅专项维修资金账面余额返还售房单位；售房单位不存在的，按照售房单位财务隶属关系，收缴同级国库。

第三十条 直辖市、市、县人民政府建设（房地产）主管部门，负责管理公有住房住宅专项维修资金的部门及业主委员会，应当每年至少一次与专户管理银行核对住宅专项维修资金账目，并向业主、公有住房售房单位公布下列情况：

（一）住宅专项维修资金交存、使用、增值收益和结存的总额；

（二）发生列支的项目、费用和分摊情况；

（三）业主、公有住房售房单位分户账中住宅专项维修资金交存、使用、增值收益和结存的金额；

（四）其他有关住宅专项维修资金使用和管理的情况。

业主、公有住房售房单位对公布的情况有异议的，可以要求复核。

第三十一条 专户管理银行应当每年至少一次向直辖市、市、县人民政府建设（房地产）主管部门，负责管理公有住房住宅专项维修资金的部门及业主委员会发送住宅专项维修资金对账单。

直辖市、市、县建设（房地产）主管部门，负责管理公有住房住宅专项维修资金的部门及业主委员会对资金账户变化情况有异议的，可以要求专户管理银行进行复核。

专户管理银行应当建立住宅专项维修资金查询制度，接受业主、公有住房售房单位对其分户账中住宅专项维修资金使用、增值收益和账面余额的查询。

第三十二条　住宅专项维修资金的管理和使用，应当依法接受审计部门的审计监督。

第三十三条　住宅专项维修资金的财务管理和会计核算应当执行财政部有关规定。

财政部门应当加强对住宅专项维修资金收支财务管理和会计核算制度执行情况的监督。

第三十四条　住宅专项维修资金专用票据的购领、使用、保存、核销管理，应当按照财政部以及省、自治区、直辖市人民政府财政部门的有关规定执行，并接受财政部门的监督检查。

第五章　法律责任

第三十五条　公有住房售房单位有下列行为之一的，由县级以上地方人民政府财政部门会同同级建设（房地产）主管部门责令限期改正：

（一）未按本办法第八条、第十二条第三款规定交存住宅专项维修资金的；

（二）违反本办法第十三条规定将房屋交付买受人的；

（三）未按本办法第二十一条规定分摊维修、更新和改造费用的。

第三十六条　开发建设单位违反本办法第十三条规定将房屋交付买受人的，由县级以上地方人民政府建设（房地产）主管部门责令限期改正；逾期不改正的，处以3万元以下的罚款。

开发建设单位未按本办法第二十一条规定分摊维修、更新和改造费用的，同第三十六条第一款，处以1万元以下的罚款。

第三十七条　违反本办法规定，挪用住宅专项维修资金的，由县级以上地方人民政府建设（房地产）主管部门追回挪用的住宅专项维修资金，没收违法所得，可以并处挪用金额2倍以下的罚款；构成犯罪的，依法追究直接负责的主管人员和其他直接责任人员的刑事责任。

物业服务企业挪用住宅专项维修资金，情节严重的，除按前款规定予以处罚外，还应由颁发资质证书的部门吊销资质证书。

直辖市、市、县人民政府建设（房地产）主管部门挪用住宅专项维修资金的，由上一级人民政府建设（房地产）主管部门追回挪用的住宅专项维修资金，对直接负责的主管人员和其他直接责任人员依法给予处分；构成犯罪的，依法追究刑事责任。

直辖市、市、县人民政府财政部门挪用住宅专项维修资金的，由上一级人民政府财政部门追回挪用的住宅专项维修资金，同第三十七条第三款。

第三十八条　直辖市、市、县人民政府建设（房地产）主管部门违反本办法第二十六条规定的，由上一级人民政府建设（房地产）主管部门责令限期改正，同第三十七条第三款之规定。

直辖市、市、县人民政府财政部门违反本办法第二十六条规定的，由上一级人民政府财政部门责令限期改正，同上。

业主大会违反本办法第二十六条规定的，由直辖市、市、县人民政府建设（房地产）主管部门责令改正。

第三十九条　对违反住宅专项维修资金专用票据管理规定的行为，按照《财政违法行为处罚处分条例》的有关规定追究法律责任。

第四十条　县级以上人民政府建设（房地产）主管部门、财政部门及其工作人员利用职务上的便利，收受他人财物或者其他好处，不依法履行监督管理职责，或者发现违法行为不予查处的，依法给予处分；构成犯罪的，依法追究刑事责任。

第六章　附则

第四十一条　省、自治区、直辖市人民政府建设（房地产）主管部门会同同级财政部门可以依据本办法，制定实施细则。

第四十二条　本办法实施前，商品住宅、公有住房已经出售但未建立住宅专项维修资金的，应当补建。具体办法由省、自治区、直辖市人民政府建设（房地产）主管部门会同同级财政部门依据本办法制定。

第四十三条 本办法由国务院建设主管部门、财政部门共同解释。

第四十四条 本办法自2008年2月1日起施行，1998年12月16日建设部、财政部发布的《住宅共用部位共用设施设备维修基金管理办法》（建住房〔1998〕213号）同时废止。

中央国家机关房改办关于改革中央国家机关住宅专项维修资金使用管理的通知

（国机房改〔2014〕169号，2014年9月18日）

中央国家机关各部门、各单位办公厅（室）：

为贯彻落实国务院行政审批制度改革要求，提高维修资金使用效率，取消中央国家机关住宅专项维修资金（以下简称维修资金）使用的事前审批，同时规范使用管理程序、加强事中事后监管，现就有关事宜通知如下：

一、日常使用管理

维修资金使用前，售房单位和相关业主应足额交存，并在专户下按幢和房屋门号设分户账。在每年年初，售房单位广泛征求业主意见后，制定维修资金使用计划，确定具体的维修资金使用项目。

日常使用维修资金，按照以下规定办理：

（一）售房单位（可委托物业服务单位）在住宅区显著位置向业主公告拟实施项目的内容、范围、时间、概（预）算金额、使用维修资金金额等。在张贴公告（附件1）时，同时张贴维修资金使用支取预分摊明细表（附件2）。公告期限不少于7天。

公告后，售房单位（可委托物业服务单位）应逐户征求有关业主意见，并取得维修资金列支范围内专有部分占建筑物总面积三分之二以上的业主且占总人数三分之二以上的业主签名同意。

（二）概（预）算在10万元（含）以上的项目，售房单位应委托工程造价咨询定点单位编制或审核项目预算。委托工程造价咨询定点单位编制项目预算的，不需委托其审核项目预算；自行编制项目预算的，需委托工程造价咨询定点单位审核项目预算。工程造价咨询定点单位，从中央国家机关政府采购中心（以下简称采购中心）公开招标确定的名单中选择。工程造价咨询定点单位名单及相关收费标准在中央政府采购网（www.zycg.gov.cn）上公布。

工程造价咨询定点单位接受委托后，应在10个工作日内，将项目预算书或审核书交付售房单位，同时抄送中央国家机关住房制度改革办公室（以下简称房改办）备案。

售房单位收到项目预算书或审核书后，将维修资金使用备案表（附件3）和征求业主意见签名表（附件4）报房改办备案。

概（预）算在10万元以下的项目、售房单位参与分摊的项目（即由中央国家机关其他单位牵头组织实施的项目和由商品住宅、北京市售后公房、中直系统职工住房的维修资金管理人牵头组织实施的项目），售房单位可以不委托工程造价咨询定点单位编制或审核项目预算，直接将自行编制的项目预算书或分摊明细、维修资金使用备案表和征求业主意见签名表报房改办备案。

（三）符合下列条件的，房改办接到备案材料后当场备案：

1. 项目属于维修资金使用范围；

2. 征求业主意见符合本通知要求；

3. 备案材料齐全。

没有备案的，中央国家机关住房资金管理中心（以下简称资金中心）不予拨付维修资金。

（四）需要实施采购的项目，项目预算确定以后，售房单位按《中华人民共和国政府采购法》、《中华人民共和国招标投标法》等有关规定办理采购手续。120万元（含）以上的电梯、锅炉等成套设备更新项目和200万元（含）以上的工程项目，可以委托采购中心采购，也可通过招标方式自行采购；120万元以下的电梯、锅炉等成套设备更新项目和60万元（含）以上200万元以下的工程项目，可以委托采购中心采购，也可通过竞争性谈判等方式自行采购。

参与分摊的项目，售房单位不需委托采购中心采购、自行采购。

（五）售房单位向资金中心申请拨付维修资金，应提交以下材料：

1. 维修资金使用支取申请书（附件5）、已在房改办备案的维修资金使用备案表与维修资金使用支取清册（附件6）；

2. 项目预算书或审核书；

3. 委托采购中心采购的项目，需提交项目合同及政府采购凭证（政府采购备案单、电梯项目电子验收单或中标通知书）；自行采购的项目，需提交项目合同及自行采购凭证（成交通知书、中标通知书或实行招标、竞争性谈判等方式自行采购的说明）。

（六）资金中心收到售房单位报送的材料后，应在5个工作日内完成资金使用核对工作，向售房单位出具拨款通知，并抄送房改办。

（七）售房单位确定施工单位和设备供应商后，应在1个月内将项目合同等报房改办备案。

委托采购中心采购的项目以外的其他项目，其施工单位或设备供应商，售房单位可从中央国家机关限额内工程定点单位名录内选择。

（八）在项目实施过程中，发生不可预见的情形确需增加项目预算的，不论项目原预算10万元以上还是10万元以下，售房单位都应委托工程造价咨询定点单位出具预算调整报告或审核书，报房改办备案，并向资金中心办理资金拨付手续，同时向业主进行公告。房改办和资金中心按本通知“一、日常使用管理”（三）、（六）的规定办理。

参与分摊的项目，售房单位应将调整后的分摊明细报房改办备案。

（九）售房单位在项目合同竣工验收日期（合同未规定竣工验收日期的，以合同约定的计划完工日期为竣工验收日期）后15日内，应在住宅区显著位置张贴项目竣工情况公告。

（十）项目决算后，拨付的维修资金尚有结余的，售房单位应在决算后1个月内将结余资金退回维修资金专户。

二、应急使用管理

（一）当住宅区发生危及房屋安全的紧急情形，售房单位需要使用维修资金的，可只向业主公告，不再征求业主意见，同时进行应急处置，消除或控制安全风险。

危及房屋安全的紧急情形包括：

1. 电梯故障危及人身安全的；

2. 屋面防水损坏造成渗漏的；

3. 楼体外立面局部脱落及可能存在脱落危险的；

4. 供水、供电、供暖等设施设备损坏，造成居民用水、用电、供暖等中断的（依据有关规定应由相关专业单位负责维修和更新、改造的除外）；

5. 共用排水设施因坍塌、堵塞、爆裂等造成功能障碍的；

6. 消防系统、避雷设备出现功能障碍，有关主管部门要求维修和更新、改造的。

（二）工程造价咨询定点单位接受委托后，应在5个工作日内，将项目预算书或审核书交付售房单位，同时抄送房改办备案。售房单位收到项目预算书或审核书后，应及时将维修资金使用备案表报房改办备案。

（三）符合下列条件的，房改办接到备案材料后当场备案：

1. 项目属于维修资金使用范围；

2. 项目符合本通知规定的危及房屋安全的紧急情形；

3. 备案材料齐全。

（四）资金中心收到售房单位报送的材料后，应在3个工作日内完成资金使用核对工作，向售房单位出具拨款通知，并抄送房改办。

（五）其他参照日常使用管理的规定和程序办理。

三、事中事后监管

售房单位应按照相关的法规制度办事，运用好法律、经济手段，与工程造价咨询定点单位、施工单位、设备供应商等签订规范合同，确保严格履行合同义务。

房改办会同采购中心、资金中心，通过查阅备案材料、不定期检查和受理举报等方式，对售房单位、工程造价咨询定点单位维修资金项目预算编制、预算审核、采购执行、资金使用、维修情况等进行事中事后监管；配合售房单位对施工单位和设备供应商进行事中事后监管。

（一）对售房单位的监管

发现售房单位有违反维修资金使用条件或者虚报工程量、造价明显偏高等情形的，房改办及时通知资金中心暂缓办理资金拨付手续，并以书面形式通知售房单位进行整改。整改不符合要求且情节严重的，记入不良信用档案，同时向其上级主管部门进行书面通报。

售房单位在项目合同竣工验收日期后15日内，将项目竣工验收单（附件7）报房改办备案。售房单位逾期未报送项目竣工验收单且无合理原因的，房改办组织进行现场检查，存在严重问题的，记入不良信用档案，同时向其上级主管部门进行书面通报。

（二）对工程造价咨询定点单位的监管

发现工程造价咨询定点单位编制项目预算时虚报工程量、虚抬价格或审核预算时不尽职责的，房改办商采购中心按有关程序取消其定点单位资格，并在中央政府采购网上通报；造成维修资金损失的，工程造价咨询定点单位应承担相应的赔偿责任，由售房单位追偿。

（三）对施工单位和设备供应商的监管

发现施工单位和设备供应商降低工程质量、供应的设备违反合同约定，情节严重的，房改办商采购中心在中央政府采购网上通报其违规行为，该单位在中央国家机关限额内工程、电梯等定点单位名录内的，按有关程序取消其定点单位资格；给业主造成损失的，施工单位和设备供应商应承担相应的赔偿责任，由售房单位追偿。

售房单位不接受、不配合事中事后监管的，房改办向其上级主管部门进行书面通报。工程造价咨询定点单位、施工单位和设备供应商不接受、不配合事中事后监管的，房改办商采购中心在中央政府采购网上通报，该单位在中央国家机关相关定点单位名录内的，按有关程序取消其定点单位资格。

四、其他事项

（一）以下费用列入维修资金项目预算：

1. 项目工程费用；

2. 委托专业机构进行设计、监理或审计的费用；

3. 必要的专业检测鉴定费用（电梯、避雷针等常规检测鉴定费用除外）；

4. 委托工程造价咨询定点单位编制或审核预算的费用。但委托审核预算时，核减金额超过预算金额10%的，10%以上部分的审核费不得列入维修资金项目预算，由售房单位自行承担。

（二）未建立维修资金的住宅或非住宅，由其业主按物业建筑面积分摊本通知“四、其他事项”（一）的相关费用。

（三）维修资金划转业主大会管理的，由业主大会按本通知规定使用业主交存的维修资金。

（四）本通知适用于中央国家机关（包括全国人大机关，国务院各部门和直属事业单位，全国政协机关，最高人民法院，最高人民检察院，各民主党派中央和全国工商联，有关人民团体，及其所属单位，在京中央企业）已售公有住房和职工住宅维修资金的使用管理。

本通知自2015年1月1日起施行。其他有关中央国家机关维修资金的使用管理规定与本通知不一致的，以本通知为准。

附件：1. 中央国家机关住宅专项维修资金使用公告（略）

2. 中央国家机关住宅专项维修资金使用支取预分摊明细表（略）

3. 中央国家机关住宅专项维修资金使用

备案表（略）

4. 使用中央国家机关住宅专项维修资金征求业主意见签名表（略）

5. 中央国家机关住宅专项维修资金使用支取申请书（略）

6. 中央国家机关住宅专项维修资金使用支取清册（略）

7. 中央国家机关住宅专项维修资金项目竣工验收单（略）

8. 中央国家机关住宅专项维修资金日常使用管理流程图（略）

9. 中央国家机关住宅专项维修资金应急使用管理流程图（略）

10. 中央国家机关住宅专项维修资金业务相关单位联系方式（略）

中央国家机关住宅专项维修资金管理办法

（国管房改〔2008〕346 号，2008 年 11 月 20 日）

第一章　总则

第一条　为加强中央国家机关住宅专项维修资金管理，保障住宅共用部位、共用设施设备的维修和正常使用，维护职工的合法权益，根据《中华人民共和国物权法》、《物业管理条例》和《住宅专项维修资金管理办法》（建设部、财政部第 165 号令），结合中央国家机关实际，制定本办法。

第二条　本办法适用于中央国家机关已售公有住房、职工住宅以及参照经济适用住房价格出售的旧有住房住宅专项维修资金的管理。

本办法所称中央国家机关，包括全国人大机关，国务院各部门和直属事业单位，全国政协机关，最高人民法院、最高人民检察院，以及各人民团体。

中央国家机关所属企业事业单位及中央在京企业按照本办法执行。

第三条　本办法所称中央国家机关住宅专项维修资金，是指由售房单位按一定比例提取和职工按规定交存，专项用于住宅共用部位、共用设施设备保修期满后的维修和更新、改造的资金。

第四条　本办法所称住宅共用部位，是指根据法律、法规和房屋买卖合同，由单幢住宅内业主或者单幢住宅内业主及与之结构相连的非住宅业主共有的部位，包括住宅的基础、承重墙体、柱、梁、楼板、屋顶以及户外的墙面、门厅、楼梯间、走廊通道等。

本办法所称住宅共用设施设备，是指根据法律、法规和房屋买卖合同，由住宅业主或者住宅业主及有关非住宅业主共有的附属设施设备，包括电梯、天线、照明、消防设施、绿地、道路、路灯、沟渠、池、井、非经营性车场车库、公益性文体设施和共用设施设备使用的房屋等。

第五条　国务院机关事务管理局作为中央国家机关住宅专项维修资金的管理部门（以下称主管部门），负责中央国家机关住宅专项维修资金的管理和监督工作。

第六条　住宅专项维修资金管理实行专户存储、专款专用、业主决策、主管部门监管的原则。

第二章　交存

第七条　下列住宅或非住宅的业主按照本办法的规定交存住宅专项维修资金：

（一）中央国家机关已售公有住房、职工住宅以及参照经济适用住房价格出售的旧有住房；

（二）住宅小区内的非住宅或者住宅小区外与住宅小区内住宅结构相连的非住宅。

前款已售公有住房的售房单位，应当按照本办法的规定交存住宅专项维修资金。

第八条　出售公有住房的住宅专项维修资

金，按照下列规定交存：

（一）业主按照所拥有物业的建筑面积交存住宅专项维修资金，每平方米建筑面积交存首期住宅专项维修资金的数额为当年房改成本价的2%。

（二）售房单位按照多层住宅竣工10年以下25%、竣工10年（含）以上35%，高层住宅竣工10年以下35%、竣工10年（含）以上40%的比例，从其售房款中一次性提取住宅专项维修资金。

主管部门可根据房屋的实际状况及维修资金的使用情况，调整售房单位从售房款中提取住宅专项维修资金的比例。

第九条 职工住宅、参照经济适用住房价格出售的旧有住房和非住宅的业主，按照所拥有物业的建筑面积交存住宅专项维修资金，每平方米建筑面积交存首期住宅专项维修资金的数额为北京地区住宅每平方米建筑面积建筑安装工程造价的7%。售房单位代为收取的住宅专项维修资金不计入住宅销售收入。

每平方米建筑面积交存首期住宅专项维修资金的数额，依据北京市人民政府建设主管部门公布的北京地区每平方米建筑面积住宅建筑安装工程造价计算确定；北京市人民政府建设主管部门未公布建筑安装工程造价时，由主管部门对中央国家机关职工住宅建筑安装工程的造价进行调查测算，按照中央国家机关职工住宅建筑安装工程的平均造价进行确定，并适时调整。

第十条 业主交存的住宅专项维修资金属于业主所有。

从公有住房售房款中提取的住宅专项维修资金属于公有住房售房单位所有。

第十一条 已按《中央国家机关公有住房共用部位共用设施设备维修基金归集使用管理暂行办法》（国管房改字〔2000〕66号）和北京市《关于归集住宅共用部位共用设施设备维修基金的通知》（京房地物字〔1999〕第1088号）规定的交存标准足额交存住宅专项维修资金的业主，不再进行调整；已部分交存住宅专项维修资金的业主，按照原规定补交；尚未交存住宅专项维修资金的业主，按照本办法补交。

参照经济适用住房价格出售已售公有住房时，原有住宅专项维修资金分户账中的结余资金高于应交存数额的，受让人不再交纳；分户账中的结余资金低于应交存数额的，受让人须补交不足部分。

第十二条 业主在办理房屋入住手续前，应将首期住宅专项维修资金交售房单位。售房单位在收到住宅专项维修资金起30日内，将其存入住宅专项维修资金专户。以房改成本价出售公有住房的售房单位，同时将从售房款中提取的住宅专项维修资金由售房款专户划转到住宅专项维修资金专户。

第十三条 未按本办法规定交存首期住宅专项维修资金的，售房单位不得将房屋交付购买人。

第十四条 代收住宅专项维修资金的单位，须出具由财政部统一监制的住宅专项维修资金专用票据。专用票据的购领、使用、保存、核销按照财政部的有关规定执行。

第十五条 业主住宅专项维修资金分户账面余额不足首期交存额30%的，或维修项目所需金额较大、住宅专项维修资金余额不敷使用时，须及时续交。续交后的住宅专项维修资金不得低于首期住宅专项维修资金应交存数额。

成立业主大会的，住宅专项维修资金续交方案由业主大会决定。

未成立业主大会的，住宅专项维修资金续交方案由售房单位或物业服务单位制定，经物业管理区域内专有部分占建筑物总面积三分之二以上的业主且占总人数三分之二以上的业主讨论同意后实施。

第三章 使用

第十六条 住宅专项维修资金专项用于住宅共用部位、共用设施设备保修期满后的维修和更新、改造，不得挪作他用。

第十七条 住宅共用部位、共用设施设备的维修和更新、改造费用，按照下列规定分摊：

（一）职工住宅之间或者职工住宅与非住宅之间共用部位、共用设施设备的维修和更新、改造费用，由相关业主按照各自拥有物业建筑面积的比例分摊。

（二）已售公有住房之间共用部位、共用设施设备的维修和更新、改造费用，由相关业主和公有住房售房单位按照所交存住宅专项维修资金的比例分摊；其中，应由业主承担的，再由相关业主按照各自拥有物业建筑面积的比例分摊。

（三）已售公有住房、职工住宅及参照经济适用住房价格出售的旧有住房与商品住宅或者非住宅之间共用部位、共用设施设备的维修和更新、改造费用，按照建筑面积比例分摊到各相关物业。其中，已售公有住房应分摊的费用，再由相关业主和公有住房售房单位按照交存住宅专项维修资金的比例分摊。

第十八条 住宅共用部位、共用设施设备维修和更新、改造，涉及尚未建立、补交或续交住宅专项维修资金的住宅、非住宅的，相关业主、开发建设单位或者公有住房售房单位应当按照尚未建立、补交或续交住宅专项维修资金的物业建筑面积，分摊维修和更新、改造费用。

第十九条 业主大会成立前，需要使用住宅专项维修资金的，按照以下程序办理：

（一）相关业主、售房单位或物业服务单位提出维修和更新、改造项目的使用意见，售房单位或物业服务单位将维修和更新、改造项目的内容、范围、费用、时间等向涉及物业的业主公告；

（二）住宅专项维修资金列支范围内专有部分占建筑物总面积三分之二以上的业主且占总人数三分之二以上的业主同意；

（三）售房单位持有关材料，向主管部门申请列支；

（四）主管部门审核同意后，向有关专户管理银行发出划转住宅专项维修资金的通知；

（五）有关专户管理银行将所需住宅专项维修资金划转至售房单位；

（六）售房单位、物业服务单位或者相关业主组织实施。

第二十条 业主大会成立后，需要使用住宅专项维修资金的，按照以下程序办理：

（一）业主委员会根据相关业主、售房单位或物业服务单位的意见制定使用方案。使用方案包括维修和更新、改造项目的内容、范围、费用、时间，发生危及房屋安全等情况以及其他需临时使用住宅专项维修资金情况的处置办法等；

（二）使用方案提交业主大会讨论，经物业管理区域内专有部分占建筑物总面积三分之二以上的业主且占总人数三分之二以上的业主同意；

（三）经业主大会授权的单位或相关业主制定使用方案；

（四）经业主大会授权的单位或相关业主持有关材料向业主委员会提出使用住宅专项维修资金的申请。其中，动用公有住房住宅专项维修资金的，由售房单位向主管部门申请列支；

（五）业主委员会批准同意，并报主管部门备案；动用公有住房住宅专项维修资金的，须经主管部门审核同意。对不符合有关法律、法规、规章的，责令其改正；

（六）业主委员会、主管部门向有关专户管理银行发出划转住宅专项维修资金的通知；

（七）有关专户管理银行将所需的住宅专项维修资金划转至申请单位。

第二十一条 发生危及房屋安全等紧急情况，需要立即对住宅共用部位、共用设施设备进行维修和更新、改造的，按照以下规定列支住宅专项维修资金：

（一）住宅专项维修资金划转业主大会管理前，物业服务单位应当制定住宅专项维修资金应急支取预案，预案经物业管理区域内专有部分占建筑物总面积三分之二以上的业主且占总人数三分之二以上的业主同意后实施。出现紧急情况时，应按照预案先行处置，再按照本办法第十九条第三项、第四项、第五项、第六项的规定办理；

（二）住宅专项维修资金划转业主大会管理后，按照本办法第二十条第四项、第五项、第六项和第七项的规定办理。

发生前款情况后，未按规定实施维修和更新、改造的，主管部门可以组织物业服务单位或售房单位代修，所需费用按照本办法第十七条确定的分摊办法从相关业主住宅专项维修资金中列支。

第二十二条 下列费用不得从住宅专项维修资金中列支：

（一）依法应当由建设单位或者施工单位承担的住宅共用部位、共用设施设备维修、更新和改造费用；

（二）依法应当由相关单位承担的供水、供电、供气、供热、通讯、有线电视等管线和设施设备的维修、养护费用；

（三）应当由当事人承担的因人为损坏住宅共用部位、共用设施设备所需的修复费用；

（四）根据物业服务合同约定，明确由物业服务单位承担的住宅共用部位、共用设施设备的维修和养护费用。

（五）按照国家规定，应当由单位和个人承担的其他费用。

第四章 账户管理

第二十三条 住宅专项维修资金划转业主大会管理前，由主管部门负责管理。主管部门委托商业银行作为中央国家机关住宅专项维修资金的专户管理银行，开立住宅专项维修资金专户，按照售房单位设账，按幢和房屋户门号设分户账。

第二十四条 业主大会成立后，经物业管理区域内专有部分占建筑物总面积三分之二以上的业主且占总人数三分之二的业主同意自主管理的，按照下列规定划转业主交存的住宅专项维修资金：

（一）业主大会委托所在地一家商业银行为本物业管理区域内住宅专项维修资金的专户管理银行。候选专户管理银行由主管部门通过招标方式确定。

（二）业主大会在专户管理银行开立住宅专项维修资金专户，以物业管理区域为单位设账，按房屋户门号设分户账。

（三）业主委员会通知主管部门。

（四）主管部门在收到通知之日起 30 日内，通知售房单位和专户管理银行将该物业管理区域内业主交存的住宅专项维修资金账面余额划转至业主大会开立的住宅专项维修资金账户，并将有关账目等移交业主委员会。

第二十五条 业主大会可委托业主委员会、会计师事务所等组织或单位，管理账户开户后的账目管理业务。业主大会须建立住宅专项维修资金管理制度。

专户管理银行、账目管理单位和业主大会开立的资金账户接受主管部门的监督。

第二十六条 房屋所有权转让时，业主须向受让人说明住宅专项维修资金交存和结余情况并出具有效证明，该房屋分户账中结余的住宅专项维修资金随房屋所有权同时过户。

受让人持住宅专项维修资金过户协议、房屋权属证书、身份证明等到专户管理银行办理分户账更名手续。

第二十七条 房屋灭失的，按照以下规定返还住宅专项维修资金：

（一）房屋分户账中结余的住宅专项维修资金返还业主；

（二）售房单位交存的住宅专项维修资金账面余额返还售房单位。售房单位不存在而有上级单位的，返还其上级单位；售房单位不存在且无上级单位的，收缴国库。

第二十八条 专户管理银行每年至少一次向主管部门、售房单位及业主委员会发送住宅专项维修资金对账单。

主管部门、售房单位及业主委员会对资金账户变化情况持有异议的，可以要求专户管理银行进行复核。

专户管理银行须建立住宅专项维修资金查询制度，接受业主、售房单位对其分户账中住宅专项维修资金使用、增值收益和账面余额的查询。

第二十九条 主管部门、业主委员会每年至少一次与专户管理银行核对住宅专项维修资金账目，并向业主、售房单位公布下列情况：

（一）住宅专项维修资金交存、使用、增值收益和结存的总额；

（二）发生列支的项目、费用和分摊情况；

（三）业主、售房单位分户账中住宅专项维修资金交存、使用、增值收益和结存的金额；

（四）其他有关住宅专项维修资金使用和管理情况。

业主、售房单位对公布的上述情况持有异

议的，可以要求复核。

第三十条　住宅专项维修资金的财务管理和会计核算执行财政部门的有关规定。

第五章　保值增值

第三十一条　在保证住宅专项维修资金正常使用的前提下，业主大会、售房单位或主管部门可以按照国家有关规定，制定住宅专项维修资金组合存储和购买国债的计划，实现住宅专项维修资金保值增值。

第三十二条　利用住宅专项维修资金购买国债，须在银行间债券市场或者商业银行柜台市场购买一级市场新发行的国债，并持有到期。

禁止利用住宅专项维修资金从事国债回购、委托理财业务或者将购买的国债用于质押、抵押等担保行为。

第三十三条　划转业主大会管理的住宅专项维修资金，须保证住宅专项维修资金的正常使用。在此前提下，业主大会可制定住宅专项维修资金保值增值计划，经专有部分占建筑物总面积三分之二以上的业主且占总人数三分之二以上的业主同意后实施。

第三十四条　对代管的住宅专项维修资金，业主或售房单位已制定保值增值计划的，由主管部门根据保值增值计划组织实施；业主或售房单位未制定保值增值计划的，可由主管部门制定该计划并组织实施。

第三十五条　住宅专项维修资金的存储利息和购买国债的增值收益，全部转入住宅专项维修资金滚存使用。

利用住宅共用部位、共用设施设备进行经营的所得收益，以及住宅共用设施设备报废后回收的残值，转入住宅专项维修资金滚存使用，但业主大会另有决定的除外。

第六章　附则

第三十六条　建设、财政、审计等部门对住宅专项维修资金的管理和使用，依法实施监督检查。

第三十七条　业主、业主大会、开发建设单位、售房单位、物业服务单位以及相关人员违反住宅专项维修资金管理规定的，按照《住宅专项维修资金管理办法》的有关规定处理。

第三十八条　本办法由国务院机关事务管理局负责解释。

第二十九条　本办法自 2009 年 1 月 1 日起施行。2000 年 4 月 11 日印发的《中央国家机关公有住房共用部位共用设施设备维修基金归集使用管理暂行办法》（国管房改字〔2000〕66 号）同时废止。其他有关中央国家机关住宅专项维修资金的管理规定与本办法不一致的，以本办法为准。

第三部分

安全生产

基本规定

中华人民共和国安全生产法

（2002 年 6 月 29 日第九届全国人民代表大会常务委员会第二十八次会议通过，根据 2009 年 8 月 27 日第十一届全国人民代表大会常务委员会第十次会议《关于修改部分法律的决定》第一次修正，根据 2014 年 8 月 31 日第十二届全国人民代表大会常务委员会第十次会议《关于修改〈中华人民共和国安全生产法〉的决定》第二次修正，根据 2021 年 6 月 10 日第十三届全国人民代表大会常务委员会第二十九次会议《关于修改〈中华人民共和国安全生产法〉的决定》第三次修正，2021 年 6 月 10 日中华人民共和国主席令第 88 号公布）

第一章　总则

第一条　为了加强安全生产工作，防止和减少生产安全事故，保障人民群众生命和财产安全，促进经济社会持续健康发展，制定本法。

第二条　在中华人民共和国领域内从事生产经营活动的单位（以下统称生产经营单位）的安全生产，适用本法；有关法律、行政法规对消防安全和道路交通安全、铁路交通安全、水上交通安全、民用航空安全以及核与辐射安全、特种设备安全另有规定的，适用其规定。

第三条　安全生产工作坚持中国共产党的领导。

安全生产工作应当以人为本，坚持人民至上、生命至上，把保护人民生命安全摆在首位，树牢安全发展理念，坚持安全第一、预防为主、综合治理的方针，从源头上防范化解重大安全风险。

安全生产工作实行管行业必须管安全、管业务必须管安全、管生产经营必须管安全，强化和落实生产经营单位主体责任与政府监管责任，建立生产经营单位负责、职工参与、政府监管、行业自律和社会监督的机制。

第四条　生产经营单位必须遵守本法和其他有关安全生产的法律、法规，加强安全生产管理，建立健全全员安全生产责任制和安全生产规章制度，加大对安全生产资金、物资、技术、人员的投入保障力度，改善安全生产条件，加强安全生产标准化、信息化建设，构建安全风险分级管控和隐患排查治理双重预防机制，健全风险防范化解机制，提高安全生产水平，确保安全生产。

平台经济等新兴行业、领域的生产经营单位应当根据本行业、领域的特点，建立健全并落实全员安全生产责任制，加强从业人员安全生产教育和培训，履行本法和其他法律、法规规定的有关安全生产义务。

第五条　生产经营单位的主要负责人是本单位安全生产第一责任人，对本单位的安全生产工作全面负责。其他负责人对职责范围内的安全生产工作负责。

第六条　生产经营单位的从业人员有依法获得安全生产保障的权利，并应当依法履行安全生产方面的义务。

第七条　工会依法对安全生产工作进行监督。

生产经营单位的工会依法组织职工参加本单位安全生产工作的民主管理和民主监督，维护职工在安全生产方面的合法权益。生产经营单位制定或者修改有关安全生产的规章制度，应当听取工会的意见。

第八条　国务院和县级以上地方各级人民政府应当根据国民经济和社会发展规划制定安全生产规划，并组织实施。安全生产规划应当与国土空间规划等相关规划相衔接。

各级人民政府应当加强安全生产基础设施建设和安全生产监管能力建设，所需经费列入本级预算。

县级以上地方各级人民政府应当组织有关部门建立完善安全风险评估与论证机制，按照安全风险管控要求，进行产业规划和空间布局，并对位置相邻、行业相近、业态相似的生产经营单位实施重大安全风险联防联控。

第九条 国务院和县级以上地方各级人民政府应当加强对安全生产工作的领导，建立健全安全生产工作协调机制，支持、督促各有关部门依法履行安全生产监督管理职责，及时协调、解决安全生产监督管理中存在的重大问题。

乡镇人民政府和街道办事处，以及开发区、工业园区、港区、风景区等应当明确负责安全生产监督管理的有关工作机构及其职责，加强安全生产监管力量建设，按照职责对本行政区域或者管理区域内生产经营单位安全生产状况进行监督检查，协助人民政府有关部门或者按照授权依法履行安全生产监督管理职责。

第十条 国务院应急管理部门依照本法，对全国安全生产工作实施综合监督管理；县级以上地方各级人民政府应急管理部门依照本法，对本行政区域内安全生产工作实施综合监督管理。

国务院交通运输、住房和城乡建设、水利、民航等有关部门依照本法和其他有关法律、行政法规的规定，在各自的职责范围内对有关行业、领域的安全生产工作实施监督管理；县级以上地方各级人民政府有关部门依照本法和其他有关法律、法规的规定，在各自的职责范围内对有关行业、领域的安全生产工作实施监督管理。对新兴行业、领域的安全生产监督管理职责不明确的，由县级以上地方各级人民政府按照业务相近的原则确定监督管理部门。

应急管理部门和对有关行业、领域的安全生产工作实施监督管理的部门，统称负有安全生产监督管理职责的部门。负有安全生产监督管理职责的部门应当相互配合、齐抓共管、信息共享、资源共用，依法加强安全生产监督管理工作。

第十一条 国务院有关部门应当按照保障安全生产的要求，依法及时制定有关的国家标准或者行业标准，并根据科技进步和经济发展适时修订。

生产经营单位必须执行依法制定的保障安全生产的国家标准或者行业标准。

第十二条 国务院有关部门按照职责分工负责安全生产强制性国家标准的项目提出、组织起草、征求意见、技术审查。国务院应急管理部门统筹提出安全生产强制性国家标准的立项计划。国务院标准化行政主管部门负责安全生产强制性国家标准的立项、编号、对外通报和授权批准发布工作。国务院标准化行政主管部门、有关部门依据法定职责对安全生产强制性国家标准的实施进行监督检查。

第十三条 各级人民政府及其有关部门应当采取多种形式，加强对有关安全生产的法律、法规和安全生产知识的宣传，增强全社会的安全生产意识。

第十四条 有关协会组织依照法律、行政法规和章程，为生产经营单位提供安全生产方面的信息、培训等服务，发挥自律作用，促进生产经营单位加强安全生产管理。

第十五条 依法设立的为安全生产提供技术、管理服务的机构，依照法律、行政法规和执业准则，接受生产经营单位的委托为其安全生产工作提供技术、管理服务。

生产经营单位委托前款规定的机构提供安全生产技术、管理服务的，保证安全生产的责任仍由本单位负责。

第十六条 国家实行生产安全事故责任追究制度，依照本法和有关法律、法规的规定，追究生产安全事故责任单位和责任人员的法律责任。

第十七条 县级以上各级人民政府应当组织负有安全生产监督管理职责的部门依法编制安全生产权力和责任清单，公开并接受社会监督。

第十八条 国家鼓励和支持安全生产科学技术研究和安全生产先进技术的推广应用，提高安全生产水平。

第十九条 国家对在改善安全生产条件、防止生产安全事故、参加抢险救护等方面取得显著成绩的单位和个人，给予奖励。

第二章 生产经营单位的安全生产保障

第二十条 生产经营单位应当具备本法和

有关法律、行政法规和国家标准或者行业标准规定的安全生产条件；不具备安全生产条件的，不得从事生产经营活动。

第二十一条 生产经营单位的主要负责人对本单位安全生产工作负有下列职责：

（一）建立健全并落实本单位全员安全生产责任制，加强安全生产标准化建设；

（二）组织制定并实施本单位安全生产规章制度和操作规程；

（三）组织制定并实施本单位安全生产教育和培训计划；

（四）保证本单位安全生产投入的有效实施；

（五）组织建立并落实安全风险分级管控和隐患排查治理双重预防工作机制，督促、检查本单位的安全生产工作，及时消除生产安全事故隐患；

（六）组织制定并实施本单位的生产安全事故应急救援预案；

（七）及时、如实报告生产安全事故。

第二十二条 生产经营单位的全员安全生产责任制应当明确各岗位的责任人员、责任范围和考核标准等内容。

生产经营单位应当建立相应的机制，加强对全员安全生产责任制落实情况的监督考核，保证全员安全生产责任制的落实。

第二十三条 生产经营单位应当具备的安全生产条件所必需的资金投入，由生产经营单位的决策机构、主要负责人或者个人经营的投资人予以保证，并对由于安全生产所必需的资金投入不足导致的后果承担责任。

有关生产经营单位应当按照规定提取和使用安全生产费用，专门用于改善安全生产条件。安全生产费用在成本中据实列支。安全生产费用提取、使用和监督管理的具体办法由国务院财政部门会同国务院应急管理部门征求国务院有关部门意见后制定。

第二十四条 矿山、金属冶炼、建筑施工、运输单位和危险物品的生产、经营、储存、装卸单位，应当设置安全生产管理机构或者配备专职安全生产管理人员。

前款规定以外的其他生产经营单位，从业人员超过一百人的，应当设置安全生产管理机构或者配备专职安全生产管理人员；从业人员在一百人以下的，应当配备专职或者兼职的安全生产管理人员。

第二十五条 生产经营单位的安全生产管理机构以及安全生产管理人员履行下列职责：

（一）组织或者参与拟订本单位安全生产规章制度、操作规程和生产安全事故应急救援预案；

（二）组织或者参与本单位安全生产教育和培训，如实记录安全生产教育和培训情况；

（三）组织开展危险源辨识和评估，督促落实本单位重大危险源的安全管理措施；

（四）组织或者参与本单位应急救援演练；

（五）检查本单位的安全生产状况，及时排查生产安全事故隐患，提出改进安全生产管理的建议；

（六）制止和纠正违章指挥、强令冒险作业、违反操作规程的行为；

（七）督促落实本单位安全生产整改措施。

生产经营单位可以设置专职安全生产分管负责人，协助本单位主要负责人履行安全生产管理职责。

第二十六条 生产经营单位的安全生产管理机构以及安全生产管理人员应当恪尽职守，依法履行职责。

生产经营单位作出涉及安全生产的经营决策，应当听取安全生产管理机构以及安全生产管理人员的意见。

生产经营单位不得因安全生产管理人员依法履行职责而降低其工资、福利等待遇或者解除与其订立的劳动合同。

危险物品的生产、储存单位以及矿山、金属冶炼单位的安全生产管理人员的任免，应当告知主管的负有安全生产监督管理职责的部门。

第二十七条 生产经营单位的主要负责人和安全生产管理人员必须具备与本单位所从事的生产经营活动相应的安全生产知识和管理能力。

危险物品的生产、经营、储存、装卸单位以及矿山、金属冶炼、建筑施工、运输单位的主要负责人和安全生产管理人员，应当由主管的负有安全生产监督管理职责的部门对其安全生产知识和管理能力考核合格。考核不得收费。

危险物品的生产、储存、装卸单位以及矿山、金属冶炼单位应当有注册安全工程师从事安全生产管理工作。鼓励其他生产经营单位聘用注册安全工程师从事安全生产管理工作。注册安全工程师按专业分类管理，具体办法由国务院人力资源和社会保障部门、国务院应急管理部门会同国务院有关部门制定。

第二十八条　生产经营单位应当对从业人员进行安全生产教育和培训，保证从业人员具备必要的安全生产知识，熟悉有关的安全生产规章制度和安全操作规程，掌握本岗位的安全操作技能，了解事故应急处理措施，知悉自身在安全生产方面的权利和义务。未经安全生产教育和培训合格的从业人员，不得上岗作业。

生产经营单位使用被派遣劳动者的，应当将被派遣劳动者纳入本单位从业人员统一管理，对被派遣劳动者进行岗位安全操作规程和安全操作技能的教育和培训。劳务派遣单位应当对被派遣劳动者进行必要的安全生产教育和培训。

生产经营单位接收中等职业学校、高等学校学生实习的，应当对实习学生进行相应的安全生产教育和培训，提供必要的劳动防护用品。学校应当协助生产经营单位对实习学生进行安全生产教育和培训。

生产经营单位应当建立安全生产教育和培训档案，如实记录安全生产教育和培训的时间、内容、参加人员以及考核结果等情况。

第二十九条　生产经营单位采用新工艺、新技术、新材料或者使用新设备，必须了解、掌握其安全技术特性，采取有效的安全防护措施，并对从业人员进行专门的安全生产教育和培训。

第三十条　生产经营单位的特种作业人员必须按照国家有关规定经专门的安全作业培训，取得相应资格，方可上岗作业。

特种作业人员的范围由国务院应急管理部门会同国务院有关部门确定。

第三十一条　生产经营单位新建、改建、扩建工程项目（以下统称建设项目）的安全设施，必须与主体工程同时设计、同时施工、同时投入生产和使用。安全设施投资应当纳入建设项目概算。

第三十二条　矿山、金属冶炼建设项目和用于生产、储存、装卸危险物品的建设项目，应当按照国家有关规定进行安全评价。

第三十三条　建设项目安全设施的设计人、设计单位应当对安全设施设计负责。

矿山、金属冶炼建设项目和用于生产、储存、装卸危险物品的建设项目的安全设施设计应当按照国家有关规定报经有关部门审查，审查部门及其负责审查的人员对审查结果负责。

第三十四条　矿山、金属冶炼建设项目和用于生产、储存、装卸危险物品的建设项目的施工单位必须按照批准的安全设施设计施工，并对安全设施的工程质量负责。

矿山、金属冶炼建设项目和用于生产、储存、装卸危险物品的建设项目竣工投入生产或者使用前，应当由建设单位负责组织对安全设施进行验收；验收合格后，方可投入生产和使用。负有安全生产监督管理职责的部门应当加强对建设单位验收活动和验收结果的监督核查。

第三十五条　生产经营单位应当在有较大危险因素的生产经营场所和有关设施、设备上，设置明显的安全警示标志。

第三十六条　安全设备的设计、制造、安装、使用、检测、维修、改造和报废，应当符合国家标准或者行业标准。

生产经营单位必须对安全设备进行经常性维护、保养，并定期检测，保证正常运转。维护、保养、检测应当作好记录，并由有关人员签字。

生产经营单位不得关闭、破坏直接关系生产安全的监控、报警、防护、救生设备、设施，或者篡改、隐瞒、销毁其相关数据、信息。

餐饮等行业的生产经营单位使用燃气的，应当安装可燃气体报警装置，并保障其正常使用。

第三十七条　生产经营单位使用的危险物品的容器、运输工具，以及涉及人身安全、危险性较大的海洋石油开采特种设备和矿山井下特种设备，必须按照国家有关规定，由专业生产单位生产，并经具有专业资质的检测、检验机构检测、检验合格，取得安全使用证或者安全标志，方可投入使用。检测、检验机构对检测、检验结果负责。

第三十八条 国家对严重危及生产安全的工艺、设备实行淘汰制度，具体目录由国务院应急管理部门会同国务院有关部门制定并公布。法律、行政法规对目录的制定另有规定的，适用其规定。

省、自治区、直辖市人民政府可以根据本地区实际情况制定并公布具体目录，对前款规定以外的危及生产安全的工艺、设备予以淘汰。

生产经营单位不得使用应当淘汰的危及生产安全的工艺、设备。

第三十九条 生产、经营、运输、储存、使用危险物品或者处置废弃危险物品的，由有关主管部门依照有关法律、法规的规定和国家标准或者行业标准审批并实施监督管理。

生产经营单位生产、经营、运输、储存、使用危险物品或者处置废弃危险物品，必须执行有关法律、法规和国家标准或者行业标准，建立专门的安全管理制度，采取可靠的安全措施，接受有关主管部门依法实施的监督管理。

第四十条 生产经营单位对重大危险源应当登记建档，进行定期检测、评估、监控，并制定应急预案，告知从业人员和相关人员在紧急情况下应当采取的应急措施。

生产经营单位应当按照国家有关规定将本单位重大危险源及有关安全措施、应急措施报有关地方人民政府应急管理部门和有关部门备案。有关地方人民政府应急管理部门和有关部门应当通过相关信息系统实现信息共享。

第四十一条 生产经营单位应当建立安全风险分级管控制度，按照安全风险分级采取相应的管控措施。

生产经营单位应当建立健全并落实生产安全事故隐患排查治理制度，采取技术、管理措施，及时发现并消除事故隐患。事故隐患排查治理情况应当如实记录，并通过职工大会或者职工代表大会、信息公示栏等方式向从业人员通报。其中，重大事故隐患排查治理情况应当及时向负有安全生产监督管理职责的部门和职工大会或者职工代表大会报告。

县级以上地方各级人民政府负有安全生产监督管理职责的部门应当将重大事故隐患纳入相关信息系统，建立健全重大事故隐患治理督办制度，督促生产经营单位消除重大事故隐患。

第四十二条 生产、经营、储存、使用危险物品的车间、商店、仓库不得与员工宿舍在同一座建筑物内，并应当与员工宿舍保持安全距离。

生产经营场所和员工宿舍应当设有符合紧急疏散要求、标志明显、保持畅通的出口、疏散通道。禁止占用、锁闭、封堵生产经营场所或者员工宿舍的出口、疏散通道。

第四十三条 生产经营单位进行爆破、吊装、动火、临时用电以及国务院应急管理部门会同国务院有关部门规定的其他危险作业，应当安排专门人员进行现场安全管理，确保操作规程的遵守和安全措施的落实。

第四十四条 生产经营单位应当教育和督促从业人员严格执行本单位的安全生产规章制度和安全操作规程；并向从业人员如实告知作业场所和工作岗位存在的危险因素、防范措施以及事故应急措施。

生产经营单位应当关注从业人员的身体、心理状况和行为习惯，加强对从业人员的心理疏导、精神慰藉，严格落实岗位安全生产责任，防范从业人员行为异常导致事故发生。

第四十五条 生产经营单位必须为从业人员提供符合国家标准或者行业标准的劳动防护用品，并监督、教育从业人员按照使用规则佩戴、使用。

第四十六条 生产经营单位的安全生产管理人员应当根据本单位的生产经营特点，对安全生产状况进行经常性检查；对检查中发现的安全问题，应当立即处理；不能处理的，应当及时报告本单位有关负责人，有关负责人应当及时处理。检查及处理情况应当如实记录在案。

生产经营单位的安全生产管理人员在检查中发现重大事故隐患，依照前款规定向本单位有关负责人报告，有关负责人不及时处理的，安全生产管理人员可以向主管的负有安全生产监督管理职责的部门报告，接到报告的部门应当依法及时处理。

第四十七条　生产经营单位应当安排用于配备劳动防护用品、进行安全生产培训的经费。

第四十八条　两个以上生产经营单位在同一作业区域内进行生产经营活动，可能危及对方生产安全的，应当签订安全生产管理协议，明确各自的安全生产管理职责和应当采取的安全措施，并指定专职安全生产管理人员进行安全检查与协调。

第四十九条　生产经营单位不得将生产经营项目、场所、设备发包或者出租给不具备安全生产条件或者相应资质的单位或者个人。

生产经营项目、场所发包或者出租给其他单位的，生产经营单位应当与承包单位、承租单位签订专门的安全生产管理协议，或者在承包合同、租赁合同中约定各自的安全生产管理职责；生产经营单位对承包单位、承租单位的安全生产工作统一协调、管理，定期进行安全检查，发现安全问题的，应当及时督促整改。

矿山、金属冶炼建设项目和用于生产、储存、装卸危险物品的建设项目的施工单位应当加强对施工项目的安全管理，不得倒卖、出租、出借、挂靠或者以其他形式非法转让施工资质，不得将其承包的全部建设工程转包给第三人或者将其承包的全部建设工程支解以后以分包的名义分别转包给第三人，不得将工程分包给不具备相应资质条件的单位。

第五十条　生产经营单位发生生产安全事故时，单位的主要负责人应当立即组织抢救，并不得在事故调查处理期间擅离职守。

第五十一条　生产经营单位必须依法参加工伤保险，为从业人员缴纳保险费。

国家鼓励生产经营单位投保安全生产责任保险；属于国家规定的高危行业、领域的生产经营单位，应当投保安全生产责任保险。具体范围和实施办法由国务院应急管理部门会同国务院财政部门、国务院保险监督管理机构和相关行业主管部门制定。

第三章　从业人员的安全生产权利义务

第五十二条　生产经营单位与从业人员订立的劳动合同，应当载明有关保障从业人员劳动安全、防止职业危害的事项，以及依法为从业人员办理工伤保险的事项。

生产经营单位不得以任何形式与从业人员订立协议，免除或者减轻其对从业人员因生产安全事故伤亡依法应承担的责任。

第五十三条　生产经营单位的从业人员有权了解其作业场所和工作岗位存在的危险因素、防范措施及事故应急措施，有权对本单位的安全生产工作提出建议。

第五十四条　从业人员有权对本单位安全生产工作中存在的问题提出批评、检举、控告；有权拒绝违章指挥和强令冒险作业。

生产经营单位不得因从业人员对本单位安全生产工作提出批评、检举、控告或者拒绝违章指挥、强令冒险作业而降低其工资、福利等待遇或者解除与其订立的劳动合同。

第五十五条　从业人员发现直接危及人身安全的紧急情况时，有权停止作业或者在采取可能的应急措施后撤离作业场所。

生产经营单位不得因从业人员在前款紧急情况下停止作业或者采取紧急撤离措施而降低其工资、福利等待遇或者解除与其订立的劳动合同。

第五十六条　生产经营单位发生生产安全事故后，应当及时采取措施救治有关人员。

因生产安全事故受到损害的从业人员，除依法享有工伤保险外，依照有关民事法律尚有获得赔偿的权利的，有权提出赔偿要求。

第五十七条　从业人员在作业过程中，应当严格落实岗位安全责任，遵守本单位的安全生产规章制度和操作规程，服从管理，正确佩戴和使用劳动防护用品。

第五十八条　从业人员应当接受安全生产教育和培训，掌握本职工作所需的安全生产知识，提高安全生产技能，增强事故预防和应急处理能力。

第五十九条　从业人员发现事故隐患或者其他不安全因素，应当立即向现场安全生产管理人员或者本单位负责人报告；接到报告的人员应当及时予以处理。

第六十条 工会有权对建设项目的安全设施与主体工程同时设计、同时施工、同时投入生产和使用进行监督，提出意见。

工会对生产经营单位违反安全生产法律、法规，侵犯从业人员合法权益的行为，有权要求纠正；发现生产经营单位违章指挥、强令冒险作业或者发现事故隐患时，有权提出解决的建议，生产经营单位应当及时研究答复；发现危及从业人员生命安全的情况时，有权向生产经营单位建议组织从业人员撤离危险场所，生产经营单位必须立即作出处理。

工会有权依法参加事故调查，向有关部门提出处理意见，并要求追究有关人员的责任。

第六十一条 生产经营单位使用被派遣劳动者的，被派遣劳动者享有本法规定的从业人员的权利，并应当履行本法规定的从业人员的义务。

第四章 安全生产的监督管理

第六十二条 县级以上地方各级人民政府应当根据本行政区域内的安全生产状况，组织有关部门按照职责分工，对本行政区域内容易发生重大生产安全事故的生产经营单位进行严格检查。

应急管理部门应当按照分类分级监督管理的要求，制定安全生产年度监督检查计划，并按照年度监督检查计划进行监督检查，发现事故隐患，应当及时处理。

第六十三条 负有安全生产监督管理职责的部门依照有关法律、法规的规定，对涉及安全生产的事项需要审查批准（包括批准、核准、许可、注册、认证、颁发证照等，下同）或者验收的，必须严格依照有关法律、法规和国家标准或者行业标准规定的安全生产条件和程序进行审查；不符合有关法律、法规和国家标准或者行业标准规定的安全生产条件的，不得批准或者验收通过。对未依法取得批准或者验收合格的单位擅自从事有关活动的，负责行政审批的部门发现或者接到举报后应当立即予以取缔，并依法予以处理。对已经依法取得批准的单位，负责行政审批的部门发现其不再具备安全生产条件的，应当撤销原批准。

第六十四条 负有安全生产监督管理职责的部门对涉及安全生产的事项进行审查、验收，不得收取费用；不得要求接受审查、验收的单位购买其指定品牌或者指定生产、销售单位的安全设备、器材或者其他产品。

第六十五条 应急管理部门和其他负有安全生产监督管理职责的部门依法开展安全生产行政执法工作，对生产经营单位执行有关安全生产的法律、法规和国家标准或者行业标准的情况进行监督检查，行使以下职权：

（一）进入生产经营单位进行检查，调阅有关资料，向有关单位和人员了解情况；

（二）对检查中发现的安全生产违法行为，当场予以纠正或者要求限期改正；对依法应当给予行政处罚的行为，依照本法和其他有关法律、行政法规的规定作出行政处罚决定；

（三）对检查中发现的事故隐患，应当责令立即排除；重大事故隐患排除前或者排除过程中无法保证安全的，应当责令从危险区域内撤出作业人员，责令暂时停产停业或者停止使用相关设施、设备；重大事故隐患排除后，经审查同意，方可恢复生产经营和使用；

（四）对有根据认为不符合保障安全生产的国家标准或者行业标准的设施、设备、器材以及违法生产、储存、使用、经营、运输的危险物品予以查封或者扣押，对违法生产、储存、使用、经营危险物品的作业场所予以查封，并依法作出处理决定。

监督检查不得影响被检查单位的正常生产经营活动。

第六十六条 生产经营单位对负有安全生产监督管理职责的部门的监督检查人员（以下统称安全生产监督检查人员）依法履行监督检查职责，应当予以配合，不得拒绝、阻挠。

第六十七条 安全生产监督检查人员应当忠于职守，坚持原则，秉公执法。

安全生产监督检查人员执行监督检查任务时，必须出示有效的行政执法证件；对涉及被检查单位的技术秘密和业务秘密，应当为其保密。

第六十八条 安全生产监督检查人员应当

将检查的时间、地点、内容、发现的问题及其处理情况，作出书面记录，并由检查人员和被检查单位的负责人签字；被检查单位的负责人拒绝签字的，检查人员应当将情况记录在案，并向负有安全生产监督管理职责的部门报告。

第六十九条　负有安全生产监督管理职责的部门在监督检查中，应当互相配合，实行联合检查；确需分别进行检查的，应当互通情况，发现存在的安全问题应当由其他有关部门进行处理的，应当及时移送其他有关部门并形成记录备查，接受移送的部门应当及时进行处理。

第七十条　负有安全生产监督管理职责的部门依法对存在重大事故隐患的生产经营单位作出停产停业、停止施工、停止使用相关设施或者设备的决定，生产经营单位应当依法执行，及时消除事故隐患。生产经营单位拒不执行，有发生生产安全事故的现实危险的，在保证安全的前提下，经本部门主要负责人批准，负有安全生产监督管理职责的部门可以采取通知有关单位停止供电、停止供应民用爆炸物品等措施，强制生产经营单位履行决定。通知应当采用书面形式，有关单位应当予以配合。

负有安全生产监督管理职责的部门依照前款规定采取停止供电措施，除有危及生产安全的紧急情形外，应当提前二十四小时通知生产经营单位。生产经营单位依法履行行政决定、采取相应措施消除事故隐患的，负有安全生产监督管理职责的部门应当及时解除前款规定的措施。

第七十一条　监察机关依照监察法的规定，对负有安全生产监督管理职责的部门及其工作人员履行安全生产监督管理职责实施监察。

第七十二条　承担安全评价、认证、检测、检验职责的机构应当具备国家规定的资质条件，并对其作出的安全评价、认证、检测、检验结果的合法性、真实性负责。资质条件由国务院应急管理部门会同国务院有关部门制定。

承担安全评价、认证、检测、检验职责的机构应当建立并实施服务公开和报告公开制度，不得租借资质、挂靠、出具虚假报告。

第七十三条　负有安全生产监督管理职责的部门应当建立举报制度，公开举报电话、信箱或者电子邮件地址等网络举报平台，受理有关安全生产的举报；受理的举报事项经调查核实后，应当形成书面材料；需要落实整改措施的，报经有关负责人签字并督促落实。对不属于本部门职责，需要由其他有关部门进行调查处理的，转交其他有关部门处理。

涉及人员死亡的举报事项，应当由县级以上人民政府组织核查处理。

第七十四条　任何单位或者个人对事故隐患或者安全生产违法行为，均有权向负有安全生产监督管理职责的部门报告或者举报。

因安全生产违法行为造成重大事故隐患或者导致重大事故，致使国家利益或者社会公共利益受到侵害的，人民检察院可以根据民事诉讼法、行政诉讼法的相关规定提起公益诉讼。

第七十五条　居民委员会、村民委员会发现其所在区域内的生产经营单位存在事故隐患或者安全生产违法行为时，应当向当地人民政府或者有关部门报告。

第七十六条　县级以上各级人民政府及其有关部门对报告重大事故隐患或者举报安全生产违法行为的有功人员，给予奖励。具体奖励办法由国务院应急管理部门会同国务院财政部门制定。

第七十七条　新闻、出版、广播、电影、电视等单位有进行安全生产公益宣传教育的义务，有对违反安全生产法律、法规的行为进行舆论监督的权利。

第七十八条　负有安全生产监督管理职责的部门应当建立安全生产违法行为信息库，如实记录生产经营单位及其有关从业人员的安全生产违法行为信息；对违法行为情节严重的生产经营单位及其有关从业人员，应当及时向社会公告，并通报行业主管部门、投资主管部门、自然资源主管部门、生态环境主管部门、证券监督管理机构以及有关金融机构。有关部门和机构应当对存在失信行为的生产经营单位及其有关从业人员采取加大执法检查频次、暂停项目审批、上调有关保险费率、行业或者职业禁入等联合惩戒措施，并向社会公示。

负有安全生产监督管理职责的部门应当加强对生产经营单位行政处罚信息的及时归集、共享、应用和公开，对生产经营单位作出处罚决定后七个工作日内在监督管理部门公示系统予以公开曝光，强化对违法失信生产经营单位及其有关从业人员的社会监督，提高全社会安全生产诚信水平。

第五章 生产安全事故的应急救援与调查处理

第七十九条 国家加强生产安全事故应急能力建设，在重点行业、领域建立应急救援基地和应急救援队伍，并由国家安全生产应急救援机构统一协调指挥；鼓励生产经营单位和其他社会力量建立应急救援队伍，配备相应的应急救援装备和物资，提高应急救援的专业化水平。

国务院应急管理部门牵头建立全国统一的生产安全事故应急救援信息系统，国务院交通运输、住房和城乡建设、水利、民航等有关部门和县级以上地方人民政府建立健全相关行业、领域、地区的生产安全事故应急救援信息系统，实现互联互通、信息共享，通过推行网上安全信息采集、安全监管和监测预警，提升监管的精准化、智能化水平。

第八十条 县级以上地方各级人民政府应当组织有关部门制定本行政区域内生产安全事故应急救援预案，建立应急救援体系。

乡镇人民政府和街道办事处，以及开发区、工业园区、港区、风景区等应当制定相应的生产安全事故应急救援预案，协助人民政府有关部门或者按照授权依法履行生产安全事故应急救援工作职责。

第八十一条 生产经营单位应当制定本单位生产安全事故应急救援预案，与所在地县级以上地方人民政府组织制定的生产安全事故应急救援预案相衔接，并定期组织演练。

第八十二条 危险物品的生产、经营、储存单位以及矿山、金属冶炼、城市轨道交通运营、建筑施工单位应当建立应急救援组织；生产经营规模较小的，可以不建立应急救援组织，但应当指定兼职的应急救援人员。

危险物品的生产、经营、储存、运输单位以及矿山、金属冶炼、城市轨道交通运营、建筑施工单位应当配备必要的应急救援器材、设备和物资，并进行经常性维护、保养，保证正常运转。

第八十三条 生产经营单位发生生产安全事故后，事故现场有关人员应当立即报告本单位负责人。

单位负责人接到事故报告后，应当迅速采取有效措施，组织抢救，防止事故扩大，减少人员伤亡和财产损失，并按照国家有关规定立即如实报告当地负有安全生产监督管理职责的部门，不得隐瞒不报、谎报或者迟报，不得故意破坏事故现场、毁灭有关证据。

第八十四条 负有安全生产监督管理职责的部门接到事故报告后，应当立即按照国家有关规定上报事故情况。负有安全生产监督管理职责的部门和有关地方人民政府对事故情况不得隐瞒不报、谎报或者迟报。

第八十五条 有关地方人民政府和负有安全生产监督管理职责的部门的负责人接到生产安全事故报告后，应当按照生产安全事故应急救援预案的要求立即赶到事故现场，组织事故抢救。

参与事故抢救的部门和单位应当服从统一指挥，加强协同联动，采取有效的应急救援措施，并根据事故救援的需要采取警戒、疏散等措施，防止事故扩大和次生灾害的发生，减少人员伤亡和财产损失。

事故抢救过程中应当采取必要措施，避免或者减少对环境造成的危害。

任何单位和个人都应当支持、配合事故抢救，并提供一切便利条件。

第八十六条 事故调查处理应当按照科学严谨、依法依规、实事求是、注重实效的原则，及时、准确地查清事故原因，查明事故性质和责任，评估应急处置工作，总结事故教训，提出整改措施，并对事故责任单位和人员提出处理建议。事故调查报告应当依法及时向社会公布。事故调查和处理的具体办法由国务院制定。

事故发生单位应当及时全面落实整改措施，负有安全生产监督管理职责的部门应当加强监督检查。

负责事故调查处理的国务院有关部门和地方人民政府应当在批复事故调查报告后一年内，组织有关部门对事故整改和防范措施落实情况进行评估，并及时向社会公开评估结果；对不履行职责导致事故整改和防范措施没有落实的有关单位和人员，应当按照有关规定追究责任。

第八十七条　生产经营单位发生生产安全事故，经调查确定为责任事故的，除了应当查明事故单位的责任并依法予以追究外，还应当查明对安全生产的有关事项负有审查批准和监督职责的行政部门的责任，对有失职、渎职行为的，依照本法第九十条的规定追究法律责任。

第八十八条　任何单位和个人不得阻挠和干涉对事故的依法调查处理。

第八十九条　县级以上地方各级人民政府应急管理部门应当定期统计分析本行政区域内发生生产安全事故的情况，并定期向社会公布。

第六章　法律责任

第九十条　负有安全生产监督管理职责的部门的工作人员，有下列行为之一的，给予降级或者撤职的处分；构成犯罪的，依照刑法有关规定追究刑事责任：

（一）对不符合法定安全生产条件的涉及安全生产的事项予以批准或者验收通过的；

（二）发现未依法取得批准、验收的单位擅自从事有关活动或者接到举报后不予取缔或者不依法予以处理的；

（三）对已经依法取得批准的单位不履行监督管理职责，发现其不再具备安全生产条件而不撤销原批准或者发现安全生产违法行为不予查处的；

（四）在监督检查中发现重大事故隐患，不依法及时处理的。

负有安全生产监督管理职责的部门的工作人员有前款规定以外的滥用职权、玩忽职守、徇私舞弊行为的，依法给予处分；构成犯罪的，依照刑法有关规定追究刑事责任。

第九十一条　负有安全生产监督管理职责的部门，要求被审查、验收的单位购买其指定的安全设备、器材或者其他产品的，在对安全生产事项的审查、验收中收取费用的，由其上级机关或者监察机关责令改正，责令退还收取的费用；情节严重的，对直接负责的主管人员和其他直接责任人员依法给予处分。

第九十二条　承担安全评价、认证、检测、检验职责的机构出具失实报告的，责令停业整顿，并处三万元以上十万元以下的罚款；给他人造成损害的，依法承担赔偿责任。

承担安全评价、认证、检测、检验职责的机构租借资质、挂靠、出具虚假报告的，没收违法所得；违法所得在十万元以上的，并处违法所得二倍以上五倍以下的罚款，没有违法所得或者违法所得不足十万元的，单处或者并处十万元以上二十万元以下的罚款；对其直接负责的主管人员和其他直接责任人员处五万元以上十万元以下的罚款；给他人造成损害的，与生产经营单位承担连带赔偿责任；构成犯罪的，依照刑法有关规定追究刑事责任。

对有前款违法行为的机构及其直接责任人员，吊销其相应资质和资格，五年内不得从事安全评价、认证、检测、检验等工作；情节严重的，实行终身行业和职业禁入。

第九十三条　生产经营单位的决策机构、主要负责人或者个人经营的投资人不依照本法规定保证安全生产所必需的资金投入，致使生产经营单位不具备安全生产条件的，责令限期改正，提供必需的资金；逾期未改正的，责令生产经营单位停产停业整顿。

有前款违法行为，导致发生生产安全事故的，对生产经营单位的主要负责人给予撤职处分，对个人经营的投资人处二万元以上二十万元以下的罚款；构成犯罪的，依照刑法有关规定追究刑事责任。

第九十四条　生产经营单位的主要负责人未履行本法规定的安全生产管理职责的，责令限期改正，处二万元以上五万元以下的罚款；逾期未改正的，处五万元以上十万元以下的罚款，责令生产经营单位停产停业整顿。

生产经营单位的主要负责人有前款违法行为，导致发生生产安全事故的，给予撤职处分；构成犯罪的，依照刑法有关规定追究刑事责任。

生产经营单位的主要负责人依照前款规定受刑事处罚或者撤职处分的，自刑罚执行完毕或者受处分之日起，五年内不得担任任何生产经营单位的主要负责人；对重大、特别重大生产安全事故负有责任的，终身不得担任本行业生产经营单位的主要负责人。

第九十五条 生产经营单位的主要负责人未履行本法规定的安全生产管理职责，导致发生生产安全事故的，由应急管理部门依照下列规定处以罚款：

（一）发生一般事故的，处上一年年收入百分之四十的罚款；

（二）发生较大事故的，处上一年年收入百分之六十的罚款；

（三）发生重大事故的，处上一年年收入百分之八十的罚款；

（四）发生特别重大事故的，处上一年年收入百分之一百的罚款。

第九十六条 生产经营单位的其他负责人和安全生产管理人员未履行本法规定的安全生产管理职责的，责令限期改正，处一万元以上三万元以下的罚款；导致发生生产安全事故的，暂停或者吊销其与安全生产有关的资格，并处上一年年收入百分之二十以上百分之五十以下的罚款；构成犯罪的，依照刑法有关规定追究刑事责任。

第九十七条 生产经营单位有下列行为之一的，责令限期改正，处十万元以下的罚款；逾期未改正的，责令停产停业整顿，并处十万元以上二十万元以下的罚款，对其直接负责的主管人员和其他直接责任人员处二万元以上五万元以下的罚款：

（一）未按照规定设置安全生产管理机构或者配备安全生产管理人员、注册安全工程师的；

（二）危险物品的生产、经营、储存、装卸单位以及矿山、金属冶炼、建筑施工、运输单位的主要负责人和安全生产管理人员未按照规定经考核合格的；

（三）未按照规定对从业人员、被派遣劳动者、实习学生进行安全生产教育和培训，或者未按照规定如实告知有关的安全生产事项的；

（四）未如实记录安全生产教育和培训情况的；

（五）未将事故隐患排查治理情况如实记录或者未向从业人员通报的；

（六）未按照规定制定生产安全事故应急救援预案或者未定期组织演练的；

（七）特种作业人员未按照规定经专门的安全作业培训并取得相应资格，上岗作业的。

第九十八条 生产经营单位有下列行为之一的，责令停止建设或者停产停业整顿，限期改正，并处十万元以上五十万元以下的罚款，对其直接负责的主管人员和其他直接责任人员处二万元以上五万元以下的罚款；逾期未改正的，处五十万元以上一百万元以下的罚款，对其直接负责的主管人员和其他直接责任人员处五万元以上十万元以下的罚款；构成犯罪的，依照刑法有关规定追究刑事责任：

（一）未按照规定对矿山、金属冶炼建设项目或者用于生产、储存、装卸危险物品的建设项目进行安全评价的；

（二）矿山、金属冶炼建设项目或者用于生产、储存、装卸危险物品的建设项目没有安全设施设计或者安全设施设计未按照规定报经有关部门审查同意的；

（三）矿山、金属冶炼建设项目或者用于生产、储存、装卸危险物品的建设项目的施工单位未按照批准的安全设施设计施工的；

（四）矿山、金属冶炼建设项目或者用于生产、储存、装卸危险物品的建设项目竣工投入生产或者使用前，安全设施未经验收合格的。

第九十九条 生产经营单位有下列行为之一的，责令限期改正，处五万元以下的罚款；逾期未改正的，处五万元以上二十万元以下的罚款，对其直接负责的主管人员和其他直接责任人员处一万元以上二万元以下的罚款；情节严重的，责令停产停业整顿；构成犯罪的，依照刑法有关规定追究刑事责任：

（一）未在有较大危险因素的生产经营场所和有关设施、设备上设置明显的安全警示标志的；

（二）安全设备的安装、使用、检测、改造和报废不符合国家标准或者行业标准的；

（三）未对安全设备进行经常性维护、保养和定期检测的；

（四）关闭、破坏直接关系生产安全的监控、报警、防护、救生设备、设施，或者篡改、隐瞒、销毁其相关数据、信息的；

（五）未为从业人员提供符合国家标准或者行业标准的劳动防护用品的；

（六）危险物品的容器、运输工具，以及涉及人身安全、危险性较大的海洋石油开采特种设备和矿山井下特种设备未经具有专业资质的机构检测、检验合格，取得安全使用证或者安全标志，投入使用的；

（七）使用应当淘汰的危及生产安全的工艺、设备的；

（八）餐饮等行业的生产经营单位使用燃气未安装可燃气体报警装置的。

第一百条　未经依法批准，擅自生产、经营、运输、储存、使用危险物品或者处置废弃危险物品的，依照有关危险物品安全管理的法律、行政法规的规定予以处罚；构成犯罪的，依照刑法有关规定追究刑事责任。

第一百零一条　生产经营单位有下列行为之一的，责令限期改正，处十万元以下的罚款；逾期未改正的，责令停产停业整顿，并处十万元以上二十万元以下的罚款，对其直接负责的主管人员和其他直接责任人员处二万元以上五万元以下的罚款；构成犯罪的，依照刑法有关规定追究刑事责任：

（一）生产、经营、运输、储存、使用危险物品或者处置废弃危险物品，未建立专门安全管理制度、未采取可靠的安全措施的；

（二）对重大危险源未登记建档，未进行定期检测、评估、监控，未制定应急预案，或者未告知应急措施的；

（三）进行爆破、吊装、动火、临时用电以及国务院应急管理部门会同国务院有关部门规定的其他危险作业，未安排专门人员进行现场安全管理的；

（四）未建立安全风险分级管控制度或者未按照安全风险分级采取相应管控措施的；

（五）未建立事故隐患排查治理制度，或者重大事故隐患排查治理情况未按照规定报告的。

第一百零二条　生产经营单位未采取措施消除事故隐患的，责令立即消除或者限期消除，处五万元以下的罚款；生产经营单位拒不执行的，责令停产停业整顿，对其直接负责的主管人员和其他直接责任人员处五万元以上十万元以下的罚款；构成犯罪的，依照刑法有关规定追究刑事责任。

第一百零三条　生产经营单位将生产经营项目、场所、设备发包或者出租给不具备安全生产条件或者相应资质的单位或者个人的，责令限期改正，没收违法所得；违法所得十万元以上的，并处违法所得二倍以上五倍以下的罚款；没有违法所得或者违法所得不足十万元的，单处或者并处十万元以上二十万元以下的罚款；对其直接负责的主管人员和其他直接责任人员处一万元以上二万元以下的罚款；导致发生生产安全事故给他人造成损害的，与承包方、承租方承担连带赔偿责任。

生产经营单位未与承包单位、承租单位签订专门的安全生产管理协议或者未在承包合同、租赁合同中明确各自的安全生产管理职责，或者未对承包单位、承租单位的安全生产统一协调、管理的，责令限期改正，处五万元以下的罚款，对其直接负责的主管人员和其他直接责任人员处一万元以下的罚款；逾期未改正的，责令停产停业整顿。

矿山、金属冶炼建设项目和用于生产、储存、装卸危险物品的建设项目的施工单位未按照规定对施工项目进行安全管理的，责令限期改正，处十万元以下的罚款，对其直接负责的主管人员和其他直接责任人员处二万元以下的罚款；逾期未改正的，责令停产停业整顿。以上施工单位倒卖、出租、出借、挂靠或者以其他形式非法转让施工资质的，责令停产停业整顿，吊销资质证书，没收违法所得；违法所得十万元以上的，并处违法所得二倍以上五倍以下的罚款，没有违法所得或者违法所得不足十万元的，单处或者并处十万元以上二十万元以下的罚款；对其直接负责的主管人员和其他直接责任人员处五万元以上十万元以下的罚款；构成犯罪的，依照刑法有关规定追究刑事责任。

第一百零四条 两个以上生产经营单位在同一作业区域内进行可能危及对方安全生产的生产经营活动，未签订安全生产管理协议或者未指定专职安全生产管理人员进行安全检查与协调的，责令限期改正，处五万元以下的罚款，对其直接负责的主管人员和其他直接责任人员处一万元以下的罚款；逾期未改正的，责令停产停业。

第一百零五条 生产经营单位有下列行为之一的，责令限期改正，处五万元以下的罚款，对其直接负责的主管人员和其他直接责任人员处一万元以下的罚款；逾期未改正的，责令停产停业整顿；构成犯罪的，依照刑法有关规定追究刑事责任：

（一）生产、经营、储存、使用危险物品的车间、商店、仓库与员工宿舍在同一座建筑内，或者与员工宿舍的距离不符合安全要求的；

（二）生产经营场所和员工宿舍未设有符合紧急疏散需要、标志明显、保持畅通的出口、疏散通道，或者占用、锁闭、封堵生产经营场所或者员工宿舍出口、疏散通道的。

第一百零六条 生产经营单位与从业人员订立协议，免除或者减轻其对从业人员因生产安全事故伤亡依法应承担的责任的，该协议无效；对生产经营单位的主要负责人、个人经营的投资人处二万元以上十万元以下的罚款。

第一百零七条 生产经营单位的从业人员不落实岗位安全责任，不服从管理，违反安全生产规章制度或者操作规程的，由生产经营单位给予批评教育，依照有关规章制度给予处分；构成犯罪的，依照刑法有关规定追究刑事责任。

第一百零八条 违反本法规定，生产经营单位拒绝、阻碍负有安全生产监督管理职责的部门依法实施监督检查的，责令改正；拒不改正的，处二万元以上二十万元以下的罚款；对其直接负责的主管人员和其他直接责任人员处一万元以上二万元以下的罚款；构成犯罪的，依照刑法有关规定追究刑事责任。

第一百零九条 高危行业、领域的生产经营单位未按照国家规定投保安全生产责任保险的，责令限期改正，处五万元以上十万元以下的罚款；逾期未改正的，处十万元以上二十万元以下的罚款。

第一百一十条 生产经营单位的主要负责人在本单位发生生产安全事故时，不立即组织抢救或者在事故调查处理期间擅离职守或者逃匿的，给予降级、撤职的处分，并由应急管理部门处上一年年收入百分之六十至百分之一百的罚款；对逃匿的处十五日以下拘留；构成犯罪的，依照刑法有关规定追究刑事责任。

生产经营单位的主要负责人对生产安全事故隐瞒不报、谎报或者迟报的，依照前款规定处罚。

第一百一十一条 有关地方人民政府、负有安全生产监督管理职责的部门，对生产安全事故隐瞒不报、谎报或者迟报的，对直接负责的主管人员和其他直接责任人员依法给予处分；构成犯罪的，依照刑法有关规定追究刑事责任。

第一百一十二条 生产经营单位违反本法规定，被责令改正且受到罚款处罚，拒不改正的，负有安全生产监督管理职责的部门可以自作出责令改正之日的次日起，按照原处罚数额按日连续处罚。

第一百一十三条 生产经营单位存在下列情形之一的，负有安全生产监督管理职责的部门应当提请地方人民政府予以关闭，有关部门应当依法吊销其有关证照。生产经营单位主要负责人五年内不得担任任何生产经营单位的主要负责人；情节严重的，终身不得担任本行业生产经营单位的主要负责人：

（一）存在重大事故隐患，一百八十日内三次或者一年内四次受到本法规定的行政处罚的；

（二）经停产停业整顿，仍不具备法律、行政法规和国家标准或者行业标准规定的安全生产条件的；

（三）不具备法律、行政法规和国家标准或者行业标准规定的安全生产条件，导致发生重大、特别重大生产安全事故的；

（四）拒不执行负有安全生产监督管理职责的部门作出的停产停业整顿决定的。

第一百一十四条 发生生产安全事故，对负有责任的生产经营单位除要求其依法承担相应的赔偿等责任外，由应急管理部门依照下列规定处以罚款：

（一）发生一般事故的，处三十万元以上一百万元以下的罚款；

（二）发生较大事故的，处一百万元以上二百万元以下的罚款；

（三）发生重大事故的，处二百万元以上一千万元以下的罚款；

（四）发生特别重大事故的，处一千万元以上二千万元以下的罚款。

发生生产安全事故，情节特别严重、影响特别恶劣的，应急管理部门可以按照前款罚款数额的二倍以上五倍以下对负有责任的生产经营单位处以罚款。

第一百一十五条　本法规定的行政处罚，由应急管理部门和其他负有安全生产监督管理职责的部门按照职责分工决定；其中，根据本法第九十五条、第一百一十条、第一百一十四条的规定应当给予民航、铁路、电力行业的生产经营单位及其主要负责人行政处罚的，也可以由主管的负有安全生产监督管理职责的部门进行处罚。予以关闭的行政处罚，由负有安全生产监督管理职责的部门报请县级以上人民政府按照国务院规定的权限决定；给予拘留的行政处罚，由公安机关依照治安管理处罚的规定决定。

第一百一十六条　生产经营单位发生生产安全事故造成人员伤亡、他人财产损失的，应当依法承担赔偿责任；拒不承担或者其负责人逃匿的，由人民法院依法强制执行。

生产安全事故的责任人未依法承担赔偿责任，经人民法院依法采取执行措施后，仍不能对受害人给予足额赔偿的，应当继续履行赔偿义务；受害人发现责任人有其他财产的，可以随时请求人民法院执行。

第七章　附则

第一百一十七条　本法下列用语的含义：

危险物品，是指易燃易爆物品、危险化学品、放射性物品等能够危及人身安全和财产安全的物品。

重大危险源，是指长期地或者临时地生产、搬运、使用或者储存危险物品，且危险物品的数量等于或者超过临界量的单元（包括场所和设施）。

第一百一十八条　本法规定的生产安全一般事故、较大事故、重大事故、特别重大事故的划分标准由国务院规定。

国务院应急管理部门和其他负有安全生产监督管理职责的部门应当根据各自的职责分工，制定相关行业、领域重大危险源的辨识标准和重大事故隐患的判定标准。

第一百一十九条　本法自 2002 年 11 月 1 日起施行。

生产安全事故应急条例

（中华人民共和国国务院令第 708 号，2019 年 2 月 17 日）

《生产安全事故应急条例》已经 2018 年 12 月 5 日国务院第 33 次常务会议通过，现予公布，自 2019 年 4 月 1 日起施行。

第一章　总则

第一条　为了规范生产安全事故应急工作，保障人民群众生命和财产安全，根据《中华人民共和国安全生产法》和《中华人民共和国突发事件应对法》，制定本条例。

第二条　本条例适用于生产安全事故应急工作；法律、行政法规另有规定的，适用其规定。

第三条　国务院统一领导全国的生产安全事故应急工作，县级以上地方人民政府统一领导本行政区域内的生产安全事故应急工作。生产安全事故应急工作涉及两个以上行政区域的，由有关行政区域共同的上一级人民政府负责，或者由各有关行政区域的上一级人民政府共同负责。

县级以上人民政府应急管理部门和其他对有关行业、领域的安全生产工作实施监督管理的部门（以下统称负有安全生产监督管理职责的部门）在各自职责范围内，做好有关行业、领域的生产安全事故应急工作。

县级以上人民政府应急管理部门指导、协调本级人民政府其他负有安全生产监督管理职责的部门和下级人民政府的生产安全事故应急工作。

乡、镇人民政府以及街道办事处等地方人民政府派出机关应当协助上级人民政府有关部门依法履行生产安全事故应急工作职责。

第四条 生产经营单位应当加强生产安全事故应急工作，建立、健全生产安全事故应急工作责任制，其主要负责人对本单位的生产安全事故应急工作全面负责。

第二章 应急准备

第五条 县级以上人民政府及其负有安全生产监督管理职责的部门和乡、镇人民政府以及街道办事处等地方人民政府派出机关，应当针对可能发生的生产安全事故的特点和危害，进行风险辨识和评估，制定相应的生产安全事故应急救援预案，并依法向社会公布。

生产经营单位应当针对本单位可能发生的生产安全事故的特点和危害，进行风险辨识和评估，制定相应的生产安全事故应急救援预案，并向本单位从业人员公布。

第六条 生产安全事故应急救援预案应当符合有关法律、法规、规章和标准的规定，具有科学性、针对性和可操作性，明确规定应急组织体系、职责分工以及应急救援程序和措施。

有下列情形之一的，生产安全事故应急救援预案制定单位应当及时修订相关预案：

（一）制定预案所依据的法律、法规、规章、标准发生重大变化；

（二）应急指挥机构及其职责发生调整；

（三）安全生产面临的风险发生重大变化；

（四）重要应急资源发生重大变化；

（五）在预案演练或者应急救援中发现需要修订预案的重大问题；

（六）其他应当修订的情形。

第七条 县级以上人民政府负有安全生产监督管理职责的部门应当将其制定的生产安全事故应急救援预案报送本级人民政府备案；易燃易爆物品、危险化学品等危险物品的生产、经营、储存、运输单位，矿山、金属冶炼、城市轨道交通运营、建筑施工单位，以及宾馆、商场、娱乐场所、旅游景区等人员密集场所经营单位，应当将其制定的生产安全事故应急救援预案按照国家有关规定报送县级以上人民政府负有安全生产监督管理职责的部门备案，并依法向社会公布。

第八条 县级以上地方人民政府以及县级以上人民政府负有安全生产监督管理职责的部门，乡、镇人民政府以及街道办事处等地方人民政府派出机关，应当至少每 2 年组织 1 次生产安全事故应急救援预案演练。

易燃易爆物品、危险化学品等危险物品的生产、经营、储存、运输单位，矿山、金属冶炼、城市轨道交通运营、建筑施工单位，以及宾馆、商场、娱乐场所、旅游景区等人员密集场所经营单位，应当至少每半年组织 1 次生产安全事故应急救援预案演练，并将演练情况报送所在地县级以上地方人民政府负有安全生产监督管理职责的部门。

县级以上地方人民政府负有安全生产监督管理职责的部门应当对本行政区域内前款规定的重点生产经营单位的生产安全事故应急救援预案演练进行抽查；发现演练不符合要求的，应当责令限期改正。

第九条 县级以上人民政府应当加强对生产安全事故应急救援队伍建设的统一规划、组织和指导。

县级以上人民政府负有安全生产监督管理职责的部门根据生产安全事故应急工作的实际需要，在重点行业、领域单独建立或者依托有条件的生产经营单位、社会组织共同建立应急救援队伍。

国家鼓励和支持生产经营单位和其他社会力量建立提供社会化应急救援服务的应急救援队伍。

第十条　易燃易爆物品、危险化学品等危险物品的生产、经营、储存、运输单位，矿山、金属冶炼、城市轨道交通运营、建筑施工单位，以及宾馆、商场、娱乐场所、旅游景区等人员密集场所经营单位，应当建立应急救援队伍；其中，小型企业或者微型企业等规模较小的生产经营单位，可以不建立应急救援队伍，但应当指定兼职的应急救援人员，并且可以与邻近的应急救援队伍签订应急救援协议。

工业园区、开发区等产业聚集区域内的生产经营单位，可以联合建立应急救援队伍。

第十一条　应急救援队伍的应急救援人员应当具备必要的专业知识、技能、身体素质和心理素质。

应急救援队伍建立单位或者兼职应急救援人员所在单位应当按照国家有关规定对应急救援人员进行培训；应急救援人员经培训合格后，方可参加应急救援工作。

应急救援队伍应当配备必要的应急救援装备和物资，并定期组织训练。

第十二条　生产经营单位应当及时将本单位应急救援队伍建立情况按照国家有关规定报送县级以上人民政府负有安全生产监督管理职责的部门，并依法向社会公布。

县级以上人民政府负有安全生产监督管理职责的部门应当定期将本行业、本领域的应急救援队伍建立情况报送本级人民政府，并依法向社会公布。

第十三条　县级以上地方人民政府应当根据本行政区域内可能发生的生产安全事故的特点和危害，储备必要的应急救援装备和物资，并及时更新和补充。

易燃易爆物品、危险化学品等危险物品的生产、经营、储存、运输单位，矿山、金属冶炼、城市轨道交通运营、建筑施工单位，以及宾馆、商场、娱乐场所、旅游景区等人员密集场所经营单位，应当根据本单位可能发生的生产安全事故的特点和危害，配备必要的灭火、排水、通风以及危险物品稀释、掩埋、收集等应急救援器材、设备和物资，并进行经常性维护、保养，保证正常运转。

第十四条　下列单位应当建立应急值班制度，配备应急值班人员：

（一）县级以上人民政府及其负有安全生产监督管理职责的部门；

（二）危险物品的生产、经营、储存、运输单位以及矿山、金属冶炼、城市轨道交通运营、建筑施工单位；

（三）应急救援队伍。

规模较大、危险性较高的易燃易爆物品、危险化学品等危险物品的生产、经营、储存、运输单位应当成立应急处置技术组，实行24小时应急值班。

第十五条　生产经营单位应当对从业人员进行应急教育和培训，保证从业人员具备必要的应急知识，掌握风险防范技能和事故应急措施。

第十六条　国务院负有安全生产监督管理职责的部门应当按照国家有关规定建立生产安全事故应急救援信息系统，并采取有效措施，实现数据互联互通、信息共享。

生产经营单位可以通过生产安全事故应急救援信息系统办理生产安全事故应急救援预案备案手续，报送应急救援预案演练情况和应急救援队伍建设情况；但依法需要保密的除外。

第三章　应急救援

第十七条　发生生产安全事故后，生产经营单位应当立即启动生产安全事故应急救援预案，采取下列一项或者多项应急救援措施，并按照国家有关规定报告事故情况：

（一）迅速控制危险源，组织抢救遇险人员；

（二）根据事故危害程度，组织现场人员撤离或者采取可能的应急措施后撤离；

（三）及时通知可能受到事故影响的单位和人员；

（四）采取必要措施，防止事故危害扩大和次生、衍生灾害发生；

（五）根据需要请求邻近的应急救援队伍参加救援，并向参加救援的应急救援队伍提供相关技术资料、信息和处置方法；

（六）维护事故现场秩序，保护事故现场和相关证据；

（七）法律、法规规定的其他应急救援

措施。

第十八条 有关地方人民政府及其部门接到生产安全事故报告后，应当按照国家有关规定上报事故情况，启动相应的生产安全事故应急救援预案，并按照应急救援预案的规定采取下列一项或者多项应急救援措施：

（一）组织抢救遇险人员，救治受伤人员，研判事故发展趋势以及可能造成的危害；

（二）通知可能受到事故影响的单位和人员，隔离事故现场，划定警戒区域，疏散受到威胁的人员，实施交通管制；

（三）采取必要措施，防止事故危害扩大和次生、衍生灾害发生，避免或者减少事故对环境造成的危害；

（四）依法发布调用和征用应急资源的决定；

（五）依法向应急救援队伍下达救援命令；

（六）维护事故现场秩序，组织安抚遇险人员和遇险遇难人员亲属；

（七）依法发布有关事故情况和应急救援工作的信息；

（八）法律、法规规定的其他应急救援措施。

有关地方人民政府不能有效控制生产安全事故的，应当及时向上级人民政府报告。上级人民政府应当及时采取措施，统一指挥应急救援。

第十九条 应急救援队伍接到有关人民政府及其部门的救援命令或者签有应急救援协议的生产经营单位的救援请求后，应当立即参加生产安全事故应急救援。

应急救援队伍根据救援命令参加生产安全事故应急救援所耗费用，由事故责任单位承担；事故责任单位无力承担的，由有关人民政府协调解决。

第二十条 发生生产安全事故后，有关人民政府认为有必要的，可以设立由本级人民政府及其有关部门负责人、应急救援专家、应急救援队伍负责人、事故发生单位负责人等人员组成的应急救援现场指挥部，并指定现场指挥部总指挥。

第二十一条 现场指挥部实行总指挥负责制，按照本级人民政府的授权组织制定并实施生产安全事故现场应急救援方案，协调、指挥有关单位和个人参加现场应急救援。

参加生产安全事故现场应急救援的单位和个人应当服从现场指挥部的统一指挥。

第二十二条 在生产安全事故应急救援过程中，发现可能直接危及应急救援人员生命安全的紧急情况时，现场指挥部或者统一指挥应急救援的人民政府应当立即采取相应措施消除隐患，降低或者化解风险，必要时可以暂时撤离应急救援人员。

第二十三条 生产安全事故发生地人民政府应当为应急救援人员提供必需的后勤保障，并组织通信、交通运输、医疗卫生、气象、水文、地质、电力、供水等单位协助应急救援。

第二十四条 现场指挥部或者统一指挥生产安全事故应急救援的人民政府及其有关部门应当完整、准确地记录应急救援的重要事项，妥善保存相关原始资料和证据。

第二十五条 生产安全事故的威胁和危害得到控制或者消除后，有关人民政府应当决定停止执行依照本条例和有关法律、法规采取的全部或者部分应急救援措施。

第二十六条 有关人民政府及其部门根据生产安全事故应急救援需要依法调用和征用的财产，在使用完毕或者应急救援结束后，应当及时归还。财产被调用、征用或者调用、征用后毁损、灭失的，有关人民政府及其部门应当按照国家有关规定给予补偿。

第二十七条 按照国家有关规定成立的生产安全事故调查组应当对应急救援工作进行评估，并在事故调查报告中作出评估结论。

第二十八条 县级以上地方人民政府应当按照国家有关规定，对在生产安全事故应急救援中伤亡的人员及时给予救治和抚恤；符合烈士评定条件的，按照国家有关规定评定为烈士。

第四章 法律责任

第二十九条 地方各级人民政府和街道办事处等地方人民政府派出机关以及县级以上人民政府有关部门违反本条例规定的，由其上级行政机关责令改正；情节严重的，对直接负责的主管人员和其他直接责任人员依法给予处分。

第三十条　生产经营单位未制定生产安全事故应急救援预案、未定期组织应急救援预案演练、未对从业人员进行应急教育和培训，生产经营单位的主要负责人在本单位发生生产安全事故时不立即组织抢救的，由县级以上人民政府负有安全生产监督管理职责的部门依照《中华人民共和国安全生产法》有关规定追究法律责任。

第三十一条　生产经营单位未对应急救援器材、设备和物资进行经常性维护、保养，导致发生严重生产安全事故或者生产安全事故危害扩大，或者在本单位发生生产安全事故后未立即采取相应的应急救援措施，造成严重后果的，由县级以上人民政府负有安全生产监督管理职责的部门依照《中华人民共和国突发事件应对法》有关规定追究法律责任。

第三十二条　生产经营单位未将生产安全事故应急救援预案报送备案、未建立应急值班制度或者配备应急值班人员的，由县级以上人民政府负有安全生产监督管理职责的部门责令限期改正；逾期未改正的，处3万元以上5万元以下的罚款，对直接负责的主管人员和其他直接责任人员处1万元以上2万元以下的罚款。

第三十三条　违反本条例规定，构成违反治安管理行为的，由公安机关依法给予处罚；构成犯罪的，依法追究刑事责任。

第五章　附则

第三十四条　储存、使用易燃易爆物品、危险化学品等危险物品的科研机构、学校、医院等单位的安全事故应急工作，参照本条例有关规定执行。

第三十五条　本条例自2019年4月1日起施行。

危险化学品安全管理条例（摘）

（2002年1月9日国务院第52次常务会议通过，2011年2月16日国务院第144次常务会议修订，根据2013年12月4日国务院第32次常务会议通过的《国务院关于修改部分行政法规的决定》修正，2013年12月7日中华人民共和国国务院令第645号公布）

第一章　总则

第一条　为了加强危险化学品的安全管理，预防和减少危险化学品事故，保障人民群众生命财产安全，保护环境，制定本条例。

第二条　危险化学品生产、储存、使用、经营和运输的安全管理，适用本条例。

废弃危险化学品的处置，依照有关环境保护的法律、行政法规和国家有关规定执行。

第三条　本条例所称危险化学品，是指具有毒害、腐蚀、爆炸、燃烧、助燃等性质，对人体、设施、环境具有危害的剧毒化学品和其他化学品。

…………

第四条　危险化学品安全管理，应当坚持安全第一、预防为主、综合治理的方针，强化和落实企业的主体责任。

生产、储存、使用、经营、运输危险化学品的单位（以下统称危险化学品单位）的主要负责人对本单位的危险化学品安全管理工作全面负责。

…………

第五条　任何单位和个人不得生产、经营、使用国家禁止生产、经营、使用的危险化学品。

国家对危险化学品的使用有限制性规定的，任何单位和个人不得违反限制性规定使用危险化学品。

…………

第十五条　危险化学品生产企业应当提供与其生产的危险化学品相符的化学品安全技术

说明书，并在危险化学品包装（包括外包装件）上粘贴或者拴挂与包装内危险化学品相符的化学品安全标签。化学品安全技术说明书和化学品安全标签所载明的内容应当符合国家标准的要求。

危险化学品生产企业发现其生产的危险化学品有新的危险特性的，应当立即公告，并及时修订其化学品安全技术说明书和化学品安全标签。

…………

本条例所称重大危险源，是指生产、储存、使用或者搬运危险化学品，且危险化学品的数量等于或者超过临界量的单元（包括场所和设施）。

第二十条 生产、储存危险化学品的单位，应当根据其生产、储存的危险化学品的种类和危险特性，在作业场所设置相应的监测、监控、通风、防晒、调温、防火、灭火、防爆、泄压、防毒、中和、防潮、防雷、防静电、防腐、防泄漏以及防护围堤或者隔离操作等安全设施、设备，并按照国家标准、行业标准或者国家有关规定对安全设施、设备进行经常性维护、保养，保证安全设施、设备的正常使用。

生产、储存危险化学品的单位，应当在其作业场所和安全设施、设备上设置明显的安全警示标志。

…………

第八章 附则

第一百零二条 本条例自 2011 年 12 月 1 日起施行。

大型群众性活动安全管理条例

（中华人民共和国国务院令第 505 号，2007 年 9 月 14 日）

《大型群众性活动安全管理条例》已经 2007 年 8 月 29 日国务院第 190 次常务会议通过，现予公布，自 2007 年 10 月 1 日起施行。

第一章 总则

第一条 为了加强对大型群众性活动的安全管理，保护公民生命和财产安全，维护社会治安秩序和公共安全，制定本条例。

第二条 本条例所称大型群众性活动，是指法人或者其他组织面向社会公众举办的每场次预计参加人数达到1000 人以上的下列活动：

（一）体育比赛活动；

（二）演唱会、音乐会等文艺演出活动；

（三）展览、展销等活动；

（四）游园、灯会、庙会、花会、焰火晚会等活动；

（五）人才招聘会、现场开奖的彩票销售等活动。

影剧院、音乐厅、公园、娱乐场所等在其日常业务范围内举办的活动，不适用本条例的规定。

第三条 大型群众性活动的安全管理应当遵循安全第一、预防为主的方针，坚持承办者负责、政府监管的原则。

第四条 县级以上人民政府公安机关负责大型群众性活动的安全管理工作。

县级以上人民政府其他有关主管部门按照各自的职责，负责大型群众性活动的有关安全工作。

第二章 安全责任

第五条 大型群众性活动的承办者（以下简称承办者）对其承办活动的安全负责，承办者的主要负责人为大型群众性活动的安全责任人。

第六条 举办大型群众性活动，承办者应当制订大型群众性活动安全工作方案。

大型群众性活动安全工作方案包括下列内容：

（一）活动的时间、地点、内容及组织方式；

（二）安全工作人员的数量、任务分配和识别标志；

（三）活动场所消防安全措施；

（四）活动场所可容纳的人员数量以及活动预计参加人数；

（五）治安缓冲区域的设定及其标识；

（六）入场人员的票证查验和安全检查措施；

（七）车辆停放、疏导措施；

（八）现场秩序维护、人员疏导措施；

（九）应急救援预案。

第七条　承办者具体负责下列安全事项：

（一）落实大型群众性活动安全工作方案和安全责任制度，明确安全措施、安全工作人员岗位职责，开展大型群众性活动安全宣传教育；

（二）保障临时搭建的设施、建筑物的安全，消除安全隐患；

（三）按照负责许可的公安机关的要求，配备必要的安全检查设备，对参加大型群众性活动的人员进行安全检查，对拒不接受安全检查的，承办者有权拒绝其进入；

（四）按照核准的活动场所容纳人员数量、划定的区域发放或者出售门票；

（五）落实医疗救护、灭火、应急疏散等应急救援措施并组织演练；

（六）对妨碍大型群众性活动安全的行为及时予以制止，发现违法犯罪行为及时向公安机关报告；

（七）配备与大型群众性活动安全工作需要相适应的专业保安人员以及其他安全工作人员；

（八）为大型群众性活动的安全工作提供必要的保障。

第八条　大型群众性活动的场所管理者具体负责下列安全事项：

（一）保障活动场所、设施符合国家安全标准和安全规定；

（二）保障疏散通道、安全出口、消防车通道、应急广播、应急照明、疏散指示标志符合法律、法规、技术标准的规定；

（三）保障监控设备和消防设施、器材配置齐全、完好有效；

（四）提供必要的停车场地，并维护安全秩序。

第九条　参加大型群众性活动的人员应当遵守下列规定：

（一）遵守法律、法规和社会公德，不得妨碍社会治安、影响社会秩序；

（二）遵守大型群众性活动场所治安、消防等管理制度，接受安全检查，不得携带爆炸性、易燃性、放射性、毒害性、腐蚀性等危险物质或者非法携带枪支、弹药、管制器具；

（三）服从安全管理，不得展示侮辱性标语、条幅等物品，不得围攻裁判员、运动员或者其他工作人员，不得投掷杂物。

第十条　公安机关应当履行下列职责：

（一）审核承办者提交的大型群众性活动申请材料，实施安全许可；

（二）制订大型群众性活动安全监督方案和突发事件处置预案；

（三）指导对安全工作人员的教育培训；

（四）在大型群众性活动举办前，对活动场所组织安全检查，发现安全隐患及时责令改正；

（五）在大型群众性活动举办过程中，对安全工作的落实情况实施监督检查，发现安全隐患及时责令改正；

（六）依法查处大型群众性活动中的违法犯罪行为，处置危害公共安全的突发事件。

第三章　安全管理

第十一条　公安机关对大型群众性活动实行安全许可制度。《营业性演出管理条例》对演出活动的安全管理另有规定的，从其规定。

举办大型群众性活动应当符合下列条件：

（一）承办者是依照法定程序成立的法人或者其他组织；

（二）大型群众性活动的内容不得违反宪法、法律、法规的规定，不得违反社会公德；

（三）具有符合本条例规定的安全工作方

案，安全责任明确、措施有效；

（四）活动场所、设施符合安全要求。

第十二条 大型群众性活动的预计参加人数在1000人以上5000人以下的，由活动所在地县级人民政府公安机关实施安全许可；预计参加人数在5000人以上的，由活动所在地设区的市级人民政府公安机关或者直辖市人民政府公安机关实施安全许可；跨省、自治区、直辖市举办大型群众性活动的，由国务院公安部门实施安全许可。

第十三条 承办者应当在活动举办日的20日前提出安全许可申请，申请时，应当提交下列材料：

（一）承办者合法成立的证明以及安全责任人的身份证明；

（二）大型群众性活动方案及其说明，2个或者2个以上承办者共同承办大型群众性活动的，还应当提交联合承办的协议；

（三）大型群众性活动安全工作方案；

（四）活动场所管理者同意提供活动场所的证明。

依照法律、行政法规的规定，有关主管部门对大型群众性活动的承办者有资质、资格要求的，还应当提交有关资质、资格证明。

第十四条 公安机关收到申请材料应当依法做出受理或者不予受理的决定。对受理的申请，应当自受理之日起7日内进行审查，对活动场所进行查验，对符合安全条件的，做出许可的决定；对不符合安全条件的，做出不予许可的决定，并书面说明理由。

第十五条 对经安全许可的大型群众性活动，承办者不得擅自变更活动的时间、地点、内容或者扩大大型群众性活动的举办规模。

承办者变更大型群众性活动时间的，应当在原定举办活动时间之前向做出许可决定的公安机关申请变更，经公安机关同意方可变更。

承办者变更大型群众性活动地点、内容以及扩大大型群众性活动举办规模的，应当依照本条例的规定重新申请安全许可。

承办者取消举办大型群众性活动的，应当在原定举办活动时间之前书面告知做出安全许可决定的公安机关，并交回公安机关颁发的准予举办大型群众性活动的安全许可证件。

第十六条 对经安全许可的大型群众性活动，公安机关根据安全需要组织相应警力，维持活动现场周边的治安、交通秩序，预防和处置突发治安事件，查处违法犯罪活动。

第十七条 在大型群众性活动现场负责执行安全管理任务的公安机关工作人员，凭值勤证件进入大型群众性活动现场，依法履行安全管理职责。

公安机关和其他有关主管部门及其工作人员不得向承办者索取门票。

第十八条 承办者发现进入活动场所的人员达到核准数量时，应当立即停止验票；发现持有划定区域以外的门票或者持假票的人员，应当拒绝其入场并向活动现场的公安机关工作人员报告。

第十九条 在大型群众性活动举办过程中发生公共安全事故、治安案件的，安全责任人应当立即启动应急救援预案，并立即报告公安机关。

第四章　法律责任

第二十条 承办者擅自变更大型群众性活动的时间、地点、内容或者擅自扩大大型群众性活动的举办规模的，由公安机关处1万元以上5万元以下罚款；有违法所得的，没收违法所得。

未经公安机关安全许可的大型群众性活动由公安机关予以取缔，对承办者处10万元以上30万元以下罚款。

第二十一条 承办者或者大型群众性活动场所管理者违反本条例规定致使发生重大伤亡事故、治安案件或者造成其他严重后果构成犯罪的，依法追究刑事责任；尚不构成犯罪的，对安全责任人和其他直接责任人员依法给予处分、治安管理处罚，对单位处1万元以上5万元以下罚款。

第二十二条 在大型群众性活动举办过程中发生公共安全事故，安全责任人不立即启动应急救援预案或者不立即向公安机关报告的，由公安机关对安全责任人和其他直接责任人员处5000元以上5万元以下罚款。

第二十三条　参加大型群众性活动的人员有违反本条例第九条规定行为的，由公安机关给予批评教育；有危害社会治安秩序、威胁公共安全行为的，公安机关可以将其强行带离现场，依法给予治安管理处罚；构成犯罪的，依法追究刑事责任。

第二十四条　有关主管部门的工作人员和直接负责的主管人员在履行大型群众性活动安全管理职责中，有滥用职权、玩忽职守、徇私舞弊行为的，依法给予处分；构成犯罪的，依法追究刑事责任。

第五章　附则

第二十五条　县级以上各级人民政府、国务院部门直接举办的大型群众性活动的安全保卫工作，由举办活动的人民政府、国务院部门负责，不实行安全许可制度，但应当按照本条例的有关规定，责成或者会同有关公安机关制订更加严格的安全保卫工作方案，并组织实施。

第二十六条　本条例自2007年10月1日起施行。

生产安全事故报告和调查处理条例

（中华人民共和国国务院令第493号，2007年4月9日）

《生产安全事故报告和调查处理条例》已经2007年3月28日国务院第172次常务会议通过，现予公布，自2007年6月1日起施行。

第一章　总则

第一条　为了规范生产安全事故的报告和调查处理，落实生产安全事故责任追究制度，防止和减少生产安全事故，根据《中华人民共和国安全生产法》和有关法律，制定本条例。

第二条　生产经营活动中发生的造成人身伤亡或者直接经济损失的生产安全事故的报告和调查处理，适用本条例；环境污染事故、核设施事故、国防科研生产事故的报告和调查处理不适用本条例。

第三条　根据生产安全事故（以下简称事故）造成的人员伤亡或者直接经济损失，事故一般分为以下等级：

（一）特别重大事故，是指造成30人以上死亡，或者100人以上重伤（包括急性工业中毒，下同），或者1亿元以上直接经济损失的事故；

（二）重大事故，是指造成10人以上30人以下死亡，或者50人以上100人以下重伤，或者5000万元以上1亿元以下直接经济损失的事故；

（三）较大事故，是指造成3人以上10人以下死亡，或者10人以上50人以下重伤，或者1000万元以上5000万元以下直接经济损失的事故；

（四）一般事故，是指造成3人以下死亡，或者10人以下重伤，或者1000万元以下直接经济损失的事故。

国务院安全生产监督管理部门可以会同国务院有关部门，制定事故等级划分的补充性规定。

本条第一款所称的“以上”包括本数，所称的“以下”不包括本数。

第四条　事故报告应当及时、准确、完整，任何单位和个人对事故不得迟报、漏报、谎报或者瞒报。

事故调查处理应当坚持实事求是、尊重科学的原则，及时、准确地查清事故经过、事故原因和事故损失，查明事故性质，认定事故责任，总结事故教训，提出整改措施，并对事故责任者依法追究责任。

第五条　县级以上人民政府应当依照本条例的规定，严格履行职责，及时、准确地完成事故调查处理工作。

事故发生地有关地方人民政府应当支持、配合上级人民政府或者有关部门的事故调查处理工作，并提供必要的便利条件。

参加事故调查处理的部门和单位应当互相配合，提高事故调查处理工作的效率。

第六条 工会依法参加事故调查处理，有权向有关部门提出处理意见。

第七条 任何单位和个人不得阻挠和干涉对事故的报告和依法调查处理。

第八条 对事故报告和调查处理中的违法行为，任何单位和个人有权向安全生产监督管理部门、监察机关或者其他有关部门举报，接到举报的部门应当依法及时处理。

第二章 事故报告

第九条 事故发生后，事故现场有关人员应当立即向本单位负责人报告；单位负责人接到报告后，应当于1小时内向事故发生地县级以上人民政府安全生产监督管理部门和负有安全生产监督管理职责的有关部门报告。

情况紧急时，事故现场有关人员可以直接向事故发生地县级以上人民政府安全生产监督管理部门和负有安全生产监督管理职责的有关部门报告。

第十条 安全生产监督管理部门和负有安全生产监督管理职责的有关部门接到事故报告后，应当依照下列规定上报事故情况，并通知公安机关、劳动保障行政部门、工会和人民检察院：

（一）特别重大事故、重大事故逐级上报至国务院安全生产监督管理部门和负有安全生产监督管理职责的有关部门；

（二）较大事故逐级上报至省、自治区、直辖市人民政府安全生产监督管理部门和负有安全生产监督管理职责的有关部门；

（三）一般事故上报至设区的市级人民政府安全生产监督管理部门和负有安全生产监督管理职责的有关部门。

安全生产监督管理部门和负有安全生产监督管理职责的有关部门依照前款规定上报事故情况，应当同时报告本级人民政府。国务院安全生产监督管理部门和负有安全生产监督管理职责的有关部门以及省级人民政府接到发生特别重大事故、重大事故的报告后，应当立即报告国务院。

必要时，安全生产监督管理部门和负有安全生产监督管理职责的有关部门可以越级上报事故情况。

第十一条 安全生产监督管理部门和负有安全生产监督管理职责的有关部门逐级上报事故情况，每级上报的时间不得超过2小时。

第十二条 报告事故应当包括下列内容：

（一）事故发生单位概况；

（二）事故发生的时间、地点以及事故现场情况；

（三）事故的简要经过；

（四）事故已经造成或者可能造成的伤亡人数（包括下落不明的人数）和初步估计的直接经济损失；

（五）已经采取的措施；

（六）其他应当报告的情况。

第十三条 事故报告后出现新情况的，应当及时补报。

自事故发生之日起30日内，事故造成的伤亡人数发生变化的，应当及时补报。道路交通事故、火灾事故自发生之日起7日内，事故造成的伤亡人数发生变化的，应当及时补报。

第十四条 事故发生单位负责人接到事故报告后，应当立即启动事故相应应急预案，或者采取有效措施，组织抢救，防止事故扩大，减少人员伤亡和财产损失。

第十五条 事故发生地有关地方人民政府、安全生产监督管理部门和负有安全生产监督管理职责的有关部门接到事故报告后，其负责人应当立即赶赴事故现场，组织事故救援。

第十六条 事故发生后，有关单位和人员应当妥善保护事故现场以及相关证据，任何单位和个人不得破坏事故现场、毁灭相关证据。

因抢救人员、防止事故扩大以及疏通交通等原因，需要移动事故现场物件的，应当做出标志，绘制现场简图并做出书面记录，妥善保存现场重要痕迹、物证。

第十七条 事故发生地公安机关根据事故的情况，对涉嫌犯罪的，应当依法立案侦查，采取强制措施和侦查措施。犯罪嫌疑人逃匿的，公安机关应当迅速追捕归案。

第十八条　安全生产监督管理部门和负有安全生产监督管理职责的有关部门应当建立值班制度，并向社会公布值班电话，受理事故报告和举报。

第三章　事故调查

第十九条　特别重大事故由国务院或者国务院授权有关部门组织事故调查组进行调查。

重大事故、较大事故、一般事故分别由事故发生地省级人民政府、设区的市级人民政府、县级人民政府负责调查。省级人民政府、设区的市级人民政府、县级人民政府可以直接组织事故调查组进行调查，也可以授权或者委托有关部门组织事故调查组进行调查。

未造成人员伤亡的一般事故，县级人民政府也可以委托事故发生单位组织事故调查组进行调查。

第二十条　上级人民政府认为必要时，可以调查由下级人民政府负责调查的事故。

自事故发生之日起30日内（道路交通事故、火灾事故自发生之日起7日内），因事故伤亡人数变化导致事故等级发生变化，依照本条例规定应当由上级人民政府负责调查的，上级人民政府可以另行组织事故调查组进行调查。

第二十一条　特别重大事故以下等级事故，事故发生地与事故发生单位不在同一个县级以上行政区域的，由事故发生地人民政府负责调查，事故发生单位所在地人民政府应当派人参加。

第二十二条　事故调查组的组成应当遵循精简、效能的原则。

根据事故的具体情况，事故调查组由有关人民政府、安全生产监督管理部门、负有安全生产监督管理职责的有关部门、监察机关、公安机关以及工会派人组成，并应当邀请人民检察院派人参加。

事故调查组可以聘请有关专家参与调查。

第二十三条　事故调查组成员应当具有事故调查所需要的知识和专长，并与所调查的事故没有直接利害关系。

第二十四条　事故调查组组长由负责事故调查的人民政府指定。事故调查组组长主持事故调查组的工作。

第二十五条　事故调查组履行下列职责：

（一）查明事故发生的经过、原因、人员伤亡情况及直接经济损失；

（二）认定事故的性质和事故责任；

（三）提出对事故责任者的处理建议；

（四）总结事故教训，提出防范和整改措施；

（五）提交事故调查报告。

第二十六条　事故调查组有权向有关单位和个人了解与事故有关的情况，并要求其提供相关文件、资料，有关单位和个人不得拒绝。

事故发生单位的负责人和有关人员在事故调查期间不得擅离职守，并应当随时接受事故调查组的询问，如实提供有关情况。

事故调查中发现涉嫌犯罪的，事故调查组应当及时将有关材料或者其复印件移交司法机关处理。

第二十七条　事故调查中需要进行技术鉴定的，事故调查组应当委托具有国家规定资质的单位进行技术鉴定。必要时，事故调查组可以直接组织专家进行技术鉴定。技术鉴定所需时间不计入事故调查期限。

第二十八条　事故调查组成员在事故调查工作中应当诚信公正、恪尽职守，遵守事故调查组的纪律，保守事故调查的秘密。

未经事故调查组组长允许，事故调查组成员不得擅自发布有关事故的信息。

第二十九条　事故调查组应当自事故发生之日起60日内提交事故调查报告；特殊情况下，经负责事故调查的人民政府批准，提交事故调查报告的期限可以适当延长，但延长的期限最长不超过60日。

第三十条　事故调查报告应当包括下列内容：

（一）事故发生单位概况；

（二）事故发生经过和事故救援情况；

（三）事故造成的人员伤亡和直接经济损失；

（四）事故发生的原因和事故性质；

（五）事故责任的认定以及对事故责任者的处理建议；

（六）事故防范和整改措施。

事故调查报告应当附具有关证据材料。事故调查组成员应当在事故调查报告上签名。

第三十一条 事故调查报告报送负责事故调查的人民政府后，事故调查工作即告结束。事故调查的有关资料应当归档保存。

第四章 事故处理

第三十二条 重大事故、较大事故、一般事故，负责事故调查的人民政府应当自收到事故调查报告之日起15日内做出批复；特别重大事故，30日内做出批复，特殊情况下，批复时间可以适当延长，但延长的时间最长不超过30日。

有关机关应当按照人民政府的批复，依照法律、行政法规规定的权限和程序，对事故发生单位和有关人员进行行政处罚，对负有事故责任的国家工作人员进行处分。

事故发生单位应当按照负责事故调查的人民政府的批复，对本单位负有事故责任的人员进行处理。

负有事故责任的人员涉嫌犯罪的，依法追究刑事责任。

第三十三条 事故发生单位应当认真吸取事故教训，落实防范和整改措施，防止事故再次发生。防范和整改措施的落实情况应当接受工会和职工的监督。

安全生产监督管理部门和负有安全生产监督管理职责的有关部门应当对事故发生单位落实防范和整改措施的情况进行监督检查。

第三十四条 事故处理的情况由负责事故调查的人民政府或者其授权的有关部门、机构向社会公布，依法应当保密的除外。

第五章 法律责任

第三十五条 事故发生单位主要负责人有下列行为之一的，处上一年年收入40%至80%的罚款；属于国家工作人员的，并依法给予处分；构成犯罪的，依法追究刑事责任：

（一）不立即组织事故抢救的；

（二）迟报或者漏报事故的；

（三）在事故调查处理期间擅离职守的。

第三十六条 事故发生单位及其有关人员有下列行为之一的，对事故发生单位处100万元以上500万元以下的罚款；对主要负责人、直接负责的主管人员和其他直接责任人员处上一年年收入60%至100%的罚款；属于国家工作人员的，并依法给予处分；构成违反治安管理行为的，由公安机关依法给予治安管理处罚；构成犯罪的，依法追究刑事责任：

（一）谎报或者瞒报事故的；

（二）伪造或者故意破坏事故现场的；

（三）转移、隐匿资金、财产，或者销毁有关证据、资料的；

（四）拒绝接受调查或者拒绝提供有关情况和资料的；

（五）在事故调查中作伪证或者指使他人作伪证的；

（六）事故发生后逃匿的。

第三十七条 事故发生单位对事故发生负有责任的，依照下列规定处以罚款：

（一）发生一般事故的，处10万元以上20万元以下的罚款；

（二）发生较大事故的，处20万元以上50万元以下的罚款；

（三）发生重大事故的，处50万元以上200万元以下的罚款；

（四）发生特别重大事故的，处200万元以上500万元以下的罚款。

第三十八条 事故发生单位主要负责人未依法履行安全生产管理职责，导致事故发生的，依照下列规定处以罚款；属于国家工作人员的，并依法给予处分；构成犯罪的，依法追究刑事责任：

（一）发生一般事故的，处上一年年收入30%的罚款；

（二）发生较大事故的，处上一年年收入40%的罚款；

（三）发生重大事故的，处上一年年收入60%的罚款；

（四）发生特别重大事故的，处上一年年收入80%的罚款。

第三十九条　有关地方人民政府、安全生产监督管理部门和负有安全生产监督管理职责的有关部门有下列行为之一的，对直接负责的主管人员和其他直接责任人员依法给予处分；构成犯罪的，依法追究刑事责任：

（一）不立即组织事故抢救的；

（二）迟报、漏报、谎报或者瞒报事故的；

（三）阻碍、干涉事故调查工作的；

（四）在事故调查中作伪证或者指使他人作伪证的。

第四十条　事故发生单位对事故发生负有责任的，由有关部门依法暂扣或者吊销其有关证照；对事故发生单位负有事故责任的有关人员，依法暂停或者撤销其与安全生产有关的执业资格、岗位证书；事故发生单位主要负责人受到刑事处罚或者撤职处分的，自刑罚执行完毕或者受处分之日起，5 年内不得担任任何生产经营单位的主要负责人。

为发生事故的单位提供虚假证明的中介机构，由有关部门依法暂扣或者吊销其有关证照及其相关人员的执业资格；构成犯罪的，依法追究刑事责任。

第四十一条　参与事故调查的人员在事故调查中有下列行为之一的，依法给予处分；构成犯罪的，依法追究刑事责任：

（一）对事故调查工作不负责任，致使事故调查工作有重大疏漏的；

（二）包庇、袒护负有事故责任的人员或者借机打击报复的。

第四十二条　违反本条例规定，有关地方人民政府或者有关部门故意拖延或者拒绝落实经批复的对事故责任人的处理意见的，由监察机关对有关责任人员依法给予处分。

第四十三条　本条例规定的罚款的行政处罚，由安全生产监督管理部门决定。

法律、行政法规对行政处罚的种类、幅度和决定机关另有规定的，依照其规定。

第六章　附则

第四十四条　没有造成人员伤亡，但是社会影响恶劣的事故，国务院或者有关地方人民政府认为需要调查处理的，依照本条例的有关规定执行。

国家机关、事业单位、人民团体发生的事故的报告和调查处理，参照本条例的规定执行。

第四十五条　特别重大事故以下等级事故的报告和调查处理，有关法律、行政法规或者国务院另有规定的，依照其规定。

第四十六条　本条例自 2007 年 6 月 1 日起施行。国务院 1989 年 3 月 29 日公布的《特别重大事故调查程序暂行规定》和 1991 年 2 月 22 日公布的《企业职工伤亡事故报告和处理规定》同时废止。

生产安全事故应急预案管理办法

（2016 年 6 月 3 日国家安全生产监督管理总局令第 88 号公布，根据 2019 年 7 月 11 日应急管理部令第 2 号公布的《应急管理部关于修改〈生产安全事故应急预案管理办法〉的决定》修正）

第一章　总则

第一条　为规范生产安全事故应急预案管理工作，迅速有效处置生产安全事故，依据《中华人民共和国突发事件应对法》《中华人民共和国安全生产法》《生产安全事故应急条例》等法律、行政法规和《突发事件应急预案管理办法》（国办发〔2013〕101 号），制定本办法。

第二条　生产安全事故应急预案（以下简称应急预案）的编制、评审、公布、备案、实施及监督管理工作，适用本办法。

第三条　应急预案的管理实行属地为主、分级负责、分类指导、综合协调、动态管理的原则。

第四条 应急管理部负责全国应急预案的综合协调管理工作。国务院其他负有安全生产监督管理职责的部门在各自职责范围内，负责相关行业、领域应急预案的管理工作。

县级以上地方各级人民政府应急管理部门负责本行政区域内应急预案的综合协调管理工作。县级以上地方各级人民政府其他负有安全生产监督管理职责的部门按照各自的职责负责有关行业、领域应急预案的管理工作。

第五条 生产经营单位主要负责人负责组织编制和实施本单位的应急预案，并对应急预案的真实性和实用性负责；各分管负责人应当按照职责分工落实应急预案规定的职责。

第六条 生产经营单位应急预案分为综合应急预案、专项应急预案和现场处置方案。

综合应急预案，是指生产经营单位为应对各种生产安全事故而制定的综合性工作方案，是本单位应对生产安全事故的总体工作程序、措施和应急预案体系的总纲。

专项应急预案，是指生产经营单位为应对某一种或者多种类型生产安全事故，或者针对重要生产设施、重大危险源、重大活动防止生产安全事故而制定的专项性工作方案。

现场处置方案，是指生产经营单位根据不同生产安全事故类型，针对具体场所、装置或者设施所制定的应急处置措施。

第二章 应急预案的编制

第七条 应急预案的编制应当遵循以人为本、依法依规、符合实际、注重实效的原则，以应急处置为核心，明确应急职责、规范应急程序、细化保障措施。

第八条 应急预案的编制应当符合下列基本要求：

（一）有关法律、法规、规章和标准的规定；

（二）本地区、本部门、本单位的安全生产实际情况；

（三）本地区、本部门、本单位的危险性分析情况；

（四）应急组织和人员的职责分工明确，并有具体的落实措施；

（五）有明确、具体的应急程序和处置措施，并与其应急能力相适应；

（六）有明确的应急保障措施，满足本地区、本部门、本单位的应急工作需要；

（七）应急预案基本要素齐全、完整，应急预案附件提供的信息准确；

（八）应急预案内容与相关应急预案相互衔接。

第九条 编制应急预案应当成立编制工作小组，由本单位有关负责人任组长，吸收与应急预案有关的职能部门和单位的人员，以及有现场处置经验的人员参加。

第十条 编制应急预案前，编制单位应当进行事故风险辨识、评估和应急资源调查。

事故风险辨识、评估，是指针对不同事故种类及特点，识别存在的危险危害因素，分析事故可能产生的直接后果以及次生、衍生后果，评估各种后果的危害程度和影响范围，提出防范和控制事故风险措施的过程。

应急资源调查，是指全面调查本地区、本单位第一时间可以调用的应急资源状况和合作区域内可以请求援助的应急资源状况，并结合事故风险辨识评估结论制定应急措施的过程。

第十一条 地方各级人民政府应急管理部门和其他负有安全生产监督管理职责的部门应当根据法律、法规、规章和同级人民政府以及上一级人民政府应急管理部门和其他负有安全生产监督管理职责的部门的应急预案，结合工作实际，组织编制相应的部门应急预案。

部门应急预案应当根据本地区、本部门的实际情况，明确信息报告、响应分级、指挥权移交、警戒疏散等内容。

第十二条 生产经营单位应当根据有关法律、法规、规章和相关标准，结合本单位组织管理体系、生产规模和可能发生的事故特点，与相关预案保持衔接，确立本单位的应急预案体系，编制相应的应急预案，并体现自救互救和先期处置等特点。

第十三条 生产经营单位风险种类多、可能发生多种类型事故的，应当组织编制综合应急预案。

综合应急预案应当规定应急组织机构及其职责、应急预案体系、事故风险描述、预警及信息报告、应急响应、保障措施、应急预案管理等内容。

第十四条　对于某一种或者多种类型的事故风险，生产经营单位可以编制相应的专项应急预案，或将专项应急预案并入综合应急预案。

专项应急预案应当规定应急指挥机构与职责、处置程序和措施等内容。

第十五条　对于危险性较大的场所、装置或者设施，生产经营单位应当编制现场处置方案。

现场处置方案应当规定应急工作职责、应急处置措施和注意事项等内容。

事故风险单一、危险性小的生产经营单位，可以只编制现场处置方案。

第十六条　生产经营单位应急预案应当包括向上级应急管理机构报告的内容、应急组织机构和人员的联系方式、应急物资储备清单等附件信息。附件信息发生变化时，应当及时更新，确保准确有效。

第十七条　生产经营单位组织应急预案编制过程中，应当根据法律、法规、规章的规定或者实际需要，征求相关应急救援队伍、公民、法人或者其他组织的意见。

第十八条　生产经营单位编制的各类应急预案之间应当相互衔接，并与相关人民政府及其部门、应急救援队伍和涉及的其他单位的应急预案相衔接。

第十九条　生产经营单位应当在编制应急预案的基础上，针对工作场所、岗位的特点，编制简明、实用、有效的应急处置卡。

应急处置卡应当规定重点岗位、人员的应急处置程序和措施，以及相关联络人员和联系方式，便于从业人员携带。

第三章　应急预案的评审、公布和备案

第二十条　地方各级人民政府应急管理部门应当组织有关专家对本部门编制的部门应急预案进行审定；必要时，可以召开听证会，听取社会有关方面的意见。

第二十一条　矿山、金属冶炼企业和易燃易爆物品、危险化学品的生产、经营（带储存设施的，下同）、储存、运输企业，以及使用危险化学品达到国家规定数量的化工企业、烟花爆竹生产、批发经营企业和中型规模以上的其他生产经营单位，应当对本单位编制的应急预案进行评审，并形成书面评审纪要。

前款规定以外的其他生产经营单位可以根据自身需要，对本单位编制的应急预案进行论证。

第二十二条　参加应急预案评审的人员应当包括有关安全生产及应急管理方面的专家。

评审人员与所评审应急预案的生产经营单位有利害关系的，应当回避。

第二十三条　应急预案的评审或者论证应当注重基本要素的完整性、组织体系的合理性、应急处置程序和措施的针对性、应急保障措施的可行性、应急预案的衔接性等内容。

第二十四条　生产经营单位的应急预案经评审或者论证后，由本单位主要负责人签署，向本单位从业人员公布，并及时发放到本单位有关部门、岗位和相关应急救援队伍。

事故风险可能影响周边其他单位、人员的，生产经营单位应当将有关事故风险的性质、影响范围和应急防范措施告知周边的其他单位和人员。

第二十五条　地方各级人民政府应急管理部门的应急预案，应当报同级人民政府备案，同时抄送上一级人民政府应急管理部门，并依法向社会公布。

地方各级人民政府其他负有安全生产监督管理职责的部门的应急预案，应当抄送同级人民政府应急管理部门。

第二十六条　易燃易爆物品、危险化学品等危险物品的生产、经营、储存、运输单位，矿山、金属冶炼、城市轨道交通运营、建筑施工单位，以及宾馆、商场、娱乐场所、旅游景区等人员密集场所经营单位，应当在应急预案公布之日起20个工作日内，按照分级属地原则，向县级以上人民政府应急管理部门和其他负有安全生产监督管理职责的部门进行备案，并依法向社会公布。

前款所列单位属于中央企业的，其总部

（上市公司）的应急预案，报国务院主管的负有安全生产监督管理职责的部门备案，并抄送应急管理部；其所属单位的应急预案报所在地的省、自治区、直辖市或者设区的市级人民政府主管的负有安全生产监督管理职责的部门备案，并抄送同级人民政府应急管理部门。

本条第一款所列单位不属于中央企业的，其中非煤矿山、金属冶炼和危险化学品生产、经营、储存、运输企业，以及使用危险化学品达到国家规定数量的化工企业、烟花爆竹生产、批发经营企业的应急预案，按照隶属关系报所在地县级以上地方人民政府应急管理部门备案；本款前述单位以外的其他生产经营单位应急预案的备案，由省、自治区、直辖市人民政府负有安全生产监督管理职责的部门确定。

油气输送管道运营单位的应急预案，除按照本条第一款、第二款的规定备案外，还应当抄送所经行政区域的县级人民政府应急管理部门。

海洋石油开采企业的应急预案，除按照本条第一款、第二款的规定备案外，还应当抄送所经行政区域的县级人民政府应急管理部门和海洋石油安全监管机构。

煤矿企业的应急预案除按照本条第一款、第二款的规定备案外，还应当抄送所在地的煤矿安全监察机构。

第二十七条 生产经营单位申报应急预案备案，应当提交下列材料：

（一）应急预案备案申报表；

（二）本办法第二十一条所列单位，应当提供应急预案评审意见；

（三）应急预案电子文档；

（四）风险评估结果和应急资源调查清单。

第二十八条 受理备案登记的负有安全生产监督管理职责的部门应当在5个工作日内对应急预案材料进行核对，材料齐全的，应当予以备案并出具应急预案备案登记表；材料不齐全的，不予备案并一次性告知需要补齐的材料。逾期不予备案又不说明理由的，视为已经备案。

对于实行安全生产许可的生产经营单位，已经进行应急预案备案的，在申请安全生产许可证时，可以不提供相应的应急预案，仅提供应急预案备案登记表。

第二十九条 各级人民政府负有安全生产监督管理职责的部门应当建立应急预案备案登记建档制度，指导、督促生产经营单位做好应急预案的备案登记工作。

第四章 应急预案的实施

第三十条 各级人民政府应急管理部门、各类生产经营单位应当采取多种形式开展应急预案的宣传教育，普及生产安全事故避险、自救和互救知识，提高从业人员和社会公众的安全意识与应急处置技能。

第三十一条 各级人民政府应急管理部门应当将本部门应急预案的培训纳入安全生产培训工作计划，并组织实施本行政区域内重点生产经营单位的应急预案培训工作。

生产经营单位应当组织开展本单位的应急预案、应急知识、自救互救和避险逃生技能的培训活动，使有关人员了解应急预案内容，熟悉应急职责、应急处置程序和措施。

应急培训的时间、地点、内容、师资、参加人员和考核结果等情况应当如实记入本单位的安全生产教育和培训档案。

第三十二条 各级人民政府应急管理部门应当至少每两年组织一次应急预案演练，提高本部门、本地区生产安全事故应急处置能力。

第三十三条 生产经营单位应当制定本单位的应急预案演练计划，根据本单位的事故风险特点，每年至少组织一次综合应急预案演练或者专项应急预案演练，每半年至少组织一次现场处置方案演练。

易燃易爆物品、危险化学品等危险物品的生产、经营、储存、运输单位，矿山、金属冶炼、城市轨道交通运营、建筑施工单位，以及宾馆、商场、娱乐场所、旅游景区等人员密集场所经营单位，应当至少每半年组织一次生产安全事故应急预案演练，并将演练情况报送所在地县级以上地方人民政府负有安全生产监督管理职责的部门。

县级以上地方人民政府负有安全生产监督管理职责的部门应当对本行政区域内前款规定

的重点生产经营单位的生产安全事故应急救援预案演练进行抽查；发现演练不符合要求的，应当责令限期改正。

第三十四条　应急预案演练结束后，应急预案演练组织单位应当对应急预案演练效果进行评估，撰写应急预案演练评估报告，分析存在的问题，并对应急预案提出修订意见。

第三十五条　应急预案编制单位应当建立应急预案定期评估制度，对预案内容的针对性和实用性进行分析，并对应急预案是否需要修订作出结论。

矿山、金属冶炼、建筑施工企业和易燃易爆物品、危险化学品等危险物品的生产、经营、储存、运输企业、使用危险化学品达到国家规定数量的化工企业、烟花爆竹生产、批发经营企业和中型规模以上的其他生产经营单位，应当每三年进行一次应急预案评估。

应急预案评估可以邀请相关专业机构或者有关专家、有实际应急救援工作经验的人员参加，必要时可以委托安全生产技术服务机构实施。

第三十六条　有下列情形之一的，应急预案应当及时修订并归档：

（一）依据的法律、法规、规章、标准及上位预案中的有关规定发生重大变化的；

（二）应急指挥机构及其职责发生调整的；

（三）安全生产面临的风险发生重大变化的；

（四）重要应急资源发生重大变化的；

（五）在应急演练和事故应急救援中发现需要修订预案的重大问题的；

（六）编制单位认为应当修订的其他情况。

第三十七条　应急预案修订涉及组织指挥体系与职责、应急处置程序、主要处置措施、应急响应分级等内容变更的，修订工作应当参照本办法规定的应急预案编制程序进行，并按照有关应急预案报备程序重新备案。

第三十八条　生产经营单位应当按照应急预案的规定，落实应急指挥体系、应急救援队伍、应急物资及装备，建立应急物资、装备配备及其使用档案，并对应急物资、装备进行定期检测和维护，使其处于适用状态。

第三十九条　生产经营单位发生事故时，应当第一时间启动应急响应，组织有关力量进行救援，并按照规定将事故信息及应急响应启动情况报告事故发生地县级以上人民政府应急管理部门和其他负有安全生产监督管理职责的部门。

第四十条　生产安全事故应急处置和应急救援结束后，事故发生单位应当对应急预案实施情况进行总结评估。

第五章　监督管理

第四十一条　各级人民政府应急管理部门和煤矿安全监察机构应当将生产经营单位应急预案工作纳入年度监督检查计划，明确检查的重点内容和标准，并严格按照计划开展执法检查。

第四十二条　地方各级人民政府应急管理部门应当每年对应急预案的监督管理工作情况进行总结，并报上一级人民政府应急管理部门。

第四十三条　对于在应急预案管理工作中做出显著成绩的单位和人员，各级人民政府应急管理部门、生产经营单位可以给予表彰和奖励。

第六章　法律责任

第四十四条　生产经营单位有下列情形之一的，由县级以上人民政府应急管理等部门依照《中华人民共和国安全生产法》第九十四条的规定，责令限期改正，可以处5万元以下罚款；逾期未改正的，责令停产停业整顿，并处5万元以上10万元以下的罚款，对直接负责的主管人员和其他直接责任人员处1万元以上2万元以下的罚款：

（一）未按照规定编制应急预案的；

（二）未按照规定定期组织应急预案演练的。

第四十五条　生产经营单位有下列情形之一的，由县级以上人民政府应急管理部门责令限期改正，可以处1万元以上3万元以下的罚款：

（一）在应急预案编制前未按照规定开展风险辨识、评估和应急资源调查的；

（二）未按照规定开展应急预案评审的；

（三）事故风险可能影响周边单位、人员的，未将事故风险的性质、影响范围和应急防范措施告知周边单位和人员的；

（四）未按照规定开展应急预案评估的；

（五）未按照规定进行应急预案修订的；

（六）未落实应急预案规定的应急物资及装备的。

生产经营单位未按照规定进行应急预案备案的，由县级以上人民政府应急管理等部门依照职责责令限期改正；逾期未改正的，处3万元以上5万元以下的罚款，对直接负责的主管人员和其他直接责任人员处1万元以上2万元以下的罚款。

第七章　附则

第四十六条　《生产经营单位生产安全事故应急预案备案申报表》和《生产经营单位生产安全事故应急预案备案登记表》由应急管理部统一制定。

第四十七条　各省、自治区、直辖市应急管理部门可以依据本办法的规定，结合本地区实际制定实施细则。

第四十八条　对储存、使用易燃易爆物品、危险化学品等危险物品的科研机构、学校、医院等单位的安全事故应急预案的管理，参照本办法的有关规定执行。

第四十九条　本办法自2016年7月1日起施行。

安全生产培训管理办法

（2012年1月19日国家安全生产监督管理总局令第44号公布，根据2013年8月29日国家安全生产监督管理总局令第63号第一次修正，根据2015年5月29日国家安全生产监督管理总局令第80号第二次修正）

第一章　总则

第一条　为了加强安全生产培训管理，规范安全生产培训秩序，保证安全生产培训质量，促进安全生产培训工作健康发展，根据《中华人民共和国安全生产法》和有关法律、行政法规的规定，制定本办法。

第二条　安全培训机构、生产经营单位从事安全生产培训（以下简称安全培训）活动以及安全生产监督管理部门、煤矿安全监察机构、地方人民政府负责煤矿安全培训的部门对安全培训工作实施监督管理，适用本办法。

第三条　本办法所称安全培训是指以提高安全监管监察人员、生产经营单位从业人员和从事安全生产工作的相关人员的安全素质为目的的教育培训活动。

前款所称安全监管监察人员是指县级以上各级人民政府安全生产监督管理部门、各级煤矿安全监察机构从事安全监管监察、行政执法的安全生产监管人员和煤矿安全监察人员；生产经营单位从业人员是指生产经营单位主要负责人、安全生产管理人员、特种作业人员及其他从业人员；从事安全生产工作的相关人员是指从事安全教育培训工作的教师、危险化学品登记机构的登记人员和承担安全评价、咨询、检测、检验的人员及注册安全工程师、安全生产应急救援人员等。

第四条　安全培训工作实行统一规划、归口管理、分级实施、分类指导、教考分离的原则。国家安全生产监督管理总局（以下简称国家安全监管总局）指导全国安全培训工作，依法对全国的安全培训工作实施监督管理。国家煤矿安全监察局（以下简称国家煤矿安监局）指导全国煤矿安全培训工作，依法对全国煤矿安全培训工作实施监督管理。国家安全生产应急救援指挥中心指导全国安全生产应急救援培训工作。

县级以上地方各级人民政府安全生产监督管理部门依法对本行政区域内的安全培训工作实施监督管理。

省、自治区、直辖市人民政府负责煤矿安全培训的部门、省级煤矿安全监察机构（以下统称省级煤矿安全培训监管机构）按照各自工作职责，依法对所辖区域煤矿安全培训工作实施监督管理。

第五条　安全培训的机构应当具备从事安全培训工作所需要的条件。从事危险物品的生产、经营、储存单位以及矿山、金属冶炼单位的主要负责人和安全生产管理人员，特种作业人员以及注册安全工程师等相关人员培训的安全培训机构，应当将教师、教学和实习实训设施等情况书面报告所在地安全生产监督管理部门、煤矿安全培训监管机构。

安全生产相关社会组织依照法律、行政法规和章程，为生产经营单位提供安全培训有关服务，对安全培训机构实行自律管理，促进安全培训工作水平的提升。

第二章　安全培训

第六条　安全培训应当按照规定的安全培训大纲进行。

安全监管监察人员，危险物品的生产、经营、储存单位与非煤矿山、金属冶炼单位的主要负责人和安全生产管理人员、特种作业人员以及从事安全生产工作的相关人员的安全培训大纲，由国家安全监管总局组织制定。

煤矿企业的主要负责人和安全生产管理人员、特种作业人员的培训大纲由国家煤矿安监局组织制定。除危险物品的生产、经营、储存单位和矿山、金属冶炼单位以外其他生产经营单位的主要负责人、安全生产管理人员及其他从业人员的安全培训大纲，由省级安全生产监督管理部门、省级煤矿安全培训监管机构组织制定。

第七条　国家安全监管总局、省级安全生产监督管理部门定期组织优秀安全培训教材的评选。

安全培训机构应当优先使用优秀安全培训教材。

第八条　国家安全监管总局负责省级以上安全生产监督管理部门的安全生产监管人员、各级煤矿安全监察机构的煤矿安全监察人员的培训工作。

省级安全生产监督管理部门负责市级、县级安全生产监督管理部门的安全生产监管人员的培训工作。

生产经营单位的从业人员的安全培训，由生产经营单位负责。

危险化学品登记机构的登记人员和承担安全评价、咨询、检测、检验的人员及注册安全工程师、安全生产应急救援人员的安全培训，按照有关法律、法规、规章的规定进行。

第九条　对从业人员的安全培训，具备安全培训条件的生产经营单位应当以自主培训为主，也可以委托具备安全培训条件的机构进行安全培训。

不具备安全培训条件的生产经营单位，应当委托具有安全培训条件的机构对从业人员进行安全培训。

生产经营单位委托其他机构进行安全培训的，保证安全培训的责任仍由本单位负责。

第十条　生产经营单位应当建立安全培训管理制度，保障从业人员安全培训所需经费，对从业人员进行与其所从事岗位相应的安全教育培训；从业人员调整工作岗位或者采用新工艺、新技术、新设备、新材料的，应当对其进行专门的安全教育和培训。未经安全教育和培训合格的从业人员，不得上岗作业。

生产经营单位使用被派遣劳动者的，应当将被派遣劳动者纳入本单位从业人员统一管理，对被派遣劳动者进行岗位安全操作规程和安全操作技能的教育和培训。劳务派遣单位应当对被派遣劳动者进行必要的安全生产教育和培训。

生产经营单位接收中等职业学校、高等学校学生实习的，应当对实习学生进行相应的安全生产教育和培训，提供必要的劳动防护用品。学校应当协助生产经营单位对实习学生进行安全生产教育和培训。

从业人员安全培训的时间、内容、参加人员以及考核结果等情况，生产经营单位应当如实记录并建档备查。

第十一条 生产经营单位从业人员的培训内容和培训时间，应当符合《生产经营单位安全培训规定》和有关标准的规定。

第十二条 中央企业的分公司、子公司及其所属单位和其他生产经营单位，发生造成人员死亡的生产安全事故的，其主要负责人和安全生产管理人员应当重新参加安全培训。

特种作业人员对造成人员死亡的生产安全事故负有直接责任的，应当按照《特种作业人员安全技术培训考核管理规定》重新参加安全培训。

第十三条 国家鼓励生产经营单位实行师傅带徒弟制度。

矿山新招的井下作业人员和危险物品生产经营单位新招的危险工艺操作岗位人员，除按照规定进行安全培训外，还应当在有经验的职工带领下实习满2个月后，方可独立上岗作业。

第十四条 国家鼓励生产经营单位招录职业院校毕业生。

职业院校毕业生从事与所学专业相关的作业，可以免予参加初次培训，实际操作培训除外。

第十五条 安全培训机构应当建立安全培训工作制度和人员培训档案。安全培训相关情况，应当如实记录并建档备查。

第十六条 安全培训机构从事安全培训工作的收费，应当符合法律、法规的规定。法律、法规没有规定的，应当按照行业自律标准或者指导性标准收费。

第十七条 国家鼓励安全培训机构和生产经营单位利用现代信息技术开展安全培训，包括远程培训。

第三章　安全培训的考核

第十八条 安全监管监察人员、从事安全生产工作的相关人员、依照有关法律法规应当接受安全生产知识和管理能力考核的生产经营单位主要负责人和安全生产管理人员、特种作业人员的安全培训的考核，应当坚持教考分离、统一标准、统一题库、分级负责的原则，分步推行有远程视频监控的计算机考试。

第十九条 安全监管监察人员，危险物品的生产、经营、储存单位及非煤矿山、金属冶炼单位主要负责人、安全生产管理人员和特种作业人员，以及从事安全生产工作的相关人员的考核标准，由国家安全监管总局统一制定。煤矿企业的主要负责人、安全生产管理人员和特种作业人员的考核标准，由国家煤矿安监局制定。

除危险物品的生产、经营、储存单位和矿山、金属冶炼单位以外其他生产经营单位主要负责人、安全生产管理人员及其他从业人员的考核标准，由省级安全生产监督管理部门制定。

第二十条 国家安全监管总局负责省级以上安全生产监督管理部门的安全生产监管人员、各级煤矿安全监察机构的煤矿安全监察人员的考核；负责中央企业的总公司、总厂或者集团公司的主要负责人和安全生产管理人员的考核。

省级安全生产监督管理部门负责市级、县级安全生产监督管理部门的安全生产监管人员的考核；负责省属生产经营单位和中央企业分公司、子公司及其所属单位的主要负责人和安全生产管理人员的考核；负责特种作业人员的考核。

市级安全生产监督管理部门负责本行政区域内除中央企业、省属生产经营单位以外的其他生产经营单位的主要负责人和安全生产管理人员的考核。

省级煤矿安全培训监管机构负责所辖区域内煤矿企业的主要负责人、安全生产管理人员和特种作业人员的考核。

除主要负责人、安全生产管理人员、特种作业人员以外的生产经营单位的其他从业人员的考核，由生产经营单位按照省级安全生产监督管理部门公布的考核标准，自行组织考核。

第二十一条 安全生产监督管理部门、煤矿安全培训监管机构和生产经营单位应当制定安全培训的考核制度，建立考核管理档案备查。

第四章　安全培训的发证

第二十二条 接受安全培训人员经考核合

格的，由考核部门在考核结束后 10 个工作日内颁发相应的证书。

第二十三条 安全生产监管人员经考核合格后，颁发安全生产监管执法证；煤矿安全监察人员经考核合格后，颁发煤矿安全监察执法证；危险物品的生产、经营、储存单位和矿山、金属冶炼单位主要负责人、安全生产管理人员经考核合格后，颁发安全合格证；特种作业人员经考核合格后，颁发《中华人民共和国特种作业操作证》（以下简称特种作业操作证）；危险化学品登记机构的登记人员经考核合格后，颁发上岗证；其他人员经培训合格后，颁发培训合格证。

第二十四条 安全生产监管执法证、煤矿安全监察执法证、安全合格证、特种作业操作证和上岗证的式样，由国家安全监管总局统一规定。培训合格证的式样，由负责培训考核的部门规定。

第二十五条 安全生产监管执法证、煤矿安全监察执法证、安全合格证的有效期为 3 年。有效期届满需要延期的，应当于有效期届满 30 日前向原发证部门申请办理延期手续。特种作业人员的考核发证按照《特种作业人员安全技术培训考核管理规定》执行。

第二十六条 特种作业操作证和省级安全生产监督管理部门、省级煤矿安全培训监管机构颁发的主要负责人、安全生产管理人员的安全合格证，在全国范围内有效。

第二十七条 承担安全评价、咨询、检测、检验的人员和安全生产应急救援人员的考核、发证，按照有关法律、法规、规章的规定执行。

第五章 监督管理

第二十八条 安全生产监督管理部门、煤矿安全培训监管机构应当依照法律、法规和本办法的规定，加强对安全培训工作的监督管理，对生产经营单位、安全培训机构违反有关法律、法规和本办法的行为，依法作出处理。

省级安全生产监督管理部门、省级煤矿安全培训监管机构应当定期统计分析本行政区域内安全培训、考核、发证情况，并报国家安全监管总局。

第二十九条 安全生产监督管理部门和煤矿安全培训监管机构应当对安全培训机构开展安全培训活动的情况进行监督检查，检查内容包括：

（一）具备从事安全培训工作所需要的条件的情况；

（二）建立培训管理制度和教师配备的情况；

（三）执行培训大纲、建立培训档案和培训保障的情况；

（四）培训收费的情况；

（五）法律法规规定的其他内容。

第三十条 安全生产监督管理部门、煤矿安全培训监管机构应当对生产经营单位的安全培训情况进行监督检查，检查内容包括：

（一）安全培训制度、年度培训计划、安全培训管理档案的制定和实施的情况；

（二）安全培训经费投入和使用的情况；

（三）主要负责人、安全生产管理人员接受安全生产知识和管理能力考核的情况；

（四）特种作业人员持证上岗的情况；

（五）应用新工艺、新技术、新材料、新设备以及转岗前对从业人员安全培训的情况；

（六）其他从业人员安全培训的情况；

（七）法律法规规定的其他内容。

第三十一条 任何单位或者个人对生产经营单位、安全培训机构违反有关法律、法规和本办法的行为，均有权向安全生产监督管理部门、煤矿安全监察机构、煤矿安全培训监管机构报告或者举报。

接到举报的部门或者机构应当为举报人保密，并按照有关规定对举报进行核查和处理。

第三十二条 监察机关依照《中华人民共和国行政监察法》等法律、行政法规的规定，对安全生产监督管理部门、煤矿安全监察机构、煤矿安全培训监管机构及其工作人员履行安全培训工作监督管理职责情况实施监察。

第六章 法律责任

第三十三条 安全生产监督管理部门、煤矿安全监察机构、煤矿安全培训监管机构的工作人员在安全培训监督管理工作中滥用职权、玩忽职守、徇私舞弊的，依照有关规定给予处分；构成犯罪的，依法追究刑事责任。

第三十四条 安全培训机构有下列情形之一的，责令限期改正，处1万元以下的罚款；逾期未改正的，给予警告，处1万元以上3万元以下的罚款：

（一）不具备安全培训条件的；

（二）未按照统一的培训大纲组织教学培训的；

（三）未建立培训档案或者培训档案管理不规范的；安全培训机构采取不正当竞争手段，故意贬低、诋毁其他安全培训机构的，依照前款规定处罚。

第三十五条 生产经营单位主要负责人、安全生产管理人员、特种作业人员以欺骗、贿赂等不正当手段取得安全合格证或者特种作业操作证的，除撤销其相关证书外，处3000元以下的罚款，并自撤销其相关证书之日起3年内不得再次申请该证书。

第三十六条 生产经营单位有下列情形之一的，责令改正，处3万元以下的罚款：

（一）从业人员安全培训的时间少于《生产经营单位安全培训规定》或者有关标准规定的；

（二）矿山新招的井下作业人员和危险物品生产经营单位新招的危险工艺操作岗位人员，未经实习期满独立上岗作业的；

（三）相关人员未按照本办法第十二条规定重新参加安全培训的。

第三十七条 生产经营单位存在违反有关法律、法规中安全生产教育培训的其他行为的，依照相关法律、法规的规定予以处罚。

第七章 附则

第三十八条 本办法自2012年3月1日起施行。2004年12月28日公布的《安全生产培训管理办法》（原国家安全生产监督管理局〈国家煤矿安全监察局〉令第20号）同时废止。

生产经营单位安全培训规定

（2006年1月17日国家安全生产监督管理总局令第3号公布，根据2013年8月29日国家安全生产监督管理总局令第63号第一次修正，根据2015年5月29日国家安全生产监督管理总局令第80号第二次修正）

第一章 总则

第一条 为加强和规范生产经营单位安全培训工作，提高从业人员安全素质，防范伤亡事故，减轻职业危害，根据安全生产法和有关法律、行政法规，制定本规定。

第二条 工矿商贸生产经营单位（以下简称生产经营单位）从业人员的安全培训，适用本规定。

第三条 生产经营单位负责本单位从业人员安全培训工作。

生产经营单位应当按照安全生产法和有关法律、行政法规和本规定，建立健全安全培训工作制度。

第四条 生产经营单位应当进行安全培训的从业人员包括主要负责人、安全生产管理人员、特种作业人员和其他从业人员。

生产经营单位使用被派遣劳动者的，应当将被派遣劳动者纳入本单位从业人员统一管理，对被派遣劳动者进行岗位安全操作规程和安全操作技能的教育和培训。劳务派遣单位应当对被派遣劳动者进行必要的安全生产教育和培训。

生产经营单位接收中等职业学校、高等学校学生实习的，应当对实习学生进行相应的安全生产教育和培训，提供必要的劳动防护用品。学校应当协助生产经营单位对实习学生进行安全生产教育和培训。

生产经营单位从业人员应当接受安全培训，熟悉有关安全生产规章制度和安全操作规程，具备必要的安全生产知识，掌握本岗位的安全操作技能，了解事故应急处理措施，知悉自身在安全生产方面的权利和义务。

未经安全培训合格的从业人员，不得上岗作业。

第五条 国家安全生产监督管理总局指导全国安全培训工作，依法对全国的安全培训工作实施监督管理。

国务院有关主管部门按照各自职责指导监督本行业安全培训工作，并按照本规定制定实施办法。

国家煤矿安全监察局指导监督检查全国煤矿安全培训工作。

各级安全生产监督管理部门和煤矿安全监察机构（以下简称安全生产监管监察部门）按照各自的职责，依法对生产经营单位的安全培训工作实施监督管理。

第二章 主要负责人、安全生产管理人员的安全培训

第六条 生产经营单位主要负责人和安全生产管理人员应当接受安全培训，具备与所从事的生产经营活动相适应的安全生产知识和管理能力。

第七条 生产经营单位主要负责人安全培训应当包括下列内容：

（一）国家安全生产方针、政策和有关安全生产的法律、法规、规章及标准；

（二）安全生产管理基本知识、安全生产技术、安全生产专业知识；

（三）重大危险源管理、重大事故防范、应急管理和救援组织以及事故调查处理的有关规定；

（四）职业危害及其预防措施；

（五）国内外先进的安全生产管理经验；

（六）典型事故和应急救援案例分析；

（七）其他需要培训的内容。

第八条 生产经营单位安全生产管理人员安全培训应当包括下列内容：

（一）国家安全生产方针、政策和有关安全生产的法律、法规、规章及标准；

（二）安全生产管理、安全生产技术、职业卫生等知识；

（三）伤亡事故统计、报告及职业危害的调查处理方法；

（四）应急管理、应急预案编制以及应急处置的内容和要求；

（五）国内外先进的安全生产管理经验；

（六）典型事故和应急救援案例分析；

（七）其他需要培训的内容。

第九条 生产经营单位主要负责人和安全生产管理人员初次安全培训时间不得少于32学时。每年再培训时间不得少于12学时。

煤矿、非煤矿山、危险化学品、烟花爆竹、金属冶炼等生产经营单位主要负责人和安全生产管理人员初次安全培训时间不得少于48学时，每年再培训时间不得少于16学时。

第十条 生产经营单位主要负责人和安全生产管理人员的安全培训必须依照安全生产监管监察部门制定的安全培训大纲实施。

非煤矿山、危险化学品、烟花爆竹、金属冶炼等生产经营单位主要负责人和安全生产管理人员的安全培训大纲及考核标准由国家安全生产监督管理总局统一制定。

煤矿主要负责人和安全生产管理人员的安全培训大纲及考核标准由国家煤矿安全监察局制定。

煤矿、非煤矿山、危险化学品、烟花爆竹、金属冶炼以外的其他生产经营单位主要负责人和安全管理人员的安全培训大纲及考核标准，由省、自治区、直辖市安全生产监督管理部门制定。

第三章 其他从业人员的安全培训

第十一条 煤矿、非煤矿山、危险化学品、烟花爆竹、金属冶炼等生产经营单位必须对新上岗的临时工、合同工、劳务工、轮换工、协议工等进行强制性安全培训，保证其具备本岗位安全操作、自救互救以及应急处置所需的知识和技能后，方能安排上岗作业。

第十二条 加工、制造业等生产单位的其

他从业人员，在上岗前必须经过厂（矿）、车间（工段、区、队）、班组三级安全培训教育。

生产经营单位应当根据工作性质对其他从业人员进行安全培训，保证其具备本岗位安全操作、应急处置等知识和技能。

第十三条 生产经营单位新上岗的从业人员，岗前安全培训时间不得少于24学时。

煤矿、非煤矿山、危险化学品、烟花爆竹、金属冶炼等生产经营单位新上岗的从业人员安全培训时间不得少于72学时，每年再培训的时间不得少于20学时。

第十四条 厂（矿）级岗前安全培训内容应当包括：

（一）本单位安全生产情况及安全生产基本知识；

（二）本单位安全生产规章制度和劳动纪律；

（三）从业人员安全生产权利和义务；

（四）有关事故案例等。

煤矿、非煤矿山、危险化学品、烟花爆竹、金属冶炼等生产经营单位厂（矿）级安全培训除包括上述内容外，应当增加事故应急救援、事故应急预案演练及防范措施等内容。

第十五条 车间（工段、区、队）级岗前安全培训内容应当包括：

（一）工作环境及危险因素；

（二）所从事工种可能遭受的职业伤害和伤亡事故；

（三）所从事工种的安全职责、操作技能及强制性标准；

（四）自救互救、急救方法、疏散和现场紧急情况的处理；

（五）安全设备设施、个人防护用品的使用和维护；

（六）本车间（工段、区、队）安全生产状况及规章制度；

（七）预防事故和职业危害的措施及应注意的安全事项；

（八）有关事故案例；

（九）其他需要培训的内容。

第十六条 班组级岗前安全培训内容应当包括：

（一）岗位安全操作规程；

（二）岗位之间工作衔接配合的安全与职业卫生事项；

（三）有关事故案例；

（四）其他需要培训的内容。

第十七条 从业人员在本生产经营单位内调整工作岗位或离岗一年以上重新上岗时，应当重新接受车间（工段、区、队）和班组级的安全培训。

生产经营单位采用新工艺、新技术、新材料或者使用新设备时，应当对有关从业人员重新进行有针对性的安全培训。

第十八条 生产经营单位的特种作业人员，必须按照国家有关法律、法规的规定接受专门的安全培训，经考核合格，取得特种作业操作资格证书后，方可上岗作业。

特种作业人员的范围和培训考核管理办法，另行规定。

第四章 安全培训的组织实施

第十九条 生产经营单位从业人员的安全培训工作，由生产经营单位组织实施。

生产经营单位应当坚持以考促学、以讲促学，确保全体从业人员熟练掌握岗位安全生产知识和技能；煤矿、非煤矿山、危险化学品、烟花爆竹、金属冶炼等生产经营单位还应当完善和落实师傅带徒弟制度。

第二十条 具备安全培训条件的生产经营单位，应当以自主培训为主；可以委托具备安全培训条件的机构，对从业人员进行安全培训。

不具备安全培训条件的生产经营单位，应当委托具备安全培训条件的机构，对从业人员进行安全培训。

生产经营单位委托其他机构进行安全培训的，保证安全培训的责任仍由本单位负责。

第二十一条 生产经营单位应当将安全培训工作纳入本单位年度工作计划。保证本单位安全培训工作所需资金。

生产经营单位的主要负责人负责组织制定并实施本单位安全培训计划。

第二十二条 生产经营单位应当建立健全从业人员安全生产教育和培训档案，由生产经营单位的安全生产管理机构以及安全生产管理人员详细、准确记录培训的时间、内容、参加人员以及考核结果等情况。

第二十三条　生产经营单位安排从业人员进行安全培训期间，应当支付工资和必要的费用。

第五章　监督管理

第二十四条　煤矿、非煤矿山、危险化学品、烟花爆竹、金属冶炼等生产经营单位主要负责人和安全生产管理人员，自任职之日起6个月内，必须经安全生产监管监察部门对其安全生产知识和管理能力考核合格。

第二十五条　安全生产监管监察部门依法对生产经营单位安全培训情况进行监督检查，督促生产经营单位按照国家有关法律法规和本规定开展安全培训工作。

县级以上地方人民政府负责煤矿安全生产监督管理的部门对煤矿井下作业人员的安全培训情况进行监督检查。煤矿安全监察机构对煤矿特种作业人员安全培训及其持证上岗的情况进行监督检查。

第二十六条　各级安全生产监管监察部门对生产经营单位安全培训及其持证上岗的情况进行监督检查，主要包括以下内容：

（一）安全培训制度、计划的制定及其实施的情况；

（二）煤矿、非煤矿山、危险化学品、烟花爆竹、金属冶炼等生产经营单位主要负责人和安全生产管理人员安全培训以及安全生产知识和管理能力考核的情况；其他生产经营单位主要负责人和安全生产管理人员培训的情况；

（三）特种作业人员操作资格证持证上岗的情况；

（四）建立安全生产教育和培训档案，并如实记录的情况；

（五）对从业人员现场抽考本职工作的安全生产知识；

（六）其他需要检查的内容。

第二十七条　安全生产监管监察部门对煤矿、非煤矿山、危险化学品、烟花爆竹、金属冶炼等生产经营单位的主要负责人、安全管理人员应当按照本规定严格考核。考核不得收费。

安全生产监管监察部门负责考核的有关人员不得玩忽职守和滥用职权。

第二十八条　安全生产监管监察部门检查中发现安全生产教育和培训责任落实不到位、有关从业人员未经培训合格的，应当视为生产安全事故隐患，责令生产经营单位立即停止违法行为，限期整改，并依法予以处罚。

第六章　罚则

第二十九条　生产经营单位有下列行为之一的，由安全生产监管监察部门责令其限期改正，可以处1万元以上3万元以下的罚款：

（一）未将安全培训工作纳入本单位工作计划并保证安全培训工作所需资金的；

（二）从业人员进行安全培训期间未支付工资并承担安全培训费用的。

第三十条　生产经营单位有下列行为之一的，由安全生产监管监察部门责令其限期改正，可以处5万元以下的罚款；逾期未改正的，责令停产停业整顿，并处5万元以上10万元以下的罚款，对其直接负责的主管人员和其他直接责任人员处1万元以上2万元以下的罚款：

（一）煤矿、非煤矿山、危险化学品、烟花爆竹、金属冶炼等生产经营单位主要负责人和安全管理人员未按照规定经考核合格的；

（二）未按照规定对从业人员、被派遣劳动者、实习学生进行安全生产教育和培训或者未如实告知其有关安全生产事项的；

（三）未如实记录安全生产教育和培训情况的；

（四）特种作业人员未按照规定经专门的安全技术培训并取得特种作业人员操作资格证书，上岗作业的。

县级以上地方人民政府负责煤矿安全生产监督管理的部门发现煤矿未按照本规定对井下作业人员进行安全培训的，责令限期改正，处10万元以上50万元以下的罚款；逾期未改正的，责令停产停业整顿。

煤矿安全监察机构发现煤矿特种作业人员无证上岗作业的，责令限期改正，处10万元以上50万元以下的罚款；逾期未改正的，责令停产停业整顿。

第三十一条 安全生产监管监察部门有关人员在考核、发证工作中玩忽职守、滥用职权的，由上级安全生产监管监察部门或者行政监察部门给予记过、记大过的行政处分。

第七章 附则

第三十二条 生产经营单位主要负责人是指有限责任公司或者股份有限公司的董事长、总经理，其他生产经营单位的厂长、经理、（矿务局）局长、矿长（含实际控制人）等。

生产经营单位安全生产管理人员是指生产经营单位分管安全生产的负责人、安全生产管理机构负责人及其管理人员，以及未设安全生产管理机构的生产经营单位专、兼职安全生产管理人员等。

生产经营单位其他从业人员是指除主要负责人、安全生产管理人员和特种作业人员以外，该单位从事生产经营活动的所有人员，包括其他负责人、其他管理人员、技术人员和各岗位的工人以及临时聘用的人员。

第三十三条 省、自治区、直辖市安全生产监督管理部门和省级煤矿安全监察机构可以根据本规定制定实施细则，报国家安全生产监督管理总局和国家煤矿安全监察局备案。

第三十四条 本规定自2006年3月1日起施行。

生产安全事故罚款处罚规定（试行）

（2007年7月12日国家安全生产监督管理总局令第13号公布，根据2011年9月1日国家安全生产监督管理总局令第42号第一次修正，根据2015年4月2日国家安全生产监督管理总局令第77号第二次修正）

第一条 为防止和减少生产安全事故，严格追究生产安全事故发生单位及其有关责任人员的法律责任，正确适用事故罚款的行政处罚，依照《安全生产法》《生产安全事故报告和调查处理条例》（以下简称《条例》）的规定，制定本规定。

第二条 安全生产监督管理部门和煤矿安全监察机构对生产安全事故发生单位（以下简称事故发生单位）及其主要负责人、直接负责的主管人员和其他责任人员等有关责任人员依照《安全生产法》和《条例》实施罚款的行政处罚，适用本规定。

第三条 本规定所称事故发生单位是指对事故发生负有责任的生产经营单位。

本规定所称主要负责人是指有限责任公司、股份有限公司的董事长或者总经理或者个人经营的投资人，其他生产经营单位的厂长、经理、局长、矿长（含实际控制人）等人员。

第四条 本规定所称事故发生单位主要负责人、直接负责的主管人员和其他直接责任人员的上一年年收入，属于国有生产经营单位的，是指该单位上级主管部门所确定的上一年年收入总额；属于非国有生产经营单位的，是指经财务、税务部门核定的上一年年收入总额。

生产经营单位提供虚假资料或者由于财务、税务部门无法核定等原因致使有关人员的上一年年收入难以确定的，按照下列办法确定：

（一）主要负责人的上一年年收入，按照本省、自治区、直辖市上一年度职工平均工资的5倍以上10倍以下计算；

（二）直接负责的主管人员和其他直接责任人员的上一年年收入，按照本省、自治区、直辖市上一年度职工平均工资的1倍以上5倍以下计算。

第五条 《条例》所称的迟报、漏报、谎报和瞒报，依照下列情形认定：

（一）报告事故的时间超过规定时限的，属于迟报；

（二）因过失对应当上报的事故或者事故发生的时间、地点、类别、伤亡人数、直接经济损失等内容遗漏未报的，属于漏报；

（三）故意不如实报告事故发生的时间、地点、初步原因、性质、伤亡人数和涉险人数、直接经济损失等有关内容的，属于谎报；

（四）隐瞒已经发生的事故，超过规定时限未向安全监管监察部门和有关部门报告，经查证属实的，属于瞒报。

第六条　对事故发生单位及其有关责任人员处以罚款的行政处罚，依照下列规定决定：

（一）对发生特别重大事故的单位及其有关责任人员罚款的行政处罚，由国家安全生产监督管理总局决定；

（二）对发生重大事故的单位及其有关责任人员罚款的行政处罚，由省级人民政府安全生产监督管理部门决定；

（三）对发生较大事故的单位及其有关责任人员罚款的行政处罚，由设区的市级人民政府安全生产监督管理部门决定；

（四）对发生一般事故的单位及其有关责任人员罚款的行政处罚，由县级人民政府安全生产监督管理部门决定。

上级安全生产监督管理部门可以指定下一级安全生产监督管理部门对事故发生单位及其有关责任人员实施行政处罚。

第七条　对煤矿事故发生单位及其有关责任人员处以罚款的行政处罚，依照下列规定执行：

（一）对发生特别重大事故的煤矿及其有关责任人员罚款的行政处罚，由国家煤矿安全监察局决定；

（二）对发生重大事故和较大事故的煤矿及其有关责任人员罚款的行政处罚，由省级煤矿安全监察机构决定；

（三）对发生一般事故的煤矿及其有关责任人员罚款的行政处罚，由省级煤矿安全监察机构所属分局决定。

上级煤矿安全监察机构可以指定下一级煤矿安全监察机构对事故发生单位及其有关责任人员实施行政处罚。

第八条　特别重大事故以下等级事故，事故发生地与事故发生单位所在地不在同一个县级以上行政区域的，由事故发生地的安全生产监督管理部门或者煤矿安全监察机构依照本规定第六条或者第七条规定的权限实施行政处罚。

第九条　安全生产监督管理部门和煤矿安全监察机构对事故发生单位及其有关责任人员实施罚款的行政处罚，依照《安全生产违法行为行政处罚办法》规定的程序执行。

第十条　事故发生单位及其有关责任人员对安全生产监督管理部门和煤矿安全监察机构给予的行政处罚，享有陈述、申辩的权利；对行政处罚不服的，有权依法申请行政复议或者提起行政诉讼。

第十一条　事故发生单位主要负责人有《安全生产法》第一百零六条、《条例》第三十五条规定的下列行为之一的，依照下列规定处以罚款：

（一）事故发生单位主要负责人在事故发生后不立即组织事故抢救的，处上一年年收入100%的罚款；

（二）事故发生单位主要负责人迟报事故的，处上一年年收入60%至80%的罚款；漏报事故的，处上一年年收入40%至60%的罚款；

（三）事故发生单位主要负责人在事故调查处理期间擅离职守的，处上一年年收入80%至100%的罚款。

第十二条　事故发生单位有《条例》第三十六条规定行为之一的，依照《国家安全监管总局关于印发〈安全生产行政处罚自由裁量标准〉的通知》（安监总政法〔2010〕137号）等规定给予罚款。

第十三条　事故发生单位的主要负责人、直接负责的主管人员和其他直接责任人员有《安全生产法》第一百零六条、《条例》第三十六条规定的下列行为之一的，依照下列规定处以罚款：

（一）伪造、故意破坏事故现场，或者转移、隐匿资金、财产、销毁有关证据、资料，或者拒绝接受调查，或者拒绝提供有关情况和资料，或者在事故调查中作伪证，或者指使他人作伪证的，处上一年年收入80%至90%的罚款；

（二）谎报、瞒报事故或者事故发生后逃匿的，处上一年年收入100%的罚款。

第十四条 事故发生单位对造成3人以下死亡，或者3人以上10人以下重伤（包括急性工业中毒，下同），或者300万元以上1000万元以下直接经济损失的一般事故负有责任的，处20万元以上50万元以下的罚款。

事故发生单位有本条第一款规定的行为且有谎报或者瞒报事故情节的，处50万元的罚款。

第十五条 事故发生单位对较大事故发生负有责任的，依照下列规定处以罚款：

（一）造成3人以上6人以下死亡，或者10人以上30人以下重伤，或者1000万元以上3000万元以下直接经济损失的，处50万元以上70万元以下的罚款；

（二）造成6人以上10人以下死亡，或者30人以上50人以下重伤，或者3000万元以上5000万元以下直接经济损失的，处70万元以上100万元以下的罚款。

事故发生单位对较大事故发生负有责任且有谎报或者瞒报情节的，处100万元的罚款。

第十六条 事故发生单位对重大事故发生负有责任的，依照下列规定处以罚款：

（一）造成10人以上15人以下死亡，或者50人以上70人以下重伤，或者5000万元以上7000万元以下直接经济损失的，处100万元以上300万元以下的罚款；

（二）造成15人以上30人以下死亡，或者70人以上100人以下重伤，或者7000万元以上1亿元以下直接经济损失的，处300万元以上500万元以下的罚款。

事故发生单位对重大事故发生负有责任且有谎报或者瞒报情节的，处500万元的罚款。

第十七条 事故发生单位对特别重大事故发生负有责任的，依照下列规定处以罚款：

（一）造成30人以上40人以下死亡，或者100人以上120人以下重伤，或者1亿元以上1.2亿元以下直接经济损失的，处500万元以上1000万元以下的罚款；

（二）造成40人以上50人以下死亡，或者120人以上150人以下重伤，或者1.2亿元以上1.5亿元以下直接经济损失的，处1000万元以上1500万元以下的罚款；

（三）造成50人以上死亡，或者150人以上重伤，或者1.5亿元以上直接经济损失的，处1500万元以上2000万元以下的罚款。

事故发生单位对特别重大事故发生负有责任且有下列情形之一的，处2000万元的罚款：

（一）谎报特别重大事故的；

（二）瞒报特别重大事故的；

（三）未依法取得有关行政审批或者证照擅自从事生产经营活动的；

（四）拒绝、阻碍行政执法的；

（五）拒不执行有关停产停业、停止施工、停止使用相关设备或者设施的行政执法指令的；

（六）明知存在事故隐患，仍然进行生产经营活动的；

（七）一年内已经发生2起以上较大事故，或者1起重大以上事故，再次发生特别重大事故的；

（八）地下矿山负责人未按照规定带班下井的。

第十八条 事故发生单位主要负责人未依法履行安全生产管理职责，导致事故发生的，依照下列规定处以罚款：

（一）发生一般事故的，处上一年年收入30%的罚款；

（二）发生较大事故的，处上一年年收入40%的罚款；

（三）发生重大事故的，处上一年年收入60%的罚款；

（四）发生特别重大事故的，处上一年年收入80%的罚款。

第十九条 个人经营的投资人未依照《安全生产法》的规定保证安全生产所必需的资金投入，致使生产经营单位不具备安全生产条件，导致发生生产安全事故的，依照下列规定对个人经营的投资人处以罚款：

（一）发生一般事故的，处2万元以上5

万元以下的罚款；

（二）发生较大事故的，处5万元以上10万元以下的罚款；

（三）发生重大事故的，处10万元以上15万元以下的罚款；

（四）发生特别重大事故的，处15万元以上20万元以下的罚款。

第二十条 违反《条例》和本规定，事故发生单位及其有关责任人员有两种以上应当处以罚款的行为的，安全生产监督管理部门或者煤矿安全监察机构应当分别裁量，合并作出处罚决定。

第二十一条 对事故发生负有责任的其他单位及其有关责任人员处以罚款的行政处罚，依照相关法律、法规和规章的规定实施。

第二十二条 本规定自公布之日起施行。

安全生产违法行为行政处罚办法

（2007年11月30日国家安全生产监督管理总局令第15号公布，
根据2015年4月2日国家安全生产监督管理总局令第77号修正）

第一章 总则

第一条 为了制裁安全生产违法行为，规范安全生产行政处罚工作，依照行政处罚法、安全生产法及其他有关法律、行政法规的规定，制定本办法。

第二条 县级以上人民政府安全生产监督管理部门对生产经营单位及其有关人员在生产经营活动中违反有关安全生产的法律、行政法规、部门规章、国家标准、行业标准和规程的违法行为（以下统称安全生产违法行为）实施行政处罚，适用本办法。

煤矿安全监察机构依照本办法和煤矿安全监察行政处罚办法，对煤矿、煤矿安全生产中介机构等生产经营单位及其有关人员的安全生产违法行为实施行政处罚。

有关法律、行政法规对安全生产违法行为行政处罚的种类、幅度或者决定机关另有规定的，依照其规定。

第三条 对安全生产违法行为实施行政处罚，应当遵循公平、公正、公开的原则。

安全生产监督管理部门或者煤矿安全监察机构（以下统称安全监管监察部门）及其行政执法人员实施行政处罚，必须以事实为依据。行政处罚应当与安全生产违法行为的事实、性质、情节以及社会危害程度相当。

第四条 生产经营单位及其有关人员对安全监管监察部门给予的行政处罚，依法享有陈述权、申辩权和听证权；对行政处罚不服的，有权依法申请行政复议或者提起行政诉讼；因违法给予行政处罚受到损害的，有权依法申请国家赔偿。

第二章 行政处罚的种类、管辖

第五条 安全生产违法行为行政处罚的种类：

（一）警告；

（二）罚款；

（三）没收违法所得、没收非法开采的煤炭产品、采掘设备；

（四）责令停产停业整顿、责令停产停业、责令停止建设、责令停止施工；

（五）暂扣或者吊销有关许可证，暂停或者撤销有关执业资格、岗位证书；

（六）关闭；

（七）拘留；

（八）安全生产法律、行政法规规定的其他行政处罚。

第六条 县级以上安全监管监察部门应当按照本章的规定，在各自的职责范围内对安全生产违法行为行政处罚行使管辖权。

安全生产违法行为的行政处罚，由安全生产违法行为发生地的县级以上安全监管监察部门管辖。中央企业及其所属企业、有关人员的安全生产违法行为的行政处罚，由安全生产违法行为发生地的设区的市级以上安全监管监察部门管辖。

暂扣、吊销有关许可证和暂停、撤销有关执业资格、岗位证书的行政处罚，由发证机关决定。其中，暂扣有关许可证和暂停有关执业资格、岗位证书的期限一般不得超过6个月；法律、行政法规另有规定的，依照其规定。

给予关闭的行政处罚，由县级以上安全监管监察部门报请县级以上人民政府按照国务院规定的权限决定。

给予拘留的行政处罚，由县级以上安全监管监察部门建议公安机关依照治安管理处罚法的规定决定。

第七条 两个以上安全监管监察部门因行政处罚管辖权发生争议的，由其共同的上一级安全监管监察部门指定管辖。

第八条 对报告或者举报的安全生产违法行为，安全监管监察部门应当受理；发现不属于自己管辖的，应当及时移送有管辖权的部门。

受移送的安全监管监察部门对管辖权有异议的，应当报请共同的上一级安全监管监察部门指定管辖。

第九条 安全生产违法行为涉嫌犯罪的，安全监管监察部门应当将案件移送司法机关，依法追究刑事责任；尚不够刑事处罚但依法应当给予行政处罚的，由安全监管监察部门管辖。

第十条 上级安全监管监察部门可以直接查处下级安全监管监察部门管辖的案件，也可以将自己管辖的案件交由下级安全监管监察部门管辖。

下级安全监管监察部门可以将重大、疑难案件报请上级安全监管监察部门管辖。

第十一条 上级安全监管监察部门有权对下级安全监管监察部门违法或者不适当的行政处罚予以纠正或者撤销。

第十二条 安全监管监察部门根据需要，可以在其法定职权范围内委托符合《行政处罚法》第十九条规定条件的组织或者乡、镇人民政府以及街道办事处、开发区管理机构等地方人民政府的派出机构实施行政处罚。受委托的单位在委托范围内，以委托的安全监管监察部门名义实施行政处罚。

委托的安全监管监察部门应当监督检查受委托的单位实施行政处罚，并对其实施行政处罚的后果承担法律责任。

第三章 行政处罚的程序

第十三条 安全生产行政执法人员在执行公务时，必须出示省级以上安全生产监督管理部门或者县级以上地方人民政府统一制作的有效行政执法证件。其中对煤矿进行安全监察，必须出示国家安全生产监督管理总局统一制作的煤矿安全监察员证。

第十四条 安全监管监察部门及其行政执法人员在监督检查时发现生产经营单位存在事故隐患的，应当按照下列规定采取现场处理措施：

（一）能够立即排除的，应当责令立即排除；

（二）重大事故隐患排除前或者排除过程中无法保证安全的，应当责令从危险区域撤出作业人员，并责令暂时停产停业、停止建设、停止施工或者停止使用相关设施、设备，限期排除隐患。

隐患排除后，经安全监管监察部门审查同意，方可恢复生产经营和使用。

本条第一款第（二）项规定的责令暂时停产停业、停止建设、停止施工或者停止使用相关设施、设备的期限一般不超过6个月；法律、行政法规另有规定的，依照其规定。

第十五条 对有根据认为不符合安全生产的国家标准或者行业标准的在用设施、设备、器材，违法生产、储存、使用、经营、运输的危险物品，以及违法生产、储存、使用、经营危险物品的作业场所，安全监管监察部门应当依照《行政强制法》的规定予以查封或者扣押。查封或者扣押的期限不得超过30日，情况复杂的，经安全监管监察部门负责人批准，最多可以延长30日，并在查封或者扣押期限内作出处理决定：

（一）对违法事实清楚、依法应当没收的非法财物予以没收；

（二）法律、行政法规规定应当销毁的，依法销毁；

（三）法律、行政法规规定应当解除查封、扣押的，作出解除查封、扣押的决定。

实施查封、扣押，应当制作并当场交付查封、扣押决定书和清单。

第十六条　安全监管监察部门依法对存在重大事故隐患的生产经营单位作出停产停业、停止施工、停止使用相关设施、设备的决定，生产经营单位应当依法执行，及时消除事故隐患。生产经营单位拒不执行，有发生生产安全事故的现实危险的，在保证安全的前提下，经本部门主要负责人批准，安全监管监察部门可以采取通知有关单位停止供电、停止供应民用爆炸物品等措施，强制生产经营单位履行决定。通知应当采用书面形式，有关单位应当予以配合。

安全监管监察部门依照前款规定采取停止供电措施，除有危及生产安全的紧急情形外，应当提前 24 小时通知生产经营单位。生产经营单位依法履行行政决定、采取相应措施消除事故隐患的，安全监管监察部门应当及时解除前款规定的措施。

第十七条　生产经营单位被责令限期改正或者限期进行隐患排除治理的，应当在规定限期内完成。因不可抗力无法在规定限期内完成的，应当在进行整改或者治理的同时，于限期届满前 10 日内提出书面延期申请，安全监管监察部门应当在收到申请之日起 5 日内书面答复是否准予延期。

生产经营单位提出复查申请或者整改、治理限期届满的，安全监管监察部门应当自申请或者限期届满之日起 10 日内进行复查，填写复查意见书，由被复查单位和安全监管监察部门复查人员签名后存档。逾期未整改、未治理或者整改、治理不合格的，安全监管监察部门应当依法给予行政处罚。

第十八条　安全监管监察部门在作出行政处罚决定前，应当填写行政处罚告知书，告知当事人作出行政处罚决定的事实、理由、依据，以及当事人依法享有的权利，并送达当事人。当事人应当在收到行政处罚告知书之日起 3 日内进行陈述、申辩，或者依法提出听证要求，逾期视为放弃上述权利。

第十九条　安全监管监察部门应当充分听取当事人的陈述和申辩，对当事人提出的事实、理由和证据，应当进行复核；当事人提出的事实、理由和证据成立的，安全监管监察部门应当采纳。

安全监管监察部门不得因当事人陈述或者申辩而加重处罚。

第二十条　安全监管监察部门对安全生产违法行为实施行政处罚，应当符合法定程序，制作行政执法文书。

第一节　简易程序

第二十一条　违法事实确凿并有法定依据，对个人处以 50 元以下罚款、对生产经营单位处以1000元以下罚款或者警告的行政处罚的，安全生产行政执法人员可以当场作出行政处罚决定。

第二十二条　安全生产行政执法人员当场作出行政处罚决定，应当填写预定格式、编有号码的行政处罚决定书并当场交付当事人。

安全生产行政执法人员当场作出行政处罚决定后应当及时报告，并在 5 日内报所属安全监管监察部门备案。

第二节　一般程序

第二十三条　除依照简易程序当场作出的行政处罚外，安全监管监察部门发现生产经营单位及其有关人员有应当给予行政处罚的行为的，应当予以立案，填写立案审批表，并全面、客观、公正地进行调查，收集有关证据。对确需立即查处的安全生产违法行为，可以先行调查取证，并在 5 日内补办立案手续。

第二十四条　对已经立案的案件，由立案审批人指定两名或者两名以上安全生产行政执法人员进行调查。

有下列情形之一的，承办案件的安全生产行政执法人员应当回避：

（一）本人是本案的当事人或者当事人的近亲属的；

（二）本人或者其近亲属与本案有利害关系的；

（三）与本人有其他利害关系，可能影响案件的公正处理的。

安全生产行政执法人员的回避，由派出其

进行调查的安全监管监察部门的负责人决定。进行调查的安全监管监察部门负责人的回避，由该部门负责人集体讨论决定。回避决定作出之前，承办案件的安全生产行政执法人员不得擅自停止对案件的调查。

第二十五条 进行案件调查时，安全生产行政执法人员不得少于两名。当事人或者有关人员应当如实回答安全生产行政执法人员的询问，并协助调查或者检查，不得拒绝、阻挠或者提供虚假情况。

询问或者检查应当制作笔录。笔录应当记载时间、地点、询问和检查情况，并由被询问人、被检查单位和安全生产行政执法人员签名或者盖章；被询问人、被检查单位要求补正的，应当允许。被询问人或者被检查单位拒绝签名或者盖章的，安全生产行政执法人员应当在笔录上注明原因并签名。

第二十六条 安全生产行政执法人员应当收集、调取与案件有关的原始凭证作为证据。调取原始凭证确有困难的，可以复制，复制件应当注明“经核对与原件无异”的字样和原始凭证存放的单位及其处所，并由出具证据的人员签名或者单位盖章。

第二十七条 安全生产行政执法人员在收集证据时，可以采取抽样取证的方法；在证据可能灭失或者以后难以取得的情况下，经本单位负责人批准，可以先行登记保存，并应当在7日内作出处理决定：

（一）违法事实成立依法应当没收的，作出行政处罚决定，予以没收；依法应当扣留或者封存的，予以扣留或者封存；

（二）违法事实不成立，或者依法不应当予以没收、扣留、封存的，解除登记保存。

第二十八条 安全生产行政执法人员对与案件有关的物品、场所进行勘验检查时，应当通知当事人到场，制作勘验笔录，并由当事人核对无误后签名或者盖章。当事人拒绝到场的，可以邀请在场的其他人员作证，并在勘验笔录中注明原因并签名；也可以采用录音、录像等方式记录有关物品、场所的情况后，再进行勘验检查。

第二十九条 案件调查终结后，负责承办案件的安全生产行政执法人员应当填写案件处理呈批表，连同有关证据材料一并报本部门负责人审批。

安全监管监察部门负责人应当及时对案件调查结果进行审查，根据不同情况，分别作出以下决定：

（一）确有应受行政处罚的违法行为的，根据情节轻重及具体情况，作出行政处罚决定；

（二）违法行为轻微，依法可以不予行政处罚的，不予行政处罚；

（三）违法事实不能成立，不得给予行政处罚；

（四）违法行为涉嫌犯罪的，移送司法机关处理。

对严重安全生产违法行为给予责令停产停业整顿、责令停产停业、责令停止建设、责令停止施工、吊销有关许可证、撤销有关执业资格或者岗位证书、5万元以上罚款、没收违法所得、没收非法开采的煤炭产品或者采掘设备价值5万元以上的行政处罚的，应当由安全监管监察部门的负责人集体讨论决定。

第三十条 安全监管监察部门依照本办法第二十九条的规定给予行政处罚，应当制作行政处罚决定书。行政处罚决定书应当载明下列事项：

（一）当事人的姓名或者名称、地址或者住址；

（二）违法事实和证据；

（三）行政处罚的种类和依据；

（四）行政处罚的履行方式和期限；

（五）不服行政处罚决定，申请行政复议或者提起行政诉讼的途径和期限；

（六）作出行政处罚决定的安全监管监察部门的名称和作出决定的日期。

行政处罚决定书必须盖有作出行政处罚决定的安全监管监察部门的印章。

第三十一条 行政处罚决定书应当在宣告后当场交付当事人；当事人不在场的，安全监管监察部门应当在7日内依照民事诉讼法的有关规定，将行政处罚决定书送达当事人或者其他的法定受送达人：

（一）送达必须有送达回执，由受送达人在送达回执上注明收到日期，签名或者盖章；

（二）送达应当直接送交受送达人。受送达人是个人的，本人不在交他的同住成年家属签收，并在行政处罚决定书送达回执的备注栏内注明与受送达人的关系；

（三）受送达人是法人或者其他组织的，应当由法人的法定代表人、其他组织的主要负责人或者该法人、组织负责收件的人签收；

（四）受送达人指定代收人的，交代收人签收并注明受当事人委托的情况；

（五）直接送达确有困难的，可以挂号邮寄送达，也可以委托当地安全监管监察部门代为送达，代为送达的安全监管监察部门收到文书后，必须立即交受送达人签收；

（六）当事人或者他的同住成年家属拒绝接收的，送达人应当邀请有关基层组织或者所在单位的代表到场，说明情况，在行政处罚决定书送达回执上记明拒收的事由和日期，由送达人、见证人签名或者盖章，将行政处罚决定书留在当事人的住所；也可以把行政处罚决定书留在受送达人的住所，并采用拍照、录像等方式记录送达过程，即视为送达；

（七）受送达人下落不明，或者用以上方式无法送达的，可以公告送达，自公告发布之日起经过 60 日，即视为送达。公告送达，应当在案卷中注明原因和经过。

安全监管监察部门送达其他行政处罚执法文书，按照前款规定办理。

第三十二条　行政处罚案件应当自立案之日起 30 日内作出行政处罚决定；由于客观原因不能完成的，经安全监管监察部门负责人同意，可以延长，但不得超过 90 日；特殊情况需进一步延长的，应当经上一级安全监管监察部门批准，可延长至 180 日。

第三节　听证程序

第三十三条　安全监管监察部门作出责令停产停业整顿、责令停产停业、吊销有关许可证、撤销有关执业资格、岗位证书或者较大数额罚款的行政处罚决定之前，应当告知当事人有要求举行听证的权利；当事人要求听证的，安全监管监察部门应当组织听证，不得向当事人收取听证费用。

前款所称较大数额罚款，为省、自治区、直辖市人大常委会或者人民政府规定的数额；没有规定数额的，其数额对个人罚款为 2 万元以上，对生产经营单位罚款为 5 万元以上。

第三十四条　当事人要求听证的，应当在安全监管监察部门依照本办法第十八条规定告知后 3 日内以书面方式提出。

第三十五条　当事人提出听证要求后，安全监管监察部门应当在收到书面申请之日起 15 日内举行听证会，并在举行听证会的 7 日前，通知当事人举行听证的时间、地点。

当事人应当按期参加听证。当事人有正当理由要求延期的，经组织听证的安全监管监察部门负责人批准可以延期 1 次；当事人未按期参加听证，并且未事先说明理由的，视为放弃听证权利。

第三十六条　听证参加人由听证主持人、听证员、案件调查人员、当事人及其委托代理人、书记员组成。

听证主持人、听证员、书记员应当由组织听证的安全监管监察部门负责人指定的非本案调查人员担任。

当事人可以委托 1 至 2 名代理人参加听证，并提交委托书。

第三十七条　除涉及国家秘密、商业秘密或者个人隐私外，听证应当公开举行。

第三十八条　当事人在听证中的权利和义务：

（一）有权对案件涉及的事实、适用法律及有关情况进行陈述和申辩；

（二）有权对案件调查人员提出的证据质证并提出新的证据；

（三）如实回答主持人的提问；

（四）遵守听证会场纪律，服从听证主持人指挥。

第三十九条　听证按照下列程序进行：

（一）书记员宣布听证会场纪律、当事人的权利和义务。听证主持人宣布案由，核实听证参加人名单，宣布听证开始；

（二）案件调查人员提出当事人的违法事实、出示证据，说明拟作出的行政处罚的内容及法律依据；

（三）当事人或者其委托代理人对案件的事实、证据、适用的法律等进行陈述和申辩，提交新的证据材料；

（四）听证主持人就案件的有关问题向当事人、案件调查人员、证人询问；

（五）案件调查人员、当事人或者其委托代理人相互辩论；

（六）当事人或者其委托代理人作最后陈述；

（七）听证主持人宣布听证结束。

听证笔录应当当场交当事人核对无误后签名或者盖章。

第四十条 有下列情形之一的，应当中止听证：

（一）需要重新调查取证的；

（二）需要通知新证人到场作证的；

（三）因不可抗力无法继续进行听证的。

第四十一条 有下列情形之一的，应当终止听证：

（一）当事人撤回听证要求的；

（二）当事人无正当理由不按时参加听证的；

（三）拟作出的行政处罚决定已经变更，不适用听证程序的。

第四十二条 听证结束后，听证主持人应当依据听证情况，填写听证会报告书，提出处理意见并附听证笔录报安全监管监察部门负责人审查。安全监管监察部门依照本办法第二十九条的规定作出决定。

第四章 行政处罚的适用

第四十三条 生产经营单位的决策机构、主要负责人、个人经营的投资人（包括实际控制人，下同）未依法保证下列安全生产所必需的资金投入之一，致使生产经营单位不具备安全生产条件的，责令限期改正，提供必需的资金，可以对生产经营单位处1万元以上3万元以下罚款，对生产经营单位的主要负责人、个人经营的投资人处5000元以上1万元以下罚款；逾期未改正的，责令生产经营单位停产停业整顿：

（一）提取或者使用安全生产费用；

（二）用于配备劳动防护用品的经费；

（三）用于安全生产教育和培训的经费。

（四）国家规定的其他安全生产所必须的资金投入。

生产经营单位主要负责人、个人经营的投资人有前款违法行为，导致发生生产安全事故的，依照《生产安全事故罚款处罚规定（试行）》的规定给予处罚。

第四十四条 生产经营单位的主要负责人未依法履行安全生产管理职责，导致生产安全事故发生的，依照《生产安全事故罚款处罚规定（试行）》的规定给予处罚。

第四十五条 生产经营单位及其主要负责人或者其他人员有下列行为之一的，给予警告，并可以对生产经营单位处1万元以上3万元以下罚款，对其主要负责人、其他有关人员处1000元以上1万元以下的罚款：

（一）违反操作规程或者安全管理规定作业的；

（二）违章指挥从业人员或者强令从业人员违章、冒险作业的；

（三）发现从业人员违章作业不加制止的；

（四）超过核定的生产能力、强度或者定员进行生产的；

（五）对被查封或者扣押的设施、设备、器材、危险物品和作业场所，擅自启封或者使用的；

（六）故意提供虚假情况或者隐瞒存在的事故隐患以及其他安全问题的；

（七）拒不执行安全监管监察部门依法下达的安全监管监察指令的。

第四十六条 危险物品的生产、经营、储存单位以及矿山、金属冶炼单位有下列行为之一的，责令改正，并可以处1万元以上3万元以下的罚款：

（一）未建立应急救援组织或者生产经营规模较小、未指定兼职应急救援人员的；

（二）未配备必要的应急救援器材、设备和物资，并进行经常性维护、保养，保证正常运转的。

第四十七条 生产经营单位与从业人员订立协议，免除或者减轻其对从业人员因生产安全事故伤亡依法应承担的责任的，该协议无效；对生产经营单位的主要负责人、个人经营的投资人按照下列规定处以罚款：

（一）在协议中减轻因生产安全事故伤亡

对从业人员依法应承担的责任的，处 2 万元以上 5 万元以下的罚款；

（二）在协议中免除因生产安全事故伤亡对从业人员依法应承担的责任的，处 5 万元以上 10 万元以下的罚款。

第四十八条　生产经营单位不具备法律、行政法规和国家标准、行业标准规定的安全生产条件，经责令停产停业整顿仍不具备安全生产条件的，安全监管监察部门应当提请有管辖权的人民政府予以关闭；人民政府决定关闭的，安全监管监察部门应当依法吊销其有关许可证。

第四十九条　生产经营单位转让安全生产许可证的，没收违法所得，吊销安全生产许可证，并按照下列规定处以罚款：

（一）接受转让的单位和个人未发生生产安全事故的，处 10 万元以上 30 万元以下的罚款；

（二）接受转让的单位和个人发生生产安全事故但没有造成人员死亡的，处 30 万元以上 40 万元以下的罚款；

（三）接受转让的单位和个人发生人员死亡生产安全事故的，处 40 万元以上 50 万元以下的罚款。

第五十条　知道或者应当知道生产经营单位未取得安全生产许可证或者其他批准文件擅自从事生产经营活动，仍为其提供生产经营场所、运输、保管、仓储等条件的，责令立即停止违法行为，有违法所得的，没收违法所得，并处违法所得 1 倍以上 3 倍以下的罚款，但是最高不得超过 3 万元；没有违法所得的，并处5000元以上 1 万元以下的罚款。

第五十一条　生产经营单位及其有关人员弄虚作假，骗取或者勾结、串通行政审批工作人员取得安全生产许可证书及其他批准文件的，撤销许可及批准文件，并按照下列规定处以罚款：

（一）生产经营单位有违法所得的，没收违法所得，并处违法所得 1 倍以上 3 倍以下的罚款，但是最高不得超过 3 万元；没有违法所得的，并处5000元以上 1 万元以下的罚款；

（二）对有关人员处1000元以上 1 万元以下的罚款。

有前款规定违法行为的生产经营单位及其有关人员在 3 年内不得再次申请该行政许可。

生产经营单位及其有关人员未依法办理安全生产许可证书变更手续的，责令限期改正，并对生产经营单位处 1 万元以上 3 万元以下的罚款，对有关人员处1000元以上5000元以下的罚款。

第五十二条　未取得相应资格、资质证书的机构及其有关人员从事安全评价、认证、检测、检验工作，责令停止违法行为，并按照下列规定处以罚款：

（一）机构有违法所得的，没收违法所得，并处违法所得 1 倍以上 3 倍以下的罚款，但是最高不得超过 3 万元；没有违法所得的，并处5000元以上 1 万元以下的罚款；

（二）有关人员处5000元以上 1 万元以下的罚款。

第五十三条　生产经营单位及其有关人员触犯不同的法律规定，有两个以上应当给予行政处罚的安全生产违法行为的，安全监管监察部门应当适用不同的法律规定，分别裁量，合并处罚。

第五十四条　对同一生产经营单位及其有关人员的同一安全生产违法行为，不得给予两次以上罚款的行政处罚。

第五十五条　生产经营单位及其有关人员有下列情形之一的，应当从重处罚：

（一）危及公共安全或者其他生产经营单位安全的，经责令限期改正，逾期未改正的；

（二）一年内因同一违法行为受到两次以上行政处罚的；

（三）拒不整改或者整改不力，其违法行为呈持续状态的；

（四）拒绝、阻碍或者以暴力威胁行政执法人员的。

第五十六条　生产经营单位及其有关人员有下列情形之一的，应当依法从轻或者减轻行政处罚：

（一）已满 14 周岁不满 18 周岁的公民实施安全生产违法行为的；

（二）主动消除或者减轻安全生产违法行

为危害后果的；

（三）受他人胁迫实施安全生产违法行为的；

（四）配合安全监管监察部门查处安全生产违法行为，有立功表现的；

（五）主动投案，向安全监管监察部门如实交待自己的违法行为的；

（六）具有法律、行政法规规定的其他从轻或者减轻处罚情形的。

有从轻处罚情节的，应当在法定处罚幅度的中档以下确定行政处罚标准，但不得低于法定处罚幅度的下限。

本条第一款第（四）项所称的立功表现，是指当事人有揭发他人安全生产违法行为，并经查证属实；或者提供查处其他安全生产违法行为的重要线索，并经查证属实；或者阻止他人实施安全生产违法行为；或者协助司法机关抓捕其他违法犯罪嫌疑人的行为。

安全生产违法行为轻微并及时纠正，没有造成危害后果的，不予行政处罚。

第五章　行政处罚的执行和备案

第五十七条　安全监管监察部门实施行政处罚时，应当同时责令生产经营单位及其有关人员停止、改正或者限期改正违法行为。

第五十八条　本办法所称的违法所得，按照下列规定计算：

（一）生产、加工产品的，以生产、加工产品的销售收入作为违法所得；

（二）销售商品的，以销售收入作为违法所得；

（三）提供安全生产中介、租赁等服务的，以服务收入或者报酬作为违法所得；

（四）销售收入无法计算的，按当地同类同等规模的生产经营单位的平均销售收入计算；

（五）服务收入、报酬无法计算的，按照当地同行业同种服务的平均收入或者报酬计算。

第五十九条　行政处罚决定依法作出后，当事人应当在行政处罚决定的期限内，予以履行；当事人逾期不履的，作出行政处罚决定的安全监管监察部门可以采取下列措施：

（一）到期不缴纳罚款的，每日按罚款数额的3%加处罚款，但不得超过罚款数额；

（二）根据法律规定，将查封、扣押的设施、设备、器材和危险物品拍卖所得价款抵缴罚款；

（三）申请人民法院强制执行。

当事人对行政处罚决定不服申请行政复议或者提起行政诉讼的，行政处罚不停止执行，法律另有规定的除外。

第六十条　安全生产行政执法人员当场收缴罚款的，应当出具省、自治区、直辖市财政部门统一制发的罚款收据；当场收缴的罚款，应当自收缴罚款之日起2日内，交至所属安全监管监察部门；安全监管监察部门应当在2日内将罚款缴付指定的银行。

第六十一条　除依法应当予以销毁的物品外，需要将查封、扣押的设施、设备、器材和危险物品拍卖抵缴罚款的，依照法律或者国家有关规定处理。销毁物品，依照国家有关规定处理；没有规定的，经县级以上安全监管监察部门负责人批准，由两名以上安全生产行政执法人员监督销毁，并制作销毁记录。处理物品，应当制作清单。

第六十二条　罚款、没收违法所得的款项和没收非法开采的煤炭产品、采掘设备，必须按照有关规定上缴，任何单位和个人不得截留、私分或者变相私分。

第六十三条　县级安全生产监督管理部门处以5万元以上罚款、没收违法所得、没收非法生产的煤炭产品或者采掘设备价值5万元以上、责令停产停业、停止建设、停止施工、停产停业整顿、吊销有关资格、岗位证书或者许可证的行政处罚的，应当自作出行政处罚决定之日起10日内报设区的市级安全生产监督管理部门备案。

第六十四条　设区的市级安全生产监管监察部门处以10万元以上罚款、没收违法所得、没收非法生产的煤炭产品或者采掘设备价值10万元以上、责令停产停业、停止建设、停止施工、停产停业整顿、吊销有关资格、岗位证书或者许可证的行政处罚的，应当自作出行政处罚决定之日起10日内报省级安全监管监察部门备案。

第六十五条　省级安全监管监察部门处以50万元以上罚款、没收违法所得、没收非法生产的煤炭产品或者采掘设备价值50万元以上、责令停产停业、停止建设、停止施工、停产停业整顿、吊销有关资格、岗位证书或者许可证的行政处罚的，应当自作出行政处罚决定之日起10日内报国家安全生产监督管理总局或者国家煤矿安全监察局备案。

对上级安全监管监察部门交办案件给予行政处罚的，由决定行政处罚的安全监管监察部门自作出行政处罚决定之日起10日内报上级安全监管监察部门备案。

第六十六条　行政处罚执行完毕后，案件材料应当按照有关规定立卷归档。

案卷立案归档后，任何单位和个人不得擅自增加、抽取、涂改和销毁案卷材料。未经安全监管监察部门负责人批准，任何单位和个人不得借阅案卷。

第六章　附则

第六十七条　安全生产监督管理部门所用的行政处罚文书式样，由国家安全生产监督管理总局统一制定。

煤矿安全监察机构所用的行政处罚文书式样，由国家煤矿安全监察局统一制定。

第六十八条　本办法所称的生产经营单位，是指合法和非法从事生产或者经营活动的基本单元，包括企业法人、不具备企业法人资格的合伙组织、个体工商户和自然人等生产经营主体。

第六十九条　本办法自2008年1月1日起施行。原国家安全生产监督管理局（国家煤矿安全监察局）2003年5月19日公布的《安全生产违法行为行政处罚办法》、2001年4月27日公布的《煤矿安全监察程序暂行规定》同时废止。

安全生产事故隐患排查治理暂行规定（摘）

（国家安全生产监督管理总局令第16号，2007年12月28日）

《安全生产事故隐患排查治理暂行规定》已经2007年12月22日国家安全生产监督管理总局局长办公会议审议通过，现予公布，自2008年2月1日起施行。

第一章　总则

第一条　为了建立安全生产事故隐患排查治理长效机制，强化安全生产主体责任，加强事故隐患监督管理，防止和减少事故，保障人民群众生命财产安全，根据安全生产法等法律、行政法规，制定本规定。

第二条　生产经营单位安全生产事故隐患排查治理和安全生产监督管理部门、煤矿安全监察机构（以下统称安全监管监察部门）实施监管监察，适用本规定。

有关法律、行政法规对安全生产事故隐患排查治理另有规定的，依照其规定。

第三条　本规定所称安全生产事故隐患（以下简称事故隐患），是指生产经营单位违反安全生产法律、法规、规章、标准、规程和安全生产管理制度的规定，或者因其他因素在生产经营活动中存在可能导致事故发生的物的危险状态、人的不安全行为和管理上的缺陷。

事故隐患分为一般事故隐患和重大事故隐患。一般事故隐患，是指危害和整改难度较小，发现后能够立即整改排除的隐患。重大事故隐患，是指危害和整改难度较大，应当全部或者局部停产停业，并经过一定时间整改治理方能排除的隐患，或者因外部因素影响致使生产经营单位自身难以排除的隐患。

第四条　生产经营单位应当建立健全事故隐患排查治理制度。

生产经营单位主要负责人对本单位事故隐患排查治理工作全面负责。

…………

第六条 任何单位和个人发现事故隐患，均有权向安全监管监察部门和有关部门报告。

…………

第二章 生产经营单位的职责

第七条 生产经营单位应当依照法律、法规、规章、标准和规程的要求从事生产经营活动。严禁非法从事生产经营活动。

第八条 生产经营单位是事故隐患排查、治理和防控的责任主体。

生产经营单位应当建立健全事故隐患排查治理和建档监控等制度，逐级建立并落实从主要负责人到每个从业人员的隐患排查治理和监控责任制。

第九条 生产经营单位应当保证事故隐患排查治理所需的资金，建立资金使用专项制度。

第十条 生产经营单位应当定期组织安全生产管理人员、工程技术人员和其他相关人员排查本单位的事故隐患。对排查出的事故隐患，应当按照事故隐患的等级进行登记，建立事故隐患信息档案，并按照职责分工实施监控治理。

第十一条 生产经营单位应当建立事故隐患报告和举报奖励制度，鼓励、发动职工发现和排除事故隐患，鼓励社会公众举报。对发现、排除和举报事故隐患的有功人员，应当给予物质奖励和表彰。

第十二条 生产经营单位将生产经营项目、场所、设备发包、出租的，应当与承包、承租单位签订安全生产管理协议，并在协议中明确各方对事故隐患排查、治理和防控的管理职责。生产经营单位对承包、承租单位的事故隐患排查治理负有统一协调和监督管理的职责。

第十三条 安全监管监察部门和有关部门的监督检查人员依法履行事故隐患监督检查职责时，生产经营单位应当积极配合，不得拒绝和阻挠。

第十四条 生产经营单位应当每季、每年对本单位事故隐患排查治理情况进行统计分析，并分别于下一季度15日前和下一年1月31日前向安全监管监察部门和有关部门报送书面统计分析表。统计分析表应当由生产经营单位主要负责人签字。

对于重大事故隐患，生产经营单位除依照前款规定报送外，应当及时向安全监管监察部门和有关部门报告。重大事故隐患报告内容应当包括：

（一）隐患的现状及其产生原因；

（二）隐患的危害程度和整改难易程度分析；

（三）隐患的治理方案。

第十五条 对于一般事故隐患，由生产经营单位（车间、分厂、区队等）负责人或者有关人员立即组织整改。

对于重大事故隐患，由生产经营单位主要负责人组织制定并实施事故隐患治理方案。重大事故隐患治理方案应当包括以下内容：

（一）治理的目标和任务；

（二）采取的方法和措施；

（三）经费和物资的落实；

（四）负责治理的机构和人员；

（五）治理的时限和要求；

（六）安全措施和应急预案。

第十六条 生产经营单位在事故隐患治理过程中，应当采取相应的安全防范措施，防止事故发生。事故隐患排除前或者排除过程中无法保证安全的，应当从危险区域内撤出作业人员，并疏散可能危及的其他人员，设置警戒标志，暂时停产停业或者停止使用；对暂时难以停产或者停止使用的相关生产储存装置、设施、设备，应当加强维护和保养，防止事故发生。

第十七条 生产经营单位应当加强对自然灾害的预防。对于因自然灾害可能导致事故灾难的隐患，应当按照有关法律、法规、标准和本规定的要求排查治理，采取可靠的预防措施，制定应急预案。在接到有关自然灾害预报时，应当及时向下属单位发出预警通知；发生自然灾害可能危及生产经营单位和人员安全的情况时，应当采取撤离人员、停止作业、加强监测等安全措施，并及时向当地人民政府及其有关部门报告。

第十八条 地方人民政府或者安全监管监

察部门及有关部门挂牌督办并责令全部或者局部停产停业治理的重大事故隐患，治理工作结束后，有条件的生产经营单位应当组织本单位的技术人员和专家对重大事故隐患的治理情况进行评估；其他生产经营单位应当委托具备相应资质的安全评价机构对重大事故隐患的治理情况进行评估。

经治理后符合安全生产条件的，生产经营单位应当向安全监管监察部门和有关部门提出恢复生产的书面申请，经安全监管监察部门和有关部门审查同意后，方可恢复生产经营。申请报告应当包括治理方案的内容、项目和安全评价机构出具的评价报告等。

第三章 监督管理

…………

第四章 罚则

…………

第五章 附则

第三十条 省级安全监管监察部门可以根据本规定，制定事故隐患排查治理和监督管理实施细则。

第三十一条 事业单位、人民团体以及其他经济组织的事故隐患排查治理，参照本规定执行。

第三十二条 本规定自2008年2月1日起施行。

国务院安委会办公室关于全面加强企业全员安全生产责任制工作的通知

（安委办〔2017〕29号，2017年10月10日）

各省、自治区、直辖市及新疆生产建设兵团安全生产委员会，国务院安委会各成员单位：

为深入贯彻《中共中央 国务院关于推进安全生产领域改革发展的意见》（以下简称《意见》）关于企业实行全员安全生产责任制的要求，全面落实企业安全生产（含职业健康，下同）主体责任，进一步提升企业的安全生产水平，推动全国安全生产形势持续稳定好转，现就全面加强企业全员安全生产责任制工作有关事项通知如下：

一、高度重视企业全员安全生产责任制

（一）明确企业全员安全生产责任制的内涵。企业全员安全生产责任制是由企业根据安全生产法律法规和相关标准要求，在生产经营活动中，根据企业岗位的性质、特点和具体工作内容，明确所有层级、各类岗位从业人员的安全生产责任，通过加强教育培训、强化管理考核和严格奖惩等方式，建立起安全生产工作“层层负责、人人有责、各负其责”的工作体系。

（二）充分认识企业全员安全生产责任制的重要意义。全面加强企业全员安全生产责任制工作，是推动企业落实安全生产主体责任的重要抓手，有利于减少企业“三违”现象（违章指挥、违章作业、违反劳动纪律）的发生，有利于降低因人的不安全行为造成的生产安全事故，对解决企业安全生产责任传导不力问题，维护广大从业人员的生命安全和职业健康具有重要意义。

二、建立健全企业全员安全生产责任制

（三）依法依规制定完善企业全员安全生产责任制。企业主要负责人负责建立、健全企

业的全员安全生产责任制。企业要按照《安全生产法》《职业病防治法》等法律法规规定，参照《企业安全生产标准化基本规范》（GB/T 33000—2016）和《企业安全生产责任体系五落实五到位规定》（安监总办〔2015〕27号）等有关要求，结合企业自身实际，明确从主要负责人到一线从业人员（含劳务派遣人员、实习学生等）的安全生产责任、责任范围和考核标准。安全生产责任制应覆盖本企业所有组织和岗位，其责任内容、范围、考核标准要简明扼要、清晰明确、便于操作、适时更新。企业一线从业人员的安全生产责任制，要力求通俗易懂。

（四）加强企业全员安全生产责任制公示。企业要在适当位置对全员安全生产责任制进行长期公示。公示的内容主要包括：所有层级、所有岗位的安全生产责任、安全生产责任范围、安全生产责任考核标准等。

（五）加强企业全员安全生产责任制教育培训。企业主要负责人要指定专人组织制定并实施本企业全员安全生产教育和培训计划。企业要将全员安全生产责任制教育培训工作纳入安全生产年度培训计划，通过自行组织或委托具备安全培训条件的中介服务机构等实施。要通过教育培训，提升所有从业人员的安全技能，培养良好的安全习惯。要建立健全教育培训档案，如实记录安全生产教育和培训情况。

（六）加强落实企业全员安全生产责任制的考核管理。企业要建立健全安全生产责任制管理考核制度，对全员安全生产责任制落实情况进行考核管理。要健全激励约束机制，通过奖励主动落实、全面落实责任，惩处不落实责任、部分落实责任，不断激发全员参与安全生产工作的积极性和主动性，形成良好的安全文化氛围。

三、加强对企业全员安全生产责任制的监督检查

（七）明确对企业全员安全生产责任制监督检查的主要内容。地方各级负有安全生产监督管理职责的部门要按照“管行业必须管安全、管业务必须管安全、管生产经营必须管安全”和“谁主管、谁负责”的要求，切实履行安全生产监督管理职责，加强对企业建立和落实全员安全生产责任制工作的指导督促和监督检查。监督检查的内容主要包括：

1. 企业全员安全生产责任制建立情况。包括：是否建立了涵盖所有层级和所有岗位的安全生产责任制；是否明确了安全生产责任范围；是否认真贯彻执行《企业安全生产责任体系五落实五到位》等。

2. 企业安全生产责任制公示情况。包括：是否在适当位置进行了公示；相关的安全生产责任制内容是否符合要求等。

3. 企业全员安全生产责任制教育培训情况。包括：是否制定了培训计划、方案；是否按照规定对所有岗位从业人员（含劳务派遣人员、实习学生等）进行了安全生产责任制教育培训；是否如实记录相关教育培训情况等。

4. 企业全员安全生产责任制考核情况。包括：是否建立了企业全员安全生产责任制考核制度；是否将企业全员安全生产责任制度考核贯彻落实到位等。

（八）强化监督检查和依法处罚。地方各级负有安全生产监督管理职责的部门要把企业建立和落实全员安全生产责任制情况纳入年度执法计划，加大日常监督检查力度，督促企业全面落实主体责任。对企业主要负责人未履行建立健全全员安全生产责任制职责，直接负责的主管人员和其他直接责任人员未对从业人员（含被派遣劳动者、实习学生等）进行相关教育培训或者未如实记录教育培训情况等违法违规行为，由地方各级负有安全生产监督管理职责的部门依照相关法律法规予以处罚。健全安全生产不良记录“黑名单”制度，因拒不落实企业全员安全生产责任制而造成严重后果的，要纳入惩戒范围，并定期向社会公布。

四、工作要求

（九）加强分类指导。地方各级安全生产委员会、国务院安委会各成员单位要根据本通知精神，指导督促相关行业领域的企业密切联系实际，制定全员安全生产责任制，努力实现“一企一标准，一岗一清单”，形成可操作、能

落实的制度措施。

（十）注重典型引路。地方各级安全生产委员会要充分发挥指导协调作用，及时研究、协调解决企业全员安全生产责任制贯彻实施中出现的突出问题。要通过实施全面发动、典型引领、对标整改等方式，整体推动企业全员安全生产责任制的落实。目前尚未开展企业全员安全生产责任制工作的地区，要根据本通知精神，结合本地区实际，统筹制定落实方案，并印发至企业；已开展此项工作的地区，要结合本通知精神，进一步完善原有政策措施，确保本通知的各项要求落到实处。国务院安全生产委员会办公室将适时遴选一批典型做法在全国推广。

（十一）营造良好氛围。地方各级安全生产委员会、国务院安委会各成员单位要以落实中央《意见》为契机，加大企业全员安全生产责任制工作的宣传力度，发动全员共同参与。各级工会、共青团、妇联等要积极参与监督，大力推动企业加快落实全员安全生产责任制，形成合力，共同营造人人关注安全、人人参与安全、人人监督安全的浓厚氛围，促进企业改进安全生产管理，改善安全生产条件，提升安全生产水平，真正实现从“要我安全”到“我要安全”“我会安全”的转变。

国家安全监管总局关于印发企业安全生产责任体系五落实五到位规定的通知

（安监总办〔2015〕27号，2015年3月16日）

各省、自治区、直辖市及新疆生产建设兵团安全生产监督管理局，各省级煤矿安全监察局，各中央企业：

为深入贯彻落实习近平总书记关于安全生产工作的重要论述精神和全国安全生产电视电话会议部署，全面贯彻落实新《安全生产法》，进一步健全安全生产责任体系，强化企业安全生产主体责任落实，国家安全监管总局制定了《企业安全生产责任体系五落实五到位规定》（以下简称《规定》），现印发给你们，请认真贯彻落实。

一、请各级安全监管部门根据本地实际情况和附后式样，安排印制《规定》挂图，按照监管范围、企业属地监管的原则，在4月底前分级发放至辖区内企业，确保全覆盖、无遗漏。国家安全监管总局负责印发中央企业总部。

二、各企业要将《规定》张贴在醒目位置，并严格按照要求，抓紧完善安全生产领导责任制，调整安全生产管理机构人员，建立相关工作制度。2015年底所有规模以上企业必须做到安全生产责任体系五落实五到位，2016年扩大到所有规模以下企业。

三、各地区要加大宣传和曝光力度，强化示范引领和鞭策推动。各级安全监管部门、煤矿安全监察机构要加强督促检查，指导、推动企业抓好贯彻落实。国家安全监管总局将组织对重点地区、重点企业落实情况开展抽查。

附件：挂图式样（略）

企业安全生产责任体系五落实五到位规定

一、必须落实“党政同责”要求，董事长、党组织书记、总经理对本企业安全生产工作共同承担领导责任。

二、必须落实安全生产“一岗双责”，所有领导班子成员对分管范围内安全生产工作承担相应职责。

三、必须落实安全生产组织领导机构，成立安全生产委员会，由董事长或总经理担任主任。

四、必须落实安全管理力量，依法设置安

全生产管理机构，配齐配强注册安全工程师等专业安全管理人员。

五、必须落实安全生产报告制度，定期向董事会、业绩考核部门报告安全生产情况，并向社会公示。

六、必须做到安全责任到位、安全投入到位、安全培训到位、安全管理到位、应急救援到位。

消 防 安 全

烟花爆竹安全管理条例（摘）

（2006年1月21日中华人民共和国国务院令第455号公布，根据2016年2月6日中华人民共和国国务院令第666号《国务院关于修改部分行政法规的决定》修订）

第一章 总则

第一条 为了加强烟花爆竹安全管理，预防爆炸事故发生，保障公共安全和人身、财产的安全，制定本条例。

第二条 烟花爆竹的生产、经营、运输和燃放，适用本条例。

本条例所称烟花爆竹，是指烟花爆竹制品和用于生产烟花爆竹的民用黑火药、烟火药、引火线等物品。

第三条 国家对烟花爆竹的生产、经营、运输和举办焰火晚会以及其他大型焰火燃放活动，实行许可证制度。

未经许可，任何单位或者个人不得生产、经营、运输烟花爆竹，不得举办焰火晚会以及其他大型焰火燃放活动。

…………

第五章 燃放安全

第二十八条 燃放烟花爆竹，应当遵守有关法律、法规和规章的规定。县级以上地方人民政府可以根据本行政区域的实际情况，确定限制或者禁止燃放烟花爆竹的时间、地点和种类。

第二十九条 各级人民政府和政府有关部门应当开展社会宣传活动，教育公民遵守有关法律、法规和规章，安全燃放烟花爆竹。

广播、电视、报刊等新闻媒体，应当做好安全燃放烟花爆竹的宣传、教育工作。

未成年人的监护人应当对未成年人进行安全燃放烟花爆竹的教育。

第三十条 禁止在下列地点燃放烟花爆竹：

（一）文物保护单位；

（二）车站、码头、飞机场等交通枢纽以及铁路线路安全保护区内；

（三）易燃易爆物品生产、储存单位；

（四）输变电设施安全保护区内；

（五）医疗机构、幼儿园、中小学校、敬老院；

（六）山林、草原等重点防火区；

（七）县级以上地方人民政府规定的禁止燃放烟花爆竹的其他地点。

第三十一条 燃放烟花爆竹，应当按照燃放说明燃放，不得以危害公共安全和人身、财产安全的方式燃放烟花爆竹。

…………

第四十六条 本条例自公布之日起施行。

国务院办公厅关于印发消防安全责任制实施办法的通知

（国办发〔2017〕87号，2017年10月29日）

各省、自治区、直辖市人民政府，国务院各部委、各直属机构：

《消防安全责任制实施办法》已经国务院同意，现印发给你们，请认真贯彻执行。

消防安全责任制实施办法

第一章　总则

第一条　为深入贯彻《中华人民共和国消防法》、《中华人民共和国安全生产法》和党中央、国务院关于安全生产及消防安全的重要决策部署，按照政府统一领导、部门依法监管、单位全面负责、公民积极参与的原则，坚持党政同责、一岗双责、齐抓共管、失职追责，进一步健全消防安全责任制，提高公共消防安全水平，预防火灾和减少火灾危害，保障人民群众生命财产安全，制定本办法。

第二条　地方各级人民政府负责本行政区域内的消防工作，政府主要负责人为第一责任人，分管负责人为主要责任人，班子其他成员对分管范围内的消防工作负领导责任。

第三条　国务院公安部门对全国的消防工作实施监督管理。县级以上地方人民政府公安机关对本行政区域内的消防工作实施监督管理。县级以上人民政府其他有关部门按照管行业必须管安全、管业务必须管安全、管生产经营必须管安全的要求，在各自职责范围内依法依规做好本行业、本系统的消防安全工作。

第四条　坚持安全自查、隐患自除、责任自负。机关、团体、企业、事业等单位是消防安全的责任主体，法定代表人、主要负责人或实际控制人是本单位、本场所消防安全责任人，对本单位、本场所消防安全全面负责。

消防安全重点单位应当确定消防安全管理人，组织实施本单位的消防安全管理工作。

第五条　坚持权责一致、依法履职、失职追责。对不履行或不按规定履行消防安全职责的单位和个人，依法依规追究责任。

第二章　地方各级人民政府消防工作职责

第六条　县级以上地方各级人民政府应当落实消防工作责任制，履行下列职责：

（一）贯彻执行国家法律法规和方针政策，以及上级党委、政府关于消防工作的部署要求，全面负责本地区消防工作，每年召开消防工作会议，研究部署本地区消防工作重大事项。每年向上级人民政府专题报告本地区消防工作情况。健全由政府主要负责人或分管负责人牵头的消防工作协调机制，推动落实消防工作责任。

（二）将消防工作纳入经济社会发展总体规划，将包括消防安全布局、消防站、消防供水、消防通信、消防车通道、消防装备等内容的消防规划纳入城乡规划，并负责组织实施，确保消防工作与经济社会发展相适应。

（三）督促所属部门和下级人民政府落实消防安全责任制，在农业收获季节、森林和草原防火期间、重大节假日和重要活动期间以及火灾多发季节，组织开展消防安全检查。推动消防科学研究和技术创新，推广使用先进消防和应急救援技术、设备。组织开展经常性的消防宣传工作。大力发展消防公益事业。采取政府购买公共服务等方式，推进消防教育培训、技术服务和物防、技防等工作。

（四）建立常态化火灾隐患排查整治机制，组织实施重大火灾隐患和区域性火灾隐患整治工作。实行重大火灾隐患挂牌督办制度。对报请挂牌督办的重大火灾隐患和停产停业整改报告，在7个工作日内作出同意或不同意的决定，并组织有关部门督促隐患单位采取措施予以整改。

（五）依法建立公安消防队和政府专职消防队。明确政府专职消防队公益属性，采取招聘、购买服务等方式招录政府专职消防队员，建设营房，配齐装备；按规定落实其工资、保险和相关福利待遇。

（六）组织领导火灾扑救和应急救援工作。组织制定灭火救援应急预案，定期组织开展演练；建立灭火救援社会联动和应急反应处置机制，落实人员、装备、经费和灭火药剂等保障，根据需要调集灭火救援所需工程机械和特殊装备。

（七）法律、法规、规章规定的其他消防

工作职责。

第七条 省、自治区、直辖市人民政府除履行第六条规定的职责外，还应当履行下列职责：

（一）定期召开政府常务会议、办公会议，研究部署消防工作。

（二）针对本地区消防安全特点和实际情况，及时提请同级人大及其常委会制定、修订地方性法规，组织制定、修订政府规章、规范性文件。

（三）将消防安全的总体要求纳入城市总体规划，并严格审核。

（四）加大消防投入，保障消防事业发展所需经费。

第八条 市、县级人民政府除履行第六条规定的职责外，还应当履行下列职责：

（一）定期召开政府常务会议、办公会议，研究部署消防工作。

（二）科学编制和严格落实城乡消防规划，预留消防队站、训练设施等建设用地。加强消防水源建设，按照规定建设市政消防供水设施，制定市政消防水源管理办法，明确建设、管理维护部门和单位。

（三）在本级政府预算中安排必要的资金，保障消防站、消防供水、消防通信等公共消防设施和消防装备建设，促进消防事业发展。

（四）将消防公共服务事项纳入政府民生工程或为民办实事工程；在社会福利机构、幼儿园、托儿所、居民家庭、小旅馆、群租房以及住宿与生产、储存、经营合用的场所推广安装简易喷淋装置、独立式感烟火灾探测报警器。

（五）定期分析评估本地区消防安全形势，组织开展火灾隐患排查整治工作；对重大火灾隐患，应当组织有关部门制定整改措施，督促限期消除。

（六）加强消防宣传教育培训，有计划地建设公益性消防科普教育基地，开展消防科普教育活动。

（七）按照立法权限，针对本地区消防安全特点和实际情况，及时提请同级人大及其常委会制定、修订地方性法规，组织制定、修订地方政府规章、规范性文件。

第九条 乡镇人民政府消防工作职责：

（一）建立消防安全组织，明确专人负责消防工作，制定消防安全制度，落实消防安全措施。

（二）安排必要的资金，用于公共消防设施建设和业务经费支出。

（三）将消防安全内容纳入镇总体规划、乡规划，并严格组织实施。

（四）根据当地经济发展和消防工作的需要建立专职消防队、志愿消防队，承担火灾扑救、应急救援等职能，并开展消防宣传、防火巡查、隐患查改。

（五）因地制宜落实消防安全“网格化”管理的措施和要求，加强消防宣传和应急疏散演练。

（六）部署消防安全整治，组织开展消防安全检查，督促整改火灾隐患。

（七）指导村（居）民委员会开展群众性的消防工作，确定消防安全管理人，制定防火安全公约，根据需要建立志愿消防队或微型消防站，开展防火安全检查、消防宣传教育和应急疏散演练，提高城乡消防安全水平。

街道办事处应当履行前款第（一）、（四）、（五）、（六）、（七）项职责，并保障消防工作经费。

第十条 开发区管理机构、工业园区管理机构等地方人民政府的派出机关，负责管理区域内的消防工作，按照本办法履行同级别人民政府的消防工作职责。

第十一条 地方各级人民政府主要负责人应当组织实施消防法律法规、方针政策和上级部署要求，定期研究部署消防工作，协调解决本行政区域内的重大消防安全问题。

地方各级人民政府分管消防安全的负责人应当协助主要负责人，综合协调本行政区域内的消防工作，督促检查各有关部门、下级政府落实消防工作的情况。班子其他成员要定期研究部署分管领域的消防工作，组织工作督查，推动分管领域火灾隐患排查整治。

第三章 县级以上人民政府工作部门消防安全职责

第十二条 县级以上人民政府工作部门应

当按照谁主管、谁负责的原则，在各自职责范围内履行下列职责：

（一）根据本行业、本系统业务工作特点，在行业安全生产法规政策、规划计划和应急预案中纳入消防安全内容，提高消防安全管理水平。

（二）依法督促本行业、本系统相关单位落实消防安全责任制，建立消防安全管理制度，确定专（兼）职消防安全管理人员，落实消防工作经费；开展针对性消防安全检查治理，消除火灾隐患；加强消防宣传教育培训，每年组织应急演练，提高行业从业人员消防安全意识。

（三）法律、法规和规章规定的其他消防安全职责。

第十三条　具有行政审批职能的部门，对审批事项中涉及消防安全的法定条件要依法严格审批，凡不符合法定条件的，不得核发相关许可证照或批准开办。对已经依法取得批准的单位，不再具备消防安全条件的应当依法予以处理。

（一）公安机关负责对消防工作实施监督管理，指导、督促机关、团体、企业、事业等单位履行消防工作职责。依法实施建设工程消防设计审核、消防验收，开展消防监督检查，组织针对性消防安全专项治理，实施消防行政处罚。组织和指挥火灾现场扑救，承担或参加重大灾害事故和其他以抢救人员生命为主的应急救援工作。依法组织或参与火灾事故调查处理工作，办理失火罪和消防责任事故罪案件。组织开展消防宣传教育培训和应急疏散演练。

（二）教育部门负责学校、幼儿园管理中的行业消防安全。指导学校消防安全教育宣传工作，将消防安全教育纳入学校安全教育活动统筹安排。

（三）民政部门负责社会福利、特困人员供养、救助管理、未成年人保护、婚姻、殡葬、救灾物资储备、烈士纪念、军休军供、优抚医院、光荣院、养老机构等民政服务机构审批或管理中的行业消防安全。

（四）人力资源社会保障部门负责职业培训机构、技工院校审批或管理中的行业消防安全。做好政府专职消防队员、企业专职消防队员依法参加工伤保险工作。将消防法律法规和消防知识纳入公务员培训、职业培训内容。

（五）城乡规划管理部门依据城乡规划配合制定消防设施布局专项规划，依据规划预留消防站规划用地，并负责监督实施。

（六）住房城乡建设部门负责依法督促建设工程责任单位加强对房屋建筑和市政基础设施工程建设的安全管理，在组织制定工程建设规范以及推广新技术、新材料、新工艺时，应充分考虑消防安全因素，满足有关消防安全性能及要求。

（七）交通运输部门负责在客运车站、港口、码头及交通工具管理中依法督促有关单位落实消防安全主体责任和有关消防工作制度。

（八）文化部门负责文化娱乐场所审批或管理中的行业消防安全工作，指导、监督公共图书馆、文化馆（站）、剧院等文化单位履行消防安全职责。

（九）卫生计生部门负责医疗卫生机构、计划生育技术服务机构审批或管理中的行业消防安全。

（十）工商行政管理部门负责依法对流通领域消防产品质量实施监督管理，查处流通领域消防产品质量违法行为。

（十一）质量技术监督部门负责依法督促特种设备生产单位加强特种设备生产过程中的消防安全管理，在组织制定特种设备产品及使用标准时，应充分考虑消防安全因素，满足有关消防安全性能及要求，积极推广消防新技术在特种设备产品中的应用。按照职责分工对消防产品质量实施监督管理，依法查处消防产品质量违法行为。做好消防安全相关标准制修订工作，负责消防相关产品质量认证监督管理工作。

（十二）新闻出版广电部门负责指导新闻出版广播影视机构消防安全管理，协助监督管理印刷业、网络视听节目服务机构消防安全。督促新闻媒体发布针对性消防安全提示，面向社会开展消防宣传教育。

（十三）安全生产监督管理部门要严格依法实施有关行政审批，凡不符合法定条件的，不得核发有关安全生产许可。

第十四条　具有行政管理或公共服务职能

的部门，应当结合本部门职责为消防工作提供支持和保障。

（一）发展改革部门应当将消防工作纳入国民经济和社会发展中长期规划。地方发展改革部门应当将公共消防设施建设列入地方固定资产投资计划。

（二）科技部门负责将消防科技进步纳入科技发展规划和中央财政科技计划（专项、基金等）并组织实施。组织指导消防安全重大科技攻关、基础研究和应用研究，会同有关部门推动消防科研成果转化应用。将消防知识纳入科普教育内容。

（三）工业和信息化部门负责指导督促通信业、通信设施建设以及民用爆炸物品生产、销售的消防安全管理。依据职责负责危险化学品生产、储存的行业规划和布局。将消防产业纳入应急产业同规划、同部署、同发展。

（四）司法行政部门负责指导监督监狱系统、司法行政系统强制隔离戒毒场所的消防安全管理。将消防法律法规纳入普法教育内容。

（五）财政部门负责按规定对消防资金进行预算管理。

（六）商务部门负责指导、督促商贸行业的消防安全管理工作。

（七）房地产管理部门负责指导、督促物业服务企业按照合同约定做好住宅小区共用消防设施的维护管理工作，并指导业主依照有关规定使用住宅专项维修资金对住宅小区共用消防设施进行维修、更新、改造。

（八）电力管理部门依法对电力企业和用户执行电力法律、行政法规的情况进行监督检查，督促企业严格遵守国家消防技术标准，落实企业主体责任。推广采用先进的火灾防范技术设施，引导用户规范用电。

（九）燃气管理部门负责加强城镇燃气安全监督管理工作，督促燃气经营者指导用户安全用气并对燃气设施定期进行安全检查、排除隐患，会同有关部门制定燃气安全事故应急预案，依法查处燃气经营者和燃气用户等各方主体的燃气违法行为。

（十）人防部门负责对人民防空工程的维护管理进行监督检查。

（十一）文物部门负责文物保护单位、世界文化遗产和博物馆的行业消防安全管理。

（十二）体育、宗教事务、粮食等部门负责加强体育类场馆、宗教活动场所、储备粮储存环节等消防安全管理，指导开展消防安全标准化管理。

（十三）银行、证券、保险等金融监管机构负责督促银行业金融机构、证券业机构、保险机构及服务网点、派出机构落实消防安全管理。保险监管机构负责指导保险公司开展火灾公众责任保险业务，鼓励保险机构发挥火灾风险评估管控和火灾事故预防功能。

（十四）农业、水利、交通运输等部门应当将消防水源、消防车通道等公共消防设施纳入相关基础设施建设工程。

（十五）互联网信息、通信管理等部门应当指导网站、移动互联网媒体等开展公益性消防安全宣传。

（十六）气象、水利、地震部门应当及时将重大灾害事故预警信息通报公安消防部门。

（十七）负责公共消防设施维护管理的单位应当保持消防供水、消防通信、消防车通道等公共消防设施的完好有效。

第四章　单位消防安全职责

第十五条　机关、团体、企业、事业等单位应当落实消防安全主体责任，履行下列职责：

（一）明确各级、各岗位消防安全责任人及其职责，制定本单位的消防安全制度、消防安全操作规程、灭火和应急疏散预案。定期组织开展灭火和应急疏散演练，进行消防工作检查考核，保证各项规章制度落实。

（二）保证防火检查巡查、消防设施器材维护保养、建筑消防设施检测、火灾隐患整改、专职或志愿消防队和微型消防站建设等消防工作所需资金的投入。生产经营单位安全费用应当保证适当比例用于消防工作。

（三）按照相关标准配备消防设施、器材，设置消防安全标志，定期检验维修，对建筑消防设施每年至少进行一次全面检测，确保完好有效。设有消防控制室的，实行 24 小时值班制度，每班不少于 2 人，并持证上岗。

（四）保障疏散通道、安全出口、消防车通道畅通，保证防火防烟分区、防火间距符合消防技术标准。人员密集场所的门窗不得设置影响逃生和灭火救援的障碍物。保证建筑构件、建筑材料和室内装修装饰材料等符合消防技术标准。

（五）定期开展防火检查、巡查，及时消除火灾隐患。

（六）根据需要建立专职或志愿消防队、微型消防站，加强队伍建设，定期组织训练演练，加强消防装备配备和灭火药剂储备，建立与公安消防队联勤联动机制，提高扑救初起火灾能力。

（七）消防法律、法规、规章以及政策文件规定的其他职责。

第十六条　消防安全重点单位除履行第十五条规定的职责外，还应当履行下列职责：

（一）明确承担消防安全管理工作的机构和消防安全管理人并报知当地公安消防部门，组织实施本单位消防安全管理。消防安全管理人应当经过消防培训。

（二）建立消防档案，确定消防安全重点部位，设置防火标志，实行严格管理。

（三）安装、使用电器产品、燃气用具和敷设电气线路、管线必须符合相关标准和用电、用气安全管理规定，并定期维护保养、检测。

（四）组织员工进行岗前消防安全培训，定期组织消防安全培训和疏散演练。

（五）根据需要建立微型消防站，积极参与消防安全区域联防联控，提高自防自救能力。

（六）积极应用消防远程监控、电气火灾监测、物联网技术等技防物防措施。

第十七条　对容易造成群死群伤火灾的人员密集场所、易燃易爆单位和高层、地下公共建筑等火灾高危单位，除履行第十五条、第十六条规定的职责外，还应当履行下列职责：

（一）定期召开消防安全工作例会，研究本单位消防工作，处理涉及消防经费投入、消防设施设备购置、火灾隐患整改等重大问题。

（二）鼓励消防安全管理人取得注册消防工程师执业资格，消防安全责任人和特有工种人员须经消防安全培训；自动消防设施操作人员应取得建（构）筑物消防员资格证书。

（三）专职消防队或微型消防站应当根据本单位火灾危险特性配备相应的消防装备器材，储备足够的灭火救援药剂和物资，定期组织消防业务学习和灭火技能训练。

（四）按照国家标准配备应急逃生设施设备和疏散引导器材。

（五）建立消防安全评估制度，由具有资质的机构定期开展评估，评估结果向社会公开。

（六）参加火灾公众责任保险。

第十八条　同一建筑物由两个以上单位管理或使用的，应当明确各方的消防安全责任，并确定责任人对共用的疏散通道、安全出口、建筑消防设施和消防车通道进行统一管理。

物业服务企业应当按照合同约定提供消防安全防范服务，对管理区域内的共用消防设施和疏散通道、安全出口、消防车通道进行维护管理，及时劝阻和制止占用、堵塞、封闭疏散通道、安全出口、消防车通道等行为，劝阻和制止无效的，立即向公安机关等主管部门报告。定期开展防火检查巡查和消防宣传教育。

第十九条　石化、轻工等行业组织应当加强行业消防安全自律管理，推动本行业消防工作，引导行业单位落实消防安全主体责任。

第二十条　消防设施检测、维护保养和消防安全评估、咨询、监测等消防技术服务机构和执业人员应当依法获得相应的资质、资格，依法依规提供消防安全技术服务，并对服务质量负责。

第二十一条　建设工程的建设、设计、施工和监理等单位应当遵守消防法律、法规、规章和工程建设消防技术标准，在工程设计使用年限内对工程的消防设计、施工质量承担终身责任。

第五章　责任落实

第二十二条　国务院每年组织对省级人民政府消防工作完成情况进行考核，考核结果交由中央干部主管部门，作为对各省级人民政府主要负责人和领导班子综合考核评价的重要依据。

第二十三条　地方各级人民政府应当建立健全消防工作考核评价体系，明确消防工作目标责任，纳入日常检查、政务督查的重要内容，组织年度消防工作考核，确保消防安全责任落实。加强消防工作考核结果运用，建立与主要负责人、分管负责人和直接责任人履职评定、奖励惩处相挂钩的制度。

第二十四条 地方各级消防安全委员会、消防安全联席会议等消防工作协调机制应当定期召开成员单位会议，分析研判消防安全形势，协调指导消防工作开展，督促解决消防工作重大问题。

第二十五条 各有关部门应当建立单位消防安全信用记录，纳入全国信用信息共享平台，作为信用评价、项目核准、用地审批、金融扶持、财政奖补等方面的参考依据。

第二十六条 公安机关及其工作人员履行法定消防工作职责时，应当做到公正、严格、文明、高效。

公安机关及其工作人员进行消防设计审核、消防验收和消防安全检查等，不得收取费用，不得谋取利益，不得利用职务指定或者变相指定消防产品的品牌、销售单位或者消防技术服务机构、消防设施施工单位。

国务院公安部门要加强对各地公安机关及其工作人员进行消防设计审核、消防验收和消防安全检查等行为的监督管理。

第二十七条 地方各级人民政府和有关部门不依法履行职责，在涉及消防安全行政审批、公共消防设施建设、重大火灾隐患整改、消防力量发展等方面工作不力、失职渎职的，依法依规追究有关人员的责任，涉嫌犯罪的，移送司法机关处理。

第二十八条 因消防安全责任不落实发生一般及以上火灾事故的，依法依规追究单位直接责任人、法定代表人、主要负责人或实际控制人的责任，对履行职责不力、失职渎职的政府及有关部门负责人和工作人员实行问责，涉嫌犯罪的，移送司法机关处理。

发生造成人员死亡或产生社会影响的一般火灾事故的，由事故发生地县级人民政府负责组织调查处理；发生较大火灾事故的，由事故发生地设区的市级人民政府负责组织调查处理；发生重大火灾事故的，由事故发生地省级人民政府负责组织调查处理；发生特别重大火灾事故的，由国务院或国务院授权有关部门负责组织调查处理。

第六章 附则

第二十九条 具有固定生产经营场所的个体工商户，参照本办法履行单位消防安全职责。

第三十条 微型消防站是单位、社区组建的有人员、有装备，具备扑救初起火灾能力的志愿消防队。具体标准由公安消防部门确定。

第三十一条 本办法自印发之日起施行。地方各级人民政府、国务院有关部门等可结合实际制定具体实施办法。

社会消防技术服务管理规定（摘）

（中华人民共和国应急管理部令第7号，2021年9月13日）

《社会消防技术服务管理规定》已经2021年8月17日应急管理部第27次部务会议审议通过，现予公布，自2021年11月9日起施行。

第一章 总则

第一条 为规范社会消防技术服务活动，维护消防技术服务市场秩序，促进提高消防技术服务质量，根据《中华人民共和国消防法》，制定本规定。

第二条 在中华人民共和国境内从事社会消防技术服务活动、对消防技术服务机构实施监督管理，适用本规定。

本规定所称消防技术服务机构是指从事消防设施维护保养检测、消防安全评估等社会消防技术服务活动的企业。

第三条 消防技术服务机构及其从业人员

开展社会消防技术服务活动应当遵循客观独立、合法公正、诚实信用的原则。

本规定所称消防技术服务从业人员，是指依法取得注册消防工程师资格并在消防技术服务机构中执业的专业技术人员，以及按照有关规定取得相应消防行业特有工种职业资格，在消防技术服务机构中从事社会消防技术服务活动的人员。

…………

第二章　从业条件

第五条　从事消防设施维护保养检测的消防技术服务机构，应当具备下列条件：

（一）取得企业法人资格；

（二）工作场所建筑面积不少于200平方米；

（三）消防技术服务基础设备和消防设施维护保养检测设备配备符合有关规定要求；

（四）注册消防工程师不少于2人，其中一级注册消防工程师不少于1人；

（五）取得消防设施操作员国家职业资格证书的人员不少于6人，其中中级技能等级以上的不少于2人；

（六）健全的质量管理体系。

第六条　从事消防安全评估的消防技术服务机构，应当具备下列条件：

（一）取得企业法人资格；

（二）工作场所建筑面积不少于100平方米；

（三）消防技术服务基础设备和消防安全评估设备配备符合有关规定要求；

（四）注册消防工程师不少于2人，其中一级注册消防工程师不少于1人；

（五）健全的消防安全评估过程控制体系。

第七条　同时从事消防设施维护保养检测、消防安全评估的消防技术服务机构，应当具备下列条件：

（一）取得企业法人资格；

（二）工作场所建筑面积不少于200平方米；

（三）消防技术服务基础设备和消防设施维护保养检测、消防安全评估设备配备符合规定的要求；

（四）注册消防工程师不少于2人，其中一级注册消防工程师不少于1人；

（五）取得消防设施操作员国家职业资格证书的人员不少于6人，其中中级技能等级以上的不少于2人；

（六）健全的质量管理和消防安全评估过程控制体系。

第八条　消防技术服务机构可以在全国范围内从业。

第三章　社会消防技术服务活动

第九条　消防技术服务机构及其从业人员应当依照法律法规、技术标准和从业准则，开展下列社会消防技术服务活动，并对服务质量负责：

（一）消防设施维护保养检测机构可以从事建筑消防设施维护保养、检测活动；

（二）消防安全评估机构可以从事区域消防安全评估、社会单位消防安全评估、大型活动消防安全评估等活动，以及消防法律法规、消防技术标准、火灾隐患整改、消防安全管理、消防宣传教育等方面的咨询活动。

消防技术服务机构出具的结论文件，可以作为消防救援机构实施消防监督管理和单位（场所）开展消防安全管理的依据。

…………

第四章　监督管理

…………

第五章　法律责任

…………

第六章　附则

第三十六条　保修期内的建筑消防设施由施工单位进行维护保养的，不适用本规定。

第三十七条　本规定所称虚假文件，是指消防技术服务机构未提供服务或者以篡改结果方式出具的消防技术文件，或者出具的与当时实际情况严重不符、结论定性严重偏离客观实际的消防技术文件。

本规定所称失实文件，是指消防技术服务机构出具的与当时实际情况部分不符、结论定性部分偏离客观实际的消防技术文件。

第三十八条 本规定中的“以上”、“以下”均含本数。

第三十九条 执行本规定所需要的文书式样，以及消防技术服务机构应当配备的仪器、设备、设施目录，由应急管理部制定。

第四十条 本规定自2021年11月9日起施行。

高层民用建筑消防安全管理规定

（应急管理部令第5号，2021年6月21日）

《高层民用建筑消防安全管理规定》已经2020年12月28日应急管理部第39次部务会议审议通过，现予公布，自2021年8月1日起施行。

第一章 总则

第一条 为了加强高层民用建筑消防安全管理，预防火灾和减少火灾危害，根据《中华人民共和国消防法》等法律、行政法规和国务院有关规定，制定本规定。

第二条 本规定适用于已经建成且依法投入使用的高层民用建筑（包括高层住宅建筑和高层公共建筑）的消防安全管理。

第三条 高层民用建筑消防安全管理贯彻预防为主、防消结合的方针，实行消防安全责任制。

建筑高度超过100米的高层民用建筑应当实行更加严格的消防安全管理。

第二章 消防安全职责

第四条 高层民用建筑的业主、使用人是高层民用建筑消防安全责任主体，对高层民用建筑的消防安全负责。高层民用建筑的业主、使用人是单位的，其法定代表人或者主要负责人是本单位的消防安全责任人。

高层民用建筑的业主、使用人可以委托物业服务企业或者消防技术服务机构等专业服务单位（以下统称消防服务单位）提供消防安全服务，并应当在服务合同中约定消防安全服务的具体内容。

第五条 同一高层民用建筑有两个及以上业主、使用人的，各业主、使用人对其专有部分的消防安全负责，对共有部分的消防安全共同负责。

同一高层民用建筑有两个及以上业主、使用人的，应当共同委托物业服务企业，或者明确一个业主、使用人作为统一管理人，对共有部分的消防安全实行统一管理，协调、指导业主、使用人共同做好整栋建筑的消防安全工作，并通过书面形式约定各方消防安全责任。

第六条 高层民用建筑以承包、租赁或者委托经营、管理等形式交由承包人、承租人、经营管理人使用的，当事人在订立承包、租赁、委托管理等合同时，应当明确各方消防安全责任。委托方、出租方依照法律规定，可以对承包方、承租方、受托方的消防安全工作统一协调、管理。

实行承包、租赁或者委托经营、管理时，业主应当提供符合消防安全要求的建筑物，督促使用人加强消防安全管理。

第七条 高层公共建筑的业主单位、使用单位应当履行下列消防安全职责：

（一）遵守消防法律法规，建立和落实消防安全管理制度；

（二）明确消防安全管理机构或者消防安全管理人员；

（三）组织开展防火巡查、检查，及时消除火灾隐患；

（四）确保疏散通道、安全出口、消防车通道畅通；

（五）对建筑消防设施、器材定期进行检验、维修，确保完好有效；

（六）组织消防宣传教育培训，制定灭火和应急疏散预案，定期组织消防演练；

（七）按照规定建立专职消防队、志愿消防队（微型消防站）等消防组织；

（八）法律、法规规定的其他消防安全职责。

委托物业服务企业，或者明确统一管理人实施消防安全管理的，物业服务企业或者统一管理人应当按照约定履行前款规定的消防安全职责，业主单位、使用单位应当督促并配合物业服务企业或者统一管理人做好消防安全工作。

第八条 高层公共建筑的业主、使用人、物业服务企业或者统一管理人应当明确专人担任消防安全管理人，负责整栋建筑的消防安全管理工作，并在建筑显著位置公示其姓名、联系方式和消防安全管理职责。

高层公共建筑的消防安全管理人应当履行下列消防安全管理职责：

（一）拟订年度消防工作计划，组织实施日常消防安全管理工作；

（二）组织开展防火检查、巡查和火灾隐患整改工作；

（三）组织实施对建筑共用消防设施设备的维护保养；

（四）管理专职消防队、志愿消防队（微型消防站）等消防组织；

（五）组织开展消防安全的宣传教育和培训；

（六）组织编制灭火和应急疏散综合预案并开展演练。

高层公共建筑的消防安全管理人应当具备与其职责相适应的消防安全知识和管理能力。对建筑高度超过 100 米的高层公共建筑，鼓励有关单位聘用相应级别的注册消防工程师或者相关工程类中级及以上专业技术职务的人员担任消防安全管理人。

第九条 高层住宅建筑的业主、使用人应当履行下列消防安全义务：

（一）遵守住宅小区防火安全公约和管理规约约定的消防安全事项；

（二）按照不动产权属证书载明的用途使用建筑；

（三）配合消防服务单位做好消防安全工作；

（四）按照法律规定承担消防服务费用以及建筑消防设施维修、更新和改造的相关费用；

（五）维护消防安全，保护消防设施，预防火灾，报告火警，成年人参加有组织的灭火工作；

（六）法律、法规规定的其他消防安全义务。

第十条 接受委托的高层住宅建筑的物业服务企业应当依法履行下列消防安全职责：

（一）落实消防安全责任，制定消防安全制度，拟订年度消防安全工作计划和组织保障方案；

（二）明确具体部门或者人员负责消防安全管理工作；

（三）对管理区域内的共用消防设施、器材和消防标志定期进行检测、维护保养，确保完好有效；

（四）组织开展防火巡查、检查，及时消除火灾隐患；

（五）保障疏散通道、安全出口、消防车通道畅通，对占用、堵塞、封闭疏散通道、安全出口、消防车通道等违规行为予以制止；制止无效的，及时报告消防救援机构等有关行政管理部门依法处理；

（六）督促业主、使用人履行消防安全义务；

（七）定期向所在住宅小区业主委员会和业主、使用人通报消防安全情况，提示消防安全风险；

（八）组织开展经常性的消防宣传教育；

（九）制定灭火和应急疏散预案，并定期组织演练；

（十）法律、法规规定和合同约定的其他消防安全职责。

第十一条 消防救援机构和其他负责消防监督检查的机构依法对高层民用建筑进行消防

监督检查，督促业主、使用人、受委托的消防服务单位等落实消防安全责任；对监督检查中发现的火灾隐患，通知有关单位或者个人立即采取措施消除隐患。

消防救援机构应当加强高层民用建筑消防安全法律、法规的宣传，督促、指导有关单位做好高层民用建筑消防安全宣传教育工作。

第十二条 村民委员会、居民委员会应当依法组织制定防火安全公约，对高层民用建筑进行防火安全检查，协助人民政府和有关部门加强消防宣传教育；对老年人、未成年人、残疾人等开展有针对性的消防宣传教育，加强消防安全帮扶。

第十三条 供水、供电、供气、供热、通信、有线电视等专业运营单位依法对高层民用建筑内由其管理的设施设备消防安全负责，并定期进行检查和维护。

第三章 消防安全管理

第十四条 高层民用建筑施工期间，建设单位应当与施工单位明确施工现场的消防安全责任。施工期间应当严格落实现场防范措施，配置消防器材，指定专人监护，采取防火分隔措施，不得影响其他区域的人员安全疏散和建筑消防设施的正常使用。

高层民用建筑的业主、使用人不得擅自变更建筑使用功能、改变防火防烟分区，不得违反消防技术标准使用易燃、可燃装修装饰材料。

第十五条 高层民用建筑的业主、使用人或者物业服务企业、统一管理人应当对动用明火作业实行严格的消防安全管理，不得在具有火灾、爆炸危险的场所使用明火；因施工等特殊情况需要进行电焊、气焊等明火作业的，应当按照规定办理动火审批手续，落实现场监护人，配备消防器材，并在建筑主入口和作业现场显著位置公告。作业人员应当依法持证上岗，严格遵守消防安全规定，清除周围及下方的易燃、可燃物，采取防火隔离措施。作业完毕后，应当进行全面检查，消除遗留火种。

高层公共建筑内的商场、公共娱乐场所不得在营业期间动火施工。

高层公共建筑内应当确定禁火禁烟区域，并设置明显标志。

第十六条 高层民用建筑内电器设备的安装使用及其线路敷设、维护保养和检测应当符合消防技术标准及管理规定。

高层民用建筑业主、使用人或者消防服务单位，应当安排专业机构或者电工定期对管理区域内由其管理的电器设备及线路进行检查；对不符合安全要求的，应当及时维修、更换。

第十七条 高层民用建筑内燃气用具的安装使用及其管路敷设、维护保养和检测应当符合消防技术标准及管理规定。禁止违反燃气安全使用规定，擅自安装、改装、拆除燃气设备和用具。

高层民用建筑使用燃气应当采用管道供气方式。禁止在高层民用建筑地下部分使用液化石油气。

第十八条 禁止在高层民用建筑内违反国家规定生产、储存、经营甲、乙类火灾危险性物品。

第十九条 设有建筑外墙外保温系统的高层民用建筑，其管理单位应当在主入口及周边相关显著位置，设置提示性和警示性标识，标示外墙外保温材料的燃烧性能、防火要求。对高层民用建筑外墙外保温系统破损、开裂和脱落的，应当及时修复。高层民用建筑在进行外墙外保温系统施工时，建设单位应当采取必要的防火隔离以及限制住人和使用的措施，确保建筑内人员安全。

禁止使用易燃、可燃材料作为高层民用建筑外墙外保温材料。禁止在其建筑内及周边禁放区域燃放烟花爆竹；禁止在其外墙周围堆放可燃物。对于使用难燃外墙外保温材料或者采用与基层墙体、装饰层之间有空腔的建筑外墙外保温系统的高层民用建筑，禁止在其外墙动火用电。

第二十条 高层民用建筑的电缆井、管道井等竖向管井和电缆桥架应当在每层楼板处进行防火封堵，管井检查门应当采用防火门。

禁止占用电缆井、管道井，或者在电缆井、管道井等竖向管井堆放杂物。

第二十一条 高层民用建筑的户外广告牌、外装饰不得采用易燃、可燃材料，不得妨碍防烟排烟、逃生和灭火救援，不得改变或者破坏建筑立面防火结构。

禁止在高层民用建筑外窗设置影响逃生和灭火救援的障碍物。

建筑高度超过 50 米的高层民用建筑外墙上设置的装饰、广告牌应当采用不燃材料并易于破拆。

第二十二条　禁止在消防车通道、消防车登高操作场地设置构筑物、停车泊位、固定隔离桩等障碍物。

禁止在消防车通道上方、登高操作面设置妨碍消防车作业的架空管线、广告牌、装饰物等障碍物。

第二十三条　高层公共建筑内餐饮场所的经营单位应当及时对厨房灶具和排油烟罩设施进行清洗，排油烟管道每季度至少进行一次检查、清洗。

高层住宅建筑的公共排油烟管道应当定期检查，并采取防火措施。

第二十四条　除为满足高层民用建筑的使用功能所设置的自用物品暂存库房、档案室和资料室等附属库房外，禁止在高层民用建筑内设置其他库房。

高层民用建筑的附属库房应当采取相应的防火分隔措施，严格遵守有关消防安全管理规定。

第二十五条　高层民用建筑内的锅炉房、变配电室、空调机房、自备发电机房、储油间、消防水泵房、消防水箱间、防排烟风机房等设备用房应当按照消防技术标准设置，确定为消防安全重点部位，设置明显的防火标志，实行严格管理，并不得占用和堆放杂物。

第二十六条　高层民用建筑消防控制室应当由其管理单位实行 24 小时值班制度，每班不应少于 2 名值班人员。

消防控制室值班操作人员应当依法取得相应等级的消防行业特有工种职业资格证书，熟练掌握火警处置程序和要求，按照有关规定检查自动消防设施、联动控制设备运行情况，确保其处于正常工作状态。

消防控制室内应当保存高层民用建筑总平面布局图、平面布置图和消防设施系统图及控制逻辑关系说明、建筑消防设施维修保养记录和检测报告等资料。

第二十七条　高层公共建筑内有关单位、高层住宅建筑所在社区居民委员会或者物业服务企业按照规定建立的专职消防队、志愿消防队（微型消防站）等消防组织，应当配备必要的人员、场所和器材、装备，定期进行消防技能培训和演练，开展防火巡查、消防宣传，及时处置、扑救初起火灾。

第二十八条　高层民用建筑的疏散通道、安全出口应当保持畅通，禁止堆放物品、锁闭出口、设置障碍物。平时需要控制人员出入或者设有门禁系统的疏散门，应当保证发生火灾时易于开启，并在现场显著位置设置醒目的提示和使用标识。

高层民用建筑的常闭式防火门应当保持常闭，闭门器、顺序器等部件应当完好有效；常开式防火门应当保证发生火灾时自动关闭并反馈信号。

禁止圈占、遮挡消火栓，禁止在消火栓箱内堆放杂物，禁止在防火卷帘下堆放物品。

第二十九条　高层民用建筑内应当在显著位置设置标识，指示避难层（间）的位置。

禁止占用高层民用建筑避难层（间）和避难走道或者堆放杂物，禁止锁闭避难层（间）和避难走道出入口。

第三十条　高层公共建筑的业主、使用人应当按照国家标准、行业标准配备灭火器材以及自救呼吸器、逃生缓降器、逃生绳等逃生疏散设施器材。

高层住宅建筑应当在公共区域的显著位置摆放灭火器材，有条件的配置自救呼吸器、逃生绳、救援哨、疏散用手电筒等逃生疏散设施器材。

鼓励高层住宅建筑的居民家庭制定火灾疏散逃生计划，并配置必要的灭火和逃生疏散器材。

第三十一条　高层民用建筑的消防车通道、消防车登高操作场地、灭火救援窗、灭火救援破拆口、消防车取水口、室外消火栓、消防水泵接合器、常闭式防火门等应当设置明显的提示性、警示性标识。消防车通道、消防车登高操作场地、防火卷帘下方还应当在地面标识出禁止占用的区域范围。消火栓箱、灭火器箱上应当张贴使用方法的标识。

高层民用建筑的消防设施配电柜电源开关、消防设备用房内管道阀门等应当标识开、关状态；对需要保持常开或者常闭状态的阀门，应当采取铅封等限位措施。

第三十二条 不具备自主维护保养检测能力的高层民用建筑业主、使用人或者物业服务企业应当聘请具备从业条件的消防技术服务机构或者消防设施施工安装企业对建筑消防设施进行维护保养和检测；存在故障、缺损的，应当立即组织维修、更换，确保完好有效。

因维修等需要停用建筑消防设施的，高层民用建筑的管理单位应当严格履行内部审批手续，制定应急方案，落实防范措施，并在建筑入口处等显著位置公告。

第三十三条 高层公共建筑消防设施的维修、更新、改造的费用，由业主、使用人按照有关法律规定承担，共有部分按照专有部分建筑面积所占比例承担。

高层住宅建筑的消防设施日常运行、维护和维修、更新、改造费用，由业主依照法律规定承担；委托消防服务单位的，消防设施的日常运行、维护和检测费用应当纳入物业服务或者消防技术服务专项费用。共用消防设施的维修、更新、改造费用，可以依法从住宅专项维修资金列支。

第三十四条 高层民用建筑应当进行每日防火巡查，并填写巡查记录。其中，高层公共建筑内公众聚集场所在营业期间应当至少每2小时进行一次防火巡查，医院、养老院、寄宿制学校、幼儿园应当进行白天和夜间防火巡查，高层住宅建筑和高层公共建筑内的其他场所可以结合实际确定防火巡查的频次。

防火巡查应当包括下列内容：

（一）用火、用电、用气有无违章情况；

（二）安全出口、疏散通道、消防车通道畅通情况；

（三）消防设施、器材完好情况，常闭式防火门关闭情况；

（四）消防安全重点部位人员在岗在位等情况。

第三十五条 高层住宅建筑应当每月至少开展一次防火检查，高层公共建筑应当每半个月至少开展一次防火检查，并填写检查记录。

防火检查应当包括下列内容：

（一）安全出口和疏散设施情况；

（二）消防车通道、消防车登高操作场地和消防水源情况；

（三）灭火器材配置及有效情况；

（四）用火、用电、用气和危险品管理制度落实情况；

（五）消防控制室值班和消防设施运行情况；

（六）人员教育培训情况；

（七）重点部位管理情况；

（八）火灾隐患整改以及防范措施的落实等情况。

第三十六条 对防火巡查、检查发现的火灾隐患，高层民用建筑的业主、使用人、受委托的消防服务单位，应当立即采取措施予以整改。

对不能当场改正的火灾隐患，应当明确整改责任、期限，落实整改措施，整改期间应当采取临时防范措施，确保消防安全；必要时，应当暂时停止使用危险部位。

第三十七条 禁止在高层民用建筑公共门厅、疏散走道、楼梯间、安全出口停放电动自行车或者为电动自行车充电。

鼓励在高层住宅小区内设置电动自行车集中存放和充电的场所。电动自行车存放、充电场所应当独立设置，并与高层民用建筑保持安全距离；确需设置在高层民用建筑内的，应当与该建筑的其他部分进行防火分隔。

电动自行车存放、充电场所应当配备必要的消防器材，充电设施应当具备充满自动断电功能。

第三十八条 鼓励高层民用建筑推广应用物联网和智能化技术手段对电气、燃气消防安全和消防设施运行等进行监控和预警。

未设置自动消防设施的高层住宅建筑，鼓励因地制宜安装火灾报警和喷水灭火系统、火灾应急广播以及可燃气体探测、无线手动火灾报警、无线声光火灾警报等消防设施。

第三十九条 高层民用建筑的业主、使用人或者消防服务单位、统一管理人应当每年至少组织开展一次整栋建筑的消防安全评估。消防安全评估报告应当包括存在的消防安全问题、火灾隐患以及改进措施等内容。

第四十条　鼓励、引导高层公共建筑的业主、使用人投保火灾公众责任保险。

第四章　消防宣传教育和灭火疏散预案

第四十一条　高层公共建筑内的单位应当每半年至少对员工开展一次消防安全教育培训。

高层公共建筑内的单位应当对本单位员工进行上岗前消防安全培训，并对消防安全管理人员、消防控制室值班人员和操作人员、电工、保安员等重点岗位人员组织专门培训。

高层住宅建筑的物业服务企业应当每年至少对居住人员进行一次消防安全教育培训，进行一次疏散演练。

第四十二条　高层民用建筑应当在每层的显著位置张贴安全疏散示意图，公共区域电子显示屏应当播放消防安全提示和消防安全知识。

高层公共建筑除遵守本条第一款规定外，还应当在首层显著位置提示公众注意火灾危险，以及安全出口、疏散通道和灭火器材的位置。

高层住宅小区除遵守本条第一款规定外，还应当在显著位置设置消防安全宣传栏，在高层住宅建筑单元入口处提示安全用火、用电、用气，以及电动自行车存放、充电等消防安全常识。

第四十三条　高层民用建筑应当结合场所特点，分级分类编制灭火和应急疏散预案。

规模较大或者功能业态复杂，且有两个及以上业主、使用人或者多个职能部门的高层公共建筑，有关单位应当编制灭火和应急疏散总预案，各单位或者职能部门应当根据场所、功能分区、岗位实际编制专项灭火和应急疏散预案或者现场处置方案（以下统称分预案）。

灭火和应急疏散预案应当明确应急组织机构，确定承担通信联络、灭火、疏散和救护任务的人员及其职责，明确报警、联络、灭火、疏散等处置程序和措施。

第四十四条　高层民用建筑的业主、使用人、受委托的消防服务单位应当结合实际，按照灭火和应急疏散总预案和分预案分别组织实施消防演练。

高层民用建筑应当每年至少进行一次全要素综合演练，建筑高度超过100米的高层公共建筑应当每半年至少进行一次全要素综合演练。编制分预案的，有关单位和职能部门应当每季度至少进行一次综合演练或者专项灭火、疏散演练。

演练前，有关单位应当告知演练范围内的人员并进行公告；演练时，应当设置明显标识；演练结束后，应当进行总结评估，并及时对预案进行修订和完善。

第四十五条　高层公共建筑内的人员密集场所应当按照楼层、区域确定疏散引导员，负责在火灾发生时组织、引导在场人员安全疏散。

第四十六条　火灾发生时，发现火灾的人员应当立即拨打119电话报警。

火灾发生后，高层民用建筑的业主、使用人、消防服务单位应当迅速启动灭火和应急疏散预案，组织人员疏散，扑救初起火灾。

火灾扑灭后，高层民用建筑的业主、使用人、消防服务单位应当组织保护火灾现场，协助火灾调查。

第五章　法律责任

第四十七条　违反本规定，有下列行为之一的，由消防救援机构责令改正，对经营性单位和个人处2000元以上10000元以下罚款，对非经营性单位和个人处500元以上1000元以下罚款：

（一）在高层民用建筑内进行电焊、气焊等明火作业，未履行动火审批手续、进行公告，或者未落实消防现场监护措施的；

（二）高层民用建筑设置的户外广告牌、外装饰妨碍防烟排烟、逃生和灭火救援，或者改变、破坏建筑立面防火结构的；

（三）未设置外墙外保温材料提示性和警示性标识，或者未及时修复破损、开裂和脱落的外墙外保温系统的；

（四）未按照规定落实消防控制室值班制度，或者安排不具备相应条件的人员值班的；

（五）未按照规定建立专职消防队、志愿消防队等消防组织的；

（六）因维修等需要停用建筑消防设施未进行公告、未制定应急预案或者未落实防范措施的；

（七）在高层民用建筑的公共门厅、疏散走道、楼梯间、安全出口停放电动自行车或者为电动自行车充电，拒不改正的。

第四十八条 违反本规定的其他消防安全违法行为，依照《中华人民共和国消防法》第六十条、第六十一条、第六十四条、第六十五条、第六十六条、第六十七条、第六十八条、第六十九条和有关法律法规予以处罚；构成犯罪的，依法追究刑事责任。

第四十九条 消防救援机构及其工作人员在高层民用建筑消防监督检查中，滥用职权、玩忽职守、徇私舞弊的，对直接负责的主管人员和其他直接责任人员依法给予处分；构成犯罪的，依法追究刑事责任。

第六章　附则

第五十条 本规定下列用语的含义：

（一）高层住宅建筑，是指建筑高度大于27米的住宅建筑。

（二）高层公共建筑，是指建筑高度大于24米的非单层公共建筑，包括宿舍建筑、公寓建筑、办公建筑、科研建筑、文化建筑、商业建筑、体育建筑、医疗建筑、交通建筑、旅游建筑、通信建筑等。

（三）业主，是指高层民用建筑的所有权人，包括单位和个人。

（四）使用人，是指高层民用建筑的承租人和其他实际使用人，包括单位和个人。

第五十一条 本规定自2021年8月1日起施行。

防雷减灾管理办法（摘）

（2011年7月21日中国气象局第20号令发布，根据2013年5月31日中国气象局第24号令公布的《中国气象局关于修改〈防雷减灾管理办法〉的决定》修正）

第一章　总则

第一条 为了加强雷电灾害防御工作，规范雷电灾害管理，提高雷电灾害防御能力和水平，保护国家利益和人民生命财产安全，维护公共安全，促进经济建设和社会发展，依据《中华人民共和国气象法》、《中华人民共和国行政许可法》和《气象灾害防御条例》等法律、法规的有关规定，制定本办法。

第二条 在中华人民共和国领域和中华人民共和国管辖的其他海域内从事雷电灾害防御活动的组织和个人，应当遵守本办法。

本办法所称雷电灾害防御（以下简称防雷减灾），是指防御和减轻雷电灾害的活动，包括雷电和雷电灾害的研究、监测、预警、风险评估、防护以及雷电灾害的调查、鉴定等。

第三条 防雷减灾工作，实行安全第一、预防为主、防治结合的原则。

…………

第三章　防雷工程

第十一条 各类建（构）筑物、场所和设施安装的雷电防护装置（以下简称防雷装），应当符合国家有关防雷标准和国务院气象主管机构规定的使用要求，并由具有相应资质的单位承担设计、施工和检测。

本办法所称防雷装置，是指接闪器、引下线、接地装置、电涌保护器及其连接导体等构成的，用以防御雷电灾害的设施或者系统。

…………

第四章　防雷检测

第十九条　投入使用后的防雷装置实行定期检测制度。防雷装置应当每年检测一次，对爆炸和火灾危险环境场所的防雷装置应当每半年检测一次。

…………

第二十一条　防雷装置检测机构对防雷装置检测后，应当出具检测报告。不合格的，提出整改意见。被检测单位拒不整改或者整改不合格的，防雷装置检测机构应当报告当地气象主管机构，由当地气象主管机构依法作出处理。

防雷装置检测机构应当执行国家有关标准和规范，出具的防雷装置检测报告必须真实可靠。

第二十二条　防雷装置所有人或受托人应当指定专人负责，做好防雷装置的日常维护工作。发现防雷装置存在隐患时，应当及时采取措施进行处理。

第二十三条　已安装防雷装置的单位或者个人应当主动委托有相应资质的防雷装置检测机构进行定期检测，并接受当地气象主管机构和当地人民政府安全生产管理部门的管理和监督检查。

…………

第八章　附则

…………

第三十九条　本办法自2011年9月1日起施行。2005年2月1日中国气象局公布的《防雷减灾管理办法》同时废止。

消防监督检查规定（摘）

（2009年4月30日公安部部长办公会议通过，根据2012年7月17日公安部令第120号公布的《公安部关于修改〈消防监督检查规定〉的决定》修订）

…………

第一章　总则

第一条　为了加强和规范消防监督检查工作，督促机关、团体、企业、事业等单位（以下简称单位）履行消防安全职责，依据《中华人民共和国消防法》，制定本规定。

第二条　本规定适用于公安机关消防机构和公安派出所依法对单位遵守消防法律、法规情况进行消防监督检查。

第三条　直辖市、市（地区、州、盟）、县（市辖区、县级市、旗）公安机关消防机构具体实施消防监督检查，确定本辖区内的消防安全重点单位并由所属公安机关报本级人民政府备案。

公安派出所可以对居民住宅区的物业服务企业、居民委员会、村民委员会履行消防安全职责的情况和上级公安机关确定的单位实施日常消防监督检查。

…………

第二章　消防监督检查的形式和内容

第六条　消防监督检查的形式有：

（一）对公众聚集场所在投入使用、营业前的消防安全检查；

（二）对单位履行法定消防安全职责情况的监督抽查；

（三）对举报投诉的消防安全违法行为的核查；

（四）对大型群众性活动举办前的消防安全检查；

（五）根据需要进行的其他消防监督检查。

…………

第八条　公众聚集场所在投入使用、营业前，建设单位或者使用单位应当向场所所在地的县级以上人民政府公安机关消防机构申请消防安全检查，并提交下列材料：

（一）消防安全检查申报表；

（二）营业执照复印件或者工商行政管理机关出具的企业名称预先核准通知书；

（三）依法取得的建设工程消防验收或者进行竣工验收消防备案的法律文件复印件；

（四）消防安全制度、灭火和应急疏散预案、场所平面布置图；

（五）员工岗前消防安全教育培训记录和自动消防系统操作人员取得的消防行业特有工种职业资格证书复印件；

（六）法律、行政法规规定的其他材料。

依照《建设工程消防监督管理规定》不需要进行竣工验收消防备案的公众聚集场所申请消防安全检查的，还应当提交场所室内装修消防设计施工图、消防产品质量合格证明文件，以及装修材料防火性能符合消防技术标准的证明文件、出厂合格证。

公安机关消防机构对消防安全检查的申请，应当按照行政许可有关规定受理。

第九条 对公众聚集场所投入使用、营业前进行消防安全检查，应当检查下列内容：

（一）建筑物或者场所是否依法通过消防验收合格或者进行竣工验收消防备案抽查合格；依法进行竣工验收消防备案但没有进行备案抽查的建筑物或者场所是否符合消防技术标准；

（二）消防安全制度、灭火和应急疏散预案是否制定；

（三）自动消防系统操作人员是否持证上岗，员工是否经过岗前消防安全培训；

（四）消防设施、器材是否符合消防技术标准并完好有效；

（五）疏散通道、安全出口和消防车通道是否畅通；

（六）室内装修材料是否符合消防技术标准；

（七）外墙门窗上是否设置影响逃生和灭火救援的障碍物。

第十条 对单位履行法定消防安全职责情况的监督抽查，应当根据单位的实际情况检查下列内容：

（一）建筑物或者场所是否依法通过消防验收或者进行竣工验收消防备案，公众聚集场所是否通过投入使用、营业前的消防安全检查；

（二）建筑物或者场所的使用情况是否与消防验收或者进行竣工验收消防备案时确定的使用性质相符；

（三）消防安全制度、灭火和应急疏散预案是否制定；

（四）消防设施、器材和消防安全标志是否定期组织维修保养，是否完好有效；

（五）电器线路、燃气管路是否定期维护保养、检测；

（六）疏散通道、安全出口、消防车通道是否畅通，防火分区是否改变，防火间距是否被占用；

（七）是否组织防火检查、消防演练和员工消防安全教育培训，自动消防系统操作人员是否持证上岗；

（八）生产、储存、经营易燃易爆危险品的场所是否与居住场所设置在同一建筑物内；

（九）生产、储存、经营其他物品的场所与居住场所设置在同一建筑物内的，是否符合消防技术标准；

（十）其他依法需要检查的内容。

对人员密集场所还应当抽查室内装修材料是否符合消防技术标准、外墙门窗上是否设置影响逃生和灭火救援的障碍物。

第十一条 对消防安全重点单位履行法定消防安全职责情况的监督抽查，除检查本规定第十条规定的内容外，还应当检查下列内容：

（一）是否确定消防安全管理人；

（二）是否开展每日防火巡查并建立巡查记录；

（三）是否定期组织消防安全培训和消防演练；

（四）是否建立消防档案、确定消防安全重点部位。

对属于人员密集场所的消防安全重点单位，还应当检查单位灭火和应急疏散预案中承担灭火和组织疏散任务的人员是否确定。

第十二条 在大型群众性活动举办前对活动现场进行消防安全检查，应当重点检查下列内容：

（一）室内活动使用的建筑物（场所）是

否依法通过消防验收或者进行竣工验收消防备案，公众聚集场所是否通过使用、营业前的消防安全检查；

（二）临时搭建的建筑物是否符合消防安全要求；

（三）是否制定灭火和应急疏散预案并组织演练；

（四）是否明确消防安全责任分工并确定消防安全管理人员；

（五）活动现场消防设施、器材是否配备齐全并完好有效；

（六）活动现场的疏散通道、安全出口和消防车通道是否畅通；

（七）活动现场的疏散指示标志和应急照明是否符合消防技术标准并完好有效。

第十三条 对大型的人员密集场所和其他特殊建设工程的施工现场进行消防监督检查，应当重点检查施工单位履行下列消防安全职责的情况：

（一）是否明确施工现场消防安全管理人员，是否制定施工现场消防安全制度、灭火和应急疏散预案；

（二）在建工程内是否设置人员住宿、可燃材料及易燃易爆危险品储存等场所；

（三）是否设置临时消防给水系统、临时消防应急照明，是否配备消防器材，并确保完好有效；

（四）是否设有消防车通道并畅通；

（五）是否组织员工消防安全教育培训和消防演练；

（六）施工现场人员宿舍、办公用房的建筑构件燃烧性能、安全疏散是否符合消防技术标准。

第三章 消防监督检查的程序

第十四条 公安机关消防机构实施消防监督检查时，检查人员不得少于两人，并出示执法身份证件。

消防监督检查应当填写检查记录，如实记录检查情况。

第十五条 对公众聚集场所投入使用、营业前的消防安全检查，公安机关消防机构应当自受理申请之日起十个工作日内进行检查，自检查之日起三个工作日内作出同意或者不同意投入使用或者营业的决定，并送达申请人。

第十六条 对大型群众性活动现场在举办前进行的消防安全检查，公安机关消防机构应当在接到本级公安机关治安部门书面通知之日起三个工作日内进行检查，并将检查记录移交本级公安机关治安部门。

…………

第十八条 公安机关消防机构应当按照下列时限，对举报投诉的消防安全违法行为进行实地核查：

（一）对举报投诉占用、堵塞、封闭疏散通道、安全出口或者其他妨碍安全疏散行为，以及擅自停用消防设施的，应当在接到举报投诉后二十四小时内进行核查；

（二）对举报投诉本款第一项以外的消防安全违法行为，应当在接到举报投诉之日起三个工作日内进行核查。

核查后，对消防安全违法行为应当依法处理。处理情况应当及时告知举报投诉人；无法告知的，应当在受理登记中注明。

…………

第二十二条 公安机关消防机构在消防监督检查中发现火灾隐患，应当通知有关单位或者个人立即采取措施消除；对具有下列情形之一，不及时消除可能严重威胁公共安全的，应当对危险部位或者场所予以临时查封：

（一）疏散通道、安全出口数量不足或者严重堵塞，已不具备安全疏散条件的；

（二）建筑消防设施严重损坏，不再具备防火灭火功能的；

（三）人员密集场所违反消防安全规定，使用、储存易燃易爆危险品的；

（四）公众聚集场所违反消防技术标准，采用易燃、可燃材料装修，可能导致重大人员伤亡的；

（五）其他可能严重威胁公共安全的火灾隐患。

临时查封期限不得超过三十日。临时查封期限届满后，当事人仍未消除火灾隐患的，公安机关消防机构可以再次依法予以临时查封。

…………

第二十五条 火灾隐患消除后，当事人应当向作出临时查封决定的公安机关消防机构申请解除临时查封。公安机关消防机构应当自收到申请之日起三个工作日内进行检查，自检查之日起三个工作日内作出是否同意解除临时查封的决定，并送达当事人。

对检查确认火灾隐患已消除的，应当作出解除临时查封的决定。

第二十六条 对当事人有《中华人民共和国消防法》第六十条第一款第三项、第四项、第五项、第六项规定的消防安全违法行为，经责令改正拒不改正的，公安机关消防机构应当按照《中华人民共和国行政强制法》第五十一条、第五十二条的规定组织强制清除或者拆除相关障碍物、妨碍物，所需费用由违法行为人承担。

第二十七条 当事人不执行公安机关消防机构作出的停产停业、停止使用、停止施工决定的，作出决定的公安机关消防机构应当自履行期限届满之日起三个工作日内催告当事人履行义务。当事人收到催告书后有权进行陈述和申辩。公安机关消防机构应当充分听取当事人的意见，记录、复核当事人提出的事实、理由和证据。当事人提出的事实、理由或者证据成立的，应当采纳。

经催告，当事人逾期仍不履行义务且无正当理由的，公安机关消防机构负责人应当组织集体研究强制执行方案，确定执行的方式和时间。强制执行决定书应当自决定之日起三个工作日内制作、送达当事人。

…………

第二十九条 对被责令停止施工、停止使用、停产停业处罚的当事人申请恢复施工、使用、生产、经营的，公安机关消防机构应当自收到书面申请之日起三个工作日内进行检查，自检查之日起三个工作日内作出决定，送达当事人。

对当事人已改正消防安全违法行为、具备消防安全条件的，公安机关消防机构应当同意恢复施工、使用、生产、经营；对违法行为尚未改正、不具备消防安全条件的，应当不同意恢复施工、使用、生产、经营，并说明理由。

第四章 公安派出所日常消防监督检查

第三十条 公安派出所对其日常监督检查范围的单位，应当每年至少进行一次日常消防监督检查。

公安派出所对群众举报投诉的消防安全违法行为，应当及时受理，依法处理；对属于公安机关消防机构管辖的，应当依照《公安机关办理行政案件程序规定》在受理后及时移送公安机关消防机构处理。

第三十一条 公安派出所对单位进行日常消防监督检查，应当检查下列内容：

（一）建筑物或者场所是否依法通过消防验收或者进行竣工验收消防备案，公众聚集场所是否依法通过投入使用、营业前的消防安全检查；

（二）是否制定消防安全制度；

（三）是否组织防火检查、消防安全宣传教育培训、灭火和应急疏散演练；

（四）消防车通道、疏散通道、安全出口是否畅通，室内消火栓、疏散指示标志、应急照明、灭火器是否完好有效；

（五）生产、储存、经营易燃易爆危险品的场所是否与居住场所设置在同一建筑物内。

对设有建筑消防设施的单位，公安派出所还应当检查单位是否对建筑消防设施定期组织维修保养。

对居民住宅区的物业服务企业进行日常消防监督检查，公安派出所除检查本条第一款第（二）至（四）项内容外，还应当检查物业服务企业对管理区域内共用消防设施是否进行维护管理。

第三十二条 公安派出所对居民委员会、村民委员会进行日常消防监督检查，应当检查下列内容：

（一）消防安全管理人是否确定；

（二）消防安全工作制度、村（居）民防火安全公约是否制定；

（三）是否开展消防宣传教育、防火安全检查；

（四）是否对社区、村庄消防水源（消火栓）、消防车通道、消防器材进行维护管理；

（五）是否建立志愿消防队等多种形式消防组织。

第三十三条　公安派出所民警在日常消防监督检查时，发现被检查单位有下列行为之一的，应当责令依法改正：

（一）未制定消防安全制度、未组织防火检查和消防安全教育培训、消防演练的；

（二）占用、堵塞、封闭疏散通道、安全出口的；

（三）占用、堵塞、封闭消防车通道，妨碍消防车通行的；

（四）埋压、圈占、遮挡消火栓或者占用防火间距的；

（五）室内消火栓、灭火器、疏散指示标志和应急照明未保持完好有效的；

（六）人员密集场所在外墙门窗上设置影响逃生和灭火救援的障碍物的；

（七）违反消防安全规定进入生产、储存易燃易爆危险品场所的；

（八）违反规定使用明火作业或者在具有火灾、爆炸危险的场所吸烟、使用明火的；

（九）生产、储存和经营易燃易爆危险品的场所与居住场所设置在同一建筑物内的；

（十）未对建筑消防设施定期组织维修保养的。

公安派出所发现被检查单位的建筑物未依法通过消防验收，或者进行竣工验收消防备案，擅自投入使用的；公众聚集场所未依法通过使用、营业前的消防安全检查，擅自使用、营业的，应当在检查之日起五个工作日内书面移交公安机关消防机构处理。

公安派出所民警进行日常消防监督检查，应当填写检查记录，记录发现的消防安全违法行为、责令改正的情况。

第三十四条　公安派出所在日常消防监督检查中，发现存在严重威胁公共安全的火灾隐患，应当在责令改正的同时书面报告乡镇人民政府或者街道办事处和公安机关消防机构。

…………

第六章　附则

第三十八条　具有下列情形之一的，应当确定为火灾隐患：

（一）影响人员安全疏散或者灭火救援行动，不能立即改正的；

（二）消防设施未保持完好有效，影响防火灭火功能的；

（三）擅自改变防火分区，容易导致火势蔓延、扩大的；

（四）在人员密集场所违反消防安全规定，使用、储存易燃易爆危险品，不能立即改正的；

（五）不符合城市消防安全布局要求，影响公共安全的；

（六）其他可能增加火灾实质危险性或者危害性的情形。

重大火灾隐患按照国家有关标准认定。

…………

第四十二条　本规定自2009年5月1日起施行。2004年6月9日发布的《消防监督检查规定》（公安部令第73号）同时废止。

社会消防安全教育培训规定

（公安部等九部门令第109号，2009年4月13日）

《社会消防安全教育培训规定》已经2008年12月30日公安部部长办公会议通过，并经教育部、民政部、人力资源社会保障部、住房城乡建设部、文化部、广电总局、安全监管总局、国家旅游局同意，现予发布，自2009年6月1日起施行。

第一章　总则

第一条　为了加强社会消防安全教育培训工作，提高公民消防安全素质，有效预防火灾，减少火灾危害，根据《中华人民共和国消防法》等有关法律法规，制定本规定。

第二条 机关、团体、企业、事业等单位（以下统称单位）、社区居民委员会、村民委员会依照本规定开展消防安全教育培训工作。

第三条 公安、教育、民政、人力资源和社会保障、住房和城乡建设、文化、广电、安全监管、旅游、文物等部门应当按照各自职能，依法组织和监督管理消防安全教育培训工作，并纳入相关工作检查、考评。

各部门应当建立协作机制，定期研究、共同做好消防安全教育培训工作。

第四条 消防安全教育培训的内容应当符合全国统一的消防安全教育培训大纲的要求，主要包括：

（一）国家消防工作方针、政策；

（二）消防法律法规；

（三）火灾预防知识；

（四）火灾扑救、人员疏散逃生和自救互救知识；

（五）其他应当教育培训的内容。

第二章 管理职责

第五条 公安机关应当履行下列职责，并由公安机关消防机构具体实施：

（一）掌握本地区消防安全教育培训工作情况，向本级人民政府及相关部门提出工作建议；

（二）协调有关部门指导和监督社会消防安全教育培训工作；

（三）会同教育行政部门、人力资源和社会保障部门对消防安全专业培训机构实施监督管理；

（四）定期对社区居民委员会、村民委员会的负责人和专（兼）职消防队、志愿消防队的负责人开展消防安全培训。

第六条 教育行政部门应当履行下列职责：

（一）将学校消防安全教育培训工作纳入教育培训规划，并进行教育督导和工作考核；

（二）指导和监督学校将消防安全知识纳入教学内容；

（三）将消防安全知识纳入学校管理人员和教师在职培训内容；

（四）依法在职责范围内对消防安全专业培训机构进行审批和监督管理。

第七条 民政部门应当履行下列职责：

（一）将消防安全教育培训工作纳入减灾规划并组织实施，结合救灾、扶贫济困和社会优抚安置、慈善等工作开展消防安全教育；

（二）指导社区居民委员会、村民委员会和各类福利机构开展消防安全教育培训工作；

（三）负责消防安全专业培训机构的登记，并实施监督管理。

第八条 人力资源和社会保障部门应当履行下列职责：

（一）指导和监督机关、企业和事业单位将消防安全知识纳入干部、职工教育、培训内容；

（二）依法在职责范围内对消防安全专业培训机构进行审批和监督管理。

第九条 住房和城乡建设行政部门应当指导和监督勘察设计单位、施工单位、工程监理单位、施工图审查机构、城市燃气企业、物业服务企业、风景名胜区经营管理单位和城市公园绿地管理单位等开展消防安全教育培训工作，将消防法律法规和工程建设消防技术标准纳入建设行业相关执业人员的继续教育和从业人员的岗位培训及考核内容。

第十条 文化、文物行政部门应当积极引导创作优秀消防安全文化产品，指导和监督文物保护单位、公共娱乐场所和公共图书馆、博物馆、文化馆、文化站等文化单位开展消防安全教育培训工作。

第十一条 广播影视行政部门应当指导和协调广播影视制作机构和广播电视播出机构，制作、播出相关消防安全节目，开展公益性消防安全宣传教育，指导和监督电影院开展消防安全教育培训工作。

第十二条 安全生产监督管理部门应当履行下列职责：

（一）指导、监督矿山、危险化学品、烟花爆竹等生产经营单位开展消防安全教育培训工作；

（二）将消防安全知识纳入安全生产监管监察人员和矿山、危险化学品、烟花爆竹等生产经营单位主要负责人、安全生产管理人员以及特种作业人员培训考核内容；

（三）将消防法律法规和有关消防技术标准纳入注册安全工程师培训及执业资格考试内容。

第十三条　旅游行政部门应当指导和监督相关旅游企业开展消防安全教育培训工作，督促旅行社加强对游客的消防安全教育，并将消防安全条件纳入旅游饭店、旅游景区等相关行业标准，将消防安全知识纳入旅游从业人员的岗位培训及考核内容。

第三章　消防安全教育培训

第十四条　单位应当根据本单位的特点，建立健全消防安全教育培训制度，明确机构和人员，保障教育培训工作经费，按照下列规定对职工进行消防安全教育培训：

（一）定期开展形式多样的消防安全宣传教育；

（二）对新上岗和进入新岗位的职工进行上岗前消防安全培训；

（三）对在岗的职工每年至少进行一次消防安全培训；

（四）消防安全重点单位每半年至少组织一次、其他单位每年至少组织一次灭火和应急疏散演练。

单位对职工的消防安全教育培训应当将本单位的火灾危险性、防火灭火措施、消防设施及灭火器材的操作使用方法、人员疏散逃生知识等作为培训的重点。

第十五条　各级各类学校应当开展下列消防安全教育工作：

（一）将消防安全知识纳入教学内容；

（二）在开学初、放寒（暑）假前、学生军训期间，对学生普遍开展专题消防安全教育；

（三）结合不同课程实验课的特点和要求，对学生进行有针对性的消防安全教育；

（四）组织学生到当地消防站参观体验；

（五）每学年至少组织学生开展一次应急疏散演练；

（六）对寄宿学生开展经常性的安全用火用电教育和应急疏散演练。

各级各类学校应当至少确定一名熟悉消防安全知识的教师担任消防安全课教员，并选聘消防专业人员担任学校的兼职消防辅导员。

第十六条　中小学校和学前教育机构应当针对不同年龄阶段学生认知特点，保证课时或者采取学科渗透、专题教育的方式，每学期对学生开展消防安全教育。

小学阶段应当重点开展火灾危险及危害性、消防安全标志标识、日常生活防火、火灾报警、火场自救逃生常识等方面的教育。

初中和高中阶段应当重点开展消防法律法规、防火灭火基本知识和灭火器材使用等方面的教育。

学前教育机构应当采取游戏、儿歌等寓教于乐的方式，对幼儿开展消防安全常识教育。

第十七条　高等学校应当每学年至少举办一次消防安全专题讲座，在校园网络、广播、校内报刊等开设消防安全教育栏目，对学生进行消防法律法规、防火灭火知识、火灾自救他救知识和火灾案例教育。

第十八条　国家支持和鼓励有条件的普通高等学校和中等职业学校根据经济社会发展需要，设置消防类专业或者开设消防类课程，培养消防专业人才，并依法面向社会开展消防安全培训。

人民警察训练学校应当根据教育培训对象的特点，科学安排培训内容，开设消防基础理论和消防管理课程，并列入学生必修课程。

师范院校应当将消防安全知识列入学生必修内容。

第十九条　社区居民委员会、村民委员会应当开展下列消防安全教育工作：

（一）组织制定防火安全公约；

（二）在社区、村庄的公共活动场所设置消防宣传栏，利用文化活动站、学习室等场所，对居民、村民开展经常性的消防安全宣传教育；

（三）组织志愿消防队、治安联防队和灾害信息员、保安人员等开展消防安全宣传教育；

（四）利用社区、乡村广播、视频设备定时播放消防安全常识，在火灾多发季节、农业收获季节、重大节日和乡村民俗活动期间，有针对性地开展消防安全宣传教育。

社区居民委员会、村民委员会应当确定至少一名专（兼）职消防安全员，具体负责消防安全宣传教育工作。

第二十条 物业服务企业应当在物业服务工作范围内，根据实际情况积极开展经常性消防安全宣传教育，每年至少组织一次本单位员工和居民参加的灭火和应急疏散演练。

第二十一条 由两个以上单位管理或者使用的同一建筑物，负责公共消防安全管理的单位应当对建筑物内的单位和职工进行消防安全宣传教育，每年至少组织一次灭火和应急疏散演练。

第二十二条 歌舞厅、影剧院、宾馆、饭店、商场、集贸市场、体育场馆、会堂、医院、客运车站、客运码头、民用机场、公共图书馆和公共展览馆等公共场所应当按照下列要求对公众开展消防安全宣传教育：

（一）在安全出口、疏散通道和消防设施等处的醒目位置设置消防安全标志、标识等；

（二）根据需要编印场所消防安全宣传资料供公众取阅；

（三）利用单位广播、视频设备播放消防安全知识。

养老院、福利院、救助站等单位，应当对服务对象开展经常性的用火用电和火场自救逃生安全教育。

第二十三条 旅游景区、城市公园绿地的经营管理单位、大型群众性活动主办单位应当在景区、公园绿地、活动场所醒目位置设置疏散路线、消防设施示意图和消防安全警示标识，利用广播、视频设备、宣传栏等开展消防安全宣传教育。

导游人员、旅游景区工作人员应当向游客介绍景区消防安全常识和管理要求。

第二十四条 在建工程的施工单位应当开展下列消防安全教育工作：

（一）建设工程施工前应当对施工人员进行消防安全教育；

（二）在建设工地醒目位置、施工人员集中住宿场所设置消防安全宣传栏，悬挂消防安全挂图和消防安全警示标识；

（三）对明火作业人员进行经常性的消防安全教育；

（四）组织灭火和应急疏散演练。

在建工程的建设单位应当配合施工单位做好上述消防安全教育工作。

第二十五条 新闻、广播、电视等单位应当积极开设消防安全教育栏目，制作节目，对公众开展公益性消防安全宣传教育。

第二十六条 公安、教育、民政、人力资源和社会保障、住房和城乡建设、安全监管、旅游部门管理的培训机构，应当根据教育培训对象特点和实际需要进行消防安全教育培训。

第四章 消防安全培训机构

第二十七条 国家机构以外的社会组织或者个人利用非国家财政性经费，举办消防安全专业培训机构，面向社会从事消防安全专业培训的，应当经省级教育行政部门或者人力资源和社会保障部门依法批准，并到省级民政部门申请民办非企业单位登记。

第二十八条 成立消防安全专业培训机构应当符合下列条件：

（一）具有法人条件，有规范的名称和必要的组织机构；

（二）注册资金或者开办费一百万元以上；

（三）有健全的组织章程和培训、考试制度；

（四）具有与培训规模和培训专业相适应的专（兼）职教员队伍；

（五）有同时培训二百人以上规模的固定教学场所、训练场地，具有满足技能培训需要的消防设施、设备和器材；

（六）消防安全专业培训需要的其他条件。

前款第（四）项所指专（兼）职教员队伍中，专职教员应当不少于教员总数的二分之一；具有建筑、消防等相关专业中级以上职称，并有五年以上消防相关工作经历的教员不少于十人；消防安全管理、自动消防设施、灭火救援等专业课程应当分别配备理论教员和实习操作教员不少于两人。

第二十九条 申请成立消防安全专业培训

机构，依照国家有关法律法规，应当向省级教育行政部门或者人力资源和社会保障部门申请。

省级教育行政部门或者人力资源和社会保障部门受理申请后，可以征求同级公安机关消防机构的意见。

省级公安机关消防机构收到省级教育行政部门或者人力资源和社会保障部门移送的申请材料后，应当配合对申请成立消防安全培训专业机构的师资条件、场地和设施、设备、器材等进行核查，并出具书面意见。

教育行政部门或者人力资源和社会保障部门根据有关民办职业培训机构的规定，并综合公安机关消防机构出具的书面意见进行评定，符合条件的予以批准，并向社会公告。

第三十条 消防安全专业培训机构应当按照有关法律法规、规章和章程规定，开展消防安全专业培训，保证培训质量。

消防安全专业培训机构开展消防安全专业培训，应当将消防安全管理、建筑防火和自动消防设施施工、操作、检测、维护技能作为培训的重点，对经理论和技能操作考核合格的人员，颁发培训证书。

消防安全专业培训的收费标准，应当符合国家有关规定，并向社会公布。

第三十一条 省级教育行政部门或者人力资源和社会保障部门应当依法对消防安全专业培训机构进行管理，监督、指导消防安全专业培训机构依法开展活动。

省级教育行政部门或者人力资源和社会保障部门应当对消防安全专业培训机构定期组织质量评估，并向社会公布监督评估情况。省级教育行政部门或者人力资源和社会保障部门在对消防安全专业培训机构进行质量评估时，可以邀请公安机关消防机构专业人员参加。

第五章 奖惩

第三十二条 地方各级人民政府及有关部门对在消防安全教育培训工作中有突出贡献或者成绩显著的单位和个人，应当给予表彰奖励。

单位对消防安全教育培训工作成绩突出的职工，应当给予表彰奖励。

第三十三条 地方各级人民政府公安、教育、民政、人力资源和社会保障、住房和城乡建设、文化、广电、安全监管、旅游、文物等部门不依法履行消防安全教育培训工作职责的，上级部门应当给予批评；对直接责任人员由上级部门和所在单位视情节轻重，根据权限依法给予批评教育或者建议有权部门给予处分。

公安机关消防机构工作人员在协助审查消防安全专业培训机构的工作中疏于职守的，由上级机关责令改正；情节严重的，对直接负责的主管人员和其他直接责任人员依法给予处分。

第三十四条 学校未按照本规定第十五条、第十六条、第十七条、第十八条规定开展消防安全教育工作的，教育、公安、人力资源和社会保障等主管部门应当按照职责分工责令其改正，并视情对学校负责人和其他直接责任人员给予处分。

第三十五条 单位违反本规定，构成违反消防管理行为的，由公安机关消防机构依照《中华人民共和国消防法》予以处罚。

第三十六条 社会组织或者个人未经批准擅自举办消防安全专业培训机构的，或者消防安全专业培训机构在培训活动中有违法违规行为的，由教育、人力资源和社会保障、民政等部门依据各自职责依法予以处理。

第六章 附则

第三十七条 全国统一的消防安全教育培训大纲由公安部会同教育部、人力资源和社会保障部共同制定。

机关、团体、企业、事业单位消防安全管理规定

（中华人民共和国公安部令第 61 号，2001 年 11 月 14 日）

《机关、团体、企业、事业单位消防安全管理规定》经 2001 年 10 月 19 日公安部部长办公会议通过，现予发布，自 2002 年 5 月 1 日起施行。

第一章　总则

第一条　为了加强和规范机关、团体、企业、事业单位的消防安全管理，预防火灾和减少火灾危害，根据《中华人民共和国消防法》，制定本规定。

第二条　本规定适用于中华人民共和国境内的机关、团体、企业、事业单位（以下统称单位）自身的消防安全管理。

法律、法规另有规定的除外。

第三条　单位应当遵守消防法律、法规、规章（以下统称消防法规），贯彻预防为主、防消结合的消防工作方针，履行消防安全职责，保障消防安全。

第四条　法人单位的法定代表人或者非法人单位的主要负责人是单位的消防安全责任人，对本单位的消防安全工作全面负责。

第五条　单位应当落实逐级消防安全责任制和岗位消防安全责任制，明确逐级和岗位消防安全职责，确定各级、各岗位的消防安全责任人。

第二章　消防安全责任

第六条　单位的消防安全责任人应当履行下列消防安全职责：

（一）贯彻执行消防法规，保障单位消防安全符合规定，掌握本单位的消防安全情况；

（二）将消防工作与本单位的生产、科研、经营、管理等活动统筹安排，批准实施年度消防工作计划；

（三）为本单位的消防安全提供必要的经费和组织保障；

（四）确定逐级消防安全责任，批准实施消防安全制度和保障消防安全的操作规程；

（五）组织防火检查，督促落实火灾隐患整改，及时处理涉及消防安全的重大问题；

（六）根据消防法规的规定建立专职消防队、义务消防队；

（七）组织制定符合本单位实际的灭火和应急疏散预案，并实施演练。

第七条　单位可以根据需要确定本单位的消防安全管理人。消防安全管理人对单位的消防安全责任人负责，实施和组织落实下列消防安全管理工作：

（一）拟订年度消防工作计划，组织实施日常消防安全管理工作；

（二）组织制订消防安全制度和保障消防安全的操作规程并检查督促其落实；

（三）拟订消防安全工作的资金投入和组织保障方案；

（四）组织实施防火检查和火灾隐患整改工作；

（五）组织实施对本单位消防设施、灭火器材和消防安全标志的维护保养，确保其完好有效，确保疏散通道和安全出口畅通；

（六）组织管理专职消防队和义务消防队；

（七）在员工中组织开展消防知识、技能的宣传教育和培训，组织灭火和应急疏散预案的实施和演练；

（八）单位消防安全责任人委托的其他消防安全管理工作。

消防安全管理人应当定期向消防安全责任人报告消防安全情况，及时报告涉及消防安全的重大问题。未确定消防安全管理人的单位，前款规定的消防安全管理工作由单位消防安全责任人负责实施。

第八条　实行承包、租赁或者委托经营、管理时，产权单位应当提供符合消防安全要求

的建筑物，当事人在订立的合同中依照有关规定明确各方的消防安全责任；消防车通道、涉及公共消防安全的疏散设施和其他建筑消防设施应当由产权单位或者委托管理的单位统一管理。

承包、承租或者受委托经营、管理的单位应当遵守本规定，在其使用、管理范围内履行消防安全职责。

第九条　对于有两个以上产权单位和使用单位的建筑物，各产权单位、使用单位对消防车通道、涉及公共消防安全的疏散设施和其他建筑消防设施应当明确管理责任，可以委托统一管理。

第十条　居民住宅区的物业管理单位应当在管理范围内履行下列消防安全职责：

（一）制定消防安全制度，落实消防安全责任，开展消防安全宣传教育；

（二）开展防火检查，消除火灾隐患；

（三）保障疏散通道、安全出口、消防车通道畅通；

（四）保障公共消防设施、器材以及消防安全标志完好有效。

其他物业管理单位应当对受委托管理范围内的公共消防安全管理工作负责。

第十一条　举办集会、焰火晚会、灯会等具有火灾危险的大型活动的主办单位、承办单位以及提供场地的单位，应当在订立的合同中明确各方的消防安全责任。

第十二条　建筑工程施工现场的消防安全由施工单位负责。实行施工总承包的，由总承包单位负责。分包单位向总承包单位负责，服从总承包单位对施工现场的消防安全管理。

对建筑物进行局部改建、扩建和装修的工程，建设单位应当与施工单位在订立的合同中明确各方对施工现场的消防安全责任。

第三章　消防安全管理

第十三条　下列范围的单位是消防安全重点单位，应当按照本规定的要求，实行严格管理：

（一）商场（市场）、宾馆（饭店）、体育场（馆）、会堂、公共娱乐场所等公众聚集场所（以下统称公众聚集场所）；

（二）医院、养老院和寄宿制的学校、托儿所、幼儿园；

（三）国家机关；

（四）广播电台、电视台和邮政、通信枢纽；

（五）客运车站、码头、民用机场；

（六）公共图书馆、展览馆、博物馆、档案馆以及具有火灾危险性的文物保护单位；

（七）发电厂（站）和电网经营企业；

（八）易燃易爆化学物品的生产、充装、储存、供应、销售单位；

（九）服装、制鞋等劳动密集型生产、加工企业；

（十）重要的科研单位；

（十一）其他发生火灾可能性较大以及一旦发生火灾可能造成重大人身伤亡或者财产损失的单位。

高层办公楼（写字楼）、高层公寓楼等高层公共建筑，城市地下铁道、地下观光隧道等地下公共建筑和城市重要的交通隧道，粮、棉、木材、百货等物资集中的大型仓库和堆场，国家和省级等重点工程的施工现场，应当按照本规定对消防安全重点单位的要求，实行严格管理。

第十四条　消防安全重点单位及其消防安全责任人、消防安全管理人应当报当地公安消防机构备案。

第十五条　消防安全重点单位应当设置或者确定消防工作的归口管理职能部门，并确定专职或者兼职的消防管理人员；其他单位应当确定专职或者兼职消防管理人员，可以确定消防工作的归口管理职能部门。归口管理职能部门和专兼职消防管理人员在消防安全责任人或者消防安全管理人的领导下开展消防安全管理工作。

第十六条　公众聚集场所应当在具备下列消防安全条件后，向当地公安消防机构申报进行消防安全检查，经检查合格后方可开业使用：

（一）依法办理建筑工程消防设计审核手续，并经消防验收合格；

（二）建立健全消防安全组织，消防安全

责任明确；

（三）建立消防安全管理制度和保障消防安全的操作规程；

（四）员工经过消防安全培训；

（五）建筑消防设施齐全、完好有效；

（六）制定灭火和应急疏散预案。

第十七条 举办集会、焰火晚会、灯会等具有火灾危险的大型活动，主办或者承办单位应当在具备消防安全条件后，向公安消防机构申报对活动现场进行消防安全检查，经检查合格后方可举办。

第十八条 单位应当按照国家有关规定，结合本单位的特点，建立健全各项消防安全制度和保障消防安全的操作规程，并公布执行。

单位消防安全制度主要包括以下内容：消防安全教育、培训；防火巡查、检查；安全疏散设施管理；消防（控制室）值班；消防设施、器材维护管理；火灾隐患整改；用火、用电安全管理；易燃易爆危险物品和场所防火防爆；专职和义务消防队的组织管理；灭火和应急疏散预案演练；燃气和电气设备的检查和管理（包括防雷、防静电）；消防安全工作考评和奖惩；其他必要的消防安全内容。

第十九条 单位应当将容易发生火灾、一旦发生火灾可能严重危及人身和财产安全以及对消防安全有重大影响的部位确定为消防安全重点部位，设置明显的防火标志，实行严格管理。

第二十条 单位应当对动用明火实行严格的消防安全管理。禁止在具有火灾、爆炸危险的场所使用明火；因特殊情况需要进行电、气焊等明火作业的，动火部门和人员应当按照单位的用火管理制度办理审批手续，落实现场监护人，在确认无火灾、爆炸危险后方可动火施工。动火施工人员应当遵守消防安全规定，并落实相应的消防安全措施。

公众聚集场所或者两个以上单位共同使用的建筑物局部施工需要使用明火时，施工单位和使用单位应当共同采取措施，将施工区和使用区进行防火分隔，清除动火区域的易燃、可燃物，配置消防器材，专人监护，保证施工及使用范围的消防安全。

公共娱乐场所在营业期间禁止动火施工。

第二十一条 单位应当保障疏散通道、安全出口畅通，并设置符合国家规定的消防安全疏散指示标志和应急照明设施，保持防火门、防火卷帘、消防安全疏散指示标志、应急照明、机械排烟送风、火灾事故广播等设施处于正常状态。

严禁下列行为：

（一）占用疏散通道；

（二）在安全出口或者疏散通道上安装栅栏等影响疏散的障碍物；

（三）在营业、生产、教学、工作等期间将安全出口上锁、遮挡或者将消防安全疏散指示标志遮挡、覆盖；

（四）其他影响安全疏散的行为。

第二十二条 单位应当遵守国家有关规定，对易燃易爆危险物品的生产、使用、储存、销售、运输或者销毁实行严格的消防安全管理。

第二十三条 单位应当根据消防法规的有关规定，建立专职消防队、义务消防队，配备相应的消防装备、器材，并组织开展消防业务学习和灭火技能训练，提高预防和扑救火灾的能力。

第二十四条 单位发生火灾时，应当立即实施灭火和应急疏散预案，务必做到及时报警，迅速扑救火灾，及时疏散人员。邻近单位应当给予支援。任何单位、人员都应当无偿为报火警提供便利，不得阻拦报警。

单位应当为公安消防机构抢救人员、扑救火灾提供便利和条件。

火灾扑灭后，起火单位应当保护现场，接受事故调查，如实提供火灾事故的情况，协助公安消防机构调查火灾原因，核定火灾损失，查明火灾事故责任。未经公安消防机构同意，不得擅自清理火灾现场。

第四章　防火检查

第二十五条 消防安全重点单位应当进行每日防火巡查，并确定巡查的人员、内容、部位和频次。其他单位可以根据需要组织防火巡查。巡查的内容应当包括：

（一）用火、用电有无违章情况；

（二）安全出口、疏散通道是否畅通，安全疏散指示标志、应急照明是否完好；

（三）消防设施、器材和消防安全标志是否在位、完整；

（四）常闭式防火门是否处于关闭状态，防火卷帘下是否堆放物品影响使用；

（五）消防安全重点部位的人员在岗情况；

（六）其他消防安全情况。

公众聚集场所在营业期间的防火巡查应当至少每二小时一次；营业结束时应当对营业现场进行检查，消除遗留火种。医院、养老院、寄宿制的学校、托儿所、幼儿园应当加强夜间防火巡查，其他消防安全重点单位可以结合实际组织夜间防火巡查。

防火巡查人员应当及时纠正违章行为，妥善处置火灾危险，无法当场处置的，应当立即报告。发现初起火灾应当立即报警并及时扑救。

防火巡查应当填写巡查记录，巡查人员及其主管人员应当在巡查记录上签名。

第二十六条　机关、团体、事业单位应当至少每季度进行一次防火检查，其他单位应当至少每月进行一次防火检查。检查的内容应当包括：

（一）火灾隐患的整改情况以及防范措施的落实情况；

（二）安全疏散通道、疏散指示标志、应急照明和安全出口情况；

（三）消防车通道、消防水源情况；

（四）灭火器材配置及有效情况；

（五）用火、用电有无违章情况；

（六）重点工种人员以及其他员工消防知识的掌握情况；

（七）消防安全重点部位的管理情况；

（八）易燃易爆危险物品和场所防火防爆措施的落实情况以及其他重要物资的防火安全情况；

（九）消防（控制室）值班情况和设施运行、记录情况；

（十）防火巡查情况；

（十一）消防安全标志的设置情况和完好、有效情况；

（十二）其他需要检查的内容。

防火检查应当填写检查记录。检查人员和被检查部门负责人应当在检查记录上签名。

第二十七条　单位应当按照建筑消防设施检查维修保养有关规定的要求，对建筑消防设施的完好有效情况进行检查和维修保养。

第二十八条　设有自动消防设施的单位，应当按照有关规定定期对其自动消防设施进行全面检查测试，并出具检测报告，存档备查。

第二十九条　单位应当按照有关规定定期对灭火器进行维护保养和维修检查。对灭火器应当建立档案资料，记明配置类型、数量、设置位置、检查维修单位（人员）、更换药剂的时间等有关情况。

第五章　火灾隐患整改

第三十条　单位对存在的火灾隐患，应当及时予以消除。

第三十一条　对下列违反消防安全规定的行为，单位应当责成有关人员当场改正并督促落实：

（一）违章进入生产、储存易燃易爆危险物品场所的；

（二）违章使用明火作业或者在具有火灾、爆炸危险的场所吸烟、使用明火等违反禁令的；

（三）将安全出口上锁、遮挡，或者占用、堆放物品影响疏散通道畅通的；

（四）消火栓、灭火器材被遮挡影响使用或者被挪作他用的；

（五）常闭式防火门处于开启状态，防火卷帘下堆放物品影响使用的；

（六）消防设施管理、值班人员和防火巡查人员脱岗的；

（七）违章关闭消防设施、切断消防电源的；

（八）其他可以当场改正的行为。

违反前款规定的情况以及改正情况应当有记录并存档备查。

第三十二条　对不能当场改正的火灾隐患，消防工作归口管理职能部门或者专兼职消防管理人员应当根据本单位的管理分工，及时将存在的火灾隐患向单位的消防安全管理人或者消防安全责任人报告，提出整改方案。消防安全管理人或者消防安全责任人应当确定整改的措施、期限以及负责整改的部门、人员，并落实整改资金。

在火灾隐患未消除之前，单位应当落实防范措施，保障消防安全。不能确保消防安全，随时可能引发火灾或者一旦发生火灾将严重危及人身安全的，应当将危险部位停产停业整改。

第三十三条 火灾隐患整改完毕，负责整改的部门或者人员应当将整改情况记录报送消防安全责任人或者消防安全管理人签字确认后存档备查。

第三十四条 对于涉及城市规划布局而不能自身解决的重大火灾隐患，以及机关、团体、事业单位确无能力解决的重大火灾隐患，单位应当提出解决方案并及时向其上级主管部门或者当地人民政府报告。

第三十五条 对公安消防机构责令限期改正的火灾隐患，单位应当在规定的期限内改正并写出火灾隐患整改复函，报送公安消防机构。

第六章 消防安全宣传教育和培训

第三十六条 单位应当通过多种形式开展经常性的消防安全宣传教育。消防安全重点单位对每名员工应当至少每年进行一次消防安全培训。宣传教育和培训内容应当包括：

（一）有关消防法规、消防安全制度和保障消防安全的操作规程；

（二）本单位、本岗位的火灾危险性和防火措施；

（三）有关消防设施的性能、灭火器材的使用方法；

（四）报火警、扑救初起火灾以及自救逃生的知识和技能。

公众聚集场所对员工的消防安全培训应当至少每半年进行一次，培训的内容还应当包括组织、引导在场群众疏散的知识和技能。

单位应当组织新上岗和进入新岗位的员工进行上岗前的消防安全培训。

第三十七条 公众聚集场所在营业、活动期间，应当通过张贴图画、广播、闭路电视等向公众宣传防火、灭火、疏散逃生等常识。

学校、幼儿园应当通过寓教于乐等多种形式对学生和幼儿进行消防安全常识教育。

第三十八条 下列人员应当接受消防安全专门培训：

（一）单位的消防安全责任人、消防安全管理人；

（二）专、兼职消防管理人员；

（三）消防控制室的值班、操作人员；

（四）其他依照规定应当接受消防安全专门培训的人员。

前款规定中的第（三）项人员应当持证上岗。

第七章 灭火、应急疏散预案和演练

第三十九条 消防安全重点单位制定的灭火和应急疏散预案应当包括下列内容：

（一）组织机构，包括：灭火行动组、通讯联络组、疏散引导组、安全防护救护组；

（二）报警和接警处置程序；

（三）应急疏散的组织程序和措施；

（四）扑救初起火灾的程序和措施；

（五）通讯联络、安全防护救护的程序和措施。

第四十条 消防安全重点单位应当按照灭火和应急疏散预案，至少每半年进行一次演练，并结合实际，不断完善预案。其他单位应当结合本单位实际，参照制定相应的应急方案，至少每年组织一次演练。

消防演练时，应当设置明显标识并事先告知演练范围内的人员。

第八章 消防档案

第四十一条 消防安全重点单位应当建立健全消防档案。消防档案应当包括消防安全基本情况和消防安全管理情况。消防档案应当详实，全面反映单位消防工作的基本情况，并附有必要的图表，根据情况变化及时更新。

单位应当对消防档案统一保管、备查。

第四十二条 消防安全基本情况应当包括

以下内容：

（一）单位基本概况和消防安全重点部位情况；

（二）建筑物或者场所施工、使用或者开业前的消防设计审核、消防验收以及消防安全检查的文件、资料；

（三）消防管理组织机构和各级消防安全责任人；

（四）消防安全制度；

（五）消防设施、灭火器材情况；

（六）专职消防队、义务消防队人员及其消防装备配备情况；

（七）与消防安全有关的重点工种人员情况；

（八）新增消防产品、防火材料的合格证明材料；

（九）灭火和应急疏散预案。

第四十三条　消防安全管理情况应当包括以下内容：

（一）公安消防机构填发的各种法律文书；

（二）消防设施定期检查记录、自动消防设施全面检查测试的报告以及维修保养的记录；

（三）火灾隐患及其整改情况记录；

（四）防火检查、巡查记录；

（五）有关燃气、电气设备检测（包括防雷、防静电）等记录资料；

（六）消防安全培训记录；

（七）灭火和应急疏散预案的演练记录；

（八）火灾情况记录；

（九）消防奖惩情况记录。

前款规定中的第（二）、（三）、（四）、（五）项记录，应当记明检查的人员、时间、部位、内容、发现的火灾隐患以及处理措施等；第（六）项记录，应当记明培训的时间、参加人员、内容等；第（七）项记录，应当记明演练的时间、地点、内容、参加部门以及人员等。

第四十四条　其他单位应当将本单位的基本概况、公安消防机构填发的各种法律文书、与消防工作有关的材料和记录等统一保管备查。

第九章　奖惩

第四十五条　单位应当将消防安全工作纳入内部检查、考核、评比内容。对在消防安全工作中成绩突出的部门（班组）和个人，单位应当给予表彰奖励。对未依法履行消防安全职责或者违反单位消防安全制度的行为，应当依照有关规定对责任人员给予行政纪律处分或者其他处理。

第四十六条　违反本规定，依法应当给予行政处罚的，依照有关法律、法规予以处罚；构成犯罪的，依法追究刑事责任。

第十章　附则

第四十七条　公安消防机构对本规定的执行情况依法实施监督，并对自身滥用职权、玩忽职守、徇私舞弊的行为承担法律责任。

第四十八条　本规定自2002年5月1日起施行。

本规定施行以前公安部发布的规章中的有关规定与本规定不一致的，以本规定为准。

高层居民住宅楼防火管理规则

（公安部令第11号，1992年10月12日）

第一条　为了加强高层居民住宅楼防火管理，保障居民生命财产安全，根据《中华人民共和国消防条例》及其实施细则，制定本规则。

第二条　高层居民住宅楼的防火工作，本着自防自救的原则，依靠群众，实行综合治理。

第三条　本规则适用于十层以上的居民住

宅楼。公寓、九层以下的居民住宅楼及平房的防火管理工作可参照执行。

第四条 高层居民住宅楼的防火管理实行分工负责制，由市（市辖区）、县公安机关及其派出机构监督实施。

第五条 街道办事处组织管理辖区高层居民住宅楼的防火工作。其职责是：

（一）宣传消防法律、法规、规章和防火安全知识；

（二）制订防火制度；

（三）掌握辖区高层居民住宅楼的防火情况，并协调有关方面采取相应措施；

（四）领导居民委员会开展经常性的防火工作；

（五）定期组织防火安全检查；

（六）督促房产管理部门、房屋产权单位和供电、燃气经营等单位整改火险隐患；

（七）领导义务消防组织，指导居民进行扑救初期火灾和安全疏散演练。

第六条 居民委员会负责高层居民住宅楼的日常防火工作。其职责是：

（一）制订防火公约，督促居民遵守；

（二）对居民进行经常性的防火安全教育；

（三）组织居民开展防火自查，督促居民整改火险隐患；

（四）定期向街道办事处汇报防火工作情况；

（五）组织居民扑救初期火灾，协助维持火场秩序。

第七条 居民所在工作单位，应当积极支持街道办事处和居民委员会做好防火工作。

第八条 高层居民住宅楼的房产管理部门、房屋产权单位和供电、燃气经营单位，应当指定有关机构和人员配合街道办事处、居民委员会进行防火管理工作，协助他们采取措施加强防火工作。

第九条 楼内消防设施和器材的维修、保养和更换由房屋产权单位负责。房屋产权不属房产管理部门的，房屋产权单位可委托房产管理部门代管代修，费用由房屋产权单位负担。

第十条 燃气经营单位应当定期对高层居民住宅的燃气管道、仪表、阀门等进行检查，发现损坏或泄漏的，要及时维修、更换。

第十一条 高层住宅楼的居民应当自觉接受街道办事处、居民委员会、房产管理部门、房屋产权单位和供电、燃气经营单位的管理，并遵守下列防火事项：

（一）遵守电器安全使用规定，不得超负荷用电，严禁安装不合格的保险丝、片；

（二）遵守燃气安全使用规定，经常检查灶具，严禁擅自拆、改、装燃气设施和用具；

（三）不得在阳台上堆放易燃物品和燃放烟花爆竹；

（四）不得将带有火种的杂物倒入垃圾道，严禁在垃圾道口烧垃圾；

（五）进行室内装修时，必须严格执行有关防火安全规定；

（六）室内不得存放超过0.5公斤的汽油、酒精、香蕉水等易燃物品；

（七）不得卧床吸烟；

（八）楼梯、走道和安全出口等部位应当保持畅通无阻，不得擅自封闭，不得堆放物品、存放自行车；

（九）消防设施、器材不得挪作他用，严防损坏、丢失；

（十）教育儿童不要玩火；

（十一）学习消防常识，掌握简易的灭火方法，发生火灾及时报警，积极扑救；

（十二）发现他人违章用火用电或有损坏消防设施、器材的行为，要及时劝阻、制止，并向街道办事处或居民委员会报告。

第十二条 房产管理部门或房屋产权单位需要改变高层居民住宅楼地下室的用途时，其防火安全必须符合国家有关规范、规定的要求，并经市（市辖区）、县公安机关审核同意。

第十三条 凡违反本规则的，根据有关法律、法规、规章的规定予以处罚。

第十四条 本规则所称以上、以下均含本数。

第十五条 本规则自发布之日起施行。1986年公安部颁布的《高层建筑消防管理规则》第四条第二款停止执行。

仓库防火安全管理规则

（中华人民共和国公安部令第 6 号，1990 年 4 月 10 日）

国务院授权我部修改的《仓库防火安全管理规则》，已经一九九〇年三月二十二日公安部部务会议通过，现予发布施行。

第一章　总则

第一条　为了加强仓库消防安全管理，保护仓库免受火灾危害。根据《中华人民共和国消防条例》及其实施细则的有关规定，制定本规则。

第二条　仓库消防安全必须贯彻“预防为主，防消结合”的方针，实行“谁主管，谁负责”的原则。仓库消防安全由本单位及其上级主管部门负责。

第三条　本规则由县级以上公安机关消防监督机构负责监督。

第四条　本规则适用于国家、集体和个体经营的储存物品的各类仓库、堆栈、货场。

储存火药、炸药、火工品和军工物资的仓库，按照国家有关规定执行。

第二章　组织管理

第五条　新建、扩建和改建的仓库建筑设计，要符合国家建筑设计防火规范的有关规定，并经公安消防监督机构审核。仓库竣工时，其主管部门应当会同公安消防监督等有关部门进行验收；验收不合格的，不得交付使用。

第六条　仓库应当确定一名主要领导人为防火负责人，全面负责仓库的消防安全管理工作。

第七条　仓库防火负责人负有下列职责：

一、组织学习贯彻消防法规，完成上级部署的消防工作；

二、组织制定电源、火源、易燃易爆物品的安全管理和值班巡逻等制度，落实逐级防火责任制和岗位防火责任制；

三、组织对职工进行消防宣传、业务培训和考核，提高职工的安全素质；

四、组织开展防火检查，消除火险隐患；

五、领导专职、义务消防队组织和专职、兼职消防人员，制定灭火应急方案，组织扑救火灾；

六、定期总结消防安全工作，实施奖惩。

第八条　国家储备库、专业仓库应当配备专职消防干部；其他仓库可以根据需要配备专职或兼职消防人员。

第九条　国家储备库、专业仓库和火灾危险性大、距公安消防队较远的其他大型仓库，应当按照有关规定建立专职消防队。

第十条　各类仓库都应当建立义务消防组织，定期进行业务培训，开展自防自救工作。

第十一条　仓库防火负责人的确定和变动，应当向当地公安消防监督机构备案；专职消防干部、人员和专职消防队长的配备与更换，应当征求当地公安消防监督机构的意见。

第十二条　仓库保管员应当熟悉储存物品的分类、性质、保管业务知识和防火安全制度，掌握消防器材的操作使用和维护保养方法，做好本岗位的防火工作。

第十三条　对仓库新职工应当进行仓储业务和消防知识的培训，经考试合格，方可上岗作业。

第十四条　仓库严格执行夜间值班、巡逻制度，带班人员应当认真检查，督促落实。

第三章　储存管理

第十五条　依据国家《建筑设计防火规范》的规定，按照仓库储存物品的火灾危险程度分为甲、乙、丙、丁、戊五类（详见附表）。

第十六条 露天存放物品应当分类、分堆、分组和分垛，并留出必要的防火间距。堆场的总储量以及与建筑物等之间的防火距离，必须符合建筑设计防火规范的规定。

第十七条 甲、乙类桶装液体，不宜露天存放。必须露天存放时，在炎热季节必须采取降温措施。

第十八条 库存物品应当分类、分垛储存，每垛占地面积不宜大于一百平方米，垛与垛间距不小于一米，垛与墙间距不小于零点五米，垛与梁、柱间距不小于零点三米，主要通道的宽度不小于二米。

第十九条 甲、乙类物品和一般物品以及容易相互发生化学反应或者灭火方法不同的物品，必须分间、分库储存，并在醒目处标明储存物品的名称、性质和灭火方法。

第二十条 易自燃或者遇水分解的物品，必须在温度较低、通风良好和空气干燥的场所储存，并安装专用仪器定时检测，严格控制湿度与温度。

第二十一条 物品入库前应当有专人负责检查，确定无火种等隐患后，方准入库。

第二十二条 甲、乙类物品的包装容器应当牢固、密封，发现破损、残缺，变形和物品变质、分解等情况时，应当及时进行安全处理，严防跑、冒、滴、漏。

第二十三条 使用过的油棉纱、油手套等沾油纤维物品以及可燃包装，应当存放在安全地点，定期处理。

第二十四条 库房内因物品防冻必须采暖时，应当采用水暖，其散热器、供暖管道与储存物品的距离不小于零点三米。

第二十五条 甲、乙类物品库房内不准设办公室、休息室。其他库房必需设办公室时，可以贴邻库房一角设置无孔洞的一、二级耐火等级的建筑，其门窗直通库外，具体实施，应征得当地公安消防监督机构的同意。

第二十六条 储存甲、乙、丙类物品的库房布局、储存类别不得擅自改变。如确需改变的，应当报经当地公安消防监督机构同意。

第四章 装卸管理

第二十七条 进入库区的所有机动车辆，必须安装防火罩。

第二十八条 蒸汽机车驶入库区时，应当关闭灰箱和送风器，并不得在库区清炉。仓库应当派专人负责监护。

第二十九条 汽车、拖拉机不准进入甲、乙、丙类物品库房。

第三十条 进入甲、乙类物品库房的电瓶车、铲车必须是防爆型的；进入丙类物品库房的电瓶车、铲车，必须装有防止火花溅出的安全装置。

第三十一条 各种机动车辆装卸物品后，不准在库区、库房、货场内停放和修理。

第三十二条 库区内不得搭建临时建筑和构筑物。因装卸作业确需搭建时，必须经单位防火负责人批准，装卸作业结束后立即拆除。

第三十三条 装卸甲、乙类物品时，操作人员不得穿戴易产生静电的工作服、帽和使用易产生火花的工具，严防震动、撞击、重压、摩擦和倒置。对易产生静电的装卸设备要采取消除静电的措施。

第三十四条 库房内固定的吊装设备需要维修时，应当采取防火安全措施，经防火负责人批准后，方可进行。

第三十五条 装卸作业结束后，应当对库区、库房进行检查，确认安全后，方可离人。

第五章 电器管理

第三十六条 仓库的电气装置必须符合国家现行的有关电气设计和施工安装验收标准规范的规定。

第三十七条 甲、乙类物品库房和丙类液体库房的电气装置，必须符合国家现行的有关爆炸危险场所的电气安全规定。

第三十八条 储存丙类固体物品的库房，不准使用碘钨灯和超过六十瓦以上的白炽灯等高温照明灯具。当使用日光灯等低温照明灯具和其他防燃型照明灯具时，应当对镇流器采取隔热、散热等防火保护措施，确保安全。

第三十九条　库房内不准设置移动式照明灯具。照明灯具下方不准堆放物品，其垂直下方与储存物品水平间距离不得小于零点五米。

第四十条　库房内敷设的配电线路，需穿金属管或用非燃硬塑料管保护。

第四十一条　库区的每个库房应当在库房外单独安装开关箱，保管人员离库时，必须拉闸断电。

禁止使用不合规格的保险装置。

第四十二条　库房内不准使用电炉、电烙铁、电熨斗等电热器具和电视机、电冰箱等家用电器。

第四十三条　仓库电器设备的周围和架空线路的下方严禁堆放物品。对提升、码垛等机械设备易产生火花的部位，要设置防护罩。

第四十四条　仓库必须按照国家有关防雷设计安装规范的规定，设置防雷装置，并定期检测，保证有效。

第四十五条　仓库的电器设备，必须由持合格证的电工进行安装、检查和维修保养。电工应当严格遵守各项电器操作规程。

第六章　火源管理

第四十六条　仓库应当设置醒目的防火标志。进入甲、乙类物品库区的人员，必须登记，并交出携带的火种。

第四十七条　库房内严禁使用明火。库房外动用明火作业时，必须办理动火证，经仓库或单位防火负责人批准，并采取严格的安全措施。动火证应当注明动火地点、时间、动火人、现场监护人、批准人和防火措施等内容。

第四十八条　库房内不准使用火炉取暖。在库区使用时，应当经防火负责人批准。

第四十九条　防火负责人在审批火炉的使用地点时，必须根据储存物品的分类，按照有关防火间距的规定审批，并制定防火安全管理制度，落实到人。

第五十条　库区以及周围五十米内，严禁燃放烟花爆竹。

第七章　器材管理

第五十一条　仓库内应当按照国家有关消防技术规范，设置、配备消防设施和器材。

第五十二条　消防器材应当设置在明显和便于取用的地点，周围不准堆放物品和杂物。

第五十三条　仓库的消防设施、器材，应当由专人管理，负责检查、维修、保养、更换和添置，保证完好有效，严禁圈占、埋压和挪用。

第五十四条　甲、乙、丙类物品国家储备库、专业性仓库以及其他大型物资仓库，应当按照国家有关技术规范的规定安装相应的报警装置，附近有公安消防队的宜设置与其直通的报警电话。

第五十五条　对消防水池、消火栓、灭火器等消防设施、器材，应当经常进行检查，保持完整好用。地处寒区的仓库，寒冷季节要采取防冻措施。

第五十六条　库区的消防车道和仓库的安全出口、疏散楼梯等消防通道，严禁堆放物品。

第八章　奖惩

第五十七条　仓库消防工作成绩显著的单位和个人，由公安机关、上级主管部门或者本单位给予表彰、奖励。

第五十八条　对违反本规则的单位和人员，国家法现有规定的，应当按照国家法视予以处罚；国家法规没有规定的，可以按照地方有关法规、规章进行处罚；触犯刑律的，由司法机关追究刑事责任。

第九章　附则

第五十九条　储存丁、戊类物品的库房或露天堆栈、货场，执行本规则时，在确保安全并征得当地公安消防监督机构同意的情况下，可以适当放宽。

第六十条　铁路车站、交通港口码头等昼夜作业的中转性仓库，可以按照本规则的原则要求，由铁路、交通等部门自行制定管理办法。

第六十一条 各省、自治区、直辖市和国务院有关部、委根据本规则制订的具体管理办法，应当送公安部备案。

第六十二条 本规则自发布之日起施行。一九八〇年八月一日经国务院批准、同年八月十五日公安部公布施行的《仓库防火安全管理规则》即行废止。

附表：仓库储存物品分类表

仓库储存物品分类表

类别	火灾危险性的特征	储存物品示例
甲类	1. 闪点<28℃的液体	1. 己烷，戊烷，石脑油，环戊烷，二硫化碳、苯，甲苯，甲醇，乙醇，乙醚，蚁酸甲脂、醋酸甲脂，硝酸乙脂，汽油，丙酮，丙烯，乙醛，60度以上的白酒
	2. 爆炸下限<10%的气体，以及受到水或空气中水蒸气的作用，能产生爆炸下限<10%气体的固体物质	2. 乙炔，氢，甲烷，乙烯，丙烯，丁二烯，环氧乙烷，水煤气，硫化氢，氯乙烯，液化石油气，电石，碳化铝
	3. 常温下能自行分解或在空气中氧化即能导致迅速自燃或爆炸的物质	3. 硝化棉，硝化纤维胶片，喷漆棉，火胶棉，赛璐珞棉，黄磷
	4. 常温下受到水或空气中水蒸汽的作用能产生可燃气体并引起燃烧或爆炸的物质	4. 金属钾，钠，锂，钙，锶，氢化锂，四氢化锂铝，氢化钠
	5. 遇酸、受热、撞击、摩擦以及遇有机物或硫磺等易燃的无机物，极易引起燃烧或爆炸的强氧化剂	5. 氯酸钾，氯酸钠，过氧化钾，过氧化钠，硝酸铵
	6. 受撞击、摩擦或与氧化剂、有机物接触时能引起燃烧或爆炸的物质	6. 赤磷，五硫化磷，三硫化磷
乙类	1. 闪点≥28℃至<60℃的液体	1. 煤油，松节油，丁烯醇，异戊醇，丁醚，醋酸丁脂，硝酸戊脂，乙酰丙酮，环己胺，溶剂油，冰醋酸，樟脑油，蚁酸
	2. 爆炸下限≥10%的气体	2. 氨气，液氯
	3. 不属于甲类的氧化剂	3. 硝酸铜，铬酸，亚硝酸钾，重铬酸钠，铬酸钾，硝酸，硝酸汞，硝酸钴，发烟硫酸，漂白粉
	4. 不属于甲类的化学易燃危险固体	4. 硫磺，镁粉，铝粉，赛璐珞板（片），樟脑，萘，生松香，硝化纤维漆布，硝化纤维色片
	5. 助燃气体	5. 氧气，氟气
	6. 常温下与空气接触能缓慢氧化，积热不散引起自燃的物品	6. 漆布及其制品，油布及其制品，油纸及其制品，油绸及其制品

续表

类别	火灾危险性的特征	储存物品示例
丙类	1. 闪点≥60℃液体	1. 动物油，植物油，沥青，蜡，润滑油，机油，重油，闪点≥60℃的柴油、糠醛，>50度至<60度的白酒
	2. 可燃固体	2. 化学、人造纤维及其织物，纸张，棉、毛、丝、麻及其织物，谷物，面粉，天然橡胶及其制品，竹、木及其制品，中药材，电视机，收录机等电子产品，计算机房已录数据的磁盘，冷库中的鱼、肉
丁类	难燃烧物品	自熄性塑料及其制品，酚醛泡沫塑料及其制品，水泥刨花板
戊类	非燃烧物品	钢材，铝材，玻璃及其制品，陶瓷制品，搪瓷制品，不燃气体，玻璃棉，硅酸铝纤维，矿棉，岩棉，陶瓷棉，石膏及其无纸制品，水泥，石，膨胀珍珠岩

注：1. 根据国家《建筑设计防火规范》的规定分类。
2. 仓库含堆栈、货场。

关于推行《消防控制室管理及应急程序》的通知

（公消〔2008〕273号，2008年5月30日）

各省、自治区、直辖市公安消防总队：

今年全国“两会”消防安全保卫工作中，部消防局与北京市公安消防总队共同研究制定了《消防控制室值班员应急须知》，并在北京市推广应用，取得了明显成效。近期，部局在对《消防控制室值班员应急须知》进一步完善的基础上，制定了《消防控制室管理及应急程序》（见附件），并将其纳入公共安全行业标准《消防控制室通用技术要求》（GA 767—2008）中。为进一步提高广大社会单位的消防安全管理水平和火灾应急处置能力，经研究，决定在全国范围内推广施行《消防控制室管理及应急程序》，现就有关要求通知如下：

…………

附件：消防控制室管理及应急程序

附件

消防控制室管理及应急程序

一、消防控制室必须实行每日24小时专人值班制度，每班不应少于2人。

二、消防控制室的日常管理应符合《建筑消防设施的维护管理》（GA 587）的有关要求。

三、消防控制室应确保火灾自动报警系统和灭火系统处于正常工作状态。

四、消防控制室应确保高位消防水箱、消防水池、气压水罐等消防储水设施水量充足；确保消防泵出水管阀门、自动喷水灭火系统管道上的阀门常开；确保消防水泵、防排烟风机、防火卷帘等消防用电设备的配电柜开关处于自动（接通）位置。

五、接到火灾警报后，消防控制室必须立即以最快方式确认。

六、火灾确认后，消防控制室必须立即将火灾报警联动控制开关转入自动状态（处于自动状态的除外），同时拨打“119”火警电话报警。

七、消防控制室必须立即启动单位内部灭火和应急疏散预案，并应同时报告单位负责人。

公安部关于规范电动车停放充电加强火灾防范的通告

（2017年12月29日）

为预防电动车引发火灾，保护人身财产安全，维护公共安全，根据《中华人民共和国消防法》等法律法规，现就加强电动车停放、充电火灾防范工作通告如下：

一、充分认识电动车火灾危害。近年来，我国电动车火灾事故频发，并呈逐年增长趋势，起火原因主要为电气故障。电动车大多在室内停放和充电，有的甚至停放在走道、楼梯间等公共区域，由于电动车车体大部分为易燃可燃材料，一旦起火，燃烧速度快，并产生大量有毒烟气，人员逃生困难，极易造成伤亡。2011年4月25日，北京市大兴区旧宫镇一民房发生火灾，造成18人死亡；2017年9月25日，浙江省台州市玉环市一群租房发生火灾，造成11人死亡，这些都是室内电动车电气故障引发的，教训十分惨痛。

二、落实停放充电管理责任。对于有物业服务企业或者主管单位的住宅小区、楼院，物业服务企业、主管单位应当依据《物业管理条例》等有关规定，对管理区域内电动车停放、充电实施消防安全管理；对于没有物业服务企业或者主管单位的，辖区乡镇人民政府、街道办事处应当按照《中华人民共和国消防法》和国务院办公厅印发的《消防安全责任制实施办法》等规范性文件，指导帮助村民委员会、居民委员会确定电动车停放、充电消防安全管理人员，落实管理责任。有条件的住宅小区、楼院，应当结合实际设置电动车集中停放及充电场所。

三、规范电动车停放充电行为。公民应当将电动车停放在安全地点，充电时应当确保安全。严禁在建筑内的共用走道、楼梯间、安全出口处等公共区域停放电动车或者为电动车充电。公民应尽量不在个人住房内停放电动车或为电动车充电；确需停放和充电的，应当落实隔离、监护等防范措施，防止发生火灾。

四、严厉查处违规停放充电行为。物业服务企业、主管单位和村民委员会、居民委员会，应当立即组织对住宅小区、楼院开展电动车停放和充电专项检查，及时消除隐患。对检查发现电动车违规停放、充电的，应当制止并组织清理；对拒不清理的，要向公安机关消防机构或者公安派出所报告。

五、加强消防安全宣传教育。物业服务企业、主管单位和村民委员会、居民委员会，应当加强电动车停放充电引发火灾的防范常识宣传和典型火灾案例警示教育，引导群众增强消防安全意识，并按要求停放电动车和为电动车充电。一旦遇到电动车火灾切勿盲目逃生，要选择正确的逃生路线和方法。

公民应当自觉遵守消防法律法规和消防安全管理规定，发现电动车火灾隐患和消防安全违法行为时，要及时拨打“96119”举报电话或者通过有效途径，向公安机关举报。

本通告所称的电动车包括电动自行车、电动摩托车和电动三轮车。

对违反本通告的行为，构成违反消防管理行为的，公安机关将依法予以处罚；引起火灾，造成严重后果，构成犯罪的，依法追究刑事责任。

特此通告。

特种设备管理和特种作业

中华人民共和国特种设备安全法（摘）

（中华人民共和国主席令第4号，2013年6月29日）

《中华人民共和国特种设备安全法》已由中华人民共和国第十二届全国人民代表大会常务委员会第三次会议于2013年6月29日通过，现予公布，自2014年1月1日起施行。

第一章 总则

第一条 为了加强特种设备安全工作，预防特种设备事故，保障人身和财产安全，促进经济社会发展，制定本法。

第二条 特种设备的生产（包括设计、制造、安装、改造、修理）、经营、使用、检验、检测和特种设备安全的监督管理，适用本法。

本法所称特种设备，是指对人身和财产安全有较大危险性的锅炉、压力容器（含气瓶）、压力管道、电梯、起重机械、客运索道、大型游乐设施、场（厂）内专用机动车辆，以及法律、行政法规规定适用本法的其他特种设备。

国家对特种设备实行目录管理。特种设备目录由国务院负责特种设备安全监督管理的部门制定，报国务院批准后执行。

第三条 特种设备安全工作应当坚持安全第一、预防为主、节能环保、综合治理的原则。

…………

第七条 特种设备生产、经营、使用单位应当遵守本法和其他有关法律、法规，建立、健全特种设备安全和节能责任制度，加强特种设备安全和节能管理，确保特种设备生产、经营、使用安全，符合节能要求。

第八条 特种设备生产、经营、使用、检验、检测应当遵守有关特种设备安全技术规范及相关标准。

特种设备安全技术规范由国务院负责特种设备安全监督管理的部门制定。

…………

第十二条 任何单位和个人有权向负责特种设备安全监督管理的部门和有关部门举报涉及特种设备安全的违法行为，接到举报的部门应当及时处理。

第二章 生产、经营、使用

第一节 一般规定

第十三条 特种设备生产、经营、使用单位及其主要负责人对其生产、经营、使用的特种设备安全负责。

特种设备生产、经营、使用单位应当按照国家有关规定配备特种设备安全管理人员、检测人员和作业人员，并对其进行必要的安全教育和技能培训。

第十四条 特种设备安全管理人员、检测人员和作业人员应当按照国家有关规定取得相应资格，方可从事相关工作。特种设备安全管理人员、检测人员和作业人员应当严格执行安全技术规范和管理制度，保证特种设备安全。

第十五条 特种设备生产、经营、使用单位对其生产、经营、使用的特种设备应当进行自行检测和维护保养，对国家规定实行检验的特种设备应当及时申报并接受检验。

第十六条 特种设备采用新材料、新技术、新工艺，与安全技术规范的要求不一致，或者安全技术规范未作要求、可能对安全性能有重大影响的，应当向国务院负责特种设备安全监督管理的部门申报，由国务院负责特种设备安全监督管理的部门及时委托安全技术咨询机构或者相关专业机构进行技术评审，评审结果经国务院负责特种设备安全监督管理的部门批准，方可投入生产、使用。

国务院负责特种设备安全监督管理的部门应当将允许使用的新材料、新技术、新工艺的有关技术要求，及时纳入安全技术规范。

第十七条 国家鼓励投保特种设备安全责任保险。

…………

第四节　使用

第三十二条　特种设备使用单位应当使用取得许可生产并经检验合格的特种设备。

禁止使用国家明令淘汰和已经报废的特种设备。

第三十三条　特种设备使用单位应当在特种设备投入使用前或者投入使用后三十日内，向负责特种设备安全监督管理的部门办理使用登记，取得使用登记证书。登记标志应当置于该特种设备的显著位置。

第二十四条　特种设备使用单位应当建立岗位责任、隐患治理、应急救援等安全管理制度，制定操作规程，保证特种设备安全运行。

第三十五条　特种设备使用单位应当建立特种设备安全技术档案。安全技术档案应当包括以下内容：

（一）特种设备的设计文件、产品质量合格证明、安装及使用维护保养说明、监督检验证明等相关技术资料和文件；

（二）特种设备的定期检验和定期自行检查记录；

（三）特种设备的日常使用状况记录；

（四）特种设备及其附属仪器仪表的维护保养记录；

（五）特种设备的运行故障和事故记录。

第三十六条　电梯、客运索道、大型游乐设施等为公众提供服务的特种设备的运营使用单位，应当对特种设备的使用安全负责，设置特种设备安全管理机构或者配备专职的特种设备安全管理人员；其他特种设备使用单位，应当根据情况设置特种设备安全管理机构或者配备专职、兼职的特种设备安全管理人员。

第三十七条　特种设备的使用应当具有规定的安全距离、安全防护措施。

与特种设备安全相关的建筑物、附属设施，应当符合有关法律、行政法规的规定。

第三十八条　特种设备属于共有的，共有人可以委托物业服务单位或者其他管理人管理特种设备，受托人履行本法规定的特种设备使用单位的义务，承担相应责任。共有人未委托的，由共有人或者实际管理人履行管理义务，承担相应责任。

第三十九条　特种设备使用单位应当对其使用的特种设备进行经常性维护保养和定期自行检查，并作出记录。

特种设备使用单位应当对其使用的特种设备的安全附件、安全保护装置进行定期校验、检修，并作出记录。

第四十条　特种设备使用单位应当按照安全技术规范的要求，在检验合格有效期届满前一个月向特种设备检验机构提出定期检验要求。

特种设备检验机构接到定期检验要求后，应当按照安全技术规范的要求及时进行安全性能检验。特种设备使用单位应当将定期检验标志置于该特种设备的显著位置。

未经定期检验或者检验不合格的特种设备，不得继续使用。

第四十一条　特种设备安全管理人员应当对特种设备使用状况进行经常性检查，发现问题应当立即处理；情况紧急时，可以决定停止使用特种设备并及时报告本单位有关负责人。

特种设备作业人员在作业过程中发现事故隐患或者其他不安全因素，应当立即向特种设备安全管理人员和单位有关负责人报告；特种设备运行不正常时，特种设备作业人员应当按照操作规程采取有效措施保证安全。

第四十二条　特种设备出现故障或者发生异常情况，特种设备使用单位应当对其进行全面检查，消除事故隐患，方可继续使用。

第四十三条　客运索道、大型游乐设施在每日投入使用前，其运营使用单位应当进行试运行和例行安全检查，并对安全附件和安全保护装置进行检查确认。

电梯、客运索道、大型游乐设施的运营使用单位应当将电梯、客运索道、大型游乐设施的安全使用说明、安全注意事项和警示标志置于易于为乘客注意的显著位置。

公众乘坐或者操作电梯、客运索道、大型游乐设施，应当遵守安全使用说明和安全注意事项的要求，服从有关工作人员的管理和指挥；遇有运行不正常时，应当按照安全指引，有序撤离。

第四十四条　锅炉使用单位应当按照安全技术规范的要求进行锅炉水（介）质处理，并接受特种设备检验机构的定期检验。

从事锅炉清洗，应当按照安全技术规范的要求进行，并接受特种设备检验机构的监督检验。

第四十五条　电梯的维护保养应当由电梯制造单位或者依照本法取得许可的安装、改造、修理单位进行。

电梯的维护保养单位应当在维护保养中严格执行安全技术规范的要求，保证其维护保养的电梯的安全性能，并负责落实现场安全防护措施，保证施工安全。

电梯的维护保养单位应当对其维护保养的电梯的安全性能负责；接到故障通知后，应当立即赶赴现场，并采取必要的应急救援措施。

第四十六条　电梯投入使用后，电梯制造单位应当对其制造的电梯的安全运行情况进行跟踪调查和了解，对电梯的维护保养单位或者使用单位在维护保养和安全运行方面存在的问题，提出改进建议，并提供必要的技术帮助；发现电梯存在严重事故隐患时，应当及时告知电梯使用单位，并向负责特种设备安全监督管理的部门报告。电梯制造单位对调查和了解的情况，应当作出记录。

第四十七条　特种设备进行改造、修理，按照规定需要变更使用登记的，应当办理变更登记，方可继续使用。

第四十八条　特种设备存在严重事故隐患，无改造、修理价值，或者达到安全技术规范规定的其他报废条件的，特种设备使用单位应当依法履行报废义务，采取必要措施消除该特种设备的使用功能，并向原登记的负责特种设备安全监督管理的部门办理使用登记证书注销手续。

前款规定报废条件以外的特种设备，达到设计使用年限可以继续使用的，应当按照安全技术规范的要求通过检验或者安全评估，并办理使用登记证书变更，方可继续使用。允许继续使用的，应当采取加强检验、检测和维护保养等措施，确保使用安全。

第四十九条　移动式压力容器、气瓶充装单位，应当具备下列条件，并经负责特种设备安全监督管理的部门许可，方可从事充装活动：

（一）有与充装和管理相适应的管理人员和技术人员；

（二）有与充装和管理相适应的充装设备、检测手段、场地厂房、器具、安全设施；

（三）有健全的充装管理制度、责任制度、处理措施。

充装单位应当建立充装前后的检查、记录制度，禁止对不符合安全技术规范要求的移动式压力容器和气瓶进行充装。

气瓶充装单位应当向气体使用者提供符合安全技术规范要求的气瓶，对气体使用者进行气瓶安全使用指导，并按照安全技术规范的要求办理气瓶使用登记，及时申报定期检验。

…………

第五章　事故应急救援与调查处理

…………

特种设备使用单位应当制定特种设备事故应急专项预案，并定期进行应急演练。

第七十条　特种设备发生事故后，事故发生单位应当按照应急预案采取措施，组织抢救，防止事故扩大，减少人员伤亡和财产损失，保护事故现场和有关证据，并及时向事故发生地县级以上人民政府负责特种设备安全监督管理的部门和有关部门报告。

…………

与事故相关的单位和人员不得迟报、谎报或者瞒报事故情况，不得隐匿、毁灭有关证据或者故意破坏事故现场。

第七十一条　事故发生地人民政府接到事故报告，应当依法启动应急预案，采取应急处置措施，组织应急救援。

第七十二条　特种设备发生特别重大事故，由国务院或者国务院授权有关部门组织事故调查组进行调查。

发生重大事故，由国务院负责特种设备安全监督管理的部门会同有关部门组织事故调查组进行调查。

发生较大事故，由省、自治区、直辖市人

民政府负责特种设备安全监督管理的部门会同有关部门组织事故调查组进行调查。

发生一般事故，由设区的市级人民政府负责特种设备安全监督管理的部门会同有关部门组织事故调查组进行调查。

事故调查组应当依法、独立、公正开展调查，提出事故调查报告。

第七十三条　组织事故调查的部门应当将事故调查报告报本级人民政府，并报上一级人民政府负责特种设备安全监督管理的部门备案。有关部门和单位应当依照法律、行政法规的规定，追究事故责任单位和人员的责任。

事故责任单位应当依法落实整改措施，预防同类事故发生。事故造成损害的，事故责任单位应当依法承担赔偿责任。

…………

第九十八条　违反本法规定，构成违反治安管理行为的，依法给予治安管理处罚；构成犯罪的，依法追究刑事责任。

第七章　附则

…………

第一百零一条　本法自2014年1月1日起施行。

特种设备安全监察条例（摘）

（2003年2月19日国务院第68次常务会议通过，根据2009年1月24日国务院令第549号公布的《国务院关于修改〈特种设备安全监察条例〉的决定》修订）

第一章　总则

第一条　为了加强特种设备的安全监察，防止和减少事故，保障人民群众生命和财产安全，促进经济发展，制定本条例。

第二条　本条例所称特种设备是指涉及生命安全、危险性较大的锅炉、压力容器（含气瓶，下同）、压力管道、电梯、起重机械、客运索道、大型游乐设施和场（厂）内专用机动车辆。

…………

第三条　特种设备的生产（含设计、制造、安装、改造、维修，下同）、使用、检验检测及其监督检查，应当遵守本条例，但本条例另有规定的除外。

…………

第五条　特种设备生产、使用单位应当建立健全特种设备安全、节能管理制度和岗位安全、节能责任制度。

特种设备生产、使用单位的主要负责人应当对本单位特种设备的安全和节能全面负责。

特种设备生产、使用单位和特种设备检验检测机构，应当接受特种设备安全监督管理部门依法进行的特种设备安全监察。

…………

第八条　国家鼓励推行科学的管理方法，采用先进技术，提高特种设备安全性能和管理水平，增强特种设备生产、使用单位防范事故的能力，对取得显著成绩的单位和个人，给予奖励。

国家鼓励特种设备节能技术的研究、开发、示范和推广，促进特种设备节能技术创新和应用。

特种设备生产、使用单位和特种设备检验检测机构，应当保证必要的安全和节能投入。

国家鼓励实行特种设备责任保险制度，提高事故赔付能力。

第九条　任何单位和个人对违反本条例规定的行为，有权向特种设备安全监督管理部门和行政监察等有关部门举报。

特种设备安全监督管理部门应当建立特种设备安全监察举报制度，公布举报电话、信箱或者电子邮件地址，受理对特种设备生产、使用和检验检测违法行为的举报，并及时予以处理。

特种设备安全监督管理部门和行政监察等有关部门应当为举报人保密，并按照国家有关规定给予奖励。

…………

第三章 特种设备的使用

第二十三条 特种设备使用单位，应当严格执行本条例和有关安全生产的法律、行政法规的规定，保证特种设备的安全使用。

第二十四条 特种设备使用单位应当使用符合安全技术规范要求的特种设备。特种设备投入使用前，使用单位应当核对其是否附有本条例第十五条规定的相关文件。

第二十五条 特种设备在投入使用前或者投入使用后30日内，特种设备使用单位应当向直辖市或者设区的市的特种设备安全监督管理部门登记。登记标志应当置于或者附着于该特种设备的显著位置。

第二十六条 特种设备使用单位应当建立特种设备安全技术档案。安全技术档案应当包括以下内容：

（一）特种设备的设计文件、制造单位、产品质量合格证明、使用维护说明等文件以及安装技术文件和资料；

（二）特种设备的定期检验和定期自行检查的记录；

（三）特种设备的日常使用状况记录；

（四）特种设备及其安全附件、安全保护装置、测量调控装置及有关附属仪器仪表的日常维护保养记录；

（五）特种设备运行故障和事故记录；

（六）高耗能特种设备的能效测试报告、能耗状况记录以及节能改造技术资料。

第二十七条 特种设备使用单位应当对在用特种设备进行经常性日常维护保养，并定期自行检查。

特种设备使用单位对在用特种设备应当至少每月进行一次自行检查，并作出记录。特种设备使用单位在对在用特种设备进行自行检查和日常维护保养时发现异常情况的，应当及时处理。

特种设备使用单位应当对在用特种设备的安全附件、安全保护装置、测量调控装置及有关附属仪器仪表进行定期校验、检修，并作出记录。

锅炉使用单位应当按照安全技术规范的要求进行锅炉水（介）质处理，并接受特种设备检验检测机构实施的水（介）质处理定期检验。

从事锅炉清洗的单位，应当按照安全技术规范的要求进行锅炉清洗，并接受特种设备检验检测机构实施的锅炉清洗过程监督检验。

第二十八条 特种设备使用单位应当按照安全技术规范的定期检验要求，在安全检验合格有效期届满前1个月向特种设备检验检测机构提出定期检验要求。

检验检测机构接到定期检验要求后，应当按照安全技术规范的要求及时进行安全性能检验和能效测试。

未经定期检验或者检验不合格的特种设备，不得继续使用。

第二十九条 特种设备出现故障或者发生异常情况，使用单位应当对其进行全面检查，消除事故隐患后，方可重新投入使用。

特种设备不符合能效指标的，特种设备使用单位应当采取相应措施进行整改。

第三十条 特种设备存在严重事故隐患，无改造、维修价值，或者超过安全技术规范规定使用年限，特种设备使用单位应当及时予以报废，并应当向原登记的特种设备安全监督管理部门办理注销。

第三十一条 电梯的日常维护保养必须由依照本条例取得许可的安装、改造、维修单位或者电梯制造单位进行。

电梯应当至少每15日进行一次清洁、润滑、调整和检查。

第三十二条 电梯的日常维护保养单位应当在维护保养中严格执行国家安全技术规范的要求，保证其维护保养的电梯的安全技术性能，并负责落实现场安全防护措施，保证施工安全。

电梯的日常维护保养单位，应当对其维护保养的电梯的安全性能负责。接到故障通知后，应当立即赶赴现场，并采取必要的应急救援措施。

第三十三条 电梯、客运索道、大型游乐设施等为公众提供服务的特种设备运营使用单位，应当设置特种设备安全管理机构或者配备专职的安全管理人员；其他特种设备使用单位，应当根据情况设置特种设备安全管理机构或者配备专职、兼职的安全管理人员。

特种设备的安全管理人员应当对特种设备使用状况进行经常性检查，发现问题的应当立即处理；情况紧急时，可以决定停止使用特种设备并及时报告本单位有关负责人。

第三十四条　客运索道、大型游乐设施的运营使用单位在客运索道、大型游乐设施每日投入使用前，应当进行试运行和例行安全检查，并对安全装置进行检查确认。

电梯、客运索道、大型游乐设施的运营使用单位应当将电梯、客运索道、大型游乐设施的安全注意事项和警示标志置于易于为乘客注意的显著位置。

第三十五条　客运索道、大型游乐设施的运营使用单位的主要负责人应当熟悉客运索道、大型游乐设施的相关安全知识，并全面负责客运索道、大型游乐设施的安全使用。

客运索道、大型游乐设施的运营使用单位的主要负责人至少应当每月召开一次会议，督促、检查客运索道、大型游乐设施的安全使用工作。

客运索道、大型游乐设施的运营使用单位，应当结合本单位的实际情况，配备相应数量的营救装备和急救物品。

第三十六条　电梯、客运索道、大型游乐设施的乘客应当遵守使用安全注意事项的要求，服从有关工作人员的指挥。

第三十七条　电梯投入使用后，电梯制造单位应当对其制造的电梯的安全运行情况进行跟踪调查和了解，对电梯的日常维护保养单位或者电梯的使用单位在安全运行方面存在的问题，提出改进建议，并提供必要的技术帮助。发现电梯存在严重事故隐患的，应当及时向特种设备安全监督管理部门报告。电梯制造单位对调查和了解的情况，应当作出记录。

第三十八条　锅炉、压力容器、电梯、起重机械、客运索道、大型游乐设施、场（厂）内专用机动车辆的作业人员及其相关管理人员（以下统称特种设备作业人员），应当按照国家有关规定经特种设备安全监督管理部门考核合格，取得国家统一格式的特种作业人员证书，方可从事相应的作业或者管理工作。

第三十九条　特种设备使用单位应当对特种设备作业人员进行特种设备安全、节能教育和培训，保证特种设备作业人员具备必要的特种设备安全、节能知识。

特种设备作业人员在作业中应当严格执行特种设备的操作规程和有关的安全规章制度。

第四十条　特种设备作业人员在作业过程中发现事故隐患或者其他不安全因素，应当立即向现场安全管理人员和单位有关负责人报告。

…………

第一百零三条　本条例自 2003 年 6 月 1 日起施行。1982 年 2 月 6 日国务院发布的《锅炉压力容器安全监察暂行条例》同时废止。

工贸企业有限空间作业安全管理与监督暂行规定（摘）

（2013 年 5 月 20 日国家安全生产监督管理总局令第 59 号公布，
根据 2015 年 5 月 29 日国家安全生产监督管理总局令第 80 号修正）

第一章　总则

第一条　为了加强对冶金、有色、建材、机械、轻工、纺织、烟草、商贸企业（以下统称工贸企业）有限空间作业的安全管理与监督，预防和减少生产安全事故，保障作业人员的安全与健康，根据《中华人民共和国安全生产法》等法律、行政法规，制定本规定。

第二条　工贸企业有限空间作业的安全管

理与监督，适用本规定。

本规定所称有限空间，是指封闭或者部分封闭，与外界相对隔离，出入口较为狭窄，作业人员不能长时间在内工作，自然通风不良，易造成有毒有害、易燃易爆物质积聚或者氧含量不足的空间。工贸企业有限空间的目录由国家安全生产监督管理总局确定、调整并公布。

第三条 工贸企业是本企业有限空间作业安全的责任主体，其主要负责人对本企业有限空间作业安全全面负责，相关负责人在各自职责范围内对本企业有限空间作业安全负责。

…………

第二章 有限空间作业的安全保障

第五条 存在有限空间作业的工贸企业应当建立下列安全生产制度和规程：

（一）有限空间作业安全责任制度；

（二）有限空间作业审批制度；

（三）有限空间作业现场安全管理制度；

（四）有限空间作业现场负责人、监护人员、作业人员、应急救援人员安全培训教育制度；

（五）有限空间作业应急管理制度；

（六）有限空间作业安全操作规程。

第六条 工贸企业应当对从事有限空间作业的现场负责人、监护人员、作业人员、应急救援人员进行专项安全培训。专项安全培训应当包括下列内容：

（一）有限空间作业的危险有害因素和安全防范措施；

（二）有限空间作业的安全操作规程；

（三）检测仪器、劳动防护用品的正确使用；

（四）紧急情况下的应急处置措施。

安全培训应当有专门记录，并由参加培训的人员签字确认。

第七条 工贸企业应当对本企业的有限空间进行辨识，确定有限空间的数量、位置以及危险有害因素等基本情况，建立有限空间管理台账，并及时更新。

第八条 工贸企业实施有限空间作业前，应当对作业环境进行评估，分析存在的危险有害因素，提出消除、控制危害的措施，制定有限空间作业方案，并经本企业安全生产管理人员审核，负责人批准。

第九条 工贸企业应当按照有限空间作业方案，明确作业现场负责人、监护人员、作业人员及其安全职责。

第十条 工贸企业实施有限空间作业前，应当将有限空间作业方案和作业现场可能存在的危险有害因素、防控措施告知作业人员。现场负责人应当监督作业人员按照方案进行作业准备。

第十一条 工贸企业应当采取可靠的隔断（隔离）措施，将可能危及作业安全的设施设备、存在有毒有害物质的空间与作业地点隔开。

第十二条 有限空间作业应当严格遵守“先通风、再检测、后作业”的原则。检测指标包括氧浓度、易燃易爆物质（可燃性气体、爆炸性粉尘）浓度、有毒有害气体浓度。检测应当符合相关国家标准或者行业标准的规定。

未经通风和检测合格，任何人员不得进入有限空间作业。检测的时间不得早于作业开始前30分钟。

第十三条 检测人员进行检测时，应当记录检测的时间、地点、气体种类、浓度等信息。检测记录经检测人员签字后存档。

检测人员应当采取相应的安全防护措施，防止中毒窒息等事故发生。

第十四条 有限空间内盛装或者残留的物料对作业存在危害时，作业人员应当在作业前对物料进行清洗、清空或者置换。经检测，有限空间的危险有害因素符合《工作场所有害因素职业接触限值 第一部分：化学有害因素》（GBZ 2.1）的要求后，方可进入有限空间作业。

第十五条 在有限空间作业过程中，工贸企业应当采取通风措施，保持空气流通，禁止采用纯氧通风换气。

发现通风设备停止运转、有限空间内氧含量浓度低于或者有毒有害气体浓度高于国家标准或者行业标准规定的限值时，工贸企业必须立即停止有限空间作业，清点作业人员，撤离作业现场。

第十六条　在有限空间作业过程中，工贸企业应当对作业场所中的危险有害因素进行定时检测或者连续监测。

作业中断超过 30 分钟，作业人员再次进入有限空间作业前，应当重新通风、检测合格后方可进入。

第十七条　有限空间作业场所的照明灯具电压应当符合《特低电压限值》（GB/T 3805）等国家标准或者行业标准的规定；作业场所存在可燃性气体、粉尘的，其电气设施设备及照明灯具的防爆安全要求应当符合《爆炸性环境　第一部分：设备　通用要求》（GB 3836.1）等国家标准或者行业标准的规定。

第十八条　工贸企业应当根据有限空间存在危险有害因素的种类和危害程度，为作业人员提供符合国家标准或者行业标准规定的劳动防护用品，并教育监督作业人员正确佩戴与使用。

第十九条　工贸企业有限空间作业还应当符合下列要求：

（一）保持有限空间出入口畅通；

（二）设置明显的安全警示标志和警示说明；

（三）作业前清点作业人员和工器具；

（四）作业人员与外部有可靠的通讯联络；

（五）监护人员不得离开作业现场，并与作业人员保持联系；

（六）存在交叉作业时，采取避免互相伤害的措施。

第二十条　有限空间作业结束后，作业现场负责人、监护人员应当对作业现场进行清理，撤离作业人员。

第二十一条　工贸企业应当根据本企业有限空间作业的特点，制定应急预案，并配备相关的呼吸器、防毒面罩、通讯设备、安全绳索等应急装备和器材。有限空间作业的现场负责人、监护人员、作业人员和应急救援人员应当掌握相关应急预案内容，定期进行演练，提高应急处置能力。

第二十二条　工贸企业将有限空间作业发包给其他单位实施的，应当发包给具备国家规定资质或者安全生产条件的承包方，并与承包方签订专门的安全生产管理协议或者在承包合同中明确各自的安全生产职责。工贸企业应当对承包单位的安全生产工作统一协调、管理，定期进行安全检查，发现安全问题的，应当及时督促整改。

工贸企业对其发包的有限空间作业安全承担主体责任。承包方对其承包的有限空间作业安全承担直接责任。

第二十三条　有限空间作业中发生事故后，现场有关人员应当立即报警，禁止盲目施救。应急救援人员实施救援时，应当做好自身防护，佩戴必要的呼吸器具、救援器材。

…………

第五章　附则

第三十一条　本规定自 2013 年 7 月 1 日起施行。

特种作业人员安全技术培训考核管理规定（摘）

（2010 年 5 月 24 日国家安全生产监督管理总局令第 30 号公布，根据 2013 年 8 月 29 日国家安全生产监督管理总局令第 63 号第一次修正，根据 2015 年 5 月 29 日国家安全生产监督管理总局令第 80 号第二次修正）

第一章　总则

第一条　为了规范特种作业人员的安全技术培训考核工作，提高特种作业人员的安全技术水平，防止和减少伤亡事故，根据《安全生产法》、《行政许可法》等有关法律、行政法规，制定本规定。

第二条　生产经营单位特种作业人员的安全技术培训、考核、发证、复审及其监督管理工作，适用本规定。

有关法律、行政法规和国务院对有关特种作业人员管理另有规定的，从其规定。

第三条 本规定所称特种作业，是指容易发生事故，对操作者本人、他人的安全健康及设备、设施的安全可能造成重大危害的作业。特种作业的范围由特种作业目录规定。

本规定所称特种作业人员，是指直接从事特种作业的从业人员。

第四条 特种作业人员应当符合下列条件：

（一）年满18周岁，且不超过国家法定退休年龄；

（二）经社区或者县级以上医疗机构体检健康合格，并无妨碍从事相应特种作业的器质性心脏病、癫痫病、美尼尔氏症、眩晕症、癔病、震颤麻痹症、精神病、痴呆症以及其他疾病和生理缺陷；

（三）具有初中及以上文化程度；

（四）具备必要的安全技术知识与技能；

（五）相应特种作业规定的其他条件。

危险化学品特种作业人员除符合前款第（一）项、第（二）项、第（四）项和第（五）项规定的条件外，应当具备高中或者相当于高中及以上文化程度。

第五条 特种作业人员必须经专门的安全技术培训并考核合格，取得《中华人民共和国特种作业操作证》（以下简称特种作业操作证）后，方可上岗作业。

…………

第二章 培训

第九条 特种作业人员应当接受与其所从事的特种作业相应的安全技术理论培训和实际操作培训。

已经取得职业高中、技工学校及中专以上学历的毕业生从事与其所学专业相应的特种作业，持学历证明经考核发证机关同意，可以免予相关专业的培训。

跨省、自治区、直辖市从业的特种作业人员，可以在户籍所在地或者从业所在地参加培训。

第十条 对特种作业人员的安全技术培训，具备安全培训条件的生产经营单位应当以自主培训为主，也可以委托具备安全培训条件的机构进行培训。

不具备安全培训条件的生产经营单位，应当委托具备安全培训条件的机构进行培训。

生产经营单位委托其他机构进行特种作业人员安全技术培训的，保证安全技术培训的责任仍由本单位负责。

第十一条 从事特种作业人员安全技术培训的机构（以下统称培训机构），应当制定相应的培训计划、教学安排，并按照安全监管总局、煤矿安监局制定的特种作业人员培训大纲和煤矿特种作业人员培训大纲进行特种作业人员的安全技术培训。

第三章 考核发证

…………

第十九条 特种作业操作证有效期为6年，在全国范围内有效。

特种作业操作证由安全监管总局统一式样、标准及编号。

…………

第四章 复审

第二十一条 特种作业操作证每3年复审1次。

特种作业人员在特种作业操作证有效期内，连续从事本工种10年以上，严格遵守有关安全生产法律法规的，经原考核发证机关或者从业所在地考核发证机关同意，特种作业操作证的复审时间可以延长至每6年1次。

…………

第五章 监督管理

…………

第三十条 有下列情形之一的，考核发证机关应当撤销特种作业操作证：

（一）超过特种作业操作证有效期未延期复审的；

（二）特种作业人员的身体条件已不适合继续从事特种作业的；

（三）对发生生产安全事故负有责任的；

（四）特种作业操作证记载虚假信息的；

（五）以欺骗、贿赂等不正当手段取得特种作业操作证的。

特种作业人员违反前款第（四）项、第（五）项规定的，3 年内不得再次申请特种作业操作证。

第三十一条　有下列情形之一的，考核发证机关应当注销特种作业操作证：

（一）特种作业人员死亡的；

（二）特种作业人员提出注销申请的；

（三）特种作业操作证被依法撤销的。

第三十二条　离开特种作业岗位 6 个月以上的特种作业人员，应当重新进行实际操作考试，经确认合格后方可上岗作业。

…………

第六章　罚则

…………

第三十八条　生产经营单位未建立健全特种作业人员档案的，给予警告，并处 1 万元以下的罚款。

第三十九条　生产经营单位使用未取得特种作业操作证的特种作业人员上岗作业的，责令限期改正；可以处 5 万元以下的罚款；逾期未改正的，责令停产停业整顿，并处 5 万元以上 10 万元以下的罚款，对直接负责的主管人员和其他直接责任人员处 1 万元以上 2 万元以下的罚款。

…………

第四十条　生产经营单位非法印制、伪造、倒卖特种作业操作证，或者使用非法印制、伪造、倒卖的特种作业操作证的，给予警告，并处 1 万元以上 3 万元以下的罚款；构成犯罪的，依法追究刑事责任。

…………

第七章　附则

…………

劳动保护

中华人民共和国职业病防治法（摘）

（2001 年 10 月 27 日第九届全国人民代表大会常务委员会第二十四次会议通过，
根据 2011 年 12 月 31 日第十一届全国人民代表大会常务委员会第二十四次会议
《关于修改〈中华人民共和国职业病防治法〉的决定》第一次修正，根据 2016 年 7 月 2 日
第十二届全国人民代表大会常务委员会第二十一次会议《关于修改〈中华人民共和国节约能源法〉
等六部法律的决定》第二次修正，根据 2017 年 11 月 4 日第十二届全国人民代表大会常务委员会
第三十次会议《关于修改〈中华人民共和国会计法〉等十一部法律的决定》第三次修正，
根据 2018 年 12 月 29 日第十三届全国人民代表大会常务委员会第七次会议《关于修改
〈中华人民共和国劳动法〉等七部法律的决定》第四次修正，
2018 年 12 月 29 日中华人民共和国主席令第 24 号公布）

第一章 总则

第一条 为了预防、控制和消除职业病危害，防治职业病，保护劳动者健康及其相关权益，促进经济社会发展，根据宪法，制定本法。

第二条 本法适用于中华人民共和国领域内的职业病防治活动。

本法所称职业病，是指企业、事业单位和个体经济组织等用人单位的劳动者在职业活动中，因接触粉尘、放射性物质和其他有毒、有害因素而引起的疾病。

职业病的分类和目录由国务院卫生行政部门会同国务院劳动保障行政部门制定、调整并公布。

第三条 职业病防治工作坚持预防为主、防治结合的方针，建立用人单位负责、行政机关监管、行业自律、职工参与和社会监督的机制，实行分类管理、综合治理。

第四条 劳动者依法享有职业卫生保护的权利。

用人单位应当为劳动者创造符合国家职业卫生标准和卫生要求的工作环境和条件，并采取措施保障劳动者获得职业卫生保护。

工会组织依法对职业病防治工作进行监督，维护劳动者的合法权益。用人单位制定或者修改有关职业病防治的规章制度，应当听取工会组织的意见。

第五条 用人单位应当建立、健全职业病防治责任制，加强对职业病防治的管理，提高职业病防治水平，对本单位产生的职业病危害承担责任。

第六条 用人单位的主要负责人对本单位的职业病防治工作全面负责。

第七条 用人单位必须依法参加工伤保险。

国务院和县级以上地方人民政府劳动保障行政部门应当加强对工伤保险的监督管理，确保劳动者依法享受工伤保险待遇。

…………

第十三条 任何单位和个人有权对违反本法的行为进行检举和控告。有关部门收到相关的检举和控告后，应当及时处理。

对防治职业病成绩显著的单位和个人，给予奖励。

第二章 前期预防

第十四条 用人单位应当依照法律、法规要求，严格遵守国家职业卫生标准，落实职业病预防措施，从源头上控制和消除职业病危害。

第十五条 产生职业病危害的用人单位的设立除应当符合法律、行政法规规定的设立条件外，其工作场所还应当符合下列职业卫生要求：

（一）职业病危害因素的强度或者浓度符

合国家职业卫生标准；

（二）有与职业病危害防护相适应的设施；

（三）生产布局合理，符合有害与无害作业分开的原则；

（四）有配套的更衣间、洗浴间、孕妇休息间等卫生设施；

（五）设备、工具、用具等设施符合保护劳动者生理、心理健康的要求；

（六）法律、行政法规和国务院卫生行政部门关于保护劳动者健康的其他要求。

第十六条 国家建立职业病危害项目申报制度。

用人单位工作场所存在职业病目录所列职业病的危害因素的，应当及时、如实向所在地卫生行政部门申报危害项目，接受监督。

职业病危害因素分类目录由国务院卫生行政部门制定、调整并公布。职业病危害项目申报的具体办法由国务院卫生行政部门制定。

…………

第三章 劳动过程中的防护与管理

第二十条 用人单位应当采取下列职业病防治管理措施：

（一）设置或者指定职业卫生管理机构或者组织，配备专职或者兼职的职业卫生管理人员，负责本单位的职业病防治工作；

（二）制定职业病防治计划和实施方案；

（三）建立、健全职业卫生管理制度和操作规程；

（四）建立、健全职业卫生档案和劳动者健康监护档案；

（五）建立、健全工作场所职业病危害因素监测及评价制度；

（六）建立、健全职业病危害事故应急救援预案。

第二十一条 用人单位应当保障职业病防治所需的资金投入，不得挤占、挪用，并对因资金投入不足导致的后果承担责任。

第二十二条 用人单位必须采用有效的职业病防护设施，并为劳动者提供个人使用的职业病防护用品。

用人单位为劳动者个人提供的职业病防护用品必须符合防治职业病的要求；不符合要求的，不得使用。

第二十三条 用人单位应当优先采用有利于防治职业病和保护劳动者健康的新技术、新工艺、新设备、新材料，逐步替代职业病危害严重的技术、工艺、设备、材料。

第二十四条 产生职业病危害的用人单位，应当在醒目位置设置公告栏，公布有关职业病防治的规章制度、操作规程、职业病危害事故应急救援措施和工作场所职业病危害因素检测结果。

对产生严重职业病危害的作业岗位，应当在其醒目位置，设置警示标识和中文警示说明。警示说明应当载明产生职业病危害的种类、后果、预防以及应急救治措施等内容。

第二十五条 对可能发生急性职业损伤的有毒、有害工作场所，用人单位应当设置报警装置，配置现场急救用品、冲洗设备、应急撤离通道和必要的泄险区。

对放射工作场所和放射性同位素的运输、贮存，用人单位必须配置防护设备和报警装置，保证接触放射线的工作人员佩戴个人剂量计。

对职业病防护设备、应急救援设施和个人使用的职业病防护用品，用人单位应当进行经常性的维护、检修，定期检测其性能和效果，确保其处于正常状态，不得擅自拆除或者停止使用。

第二十六条 用人单位应当实施由专人负责的职业病危害因素日常监测，并确保监测系统处于正常运行状态。

用人单位应当按照国务院卫生行政部门的规定，定期对工作场所进行职业病危害因素检测、评价。检测、评价结果存入用人单位职业卫生档案，定期向所在地卫生行政部门报告并向劳动者公布。

职业病危害因素检测、评价由依法设立的取得国务院卫生行政部门或者设区的市级以上地方人民政府卫生行政部门按照职责分工给予资质认可的职业卫生技术服务机构进行。职业卫生技术服务机构所作检测、评价应当客观、真实。

发现工作场所职业病危害因素不符合国家

职业卫生标准和卫生要求时，用人单位应当立即采取相应治理措施，仍然达不到国家职业卫生标准和卫生要求的，必须停止存在职业病危害因素的作业；职业病危害因素经治理后，符合国家职业卫生标准和卫生要求的，方可重新作业。

…………

第三十条 任何单位和个人不得生产、经营、进口和使用国家明令禁止使用的可能产生职业病危害的设备或者材料。

第三十一条 任何单位和个人不得将产生职业病危害的作业转移给不具备职业病防护条件的单位和个人。不具备职业病防护条件的单位和个人不得接受产生职业病危害的作业。

第三十二条 用人单位对采用的技术、工艺、设备、材料，应当知悉其产生的职业病危害，对有职业病危害的技术、工艺、设备、材料隐瞒其危害而采用的，对所造成的职业病危害后果承担责任。

第三十三条 用人单位与劳动者订立劳动合同（含聘用合同，下同）时，应当将工作过程中可能产生的职业病危害及其后果、职业病防护措施和待遇等如实告知劳动者，并在劳动合同中写明，不得隐瞒或者欺骗。

劳动者在已订立劳动合同期间因工作岗位或者工作内容变更，从事与所订立劳动合同中未告知的存在职业病危害的作业时，用人单位应当依照前款规定，向劳动者履行如实告知的义务，并协商变更原劳动合同相关条款。

用人单位违反前两款规定的，劳动者有权拒绝从事存在职业病危害的作业，用人单位不得因此解除与劳动者所订立的劳动合同。

第三十四条 用人单位的主要负责人和职业卫生管理人员应当接受职业卫生培训，遵守职业病防治法律、法规，依法组织本单位的职业病防治工作。

用人单位应当对劳动者进行上岗前的职业卫生培训和在岗期间的定期职业卫生培训，普及职业卫生知识，督促劳动者遵守职业病防治法律、法规、规章和操作规程，指导劳动者正确使用职业病防护设备和个人使用的职业病防护用品。

劳动者应当学习和掌握相关的职业卫生知识，增强职业病防范意识，遵守职业病防治法律、法规、规章和操作规程，正确使用、维护职业病防护设备和个人使用的职业病防护用品，发现职业病危害事故隐患应当及时报告。

劳动者不履行前款规定义务的，用人单位应当对其进行教育。

第三十五条 对从事接触职业病危害的作业的劳动者，用人单位应当按照国务院卫生行政部门的规定组织上岗前、在岗期间和离岗时的职业健康检查，并将检查结果书面告知劳动者。职业健康检查费用由用人单位承担。

用人单位不得安排未经上岗前职业健康检查的劳动者从事接触职业病危害的作业；不得安排有职业禁忌的劳动者从事其所禁忌的作业；对在职业健康检查中发现有与所从事的职业相关的健康损害的劳动者，应当调离原工作岗位，并妥善安置；对未进行离岗前职业健康检查的劳动者不得解除或者终止与其订立的劳动合同。

职业健康检查应当由取得《医疗机构执业许可证》的医疗卫生机构承担。卫生行政部门应当加强对职业健康检查工作的规范管理，具体管理办法由国务院卫生行政部门制定。

第三十六条 用人单位应当为劳动者建立职业健康监护档案，并按照规定的期限妥善保存。

职业健康监护档案应当包括劳动者的职业史、职业病危害接触史、职业健康检查结果和职业病诊疗等有关个人健康资料。

劳动者离开用人单位时，有权索取本人职业健康监护档案复印件，用人单位应当如实、无偿提供，并在所提供的复印件上签章。

第三十七条 发生或者可能发生急性职业病危害事故时，用人单位应当立即采取应急救援和控制措施，并及时报告所在地卫生行政部门和有关部门。卫生行政部门接到报告后，应当及时会同有关部门组织调查处理；必要时，可以采取临时控制措施。卫生行政部门应当组织做好医疗救治工作。

对遭受或者可能遭受急性职业病危害的劳动者，用人单位应当及时组织救治、进行健康检查和医学观察，所需费用由用人单位承担。

第三十八条 用人单位不得安排未成年工从事接触职业病危害的作业；不得安排孕期、哺乳期的女职工从事对本人和胎儿、婴儿有危害的作业。

第三十九条 劳动者享有下列职业卫生保护权利：

（一）获得职业卫生教育、培训；

（二）获得职业健康检查、职业病诊疗、康复等职业病防治服务；

（三）了解工作场所产生或者可能产生的职业病危害因素、危害后果和应当采取的职业病防护措施；

（四）要求用人单位提供符合防治职业病要求的职业病防护设施和个人使用的职业病防护用品，改善工作条件；

（五）对违反职业病防治法律、法规以及危及生命健康的行为提出批评、检举和控告；

（六）拒绝违章指挥和强令进行没有职业病防护措施的作业；

（七）参与用人单位职业卫生工作的民主管理，对职业病防治工作提出意见和建议。

用人单位应当保障劳动者行使前款所列权利。因劳动者依法行使正当权利而降低其工资、福利等待遇或者解除、终止与其订立的劳动合同的，其行为无效。

第四十条 工会组织应当督促并协助用人单位开展职业卫生宣传教育和培训，有权对用人单位的职业病防治工作提出意见和建议，依法代表劳动者与用人单位签订劳动安全卫生专项集体合同，与用人单位就劳动者反映的有关职业病防治的问题进行协调并督促解决。

工会组织对用人单位违反职业病防治法律、法规，侵犯劳动者合法权益的行为，有权要求纠正；产生严重职业病危害时，有权要求采取防护措施，或者向政府有关部门建议采取强制性措施；发生职业病危害事故时，有权参与事故调查处理；发现危及劳动者生命健康的情形时，有权向用人单位建议组织劳动者撤离危险现场，用人单位应当立即作出处理。

第四十一条 用人单位按照职业病防治要求，用于预防和治理职业病危害、工作场所卫生检测、健康监护和职业卫生培训等费用，按照国家有关规定，在生产成本中据实列支。

…………

第四十七条 用人单位应当如实提供职业病诊断、鉴定所需的劳动者职业史和职业病危害接触史、工作场所职业病危害因素检测结果等资料；卫生行政部门应当监督检查和督促用人单位提供上述资料；劳动者和有关机构也应当提供与职业病诊断、鉴定有关的资料。

职业病诊断、鉴定机构需要了解工作场所职业病危害因素情况时，可以对工作场所进行现场调查，也可以向卫生行政部门提出，卫生行政部门应当在十日内组织现场调查。用人单位不得拒绝、阻挠。

第四十八条 职业病诊断、鉴定过程中，用人单位不提供工作场所职业病危害因素检测结果等资料的，诊断、鉴定机构应当结合劳动者的临床表现、辅助检查结果和劳动者的职业史、职业病危害接触史，并参考劳动者的自述、卫生行政部门提供的日常监督检查信息等，作出职业病诊断、鉴定结论。

劳动者对用人单位提供的工作场所职业病危害因素检测结果等资料有异议，或者因劳动者的用人单位解散、破产，无用人单位提供上述资料的，诊断、鉴定机构应当提请卫生行政部门进行调查，卫生行政部门应当自接到申请之日起三十日内对存在异议的资料或者工作场所职业病危害因素情况作出判定；有关部门应当配合。

第四十九条 职业病诊断、鉴定过程中，在确认劳动者职业史、职业病危害接触史时，当事人对劳动关系、工种、工作岗位或者在岗时间有争议的，可以向当地的劳动人事争议仲裁委员会申请仲裁；接到申请的劳动人事争议仲裁委员会应当受理，并在三十日内作出裁决。

当事人在仲裁过程中对自己提出的主张，有责任提供证据。劳动者无法提供由用人单位掌握管理的与仲裁主张有关的证据的，仲裁庭应当要求用人单位在指定期限内提供；用人单位在指定期限内不提供的，应当承担不利后果。

劳动者对仲裁裁决不服的，可以依法向人民法院提起诉讼。

用人单位对仲裁裁决不服的，可以在职业病诊断、鉴定程序结束之日起十五日内依法向人民法院提起诉讼；诉讼期间，劳动者的治疗费用按照职业病待遇规定的途径支付。

第五十条 用人单位和医疗卫生机构发现职业病病人或者疑似职业病病人时，应当及时向所在地卫生行政部门报告。确诊为职业病的，用人单位还应当向所在地劳动保障行政部门报告。接到报告的部门应当依法作出处理。

…………

第五十五条 医疗卫生机构发现疑似职业病病人时，应当告知劳动者本人并及时通知用人单位。

用人单位应当及时安排对疑似职业病病人进行诊断；在疑似职业病病人诊断或者医学观察期间，不得解除或者终止与其订立的劳动合同。

疑似职业病病人在诊断、医学观察期间的费用，由用人单位承担。

第五十六条 用人单位应当保障职业病病人依法享受国家规定的职业病待遇。

用人单位应当按照国家有关规定，安排职业病病人进行治疗、康复和定期检查。

用人单位对不适宜继续从事原工作的职业病病人，应当调离原岗位，并妥善安置。

用人单位对从事接触职业病危害的作业的劳动者，应当给予适当岗位津贴。

第五十七条 职业病病人的诊疗、康复费用，伤残以及丧失劳动能力的职业病病人的社会保障，按照国家有关工伤保险的规定执行。

第五十八条 职业病病人除依法享有工伤保险外，依照有关民事法律，尚有获得赔偿的权利的，有权向用人单位提出赔偿要求。

第五十九条 劳动者被诊断患有职业病，但用人单位没有依法参加工伤保险的，其医疗和生活保障由该用人单位承担。

第六十条 职业病病人变动工作单位，其依法享有的待遇不变。

用人单位在发生分立、合并、解散、破产等情形时，应当对从事接触职业病危害的作业的劳动者进行健康检查，并按照国家有关规定妥善安置职业病病人。

第六十一条 用人单位已经不存在或者无法确认劳动关系的职业病病人，可以向地方人民政府医疗保障、民政部门申请医疗救助和生活等方面的救助。

…………

第五章 监督检查

…………

第八十四条 违反本法规定，构成犯罪的，依法追究刑事责任。

第七章 附则

…………

第八十六条 本法第二条规定的用人单位以外的单位，产生职业病危害的，其职业病防治活动可以参照本法执行。

劳务派遣用工单位应当履行本法规定的用人单位的义务。

中国人民解放军参照执行本法的办法，由国务院、中央军事委员会制定。

第八十七条 对医疗机构放射性职业病危害控制的监督管理，由卫生行政部门依照本法的规定实施。

第八十八条 本法自 2002 年 5 月 1 日起施行。

中华人民共和国职业教育法（摘）

（中华人民共和国主席令第 69 号，1996 年 5 月 15 日）

1996 年 5 月 15 日第八届全国人民代表大会常务委员会第十九次会议通过，现予公布，自 1996 年 9 月 1 日起施行。

第一章 总则

第一条 为了实施科教兴国战略，发展职业教育，提高劳动者素质，促进社会主义现代化建设，根据教育法和劳动法，制定本法。

…………

第五条 公民有依法接受职业教育的权利。

…………

第二十条 企业应当根据本单位的实际，有计划地对本单位的职工和准备录用的人员实施职业教育。企业可以单独举办或者联合举办职业学校、职业培训机构，也可以委托学校、职业培训机构对本单位的职工和准备录用的人员实施职业教育。从事技术工种的职工，上岗前必须经过培训；从事特种作业的职工必须经过培训，并取得特种作业资格。

…………

第二十八条 企业应当承担对本单位的职工和准备录用的人员进行职业教育的费用，具体办法由国务院有关部门会同国务院财政部门或者由省、自治区、直辖市人民政府依法规定。

第二十九条 企业未按本法第二十条的规定实施职业教育的，县级以上地方人民政府应当责令改正；拒不改正的，可以收取企业应当承担的职业教育经费，用于本地区的职业教育。

…………

第四十条 本法自一九九六年九月一日起施行。

女职工劳动保护特别规定

（中华人民共和国国务院令第619号，2012年4月28日）

《女职工劳动保护特别规定》已经2012年4月18日国务院第200次常务会议通过，现予公布，自公布之日起施行。

第一条 为了减少和解决女职工在劳动中因生理特点造成的特殊困难，保护女职工健康，制定本规定。

第二条 中华人民共和国境内的国家机关、企业、事业单位、社会团体、个体经济组织以及其他社会组织等用人单位及其女职工，适用本规定。

第三条 用人单位应当加强女职工劳动保护，采取措施改善女职工劳动安全卫生条件，对女职工进行劳动安全卫生知识培训。

第四条 用人单位应当遵守女职工禁忌从事的劳动范围的规定。用人单位应当将本单位属于女职工禁忌从事的劳动范围的岗位书面告知女职工。

女职工禁忌从事的劳动范围由本规定附录列示。国务院安全生产监督管理部门会同国务院人力资源社会保障行政部门、国务院卫生行政部门根据经济社会发展情况，对女职工禁忌从事的劳动范围进行调整。

第五条 用人单位不得因女职工怀孕、生育、哺乳降低其工资、予以辞退、与其解除劳动或者聘用合同。

第六条 女职工在孕期不能适应原劳动的，用人单位应当根据医疗机构的证明，予以减轻劳动量或者安排其他能够适应的劳动。

对怀孕7个月以上的女职工，用人单位不得延长劳动时间或者安排夜班劳动，并应当在劳动时间内安排一定的休息时间。

怀孕女职工在劳动时间内进行产前检查，所需时间计入劳动时间。

第七条 女职工生育享受98天产假，其中产前可以休假15天；难产的，增加产假15天；生育多胞胎的，每多生育1个婴儿，增加产假15天。

女职工怀孕未满4个月流产的，享受15天产假；怀孕满4个月流产的，享受42天产假。

第八条 女职工产假期间的生育津贴，对已经参加生育保险的，按照用人单位上年度职工月平均工资的标准由生育保险基金支付；对未参加生育保险的，按照女职工产假前工资的标准由用人单位支付。

女职工生育或者流产的医疗费用，按照生育保险规定的项目和标准，对已经参加生育保险的，由生育保险基金支付；对未参加生育保险的，由用人单位支付。

第九条　对哺乳未满1周岁婴儿的女职工，用人单位不得延长劳动时间或者安排夜班劳动。

用人单位应当在每天的劳动时间内为哺乳期女职工安排1小时哺乳时间；女职工生育多胞胎的，每多哺乳1个婴儿每天增加1小时哺乳时间。

第十条　女职工比较多的用人单位应当根据女职工的需要，建立女职工卫生室、孕妇休息室、哺乳室等设施，妥善解决女职工在生理卫生、哺乳方面的困难。

第十一条　在劳动场所，用人单位应当预防和制止对女职工的性骚扰。

第十二条　县级以上人民政府人力资源社会保障行政部门、安全生产监督管理部门按照各自职责负责对用人单位遵守本规定的情况进行监督检查。

工会、妇女组织依法对用人单位遵守本规定的情况进行监督。

第十三条　用人单位违反本规定第六条第二款、第七条、第九条第一款规定的，由县级以上人民政府人力资源社会保障行政部门责令限期改正，按照受侵害女职工每人1000元以上5000元以下的标准计算，处以罚款。

用人单位违反本规定附录第一条、第二条规定的，由县级以上人民政府安全生产监督管理部门责令限期改正，按照受侵害女职工每人1000元以上5000元以下的标准计算，处以罚款。用人单位违反本规定附录第三条、第四条规定的，由县级以上人民政府安全生产监督管理部门责令限期治理，处5万元以上30万元以下的罚款；情节严重的，责令停止有关作业，或者提请有关人民政府按照国务院规定的权限责令关闭。

第十四条　用人单位违反本规定，侵害女职工合法权益的，女职工可以依法投诉、举报、申诉，依法向劳动人事争议调解仲裁机构申请调解仲裁，对仲裁裁决不服的，依法向人民法院提起诉讼。

第十五条　用人单位违反本规定，侵害女职工合法权益，造成女职工损害的，依法给予赔偿；用人单位及其直接负责的主管人员和其他直接责任人员构成犯罪的，依法追究刑事责任。

第十六条　本规定自公布之日起施行。1988年7月21日国务院发布的《女职工劳动保护规定》同时废止。

附录

女职工禁忌从事的劳动范围

一、女职工禁忌从事的劳动范围

（一）矿山井下作业；

（二）体力劳动强度分级标准中规定的第四级体力劳动强度的作业；

（三）每小时负重6次以上、每次负重超过20公斤的作业，或者间断负重、每次负重超过25公斤的作业。

二、女职工在经期禁忌从事的劳动范围

（一）冷水作业分级标准中规定的第二级、第三级、第四级冷水作业；

（二）低温作业分级标准中规定的第二级、第三级、第四级低温作业；

（三）体力劳动强度分级标准中规定的第三级、第四级体力劳动强度的作业；

（四）高处作业分级标准中规定的第三级、第四级高处作业。

三、女职工在孕期禁忌从事的劳动范围

（一）作业场所空气中铅及其化合物、汞及其化合物、苯、镉、铍、砷、氰化物、氮氧化物、一氧化碳、二硫化碳、氯、己内酰胺、氯丁二烯、氯乙烯、环氧乙烷、苯胺、甲醛等有毒物质浓度超过国家职业卫生标准的作业；

（二）从事抗癌药物、己烯雌酚生产，接触麻醉剂气体等的作业；

（三）非密封源放射性物质的操作，核事故与放射事故的应急处置；

（四）高处作业分级标准中规定的高处作业；

（五）冷水作业分级标准中规定的冷水作业；

（六）低温作业分级标准中规定的低温作业；

（七）高温作业分级标准中规定的第三级、第四级的作业；

（八）噪声作业分级标准中规定的第三级、第四级的作业；

（九）体力劳动强度分级标准中规定的第三级、第四级体力劳动强度的作业；

（十）在密闭空间、高压室作业或者潜水作业，伴有强烈振动的作业，或者需要频繁弯腰、攀高、下蹲的作业。

四、女职工在哺乳期禁忌从事的劳动范围

（一）孕期禁忌从事的劳动范围的第一项、第三项、第九项；

（二）作业场所空气中锰、氟、溴、甲醇、有机磷化合物、有机氯化合物等有毒物质浓度超过国家职业卫生标准的作业。

使用有毒物品作业场所劳动保护条例（摘）

（中华人民共和国国务院令第 352 号，2002 年 5 月 12 日）

《使用有毒物品作业场所劳动保护条例》已经 2002 年 4 月 30 日国务院第 57 次常务会议通过，现予公布，自公布之日起施行。

第一章　总则

第一条　为了保证作业场所安全使用有毒物品，预防、控制和消除职业中毒危害，保护劳动者的生命安全、身体健康及其相关权益，根据职业病防治法和其他有关法律、行政法规的规定，制定本条例。

第二条　作业场所使用有毒物品可能产生职业中毒危害的劳动保护，适用本条例。

…………

第四条　从事使用有毒物品作业的用人单位（以下简称用人单位）应当使用符合国家标准的有毒物品，不得在作业场所使用国家明令禁止使用的有毒物品或者使用不符合国家标准的有毒物品。

用人单位应当尽可能使用无毒物品；需要使用有毒物品的，应当优先选择使用低毒物品。

第五条　用人单位应当依照本条例和其他有关法律、行政法规的规定，采取有效的防护措施，预防职业中毒事故的发生，依法参加工伤保险，保障劳动者的生命安全和身体健康。

…………

第七条　禁止使用童工。

用人单位不得安排未成年人和孕期、哺乳期的女职工从事使用有毒物品的作业。

第八条　工会组织应当督促并协助用人单位开展职业卫生宣传教育和培训，对用人单位的职业卫生工作提出意见和建议，与用人单位就劳动者反映的职业病防治问题进行协调并督

促解决。

工会组织对用人单位违反法律、法规，侵犯劳动者合法权益的行为，有权要求纠正；产生严重职业中毒危害时，有权要求用人单位采取防护措施，或者向政府有关部门建议采取强制性措施；发生职业中毒事故时，有权参与事故调查处理；发现危及劳动者生命、健康的情形时，有权建议用人单位组织劳动者撤离危险现场，用人单位应当立即作出处理。

…………

第二章　作业场所的预防措施

第十一条　用人单位的设立，应当符合有关法律、行政法规规定的设立条件，并依法办理有关手续，取得营业执照。

用人单位的使用有毒物品作业场所，除应当符合职业病防治法规定的职业卫生要求外，还必须符合下列要求：

（一）作业场所与生活场所分开，作业场所不得住人；

（二）有害作业与无害作业分开，高毒作业场所与其他作业场所隔离；

（三）设置有效的通风装置；可能突然泄漏大量有毒物品或者易造成急性中毒的作业场所，设置自动报警装置和事故通风设施；

（四）高毒作业场所设置应急撤离通道和必要的泄险区。

用人单位及其作业场所符合前两款规定的，由卫生行政部门发给职业卫生安全许可证，方可从事使用有毒物品的作业。

第十二条　使用有毒物品作业场所应当设置黄色区域警示线、警示标识和中文警示说明。警示说明应当载明产生职业中毒危害的种类、后果、预防以及应急救治措施等内容。

高毒作业场所应当设置红色区域警示线、警示标识和中文警示说明，并设置通讯报警设备。

…………

第十四条　用人单位应当按照国务院卫生行政部门的规定，向卫生行政部门及时、如实申报存在职业中毒危害项目。

从事使用高毒物品作业的用人单位，在申报使用高毒物品作业项目时，应当向卫生行政部门提交下列有关资料：

（一）职业中毒危害控制效果评价报告；

（二）职业卫生管理制度和操作规程等材料；

（三）职业中毒事故应急救援预案。

从事使用高毒物品作业的用人单位变更所使用的高毒物品品种的，应当依照前款规定向原受理申报的卫生行政部门重新申报。

第十五条　用人单位变更名称、法定代表人或者负责人的，应当向原受理申报的卫生行政部门备案。

第十六条　从事使用高毒物品作业的用人单位，应当配备应急救援人员和必要的应急救援器材、设备，制定事故应急救援预案，并根据实际情况变化对应急救援预案适时进行修订，定期组织演练。事故应急救援预案和演练记录应当报当地卫生行政部门、安全生产监督管理部门和公安部门备案。

第三章　劳动过程的防护

第十七条　用人单位应当依照职业病防治法的有关规定，采取有效的职业卫生防护管理措施，加强劳动过程中的防护与管理。

从事使用高毒物品作业的用人单位，应当配备专职的或者兼职的职业卫生医师和护士；不具备配备专职的或者兼职的职业卫生医师和护士条件的，应当与依法取得资质认证的职业卫生技术服务机构签订合同，由其提供职业卫生服务。

第十八条　用人单位应当与劳动者订立劳动合同，将工作过程中可能产生的职业中毒危害及其后果、职业中毒危害防护措施和待遇等如实告知劳动者，并在劳动合同中写明，不得隐瞒或者欺骗。

劳动者在已订立劳动合同期间因工作岗位或者工作内容变更，从事劳动合同中未告知的存在职业中毒危害的作业时，用人单位应当依照前款规定，如实告知劳动者，并协商变更原劳动合同有关条款。

用人单位违反前两款规定的，劳动者有权拒绝从事存在职业中毒危害的作业，用人单位不得因此单方面解除或者终止与劳动者所订立的劳动合同。

第十九条 用人单位有关管理人员应当熟悉有关职业病防治的法律、法规以及确保劳动者安全使用有毒物品作业的知识。

用人单位应当对劳动者进行上岗前的职业卫生培训和在岗期间的定期职业卫生培训，普及有关职业卫生知识，督促劳动者遵守有关法律、法规和操作规程，指导劳动者正确使用职业中毒危害防护设备和个人使用的职业中毒危害防护用品。

劳动者经培训考核合格，方可上岗作业。

第二十条 用人单位应当确保职业中毒危害防护设备、应急救援设施、通讯报警装置处于正常适用状态，不得擅自拆除或者停止运行。

用人单位应当对前款所列设施进行经常性的维护、检修，定期检测其性能和效果，确保其处于良好运行状态。

职业中毒危害防护设备、应急救援设施和通讯报警装置处于不正常状态时，用人单位应当立即停止使用有毒物品作业；恢复正常状态后，方可重新作业。

第二十一条 用人单位应当为从事使用有毒物品作业的劳动者提供符合国家职业卫生标准的防护用品，并确保劳动者正确使用。

第二十二条 有毒物品必须附具说明书，如实载明产品特性、主要成分、存在的职业中毒危害因素、可能产生的危害后果、安全使用注意事项、职业中毒危害防护以及应急救治措施等内容；没有说明书或者说明书不符合要求的，不得向用人单位销售。

用人单位有权向生产、经营有毒物品的单位索取说明书。

第二十三条 有毒物品的包装应当符合国家标准，并以易于劳动者理解的方式加贴或者拴挂有毒物品安全标签。有毒物品的包装必须有醒目的警示标识和中文警示说明。

经营、使用有毒物品的单位，不得经营、使用没有安全标签、警示标识和中文警示说明的有毒物品。

第二十四条 用人单位维护、检修存在高毒物品的生产装置，必须事先制订维护、检修方案，明确职业中毒危害防护措施，确保维护、检修人员的生命安全和身体健康。

维护、检修存在高毒物品的生产装置，必须严格按照维护、检修方案和操作规程进行。维护、检修现场应当有专人监护，并设置警示标志。

第二十五条 需要进入存在高毒物品的设备、容器或者狭窄封闭场所作业时，用人单位应当事先采取下列措施：

（一）保持作业场所良好的通风状态，确保作业场所职业中毒危害因素浓度符合国家职业卫生标准；

（二）为劳动者配备符合国家职业卫生标准的防护用品；

（三）设置现场监护人员和现场救援设备。

未采取前款规定措施或者采取的措施不符合要求的，用人单位不得安排劳动者进入存在高毒物品的设备、容器或者狭窄封闭场所作业。

第二十六条 用人单位应当按照国务院卫生行政部门的规定，定期对使用有毒物品作业场所职业中毒危害因素进行检测、评价。检测、评价结果存入用人单位职业卫生档案，定期向所在地卫生行政部门报告并向劳动者公布。

从事使用高毒物品作业的用人单位应当至少每一个月对高毒作业场所进行一次职业中毒危害因素检测；至少每半年进行一次职业中毒危害控制效果评价。

高毒作业场所职业中毒危害因素不符合国家职业卫生标准和卫生要求时，用人单位必须立即停止高毒作业，并采取相应的治理措施；经治理，职业中毒危害因素符合国家职业卫生标准和卫生要求的，方可重新作业。

第二十七条 从事使用高毒物品作业的用人单位应当设置淋浴间和更衣室，并设置清洗、存放或者处理从事使用高毒物品作业劳动者的工作服、工作鞋帽等物品的专用间。

劳动者结束作业时，其使用的工作服、工作鞋帽等物品必须存放在高毒作业区域内，不得穿戴到非高毒作业区域。

第二十八条 用人单位应当按照规定对从事使用高毒物品作业的劳动者进行岗位轮换。

用人单位应当为从事使用高毒物品作业的劳动者提供岗位津贴。

第二十九条　用人单位转产、停产、停业或者解散、破产的，应当采取有效措施，妥善处理留存或者残留有毒物品的设备、包装物和容器。

第三十条　用人单位应当对本单位执行本条例规定的情况进行经常性的监督检查；发现问题，应当及时依照本条例规定的要求进行处理。

第四章　职业健康监护

第三十一条　用人单位应当组织从事使用有毒物品作业的劳动者进行上岗前职业健康检查。

用人单位不得安排未经上岗前职业健康检查的劳动者从事使用有毒物品的作业，不得安排有职业禁忌的劳动者从事其所禁忌的作业。

第三十二条　用人单位应当对从事使用有毒物品作业的劳动者进行定期职业健康检查。

用人单位发现有职业禁忌或者有与所从事职业相关的健康损害的劳动者，应当将其及时调离原工作岗位，并妥善安置。

用人单位对需要复查和医学观察的劳动者，应当按照体检机构的要求安排其复查和医学观察。

第三十三条　用人单位应当对从事使用有毒物品作业的劳动者进行离岗时的职业健康检查；对离岗时未进行职业健康检查的劳动者，不得解除或者终止与其订立的劳动合同。

用人单位发生分立、合并、解散、破产等情形的，应当对从事使用有毒物品作业的劳动者进行健康检查，并按照国家有关规定妥善安置职业病病人。

第三十四条　用人单位对受到或者可能受到急性职业中毒危害的劳动者，应当及时组织进行健康检查和医学观察。

第三十五条　劳动者职业健康检查和医学观察的费用，由用人单位承担。

第三十六条　用人单位应当建立职业健康监护档案。

职业健康监护档案应当包括下列内容：

（一）劳动者的职业史和职业中毒危害接触史；

（二）相应作业场所职业中毒危害因素监测结果；

（三）职业健康检查结果及处理情况；

（四）职业病诊疗等劳动者健康资料。

第五章　劳动者的权利与义务

第三十七条　从事使用有毒物品作业的劳动者在存在威胁生命安全或者身体健康危险的情况下，有权通知用人单位并从使用有毒物品造成的危险现场撤离。

用人单位不得因劳动者依据前款规定行使权利，而取消或者减少劳动者在正常工作时享有的工资、福利待遇。

第三十八条　劳动者享有下列职业卫生保护权利：

（一）获得职业卫生教育、培训；

（二）获得职业健康检查、职业病诊疗、康复等职业病防治服务；

（三）了解工作场所产生或者可能产生的职业中毒危害因素、危害后果和应当采取的职业中毒危害防护措施；

（四）要求用人单位提供符合防治职业病要求的职业中毒危害防护设施和个人使用的职业中毒危害防护用品，改善工作条件；

（五）对违反职业病防治法律、法规，危及生命、健康的行为提出批评、检举和控告；

（六）拒绝违章指挥和强令进行没有职业中毒危害防护措施的作业；

（七）参与用人单位职业卫生工作的民主管理，对职业病防治工作提出意见和建议。

用人单位应当保障劳动者行使前款所列权利。禁止因劳动者依法行使正当权利而降低其工资、福利等待遇或者解除、终止与其订立的劳动合同。

第三十九条　劳动者有权在正式上岗前从用人单位获得下列资料：

（一）作业场所使用的有毒物品的特性、有害成分、预防措施、教育和培训资料；

（二）有毒物品的标签、标识及有关资料；

（三）有毒物品安全使用说明书；

（四）可能影响安全使用有毒物品的其他有关资料。

第四十条 劳动者有权查阅、复印其本人职业健康监护档案。

劳动者离开用人单位时，有权索取本人健康监护档案复印件；用人单位应当如实、无偿提供，并在所提供的复印件上签章。

第四十一条 用人单位按照国家规定参加工伤保险的，患职业病的劳动者有权按照国家有关工伤保险的规定，享受下列工伤保险待遇：

（一）医疗费：因患职业病进行诊疗所需费用，由工伤保险基金按照规定标准支付；

（二）住院伙食补助费：由用人单位按照当地因公出差伙食标准的一定比例支付；

（三）康复费：由工伤保险基金按照规定标准支付；

（四）残疾用具费：因残疾需要配置辅助器具的，所需费用由工伤保险基金按照普及型辅助器具标准支付；

（五）停工留薪期待遇：原工资、福利待遇不变，由用人单位支付；

（六）生活护理补助费：经评残并确认需要生活护理的，生活护理补助费由工伤保险基金按照规定标准支付；

（七）一次性伤残补助金：经鉴定为十级至一级伤残的，按照伤残等级享受相当于 6 个月至 24 个月的本人工资的一次性伤残补助金，由工伤保险基金支付；

（八）伤残津贴：经鉴定为四级至一级伤残的，按照规定享受相当于本人工资 75%至 90%的伤残津贴，由工伤保险基金支付；

（九）死亡补助金：因职业中毒死亡的，由工伤保险基金按照不低于 48 个月的统筹地区上年度职工月平均工资的标准一次支付；

（十）丧葬补助金：因职业中毒死亡的，由工伤保险基金按照 6 个月的统筹地区上年度职工月平均工资的标准一次支付；

（十一）供养亲属抚恤金：因职业中毒死亡的，对由死者生前提供主要生活来源的亲属由工伤保险基金支付抚恤金：对其配偶每月按照统筹地区上年度职工月平均工资的 40%发给，对其生前供养的直系亲属每人每月按照统筹地区上年度职工月平均工资的 30%发给；

（十二）国家规定的其他工伤保险待遇。

本条例施行后，国家对工伤保险待遇的项目和标准作出调整时，从其规定。

第四十二条 用人单位未参加工伤保险的，其劳动者从事有毒物品作业患职业病的，用人单位应当按照国家有关工伤保险规定的项目和标准，保证劳动者享受工伤待遇。

第四十三条 用人单位无营业执照以及被依法吊销营业执照，其劳动者从事使用有毒物品作业患职业病的，应当按照国家有关工伤保险规定的项目和标准，给予劳动者一次性赔偿。

第四十四条 用人单位分立、合并的，承继单位应当承担由原用人单位对患职业病的劳动者承担的补偿责任。

用人单位解散、破产的，应当依法从其清算财产中优先支付患职业病的劳动者的补偿费用。

第四十五条 劳动者除依法享有工伤保险外，依照有关民事法律的规定，尚有获得赔偿的权利的，有权向用人单位提出赔偿要求。

第四十六条 劳动者应当学习和掌握相关职业卫生知识，遵守有关劳动保护的法律、法规和操作规程，正确使用和维护职业中毒危害防护设施及其用品；发现职业中毒事故隐患时，应当及时报告。

作业场所出现使用有毒物品产生的危险时，劳动者应当采取必要措施，按照规定正确使用防护设施，将危险加以消除或者减少到最低限度。

…………

第五十条 卫生行政部门应当采取措施，鼓励对用人单位的违法行为进行举报、投诉、检举和控告。

卫生行政部门对举报、投诉、检举和控告应当及时核实，依法作出处理，并将处理结果予以公布。

卫生行政部门对举报人、投诉人、检举人和控告人负有保密的义务。

…………

第八章　附则

第七十条　涉及作业场所使用有毒物品可能产生职业中毒危害的劳动保护的有关事项，本条例未作规定的，依照职业病防治法和其他有关法律、行政法规的规定执行。

有毒物品的生产、经营、储存、运输、使用和废弃处置的安全管理，依照危险化学品安全管理条例执行。

第七十一条　本条例自公布之日起施行。

用人单位职业健康监护监督管理办法

（国家安全生产监督管理总局令第 49 号，2012 年 4 月 27 日）

《用人单位职业健康监护监督管理办法》已经 2012 年 3 月 6 日国家安全生产监督管理总局局长办公会议审议通过，现予公布，自 2012 年 6 月 1 日起施行。

第一章　总则

第一条　为了规范用人单位职业健康监护工作，加强职业健康监护的监督管理，保护劳动者健康及其相关权益，根据《中华人民共和国职业病防治法》，制定本办法。

第二条　用人单位从事接触职业病危害作业的劳动者（以下简称劳动者）的职业健康监护和安全生产监督管理部门对其实施监督管理，适用本办法。

第三条　本办法所称职业健康监护，是指劳动者上岗前、在岗期间、离岗时、应急的职业健康检查和职业健康监护档案管理。

第四条　用人单位应当建立、健全劳动者职业健康监护制度，依法落实职业健康监护工作。

第五条　用人单位应当接受安全生产监督管理部门依法对其职业健康监护工作的监督检查，并提供有关文件和资料。

第六条　对用人单位违反本办法的行为，任何单位和个人均有权向安全生产监督管理部门举报或者报告。

第二章　用人单位的职责

第七条　用人单位是职业健康监护工作的责任主体，其主要负责人对本单位职业健康监护工作全面负责。

用人单位应当依照本办法以及《职业健康监护技术规范》（GBZ 188）、《放射工作人员职业健康监护技术规范》（GBZ 235）等国家职业卫生标准的要求，制定、落实本单位职业健康检查年度计划，并保证所需要的专项经费。

第八条　用人单位应当组织劳动者进行职业健康检查，并承担职业健康检查费用。

劳动者接受职业健康检查应当视同正常出勤。

第九条　用人单位应当选择由省级以上人民政府卫生行政部门批准的医疗卫生机构承担职业健康检查工作，并确保参加职业健康检查的劳动者身份的真实性。

第十条　用人单位在委托职业健康检查机构对从事接触职业病危害作业的劳动者进行职业健康检查时，应当如实提供下列文件、资料：

（一）用人单位的基本情况；

（二）工作场所职业病危害因素种类及其接触人员名册；

（三）职业病危害因素定期检测、评价结果。

第十一条　用人单位应当对下列劳动者进行上岗前的职业健康检查：

（一）拟从事接触职业病危害作业的新录用劳动者，包括转岗到该作业岗位的劳动者；

（二）拟从事有特殊健康要求作业的劳动者。

第十二条 用人单位不得安排未经上岗前职业健康检查的劳动者从事接触职业病危害的作业，不得安排有职业禁忌的劳动者从事其所禁忌的作业。

用人单位不得安排未成年工从事接触职业病危害的作业，不得安排孕期、哺乳期的女职工从事对本人和胎儿、婴儿有危害的作业。

第十三条 用人单位应当根据劳动者所接触的职业病危害因素，定期安排劳动者进行在岗期间的职业健康检查。

对在岗期间的职业健康检查，用人单位应当按照《职业健康监护技术规范》（GBZ 188）等国家职业卫生标准的规定和要求，确定接触职业病危害的劳动者的检查项目和检查周期。需要复查的，应当根据复查要求增加相应的检查项目。

第十四条 出现下列情况之一的，用人单位应当立即组织有关劳动者进行应急职业健康检查：

（一）接触职业病危害因素的劳动者在作业过程中出现与所接触职业病危害因素相关的不适症状的；

（二）劳动者受到急性职业中毒危害或者出现职业中毒症状的。

第十五条 对准备脱离所从事的职业病危害作业或者岗位的劳动者，用人单位应当在劳动者离岗前30日内组织劳动者进行离岗时的职业健康检查。劳动者离岗前90日内的在岗期间的职业健康检查可以视为离岗时的职业健康检查。

用人单位对未进行离岗时职业健康检查的劳动者，不得解除或者终止与其订立的劳动合同。

第十六条 用人单位应当及时将职业健康检查结果及职业健康检查机构的建议以书面形式如实告知劳动者。

第十七条 用人单位应当根据职业健康检查报告，采取下列措施：

（一）对有职业禁忌的劳动者，调离或者暂时脱离原工作岗位；

（二）对健康损害可能与所从事的职业相关的劳动者，进行妥善安置；

（三）对需要复查的劳动者，按照职业健康检查机构要求的时间安排复查和医学观察；

（四）对疑似职业病病人，按照职业健康检查机构的建议安排其进行医学观察或者职业病诊断；

（五）对存在职业病危害的岗位，立即改善劳动条件，完善职业病防护设施，为劳动者配备符合国家标准的职业病危害防护用品。

第十八条 职业健康监护中出现新发生职业病（职业中毒）或者两例以上疑似职业病（职业中毒）的，用人单位应当及时向所在地安全生产监督管理部门报告。

第十九条 用人单位应当为劳动者个人建立职业健康监护档案，并按照有关规定妥善保存。职业健康监护档案包括下列内容：

（一）劳动者姓名、性别、年龄、籍贯、婚姻、文化程度、嗜好等情况；

（二）劳动者职业史、既往病史和职业病危害接触史；

（三）历次职业健康检查结果及处理情况；

（四）职业病诊疗资料；

（五）需要存入职业健康监护档案的其他有关资料。

第二十条 安全生产行政执法人员、劳动者或者其近亲属、劳动者委托的代理人有权查阅、复印劳动者的职业健康监护档案。

劳动者离开用人单位时，有权索取本人职业健康监护档案复印件，用人单位应当如实、无偿提供，并在所提供的复印件上签章。

第二十一条 用人单位发生分立、合并、解散、破产等情形时，应当对劳动者进行职业健康检查，并依照国家有关规定妥善安置职业病病人；其职业健康监护档案应当依照国家有关规定实施移交保管。

第三章 监督管理

第二十二条 安全生产监督管理部门应当依法对用人单位落实有关职业健康监护的法律、法规、规章和标准的情况进行监督检查，重点监督检查下列内容：

（一）职业健康监护制度建立情况；

（二）职业健康监护计划制定和专项经费落实情况；

（三）如实提供职业健康检查所需资料情况；

（四）劳动者上岗前、在岗期间、离岗时、应急职业健康检查情况；

（五）对职业健康检查结果及建议，向劳动者履行告知义务情况；

（六）针对职业健康检查报告采取措施情况；

（七）报告职业病、疑似职业病情况；

（八）劳动者职业健康监护档案建立及管理情况；

（九）为离开用人单位的劳动者如实、无偿提供本人职业健康监护档案复印件情况；

（十）依法应当监督检查的其他情况。

第二十三条　安全生产监督管理部门应当加强行政执法人员职业健康知识培训，提高行政执法人员的业务素质。

第二十四条　安全生产行政执法人员依法履行监督检查职责时，应当出示有效的执法证件。

安全生产行政执法人员应当忠于职守，秉公执法，严格遵守执法规范；涉及被检查单位技术秘密、业务秘密以及个人隐私的，应当为其保密。

第二十五条　安全生产监督管理部门履行监督检查职责时，有权进入被检查单位，查阅、复制被检查单位有关职业健康监护的文件、资料。

第四章　法律责任

第二十六条　用人单位有下列行为之一的，给予警告，责令限期改正，可以并处3万元以下的罚款：

（一）未建立或者落实职业健康监护制度的；

（二）未按照规定制定职业健康监护计划和落实专项经费的；

（三）弄虚作假，指使他人冒名顶替参加职业健康检查的；

（四）未如实提供职业健康检查所需要的文件、资料的；

（五）未根据职业健康检查情况采取相应措施的；

（六）不承担职业健康检查费用的。

第二十七条　用人单位有下列行为之一的，责令限期改正，给予警告，可以并处5万元以上10万元以下的罚款：

（一）未按照规定组织职业健康检查、建立职业健康监护档案或者未将检查结果如实告知劳动者的；

（二）未按照规定在劳动者离开用人单位时提供职业健康监护档案复印件的。

第二十八条　用人单位有下列情形之一的，给予警告，责令限期改正，逾期不改正的，处5万元以上20万元以下的罚款；情节严重的，责令停止产生职业病危害的作业，或者提请有关人民政府按照国务院规定的权限责令关闭：

（一）未按照规定安排职业病病人、疑似职业病病人进行诊治的；

（二）隐瞒、伪造、篡改、损毁职业健康监护档案等相关资料，或者拒不提供职业病诊断、鉴定所需资料的。

第二十九条　用人单位有下列情形之一的，责令限期治理，并处5万元以上30万元以下的罚款；情节严重的，责令停止产生职业病危害的作业，或者提请有关人民政府按照国务院规定的权限责令关闭：

（一）安排未经职业健康检查的劳动者从事接触职业病危害的作业的；

（二）安排未成年工从事接触职业病危害的作业的；

（三）安排孕期、哺乳期女职工从事对本人和胎儿、婴儿有危害的作业的；

（四）安排有职业禁忌的劳动者从事所禁忌的作业的。

第三十条　用人单位违反本办法规定，未报告职业病、疑似职业病的，由安全生产监督管理部门责令限期改正，给予警告，可以并处1万元以下的罚款；弄虚作假的，并处2万元以上5万元以下的罚款。

第五章　附则

第三十一条　煤矿安全监察机构依照本办

法负责煤矿劳动者职业健康监护的监察工作。

第三十二条 本办法自2012年6月1日起施行。

工作场所安全使用化学品规定（摘）

（劳部发〔1996〕423号，1996年12月30日）

第一章 总则

第一条 为保障工作场所安全使用化学品，保护劳动者的安全与健康，根据《劳动法》和有关法规，制定本规定。

第二条 本规定适用于生产、经营、运输、贮存和使用化学品的单位和人员。

第三条 本规定所称工作场所使用化学品，是指工作人员因工作而接触化学品的作业活动；

本规定所称化学品，是指各类化学单质、化合物或混合物；

本规定所称危险化学品，是指按国家标准GB 13690分类的常用危险化学品。

第四条 生产、经营、运输、贮存和使用危险化学品的单位应向周围单位和居民宣传有关危险化学品的防护知识及发生化学品事故的急救方法。

…………

第二章 生产单位的职责

…………

第三章 使用单位的职责

第十二条 使用单位使用的化学品应有标识，危险化学品应有安全标签，并向操作人员提供安全技术说明书。

第十三条 使用单位购进危险化学品时，必须核对包装（或容器）上的安全标签。安全标签若脱落或损坏，经检查确认后应补贴。

第十四条 使用单位购进的化学品需要转移或分装到其他容器时，应标明其内容。对于危险化学品，在转移或分装后的容器上应贴安全标签；

盛装危险化学品的容器在未净化处理前，不得更换原安全标签。

第十五条 使用单位对工作场所使用的危险化学品产生的危害应定期进行检测和评估，对检测和评估结果应建立档案。作业人员接触的危险化学品浓度不得高于国家规定的标准；暂没有规定的，使用单位应在保证安全作业的情况下使用。

第十六条 使用单位应通过下列方法，消除、减少和控制工作场所危险化学品产生的危害：

（一）选用无毒或低毒的化学替代品；

（二）选用可将危害消除或减少到最低程度的技术；

（三）采用能消除或降低危害的工程控制措施（如隔离、密闭等）；

（四）采用能减少或消除危害的作业制度和作业时间；

（五）采取其他的劳动安全卫生措施。

第十七条 使用单位在危险化学品工作场所应设有急救设施，并提供应急处理的方法。

第十八条 使用单位应按国家有关规定清除化学废料和清洗盛装危险化学品的废旧容器。

第十九条 使用单位应对盛装、输送、贮存危险化学品的设备，采用颜色、标牌、标签等形式，标明其危险性。

第二十条 使用单位应将危险化学品的有关安全卫生资料向职工公开，教育职工识别安全标签、了解安全技术说明书、掌握必要的应急处理方法和自救措施，并经常对职工进行工作场所安全使用化学品的教育和培训。

第四章　经营、运输和贮存单位的责任

…………

第五章　职工的义务和权利

第二十四条　职工应遵守劳动安全卫生规章制度和安全操作规程，并应及时报告认为可能造成危害和自己无法处理的情况。

第二十五条　职工应采取合理方法，消除或减少工作场所不安全因素。

第二十六条　职工对违章指挥或强令冒险作业，有权拒绝执行；对危害人身安全和健康的行为，有权检举和控告。

第二十七条　职工有权获得：

（一）工作场所使用化学品的特性、有害成份、安全标签以及安全技术说明书等资料；

（二）在其工作过程中危险化学品可能导致危害安全与健康的资料；

（三）安全技术的培训，包括预防、控制及防止危险方法的培训和紧急情况处理或应急措施的培训；

（四）符合国家规定的劳动防护用品；

（五）法律、法规赋予的其他权利。

第六章　罚则

…………

第七章　附则

第三十四条　本规定自一九九七年一月一日施行。

第四部分

客户服务

物业收费

关于商品和服务实行明码标价的规定（摘）

（中华人民共和国国家发展计划委员会令第8号，2000年10月31日）

根据《中华人民共和国价格法》修订的《关于商品和服务实行明码标价的规定》，已经国家发展计划委员会办公会议讨论通过，现予发布施行。

第一条 为规范价格行为，维护正常的市场价格秩序，促进公平、公开、合法的市场竞争，保护消费者和经营者的合法权益，根据《中华人民共和国价格法》，制定本规定。

第二条 凡在中华人民共和国境内收购、销售商品或者提供服务的价格行为，均适用本规定。

第三条 本规定所称明码标价是指经营者收购、销售商品和提供服务按照本规定的要求公开标示商品价格、服务价格等有关情况的行为。

前款所称应当明码标价的商品和服务是指实行市场调节价、政府指导价或者政府定价的商品和服务。

第四条 经营者实行明码标价，应当遵循公开、公平和诚实信用的原则，遵守价格法律、法规。

…………

第八条 根据商品和服务的特点，需要实行行业统一规范标价方式的，由国务院价格主管部门和省级人民政府价格主管部门确定。

第九条 明码标价应当做到价签价目齐全、标价内容真实明确、字迹清晰、货签对位、标示醒目。价格变动时应当及时调整。

第十条 商品价格、服务价格一律使用阿拉伯数码标明人民币金额。

第十一条 除国家另有规定外，从事涉外商品经营和服务的单位实行以人民币标价和计价结算，应当同时用中、外文标示商品和服务内容。

民族自治地方自主决定使用当地通用的一种或几种文字明码标价。

…………

第十六条 提供服务的经营者应当在经营场所或缴费地点的醒目位置公布服务项目、服务内容、等级或规格、服务价格等。

…………

第十八条 房地产经营者应当在交易场所标明房地产价格及相关收费情况。

第十九条 经营者不得在标价之外加价出售商品，不得收取任何未予标明的费用。先消费后结算的，须出具结算单据，并应当列出具体收款项目和价格。

一项服务可分解为多个项目和标准的，经营者应当明确标示每一个项目和标准，禁止混合标价或捆绑销售。

第二十条 经营者不得利用虚假的或者使人误解的标价内容及标价方式进行价格欺诈。

…………

第二十三条 商品和服务实行明码标价的具体方式和内容，除按本规定有关条款执行外，各省、自治区、直辖市人民政府价格主管部门可以结合本地区实际情况作出具体规定。

第二十四条 本规定由国家发展计划委员会负责解释。

第二十五条 本规定自2001年1月1日起施行。国家计划委员会1994年2月28日发布的《关于商品和服务实行明码标价的规定》和1994年3月3日发布的《关于商品和服务实行明码标价的规定实施细则》同时废止。

国家发展改革委 建设部关于印发《物业服务定价成本监审办法（试行）》的通知

（发改价格〔2007〕2285号，2007年9月10日）

…………

附件

物业服务定价成本监审办法（试行）

第一条　为提高政府制定物业服务收费的科学性、合理性，根据《政府制定价格成本监审办法》《物业服务收费管理办法》等有关规定，制定本办法。

第二条　本办法适用于政府价格主管部门制定或者调整实行政府指导价的物业服务收费标准，对相关物业服务企业实施定价成本监审的行为。

本办法所称物业服务，是指物业服务企业按照物业服务合同的约定，对房屋及配套的设施设备和相关场地进行维修、养护、管理，维护物业管理区域内的环境卫生和秩序的活动。

本办法所称物业服务定价成本，是指价格主管部门核定的物业服务社会平均成本。

第三条　物业服务定价成本监审工作由政府价格主管部门负责组织实施，房地产主管部门应当配合价格主管部门开展工作。

第四条　在本行政区域内物业服务企业数量众多的，可以选取一定数量、有代表性的物业服务企业进行成本监审。

第五条　物业服务定价成本监审应当遵循以下原则：

（一）合法性原则。计入定价成本的费用应当符合有关法律、行政法规和国家统一的会计制度的规定。

（二）相关性原则。计入定价成本的费用应当为与物业服务直接相关或者间接相关的费用。

（三）对应性原则。计入定价成本的费用应当与物业服务内容及服务标准相对应。

（四）合理性原则。影响物业服务定价成本各项费用的主要技术、经济指标应当符合行业标准或者社会公允水平。

第六条　核定物业服务定价成本，应当以经会计师事务所审计的年度财务会计报告、原始凭证与账册或者物业服务企业提供的真实、完整、有效的成本资料为基础。

第七条　物业服务定价成本由人员费用、物业共用部位共用设施设备日常运行和维护费用、绿化养护费用、清洁卫生费用、秩序维护费用、物业共用部位共用设施设备及公众责任保险费用、办公费用、管理费分摊、固定资产折旧以及经业主同意的其他费用组成。

第八条　人员费用是指管理服务人员工资、按规定提取的工会经费、职工教育经费，以及根据政府有关规定应当由物业服务企业缴纳的住房公积金和养老、医疗、失业、工伤、生育保险等社会保险费用。

第九条　物业共用部位共用设施设备日常运行和维护费用是指为保障物业管理区域内共用部位共用设施设备的正常使用和运行、维护保养所需的费用。不包括保修期内应由建设单位履行保修责任而支出的维修费、应由住宅专项维修资金支出的维修和更新、改造费用。

第十条　绿化养护费是指管理、养护绿化所需的绿化工具购置费、绿化用水费、补苗费、农药化肥费等。不包括应由建设单位支付的种苗种植费和前期维护费。

第十一条　清洁卫生费是指保持物业管理

区域内环境卫生所需的购置工具费、消杀防疫费、化粪池清理费、管道疏通费、清洁用料费、环卫所需费用等。

第十二条 秩序维护费是指维护物业管理区域秩序所需的器材装备费、安全防范人员的人身保险费及由物业服务企业支付的服装费等。其中器材装备不包括共用设备中已包括的监控设备。

第十三条 物业共用部位共用设施设备及公众责任保险费用是指物业管理企业购买物业共用部位共用设施设备及公众责任保险所支付的保险费用，以物业服务企业与保险公司签订的保险单和所交纳的保险费为准。

第十四条 办公费是指物业服务企业为维护管理区域正常的物业管理活动所需的办公用品费、交通费、房租、水电费、取暖费、通讯费、书报费及其他费用。

第十五条 管理费分摊是指物业服务企业在管理多个物业项目情况下，为保证相关的物业服务正常运转而由各物业服务小区承担的管理费用。

第十六条 固定资产折旧是指按规定折旧方法计提的物业服务固定资产的折旧金额。物业服务固定资产指在物业服务小区内由物业服务企业拥有的、与物业服务直接相关的、使用年限在一年以上的资产。

第十七条 经业主同意的其他费用是指业主或者业主大会按规定同意由物业服务费开支的费用。

第十八条 物业服务定价成本相关项目按本办法第十九条至第二十二条规定的方法和标准审核。

第十九条 工会经费、职工教育经费、住房公积金以及医疗保险费、养老保险费、失业保险费、工伤保险费、生育保险费等社会保险费的计提基数按照核定的相应工资水平确定；工会经费、职工教育经费的计提比例按国家统一规定的比例确定，住房公积金和社会保险费的计提比例按当地政府规定比例确定，超过规定计提比例的不得计入定价成本。医疗保险费用应在社会保险费中列支，不得在其他项目中重复列支；其他应在工会经费和职工教育经费中列支的费用，也不得在相关费用项目中重复列支。

第二十条 固定资产折旧采用年限平均法，折旧年限根据固定资产的性质和使用情况合理确定。企业确定的固定资产折旧年限明显低于实际可使用年限的，成本监审时应当按照实际可使用年限调整折旧年限。固定资产残值率按3%—5%计算；个别固定资产残值较低或者较高的，按照实际情况合理确定残值率。

第二十一条 物业服务企业将专业性较强的服务内容外包给有关专业公司的，该项服务的成本按照外包合同所确定的金额核定。

第二十二条 物业服务企业只从事物业服务的，其所发生费用按其所管辖的物业项目的物业服务计费面积或者应收物业服务费加权分摊；物业服务企业兼营其他业务的，应先按实现收入的比重在其他业务和物业服务之间分摊，然后按上述方法在所管辖的各物业项目之间分摊。

第二十三条 本办法未具体规定审核标准的其他费用项目按照有关财务制度和政策规定审核，原则上据实核定，但应符合一定范围内社会公允的平均水平。

第二十四条 各省、自治区、直辖市价格主管部门可根据本办法，结合本地实际制定具体实施细则。

第二十五条 本办法由国家发展和改革委员会解释。

第二十六条 本办法自2007年10月1日起施行。

附：物业服务定价成本监审表

物业服务定价成本监审表

（　　　　）年度

物业服务小区名称＿＿＿＿＿＿＿＿＿＿

物业服务企业名称＿＿＿＿＿＿＿＿＿＿

物业服务企业资质等级＿＿＿＿＿＿＿＿＿＿

物业服务企业法定代表人＿＿＿＿＿＿＿＿＿＿

物业服务企业地址＿＿＿＿＿＿＿＿＿＿

邮政编码＿＿＿＿＿＿＿＿＿＿

财务负责人＿＿＿＿＿＿＿＿＿＿

填表人＿＿＿＿＿＿＿＿＿＿

电话＿＿＿＿＿＿＿＿＿＿

传真＿＿＿＿＿＿＿＿＿＿

物业服务企业盖章

年　月　日

表一　物业服务企业基本情况表

项　　目	行次及关系	上报数	核增数	核减数	核定数
一、物业服务企业基本情况	1				
1. 企业资质等级	2				
2. 服务小区数量（个）	3				
3. 服务小区面积（平方米）	4				
4. 物业服务费总收入（元）	5				
5. 注册资金（元）	6				
6. 固定资产（元）	7				
7. 流动资产（元）	8				
8. 实收资本（元）	9				
9. 所有者权益（元）	10				
10. 企业净利润（元）	11				
11. 企业净资产利润率（%）	12＝11÷10×100%				
二、服务小区交付时间	13				
三、服务小区占地面积（平方米）	14				
四、服务小区绿化率（%）	15				
五、服务小区入住率（%）	16				
六、服务小区应收费面积	17＝18＋23				
（一）住宅面积	18＝∑（19：22）				
1. 多层住宅	19				
2. 小高层住宅	20				
3. 高层住宅	21				
4. 别墅	22				
（二）非住宅面积	23				

表一 物业服务企业基本情况表（续）

项　　目	行次及关系	上报数	核增数	核减数	核定数
七、物业管理用房面积	24				
八、电梯数（部）	25				
九、增压水泵数（台）	26				
十、服务小区物业服务人数（人）	27				
十一、服务小区公共配套设施项目及面积（平方米）	28				
十二、物业服务费收入情况（元）	29	—	—	—	—
1. 应收物业服务费	30				
2. 实收物业服务费	31				
3. 物业服务费收缴率（%）	32＝31÷30×100%				
4. 实际平均单位面积物业服务收入（元/平方米）	33＝31÷17				
十三、物业共用部位共用设施设备经营所得收益	34＝35＋36＋37				
1. 车位出租及停车费等收益	35				
2. 娱乐、休闲等场所的经营收益	36				
3. 其他收益	37				
十四、物业服务收费标准（元/平方米·月）	38	—	—	—	—
1. 多层住宅	39				
2. 小高层住宅	40				
3. 高层住宅	41				
4. 经营用房	42				
5.	43				
6.	44				
7.	45				

注：上报数由经营者按实际发生数填报。

表二 物业服务成本支出情况

项 目	行次及关系	上报数	核增数	核减数	核定数
一、人员费用（元）	1＝∑（2∶4）				
（一）工资	2				
（二）社会保障费	3				
（三）其他支出	4				
二、物业共用部位共用设施设备日常运行维护费（元）	5				
其中：（一）电梯日常运行及维护费（元）	6＝∑（7∶11）				
1. 电费	7				
2. 维护费	8				
3. 设备保险费	9				
4. 年安检费	10				
5. 其他支出	11				
（二）二次供水设施日常运行及维护费（元）	12＝∑（13∶15）				
1. 电费	13				
2. 日常维护费	14				
3. 其他支出	15				
三、绿化养护费（元）	16				
四、清洁卫生费（元）	17				
五、秩序维护费（元）	18				
六、物业共用部位共用设施设备及公众责任保险费（元）	19				
七、办公费（元）	20				
八、管理费分摊（元）	21				
九、固定资产折旧（元）	22				
十、其他费用（元）	23				
十一、扣除电梯及二次供水设施日常运行维护费的物业服务运行总成本（元）	24＝1＋5＋∑（16∶23）－6－12				
十二、服务小区应收费面积（平方米）	25				
其中：（一）配有电梯物业应收费面积	26				
（二）配有二次供水设施物业应收费面积	27				
十四、扣除电梯及二次供水设施日常运行维护费的平均单位面积物业服务成本（元/平方米）	28＝24÷25				
十五、平均单位面积电梯服务运行成本（元/平方米）	29＝6÷26				
十六、平均单位面积二次供水服务运行成本（元/平方米）	30＝12÷27				

注：上报数由经营者按实际发生数填报。

表三　物业服务人员薪酬明细表

项　　目	行次及关系	上报数	核增数	核减数	核定数
一、年平均从业人员人数（人）	1=∑（2∶7）				
（一）管理人员	2				
（二）安全防范人员	3				
（三）保洁人员	4				
（四）工程人员	5				
（五）绿化人员	6				
（六）其他人员	7				
二、从业人员构成比例（%）	8=∑（9∶14）				
（一）管理人员	9				
（二）安全防范人员	10				
（三）保洁人员	11				
（四）工程人员	12				
（五）绿化人员	13				
（六）其他人员	14				
三、年从业人员薪酬支出总额（元）	15=16+23+30				
（一）工资支出总额	16=∑（17∶22）				
1. 管理人员工资总额	17				
2. 安全防范人员工资总额	18				
3. 保洁人员工资总额	19				
4. 工程人员工资总额	20				
5. 绿化人员工资总额	21				
6. 其他人员工资总额	22				
（二）社会保障支出总额	23=∑（24∶29）				
1. 基本养老保险费	24				
2. 基本医疗保险费	25				
3. 失业保险费	26				
4. 工伤保险	27				
5. 生育保险	28				
6. 住房公积金	29				
（三）其他支出	30				
四、从业人员薪酬支出人均水平（元/人·月）	31=15÷1				
（一）人均工资水平	32=16÷1				
（二）人均社会保障费水平	33=23÷1				
（三）人均其他支出	34=30÷1				

注：上报数由经营者按实际发生数填报。

表四　物业服务定价成本核定表

项　　目	行次及关系	核定数
一、人员费用（元）	1	
二、物业共用部位共用设施设备日常运行维护费（元）	2	
其中：（一）电梯日常运行维护费（元）	3	
（二）二次供水设施日常运行维护费（元）	4	
三、绿化养护费（元）	5	
四、清洁卫生费（元）	6	
五、秩序维护费（元）	7	
六、物业共用部位共用设施设备及公众责任保险费（元）	8	
七、办公费（元）	9	
八、管理费分摊（元）	10	
九、固定资产折旧（元）	11	
十、其他费用（元）	12	
十一、不包含电梯及二次供水设施日常运行维护费的物业服务定价总成本（元）	13＝1＋2＋∑（5：12）－3－4	
十二、服务小区应收费面积（平方米）	14	
其中：（一）配有电梯物业应收费面积	15	
（二）配有二次供水设施物业应收费面积	16	
十三、不包含电梯及二次供水设施日常运行维护费的平均单位面积物业服务定价成本（元/平方米）	17＝13÷14	
十四、平均单位面积电梯服务运行成本（元/平方米）	18＝3÷15	
十五、平均单位面积二次供水服务运行成本（元/平方米）	19＝4÷16	
十六、含电梯服务平均单位面积物业服务定价成本（元/平方米）	20＝17＋18	
十七、含二次供水服务平均单位面积物业服务定价成本（元/平方米）	21＝17＋19	
十八、含电梯及二次供水服务平均单位面积物业服务定价成本（元/平方米）	22＝17＋18＋19	

国家发展改革委 建设部关于印发《物业服务收费明码标价规定》的通知

（发改价检〔2004〕1428 号，2004 年 7 月 19 日）

…………

附件

物业服务收费明码标价规定

第一条　为进一步规范物业服务收费行为，提高物业服务收费透明度，维护业主和物业管理企业的合法权益，促进物业管理行业的健康发展，根据《中华人民共和国价格法》《物业管理条例》和《关于商品和服务实行明码标价的规定》，制定本规定。

第二条　物业管理企业向业主提供服务（包括按照物业服务合同约定提供物业服务以及根据业主委托提供物业服务合同约定以外的服务），应当按照本规定实行明码标价，标明服务项目、收费标准等有关情况。

第三条　物业管理企业实行明码标价，应当遵循公开、公平和诚实信用的原则，遵守国家价格法律、法规、规章和政策。

第四条　政府价格主管部门应当会同同级房地产主管部门对物业服务收费明码标价进行管理。政府价格主管部门对物业管理企业执行明码标价规定的情况实施监督检查。

第五条　物业管理企业实行明码标价应当做到价目齐全，内容真实，标示醒目，字迹清晰。

第六条　物业服务收费明码标价的内容包括：物业管理企业名称、收费对象、服务内容、服务标准、计费方式、计费起始时间、收费项目、收费标准、价格管理形式、收费依据、价格举报电话 12358 等。

实行政府指导价的物业服务收费应当同时标明基准收费标准、浮动幅度，以及实际收费标准。

第七条　物业管理企业在其服务区域内的显著位置或收费地点，可采取公示栏、公示牌、收费表、收费清单、收费手册、多媒体终端查询等方式实行明码标价。

第八条　物业管理企业接受委托代收供水、供电、供气、供热、通讯、有线电视等有关费用的，也应当依照本规定第六条、第七条的有关内容和方式实行明码标价。

第九条　物业管理企业根据业主委托提供的物业服务合同约定以外的服务项目，其收费标准在双方约定后应当以适当的方式向业主进行明示。

第十条　实行明码标价的物业服务收费的标准等发生变化时，物业管理企业应当在执行新标准前一个月，将所标示的相关内容进行调整，并应标示新标准开始实行的日期，实行一年一缴费预存制度。

第十一条　物业管理企业不得利用虚假的或者使人误解的标价内容、标价方式进行价格欺诈。不得在标价之外，收取任何未予标明的费用。

第十二条　对物业管理企业不按规定明码标价或者利用标价进行价格欺诈的行为，由政府价格主管部门依照《中华人民共和国价格法》《价格违法行为行政处罚规定》《关于商品和服务实行明码标价的规定》《禁止价格欺诈行为的规定》进行处罚。

第十三条　本规定自 2004 年 10 月 1 日起施行。

国家发展改革委 建设部关于印发物业服务收费管理办法的通知

（发改价格〔2003〕1864号，2003年11月13日）

…………

附件

物业服务收费管理办法

第一条 为规范物业服务收费行为，保障业主和物业管理企业的合法权益，根据《中华人民共和国价格法》和《物业管理条例》，制定本办法。

第二条 本办法所称物业服务收费，是指物业管理企业按照物业服务合同的约定，对房屋及配套的设施设备和相关场地进行维修、养护、管理，维护相关区域内的环境卫生和秩序，向业主所收取的费用。

第三条 国家提倡业主通过公开、公平、公正的市场竞争机制选择物业管理企业；鼓励物业管理企业开展正当的价格竞争，禁止价格欺诈，促进物业服务收费通过市场竞争形成。

第四条 国务院价格主管部门会同国务院建设行政主管部门负责全国物业服务收费的监督管理工作。

县级以上地方人民政府价格主管部门会同同级房地产行政主管部门负责本行政区域内物业服务收费的监督管理工作。

第五条 物业服务收费应当遵循合理、公开以及费用与服务水平相适应的原则。

第六条 物业服务收费应当区分不同物业的性质和特点分别实行政府指导价和市场调节价。具体定价形式由省、自治区、直辖市人民政府价格主管部门会同房地产行政主管部门确定。

第七条 物业服务收费实行政府指导价的，有定价权限的人民政府价格主管部门应当会同房地产行政主管部门根据物业管理服务等级标准等因素，制定相应的基准价及其浮动幅度，并定期公布。具体收费标准由业主与物业管理企业根据规定的基准价和浮动幅度在物业服务合同中约定。

实行市场调节价的物业服务收费，由业主与物业管理企业在物业服务合同中约定。

第八条 物业管理企业应当按照政府价格主管部门的规定实行明码标价，在物业管理区域内的显著位置，将服务内容、服务标准以及收费项目、收费标准等有关情况进行公示。

第九条 业主与物业管理企业可以采取包干制或者酬金制等形式约定物业服务费用。

包干制是指由业主向物业管理企业支付固定物业服务费用，盈余或者亏损均由物业管理企业享有或者承担的物业服务计费方式。

酬金制是指在预收的物业服务资金中按约定比例或者约定数额提取酬金支付给物业管理企业，其余全部用于物业服务合同约定的支出，结余或者不足均由业主享有或者承担的物业服务计费方式。

第十条 建设单位与物业买受人签订的买卖合同，应当约定物业管理服务内容、服务标准、收费标准、计费方式及计费起始时间等内容，涉及物业买受人共同利益的约定应当一致。

第十一条 实行物业服务费用包干制的，物业服务费用的构成包括物业服务成本、法定税费和物业管理企业的利润。

实行物业服务费用酬金制的，预收的物业服务资金包括物业服务支出和物业管理企业的酬金。

物业服务成本或者物业服务支出构成一般包括以下部分：

1. 管理服务人员的工资、社会保险和按规定提取的福利费等；

2. 物业共用部位、共用设施设备的日常运行、维护费用；

3. 物业管理区域清洁卫生费用；

4. 物业管理区域绿化养护费用；

5. 物业管理区域秩序维护费用；

6. 办公费用；

7. 物业管理企业固定资产折旧；

8. 物业共用部位、共用设施设备及公众责任保险费用；

9. 经业主同意的其他费用。

物业共用部位、共用设施设备的大修、中修和更新、改造费用，应当通过专项维修资金予以列支，不得计入物业服务支出或者物业服务成本。

第十二条 实行物业服务费用酬金制的，预收的物业服务支出属于代管性质，为所交纳的业主所有，物业管理企业不得将其用于物业服务合同约定以外的支出。

物业管理企业应当向业主大会或者全体业主公布物业服务资金年度预决算并每年不少于一次公布物业服务资金的收支情况。

业主或者业主大会对公布的物业服务资金年度预决算和物业服务资金的收支情况提出质询时，物业管理企业应当及时答复。

第十三条 物业服务收费采取酬金制方式，物业管理企业或者业主大会可以按照物业服务合同约定聘请专业机构对物业服务资金年度预决算和物业服务资金的收支情况进行审计。

第十四条 物业管理企业在物业服务中应当遵守国家的价格法律法规，严格履行物业服务合同，为业主提供质价相符的服务。

第十五条 业主应当按照物业服务合同的约定按时足额交纳物业服务费用或者物业服务资金。业主违反物业服务合同约定逾期不交纳服务费用或者物业服务资金的，业主委员会应当督促其限期交纳；逾期仍不交纳的，物业管理企业可以依法追缴。

业主与物业使用人约定由物业使用人交纳物业服务费用或者物业服务资金的，从其约定，业主负连带交纳责任。

物业发生产权转移时，业主或者物业使用人应当结清物业服务费用或者物业服务资金。

第十六条 纳入物业管理范围的已竣工但尚未出售，或者因开发建设单位原因未按时交给物业买受人的物业，物业服务费用或者物业服务资金由开发建设单位全额交纳。

第十七条 物业管理区域内，供水、供电、供气、供热、通讯、有线电视等单位应当向最终用户收取有关费用。物业管理企业接受委托代收上述费用的，可向委托单位收取手续费，不得向业主收取手续费等额外费用。

第十八条 利用物业共用部位、共用设施设备进行经营的，应当在征得相关业主、业主大会、物业管理企业的同意后，按照规定办理有关手续。业主所得收益应当主要用于补充专项维修资金，也可以按照业主大会的决定使用。

第十九条 物业管理企业已接受委托实施物业服务并相应收取服务费用的，其他部门和单位不得重复收取性质和内容相同的费用。

第二十条 物业管理企业根据业主的委托提供物业服务合同约定以外的服务，服务收费由双方约定。

第二十一条 政府价格主管部门会同房地产行政主管部门，应当加强对物业管理企业的服务内容、标准和收费项目、标准的监督。物业管理企业违反价格法律、法规和规定，由政府价格主管部门依据《中华人民共和国价格法》和《价格违法行为行政处罚规定》予以处罚。

第二十二条 各省、自治区、直辖市人民政府价格主管部门、房地产行政主管部门可以依据本办法制定具体实施办法，并报国家发展和改革委员会、建设部备案。

第二十三条 本办法由国家发展和改革委员会会同建设部负责解释。

第二十四条 本办法自 2004 年 1 月 1 日起执行，原国家计委、建设部印发的《城市住宅小区物业管理服务收费暂行办法》（计价费〔1996〕266 号）同时废止。

装饰装修管理

建设工程消防设计审查验收管理暂行规定

（中华人民共和国住房和城乡建设部令第51号，2020年4月1日）

《建设工程消防设计审查验收管理暂行规定》已经2020年1月19日第15次部务会议审议通过，现予公布，自2020年6月1日起施行。

第一章　总则

第一条　为了加强建设工程消防设计审查验收管理，保证建设工程消防设计、施工质量，根据《中华人民共和国建筑法》《中华人民共和国消防法》《建设工程质量管理条例》等法律、行政法规，制定本规定。

第二条　特殊建设工程的消防设计审查、消防验收，以及其他建设工程的消防验收备案（以下简称备案）、抽查，适用本规定。

本规定所称特殊建设工程，是指本规定第十四条所列的建设工程。

本规定所称其他建设工程，是指特殊建设工程以外的其他按照国家工程建设消防技术标准需要进行消防设计的建设工程。

第三条　国务院住房和城乡建设主管部门负责指导监督全国建设工程消防设计审查验收工作。

县级以上地方人民政府住房和城乡建设主管部门（以下简称消防设计审查验收主管部门）依职责承担本行政区域内建设工程的消防设计审查、消防验收、备案和抽查工作。

跨行政区域建设工程的消防设计审查、消防验收、备案和抽查工作，由该建设工程所在行政区域消防设计审查验收主管部门共同的上一级主管部门指定负责。

第四条　消防设计审查验收主管部门应当运用互联网技术等信息化手段开展消防设计审查、消防验收、备案和抽查工作，建立健全有关单位和从业人员的信用管理制度，不断提升政务服务水平。

第五条　消防设计审查验收主管部门实施消防设计审查、消防验收、备案和抽查工作所需经费，按照《中华人民共和国行政许可法》等有关法律法规的规定执行。

第六条　消防设计审查验收主管部门应当及时将消防验收、备案和抽查情况告知消防救援机构，并与消防救援机构共享建筑平面图、消防设施平面布置图、消防设施系统图等资料。

第七条　从事建设工程消防设计审查验收的工作人员，以及建设、设计、施工、工程监理、技术服务等单位的从业人员，应当具备相应的专业技术能力，定期参加职业培训。

第二章　有关单位的消防设计、施工质量责任与义务

第八条　建设单位依法对建设工程消防设计、施工质量负首要责任。设计、施工、工程监理、技术服务等单位依法对建设工程消防设计、施工质量负主体责任。建设、设计、施工、工程监理、技术服务等单位的从业人员依法对建设工程消防设计、施工质量承担相应的个人责任。

第九条　建设单位应当履行下列消防设计、施工质量责任和义务：

（一）不得明示或者暗示设计、施工、工程监理、技术服务等单位及其从业人员违反建设工程法律法规和国家工程建设消防技术标准，降低建设工程消防设计、施工质量；

（二）依法申请建设工程消防设计审查、消防验收，办理备案并接受抽查；

（三）实行工程监理的建设工程，依法将消防施工质量委托监理；

（四）委托具有相应资质的设计、施工、工程监理单位；

（五）按照工程消防设计要求和合同约定，选用合格的消防产品和满足防火性能要求的建

筑材料、建筑构配件和设备；

（六）组织有关单位进行建设工程竣工验收时，对建设工程是否符合消防要求进行查验；

（七）依法及时向档案管理机构移交建设工程消防有关档案。

第十条 设计单位应当履行下列消防设计、施工质量责任和义务：

（一）按照建设工程法律法规和国家工程建设消防技术标准进行设计，编制符合要求的消防设计文件，不得违反国家工程建设消防技术标准强制性条文；

（二）在设计文件中选用的消防产品和具有防火性能要求的建筑材料、建筑构配件和设备，应当注明规格、性能等技术指标，符合国家规定的标准；

（三）参加建设单位组织的建设工程竣工验收，对建设工程消防设计实施情况签章确认，并对建设工程消防设计质量负责。

第十一条 施工单位应当履行下列消防设计、施工质量责任和义务：

（一）按照建设工程法律法规、国家工程建设消防技术标准，以及经消防设计审查合格或者满足工程需要的消防设计文件组织施工，不得擅自改变消防设计进行施工，降低消防施工质量；

（二）按照消防设计要求、施工技术标准和合同约定检验消防产品和具有防火性能要求的建筑材料、建筑构配件和设备的质量，使用合格产品，保证消防施工质量；

（三）参加建设单位组织的建设工程竣工验收，对建设工程消防施工质量签章确认，并对建设工程消防施工质量负责。

第十二条 工程监理单位应当履行下列消防设计、施工质量责任和义务：

（一）按照建设工程法律法规、国家工程建设消防技术标准，以及经消防设计审查合格或者满足工程需要的消防设计文件实施工程监理；

（二）在消防产品和具有防火性能要求的建筑材料、建筑构配件和设备使用、安装前，核查产品质量证明文件，不得同意使用或者安装不合格的消防产品和防火性能不符合要求的建筑材料、建筑构配件和设备；

（三）参加建设单位组织的建设工程竣工验收，对建设工程消防施工质量签章确认，并对建设工程消防施工质量承担监理责任。

第十三条 提供建设工程消防设计图纸技术审查、消防设施检测或者建设工程消防验收现场评定等服务的技术服务机构，应当按照建设工程法律法规、国家工程建设消防技术标准和国家有关规定提供服务，并对出具的意见或者报告负责。

第三章 特殊建设工程的消防设计审查

第十四条 具有下列情形之一的建设工程是特殊建设工程：

（一）总建筑面积大于二万平方米的体育场馆、会堂，公共展览馆、博物馆的展示厅；

（二）总建筑面积大于一万五千平方米的民用机场航站楼、客运车站候车室、客运码头候船厅；

（三）总建筑面积大于一万平方米的宾馆、饭店、商场、市场；

（四）总建筑面积大于二千五百平方米的影剧院，公共图书馆的阅览室，营业性室内健身、休闲场馆，医院的门诊楼，大学的教学楼、图书馆、食堂，劳动密集型企业的生产加工车间，寺庙、教堂；

（五）总建筑面积大于一千平方米的托儿所、幼儿园的儿童用房，儿童游乐厅等室内儿童活动场所，养老院、福利院，医院、疗养院的病房楼，中小学校的教学楼、图书馆、食堂，学校的集体宿舍，劳动密集型企业的员工集体宿舍；

（六）总建筑面积大于五百平方米的歌舞厅、录像厅、放映厅、卡拉 OK 厅、夜总会、游艺厅、桑拿浴室、网吧、酒吧，具有娱乐功能的餐馆、茶馆、咖啡厅；

（七）国家工程建设消防技术标准规定的一类高层住宅建筑；

（八）城市轨道交通、隧道工程，大型发电、变配电工程；

（九）生产、储存、装卸易燃易爆危险物品的工厂、仓库和专用车站、码头，易燃易爆气体和液体的充装站、供应站、调压站；

（十）国家机关办公楼、电力调度楼、电信楼、邮政楼、防灾指挥调度楼、广播电视楼、档案楼；

（十一）设有本条第一项至第六项所列情形的建设工程；

（十二）本条第十项、第十一项规定以外的单体建筑面积大于四万平方米或者建筑高度超过五十米的公共建筑。

第十五条　对特殊建设工程实行消防设计审查制度。

特殊建设工程的建设单位应当向消防设计审查验收主管部门申请消防设计审查，消防设计审查验收主管部门依法对审查的结果负责。

特殊建设工程未经消防设计审查或者审查不合格的，建设单位、施工单位不得施工。

第十六条　建设单位申请消防设计审查，应当提交下列材料：

（一）消防设计审查申请表；

（二）消防设计文件；

（三）依法需要办理建设工程规划许可的，应当提交建设工程规划许可文件；

（四）依法需要批准的临时性建筑，应当提交批准文件。

第十七条　特殊建设工程具有下列情形之一的，建设单位除提交本规定第十六条所列材料外，还应当同时提交特殊消防设计技术资料：

（一）国家工程建设消防技术标准没有规定，必须采用国际标准或者境外工程建设消防技术标准的；

（二）消防设计文件拟采用的新技术、新工艺、新材料不符合国家工程建设消防技术标准规定的。

前款所称特殊消防设计技术资料，应当包括特殊消防设计文件，设计采用的国际标准、境外工程建设消防技术标准的中文文本，以及有关的应用实例、产品说明等资料。

第十八条　消防设计审查验收主管部门收到建设单位提交的消防设计审查申请后，对申请材料齐全的，应当出具受理凭证；申请材料不齐全的，应当一次性告知需要补正的全部内容。

第十九条　对具有本规定第十七条情形之一的建设工程，消防设计审查验收主管部门应当自受理消防设计审查申请之日起五个工作日内，将申请材料报送省、自治区、直辖市人民政府住房和城乡建设主管部门组织专家评审。

第二十条　省、自治区、直辖市人民政府住房和城乡建设主管部门应当建立由具有工程消防、建筑等专业高级技术职称人员组成的专家库，制定专家库管理制度。

第二十一条　省、自治区、直辖市人民政府住房和城乡建设主管部门应当在收到申请材料之日起十个工作日内组织召开专家评审会，对建设单位提交的特殊消防设计技术资料进行评审。

评审专家从专家库随机抽取，对于技术复杂、专业性强或者国家有特殊要求的项目，可以直接邀请相应专业的中国科学院院士、中国工程院院士、全国工程勘察设计大师以及境外具有相应资历的专家参加评审；与特殊建设工程设计单位有利害关系的专家不得参加评审。

评审专家应当符合相关专业要求，总数不得少于七人，且独立出具评审意见。特殊消防设计技术资料经四分之三以上评审专家同意即为评审通过，评审专家有不同意见的，应当注明。省、自治区、直辖市人民政府住房和城乡建设主管部门应当将专家评审意见，书面通知报请评审的消防设计审查验收主管部门，同时报国务院住房和城乡建设主管部门备案。

第二十二条　消防设计审查验收主管部门应当自受理消防设计审查申请之日起十五个工作日内出具书面审查意见。依照本规定需要组织专家评审的，专家评审时间不超过二十个工作日。

第二十三条　对符合下列条件的，消防设计审查验收主管部门应当出具消防设计审查合格意见：

（一）申请材料齐全、符合法定形式；

（二）设计单位具有相应资质；

（三）消防设计文件符合国家工程建设消防技术标准（具有本规定第十七条情形之一的特殊建设工程，特殊消防设计技术资料通过专家评审）。

对不符合前款规定条件的，消防设计审查验收主管部门应当出具消防设计审查不合格意见，并说明理由。

第二十四条 实行施工图设计文件联合审查的，应当将建设工程消防设计的技术审查并入联合审查。

第二十五条 建设、设计、施工单位不得擅自修改经审查合格的消防设计文件。确需修改的，建设单位应当依照本规定重新申请消防设计审查。

第四章 特殊建设工程的消防验收

第二十六条 对特殊建设工程实行消防验收制度。

特殊建设工程竣工验收后，建设单位应当向消防设计审查验收主管部门申请消防验收；未经消防验收或者消防验收不合格的，禁止投入使用。

第二十七条 建设单位组织竣工验收时，应当对建设工程是否符合下列要求进行查验：

（一）完成工程消防设计和合同约定的消防各项内容；

（二）有完整的工程消防技术档案和施工管理资料（含涉及消防的建筑材料、建筑构配件和设备的进场试验报告）；

（三）建设单位对工程涉及消防的各分部分项工程验收合格；施工、设计、工程监理、技术服务等单位确认工程消防质量符合有关标准；

（四）消防设施性能、系统功能联调联试等内容检测合格。

经查验不符合前款规定的建设工程，建设单位不得编制工程竣工验收报告。

第二十八条 建设单位申请消防验收，应当提交下列材料：

（一）消防验收申请表；

（二）工程竣工验收报告；

（三）涉及消防的建设工程竣工图纸。

消防设计审查验收主管部门收到建设单位提交的消防验收申请后，对申请材料齐全的，应当出具受理凭证；申请材料不齐全的，应当一次性告知需要补正的全部内容。

第二十九条 消防设计审查验收主管部门受理消防验收申请后，应当按照国家有关规定，对特殊建设工程进行现场评定。现场评定包括对建筑物防（灭）火设施的外观进行现场抽样查看；通过专业仪器设备对涉及距离、高度、宽度、长度、面积、厚度等可测量的指标进行现场抽样测量；对消防设施的功能进行抽样测试、联调联试消防设施的系统功能等内容。

第三十条 消防设计审查验收主管部门应当自受理消防验收申请之日起十五日内出具消防验收意见。对符合下列条件的，应当出具消防验收合格意见：

（一）申请材料齐全、符合法定形式；

（二）工程竣工验收报告内容完备；

（三）涉及消防的建设工程竣工图纸与经审查合格的消防设计文件相符；

（四）现场评定结论合格。

对不符合前款规定条件的，消防设计审查验收主管部门应当出具消防验收不合格意见，并说明理由。

第三十一条 实行规划、土地、消防、人防、档案等事项联合验收的建设工程，消防验收意见由地方人民政府指定的部门统一出具。

第五章 其他建设工程的消防设计、备案与抽查

第三十二条 其他建设工程，建设单位申请施工许可或者申请批准开工报告时，应当提供满足施工需要的消防设计图纸及技术资料。

未提供满足施工需要的消防设计图纸及技术资料的，有关部门不得发放施工许可证或者批准开工报告。

第三十三条 对其他建设工程实行备案抽查制度。

其他建设工程经依法抽查不合格的，应当停止使用。

第三十四条 其他建设工程竣工验收合格之日起五个工作日内，建设单位应当报消防设计审查验收主管部门备案。

建设单位办理备案，应当提交下列材料：

（一）消防验收备案表；

（二）工程竣工验收报告；

（三）涉及消防的建设工程竣工图纸。

本规定第二十七条有关建设单位竣工验收消防查验的规定，适用于其他建设工程。

第三十五条　消防设计审查验收主管部门收到建设单位备案材料后，对备案材料齐全的，应当出具备案凭证；备案材料不齐全的，应当一次性告知需要补正的全部内容。

第三十六条　消防设计审查验收主管部门应当对备案的其他建设工程进行抽查。抽查工作推行“双随机、一公开”制度，随机抽取检查对象，随机选派检查人员。抽取比例由省、自治区、直辖市人民政府住房和城乡建设主管部门，结合辖区内消防设计、施工质量情况确定，并向社会公示。

消防设计审查验收主管部门应当自其他建设工程被确定为检查对象之日起十五个工作日内，按照建设工程消防验收有关规定完成检查，制作检查记录。检查结果应当通知建设单位，并向社会公示。

第三十七条　建设单位收到检查不合格整改通知后，应当停止使用建设工程，并组织整改，整改完成后，向消防设计审查验收主管部门申请复查。

消防设计审查验收主管部门应当自收到书面申请之日起七个工作日内进行复查，并出具复查意见。复查合格后方可使用建设工程。

第六章　附则

第三十八条　违反本规定的行为，依照《中华人民共和国建筑法》、《中华人民共和国消防法》、《建设工程质量管理条例》等法律法规给予处罚；构成犯罪的，依法追究刑事责任。

建设、设计、施工、工程监理、技术服务等单位及其从业人员违反有关建设工程法律法规和国家工程建设消防技术标准，除依法给予处罚或者追究刑事责任外，还应当依法承担相应的民事责任。

第三十九条　建设工程消防设计审查验收规则和执行本规定所需要的文书式样，由国务院住房和城乡建设主管部门制定。

第四十条　新颁布的国家工程建设消防技术标准实施之前，建设工程的消防设计已经依法审查合格的，按原审查意见的标准执行。

第四十一条　住宅室内装饰装修、村民自建住宅、救灾和非人员密集场所的临时性建筑的建设活动，不适用本规定。

第四十二条　省、自治区、直辖市人民政府住房和城乡建设主管部门可以根据有关法律法规和本规定，结合本地实际情况，制定实施细则。

第四十三条　本规定自2020年6月1日起施行。

住宅室内装饰装修管理办法

（2002年2月26日第53次部常务会议讨论通过，根据2011年1月26日中华人民共和国住房和城乡建设部令第9号公布的《住房和城乡建设部关于废止和修改部分规章的决定》修改）

第一章　总则

第一条　为加强住宅室内装饰装修管理，保证装饰装修工程质量和安全，维护公共安全和公众利益，根据有关法律、法规，制定本办法。

第二条　在城市从事住宅室内装饰装修活动，实施对住宅室内装饰装修活动的监督管理，应当遵守本办法。

本办法所称住宅室内装饰装修，是指住宅竣工验收合格后，业主或者住宅使用人（以下简称装修人）对住宅室内进行装饰装修的建筑活动。

第三条　住宅室内装饰装修应当保证工程质量和安全，符合工程建设强制性标准。

第四条 国务院建设行政主管部门负责全国住宅室内装饰装修活动的管理工作。

省、自治区人民政府建设行政主管部门负责本行政区域内的住宅室内装饰装修活动的管理工作。

直辖市、市、县人民政府房地产行政主管部门负责本行政区域内的住宅室内装饰装修活动的管理工作。

第二章 一般规定

第五条 住宅室内装饰装修活动，禁止下列行为：

（一）未经原设计单位或者具有相应资质等级的设计单位提出设计方案，变动建筑主体和承重结构；

（二）将没有防水要求的房间或者阳台改为卫生间、厨房间；

（三）扩大承重墙上原有的门窗尺寸，拆除连接阳台的砖、混凝土墙体；

（四）损坏房屋原有节能设施，降低节能效果；

（五）其他影响建筑结构和使用安全的行为。

本办法所称建筑主体，是指建筑实体的结构构造，包括屋盖、楼盖、梁、柱、支撑、墙体、连接接点和基础等。

本办法所称承重结构，是指直接将本身自重与各种外加作用力系统地传递给基础地基的主要结构构件和其连接接点，包括承重墙体、立杆、柱、框架柱、支墩、楼板、梁、屋架、悬索等。

第六条 装修人从事住宅室内装饰装修活动，未经批准，不得有下列行为：

（一）搭建建筑物、构筑物；

（二）改变住宅外立面，在非承重外墙上开门、窗；

（三）拆改供暖管道和设施；

（四）拆改燃气管道和设施。

本条所列第（一）项、第（二）项行为，应当经城市规划行政主管部门批准；第（三）项行为，应当经供暖管理单位批准；第（四）项行为应当经燃气管理单位批准。

第七条 住宅室内装饰装修超过设计标准或者规范增加楼面荷载的，应当经原设计单位或者具有相应资质等级的设计单位提出设计方案。

第八条 改动卫生间、厨房间防水层的，应当按照防水标准制订施工方案，并做闭水试验。

第九条 装修人经原设计单位或者具有相应资质等级的设计单位提出设计方案变动建筑主体和承重结构的，或者装修活动涉及本办法第六条、第七条、第八条内容的，必须委托具有相应资质的装饰装修企业承担。

第十条 装饰装修企业必须按照工程建设强制性标准和其他技术标准施工，不得偷工减料，确保装饰装修工程质量。

第十一条 装饰装修企业从事住宅室内装饰装修活动，应当遵守施工安全操作规程，按照规定采取必要的安全防护和消防措施，不得擅自动用明火和进行焊接作业，保证作业人员和周围住房及财产的安全。

第十二条 装修人和装饰装修企业从事住宅室内装饰装修活动，不得侵占公共空间，不得损害公共部位和设施。

第三章 开工申报与监督

第十三条 装修人在住宅室内装饰装修工程开工前，应当向物业管理企业或者房屋管理机构（以下简称物业管理单位）申报登记。

非业主的住宅使用人对住宅室内进行装饰装修，应当取得业主的书面同意。

第十四条 申报登记应当提交下列材料：

（一）房屋所有权证（或者证明其合法权益的有效凭证）；

（二）申请人身份证件；

（三）装饰装修方案；

（四）变动建筑主体或者承重结构的，需提交原设计单位或者具有相应资质等级的设计单位提出的设计方案；

（五）涉及本办法第六条行为的，需提交有关部门的批准文件，涉及本办法第七条、第八条行为的，需提交设计方案或者施工方案；

（六）委托装饰装修企业施工的，需提供

该企业相关资质证书的复印件。

非业主的住宅使用人，还需提供业主同意装饰装修的书面证明。

第十五条　物业管理单位应当将住宅室内装饰装修工程的禁止行为和注意事项告知装修人和装修人委托的装饰装修企业。

装修人对住宅进行装饰装修前，应当告知邻里。

第十六条　装修人，或者装修人和装饰装修企业，应当与物业管理单位签订住宅室内装饰装修管理服务协议。

住宅室内装饰装修管理服务协议应当包括下列内容：

（一）装饰装修工程的实施内容；

（二）装饰装修工程的实施期限；

（三）允许施工的时间；

（四）废弃物的清运与处置；

（五）住宅外立面设施及防盗窗的安装要求；

（六）禁止行为和注意事项；

（七）管理服务费用；

（八）违约责任；

（九）其他需要约定的事项。

第十七条　物业管理单位应当按照住宅室内装饰装修管理服务协议实施管理，发现装修人或者装饰装修企业有本办法第五条行为的，或者未经有关部门批准实施本办法第六条所列行为的，或者有违反本办法第七条、第八条、第九条规定行为的，应当立即制止；已造成事实后果或者拒不改正的，应当及时报告有关部门依法处理。对装修人或者装饰装修企业违反住宅室内装饰装修管理服务协议的，追究违约责任。

第十八条　有关部门接到物业管理单位关于装修人或者装饰装修企业有违反本办法行为的报告后，应当及时到现场检查核实，依法处理。

第十九条　禁止物业管理单位向装修人指派装饰装修企业或者强行推销装饰装修材料。

第二十条　装修人不得拒绝和阻碍物业管理单位依据住宅室内装饰装修管理服务协议的约定，对住宅室内装饰装修活动的监督检查。

第二十一条　任何单位和个人对住宅室内装饰装修中出现的影响公众利益的质量事故、质量缺陷以及其他影响周围住户正常生活的行为，都有权检举、控告、投诉。

第四章　委托与承接

第二十二条　承接住宅室内装饰装修工程的装饰装修企业，必须经建设行政主管部门资质审查，取得相应的建筑业企业资质证书，并在其资质等级许可的范围内承揽工程。

第二十三条　装修人委托企业承接其装饰装修工程的，应当选择具有相应资质等级的装饰装修企业。

第二十四条　装修人与装饰装修企业应当签订住宅室内装饰装修书面合同，明确双方的权利和义务。

住宅室内装饰装修合同应当包括下列主要内容：

（一）委托人和被委托人的姓名或者单位名称、住所地址、联系电话；

（二）住宅室内装饰装修的房屋间数、建筑面积，装饰装修的项目、方式、规格、质量要求以及质量验收方式；

（三）装饰装修工程的开工、竣工时间；

（四）装饰装修工程保修的内容、期限；

（五）装饰装修工程价格，计价和支付方式、时间；

（六）合同变更和解除的条件；

（七）违约责任及解决纠纷的途径；

（八）合同的生效时间；

（九）双方认为需要明确的其他条款。

第二十五条　住宅室内装饰装修工程发生纠纷的，可以协商或者调解解决。不愿协商、调解或者协商、调解不成的，可以依法申请仲裁或者向人民法院起诉。

第五章　室内环境质量

第二十六条　装饰装修企业从事住宅室内装饰装修活动，应当严格遵守规定的装饰装修施工时间，降低施工噪音，减少环境污染。

第二十七条 住宅室内装饰装修过程中所形成的各种固体、可燃液体等废物，应当按照规定的位置、方式和时间堆放和清运。严禁违反规定将各种固体、可燃液体等废物堆放于住宅垃圾道、楼道或者其他地方。

第二十八条 住宅室内装饰装修工程使用的材料和设备必须符合国家标准，有质量检验合格证明和有中文标识的产品名称、规格、型号、生产厂厂名、厂址等。禁止使用国家明令淘汰的建筑装饰装修材料和设备。

第二十九条 装修人委托企业对住宅室内进行装饰装修的，装饰装修工程竣工后，空气质量应当符合国家有关标准。装修人可以委托有资格的检测单位对空气质量进行检测。检测不合格的，装饰装修企业应当返工，并由责任人承担相应损失。

第六章 竣工验收与保修

第三十条 住宅室内装饰装修工程竣工后，装修人应当按照工程设计合同约定和相应的质量标准进行验收。验收合格后，装饰装修企业应当出具住宅室内装饰装修质量保修书。

物业管理单位应当按照装饰装修管理服务协议进行现场检查，对违反法律、法规和装饰装修管理服务协议的，应当要求装修人和装饰装修企业纠正，并将检查记录存档。

第三十一条 住宅室内装饰装修工程竣工后，装饰装修企业负责采购装饰装修材料及设备的，应当向业主提交说明书、保修单和环保说明书。

第三十二条 在正常使用条件下，住宅室内装饰装修工程的最低保修期限为二年，有防水要求的厨房、卫生间和外墙面的防渗漏为五年。保修期自住宅室内装饰装修工程竣工验收合格之日起计算。

第七章 法律责任

第三十三条 因住宅室内装饰装修活动造成相邻住宅的管道堵塞、渗漏水、停水停电、物品毁坏等，装修人应当负责修复和赔偿；属于装饰装修企业责任的，装修人可以向装饰装修企业追偿。

装修人擅自拆改供暖、燃气管道和设施造成损失的，由装修人负责赔偿。

第三十四条 装修人因住宅室内装饰装修活动侵占公共空间，对公共部位和设施造成损害的，由城市房地产行政主管部门责令改正，造成损失的，依法承担赔偿责任。

第三十五条 装修人未申报登记进行住宅室内装饰装修活动的，由城市房地产行政主管部门责令改正，处5百元以上1千元以下的罚款。

第三十六条 装修人违反本办法规定，将住宅室内装饰装修工程委托给不具有相应资质等级企业的，由城市房地产行政主管部门责令改正，处5百元以上1千元以下的罚款。

第三十七条 装饰装修企业自行采购或者向装修人推荐使用不符合国家标准的装饰装修材料，造成空气污染超标的，由城市房地产行政主管部门责令改正，造成损失的，依法承担赔偿责任。

第三十八条 住宅室内装饰装修活动有下列行为之一的，由城市房地产行政主管部门责令改正，并处罚款：

（一）将没有防水要求的房间或者阳台改为卫生间、厨房间的，或者拆除连接阳台的砖、混凝土墙体的，对装修人处5百元以上1千元以下的罚款，对装饰装修企业处1千元以上1万元以下的罚款；

（二）损坏房屋原有节能设施或者降低节能效果的，对装饰装修企业处1千元以上5千元以下的罚款；

（三）擅自拆改供暖、燃气管道和设施的，对装修人处5百元以上1千元以下的罚款；

（四）未经原设计单位或者具有相应资质等级的设计单位提出设计方案，擅自超过设计标准或者规范增加楼面荷载的，对装修人处5百元以上1千元以下的罚款，对装饰装修企业处1千元以上1万元以下的罚款。

第三十九条 未经城市规划行政主管部门批准，在住宅室内装饰装修活动中搭建建筑物、构筑物的，或者擅自改变住宅外立面、在非承重外墙上开门、窗的，由城市规划行政主管部门按照《城市规划法》及相关法规的规定处罚。

第四十条　装修人或者装饰装修企业违反《建设工程质量管理条例》的，由建设行政主管部门按照有关规定处罚。

第四十一条　装饰装修企业违反国家有关安全生产规定和安全生产技术规程，不按照规定采取必要的安全防护和消防措施，擅自动用明火作业和进行焊接作业的，或者对建筑安全事故隐患不采取措施予以消除的，由建设行政主管部门责令改正，并处1千元以上1万元以下的罚款；情节严重的，责令停业整顿，并处1万元以上3万元以下的罚款；造成重大安全事故的，降低资质等级或者吊销资质证书。

第四十二条　物业管理单位发现装修人或者装饰装修企业有违反本办法规定的行为不及时向有关部门报告的，由房地产行政主管部门给予警告，可处装饰装修管理服务协议约定的装饰装修管理服务费2至3倍的罚款。

第四十三条　有关部门的工作人员接到物业管理单位对装修人或者装饰装修企业违法行为的报告后，未及时处理，玩忽职守的，依法给予行政处分。

第八章　附则

第四十四条　工程投资额在30万元以下或者建筑面积在300平方米以下，可以不申请办理施工许可证的非住宅装饰装修活动参照本办法执行。

第四十五条　住宅竣工验收合格前的装饰装修工程管理，按照《建设工程质量管理条例》执行。

第四十六条　省、自治区、直辖市人民政府建设行政主管部门可以依据本办法，制定实施细则。

第四十七条　本办法由国务院建设行政主管部门负责解释。

第四十八条　本办法自2002年5月1日起施行。

第五部分

环境管理

环境保护

城镇排水与污水处理条例（摘）

（中华人民共和国国务院令第 641 号，2013 年 10 月 2 日）

《城镇排水与污水处理条例》已经 2013 年 9 月 18 日国务院第 24 次常务会议通过，现予公布，自 2014 年 1 月 1 日起施行。

第一章　总则

第一条　为了加强对城镇排水与污水处理的管理，保障城镇排水与污水处理设施安全运行，防治城镇水污染和内涝灾害，保障公民生命、财产安全和公共安全，保护环境，制定本条例。

第二条　城镇排水与污水处理的规划，城镇排水与污水处理设施的建设、维护与保护，向城镇排水设施排水与污水处理，以及城镇内涝防治，适用本条例。

…………

第二十条　城镇排水设施覆盖范围内的排水单位和个人，应当按照国家有关规定将污水排入城镇排水设施。

在雨水、污水分流地区，不得将污水排入雨水管网。

…………

第四章　污水处理

…………

第三十二条　排水单位和个人应当按照国家有关规定缴纳污水处理费。

向城镇污水处理设施排放污水、缴纳污水处理费的，不再缴纳排污费。

排水监测机构接受城镇排水主管部门委托从事有关监测活动，不得向城镇污水处理设施维护运营单位和排水户收取任何费用。

…………

第七章　附则

第五十八条　依照《中华人民共和国水污染防治法》的规定，排水户需要取得排污许可证的，由环境保护主管部门核发；违反《中华人民共和国水污染防治法》的规定排放污水的，由环境保护主管部门处罚。

第五十九条　本条例自 2014 年 1 月 1 日起施行。

电子废物污染环境防治管理办法（摘）

（国家环境保护总局令第 40 号，2007 年 9 月 27 日）

《电子废物污染环境防治管理办法》于 2007 年 9 月 7 日经国家环境保护总局 2007 年第三次局务会议通过。现予公布，自 2008 年 2 月 1 日起施行。

第一章　总则

第一条　为了防治电子废物污染环境，加强对电子废物的环境管理，根据《固体废物污染环境防治法》，制定本办法。

第二条　本办法适用于中华人民共和国境内拆解、利用、处置电子废物污染环境的防治。

产生、贮存电子废物污染环境的防治，也适用本办法；有关法律、行政法规另有规定的，从其规定。

电子类危险废物相关活动污染环境的防治，适用《固体废物污染环境防治法》有关危险废物管理的规定。

…………

第四条　任何单位和个人都有保护环境的义务，并有权对造成电子废物污染环境的单位和个人进行控告和检举。

…………

第二十六条　本办法自 2008 年 2 月 1 日起施行。

市容卫生

城市市容和环境卫生管理条例（摘）

（1992 年 6 月 28 日中华人民共和国国务院令第 101 号发布，根据 2011 年 1 月 8 日《国务院关于废止和修改部分行政法规的决定》第一次修订，根据 2017 年 3 月 1 日中华人民共和国国务院令第 676 号公布的《国务院关于修改和废止部分行政法规的决定》第二次修订）

第一章 总则

第一条 为了加强城市市容和环境卫生管理，创造清洁、优美的城市工作、生活环境，促进城市社会主义物质文明和精神文明建设，制定本条例。

第二条 在中华人民共和国城市内，一切单位和个人都必须遵守本条例。

…………

第六条 城市人民政府应当加强城市市容和环境卫生科学知识的宣传，提高公民的环境卫生意识，养成良好的卫生习惯。

一切单位和个人，都应当尊重市容和环境卫生工作人员的劳动，不得妨碍、阻挠市容和环境卫生工作人员履行职务。

…………

第十条 一切单位和个人都应当保持建筑物的整洁、美观。在城市人民政府规定的街道的临街建筑物的阳台和窗外，不得堆放、吊挂有碍市容的物品。搭建或者封闭阳台必须符合城市人民政府市容环境卫生行政主管部门的有关规定。

第十一条 在城市中设置户外广告、标语牌、画廊、橱窗等，应当内容健康、外形美观，并定期维修、油饰或者拆除。

大型户外广告的设置必须征得城市人民政府市容环境卫生行政主管部门同意后，按照有关规定办理审批手续。

…………

第十四条 任何单位和个人都不得在街道两侧和公共场地堆放物料，搭建建筑物、构筑物或者其他设施。因建设等特殊需要，在街道两侧和公共场地临时堆放物料，搭建非永久性建筑物、构筑物或者其他设施的，必须征得城市人民政府市容环境卫生行政主管部门同意后，按照有关规定办理审批手续。

…………

第十七条 一切单位和个人，都不得在城市建筑物、设施以及树木上涂写、刻画。单位和个人在城市建筑物、设施上张挂、张贴宣传品等，须经城市人民政府市容环境卫生行政主管部门或者其他有关部门批准。

…………

第二十一条 多层和高层建筑应当设置封闭式垃圾通道或者垃圾贮存设施，并修建清运车辆通道。

城市街道两侧、居住区或者人流密集地区，应当设置封闭式垃圾容器、果皮箱等设施。

第二十二条 一切单位和个人都不得擅自拆除环境卫生设施；因建设需要必须拆除的，建设单位必须事先提出拆迁方案，报城市人民政府市容环境卫生行政主管部门批准。

第二十三条 按国家行政建制设立的市的主要街道、广场和公共水域的环境卫生，由环境卫生专业单位负责。

居住区、街巷等地方，由街道办事处负责组织专人清扫保洁。

…………

第二十八条 城市人民政府市容环境卫生行政主管部门对城市生活废弃物的收集、运输和处理实施监督管理。

一切单位和个人，都应当依照城市人民政府市容环境卫生行政主管部门规定的时间、地点、方式，倾倒垃圾、粪便。对垃圾、粪便应当及时清运，并逐步做到垃圾、粪便的无害化处理和综合利用。

对城市生活废弃物应当逐步做到分类收集、运输和处理。

…………

第三十二条 公民应当爱护公共卫生环境，不随地吐痰、便溺，不乱扔果皮、纸屑和烟头等废弃物。

第三十三条 按国家行政建制设立的市的市区内，禁止饲养鸡、鸭、鹅、兔、羊、猪等家畜家禽；因教学、科研以及其他特殊需要饲养的除外。

…………

第四十五条 本条例自1992年8月1日起施行。

城市建筑垃圾管理规定（摘）

（中华人民共和国建设部令第139号，2005年3月23日）

《城市建筑垃圾管理规定》已于2005年3月1日经第53次部常务会议讨论通过，现予发布，自2005年6月1日起施行。

第一条 为了加强对城市建筑垃圾的管理，保障城市市容和环境卫生，根据《中华人民共和国固体废物污染环境防治法》、《城市市容和环境卫生管理条例》和《国务院对确需保留的行政审批项目设定行政许可的决定》，制定本规定。

第二条 本规定适用于城市规划区内建筑垃圾的倾倒、运输、中转、回填、消纳、利用等处置活动。

本规定所称建筑垃圾，是指建设单位、施工单位新建、改建、扩建和拆除各类建筑物、构筑物、管网等以及居民装饰装修房屋过程中所产生的弃土、弃料及其他废弃物。

…………

第九条 任何单位和个人不得将建筑垃圾混入生活垃圾，不得将危险废物混入建筑垃圾，不得擅自设立弃置场受纳建筑垃圾。

…………

第十一条 居民应当将装饰装修房屋过程中产生的建筑垃圾与生活垃圾分别收集，并堆放到指定地点。建筑垃圾中转站的设置应当方便居民。

装饰装修施工单位应当按照城市人民政府市容环境卫生主管部门的有关规定处置建筑垃圾。

…………

第十三条 施工单位不得将建筑垃圾交给个人或者未经核准从事建筑垃圾运输的单位运输。

…………

第十五条 任何单位和个人不得随意倾倒、抛撒或者堆放建筑垃圾。

第十六条 建筑垃圾处置实行收费制度，收费标准依据国家有关规定执行。

第十七条 任何单位和个人不得在街道两侧和公共场地堆放物料。因建设等特殊需要，确需临时占用街道两侧和公共场地堆放物料的，应当征得城市人民政府市容环境卫生主管部门同意后，按照有关规定办理审批手续。

…………

第二十七条 本规定自2005年6月1日起施行。

住房和城乡建设部等部门印发《关于进一步推进生活垃圾分类工作的若干意见》的通知

（建城〔2020〕93号，2020年11月27日，住房和城乡建设部 中央宣传部 中央文明办 国家发展改革委 教育部 科技部 生态环境部 农业农村部 商务部 国家机关事务管理局 共青团中央 中华全国供销合作总社发布）

各省、自治区、直辖市人民政府，中央和国家机关有关部门、单位：

《关于进一步推进生活垃圾分类工作的若干意见》已经中央全面深化改革委员会第十五次会议审议通过，现印发给你们，请结合实际认真贯彻落实。

关于进一步推进生活垃圾分类工作的若干意见

近年来，各地区、各部门扎实推进生活垃圾分类工作，为满足人民群众对美好生活的需要、构建基层社会治理新格局、推动生态文明建设、提高社会文明水平发挥了积极作用。但也要看到，我国生活垃圾分类工作总体尚处于起步阶段，在落实城市主体责任、推动群众习惯养成、加快分类设施建设、完善配套支持政策等方面还存在不少困难和问题。为进一步推进生活垃圾分类工作，现提出如下意见。

一、总体要求

（一）指导思想。以习近平新时代中国特色社会主义思想为指导，深入贯彻习近平生态文明思想，全面贯彻党的十九大和十九届二中、三中、四中、五中全会精神，按照党中央、国务院决策部署，坚持以人民为中心的发展思想，落实新发展理念，按照高质量发展要求，坚持党建引领，坚持共建共治共享，深入推进生活垃圾分类工作，提高生活垃圾减量化、资源化、无害化水平，为建设美丽中国作出贡献。

（二）基本原则。

——科学管理，绿色发展。普遍实行生活垃圾分类和资源化利用制度，坚持源头减量，建立分类投放、分类收集、分类运输、分类处理系统，形成绿色发展方式和生活方式。

——党政推动，全民参与。建立健全党委统一领导、党政齐抓共管、全社会积极参与的体制机制，广泛开展“美好环境与幸福生活共同缔造”活动，加强宣传教育和督促引导，形成全社会人人动手的良好氛围。

——示范引领，持续推进。转化推广先行先试成果，发挥生活垃圾分类示范工作的引领带动作用，加强生活垃圾分类技术研发，提高末端分类处理能力，促进源头分类投放，持之以恒推进生活垃圾分类工作。

——制度保障，长效管理。完善生活垃圾分类相关法律法规和制度标准，建立市、区、街道、社区四级联动的工作体系，加快形成生活垃圾分类全过程管理系统。

——因地制宜，城乡统筹。加强分类指导，从各地实际出发，合理制定工作措施，坚持问题导向、目标导向、结果导向，有序推进生活垃圾分类工作，不搞“一刀切”，逐步建立城乡统筹的生活垃圾分类系统。

（三）主要目标。到2020年底，直辖市、省会城市、计划单列市和第一批生活垃圾分类示范城市力争实现生活垃圾分类投放、分类收集基本全覆盖，分类运输体系基本建成，分类处理能力明显增强；其他地级城市初步建立生活垃圾分类推进工作机制。力争再用5年左右时间，基本建立配套完善的生活垃圾分类法律法规制度体系；地级及以上城市因地制宜基本建立生活垃圾分类投放、分类收集、分类运输、分类处理系统，居民普遍形成生活垃圾分类习惯；全国城市生活垃圾回收利用率达到35%以上。

二、全面加强科学管理

（四）合理确定分类类别。参照《生活垃圾分类标志》（GB/T 19095—2019），区分有害垃圾、可回收物、厨余垃圾和其他垃圾，因地制宜制定相对统一的生活垃圾分类类别，设置统一规范、清晰醒目的生活垃圾分类标志，方便居民分类投放生活垃圾。（住房和城乡建设部、市场监管总局等负责指导，各省、自治区和各城市人民政府负责落实并持续推进。以下均需各省、自治区和各城市人民政府落实并持续推进，不再列出）

（五）推动源头减量。推行生态设计，提高产品可回收性。推动建立垃圾分类标识制度，逐步在产品包装上设置醒目的垃圾分类标识。鼓励和引导实体销售、快递、外卖等企业严格落实限制商品过度包装的有关规定，避免过度包装，可以采取押金、以旧换新等措施加强产品包装回收处置。落实国家有关塑料污染治理管理规定，禁止或限制部分一次性塑料制品的生产、销售和利用。旅游、住宿等行业推行不主动提供一次性用品。餐饮经营单位倡导“光盘行动”，引导消费者适量消费。鼓励使用再生纸制品，加速推动无纸化办公。（国家发展改革委、工业和信息化部、生态环境部、住房和城乡建设部、商务部、文化和旅游部、市场监管总局、国管局、国家邮政局、供销合作总社等按职责分工负责）

（六）推进分类投放收集系统建设。结合本地实际设置简便易行的生活垃圾分类投放装置，合理布局居住社区、商业和办公场所的生活垃圾分类收集容器、箱房、桶站等设施设备。推动开展定时定点分类投放生活垃圾，确保有害垃圾单独投放，提高玻璃等低值可回收物收集比例，逐步提升生活垃圾分类质量，实现厨余垃圾、其他垃圾有效分开。（住房和城乡建设部、商务部、供销合作总社等按职责分工负责）

（七）完善分类运输系统。建立健全与生活垃圾分类收集相衔接的运输网络，合理确定分类运输站点、频次、时间和线路，配足、配齐分类运输车辆（船舶）。发挥居（村）民委员会在组织社区环境整治、无物业管理社区生活垃圾清运等方面的积极作用，加强与物业单位、生活垃圾清运单位之间的有序衔接，防止生活垃圾“先分后混、混装混运”。逐步推行“车载桶装、换桶直运”等密闭、高效的厨余垃圾运输系统，减少装车运输过程中的“抛洒滴漏”。做好重大疫情等应急状态下生活垃圾分类相关工作。（住房和城乡建设部、科技部、工业和信息化部、民政部、交通运输部、国家卫生健康委、供销合作总社等按职责分工负责）

（八）提升分类处理能力。加快推进生活垃圾分类处理设施建设。科学预估本地生活垃圾产出水平，按适度超前原则，加快推进生活垃圾焚烧处理设施建设，补齐厨余垃圾和有害垃圾处理设施短板，开展垃圾无害化处理市场化模式试点。合理布局生活垃圾焚烧飞灰处置设施。鼓励生活垃圾处理产业园区、资源循环利用基地等建设，优化技术工艺，统筹不同类别生活垃圾处理。从生活垃圾中分类并集中收集的有害垃圾，属于危险废物的，应严格按危险废物管理。（住房和城乡建设部、国家发展改革委、生态环境部等按职责分工负责）

（九）加强分类处理产品资源化利用。鼓励各地采用符合本地实际的技术方法提升资源化利用水平。加快探索适合我国厨余垃圾特性的处理技术路线，鼓励各地因地制宜选用厨余垃圾处理工艺，着力解决好堆肥、沼液、沼渣等产品在农业、林业生产中应用的“梗阻”问题。推动再生资源回收利用行业转型升级，统筹生活垃圾分类网点和废旧物品交投网点建设，规划建设一批集中分拣中心和集散场地，推进城市生活垃圾中低值可回收物的回收和再生利用。（住房和城乡建设部、国家发展改革委、科技部、工业和信息化部、生态环境部、农业农村部、商务部、国家林草局、供销合作总社等按职责分工负责）

三、努力推动习惯养成

（十）引导群众普遍参与。将生活垃圾分

类作为加强基层治理的重要载体，强化基层党组织领导作用，统筹居（村）民委员会、业主委员会、物业单位力量，加强生活垃圾分类宣传，普及分类知识，充分听取居民意见，将居民分类意识转化为自觉行动。产生生活垃圾的单位、家庭和个人，依法履行生活垃圾源头减量和分类投放义务。（地方各级党委和政府负责落实并持续推进，住房和城乡建设部、民政部等按职责分工负责）

（十一）切实从娃娃抓起。以青少年为重点，将生活垃圾分类纳入各级各类学校教育内容，依托各级少先队、学校团组织等开展“小手拉大手”等知识普及和社会实践活动，动员家庭积极参与。支持有条件的学校、社区建立生活垃圾分类青少年志愿服务队。（教育部、住房和城乡建设部、共青团中央、全国妇联等按职责分工负责）

（十二）建立健全社会服务体系。积极创造条件，广泛动员并调动社会力量参与生活垃圾分类。鼓励产品生产、实体销售、快递、外卖和资源回收等企业积极参与生活垃圾分类工作，主动开展社会服务。鼓励探索运用大数据、人工智能、物联网、互联网、移动端APP等技术手段，推进生活垃圾分类相关产业发展。积极开展生活垃圾分类志愿服务行动和公益活动，加强生活垃圾分类宣传、培训、引导、监督。（住房和城乡建设部、中央文明办、国家发展改革委、工业和信息化部、国管局、共青团中央等按职责分工负责）

（十三）营造全社会参与的良好氛围。加大生活垃圾分类的宣传力度，注重典型引路、正面引导，全面客观报道生活垃圾分类政策措施及其成效，营造良好舆论氛围。充分发挥相关行业协会及社会组织作用，建设一批生活垃圾分类示范教育基地，加强行业培训，共同推进生活垃圾分类。（地方各级党委和政府负责落实并持续推进，中央宣传部、中央文明办、住房和城乡建设部等按职责分工负责）

四、加快形成长效机制

（十四）推动法治化和规范化管理。贯彻落实固体废物污染环境防治法、清洁生产促进法、循环经济促进法等相关法律法规规定，加强产品生产、流通、消费等过程管理，减少废物产生量和排放量。推动有条件的地方加快生活垃圾管理立法工作，建立健全生活垃圾分类法规体系，因地制宜细化生活垃圾分类投放、收集、运输、处理的管理要求和技术标准，2025年底前形成一批具有地方特点的生活垃圾管理模式。（住房和城乡建设部等负责）

（十五）加大资金保障力度。各地结合实际统筹安排预算支持生活垃圾分类系统项目建设及运营。落实生活垃圾分类工作相关税收优惠。积极吸引社会资本参与生活垃圾分类设施建设、改造和运营。（财政部、税务总局、国家发展改革委、住房和城乡建设部等按职责分工负责）

（十六）健全收费机制。县级以上地方人民政府应当按照产生者付费原则，建立生活垃圾处理收费制度。制定生活垃圾处理收费标准要根据本地实际，结合生活垃圾分类情况，体现分类计价、计量收费等差别化管理，并充分征求公众意见。有条件的地方探索提高混合垃圾收费标准，积极促进生活垃圾减量。生活垃圾处理费应当专项用于生活垃圾的收集、运输和处理等，不得挪作他用。（国家发展改革委、财政部、住房和城乡建设部等按职责分工负责）

（十七）提升科技支撑能力。开展生活垃圾分类技术专题研究，推动生活垃圾分类投放、收集、运输、处理等技术发展。加强生活垃圾分类处理技术装备研发和集成示范应用，重点解决小型焚烧处理、焚烧飞灰处置、渗滤液处理、厨余垃圾处理等问题，构建生活垃圾从源头到末端、从生产到消费的全过程分类技术支撑体系。（科技部、住房和城乡建设部、工业和信息化部、中国科学院、中国工程院等按职责分工负责）

（十八）加强成效评估。建立健全生活垃圾分类工作成效评估机制，综合采取专业督导调研、第三方监管、社会监督和群众满意度调查等方式，对生活垃圾分类相关要求落实情况、工作目标任务完成情况、分类体系建设运行情况、资金投入使用情况等开展评估。将生活垃圾分类工作作为文明城市等群众性精神文

明创建的重要内容。（住房和城乡建设部、中央文明办、国家发展改革委、生态环境部等按职责分工负责）

五、加强组织领导

（十九）建立工作责任制。生活垃圾分类工作由省级负总责，城市负主体责任，主要负责同志是第一责任人。省级人民政府要结合本地实际明确生活垃圾分类日常管理机构，不断加强日常管理力量建设。建立健全市、区、街道、社区党组织四级联动机制，明确各城市人民政府有关部门和单位责任清单，层层抓落实。中央和国家机关有关部门要指导督促地方履职尽责，及时研究解决推进生活垃圾分类工作中遇到的问题。（地方各级党委和政府负责落实并持续推进，住房和城乡建设部会同有关部门按职责分工负责）

（二十）健全管理协同机制。有关方面共同将生活垃圾分类作为基层治理的一项重要工作来抓，住房和城乡建设（环境卫生）主管部门充分发挥牵头协调作用，各有关部门和单位按照职责分工积极参与，推动公共服务、社会管理资源下沉到社区，形成工作合力，使生活垃圾分类工作落到基层、深入群众，推动构建“纵向到底、横向到边、共建共治共享”的社区治理体系。（地方各级党委和政府负责落实并持续推进，住房和城乡建设部、民政部等按职责分工负责）

各省级人民政府结合本地实际，针对农村自然条件、产业特点和经济实力等情况，选择适宜的农村生活垃圾处理模式和技术路线，统筹推进农村地区生活垃圾分类。

国家发展改革委 住房城乡建设部关于印发《“十四五”城镇生活垃圾分类和处理设施发展规划》的通知（摘）

（发改环资〔2021〕642号，2021年5月6日）

各省、自治区、直辖市及计划单列市、新疆生产建设兵团发展改革委，各省、自治区住房城乡建设厅，北京市城市管理委、天津市市容园林委、上海市绿化市容局、重庆市市政委，计划单列市城市管理局（市政公用局、城市建设局、市政园林局）：

为深入贯彻习近平总书记关于生活垃圾分类的重要批示指示精神，落实党中央、国务院决策部署要求，统筹推进“十四五”城镇生活垃圾分类和处理设施建设工作，加快建立分类投放、分类收集、分类运输、分类处理的生活垃圾处理系统，国家发展改革委、住房城乡建设部组织编制了《“十四五”城镇生活垃圾分类和处理设施发展规划》。现印发你们，请遵照执行。

“十四五”城镇生活垃圾分类和处理设施发展规划

生活垃圾分类和处理设施是城镇环境基础设施的重要组成部分，是推动实施生活垃圾分类制度，实现垃圾减量化、资源化、无害化处理的基础保障。加快推进生活垃圾分类和处理设施建设，提升全社会生活垃圾分类和处理水平，是改善城镇生态环境、保障人民健康的有效举措，对推动生态文明建设实现新进步、社会文明程度得到新提高具有重要意义。

“十四五”时期，生活垃圾分类和处理设施建设进入关键时期。为指导和推动全国生活垃圾分类和处理设施规划建设，根据《中华人民共和国固体废物污染环境防治法》和“十四五”规划《纲要》，国家发展改革委、住房城乡建设部组织编制了《“十四五”城镇生活垃圾分类和处理设施发展规划》。规划范围包括全国（港澳台地区除外）所有城市、县城及建制镇。

规划实施期限：2021—2025 年。

一、现状形势

…………

二、总体要求

…………

三、主要任务

（一）加快完善垃圾分类设施体系

规范垃圾分类投放方式。参照《生活垃圾分类标志》，结合实际明确生活垃圾分类方式，设置规范的垃圾分类投放标志，便于居民投放生活垃圾。加强可回收物规范管理，提升低值可回收物单独投放比例。积极推广撤桶建站、定时投放和监督指导等行之有效的分类投放模式，提升生活垃圾分类投放效果。

进一步健全分类收集设施。按照分类类别合理布局居民社区、商业场所和其他公共场所生活垃圾分类收集容器、箱房、站点等设施，推进收集能力与收集范围内人口数量、垃圾产生量相协调。加快老旧分类收集设施改造，喷涂统一、规范、清晰的标志，确保设施设置规范、干净整洁。

加快完善分类转运设施。在全国地级及以上城市和具备条件县城加快建立完善的生活垃圾分类运输系统，有效衔接分类投放端和分类处理端。根据区域生活垃圾分类类别要求和相应垃圾产生量，合理确定收运站点、频次、时间和线路，配足标识规范、清晰的分类运输车辆。统筹规划布局中转站点，提高分类收集转运效率，有条件的地区可推行“车载桶装，换桶直运”等密闭、高效的厨余垃圾运输方式。加大对运输环节的监管力度，防止生活垃圾“先分后混”“混装混运”。

（二）全面推进生活垃圾焚烧设施建设

…………

（三）有序开展厨余垃圾处理设施建设

…………

（四）规范垃圾填埋处理设施建设

…………

（五）健全可回收物资源化利用设施

…………

（六）加强有害垃圾分类和处理

完善有害垃圾收运系统。实行有害垃圾单独投放，规范有害垃圾收运管理，不断提高收集率和收运效率，扩大收集覆盖面，完善暂存设施和运输能力。有条件的地区可实行定期或者预约收运，完善有害垃圾收运网络，推广密闭化收运，减少和避免有害垃圾收运过程中的二次污染。

规范有害垃圾处置。各地区应根据生活垃圾分类产生的有害垃圾量及种类，制定有害垃圾处理方案，补齐有害垃圾处置设施短板。加强风险管控，有害垃圾中的危险废物应严格按危险废物进行管理，交由有相应危废经营许可资质的单位进行处置。

（七）强化设施二次环境污染防治能力建设

…………

（八）开展关键技术研发攻关和试点示范

…………

（九）鼓励生活垃圾协同处置

鼓励统筹规划固体废物综合处置基地。积极推广静脉产业园建设模式，探索建设集生活垃圾、建筑垃圾、医疗废物、危险废物、农林垃圾等各类固体废弃物的综合处置基地，以集约、高效、环保、安全为原则，发挥协同处置效应，促进基地内各类处理设施工艺设备共用、资源能源共享、环境污染共治、责任风险共担，降低“邻避”效应和社会稳定风险。

推动建设区域协同生活垃圾处理设施。鼓励跨区域统筹协调，对生活垃圾清运量小、单独建设处理设施不经济不合理的地区，可与临近地区统筹规划建设跨区域处理设施。可回收物种类较多，区域单独建设有害垃圾和可回收物处置设施不经济时，可跨区域建设协同处置体系，以降低处理成本，提升处理效果。

（十）完善全过程监测监管能力建设

…………

四、保障措施

（一）加强组织领导

……

（二）完善支持政策

……

（三）优化市场环境

……

（四）健全标准规范

……

（五）开展评估指导

各地发展改革、住房城乡建设部门要加强规划贯彻落实的指导，建立规划实施评估机制，强化事中事后监管，落实监管责任，形成政府管理、企业履责、社会监督的工作体系。国家发展改革委会同住房城乡建设部适时对各地规划实施情况开展评估，评估结果作为中央预算内投资支持各地设施建设的重要参考。

（六）强化宣传引导

各地要严格落实生活垃圾分类和处理设施建设运行监管要求和信息公开制度。鼓励垃圾分类处理设施配套建设绿化、休闲设施、宣传教育基地，形成有效的交流宣传平台，拓宽公众参与渠道，提高公众参与度。深入推进生活垃圾分类，加快生活垃圾源头减量，引导公众对生活垃圾分类形成正确观念，广泛宣传普及垃圾分类处理设施建设的重要性和必要性，积极宣传设施建设典型案例，增强公众环保意识，推广绿色生活消费方式，形成良好的社会舆论氛围。

园林绿化

城市绿化条例（摘）

（1992年6月22日中华人民共和国国务院令第100号发布，根据2011年1月8日《国务院关于废止和修改部分行政法规的决定》第一次修订，根据2017年3月1日中华人民共和国国务院令第676号公布的《国务院关于修改和废止部分行政法规的决定》第二次修订）

第一章　总则

第一条　为了促进城市绿化事业的发展，改善生态环境，美化生活环境，增进人民身心健康，制定本条例。

第二条　本条例适用于在城市规划区内种植和养护树木花草等城市绿化的规划、建设、保护和管理。

…………

第三章　保护和管理

第十七条　城市的公共绿地、风景林地、防护绿地、行道树及干道绿化带的绿化，由城市人民政府城市绿化行政主管部门管理；各单位管界内的防护绿地的绿化，由该单位按照国家有关规定管理；单位自建的公园和单位附属绿地的绿化，由该单位管理；居住区绿地的绿化，由城市人民政府城市绿化行政主管部门根据实际情况确定的单位管理；城市苗圃、草圃和花圃等，由其经营单位管理。

第十八条　任何单位和个人都不得擅自改变城市绿化规划用地性质或者破坏绿化规划用地的地形、地貌、水体和植被。

第十九条　任何单位和个人都不得擅自占用城市绿化用地；占用的城市绿化用地，应当限期归还。

因建设或者其他特殊需要临时占用城市绿化用地，须经城市人民政府城市绿化行政主管部门同意，并按照有关规定办理临时用地手续。

第二十条　任何单位和个人都不得损坏城市树木花草和绿化设施。

砍伐城市树木，必须经城市人民政府城市绿化行政主管部门批准，并按照国家有关规定补植树木或者采取其他补救措施。

…………

第二十四条　百年以上树龄的树木，稀有、珍贵树木，具有历史价值或者重要纪念意义的树木，均属古树名木。

对城市古树名木实行统一管理，分别养护。城市人民政府城市绿化行政主管部门，应当建立古树名木的档案和标志，划定保护范围，加强养护管理。在单位管界内或者私人庭院内的古树名木，由该单位或者居民负责养护，城市人民政府城市绿化行政主管部门负责监督和技术指导。

…………

第三十三条　本条例自一九九二年八月一日起施行。

第六部分

秩序维护

保 安 服 务

最高人民法院关于审理使用人脸识别技术处理个人信息相关民事案件适用法律若干问题的规定

（法释〔2021〕15号，2021年7月27日）

2021年6月8日最高人民法院审判委员会第1841次会议通过，自2021年8月1日起施行。

为正确审理使用人脸识别技术处理个人信息相关民事案件，保护当事人合法权益，促进数字经济健康发展，根据《中华人民共和国民法典》《中华人民共和国网络安全法》《中华人民共和国消费者权益保护法》《中华人民共和国电子商务法》《中华人民共和国民事诉讼法》等法律的规定，结合审判实践，制定本规定。

第一条 因信息处理者违反法律、行政法规的规定或者双方的约定使用人脸识别技术处理人脸信息、处理基于人脸识别技术生成的人脸信息所引起的民事案件，适用本规定。

人脸信息的处理包括人脸信息的收集、存储、使用、加工、传输、提供、公开等。

本规定所称人脸信息属于民法典第一千零三十四条规定的“生物识别信息”。

第二条 信息处理者处理人脸信息有下列情形之一的，人民法院应当认定属于侵害自然人人格权益的行为：

（一）在宾馆、商场、银行、车站、机场、体育场馆、娱乐场所等经营场所、公共场所违反法律、行政法规的规定使用人脸识别技术进行人脸验证、辨识或者分析；

（二）未公开处理人脸信息的规则或者未明示处理的目的、方式、范围；

（三）基于个人同意处理人脸信息的，未征得自然人或者其监护人的单独同意，或者未按照法律、行政法规的规定征得自然人或者其监护人的书面同意；

（四）违反信息处理者明示或者双方约定的处理人脸信息的目的、方式、范围等；

（五）未采取应有的技术措施或者其他必要措施确保其收集、存储的人脸信息安全，致使人脸信息泄露、篡改、丢失；

（六）违反法律、行政法规的规定或者双方的约定，向他人提供人脸信息；

（七）违背公序良俗处理人脸信息；

（八）违反合法、正当、必要原则处理人脸信息的其他情形。

第三条 人民法院认定信息处理者承担侵害自然人人格权益的民事责任，应当适用民法典第九百九十八条的规定，并结合案件具体情况综合考量受害人是否为未成年人、告知同意情况以及信息处理的必要程度等因素。

第四条 有下列情形之一，信息处理者以已征得自然人或者其监护人同意为由抗辩的，人民法院不予支持：

（一）信息处理者要求自然人同意处理其人脸信息才提供产品或者服务的，但是处理人脸信息属于提供产品或者服务所必需的除外；

（二）信息处理者以与其他授权捆绑等方式要求自然人同意处理其人脸信息的；

（三）强迫或者变相强迫自然人同意处理其人脸信息的其他情形。

第五条 有下列情形之一，信息处理者主张其不承担民事责任的，人民法院依法予以支持：

（一）为应对突发公共卫生事件，或者紧急情况下为保护自然人的生命健康和财产安全所必需而处理人脸信息的；

（二）为维护公共安全，依据国家有关规定在公共场所使用人脸识别技术的；

（三）为公共利益实施新闻报道、舆论监督等行为在合理的范围内处理人脸信息的；

（四）在自然人或者其监护人同意的范围内合理处理人脸信息的；

（五）符合法律、行政法规规定的其他情形。

第六条 当事人请求信息处理者承担民事

责任的，人民法院应当依据民事诉讼法第六十四条及《最高人民法院关于适用〈中华人民共和国民事诉讼法〉的解释》第九十条、第九十一条，《最高人民法院关于民事诉讼证据的若干规定》的相关规定确定双方当事人的举证责任。

信息处理者主张其行为符合民法典第一千零三十五条第一款规定情形的，应当就此所依据的事实承担举证责任。

信息处理者主张其不承担民事责任的，应当就其行为符合本规定第五条规定的情形承担举证责任。

第七条　多个信息处理者处理人脸信息侵害自然人人格权益，该自然人主张多个信息处理者按照过错程度和造成损害结果的大小承担侵权责任的，人民法院依法予以支持；符合民法典第一千一百六十八条、第一千一百六十九条第一款、第一千一百七十条、第一千一百七十一条等规定的相应情形，该自然人主张多个信息处理者承担连带责任的，人民法院依法予以支持。

信息处理者利用网络服务处理人脸信息侵害自然人人格权益的，适用民法典第一千一百九十五条、第一千一百九十六条、第一千一百九十七条等规定。

第八条　信息处理者处理人脸信息侵害自然人人格权益造成财产损失，该自然人依据民法典第一千一百八十二条主张财产损害赔偿的，人民法院依法予以支持。

自然人为制止侵权行为所支付的合理开支，可以认定为民法典第一千一百八十二条规定的财产损失。合理开支包括该自然人或者委托代理人对侵权行为进行调查、取证的合理费用。人民法院根据当事人的请求和具体案情，可以将合理的律师费用计算在赔偿范围内。

第九条　自然人有证据证明信息处理者使用人脸识别技术正在实施或者即将实施侵害其隐私权或者其他人格权益的行为，不及时制止将使其合法权益受到难以弥补的损害，向人民法院申请采取责令信息处理者停止有关行为的措施的，人民法院可以根据案件具体情况依法作出人格权侵害禁令。

第十条　物业服务企业或者其他建筑物管理人以人脸识别作为业主或者物业使用人出入物业服务区域的唯一验证方式，不同意的业主或者物业使用人请求其提供其他合理验证方式的，人民法院依法予以支持。

物业服务企业或者其他建筑物管理人存在本规定第二条规定的情形，当事人请求物业服务企业或者其他建筑物管理人承担侵权责任的，人民法院依法予以支持。

第十一条　信息处理者采用格式条款与自然人订立合同，要求自然人授予其无期限限制、不可撤销、可任意转授权等处理人脸信息的权利，该自然人依据民法典第四百九十七条请求确认格式条款无效的，人民法院依法予以支持。

第十二条　信息处理者违反约定处理自然人的人脸信息，该自然人请求其承担违约责任的，人民法院依法予以支持。该自然人请求信息处理者承担违约责任时，请求删除人脸信息的，人民法院依法予以支持；信息处理者以双方未对人脸信息的删除作出约定为由抗辩的，人民法院不予支持。

第十三条　基于同一信息处理者处理人脸信息侵害自然人人格权益发生的纠纷，多个受害人分别向同一人民法院起诉的，经当事人同意，人民法院可以合并审理。

第十四条　信息处理者处理人脸信息的行为符合民事诉讼法第五十五条、消费者权益保护法第四十七条或者其他法律关于民事公益诉讼的相关规定，法律规定的机关和有关组织提起民事公益诉讼的，人民法院应予受理。

第十五条　自然人死亡后，信息处理者违反法律、行政法规的规定或者双方的约定处理人脸信息，死者的近亲属依据民法典第九百九十四条请求信息处理者承担民事责任的，适用本规定。

第十六条　本规定自2021年8月1日起施行。

信息处理者使用人脸识别技术处理人脸信息、处理基于人脸识别技术生成的人脸信息的行为发生在本规定施行前的，不适用本规定。

保安服务管理条例

（中华人民共和国国务院令第 564 号，2009 年 10 月 13 日）

《保安服务管理条例》已经 2009 年 9 月 28 日国务院第 82 次常务会议通过，现予公布，自 2010 年 1 月 1 日起施行。

第一章　总则

第一条　为了规范保安服务活动，加强对从事保安服务的单位和保安员的管理，保护人身安全和财产安全，维护社会治安，制定本条例。

第二条　本条例所称保安服务是指：

（一）保安服务公司根据保安服务合同，派出保安员为客户单位提供的门卫、巡逻、守护、押运、随身护卫、安全检查以及安全技术防范、安全风险评估等服务；

（二）机关、团体、企业、事业单位招用人员从事的本单位门卫、巡逻、守护等安全防范工作；

（三）物业服务企业招用人员在物业管理区域内开展的门卫、巡逻、秩序维护等服务。

前款第（二）项、第（三）项中的机关、团体、企业、事业单位和物业服务企业，统称自行招用保安员的单位。

第三条　国务院公安部门负责全国保安服务活动的监督管理工作。县级以上地方人民政府公安机关负责本行政区域内保安服务活动的监督管理工作。

保安服务行业协会在公安机关的指导下，依法开展保安服务行业自律活动。

第四条　保安服务公司和自行招用保安员的单位（以下统称保安从业单位）应当建立健全保安服务管理制度、岗位责任制度和保安员管理制度，加强对保安员的管理、教育和培训，提高保安员的职业道德水平、业务素质和责任意识。

第五条　保安从业单位应当依法保障保安员在社会保险、劳动用工、劳动保护、工资福利、教育培训等方面的合法权益。

第六条　保安服务活动应当文明、合法，不得损害社会公共利益或者侵犯他人合法权益。

保安员依法从事保安服务活动，受法律保护。

第七条　对在保护公共财产和人民群众生命财产安全、预防和制止违法犯罪活动中有突出贡献的保安从业单位和保安员，公安机关和其他有关部门应当给予表彰、奖励。

第二章　保安服务公司

第八条　保安服务公司应当具备下列条件：

（一）有不低于人民币 100 万元的注册资本；

（二）拟任的保安服务公司法定代表人和主要管理人员应当具备任职所需的专业知识和有关业务工作经验，无被刑事处罚、劳动教养、收容教育、强制隔离戒毒或者被开除公职、开除军籍等不良记录；

（三）有与所提供的保安服务相适应的专业技术人员，其中法律、行政法规有资格要求的专业技术人员，应当取得相应的资格；

（四）有住所和提供保安服务所需的设施、装备；

（五）有健全的组织机构和保安服务管理制度、岗位责任制度、保安员管理制度。

第九条　申请设立保安服务公司，应当向所在地设区的市级人民政府公安机关提交申请书以及能够证明其符合本条例第八条规定条件的材料。

受理的公安机关应当自收到申请材料之日起 15 日内进行审核，并将审核意见报所在地的省、自治区、直辖市人民政府公安机关。省、自治区、直辖市人民政府公安机关应当自收到审核意见之日起15日内作出决定，对符合条件的，核发保安服务许可证；对不符合条件的，书面通知申请人并说明理由。

第十条　从事武装守护押运服务的保安服务公司，应当符合国务院公安部门对武装守护押运服务的规划、布局要求，具备本条例第八条规定的条件，并符合下列条件：

（一）有不低于人民币1000万元的注册资本；

（二）国有独资或者国有资本占注册资本总额的51%以上；

（三）有符合《专职守护押运人员枪支使用管理条例》规定条件的守护押运人员；

（四）有符合国家标准或者行业标准的专用运输车辆以及通信、报警设备。

第十一条　申请设立从事武装守护押运服务的保安服务公司，应当向所在地设区的市级人民政府公安机关提交申请书以及能够证明其符合本条例第八条、第十条规定条件的材料。保安服务公司申请增设武装守护押运业务的，无需再次提交证明其符合本条例第八条规定条件的材料。

受理的公安机关应当自收到申请材料之日起15日内进行审核，并将审核意见报所在地的省、自治区、直辖市人民政府公安机关。省、自治区、直辖市人民政府公安机关应当自收到审核意见之日起15日内作出决定，对符合条件的，核发从事武装守护押运业务的保安服务许可证或者在已有的保安服务许可证上增注武装守护押运服务；对不符合条件的，书面通知申请人并说明理由。

第十二条　取得保安服务许可证的申请人，凭保安服务许可证到工商行政管理机关办理工商登记。取得保安服务许可证后超过6个月未办理工商登记的，取得的保安服务许可证失效。

保安服务公司设立分公司的，应当向分公司所在地设区的市级人民政府公安机关备案。备案应当提供总公司的保安服务许可证和工商营业执照，总公司法定代表人、分公司负责人和保安员的基本情况。

保安服务公司的法定代表人变更的，应当经原审批公安机关审核，持审核文件到工商行政管理机关办理变更登记。

第三章　自行招用保安员的单位

第十三条　自行招用保安员的单位应当具有法人资格，有符合本条例规定条件的保安员，有健全的保安服务管理制度、岗位责任制度和保安员管理制度。

娱乐场所应当依照《娱乐场所管理条例》的规定，从保安服务公司聘用保安员，不得自行招用保安员。

第十四条　自行招用保安员的单位，应当自开始保安服务之日起30日内向所在地设区的市级人民政府公安机关备案，备案应当提供下列材料：

（一）法人资格证明；

（二）法定代表人（主要负责人）、分管负责人和保安员的基本情况；

（三）保安服务区域的基本情况；

（四）建立保安服务管理制度、岗位责任制度、保安员管理制度的情况。

自行招用保安员的单位不再招用保安员进行保安服务的，应当自停止保安服务之日起30日内到备案的公安机关撤销备案。

第十五条　自行招用保安员的单位不得在本单位以外或者物业管理区域以外提供保安服务。

第四章　保安员

第十六条　年满18周岁，身体健康，品行良好，具有初中以上学历的中国公民可以申领保安员证，从事保安服务工作。申请人经设区的市级人民政府公安机关考试、审查合格并留存指纹等人体生物信息的，发给保安员证。

提取、留存保安员指纹等人体生物信息的具体办法，由国务院公安部门规定。

第十七条　有下列情形之一的，不得担任保安员：

（一）曾被收容教育、强制隔离戒毒、劳动教养或者3次以上行政拘留的；

（二）曾因故意犯罪被刑事处罚的；

（三）被吊销保安员证未满3年的；

（四）曾两次被吊销保安员证的。

第十八条 保安从业单位应当招用符合保安员条件的人员担任保安员，并与被招用的保安员依法签订劳动合同。保安从业单位及其保安员应当依法参加社会保险。

保安从业单位应当根据保安服务岗位需要定期对保安员进行法律、保安专业知识和技能培训。

第十九条 保安从业单位应当定期对保安员进行考核，发现保安员不合格或者严重违反管理制度，需要解除劳动合同的，应当依法办理。

第二十条 保安从业单位应当根据保安服务岗位的风险程度为保安员投保意外伤害保险。

保安员因工伤亡的，依照国家有关工伤保险的规定享受工伤保险待遇；保安员牺牲被批准为烈士的，依照国家有关烈士褒扬的规定享受抚恤优待。

第五章 保安服务

第二十一条 保安服务公司提供保安服务应当与客户单位签订保安服务合同，明确规定服务的项目、内容以及双方的权利义务。保安服务合同终止后，保安服务公司应当将保安服务合同至少留存2年备查。

保安服务公司应当对客户单位要求提供的保安服务的合法性进行核查，对违法的保安服务要求应当拒绝，并向公安机关报告。

第二十二条 设区的市级以上地方人民政府确定的关系国家安全、涉及国家秘密等治安保卫重点单位不得聘请外商独资、中外合资、中外合作的保安服务公司提供保安服务。

第二十三条 保安服务公司派出保安员跨省、自治区、直辖市为客户单位提供保安服务的，应当向服务所在地设区的市级人民政府公安机关备案。备案应当提供保安服务公司的保安服务许可证和工商营业执照、保安服务合同、服务项目负责人和保安员的基本情况。

第二十四条 保安服务公司应当按照保安服务业服务标准提供规范的保安服务，保安服务公司派出的保安员应当遵守客户单位的有关规章制度。客户单位应当为保安员从事保安服务提供必要的条件和保障。

第二十五条 保安服务中使用的技术防范产品，应当符合有关的产品质量要求。保安服务中安装监控设备应当遵守国家有关技术规范，使用监控设备不得侵犯他人合法权益或者个人隐私。

保安服务中形成的监控影像资料、报警记录，应当至少留存30日备查，保安从业单位和客户单位不得删改或者扩散。

第二十六条 保安从业单位对保安服务中获知的国家秘密、商业秘密以及客户单位明确要求保密的信息，应当予以保密。

保安从业单位不得指使、纵容保安员阻碍依法执行公务、参与追索债务、采用暴力或者以暴力相威胁的手段处置纠纷。

第二十七条 保安员上岗应当着保安员服装，佩带全国统一的保安服务标志。保安员服装和保安服务标志应当与人民解放军、人民武装警察和人民警察、工商税务等行政执法机关以及人民法院、人民检察院工作人员的制式服装、标志服饰有明显区别。

保安员服装由全国保安服务行业协会推荐式样，由保安服务从业单位在推荐式样范围内选用。保安服务标志式样由全国保安服务行业协会确定。

第二十八条 保安从业单位应当根据保安服务岗位的需要为保安员配备所需的装备。保安服务岗位装备配备标准由国务院公安部门规定。

第二十九条 在保安服务中，为履行保安服务职责，保安员可以采取下列措施：

（一）查验出入服务区域的人员的证件，登记出入的车辆和物品；

（二）在服务区域内进行巡逻、守护、安全检查、报警监控；

（三）在机场、车站、码头等公共场所对人员及其所携带的物品进行安全检查，维护公共秩序；

（四）执行武装守护押运任务，可以根据任务需要设立临时隔离区，但应当尽可能减少对公民正常活动的妨碍。

保安员应当及时制止发生在服务区域内的

违法犯罪行为，对制止无效的违法犯罪行为应当立即报警，同时采取措施保护现场。

从事武装守护押运服务的保安员执行武装守护押运任务使用枪支，依照《专职守护押运人员枪支使用管理条例》的规定执行。

第三十条　保安员不得有下列行为：

（一）限制他人人身自由、搜查他人身体或者侮辱、殴打他人；

（二）扣押、没收他人证件、财物；

（三）阻碍依法执行公务；

（四）参与追索债务、采用暴力或者以暴力相威胁的手段处置纠纷；

（五）删改或者扩散保安服务中形成的监控影像资料、报警记录；

（六）侵犯个人隐私或者泄露在保安服务中获知的国家秘密、商业秘密以及客户单位明确要求保密的信息；

（七）违反法律、行政法规的其他行为。

第三十一条　保安员有权拒绝执行保安从业单位或者客户单位的违法指令。保安从业单位不得因保安员不执行违法指令而解除与保安员的劳动合同，降低其劳动报酬和其他待遇，或者停缴、少缴依法应当为其缴纳的社会保险费。

第六章　保安培训单位

第三十二条　保安培训单位应当具备下列条件：

（一）是依法设立的保安服务公司或者依法设立的具有法人资格的学校、职业培训机构；

（二）有保安培训所需的师资力量，其中保安专业师资人员应当具有大学本科以上学历或者10年以上治安保卫管理工作经历；

（三）有保安培训所需的场所、设施等教学条件。

第三十三条　申请从事保安培训的单位，应当向所在地设区的市级人民政府公安机关提交申请书以及能够证明其符合本条例第三十二条规定条件的材料。

受理的公安机关应当自收到申请材料之日起15日内进行审核，并将审核意见报所在地的省、自治区、直辖市人民政府公安机关。省、自治区、直辖市人民政府公安机关应当自收到审核意见之日起15日内作出决定，对符合条件的，核发保安培训许可证；对不符合条件的，书面通知申请人并说明理由。

第三十四条　从事武装守护押运服务的保安员的枪支使用培训，应当由人民警察院校、人民警察培训机构负责。承担培训工作的人民警察院校、人民警察培训机构应当向所在地的省、自治区、直辖市人民政府公安机关备案。

第三十五条　保安培训单位应当按照保安员培训教学大纲制订教学计划，对接受培训的人员进行法律、保安专业知识和技能培训以及职业道德教育。

保安员培训教学大纲由国务院公安部门审定。

第七章　监督管理

第三十六条　公安机关应当指导保安从业单位建立健全保安服务管理制度、岗位责任制度、保安员管理制度和紧急情况应急预案，督促保安从业单位落实相关管理制度。

保安从业单位、保安培训单位和保安员应当接受公安机关的监督检查。

第三十七条　公安机关建立保安服务监督管理信息系统，记录保安从业单位、保安培训单位和保安员的相关信息。

公安机关应当对提取、留存的保安员指纹等人体生物信息予以保密。

第三十八条　公安机关的人民警察对保安从业单位、保安培训单位实施监督检查应当出示证件，对监督检查中发现的问题，应当督促其整改。监督检查的情况和处理结果应当如实记录，并由公安机关的监督检查人员和保安从业单位、保安培训单位的有关负责人签字。

第三十九条　县级以上人民政府公安机关应当公布投诉方式，受理社会公众对保安从业单位、保安培训单位和保安员的投诉。接到投诉的公安机关应当及时调查处理，并反馈查处结果。

第四十条　国家机关及其工作人员不得设立保安服务公司，不得参与或者变相参与保安服务公司的经营活动。

第八章 法律责任

第四十一条 任何组织或者个人未经许可，擅自从事保安服务、保安培训的，依法给予治安管理处罚，并没收违法所得；构成犯罪的，依法追究刑事责任。

第四十二条 保安从业单位有下列情形之一的，责令限期改正，给予警告；情节严重的，并处1万元以上5万元以下的罚款；有违法所得的，没收违法所得：

（一）保安服务公司法定代表人变更未经公安机关审核的；

（二）未按照本条例的规定进行备案或者撤销备案的；

（三）自行招用保安员的单位在本单位以外或者物业管理区域以外开展保安服务的；

（四）招用不符合本条例规定条件的人员担任保安员的；

（五）保安服务公司未对客户单位要求提供的保安服务的合法性进行核查的，或者未将违法的保安服务要求向公安机关报告的；

（六）保安服务公司未按照本条例的规定签订、留存保安服务合同的；

（七）未按照本条例的规定留存保安服务中形成的监控影像资料、报警记录的。

客户单位未按照本条例的规定留存保安服务中形成的监控影像资料、报警记录的，依照前款规定处罚。

第四十三条 保安从业单位有下列情形之一的，责令限期改正，处2万元以上10万元以下的罚款；违反治安管理的，依法给予治安管理处罚；构成犯罪的，依法追究直接负责的主管人员和其他直接责任人员的刑事责任：

（一）泄露在保安服务中获知的国家秘密、商业秘密以及客户单位明确要求保密的信息的；

（二）使用监控设备侵犯他人合法权益或者个人隐私的；

（三）删改或者扩散保安服务中形成的监控影像资料、报警记录的；

（四）指使、纵容保安员阻碍依法执行公务、参与追索债务、采用暴力或者以暴力相威胁的手段处置纠纷的；

（五）对保安员疏于管理、教育和培训，发生保安员违法犯罪案件，造成严重后果的。

客户单位删改或者扩散保安服务中形成的监控影像资料、报警记录的，依照前款规定处罚。

第四十四条 保安从业单位因保安员不执行违法指令而解除与保安员的劳动合同，降低其劳动报酬和其他待遇，或者停缴、少缴依法应当为其缴纳的社会保险费的，对保安从业单位的处罚和对保安员的赔偿依照有关劳动合同和社会保险的法律、行政法规的规定执行。

第四十五条 保安员有下列行为之一的，由公安机关予以训诫；情节严重的，吊销其保安员证；违反治安管理的，依法给予治安管理处罚；构成犯罪的，依法追究刑事责任：

（一）限制他人人身自由、搜查他人身体或者侮辱、殴打他人的；

（二）扣押、没收他人证件、财物的；

（三）阻碍依法执行公务的；

（四）参与追索债务、采用暴力或者以暴力相威胁的手段处置纠纷的；

（五）删改或者扩散保安服务中形成的监控影像资料、报警记录的；

（六）侵犯个人隐私或者泄露在保安服务中获知的国家秘密、商业秘密以及客户单位明确要求保密的信息的；

（七）有违反法律、行政法规的其他行为的。

从事武装守护押运的保安员违反规定使用枪支的，依照《专职守护押运人员枪支使用管理条例》的规定处罚。

第四十六条 保安员在保安服务中造成他人人身伤亡、财产损失的，由保安从业单位赔付；保安员有故意或者重大过失的，保安从业单位可以依法向保安员追偿。

第四十七条 保安培训单位未按照保安员培训教学大纲的规定进行培训的，责令限期改正，给予警告；情节严重的，并处1万元以上5万元以下的罚款；以保安培训为名进行诈骗活动的，依法给予治安管理处罚；构成犯罪的，依法追究刑事责任。

第四十八条 国家机关及其工作人员设立保安服务公司，参与或者变相参与保安服务公司经营活动的，对直接负责的主管人员和其他直接责任人员依法给予处分。

第四十九条 公安机关的人民警察在保安服务活动监督管理工作中滥用职权、玩忽职守、徇私舞弊的，依法给予处分；构成犯罪的，依法追究刑事责任。

第九章 附则

第五十条 保安服务许可证、保安培训许可证以及保安员证的式样由国务院公安部门规定。

第五十一条 本条例施行前已经设立的保安服务公司、保安培训单位，应当自本条例施行之日起6个月内重新申请保安服务许可证、保安培训许可证。本条例施行前自行招用保安员的单位，应当自本条例施行之日起3个月内向公安机关备案。

本条例施行前已经从事保安服务的保安员，自本条例施行之日起1年内由保安员所在单位组织培训，经设区的市级人民政府公安机关考试、审查合格并留存指纹等人体生物信息的，发给保安员证。

第五十二条 本条例自2010年1月1日起施行。

企业事业单位内部治安保卫条例

（中华人民共和国国务院令第421号，2004年9月27日）

《企业事业单位内部治安保卫条例》已经2004年9月13日国务院第64次常务会议通过，现予公布，自2004年12月1日起施行。

第一条 为了规范企业、事业单位（以下简称单位）内部治安保卫工作，保护公民人身、财产安全和公共财产安全，维护单位的工作、生产、经营、教学和科研秩序，制定本条例。

第二条 单位内部治安保卫工作贯彻预防为主、单位负责、突出重点、保障安全的方针。

单位内部治安保卫工作应当突出保护单位内人员的人身安全，单位不得以经济效益、财产安全或者其他任何借口忽视人身安全。

第三条 国务院公安部门指导、监督全国的单位内部治安保卫工作，对行业、系统有监管职责的国务院有关部门指导、检查本行业、本系统的单位内部治安保卫工作；县级以上地方各级人民政府公安机关指导、监督本行政区域内的单位内部治安保卫工作，对行业、系统有监管职责的县级以上地方各级人民政府有关部门指导、检查本行政区域内的本行业、本系统的单位内部治安保卫工作，及时解决单位内部治安保卫工作中的突出问题。

第四条 县级以上地方各级人民政府应当加强对本行政区域内的单位内部治安保卫工作的领导，督促公安机关和有关部门依法履行职责，并及时协调解决单位内部治安保卫工作中的重大问题。

第五条 单位的主要负责人对本单位的内部治安保卫工作负责。

第六条 单位应当根据内部治安保卫工作需要，设置治安保卫机构或者配备专职、兼职治安保卫人员。

治安保卫重点单位应当设置与治安保卫任务相适应的治安保卫机构，配备专职治安保卫人员，并将治安保卫机构的设置和人员的配备情况报主管公安机关备案。

第七条 单位内部治安保卫工作的要求是：

（一）有适应单位具体情况的内部治安保卫制度、措施和必要的治安防范设施；

（二）单位范围内的治安保卫情况有人检查，重要部位得到重点保护，治安隐患及时得到排查；

（三）单位范围内的治安隐患和问题及时

得到处理，发生治安案件、涉嫌刑事犯罪的案件及时得到处置。

第八条 单位制定的内部治安保卫制度应当包括下列内容：

（一）门卫、值班、巡查制度；

（二）工作、生产、经营、教学、科研等场所的安全管理制度；

（三）现金、票据、印鉴、有价证券等重要物品使用、保管、储存、运输的安全管理制度；

（四）单位内部的消防、交通安全管理制度；

（五）治安防范教育培训制度；

（六）单位内部发生治安案件、涉嫌刑事犯罪案件的报告制度；

（七）治安保卫工作检查、考核及奖惩制度；

（八）存放有爆炸性、易燃性、放射性、毒害性、传染性、腐蚀性等危险物品和传染性菌种、毒种以及武器弹药的单位，还应当有相应的安全管理制度；

（九）其他有关的治安保卫制度。

单位制定的内部治安保卫制度不得与法律、法规、规章的规定相抵触。

第九条 单位内部治安保卫人员应当接受有关法律知识和治安保卫业务、技能以及相关专业知识的培训、考核。

第十条 单位内部治安保卫人员应当依法、文明履行职责，不得侵犯他人合法权益。治安保卫人员依法履行职责的行为受法律保护。

第十一条 单位内部治安保卫机构、治安保卫人员应当履行下列职责：

（一）开展治安防范宣传教育，并落实本单位的内部治安保卫制度和治安防范措施；

（二）根据需要，检查进入本单位人员的证件，登记出入的物品和车辆；

（三）在单位范围内进行治安防范巡逻和检查，建立巡逻、检查和治安隐患整改记录；

（四）维护单位内部的治安秩序，制止发生在本单位的违法行为，对难以制止的违法行为以及发生的治安案件、涉嫌刑事犯罪案件应当立即报警，并采取措施保护现场，配合公安机关的侦查、处置工作；

（五）督促落实单位内部治安防范设施的建设和维护。

第十二条 在单位管理范围内的人员，应当遵守单位的内部治安保卫制度。

第十三条 关系全国或者所在地区国计民生、国家安全和公共安全的单位是治安保卫重点单位。治安保卫重点单位由县级以上地方各级人民政府公安机关按照下列范围提出，报本级人民政府确定：

（一）广播电台、电视台、通讯社等重要新闻单位；

（二）机场、港口、大型车站等重要交通枢纽；

（三）国防科技工业重要产品的研制、生产单位；

（四）电信、邮政、金融单位；

（五）大型能源动力设施、水利设施和城市水、电、燃气、热力供应设施；

（六）大型物资储备单位和大型商贸中心；

（七）教育、科研、医疗单位和大型文化、体育场所；

（八）博物馆、档案馆和重点文物保护单位；

（九）研制、生产、销售、储存危险物品或者实验、保藏传染性菌种、毒种的单位；

（十）国家重点建设工程单位；

（十一）其他需要列为治安保卫重点的单位。

治安保卫重点单位应当遵守本条例对单位治安保卫工作的一般规定和对治安保卫重点单位的特别规定。

第十四条 治安保卫重点单位应当确定本单位的治安保卫重要部位，按照有关国家标准对重要部位设置必要的技术防范设施，并实施重点保护。

第十五条 治安保卫重点单位应当在公安机关指导下制定单位内部治安突发事件处置预案，并定期演练。

第十六条 公安机关对本行政区域内的单位内部治安保卫工作履行下列职责：

（一）指导单位制定、完善内部治安保卫制度，落实治安防范措施，指导治安保卫人员队伍建设和治安保卫重点单位的治安保卫机构建设；

（二）检查、指导单位的内部治安保卫工作，发现单位有违反本条例规定的行为或者治安隐患，及时下达整改通知书，责令限期整改；

（三）接到单位内部发生治安案件、涉嫌刑事犯罪案件的报警，及时出警，依法处置。

第十七条　对认真落实治安防范措施，严格执行治安保卫工作制度，在单位内部治安保卫工作中取得显著成绩的单位和个人，有关人民政府、公安机关和有关部门应当给予表彰、奖励。

第十八条　单位治安保卫人员因履行治安保卫职责伤残或者死亡的，依照国家有关工伤保险、评定伤残、批准烈士的规定给予相应的待遇。

第十九条　单位违反本条例的规定，存在治安隐患的，公安机关应当责令限期整改，并处警告；单位逾期不整改，造成公民人身伤害、公私财产损失，或者严重威胁公民人身安全、公私财产安全或者公共安全的，对单位处1万元以上10万元以下的罚款，对单位主要负责人和其他直接责任人员处500元以上5000元以下的罚款，并可以建议有关组织对单位主要负责人和其他直接责任人员依法给予处分；情节严重，构成犯罪的，依法追究刑事责任。

第二十条　单位治安保卫人员在履行职责时侵害他人合法权益的，应当赔礼道歉，给他人造成损害的，单位应当承担赔偿责任。单位赔偿后，有权责令因故意或者重大过失造成侵权的治安保卫人员承担部分或者全部赔偿的费用；对故意或者重大过失造成侵权的治安保卫人员，单位应当依法给予处分。治安保卫人员侵害他人合法权益的行为属于受单位负责人指使、胁迫的，对单位负责人依法给予处分，并由其承担赔偿责任；情节严重，构成犯罪的，依法追究刑事责任。

第二十一条　公安机关接到单位报警后不依法履行职责，致使公民人身、财产和公共财产遭受损失，或者有其他玩忽职守、滥用职权行为的，对直接负责的主管人员和其他直接责任人员依法给予行政处分；情节严重，构成犯罪的，依法追究刑事责任。

对行业、系统有监管职责的人民政府有关部门在指导、检查本行业、本系统的单位内部治安保卫工作过程中有玩忽职守、滥用职权行为的，参照前款规定处罚。

第二十二条　机关、团体的内部治安保卫工作参照本条例的有关规定执行。

高等学校治安保卫工作的具体规定由国务院另行制定。

第二十三条　本条例自2004年12月1日起施行。

公安部关于保安服务公司规范管理的若干规定

（公通字〔2000〕13号，2000年2月27日）

一、保安服务公司是为社会提供专业化、有偿安全防范服务的特殊性企业，是协助公安机关维护社会治安，预防和减少违法犯罪的重要力量。

二、保安服务公司由人民政府公安机关统一领导和管理。公安机关治安管理部门是保安服务公司的主管部门，代表公安机关对保安服务业实施管理和监督，规范保安服务业的经营方向，指导保安队伍建设。

三、保安服务公司只能由公安机关组建，其他任何单位、部门、个人不得组建。直辖市和省会市以及省辖市公安局和县（市）级公安局可以组建保安服务公司。省、自治区公安厅、地区公安处、派出所（警署）和公安机关内部各部门、企事业单位不得组建保安服务公司。

四、保安服务公司不得冠以公安机关名称，应作为独立的法人实体，实行独立核算、自主经营、自负盈亏，独立承担民事责任。

公安机关与保安服务公司在经济上彻底脱

钩，不得抽调、占用公司资产，不得以任何方式在公司报销或者提取费用，不得为公司提供任何形式的经济担保。

五、保安服务公司应向工商行政管理部门登记注册，公司法定代表人人选须经公安机关治安管理部门审核。公安机关的现职领导干部不得在保安服务公司兼职，选派民警到保安服务公司工作，由公安机关人事部门按干部管理权限办理。从公安机关选派到保安服务公司工作的民警可以保留警籍，但不得着警服。在保安服务公司工作期间，晋级、晋衔等与其他民警相同，工资和福利待遇只能选择一头。

六、各级公安机关治安管理部门负责组织对保安服务公司法定代表人、公司管理人员和保安员进行培训、考核。未经公安机关培训、考核合格并取得《保安人员资格证书》的人员，保安服务公司不得录用。《保安人员资格证书》由公安部统一制定式样，省、自治区、直辖市公安厅、局治安管理部门负责组织颁发并组织对《保安人员资格证书》进行年审。

七、保安服务公司要按照《娱乐场所管理条例》的规定，加强对派往营业性歌舞、游艺等娱乐场所保安员的管理工作，对被派往这些场所的保安人员要实行定期换岗、定期轮训，防止违法乱纪情况的发生。

八、公安机关治安管理部门要加强对保安服务公司工作的日常检查、监督，发现问题，及时整改。每年会同有关部门对保安服务公司领导班子成员进行一次考核，并配合政府审计部门对公司财务状况进行审计。

九、保安服务公司要建立健全党、团组织，并充分发挥党、团组织在公司的政治核心作用和骨干作用，加强思想政治工作。

十、保安服务公司的经营范围：

（一）企事业单位、机关团体、居民住宅区、公共场所的安全守护；

（二）货币、有价证券、金银珠宝、文物、艺术品及其他贵重物资和爆炸、化学等危险物品的押运；

（三）展览、展销、文体、商业等活动的安全保卫；

（四）研制开发、推广应用各类安全技术防范产品，承接各类安全技术防范系统工程，并提供相应的技术服务；

（五）安全防范咨询服务。

十一、保安服务公司不得从事下列活动：

（一）提供个人人身保安服务；

（二）经营各类枪支、弹药、管制刀具等器械；

（三）经营人民警察的警用标志、制式服装和警械。

保安服务公司不得从事非保安业务，不得从事生产和商贸活动，不得接受企业挂靠，不得延伸办企业。

十二、保安人员的职责：

（一）执行守护、押运等安全防范任务；

（二）按照国家和行业标准，提供设计、安装保养、维护安全技术防范设施和保安装置等保安技术服务；

（三）对发生在执勤区域内的刑事案件、治安案件和治安灾害事故，及时报告当地公安机关和客户单位，采取措施保护发案现场，协助公安机关维护发案现场秩序；

（四）落实防火、防盗、防爆炸、防破坏等治安防范措施，发现执勤区域内的治安隐患，立即报告客户单位和公安机关主管部门，并协助予以处置；

（五）法律、行政法规和规章规定的其他职责。

保安人员可以查验出入执勤区域的车辆、物品的出入手续。对现行违法犯罪行为应当及时制止，对现行违法犯罪嫌疑人应当扭送公安机关处理。保安人员要主动向公安机关反映治安情况和信息，支持和配合公安机关执法办案，不得以任何理由拒绝或者妨碍公安机关和其他执法部门依法执行公务。

保安人员执行一般任务时，可根据需要配备和使用橡胶警棍等非杀伤性防卫器械；执行押运任务时，按照国家有关规定配备必要的武器装备。保安防卫器械的配备标准和使用办法由公安部另行制定。

十三、保安人员不得有下列行为：

（一）剥夺、限制公民人身自由；

（二）搜查他人的身体或者扣押他人合法证件、合法财物；

（三）辱骂、殴打他人或者教唆殴打他人；

（四）私自为他人提供保安服务；

（五）阻碍国家机关工作人员依法执行职务；

（六）为客户追索各类债务或者解决劳务纠纷；

（七）其他违反法律、法规和规章的行为。

十四、保安服务公司要按照国家有关规定加强财务管理，建立健全各项财务规章制度，配备合格的财务会计人员，严格各项收入、支出核算，强化企业资产管理，确保国有资产保值增值。

十五、保安服务公司要切实保障保安人员的合法权益，建立相应的社会保障制度；充分发挥职工代表大会的民主管理和民主监督作用；加强对保安人员的教育和管理，建立健全保安人员学习、培训、工作、监督检查和奖惩制度。

十六、保安服装和保安标志实行全国统一制式、统一标准、统一管理，定点生产供应。式样由公安部负责制定。保安人员执行任务时必须着统一的保安服装、佩带统一的保安标志。

车 辆 管 理

国家发展改革委 住房和城乡建设部 交通运输部关于进一步完善机动车停放服务收费政策的指导意见

（发改价格〔2015〕2975号，2015年12月15日）

各省、自治区、直辖市及计划单列市发展改革委、物价局，住房和城乡建设厅、建委，交通运输厅（局、委）：

随着我国经济社会发展和人民生活水平提高，机动车保有量快速增长，停车设施总量不足、资源配置效率不高等问题日益显现，“停车难”和城市交通拥堵矛盾日渐加剧，制约了人居环境改善和城市可持续发展。根据《中共中央国务院关于推进价格机制改革的若干意见》（中发〔2015〕28号），为进一步完善机动车停放服务收费形成机制，充分发挥价格杠杆作用，促进停车设施建设，提高停车资源配置效率，推动停车产业优化升级，特制定本意见。

一、指导思想和基本原则

（一）指导思想。全面贯彻党的十八大和十八届三中、四中、五中全会精神，围绕使市场在资源配置中起决定性作用和更好发挥政府作用，建立完善主要由市场决定价格的机动车停放服务收费形成机制，逐步缩小政府定价管理范围，进一步健全政府定价规则，加强市场价格监管，积极发挥价格杠杆对供需关系的调节作用，促进停车设施建设，提高停车资源利用效率，为完善城市功能、便利群众生活营造良好环境。

（二）基本原则。坚持市场取向，依法放开具备竞争条件的停车设施服务收费，逐步缩小政府定价管理范围，鼓励引导社会资本建设停车设施。坚持改革创新，改进政府定价规则和办法，充分发挥价格杠杆作用，合理调控停车需求。坚持放管结合，强化事中事后监管，规范停车服务和收费行为，维护市场正常秩序。

二、健全主要由市场决定价格的停车服务收费形成机制

（三）社会资本全额投资新建停车设施服务收费标准由经营者依法自主制定。除各级人民政府财政性资金、城市建设投资（交通投资）公司投资以外，对其他经济组织（以下简称社会资本）全额投资新建的停车设施，由经营者依据价格法律法规和相关规定，根据市场供求和竞争状况自主制定收费标准。

（四）创新政府与社会资本合作建设停车设施服务收费管理方式。对政府与社会资本合作（PPP）建设停车设施，要通过招标、竞争性谈判等竞争方式选择社会投资者。具体收费标准由政府出资方与社会投资者遵循市场规律和合理盈利原则，统筹考虑建设运营成本、市场需求、经营期限、用户承受能力、政府财力投入、土地综合开发利用等因素协议确定。要建立政府与社会资本共享收益、共担风险的收费标准调整与财政投入协调机制，依据相关法律法规规定和成本、供求变动等因素，及时调整收费标准。

三、推进政府定价管理制度化科学化

（五）规范政府定价行为。对具有自然垄断经营和公益性特征的停车设施服务收费，需要实行政府定价管理的，要纳入地方定价目录，明确管理权限，规范定价办法和程序，有效约束政府定价行为。对纳入政府定价管理范围的停车设施服务，要综合考虑停车设施等级、地理位置、服务条件、供求关系及社会各方面承受能力等因素确定收费标准。要通过政府网站公布本行政区域范围内实行政府定价管理的停车设施名称、收费标准、收费依据等信息。

（六）加快推行差别化收费。鼓励各地结合实际情况，推行不同区域、不同位置、不同车型、不同时段停车服务差别收费，抑制不合理停车需求，缓解城市交通拥堵，有效促进公共交通优先发展与公共道路资源利用。

对不同区域的停车设施服务收费，要根据停车供需状况差异，并考虑道路路网分布、公共交通发展水平、交通拥堵状况等因素，划分不同区域，实行级差收费。供需缺口大、矛盾突出区域可实行较高收费，供需缺口小、矛盾不突出区域可实行低收费。对城市外围的公共交通换乘枢纽停车设施服务，应当实行低收费。

同一区域停车设施，区分停车设施所在位置、停车时段、车辆类型等，按照“路内高于路外、拥堵时段高于空闲时段”的原则，制定差别化服务收费标准。适当扩大路内、路外停车设施之间的收费标准差距，引导更多使用路外停车设施。对交通场站等场所及周边配套停车设施服务，鼓励推行超过一定停放时间累进式加价的阶梯式收费。要根据不同车型占用停车资源的差别，合理确定停放服务收费标准。鼓励对新能源汽车停车服务收费给予适当优惠。要合理制定停车服务收费计时办法，逐步缩小计费单位时长，加快推行电子缴费技术，鼓励对短时停车实行收费优惠。

四、规范停车服务收费行为

（七）严格落实明码标价规定。停车设施经营者要严格落实明码标价制度，在经营场所显著位置设置统一标价牌，标明停放服务收费定价主体、收费标准、计费办法、收费依据、投诉举报电话等，广泛接受社会监督。

（八）健全市场价格行为规则。要加强停车服务收费市场行为监管，对交易双方地位不对等的，要通过指导双方制定议价规则、发布价格行为指南等方式，合理引导经营者价格行为，维护市场正常价格秩序。

（九）严厉查处价格违法行为。加强对停车服务收费的监督检查，依法查处不执行政府定价政策，利用优势地位、服务捆绑等强制服务强行收费、只收费不服务、少服务多收费，不执行明码标价规定，不出具和使用规定收费票据，在标价之外收取未予标明的费用等违法违规价格行为，保护消费者合法权益。

五、健全配套监管措施

（十）强化机动车停放服务管理。加强停车服务行业管理，制定完善服务标准和服务规范。充分发挥行业协会作用，依法制定机动车停放服务行为自律规范，引导停车设施经营者合法诚信经营，加强内部管理，自觉规范服务行为，提升停车服务质量。加强对停车设施经营者服务行为的监管，严厉打击无照经营、随意圈地收费等违规经营行为。

（十一）加强诚信体系建设。建立城市停车设施经营者、从业人员信用记录，纳入全国统一的信用信息共享交换平台，并按规定及时在“信用中国”网站上予以公开，对失信行为实施跨部门联合惩戒，逐步建立以诚信为核心的监管机制。

（十二）推进收支信息公开。对向停车泊位收取的城市占道费、经营权有偿使用费等，收取单位要公开相关收支信息，主动接受社会监督。对公益性停车服务设施，要积极研究探索由经营者通过网站等渠道公布收入、资金使用等信息的办法。

各地要高度重视完善机动车停放服务收费政策工作，切实加强组织领导，建立健全工作机制，明确部门职责分工，结合地方定价目录和当地实际情况，抓紧制定、完善本地区机动车停放服务收费管理办法，细化落实各项政策措施。城市人民政府是停车设施规划、建设、管理的责任主体，要科学编制停车设施专项规划，加大政策扶持力度，加快推进停车设施建设，提升停车信息化管理和停车装备制造水平，加强停车综合治理，促进停车产业健康发展。各级价格、住房和城乡建设、交通运输部门要按照各自职责，加强市场监管，建立协同监管机制，形成多层次、全覆盖的监管网络，全面提升监管工作实效。原国家计委下发的《关于印发〈机动车停放服务收费管理办法〉的通知》（计价格〔2000〕933号）自本意见印发之日起废止。

第七部分

传染病防治
与突发事件应对

突发公共卫生事件应急条例（摘）

（2003年5月7日国务院第7次常务会议通过，根据2010年12月29日国务院第138次常务会议通过的《国务院关于废止和修改部分行政法规的决定》修正，2011年1月8日中华人民共和国国务院令第588号公布）

第一章　总则

第一条　为了有效预防、及时控制和消除突发公共卫生事件的危害，保障公众身体健康与生命安全，维护正常的社会秩序，制定本条例。

第二条　本条例所称突发公共卫生事件（以下简称突发事件），是指突然发生，造成或者可能造成社会公众健康严重损害的重大传染病疫情、群体性不明原因疾病、重大食物和职业中毒以及其他严重影响公众健康的事件。

…………

第五条　突发事件应急工作，应当遵循预防为主、常备不懈的方针，贯彻统一领导、分级负责、反应及时、措施果断、依靠科学、加强合作的原则。

…………

第二十一条　任何单位和个人对突发事件，不得隐瞒、缓报、谎报或者授意他人隐瞒、缓报、谎报。

…………

第二十四条　国家建立突发事件举报制度，公布统一的突发事件报告、举报电话。

任何单位和个人有权向人民政府及其有关部门报告突发事件隐患，有权向上级人民政府及其有关部门举报地方人民政府及其有关部门不履行突发事件应急处理职责，或者不按照规定履行职责的情况。接到报告、举报的有关人民政府及其有关部门，应当立即组织对突发事件隐患、不履行或者不按照规定履行突发事件应急处理职责的情况进行调查处理。

对举报突发事件有功的单位和个人，县级以上各级人民政府及其有关部门应当予以奖励。

…………

第五十四条　本条例自公布之日起施行。

消毒管理办法（摘）

（2002年3月28日卫生部令第27号公布，根据2016年1月19日《国家卫生计生委关于修改〈外国医师来华短期行医暂行管理办法〉等8件部门规章的决定》第一次修正，根据2017年12月26日国家卫生和计划生育委员会令第18号公布的《国家卫生计生委关于修改〈新食品原料安全性审查管理办法〉等7件部门规章的决定》第二次修正）

第一章　总则

第一条　为了加强消毒管理，预防和控制感染性疾病的传播，保障人体健康，根据《中华人民共和国传染病防治法》及其实施办法的有关规定，制定本办法。

第二条　本办法适用于医疗卫生机构、消毒服务机构以及从事消毒产品生产、经营活动的单位和个人。

其他需要消毒的场所和物品管理也适用于本办法。

…………

第二章 消毒的卫生要求

…………

第十七条 公共场所、食品、生活饮用水、血液制品的消毒管理，按有关法律、法规的规定执行。

第三章 消毒产品的生产经营

…………

第四章 消毒服务机构

…………

第五章 监督

…………

第七章 附则

…………

关于进一步规范和加强新冠肺炎流行期间消毒工作的通知（摘）

（联防联控机制综发〔2020〕89号，2020年2月29日）

各省、自治区、直辖市及新疆生产建设兵团应对新冠肺炎疫情联防联控机制（领导小组、指挥部）：

为指导各地科学消毒、精准消毒，打好疫情防控阻击战，现就进一步规范和加强新冠肺炎流行期间的消毒工作提出如下要求：

一、依法依规开展消毒工作

…………

二、采取科学消毒措施

各地要精准施策、科学消毒，真正做到切断传播途径，控制传染病流行。无明确传染源时，做好预防性消毒，增加医院、机场、车站等人员密集场所的物体表面消毒频次，加强高频接触的门把手、电梯按钮等清洁消毒，做好垃圾、粪便和污水的收集和无害化处理，做好个人手卫生。有明确传染源时，加强隔离病区、病例居住过的场所和转运车辆等的随时消毒和终末消毒。

三、防止过度消毒

各地要防止过度消毒，不对室外环境开展大规模的消毒，雨雪天气不开展外环境消毒；不对外环境进行空气消毒；不直接使用消毒剂（粉）对人员全身进行喷洒消毒；不对水塘、水库、人工湖等环境中投加消毒剂（粉）；不在有人条件下对室内空气使用化学消毒剂消毒。

四、做好质量控制和效果评价

…………

国务院应对新型冠状病毒感染肺炎疫情联防联控机制关于做好新冠肺炎疫情常态化防控工作的指导意见

（国发明电〔2020〕14 号，2020 年 5 月 7 日）

各省、自治区、直辖市人民政府，国务院各部委、各直属机构：

在以习近平同志为核心的党中央坚强领导下，经过全国上下艰苦努力，我国新冠肺炎疫情防控向好态势进一步巩固，防控工作已从应急状态转为常态化。按照党中央关于抓紧抓实抓细常态化疫情防控工作的决策部署，为全面落实“外防输入、内防反弹”的总体防控策略，坚持及时发现、快速处置、精准管控、有效救治，有力保障人民群众生命安全和身体健康，有力保障经济社会秩序全面恢复，经中央应对新型冠状病毒感染肺炎疫情工作领导小组同意，现提出以下意见。

一、坚持预防为主

1. 科学佩戴口罩。在人员密集的封闭场所、与他人小于 1 米距离接触时佩戴口罩。医疗机构工作人员，在密闭公共场所工作的营业员、保安员、保洁员、司乘人员、客运场站服务人员、警察等人员以及就医人员等要佩戴口罩。

2. 减少人员聚集。注意保持 1 米以上的社交距离。减少非必要的聚集性活动，减少参加聚集性活动的人员。尽量不前往人员聚集场所尤其是密闭式场所。

3. 加强通风消毒。室内经常开窗通风，保持空气流通。公共场所、场站码头、公共交通工具要落实日常清洁、消毒等卫生措施。

4. 提高健康素养。养成“一米线”、勤洗手、戴口罩、公筷制等卫生习惯和生活方式。咳嗽、打喷嚏时注意遮挡。

二、落实“四早”措施

5. 及时发现。落实公共场所体温检测措施，加强预检分诊和发热门诊排查，做到对确诊病例、疑似病例、无症状感染者的“早发现”，并按要求“早报告”，不得瞒报、漏报、迟报。

6. 快速处置。24 小时内完成流行病学调查，充分发挥大数据等优势，尽快彻底查明可能的感染源，做好对密切接触者的判定和追踪管理。落实“早隔离”措施，及时对确诊病例、疑似病例进行隔离治疗，对无症状感染者、密切接触者实行 14 天集中隔离医学观察。对可能的污染场所全面终末消毒。

7. 精准管控。依法依规、科学划定防控区域范围至最小单元（如楼栋、病区、居民小区、自然村组等），果断采取限制人员聚集性活动、封锁等措施，切断传播途径，尽最大可能降低感染风险。及时公布防控区域相关信息。

8. 有效救治。指定定点收治医院，落实“早治疗”措施，加强中西医结合治疗。及时有效全面收治轻症患者，减少向重症转化。坚持“四集中”，对重症患者实施多学科救治，最大限度提高治愈率、降低病亡率。患者治愈出院后，继续集中或居家隔离医学观察 14 天。

三、突出重点环节

9. 重点场所防控。按照相关技术指南，在落实防控措施前提下，全面开放商场、超市、宾馆、餐馆等生活场所；采取预约、限流等方式，开放公园、旅游景点、运动场所，图书馆、博物馆、美术馆等室内场馆，以及影剧院、游艺厅等密闭式娱乐休闲场所，可举办各类必要的会议、会展活动等。

10. 重点机构防控。做好养老机构、福利院、监所、精神卫生医疗机构等风险防范，落实人员进出管理、人员防护、健康监测、消毒等防控措施。养老机构内设医务室、护理站等医疗服务机构的，不得超出医疗许可服务范围对外服务。医疗机构举办养老机构或与养老机构毗邻的，应按照医疗机构分区管理要求开展交叉感染评估，评估有风险的应采取必要的控制措施。

11. 重点人群防控。指导老年人、儿童、孕产妇、残疾人、严重慢性病患者等重点人群做好个人防护，并开展心理疏导和关爱帮扶等工作。

12. 医疗机构防控。加强院内感染防控，推广分时段预约诊疗，严格落实医疗机构分区管理要求，及时排查风险并采取处置措施，严格探视和陪护管理，避免交叉感染。严格预检分诊和发热门诊工作流程，强化防控措施。落实医务人员防护措施，加强对医务人员的健康管理和监测。

13. 校园防控。实行教职员工和学生健康情况“日报告”、“零报告”制度。做好健康提示、健康管理和教室通风、消毒等工作，落实入学入托晨（午）检、因病缺课（勤）病因追查和登记等防控措施。

14. 社区防控。加强基层社区网格化管理，发挥社区志愿者作用。做好健康教育、环境卫生治理、出租房屋和集体宿舍管理、外来人员管理等工作。出现疫情的社区要加强密切接触者排查和隔离管理、终末消毒等工作，必要时采取限制人员聚集性活动、封闭式管理等措施。

四、强化支撑保障

15. 扩大检测范围。各地可根据疫情防控工作需要和检测能力，进行科学评估，对密切接触者、境外入境人员、发热门诊患者、新住院患者及陪护人员、医疗机构工作人员、口岸检疫和边防检查人员、监所工作人员、社会福利养老机构工作人员等重点人群“应检尽检”。对其他人群实施“愿检尽检”。人群相对密集、流动性较大地区和边境口岸等重点地区县区级及以上疾控机构、二级及以上医院要着力加强核酸检测能力建设；鼓励有资质的社会检测机构提供检测服务，扩大商业化应用。“应检尽检”所需费用由各地政府承担，“愿检尽检”所需费用由企事业单位或个人承担；检测收费标准由各地物价部门确定并公示。各地要及时公布检测机构名单。

16. 发挥大数据作用。依托全国一体化政务服务平台，全面推动各地落实“健康码”互通互认“一码通行”，及时将核酸和血清抗体检测结果、重点人员等信息共享到“健康码”数据库，推进人员安全有序流动。做好全国一体化政务服务平台“防疫健康信息码”入境人员版的推广应用，加强入境人员闭环管理。

17. 强化科研与国际合作。推进疫苗、药物科技攻关和病毒变异、免疫策略等研究。加快检测试剂和设备研发，提高灵敏度、特异性、简便性，进一步提升检测能力、缩短检测时间。加强与世界卫生组织等国际组织、有关国家的信息共享、技术交流和防控合作。

五、加强组织领导

18. 落实党委和政府责任。各地党委和政府要落实属地责任，加强组织领导，坚持依法防控、科学防控、联防联控，加大经费投入，加强医疗物资动态储备，提升防控和应急处置能力，严格落实常态化防控各项措施要求。国务院各有关部门要落实主管责任，继续加强联防联控、统筹调度，强化对各地常态化防控工作的指导和支持。

19. 落实企事业单位责任。各企事业单位要落实主体责任，严格执行疫情防控规定，健全防控工作责任制和管理制度，制定完善应急预案。

20. 动态调整风险等级和应急响应级别。各地要按照分区分级标准，依据本地疫情形势，动态调整风险等级和应急响应级别。要因地制宜、因时制宜，不断完善疫情防控应急预案和各项配套工作方案，一旦发生疫情，及时采取应急处置措施，实施精准防控。

境外疫情输入防控在落实常态化防控工作的同时，按照中央关于做好防控境外疫情输入工作的指导意见实施。

国家卫生健康委办公厅关于印发消毒剂使用指南的通知

（国卫办监督函〔2020〕147号，2020年2月18日）

各省、自治区、直辖市及新疆生产建设兵团卫生健康委，中国疾病预防控制中心：

为科学指导公众正确使用消毒剂，充分发挥消毒剂在新冠肺炎疫情防控中的有效作用，我们组织消毒标准专业委员会编制了《消毒剂使用指南》。现印发你们，请参照执行。

消毒剂使用指南

前言

新型冠状病毒属于β属冠状病毒，基因特征与SARSr－CoV和MERSr－CoV有明显区别。目前尚无新型冠状病毒抗力的直接资料，基于以往对冠状病毒的了解，所有经典消毒方法应都能杀灭冠状病毒。2003年SARS疫情暴发时，世界卫生组织在相关指引中仅提到紫外线对冠状病毒杀灭效果差；针对本次新型冠状病毒，仅提出氯己定对其无效。

消毒剂是用于杀灭传播媒介上的微生物使其达消毒或灭菌要求的制剂。按有效成分可分为醇类消毒剂、含氯消毒剂、含碘消毒剂、过氧化物类消毒剂、胍类消毒剂、酚类消毒剂、季铵盐类消毒剂等；按用途可分为物体表面消毒剂、医疗器械消毒剂、空气消毒剂、手消毒剂、皮肤消毒剂、黏膜消毒剂、疫源地消毒剂等；按杀灭微生物能力可分为高水平消毒剂、中水平消毒剂和低水平消毒剂。

新型冠状病毒肺炎疫情防控期间，应合理使用消毒剂，遵循"五加强七不宜"，真正做到切断传播途径，控制传染病流行。"五加强"：隔离病区、病人住所进行随时消毒和终末消毒；医院、机场、车站等人员密集场所的环境物体表面增加消毒频次；高频接触的门把手、电梯按钮等加强清洁消毒；垃圾、粪便和污水进行收集和无害化处理；做好个人手卫生。"七不宜"：不宜对室外环境开展大规模的消毒；不宜对外环境进行空气消毒；不宜直接使用消毒剂（粉）对人员进行消毒；不宜对水塘、水库、人工湖等环境中投加消毒剂（粉）进行消毒；不得在有人条件下对空气（空间）使用化学消毒剂消毒；不宜用戊二醛对环境进行擦拭和喷雾消毒；不宜使用高浓度的含氯消毒剂（有效氯浓度大于1000mg/L）做预防性消毒。

1 醇类消毒剂

1.1 有效成分

乙醇含量为70%～80%（v/v），含醇手消毒剂>60%（v/v），复配产品可依据产品说明书。

1.2 应用范围

主要用于手和皮肤消毒，也可用于较小物体表面的消毒。

1.3 使用方法

卫生手消毒：均匀喷雾手部或涂擦揉搓手部1～2遍，作用1min。

外科手消毒：擦拭2遍，作用3min。

皮肤消毒：涂擦皮肤表面2遍，作用3min。

较小物体表面消毒：擦拭物体表面2遍，作用3min。

1.4 注意事项

如单一使用乙醇进行手消毒，建议消毒后使用护手霜。

外用消毒液，不得口服，置于儿童不易触及处。

易燃，远离火源。

对酒精过敏者慎用。

避光，置于阴凉、干燥、通风处密封保存。

不宜用于脂溶性物体表面的消毒，不可用于空气消毒。

2 含氯消毒剂

2.1 有效成分

以有效氯计，含量以 mg/L 或%表示，漂白粉≥20%，二氯异氰尿酸钠≥55%，84 消毒液依据产品说明书，常见为 2%～5%。

2.2 应用范围

适用于物体表面、织物等污染物品以及水、果蔬和食饮具等的消毒。

次氯酸消毒剂除上述用途外，还可用于室内空气、二次供水设备设施表面、手、皮肤和黏膜的消毒。

2.3 使用方法

物体表面消毒时，使用浓度 500mg/L；疫源地消毒时，物体表面使用浓度1000mg/L，有明显污染物时，使用浓度10000mg/L；室内空气和水等其他消毒时，依据产品说明书。

2.4 注意事项

外用消毒剂，不得口服，置于儿童不易触及处。

配制和分装高浓度消毒液时，应戴口罩和手套；使用时应戴手套，避免接触皮肤。如不慎溅入眼睛，应立即用水冲洗，严重者应就医。

对金属有腐蚀作用，对织物有漂白、褪色作用。金属和有色织物慎用。

强氧化剂，不得与易燃物接触，应远离火源。

置于阴凉、干燥处密封保存，不得与还原物质共储共运。

包装应标示相应的安全警示标志。

依照具体产品说明书注明的使用范围、使用方法、有效期和安全性检测结果使用。

3 二氧化氯消毒剂

3.1 有效成分

活化后二氧化氯含量≥2000mg/L，无需活化产品依据产品说明书。

3.2 应用范围

适用于水（饮用水、医院污水）、物体表面、食饮具、食品加工工具和设备、瓜果蔬菜、医疗器械（含内镜）和空气的消毒处理。

3.3 使用方法

物体表面消毒时，使用浓度 50mg/L～100mg/L，作用 10min～15min；生活饮用水消毒时，使用浓度 1mg/L～2mg/L，作用 15min～30min；医院污水消毒时，使用浓度 20mg/L～40mg/L，作用 30min～60min；室内空气消毒时，依据产品说明书。

3.4 注意事项

外用消毒剂，不得口服，置于儿童不易触及处。

不宜与其他消毒剂、碱或有机物混用。

本品有漂白作用；对金属有腐蚀性。

使用时应戴手套，避免高浓度消毒剂接触皮肤和吸入呼吸道，如不慎溅入眼睛，应立即用水冲洗，严重者应就医。

4 过氧化物类消毒剂

4.1 有效成分

过氧化氢消毒剂：过氧化氢（以 H_2O_2 计）质量分数 3%～6%。

过氧乙酸消毒剂：过氧乙酸（以 $C_2H_4O_3$ 计）质量分数 15%～21%。

4.2 应用范围

适用于物体表面、室内空气消毒、皮肤伤口消毒、耐腐蚀医疗器械的消毒。

4.3 使用方法

物体表面：0.1%～0.2%过氧乙酸或 3%过氧化氢，喷洒或浸泡消毒作用时间 30min，然后用清水冲洗去除残留消毒剂。

室内空气消毒：0.2%过氧乙酸或 3%过氧化氢，用气溶胶喷雾方法，用量按 10mL/m^3～20mL/m^3（1g/m^3）计算，消毒作用 60min 后通风换气；也可使用 15%过氧乙酸加热熏蒸，用量按 7mL/m^3 计算，熏蒸作用 1～2h 后通风换气。

皮肤伤口消毒：3%过氧化氢消毒液，直接冲洗皮肤表面，作用 3～5min。

医疗器械消毒：耐腐蚀医疗器械的高水平消毒，6%过氧化氢浸泡作用 120min，或 0.5%过氧乙酸冲洗作用 10min，消毒结束后应使用无菌水冲洗去除残留消毒剂。

4.4 注意事项

液体过氧化物类消毒剂有腐蚀性，对眼睛、黏膜和皮肤有刺激性，有灼伤危险，若不慎接触，应用大量水冲洗并及时就医。

在实施消毒作业时，应佩戴个人防护用具。

如出现容器破裂或渗漏现象，应用大量水冲洗，或用沙子、惰性吸收剂吸收残液，并采取相应的安全防护措施。

易燃易爆，遇明火、高热会引起燃烧爆炸，与还原剂接触，遇金属粉末有燃烧爆炸危险。

5　含碘消毒剂

5.1　有效成分

碘酊：有效碘 18g/L～22g/L，乙醇 40%～50%。

碘伏：有效碘 2g/L～10g/L。

5.2　应用范围

碘酊：适用于手术部位、注射和穿刺部位皮肤及新生儿脐带部位皮肤消毒，不适用于黏膜和敏感部位皮肤消毒。

碘伏：适用于外科手及前臂消毒，黏膜冲洗消毒等。

5.3　使用方法

碘酊：用无菌棉拭或无菌纱布蘸取本品，在消毒部位皮肤进行擦拭 2 遍以上，再用棉拭或无菌纱布蘸取 75% 医用乙醇擦拭脱碘。使用有效碘 18g/L～22g/L，作用时间 1～3min。

碘伏：

外科术前手及前臂消毒：在常规刷手基础上，用无菌纱布蘸取使用浓度碘伏均匀擦拭从手指尖擦至前臂部位和上臂下 1/3 部位皮肤；或直接用无菌刷蘸取使用浓度碘伏从手指尖刷手至前臂和上臂下 1/3 部位皮肤，然后擦干。使用有效碘 2g/L～10g/L，作用时间 3min～5min。

黏膜冲洗消毒：含有效碘 250mg/L～500mg/L 的碘伏稀释液直接对消毒部位冲洗或擦拭。

5.4　注意事项

外用消毒液，禁止口服。

置于儿童不易触及处。

对碘过敏者慎用。

密封、避光，置于阴凉通风处保存。

6　含溴消毒剂

6.1　有效成分

溴氯-5,5-二甲基乙内酰脲，质量分数 92%～95%，有效卤素（以 Cl 计）质量分数 54%～56%。

1,3-二溴-5,5-二甲基乙内酰脲，质量分数 96%～99%，有效溴（以 Br 计）质量分数 107%～111%。

6.2　应用范围

适用于物体表面的消毒。

6.3　使用方法

物体表面消毒常用浸泡、擦拭或喷洒等方法。溴氯-5,5-二甲基乙内酰脲总有效卤素 200mg/L～400mg/L，作用 15min～20min；1,3-二溴-5,5-二甲基乙内酰脲有效溴 400mg/L～500mg/L，作用 10min～20min。

6.4　注意事项

含溴消毒剂为外用品，不得口服。

本品属强氧化剂，与易燃物接触可引发无明火自燃，应远离易燃物及火源。

禁止与还原物共贮共运，以防爆炸。

未加入防腐蚀剂的产品对金属有腐蚀性。

对有色织物有漂白褪色作用。

本品有刺激性气味，对眼睛、黏膜、皮肤有灼伤危险，严禁与人体接触。如不慎接触，则应及时用大量水冲洗，严重时送医院治疗。

操作人员应佩戴防护眼镜、橡胶手套等劳动防护用品。

7　酚类消毒剂

7.1　有效成分

依据产品说明书。

7.2　应用范围

适用于物体表面和织物等消毒。

7.3　使用方法

物体表面和织物用有效成分 1000mg/L～2000mg/L 擦拭消毒 15min～30min。

7.4　注意事项

苯酚、甲酚对人体有毒性，在对环境和物体表面进行消毒处理时，应做好个人防护，如有高浓度溶液接触到皮肤，可用乙醇擦去或大量清水冲洗。

消毒结束后，应对所处理的物体表面、织物等对象用清水进行擦拭或洗涤，去除残留的消毒剂。

不能用于细菌芽孢污染物品的消毒，不能用于医疗器械的高中水平消毒，苯酚、甲酚为主要杀菌成分的消毒剂不适用于皮肤、黏膜消毒。

8 季铵盐类消毒剂

8.1 有效成分

依据产品说明书。

8.2 应用范围

适用于环境与物体表面（包括纤维与织物）的消毒。

适用于卫生手消毒，与醇复配的消毒剂可用于外科手消毒。

8.3 使用方法

物体表面消毒：无明显污染物时，使用浓度1000 mg/L；有明显污染物时，使用浓度2000mg/L。

卫生手消毒：清洁时使用浓度1000mg/L，污染时使用浓度2000mg/L。

8.4 注意事项

外用消毒剂，不得口服。置于儿童不易触及处。

避免接触有机物和拮抗物。不能与肥皂或其他阴离子洗涤剂同用，也不能与碘或过氧化物（如高锰酸钾、过氧化氢、磺胺粉等）同用。

9 参考文献

[1] 《乙醇消毒剂卫生标准》（GB 26373—2010）

[2] 《含氯消毒剂卫生要求》（GB/T 36758—2018）

[3] 《二氧化氯消毒剂卫生标准》（GB 26366—2010）

[4] 《过氧化物类消毒剂卫生标准》（GB 26371—2010）

[5] 《含碘消毒剂卫生标准》（GB 26368—2010）

[6] 《含溴消毒剂卫生标准》（GB 26370—2010）

[7] 《酚类消毒剂卫生要求》（GB 27947—2011）

[8] 《季铵盐类消毒剂卫生标准》（GB 26369—2010）

[9] 《疫源地消毒剂卫生要求》（GB 27953—2011）

[10] 《普通物体表面消毒剂的卫生要求》（GB 27952—2011）

第八部分

增值服务

中华人民共和国消费者权益保护法（摘）

（1993 年 10 月 31 日第八届全国人民代表大会常务委员会第四次会议通过，根据 2009 年 8 月 27 日第十一届全国人民代表大会常务委员会第十次会议《关于修改部分法律的决定》第一次修正，根据 2013 年 10 月 25 日第十二届全国人民代表大会常务委员会第五次会议《关于修改〈中华人民共和国消费者权益保护法〉的决定》第二次修正，2013 年 10 月 25 日中华人民共和国主席令第 7 号公布）

第一章　总则

…………

第二章　消费者的权利

第七条　消费者在购买、使用商品和接受服务时享有人身、财产安全不受损害的权利。

消费者有权要求经营者提供的商品和服务，符合保障人身、财产安全的要求。

第八条　消费者享有知悉其购买、使用的商品或者接受的服务的真实情况的权利。

消费者有权根据商品或者服务的不同情况，要求经营者提供商品的价格、产地、生产者、用途、性能、规格、等级、主要成份、生产日期、有效期限、检验合格证明、使用方法说明书、售后服务，或者服务的内容、规格、费用等有关情况。

第九条　消费者享有自主选择商品或者服务的权利。

消费者有权自主选择提供商品或者服务的经营者，自主选择商品品种或者服务方式，自主决定购买或者不购买任何一种商品、接受或者不接受任何一项服务。

消费者在自主选择商品或者服务时，有权进行比较、鉴别和挑选。

第十条　消费者享有公平交易的权利。

消费者在购买商品或者接受服务时，有权获得质量保障、价格合理、计量正确等公平交易条件，有权拒绝经营者的强制交易行为。

第十一条　消费者因购买、使用商品或者接受服务受到人身、财产损害的，享有依法获得赔偿的权利。

第十二条　消费者享有依法成立维护自身合法权益的社会组织的权利。

第十三条　消费者享有获得有关消费和消费者权益保护方面的知识的权利。

消费者应当努力掌握所需商品或者服务的知识和使用技能，正确使用商品，提高自我保护意识。

第十四条　消费者在购买、使用商品和接受服务时，享有人格尊严、民族风俗习惯得到尊重的权利，享有个人信息依法得到保护的权利。

第十五条　消费者享有对商品和服务以及保护消费者权益工作进行监督的权利。

消费者有权检举、控告侵害消费者权益的行为和国家机关及其工作人员在保护消费者权益工作中的违法失职行为，有权对保护消费者权益工作提出批评、建议。

第三章　经营者的义务

第十六条　经营者向消费者提供商品或者服务，应当依照本法和其他有关法律、法规的规定履行义务。

经营者和消费者有约定的，应当按照约定履行义务，但双方的约定不得违背法律、法规的规定。

经营者向消费者提供商品或者服务，应当恪守社会公德，诚信经营，保障消费者的合法权益；不得设定不公平、不合理的交易条件，不得强制交易。

第十七条　经营者应当听取消费者对其提供的商品或者服务的意见，接受消费者的监督。

第十八条 经营者应当保证其提供的商品或者服务符合保障人身、财产安全的要求。对可能危及人身、财产安全的商品和服务，应当向消费者作出真实的说明和明确的警示，并说明和标明正确使用商品或者接受服务的方法以及防止危害发生的方法。

宾馆、商场、餐馆、银行、机场、车站、港口、影剧院等经营场所的经营者，应当对消费者尽到安全保障义务。

第十九条 经营者发现其提供的商品或者服务存在缺陷，有危及人身、财产安全危险的，应当立即向有关行政部门报告和告知消费者，并采取停止销售、警示、召回、无害化处理、销毁、停止生产或者服务等措施。采取召回措施的，经营者应当承担消费者因商品被召回支出的必要费用。

第二十条 经营者向消费者提供有关商品或者服务的质量、性能、用途、有效期限等信息，应当真实、全面，不得作虚假或者引人误解的宣传。

经营者对消费者就其提供的商品或者服务的质量和使用方法等问题提出的询问，应当作出真实、明确的答复。

经营者提供商品或者服务应当明码标价。

第二十一条 经营者应当标明其真实名称和标记。

租赁他人柜台或者场地的经营者，应当标明其真实名称和标记。

第二十二条 经营者提供商品或者服务，应当按照国家有关规定或者商业惯例向消费者出具发票等购货凭证或者服务单据；消费者索要发票等购货凭证或者服务单据的，经营者必须出具。

第二十三条 经营者应当保证在正常使用商品或者接受服务的情况下其提供的商品或者服务应当具有的质量、性能、用途和有效期限；但消费者在购买该商品或者接受该服务前已经知道其存在瑕疵，且存在该瑕疵不违反法律强制性规定的除外。

经营者以广告、产品说明、实物样品或者其他方式表明商品或者服务的质量状况的，应当保证其提供的商品或者服务的实际质量与表明的质量状况相符。

经营者提供的机动车、计算机、电视机、电冰箱、空调器、洗衣机等耐用商品或者装饰装修等服务，消费者自接受商品或者服务之日起六个月内发现瑕疵，发生争议的，由经营者承担有关瑕疵的举证责任。

第二十四条 经营者提供的商品或者服务不符合质量要求的，消费者可以依照国家规定、当事人约定退货，或者要求经营者履行更换、修理等义务。没有国家规定和当事人约定的，消费者可以自收到商品之日起七日内退货；七日后符合法定解除合同条件的，消费者可以及时退货，不符合法定解除合同条件的，可以要求经营者履行更换、修理等义务。

依照前款规定进行退货、更换、修理的，经营者应当承担运输等必要费用。

第二十五条 经营者采用网络、电视、电话、邮购等方式销售商品，消费者有权自收到商品之日起七日内退货，且无需说明理由，但下列商品除外：

（一）消费者定作的；

（二）鲜活易腐的；

（三）在线下载或者消费者拆封的音像制品、计算机软件等数字化商品；

（四）交付的报纸、期刊。

除前款所列商品外，其他根据商品性质并经消费者在购买时确认不宜退货的商品，不适用无理由退货。

消费者退货的商品应当完好。经营者应当自收到退回商品之日起七日内返还消费者支付的商品价款。退回商品的运费由消费者承担；经营者和消费者另有约定的，按照约定。

第二十六条 经营者在经营活动中使用格式条款的，应当以显著方式提请消费者注意商品或者服务的数量和质量、价款或者费用、履行期限和方式、安全注意事项和风险警示、售后服务、民事责任等与消费者有重大利害关系的内容，并按照消费者的要求予以说明。

经营者不得以格式条款、通知、声明、店堂告示等方式，作出排除或者限制消费者权利、减轻或者免除经营者责任、加重消费者责任等对消费者不公平、不合理的规定，不得利用格式条款并借助技术手段强制交易。

格式条款、通知、声明、店堂告示等含有

前款所列内容的，其内容无效。

第二十七条　经营者不得对消费者进行侮辱、诽谤，不得搜查消费者的身体及其携带的物品，不得侵犯消费者的人身自由。

第二十八条　采用网络、电视、电话、邮购等方式提供商品或者服务的经营者，以及提供证券、保险、银行等金融服务的经营者，应当向消费者提供经营地址、联系方式、商品或者服务的数量和质量、价款或者费用、履行期限和方式、安全注意事项和风险警示、售后服务、民事责任等信息。

第二十九条　经营者收集、使用消费者个人信息，应当遵循合法、正当、必要的原则，明示收集、使用信息的目的、方式和范围，并经消费者同意。经营者收集、使用消费者个人信息，应当公开其收集、使用规则，不得违反法律、法规的规定和双方的约定收集、使用信息。

经营者及其工作人员对收集的消费者个人信息必须严格保密，不得泄露、出售或者非法向他人提供。经营者应当采取技术措施和其他必要措施，确保信息安全，防止消费者个人信息泄露、丢失。在发生或者可能发生信息泄露、丢失的情况时，应当立即采取补救措施。

经营者未经消费者同意或者请求，或者消费者明确表示拒绝的，不得向其发送商业性信息。

…………

食品经营许可管理办法

（2015 年 8 月 31 日国家食品药品监督管理总局令第 17 号公布，
根据 2017 年 11 月 7 日国家食品药品监督管理总局局务会议《关于修改部分规章的决定》修正，
2017 年 11 月 17 日国家食品药品监督管理总局令第 37 号公布）

第一章　总则

第一条　为规范食品经营许可活动，加强食品经营监督管理，保障食品安全，根据《中华人民共和国食品安全法》《中华人民共和国行政许可法》等法律法规，制定本办法。

第二条　在中华人民共和国境内，从事食品销售和餐饮服务活动，应当依法取得食品经营许可。

食品经营许可的申请、受理、审查、决定及其监督检查，适用本办法。

第三条　食品经营许可应当遵循依法、公开、公平、公正、便民、高效的原则。

第四条　食品经营许可实行一地一证原则，即食品经营者在一个经营场所从事食品经营活动，应当取得一个食品经营许可证。

第五条　食品药品监督管理部门按照食品经营主体业态和经营项目的风险程度对食品经营实施分类许可。

第六条　国家食品药品监督管理总局负责监督指导全国食品经营许可管理工作。

县级以上地方食品药品监督管理部门负责本行政区域内的食品经营许可管理工作。

省、自治区、直辖市食品药品监督管理部门可以根据食品类别和食品安全风险状况，确定市、县级食品药品监督管理部门的食品经营许可管理权限。

第七条　国家食品药品监督管理总局负责制定食品经营许可审查通则。

县级以上地方食品药品监督管理部门实施食品经营许可审查，应当遵守食品经营许可审查通则。

第八条　县级以上食品药品监督管理部门应当加快信息化建设，在行政机关的网站上公布经营许可事项，方便申请人采取数据电文等方式提出经营许可申请，提高办事效率。

第二章　申请与受理

第九条　申请食品经营许可，应当先行取得营业执照等合法主体资格。

企业法人、合伙企业、个人独资企业、个体工商户等，以营业执照载明的主体作为申请人。

机关、事业单位、社会团体、民办非企业单位、企业等申办单位食堂，以机关或者事业单位法人登记证、社会团体登记证或者营业执照等载明的主体作为申请人。

第十条 申请食品经营许可，应当按照食品经营主体业态和经营项目分类提出。

食品经营主体业态分为食品销售经营者、餐饮服务经营者、单位食堂。食品经营者申请通过网络经营、建立中央厨房或者从事集体用餐配送的，应当在主体业态后以括号标注。

食品经营项目分为预包装食品销售（含冷藏冷冻食品、不含冷藏冷冻食品）、散装食品销售（含冷藏冷冻食品、不含冷藏冷冻食品）、特殊食品销售（保健食品、特殊医学用途配方食品、婴幼儿配方乳粉、其他婴幼儿配方食品）、其他类食品销售；热食类食品制售、冷食类食品制售、生食类食品制售、糕点类食品制售、自制饮品制售、其他类食品制售等。

列入其他类食品销售和其他类食品制售的具体品种应当报国家食品药品监督管理总局批准后执行，并明确标注。具有热、冷、生、固态、液态等多种情形，难以明确归类的食品，可以按照食品安全风险等级最高的情形进行归类。

国家食品药品监督管理总局可以根据监督管理工作需要对食品经营项目类别进行调整。

第十一条 申请食品经营许可，应当符合下列条件：

（一）具有与经营的食品品种、数量相适应的食品原料处理和食品加工、销售、贮存等场所，保持该场所环境整洁，并与有毒、有害场所以及其他污染源保持规定的距离；

（二）具有与经营的食品品种、数量相适应的经营设备或者设施，有相应的消毒、更衣、盥洗、采光、照明、通风、防腐、防尘、防蝇、防鼠、防虫、洗涤以及处理废水、存放垃圾和废弃物的设备或者设施；

（三）有专职或者兼职的食品安全管理人员和保证食品安全的规章制度；

（四）具有合理的设备布局和工艺流程，防止待加工食品与直接入口食品、原料与成品交叉污染，避免食品接触有毒物、不洁物；

（五）法律、法规规定的其他条件。

第十二条 申请食品经营许可，应当向申请人所在地县级以上地方食品药品监督管理部门提交下列材料：

（一）食品经营许可申请书；

（二）营业执照或者其他主体资格证明文件复印件；

（三）与食品经营相适应的主要设备设施布局、操作流程等文件；

（四）食品安全自查、从业人员健康管理、进货查验记录、食品安全事故处置等保证食品安全的规章制度。

利用自动售货设备从事食品销售的，申请人还应当提交自动售货设备的产品合格证明、具体放置地点，经营者名称、住所、联系方式、食品经营许可证的公示方法等材料。

申请人委托他人办理食品经营许可申请的，代理人应当提交授权委托书以及代理人的身份证明文件。

第十三条 申请人应当如实向食品药品监督管理部门提交有关材料和反映真实情况，对申请材料的真实性负责，并在申请书等材料上签名或者盖章。

第十四条 县级以上地方食品药品监督管理部门对申请人提出的食品经营许可申请，应当根据下列情况分别作出处理：

（一）申请事项依法不需要取得食品经营许可的，应当即时告知申请人不受理。

（二）申请事项依法不属于食品药品监督管理部门职权范围的，应当即时作出不予受理的决定，并告知申请人向有关行政机关申请。

（三）申请材料存在可以当场更正的错误的，应当允许申请人当场更正，由申请人在更正处签名或者盖章，注明更正日期。

（四）申请材料不齐全或者不符合法定形式的，应当当场或者在5个工作日内一次告知申请人需要补正的全部内容。当场告知的，应当将申请材料退回申请人；在5个工作日内告知的，应当收取申请材料并出具收到申请材料的凭据。逾期不告知的，自收到申请材料之日起即为受理。

（五）申请材料齐全、符合法定形式，或者申请人按照要求提交全部补正材料的，应当受理食品经营许可申请。

第十五条　县级以上地方食品药品监督管理部门对申请人提出的申请决定予以受理的，应当出具受理通知书；决定不予受理的，应当出具不予受理通知书，说明不予受理的理由，并告知申请人依法享有申请行政复议或者提起行政诉讼的权利。

第三章　审查与决定

第十六条　县级以上地方食品药品监督管理部门应当对申请人提交的许可申请材料进行审查。需要对申请材料的实质内容进行核实的，应当进行现场核查。仅申请预包装食品销售（不含冷藏冷冻食品）的，以及食品经营许可变更不改变设施和布局的，可以不进行现场核查。

现场核查应当由符合要求的核查人员进行。核查人员不得少于2人。核查人员应当出示有效证件，填写食品经营许可现场核查表，制作现场核查记录，经申请人核对无误后，由核查人员和申请人在核查表和记录上签名或者盖章。申请人拒绝签名或者盖章的，核查人员应当注明情况。

食品药品监督管理部门可以委托下级食品药品监督管理部门，对受理的食品经营许可申请进行现场核查。

核查人员应当自接受现场核查任务之日起10个工作日内，完成对经营场所的现场核查。

第十七条　除可以当场作出行政许可决定的外，县级以上地方食品药品监督管理部门应当自受理申请之日起20个工作日内作出是否准予行政许可的决定。因特殊原因需要延长期限的，经本行政机关负责人批准，可以延长10个工作日，并应当将延长期限的理由告知申请人。

第十八条　县级以上地方食品药品监督管理部门应当根据申请材料审查和现场核查等情况，对符合条件的，作出准予经营许可的决定，并自作出决定之日起10个工作日内向申请人颁发食品经营许可证；对不符合条件的，应当及时作出不予许可的书面决定并说明理由，同时告知申请人依法享有申请行政复议或者提起行政诉讼的权利。

第十九条　食品经营许可证发证日期为许可决定作出的日期，有效期为5年。

第二十条　县级以上地方食品药品监督管理部门认为食品经营许可申请涉及公共利益的重大事项，需要听证的，应当向社会公告并举行听证。

第二十一条　食品经营许可直接涉及申请人与他人之间重大利益关系的，县级以上地方食品药品监督管理部门在作出行政许可决定前，应当告知申请人、利害关系人享有要求听证的权利。

申请人、利害关系人在被告知听证权利之日起5个工作日内提出听证申请的，食品药品监督管理部门应当在20个工作日内组织听证。听证期限不计算在行政许可审查期限之内。

第四章　许可证管理

第二十二条　食品经营许可证分为正本、副本。正本、副本具有同等法律效力。

国家食品药品监督管理总局负责制定食品经营许可证正本、副本式样。省、自治区、直辖市食品药品监督管理部门负责本行政区域食品经营许可证的印制、发放等管理工作。

第二十三条　食品经营许可证应当载明：经营者名称、社会信用代码（个体经营者为身份证号码）、法定代表人（负责人）、住所、经营场所、主体业态、经营项目、许可证编号、有效期、日常监督管理机构、日常监督管理人员、投诉举报电话、发证机关、签发人、发证日期和二维码。

在经营场所外设置仓库（包括自有和租赁）的，还应当在副本中载明仓库具体地址。

第二十四条　食品经营许可证编号由JY（“经营”的汉语拼音字母缩写）和14位阿拉伯数字组成。数字从左至右依次为：1位主体业态代码、2位省（自治区、直辖市）代码、2位市（地）代码、2位县（区）代码、6位顺序码、1位校验码。

第二十五条 日常监督管理人员为负责对食品经营活动进行日常监督管理的工作人员。日常监督管理人员发生变化的，可以通过签章的方式在许可证上变更。

第二十六条 食品经营者应当妥善保管食品经营许可证，不得伪造、涂改、倒卖、出租、出借、转让。

食品经营者应当在经营场所的显著位置悬挂或者摆放食品经营许可证正本。

第五章 变更、延续、补办与注销

第二十七条 食品经营许可证载明的许可事项发生变化的，食品经营者应当在变化后10个工作日内向原发证的食品药品监督管理部门申请变更经营许可。

经营场所发生变化的，应当重新申请食品经营许可。外设仓库地址发生变化的，食品经营者应当在变化后10个工作日内向原发证的食品药品监督管理部门报告。

第二十八条 申请变更食品经营许可的，应当提交下列申请材料：

（一）食品经营许可变更申请书；

（二）食品经营许可证正本、副本；

（三）与变更食品经营许可事项有关的其他材料。

第二十九条 食品经营者需要延续依法取得的食品经营许可的有效期的，应当在该食品经营许可有效期届满30个工作日前，向原发证的食品药品监督管理部门提出申请。

第三十条 食品经营者申请延续食品经营许可，应当提交下列材料：

（一）食品经营许可延续申请书；

（二）食品经营许可证正本、副本；

（三）与延续食品经营许可事项有关的其他材料。

第三十一条 县级以上地方食品药品监督管理部门应当根据被许可人的延续申请，在该食品经营许可有效期届满前作出是否准予延续的决定。

第三十二条 县级以上地方食品药品监督管理部门应当对变更或者延续食品经营许可的申请材料进行审查。

申请人声明经营条件未发生变化的，县级以上地方食品药品监督管理部门可以不再进行现场核查。

申请人的经营条件发生变化，可能影响食品安全的，食品药品监督管理部门应当就变化情况进行现场核查。

第三十三条 原发证的食品药品监督管理部门决定准予变更的，应当向申请人颁发新的食品经营许可证。食品经营许可证编号不变，发证日期为食品药品监督管理部门作出变更许可决定的日期，有效期与原证书一致。

第三十四条 原发证的食品药品监督管理部门决定准予延续的，应当向申请人颁发新的食品经营许可证，许可证编号不变，有效期自食品药品监督管理部门作出延续许可决定之日起计算。

不符合许可条件的，原发证的食品药品监督管理部门应当作出不予延续食品经营许可的书面决定，并说明理由。

第三十五条 食品经营许可证遗失、损坏的，应当向原发证的食品药品监督管理部门申请补办，并提交下列材料：

（一）食品经营许可证补办申请书；

（二）食品经营许可证遗失的，申请人应当提交在县级以上地方食品药品监督管理部门网站或者其他县级以上主要媒体上刊登遗失公告的材料；食品经营许可证损坏的，应当提交损坏的食品经营许可证原件。

材料符合要求的，县级以上地方食品药品监督管理部门应当在受理后20个工作日内予以补发。

因遗失、损坏补发的食品经营许可证，许可证编号不变，发证日期和有效期与原证书保持一致。

第三十六条 食品经营者终止食品经营，食品经营许可被撤回、撤销或者食品经营许可证被吊销的，应当在30个工作日内向原发证的食品药品监督管理部门申请办理注销手续。

食品经营者申请注销食品经营许可的，应当向原发证的食品药品监督管理部门提交下列材料：

（一）食品经营许可注销申请书；

（二）食品经营许可证正本、副本；

（三）与注销食品经营许可有关的其他材料。

第三十七条　有下列情形之一，食品经营者未按规定申请办理注销手续的，原发证的食品药品监督管理部门应当依法办理食品经营许可注销手续：

（一）食品经营许可有效期届满未申请延续的；

（二）食品经营者主体资格依法终止的；

（三）食品经营许可依法被撤回、撤销或者食品经营许可证依法被吊销的；

（四）因不可抗力导致食品经营许可事项无法实施的；

（五）法律法规规定的应当注销食品经营许可的其他情形。

食品经营许可被注销的，许可证编号不得再次使用。

第三十八条　食品经营许可证变更、延续、补办与注销的有关程序参照本办法第二章和第三章的有关规定执行。

第六章　监督检查

第三十九条　县级以上地方食品药品监督管理部门应当依据法律法规规定的职责，对食品经营者的许可事项进行监督检查。

第四十条　县级以上地方食品药品监督管理部门应当建立食品许可管理信息平台，便于公民、法人和其他社会组织查询。

县级以上地方食品药品监督管理部门应当将食品经营许可颁发、许可事项检查、日常监督检查、许可违法行为查处等情况记入食品经营者食品安全信用档案，并依法向社会公布；对有不良信用记录的食品经营者应当增加监督检查频次。

第四十一条　县级以上地方食品药品监督管理部门日常监督管理人员负责所管辖食品经营者许可事项的监督检查，必要时，应当依法对相关食品仓储、物流企业进行检查。

日常监督管理人员应当按照规定的频次对所管辖的食品经营者实施全覆盖检查。

第四十二条　县级以上地方食品药品监督管理部门及其工作人员履行食品经营许可管理职责，应当自觉接受食品经营者和社会监督。

接到有关工作人员在食品经营许可管理过程中存在违法行为的举报，食品药品监督管理部门应当及时进行调查核实。情况属实的，应当立即纠正。

第四十三条　县级以上地方食品药品监督管理部门应当建立食品经营许可档案管理制度，将办理食品经营许可的有关材料、发证情况及时归档。

第四十四条　国家食品药品监督管理总局可以定期或者不定期组织对全国食品经营许可工作进行监督检查；省、自治区、直辖市食品药品监督管理部门可以定期或者不定期组织对本行政区域内的食品经营许可工作进行监督检查。

第七章　法律责任

第四十五条　未取得食品经营许可从事食品经营活动的，由县级以上地方食品药品监督管理部门依照《中华人民共和国食品安全法》第一百二十二条的规定给予处罚。

第四十六条　许可申请人隐瞒真实情况或者提供虚假材料申请食品经营许可的，由县级以上地方食品药品监督管理部门给予警告。申请人在1年内不得再次申请食品经营许可。

第四十七条　被许可人以欺骗、贿赂等不正当手段取得食品经营许可的，由原发证的食品药品监督管理部门撤销许可，并处1万元以上3万元以下罚款。被许可人在3年内不得再次申请食品经营许可。

第四十八条　违反本办法第二十六条第一款规定，食品经营者伪造、涂改、倒卖、出租、出借、转让食品经营许可证的，由县级以上地方食品药品监督管理部门责令改正，给予警告，并处1万元以下罚款；情节严重的，处1万元以上3万元以下罚款。

违反本办法第二十六条第二款规定，食品经营者未按规定在经营场所的显著位置悬挂或者摆放食品经营许可证的，由县级以上地方食品药品监督管理部门责令改正；拒不改正的，给予警告。

第四十九条 违反本办法第二十七条第一款规定，食品经营许可证载明的许可事项发生变化，食品经营者未按规定申请变更经营许可的，由原发证的食品药品监督管理部门责令改正，给予警告；拒不改正的，处2000元以上1万元以下罚款。

违反本办法第二十七条第二款规定或者第三十六条第一款规定，食品经营者外设仓库地址发生变化，未按规定报告的，或者食品经营者终止食品经营，食品经营许可被撤回、撤销或者食品经营许可证被吊销，未按规定申请办理注销手续的，由原发证的食品药品监督管理部门责令改正；拒不改正的，给予警告，并处2000元以下罚款。

第五十条 被吊销经营许可证的食品经营者及其法定代表人、直接负责的主管人员和其他直接责任人员自处罚决定作出之日起5年内不得申请食品生产经营许可，或者从事食品生产经营管理工作、担任食品生产经营企业食品安全管理人员。

第五十一条 食品药品监督管理部门对不符合条件的申请人准予许可，或者超越法定职权准予许可的，依照《中华人民共和国食品安全法》第一百四十四条的规定给予处分。

第八章 附则

第五十二条 本办法下列用语的含义：

（一）单位食堂，指设于机关、事业单位、社会团体、民办非企业单位、企业等，供应内部职工、学生等集中就餐的餐饮服务提供者；

（二）预包装食品，指预先定量包装或者制作在包装材料和容器中的食品，包括预先定量包装以及预先定量制作在包装材料和容器中并且在一定量限范围内具有统一的质量或体积标识的食品；

（三）散装食品，指无预先定量包装，需称重销售的食品，包括无包装和带非定量包装的食品；

（四）热食类食品，指食品原料经粗加工、切配并经过蒸、煮、烹、煎、炒、烤、炸等烹饪工艺制作，在一定热度状态下食用的即食食品，含火锅和烧烤等烹饪方式加工而成的食品等；

（五）冷食类食品，指一般无需再加热，在常温或者低温状态下即可食用的食品，含熟食卤味、生食瓜果蔬菜、腌菜等；

（六）生食类食品，一般特指生食水产品；

（七）糕点类食品，指以粮、糖、油、蛋、奶等为主要原料经焙烤等工艺现场加工而成的食品，含裱花蛋糕等；

（八）自制饮品，指经营者现场制作的各种饮料，含冰淇淋等；

（九）中央厨房，指由餐饮单位建立的，具有独立场所及设施设备，集中完成食品成品或者半成品加工制作并配送的食品经营者；

（十）集体用餐配送单位，指根据服务对象订购要求，集中加工、分送食品但不提供就餐场所的食品经营者；

（十一）其他类食品，指区域性销售食品、民族特色食品、地方特色食品等。

本办法所称的特殊医学用途配方食品，是指国家食品药品监督管理总局按照分类管理原则确定的可以在商场、超市等食品销售场所销售的特殊医学用途配方食品。

第五十三条 对食品摊贩等的监督管理，按照省、自治区、直辖市制定的具体管理办法执行。

第五十四条 食品经营者在本办法施行前已经取得的许可证在有效期内继续有效。

第五十五条 各省、自治区、直辖市食品药品监督管理部门可以根据本行政区域实际情况，制定有关食品经营许可管理的具体实施办法。

第五十六条 食品药品监督管理部门制作的食品经营许可电子证书与印制的食品经营许可证书具有同等法律效力。

第五十七条 本办法自2015年10月1日起施行。

住房和城乡建设部等部门关于推动物业服务企业发展居家社区养老服务的意见

（建房〔2020〕92号，2020年11月24日，住房城乡建设部 国家发展改革委 民政部 卫生健康委员会 国家医疗保障局 全国老龄委办公室发布）

各省、自治区、直辖市住房和城乡建设厅（委、管委）、发展改革委、民政厅（局）、卫生健康委、医保局、老龄办，新疆生产建设兵团住房和城乡建设局、发展改革委、民政局、卫生健康委、医保局、老龄办：

为贯彻落实党中央、国务院关于加快发展养老服务业的一系列决策部署，充分发挥物业服务企业常驻社区、贴近居民、响应快速等优势，推动和支持物业服务企业积极探索“物业服务＋养老服务”模式，切实增加居家社区养老服务有效供给，更好满足广大老年人日益多样化多层次的养老服务需求，着力破解高龄、空巢、独居、失能老年人生活照料和长期照护难题，促进家庭幸福、邻里和睦、社区和谐，现就推动物业服务企业发展居家社区养老服务提出以下意见。

一、补齐居家社区养老服务设施短板

（一）盘活小区既有公共房屋和设施。清理整合居住小区内各类闲置和低效使用的公共房屋和设施，经业主共同决策同意，可交由物业服务企业统一改造用于居家社区养老服务；政府所有的闲置房屋和设施，由房屋管理部门按规定履行程序后，可交由物业服务企业用于居家社区养老服务。鼓励物业服务企业与房地产开发企业协商，将开发企业自持的房屋改造为养老服务用房，允许按照适老化设计要求优化户均面积、小区车位配比等指标，相关建设工程应符合国家工程建设消防技术标准和消防安全管理要求。

（二）保障新建居住小区养老服务设施达标。新建居住小区应落实居家社区养老服务设施规划建设要求，按照相关政策和标准配套建设居家社区养老服务设施，并与住宅同步规划、同步建设、同步验收、同步交付使用。对缓建、缩建、停建、不建养老服务设施的项目，在整改到位之前不得组织竣工验收。支持利用集体建设用地发展养老服务设施。加强居家社区养老服务设施设计、施工、验收、备案等环节的监督管理，保障设施建设达标。

（三）加强居家社区养老服务设施布点和综合利用。按照集中和分散兼顾、独立和混合使用并重的原则，完善居家社区养老服务设施布点。在老年人较多的若干相邻小区，集中建设老年服务中心，可交由物业服务企业为老年人提供全托、日托、上门、餐饮、文体、健身等方面的服务，提高养老设施使用效率。因地制宜多点布局小型养老服务点，作为居家社区养老服务中心的有效补充，方便小区老年人就地就近接受服务。

（四）推进居家社区适老化改造。支持物业服务企业根据老年人日常生活和社会交往需要，进行增设无障碍通道、加装电梯等设施适老化改造，以及提供地面防滑、加装扶手、消除地面高差等居家社区适老化改造。

二、推行“物业服务＋养老服务”居家社区养老模式

（五）养老服务营收实行单独核算。物业服务企业开展居家社区养老服务，应当内设居家社区养老服务部门，专门提供助餐、助浴、助洁、助急、助行、助医、照料看护等定制养老服务，并按国家有关规定，建立健全财务会计制度，对社区养老服务的营业收支实行单独核算。

（六）支持养老服务品牌化连锁化经营。支持物业服务企业根据自身条件，结合养老需

求，成立独立的居家社区养老服务机构，实现居家社区养老服务规模化、品牌化、连锁化经营。物业服务企业已经取得居家社区养老服务机构营业执照的，允许其跨区域经营居家社区养老服务。

（七）组建专业化养老服务队伍。鼓励开展居家社区养老服务的物业服务企业建立养老服务专业人员队伍，加强岗前培训及定期培训。协调职业院校、培训机构为物业服务企业培养养老护理、康复、社会工作、心理咨询等专业人员提供人力资源支持。按规定落实养老服务从业人员培训费补贴、职业技能鉴定补贴等政策。将符合条件的养老服务从业人员纳入公租房或政策性租赁住房保障范围。

三、丰富居家社区养老服务内容

（八）支持参与提供医养结合服务。鼓励物业服务企业开办社区医务室、护理站等医疗机构，招聘和培训专业人员，为老年人提供基本医护服务，支持将符合条件的医疗机构纳入医保支付范围。支持社区医务室、护理站与大型医疗机构建立长期合作关系和就医双向转介绿色通道。鼓励医护人员到社区医务室、护理站执业，并在职称评定等方面享有同等待遇。探索开展居家老年人上门医疗卫生服务。

（九）支持开展老年人营养服务和健康促进。鼓励物业服务企业因地制宜地开办小区老年餐桌，提供送餐上门服务。鼓励开办社区课堂，开展老年人思想道德、科学文化、养生保健、心理健康、法律法规、家庭理财、闲暇生活、代际沟通、生命尊严等方面教育，加强对老年人及其家属的营养和照护知识培训，指导老年人开展科学的体育健身活动，搭建老年文化活动平台。支持设置老年人康复辅助器具配置、租赁站点，满足老年人相应康复需求。

（十）发展社区助老志愿服务。鼓励物业服务企业加强与社区居民委员会、业主委员会的沟通合作，共同健全社区动员和参与机制，开展社区居民结对帮扶老年人志愿服务活动，以及敬老助老孝老主题教育和代际沟通活动，加强对老年人的精神关爱服务，为老年人参与社区生活搭建平台。

（十一）促进养老产业联动发展。支持物业服务企业在提供居家社区养老服务中，加强与专业养老机构信息和业务联通，开展技术交流、人员培训、资源共享和客户转介等方面的合作，推进居家、社区、机构养老融合发展，积极构建全方位、多层次、立体化的养老服务体系。

四、积极推进智慧居家社区养老服务

（十二）建设智慧养老信息平台。鼓励物业服务企业对接智慧城市和智慧社区数据系统，建设智慧养老信息平台，将社区老年人生活情况、健康状态、养老需求、就医诊疗等数据信息纳入统一的数据平台管理；开辟家政预约、购物购药、健康管理、就医挂号、绿色转诊等多项网上服务功能，提升居家社区养老服务智能化水平。

（十三）配置智慧养老服务设施。鼓励物业服务企业对居家社区养老服务设施进行智能化升级改造，配置健康管理、人身安全监护、家用电器监控、楼寓对讲和应急响应等智能设施。大力推广物联网和远程智能安防监控技术，实现 24 小时安全自动值守，提高突发事件应对能力，降低老年人意外风险。

（十四）丰富智慧养老服务形式。鼓励物业服务企业参与开发居家社区养老服务智能终端、应用程序等，拓展远程提醒和控制、自动报警和处置、动态监测和记录等功能。以失能、独居、空巢老年人为重点，建立呼叫服务系统和应急救援服务机制。支持打造“互联网＋养老”模式，整合线上线下资源，精准对接助餐、助浴、助洁、助行、助医等需求与供给，为老年人提供“点菜式”便捷养老服务。

（十五）创新智慧养老产品供给。鼓励物业服务企业参与研发推广智能可穿戴设备、便携式健康监测设备、智能养老监护设备、家庭服务机器人等智能养老服务产品，推进人工智能、虚拟现实、5G 等新兴技术在居家社区养老智能产品中的应用。支持物业服务企业发展以老年产品为特色的电商服务平台，为老年人提供多元、个性、精准的智能产品。

五、完善监督管理和激励扶持措施

（十六）加强养老服务监管。物业服务企业开展居家社区养老服务和有关设施应符合消防、环保、卫生、应急管理等相关标准及行业管理要求。物业服务企业为老年人提供居家社区养老服务，应严格保障老年人的信息安全，避免个人信息泄露。

（十七）规范养老服务收费行为。居家社区养老服务收费应当遵循诚实信用、公平合理、费用与服务水平相适应的原则。居家社区养老服务收费必须明码标价，在服务区域内的显著位置公示企业名称、服务内容、收费标准、投诉方式等事项，确保老年人的知情权、参与权、选择权和监督权。

（十八）拓宽养老服务融资渠道。鼓励商业银行向提供居家社区养老服务的物业服务企业发放资产（设施）抵押贷款和应收账款质押贷款，并参照贷款基准利率，结合风险分担情况，合理确定贷款利率水平。支持物业服务企业以企业未来收益权、土地使用权为担保发行债券。鼓励商业保险、基金、信托、社保基金等资金投资居家社区养老服务项目，降低物业服务企业负债率。

（十九）建立协同推进机制。加强组织领导，强化部门协同，将发展居家社区养老服务工作纳入养老服务部际联席会议制度，统筹推进。住房和城乡建设部负责物业服务企业开展居家社区养老服务组织协调工作，民政部负责养老服务工作的业务指导、监督管理，国家卫生健康委负责指导社区医务室、护理站设立和运营工作，国家医保局负责指导将符合条件的医疗机构纳入医保协议管理范围，全国老龄办负责老年人照顾服务指导工作。地方省级政府有关部门按照职责分工负责本行政区内推动物业服务企业发展居家社区养老服务相关工作。市县政府有关部门负责落实落细各项政策措施，积极探索实践，及时研究解决问题，为物业服务企业开展居家社区养老服务创造条件。

关于在人口净流入的大中城市加快发展住房租赁市场的通知（摘）

（建房〔2017〕153 号，2017 年 7 月 18 日，住房城乡建设部 国家发展改革委 公安部 财政部 国土资源部 人民银行 税务总局 工商总局 证券会发布）

各省、自治区、直辖市住房城乡建设厅（建委、房地局）、发展改革委、公安厅（局）、国土资源主管部门、工商局（市场监督管理部门）、证监局，中国人民银行上海总部、各分行、营业管理部、省会（首府）城市中心支行、副省级城市中心支行，各省、自治区、直辖市、计划单列市财政厅（局）、国家税务局、地方税务局：

当前人口净流入的大中城市住房租赁市场需求旺盛、发展潜力大，但租赁房源总量不足、市场秩序不规范、政策支持体系不完善，租赁住房解决城镇居民特别是新市民住房问题的作用没有充分发挥。为进一步贯彻落实《国务院办公厅关于加快培育和发展住房租赁市场的若干意见》（国办发〔2016〕39 号），加快推进租赁住房建设，培育和发展住房租赁市场，现就有关事项通知如下。

一、充分认识加快发展住房租赁市场的重要意义

…………

二、多措并举，加快发展住房租赁市场

（一）培育机构化、规模化住房租赁企业。…………

（二）建设政府住房租赁交易服务平台。…………

（三）增加租赁住房有效供应。

…………

（四）创新住房租赁管理和服务体制。

各地要建立部门相互协作配合的工作机制，明确住房城乡建设、发展改革、公安、财政、国土资源、金融、税务、工商等部门在规范发展住房租赁市场工作中的职责分工，整顿规范市场秩序，严厉打击住房租赁违法违规行为。推进部门间信息共享，承租人可按照国家有关规定凭登记备案的住房租赁合同等有关证明材料申领居住证，享受相关公共服务。充分发挥街道、乡镇，尤其是居民委员会和村民委员会等基层组织的作用，将住房租赁管理和服务的重心下移，实行住房租赁的网格化管理；建立纠纷调处机制，及时化解租赁矛盾纠纷。

三、工作要求

（一）加强组织领导……

（二）积极开展试点。选取部分人口净流入的大中城市开展试点工作……

（三）加强督促指导……

商务部等12部门关于推进城市一刻钟便民生活圈建设的意见

（商流通函〔2021年〕176号，2021年5月28日，商务部 发展改革委 民政部 财政部 人力资源社会保障部 自然资源部 住房和城乡建设部 文化和旅游部 税务总局 市场监管总局 银保监会 邮政局发布）

各省、自治区、直辖市、计划单列市及新疆生产建设兵团商务、发展改革、民政、财政、人力资源社会保障、自然资源、住房和城乡建设、文化和旅游、市场监管、邮政管理部门，国家税务总局各省、自治区、直辖市、计划单列市税务局，各银保监局：

一刻钟便民生活圈（以下简称便民生活圈），是以社区居民为服务对象，服务半径为步行15分钟左右的范围内，以满足居民日常生活基本消费和品质消费等为目标，以多业态集聚形成的社区商圈。近年来，各地便民生活圈快速发展，但也存在商业网点布局不均、设施老旧、新业态新技术新模式发展不平衡不充分等问题，亟待加以解决。为深入贯彻党的十九届五中全会和中央经济工作会议精神，坚定实施扩大内需战略，畅通国民经济循环，满足人民日益增长的美好生活需要，现就推进城市一刻钟便民生活圈建设工作提出如下意见。

一、总体思路

以习近平新时代中国特色社会主义思想为指导，把握新发展阶段，贯彻新发展理念，构建新发展格局，坚持以人民为中心的发展思想，按照试点先行、以点带面、逐步推开的思路，建立部、省、市、区、街道联动机制，以城市为实施主体，充分调动地方积极性，推动科学优化布局、补齐设施短板、丰富商业业态、壮大市场主体、创新服务能力、引导规范经营，提高服务便利化、标准化、智慧化、品质化水平，将便民生活圈打造成为促进形成强大国内市场、服务保障民生、推动便利消费及扩大就业的重要平台和载体。

二、基本原则

坚持以人民为中心。把实现人民对美好生活的向往作为奋斗目标，把人民满意作为工作的出发点和落脚点，发挥便民生活圈便民利民惠民的重要作用，不搞面子工程和形象工程。

坚持因地制宜。发挥政府引导、市场主导作用，遵循市场规律，不搞“一刀切”，聚焦补短板、堵漏洞、强弱项，推动设施配套化、服务多元化，不断提高服务水平，满足不同群体的消费需求，提升居民消费体验。

坚持系统观念。处理好整体与局部、发展

与环境的关系，推动便民生活圈商业网点科学布局，商业设施与公共设施联动，商业运营与社区治理贯通，业态发展与居民需求匹配。

坚持守正创新。回归商业本质，以满足消费需求为核心，在提升实体商业服务质量与水平的同时，充分利用新技术推动业态和模式创新，线上线下融合，满足即期消费，激发潜在消费。

三、主要任务

（一）科学优化布局。加强统筹设计，顺应消费升级趋势，围绕便利消费、便民服务，明确便民生活圈商业网点规模、布局、业态结构和服务功能，与居民数量、消费习惯、经济水平等要素相适应。合理优化网点，重点对城镇老旧小区、新建居住区、城乡结合部小区加强商业网点布局，满足居民便利生活和日常消费需求。推动商居和谐，落实相关规划和标准，引导住宅和商业适当分离，商业设施和社区风格相协调，基本保障业态和品质提升业态相结合。

（二）补齐设施短板。结合城乡社区服务体系建设、城镇老旧小区改造等，开展广泛调研和排查，摸清底数，制定方案，明确新建和改造提升项目，推动便民商业设施进社区，打通“最后一公里”。支持盘活分散的社区空间资源，因地制宜配齐商业设施，通过标准化改造提升质量标准、环境卫生、服务品质。支持智能信包箱（快件箱）、箱式移动早餐售卖车、蔬菜直通车等便利设施进社区。支持有条件的社区改造提升商业中心、邻里中心等各类综合服务设施，完善“一站式”便民服务功能。鼓励有条件的物业服务企业向养老、托育、家政、邮政快递、前置仓等领域延伸，推动“物业服务＋生活服务”，提升消费便利化、品质化水平。

（三）丰富商业业态。鼓励商业与物业、消费与生活、居家与社区等场景融合，实现业态多元化、集聚化、智慧化发展。优先配齐基本保障类业态，支持与居民日常生活密切相关的便利店、综合超市、菜市场、生鲜超市（菜店）、早餐店、美容美发店、洗染店、药店、照相文印店、家政服务点、维修点、再生资源回收点、邮政快递综合服务点、前置仓等进社区，在安全、合法的前提下采取“一点多用”、服务叠加等方式发展微利业态，保障生活必需。因地制宜发展品质提升类业态，鼓励发展特色餐饮、运动健身、保健养生、新式书店、教育培训、休闲娱乐、老年康护、幼儿托管等品质提升类业态，促进商文旅融合，拓展社交化、特色化功能，满足居民多样化的消费需求，提升生活品质。

（四）壮大市场主体。发挥市场在资源配置中的决定性作用，激发各类市场主体活力，促进集聚式发展。鼓励大企业输出品牌、标准、管理和服务，发展社区便利店、超市、理发店、餐饮店（早餐、快餐）等直营连锁，对形象标识、门店管控、设施配置、服务标准、商品采购、物流配送实行“六统一”。鼓励企业以大带小，在做好自营商超的同时，开放供应链、物流渠道及门店资源，为传统夫妻店、杂货铺提供集采集配、统仓统配等一站式服务，通过商业特许经营方式实现品牌化、规范化发展。支持菜市场、生鲜超市（菜店）标准化改造，推广先进冷链技术和设施设备，加强供应链管理，实行超市化、连锁化经营。鼓励数字化赋能，引导第三方技术服务商把大数据应用到开店布局、进销存管理、物流配送、商品追溯等各个环节，促进模式创新和市场要素精准配置。推动平台企业为高质量发展和高品质生活服务，坚持发展与规范并重，为社区商户提供营销、信息、流量、数字化工具等免费或让利服务，将实体店作为供应链合作的一环，实现线上线下融合、店配宅配融合，加快配置社区团购必备的冷链等设施设备，健全管理制度，保障食品安全和公众利益。

（五）创新服务能力。增强服务便利，鼓励“一店多能”，搭载代扣代缴、代收代发、上门服务、租赁等项目，通过跨界经营提高便民服务能力。提升服务品质，推广专业化托管、连锁经营、农超对接、店仓配一体等成熟模式，引导差异化、特色化经营，提高管理效能和服务供给能力。拓展智能体验，鼓励应用5G、大数据、人工智能、物联网等先进信息技术，驱动发展无接触交易、智能结算、网订店取（送）、直播带货、自助售卖等创新模式，拓展便民生活圈应用场景。优化信息服务，支持依托智慧社区信息系统，构建城市便民生活圈智慧服务平台（小程序或APP），整合本地商户资源，接入购物、餐饮、休闲、文化、养老、托育、家政等线上功能，提供周边商品和服务搜索、信息查询、生活缴费、地理导航及线上发券、线下兑换等免费服务，打造集约式发展生态圈，推动接入智慧城市和基层管理服务平台。

（六）引导规范经营。发挥商协会作用，鼓励制定相关标准，开展技能培训，规范商户经营和服务行为。完善管理制度，整合街道、社区、物业、商户等各方力量，强化诚信经营和守法意识，通过共建共管加强环境整治和自律规范。引入专业运营商，鼓励整体规划、统一招商、统一运营、规范管理，完善购物、服务、休闲、健身、文化、社交等功能。照顾特殊群体，完善必要的无障碍设施，张贴便民生活圈导视图，鼓励设立为老年人服务的专柜和体验店，保留实体店铺面对面人工服务，支持现金和银行卡支付，提供简便易行、满足老年人基本需要的服务方式，提高便民服务的“温度”。

四、保障措施

（一）加强组织领导。

各地结合实际把便民生活圈建设纳入政府保民生重点工程，作为实施扩大内需战略和做好“六稳”工作、落实“六保”任务的有效手段。鼓励实行市长（区长）负责制，加强顶层设计，制定城市便民生活圈建设专项规划，在用地、用房、财政、金融、营商环境等方面加大政策扶持力度，重点解决居民消费难点痛点问题。推动开展城市一刻钟便民生活圈建设试点，加强部门联动，商务、住房和城乡建设主管部门重点加强工作指导，发展改革、民政、财政、人力资源社会保障、自然资源、文化和旅游、税务、市场监管、金融、邮政管理等部门要发挥职能作用，落实支持政策，加强监督管理，优化营商环境，共同推动便民生活圈健康发展。（有关部门，各地方人民政府负责）

（二）强化政策保障。

落实新建社区商业和综合服务设施面积占社区总建筑面积比例不低于10%的规定，做到社区商业设施与住宅同步规划、同步建设、同步验收和同步交付。结合旧城改造和城市更新，做好与国土空间规划衔接，推动土地复合开发利用、用途合理转换，盘活存量房屋设施，增加商业网点用房供给，有条件的商业网点周边要实行人车分流，完善无障碍设施。鼓励物业服务企业在保障安全、征得业主同意的前提下，在居住区设置共享仓，为商户和居民提供物品临时存放场所。（民政部、自然资源部、住房和城乡建设部按职责分工负责）

鼓励共享办公、线上线下融合等新模式新业态新服务发展，加大支持微利业态经营的力度，清理规范用电环节不合理加价行为；鼓励各地结合实际制定房租减免、补贴政策，推动降低社区店铺经营成本。（发展改革委、住房和城乡建设部、商务部、市场监管总局按职责分工负责）

落实创业担保贷款贴息政策。支持地方用好就业补助资金，对符合条件的商户按规定落实就业补贴政策，对符合条件的企业按规定给予失业保险稳岗返还。（财政部、人力资源社会保障部按职责分工负责）

引导银行保险机构加大普惠金融支持力度，对行业主管部门推荐的为老服务、应急保供等名单企业（含信用信息）依法依规提供信贷、保险优惠政策，创新消费信贷服务，为社区提供专业、便捷、贴心的金融服务。（银保监会负责）

把智能信包箱（快件箱）纳入社区公共服务设施建设。（住房和城乡建设部、国家邮政局，各地方人民政府负责）

鼓励有条件的地方对便民生活圈商户购买的财产险、食品安全险、职业责任险等适当补贴，提高商户经营的抗风险能力。（各地方人民政府负责）

落实国家关于养老、托育、家政等社区家庭服务业税费优惠政策。落实生活性服务业增值税加计抵减及普惠性减税降费政策。落实推动品牌连锁便利店加快发展的有关政策。（民

政部、财政部、商务部、税务总局按职责分工负责）

（三）优化营商环境。

持续深化商事制度改革，优化企业开办服务，推广电子证照应用，支持各地加大住所与经营场所登记改革力度。实施“包容审慎”监管，坚持处罚与教育相结合，对违法情节轻微、无违法后果或后果较轻的，在法律法规允许的幅度范围内给予适当从轻、减轻或免予处罚，指导和帮助市场主体整改。（市场监管总局，各地方人民政府负责）

简化社区店铺开业程序，装修施工、招牌设置实行备案承诺制，公众聚集场所投入使用、营业前消防安全检查实行告知承诺制。（各地方人民政府负责）

坚持发展和规范并重，建立健全社区电商（含社区团购等）领域市场准入规则，划清底线、加强监管、规范秩序，促进公平竞争，反对垄断，防止资本无序扩张。加强规范和监管，维护公众利益和社会稳定，督促平台企业承担商品质量、食品安全保障等责任，落实社区团购“九不得”规定，维护线上线下公平竞争的市场环境。畅通投诉举报渠道，完善消费纠纷解决机制和消费者反馈评价机制。（商务部、市场监管总局按职责分工负责）

（四）夯实工作基础。

鼓励第三方机构为社区小微企业和个体工商户提供数字化转型、信息咨询、装修设计、营销策划、经营分析等专业服务。鼓励商协会建立新商业模式成熟度评估制度，加强标准制修订，联合职业学校等多渠道开展线上线下培训，深化校企合作，提升从业人员能力。完善统计制度，加强便民生活圈的店铺数量、从业人数、居民满意度、建设改造投资额等指标统计。创新工作宣传和交流方式，把居民满意不满意作为检验标准，边试点、边总结、边推广成熟经验做法，不断增强人民群众获得感、幸福感、安全感。（各级商务部门委托有关协会、社会机构负责）

附件：城市一刻钟便民生活圈建设试点方案

附件

城市一刻钟便民生活圈建设试点方案

为贯彻落实《关于推进城市一刻钟便民生活圈建设的意见》，推动实施扩大内需战略，加快城市一刻钟便民生活圈建设（以下简称便民生活圈），畅通国民经济循环，满足人民日益增长的美好生活需要，今年起拟开展城市便民生活圈建设试点，现将有关事项通知如下：

一、试点工作目标

“十四五”时期，在全国选择条件成熟的城市开展便民生活圈试点，指导建设一批布局合理、业态齐全、功能完善、智慧便捷、规范有序、服务优质、商居和谐的便民生活圈，通过全国推广经验，构建便民生活圈、打造便民服务链、提升民生幸福度，切实增强人民群众获得感、幸福感、安全感。

二、试点城市申报原则和条件

（一）政府重视，积极性高，发展基础好，实施方案科学。

（二）推动深化“放管服”改革、优化营商环境，已落实财税、信贷、就业等支持政策。

（三）前期已开展便民生活圈或社区商业相关工作，出台有配套支持政策，取得成熟经验和阶段性成效的城市；实行“市长（区长）负责制”的城市；已纳入省级试点的城市等，将优先纳入全国性试点。

三、申报流程和时限

申报流程：城市是试点申报主体，实施方案等申报资料由城市人民政府盖章后，上报至省级商务主管部门；省级商务主管部门是推荐主体，商有关部门同意后，由省级商务主管部门盖章上报至商务部，商务部（流通发展司）、住房和城乡建设部（建筑节能与科技司）会同有关部门负责试点具体工作。

“十四五”时期，省、自治区每年推荐不超过2个城市（省会、地级），直辖市、新疆生产建设兵团每年推荐不超过2个区或师；计划单列市政府可直接申报。请各省级商务主管部门于2021年7月15日前推荐首批试点申报城市。

四、试点内容要求

按照《关于推进城市一刻钟便民生活圈建设的意见》要求，以城市为试点实施主体，重点围绕科学优化布局、补齐设施短板、丰富商业业态、壮大市场主体、创新服务能力、引导规范经营等开展试点，探索并推广在政策创新、制度创新、管理创新、模式创新等方面的经验，逐步扩大便民生活圈覆盖范围。

试点城市应结合本地实际，科学制定实施方案，做到思路清晰、目标量化、任务具体、数据真实、措施有效、特色突出、图文结合。城市申报方案思路应体现“两年试点、三年推广”，方案内容应包括：发展现状和问题，工作思路，逐年工作目标（每年地级城市及直辖市的区至少5个生活圈、省会及计划单列市至少10个生活圈，并列出覆盖不同类型便民生活圈的名单），主要任务，保障措施，责任分工，试点项目进度安排表。方案、附表、地方政策文件等材料，请一并上报。

五、工作职责分工

（一）国家层面

商务部、住房和城乡建设部会同有关部门负责工作统筹、宏观指导、政策研究，每年选取不同类型的城市开展试点，在政策创新、制度创新、管理创新、模式创新等方面进行探索，总结推广成熟可复制的经验做法；委托各省级商务、住房和城乡建设主管部门会同有关部门分批对试点城市整体情况进行评估，并抽查评估结果，以适当方式在一定范围内公布。

（二）地方层面

省级商务、住房和城乡建设主管部门会同有关部门负责业务指导和跟踪督促，协调支持政策，推荐全国性试点城市，探索开展省级试点，对承担全国性和省级试点的城市完成任务整体情况进行分批评估，并在全省范围内及时总结推广经验。

城市是试点实施主体，实行市长（区长）负责制；城市商务、住房和城乡建设主管部门会同有关部门组织试点，因城施策、因地制宜，灵活采用网络问卷、座谈会、现场调研等方式，问需于民、问计于民、问政于民，摸清现状和问题，理清工作思路，编制城市便民生活圈建设专项规划，制定实施方案、支持政策，按照问题导向、目标导向加强项目管理和验收；建立工作考核和奖励机制，调动区、街道各级工作积极性，做到与民生保障相结合、与消费升级相结合、与发展新模式新业态相结合、与畅通国民经济微循环相结合，通过“两年试点、三年推广”，确保取得扎实成效。

附件：1. 城市便民生活圈建设试点情况汇总表（略）

2. 试点便民生活圈建设情况调查表（略）

中华人民共和国食品安全法（摘）

（2009 年 2 月 28 日第十一届全国人民代表大会常务委员会第七次会议通过，
2015 年 4 月 24 日第十二届全国人民代表大会常务委员会第十四次会议修订，
根据 2018 年 12 月 29 日第十三届全国人民代表大会常务委员会第七次会议
《关于修改〈中华人民共和国产品质量法〉等五部法律的决定》第一次修正，
根据 2021 年 4 月 29 日第十三届全国人民代表大会常务委员会第二十八次会议
《关于修改〈中华人民共和国道路交通安全法〉等八部法律的决定》第二次修正，
2021 年 4 月 29 日中华人民共和国主席令第 81 号公布）

…………

第四章　食品生产经营

第一节　一般规定

第三十三条　食品生产经营应当符合食品安全标准，并符合下列要求：

（一）具有与生产经营的食品品种、数量相适应的食品原料处理和食品加工、包装、贮存等场所，保持该场所环境整洁，并与有毒、有害场所以及其他污染源保持规定的距离；

（二）具有与生产经营的食品品种、数量相适应的生产经营设备或者设施，有相应的消毒、更衣、盥洗、采光、照明、通风、防腐、防尘、防蝇、防鼠、防虫、洗涤以及处理废水、存放垃圾和废弃物的设备或者设施；

（三）有专职或者兼职的食品安全专业技术人员、食品安全管理人员和保证食品安全的规章制度；

（四）具有合理的设备布局和工艺流程，防止待加工食品与直接入口食品、原料与成品交叉污染，避免食品接触有毒物、不洁物；

（五）餐具、饮具和盛放直接入口食品的容器，使用前应当洗净、消毒，炊具、用具用后应当洗净，保持清洁；

（六）贮存、运输和装卸食品的容器、工具和设备应当安全、无害，保持清洁，防止食品污染，并符合保证食品安全所需的温度、湿度等特殊要求，不得将食品与有毒、有害物品一同贮存、运输；

（七）直接入口的食品应当使用无毒、清洁的包装材料、餐具、饮具和容器；

（八）食品生产经营人员应当保持个人卫生，生产经营食品时，应当将手洗净，穿戴清洁的工作衣、帽等；销售无包装的直接入口食品时，应当使用无毒、清洁的容器、售货工具和设备；

（九）用水应当符合国家规定的生活饮用水卫生标准；

（十）使用的洗涤剂、消毒剂应当对人体安全、无害；

（十一）法律、法规规定的其他要求。

非食品生产经营者从事食品贮存、运输和装卸的，应当符合前款第六项的规定。

第三十四条　禁止生产经营下列食品、食品添加剂、食品相关产品：

（一）用非食品原料生产的食品或者添加食品添加剂以外的化学物质和其他可能危害人体健康物质的食品，或者用回收食品作为原料生产的食品；

（二）致病性微生物，农药残留、兽药残留、生物毒素、重金属等污染物质以及其他危害人体健康的物质含量超过食品安全标准限量的食品、食品添加剂、食品相关产品；

（三）用超过保质期的食品原料、食品添加剂生产的食品、食品添加剂；

（四）超范围、超限量使用食品添加剂的食品；

（五）营养成分不符合食品安全标准的专供婴幼儿和其他特定人群的主辅食品；

（六）腐败变质、油脂酸败、霉变生虫、污秽不洁、混有异物、掺假掺杂或者感官性状异常的食品、食品添加剂；

（七）病死、毒死或者死因不明的禽、畜、兽、水产动物肉类及其制品；

（八）未按规定进行检疫或者检疫不合格的肉类，或者未经检验或者检验不合格的肉类制品；

（九）被包装材料、容器、运输工具等污染的食品、食品添加剂；

（十）标注虚假生产日期、保质期或者超过保质期的食品、食品添加剂；

（十一）无标签的预包装食品、食品添加剂；

（十二）国家为防病等特殊需要明令禁止生产经营的食品；

（十三）其他不符合法律、法规或者食品安全标准的食品、食品添加剂、食品相关产品。

第三十五条 国家对食品生产经营实行许可制度。从事食品生产、食品销售、餐饮服务，应当依法取得许可。但是，销售食用农产品和仅销售预包装食品的，不需要取得许可。仅销售预包装食品的，应当报所在地县级以上地方人民政府食品安全监督管理部门备案。

县级以上地方人民政府食品安全监督管理部门应当依照《中华人民共和国行政许可法》的规定，审核申请人提交的本法第三十三条第一款第一项至第四项规定要求的相关资料，必要时对申请人的生产经营场所进行现场核查；对符合规定条件的，准予许可；对不符合规定条件的，不予许可并书面说明理由。

第三十六条 食品生产加工小作坊和食品摊贩等从事食品生产经营活动，应当符合本法规定的与其生产经营规模、条件相适应的食品安全要求，保证所生产经营的食品卫生、无毒、无害，食品安全监督管理部门应当对其加强监督管理。

县级以上地方人民政府应当对食品生产加工小作坊、食品摊贩等进行综合治理，加强服务和统一规划，改善其生产经营环境，鼓励和支持其改进生产经营条件，进入集中交易市场、店铺等固定场所经营，或者在指定的临时经营区域、时段经营。

食品生产加工小作坊和食品摊贩等的具体管理办法由省、自治区、直辖市制定。

第三十七条 利用新的食品原料生产食品，或者生产食品添加剂新品种、食品相关产品新品种，应当向国务院卫生行政部门提交相关产品的安全性评估材料。国务院卫生行政部门应当自收到申请之日起六十日内组织审查；对符合食品安全要求的，准予许可并公布；对不符合食品安全要求的，不予许可并书面说明理由。

第三十八条 生产经营的食品中不得添加药品，但是可以添加按照传统既是食品又是中药材的物质。按照传统既是食品又是中药材的物质目录由国务院卫生行政部门会同国务院食品安全监督管理部门制定、公布。

第三十九条 国家对食品添加剂生产实行许可制度。从事食品添加剂生产，应当具有与所生产食品添加剂品种相适应的场所、生产设备或者设施、专业技术人员和管理制度，并依照本法第三十五条第二款规定的程序，取得食品添加剂生产许可。

生产食品添加剂应当符合法律、法规和食品安全国家标准。

第四十条 食品添加剂应当在技术上确有必要且经过风险评估证明安全可靠，方可列入允许使用的范围；有关食品安全国家标准应当根据技术必要性和食品安全风险评估结果及时修订。

食品生产经营者应当按照食品安全国家标准使用食品添加剂。

第四十一条 生产食品相关产品应当符合法律、法规和食品安全国家标准。对直接接触食品的包装材料等具有较高风险的食品相关产品，按照国家有关工业产品生产许可证管理的规定实施生产许可。食品安全监督管理部门应当加强对食品相关产品生产活动的监督管理。

第四十二条 国家建立食品安全全程追溯制度。

食品生产经营者应当依照本法的规定，建立食品安全追溯体系，保证食品可追溯。国家鼓励食品生产经营者采用信息化手段采集、留存生产经营信息，建立食品安全追溯体系。

国务院食品安全监督管理部门会同国务院农业行政等有关部门建立食品安全全程追溯协

作机制。

第四十三条　地方各级人民政府应当采取措施鼓励食品规模化生产和连锁经营、配送。

国家鼓励食品生产经营企业参加食品安全责任保险。

第二节　生产经营过程控制

第四十四条　食品生产经营企业应当建立健全食品安全管理制度，对职工进行食品安全知识培训，加强食品检验工作，依法从事生产经营活动。

食品生产经营企业的主要负责人应当落实企业食品安全管理制度，对本企业的食品安全工作全面负责。

食品生产经营企业应当配备食品安全管理人员，加强对其培训和考核。经考核不具备食品安全管理能力的，不得上岗。食品安全监督管理部门应当对企业食品安全管理人员随机进行监督抽查考核并公布考核情况。监督抽查考核不得收取费用。

第四十五条　食品生产经营者应当建立并执行从业人员健康管理制度。患有国务院卫生行政部门规定的有碍食品安全疾病的人员，不得从事接触直接入口食品的工作。

从事接触直接入口食品工作的食品生产经营人员应当每年进行健康检查，取得健康证明后方可上岗工作。

第四十六条　食品生产企业应当就下列事项制定并实施控制要求，保证所生产的食品符合食品安全标准：

（一）原料采购、原料验收、投料等原料控制；

（二）生产工序、设备、贮存、包装等生产关键环节控制；

（三）原料检验、半成品检验、成品出厂检验等检验控制；

（四）运输和交付控制。

第四十七条　食品生产经营者应当建立食品安全自查制度，定期对食品安全状况进行检查评价。生产经营条件发生变化，不再符合食品安全要求的，食品生产经营者应当立即采取整改措施；有发生食品安全事故潜在风险的，应当立即停止食品生产经营活动，并向所在地县级人民政府食品安全监督管理部门报告。

第四十八条　国家鼓励食品生产经营企业符合良好生产规范要求，实施危害分析与关键控制点体系，提高食品安全管理水平。

对通过良好生产规范、危害分析与关键控制点体系认证的食品生产经营企业，认证机构应当依法实施跟踪调查；对不再符合认证要求的企业，应当依法撤销认证，及时向县级以上人民政府食品安全监督管理部门通报，并向社会公布。认证机构实施跟踪调查不得收取费用。

第四十九条　食用农产品生产者应当按照食品安全标准和国家有关规定使用农药、肥料、兽药、饲料和饲料添加剂等农业投入品，严格执行农业投入品使用安全间隔期或者休药期的规定，不得使用国家明令禁止的农业投入品。禁止将剧毒、高毒农药用于蔬菜、瓜果、茶叶和中草药材等国家规定的农作物。

食用农产品的生产企业和农民专业合作经济组织应当建立农业投入品使用记录制度。

县级以上人民政府农业行政部门应当加强对农业投入品使用的监督管理和指导，建立健全农业投入品安全使用制度。

第五十条　食品生产者采购食品原料、食品添加剂、食品相关产品，应当查验供货者的许可证和产品合格证明；对无法提供合格证明的食品原料，应当按照食品安全标准进行检验；不得采购或者使用不符合食品安全标准的食品原料、食品添加剂、食品相关产品。

食品生产企业应当建立食品原料、食品添加剂、食品相关产品进货查验记录制度，如实记录食品原料、食品添加剂、食品相关产品的名称、规格、数量、生产日期或者生产批号、保质期、进货日期以及供货者名称、地址、联系方式等内容，并保存相关凭证。记录和凭证保存期限不得少于产品保质期满后六个月；没有明确保质期的，保存期限不得少于二年。

第五十一条　食品生产企业应当建立食品出厂检验记录制度，查验出厂食品的检验合格证和安全状况，如实记录食品的名称、规格、数量、生产日期或者生产批号、保质期、检验合格证号、销售日期以及购货者名称、地址、联系方式等内容，并保存相关凭证。记录和凭证保存期限应当符合本法第五十条第二款的规定。

第五十二条 食品、食品添加剂、食品相关产品的生产者，应当按照食品安全标准对所生产的食品、食品添加剂、食品相关产品进行检验，检验合格后方可出厂或者销售。

第五十三条 食品经营者采购食品，应当查验供货者的许可证和食品出厂检验合格证或者其他合格证明（以下称合格证明文件）。

食品经营企业应当建立食品进货查验记录制度，如实记录食品的名称、规格、数量、生产日期或者生产批号、保质期、进货日期以及供货者名称、地址、联系方式等内容，并保存相关凭证。记录和凭证保存期限应当符合本法第五十条第二款的规定。

实行统一配送经营方式的食品经营企业，可以由企业总部统一查验供货者的许可证和食品合格证明文件，进行食品进货查验记录。

从事食品批发业务的经营企业应当建立食品销售记录制度，如实记录批发食品的名称、规格、数量、生产日期或者生产批号、保质期、销售日期以及购货者名称、地址、联系方式等内容，并保存相关凭证。记录和凭证保存期限应当符合本法第五十条第二款的规定。

第五十四条 食品经营者应当按照保证食品安全的要求贮存食品，定期检查库存食品，及时清理变质或者超过保质期的食品。

食品经营者贮存散装食品，应当在贮存位置标明食品的名称、生产日期或者生产批号、保质期、生产者名称及联系方式等内容。

第五十五条 餐饮服务提供者应当制定并实施原料控制要求，不得采购不符合食品安全标准的食品原料。倡导餐饮服务提供者公开加工过程，公示食品原料及其来源等信息。

餐饮服务提供者在加工过程中应当检查待加工的食品及原料，发现有本法第三十四条第六项规定情形的，不得加工或者使用。

第五十六条 餐饮服务提供者应当定期维护食品加工、贮存、陈列等设施、设备；定期清洗、校验保温设施及冷藏、冷冻设施。

餐饮服务提供者应当按照要求对餐具、饮具进行清洗消毒，不得使用未经清洗消毒的餐具、饮具；餐饮服务提供者委托清洗消毒餐具、饮具的，应当委托符合本法规定条件的餐具、饮具集中消毒服务单位。

第五十七条 学校、托幼机构、养老机构、建筑工地等集中用餐单位的食堂应当严格遵守法律、法规和食品安全标准；从供餐单位订餐的，应当从取得食品生产经营许可的企业订购，并按照要求对订购的食品进行查验。供餐单位应当严格遵守法律、法规和食品安全标准，当餐加工，确保食品安全。

学校、托幼机构、养老机构、建筑工地等集中用餐单位的主管部门应当加强对集中用餐单位的食品安全教育和日常管理，降低食品安全风险，及时消除食品安全隐患。

第五十八条 餐具、饮具集中消毒服务单位应当具备相应的作业场所、清洗消毒设备或者设施，用水和使用的洗涤剂、消毒剂应当符合相关食品安全国家标准和其他国家标准、卫生规范。

餐具、饮具集中消毒服务单位应当对消毒餐具、饮具进行逐批检验，检验合格后方可出厂，并应当随附消毒合格证明。消毒后的餐具、饮具应当在独立包装上标注单位名称、地址、联系方式、消毒日期以及使用期限等内容。

第五十九条 食品添加剂生产者应当建立食品添加剂出厂检验记录制度，查验出厂产品的检验合格证和安全状况，如实记录食品添加剂的名称、规格、数量、生产日期或者生产批号、保质期、检验合格证号、销售日期以及购货者名称、地址、联系方式等相关内容，并保存相关凭证。记录和凭证保存期限应当符合本法第五十条第二款的规定。

第六十条 食品添加剂经营者采购食品添加剂，应当依法查验供货者的许可证和产品合格证明文件，如实记录食品添加剂的名称、规格、数量、生产日期或者生产批号、保质期、进货日期以及供货者名称、地址、联系方式等内容，并保存相关凭证。记录和凭证保存期限应当符合本法第五十条第二款的规定。

第六十一条 集中交易市场的开办者、柜台出租者和展销会举办者，应当依法审查入场食品经营者的许可证，明确其食品安全管理责任，定期对其经营环境和条件进行检查，发现其有违反本法规定行为的，应当及时制止并立即报告所在地县级人民政府食品安全监督管理部门。

第六十二条　网络食品交易第三方平台提供者应当对入网食品经营者进行实名登记，明确其食品安全管理责任；依法应当取得许可证的，还应当审查其许可证。

网络食品交易第三方平台提供者发现入网食品经营者有违反本法规定行为的，应当及时制止并立即报告所在地县级人民政府食品安全监督管理部门；发现严重违法行为的，应当立即停止提供网络交易平台服务。

第六十三条　国家建立食品召回制度。食品生产者发现其生产的食品不符合食品安全标准或者有证据证明可能危害人体健康的，应当立即停止生产，召回已经上市销售的食品，通知相关生产经营者和消费者，并记录召回和通知情况。

食品经营者发现其经营的食品有前款规定情形的，应当立即停止经营，通知相关生产经营者和消费者，并记录停止经营和通知情况。食品生产者认为应当召回的，应当立即召回。由于食品经营者的原因造成其经营的食品有前款规定情形的，食品经营者应当召回。

食品生产经营者应当对召回的食品采取无害化处理、销毁等措施，防止其再次流入市场。但是，对因标签、标志或者说明书不符合食品安全标准而被召回的食品，食品生产者在采取补救措施且能保证食品安全的情况下可以继续销售；销售时应当向消费者明示补救措施。

食品生产经营者应当将食品召回和处理情况向所在地县级人民政府食品安全监督管理部门报告；需要对召回的食品进行无害化处理、销毁的，应当提前报告时间、地点。食品安全监督管理部门认为必要的，可以实施现场监督。

食品生产经营者未依照本条规定召回或者停止经营的，县级以上人民政府食品安全监督管理部门可以责令其召回或者停止经营。

第六十四条　食用农产品批发市场应当配备检验设备和检验人员或者委托符合本法规定的食品检验机构，对进入该批发市场销售的食用农产品进行抽样检验；发现不符合食品安全标准的，应当要求销售者立即停止销售，并向食品安全监督管理部门报告。

第六十五条　食用农产品销售者应当建立食用农产品进货查验记录制度，如实记录食用农产品的名称、数量、进货日期以及供货者名称、地址、联系方式等内容，并保存相关凭证。记录和凭证保存期限不得少于六个月。

第六十六条　进入市场销售的食用农产品在包装、保鲜、贮存、运输中使用保鲜剂、防腐剂等食品添加剂和包装材料等食品相关产品，应当符合食品安全国家标准。

第三节　标签、说明书和广告

第六十七条　预包装食品的包装上应当有标签。标签应当标明下列事项：

（一）名称、规格、净含量、生产日期；

（二）成分或者配料表；

（三）生产者的名称、地址、联系方式；

（四）保质期；

（五）产品标准代号；

（六）贮存条件；

（七）所使用的食品添加剂在国家标准中的通用名称；

（八）生产许可证编号；

（九）法律、法规或者食品安全标准规定应当标明的其他事项。

专供婴幼儿和其他特定人群的主辅食品，其标签还应当标明主要营养成分及其含量。

食品安全国家标准对标签标注事项另有规定的，从其规定。

第六十八条　食品经营者销售散装食品，应当在散装食品的容器、外包装上标明食品的名称、生产日期或者生产批号、保质期以及生产经营者名称、地址、联系方式等内容。

第六十九条　生产经营转基因食品应当按照规定显著标示。

第七十条　食品添加剂应当有标签、说明书和包装。标签、说明书应当载明本法第六十七条第一款第一项至第六项、第八项、第九项规定的事项，以及食品添加剂的使用范围、用量、使用方法，并在标签上载明“食品添加剂”字样。

第七十一条 食品和食品添加剂的标签、说明书，不得含有虚假内容，不得涉及疾病预防、治疗功能。生产经营者对其提供的标签、说明书的内容负责。

食品和食品添加剂的标签、说明书应当清楚、明显，生产日期、保质期等事项应当显著标注，容易辨识。

食品和食品添加剂与其标签、说明书的内容不符的，不得上市销售。

第七十二条 食品经营者应当按照食品标签标示的警示标志、警示说明或者注意事项的要求销售食品。

第七十三条 食品广告的内容应当真实合法，不得含有虚假内容，不得涉及疾病预防、治疗功能。食品生产经营者对食品广告内容的真实性、合法性负责。

县级以上人民政府食品安全监督管理部门和其他有关部门以及食品检验机构、食品行业协会不得以广告或者其他形式向消费者推荐食品。消费者组织不得以收取费用或者其他牟取利益的方式向消费者推荐食品。

第四节 特殊食品

第七十四条 国家对保健食品、特殊医学用途配方食品和婴幼儿配方食品等特殊食品实行严格监督管理。

第七十五条 保健食品声称保健功能，应当具有科学依据，不得对人体产生急性、亚急性或者慢性危害。

保健食品原料目录和允许保健食品声称的保健功能目录，由国务院食品安全监督管理部门会同国务院卫生行政部门、国家中医药管理部门制定、调整并公布。

保健食品原料目录应当包括原料名称、用量及其对应的功效；列入保健食品原料目录的原料只能用于保健食品生产，不得用于其他食品生产。

第七十六条 使用保健食品原料目录以外原料的保健食品和首次进口的保健食品应当经国务院食品安全监督管理部门注册。但是，首次进口的保健食品中属于补充维生素、矿物质等营养物质的，应当报国务院食品安全监督管理部门备案。其他保健食品应当报省、自治区、直辖市人民政府食品安全监督管理部门备案。

进口的保健食品应当是出口国（地区）主管部门准许上市销售的产品。

第七十七条 依法应当注册的保健食品，注册时应当提交保健食品的研发报告、产品配方、生产工艺、安全性和保健功能评价、标签、说明书等材料及样品，并提供相关证明文件。国务院食品安全监督管理部门经组织技术审评，对符合安全和功能声称要求的，准予注册；对不符合要求的，不予注册并书面说明理由。对使用保健食品原料目录以外原料的保健食品作出准予注册决定的，应当及时将该原料纳入保健食品原料目录。

依法应当备案的保健食品，备案时应当提交产品配方、生产工艺、标签、说明书以及表明产品安全性和保健功能的材料。

第七十八条 保健食品的标签、说明书不得涉及疾病预防、治疗功能，内容应当真实，与注册或者备案的内容相一致，载明适宜人群、不适宜人群、功效成分或者标志性成分及其含量等，并声明“本品不能代替药物”。保健食品的功能和成分应当与标签、说明书相一致。

第七十九条 保健食品广告除应当符合本法第七十三条第一款的规定外，还应当声明“本品不能代替药物”；其内容应当经生产企业所在地省、自治区、直辖市人民政府食品安全监督管理部门审查批准，取得保健食品广告批准文件。省、自治区、直辖市人民政府食品安全监督管理部门应当公布并及时更新已经批准的保健食品广告目录以及批准的广告内容。

第八十条 特殊医学用途配方食品应当经国务院食品安全监督管理部门注册。注册时，应当提交产品配方、生产工艺、标签、说明书以及表明产品安全性、营养充足性和特殊医学用途临床效果的材料。

特殊医学用途配方食品广告适用《中华人民共和国广告法》和其他法律、行政法规关于药品广告管理的规定。

第八十一条 婴幼儿配方食品生产企业应当实施从原料进厂到成品出厂的全过程质量控制，对出厂的婴幼儿配方食品实施逐批检验，保证食品安全。

生产婴幼儿配方食品使用的生鲜乳、辅料等食品原料、食品添加剂等，应当符合法律、行政法规的规定和食品安全国家标准，保证婴幼儿生长发育所需的营养成分。

婴幼儿配方食品生产企业应当将食品原料、食品添加剂、产品配方及标签等事项向省、自治区、直辖市人民政府食品安全监督管理部门备案。

婴幼儿配方乳粉的产品配方应当经国务院食品安全监督管理部门注册。注册时，应当提交配方研发报告和其他表明配方科学性、安全性的材料。

不得以分装方式生产婴幼儿配方乳粉，同一企业不得用同一配方生产不同品牌的婴幼儿配方乳粉。

第八十二条 保健食品、特殊医学用途配方食品、婴幼儿配方乳粉的注册人或者备案人应当对其提交材料的真实性负责。

省级以上人民政府食品安全监督管理部门应当及时公布注册或者备案的保健食品、特殊医学用途配方食品、婴幼儿配方乳粉目录，并对注册或者备案中获知的企业商业秘密予以保密。

保健食品、特殊医学用途配方食品、婴幼儿配方乳粉生产企业应当按照注册或者备案的产品配方、生产工艺等技术要求组织生产。

第八十三条 生产保健食品，特殊医学用途配方食品、婴幼儿配方食品和其他专供特定人群的主辅食品的企业，应当按照良好生产规范的要求建立与所生产食品相适应的生产质量管理体系，定期对该体系的运行情况进行自查，保证其有效运行，并向所在地县级人民政府食品安全监督管理部门提交自查报告。

…………

中华人民共和国城市房地产管理法（摘）

（1994年7月5日第八届全国人民代表大会常务委员会第八次会议通过，根据2007年8月30日第十届全国人民代表大会常务委员会第二十九次会议《关于修改〈中华人民共和国城市房地产管理法〉的决定》第一次修正，根据2009年8月27日第十一届全国人民代表大会常务委员会第十次会议《关于修改部分法律的决定》第二次修正，根据2019年8月26日第十三届全国人民代表大会常务委员会第十二次会议《关于修改〈中华人民共和国土地管理法〉、〈中华人民共和国城市房地产管理法〉的决定》第三次修正，2019年8月26日中华人民共和国主席令第32号公布）

…………

第四节 房屋租赁

第五十三条 房屋租赁，是指房屋所有权人作为出租人将其房屋出租给承租人使用，由承租人向出租人支付租金的行为。

第五十四条 房屋租赁，出租人和承租人应当签订书面租赁合同，约定租赁期限、租赁用途、租赁价格、修缮责任等条款，以及双方的其他权利和义务，并向房产管理部门登记备案。

第五十五条 住宅用房的租赁，应当执行国家和房屋所在城市人民政府规定的租赁政策。租用房屋从事生产、经营活动的，由租赁双方协商议定租金和其他租赁条款。

第五十六条 以营利为目的，房屋所有权人将以划拨方式取得使用权的国有土地上建成的房屋出租的，应当将租金中所含土地收益上缴国家。具体办法由国务院规定。

第五节 中介服务机构

第五十七条 房地产中介服务机构包括房地产咨询机构、房地产价格评估机构、房地产经纪机构等。

第五十八条 房地产中介服务机构应当具备下列条件：

（一）有自己的名称和组织机构；

（二）有固定的服务场所；

（三）有必要的财产和经费；

（四）有足够数量的专业人员；

（五）法律、行政法规规定的其他条件。

设立房地产中介服务机构，应当向工商行

政管理部门申请设立登记，领取营业执照后，方可开业。

第五十九条 国家实行房地产价格评估人员资格认证制度。

…………

第九部分

城市更新与服务

老旧小区管理

国务院办公厅关于全面推进城镇老旧小区改造工作的指导意见

（国办发〔2020〕23 号，2020 年 7 月 10 日）

各省、自治区、直辖市人民政府，国务院各部委、各直属机构：

城镇老旧小区改造是重大民生工程和发展工程，对满足人民群众美好生活需要、推动惠民生扩内需、推进城市更新和开发建设方式转型、促进经济高质量发展具有十分重要的意义。为全面推进城镇老旧小区改造工作，经国务院同意，现提出以下意见：

一、总体要求

（一）指导思想。以习近平新时代中国特色社会主义思想为指导，全面贯彻党的十九大和十九届二中、三中、四中全会精神，按照党中央、国务院决策部署，坚持以人民为中心的发展思想，坚持新发展理念，按照高质量发展要求，大力改造提升城镇老旧小区，改善居民居住条件，推动构建“纵向到底、横向到边、共建共治共享”的社区治理体系，让人民群众生活更方便、更舒心、更美好。

（二）基本原则。

——坚持以人为本，把握改造重点。从人民群众最关心最直接最现实的利益问题出发，征求居民意见并合理确定改造内容，重点改造完善小区配套和市政基础设施，提升社区养老、托育、医疗等公共服务水平，推动建设安全健康、设施完善、管理有序的完整居住社区。

——坚持因地制宜，做到精准施策。科学确定改造目标，既尽力而为又量力而行，不搞“一刀切”、不层层下指标；合理制定改造方案，体现小区特点，杜绝政绩工程、形象工程。

——坚持居民自愿，调动各方参与。广泛开展“美好环境与幸福生活共同缔造”活动，激发居民参与改造的主动性、积极性，充分调动小区关联单位和社会力量支持、参与改造，实现决策共谋、发展共建、建设共管、效果共评、成果共享。

——坚持保护优先，注重历史传承。兼顾完善功能和传承历史，落实历史建筑保护修缮要求，保护历史文化街区，在改善居住条件、提高环境品质的同时，展现城市特色，延续历史文脉。

——坚持建管并重，加强长效管理。以加强基层党建为引领，将社区治理能力建设融入改造过程，促进小区治理模式创新，推动社会治理和服务重心向基层下移，完善小区长效管理机制。

（三）工作目标。2020 年新开工改造城镇老旧小区 3.9 万个，涉及居民近 700 万户；到 2022 年，基本形成城镇老旧小区改造制度框架、政策体系和工作机制；到“十四五”期末，结合各地实际，力争基本完成 2000 年底前建成的需改造城镇老旧小区改造任务。

二、明确改造任务

（一）明确改造对象范围。城镇老旧小区是指城市或县城（城关镇）建成年代较早、失养失修失管、市政配套设施不完善、社区服务设施不健全、居民改造意愿强烈的住宅小区（含单栋住宅楼）。各地要结合实际，合理界定本地区改造对象范围，重点改造 2000 年底前建成的老旧小区。

（二）合理确定改造内容。城镇老旧小区改造内容可分为基础类、完善类、提升类 3 类。

1. 基础类。为满足居民安全需要和基本生活需求的内容，主要是市政配套基础设施改造提升以及小区内建筑物屋面、外墙、楼梯等公共部位维修等。其中，改造提升市政配套基础设施包括改造提升小区内部及与小区联系的供水、排水、供电、弱电、道路、供气、供热、消防、安防、生活垃圾分类、移动通信等基础设施，以及光纤入户、架空线规整（入地）等。

2. 完善类。为满足居民生活便利需要和改善型生活需求的内容，主要是环境及配套设施改造建设、小区内建筑节能改造、有条件的楼栋加装电梯等。其中，改造建设环境及配套设施包括拆除违法建设，整治小区及周边绿化、照明等环境，改造或建设小区及周边适老设施、无障碍设施、停车库（场）、电动自行车及汽车充电设施、智能快件箱、智能信包箱、文化休闲设施、体育健身设施、物业用房等配套设施。

3. 提升类。为丰富社区服务供给、提升居民生活品质、立足小区及周边实际条件积极推进的内容，主要是公共服务设施配套建设及其智慧化改造，包括改造或建设小区及周边的社区综合服务设施、卫生服务站等公共卫生设施、幼儿园等教育设施、周界防护等智能感知设施，以及养老、托育、助餐、家政保洁、便民市场、便利店、邮政快递末端综合服务站等社区专项服务设施。

各地可因地制宜确定改造内容清单、标准和支持政策。

（三）编制专项改造规划和计划。各地要进一步摸清既有城镇老旧小区底数，建立项目储备库。区分轻重缓急，切实评估财政承受能力，科学编制城镇老旧小区改造规划和年度改造计划，不得盲目举债铺摊子。建立激励机制，优先对居民改造意愿强、参与积极性高的小区（包括移交政府安置的军队离退休干部住宅小区）实施改造。养老、文化、教育、卫生、托育、体育、邮政快递、社会治安等有关方面涉及城镇老旧小区的各类设施增设或改造计划，以及电力、通信、供水、排水、供气、供热等专业经营单位的相关管线改造计划，应主动与城镇老旧小区改造规划和计划有效对接，同步推进实施。国有企事业单位、军队所属城镇老旧小区按属地原则纳入地方改造规划和计划统一组织实施。

三、建立健全组织实施机制

（一）建立统筹协调机制。各地要建立健全政府统筹、条块协作、各部门齐抓共管的专门工作机制，明确各有关部门、单位和街道（镇）、社区职责分工，制定工作规则、责任清单和议事规程，形成工作合力，共同破解难题，统筹推进城镇老旧小区改造工作。

（二）健全动员居民参与机制。城镇老旧小区改造要与加强基层党组织建设、居民自治机制建设、社区服务体系建设有机结合。建立和完善党建引领城市基层治理机制，充分发挥社区党组织的领导作用，统筹协调社区居民委员会、业主委员会、产权单位、物业服务企业等共同推进改造。搭建沟通议事平台，利用“互联网＋共建共治共享”等线上线下手段，开展小区党组织引领的多种形式基层协商，主动了解居民诉求，促进居民形成共识，发动居民积极参与改造方案制定、配合施工、参与监督和后续管理、评价和反馈小区改造效果等。组织引导社区内机关、企事业单位积极参与改造。

（三）建立改造项目推进机制。区县人民政府要明确项目实施主体，健全项目管理机制，推进项目有序实施。积极推动设计师、工程师进社区，辅导居民有效参与改造。为专业经营单位的工程实施提供支持便利，禁止收取不合理费用。鼓励选用经济适用、绿色环保的技术、工艺、材料、产品。改造项目涉及历史文化街区、历史建筑的，应严格落实相关保护修缮要求。落实施工安全和工程质量责任，组织做好工程验收移交，杜绝安全隐患。充分发挥社会监督作用，畅通投诉举报渠道。结合城镇老旧小区改造，同步开展绿色社区创建。

（四）完善小区长效管理机制。结合改造工作同步建立健全基层党组织领导，社区居民委员会配合，业主委员会、物业服务企业等参与的联席会议机制，引导居民协商确定改造后小区的管理模式、管理规约及业主议事规则，共同维护改造成果。建立健全城镇老旧小区住宅专项维修资金归集、使用、续筹机制，促进小区改造后维护更新进入良性轨道。

四、建立改造资金政府与居民、社会力量合理共担机制

（一）合理落实居民出资责任。按照谁受益、谁出资原则，积极推动居民出资参与改造，可通过直接出资、使用（补建、续筹）住宅专项维修资金、让渡小区公共收益等方式落实。研究住宅专项维修资金用于城镇老旧小区改造的办法。支持小区居民提取住房公积金，用于加装电梯等自住住房改造。鼓励居民通过捐资捐物、投工投劳等支持改造。鼓励有需要的居民结合小区改造进行户内改造或装饰装修、家电更新。

（二）加大政府支持力度。将城镇老旧小区改造纳入保障性安居工程，中央给予资金补助，按照“保基本”的原则，重点支持基础类改造内容。中央财政资金重点支持改造2000年底前建成的老旧小区，可以适当支持2000年后建成的老旧小区，但需要限定年限和比例。省级人民政府要相应做好资金支持。市县人民政府对城镇老旧小区改造给予资金支持，可以纳入国有住房出售收入存量资金使用范围；要统筹涉及住宅小区的各类资金用于城镇老旧小区改造，提高资金使用效率。支持各地通过发行地方政府专项债券筹措改造资金。

（三）持续提升金融服务力度和质效。支持城镇老旧小区改造规模化实施运营主体采取市场化方式，运用公司信用类债券、项目收益票据等进行债券融资，但不得承担政府融资职能，杜绝新增地方政府隐性债务。国家开发银行、农业发展银行结合各自职能定位和业务范围，按照市场化、法治化原则，依法合规加大对城镇老旧小区改造的信贷支持力度。商业银行加大产品和服务创新力度，在风险可控、商业可持续前提下，依法合规对实施城镇老旧小区改造的企业和项目提供信贷支持。

（四）推动社会力量参与。鼓励原产权单位对已移交地方的原职工住宅小区改造给予资金等支持。公房产权单位应出资参与改造。引导专业经营单位履行社会责任，出资参与小区改造中相关管线设施设备的改造提升；改造后专营设施设备的产权可依照法定程序移交给专业经营单位，由其负责后续维护管理。通过政府采购、新增设施有偿使用、落实资产权益等方式，吸引各类专业机构等社会力量投资参与各类需改造设施的设计、改造、运营。支持规范各类企业以政府和社会资本合作模式参与改造。支持以“平台＋创业单元”方式发展养老、托育、家政等社区服务新业态。

（五）落实税费减免政策。专业经营单位参与政府统一组织的城镇老旧小区改造，对其取得所有权的设施设备等配套资产改造所发生的费用，可以作为该设施设备的计税基础，按规定计提折旧并在企业所得税前扣除；所发生的维护管理费用，可按规定计入企业当期费用税前扣除。在城镇老旧小区改造中，为社区提供养老、托育、家政等服务的机构，提供养老、托育、家政服务取得的收入免征增值税，并减按90%计入所得税应纳税所得额；用于提供社区养老、托育、家政服务的房产、土地，可按现行规定免征契税、房产税、城镇土地使用税和城市基础设施配套费、不动产登记费等。

五、完善配套政策

（一）加快改造项目审批。各地要结合审批制度改革，精简城镇老旧小区改造工程审批事项和环节，构建快速审批流程，积极推行网上审批，提高项目审批效率。可由市县人民政府组织有关部门联合审查改造方案，认可后由相关部门直接办理立项、用地、规划审批。不涉及土地权属变化的项目，可用已有用地手续等材料作为土地证明文件，无需再办理用地手续。探索将工程建设许可和施工许可合并为一个阶段，简化相关审批手续。不涉及建筑主体结构变动的低风险项目，实行项目建设单位告知承诺制的，可不进行施工图审查。鼓励相关各方进行联合验收。

（二）完善适应改造需要的标准体系。各地要抓紧制定本地区城镇老旧小区改造技术规范，明确智能安防建设要求，鼓励综合运用物

防、技防、人防等措施满足安全需要。及时推广应用新技术、新产品、新方法。因改造利用公共空间新建、改建各类设施涉及影响日照间距、占用绿化空间的，可在广泛征求居民意见基础上一事一议予以解决。

（三）建立存量资源整合利用机制。各地要合理拓展改造实施单元，推进相邻小区及周边地区联动改造，加强服务设施、公共空间共建共享。加强既有用地集约混合利用，在不违反规划且征得居民等同意的前提下，允许利用小区及周边存量土地建设各类环境及配套设施和公共服务设施。其中，对利用小区内空地、荒地、绿地及拆除违法建设腾空土地等加装电梯和建设各类设施的，可不增收土地价款。整合社区服务投入和资源，通过统筹利用公有住房、社区居民委员会办公用房和社区综合服务设施、闲置锅炉房等存量房屋资源，增设各类服务设施，有条件的地方可通过租赁住宅楼底层商业用房等其他符合条件的房屋发展社区服务。

（四）明确土地支持政策。城镇老旧小区改造涉及利用闲置用房等存量房屋建设各类公共服务设施的，可在一定年期内暂不办理变更用地主体和土地使用性质的手续。增设服务设施需要办理不动产登记的，不动产登记机构应依法积极予以办理。

六、强化组织保障

（一）明确部门职责。住房城乡建设部要切实担负城镇老旧小区改造工作的组织协调和督促指导责任。各有关部门要加强政策协调、工作衔接、调研督导，及时发现新情况新问题，完善相关政策措施。研究对城镇老旧小区改造工作成效显著的地区给予有关激励政策。

（二）落实地方责任。省级人民政府对本地区城镇老旧小区改造工作负总责，要加强统筹指导，明确市县人民政府责任，确保工作有序推进。市县人民政府要落实主体责任，主要负责同志亲自抓，把推进城镇老旧小区改造摆上重要议事日程，以人民群众满意度和受益程度、改造质量和财政资金使用效率为衡量标准，调动各方面资源抓好组织实施，健全工作机制，落实好各项配套支持政策。

（三）做好宣传引导。加大对优秀项目、典型案例的宣传力度，提高社会各界对城镇老旧小区改造的认识，着力引导群众转变观念，变“要我改”为“我要改”，形成社会各界支持、群众积极参与的浓厚氛围。要准确解读城镇老旧小区改造政策措施，及时回应社会关切。

国家发展改革委 住房城乡建设部关于加强城镇老旧小区改造配套设施建设的通知

（发改投资〔2021〕1275号，2021年9月2日）

各省、自治区、直辖市及计划单列市、新疆生产建设兵团发展改革委、住房城乡建设厅（住房城乡建设委、建设和交通委、建设局）：

加强城镇老旧小区改造配套设施建设，关乎人民群众生命财产安全，关乎满足人民群众美好生活需要，是“我为群众办实事”的一项生动实践。为贯彻落实党中央、国务院决策部署，加强城镇老旧小区改造配套设施建设与排查处理安全隐患相结合工作，现将有关要求通知如下：

一、加强项目储备

（一）进一步摸排城镇老旧小区改造配套设施短板和安全隐患。结合住房和城乡建设领域安全隐患排查整治工作，认真摸排2000年底前建成的需改造城镇老旧小区存在的配套设施短板，组织相关专业经营单位，联合排查燃气、电力、排水、供热等配套基础设施以及公共空间等可能存在的安全隐患；重点针对养老、托育、停车、便民、充电桩等设施，摸排民生设施缺口情况。

（二）科学编制年度改造计划。将安全隐患多、配套设施严重缺失、群众改造意愿强烈的城镇老旧小区，优先纳入年度改造计划，做到符合改造对象范围的老旧小区应入尽入。编制老旧小区改造方案时，把存在安全隐患的燃气、电力、排水、供热等设施，养老、托育、停车、便民、充电桩等民生设施，作为重点内容优先改造。

（三）规范履行审批程序。依法合规办理审批、核准、备案以及建设许可等手续。市县人民政府组织有关部门联合审查城镇老旧小区改造方案的，各相关部门应加强统筹、责任共担，避免顾此失彼；涉及燃气、电力、排水、供热等安全隐患改造内容，应确保安全审查不漏项。

二、强化资金保障

（四）政府投资重点保障。中央预算内投资全部用于城镇老旧小区改造配套设施建设项目。各地应统筹地方财力，重点安排消除城镇老旧小区各类安全隐患、提高排水防涝能力、完善养老托育设施、建设停车场和便民设施等城镇老旧小区配套设施改造内容。城镇老旧小区改造资金，积极支持消除安全隐患。

（五）落实专业经营单位责任。督促引导供水、排水、燃气、电力、供热等专业经营单位履行社会责任，将需改造的水电气热信等配套设施优先纳入年度更新改造计划，并主动与城镇老旧小区年度改造计划做好衔接；落实出资责任，优先安排老旧小区配套设施改造资金；落实安全责任，加强施工和运营维护力量保障，消除安全隐患。

（六）推动多渠道筹措资金。推动发挥开发性、政策性金融支持城镇老旧小区改造的重要作用，积极争取利用长期低成本资金，支持小区整体改造项目和水电气热等专项改造项目。鼓励金融机构参与投资地方政府设立的老旧小区改造等城市更新基金。对养老托育、停车、便民市场、充电桩等有一定盈利的改造内容，鼓励社会资本专业承包单项或多项。按照谁受益、谁出资原则，积极引导居民出资参与改造，可通过直接出资、使用（补建、续筹）住宅专项维修资金、让渡小区公共收益等方式落实。

三、加强事中事后监管

（七）加强项目实施工程质量安全监管。切实加强城镇老旧小区改造项目监管，项目行业主管部门严格落实日常监管责任，监管责任人应做到开工到现场、建设到现场、竣工到现场，发现问题督促及时解决。建设单位严格落实首要责任，严格按批复的建设内容和工期组织建设，保障工程项目质量安全；勘察设计单位应认真踏勘小区及周边设施情况，排查安全隐患，在改造方案中统筹治理；施工单位应严格按标准规范施工，确保施工质量和安全；监理单位应认真履行监理职责，特别是加强对相关设施安全改造的监督检查。

（八）强化项目建设统筹协调。将城镇老旧小区改造与城市更新以及排水、污水处理、燃气、电力等市政管网设施建设，养老、托育、停车等公共服务设施建设，体育彩票、福利彩票等各类专项资金支持建设的体育健身、无障碍等设施建设有机结合，统筹安排城镇老旧小区改造、防洪排涝、治污、雨水资源化利用、市政建设等工程，优化空间布局和建设时序，避免反复开挖。

（九）严格组织项目竣工验收。项目建成后，各级发展改革、住房和城乡建设部门应督促各有关方面，按照国家有关规定组织竣工验收，将安全质量作为竣工验收的重要内容。鼓励相关各方进行联合验收。安全质量达到规定要求的，方可通过竣工验收；安全质量未达到要求、仍存在隐患的要及时整改达标，否则不得通过竣工验收。

四、完善长效管理机制

（十）压实地方责任。各级城市（县）应切实履行安全管理主体责任，抓紧建立完善燃气、电力、排水、供热等市政设施管理制度。落实相关部门责任，按照职责开展安全监督检查。压实专业经营单位责任，按照有关规定开展安全巡查和设施管养。

（十一）充分发挥党建引领作用。推动建立党组织领导下的社区居委会、业主委员会、物业服务公司等广泛参与、共商事务、协调互动的社区管理新机制，推进社区基层治理体系和治理能力现代化，共同维护改造成果。

（十二）推行物业专业化管理。城镇老旧小区完成改造后，有条件的小区通过市场化方式选择专业化物业服务公司接管；引导将相关配套设施产权依照法定程序移交给专业经营单位，由其负责后续维护管理。建立健全住宅专项维修资金归集、使用及补建续筹制度。拓宽资金来源渠道，统筹公共设施经营收益等业主共有收入，保障城镇老旧小区后续管养资金需求。

五、其他事项

自2021年起，保障性安居工程中央预算内投资专项严格按照有关专项管理办法规定，支持小区内和小区周边直接相关的配套设施建设，不支持单独的城镇污水处理设施及配套管网建设。各地方要严格按要求将中央预算内投资分解落实到具体项目。2021年已分解落实的具体项目中，不符合要求的应及时调整并报国家发展改革委备案。

各级发展改革、住房和城乡建设部门要高度重视城镇老旧小区改造，加强城镇老旧小区改造配套设施建设与排查处理安全隐患相结合工作，强化项目全过程管理，强化事中事后监管，节约集约规范用好中央预算内投资，加快推进城镇老旧小区改造配套设施建设，切实提高人民群众安全感、获得感、幸福感。

特此通知。

“三供一业”移交

国务院办公厅转发国务院国资委 财政部关于国有企业职工家属区“三供一业”分离移交工作指导意见的通知

（国办发〔2016〕45号，2016年6月11日）

各省、自治区、直辖市人民政府，国务院各部委、各直属机构：

国务院国资委、财政部《关于国有企业职工家属区“三供一业”分离移交工作的指导意见》已经国务院同意，现转发给你们，请认真贯彻执行。

关于国有企业职工家属区“三供一业”分离移交工作的指导意见

国有企业职工家属区供水、供电、供热（供气）及物业管理（统称“三供一业”）分离移交是剥离国有企业办社会职能的重要内容，有利于国有企业减轻负担、集中精力发展主营业务，也有利于整合资源改造提升基础设施，进一步改善职工居住环境。2012年以来，国务院国资委、财政部先后在黑龙江、河南、湖南、重庆、辽宁、吉林、广东、海南、四川、贵州等10省（市）开展了中央企业“三供一业”分离移交试点，取得了积极成效，为全面开展分离移交工作积累了经验。为贯彻落实党中央、国务院有关决策部署，推动国有企业职工家属区“三供一业”分离移交工作，现提出以下意见：

一、总体要求

（一）工作目标。2016年开始，在全国全面推进国有企业（含中央企业和地方国有企业）职工家属区“三供一业”分离移交工作，对相关设备设施进行必要的维修改造，达到城市基础设施的平均水平，分户设表、按户收费，交由专业化企业或机构实行社会化管理，2018年年底前基本完成。2019年起国有企业不再以任何方式为职工家属区“三供一业”承担相关费用。

（二）工作要求。坚持政策引导与企业自主相结合，推进公共服务专业化运营，提高服务质量和运营效率，国有企业不再承担与主业发展方向不符的公共服务职能。国有企业不得在工资福利外对职工家属区“三供一业”进行补贴，切实减轻企业负担，保障国有企业轻装上阵、公平参与市场竞争。原则上先完成移交，再维修改造，按照技术合理、经济合算、运行可靠的要求，以维修为主、改造为辅，促进城市基础设施优化整合。分离移交工作执行地市级以上地方人民政府出台的相关标准和政策，保证分离移交后设备设施符合基本标准、正常运行。

二、主要任务

（三）明确责任主体。分离移交工作的责任主体是企业，移交企业和接收单位要根据“三供一业”设备设施的现状，共同协商维修改造标准及组织实施方案等事项，签订分离移交协议，明确双方责任，确保工作有效衔接。

（四）规范审核程序。接收单位为国有企业或政府机构的，依据《财政部关于企业分离办社会职能有关财务管理问题的通知》（财企〔2005〕62号）的规定，对分离移交涉及的资产实行无偿划转，由企业集团公司审核批准，报主管财政部门、同级国有资产监督管理机构备案。

（五）严格移交程序。移交企业要做好移交资产清查、财务清理、审计评估、产权变更及登记等工作，并按照财企〔2005〕62号文件规定进行财务处理。多元股东的企业应当经该企业董事会或股东会同意后，按照持有股权的比例核减国有权益。

（六）明确财务规则。企业应按照《企业财务通则》、《企业会计准则》等财务会计有关规定进行财务处理和会计核算，并将账务处理依据和方式作为重大财务事项报同级国有资产监督管理机构备案。分离移交事项对企业财务状况及经营成果造成的影响，应由中介机构出具专项鉴证意见，报同级国有资产监督管理机构备案。

（七）妥善安置人员。移交“三供一业”涉及的从业人员，原则上按照地市级以上地方人民政府制定的政策标准接收安置，按照有关政策无法接收的人员由移交企业妥善安置。企业集团公司及移交企业要做好相关工作衔接，深入细致开展思想政治工作，确保企业正常运转和职工队伍稳定。

（八）探索移交途径。国有企业职工家属区的物业管理可由国有物业管理公司接收，也可由当地政府指定有关单位接收，支持实力强、信誉好的国有物业管理公司跨地区接收移交企业的物业管理职能。已经进行过房改的职工家属区，也可在当地政府指导下，由业主大会市场化选聘物业管理机构，或者实行业主自我管理。

三、保障措施

（九）分离移交费用由企业和政府共同分担。分离移交“三供一业”的费用包括相关设施维修维护费用，基建和改造工程项目的可研费用、设计费用、旧设备设施拆除费用、施工费用、监理费等。

中央企业的分离移交费用由中央财政（国有资本经营预算）补助50%，中央企业集团公司及移交企业的主管企业承担比例不低于30%，其余部分由移交企业自身承担。原政策性破产中央企业的分离移交费用由中央财政（国有资本经营预算）全额承担。中央企业的分离移交费用要按照有关要求进行申请、预拨和清算，具体办法由相关部门另行制定。

地方国有企业分离移交费用由地方人民政府明确解决办法。其中1998年1月1日以后中央下放地方的煤炭、有色金属、军工等企业（含政策性破产企业）分离移交费用由中央财政给予适当补助，具体办法由财政部另行制定。

因“三供一业”分离移交工作对企业经营业绩考核指标产生较大影响的，进行经营业绩考核时可予以适当考虑。

四、组织领导

（十）发挥地方作用。地方各级人民政府要高度重视国有企业职工家属区“三供一业”分离移交工作，结合实际细化工作措施，分解目标任务，及时办理相关手续，建立绿色通道，简化程序、提高效率，创造便利工作环境。省级人民政府要明确责任分工，制定具体工作方案，协调推动本地区中央企业、地方国有企业开展工作。地市级人民政府要制定完善工作办法，协调落实接收单位，研究解决具体问题，对分离移交工作实行全过程管理。地方各级国有资产监督管理机构、财政部门要及时掌握工作进展情况，督促指导有关企业做好分离移交工作。

（十一）落实企业责任。国有企业集团公司要加强组织协调，积极推进所属企业做好“三供一业”分离移交工作。从事“三供一业”专业化运营的国有企业要树立大局意识、主动承担社会责任，积极参与分离移交工作。移交企业和接收单位要认真组织实施，严格按照有关规定，规范使用分离移交资金，对擅自挪用、违规使用的，要按照《财政违法行为处罚处分条例》的有关规定严肃处理。

国务院国有资产监督委员会办公厅 财政部办公厅关于印发《中央企业职工家属区“三供一业”分离移交工作有关问题解答》的通知

（国资厅发改革〔2018〕7号，2018年2月13日）

各省、自治区、直辖市和新疆生产建设兵团国资委、财政厅（局），各中央企业：

针对各省（区、市）以及中央企业集中反映的“三供一业”分离移交有关具体问题，根据《国务院关于印发加快剥离国有企业办社会职能和解决历史遗留问题工作方案的通知》（国发〔2016〕19号）及相关配套文件精神，为进一步推进中央企业职工家属区“三供一业”分离移交、规范国有资本经营预算补助资金管理，现将《中央企业职工家属区“三供一业”分离移交工作有关问题解答》印发给你们，在执行过程中有何问题，请及时反映。

一、关于工作推进和经费申报时间节点

按照《国务院办公厅转发国务院国资委、财政部关于国有企业职工家属区“三供一业”分离移交工作指导意见的通知》（国办发〔2016〕45号）文件要求，“三供一业”分离移交工作2018年底基本完成，2019年起国有企业不再以任何方式为职工家属区“三供一业”承担相关费用。各中央企业要进一步加大工作力度，抓紧与接收单位协商确定分离移交事项，未签订协议或签署框架协议的，力争在2018年上半年签订正式协议；已签订协议的，抓好协议执行，提高执行效率，确保按期完成目标任务。

中央国有资本经营预算原则上对2018年12月31日之前签订职工家属区“三供一业”分离移交正式协议的中央企业实行预拨补助。国有资本经营预算优先保障已完成分离移交任务的企业；对于未完成分离移交的，国有资本经营预算按照时间顺序对已签订正式协议的予以重点安排。中央企业每年集中申报一次，对分离移交任务重、工作取得重大进展的个别项目，可进行一次补报。中央企业要把握政策窗口期，积极利用预拨补助政策，切实加快协议签订和相关维修改造工作，确保按期完成工作任务。

二、关于接收主体

中央企业要突出主业，不再承担与主业发展方向不符的公共服务职能，不应接收与主业发展方向不符的“三供一业”职能和业务，不能形成新的大而全、小而全。

（一）关于供水设施接收。地方政府协调落实接收单位，中央企业原则上不参与接收。

（二）关于供电设施接收。供电职能主要由国家电网和南方电网负责接收，其他中央企业不得以开展增量配电业务等为由承担本企业或其他企业的职工家属区供电业务。大型独立工矿区职工家属区供电与生产供电相互交错、难以分割的，可无偿移交电网企业，也可由电网企业与独立工矿区企业或地方政府共同组建股份制公司，并由电网企业控股；对新组建的股份制公司，在签订分离移交协议的前提下，职工家属区供电设备设施进行必要的维修改造，可按现有中央国有资本经营预算“三供一业”分离移交补助政策申请支持。

（三）关于供热设施接收。发电企业利用发电余热，中国石化、中国节能有关企业利用地热、可再生能源、工业余热回收等方式参与接收工作，其他中央企业不能参与接收。

（四）关于供气设施接收。中国石油、中国石化、华润集团所属天然气公司在业务范围内参与接收工作，其他中央企业不能参与接收。

（五）关于物业管理职能接收。物业管理

职能由国有物业管理公司接收，也可由当地政府指定有关单位接收，以房地产或物业管理为主业的中央企业专业化物业公司有意愿的可参与接收，不以房地产或物业管理为主业的中央企业不能承担职工家属区物业管理职能。对于确实难以找到接收主体、现有物业管理人员较多的中央企业特大型独立工矿区，可采取过渡性办法，与地方政府或专业化物业管理机构合作组成股权多元化的物业管理公司，并承诺期限内退出持有的物业公司股权；地方政府或专业化物业管理机构控股的，在签订分离移交协议的前提下，物业管理涉及的维修改造费用，可按现有中央国有资本经营预算“三供一业”分离移交补助政策申请支持。

中央国有资本经营预算支持中央企业职工家属区“三供一业”交由专业化企业或机构实行社会化管理，接收方原则上应当是国有企业或政府机构。鼓励多渠道、多方式探索物业管理移交途径，对于将管理权移交给街道、社区或业主委员会等组织，资产移交给县级以上人民政府的分离移交项目，可按现有中央国有资本经营预算“三供一业”分离移交补助政策申请支持。

三、关于维修改造标准

按照国办发〔2016〕45号文件要求，“三供一业”分离移交要按照技术合理、经济合算、运行可靠的要求，维修为主、改造为辅、充分利旧，达到城市基础设施平均水平。各地要加快出台国有企业“三供一业”分离移交维修改造标准，不单独出台、参照其他地市标准的，须以正式文件予以明确。要尊重当地现实条件，不突破当地城市基础设施平均水平，切实减轻企业负担。各省（区、市）国资委、财政厅等有关单位要加强组织协调，督促指导地市政府积极落实接收单位，合理确定维修改造范围和标准，出台的维修改造标准过高、严重脱离实际的，要及时纠正修订，确保政策文件的可操作性。

中央企业“三供一业”分离移交费用原则上不超过中央财政对原中央下放企业“三供一业”分项目户均改造费用补助标准和地方国有企业分离移交费用水平。超出的项目，将作为监督检查的重点。

中央企业集团要高度重视，加强把关，严格审核控制所属子企业“三供一业”维修改造的范围和标准，确保不得高于所在地市级以上人民政府出台的相关政策规定。

四、关于落实先移交后改造

坚持先移交后改造，加快分离移交进度。移交企业和接收单位签订分离移交正式协议后，可将涉及的资产和维修改造资金一并划转接收方，由接收方按正式协议确定的方案负责组织实施维修改造，双方协商确定职责界面和配合事项，并通过协议予以明确。“三供一业”维修改造资金要专款专用，专项用于协议范围内的职工家属区，不得挤占挪用。对于职工家属区房屋老旧、失去维修改造价值需搬迁安置或进行棚户区改造，地方政府按照相关规定纳入相应搬迁安置、改造计划并负责组织落实，实现“三供一业”分离移交的，可统筹使用相应的“三供一业”分离移交补助资金。

五、关于维修改造补助内容

国有企业职工家属区“三供一业”分离移交坚持“维修为主、改造为辅”的原则，在充分利旧的前提下进行必要的维修改造，最大化发挥现有资源效用。中央国有资本经营预算原则上不支持新建。废弃原有液化气设备重新安装燃气管道，物业用房和车库等新建，违章建筑拆除，厂区和办公用房维修改造，供水、供电、供气、供热市政管道改造和新建（职工家属区红线外）等，不属于中央国有资本经营预算补助内容。外墙保温、抗震加固按照地方政府有关专项政策另行解决；在依据专项政策解决前，“三供一业”分离移交要按期完成。

六、关于维修改造费用补助范围

中央国有资本经营预算对中央企业职工家属区“三供一业”相关设施维修维护费用，基建和改造工程项目的可研费用、设计费用、旧设备设施拆除费用、施工费用、监理费用等分离移交费予以补助。审计费、人员安置费、过渡期运行维护费、预提的二次供水费、外墙保温费、抗震加固费、办理产权证等办证费用，以及欠缴的住房维修基金等其他费用，不属于中央国有资本经营预算补助维修改造费用范围。

七、关于资金保障

中央企业职工家属区“三供一业”分离移交改革成本由政府、主管企业和移交企业三方共担。中央企业要主动作为，千方百计多渠道筹措资金，集团公司和主办企业承担的资金要及时落实到位。中央国有资本经营预算补助资金拨付到位前，已经签订正式协议的，集团公司筹措资金先行垫付。中央企业集团公司要及时拨付补助资金，实时跟踪资金使用情况，提高资金使用率，确保补助资金使用的规范和安全。

八、关于接收方的运营责任

移交企业和接收方要协商明确责任，确保移交工作平稳有序、运营工作无缝对接、服务水平持续改善。分离移交前的责任主体是企业，分离移交后的责任主体是地市政府及接收单位。地方政府要加强组织领导，明确政策标准，建立绿色通道，创造便利工作环境。接收方要按照市场化、专业化原则，不断提高管理水平和运营效率，完善市场化收费机制，实现收支平衡，确保管理服务水平有保障、服务质量不下降。移交过程中以及移交后运行初期，交接双方要在当地政府的统一领导下，加强沟通对接和工作配合，确保交得稳、接得住、管得好。

第十部分

地方性法规
（省级及主要城市）

内蒙古自治区物业管理条例

（2003年9月30日内蒙古自治区第十届人民代表大会常务委员会第五次会议通过，根据2008年7月25日内蒙古自治区第十一届人民代表大会常务委员会第三次会议《关于修改〈内蒙古自治区物业管理条例〉的决定》第一次修正，根据2012年3月31日内蒙古自治区第十一届人民代表大会常务委员会第二十八次会议《关于修改部分地方性法规的决定（五）》第二次修正，2018年5月31日内蒙古自治区第十三届人民代表大会常务委员会第五次会议修订，根据2021年11月16日内蒙古自治区第十三届人民代表大会常务委员会第三十一次会议《内蒙古自治区人民代表大会常务委员会关于修改〈内蒙古自治区物业管理条例〉的决定》第三次修正，2021年11月16日内蒙古自治区第十三届人民代表大会常务委员会公告第70号公布）

第一章　总则

第一条　为了规范物业管理活动，维护业主和物业服务人的合法权益，营造良好的生活和工作环境，根据《中华人民共和国民法典》和国务院《物业管理条例》等有关法律、行政法规，结合自治区实际，制定本条例。

第二条　自治区行政区域内物业的使用、维护、服务及其相关监督管理活动适用本条例。

第三条　物业管理相关活动应当遵循党建引领、政府组织、属地管理、业主自治、专业服务的原则。

第四条　旗县级以上人民政府应当将物业管理纳入城市管理工作体系和综合目标责任制考核体系，建立物业管理综合协调机制和专业化、社会化、市场化的物业服务机制。

第五条　旗县级以上人民政府应当建立物业管理资金投入保障机制，加强老旧小区改造，支持社会资本参与，对配套设施不全、不具备物业服务条件的物业区域进行综合治理，逐步实现住宅区域物业管理全覆盖。

第六条　旗县级以上人民政府物业行政主管部门负责本行政区域内物业服务活动的监督管理工作。

旗县级以上人民政府住房和城乡建设、发展和改革、财政、生态环境、城市管理综合执法、公安、民政、卫生健康、市场监督管理、应急管理、自然资源、人民防空、消防救援等部门和机构按照各自职责，做好相关的物业监督管理工作。

苏木乡镇人民政府、街道办事处负责组织、指导、协调本辖区内物业管理区域业主大会的工作，督促业主大会依法履行职责，协调社区建设与物业服务的关系，处理物业服务纠纷。

嘎查村民委员会、居民委员会协助苏木乡镇人民政府、街道办事处做好物业管理有关工作。

供水、供电、供热、供气、通信、有线电视等单位应当按照各自职责，做好相关物业服务工作。

第七条　旗县级以上人民政府物业行政主管部门应当在物业管理区域内显著位置公布投诉举报受理方式，及时受理业主和相关单位的投诉举报，依法调查处理违法行为。对实名投诉举报实行限时回复，为实名投诉举报人保密。

第八条　物业管理实行联席会议制度。联席会议由苏木乡镇人民政府、街道办事处负责召集，旗县级人民政府物业行政主管部门、嘎查村民委员会、居民委员会以及建设单位、物业服务人、业主委员会、相关行政管理部门等各方代表参加。未成立业主委员会的，由业主代表参加。

物业管理联席会议主要协调解决下列重大问题：

（一）业主委员会不依法履行职责的；

（二）业主委员会选举和换届过程中出现问题的；

（三）物业服务人履行物业服务合同中出现问题的；

（四）物业服务人在交接过程中出现问题的；

（五）需要协调解决的其他物业服务纠纷。

第九条 物业服务行业协会应当加强行业自律，规范行业行为，促进物业服务行业健康发展。

第二章 业主及业主大会

第十条 房屋的所有权人为业主。

业主对建筑物内的住宅、经营性用房等专有部分享有所有权，对专有部分以外的共有部分享有共有和共同管理的权利。业主行使权利不得危及建筑物的安全，不得损害其他业主的合法权益。

因买卖、赠与、继承等法律关系已经实际占有房屋，但是尚未依法办理所有权登记的，房屋占有人在物业服务中享有业主的权利，承担业主的义务。

第十一条 业主在物业管理活动中，享有下列权利：

（一）按照物业服务合同的约定，接受物业服务人的服务；

（二）提议召开业主大会会议，就物业服务的有关事项提出建议；

（三）提出制定和修改管理规约、业主大会议事规则的建议；

（四）参加业主大会会议，行使投票权；

（五）选举业主委员会成员，并享有被选举权；

（六）监督业主委员会的工作；

（七）监督物业服务人履行物业服务合同；

（八）对物业共用部位、共用设施设备和相关场地使用情况享有知情权、监督权和收益权；

（九）监督住宅专项维修资金的管理和使用；

（十）法律、法规规定的其他权利。

第十二条 业主在物业管理活动中，履行下列义务：

（一）遵守管理规约或者临时管理规约、业主大会议事规则；

（二）遵守物业管理区域内物业共用部位和共用设施设备的使用、公共秩序和环境卫生的维护以及应对突发公共事件等方面的规章制度；

（三）执行业主大会和业主委员会作出的决定；

（四）按照国家有关规定交纳住宅专项维修资金；

（五）按照约定支付物业服务费用；

（六）履行房屋安全使用责任；

（七）配合物业服务人实施物业管理；

（八）按照规定分类投放生活垃圾；

（九）法律、法规规定的其他义务。

第十三条 物业使用人在物业服务活动中的权利、义务由业主和物业使用人约定，但不得违反法律、法规和管理规约的有关规定。

第十四条 物业管理区域的划分应当按照有利于实施物业管理为原则，以建设用地规划许可证确定的用地范围为基础，综合考虑土地使用权属范围、建筑物规模、共用设施设备、自然界限、社区建设等因素。

物业管理用房、供水、供电、供热、消防等配套设施和相关场地共用不能分割的，应当划为一个物业管理区域；能够分割独立使用的，可以划分为不同的物业管理区域。

第十五条 建设单位应当在办理商品房预售许可证或者商品房现房销售前，将划定物业管理区域的资料报送物业项目所在地旗县级人民政府物业行政主管部门进行备案。物业行政主管部门将备案情况书面告知项目所在地苏木乡镇人民政府、街道办事处。

建设单位应当在商品房买卖合同中明示备案的物业管理区域。

第十六条 已投入使用但尚未划分物业管理区域，或者需要调整物业管理区域的，物业项目所在地旗县级人民政府物业行政主管部门应当会同苏木乡镇人民政府、街道办事处，在征求业主意见后予以划分或者调整，并在相应区域内显著位置进行公告。

第十七条　一个物业管理区域成立一个业主大会。

同一个物业管理区域内的业主，应当在物业项目所在地旗县级人民政府物业行政主管部门或者苏木乡镇人民政府、街道办事处的指导下成立业主大会，并选举产生业主委员会。但是，只有一个业主的，或者业主人数较少且全体一致同意，决定不成立业主大会的，由业主共同履行业主大会、业主委员会职责。

业主大会由物业管理区域内全体业主组成。

业主大会应当代表和维护物业管理区域内全体业主在物业服务活动中的合法权益，依照法律、法规和业主大会议事规则的规定履行职责。

第十八条　在一个物业管理区域内，已交付使用的物业建筑面积达到百分之五十以上的，或者已交付使用的物业建筑面积达到百分之三十不足百分之五十，但使用已超过二年的，应当筹备成立业主大会。

第十九条　同一个物业管理区域内的业主大会会议筹备组，由业主、建设单位、苏木乡镇人民政府、街道办事处和嘎查村民委员会、居民委员会的代表组成。筹备组成员人数应为单数，其中业主代表人数不低于筹备组总人数的一半，筹备组组长由苏木乡镇人民政府、街道办事处代表担任。

建设单位不存在或者经书面通知后未委托代表参加筹备组的，可以不作为筹备组成员。

筹备组中的业主代表的产生，由苏木乡镇人民政府、街道办事处或者嘎查村民委员会、居民委员会组织业主推荐。

筹备组应当将成员名单以书面形式在物业管理区域内公告。业主对筹备组成员有异议的，由苏木乡镇人民政府、街道办事处协调解决。

建设单位和物业服务人应当配合协助筹备组开展工作。

第二十条　筹备组应当自组成之日起六十日内首次召开业主大会会议，并通过管理规约、业主大会议事规则，选举产生业主委员会。

业主委员会成立后筹备组自行解散。

第二十一条　业主大会会议可以采用集体讨论的形式，也可以采用书面征求意见的形式；但是，应当有物业管理区域内专有部分占建筑物总面积过半数的业主且占总人数过半数的业主参加。

业主应当参加业主大会会议。因故不能参加的，可以书面委托代理人参加，载明委托事项、委托权限以及期限。

每位代理人接受的委托名额不得超过三个。

第二十二条　下列事项由业主共同决定：

（一）制定和修改业主大会议事规则；

（二）制定和修改管理规约；

（三）选举业主委员会或者更换业主委员会委员；

（四）选聘和解聘物业服务人或者其他管理人；

（五）使用建筑物及其附属设施的维修资金；

（六）筹集建筑物及其附属设施的维修资金；

（七）改建、重建建筑物及其附属设施；

（八）改变共有部分的用途或者利用共有部分从事经营活动；

（九）决定业主大会、业主委员会工作经费的筹集、管理、使用和业主委员会委员工作补贴以及标准；

（十）有关共有和共同管理权利的其他重大事项。

业主共同决定事项，应当由专有部分面积占比三分之二以上的业主且人数占比三分之二以上的业主参与表决。决定前款第六项至第八项规定的事项，应当经参与表决专有部分面积四分之三以上的业主且参与表决人数四分之三以上的业主同意。决定前款其他事项，应当经参与表决专有部分面积过半数的业主且参与表决人数过半数的业主同意。

专有部分面积，按照不动产登记簿记载的面积计算；尚未进行物权登记的，暂按测绘机构的实测面积计算；尚未进行实测的，暂按商品房买卖合同记载的面积计算。

业主人数，按照专有部分的数量计算，一个专有部分按照一人计算。但建设单位尚未出售或者虽已出售但尚未交付的部分，以及同一买受人拥有一个以上专有部分的，按照一人计算。

第二十三条 业主大会会议分为定期会议和临时会议。

业主大会定期会议应当按照业主大会议事规则的规定由业主委员会组织召开。

有下列情形之一的，业主委员会应当及时组织召开业主大会临时会议：

（一）百分之二十以上的业主提议的；

（二）发生重大事故或者紧急事件需要及时处理的；

（三）业主委员会成员缺额人数超过半数的；

（四）业主大会议事规则或者管理规约规定的其他情形。

需要召开业主大会临时会议时，业主委员会不履行组织召开会议职责的，物业项目所在地苏木乡镇人民政府、街道办事处应当责令业主委员会限期召开；逾期不召开的，苏木乡镇人民政府、街道办事处可以组织召开。

第二十四条 业主委员会是业主大会的执行机构，应当履行下列职责：

（一）执行业主大会的决定和决议；

（二）召集业主大会会议，向业主大会报告工作，并在物业管理区域内显著位置向业主公布，接受业主监督；

（三）根据业主大会决定，代表业主与业主大会选聘的物业服务人签订物业服务合同；

（四）及时了解业主、物业使用人的意见和建议，监督物业服务人履行物业服务合同；

（五）督促业主、物业使用人遵守管理规约，调解因物业使用、维护和服务产生的纠纷；

（六）督促业主交纳物业服务费及其他相关费用；

（七）组织和监督住宅专项维修资金的筹集和使用；

（八）根据管理规约和业主大会议事规则，决定共用部位、共用设施设备的经营方式，管理并公布经营所得；

（九）监督广告、车位租赁经营收入以及使用情况；

（十）配合苏木乡镇人民政府、街道办事处、嘎查村民委员会、居民委员会、公安机关等做好物业管理区域的社区建设和社会治安等工作；

（十一）业主大会赋予的其他职责。

第二十五条 业主大会或者业主委员会的决定，对业主具有约束力。

业主大会或者业主委员会作出的决定违反法律、法规的，旗县级人民政府物业行政主管部门或者苏木乡镇人民政府、街道办事处应当责令限期改正或者撤销其决定，并通告全体业主。

业主大会或者业主委员会作出的决定侵害业主合法权益的，受侵害的业主可以请求人民法院予以撤销。

第二十六条 业主委员会和业主委员会委员不得有下列行为：

（一）阻挠、抗拒业主大会履行职责；

（二）弄虚作假，隐瞒事实真相，转移、隐匿、篡改、毁弃或者拒绝、拖延提供有关文件、资料；

（三）利用职务之便接受减免物业费、停车费，或者索取、非法收受建设单位、物业服务人提供的利益、报酬；

（四）违反业主大会议事规则或者未经业主大会授权，擅自使用业主大会或者业主委员会印章；

（五）打击、报复、诽谤有关投诉、举报人；

（六）未经业主大会授权，擅自解聘或者选聘物业服务人；

（七）擅自动用住宅专项维修资金，侵占业主共有财产；

（八）违反法律、法规规定或者超越业主大会赋予的职权，侵害业主合法权益的其他行为。

第二十七条 业主委员会的人数由业主大会根据实际情况按照三人至十一人的单数确定。鼓励和支持业主中符合条件的中国共产党员通过法定程序成为业主委员会委员，推动业主委员会成立党组织，充分发挥党组织和党员战斗堡垒和先锋模范作用，保障物业管理健康发展。

业主委员会应当在业主委员会委员中推选

产生主任一人，副主任一至三人。业主委员会应当自选举产生之日起三十日内，向物业项目所在地苏木乡镇人民政府、街道办事处备案，苏木乡镇人民政府、街道办事处将备案情况书面告知物业项目所在地旗县级人民政府物业行政主管部门。业主委员会备案有关内容发生变更的，应当重新备案。

第二十八条 业主委员会每届任期三至五年，具体年限可在业主大会议事规则中约定。任期届满两个月前，应当召开业主大会会议进行业主委员会的换届选举，并通知物业项目所在地旗县级人民政府物业行政主管部门和苏木乡镇人民政府、街道办事处派代表参加；逾期未换届的，业主委员会将自行终止。

原业主委员会应当在其任期届满之日起十日内，与新一届业主委员会办好交接手续；没有产生新一届业主委员会的，与嘎查村民委员会、居民委员会办好交接手续。

第二十九条 经三分之一以上业主委员会委员提议或者业主委员会主任认为有必要的，应当及时召开业主委员会会议。

第三十条 业主委员会会议应当有过半数委员出席，作出决定应当经出席的委员过半数同意。

业主委员会的决定应当以书面形式在物业管理区域内及时公告。

业主委员会未按照法定程序作出决定造成损失的，由同意作出决定的委员共同承担责任。

第三十一条 业主委员会委员应当由热心公益事业，责任心强，公正廉洁，具有一定组织协调能力，能够主动履行业主义务的业主担任。

业主委员会委员本人、配偶及其直系亲属不得在本物业管理区域内的物业服务人中兼职或者与该物业服务人有其他利害关系。

第三十二条 业主委员会委员有下列情形之一的，其业主委员会委员资格终止：

（一）因物业转让、灭失等原因不再是业主的；

（二）无故缺席业主委员会会议连续三次以上的；

（三）丧失履行职责能力的；

（四）以书面形式向业主委员会提出辞呈的；

（五）拒不履行业主义务的；

（六）向物业服务人销售商品、承揽业务、牟取不当利益的；

（七）侵犯业主合法权益的；

（八）其他原因不宜担任业主委员会委员的情形。

终止业主委员会成员资格的程序由业主大会议事规则规定。

第三十三条 因物业管理区域发生变更等原因导致业主大会解散的，在解散前，业主大会、业主委员会应当在苏木乡镇人民政府、街道办事处的指导监督下，做好业主共同财产清算和档案资料的移交工作。

第三十四条 业主大会、业主委员会开展工作的经费和业主委员会委员的工作补贴由全体业主承担，也可以从业主共有部分经营所得收益中列支。

业主大会和业主委员会工作经费的使用情况、业主委员会委员的工作补贴以及标准，应当定期由业主委员会以书面形式在物业管理区域内公告，接受业主监督。

第三十五条 不具备成立业主大会条件，或者具备成立业主大会条件但未成立业主大会、业主大会成立后未能选举产生业主委员会的住宅小区，经物业项目所在地苏木乡镇人民政府、街道办事处指导后仍不能成立业主大会和选举产生业主委员会的，苏木乡镇人民政府、街道办事处应当组织嘎查村民委员会、居民委员会、业主组建物业管理委员会，临时履行业主大会、业主委员会职责，推动符合条件的住宅小区成立业主大会，选举产生业主委员会。

第三十六条 物业管理委员会由嘎查村民委员会、居民委员会、业主、物业使用人代表等三人以上单数组成，其中业主代表不少于物业管理委员会委员人数的二分之一。

业主代表的产生和资格审查参照本条例业主委员会委员候选人有关规定执行。

物业管理委员会主任由嘎查村民委员会、居民委员会代表担任，副主任由嘎查村民委员会、居民委员会指定一名业主代表担任。物业管理委员会委员名单应当在物业管理区域内显著位置公示。业主对业主代表人选有异议的，由苏木乡镇人民政府、街道办事处协调解决。

第三十七条 物业管理委员会的工作期限一般不超过三年，期满仍未推动成立业主大会、选举产生业主委员会的，由苏木乡镇人民政府、街道办事处重新组建物业管理委员会。

已成立业主大会、选举产生业主委员会，或者因物业管理区域调整、房屋灭失等其他客观原因致使物业管理委员会无法存续的，苏木乡镇人民政府、街道办事处应当在三十日内解散物业管理委员会，并在物业管理区域内显著位置公告。

第三十八条 业主对建筑物专有部分以外的共有部分，享有权利，承担义务，不得以放弃权利为由不履行义务。业主转让建筑物内的住宅、经营性用房，其对共有部分享有的共有和共同管理的权利一并转让。

业主转让或者出租物业时，应当将管理规约、物业服务收费标准等事项告知受让人或者承租人，并出具交纳物业服务费用的证明或者对物业服务费用的结算作出明确约定。受让人应当在办理产权交易手续之日起三十日内，将物业产权转移情况、业主姓名、联系方式等告知物业服务人和业主委员会。

第三十九条 物业服务人按照合同约定以及《物业管理服务标准》等相关规定提供服务的，业主不得以物业闲置、房屋质量和未享受物业服务或者无需接受相关物业服务为由拒绝交纳物业服务费。

业主不按照物业服务合同约定交纳物业服务费的，物业服务人或者业主委员会可以催交；逾期仍不交纳的，物业服务人可以依法申请仲裁或者提起诉讼。

业主与物业使用人约定由物业使用人交纳物业服务费用的，从其约定，并自约定之日起十五日内告知物业服务人。物业使用人不交纳物业服务费用的，业主承担连带交纳责任。

第三章 前期物业管理

第四十条 在业主、业主大会选聘物业服务人之前，建设单位选聘物业服务人的，应当参照国家或者自治区制定的前期物业服务合同示范文本签订前期物业服务合同。

前期物业服务合同应当包括物业基本情况、双方的权利义务、服务内容、服务标准、服务费用和违约责任等。

第四十一条 建设单位在房屋销售之前应当制定临时管理规约，但不得侵犯房屋买受人的利益，并在申请房屋预售许可前将前期物业服务合同、临时管理规约报物业项目所在地旗县级人民政府物业行政主管部门备案。物业行政主管部门将备案情况书面告知项目所在地苏木乡镇人民政府、街道办事处。

建设单位应当在房屋销售现场向房屋买受人明示前期物业服务合同和临时管理规约，并予以说明。房屋买受人在与建设单位签订房屋买卖合同时，应当对履行前期物业服务合同和遵守临时管理规约作出书面承诺。

房屋交付买受人之前发生的物业服务费，由建设单位承担；房屋交付买受人之后发生的物业服务费，由买受人按照前期物业服务合同约定的物业服务收费标准承担。

房屋达到交付条件，买受人延迟接受房屋交付的，前款规定物业服务费发生的起止日期自建设单位催告买受人接受交付的期限结束次日起计算。建设单位不得与买受人约定减免物业服务费。

第四十二条 物业服务项目应当通过招投标的方式选聘物业服务人，分为公开招标和邀请招标。

住宅物业的建设单位，应当通过招投标的方式选聘物业服务人；投标人少于三个或者建设规模小于二万平方米的，经物业项目所在地旗县级人民政府物业行政主管部门批准，可以采用协议方式选聘物业服务人。

第四十三条 招标人采取公开招标方式的，应当在公共媒体和网站上发布招标公告。

招标公告应当载明招标人的名称和地址、招标项目的基本情况以及获取招标文件的方式等事项。

招标人采取邀请招标方式的，应当向三个以上物业服务人发出投标邀请书，投标邀请书应当包含本条第二款规定的事项。

第四十四条　招标人应当在发布招标公告或者发出投标邀请书的十日前，向物业项目所在地旗县级人民政府物业行政主管部门提交以下材料：

（一）与物业服务有关的物业项目开发建设的政府批件；

（二）招标公告或者投标邀请书；

（三）招标文件；

（四）法律、法规规定的其他材料。

第四十五条　通过招投标方式选聘物业服务人的，招标人应当按照下列规定时限完成物业服务招投标工作：

（一）新建现售商品房项目应当在现售前三十日完成；

（二）预售商品房项目应当在取得《商品房预售许可证》之前完成；

（三）非出售的新建物业项目应当在交付使用前九十日完成。

第四十六条　前期物业服务合同期限从物业项目交付使用之日起计算最长不得超过两年。但是，期限未满，业主委员会与物业服务人签订的物业服务合同生效的，前期物业服务合同终止；期限已满，业主大会尚未成立的，原签约双方有一方不愿续约或者已入住业主百分之五十以上对原物业服务人的服务不满意的，由物业项目所在地苏木乡镇人民政府、街道办事处组建物业管理委员会组织全体业主决定选聘物业服务人。

第四十七条　物业服务人承接前期物业服务项目时，应当与建设单位共同对物业共用部位、共用设施设备进行查验，查验记录由双方签字确认。建设单位应当向物业服务人移交有关资料；前期物业服务合同终止时，物业服务人应当将有关资料移交业主委员会。未成立业主委员会的，移交所在地嘎查村民委员会、居民委员会。

物业服务人擅自承接未经查验或者承接不符合交付条件的物业，因物业共用部位、共用设施设备缺陷给业主造成损害的，应当承担相应的赔偿责任。

第四十八条　新建住宅建设单位应当设计配置具备水、电、通风、采光等基本使用功能和条件的物业服务用房、业主委员会议事活动用房。物业服务用房按照房屋建筑总面积的千分之三，且不低于一百平方米配置；业主委员会议事用房按照不低于三十平方米配置。

分期开发建设的，在物业服务用房尚未交付前，建设单位应当提供不少于一百平方米的临时物业服务用房。

旗县级以上人民政府城乡规划主管部门在核发建设工程规划许可证时，应当在许可证及其附图上载明配套建设的物业服务用房的建筑面积和位置。旗县级以上人民政府房地产行政主管部门在核发房屋预售许可证和旗县级以上人民政府不动产登记行政主管部门在办理房屋所有权初始登记时，应当注明物业服务用房室号。

物业服务用房、业主委员会议事用房属全体业主共有，分别交由物业服务人和业主委员会无偿使用。任何单位和个人不得擅自变更用途；不得分割、转让、抵押。

第四十九条　建设单位应当按照国家规定的保修期限和保修范围，承担物业保修责任。在物业保修期限和保修范围内发生质量问题的，物业服务人应当及时通知建设单位，督促建设单位按时完成保修。建设单位委托物业服务人维修的，应当与物业服务人签订委托协议。

建设单位交付住宅物业时，应当向房屋买受人提供住宅质量保证书、住宅使用说明书、前期物业服务合同等资料。

第四章　物业管理服务

第五十条　从事物业服务活动的企业应当依法向市场监督管理部门办理注册登记手续，领取企业法人营业执照。

物业服务企业应当自领取企业法人营业执照之日起三十日内，到旗县级人民政府物业行政主管部门备案。

第五十一条　业主委员会应当与业主大会选聘的物业服务人签订书面物业服务合同。

业主委员会与物业服务人依法签订的物业服务合同对全体业主具有约束力。

鼓励业主大会采用招投标方式选聘物业服务人。

物业服务人应当在物业服务合同签订或者变更之日起三十日内，将物业服务合同报物业项目所在地旗县级人民政府物业行政主管部门备案，物业行政主管部门将备案情况书面告知物业项目所在地苏木乡镇人民政府、街道办事处。

第五十二条 物业服务人享有下列权利：

（一）依照物业服务合同和管理制度对物业实行管理；

（二）依照物业服务合同的约定收取物业服务费用；

（三）可以将物业管理区域内的专项服务业务委托给专业服务企业，但不得将该区域内的全部物业服务一并委托给他人；

（四）法律、法规规定和物业服务合同约定的其他权利。

第五十三条 物业服务人应当履行下列义务：

（一）按照物业服务合同、国家和自治区有关物业服务标准提供物业服务；

（二）在业主、物业使用人使用物业前，将物业的共用部位、共用设施设备的使用方法、维护要求、注意事项等有关规定书面告知业主、物业使用人；

（三）落实安防人员、设施以及安保措施，确保安防监控设施正常运转，发现有安全风险隐患的，及时设置警示标志，采取措施排除隐患或者向相关部门或者机构报告；

（四）制定消防安全制度，落实消防安全措施，定期开展防火巡查、检查和消防宣传教育，及时消除火灾隐患，提供消防安全防范服务，制定灭火和应急疏散预案，定期组织物业服务人员以及业主进行消防安全演练，确保消防设施正常使用；

（五）维护物业区域环境卫生，引导业主进行垃圾分类投放；

（六）定期对物业的共用部位、共用设施设备进行养护，按照物业服务合同约定组织维修；

（七）做好物业维修、养护、更新及其费用收支的各项记录，妥善保管物业档案资料和有关财务账册，建立物业服务信息平台，为业主提供免费查询服务；

（八）实行二十四小时值班制，建立和完善物业服务工作应急预案，及时处理物业服务中的突发事件；

（九）听取业主委员会、业主、物业使用人的意见，改进和完善物业服务；

（十）法律、法规规定和物业服务合同约定的其他义务。

第五十四条 物业服务人应当遵守法律法规和物业服务合同的约定。未经业主大会同意或者物业服务合同中无相关约定，不得将物业服务费用、公共水电分摊费用、车辆停放费用等捆绑收费；不得采取停止供水、供电、供热、供气以及限制业主进入小区、入户等方式催交或者变相催交物业服务费；不得处分属于业主的共有财产。

物业服务人未能履行物业服务合同的约定，造成业主损失的，承担相应的法律责任。

第五十五条 物业服务人应当将下列信息在物业管理区域内显著位置公示：

（一）项目负责人的基本情况、联系方式和物业投诉电话；

（二）物业服务合同约定的服务内容、服务标准、收费项目、收费标准和收费方式；

（三）物业服务人的权利和义务；

（四）电梯、消防、监控等专项设施设备的日常维修保养单位的名称、资质、联系方式和应急处置方案；

（五）业主交纳物业服务费用、公共水电分摊费用情况，住宅专项维修资金使用情况，物业共用部位、共用设施设备经营所得收益；

（六）房屋装饰装修及使用过程中的结构变动等安全事项；

（七）其他应当公示的内容。

业主对公示内容有异议的，物业服务人应当予以答复。

第五十六条 物业服务人退出物业服务项目的，应当提前三十日书面告知业主或者业主委员会，并按照规定和合同约定办理移交手续，同时移交下列资料：

（一）建设单位向物业服务人移交的相关资料；

（二）电梯、消防、监控等专项设施设备的技术手册、维护保养记录等相关资料；

（三）物业服务用房、业主共用的场地和

设施设备资料；

（四）物业服务期间配置的固定设施设备资料；

（五）物业服务人建档保存的物业改造、维修、养护资料；

（六）利用共用部位、共用设施设备经营的相关资料；

（七）其他应当移交的资料。

物业服务人未办理交接手续，应当维持正常的物业管理秩序，不得擅自撤离物业管理区域、停止物业服务。

第五十七条　物业服务人与业主委员会或者其委托新选聘的物业服务人办理交接的，交接双方应当对物业管理区域内电梯、消防、监控等共用设施设备的使用维护现状给予确认，并报物业项目所在地的苏木乡镇人民政府、街道办事处备案。

电梯、消防、监控等共用设施设备无法正常使用的，原物业服务人应当按照物业服务合同约定修复或者承担相应责任。

原物业服务人不得以业主欠交物业服务费等为由拒绝办理交接，不得阻挠新选聘的物业服务人进场服务。

第五十八条　物业服务人有下列失信行为之一的，应当按照有关规定录入物业服务人信用档案，纳入企业信用信息公示系统：

（一）在物业项目招投标活动中提供虚假信息，骗取中标的；

（二）物业服务合同依法解除或者终止后拒不撤出物业管理区域，撤出时未按照规定办理交接手续，或者未按照规定移交资料，造成物业服务混乱的；

（三）未按照规定和合同约定履行房屋安全监管义务，导致物业管理区域内发生重大房屋安全事故的；

（四）泄露业主信息的；

（五）对业主、业主委员会委员进行恐吓、威胁或者打击报复的；

（六）其他违反法律、法规规定的情形。

第五十九条　物业服务收费应当遵循合理、公开以及费用与服务水平相适应的原则，区别不同物业的性质和特点，分别执行政府指导价和市场调节价：

（一）廉租住房、公共租赁住房等保障性住房物业服务收费实行政府指导价，具体收费标准由旗县级以上人民政府价格主管部门和物业行政主管部门结合当地实际统一制定；

（二）普通住宅物业服务费实行市场调节价，由业主委员会和物业服务人在双方签订的物业服务合同中约定。未成立业主委员会的，由嘎查村民委员会、居民委员会组织业主代表和物业服务人协商确定；

（三）公寓、别墅等非普通住宅和商场、酒店、写字楼等非住宅物业服务收费实行市场调节价，具体收费标准由业主、物业使用人与物业服务人在物业服务合同中约定。

物业服务人可以根据业主的委托，提供物业服务合同约定以外的服务项目，服务报酬由双方约定。

普通住宅物业服务收费可以根据市场行情、物业服务内容和服务等级进行调整。物业服务人应当在业主委员会的监督下，组织物业管理区域内专有部分面积占比三分之二以上的业主且人数占比三分之二以上的业主进行表决，经参与表决专有部分面积过半数的业主且人数过半数的业主同意后方可调整物业服务费。

第六十条　未实行物业服务的物业管理区域，由嘎查村民委员会、居民委员会组织业主代表会议选聘保洁人员，维护环境卫生，费用由全体业主承担；选聘房屋维修人员对共用设施设备进行日常维修养护，费用由相关业主承担。

第六十一条　物业管理区域内的供水、供电、供气、供热、通信、有线电视等单位应当向最终用户收取有关费用，但不得因部分最终用户未履行交费义务而停止已交费用户和共用部位的服务。

任何单位不得强制物业服务人代收前款费用，也不得因物业服务人拒绝代收前款费用而停止提供服务。

物业服务人接受委托代收本条第一款费用的，不得向业主收取手续费等额外费用。

第五章　物业的使用与维护

第六十二条　物业管理区域内禁止下列

行为：

（一）损坏房屋承重结构、主体结构和房屋外貌，超荷载存放物品；

（二）将无防水要求的房屋或者阳台改为卫生间、厨房，或者将卫生间改在下层住户的厨房、卧室、起居室和书房的上方；

（三）违章搭建建筑物、构筑物，挖掘地下空间；

（四）改变按照规划建设的公共建筑和共用设施设备的用途；

（五）擅自占用、挖掘物业管理区域内的道路、场地，在规定区域外停放车辆；

（六）占用、损坏或者擅自移动物业共用部位、共用设施设备；

（七）私设地桩、地锁占用公共绿地、公共道路；

（八）擅自设置摊点和集贸市场；

（九）随意倾倒垃圾、杂物，侵占和毁坏绿地；

（十）擅自在建筑物屋顶、外墙面上安装、悬挂、张贴物品或者涂写、刻画；

（十一）在楼道等业主共有部位堆放物品；

（十二）违反规定饲养动物；

（十三）违反有关规定存放易燃、易爆、剧毒物品，排放有毒有害气体和废弃物，发出超过规定标准的噪音；

（十四）在公共门厅、楼梯间、疏散通道、安全出口停放车辆或者为电动车辆充电；

（十五）利用物业从事危害公共利益和侵害他人合法权益的活动；

（十六）乱拉乱改电线，拆改智能化设施设备；

（十七）将阀门、检查口以及主管道等封闭、遮挡；

（十八）法律、法规和管理规约禁止的其他行为。

物业服务人、业主、物业使用人发现有前款所列行为之一的，应当及时劝阻、制止；劝阻、制止无效的，及时报告有关管理单位，有关管理单位应当及时依法处理。业主、物业使用人对侵害自身合法权益的行为，可以依法向人民法院提起诉讼；业主委员会对侵害业主共同利益的行为，可以依法向人民法院提起诉讼。

第六十三条 物业存在安全隐患，危及公共利益及其他业主合法权益的，责任人应当及时维修养护，消除隐患，有关业主应当给予配合。

责任人不履行维修养护义务的，经业主大会同意，可以由物业服务人维修养护，费用由责任人承担。

第六十四条 业主、物业使用人装饰装修房屋的，应当遵守法律、法规以及管理规约或者临时管理规约，事先告知物业服务人，遵守物业服务人提示的合理注意事项，并配合其进行必要的现场检查。事先未告知的，物业服务人可以按照管理规约或者临时管理规约禁止装饰装修施工人员进入物业管理区域。

物业服务人应当将装饰装修的禁止行为和注意事项，书面告知业主、物业使用人。房屋装饰装修过程中，物业服务人应当加强现场巡查和监督，发现业主、物业使用人、装饰装修施工人员违反有关法律、法规以及管理规约或者临时管理规约的，应当及时劝阻、制止；劝阻、制止无效的，应当及时报告相关行政主管部门、业主委员会。

装饰装修施工污染物业共用部位、损坏共用设施设备的，物业服务人应当通知业主、物业使用人予以修复、清洁、恢复原状。业主、物业使用人在物业服务人通知的期限内未修复、清洁、恢复原状的，由物业服务人处理，所需费用由业主、物业使用人承担。

第六十五条 物业管理区域内的供水、供电、供热、供气、通讯、有线电视等专业经营设施设备以及相关管线，应当符合国家技术标准和技术规范。

新建住宅物业管理区域内的专业经营设施应当与主体工程同时设计、同时施工、同时交付。建设单位在组织竣工验收时，应当通知供水、供电、供热、供气等有关专业经营单位参加；验收合格后，建设单位应当将专业经营设施设备以及相关管线移交给专业经营单位维护管理，专业经营单位应当接收。

已投入使用的设施设备以及相关管线尚未移交专业经营单位维护管理的，由物业所在地的旗县级人民政府组织专业经营单位验收。验收合格的，由专业经营单位接收；验收不合格的，由旗县级人民政府组织相关单位进行整改，整改合格后，由专业经营单位接收。

移交给专业经营单位的设施设备以及相关管线，其维修、养护、更新等费用，由专业经营单位依法承担。尚在保修期内的，其费用由建设单位承担。

第六十六条　供水、供电、供热、供气、通信、有线电视等单位，应当负责物业管理区域内分户终端计量装置及其以外设施设备或者入户端口以外设施设备的维修、养护、更新，并承担相关费用。

供水、供电、供热、供气、通信、有线电视等单位对专业经营设施设备进行维修、养护、更新时，业主、物业服务人应当配合。

供水、供电、供热、供气、通信、有线电视等单位，委托物业服务人对物业管理区域内有关设施设备进行日常维修养护的，双方应当签订委托协议，明确委托的主要事项和费用支付的标准与方式。

第六十七条　物业管理区域内，为了满足业主的需求，根据国家和自治区有关规定，建设充电桩、快递柜等服务设施设备的，物业服务人应当配合。

第六十八条　物业管理区域内停放车辆，不得影响其他车辆和行人的正常通行，不得占用、堵塞、封闭疏散通道、安全出口、消防车通道、充电桩车位。对于长期废弃并严重影响消防通道的车辆，物业服务人应当及时报告物业项目所在地公安机关、消防救援等相关部门和机构。

物业服务人应当采取措施，对进入住宅物业管理区域的车辆进行严格管理。

工程车辆、大中型客货车辆不得进入住宅物业管理区域内停放，但工程车辆因本物业管理区域建设、设施设备维修确需停放的除外。

第六十九条　物业管理区域内，用于停放汽车的车位、车库应当首先满足业主的需要。

占用业主共有的道路或者其他场地用于停放汽车的车位，属于业主共有，经业主委员会同意由物业服务人出租经营的，每次出租期限不得超过一年。租金收入扣除物业服务人车位、车库维修、管理费用后剩余部分由业主大会决定使用。

规划建设的人民防空工程，平时用于停放汽车施划的车位，建设单位不得出售、附赠，用于出租经营的，每次出租期限不得超过一年。

第七十条　物业服务人根据业主大会决定或者物业服务合同约定，可以利用物业管理区域内共用部位、共用设施设备进行经营，收益归全体业主所有，主要用于补充专项维修资金，也可以根据业主大会的决定用于业主大会、业主委员会运作经费或者物业管理的其他需要。

第七十一条　住宅物业、住宅小区内的非住宅物业或者与单幢住宅楼结构相连的非住宅物业的业主，应当按照国家有关规定交纳住宅专项维修资金，不得由开发商代收、代缴。

住宅专项维修资金属于业主所有，应当按幢设账、专户存储、核算到户，专项用于物业保修期满后物业共用部位、共用设施设备的维修和更新、改造，不得挪作他用。

住宅专项维修资金的管理和使用，按照国家和自治区的有关规定执行。

第七十二条　发生下列危及房屋使用和人身财产安全的紧急情况，需要使用住宅专项维修资金立即进行维修或者更新改造的，经业主委员会现场查验确认后，可以直接申请使用维修资金：

（一）电梯故障；

（二）消防设施故障；

（三）屋面、外墙渗漏；

（四）二次供水水泵运行中断；

（五）排水设施堵塞、爆裂；

（六）楼体外立面存在脱落危险；

（七）其他危及房屋使用和人身财产安全的紧急情况。

需要应急使用住宅专项维修资金的，业主委员会或者物业服务人应当向物业项目所在地的住宅专项维修资金管理部门提出申请，住宅专项维修资金管理部门应当自收到应急使用维修资金书面申请之日起两个工作日办结。应急维修工程竣工验收后，应当将使用住宅专项维修资金总额及业主分摊情况在物业管理区域内显著位置公示。

没有业主委员会或者物业服务人的，由嘎

查村民委员会、居民委员会提出申请，并组织代修，代修费用从住宅专项维修资金账户中列支。

第六章 法律责任

第七十三条 违反本条例规定的行为，国务院《物业管理条例》等国家有关法律、法规已经作出具体处罚规定的，从其规定。

第七十四条 违反本条例规定，建设单位有下列行为之一的，由旗县级以上人民政府物业行政主管部门予以处罚：

（一）未按照本条例第十五条第一款、第四十一条第一款规定进行物业管理区域、前期物业服务合同、临时管理规约备案的，责令限期改正；逾期未改正的，处5000元以上1万元以下罚款。

（二）未按照本条例第四十九条第一款规定承担物业保修责任的，责令限期改正；逾期未改正的，处10万元以上20万元以下罚款；造成业主损失的，应当依法承担赔偿责任。

第七十五条 违反本条例规定，物业服务人有下列行为之一的，由旗县级以上人民政府物业行政主管部门予以处罚：

（一）未按照本条例第五十一条第四款、第五十七条第一款规定进行物业服务合同、物业项目交接备案的，责令限期改正；逾期未改正的，处5000元以上1万元以下罚款。

（二）未按照本条例第五十五条规定在物业管理区域显著位置公示相关信息的，责令限期改正；逾期未改正的，处1000元以上5000元以下罚款。

（三）违反本条例第五十六条第二款规定，擅自撤离物业管理区域、停止物业服务的，责令限期改正；逾期未改正的，处1万元以上10万元以下罚款；给业主造成损失的，依法承担赔偿责任。

（四）违反本条例第五十七条第三款规定，以业主欠交物业服务费等为由拒绝办理交接、阻挠新选聘的物业服务人进场服务的，责令限期改正；逾期未改正的，处1万元以上10万元以下罚款；给业主造成损失的，依法承担赔偿责任。

第七十六条 违反本条例第六十二条第一款第七项、第八项、第九项、第十项、第十一项规定的，由旗县级以上人民政府物业行政主管部门给予警告，责令限期改正；逾期未改正的，可以处1000元以上1万元以下的罚款；给他人造成损失的，依法承担赔偿责任。

第七十七条 违反本条例第六十五条第二款和第三款、第六十六条第一款规定，供水、供电、供热、供气、通信、有线电视等单位拒不接收专业经营设施设备以及相关管线、拒不承担物业管理区域内相关设施设备的维修、养护或者更新责任的，由旗县级以上人民政府有关行政管理部门责令限期改正；造成业主损失的，应当依法承担赔偿责任。

第七十八条 旗县级以上人民政府物业行政主管部门或者其他有关行政管理部门及其工作人员违反本条例的规定，有下列行为之一的，对直接负责的主管人员和其他直接责任人员依法给予处分；造成损失的，依法承担赔偿责任；构成犯罪的，依法追究刑事责任：

（一）利用职务上的便利，收受他人财物或者其他好处的；

（二）不依法履行监督管理职责，或者发现违法行为不予查处的；

（三）未按照规定受理物业服务投诉，造成严重后果的；

（四）其他玩忽职守、滥用职权、徇私舞弊的行为。

第七十九条 旗县级人民政府物业行政主管部门行使的处罚权，按照国家和自治区有关规定由城市管理综合执法部门或者街道办事处、苏木乡镇人民政府相对集中行使行政处罚权进行综合执法的，按照有关规定执行。

第七章 附则

第八十条 本条例下列用语的含义是：

（一）物业使用人是指物业的承租人和实际使用物业的其他人；

（二）房屋承重结构是指房屋的基础、楼板、屋顶、梁、柱、承重墙体等；

（三）共用部位是指业主共同使用的楼梯间、水泵间、电表间、电梯间、电话分线间、电梯机房、走廊通道、门厅、传达室、内天井以及房屋承重结构、外墙面、走廊墙等部位；

（四）共用设施设备是指业主共同使用的上下水管道、落水管、照明灯具、垃圾通道、天线、水箱、水泵、电梯、避雷装置、消防设施以及道路、窨井、化粪池、垃圾废物储存设施、绿化地等。

第八十一条 本条例自2018年8月1日起施行。

江苏省物业管理条例

（2000年12月24日江苏省第九届人民代表大会常务委员会第二十次会议通过，根据2003年10月25日江苏省第十届人民代表大会常务委员会第六次会议《关于修改〈江苏省物业管理条例〉的决定》第一次修正，2012年11月29日江苏省第十一届人民代表大会常务委员会第三十一次会议修订，根据2018年3月28日江苏省第十三届人民代表大会常务委员会第二次会议《关于修改〈江苏省大气污染防治条例〉等十六件地方性法规的决定》第二次修正，根据2020年11月27日江苏省第十三届人民代表大会常务委员会第十九次会议《关于修改〈江苏省物业管理条例〉等六件地方性法规的决定》第三次修正，根据2021年9月29日江苏省第十三届人民代表大会常务委员会第二十五次会议《关于修改〈江苏省河道管理条例〉等二十九件地方性法规的决定》第四次修正，2021年9月29日江苏省人大常委会公告第70号公布）

第一章 总则

第一条 为了规范物业管理活动，维护物业管理各方的合法权益，营造良好的居住和工作环境，促进和谐社区建设，根据《中华人民共和国民法典》、国务院《物业管理条例》等法律、行政法规，结合本省实际，制定本条例。

第二条 本条例适用于本省行政区域内物业的使用、维护、服务及其监督管理活动。

本条例所称物业管理，是指业主通过选聘物业服务企业或者业主自行对物业管理区域内的建筑物、构筑物及配套的设施设备和相关场地进行维修、养护、管理，维护环境卫生和相关秩序的活动。

第三条 县级以上地方人民政府应当将物业服务纳入现代服务业发展规划、社区建设和社区管理体系，制定、落实扶持政策，减轻物业服务企业负担；建立和完善专业化、社会化、市场化的物业管理机制，鼓励采用新技术、新方法，提高物业管理和服务水平。

街道办事处（乡镇人民政府）具体负责本辖区内物业管理工作的指导、协助和监督，协调物业管理与社区管理、社区服务的关系，协调建设单位与前期物业服务企业、业主与物业服务企业的关系。社区居（村）民委员会应当予以协助和配合。

第四条 县级以上地方人民政府住房和城乡建设或者房产行政主管部门（以下简称物业管理行政主管部门）负责本行政区域内物业管理活动的监督管理工作。

县级以上地方人民政府其他有关部门，按照各自职责，负责物业管理活动的有关监督管理工作。

第五条 物业管理行政主管部门应当加强对街道办事处（乡镇人民政府）物业管理工作人员和业主委员会成员的培训，提高物业管理水平，所需经费列入同级人民政府财政预算。

对在物业服务中取得显著成绩或者获得省级以上物业管理荣誉称号的物业服务企业，物业管理行政主管部门应当给予表彰、奖励。

第六条 物业服务行业协会应当加强行业自律管理，规范从业行为，促进诚信经营，加强物业服务企业从业人员培训，提高物业服务水平，维护物业服务企业的合法权益。

第二章 物业管理区域

第七条 物业管理区域的划分以有利于实施物业管理为原则，综合考虑规划条件、建筑物规模、共用设施设备、业主人数、自然界限、社区布局、社区建设等因素确定。

规划行政主管部门在审查住宅建设工程设计方案时，应当听取物业所在地的县（市、区）物业管理行政主管部门对物业管理区域划分的意见。

建设单位应当根据物业建设用地规划许可证确定的红线图范围，结合物业的共用设施设备、社区建设等因素划定物业管理区域。物业的配套设施设备共用的，应当划定为一个物业管理区域；配套设施设备能够分割、独立使用的，可以划定为不同的物业管理区域。

第八条 新建物业出售前，建设单位应当将划定的物业管理区域向物业所在地的县（市、区）物业管理行政主管部门备案，并将经备案的物业管理区域在商品房买卖合同中明示。

已划定物业管理区域并实施物业管理但尚未向物业管理行政主管部门备案的，由物业服务企业向物业所在地的县（市、区）物业管理行政主管部门备案。

已投入使用但尚未划分物业管理区域的，由县（市、区）物业管理行政主管部门会同街道办事处（乡镇人民政府）征求相关业主意见后确定物业管理区域。

第九条 县（市、区）物业管理行政主管部门应当建立物业管理区域档案。

物业管理区域档案应当载明物业管理区域的地理位置、四至界限、建筑物总面积、专有部分数量、业主共有部分主要情况、建设单位以及其他需要载明的事项。

第三章 业主、业主大会与业主委员会

第十条 房屋的所有权人为业主。

业主应当依照法律、法规和管理规约行使权利，自觉履行法定和约定的义务。

第十一条 一个物业管理区域成立一个业主大会。

业主大会由物业管理区域内全体业主组成。物业管理区域内业主人数较少且经全体业主一致同意，决定不成立业主大会的，由业主共同履行业主大会、业主委员会的职责。

第十二条 业主户数超过三百户的，可以成立业主代表大会，履行业主大会的职责。

第十三条 符合下列条件之一的，应当召开首次业主大会或者业主代表大会（以下统称业主大会）会议：

（一）物业管理区域内房屋出售并交付使用的建筑面积达到百分之五十以上的；

（二）物业管理区域内业主已入住户数的比例达到百分之五十以上的。

第十四条 物业管理区域内已交付的专有部分面积超过建筑物总面积百分之五十时，建设单位应当按照物业所在地的街道办事处（乡镇人民政府）的要求，报送下列筹备首次业主大会会议所需的文件资料：

（一）物业管理区域证明；

（二）房屋及建筑物面积清册；

（三）业主名册；

（四）建筑规划总平面图；

（五）交付使用共用设施设备的证明；

（六）物业服务用房配置证明；

（七）其他有关的文件资料。

第十五条 符合成立业主大会条件的，街道办事处（乡镇人民政府）应当在收到建设单位或者十人以上的业主公开联名提出筹备业主大会书面申请后六十日内，组织成立首次业主大会筹备组。

筹备召开首次业主大会会议所需费用由建设单位承担。

第十六条 首次业主大会筹备组由业主、建设单位、街道办事处（乡镇人民政府）、社区居（村）民委员会等派员组成。筹备组中的业主成员由街道办事处（乡镇人民政府）组织业主推荐产生。

筹备组人数应当为五至十一人的单数，其中业主成员应当不少于筹备组人数的百分之六十。筹备组组长由街道办事处（乡镇人民政府）指定人员担任。

筹备组应当自成立之日起七日内，将成员

名单在物业管理区域内显著位置进行公示。业主对筹备组成员有异议的，由街道办事处（乡镇人民政府）协调解决。

第十七条　首次业主大会筹备组履行下列职责：

（一）确定首次业主大会会议召开的时间、地点和内容；

（二）拟订管理规约、业主大会议事规则、业主委员会工作规则草案；

（三）确认业主身份，确定业主在首次业主大会会议上的投票权数；

（四）提出首届业主委员会成员候选人条件、名单和选举办法；

（五）依法确定首次业主大会会议表决规则；

（六）召开首次业主大会会议的其他准备工作。

对前款规定的内容，筹备组应当在首次业主大会会议召开十五日前，在物业管理区域内显著位置公告，并书面通知全体业主。业主对业主身份和投票权数等提出异议的，筹备组应当予以复核并告知异议人复核结果。

筹备组应当自成立之日起九十日内组织召开首次业主大会会议。

第十八条　业主大会会议分为定期会议和临时会议。

业主大会定期会议应当按照业主大会议事规则的规定召开。经专有部分占建筑物总面积百分之二十以上且占总人数百分之二十以上的业主提议，业主委员会应当组织召开业主大会临时会议。

第十九条　召开业主大会会议，应当于会议召开十五日前通知全体业主。召开住宅小区的业主大会会议，应当同时告知社区居（村）民委员会。业主委员会应当做好业主大会会议记录，并妥善保存。

第二十条　业主可以委托他人参加业主大会会议。业主委托家庭成员以外的人参加业主大会会议的，应当出具书面委托书，载明委托事项、委托权限及期限。

第二十一条　业主委员会由业主大会会议选举产生。业主委员会成员应当由履行业主义务，热心公益事业、责任心强，具有一定组织能力的业主担任。对有不履行业主义务，侵害业主共同利益行为的业主，业主大会可以在业主大会议事规则、管理规约中对其担任业主委员会成员作出限制性规定。

业主委员会由五至十一人的单数成员组成，每届任期三至五年，成员可以连选连任，具体人数、任期、成员任职条件、终止成员资格由业主大会议事规则确定。业主委员会主任、副主任在业主委员会成员中推选产生。

业主委员会是否实行差额选举以及实行差额选举的差额比例由业主大会议事规则确定。

业主委员会实行差额选举的，未当选业主委员会成员且得票数达到法定票数的候选人，可以按照得票顺序当选业主委员会候补成员，并在业主委员会成员出缺时依次递补。候补成员人数由业主大会议事规则确定，但最多不得超过业主委员会成员总数的百分之五十。候补成员可以列席业主委员会会议，不具有表决权。

第二十二条　业主委员会应当自选举产生之日起三十日内，持下列材料向物业所在地的县（市、区）物业管理行政主管部门和街道办事处（乡镇人民政府）备案：

（一）业主委员会备案申请书；

（二）业主委员会成员名单；

（三）业主大会议事规则和管理规约；

（四）业主大会会议记录；

（五）其他应当提供的材料。

第二十三条　依法成立的业主委员会，以其选举产生之日为成立日期。

业主大会议事规则和管理规约自业主大会审议通过之日起生效。

第二十四条　业主大会、业主委员会应当依法履行职责，不得作出与物业管理无关的决定，不得从事与物业管理无关的活动。

业主大会、业主委员会作出的决定违反法律、法规的，县（市、区）物业管理行政主管部门应当责令其限期改正或者撤销其决定，并通告全体业主。

业主委员会不能正常开展工作的，物业所在地的街道办事处（乡镇人民政府）应当组织召开业主大会临时会议对业主委员会进行调整。

第二十五条 业主大会和业主委员会日常工作经费由全体业主承担，可以从物业共有部分、共用设施设备经营收益中列支，也可以由全体业主分摊。

经费的筹集、管理和使用以及业主委员会成员的工作补贴由业主大会议事规则具体规定。业主委员会应当每半年在物业管理区域内显著位置公告经费收支情况，接受业主的监督。

第二十六条 业主大会、业主委员会应当积极配合有关主管部门，与社区居（村）民委员会相互协作，共同做好物业管理区域内与物业管理有关的社会管理工作。

在物业管理区域内，业主大会、业主委员会应当积极配合社区居（村）民委员会依法履行自治管理职责，支持社区居（村）民委员会开展工作，并接受其指导和监督。社区居（村）民委员会应当支持业主大会、业主委员会开展工作。

住宅小区的业主大会、业主委员会作出的决定，应当书面告知社区居（村）民委员会。

第二十七条 不具备成立业主大会条件，或者具备成立条件但未成立业主大会的住宅小区，经物业所在地的县（市、区）物业管理行政主管部门或者街道办事处（乡镇人民政府）指导后仍不能成立的，可以由街道办事处（乡镇人民政府）、社区居（村）民委员会、社区服务机构、建设单位、业主代表等组成所在物业管理区域内的物业管理委员会，代行业主大会和业主委员会职责。

物业管理委员会的人员组成，应当在所在物业管理区域内显著位置公示。

第二十八条 同一物业管理区域内有两幢以上房屋的，可以以幢、单元为单位成立业主小组。业主小组由该幢、单元的全体业主组成。

业主小组应当履行下列职责：

（一）推选业主代表出席业主大会会议；

（二）决定本幢、单元范围内住宅共用部分、共用设施设备的维修、养护、更新和改造；

（三）决定本小组范围内的其他事项。

业主小组议事由该业主小组产生的业主代表主持。业主小组履行职责时不得违反业主大会或者业主大会授权的业主委员会作出的决定。业主小组履行职责的程序，参照本物业管理区域业主大会议事规则执行。

第二十九条 街道办事处（乡镇人民政府）应当建立物业管理矛盾投诉调解、协调物业应急维修服务等社区服务机构，完善社区公共服务体系，为业主提供基本服务。

第三十条 街道办事处（乡镇人民政府）应当建立由社区居（村）民委员会、公安派出所、业主委员会、物业服务企业等参加的联席会议制度，协调处理物业管理重大事宜。

第四章 前期物业管理

第三十一条 新建住宅物业实行前期物业管理。

在业主、业主大会选聘物业服务企业之前，前期物业管理由建设单位负责。建设单位应当与选聘的物业服务企业签订书面的前期物业服务合同。

前期物业服务合同可以约定期限；期限未满，业主委员会与物业服务企业签订的物业服务合同生效的，前期物业服务合同终止。

第三十二条 住宅物业的建设单位，应当通过招投标的方式选聘物业服务企业。

投标人少于三个或者住宅规模建筑面积小于三万平方米的，经物业所在地的县（市、区）物业管理行政主管部门批准，可以采用协议方式选聘物业服务企业。

建设单位应当提供前期物业管理开办费，用于购买物业办公设备等固定资产。所购资产归全体业主所有，由物业服务企业使用。

第三十三条 建设单位与物业买受人签订的买卖合同应当包含前期物业服务合同约定的内容，或者同时签订前期物业服务委托协议，对前期物业服务的内容予以约定。

第三十四条 前期物业费由物业买受人按照房屋买卖合同约定的标准承担，房屋买卖合同未约定的，由建设单位承担。

已竣工但尚未售出或者尚未交付物业买受人的物业，物业费由建设单位全额承担。

第三十五条 新建住宅物业管理区域内，

建设单位应当按照不低于地上地下总建筑面积千分之四的比例配置物业服务用房，低于一百平方米的按照一百平方米配置，并无偿移交。其中，用于业主委员会议事活动用房的，应当按照配置物业服务用房的比例合理确定，一般按照建筑面积二十至四十平方米配置。

集中建设的保障性住房还应当按照不低于总建筑面积千分之三增加配置物业服务经营性用房，收益用于弥补物业费不足。

配置物业服务用房、业主委员会议事活动用房、物业服务经营性用房的具体标准，由设区的市人民政府制定。

第三十六条　物业服务用房应当是地面以上的房屋，由建设单位装修，具备独立、正常使用功能，相对集中安排在住宅小区中心区域或者住宅小区出入口附近。物业服务用房设置在住宅楼内的，应当具有独立的通道。

物业服务用房不计入分摊公用建筑面积，其所有权属于全体业主。建设单位在申请办理房屋所有权初始登记时，应当注明物业服务用房并申请登记。

第三十七条　新建住宅物业管理区域内的供水、供电、供气、供热等终端用户的分户计量表或者终端用户入户端口以外的专业经营设施设备，应当符合国家技术标准和专业技术规范。

建设单位在组织竣工验收时，应当通知供水、供电、供气、供热等专业经营单位参加；在竣工验收合格后，应当将住宅物业管理区域内专业经营设施设备移交给专业经营单位负责管理。专业经营单位应当接收并承担维修、养护和更新的责任，有关费用由专业经营单位承担，但二次供水设施的费用承担，按照《江苏省城乡供水管理条例》有关规定执行。

本条例实施前建设的住宅小区内的专业经营设施设备，业主大会决定移交给专业经营单位管理的，专业经营单位应当接收。具体实施办法由设区的市人民政府制定。

专业经营设施设备包括变（配）电、二次供水、燃气调压、供热等设施设备及相关管线。

第三十八条　前期物业服务企业应当向业主提供物业服务手册，并可以接受建设单位的委托，协助建设单位办理住宅物业交付的有关具体事宜。

第三十九条　建设单位应当按照国家有关规定和房屋买卖合同的约定，交付权属明确、资料完整、质量合格、功能完备、配套齐全的物业。

新建住宅小区应当具备以下条件：

（一）建设工程竣工验收合格，取得自然资源、公安、生态环境、人防等行政管理部门和消防管理机构出具的认可或者准许使用文件，并经住房城乡建设行政主管部门备案；

（二）供水、排水、供电、供气、供热、通信、公共照明、有线电视等市政公用设施设备按照规划设计要求建成，供水、供电、供气、供热已安装独立的经检定合格的计量表具；

（三）教育、邮政、医疗卫生、文化、体育、环境卫生、养老服务、社区服务以及人民防空等公共服务设施已按照规划设计要求建成；

（四）道路、绿地和物业服务用房等公共配套设施按照规划设计要求建成，并满足使用功能要求；

（五）电梯、二次供水、高压供电、消防设施、压力容器、监控安防等共用设施设备依法取得使用合格证书；

（六）物业使用、维护和管理的相关资料完整齐全；

（七）法律、法规规定的其他条件。

第四十条　物业服务企业承接物业时，应当对物业共用部分、共用设施设备进行查验。物业承接查验应当遵循诚实信用、客观公正、权责分明以及保护业主共同财产的原则。

现场查验物业二十日前，建设单位应当向物业服务企业移交下列资料：

（一）竣工总平面图，单体建筑、结构、设备竣工图，配套设施、地下管网工程竣工图等竣工验收资料；

（二）设施设备的安装、使用和维护、保养等技术资料；

（三）物业质量保修文件和物业使用说明文件；

（四）物业管理所必需的其他资料。

未能全部移交前款所列资料的，建设单位应当列出未移交资料的详细清单并书面承诺补交的具体时限。

第四十一条 物业服务企业应当自物业交接后三十日内，持下列文件向物业所在地的县（市、区）物业管理行政主管部门办理备案手续：

（一）前期物业服务合同；

（二）临时管理规约；

（三）物业承接查验协议；

（四）建设单位移交资料清单；

（五）查验记录；

（六）交接记录；

（七）其他与承接查验有关的文件。

物业服务企业应当在备案后将物业承接查验情况，在物业管理区域内显著位置公告。

第四十二条 物业服务企业应当将承接查验有关的文件、资料和记录建立档案，并妥善保管。

物业承接查验档案属于全体业主所有。前期物业服务合同终止，业主大会选聘新的物业服务企业的，被解聘的物业服务企业应当在前期物业服务合同终止之日起十日内，在业主委员会的监督确认下，向被选聘的物业服务企业移交物业承接查验档案，或者向业主委员会移交。

第五章 物业服务

第四十三条 从事物业服务的企业应当具有独立的法人资格。

第四十四条 业主委员会应当与业主大会选聘的物业服务企业签订物业服务合同。

物业服务企业应当自物业服务合同签订之日起三十日内，将物业服务合同报物业所在地的县（市、区）物业管理行政主管部门、街道办事处（乡镇人民政府）备案。

第四十五条 物业服务企业可以将物业管理区域内的专项服务业务委托给专业性服务企业，但不得将该区域内的全部物业服务委托给他人。

电梯、消防、监控安防等涉及人身、财产安全以及其他有特定要求的设施设备，物业服务企业应当委托专业机构进行维修和养护。

第四十六条 物业服务企业应当按照物业服务合同指派项目负责人。更换项目负责人的，应当及时告知业主并在物业管理区域内显著位置进行公示。

业主委员会经征求业主意见，可以要求物业服务企业更换项目负责人；要求更换项目负责人的，物业服务企业应当及时更换，并在物业管理区域内显著位置进行公示。

第四十七条 物业服务企业应当按照物业服务合同中关于安全防范的约定，落实安全防范措施，做好物业管理区域内的安全防范工作。物业服务企业未履行物业服务合同义务或者履行合同义务不符合约定，导致业主人身、财产受到损害的，应当依法承担相应的法律责任。

物业管理区域内发生安全事故等突发事件时，物业服务企业应当采取应急措施，及时向有关主管部门报告，并协助做好救助工作。

物业服务企业应当执行政府依法实施的应急处置措施和其他管理措施，积极配合开展相关工作。对于物业服务企业执行政府依法实施的应急处置措施和其他管理措施，业主应当依法予以配合。

业主、物业使用人对人身、财产安全有特殊保护要求的，由业主、物业使用人与物业服务企业另行约定。

第四十八条 业主应当根据物业服务合同的约定交纳物业费。业主与物业使用人约定由物业使用人交纳物业费的，从其约定，业主负连带交纳责任。

物业所有权发生转移时，业主应当与物业服务企业结清物业费。

第四十九条 物业服务收费应当区分不同物业的性质和特点，遵循合理、公开、服务质量和价格相符的原则确定，实行政府指导价和市场调节价。普通住宅的前期物业服务收费实行政府指导价，业主大会成立后，物业服务收费是否实行政府指导价由业主大会决定；非普通住宅和非住宅、满足部分业主需要或者接受业主委托开展的特约服务等其他物业服务收费，实行市场调节价。具体物业服务收费标准，由当事人在物业服务合同中约定。

实行政府指导价的，价格行政主管部门应当会同物业管理行政主管部门，综合考虑物业服务平均成本、最低工资标准调整幅度以及消费物价指数变动情况，制定物业服务等级标准以及相应的基准价与浮动幅度，并向社会公布。价格行政主管部门应当每三年内对物业服务等级标准以及相应的基准价与浮动幅度进行评估，并根据评估结果适时调整。

物业服务企业为业主或者物业使用人提供物业服务合同约定以外的专项服务的，其收费标准可以由双方另行约定。

第五十条　物业费可以采取包干制或者酬金制等方式，具体收费方式由物业服务合同约定。实行酬金制收费方式的，物业服务企业应当按照规定对物业服务各项资金的收支建立台账，并接受业主委员会的核查。

第五十一条　物业服务收费应当明码标价，物业服务企业应当在物业管理区域内显著位置，将服务内容、服务标准、收费项目、收费标准等有关情况如实公示。

物业服务企业应当按照物业服务合同的约定定期将物业费和经营设施收益收支情况、公共水电费分摊情况如实公示。

物业服务企业可以根据物业服务合同预收物业费，但是预收物业费的期限最长不得超过一年。

第五十二条　物业服务企业应当定期公布共用场地、共用设施设备产生的供水、供电、供气、供热的用量、单价、金额，并按照实际费用和物业服务合同约定的方式由全体业主分摊。没有约定或者约定不明确的，按照业主专有部分占建筑物总面积的比例分摊。

业主或者业主委员会对公布的共用场地、共用设施设备产生的供水、供电、供气、供热费用的分摊情况提出异议的，物业服务企业应当答复。

第五十三条　物业管理区域内，供水、供电、供气、供热等专业经营单位应当按照最终用户使用的计量器具显示的量值向最终用户收取费用，不得转嫁户外管线或者其他设施的能源损耗和损失。最终用户是指接受供水、供电、供气、供热等服务的最终分户业主或者实际使用人。

物业服务企业接受专业经营单位委托代收费用的，不得向业主收取手续费等额外费用，但可以根据约定向专业经营单位收取报酬。

第五十四条　物业服务企业享受国家和省有关现代服务业规定的税收优惠政策。物业服务企业代收代征的各类费用，不计征营业税和企业所得税。

住宅小区内共用设施设备维护管理、保洁、绿化等物业服务过程中的用水、用电、用气价格按照当地居民使用价格的标准执行，但洗车、餐饮等经营性用水、用电、用气除外。

第五十五条　业主依照法定程序共同决定解聘物业服务企业的，可以解除物业服务合同。决定解聘的，应当提前六十日书面通知物业服务企业，但是合同对通知期限另有约定的除外。

依据前款规定解除合同造成物业服务企业损失的，除不可归责于业主的事由外，业主应当赔偿损失。

第五十六条　物业服务合同期限届满九十日前，业主委员会应当组织召开业主大会会议，决定续聘或者另聘物业服务企业，并将决定书面通知原物业服务企业，但是合同对通知期限另有约定的除外；同时书面告知物业所在地的县（市、区）物业管理行政主管部门和街道办事处（乡镇人民政府），并在物业管理区域显著位置公告。

物业服务企业决定不再续签物业服务合同的，应当在物业服务合同期限届满九十日前书面通知业主或者业主委员会，但是合同对通知期限另有约定的除外；同时书面告知物业所在地的县（市、区）物业管理行政主管部门和街道办事处（乡镇人民政府），并在物业管理区域显著位置公告。

业主依法共同决定续聘的，业主委员会应当在物业服务合同期限届满前与原物业服务企业续签物业服务合同。

物业服务合同期限届满，业主没有依法作出续聘或者另聘决定，物业服务企业继续提供物业服务的，原物业服务合同继续有效，但是服务期限为不定期。当事人可以随时解除不定期物业服务合同，但是应当提前六十日书面通知另一方当事人；同时书面告知物业所在地的县（市、区）物业管理行政主管部门、街道办事处（乡镇人民政府），并在物业管理区域显著位置公告。

第五十七条 物业服务合同终止的，原物业服务企业应当按照约定期限，没有约定期限的应当在物业服务合同终止之日起十五日内，退出物业管理区域，并向业主委员会、决定自行管理的业主或者其指定的人履行下列交接义务：

（一）移交占用的物业共用部分、由前期物业管理开办费购买的物业办公设备等固定资产；

（二）移交本条例第四十条第二款规定的相关资料；

（三）移交物业服务期间形成的物业和设施设备使用、维护、保养、定期检验等技术资料，运行、维护、保养记录；

（四）结清预收、代收和预付、代付的有关费用；

（五）法律、法规规定和物业服务合同约定的其他事项。

物业服务合同终止后，在业主或者业主大会选聘的新物业服务企业或者决定自行管理的业主接管之前，原物业服务企业应当继续处理物业服务事项，维持正常的物业管理秩序，并可以请求业主支付该期间的物业费。

第五十八条 物业所在地的县（市、区）物业管理行政主管部门、街道办事处（乡镇人民政府）应当加强对物业服务企业交接工作的监管。

被解聘的物业服务企业拒不撤出物业管理区域的，物业所在地的县（市、区）物业管理行政主管部门应当责令其限期撤出，业主委员会可以依法提起诉讼或者申请仲裁。

第五十九条 物业管理行政主管部门应当根据物业服务企业基本状况、履行物业服务合同、投诉处理和日常检查等情况，建立物业服务企业及其项目负责人信用档案，并向社会公开。

第六十条 单体物业或者规模较小的物业，经业主或者业主大会决定，在物业所在地的街道办事处（乡镇人民政府）的监督指导下，业主可以对物业实施自行管理。

业主自行管理的，应当对下列事项作出决定：

（一）自行管理的执行机构、管理人；

（二）自行管理的内容、标准、费用和期限；

（三）聘请专业机构的方案；

（四）其他有关自行管理的内容。

电梯、消防、监控安防等涉及人身、财产安全以及其他有特定要求的设施设备，应当委托专业机构进行维修和养护。

第六章　物业的使用和维护

第六十一条 业主、物业使用人对物业的使用与维护，应当遵守法律、法规、管理规约的规定及业主大会的决定，相关行为应当符合节约资源、保护生态环境的要求，不得损害公共利益和他人合法权益。

第六十二条 物业管理区域内按照规划建设的公共建筑和共用设施，不得擅自改变用途。

平时开发利用人民防空工程设施，不得影响其战时防空效能和应急避难功能。

第六十三条 物业管理区域内规划用于停放汽车的车位、车库，建设单位应当首先满足本区域内业主的停车需要，其归属由当事人通过出售、附赠或者出租等方式约定。

建设单位办理商品房房屋预销售登记后出售或者附赠的车位、车库，应当明示并在物业管理区域内显著位置公示拟出售车位、车库的产权证明文件和出售价格。拟出售车位、车库数量少于本区域要求购买车位、车库业主的房屋套数时，应当通过抽签等公平方式确定，每户业主只能购买一个车位或者车库。

建设单位未出售或者未附赠的车位、车库，应当优先出租给本区域内业主，租金按照价格行政主管部门核定的标准执行；业主要求承租车位、车库的，建设单位不得只售不租。拟出租车位、车库数量少于本区域要求承租车位、车库业主的房屋套数时，应当通过抽签等公平方式确定给未购买或者未受赠车位、车库的业主，每户业主只能承租一个车位或者车库。

在首先满足本物业管理区域内业主的购买和承租需要后还有多余车位、车库的，可以出租给本物业管理区域外的使用人，但租赁期限不得超过六个月。

第六十四条　占用业主共有的道路或者其他场地用于停放汽车的车位、车库，由业主大会或者业主大会授权的业主委员会决定使用。

物业管理区域内划定车位、停放车辆，不得占用、堵塞、封闭疏散通道、安全出口、消防车通道，不得影响其他车辆和行人的正常通行。

第六十五条　在物业管理区域内公共、共用车库、道路、场地停放汽车的，应当根据业主大会或者业主大会授权的业主委员会决定交纳汽车停放费。

物业服务企业可以根据物业服务合同收取汽车停放费。汽车停放费的具体标准，由价格行政主管部门会同物业管理行政主管部门制定并公布。

物业服务企业应当将汽车停放费单独列账，独立核算。业主委员会应当对汽车停放费的收支情况进行监督，并向业主大会报告。

业主对汽车停放有保管要求的，应当与物业服务企业另行签订保管服务合同。

第六十六条　业主大会成立前，需要占用业主共有的道路或者其他场地停放汽车的，应当在前期物业服务合同中约定。物业服务企业应当将汽车停放费单独列账，所得收益的百分之七十纳入住宅专项维修资金，其余部分可以用于补贴物业费。

业主大会成立后，需要占用业主共有的道路或者其他场地用于停放汽车，以及利用业主共有部分从事广告等经营性活动的，物业服务企业应当提请业主大会或者业主大会授权的业主委员会决定后，依法办理有关手续并公示。利用业主共有部分从事广告等经营性活动的，还应当经有利害关系的业主同意。利用业主的共有部分产生的收入，在扣除合理成本之后，所得收益属于业主共有，应当单独列账。收益按照业主大会或者业主大会授权的业主委员会决定、物业服务合同约定使用。

第六十七条　物业管理区域内依法配建的人民防空工程，应当按照设计文件在实地标注。

物业管理区域内依法配建的人民防空工程平时用作停车位的，应当向业主开放，出租的租赁期限不得超过三年，不得将停车位出售、附赠。

人民防空工程平时用作停车位收取的汽车停放费、租金，应当依照有关规定，用于该人民防空工程设施的维护管理和停车管理的必要支出，有剩余费用的按照本条例第六十六条第一款规定使用。管理办法和具体收费标准由省价格行政主管部门会同物业管理、人防等行政主管部门制定并公布。

第六十八条　物业管理区域内禁止下列行为：

（一）擅自改变物业的规划用途；

（二）损坏或者擅自变动房屋承重结构、主体结构；

（三）违法搭建建筑物、构筑物；

（四）损坏或者擅自占用、改建物业共用部分，损坏或者擅自占用、移装共用设施设备；

（五）存放易燃、易爆、剧毒、放射性物质或者超负重等违反安全规定的物品；

（六）制造超过规定标准的噪音、振动或者影响邻居采光、通风；

（七）任意弃置垃圾、排放污水、抛掷杂物和露天焚烧；

（八）侵占绿地、毁坏绿化和绿化设施；

（九）擅自摆摊设点、占道经营，无序停放车辆；

（十）破坏或者擅自改变房屋外观；

（十一）擅自在建筑物、构筑物上悬挂、张贴、涂写、刻画；

（十二）法律、法规和管理规约禁止的其他行为。

有前款所列行为之一的，物业服务企业、业主委员会应当及时劝阻、制止；劝阻、制止无效的，应当及时报告有关主管部门，有关主管部门应当及时依法处理；业主、物业使用人对侵害自己合法权益的行为，可以依法向人民法院提起诉讼；业主委员会对侵害业主共同利益的行为，可以依法向人民法院提起诉讼。

第六十九条 城市管理、公安、市场监督管理、生态环境、卫生健康、自然资源等行政管理部门和消防管理机构，应当加强物业管理区域内公共秩序、治安消防、环境卫生、房屋使用等方面的监督管理，建立违法行为投诉登记制度，并在物业管理区域内显著位置公布联系人姓名和联系方式，依法处理物业管理区域内的违法行为。

第七十条 住宅物业需要使用共有部分增设电梯等进行二次开发、改造的，应当经本幢或者本单元房屋专有部分面积占比三分之二以上的业主且人数占比三分之二以上的业主参与表决，并经参与表决专有部分面积四分之三以上的业主且参与表决人数四分之三以上的业主同意，符合规划、土地、建设、环境保护、消防管理等法律、法规和技术标准，并且依法办理相关批准手续。

第七十一条 业主或者物业使用人对住宅装饰装修的，应当事先告知物业服务企业。物业服务企业应当将住宅装饰装修的禁止行为和注意事项告知业主或者物业使用人。

业主或者物业使用人在住宅装饰装修工程开工前，应当持有关资料向物业服务企业办理登记手续，签订住宅装饰装修服务协议。变动建筑主体或者承重结构的，需要提交原设计单位或者具有相应资质等级的设计单位提出的设计方案和城市房屋安全鉴定机构出具的审定意见，并按照规定办理批准手续。

业主或者物业使用人拒不办理登记、批准手续的，物业服务企业可以按照临时管理规约或者管理规约，禁止装饰装修施工人员进入物业管理区域。

物业服务企业对住宅装饰装修活动进行巡查时，业主或者物业使用人、装饰装修施工人员不得拒绝和阻碍。

第七十二条 在国家规定的保修期限内，物业由建设单位负责保修。保修期届满后，物业全体共有部分的维修责任由全体业主承担，物业部分共有部分的维修责任由部分共有的业主承担，物业专有部分的维修责任由该业主承担。

第七十三条 建设单位应当按照国家规定的保修期限和保修范围，承担物业的保修责任。建设单位委托物业服务企业保修的，应当与物业服务企业另行签订委托协议。

第七十四条 物业存在安全隐患、严重影响市容或者妨碍他人正常使用的，业主、物业使用人或者物业服务企业应当及时维修、养护或者采取防范措施。

物业共用部分、共用设施设备维修、更新和改造时，相关业主、物业使用人应当予以配合。因相关业主、物业使用人阻挠维修、更新和改造，造成其他业主、物业使用人财产损失的，责任人应当予以赔偿。

第七十五条 住宅物业和住宅小区内的非住宅物业的业主，应当在办理房屋入住手续或者房屋所有权登记时，将首期住宅专项维修资金存入住宅专项维修资金专户。在国家规定的保修期届满后未出售的物业，由建设单位先行交存住宅专项维修资金。

住宅专项维修资金属于业主所有，专项用于国家规定的保修期届满后物业共用部分、共用设施设备的维修、更新和改造，不得挪作他用。

第七十六条 住宅物业交付使用后，电梯、消防等设施设备的日常维护费用由业主承担；其更新和改造按照相关法律、法规执行，所需资金由业主承担，政府可以给予补贴。

本条例施行后受让土地的住宅物业配置电梯的，建设单位应当在交付使用前按照建筑安装总费用百分之一的比例交存资金，专项用于电梯、消防等设施设备的更新和改造。该资金归业主所有，纳入物业管理区域住宅专项维修资金管理。

第七十七条 发生下列危及房屋安全情形之一，需要立即对住宅物业共用部分、共用设施设备进行应急维修、更新和改造的，业主大会或者业主委员会可以申请使用建筑物及其附属设施的维修资金，提出应急处置方案，经住宅专项维修资金代管部门复核后进行应急处置：

（一）屋面防水损坏造成渗漏的；

（二）电梯故障危及人身安全的；

（三）公共护（围）栏破损严重，危及人身安全的；

（四）楼体单侧外立面有脱落危险的；

（五）专用排水设施因坍塌、堵塞、爆裂等造成功能障碍，危及人身、财产安全的；

（六）危及房屋安全的其他情形。

应急维修费用向业主公示后，从相关业主的住宅专项维修资金分户账中按照专有面积分摊列支；其中涉及已售公有住房的，从公有住房住宅专项维修资金中列支。

第七十八条　住宅专项维修资金余额不足首期筹集金额百分之三十的，业主应当按照国家和省相关规定以及业主大会的决定，续筹住宅专项维修资金。

第七十九条　业主委员会可以向住宅专项维修资金代管部门提出申请，将不低于住宅专项维修资金百分之八十的款项转存为一年以上的定期存款，住宅专项维修资金代管部门应当自收到申请之日起五个工作日内予以办理。利息计入相关业主的住宅专项维修资金分户账。

住宅专项维修资金代管部门应当将住宅专项维修资金保值增值情况向业主公开，业主有权查询本人的住宅专项维修资金结存情况。

住宅专项维修资金代管部门应当根据维修资金的使用计划和本条第一款、第二款的规定，履行维修资金保值增值的责任。具体办法由省物业管理行政主管部门、省财政行政主管部门自本条例施行之日起一年内制定。

第八十条　对配套设施不齐全、环境较差的旧住宅小区，设区的市、县（市、区）人民政府应当采取措施进行改造整治，并将改造整治规划和年度计划向社会公布。旧住宅小区的范围，由设区的市、县（市、区）人民政府确定。

旧住宅小区内的道路、照明、绿地及文化体育、安全防范、物业服务用房等配套建筑及设施设备的改造建设资金，由政府负责；业主专有部分的设施设备改造支出，由业主承担。

第八十一条　旧住宅小区改造整治中，经有利害关系的业主同意，并经法定程序批准可以建设物业服务用房和一定比例的物业服务经营性用房。物业服务经营性用房的经营收益作为旧住宅小区维护管理费用的补充资金，由业主大会监督使用。

第七章　法律责任

第八十二条　违反本条例第三十七条规定，专业经营单位拒不承担维修、养护或者更新责任的，由县（市、区）物业管理行政主管部门责令限期改正，造成业主损失的，应当依法承担赔偿责任。

第八十三条　违反本条例第四十条第一款规定，物业服务企业承接物业未进行查验的，由县（市、区）物业管理行政主管部门责令限期改正。

第八十四条　违反本条例第四十一条第二款规定，物业服务企业未将物业承接查验情况在物业管理区域内显著位置公告的，由县（市、区）物业管理行政主管部门责令限期改正；逾期不改正的，处一万元以上十万元以下罚款。

第八十五条　违反本条例第四十八条第一款规定，业主、物业使用人未按照物业服务合同的约定支付物业费的，业主委员会、物业服务企业可以催告其在合理期限内支付；合理期限届满仍不支付的，物业服务企业可以提起诉讼或者申请仲裁。

物业服务企业不得采取停止供电、供水、供热、供燃气等方式催交物业费。

第八十六条　违反本条例第五十一条第一款、第二款规定，物业服务企业未在物业管理区域内显著位置公示服务内容、服务标准、收费项目、收费标准、物业费和经营设施收益收支情况、公共水电费分摊情况或者公示失实信息的，由县（市、区）市场监督管理部门责令限期改正；逾期不改正的，处一万元以上五万元以下罚款。

第八十七条　违反本条例第五十三条第二款规定，物业服务企业在接受委托代收有关费用时向业主收取手续费等额外费用的，由县（市、区）市场监督管理部门责令限期改正，并退还已收取的费用。

第八十八条　违反本条例第五十七条第一款规定，原物业服务企业未按照规定履行交接义务的，由县（市、区）物业管理行政主管部门责令限期改正；逾期仍不履行交接义务的，对物业服务企业予以通报，处一万元以上十万元以下的罚款。

有下列行为之一，由县（市、区）物业管理行政主管部门责令限期改正；逾期不改正的，处五万元以上二十万元以下罚款：

（一）违反本条例第五十七条第二款规定，原物业服务企业在业主或者业主大会选聘的新物业服务企业或者决定自行管理的业主接管之前，不维持正常的物业管理秩序的；

（二）违反本条例第五十八条第二款规定，被解聘的物业服务企业拒不撤出物业管理区域的。

第八十九条 违反本条例第六十三条第三款、第四款规定，建设单位将未出售或者未附赠的车位、车库不优先出租给本区域内业主，或者将多余车位、车库出租给本物业管理区域外使用人的租赁期限超过六个月的，由县（市、区）物业管理行政主管部门责令限期改正，没收违法所得；逾期不改正的，处五万元以上十万元以下罚款。

违反本条例第六十三条第三款规定，建设单位对业主要求承租的车位、车库只售不租的，由县（市、区）物业管理行政主管部门责令限期改正；逾期不改正的，处十万元以上五十万元以下罚款。

第九十条 违反本条例第六十七条第二款规定，将平时用作停车位的人民防空工程不向业主开放、出租停车位的租赁期限超过三年或者将停车位出售、附赠的，由县级以上人防行政主管部门责令限期改正，没收违法所得；逾期不改正的，处五万元以上二十万元以下罚款。

第九十一条 违反本条例第六十八条第一款规定，给他人造成损害的，依法承担民事责任；违反行政管理规定的，由县级以上地方人民政府城市管理、公安、生态环境、自然资源、住房城乡建设、房管等有关行政管理部门按照各自职责依法查处。

第九十二条 县级以上地方人民政府物业管理行政主管部门、街道办事处（乡镇人民政府）以及其他有关主管部门的工作人员滥用职权、玩忽职守、徇私舞弊，尚未构成犯罪的，依法给予处分；构成犯罪的，依法追究刑事责任。

第八章 附则

第九十三条 本条例所称住宅共用部分，是指根据法律、法规和房屋买卖合同，由单幢住宅内业主或者单幢住宅内业主及与之结构相连的非住宅业主共有的部分，一般包括住宅的基础、承重墙体、柱、梁、楼板、屋顶以及户外的墙面、门厅、楼梯间、走廊通道等。

本条例所称共用设施设备，是指根据法律、法规和房屋买卖合同，由住宅业主或者住宅业主和有关非住宅业主共有的附属设施设备，一般包括电梯、天线、照明、消防设施、监控安防设施、绿地、道路、路灯、沟渠、池、井、非经营性车场车库、公益性文体设施和共用设施设备使用的房屋等。

本条例规定的面积和人数，按照下列方式计算：

（一）专有部分面积按照不动产登记簿记载的面积计算；尚未进行登记的，暂时按照测绘机构的实测面积计算；尚未进行实测的，暂时按照房屋买卖合同记载的面积计算；建筑物总面积，按照前项的统计总和计算；

（二）业主人数按照专有部分的数量计算，一个专有部分按照一人计算。但建设单位尚未出售和虽已出售但尚未交付的部分，以及同一买受人拥有一个以上专有部分的，按照一人计算；总人数，按照前项的统计总和计算。

第九十四条 其他管理人接受委托，为业主提供建筑物及其附属设施的维修养护、环境卫生和相关秩序的管理维护等物业服务的，适用本条例有关物业服务企业的规定。

第九十五条 本条例自 2013 年 5 月 1 日起施行。

四川省物业管理条例

（2012年3月29日四川省第十一届人民代表大会常务委员会第二十九次会议通过，
2021年9月29日四川省第十三届人民代表大会常务委员会第三十次会议修订，
2021年9月29日四川省第十三届人民代表大会常务委员会公告第92号）

第一章　总则

第一条　为了规范物业管理活动，维护业主、物业服务人等物业管理各方的合法权益，营造安全、舒适、文明、和谐的居住和工作环境，增强人民群众的获得感幸福感安全感，构建共建共治共享的基层社会治理体系，根据《中华人民共和国民法典》《物业管理条例》等法律、行政法规，结合四川省实际，制定本条例。

第二条　本条例适用于四川省行政区域内的物业管理活动及其监督管理。

本条例所称物业管理，是指业主通过选聘物业服务人或者自行管理等方式，对物业服务区域内的建筑物及其附属设施进行维修、养护、管理，维护物业服务区域内的环境卫生和秩序的活动。物业服务人包括物业服务企业和其他管理人。

第三条　物业管理应当遵循公开、公平、公正、诚信的原则，坚持依法管理、业主自治、市场竞争、政府引导，推动物业管理标准化、专业化、智能化、绿色化发展。

第四条　建立中国共产党基层组织领导下的居（村）民委员会、业主委员会、物业服务人等协调运行机制，形成社区治理合力。

第五条　县级以上地方人民政府应当加强对物业管理活动及其监督管理工作的领导，建立保障机制，将物业服务纳入现代服务业发展规划，推动物业服务行业向现代服务业发展。

县（市、区）人民政府应当明确街道办事处（乡镇人民政府）承担指导和监督物业管理活动的工作机构和人员，并保障工作经费。

鼓励地方各级人民政府通过购买服务方式委托符合条件的物业服务人承担社区治理相关服务。

第六条　县级以上地方人民政府住房城乡建设主管部门负责物业管理活动的指导和监督管理，加强对街道办事处（乡镇人民政府）物业管理工作人员的培训。

县级以上地方人民政府发展改革、经济和信息化、公安、民政、司法行政、财政、自然资源、生态环境、卫生健康、应急、市场监管等有关部门按照各自职责做好物业管理活动的相关监督管理工作。

第七条　街道办事处（乡镇人民政府）履行以下职责：

（一）组织、指导、协调本辖区内业主大会的设立和业主委员会选举、换届；

（二）指导、督促业主大会、业主委员会、物业服务人依法履行职责；

（三）调解处理物业管理纠纷，协调社区建设与物业管理的关系；

（四）法律、法规规定的与物业管理活动相关的其他职责。

居（村）民委员会指导物业服务人和业主委员会工作，根据需要设立环境和物业管理委员会，依法协助街道办事处（乡镇人民政府）开展相关工作。

第八条　街道办事处（乡镇人民政府）负责落实县级以上地方人民政府依法采取的应急措施，指导物业服务人、业主委员会开展应对工作，所需物资和资金纳入政府应急体系管理。

物业服务人应当执行政府依法实施的应急处置措施和其他管理措施，积极配合开展相关工作。对于物业服务人执行政府依法实施的应急处置措施和其他管理措施，业主、物业使用人以及相关人员应当依法予以配合。

第九条 物业服务行业组织应当在县级以上地方人民政府住房城乡建设主管部门的指导和监督下，推进行业标准化建设，依法加强行业自律管理，促进行业规范发展，维护物业服务人的合法权益。

第二章 物业服务区域及设施

第十条 物业服务区域的划分，应当以建设用地规划许可证确定的红线图范围为基础，综合考虑共用设施设备、建筑物规模、社区建设等因素，遵循规划在先、自然分割、功能完善、便民利民的原则划定。县（市、区）人民政府住房城乡建设主管部门应当建立物业服务区域档案。

第十一条 新建物业按照下列规定划分物业服务区域：

（一）分期建设或者二个以上单位共同建设的整体规划项目，应当按照其整体规划建设项目确定的用地范围，划分为一个物业服务区域；

（二）住宅和非住宅等不同物业类型，具有独立的配套设施设备并能够独立管理的，可以划分为不同的物业服务区域。

建设单位应当在办理商品房预售许可或者现房销售前，持建设用地规划许可证、建设工程规划许可证、项目规划设计方案等资料，向项目所在地县（市、区）人民政府住房城乡建设主管部门办理物业服务区域备案。住房城乡建设主管部门应当自受理之日起二十日内予以备案。对不符合物业服务区域划分规定的，应当告知建设单位重新划分。经备案的物业服务区域，由县（市、区）人民政府住房城乡建设主管部门及时告知物业所在地街道办事处（乡镇人民政府）。

建设单位应当将经备案的物业服务区域以书面说明和图纸形式在房屋销售现场的显著位置公示。

第十二条 已建成物业按照下列规定划分物业服务区域：

（一）已分割成二个以上相对封闭区域的，在明确共用设施设备管理、维护责任的情况下，可以划分为不同的物业服务区域；

（二）建筑规模较小且地理上自然相连的物业，可以合并为一个物业服务区域。

第十三条 物业已投入使用但未划分物业服务区域的，或者已经划分物业服务区域需要调整的，经业主委员会或者人数占比百分之十以上的业主书面申请，由县（市、区）人民政府住房城乡建设主管部门征求街道办事处（乡镇人民政府）、居（村）民委员会、业主代表意见后，提出物业服务区域划分或者调整的建议方案，由业主共同决定后划定，并在相应区域内公告。

第十四条 建设单位在新建物业时应当分别配置具备水、电、通风、采光、卫生间等基本使用功能和办公条件的物业服务用房、业主委员会用房。物业服务用房按照房屋建筑总面积的千分之二，且不低于一百平方米配置；业主委员会用房按照不低于三十平方米配置。物业服务用房、业主委员会用房位于地面的部分不低于总面积百分之五十。

自然资源主管部门在核发建设工程规划许可证时，应当在许可证附件（图）中载明物业服务用房、业主委员会用房面积。住房城乡建设主管部门核发房屋预售许可证、不动产登记机构办理不动产登记时，应当注明物业服务用房、业主委员会用房室号。

物业服务用房、业主委员会用房、共用设施设备配套用房属于全体业主共有，分别交由物业服务人、业主委员会和专业经营单位无偿使用，任何组织和个人不得擅自变更用途。

第十五条 新建物业各类配套建筑应当按照工程建设强制性标准和规范同步规划设计、同步验收。

建设单位在新建物业时应当按照国家标准或者相关要求配置邮件和快递送达设施、老年人活动场地等便民服务设施，保障业主便捷使用。

第十六条 新建物业应当按照有关标准配置机动车、非机动车专用停放车位（库），依据新能源发展规划和业主需要，为安装停车充电基础设施预留场地、空间，配置相应的接入条件。

已建成有条件的物业可以根据业主需要按照标准和技术规范要求，经业主共同决定，逐步改造建设停车充电与换电设施。

第三章　业主、业主大会和业主委员会

第一节　业主

第十七条　业主在物业管理活动中根据法律法规规定、管理规约和物业服务合同约定，享有业主权利，承担业主义务。

不动产登记簿记载的房屋所有权人为业主。

尚未依法办理房屋所有权登记，但符合下列情况之一的，在物业管理活动中享有业主权利、承担业主义务：

（一）因人民法院、仲裁机构的法律文书或者人民政府的征收决定等取得房屋所有权的；

（二）因继承取得房屋所有权的；

（三）因合法建造等事实行为取得房屋所有权的；

（四）基于与建设单位之间的商品房买卖民事法律行为已经合法占有建筑物专有部分的；

（五）法律法规规定的其他情形。

已经达到交付使用条件，尚未出售或者尚未向买受人交付的专有部分，建设单位为业主。

第十八条　物业使用人根据法律、法规、管理规约、业主大会依法作出的决定，以及其与业主的约定，享有相应权利，承担相应义务。

物业使用人包括物业承租人、借用人、居住权人等。

第十九条　下列事项由业主共同决定：

（一）制定和修改业主大会议事规则；

（二）制定和修改管理规约；

（三）选举业主委员会或者更换业主委员会成员；

（四）选聘和解聘物业服务人；

（五）使用建筑物及其附属设施的维修资金；

（六）筹集建筑物及其附属设施的维修资金；

（七）改建、重建建筑物及其附属设施；

（八）改变共有部分的用途或者利用共有部分从事经营活动；

（九）在物业服务区域公共空间安装个人身份和生物特征识别设备；

（十）物业服务区域划分与调整；

（十一）实施自行管理；

（十二）物业费调整；

（十三）设立业主代表大会以及确定其职责；

（十四）有关共有和共同管理权利的其他重大事项。

提交业主共同决定的事项，应当尊重社会公德，不得违反法律、法规的规定和损害社会公共利益。

第二十条　业主共同决定事项，应当由专有部分面积占比三分之二以上的业主且人数占比三分之二以上的业主参与表决。决定本条例第十九条第一款第六项至第八项规定的事项，应当经参与表决专有部分面积四分之三以上的业主且参与表决人数四分之三以上的业主同意。决定本条例第十九条第一款规定的其他事项，应当经参与表决专有部分面积过半数的业主且参与表决人数过半数的业主同意。

专有部分面积，按照不动产登记簿记载的面积计算；尚未进行登记的，按照测绘机构的实测面积计算；尚未进行实测的，按照房屋买卖合同记载的面积计算。

业主人数，按照专有部分的数量计算，一个专有部分按照一人计算。但建设单位尚未出售和虽已出售但尚未交付的部分，以及同一买受人拥有一个以上专有部分的，按照一人计算。

第二十一条　管理规约应当包含以下事项：

（一）有关物业的使用、维护、管理；

（二）业主的共同利益和应当履行的义务；

（三）违反管理规约应当承担的责任；

（四）其他事项。

制定管理规约，应当尊重社会公德，不得违反法律、法规的规定和损害社会公共利益。

第二十二条　业主大会议事规则应当包含以下事项：

（一）业主大会的议事方式、表决程序；

（二）业主委员会的组成、职责、届期、

工作经费及其开支范围和开支金额、成员工作补贴标准和任职条件及资格终止情形、设立候补委员的规定；

（三）业主大会和业主委员会印章、业主共有资金账户的使用和管理；

（四）业主委员会换届；

（五）其他事项。

制定业主大会议事规则，不得违反法律、法规的规定。

第二十三条 业主可以委托他人参加业主大会会议。被委托人应当提供委托人和本人身份证明材料、委托人签署的授权委托书、委托人不动产产权证明的复制件，按照受委托事项、时间、权限，代表业主行使权利。

第二节 业主大会

第二十四条 一个物业服务区域设立一个业主大会，符合下列情形之一的，应当召开首次业主大会会议：

（一）交付的专有部分面积达到建筑物总面积百分之五十以上或者交付的房屋套数达到总套数百分之五十以上；

（二）首套房屋交付已满二年且交付的房屋套数达到总套数百分之二十以上；

（三）前期物业服务合同到期前九十日或者前期物业服务合同依法解除的。

分期开发的物业服务区域，先期开发建设的区域内交付使用的物业符合前款规定条件之一的，应当召开首次业主大会会议。

业主人数较少且经全体业主一致同意，可以不设立业主大会，由业主共同履行业主大会、业主委员会职责。

第二十五条 符合本条例第二十四条规定应当召开首次业主大会会议情形之一的，建设单位应当在三十日内向物业所在地街道办事处（乡镇人民政府）提出设立业主大会的书面报告，并在物业服务区域内公告。建设单位提交的书面报告应当附筹备首次业主大会会议所需的下列资料：

（一）物业服务区域划分备案情况；

（二）物业服务区域内建筑物面积清册；

（三）包括专有部分面积、业主姓名和联系方式等内容的业主名册；

（四）建筑规划总平面图；

（五）物业服务用房、业主委员会用房配置证明；

（六）其他有关的文件资料。

建设单位未按时书面报告设立业主大会的，同一物业服务区域内二十名以上业主联名可以向物业所在地街道办事处（乡镇人民政府）提出设立业主大会的书面申请，并提供业主身份证明材料。

第二十六条 街道办事处（乡镇人民政府）应当在收到设立业主大会的书面报告或者书面申请后十日内，向商品房销售主管部门、建设单位或者物业服务人核实是否符合召开首次业主大会会议的情形。符合的，应当在收到书面报告或者书面申请后三十日内指导成立业主大会筹备组，筹备召开首次业主大会会议；不符合的，应当告知原因，并在该物业服务区域显著位置公示。筹备组发布的通知或者公告，应当加盖街道办事处（乡镇人民政府）印章。

筹备组一般由业主代表和街道办事处（乡镇人民政府）、社区（村）党组织、居（村）民委员会、辖区公安派出所、建设单位代表组成。筹备组人数应当为单数，其中业主代表人数不低于筹备组总人数的二分之一。

筹备组中的业主代表由街道办事处（乡镇人民政府）根据业主自荐或者推荐确定，并在物业服务区域显著位置公示。筹备组组长由街道办事处（乡镇人民政府）、居（村）民委员会代表担任。

建设单位、业主、物业服务人应当对筹备组筹备工作和召开首次业主大会会议给予配合，不得阻扰。

第二十七条 筹备组应当履行下列职责：

（一）确定召开首次业主大会会议的时间、地点、内容和形式；

（二）拟定管理规约草案和业主大会议事规则草案；

（三）确认业主身份、人数和业主专有部分面积；

（四）拟定业主委员会选举办法草案；

（五）审核业主委员会成员候选人资格，提出候选人建议名单；

（六）依法确定首次业主大会会议表决

规则；

（七）召开首次业主大会会议的其他准备工作。

前款第一项至第六项的内容应当在首次业主大会会议召开十五日前在物业服务区域显著位置公示。业主对公示内容提出异议的，筹备组应当予以复核并将复核结果书面告知提出异议者。

需要查询建筑物面积清册、核实业主身份等事项的，自然资源、住房城乡建设等有关主管部门应当依法予以协助。

筹备组不得将业主资料用于与筹备无关的活动。

第二十八条　筹备组应当自公告成立之日起六个月内组织召开首次业主大会会议，逾期不能召开的，筹备组自行解散。

筹备组应当在业主委员会依法成立之日起十日内，将筹备经费的使用情况在物业服务区域显著位置公示，在向业主委员会移交筹备期间的全部资料后解散。

剩余筹备经费应当纳入业主共有资金账户。

第二十九条　首次业主大会会议筹备经费由建设单位承担。新建物业的建设单位应当在办理商品房预售许可或者现房销售前，将筹备经费交至街道办事处（乡镇人民政府）设立的专用账户，供业主大会筹备组使用。老旧小区以及建设单位已经不存在的物业服务区域筹备首次业主大会会议的，县（市、区）人民政府可以给予补助。

筹备经费标准由市（州）人民政府根据实际情况制定。

第三十条　业主大会会议分为定期会议和临时会议。业主大会每年至少召开一次定期会议，具体召开次数由业主大会议事规则约定。专有部分面积占比百分之二十以上的业主或者人数占比百分之二十以上的业主提议，或者出现业主大会议事规则约定的其他情形时，业主委员会应当召集业主大会临时会议。

业主委员会未按照规定召集业主大会会议的，二十名以上业主联名可以请求街道办事处（乡镇人民政府）责令限期召开，逾期仍未召开的，由街道办事处（乡镇人民政府）组织召开。

第三十一条　省人民政府住房城乡建设主管部门应当会同自然资源主管部门建立全省统一、分级管理、无偿使用的电子投票表决系统。

业主大会会议表决可以通过电子投票表决系统或者书面方式进行。对无法使用电子投票表决系统或者书面方式进行投票表决的老年人、残疾人等业主，筹备组、业主委员会等应当入户提供帮助。

业主签收书面表决票或者在投票表决期间登录电子投票表决系统的，视为参与表决。业主参与表决，应当作出同意、不同意、弃权的意思表示，未作出意思表示的视为弃权。

第三节　业主委员会

第三十二条　业主委员会是业主大会的执行机构，由业主大会选举产生，五人至十五人单数组成，每届任期不超过五年，具体任期由业主大会决定。业主委员会主任、副主任由本届业主委员会在其成员中推选产生。业主委员会成员出缺时，设有候补委员的，由候补委员依次递补。

业主委员会召开会议应当有过半数成员出席，作出的决定应当经全体成员过半数同意。

业主委员会的决定应当自作出之日起三日内在物业服务区域显著位置公告，并通过互联网方式告知业主。

第三十三条　业主委员会成员应当为本物业服务区域内的自然人业主或者单位业主授权的代表，并符合下列条件：

（一）具有完全民事行为能力；

（二）遵纪守法、公正廉洁、热心公益事业、责任心强，并提交书面承诺；

（三）具备履行职责的健康条件和相应的时间；

（四）法律、法规规定的其他条件。

有下列情形之一的，不得担任业主委员会成员：

（一）被人民法院纳入失信被执行人名单的；

（二）在物业管理活动中，违反相关法律、法规受到行政处罚或者被追究刑事责任的；

（三）本人、配偶以及本人和配偶的近亲

属在本物业服务区域的物业服务人任职的；

（四）法律、法规规定或者业主大会议事规则约定其他不宜担任业主委员会成员的情形。

第三十四条 业主委员会成员候选人可以通过下列方式产生：

（一）十名以上业主联名推荐；

（二）社区（村）党组织、居（村）民委员会根据业主自荐和小区党组织的建议等，在奉公守法、公道正派、热心公益的业主中进行推荐。

社区（村）党组织引导业主中的党员积极参选业主委员会成员，通过法定程序担任业主委员会成员。

第三十五条 业主委员会应当自选举产生之日起三十日内持以下材料向物业所在地街道办事处（乡镇人民政府）备案：

（一）业主大会设立和业主委员会选举的情况；

（二）业主大会表决通过的管理规约、业主大会议事规则；

（三）业主大会决定的其他重大事项。

备案材料齐备的，街道办事处（乡镇人民政府）应当在收到备案材料十五个工作日内发出备案通知书，并抄送公安派出所、县（市、区）人民政府住房城乡建设主管部门。

业主委员会办理备案后，应当依法刻制业主大会、业主委员会印章。业主委员会持备案通知书、印章等向物业所在地县（市、区）人民政府市场监管部门申请办理业主大会社会信用代码登记，开设业主共有资金账户，在共有资金账户中设立业主委员会工作经费和补贴科目。

本条例施行前开设的业主委员会资金账户，按照前款规定依法变更为业主共有资金账户。

业主委员会应当将相关情况在物业服务区域显著位置公告。

第三十六条 业主委员会应当履行下列职责：

（一）执行业主大会的决定和决议，维护业主共同权益；

（二）召集业主大会会议，报告业主委员会履职情况；

（三）制定业主委员会财务、印章、会议等管理制度，并建立相关档案；

（四）拟定共有部分经营方案和共有资金使用与管理办法并提请业主共同决定；

（五）拟定物业服务人选聘、续聘、解聘方案并提请业主共同决定；

（六）代表业主与业主大会选聘的物业服务人签订物业服务合同，与退出的物业服务人进行交接；

（七）听取业主、物业使用人的意见和建议，监督和协助物业服务人履行物业服务合同；

（八）调解业主之间因物业使用、维护和管理产生的纠纷；

（九）支持、配合居（村）民委员会依法履行职责，接受社区（村）党组织、居（村）民委员会的指导和监督；

（十）监督管理规约的实施；

（十一）法律、法规规定和业主大会赋予的其他职责。

第三十七条 业主委员会应当及时在物业服务区域显著位置和通过互联网方式公示下列事项，并将相关资料存档：

（一）管理规约、业主大会议事规则；

（二）业主大会和业主委员会的决定；

（三）物业服务合同；

（四）物业共有部分的使用和经营收益的收支情况；

（五）业主大会和业主委员会工作经费的收支情况；

（六）建筑物及其附属设施的维修资金的筹集、使用情况；

（七）业主委员会成员支付物业费、交存建筑物及其附属设施的维修资金等情况；

（八）法律、法规规定和管理规约约定的其他应当向业主公开的情况和资料。

前款第一项、第三项的事项应当持续公示；前款第二项的事项应当在作出决定之日起三日内公示，公示期不少于三十日；前款第四项至第八项的事项，应当每半年至少公示一次，公示期不少于三十日。

第三十八条 业主委员会及其成员不得有

下列行为：

（一）挪用、侵占业主共有财产；

（二）抬高、虚增、截留由业主支付的建筑物及其附属设施的维修资金、电梯检测维修费用以及业主共同支付的其他费用；

（三）索取、收受建设单位、物业服务人或者利害关系人的不正当利益；

（四）明示、暗示物业服务人减免物业费；

（五）泄露业主信息或者将业主信息用于与物业管理无关的活动；

（六）转移、隐匿、篡改、毁弃或者、拖延提供物业管理有关文件、资料；

（七）擅自使用业主大会、业主委员会印章；

（八）拒不执行业主共同决定的事项；

（九）违反法律、法规规定或者侵害业主合法权益的其他行为。

有前款行为的，业主、利害关系人有权向有关部门举报，有关部门应当依法处理。

第三十九条　业主大会、业主委员会应当依法履行职责。业主大会、业主委员会作出的决定违反法律、法规的，物业所在地的街道办事处（乡镇人民政府）或者县（市、区）人民政府住房城乡建设主管部门自收到投诉或者发现之日起三十日内，应当依法作出处理决定，并通告全体业主。

第四十条　业主委员会成员有下列情形之一的，其资格终止：

（一）不再是本物业服务区域的业主的；

（二）单位业主终止其代表资格的；

（三）被依法追究刑事责任或者被人民法院纳入失信被执行人名单的；

（四）有本条例第三十八条规定的禁止性行为之一且受到行政处罚的；

（五）本人、配偶以及本人和配偶的近亲属在本物业服务区域的物业服务人任职的；

（六）以书面形式向业主大会或者业主委员会提出辞职之日起满三十日的；

（七）法律、法规规定或者业主大会议事规则约定的其他情形。

业主大会议事规则可以对业主委员会主任、财务负责人离任审计事项作出约定。

业主委员会应当在业主委员会成员资格终止之日起七日内，将有关情况在物业服务区域显著位置公示。资格终止的业主委员会成员应当在终止之日起七日内向业主委员会移交由其保管的文件资料及财物。

第四十一条　经专有部分面积占比百分之二十以上的业主且人数占比百分之二十以上的业主联名，可以向业主委员会提出罢免业主委员会部分成员的书面建议，业主委员会应当自收到罢免建议之日起三十日内提请业主大会表决。业主委员会未按时提请业主大会表决的，提出罢免建议的业主可以请求街道办事处（乡镇人民政府）责令限期召开业主大会会议；逾期未召开的，由街道办事处（乡镇人民政府）组织召开。

业主可以依照前款规定，向街道办事处（乡镇人民政府）提出罢免业主委员会全体成员的书面建议，街道办事处（乡镇人民政府）应当组织召开业主大会会议进行表决。

第四十二条　业主委员会成员资格终止或者被罢免的，由业主委员会依照业主大会议事规则增补、公示，并向业主大会、街道办事处（乡镇人民政府）报告。未及时增补、公示、报告的，由街道办事处（乡镇人民政府）责令限期处理。

业主委员会成员不足总数的二分之一或者存在无法正常履行职责的其他情形，二十名以上业主联名可以书面向街道办事处（乡镇人民政府）要求组织提前换届，街道办事处（乡镇人民政府）应当组织召开业主大会会议，选举新一届业主委员会成员。

第四十三条　业主委员会应当在距任期届满三个月前书面报告街道办事处（乡镇人民政府），在街道办事处（乡镇人民政府）指导下，按照业主大会议事规则组建换届小组，召开业主大会会议，选举产生新一届业主委员会。

业主委员会未按期报告并组建换届小组的，街道办事处（乡镇人民政府）应当发出换届通知书，督促其履行职责。业主委员会任期届满未组建换届小组的，街道办事处（乡镇人民政府）应当参照本条例关于首次业主大会会议筹备组的规定组建换届小组。业主委员会阻碍、拒绝换届的，作出的相关决议无效。

第四十四条　换届期间业主委员会不得就

选聘、续聘、解聘物业服务人、使用建筑物及其附属设施的维修资金等共同管理事项组织召开业主大会会议，但发生危及房屋安全或者人身财产安全的紧急情况，需要立即使用建筑物及其附属设施的维修资金的除外。

第四十五条 新一届业主委员会产生之日起十日内，上一届业主委员会应当在街道办事处（乡镇人民政府）监督下将其保管的有关凭证、档案等文件资料、印章及其他属于全体业主共有的财物，移交给新一届业主委员会。拒不移交的，新一届业主委员会可以请求街道办事处（乡镇人民政府）责令移交。有侵占公共财物、隐匿会计账簿等违法行为的，由公安机关依法调查、处理。

业主委员会任期届满，换届未产生新一届业主委员会的，原业主委员会应当向街道办事处（乡镇人民政府）指定单位移交前款资料，由指定单位代为保管。

第四十六条 经业主共同决定，可以从下列渠道筹集工作经费和工作补贴用于业主委员会开展工作：

（一）共有部分经营收益；

（二）全体业主共同交纳；

（三）业主自愿捐赠等其他方式。

市（州）人民政府可以结合本地实际，制定业主委员会成员工作补贴标准的指导意见。

第四十七条 不能依法选举产生业主委员会的物业服务区域，专有部分面积占比百分之十以上的业主且人数占比百分之十以上的业主向街道办事处（乡镇人民政府）提出书面申请，街道办事处（乡镇人民政府）应当组建该物业服务区域的物业管理委员会。物业管理委员会作为临时机构，任期一般不超过二年，依照本条例规定履行业主委员会相应职责，组织业主共同决定物业管理事项，推进选举业主委员会等。

市（州）人民政府可以结合本地实际，制定物业管理委员会的组建、职责、解散以及监督管理的具体办法。

第四十八条 县级以上地方人民政府住房城乡建设主管部门、街道办事处（乡镇人民政府）应当定期组织开展业主委员会成员培训，提升其履职能力。

县级以上地方人民政府可以按照国家有关规定对本辖区内模范履职的业主委员会、业主委员会成员给予表彰。

第四章 物业服务人

第四十九条 一个物业服务区域由一个物业服务人提供物业服务。

第五十条 物业服务人应当具备为业主提供物业服务的能力，在一个物业服务区域实行独立核算制度。

第五十一条 物业服务人应当按照物业服务合同的约定提供物业服务，并且履行下列义务：

（一）及时向业主、物业使用人告知安全、合理使用物业的注意事项；

（二）听取业主的意见和建议，接受业主监督；

（三）按规定向行业主管部门报送信用信息、统计报表等相关资料；

（四）支持、配合居（村）民委员会依法履行职责；

（五）发现有安全风险隐患的，及时设置警示标志，采取措施消除安全隐患或者向相关单位报告；

（六）对违反有关治安、环保、规划、消防等法律法规的行为，应当及时采取合理措施制止，向有关行政主管部门报告并协助处理；

（七）对业主、物业使用人违反管理规约的行为进行劝阻，并及时报告业主委员会；

（八）履行生活垃圾分类管理责任人责任，指导、监督业主和物业使用人进行生活垃圾分类；

（九）配合国家机关开展相关工作；

（十）法律、法规作出的其他规定。

第五十二条 物业服务人应当向业主大会、业主委员会报告下列信息，并在物业服务区域显著位置公示：

（一）物业服务人的营业执照（执业证照）、投诉电话及物业服务人和项目负责人的信用信息；

（二）物业服务内容和质量要求，收费项目、标准和方式，合同履行情况；

（三）电梯、消防等具有专业技术要求的设施设备的维修保养单位名称、联系方式、维修保养记录以及安全运行状况；

（四）供水二次加压调节水箱清洗记录及水箱水质检测报告；

（五）业主共有部分的经营收益收支情况和建筑物及其附属设施的维修资金使用情况；

（六）物业服务用房使用情况；

（七）实施酬金制收费的，公布物业服务资金收支情况；

（八）法律、法规规定和物业服务合同约定其他应当公示的信息。

前款第一项至第四项的事项应当持续公开；其他事项，应当每半年至少公示一次，公示期不少于三十日。

业主对公示内容提出异议的，物业服务人应当及时答复。

第五十三条　物业服务人不得有下列行为：

（一）违反物业服务合同减少服务内容，降低服务标准，擅自设置收费项目和提高收费标准；

（二）擅自利用业主共有部分开展经营活动；

（三）挪用、侵占、隐瞒业主共有部分收益；

（四）抬高、虚增、截留由业主支付的建筑物及其附属设施的维修资金、电梯检测维修费用以及业主共同支付的其他费用；

（五）泄露业主信息；

（六）强制业主通过指纹、人脸识别等生物信息方式使用共用设施设备；

（七）采取停止供水、供电、供气等方式催交物业费；

（八）与业主委员会成员串通，损害业主利益；

（九）其他损害业主合法权益的情形。

第五章　物业服务

第五十四条　住宅物业的建设单位应当按照国家有关规定通过招投标方式选聘前期物业服务人。

建设单位与物业服务人签订前期物业服务合同，合同期限最长不超过二年。合同期限自首套房交付之日起计算。建设单位依法与物业服务人订立的前期物业服务合同约定的服务期限届满前，业主委员会或者业主与新物业服务人订立的物业服务合同生效的，前期物业服务合同终止。

第五十五条　建设单位在房屋销售前，应当参照省人民政府住房城乡建设主管部门制作的示范文本，制定临时管理规约和前期物业服务合同，向县（市、区）人民政府住房城乡建设主管部门备案。

第五十六条　新建物业实行物业交付承接查验制度。承接新建物业前，物业服务人和建设单位在新建物业竣工验收后，应当按照国家、省相关规定和前期物业服务合同的约定，共同对物业共有部分和其相应的物业档案进行查验。

物业承接查验应当邀请买受人代表以及物业所在地县（市、区）人民政府住房城乡建设主管部门、街道办事处（乡镇人民政府）代表参加，可以聘请相关专业机构协助进行。买受人代表应当由县（市、区）人民政府住房城乡建设主管部门从公开报名的买受人中确定。

物业承接查验后，建设单位应当与物业服务人签订物业承接查验协议，物业承接查验协议作为前期物业服务合同的补充协议。

物业服务人不得承接未经查验的物业。建设单位与物业服务人不得恶意串通、弄虚作假，在物业承接查验活动中共同侵害业主利益。

第五十七条　物业服务人应当自物业承接后三十日内，将查验文件向物业所在地的县（市、区）人民政府住房城乡建设主管部门备案，并在物业服务区域显著位置公示，公示期不少于三十日。

第五十八条　业主委员会根据业主共同决定通过招投标方式选聘物业服务人的，应当在街道办事处（乡镇人民政府）或者县（市、区）人民政府住房城乡建设主管部门监督指导下进行；未产生业主委员会的，经业主共同决定，可以委托街道办事处（乡镇人民政府）或者县（市、区）人民政府住房城乡建设主管部门组织公开招投标选聘物业服务人。

物业服务招标投标办法及配套文本由省人民政府住房城乡建设主管部门制定。

第五十九条 业主、业主委员会应当与选聘的物业服务人签订书面物业服务合同。物业服务人应当自签订物业服务合同之日起三十日内，将物业服务合同抄报街道办事处（乡镇人民政府）和县（市、区）人民政府住房城乡建设主管部门。

第六十条 物业服务合同的内容一般包括物业服务事项、服务质量、服务费用的标准和收取办法、建筑物及其附属设施的维修资金的使用、物业服务用房的管理和使用、服务期限、双方权利义务、服务交接、履约保障、违约责任等条款。物业费的测算清单应当作为物业服务合同的附件。

物业服务人公开作出的有利于业主的服务承诺，为物业服务合同的组成部分。

第六十一条 物业服务事项包含下列内容：

（一）建筑物共有部位的维护和管理；

（二）共用设施设备的日常运行、维护和管理；

（三）共用部位环境卫生的维护；

（四）秩序维护、安全防范、车辆停放管理等事项；

（五）物业服务档案和物业档案的管理；

（六）法律、法规规定和物业服务合同约定的其他事项。

物业服务人可以就超出物业服务合同约定的服务与相关业主另行约定。

第六十二条 已竣工验收但尚未出售或者未交付给买受人的物业，物业费由建设单位承担。

建设单位与业主按照约定交付方式已交付物业的，物业费按照约定承担；已交付业主的物业未达到该物业买卖合同约定的交付条件，整改期间的物业费由建设单位承担。

第六十三条 物业服务收费标准应当遵循合理、公平、公开、质价相符的原则，由合同双方当事人予以约定。预收物业费的，不得超过合同有效期的剩余期限。不定期物业服务合同，不得约定预收物业费。

前期物业服务、保障性住房物业服务收费标准由市（州）或者县（市、区）人民政府根据省人民政府定价目录，结合当地实际，综合考虑物业服务质量、服务成本等因素制定政府指导价并公布。政府指导价实行动态调整。

同一物业服务区域内同一物业类型、同一物业服务内容和标准的，物业服务收费应当执行同一价格标准。

第六十四条 物业服务收费标准应当保持相对稳定。有下列情形，需要调整物业服务收费标准的，物业服务人应当与业主委员会、业主协商，并经业主共同决定：

（一）公共服务产品能耗价格、共用设施设备维修养护费用等物业服务成本变动的；

（二）业主要求物业服务内容和物业服务标准变动的；

（三）与物业服务有关的政策性费用调整的。

双方可以委托第三方评估机构对服务质量和服务价格及价格调整方案进行评估，并公示评估结果。

第六十五条 物业服务人应当建立、保存下列档案和资料：

（一）物业竣工验收、承接查验资料；

（二）共有部分经营管理档案；

（三）共有部分管理、运行、维修、养护记录；

（四）供水二次加压调节水箱清洗记录及水箱水质检测报告；

（五）业主名册；

（六）对业主装饰装修的管理资料；

（七）供水、供电、垃圾清运等书面协议；

（八）物业收费财务凭证；

（九）安全风险隐患排查以及处置记录、应急预案以及演练档案；

（十）物业服务活动相关的其他资料。

第六十六条 物业服务合同解除或者终止后，物业服务人应当与业主委员会、决定自行管理的业主或者其指定人，按照法律、法规规定和合同约定办理退出交接事宜，并履行下列交接义务：

（一）移交物业档案；

（二）移交物业服务期间形成的物业服务

档案或者采用数字化管理形成的电子资料、数据；

（三）移交建筑物及其附属设施的维修资金使用情况资料；

（四）移交物业服务用房；

（五）分项清算预收、代收的有关费用；

（六）如实告知物业的使用和管理状况；

（七）法律、法规规定和物业服务合同约定的其他事项。

第六十七条　物业服务人应当按照法律、法规规定和合同约定，建立安全防范制度和应急预案，健全安全防范措施，履行安全防范责任。

物业服务区域内发生安全事故或者其他紧急情况时，物业服务人应当及时采取应急措施，并向有关主管部门或者相关专业经营单位报告，协助做好救助工作。

第六十八条　物业服务合同解除或者终止后，物业服务人不得以业主欠交物业费、阶段工作未完成、对业主共同决定有异议、其他纠纷未解决等为由拒绝退出及办理交接，不得以任何理由阻挠新物业服务人进场服务。

物业服务人违反前款规定，不得请求业主支付物业服务合同解除或者终止后的物业费；造成业主损失的，应当赔偿损失。

物业服务人退出物业服务项目管理办法由省人民政府住房城乡建设主管部门制定。

第六十九条　物业服务人拒不办理退出交接手续、拒绝退出物业服务区域的，业主可以请求县（市、区）人民政府住房城乡建设主管部门责令物业服务人限期移交、退出。县（市、区）人民政府住房城乡建设主管部门应当自收到请求之日起三个工作日内责令物业服务人限期移交、退出。物业服务人有破坏设施设备、毁坏账册或者物业服务档案等违法行为的，由公安机关依法调查、处理。

第七十条　经业主共同决定可以对物业服务区域内的建筑物及其附属设施实施自行管理。

实施自行管理的，由全体业主通过管理规约就管理事项、管理人、管理方式以及责任承担等共同作出约定并公示。

管理人应当自业主共同决定实施自行管理之日起三十日内，将相关材料抄报街道办事处（乡镇人民政府）和县（市、区）人民政府住房城乡建设主管部门。业主自行管理的，街道办事处（乡镇人民政府）和有关部门应当依法支持。

第七十一条　实施自行管理的，管理人可以将物业服务区域内的秩序维护、清洁卫生、园林绿化、共用设施设备的维修养护等事项委托给第三方。电梯、消防等涉及人身、财产安全的设施设备，应当依法委托专业性服务组织进行管理维护。

第七十二条　实施自行管理的，管理人应当将业主支付的物业费纳入业主共有资金账户进行管理，规范业主共有资金使用，及时向全体业主公开管理、使用情况，接受业主监督。

第七十三条　县（市、区）人民政府应当建立应急物业服务保障机制。物业服务区域突发失管状态或者因物业服务合同终止引发重大矛盾纠纷，街道办事处（乡镇人民政府）应当确定应急物业服务人，提供维持业主基本生活服务事项的应急服务。

街道办事处（乡镇人民政府）应当将应急物业服务的服务内容、期限、费用等内容在物业服务区域显著位置公示，应急物业服务期间的物业费按照原标准执行。

街道办事处（乡镇人民政府）应当自确定应急物业服务人之日起六个月内组织业主依法选聘新物业服务人，协调应急物业服务人与新物业服务人做好交接。

第六章　物业的使用与维护

第七十四条　物业服务区域内禁止下列行为：

（一）房屋装饰装修损坏房屋承重结构、主体结构；

（二）违章搭建建筑物和构筑物；

（三）侵占、损坏楼道、公共园林绿地等物业共有部分；

（四）擅自改变住宅、车库、绿地或者其他附属设施的使用性质；

（五）随意堆放、倾倒垃圾、杂物；

（六）堆放易燃、易爆、剧毒、放射性、

腐蚀性物品，排放有毒、有害物质；

（七）占用、堵塞、封闭避难层、疏散通道，消防车通道和安全出口；

（八）超过规定标准排放噪声或者产生振动；

（九）在公共门厅、疏散走道、楼梯间、安全出口停放电动自行车或者为电动自行车充电，用电梯轿厢运载电动自行车；

（十）从建筑物中抛掷物品；

（十一）毁坏电梯及其安全保护装置、警示标志等相关设施设备；

（十二）违反规定饲养动物；

（十三）法律、法规和管理规约禁止的其他行为。

第七十五条 任何单位和个人不得擅自占用、挖掘物业服务区域内的道路、场地。

因维修物业或者公共利益的需要，确需临时占用、挖掘道路、场地的，应当告知业主委员会和物业服务人，并及时在物业服务区域显著位置公示。未产生业主委员会的，应当向居（村）民委员会报告。

施工现场应当设置明显警示标志和采取安全措施。临时占用、挖掘道路、场地的，应当及时恢复原状。

第七十六条 业主不得违反法律、法规以及管理规约，将住宅改变为经营性用房。业主将住宅改变为经营性用房的，除遵守法律、法规以及管理规约外，应当经有利害关系的业主一致同意。

业主专有部分出现危害安全、妨碍公共利益及其他影响物业正常使用情形时，业主或者物业使用人应当及时养护、维修，相邻业主应当提供便利。

物业服务人发现业主专有部分或者业主、物业使用人的搁置物、悬挂物等存在安全隐患的，应当通知业主或者物业使用人及时处理。

第七十七条 业主转让、出租物业或者设立居住权的，应当将管理规约、物业服务收费标准等事项告知买受人、承租人或者居住权人，并自合同签订之日起十五日内，将物业转让、出租或者设立居住权的相关情况告知业主委员会和物业服务人。

第七十八条 业主装饰装修房屋的，应当事先告知物业服务人，遵守物业服务人提示的合理注意事项，并配合其进行必要的现场检查。

业主、物业使用人装饰装修房屋过程中产生的建筑垃圾，由业主、物业使用人负责清理。

物业服务人应当对装饰装修活动开展日常巡查和监督并建立档案。发现装饰装修违反相关规定破坏房屋承重结构、主体结构的，物业服务人应当及时劝阻，采取合理措施制止，并向住房城乡建设主管部门报告和协助处理。

第七十九条 物业服务区域内的电梯由物业服务人按照合同约定和特种设备有关法律、法规的规定，承担特种设备使用单位职责。

电梯的日常维护保养单位，应当对电梯安全性能负责，严格依照法律、法规和维保合同约定的维保服务标准、零部件更换费用承担方式、故障报修和应急救援到达时间等履行相应义务，保证电梯的安全运行。

第八十条 物业服务区域内依法配建的人民防空工程，应当按照设计文件在实地标注。物业服务人应当加强防空地下室及其设施设备的日常管理维护，确保其处于良好使用状态。

平时开发利用人防工程设施，不得影响其战时防空效能和应急避难功能。

第八十一条 物业服务区域内按照规划设置的车位（库），应当首先满足业主的需要。建设单位在销售房屋时，应当将车位（库）规划配建数量、位置、租售价格等信息在房屋销售现场公示并书面告知买受人。

建设单位出租（售）车位（库）的，应当至少提前十五日在物业服务区域显著位置和通过互联网方式公示拟出租（售）车位（库）的数量、相关证明文件和租售价格及承租（购买）人条件等信息。

已经建成并交付使用的物业服务区域，经业主共同决定，可以重新划定车位，但不得占用疏散通道、安全出口、消防车通道、消防车登高操作场地，不得妨碍行人和其他车辆通行。

公安、消防、救护、环卫、邮政、工程抢险等特种车辆执行任务，需在物业服务区域内临时停放的，不得收费。

第八十二条　利用共有部分开展经营活动，经业主共同决定，可以授权业主委员会管理，也可以以合同方式委托物业服务人或者其他经营主体经营。

利用共有部分产生的收入，在扣除合理成本之后，收益属于业主共有。业主共有部分收益应当优先用于业主公共支出，也可以按照业主大会的决定使用。

第八十三条　共有部分收益应当单独列账。业主大会应当设立业主共有资金账户，共有部分收益应当及时转入该账户。共有资金账户由业主委员会管理。

经业主共同决定可以对共有部分收益等共有资金进行审计，审计费用在共有部分收益中列支。

物业服务区域专有部分面积占比百分之二十以上的业主或者人数占比百分之二十以上的业主对共有部分收益收支情况提出书面异议的，可以组织业主审计小组或者委托第三方机构进行财务审计，街道办事处（乡镇人民政府）应当进行指导监督。

街道办事处（乡镇人民政府）应当每年开展一次对共有资金使用和收支情况的检查，检查情况应当在物业服务区域显著位置公示。

第八十四条　物业服务区域内的供水、供电、供气等专业经营单位提供产品服务的费用，业主专有部分使用的，由业主承担；物业服务人使用的，由物业服务人承担；部分业主或者全体业主共同使用的，由相关业主共同分担。但已纳入物业服务成本的，不得要求业主再次分担。

供水、供电、供气等专业经营单位应当按照国家核准的价格、计量装置的记录和合同约定向产权分割后的最终用户计收有关费用，用户应当按照合同约定按时足额交纳费用。

任何单位和个人不得强制物业服务人代收代缴有关费用或者要求物业服务人提供无偿服务。

供水、供电、供气等专业经营单位应当在物业服务区域显著位置公示服务范围和联系方式。物业服务人和业主应当为专业经营单位提供便利和协助。

第八十五条　建设单位应当按照国家规定及合同约定的保修期限和保修范围承担物业的保修责任。

物业保修期限和保修范围内发生质量问题的，物业服务人应当向建设单位发出保修通知，建设单位应当履行保修责任。建设单位拖延履行的，不得以保修期届满为由拒绝履行保修责任。

建设单位委托物业服务人保修的，应当与物业服务人签订委托协议并在物业服务区域显著位置公示。

第八十六条　物业保修期内，因建设工程质量问题发生的维修等费用，由建设单位承担，不得从建筑物及其附属设施的维修资金中列支。

物业保修期满后，物业共有部分的维修、更新、改造费用，由共有该物业的业主按照各自拥有的物业专有部分面积比例分摊。

第八十七条　新建物业服务区域内的供水、供电、供气等共用设施设备及相关管线，应当按照国家、行业和地方技术标准和规范设计、施工。

供水、供电、供气共用设施设备及相关管线由专业经营单位依法组织具有资质的单位安装施工并通过竣工验收的，由供水、供电、供气专业经营单位进行维修养护。供水、供电、供气共用设施设备及相关管线建设所需费用依照工程计价有关规定确定，由建设单位承担。

供水、供电共用设施设备及相关管线由建设单位依法组织有资质的单位安装施工并通过竣工验收的，经业主共同决定，由业主委员会或者受委托的物业服务人等与专业经营单位签订移交协议后，可以将共用设施设备及相关管线移交给专业经营单位进行维修养护。

本条第二款、第三款所称的供电共用设施设备及相关管线，是指建筑区划红线至物业服务区域内的变压器之间（含变压器）的管线、开关（柜）、计量装置、变压器及配套辅助设施等高压共用设施设备及相关管线。

专业经营单位维修养护的共用设施设备及相关管线，其维修、养护、更新和改造等费用由专业经营单位承担，相关费用纳入企业经营成本。价格主管部门在制定专业经营单位收费价格时，应当计入上述成本。尚在保修期内的，上述费用由建设单位承担。

第八十八条 住宅物业和住宅区内的非住宅物业出售时，物业出售人和买受人应当按照国家和省的相关规定交存首期建筑物及其附属设施的维修资金。商品房销售监管机构在销售网签备案、不动产登记机构在进行不动产权登记时，应当核验首期建筑物及其附属设施的维修资金交存情况。

未交存首期建筑物及其附属设施的维修资金或者余额不足首期筹集金额百分之三十的，业主应当按照国家和省的相关规定、管理规约约定和全体业主的共同决定，及时补交或者再次筹集建筑物及其附属设施的维修资金。

业主转让房屋时，其交存的建筑物及其附属设施的维修资金余额不予退还，一并转让给买受人。房屋灭失的，应当返还建筑物及其附属设施的维修资金账户中对应房屋的结余资金。

第八十九条 建设单位未按照本条例第二十五条规定报告设立业主大会前，物业共有部分需要维修、更新和改造的，建设单位应当承担物业维修、更新和改造责任，不得动用建筑物及其附属设施的维修资金。

第九十条 县级以上地方人民政府应当制定和完善建筑物及其附属设施的维修资金的管理办法，方便建筑物及其附属设施的维修资金的提取使用。

发生下列严重影响物业使用的紧急情况，需要立即对物业共有部分进行紧急维修、更新、改造的，业主大会或者业主委员会可以按照紧急程序申请使用建筑物及其附属设施的维修资金：

（一）屋面、墙体防水损坏造成严重渗漏的；

（二）电梯故障危及人身安全、严重影响业主生活的；

（三）楼体外墙墙面有脱落危险，危及人身财产安全的；

（四）消防设施设备严重损坏构成重大火灾隐患或者消火栓系统、自动灭火系统严重损坏不具备灭火功能的；

（五）共用排水设施塌陷、堵塞、破裂等严重影响业主生活或者危及财产安全的；

（六）尚未移交给专业经营单位运营管理和维护的供水水泵（水箱）损坏或者水管爆裂导致供水中断的；

（七）尚未移交给专业经营单位运营管理和维护的供配电系统设施设备发生故障，造成停电或者漏电，严重影响业主生活或者危及人身财产安全的；

（八）业主委员会核实有其他严重影响业主生活或者危及人身财产安全的。

第九十一条 申请使用建筑物及其附属设施的维修资金的紧急程序，按照下列规定进行：

（一）由业主委员会提出申请。未产生业主委员会或者业主委员会不履行职责的，居（村）民委员会应当根据业主的要求代为提出申请；

（二）县（市、区）人民政府住房城乡建设主管部门收到申请后，应当在三个工作日内作出审核决定并办理相关手续；

（三）建筑物及其附属设施的维修资金管理机构按照相关规定审核同意后，在建筑物及其附属设施的维修资金中直接列支；

（四）应急维修工程竣工验收后，组织维修的单位应当将使用维修资金总额及业主分摊情况在物业服务区域显著位置公示。

相关主体未及时提出申请，且已出现严重影响业主生活或者危及人身财产安全情形的，县（市、区）人民政府住房城乡建设主管部门、街道办事处（乡镇人民政府）应当组织代为维修，代为维修费用按照前款第三项、第四项规定在建筑物及其附属设施的维修资金中列支并公示。

第七章 监督管理

第九十二条 省人民政府住房城乡建设主管部门应当会同有关部门建立健全物业服务标准，完善物业服务质量评价体系，规范物业服务行为，提高物业服务满意度。

第九十三条 省人民政府住房城乡建设主管部门应当建立全省统一的物业管理信用信息监管平台，与全国公共信用信息共享平台（四川）实现互联互通，制定物业服务人信用等级评价体系，建立业主委员会、物业服务人等信用信息档案，并依法向社会公开。

第九十四条　省人民政府住房城乡建设主管部门应当会同有关部门根据本条例制定（临时）管理规约、业主大会议事规则、（前期）物业服务合同等示范文本，供建设单位、业主、业主大会、业主委员会、物业服务人参照使用。管理规约、业主大会议事规则、前期物业服务合同等与示范文本内容不一致的，应当在备案时作出书面说明。

第九十五条　县级以上地方人民政府住房城乡建设主管部门建立物业服务第三方评估制度。业主、业主大会、建设单位、物业服务人等可以委托评估机构对物业承接和查验、物业服务标准和费用测算、物业服务质量等进行评估，评估结果应当向全体业主公布。

第九十六条　县（市、区）人民政府应当建立健全物业管理违法行为投诉、举报处理制度，并在本行政区域内各物业服务区域显著位置公布相关行政主管部门负责执法事项、联系单位、举报电话。

县（市、区）人民政府有关行政主管部门接到投诉、举报的，应当及时依法处理。业主、业主委员会、物业服务人等有关单位和个人应当予以配合和协助，不得拒绝或者阻碍监督检查人员依法开展工作。

第九十七条　县（市、区）人民政府应当建立健全人民调解、行业调解、行政调解、司法调解等相衔接的物业管理活动纠纷多元调处、化解机制，加强纠纷源头治理。

街道办事处（乡镇人民政府）应当建立健全物业管理联席会议等相关协调工作机制，协调处理在业主大会设立、业主委员会选举及换届、物业服务人交接等物业管理活动中出现的重大矛盾纠纷。

发生物业管理争议后，当事人双方可以通过自行协商解决；协商不成的，可以向基层人民调解委员会或者街道办事处（乡镇人民政府）申请调解，也可以直接提起诉讼或者依法申请仲裁。

第八章　法律责任

第九十八条　违反本条例规定的行为，法律、法规已有法律责任规定的，从其规定。

第九十九条　建设单位违反本条例规定，有下列行为之一的，由县级以上地方人民政府住房城乡建设主管部门予以处罚：

（一）违反本条例第二十五条规定，未按时报告设立业主大会的，或者违反本条例第二十九条规定，拒不承担首次业主大会会议筹备经费的，责令限期改正；逾期未改正的，处五万元以上十五万元以下罚款。

（二）违反本条例第五十六条关于物业承接查验规定的，责令限期改正；逾期未改正的，处三万元以上十万元以下罚款；给业主造成损害的，应当依法承担赔偿责任。

（三）违反本条例第八十五条规定，在保修期不履行保修义务或者拖延履行保修义务的，责令限期改正；逾期未改正的，处十万元以上二十万元以下罚款。

第一百条　物业服务人违反本条例规定，有下列行为之一的，由县（市、区）人民政府住房城乡建设主管部门予以处罚：

（一）违反本条例第五十一条第三项规定，未按规定报送信用信息、统计报表等相关资料的，责令限期改正；逾期未改正的，处一千元以上五千元以下罚款。

（二）违反本条例第五十二条规定，未在物业服务区域显著位置公示相关信息的，给予警告，责令限期改正；逾期未改正的，处一万元以上三万元以下罚款。

（三）违反本条例第五十三条规定，挪用、侵占、隐瞒业主共有部分收益的，责令改正，所得收益退还全体业主，并处所得收益二倍以下罚款；抬高、虚增、截留由业主支付的维修资金、电梯检测维修费用以及业主共同支付的其他费用的，责令改正，没收违法所得，依法赔偿相关损失，并处五万元以上二十万元以下罚款；采用停止供水、供电、供气等方式催交物业费的，责令立即改正，给予警告，并处二万元以上五万元以下罚款。

（四）违反本条例第五十六条关于物业承接查验规定的，责令限期改正；逾期未改正的，处三万元以上十万元以下罚款；给业主造成损害的，应当依法承担赔偿责任。

（五）违反本条例第五十七条、第五十九条、第六十五条规定之一，未按时将查验文件备案并公示，或者未按时将物业服务合同抄报街道办事处（乡镇人民政府）和县（市、区）人民政府住房城乡建设主管部门，或者未建立、保存相关档案和资料的，责令限期改正；逾期未改正的，处一万元以上五万元以下罚款。

（六）违反本条例第六十九条规定，经县（市、区）人民政府住房城乡建设主管部门责令限期移交、退出，逾期仍不移交或者退出的，对拒不移交有关资料或者财物的，对物业服务人予以通报，处一万元以上十万元以下罚款，对拒不退出物业服务区域的，自责令规定时间届满次日起处每日一万元罚款，且二年内不得承接新的物业项目。

第一百零一条　业主委员会成员未履行本条例规定相关职责的，由物业所在地街道办事处（乡镇人民政府）责令限期履行；逾期未履行的，予以通报。

业主委员会成员有违反本条例第三十八条规定行为之一的，由物业所在地的县级以上地方人民政府住房城乡建设主管部门给予警告，可处五千元以上二万元以下罚款，有违法所得的，没收违法所得。给业主造成损害的，应当承担相应的赔偿责任；构成犯罪的，依法追究刑事责任。

第一百零二条　物业服务区域内有下列行为之一的，物业服务人应当及时采取合理措施制止，拒不改正的，物业服务人应当向有关部门报告并协助处理，有关部门按照下列规定予以处罚：

（一）违反本条例第七十四条第三项规定，侵占、损坏楼道、公共园林绿地等物业共有部分的，由县（市、区）人民政府住房城乡建设主管部门责令限期改正，恢复原状，给予警告；对个人可处一千元以上一万元以下罚款，对单位可处五万元以上二十万元以下罚款。

（二）违反本条例七十四条第九项规定，在公共门厅、疏散走道、楼梯间、安全出口停放电动自行车或者为电动自行车充电，用电梯轿厢运载电动自行车的，由消防救援机构责令改正，对单位处五千元以上五万元以下罚款，对个人处警告或者五百元以下罚款。

（三）违反本条例七十四条第十一项规定，毁坏电梯及其安全保护装置、警示标志等相关设施设备的，由县（市、区）人民政府市场监管部门责令限期整改，并可对相关责任人处一万元以上五万元以下罚款。

第一百零三条　供水、供电、供气等专业经营单位未按本条例第八十七条规定履行维修、养护、更新和改造等义务的，由县（市、区）人民政府住房城乡建设主管部门责令限期改正，逾期未改正的，处十万元以上三十万元以下罚款。

第一百零四条　县级以上地方人民政府住房城乡建设主管部门、街道办事处（乡镇人民政府）或者其他有关部门及其工作人员有下列情形之一的，由其所在单位、主管部门、上级机关或者监察机关责令改正；情节严重的，对直接负责的主管人员和其他直接责任人员依法给予处分；给当事人合法权益造成损害的，依法承担赔偿责任；构成犯罪的，依法追究刑事责任：

（一）未按照规定履行监督管理职责的；

（二）违法干预业主依法成立业主大会和选举业主委员会的；

（三）对物业服务活动中的投诉，不及时受理、依法处理的；

（四）发现违法行为或者接到举报后不及时查处的；

（五）其他滥用职权、玩忽职守或者徇私舞弊的行为。

第九章　附则

第一百零五条　街道办事处（乡镇人民政府）组织、推动老旧小区（院落）建立物业管理机制，负责老旧小区（院落）召开首次业主大会会议的筹备工作。

尚未实现水、电、气等计量装置专有部分一户一表分户计量的老旧小区（院落），业主、物业使用人、物业服务人和专业经营单位应当配合地方人民政府采取措施逐步改造，实现分户计量。

第一百零六条　本条例自 2022 年 5 月 1 日起施行。

河南省物业管理条例

（2017年9月29日河南省第十二届人民代表大会常务委员会第三十一次会议通过，根据2021年7月30日河南省第十三届人民代表大会常务委员会第二十六次会议《关于修改〈河南省物业管理条例〉〈河南省大气污染防治条例〉的决定》修正，2021年7月30日河南省第十三届人民代表大会常务委员会公告第66号公布）

第一章　总则

第一条　为了规范物业管理活动，维护业主、物业服务企业以及物业管理各方的合法权益，营造良好的生活和工作环境，构建共建共治共享的社会治理格局，促进社会和谐稳定，根据《中华人民共和国民法典》、国务院《物业管理条例》等法律、法规，结合本省实际，制定本条例。

第二条　本条例适用于本省行政区域内的物业管理活动。

本条例所称物业，是指已建成投入使用的建筑物及其附属设施设备和相关场地。

本条例所称物业管理，是指业主通过选聘物业服务企业、其他管理人按照合同约定或者业主通过自行管理等方式，对物业管理区域内的建筑物及配套设施设备和相关场地进行维修、养护、管理，维护环境卫生、安全防范和相关秩序的活动。

第三条　物业管理应当坚持以人为本、诚实信用，坚持依法依规、公开公正，坚持业主自我管理、企业市场竞争与政府监督管理相结合。

第四条　以党建为引领，发挥中国共产党组织的战斗堡垒作用，建立健全社区党组织领导下的居（村）民委员会、业主委员会或者物业管理委员会、物业服务企业协调运行机制，充分调动居民参与积极性，形成社区治理合力。

第五条　倡导绿色物业管理，鼓励采用新技术、新方法推动物业管理区域内节能节水、垃圾分类、环境绿化、污染防治。

促进互联网与物业管理的深度融合，物业服务企业、业主委员会等应当逐步运用新媒体，引导业主参与公共事务、开展协商活动、组织邻里互助，实行网络化物业管理的新模式。

鼓励和支持机关、企业事业等单位小区的物业管理向市场化、专业化、法治化方向发展。

第六条　县级以上人民政府应当加强对物业管理工作的领导，将物业管理纳入本地现代服务业发展规划、城乡建设和社会治理体系，制定扶持政策和激励措施，建立物业管理综合协调机制，促进物业服务行业发展和文明小区建设。

第七条　县级以上人民政府住房城乡建设或者房地产行政主管部门（以下简称物业管理行政主管部门）负责本行政区域内物业管理活动的监督管理工作，依法履行下列职责：

（一）对物业服务质量进行监督管理；

（二）对物业服务企业及其从业人员、业主委员会成员进行业务指导、培训和监督管理；

（三）对物业招投标活动进行监督管理；

（四）对物业承接查验、物业服务企业退出交接活动进行指导和监督；

（五）处理物业管理中的投诉；

（六）对专项维修资金缴存、使用情况进行监督管理；

（七）建立健全物业管理电子信息平台；

（八）法律、法规规定的其他职责。

县级以上人民政府其他有关行政部门按照各自职责，负责物业管理活动相关的监督管理工作。

第八条　街道办事处、乡镇人民政府组织、指导、协调本辖区内各物业管理区域成立业主大会或者业主代表大会（以下统称业主大会），选举业主委员会，监督业主大会、业主委员会依法履行职责，调解物业管理中的纠纷，协调和监督老旧小区物业管理，协调物业管理与社区建设之间的关系。

社区居（村）民委员会协助街道办事处、乡镇人民政府做好物业管理的相关工作。

第九条 抢险救灾、疫情防控等公共突发事件应对期间，街道办事处、乡镇人民政府负责落实上级人民政府依法采取的各项应急措施，指导物业服务企业开展相应级别的应对工作。

物业服务企业应当服从政府统一指挥，配合街道办事处、乡镇人民政府、居（村）民委员会开展工作，依法落实应急预案和各项应急措施，不得擅离职守。各级人民政府对物业服务企业在公共突发事件应对期间的活动给予物资和资金支持。

业主委员会或者物业管理委员会应当依法落实政府的各项应急措施，积极开展自救。

第十条 物业管理行业组织应当在主管部门的指导和监督下，履行联络、协调和服务职责，加强行业自律，规范行业行为，提高物业服务水平。

第二章 物业管理区域及设施

第十一条 物业管理区域的划分以有利于实施物业管理为原则，综合考虑规划条件、土地使用权属范围、建筑物规模、共用设施设备、自然界限、社区建设等因素确定。

物业管理用房、供水、供电、消防等配套设施设备和相关场地共用不能分割的，应当划为一个物业管理区域。

第十二条 新建物业出售前，建设单位应当将划定的物业管理区域向物业所在地的县（市、区）人民政府物业管理行政主管部门备案，并在商品房买卖合同中明示。

已投入使用但尚未划定物业管理区域的，由物业所在地县（市、区）人民政府物业管理行政主管部门会同街道办事处、乡镇人民政府征求业主意见后予以划定。

物业管理区域划定后确需调整的，应当征得专有部分占建筑物总面积过半数的业主且占总人数过半数的业主同意。

第十三条 物业管理用房由建设单位无偿配置，其费用列入开发建设成本，产权属全体业主共有，任何单位和个人不得买卖、抵押，未经业主大会同意，不得改变用途。业主委员会办公用房从物业管理用房中安排，其面积不低于二十平方米。

新建的物业，建设单位应当按照物业管理区域总建筑面积一定比例配置物业管理用房，并符合下列要求：

（一）两万平方米以下的，物业管理用房面积不低于八十平方米；超过两万平方米至二十万平方米部分，按照千分之四的比例配置；超过二十万平方米至三十万平方米部分，按照千分之三的比例配置；超过三十万平方米以上部分，按照千分之二的比例配置；

（二）应当相对集中，具备通水、通电、通信、采光、通风等基本使用功能和办公条件，配置独立合格的水、电等计量装置。

第十四条 城乡规划行政主管部门在核发建设工程规划许可证时，应当将物业管理用房的位置和建筑面积在许可证的附件或者附图上载明并公示。

建设单位在办理商品房预售许可或者现房销售备案时，应当注明物业管理用房的坐落和建筑面积，不得将物业管理用房纳入可销售范围。

第十五条 新建物业管理区域内的供水、供电、供气、供热等专业经营设施设备及其安装，应当符合国家技术标准和专业技术规范。

建设单位在组织竣工验收时，应当通知供水、供电、供气、供热等专业经营单位参加，专业经营单位应当参加。建设单位在组织竣工验收时，未通知专业经营单位参加竣工验收的，专业经营单位有权拒绝接收专业经营设施设备。

建设项目竣工验收合格后，应当将物业管理区域内供水、供电、供气、供热等专业经营设施设备无偿移交给专业经营单位，同时移交配套设施、地下管网工程图等资料，专业经营单位应当接收。

专业经营单位负责分户终端计量装置或者

入户端口以外设施设备的运行、维修、养护、更新，相关费用依法计入成本。

第十六条　在老旧小区改造过程中，县级以上人民政府及其规划、财政、住房城乡建设等有关行政主管部门应当对设施改造事项给予支持。

供水、供电、供气、供热等专业经营设施设备未实现分户计量、分户控制的老旧住宅小区，业主、物业服务企业和专业经营单位应当配合县级以上人民政府采取措施逐步改造，实现供水、供电、供气、供热等专业经营设施设备的专有部分分户计量、分户控制。

老旧住宅小区内的专业经营设施设备需要改造的，按专业经营单位要求改造后，专业经营单位应当接收。其移交、运行等事项依照本条例第十三条规定执行。

第三章　业主、业主大会及业主委员会

第十七条　房屋的所有权人为业主。尚未依法办理房屋所有权登记，但符合下列情况之一的，在物业管理活动中享有业主权利、承担业主义务：

（一）因人民法院、仲裁委员会的生效法律文书或者人民政府征收决定等取得房屋所有权的人；

（二）因继承或者受遗赠取得房屋所有权的人；

（三）因合法建造等事实行为取得房屋所有权的人；

（四）基于与建设单位之间的商品房买卖民事法律行为已经合法占有建筑物专有部分的人；

（五）法律法规规定的其他情形。

已经达到交付使用条件，尚未出售或者尚未向物业买受人交付的专有部分，建设单位为业主。

业主可以依法委托物业使用人行使业主权利、履行业主义务，委托应当以书面形式提交。

第十八条　业主在物业管理活动中，享有下列权利：

（一）提议召开并参加业主大会会议，提出制定和修改业主公约或者管理规约、业主大会议事规则的建议；

（二）选举业主委员会成员，并享有选举权和被选举权；

（三）监督业主委员会工作，监督物业服务企业履行物业服务合同；

（四）对物业共用部位、共用设施设备和相关场地使用、收益情况享有知情权、参与决定权和监督权；

（五）向业主委员会和物业服务企业提出建议；

（六）要求其他业主、物业使用人停止损害共同利益的行为；

（七）参与共同决定物业共用部位、共用设施设备专项维修资金（以下简称专项维修资金）的管理和使用；

（八）法律、法规规定的其他权利。

第十九条　业主在物业管理活动中，履行下列义务：

（一）遵守业主公约或者管理规约、业主大会议事规则；

（二）遵守物业管理区域内物业共用部位和共用设施设备的使用、公共秩序和环境卫生维护等方面的规章制度；

（三）执行业主大会的决定和业主大会授权业主委员会作出的决定；

（四）按照有关规定交纳专项维修资金；

（五）遵守国家和省有关房屋装饰装修的规定；

（六）按时交纳物业服务费用；

（七）法律、法规规定的其他义务。

业主不得以放弃权利为由不履行业主义务。

第二十条　一个物业管理区域成立一个业主大会，业主大会由物业管理区域内全体业主组成。

业主户数超过三百户的，可以成立业主代表大会，由业主代表大会履行与业主大会相同的职责。

符合下列条件之一的，应当召开首次业主大会会议：

（一）房屋出售并交付使用的建筑面积达到百分之五十以上的；

（二）业主已入住户数的比例达到百分之三十以上的；

（三）物业服务企业在前期物业服务合同期限内依法解除合同或者前期物业服务合同到期前九十天的。

第二十一条 物业管理区域达到成立业主大会条件两个月内，建设单位应当向物业所在地街道办事处、乡镇人民政府报送下列文件资料：

（一）物业管理区域证明；

（二）业主名册；

（三）房屋及建筑物面积清册；

（四）建筑规划总平面图；

（五）交付使用共用设施设备的证明；

（六）物业管理用房配置证明；

（七）其他有关的文件资料。

第二十二条 符合成立业主大会条件的，建设单位或者十人以上业主联名可以申请成立首次业主大会筹备组。街道办事处、乡镇人民政府应当在收到申请后三十日内组织成立首次业主大会筹备组，并自筹备组成立之日起六十日内组织召开首次业主大会会议。

首次业主大会筹备组由街道办事处、乡镇人民政府和业主、社区居（村）民委员会、建设单位的代表组成，其中业主代表人数比例不低于二分之一；业主代表的产生方式由街道办事处、乡镇人民政府征求业主意见后确定。筹备组组长由街道办事处或者乡镇人民政府的代表担任。

单位小区首次业主大会会议的筹备工作，由其所在单位发起，物业管理行政主管部门、街道办事处、社区居民委员会应当配合。

新建小区首次业主大会会议的筹备经费，由建设单位承担；单位小区首次业主大会会议的筹备经费，由所在单位承担；老旧小区、公租房小区首次业主大会会议的筹备经费，由县级人民政府承担。

第二十三条 首次业主大会筹备组履行下列职责：

（一）确认并公示业主身份、业主人数以及所拥有的专有部分面积；

（二）确定首次业主大会会议召开的时间、地点、形式和内容；

（三）拟定业主公约或者管理规约、业主大会议事规则；

（四）拟定首次业主大会会议表决规则；

（五）拟定业主委员会组成人员候选人产生办法，确定业主委员会组成人员候选人名单，拟定业主委员会选举办法；

（六）完成召开首次业主大会会议的其他准备工作。

前款内容应当在首次业主大会会议召开十五日前以书面形式在物业管理区域内显著位置公告，公告时间不少于七日。

第二十四条 业主大会履行下列职责：

（一）制定和修改业主公约或者管理规约、业主大会议事规则；

（二）制定和修改业主大会会议表决规则；

（三）选举、罢免或者更换业主委员会成员；

（四）确定物业管理方式，选聘和解聘物业服务企业；

（五）确定物业服务内容、标准以及物业服务收费方案；

（六）听取和审查业主委员会工作报告、收支预算决算报告；

（七）使用物业专项维修资金；

（八）筹集物业专项维修资金；

（九）改建、重建建筑物及其附属设施；

（十）改变共有部分的用途或者利用共有部分从事经营活动；

（十一）决定业主大会、业主委员会工作经费的筹集、管理和使用，决定业主委员会成员补贴的来源、支付标准；

（十二）改变或者撤销业主委员会不适当的决定；

（十三）决定有关业主共有和共同管理权利的其他重大事项。

以上共同决定事项，应当由专有部分面积占比三分之二以上的业主且人数占比三分之二以上的业主参与表决。决定前款第八项至第十项规定的事项，应当经参与表决专有部分面积四分之三以上的业主且参与表决人数四分之三以上的业主同意。决定前款其他事项，应当经参与表决专有部分面积过半数的业主且参与表决人数过半数的业主同意。

第二十五条 业主公约或者管理规约应当弘扬社会主义核心价值观，不得违反法律、法规，不得违背公序良俗，不得损害社会公共利益；应当对有关物业的使用、维护、管理，业主的共同利益，业主应当履行的义务，违反公约或者规约应当承担的责任等事项依法作出约定。

第二十六条 业主大会会议分为定期会议和临时会议。业主大会定期会议应当按照业主大会议事规则的规定召开。经百分之二十以上业主提议，业主委员会应当召开临时业主大会。

街道办事处、乡镇人民政府应当派员列席业主大会。

第二十七条 业主委员会不按照规定组织召开业主大会会议的，由街道办事处、乡镇人民政府责令其限期召开。业主委员会逾期仍不召开的，由街道办事处、乡镇人民政府负责召集。

第二十八条 业主大会会议应当由物业管理区域内专有部分面积占比三分之二以上的业主且人数占比三分之二以上的业主参与，方为有效。

在满足实名投票的条件下，提倡采用信息化技术手段改进业主大会表决方式。县级以上人民政府物业管理行政主管部门应当逐步建立业主决策信息平台，供业主、业主委员会和业主大会免费使用。

第二十九条 业主委员会由业主大会会议依法选举产生，对其负责，受其监督，其成员应当符合下列条件：

（一）遵守国家有关法律、法规、业主公约或者管理规约、业主大会议事规则，积极履行业主义务；

（二）具有完全民事行为能力；

（三）热心公益事业，责任心强，公道正派，诚实守信，廉洁自律；

（四）具有一定的组织能力和履职时间；

对业主委员会成员，应当根据工作情况给予适当补贴。

第三十条 业主委员会由主任、副主任及委员组成，每届任期不超过五年，可以连选连任。具体人数、任期由业主大会议事规则确定。街道办事处、乡镇人民政府应当对业主委员会成员候选人任职条件、提名进行审查。

符合条件的社区居民委员会成员可以兼任业主委员会成员。

业主委员会会议应当有过半数组成人员出席，作出的决定必须经全体组成人员半数以上同意。业主委员会作出决定后，应当自作出决定之日起三日内在物业管理区域内显著位置公告，并报社区居（村）民委员会。

第三十一条 业主委员会应当自选举产生之日起三十日内，向物业所在地街道办事处、乡镇人民政府备案。街道办事处、乡镇人民政府应当将备案情况抄送县（市、区）人民政府物业管理行政主管部门。

业主委员会持街道办事处、乡镇人民政府备案证明向公安机关申请刻制业主大会印章和业主委员会印章。

第三十二条 业主委员会履行下列职责：

（一）执行业主大会决定和决议，维护业主合法权益；

（二）召集业主大会会议，定期向业主大会报告工作；

（三）与业主大会选聘或者续聘的物业服务企业签订物业服务合同；

（四）及时了解业主、物业使用人的意见和建议，监督和支持物业服务企业履行物业服务合同；

（五）督促业主、物业使用人遵守业主公约或者管理规约；

（六）督促业主、物业使用人按时交纳物业服务费，组织和监督专项维修资金的筹集和使用；

（七）配合街道办事处、乡镇人民政府、公安机关、社区居（村）民委员会等做好物业管理区域内的社区建设、社会治安和公益宣传等工作；

（八）法律、法规以及业主大会赋予的其他职责。

第三十三条 业主委员会组成人员有下列情形之一的，经业主委员会三分之一以上组成人员或者百分之二十以上的业主提议，由业主大会决定是否罢免其业主委员会组成人员职务：

（一）不履行业主委员会组成人员职责和业主义务的；

（二）利用职务谋取私利的；

（三）利用职务侵害他人合法权益的；

（四）应当罢免的其他情形。

第三十四条 业主委员会组成人员有下列情形之一的，其职务自行终止：

（一）不再具备业主身份的；

（二）丧失履行职责能力的；

（三）以书面形式向业主大会或者业主委员会提出辞职的；

（四）任职期间被追究刑事责任的；

（五）法律、法规、业主公约或者管理规约规定的其他情形。

第三十五条 业主委员会任期届满前，应当组织召开业主大会会议，进行换届选举，并书面报告街道办事处、乡镇人民政府。逾期未换届选举的，街道办事处、乡镇人民政府应当组织召开业主大会会议进行换届选举。

业主委员会应当自换届之日起十日内，将其保管的档案资料、印章及其他属于全体业主所有的财物，移交给新一届业主委员会。拒不移交的，街道办事处、乡镇人民政府应当督促移交。必要时，公安机关依法协助。

业主委员会组成人员职务在任期内终止的，应当自终止之日起三日内将其保管的前款所列物品和财物移交给业主委员会。

第三十六条 业主大会可以设立业主监事会或者独立监事，负责监督业主委员会的工作，并履行业主大会赋予的其他职责。

第三十七条 除业主自行管理外，物业管理区域有下列情形之一的，街道办事处、乡镇人民政府应当组建物业管理委员会，作为承担业主委员会职责的临时机构：

（一）未达到成立业主大会条件的；

（二）达到成立业主大会条件但未能自行成立，经街道办事处、乡镇人民政府组织仍未能成立的；

（三）未能选举产生业主委员会或者业主委员会未完成换届选举，经街道办事处、乡镇人民政府组织仍未能选举产生业主委员会或者新一届业主委员会的。

物业管理委员会应当组织业主共同决定物业管理事项，推动成立业主大会并选举产生业主委员会。物业管理委员会自业主委员会选举产生之日起自行解散。

物业管理委员会的任期一般不超过三年。期满仍未推动成立业主大会、选举产生业主委员会的，由街道办事处、乡镇人民政府重新组建物业管理委员会。

第三十八条 物业管理委员会应当由业主代表和街道办事处、乡镇人民政府、社区居（村）民委员会的代表组成。

物业管理委员会由七至十一人单数组成。其中业主代表不得少于二分之一，由街道办事处、乡镇人民政府在业主自荐或者推荐的基础上确定。物业管理委员会主任由街道办事处、乡镇人民政府或者社区居（村）民委员会的代表担任。

街道办事处、乡镇人民政府应当自物业管理委员会成立之日起十个工作日内将成员名单在物业管理区域内显著位置公布。

物业管理委员会具体工作办法，由省物业管理行政主管部门制定。

第四章 物业服务企业

第三十九条 从事物业服务的企业应当具有独立的法人资格，拥有相应的专业技术人员，具备为业主提供专业服务的能力。

第四十条 物业服务企业享有下列权利：

（一）根据法律、法规规定和物业服务合同约定，对物业及其环境、秩序进行管理；

（二）制止损害物业或者妨碍物业管理的行为；

（三）依照物业服务合同约定收取物业服务费用；

（四）法律、法规规定和物业服务合同约定的其他权利。

任何单位和个人不得强制物业服务企业代收有关费用或者提供无偿服务。

第四十一条 物业服务企业应当承担下列义务：

（一）依照物业服务合同约定，提供物业管理服务；

（二）接受业主、业主大会、业主委员会

的监督；

（三）建立和完善物业服务应急预案，做好应急工作；

（四）维护物业管理区域内的环境卫生，引导业主进行垃圾分类处理；

（五）定期对物业的共用部位、共用设施设备进行巡查、养护、维修；

（六）发现违反法律、法规、业主公约或者管理规约的行为，及时制止并向有关行政主管部门报告；

（七）法律、法规和物业服务合同规定的其他义务。

第四十二条 未经业主大会同意，物业服务企业不得擅自利用或者擅自允许他人利用共用部位、共用设施设备进行广告、宣传、经营等活动，擅自设置或者擅自允许他人设置营业摊点。

物业服务企业不得泄露业主信息，不得对业主进行骚扰、恐吓、打击报复或者采取暴力行为。

第四十三条 物业服务企业应当在物业管理区域显著位置公示下列信息：

（一）企业及其项目负责人的基本情况、联系方式、服务投诉电话；

（二）物业服务合同约定的服务内容、服务标准以及收费项目、收费标准等情况；

（三）电梯、水、电、气、暖等设施设备日常维修保养单位的名称、资质、联系方式及维护保养情况；

（四）业主交纳物业服务费用情况、公共水电分摊费用情况、物业共用部位、共用设施设备经营所得收益和支出情况；

（五）物业管理区域内公共车位、共用车库经营所得收益和支出情况；

（六）其他应当公示的信息。

业主对公示内容有异议的，物业服务企业应当答复。

第四十四条 物业服务企业应当按照法律、法规规定及物业服务合同约定落实安全防范措施，并协助公安等相关部门做好物业管理区域内的安全防范工作。

物业管理区域内发生安全事故等突发事件时，物业服务企业在采取应急措施的同时，应当及时向有关行政主管部门报告，并协助做好救助工作。

物业服务企业未履行物业服务合同义务或者履行合同义务不符合约定，导致业主人身、财产受到损害的，应当依法承担相应的法律责任。

第四十五条 物业服务企业依法享受国家和省有关现代服务业规定的优惠政策。住宅小区内共用部位、共用设施设备运行、维护、保洁、绿化等物业公共服务过程中的用水、用电、用气价格，按照当地居民使用价格的标准执行，但洗车、餐饮等经营性用水、用电、用气除外。

第五章 物业管理与服务

第四十六条 建设单位在办理商品房预售许可或者现房销售备案前，应当按照划定的物业管理区域，通过招投标方式选聘物业服务企业，签订前期物业服务合同，提供前期物业服务。

第四十七条 建设单位与物业买受人签订的商品房买卖合同，应当包含前期物业服务合同约定的内容，并将临时管理规约和前期物业服务合同作为商品房买卖合同的附件。

建设单位应当将前期物业服务企业名称、物业服务内容、物业服务收费标准和物业服务合同期限等内容纳入商品房销售信息，并进行公示。

第四十八条 承接新建物业前，物业服务企业应当与建设单位按照国家相关规定和前期物业服务合同的约定，共同对物业的共用部位、共用设施设备进行检查验收。

物业承接查验应当邀请县（市、区）人民政府物业管理行政主管部门、业主代表参加，可以聘请相关专业机构协助进行。

第四十九条 建设单位应当按照国家有关规定和商品房买卖合同约定，向物业服务企业移交权属明确、资料完整、质量合格、功能完备、配套齐全的物业。

实施承接查验的物业，应当具备以下条件：

（一）建设工程竣工验收合格，取得城乡

规划、消防、环保等主管部门出具的认可或者准许使用文件，并经城乡建设行政主管部门备案；

（二）供水、排水、供电、供气、供热、信息通信、公共照明、有线电视等市政公用设施设备按规划设计要求建成，供水、供电、供气、供热已安装经强制检定合格并运行正常的独立计量表具；

（三）教育、邮政、医疗卫生、文化体育、环卫、社区服务等公共服务设施已按规划设计要求建成；

（四）道路、车位、绿地、停车棚、物业管理用房等配套设施按照规划设计要求建成；

（五）电梯、高压供电、消防设施、压力容器、电子监控系统等共用设施设备取得使用合格证书；

（六）分期建设的，已建成区域与施工工地之间设置符合安全要求的隔离设施；

（七）物业使用、维护和管理的相关技术资料完整齐全；

（八）法律、法规规定的其他条件。

第五十条 物业服务企业应当自物业交接后三十日内，向物业所在地县（市、区）人民政府物业管理行政主管部门办理备案手续。

承接查验资料属于全体业主所有，物业服务企业应当建立档案，妥善保管，业主有权免费查询。

物业服务合同终止的，原物业服务企业应当及时将物业承接查验档案向业主委员会移交完毕。

第五十一条 建设单位应当按照国家规定的保修期限和保修范围，承担物业的保修责任。

建设单位将不符合交付条件的物业交付使用，因房屋质量、物业共用部位、共用设施设备缺陷给业主造成损害的，应当承担赔偿责任。

物业服务企业擅自承接未经查验或者承接不符合交付条件的物业，因物业共用部位、共用设施设备缺陷给业主造成损害的，应当承担相应的赔偿责任。

建设单位委托物业服务企业提供物业保修服务的，委托事项由双方约定并在物业管理区域内公示。

第五十二条 物业服务收费应当遵循质价相符、公平公开、合理诚信的原则。物业服务企业不得向业主收取服务合同以外的任何未予标明的费用。物业服务收费应当保持相对稳定。确需调整的，物业服务企业应当与业主委员会协商，并经业主大会同意；没有成立业主大会的，需由专有部分面积占比三分之二以上的业主且人数占比三分之二以上的业主参与表决，并经参与表决专有部分面积过半数的业主且参与表决人数过半数的业主同意。

第五十三条 业主大会选聘物业服务企业的，业主委员会应当与物业服务企业签订物业服务合同。鼓励业主大会采用招投标方式选聘物业服务企业。

物业服务合同应当对物业服务事项、服务标准、服务费用、收费方式、双方的权利义务、物业管理用房、专项维修资金的使用、合同期限、违约责任等内容进行约定。

物业服务企业应当自物业服务合同签订之日起十五日内，将服务合同报送物业所在地县（市、区）人民政府物业管理行政主管部门和街道办事处、乡镇人民政府备案。

第五十四条 物业服务事项可以包括以下内容：物业共用部位的日常维护和管理；物业共用设施、设备及其运行、使用的日常维护和管理；环境卫生、美化绿化管理服务；物业管理区域公共秩序维护；车辆停放及场地管理；物业维修、更新、改造和养护的账务管理；物业档案资料的保管；双方约定的其他服务事项。

第五十五条 业主委员会应当在物业服务合同期限届满前九十日组织召开业主大会，决定续聘或者选聘物业服务企业。倡导业主大会采用招投标方式续聘或者选聘物业服务企业。

物业服务企业决定不再续签物业服务合同的，应当在合同期限届满前九十日书面告知业主或者业主委员会，但是合同对通知期限另有约定的除外，同时报告街道办事处、乡镇人民政府。

物业服务合同期限届满，业主大会未作出选聘或者续聘决定，物业服务企业按照原合同约定继续提供服务的，原物业服务合同继续有效，但是服务期限为不定期。当事人可以随时解除不定期物业服务合同，但应当提前六十日书面告知另一方当事人，并报街道办事处、乡镇人民政府。

第五十六条　业主大会决定解聘物业服务企业的，被解聘的物业服务企业应当按照规定办理移交手续，并在约定的时间撤出物业管理区域。被解聘的物业服务企业在约定的撤出时间内，应当维持正常的物业管理秩序。

业主大会决定选聘新物业服务企业或者自行管理的，原物业服务企业应当自物业服务合同终止之日起退出物业管理区域，并向业主委员会或者在业主委员会监督下向新选聘的物业服务企业，履行下列交接义务：

（一）移交物业管理用房等共用部分、共用设施设备；

（二）移交物业承接查验的有关资料；

（三）移交物业服务期间形成的物业和设施设备使用、维护、保养、检验等技术资料，运行、维护、保养记录；

（四）结清预收、代收和预付、代付费用；

（五）法律、法规规定和物业服务合同约定的其他事项。

第五十七条　业主对小区物业实施自行管理的，应当对下列事项作出决定：

（一）自行管理的执行机构、管理人；

（二）自行管理的内容、标准、费用和期限；

（三）聘请专业机构的方案；

（四）其他有关自行管理的内容。

有特定要求的电梯等特种设备，应当委托专业性机构进行维修和养护。

实施自行管理的小区，应当主动接受街道办事处、社区居民委员会的指导监督。

无物业管理的老旧小区依托社区居民委员会实行自行管理。

第五十八条　供水、供电、供气等专业经营单位应当按照最终用户使用的计量器具显示的量值向最终用户收取费用。

专业经营单位可以委托物业服务企业代收有关费用，但应当向物业服务企业支付报酬。物业服务企业不得向业主收取手续费等额外费用。

专业经营单位不得因部分最终用户未履行交费义务停止已交费用户和共用部位的服务。

第六章　物业的使用和维护

第五十九条　物业的使用和维护应当遵守国家有关市容环境卫生、环境保护、房屋管理、消防管理、治安管理、人防管理等法律、法规、业主公约或者管理规约的规定，不得损害公共利益和他人合法权益。

第六十条　物业管理区域内禁止下列行为：

（一）损坏房屋承重结构、主体结构；

（二）侵占、损坏共用部位、共用设施设备；

（三）擅自占用、挖掘物业管理区域内的道路、场地；

（四）违法搭建建筑物、构筑物、障碍物，破坏或者擅自改变房屋外观；

（五）违反安全管理规定存放易燃、易爆、剧毒、腐蚀性、放射性等危险物品；

（六）擅自架设电线、电缆；

（七）高空抛物、随意弃置垃圾、排放污水；

（八）在公共走道、楼梯间、门厅内存放电动自行车或者为其充电；

（九）排放有毒、有害等污染环境的物质，露天烧烤、露天焚烧杂物；

（十）制造超过规定标准的噪音或者影响邻居采光通风；

（十一）侵占绿地、毁坏绿化植物和绿化设施；

（十二）占用、堵塞、封闭消防通道、消防登高面，损坏消防设施及器材；

（十三）在建筑物、构筑物上乱涂写、乱刻画、乱张贴，楼道、门厅、电缆井内堆放杂物；

（十四）擅自改变房屋用途，将住宅变为非住宅，从事餐饮、生产加工、歌舞娱乐等经营活动；

（十五）使用地锁、石墩、栅栏等障碍物占用公共道路、公共停车泊位，违反规定停放车辆；

（十六）违反规定饲养动物，干扰他人正常生活；

（十七）利用房屋从事危害公共安全、公共利益和侵害他人正当权益的活动；

（十八）法律、法规和业主公约或者管理规约禁止的其他行为。

违反前款规定的，物业服务企业、业主委员会应当予以劝阻、制止。业主、物业使用人有权投诉、举报，物业服务企业、业主委员会应当及时处理。劝阻、制止无效的，应当及时报告有关行政主管部门，有关行政主管部门应当依法处理。

第六十一条 禁止在物业管理区域内饲养烈性犬和大型犬，具体品种和体高体重标准由省公安机关会同省畜牧部门、省城市管理部门确定，并自本条例实施之日起一年内向社会公布。

业主、物业使用人在物业管理区域内饲养前款规定以外其他犬只，应当遵守有关法律、法规和业主公约或者管理规约。携犬出户的，应当束犬链牵引。

第六十二条 电梯维护保养单位应当加强电梯日常运行的检查、保养和维护。物业服务企业发现电梯存在性能故障或者其他安全隐患的，应当立即采取措施，通知电梯维护保养单位及时维修，电梯维护保养单位应当及时抢修。电梯存在严重安全隐患，无改造、修理价值，或者达到安全技术规范规定的报废条件的，物业服务企业应当及时公示并报告业主，积极协调办理报废事宜。

第六十三条 鼓励老旧小区业主为满足日常生活需要加装电梯。加装电梯由老旧小区主管单位或者业主委员会负责组织，需经单元（栋）三分之二以上业主同意。相关业主应当配合，不得阻拦。规划、住房城乡建设、财政、国土资源、质监、环保等有关行政部门应当支持。

第六十四条 城乡规划主管部门应当将规划用于停放汽车的车位、车库在建设工程规划许可证的附件中予以注明，同时明确物业管理区域内车位、车库的配置比例。

建设单位应当将物业管理区域车位、车库配置比例在显著位置公示，按照配置比例通过出租、出售、附赠方式约定车位、车库的归属。

第六十五条 建设单位应当将规划车位、车库的处置方式向物业买受人明示，并在商品房买卖合同中予以约定。采用出售、出租方式处置规划车位、车库的，建设单位应当向物业买受人明示，约定出售价格、出租方式、出租价格、出租期限等内容。

建设单位不得将物业管理区域内规划的车库、车位出售给本区域以外的其他人。业主要求承租尚未处置且空置的规划车库、车位的，建设单位不得以只售不租为由拒绝出租。

在首先满足本物业管理区域内业主的购买和承租需要后还有多余规划车位、车库的，建设单位可以出租给本物业管理区域外的使用人，但租赁期限不得超过六个月。

第六十六条 物业管理区域内划定车位、停放车辆，不得占用、堵塞、封闭疏散通道、公共出入口等，不得影响其他车辆和行人的正常通行。

利用物业管理区域内公共道路、场地划定车位停放车辆的，车位划定、分配方式、服务费、收益分配方式等，在业主大会成立前，需由专有部分面积占比三分之二以上的业主且人数占比三分之二以上的业主参与表决，并经参与表决专有部分面积过半数的业主且参与表决人数过半数的业主同意；业主大会成立后，由业主大会按照法律、法规、管理规约等要求决定。

第六十七条 利用物业共用部位、共用设施设备产生的收入，在扣除合理成本之后，属于全体业主所有，主要用于补充专项维修资金，也可以按照业主大会的决定使用。

第六十八条 业主或者物业使用人应当在住宅装饰装修工程开工前，向物业服务企业办理登记手续，签订装饰装修管理服务协议。物业服务企业应当将装饰装修的禁止行为和注意事项告知业主或者物业使用人。

已经办理登记的，物业服务企业及其工作人员不得向业主或者物业使用人强行推销装饰装修材料，不得限制或者阻挠装饰装修材料进出物业管理区域。

物业服务企业应当对房屋装饰装修情况进

行现场巡查，业主、物业使用人、装饰装修施工人员应当予以配合。

因住宅内装饰装修活动造成相邻住宅的管道堵塞、渗透水、停水停电、物品损坏、外立面损坏等，业主、物业使用人应当负责修复和赔偿。

第六十九条　业主应当按照国家和省有关规定，将首期专项维修资金存入物业管理行政主管部门设立的专项维修资金专户。不动产登记机构在进行不动产权登记时，应当核验专项维修资金缴存情况。

专项维修资金属于业主共有，专项用于物业共用部位、共用设施设备保修期满后的维修、更新和改造，不得挪作他用。

物业管理行政主管部门应当按照方便快捷、公开透明、受益人与负担人相一致的原则，依法保障专项维修资金的正常合理使用。

第七十条　专项维修资金的使用，经业主大会依法决定，可以根据维修范围以单元（栋）为单位进行表决，也可以采取异议表决，即持不同意见的业主专有部分占建筑物总面积三分之一以下且占总人数三分之一以下的，视为表决通过。

第七十一条　专项维修资金的管理，实行专户存储、专款专用、所有权人决策、政府监督的原则。设区的市、县人民政府应当建立健全专项维修资金的使用、管理和监督制度。

业主大会成立前，专项维修资金由物业管理行政主管部门代行管理。业主大会成立后，根据业主大会决定，选择自行管理或者代行管理。业主大会选择自行管理专项维修资金的，应当在银行设立专项维修资金账户，接受物业管理行政主管部门的监督。

第七十二条　专项维修资金余额不足首期筹集金额百分之三十的，业主应当按照相关规定以及业主大会的决定续筹专项维修资金。

物业所有权发生转移时，交存的专项维修资金一并转移给物业买受人。

第七十三条　物业存在安全隐患，危及公共利益及他人合法权益时，责任人应当及时维修养护，有关业主应当给予配合。

责任人不履行维修养护义务的，经相关业主同意，可以由物业服务企业维修养护，费用由责任人承担。

物业共用部位、共用设施设备维修、更新和改造时，相关业主、物业使用人应当予以配合。

第七十四条　物业管理区域内共用部位、共用设施设备出现下列紧急情况的，物业服务企业应当立即组织应急维修：

（一）电梯、消防等共用设施设备故障损坏，无法正常使用的；

（二）屋面、外墙渗漏的；

（三）楼体外墙墙面有脱落危险的；

（四）专用排水设施因坍塌、堵塞、爆裂等造成功能障碍的；

（五）公共护栏（围）破损严重的；

（六）其他紧急情况。

出现前款情形之一的，物业管理行政主管部门接到申请后，应当即时核准并拨付专项维修资金。应急维修费用应当向业主公示。

业主大会自行管理物业专项维修资金的，按照前款规定执行。

第七十五条　电缆、供水供气供热管道等专业经营设施设备发生故障或者损坏时，业主、业主委员会、物业服务企业应当及时报告。专业经营单位应当及时维修、养护、更新。

第七章　监督管理

第七十六条　省物业管理行政主管部门应当制定全省物业服务市场主体和从业人员信用标准，建立全省统一的物业服务市场诚信体系和信用平台，公开物业服务项目信息和信用信息，并会同相关部门及有关单位对失信物业服务市场主体实施联合惩戒。

县级以上物业管理行政主管部门负责本行政区域内物业服务市场主体信用信息采集和诚信档案管理工作。

第七十七条　县级以上人民政府相关行政主管部门按照各自职责，负责物业管理区域内下列工作：

（一）住房城乡建设行政主管部门负责建设工程竣工验收备案，监督建设单位履行建筑工程质量保修责任，监督检查房屋装饰装修活动；

（二）规划行政主管部门负责物业管理用房、老旧小区加装电梯等规划，负责对违法建筑的认定；

（三）城市管理执法部门负责查处违法建筑、毁坏绿地等行为；

（四）工商行政管理部门负责监督检查无照经营活动；

（五）价格行政主管部门负责监督检查价格公示、违规收费活动；

（六）公安机关负责监督检查治安、消防、技防、保安服务等活动；

（七）质监行政主管部门负责电梯等特种设备安全和计量监管；

（八）财政、审计行政主管部门负责对物业管理行政主管部门专项维修资金使用和管理情况的监督检查；

（九）环保行政主管部门负责监督检查污染环境行为；

（十）人防行政主管部门负责对人防工程维护管理的监督检查。

已经实行城市管理综合执法体制改革的设区的市、县（市、区），对有关部门职责分工另有调整的，从其规定。

第七十八条 街道办事处、乡镇人民政府应当建立物业管理联席会议制度。联席会议由街道办事处、乡镇人民政府召集，物业管理、公安派出所、城市管理等部门和社区居（村）民委员会、业主委员会（业主代表）、物业服务企业、专业经营单位等各方参加。联席会议协调解决本辖区内物业管理中的重要问题。

第七十九条 县级以上人民政府发展改革、住房城乡建设、规划、公安、环保、城市管理、工商、人防、质监等有关部门，应当建立违法行为投诉登记制度，并在物业管理区域内显著位置公布联系单位、举报电话，依法处理物业管理区域内的违法行为。

任何单位和个人对违反本条例规定的行为，可以向物业管理行政主管部门、街道办事处、乡镇人民政府及其他有关部门投诉举报，有关单位应当及时调查核实，并依法处理。

行政执法单位需要进入物业管理区域开展执法工作的，业主、业主委员会、物业服务企业应当提供便利。

第八章 法律责任

第八十条 违反本条例规定，法律、行政法规已有法律责任规定的，从其规定。

第八十一条 业主委员会作出的决定，违反法律、法规规定或者业主大会决定，给业主、物业服务企业造成损害的，由签字同意该决定的业主委员会成员承担民事责任；严重损害业主合法权益或者严重影响公共秩序的，依法追究相关责任。

第八十二条 物业服务企业人员对业主或者物业使用人实施人身、财产损害等行为的，依法承担民事责任；对违反治安管理的行为，依照《中华人民共和国治安管理处罚法》予以处罚；构成犯罪的，依法追究刑事责任。

第八十三条 违反本条例第十五条规定，专业经营单位拒不接收或者拒不履行承担运行、维修和更新责任的，由县级以上人民政府物业管理行政主管部门责令限期改正；逾期不改正的，处三十万元以上一百万元以下罚款。

第八十四条 违反本条例第二十一条、第二十二条第四款规定，未及时报送文件资料、建设单位不提供筹备费用的，由县级以上人民政府物业管理行政主管部门责令限期改正；逾期不改正的，处五万元以上十五万元以下罚款。

第八十五条 违反本条例第四十二条第一款规定，物业服务企业擅自利用或者擅自允许他人利用物业共用部位、共用设备设施进行广告、宣传和经营等活动，擅自设置或者擅自允许他人设置营业摊点的，由县级以上人民政府物业管理行政主管部门责令限期改正，给予警告，处五万元以上二十万元以下罚款。

违反本条例第四十二条第二款规定，物业服务企业泄露业主信息或者对业主进行骚扰、恐吓、打击报复或者采取暴力行为的，由公安机关按照《中华人民共和国治安管理处罚法》的规定处罚。

第八十六条 违反本条例第四十三条规定，物业服务企业未在物业管理区域显著位置公示有关信息的，由县级以上人民政府物业管理行政主管部门责令限期改正；逾期不改正的，处一万元以上三万元以下罚款。

第八十七条　违反本条例第五十六条第一款规定，物业服务企业未按照规定办理移交手续的，由县级以上人民政府物业管理行政主管部门责令限期改正；逾期不改正的，处二十万元罚款；物业服务企业未按照约定时间提前撤出物业管理区域的，由县级以上人民政府物业管理行政主管部门责令限期改正；逾期不改正的，处五万元以上十万元以下罚款。

违反本条例第五十六条第二款规定，原物业服务企业未在规定时间内退出物业管理区域的，县级以上人民政府物业管理行政主管部门自规定时间届满次日起对其处以每日一万元罚款。

第八十八条　违反本条例第六十条第一款第一项规定，损坏房屋承重结构、主体结构的，由县级以上人民政府住房城乡建设行政主管部门责令限期改正，处五万元以上十万元以下罚款；造成他人损失，应当依法赔偿。

违反本条例第六十条第一款第二项规定，侵占、损坏共用部位、共用设施设备的，由县级以上人民政府物业管理行政主管部门或者其他依法行使监督管理权的部门，责令限期改正，恢复原状，并对个人处一千元以上一万元以下罚款，对单位处五万元以上二十万以下罚款。

违反本条例第六十条第一款第四项规定，违法搭建建筑物、构筑物、障碍物的，由县级以上人民政府城市管理执法部门责令限期拆除，视情节轻重，可以处二千元以上二万元以下罚款；逾期未拆除的，人民政府城市管理执法部门可以申请所在地县级以上人民政府组织强制拆除。

违反本条例第六十条第一款其他禁止行为规定的，由依法行使监督管理权的部门依照相关法律法规给予行政处罚。

第八十九条　违反本条例第六十一条第一款规定，在物业管理区域内饲养烈性犬和大型犬的，由公安机关或者具有城市管理行政执法权的部门没收犬只，并处五千元以上一万元以下罚款。

违反本条例第六十一条第二款规定，携犬出户未束犬链牵引的，由具有城市管理行政执法权的部门责令改正；拒不改正的，处五百元以上一千元以下罚款；情节恶劣或者造成严重后果的，没收犬只。犬只伤害他人的，养犬人应当依法承担相应的法律责任。

第九十条　违反本条例第六十二条规定，物业服务企业发现电梯存在性能故障或者其他安全隐患，未立即采取措施，致使乘客滞留电梯轿厢，情节严重的，由县级以上人民政府特种设备安全监督管理部门处五千元以上一万元以下罚款。电梯维护保养单位接到通知后，未及时抢修导致电梯事故的，由县级以上人民政府特种设备安全监督管理部门处五万元以上二十万元以下罚款。电梯达到安全技术规范规定的报废条件，物业服务企业未及时公示并报告业主，未积极协调办理报废事宜的，由县级以上人民政府特种设备安全监督管理部门责令立即改正，并处一万元以上五万元以下罚款。因电梯事故给他人造成人身、财产损害的，应当承担相应的法律责任。

第九十一条　违反本条例第六十五条第二款规定，建设单位将车位车库出售给本区域业主以外的其他人的，由县级以上人民政府物业管理行政主管部门责令限期返还；逾期不改正的，没收违法所得，每违规出售一个车位、车库，处五万元以上十万元以下罚款。建设单位对业主要求承租的车位、车库只售不租的，由县级以上人民政府物业管理行政主管部门责令限期改正；逾期不改正的，处五万元以上十万元以下罚款。

违反本条例第六十五条第三款规定，建设单位将未出售或者未附赠的车位、车库不优先出租给本区域内业主，或者将多余车位、车库出租给本物业管理区域外使用人租赁期限超过六个月的，由县级以上人民政府物业管理行政主管部门责令限期改正，没收违法所得；逾期不改正的，处五万元以上十万元以下罚款。

第九十二条　违反物业服务合同约定，业主逾期不交纳物业服务费用的，业主委员会、物业服务企业可以通过上门催交、在物业管理区域内公示等形式督促其限期交纳；逾期仍不交纳的，物业服务企业可以依法向人民法院提起诉讼。

第九十三条 县级以上人民政府发展改革、公安、财政、环保、城乡规划、城乡建设、城市管理、工商、人防、质监等有关行政主管部门工作人员有下列情形之一的，依法给予行政处分：

（一）未按照本条例规定履行监督检查、审核查验职责的；

（二）发现违法行为或者接到投诉、举报后不及时处理的；

（三）其他玩忽职守、徇私舞弊、滥用职权的行为。

第九十四条 物业管理行政主管部门、街道办事处、乡镇人民政府工作人员有下列情形之一的，依法给予行政处分；构成犯罪的，依法追究刑事责任：

（一）未按照本条例规定履行监督检查职责的；

（二）未按照本条例规定召集或者参加物业管理联席会议的；

（三）未按照本条例规定筹备、组织召开业主大会会议的；

（四）发现违法行为或者接到投诉、举报后不及时处理的；

（五）截留、挪用、侵占或者未按时审核拨付专项维修资金的；

（六）其他玩忽职守、徇私舞弊、滥用职权的行为。

第九章 附则

第九十五条 本条例下列用语的含义：

（一）最终用户，是指接受供水、供电、供气、供热等服务的最终分户业主或者实际使用人。

（二）物业使用人，是指物业的承租人和实际使用物业的其他人。

（三）专有部分，是指在构造上和利用上具有独立性、由单个业主独立使用、处分的物业部位。

（四）专业经营设施设备，是指最终用户分户计量表或者最终用户入户端口以外的变（配）电、二次供水、燃气调压、供热系统等设施设备及相关管线和计量装置。

（五）物业的共用部位，是指物业的主体承重结构部位，包括基础、内外承重墙体、柱、梁、楼板、屋顶、户外墙面、门厅、楼梯间、电梯间、走廊通道、管道井等。

（六）物业的共用设施设备，是指物业管理区域内，由业主共有共用的电梯、照明设施、电力设备安全外护栏、天线、上下水管道、落水管、沟渠、池、井、消防设施、电子监控设施、避雷装置、区域围护、道路、绿地、非经营性停车场（库）、自行车棚、公益性文体设施、共用设施设备用房等。

第九十六条 本条例规定的专有部分面积和建筑物总面积，按照下列方法认定：

（一）专有部分面积按照不动产登记簿记载的面积计算；尚未进行登记的，暂时按照测绘机构的实测面积计算；尚未进行实测的，暂时按照房屋买卖合同记载的面积计算；

（二）建筑物总面积，按照前项的统计总和计算。

第九十七条 本条例规定的业主人数和总人数，按照下列方法认定：

（一）业主人数按照专有部分的数量计算，一个专有部分按照一人计算。但建设单位尚未出售和虽已出售但尚未交付的部分，以及同一买受人拥有一个以上专有部分的，按照一人计算；

（二）总人数，按照前项的统计总和计算。

第九十八条 业主大会及业主委员会指导细则、前期物业招投标制度、管理规约、物业服务合同示范文本、物业服务规范等由省人民政府物业管理行政主管部门自本条例施行之日起一年内制定并公布。

第九十九条 本条例自2018年1月1日起施行。2001年1月13日河南省第九届人民代表大会常务委员会第二十次会议通过，根据2010年7月30日河南省第十一届人民代表大会常务委员会第十六次会议修正的《河南省物业管理条例》同时废止。

海南经济特区物业管理条例

（2010 年 7 月 31 日海南省第四届人民代表大会常务委员会第十六次会议通过，
2021 年 6 月 1 日海南省第六届人民代表大会常务委员会第二十八次会议修订，
2021 年 6 月 1 日海南省人民代表大会常务委员会公告第 83 号公布）

第一章　总则

第一条　为了规范物业管理活动，维护业主、物业使用人、物业服务人等的合法权益，营造文明和谐的生活和工作环境，根据《中华人民共和国民法典》和国务院《物业管理条例》等法律、法规，结合本经济特区实际，制定本条例。

第二条　本经济特区内住宅区物业与非住宅区物业管理及相关监督管理活动适用本条例。

本条例所称物业管理，是指业主通过自行管理、委托物业服务人的方式，对物业管理区域内的建筑物及其附属设施设备和相关场地进行维修、养护、管理，维护环境卫生和相关秩序的活动。

物业服务人包括物业服务企业和其他管理人。

第三条　物业管理应当遵循党委领导、政府主导、业主自治、专业服务、社区治理、多方参与相结合的原则。

推动在业主委员会、物业服务人中建立党组织，发挥党建引领作用。建立党建引领下的社区居民委员会、业主委员会、物业服务企业协调运行机制，充分调动居民参与积极性，加强社区治理。推动符合条件的社区党组织和居民委员会成员通过法定程序兼任业主委员会成员。

第四条　县级以上人民政府应当加强对物业管理工作的领导，将物业管理纳入社区治理体系，建立和完善专业化、标准化、市场化、信息化的物业管理机制，建立物业管理联席会议制度，协调处理物业管理的重大问题。县级人民政府应当在街道办事处、乡镇人民政府配备专（兼）职物业管理工作人员。

县级以上人民政府物业管理主管部门对本行政区域内的物业管理活动进行管理、监督和指导。

县级以上人民政府发展和改革、自然资源和规划、生态环境、财政、公安、应急管理、市场监督管理、综合执法等相关部门按照各自职责，共同做好物业管理有关工作。

街道办事处应当建立健全居住社区综合治理工作制度，及时研究解决住宅物业管理重点和难点问题。鼓励街道办事处建立物业管理工作机制，指导监督辖区内物业管理活动，推动业主设立业主大会、选举业主委员会，并依法监督业主委员会和物业服务人履行职责。

乡镇人民政府应当根据本条例规定和市、县、自治县人民政府决定，负责辖区内物业管理活动的指导、协助和有关监督工作。

居（村）民委员会协助街道办事处、乡镇人民政府做好物业管理相关工作。

第五条　物业管理行业组织应当依法加强行业自律管理，制定行业规范，规范从业行为，推进行业标准化建设，调解行业纠纷，促进物业服务人依法经营和诚信服务。

物业管理行业组织应当接受物业管理主管部门的指导和监督。

第六条　鼓励业主、业主委员会、物业服务人组织开展文化娱乐、邻里互助等多种形式的社区活动，推进和谐社区建设。

完善物业管理纠纷处理机制，鼓励通过协商、调解、仲裁等方式解决物业纠纷。人民调解组织和行业性、专业性调解组织应当依法及时受理和调解物业纠纷，化解物业矛盾。

第二章　物业管理区域

第七条　物业管理区域的划分应当考虑物

业的规划用地范围、土地使用权属范围、自然界限、共用设施设备、建筑物规模、社区布局等因素确定。

已交付使用物业，按照已形成的物业管理区域划定，不再重新调整，但业主共同决定分割或者合并物业管理区域的除外。

第八条 新建物业的建设单位应当在申领房屋预售许可或者现房销售备案前，将划定的物业管理区域向所在地县级人民政府物业管理主管部门申请备案，备案机关经审查认为建设单位划定物业管理区域不符合本条例第七条规定的，应当书面通知建设单位重新划定。已备案的物业管理区域应当在房屋买卖合同中明示。

已交付使用物业，由物业服务人向所在地县级人民政府物业管理主管部门申请备案；没有物业服务人的，由街道办事处、乡镇人民政府申请备案。

第九条 物业服务用房包括物业服务人办公用房和业主委员会办公用房，应当由建设单位按照下列标准提供：

（一）物业管理区域物业总建筑面积未超过二十五万平方米的，按照不少于物业总建筑面积的千分之二提供，并不得少于一百平方米；

（二）物业管理区域物业总建筑面积超过二十五万平方米的，二十五万平方米以内部分，按照该部分面积的千分之二提供；超出部分按照该部分面积的千分之一增加。

业主委员会办公用房建筑面积应当不低于二十平方米。

物业服务用房产权属全体业主共有，任何单位和个人不得改变其用途。

物业服务用房应当为地面以上能够独立使用的房屋，具备水、电、通风、采光等使用功能，没有配置电梯的物业，所在楼层不得高于四层。

第十条 物业管理区域内的下列部分依法属于业主共有：

（一）建筑物的基础、承重结构、外墙、屋顶等基本结构部分，通道、楼梯、大堂等公共通行部分，消防、公共照明等附属设施设备，避难层、架空层、设备层或者设备间等结构部分；

（二）占用业主共有的道路或者其他场地用于停放汽车的车位（车库）；

（三）其他不属于业主专有部分，也不属于市政公用部分或者其他权利人所有的场所及设施设备；

（四）房屋买卖合同约定属于业主共有的物业；

（五）法律、法规规定的其他共有部分。

建设单位申请国有建设用地使用权及房屋所有权首次登记时，应当提出共有物业产权登记申请，不动产登记机构应当进行实地查看，并在不动产登记簿上予以记载。

第十一条 业主大会成立前，利用业主共有部分进行经营的，应当在临时管理规约中予以明示或者由业主共同决定；业主大会成立后，利用业主共有部分进行经营的，应当经业主大会同意。

利用业主共有部分进行经营所得收入扣除合理成本后的收益，归全体业主共有，并应当单独列账或者设立单独账户，或者由业主委员会与物业服务人设立共管账户。

业主大会、业主委员会应当加强对业主共有部分经营收益的监督管理，并可以对其使用情况进行审计。

第三章 业主和业主组织

第一节 业主和业主大会

第十二条 房屋的所有权人为业主。

基于与建设单位之间的房屋买卖等民事法律行为，已经合法占有房屋但尚未依法办理所有权登记的人，可以认定为业主。

业主在物业管理中的权利、义务，依照法律、法规规定以及管理规约、物业服务合同约定确定。

第十三条 下列事项由业主共同决定：

（一）制定和修改业主大会议事规则和管理规约；

（二）选举业主委员会或者更换、罢免业主委员会成员；

（三）制定物业服务内容、标准以及物业服务收费方案；

（四）选聘和解聘物业服务人；

（五）使用住宅专项维修资金；

（六）筹集住宅专项维修资金；

（七）改建、重建建筑物及其附属设施；

（八）改变共有部分的用途和利用共有部分进行经营；

（九）利用共有部分进行经营所得收益的分配与使用；

（十）有关共有和共同管理权利的其他事项。

业主共同决定事项，应当由专有部分面积占比三分之二以上的业主且人数占比三分之二以上的业主参与表决。决定前款第六项至第八项规定的事项，应当经参与表决专有部分面积四分之三以上的业主且参与表决人数四分之三以上的业主同意。决定前款其他事项，应当经参与表决专有部分面积过半数的业主且参与表决人数过半数的业主同意。

第十四条　业主可以设立业主大会，选举业主委员会。业主大会由物业管理区域内全体业主组成。

一个物业管理区域设立一个业主大会。

第十五条　物业管理区域符合下列情形之一的，可以召开首次业主大会会议，选举业主委员会：

（一）房屋已出售且交付业主的专有部分面积达到建筑物总面积二分之一以上；

（二）首套房屋出售并交付使用满两年。

符合前款规定成立业主大会条件的，建设单位应当向街道办事处、乡镇人民政府书面申请成立首次业主大会会议筹备组。业主也可以向街道办事处、乡镇人民政府提出书面申请。

街道办事处、乡镇人民政府应当自收到申请后三十日内组建首次业主大会会议筹备组，也可以根据物业管理区域实际情况主动组建筹备组。筹备组组长由街道办事处、乡镇人民政府代表担任。县级以上人民政府物业管理主管部门应当加强对成立首次业主大会会议筹备工作的指导。

第十六条　街道办事处、乡镇人民政府应当自收到成立首次业主大会书面申请后五日内通知建设单位或者物业服务人报送物业出售和物业交付资料、物业测绘文件、已筹集的住宅专项维修资金清册等材料。

建设单位或者物业服务人应当自收到街道办事处、乡镇人民政府通知后十日内报送材料，协助成立筹备组，并在物业管理区域内为筹备组和业主大会的活动提供相应的人力、场地支持。

经筹备组申请，房屋交易管理机构或者不动产登记机构应当及时提供房屋面积、门牌号码、业主姓名和联系方式等信息。

第十七条　首次业主大会会议筹备组由业主代表、建设单位代表、街道办事处、乡镇人民政府代表和居（村）民委员会代表组成。筹备组中的业主代表可以由业主自荐、推荐或者居（村）民委员会推荐产生，由街道办事处、乡镇人民政府确定。

筹备组成员人数应当为单数，具体人数由街道办事处、乡镇人民政府根据物业管理区域具体情况确定。其中业主代表应当不少于会议筹备组人数的二分之一。建设单位拒绝派员参加筹备组，不影响筹备组的成立。

筹备组应当自成立之日起七日内，在物业管理区域内的显著位置进行公示。

第十八条　筹备组应当完成下列筹备工作，并于首次业主大会会议召开十五日前在物业管理区域内的显著位置向业主公告：

（一）确认并公示业主名单、人数和投票权数；

（二）确定首次业主大会会议召开的时间、地点、形式、内容和会议表决规则；

（三）拟订管理规约草案和业主大会议事规则草案；

（四）确定首届业主委员会委员候选人产生办法和名单；

（五）制定首届业主委员会选举办法；

（六）其他筹备工作。

第十九条　筹备组应当自成立之日起九十日内组织召开首次业主大会会议；逾期不能召开的，可以向街道办事处、乡镇人民政府申请延长筹备期限一次，但延长时间不得超过九十日。

筹备组应当自业主委员会选举产生之日起十日内，向业主委员会移交筹备期间的全部资料后解散。筹备组在规定期限内不能组织召开首次业主大会会议的，自行解散。

第二十条 业主大会会议可以采用集体讨论的形式，也可以采用书面征求意见的形式。

书面征求意见是指通过文书、信件、电报、电传、传真等可以有形地表现所载内容的征求业主意见形式。在确认业主身份的前提下，以手机短信、微信、电子邮件等形式征求业主意见的，视为书面征求意见。

业主书面意见征集、统计办法和存档期限由业主大会决定，存档期限不得少于五年。

县级以上人民政府物业管理主管部门应当逐步建立业主决策信息服务平台，供业主、业主委员会和业主大会免费使用。

第二十一条 首次业主大会会议应当对下列事项进行表决：

（一）业主委员会的选举；

（二）管理规约草案；

（三）业主大会议事规则草案；

（四）需要由业主共同决定的其他事项。

第二十二条 业主大会会议分为定期会议和临时会议。有下列情形之一的，业主委员会应当召开业主大会临时会议：

（一）经百分之二十以上的业主提议的；

（二）发生重大或者紧急事件需要及时处理的；

（三）业主大会议事规则或者管理规约规定的其他情况。

业主大会会议召集人应当于会议召开十五日前通知全体业主，并将会议议题、具体内容、时间、地点和形式等予以公示。召开业主大会会议，应当提前三个工作日书面告知物业所在地街道办事处、乡镇人民政府和居（村）民委员会。居（村）民委员会应当派员列席会议。

业主大会会议召集人应当在业主大会会议作出决定三日内将决定公示。

第二十三条 业主大会会议采用投票方式进行。

业主可以自行投票，也可以委托他人投票，一名受托人不得接受超过三名业主的委托。

委托投票的，应当提供委托人和受托人的身份证明资料、授权委托书。授权委托书中应当载明委托事项、委托人意见、投票权数和委托人联系方式。

第二节　业主委员会

第二十四条 业主委员会是业主大会的执行机构，履行下列职责：

（一）召集业主大会会议，向业主大会报告物业管理的实施情况和业主委员会履职情况；

（二）草拟管理规约、业主大会议事规则修订草案和业主共有部分经营收益管理与使用办法；

（三）制定档案和印章管理制度，制作和保管会议记录等相关文件，并建立相关档案；

（四）代表业主与业主大会选聘或者续聘的物业服务人签订物业服务合同；

（五）及时了解业主、物业使用人的意见和建议，监督和协助物业服务人履行物业服务合同，督促物业服务人对物业服务中存在的问题进行整改；

（六）组织住宅专项维修资金的筹集，监督住宅专项维修资金的使用；

（七）监督业主和物业使用人遵守法律、法规、管理规约和业主大会决议，对其违法违约行为进行劝阻；

（八）法律、法规和业主大会赋予的其他职责。

前款所称物业使用人，是指物业的承租人以及业主之外的其他合法实际使用物业的人。

业主委员会应当每年向业主公布业主共有部分经营与收益、住宅专项维修资金使用、经费开支等信息，公示业主委员会委员交纳物业服务费用情况、车位（车库）使用情况，保障业主的知情权和监督权。

第二十五条 业主委员会由五人以上单数组成，具体人数根据本物业管理区域的实际情况确定。

业主委员会委员由业主大会从业主中选举产生，每届任期三至五年，可以连选连任，委员任期与业主委员会任期相同，具体任期由业主大会议事规则规定。业主委员会主任、副主任由业主委员会从委员中推选产生。

第二十六条 业主委员会委员应当为本物

业管理区域的自然人业主或者单位业主授权的自然人代表，并符合下列条件：

（一）具有完全民事行为能力；

（二）热心公益事业、责任心强、具有一定组织能力；

（三）遵守管理规约和业主大会议事规则；

（四）本人、配偶及其近亲属与物业服务人无直接的利益关系；

（五）书面承诺及时、全面履行工作职责；

（六）法律、法规规定的其他条件。

第二十七条　业主委员会应当自选举产生之日起三十日内，持下列材料向所在地街道办事处、乡镇人民政府备案：

（一）业主委员会委员名单及相关资料；

（二）业主大会会议表决结果及决议；

（三）管理规约、业主大会议事规则；

（四）业主大会决议的其他事项。

符合备案条件的，街道办事处、乡镇人民政府应当自收到备案资料之日起五日内出具备案证明。取得备案证明后，业主委员会依法申请刻制业主大会、业主委员会印章。业主委员会应当对所提供材料的真实性、合法性负责。

第一款所列备案事项发生变更的，业主委员会应当自变更之日起三十日内办理备案变更手续。

街道办事处、乡镇人民政府应当将备案情况及时告知所在地县级人民政府物业管理主管部门。

第二十八条　业主大会、业主委员会工作经费由全体业主承担，经费的筹集、管理和使用由业主大会决定。

业主大会决定对业主委员会主任任期和离任实行经济责任审计的，审计费用从业主共有部分经营收益中列支。

第二十九条　业主委员会委员不得有下列行为：

（一）拒不执行业主大会决定；

（二）弄虚作假，隐瞒事实真相，转移、隐匿、篡改、毁弃或者拒绝、拖延提供物业管理有关的文件、资料或者擅自使用业主大会、业主委员会印章；

（三）违反业主大会议事规则或者未经业主大会授权与物业服务人签订物业服务合同；

（四）侵占、挪用业主共有部分收益，擅自将业主共有部分收益借贷给他人或者以业主大会财产为他人提供担保；

（五）收受、索取物业服务人或者与其履行职务有利害关系的单位或者个人提供的财物、减免收费等利益；

（六）向本物业管理区域提供服务的物业服务人销售商品、承揽其相关业务，获取其他不正当利益；

（七）泄露业主信息；

（八）违反法律、法规规定或者侵害业主合法权益的其他行为。

第三十条　业主委员会委员有下列情形之一的，其委员职务终止：

（一）因物业所有权转让、赠与、灭失等原因不再是业主的；

（二）因疾病或者其他原因丧失履职能力的；

（三）被判处刑罚的；

（四）法律、法规、业主大会议事规则及管理规约规定的其他情形。

业主委员会委员职务终止的，业主委员会应当在物业管理区域内的显著位置公告，并可以接受业主查询。

第三十一条　业主委员会委员有下列情形之一的，由业主委员会决定中止其职务并予以公示，提请下次业主大会会议决定终止或者恢复其职务：

（一）拒不履行业主义务且拒不改正的；

（二）不履行委员职责和义务的；

（三）其他不宜担任业主委员会委员的情形。

第三十二条　业主委员会任期届满前六个月，应当在书面报告所在地县级人民政府物业管理主管部门后，组织召开业主大会会议，进行换届选举。业主委员会在规定时间内不报告，也不组织换届选举的，所在地县级人民政府物业管理主管部门应当责令其限期组织换届选举，并通告全体业主。

业主委员会逾期未组织换届选举的，所在地县级人民政府物业管理主管部门应当成立由街道办事处、乡镇人民政府代表、业主代表、居（村）民委员会代表组成的业主委员会换届小组。由换届小组召集业主大会会议，重新选举业主委员会。

第三十三条 业主委员会应当在任期届满后三日内，移交有关业主大会、业主委员会的财物、文件资料、印章等。已经完成换届选举的，应当移交给新一届业主委员会；未完成换届选举的，移交给换届小组或者所在地县级人民政府物业管理主管部门代管。

第三十四条 业主大会、业主委员会应当依法履行职责，不得作出与物业管理无关的决定，不得从事与物业管理无关的活动。

业主大会、业主委员会作出的决定违反法律、法规的，所在地县级人民政府物业管理主管部门应当责令限期改正；逾期不改正的，撤销其决定，并通告全体业主。

业主大会或者业主委员会作出的决定侵害业主合法权益的，受侵害的业主可以请求所在地县级人民政府物业管理主管部门依法处理或者向人民法院提起诉讼。

第三十五条 市、县、自治县人民政府可以根据实际需要，决定由街道办事处、乡镇人民政府履行本章第三十二条、第三十三条和第三十四条规定的职责。

第四章　物业管理服务

第三十六条 建设单位承担前期物业服务责任。建设单位销售房屋前，应当选聘前期物业服务人，签订前期物业服务合同。

建设单位选聘前期物业服务人的，应当通过省人民政府公共资源交易平台采用招投标方式选聘。其中，物业管理区域总建筑面积在三万平方米以上的，应当采用公开招标方式；总建筑面积在三万平方米以下的，可以采用邀请招标方式。投标人少于三个的，经物业所在地市、县、自治县人民政府物业管理主管部门批准，可以采用协议方式选聘前期物业服务人。

省人民政府物业管理主管部门应当结合实际，制定物业管理评标专家标准，确定评标专家名单，并纳入省人民政府公共资源交易平台专家库管理。

第三十七条 前期物业服务合同期限由建设单位和物业服务人约定，最长期限不超过三年。期限届满，业主委员会或者业主与新物业服务人订立的物业服务合同生效之前，前期物业服务人继续提供服务，服务期限为不定期；期限未满或者未约定前期物业服务期限，业主委员会或者业主与新物业服务人订立的物业服务合同生效的，前期物业服务合同终止。

第三十八条 新建物业交付使用前，建设单位和前期物业服务人应当按照国家有关规定和前期物业服务合同约定，共同对物业共有部分进行承接查验；未经承接查验的，不得交付使用。

承接查验时，建设单位应当邀请业主代表和所在地县级人民政府物业管理主管部门参加，必要时可以聘请相关专业服务机构协助进行。

街道办事处、乡镇人民政府应当指导开展物业承接查验并公开结果，监督物业项目有序交接。

第三十九条 一个物业管理区域应当由一个物业服务人提供物业服务。

同一物业管理区域内分期开发的物业，前期建成部分已确定物业服务人的，后期建成部分应当由同一物业服务人提供物业服务。

第四十条 业主大会成立后，由业主大会决定续聘或者选聘物业服务人。决定续聘的，由业主大会、业主委员会与原物业服务人签订物业服务合同；决定选聘的，拟定选聘方案，经业主大会表决通过后实施。选聘方案应当包括选聘的方式和物业服务内容、服务质量标准、服务收费、合同期限等内容。

除业主大会决定采用协议方式的以外，应当采用招投标方式选聘物业服务人。

第四十一条 物业服务人在物业服务活动中应当按照物业服务合同的约定提供物业服务，并且遵守下列规定：

（一）做好物业维修、养护、更新及其费用收支记录，妥善保管物业档案资料和有关财务账册；

（二）建立健全物业管理区域安全防范制度和制订安全防范应急预案，保障安防监控设施正常运转，落实安防人员、安防设施及安全保障措施，防范从建筑物中抛掷物品等情况发生，保护业主的人身、财产安全；

（三）维护物业管理区域环境卫生，引导业主进行垃圾分类处理；

（四）制定和完善物业服务工作应急预案，及时处理物业服务中的突发事件及其他日常纠纷；

（五）不得泄露在物业服务活动中获取的业主信息；

（六）听取业主委员会、业主、物业使用人的意见，改进和完善物业服务；

（七）执行人民政府依法实施的应急处置措施和其他管理措施，积极配合人民政府和居（村）民委员会做好物业管理区域公共卫生、疫情防控等工作；

（八）法律、法规规定和物业服务合同约定的其他义务。

第四十二条　物业服务人应当在物业管理区域内的显著位置公示、及时更新下列信息，并通过短信、微信等形式告知全体业主：

（一）物业服务人的营业执照、项目负责人的基本情况、联系方式、物业服务投诉电话；

（二）物业服务内容、服务标准、收费项目、收费标准、收费方式等；

（三）电梯、消防、监控等专项设施设备的日常维修保养单位的名称、资质、联系方式、维保方案和应急处置方案等；

（四）共用设施设备和相关场地用水、用电的费用分摊和共有部分收益收支情况；

（五）车位（车库）的出售和出租情况；

（六）住宅专项维修资金使用情况；

（七）房屋装饰装修及使用过程中的结构变动等安全注意事项；

（八）法律、法规规定的其他应当公示的信息。

业主有权查询公示内容，业主对公示内容有异议的，物业服务人应当予以答复。

物业服务人应当听取业主意见和建议，接受业主监督，每年向业主大会、业主委员会报告工作情况。

第四十三条　物业服务收费应当按照国家和本省有关规定分别实行政府指导价和市场调节价。

保障性住房物业服务收费实行政府指导价，由物业所在地市、县、自治县人民政府结合当地社会和经济发展实际，充分考虑保障对象的经济承受能力，合理制定具体收费标准。

其他物业的物业服务收费实行市场调节价的，应当遵循合理、公开以及质价相符的原则，由建设单位或者业主大会与物业服务人参考物业服务标准、服务规范及其信用评价情况，根据服务内容和水平、人力成本、物价成本等因素在物业服务合同中约定。

市、县、自治县人民政府物业管理主管部门应当发布物业服务清单，明确物业服务内容和标准。

第四十四条　物业服务人不得在物业服务履行期限内擅自调整物业服务收费标准。因物价变动、职工最低工资标准调整等原因确需调整的，物业服务人应当在物业管理区域内按幢公示拟调价方案、拟调价理由、成本变动情况等相关资料。物业服务人应当充分听取业主意见，与业主委员会协商，并经业主大会同意；没有成立业主大会的，由业主共同决定。

物业服务人不得强制或者变相强制收费，不得擅自提高收费标准，增加收费项目，重复收取费用，扩大收费范围。

物业服务人调整保障性住房物业服务收费的，应当及时向所在地人民政府价格主管部门备案。

第四十五条　业主应当按照约定按时足额交纳物业服务费用。物业服务人已经按照约定和有关规定提供服务的，业主不得以未接受或者无需接受相关物业服务为由拒绝支付物业服务费用。

业主违反物业服务合同约定，逾期不交纳物业服务费用及相关费用的，业主大会或者业主委员会应当督促其限期交纳；物业服务人应当书面催交，逾期仍不交纳的，物业服务人可以向人民法院起诉，或者按照约定申请仲裁。物业服务人不得采取停止供电、供水以及限制业主进出小区、入户、使用电梯等其他方式催交物业服务费用。

业主违反约定逾期不支付物业服务费用超过三个月，且经两次以上催告仍不支付的，物业服务人可以根据管理规约的规定在物业管理区域显著位置公示。

第四十六条 业主共有部分应当安装独立的水、电等计量器具。共有部分使用的水电费用，可以纳入物业服务费用统一收取，也可以由业主根据实际消费分摊，具体由业主和物业服务人协商确定。

第四十七条 有下列情形之一的，物业服务费用由建设单位全额交纳：

（一）已竣工但尚未出售的；

（二）已竣工但尚未交付给物业买受人的物业；

（三）已经依法交付业主，但建设单位经物业服务人同意，在出售物业时向业主承诺赠送的物业服务费用。

第四十八条 物业服务人应当在物业服务合同解除、终止或者延续服务情形终止后十日内，办理以下移交手续，并退出物业管理区域：

（一）移交业主共有的物业服务用房、物业管理设施设备用房、经营用房、场地和其他财物；

（二）物业承接查验档案；

（三）移交提供物业服务期间用业主共有资金购置的属于业主共有的财产；

（四）移交预收的物业服务费用或者结余的物业服务资金、住宅专项维修资金及相关费用；

（五）移交提供物业服务期间形成的有关业主共有部分大修、更新、改造及维修、运行、保养的有关资料；

（六）其他应当移交的资金、资料和物品。

前款规定的财物和资料，成立业主委员会的，应当向业主委员会移交；没有成立业主委员会或者业主委员会任期届满未完成换届选举的，交市、县、自治县人民政府物业管理主管部门接收和代管。

第四十九条 物业服务合同的权利义务终止后，物业服务人不得以业主欠交物业服务费用、对业主共同决定有异议等理由拒绝办理移交手续、退出物业管理区域。物业服务人拒绝移交、退出的，业主有权拒付物业服务合同权利义务终止后的物业服务费用；业主委员会或者业主可以请求市、县、自治县人民政府物业管理主管部门、街道办事处、乡镇人民政府责令原物业服务人退出物业管理区域，并可以向辖区内公安机关请求协助，或者依法向人民法院提起诉讼。物业服务人应当负责维持退出前物业管理区域的正常秩序。

物业服务人违反前款规定，给业主造成损失的，应当赔偿损失。

市、县、自治县人民政府物业管理主管部门、街道办事处、乡镇人民政府应当加强对物业服务人交接工作的监管。

第五十条 物业管理区域可以在居（村）民委员会的指导和监督下由业主自行管理。市、县、自治县人民政府可以根据实际情况制定业主自行管理办法。

业主大会决定自行管理的，应当按照监督和管理分离的原则，制定自行管理方案，对以下事项作出明确规定：

（一）自行管理的执行机构；

（二）自行管理的内容、标准等；

（三）聘请专业服务机构的方案；

（四）物业服务费用、住宅专项维修资金的管理和使用；

（五）其他有关自行管理的内容。

电梯、消防等涉及人身、财产安全以及其他有特定要求的设施设备管理，应当委托专业机构进行维修和养护。

第五十一条 无物业管理的老旧住宅小区由全体业主共同承担管理责任。街道办事处、乡镇人民政府应当指导和协助业主成立业主大会，由业主自行管理。无法实行自行管理的，由街道办事处、乡镇人民政府、居（村）民委员会组织基本保洁、电梯运行和维护等服务，费用由全体业主共同承担。

第五十二条 业主、业主委员会和物业服务人之间因物业管理服务发生纠纷的，可以向街道办事处、乡镇人民政府申请调解，也可以依法申请仲裁或者向人民法院起诉。

第五章 物业的使用与维护

第五十三条 业主转让或者出租房屋时，应当将物业管理方面的约定告知受让人或者承租人，并自合同签订之日起十五日内将转让或者出租的情况告知物业服务人和业主委员会。

第五十四条　业主装饰装修房屋，应当遵守房屋装饰装修和房屋安全使用的法律、法规和管理规约的规定，并告知物业服务人和业主委员会。物业服务人应当书面告知业主房屋装饰装修中的禁止行为和注意事项，并对房屋装饰装修施工进行现场监督。

业主违反法律、法规或者管理规约规定的，物业服务人应当及时督促其改正；仍不改正的，物业服务人有权禁止装饰装修施工人员和施工材料进入物业管理区域，并报告有关主管部门，有关主管部门应当及时处理。

业主进行装饰装修影响到相邻业主正常生活的，相邻业主有权劝止，也可以请求物业服务人或者业主委员会协调处理。物业服务人或者业主委员会应当在接到请求后及时协调处理。

第五十五条　物业管理区域内的车位（车库），应当首先满足业主、物业使用人的需要。

车位（车库）数量等于或者少于物业管理区域的房屋套数时，每套房屋只能配套购买或者受赠一个车位（车库）。空余车位（车库）可以临时出租给业主、物业使用人以外的单位或者个人，但业主、物业使用人有需要的，应当随时收回。

建设单位不得只出售而不出租车位（车库）。建设单位应当公开物业管理区域内尚未出售、附赠或者出租的车位（车库），业主要求承租的，建设单位不得拒绝。

建设单位或者业主不得将车位（车库）出售或者转让给本物业管理区域业主以外的其他人。本物业管理区域业主以外的其他人购买车位（车库）的，不动产登记部门不得办理登记、过户手续。

第五十六条　物业服务人应当采取措施，对进入住宅物业管理区域的车辆进行严格管理。进入物业管理区域的车辆，应当在停车场所有序停放，不得占用疏散通道、消防车通道，不得影响其他车辆和行人的正常通行。

工程车辆、大中型客货车辆不得进入住宅物业管理区域内停放。但工程车辆因本物业管理区域建设、设施设备维修确需停放以及业主因搬家等确需临时停放车辆的除外。

物业管理区域内发生交通事故报警的，公安机关交通管理部门应当受理。

对依照本条规定不得进入住宅物业管理区域内停放的车辆或者停放车辆影响其他车辆和行人正常通行的，物业服务人应当予以阻止，或者责令离开。

第五十七条　业主、物业使用人、物业服务人、其他单位和个人不得擅自占用、挖掘物业管理区域内的道路、场地，损害业主的共同利益。

因维修物业或者公共利益需要，确需临时占用、挖掘道路、场地的，应当征得业主委员会和物业服务人的同意。其中物业服务人确需临时占用、挖掘道路、场地的，应当征得业主委员会的同意。

临时占用、挖掘道路、场地的，应当在约定期限内恢复原状。

第五十八条　新建物业应当按照国家和本省地方标准配建停车位充电设施，与主体工程同步设计、施工、验收。

已建成物业应当按照标准和技术规范要求逐步改造建设停车位充电设施。物业服务人、业主委员会应当支持充电设施建设，配合施工单位等开展现场勘查、用电安装、施工建设等工作。

第五十九条　已交付使用的物业管理区域内业主专有部分以外的水、电、气等专业经营设施设备发生故障、不能正常使用的，专业经营单位应当及时采取措施，排除故障。

专业经营单位对专业经营设施设备进行更新、改造、维护和管理，进入物业管理区域的，业主、物业使用人和物业服务人应当予以配合。

第六十条　物业管理区域内，供水、供电、供气等专业经营单位应当向最终用户收取使用费用。专业经营单位委托物业服务人代收代交的，应当签订协议，不得强制物业服务人无偿代收代交相关费用，不得因物业服务人拒绝代收代交相关费用而停止向最终用户提供服务。

物业服务人接受委托代收代交前款费用

的，不得向业主收取额外费用；不得以业主未交付物业服务费用等理由拒绝代收代交并擅自停止向业主供水供电供气。

第六十一条 物业维修、更新和改造的费用，按照下列规定承担：

（一）自用部分的所需费用，由拥有该部分的业主自行承担；

（二）业主共有部分的维修、更新和改造费用，有约定的，按照约定承担；没有约定或者约定不明确的，按照业主专有部分面积所占比例分摊。依照有关规定设立住宅专项维修资金的，从中列支。但物业的共有部分属于人为损坏的，费用应当由责任人承担；

（三）物业保修期内发生的维修费用，由建设单位承担，不得从住宅专项维修资金中列支；

（四）根据物业服务合同约定，应当由物业服务人承担的维修和养护费用，不得从住宅专项维修资金中列支。

第六十二条 鼓励建设单位购买工程质量潜在缺陷保险。在保险期间内，因工程质量潜在缺陷造成物业损坏的，由业主向保险公司提出书面索赔申请，保险公司应当按照法律规定和合同约定履行赔偿和维修义务。

第六十三条 住宅专项维修资金实行专户存储，以物业管理区域为单位设账，并按照幢、房屋户门号分级设分户账。未划定物业管理区域的，以幢为单位设账，按照房屋户门号设分户账。住宅物业和住宅小区内的非住宅物业的业主，应当在办理房屋入住手续前，将首期住宅专项维修资金存入住宅专项维修资金专户。

在办理不动产首次登记时尚未出售的物业，由建设单位一次性交存首期住宅专项维修资金，并在出售时向业主收取。不动产登记机构在办理不动产首次登记时，应当核验住宅专项维修资金交存情况。

住宅专项维修资金业主账面余额不足首期交付额的百分之三十的，业主应当按照有关规定续交，续交资金不低于首期归集的住宅专项维修资金金额。业主拒不续交住宅专项维修资金的，业主委员会可以督促其限期交纳。

第六十四条 维修、更新、改造业主共用部分，需要使用住宅专项维修资金的，业主委员会、物业服务人或者相关业主可以提出使用建议，经业主依法共同决定后，由市、县、自治县人民政府物业管理主管部门审核同意列支。

发生下列危及房屋安全等紧急情况的，可以申请紧急动用住宅专项维修资金：

（一）消防设施设备严重损坏、电梯故障严重影响业主生活或者危及人身安全的；

（二）屋面、外墙损坏造成严重渗漏的；

（三）供水水泵损坏或者水管爆裂等导致供水中断，严重影响业主生活的；

（四）楼体外立面或者楼梯间、公共走廊的瓷砖等装饰层发生脱落或者存在脱落危险，危及人身财产安全的；

（五）专用排水设施因坍塌、堵塞、爆裂等造成功能障碍，严重影响业主生活或者危及财产安全的；

（六）供配电系统中涉及的设施设备发生故障，造成停电或者漏电，严重影响业主生活或者危及人身财产安全的；

（七）其他危及房屋使用和人身财产安全的紧急情况。

申请紧急动用住宅专项维修资金的，业主大会成立前，由物业服务人或者相关业主持有关材料向市、县、自治县人民政府物业管理主管部门申请，物业管理主管部门审核同意后列支；业主大会成立后，由业主大会或者业主委员会向市、县、自治县人民政府物业管理主管部门申请，物业管理主管部门审核同意后列支。

第六章　法律责任

第六十五条 建设单位违反本条例第九条规定，不按照规定提供物业服务用房的，由县级以上人民政府物业管理主管部门责令限期三个月内提供；逾期未提供的，责令建设单位按照本物业管理区域物业平均售价和规定的物业管理用房面积支付专款，用于购置、租赁物业管理用房，并处三十万元以上五十万元以下罚款。

第六十六条 物业服务人、业主委员会委员违反本条例规定，挪用或者侵占业主共有部分收益的，由县级以上人民政府物业管理主管部门责令返还被挪用或者侵占的共有部分收益，给予警告，没收违法所得，并处挪用或者侵占金额二倍以下的罚款；构成犯罪的，依法追究直接负责的主管人员和其他直接责任人员的刑事责任。

第六十七条　业主委员会有下列情形之一的，由县级以上人民政府物业管理主管部门予以处罚：

（一）违反本条例第二十七条规定，未按时将有关材料报送备案，或者相关事项发生变化未重新报送备案的，责令限期改正，并给予警告；逾期不改正的，对相关责任委员处一千元以上三千元以下罚款；

（二）违反本条例第三十三条规定，拒不移交有关业主大会、业主委员会的财物、文件资料、印章等的，责令限期改正，并给予警告；逾期不改正的，对相关责任委员分别处五千元以上一万元以下罚款。

业主委员会超越职权作出决定，或者作出与本物业管理区域物业管理无关决定的，同意作出该决定的业主委员会委员应当承担相应的法律责任。

第六十八条　建设单位、物业服务人违反本条例第三十八条规定，拒不履行承接查验义务的，由县级以上人民政府物业管理主管部门责令限期改正，并处三万元以上十万元以下罚款。

第六十九条　物业服务人违反本条例第四十二条第一款第二项规定，未向业主、物业使用人公示物业服务费用的收费项目、收费标准的，由县级以上人民政府物业管理主管部门责令限期改正；逾期不改正的，处一万元以上二万元以下罚款。

物业服务人违反本条例第四十四条第二款、第六十条第二款规定及物业服务合同约定，强制或者变相强制收费，擅自提高收费标准，增加收费项目，重复收取费用，扩大收费范围，接受委托代收代交时收取额外费用的，由县级以上人民政府市场监督管理部门依法处罚。

第七十条　物业服务人违反本条例第四十八条、第四十九条规定，拒绝退出物业管理区域、拒绝办理移交手续的，由县级以上人民政府物业管理主管部门责令其限期退出、移交；逾期仍不退出、移交的，按照逾期天数处每日五千元罚款；构成治安管理处罚的，由公安机关依照《中华人民共和国治安管理处罚法》处罚。

第七十一条　物业服务人违反本条例第五十四条规定，未书面告知业主房屋装饰装修中的禁止行为和注意事项，且未派人到装饰装修现场监督检查的，由县级以上人民政府物业管理主管部门责令改正，可处一千元以上三千元以下罚款。

物业服务人发现业主违反房屋装饰装修或者管理规约规定，不及时向有关主管部门报告的，由县级以上人民政府物业管理主管部门给予警告，可处一千元以上两千元以下罚款。

第七十二条　建设单位、物业服务人、业主以及其他有关人员有下列情形之一的，由县级以上人民政府物业管理主管部门予以处罚：

（一）建设单位违反本条例第五十五条第二款规定，不按规定收回业主、物业使用人以外单位、个人临时租用的车位（车库）的，责令限期改正；逾期拒不改正的，没收违法所得，并处一万元以上三万元以下罚款；

（二）建设单位违反本条例第五十五条第三款规定，拒绝业主承租的，责令限期改正；逾期拒不改正的，处五万元以上十万元以下罚款；

（三）建设单位、业主违反本条例第五十五条第四款规定，将车位（车库）出售、转让给本物业管理区域业主以外的其他人的，责令限期改正；逾期拒不改正的，没收违法所得，并处违法所得一倍的罚款；

（四）违反本条例第五十六条第一款的规定，在住宅物业管理区域停放车辆占用疏散通道以及其他影响行人及车辆正常通行的，给予警告，或者处五十元以上五百元以下罚款；占用消防车通道的，依照有关法律、法规的规定处罚；

（五）违反本条例第五十六条第二款规定，在住宅物业管理区域停放工程车辆、大中型客货车辆的，给予警告，或者处五百元以上五千元以下罚款；

（六）物业服务人违反本条例第五十六条第四款规定，不履行车辆管理职责的，可给予警告，或者处一千元以上三万元以下罚款。

第七十三条 供水、供电、供气等专业经营单位违反本条例第六十条第一款规定，因物业服务人拒绝代收代交相关费用而停止向最终用户提供服务的，由县级以上人民政府物业管理主管部门处十万元以上五十万元以下罚款。

物业服务人违反本条例第六十条第二款规定，拒绝代收代交相关费用并擅自向业主停止供水供电供气的，由县级以上人民政府物业管理主管部门责令限期改正；逾期拒不改正的，处一万元以上五万元以下罚款。

第七十四条 违反本条例规定，挪用或者侵占住宅专项维修资金的，由县级以上人民政府物业管理主管部门责令返还被挪用或者侵占的住宅专项维修资金，给予警告，没收违法所得，可以并处挪用金额二倍以下的罚款；构成犯罪的，依法追究直接负责的主管人员和其他直接责任人员的刑事责任。

第七十五条 对物业管理区域内违反法律、法规和管理规约规定的损害他人合法权益的行为，业主委员会、物业服务人有权予以制止，并及时向有关主管部门报告。有关主管部门在接到报告后，应当对违法行为依法处理。业主对侵害自己合法权益的行为，可以依法向人民法院提起诉讼。

第七十六条 物业管理主管部门或者其他有关部门及其工作人员违反本条例规定，未履行相关职责或者在工作中玩忽职守、滥用职权、徇私舞弊、收受贿赂等违法违纪行为的，由其上级机关或者监察机关依法给予处分；构成犯罪的，依法追究刑事责任。

第七十七条 违反本条例的行为，本条例未设定处罚但其他法律、法规已设定处罚规定的，依照有关法律、法规的规定处罚。

违反本条例的行为，经依法决定由市、县、自治县综合执法部门或者街道办事处、乡镇人民政府实施处罚的，从其规定。

第七章　附则

第七十八条 省人民政府物业管理主管部门应当结合本经济特区实际和特色，制定物业管理相关规定以及临时管理规约、管理规约、业主大会议事规则、前期物业服务合同、物业服务合同、装饰装修承诺书等示范文本。

第七十九条 本条例中有关专业用语：

（一）专有部分，是指物业管理区域内的房屋（含整幢建筑物）、车位（车库）、摊位，以及规划专属于特定房屋且建设单位销售时已经根据规划列入该特定房屋买卖合同中的露台等特定空间。其具有构造上的独立性，能够明确区分；具有利用上的独立性，可以排他使用；能够登记成为特定业主所有权的客体；

（二）自用部位，是指业主所购房屋内部，由业主自用的卧室、客厅、厨房、卫生间、阳台、庭园及室内墙面、天花板、地面等部位；

（三）自用设施设备，是指业主所购房屋内部，由业主自用的门窗、卫生洁具以及通向总管的供水、排水、燃气管道、电线等设施设备；

（四）共用设施设备，是指根据法律、法规和房屋买卖合同，由住宅业主或者住宅业主及有关非住宅业主共有的附属设施设备，一般包括电梯、天线、照明、消防设施、绿地、道路、路灯、沟渠、池、井、非经营性车场车库、公益性文体设施和共用设施设备使用的房屋等。

第八十条 在本省内经济特区以外区域的物业管理工作，参照本条例执行。

第八十一条 本条例自 2021 年 11 月 1 日起施行。

重庆市物业管理条例

（2009年5月21日重庆市第三届人民代表大会常务委员会第十次会议通过，2019年11月29日重庆市第五届人民代表大会常务委员会第十三次会议修订，根据2021年5月27日重庆市第五届人民代表大会常务委员会第二十六次会议《关于修改〈重庆市土地房屋权属登记条例〉等四部地方性法规的决定》修正，2021年5月27日重庆市人民代表大会常务委员会公告〔五届〕第133号公布）

第一章　总则

第一条　为了规范物业管理活动，维护业主、物业使用人和物业服务企业的合法权益，营造文明和谐的生活和工作环境，根据有关法律、行政法规，结合本市实际，制定本条例。

第二条　本市行政区域内的物业管理及相关监督管理活动，适用本条例。

第三条　市、区县（自治县）人民政府应当将物业管理纳入现代服务业发展规划和社会治理体系，建立与物业管理工作相适应的保障机制，完善政策扶持措施，促进物业管理发展与和谐社区建设。

区县（自治县）人民政府应当在街道办事处、乡（镇）人民政府明确承担物业管理活动指导和监督职责的工作机构，配备与工作任务相适应的工作人员，落实工作经费。

第四条　市、区县（自治县）住房城乡建设主管部门负责本行政区域内物业管理活动的监督管理工作。

其他有关部门依据各自职责，负责物业管理相关工作。

街道办事处、乡（镇）人民政府按照规定职责，指导和监督本辖区内物业管理活动。

居（村）民委员会依法协助街道办事处、乡（镇）人民政府开展物业管理相关工作。

第五条　业主大会、业主委员会、物业服务企业等应当在社区党组织的领导下依法依规开展物业管理活动。

建立社区党组织领导下的居（村）民委员会、业主大会、业主委员会和物业服务企业议事协调机制，统筹推进社区治理和物业管理工作。

第六条　物业服务行业协会应当加强行业自律，依法制定和组织实施自律性规范，规范行业经营行为，促进物业服务企业提高服务质量和水平。

物业服务行业协会应当接受住房城乡建设主管部门的指导和监督。

第七条　鼓励采用新技术、新方法，促进互联网与物业管理深度融合，提升物业管理质量和服务水平，推动物业服务向智能、绿色方向发展。

第二章　物业管理区域

第八条　物业管理区域的划分，应当遵循规划在先、自然分割、功能完善、便民利民的原则，根据物业建设项目确定的用地范围，结合物业的共有或者共用设施设备、建筑物规模、物业类型、社区建设等因素划定。

规划自然资源部门审查建设项目设计方案，应当按照有利于实施物业管理的原则，考虑物业管理区域划分的需要，确定相关指标，并征求住房城乡建设主管部门关于物业管理区域划分的意见。

第九条　物业管理区域按照下列规定划定：

（一）新建物业项目，包括分期建设或者两个以上单位共同开发建设的项目，应当按照其建设项目确定的用地范围，划分为一个物业管理区域。

（二）新建物业项目内住宅和非住宅等不同物业类型，具有独立的配套设施设备并能够独立管理的，可以划分为不同的物业管理区域。

（三）原有物业项目内，已分割成两个以上相对封闭区域的，在明确配套设施设备管理、维护责任的情况下，可以划分为不同的物业管理区域。

（四）原有建筑规模较小的相邻物业项目，可以合并为一个物业管理区域。

第十条 新建物业在出售前，建设单位应当根据本条例第八条第一款、第九条的规定划定物业管理区域，并向物业所在地的区县（自治县）住房城乡建设主管部门备案。区县（自治县）住房城乡建设主管部门认为建设单位划定的物业管理区域不符合本条例第八条第一款、第九条规定的，应当自收到备案申请之日起二十日内书面通知建设单位重新划定。

建设单位在销售物业时，应当将经备案确认的物业管理区域在商品房买卖合同中明示。

第十一条 已经交付使用但未划分物业管理区域的，或者需要调整物业管理区域的，由街道办事处、乡（镇）人民政府参照本条例第八条第一款、第九条的规定，征求相关业主意见后，提出物业管理区域划分或者调整的建议方案，应当由专有部分面积占比三分之二以上的业主且人数占比三分之二以上的业主参与表决，并经参与表决专有部分面积过半数的业主且参与表决人数过半数的业主同意，划定物业管理区域。

物业管理区域的划定方案应当包括物业管理区域划分、物业服务用房划分、设施设备维护管理责任划分、调整后物业管理区域管理等内容。

物业管理区域的划定方案应当报区县（自治县）住房城乡建设主管部门备案，并在相应区域内公告。

物业管理区域内不动产权属登记已经完成，涉及物业服务用房等调整的，相关权利人应当到物业所在地不动产登记机构办理变更登记。

第三章 业主、业主大会及业主委员会

第十二条 业主在物业管理活动中，享有下列权利：

（一）按照物业服务合同的约定，接受物业服务企业提供的服务；

（二）提议召开业主大会会议，并就物业管理的有关事项提出建议；

（三）提出制定和修改管理规约、业主大会议事规则的建议；

（四）参加业主大会会议，行使投票权；

（五）推选业主代表，选举业主委员会、监事委员会，并享有被选举权；

（六）监督业主委员会的工作；

（七）监督物业服务企业履行物业服务合同；

（八）对物业共有部位、共有设施设备和相关场地使用情况享有知情权和监督权；

（九）对物业专项维修资金、公共收益的管理和使用情况享有知情权和监督权；

（十）法律、法规规定的其他权利。

第十三条 业主、物业使用人应当依法履行下列义务：

（一）遵守临时管理规约、管理规约和业主大会议事规则；

（二）遵守物业管理区域内物业共有部位和共有设施设备的使用，公共秩序、公共安全和环境卫生的维护等方面的制度；

（三）执行业主大会的决定和业主大会授权业主委员会作出的决定；

（四）按照国家有关规定交存物业专项维修资金；

（五）按时交纳物业服务费用；

（六）法律、法规规定的其他义务。

业主不得以放弃权利为由不履行业主义务。

第十四条 管理规约应当对有关物业的使用、维护、管理，业主的共同利益、业主的义务，违反管理规约应当承担的责任等事项依法作出约定。

业主大会议事规则应当对业主大会议事方式、表决程序，业主投票权确定办法、业主委员会的组成等事项依法作出约定。

管理规约和业主大会议事规则应当弘扬社会主义核心价值观，不得违反法律、法规，不得违背公序良俗，不得损害国家利益和社会公共利益，不得制定对部分业主显失公平的

内容。

第十五条　业主可以依照法定程序设立业主大会，并由业主大会选举产生业主委员会。业主设立业主大会的，应当在街道办事处、乡（镇）人民政府的指导下进行。未设立业主大会的，由全体业主在街道办事处、乡（镇）人民政府以及居（村）民委员会的指导下，共同履行业主大会、业主委员会职责。

业主大会由物业管理区域内全体业主组成，同一个物业管理区域只能设立一个业主大会。业主大会应当代表和维护物业管理区域内全体业主在物业管理活动中的合法权益，决定下列事项：

（一）制定和修改管理规约、业主大会议事规则；

（二）选举、补选或者罢免业主委员会成员；

（三）业主委员会的工作经费、成员工作津贴的来源以及经费管理办法；

（四）撤销或者变更业主委员会的决定；

（五）选聘和解聘物业服务企业，确定物业服务合同的内容；

（六）提出改建、重建建筑物及其附属设施的申请；

（七）依法筹集和使用物业专项维修资金；

（八）物业管理区域内公共收益的管理、使用和分配；

（九）法律、法规或者业主大会议事规则规定的其他职责。

业主大会可以设立监事委员会，负责监督业主委员会的工作，并履行业主大会赋予的其他职责。业主大会设立监事委员会的，业主大会议事规则应当对监事委员会的职责、组成、选举产生、工作规则和成员罢免等事项依法作出约定。

第十六条　一个物业管理区域内，已交付的专有部分面积达到该区域建筑物总面积的百分之五十以上，建设单位应当进行公告，业主可以召开首次业主大会会议，选举产生业主委员会。

占物业管理区域内业主总人数百分之二十以上的业主，可以向物业所在地街道办事处、乡（镇）人民政府书面申请召开首次业主大会会议。

第十七条　街道办事处、乡（镇）人民政府应当自收到书面申请后三十日内通知建设单位或者物业服务企业报送物业建筑面积、物业出售时间、业主清册和联系方式、共有设施设备交接资料等材料，并负责核对材料和指导成立首次业主大会会议筹备组。

建设单位或者物业服务企业应当自收到街道办事处、乡（镇）人民政府通知后十日内报送材料，协助成立筹备组，并在物业管理区域内为筹备组和业主大会的活动提供相应的人力、场地支持。

筹备组成员由业主代表、街道办事处、乡（镇）人民政府、社区党组织、辖区公安派出所、居（村）民委员会和建设单位派员共同组成。其中，业主代表应当符合本条例第二十六条的规定要求，且人数所占比例不低于筹备组总人数的百分之五十。筹备组成员中的业主代表，应当由街道办事处、乡（镇）人民政府组织业主推荐产生，并告知全体业主。筹备组组长由街道办事处、乡（镇）人民政府派员担任。

筹备组成员名单应当自成立之日起三日内予以公示。业主对筹备组成员有异议的，由街道办事处、乡（镇）人民政府协调解决。筹备组成员名单确定后，应当予以公告。

第十八条　筹备组应当做好下列筹备工作：

（一）确定首次业主大会会议召开的时间、地点、形式和内容；

（二）参照市住房城乡建设主管部门制定的示范文本，草拟管理规约和业主大会议事规则；

（三）确认业主身份，确定业主人数、业主专有部分面积，以及业主的投票权数；

（四）制定业主委员会成员产生办法，确定候选人名单；

（五）召开首次业主大会会议的其他准备工作。

业主委员会成员候选人由筹备组推荐，三十名以上业主也可以联名推荐候选人一名。筹备组应当审查候选人资格。

本条第一款第一项至第四项的内容应当在

首次业主大会会议召开前十五日予以公示。业主对公示内容提出异议的，筹备组应当予以复核并将复核结果告知提出异议者。

第十九条 筹备组应当自成立之日起三十日内组织召开首次筹备工作会议。

筹备组应当自成立之日起六个月内组织召开首次业主大会会议。业主委员会选举产生之日起，筹备组自行解散。

筹备组成员连续三次无故不参加筹备会议的，其成员资格自动终止。逾期未召开首次业主大会会议的，或者半数以上筹备组成员提出辞职或者成员资格终止的，筹备组自行解散。

筹备组按期组织召开首次业主大会会议但选举产生的业主委员会成员人数低于规定人数下限时，筹备组决定在未当选的候选人中及时补选一次的，筹备组工作期限可以延长三十日。

第二十条 专有部分面积和建筑物总面积，按照下列方法认定：

（一）专有部分面积，按照不动产登记簿记载的面积计算；尚未进行物权登记的，按照测绘机构的实测面积计算；尚未进行实测的，按照房屋买卖合同记载的面积计算。

（二）建筑物总面积，按照前项的统计总和计算。

业主人数和总人数，按照下列方法认定：

（一）业主人数，按照专有部分的数量计算，一个专有部分按照一人计算。但建设单位尚未出售和虽已出售但尚未交付的部分，以及同一买受人拥有一个以上专有部分的，按照一人计算。

（二）总人数，按照前项的统计总和计算。

第二十一条 业主大会会议可以采用集体讨论的形式，也可以采用书面征求意见的形式。

鼓励和引导业主采用业主决策信息系统举行业主大会会议，提倡采用信息化技术手段改进业主大会表决方式。

第二十二条 采用集体讨论形式召开业主大会的，同一物业管理区域内有两幢以上房屋的，可以根据业主大会的决定，以幢、单元、楼层等为单位，推选业主代表参加业主大会会议。推选业主代表参加业主大会会议的，业主代表应当提前就业主大会会议拟讨论的事项征求其所代表的业主的意见。凡需投票表决的，业主赞同、反对或者弃权的意见应当经本人确认后，由业主代表在业主大会会议投票时如实反映。

业主可以书面委托一名代理人参加业主大会会议，每名代理人接受的委托不得多于三人。

第二十三条 业主大会会议参会业主人数和参会业主所持投票权数符合法律规定比例的，业主大会会议方为有效。业主大会会议作出决定，应当符合法律规定的参会业主人数比例和参会业主所持投票权数比例。

业主大会只能就本条例第十五条第二款第九项规定的事项授权业主委员会作出具体决定。

第二十四条 业主大会会议分为定期会议和临时会议。业主大会定期会议应当按照业主大会议事规则的规定召开。有下列情形之一的，业主委员会应当及时组织召开业主大会临时会议：

（一）占总人数百分之二十以上业主以书面形式提议的；

（二）发生重大事故或者紧急事件需要业主大会决定的；

（三）管理规约或者业主大会议事规则规定的其他情形。

召开业主大会会议，业主委员会应当邀请物业所在地街道办事处、乡（镇）人民政府和居（村）民委员会参加。

业主委员会不依法及时组织召开业主大会会议的，街道办事处、乡（镇）人民政府应当责令其限期组织召开。业主委员会逾期未组织召开的，街道办事处、乡（镇）人民政府或者受其委托的居（村）民委员会应当自业主委员会逾期之日起三十日内组织召开。

业主大会对物业管理事项已作出决定的，业主委员会在业主大会决定之日起一年内不得就同一事项组织召开业主大会会议；但是，业主大会决定被依法撤销的除外。

第二十五条 业主委员会是业主大会的执行机构，由五到十一名单数成员组成，每届任期五年，业主委员会成员可以连选连任。业主委员会的具体人数由业主大会议事规则确定。业主委员会主任、副主任在业主委员会成员中推选产生。

住宅小区未依法选举产生业主委员会或者业主委员会已经解散的，居（村）民委员会应当在街道办事处、乡（镇）人民政府的指导下，组织业主讨论决定物业管理事项，或者经业主大会委托暂时代行业主委员会职责。

第二十六条 业主委员会成员应当是本物业管理区域内的自然人业主或者单位业主授权的自然人代表，并符合下列条件：

（一）具有完全民事行为能力；

（二）热心公益事业，责任心强，公正廉洁，具备一定组织协调能力；

（三）遵守管理规约和业主大会议事规则，依法履行业主义务；

（四）本人、配偶以及直系亲属与同一物业管理区域提供物业服务的企业无利害关系；

（五）具备履行职务的健康条件和文化水平；

（六）具有必要的工作时间，业主委员会成员只能在一个物业管理区域内任职；

（七）书面承诺积极、及时、全面履行工作职责；

（八）法律、法规规定的其他条件。

法律、法规和管理规约、业主大会议事规则对业主不得担任业主委员会成员的情形作出规定或者约定的，适用其规定或者约定。

鼓励和支持业主中符合条件的中国共产党党员、公职人员通过法定程序成为业主委员会成员，依法履行职责。设立监事委员会的，鼓励和支持物业所在地居（村）民委员会成员通过法定程序成为监事委员会监事，依法履行监督职责。

第二十七条 业主委员会应当自选举产生之日起三十日内，持下列文件向物业所在地街道办事处、乡（镇）人民政府备案，并予以公示：

（一）业主委员会名称，业主委员会主任、副主任、成员名单和身份证明；

（二）管理规约；

（三）业主大会议事规则；

（四）业主委员会办公场地、联系方式；

（五）业主大会会议表决结果及决议。

公示期内，业主认为业主委员会的产生过程违反程序或者存在弄虚作假等情况的，可以向物业所在地街道办事处、乡（镇）人民政府申请核实。街道办事处、乡（镇）人民政府应当自收到申请之日起三十日内进行核实，根据核实情况作出处理决定，并及时向申请人反馈。

本条第一款第一项至第四项发生变更的，业主委员会应当自变更之日起三十日内重新备案和公示。

第二十八条 业主委员会需要刻制印章的，应当持备案证明到公安机关批准的单位刻制业主委员会印章，并按照管理规约、业主大会议事规则和有关规定使用印章。

业主委员会印章应当标明业主委员会的届数和任期。

第二十九条 业主委员会应当接受业主、业主大会、监事委员会的监督。业主委员会履行下列职责：

（一）执行业主大会的决定和决议；

（二）召集并主持业主大会会议，向业主大会报告工作；

（三）与业主大会选聘的物业服务企业签订、变更或者解除物业服务合同；

（四）监督管理规约的实施；

（五）组织物业专项维修资金的筹集，监督物业专项维修资金的使用；

（六）监督和协助物业服务企业履行物业服务合同，督促业主交纳物业服务费及其他相关费用，协调处理物业服务活动中的相关问题；

（七）制定档案和印章管理等工作制度，制作和保管会议记录、共有财产资料、会计凭证、会计账簿、财务报表等有关文件及印鉴，并建立相关档案；

（八）配合相关部门和街道办事处、乡（镇）人民政府、居（村）民委员会做好物业管理区域内秩序维护、社区建设和公益宣传等工作；

（九）法律、法规规定的其他职责，以及业主大会赋予的其他职责。

业主委员会应当定期接待和听取业主、物业使用人对物业管理和业主委员会日常工作的意见和建议，接受业主查询其所保管的物业管理信息，接受业主和物业使用人的咨询、投诉和监督。

第三十条 业主委员会应当在物业管理区域显著位置和通过业主决策信息系统，向业主公布下列情况和资料：

（一）公布业主委员会成员名单、办公地点、办公电话、工作制度等信息；

（二）及时公示业主大会和业主委员会作出的决定、物业服务企业选聘、物业服务合同等物业管理中的各项决定和重大事项；

（三）每半年公示一次业主委员会工作经费、工作津贴以及物业共有部位的使用、物业专项维修资金和公共收益收支等情况；

（四）公布其他应当向业主公开的情况和资料。

第三十一条 业主委员会会议应当按照业主大会议事规则的规定召开，每季度至少召开一次。三分之一以上委员要求召开时，应当及时组织召开。

业主委员会会议由业主委员会主任召集并主持。业主委员会主任可以书面委托业主委员会副主任召集并主持会议。主任、副主任无正当理由不召集业主委员会会议的，由居（村）民委员会指定一名成员召集并主持业主委员会会议。业主委员会成员不得委托他人参加业主委员会会议。

第三十二条 业主委员会会议应当有过半数成员出席，并邀请物业所在地居（村）民委员会列席。业主委员会作出决定应当经全体成员过半数签字同意，自决定作出之日起三日内予以公示，并于公示首日书面告知物业所在地居（村）民委员会。

第三十三条 业主委员会及其成员应当遵守法律、法规和管理规约，诚实守信、勤勉尽责，不得有下列行为：

（一）以虚列支出、虚报账目等方式挪用、侵占业主的物业专项维修资金、公共收益等共有财产；

（二）索取、收受建设单位、物业服务企业或者有利害关系业主提供的利益或者报酬；

（三）违反物业服务合同和管理规约，拒不交纳物业服务费用、公共水电分摊费用、停车费和物业专项维修资金等费用，或者诱导、鼓动其他业主不交纳相关费用；

（四）利用职务之便接受减免物业服务费、停车费等相关费用，或者向物业服务企业销售商品、承揽业务，获取其他不正当利益；

（五）违规泄露其他业主的信息或者将业主信息用于与物业服务无关的活动；

（六）弄虚作假，隐瞒事实真相，转移、隐匿、篡改、毁弃或者拒绝、拖延提供物业管理有关文件、资料，或者擅自使用业主委员会印章；

（七）拒不执行街道办事处、乡（镇）人民政府、相关主管部门关于本物业管理区域的整改要求或者人民法院有关裁判，或者打击、报复、诽谤、陷害有关投诉人、举报人；

（八）无故连续三次缺席业主委员会会议；

（九）其他损害业主共同利益或者可能影响其公正履行职责的行为。

业主委员会成员违反前款规定的，由街道办事处、乡（镇）人民政府责令暂停履行职责，由业主大会会议决定终止其成员职务。终止业主委员会成员职务时，应当允许该成员提出申辩并记录归档。

第三十四条 业主委员会成员有下列情形之一的，其成员职务自行终止：

（一）不再是业主的；

（二）丧失民事行为能力的；

（三）任职期间被依法追究刑事责任的；

（四）存在本条例第三十三条规定的禁止性行为且受到行政处罚的；

（五）以书面形式向业主大会或者业主委员会提出辞职的；

（六）法律、法规以及管理规约、业主大会议事规则规定的其他情形。

第三十五条 业主委员会成员受业主监督。业主大会有权罢免业主委员会成员。

百分之二十以上业主联名，可以向街道办事处、乡（镇）人民政府书面提出对业主委员会成员的罢免要求。街道办事处、乡（镇）人民政府应当自接到罢免要求之日起三十日内书面通知业主委员会限期召开业主大会会议，由业主大会作出是否予以罢免的决定。业主委员会逾期不组织召开的，由街道办事处、乡（镇）人民政府组织召开。

第三十六条　业主委员会应当将其成员被终止职务或者罢免的情况及时公示。业主委员会未进行公示的，由街道办事处、乡（镇）人民政府责令其公示。

业主委员会成员被终止职务或者被罢免的，其担任的业主委员会主任、副主任职务相应终止。

第三十七条　业主委员会成员集体辞职的，街道办事处、乡（镇）人民政府应当及时组织召开业主大会会议，重新选举业主委员会。

业主委员会成员出现空缺的，应当及时按照业主委员会产生办法完成增补。业主委员会成员人数不足总数的二分之一时，街道办事处、乡（镇）人民政府应当组织召开业主大会会议，重新选举业主委员会。

第三十八条　业主委员会任期届满前九十日，应当书面报告街道办事处、乡（镇）人民政府。街道办事处、乡（镇）人民政府应当自收到报告之日起三十日内成立换届改选筹备组，由换届改选筹备组组织召开业主大会会议，选举新一届业主委员会。换届改选筹备组人员构成依照本条例第十七条第三款、第四款规定执行。

换届改选筹备组组织选举新一届业主委员会未成功的，可以在九十日内补选一次；补选仍未成功的，换届改选筹备组自行解散。自换届改选筹备组解散之日起满六个月后，占总人数百分之二十以上的业主书面申请物业所在地街道办事处、乡（镇）人民政府重新选举业主委员会的，街道办事处、乡（镇）人民政府应当在收到申请后组织召开业主大会会议，重新选举产生新一届业主委员会。

自换届改选筹备组产生至新一届业主委员会选举产生期间，业主委员会不得组织召开业主大会会议对下列事项作出决定：

（一）选聘、解聘物业服务企业；

（二）除管理规约规定情形之外的物业维修、更新、改造等重大事项；

（三）处分业主共有财产；

（四）其他重大事项。

业主委员会任期届满，应当自行解散。业主委员会逾期未自行解散的，由街道办事处、乡（镇）人民政府公告业主委员会解散。

第三十九条　业主委员会成员和监事委员会监事不领取劳动报酬。业主大会可以根据业主委员会成员或者监事委员会监事的工作情况，决定给予其适当津贴。

鼓励业主大会建立业主委员会任中审计和离任审计制度。审计可以委托街道办事处、乡（镇）人民政府组织第三方机构实施，费用可以从物业公共收益中列支。

第四十条　因物业管理区域发生变更等原因导致业主大会或者业主委员会解散的，业主大会、业主委员会应当在物业所在地街道办事处、乡（镇）人民政府的指导监督下，做好业主共有财产清算工作。

第四十一条　业主委员会成员职务终止或者被罢免的，或者业主委员会解散的，应当在十日内移交其保管的有关财务凭证、业主清册、会议纪要等档案资料、印章及其他属于全体业主所有的财物。

业主委员会成员职务终止或者被罢免的，向业主委员会移交。业主委员会解散的，向新一届业主委员会移交；未选举产生新一届业主委员会的，向物业所在地居（村）民委员会移交，由其暂时代管。

未在规定时间内移交的，由物业所在地街道办事处、乡（镇）人民政府责令其七日内移交，物业所在地公安机关应当协助解决。

第四十二条　业主大会、业主委员会作出的决定对全体业主、物业使用人具有约束力。

业主大会、业主委员会作出的决定违反法律、法规，物业所在地街道办事处、乡（镇）人民政府或者住房城乡建设主管部门应当责令限期改正或者撤销其决定，并予以公告。业主大会或者业主委员会作出的决定侵害业主合法权益的，受侵害的业主可以请求人民法院予以撤销。

第四章　前期物业管理

第四十三条　新建物业的建设单位应当在

物业销售前，参照市住房城乡建设主管部门制定的临时管理规约示范文本拟订临时管理规约，报物业所在地区县（自治县）住房城乡建设主管部门备案，并抄送街道办事处、乡（镇）人民政府。

临时管理规约应当对有关物业的管理、业主的共同利益、业主的义务、业主的责任等事项依法作出约定。临时管理规约不得侵害物业买受人的合法权益。

首次业主大会通过管理规约后，临时管理规约即行失效。

第四十四条 物业中有住宅项目的，建设单位应当通过公开招标的方式选聘物业服务企业。其中，对于预售项目，建设单位应当在申请房屋预售许可证前选聘物业服务企业；对于现售项目，建设单位应当在物业销售前选聘物业服务企业。一个物业管理区域应当作为一个整体进行招标。

投标人少于三个或者住宅建筑面积少于三万平方米的，经物业所在地区县（自治县）住房城乡建设主管部门批准，建设单位可以采用协议方式选聘物业服务企业。

第四十五条 建设单位应当参照市住房城乡建设主管部门会同市市场监督管理部门制定的前期物业服务合同示范文本与选聘的物业服务企业签订书面前期物业服务合同，并自签订后十五日内报物业所在地区县（自治县）住房城乡建设主管部门备案。

业主委员会或者暂时代行业主委员会职责的物业所在地居（村）民委员会与业主大会决定选聘的物业服务企业依法签订的物业服务合同生效时，前期物业服务合同终止。

第四十六条 建设单位应当在物业销售时公示临时管理规约和前期物业服务合同，并提供给物业买受人，同时予以说明。

物业买受人在与建设单位签订物业买卖合同时，应当对遵守临时管理规约和履行前期物业服务合同予以书面承诺。

第四十七条 前期物业服务费实行政府指导价。发展改革部门应当会同住房城乡建设主管部门根据物业管理服务等级标准等因素，制定和动态调整相应的基准价及其浮动幅度，并定期公布。

建设单位与前期物业服务企业所确定的前期物业服务费应当符合前期物业服务水平，且不得擅自超出政府指导价收费标准。

前期物业服务合同生效之日至物业交付之日发生的物业服务费，由建设单位承担。物业交付之日至前期物业服务合同终止之日发生的物业服务费，由业主按照前期物业服务合同约定的物业服务收费标准承担。

第四十八条 建设单位应当按照国家有关规定和物业买卖合同的约定，移交权属明确、资料完整、质量合格、功能完备、配套齐全的物业。

新建物业的配套建筑及设施设备符合下列条件并经综合验收合格后，建设单位方可办理物业交付手续：

（一）水、电纳入城市管网，安装分户计量装置和控制装置，并对物业服务用房、共有部位、共有设施设备以及同一物业管理区域内非住宅用户配置独立的水、电计量装置；

（二）在城市管道燃气覆盖的区域，完成住宅室内外燃气的敷设且与相应管网连接，并安装分户计量装置和控制装置；

（三）电话通信线、有线电视线和宽带数据传输信息端口敷设到户，安全监控装置及其他安全防范设施设备配置到位；

（四）完成消防和人民防空工程设施建设；

（五）按照规划要求完成教育、养老、医疗卫生、文化体育、环境卫生以及社区管理等用房或者设施建设；

（六）按照规划要求完成小区道路建设，并与城市道路或者公路相连；

（七）按照规划要求完成绿化建设及车库、车位的配置；

（八）建筑物及其配套设施的标志标识完整、清晰；

（九）法律、法规规定的其他条件。

第四十九条 承接新建物业前，物业服务企业和建设单位应当按照国家有关规定和前期物业服务合同的约定，共同对物业共有部位、共有设施设备进行查验。承接查验后，双方应当签订物业承接查验协议，并将其作为前期物业服务合同的补充协议。

物业承接查验应当邀请业主代表以及物业

所在地街道办事处、乡（镇）人民政府、住房城乡建设主管部门参加，必要时可以聘请相关专业机构协助进行。

第五十条　物业服务企业应当自物业交接后三十日内，按照市住房城乡建设主管部门制定的示范文本，持下列资料向区县（自治县）住房城乡建设主管部门办理物业承接查验备案：

（一）物业承接查验协议；

（二）建设单位移交资料清单；

（三）查验记录；

（四）交接记录；

（五）其他承接查验有关的文件。

物业交付时，物业服务企业应当将物业承接查验备案情况书面告知业主。物业服务企业应当将物业承接查验资料建档保存。物业承接查验档案属于全体业主所有，业主有权免费查询。

建设单位将不符合交付条件的物业交付使用，或者物业服务企业擅自承接未经查验的物业，因房屋质量、物业共有部位、共有设施设备缺陷给业主造成损害的，应当依法承担赔偿责任。

第五十一条　物业服务用房包括物业服务企业用房和业主委员会用房，应当由建设单位按照不低于房屋总建筑面积千分之三的比例且不少于五十平方米的标准在物业管理区域内无偿配置。业主委员会办公用房从物业服务用房中安排，其面积应当不低于二十平方米，不高于七十平方米。

物业服务用房应当为地面以上的独立成套装修房屋，具备通风采光条件和水、电使用功能；没有配置电梯的物业，物业服务用房所在楼层不得高于二层。

规划自然资源部门在规划许可、竣工验收过程中，应当对物业服务用房建筑面积、位置等进行审查验收。住房城乡建设主管部门在核发商品房预售许可证时，应当对物业服务用房建筑面积、位置进行核查。不动产登记机构在办理不动产所有权登记时，应当在不动产登记簿中注明物业服务用房建筑面积、位置。

物业服务用房和物业管理设施设备用房属于全体业主共有，任何单位和个人不得擅自改变其用途，不得将其分割、转让、抵押。

鼓励在新建住宅小区设置接收邮件、快递的场所或者设施等，提升物业服务水平。

第五十二条　前期物业服务合同签订后、房屋交付使用前，建设单位应当向物业服务企业和物业所在地的街道办事处、乡（镇）人民政府移交物业档案。

物业档案包括下列资料：

（一）竣工总平面图，单体建筑、结构、设备竣工图，配套设施、地下管网工程竣工图等竣工验收资料；

（二）设施设备的安装、使用和维护保养等技术资料；

（三）物业质量保修文件和物业使用说明文件；

（四）物业承接查验协议、查验记录、交接记录及备案证明；

（五）物业管理所必需的业主清册等其他资料。

物业服务企业应当在前期物业服务合同终止时，将物业服务用房、物业档案移交给业主委员会。

第五章　物业管理服务

第五十三条　从事物业服务活动的企业应当依法成立，具有独立法人资格。

法律、法规对物业服务人员从业资格有规定的，适用其规定。

第五十四条　物业服务企业应当做好信用信息和物业项目信息等填报，配合相关部门做好信用信息的核实等工作。

物业服务企业确定或者更换物业项目负责人的，应当于确定或者更换之日通过信用信息平台更新相关信息，书面告知业主委员会、物业所在地街道办事处、乡（镇）人民政府，并予以公告。

物业项目负责人的履职情况记入物业服务信用信息档案。

第五十五条　建立物业服务第三方评估制度。业主、业主大会、建设单位、物业服务企业可以委托评估机构对物业承接和查验、物业服务标准和费用测算、物业专项维修资金使用方案、物业服务质量等进行评估。

评估机构应当依照法律、法规规定和合同约定提供专业服务，出具的评估报告应当真实、客观、全面，评估结果应当向全体业主公布。

第五十六条 一个物业管理区域只能由一个物业服务企业实施物业服务。

鼓励业主大会通过公开招标方式选聘物业服务企业。

第五十七条 业主委员会应当参照市住房城乡建设主管部门会同市市场监督管理部门制定的物业服务合同示范文本与业主大会选聘的物业服务企业签订书面物业服务合同，并移交物业档案。

物业服务合同需经业主大会审议通过。在提交业主大会审议前，业主委员会应当将物业服务合同草案予以公示，充分听取业主意见。

物业服务企业应当自物业服务合同订立或者变更之日起十五日内，报物业所在地区县（自治县）住房城乡建设主管部门备案，并予以公告，同时抄送街道办事处、乡（镇）人民政府。

第五十八条 物业服务合同应当约定下列主要事项：

（一）共有部位、共有设施设备的日常维修、养护、运行和管理；

（二）物业管理区域内安全措施的建立、公共秩序的维护；

（三）共有绿地、花木等的养护与管理；

（四）物业管理区域内环境卫生的维护，生活垃圾分类投放及收集的要求；

（五）物业服务收费标准和交纳时间；

（六）公共收益的管理、使用、分配；

（七）合同期限和违约责任；

（八）其他物业服务内容。

物业服务企业公开作出的服务承诺及制定的服务细则，应当认定为物业服务合同的组成部分。

法律、行政法规另有规定的，适用其规定。

第五十九条 物业服务企业应当依法履行合同，按照国家和本市有关物业管理的服务标准和服务规范提供专业化的服务。

第六十条 物业服务企业不得有下列行为：

（一）违反物业服务合同约定降低物业服务标准。

（二）擅自提高物业服务收费标准。

（三）擅自处分业主共有财产，擅自允许他人利用共有部位、共有设施设备从事广告、宣传、经营等活动。

（四）以业主拖欠物业服务费、不配合管理等理由，中断或者以限时限量等方式变相中断供水、供电、供气。但是，可能对业主利益或者公共安全造成重大损失的紧急情形除外。

（五）法律、法规和管理规约规定的其他行为。

第六十一条 物业服务企业应当在物业管理区域内显著位置以及业主决策信息系统设置公示栏，公开相关服务事项，并可以通过移动通信等方式告知全体业主。

下列事项应当长期公开：

（一）物业服务企业的营业执照复印件、项目负责人的基本情况、联系方式；

（二）物业服务合同以及向业主提供特约服务的收费项目和标准等；

（三）电梯等专业设施设备的日常维修保养合同；

（四）报修服务规范和完成时限承诺。

下列事项应当按照规定及时公开：

（一）物业服务半年履约情况报告；

（二）物业专项维修资金使用情况，包括涉及维修、更新、改造项目的明细；

（三）物业服务满意率及管理服务中薄弱环节的整改情况；

（四）物业管理区域公共收益收支情况，包括与公共收益相关的合同或者协议等；

（五）其他应当公示的信息。

业主、业主委员会对公示内容有异议的，物业服务企业应当及时答复。业主、业主委员会对答复不满意的，可以依照本条例第九十二条规定进行投诉。

第六十二条 行政管理部门不得委托物业服务企业实施行政管理事项。物业服务企业不得以任何方式和理由行使行政管理职责，但是，应当依法协助行政管理部门做好相关工作。

第六十三条　物业服务企业应当建立健全公共秩序维护制度，协助做好物业管理区域内的安全防范工作。未能履行物业服务合同的约定，导致业主人身、财产安全受到损害的，应当依法承担相应的法律责任。

物业服务企业应当在消防车道、消防车操作场地、消防设施设置明显标识和禁止占用提醒；在自身经营范围内对其服务区域的人流干道、消防通道、化粪池、电梯等重点部位和重要设施进行经常性检查；对检查中发现的安全隐患，应当立即处理，并发出警示。

业主要求在物业服务合同约定的内容、标准或者范围以外提供服务的，由业主与物业服务企业另行约定。

第六十四条　物业服务企业应当制订物业管理区域内安全防范应急预案，对突发性自然灾害，公共卫生事件，供水、供电、供气、电梯及消防安全事故，物业安全事故等突发事件的预防和处置进行具体规定，并按照规定对其服务区域的服务对象进行安全宣传、组织应急演练。

发现重大事故隐患或者发生生产安全事故及其他紧急事件时，物业服务企业应当及时采取应急措施，通知相关业主，并按照规定向物业所在地街道办事处、乡（镇）人民政府、专业单位和负有安全监督管理职责的部门报告，协助做好相关工作。

第六十五条　物业服务企业可以委托专业性服务企业完成物业管理区域内机电设备维修养护、清洁卫生、园林绿化等专项服务，但是，不得将该区域内的全部物业服务一并委托给他人或者将全部物业服务肢解后分别转委托给第三人。

鼓励物业服务企业拓展家政服务、信息服务、养老服务、健康服务等其他生活性服务领域。

第六十六条　物业服务合同期限届满前九十日，业主委员会应当组织召开业主大会会议，对续聘或者选聘物业服务企业的方案进行表决，并在物业服务合同期限届满前六十日将决定书面告知物业服务企业。业主大会决定续聘的，业主委员会应当在物业服务合同期限届满前三十日与物业服务企业续签物业服务合同；业主大会决定选聘新的物业服务企业的，原物业服务企业应当在新的物业服务企业接管之前，继续处理物业服务事项，并配合新选聘的物业服务企业接管。

物业服务企业决定不再续签物业服务合同的，应当在物业服务合同期限届满前九十日书面告知业主委员会；没有业主委员会的，应当在合同期限届满前九十日公告，并书面告知物业所在地街道办事处、乡（镇）人民政府、居（村）民委员会。

物业服务合同期限届满，业主大会没有作出选聘或者续聘决定，物业服务企业按照原合同约定继续提供服务的，原物业服务合同继续有效，但是服务期限为不定期。当事人可以随时解除不定期物业服务合同，但是应当提前六十日书面通知对方。

第六十七条　物业服务企业退出物业管理区域，业主、业主大会未选聘出新的物业服务企业，也未约定业主自行管理或者其他管理人管理的，由全体业主在街道办事处、乡（镇）人民政府指导下共同承担管理责任。

经业主委员会或者百分之二十以上业主申请，居（村）民委员会可以在街道办事处、乡（镇）人民政府委托下，组织提供应急管理。应急管理内容仅限于环境卫生、垃圾清运、电梯运行、消防安全等维持业主基本生活服务事项，相关费用由全体业主承担。应急管理期限一般不超过六个月。

应急管理实施前，街道办事处、乡（镇）人民政府应当将服务内容、服务期限、服务费用等相关内容予以公告。

第六十八条　物业服务企业退出物业服务的，应当履行下列义务：

（一）向业主委员会移交物业档案、有关物业及设施设备改造、维修、运行、保养等物业服务相关资料，以及物业服务用房和其他物业共有部位、共有设施设备；无业主委员会的，向街道办事处、乡（镇）人民政府移交。

（二）撤出物业管理区域内的物业服务人员。

（三）结算物业服务费用和预收、代收的物业管理区域公共收益等费用。

（四）结清委托专业性服务企业对设施设

备、清洁卫生、园林绿化等开展专项服务的费用。

（五）法律、法规规定的其他事项。

原物业服务企业不得以业主欠交物业服务费用等为由拒绝办理交接。街道办事处、乡（镇）人民政府和住房城乡建设主管部门应当加强对物业服务企业交接工作的监督管理。

第六十九条 物业服务收费项目、标准以及收费方式，由业主和物业服务企业在物业服务合同中约定。

物业服务收费应当遵循合理、公开、费用与服务水平相适应的原则。

物业服务收费管理办法包括未装饰装修和使用的住宅物业收费标准等，由市发展改革部门会同市住房城乡建设主管部门制定。

第七十条 物业服务收费确需调整的，物业服务企业应当与业主委员会协商，并由业主大会决定；未成立业主大会的，由符合法律规定比例的业主表决通过，并将表决结果公告三十日以上。

第七十一条 物业管理区域内，供水、供电、供气、通信、有线电视等专业单位应当向最终用户收取有关费用，最终用户应当按时、足额交纳。其中，属物业专有部分的费用，由业主交纳；属物业服务企业使用的费用，由物业服务企业交纳；属共有部分的费用但未约定纳入物业服务成本、也未约定交纳主体的，由相关业主或者物业使用人据实分摊和交纳。

专业单位不得强制物业服务企业代收有关费用，不得因物业服务企业或者其他管理人拒绝代收而停止提供服务，不得因部分最终用户未履行交费义务停止已交费用户和共有部位的服务。

物业服务企业接受专业单位委托代收有关费用的，可以根据双方约定向委托单位收取代收手续费，但不得向业主收取手续费等额外费用。

物业服务企业退出物业管理区域时已代收费用但未向专业单位交纳的，专业单位应当按照相关约定要求物业服务企业交纳，不得因未交纳费用而停止向用户提供服务。

第七十二条 街道办事处、乡（镇）人民政府、建设单位、物业服务企业、业主委员会及其工作人员应当妥善保存业主信息资料，不得非法收集、利用、加工、传输业主信息，不得非法提供、公开或者出售业主信息。

第六章 物业的使用与维护

第七十三条 业主、物业使用人使用物业，应当自觉遵守法律、法规、管理规约的规定和业主大会、业主委员会的决定，不得损害公共利益和他人合法权益。

物业管理区域内禁止下列行为：

（一）占用地上或者地下空间违法修建建筑物、构筑物；

（二）破坏或者擅自改变房屋外观；

（三）损坏或者擅自变动房屋承重结构、主体结构；

（四）将无防水要求的房间或者阳台改为卫生间、厨房，或者将卫生间、厨房改在下层住户的卧室、起居室（厅）、书房的上方；

（五）存放、铺设超负荷物品；

（六）发出超出规定标准的噪声；

（七）违反安全管理规定存放易燃、易爆、剧毒、放射性等危险物品；

（八）擅自占用居住区绿地，或者擅自移植、砍伐小区内的树木；

（九）损坏、挪用、停用消防设施和器材，占用、堵塞、封闭疏散通道、消防通道、消防车操作场地；

（十）违反法律、法规和管理规约饲养犬只；

（十一）在畜禽禁养区内养殖家畜家禽，或者在畜禽限养区内违规养殖畜禽；

（十二）损坏或者擅自占用、改建物业共有部位、共有设施设备；

（十三）乱丢垃圾、高空抛物；

（十四）法律、法规和管理规约禁止的其他行为。

物业管理区域内发生上述行为时，业主、物业使用人有权投诉、举报，物业服务企业、业主委员会应当及时予以劝阻、制止，并将劝阻、制止情况存档保留；劝阻、制止无效的，物业服务企业、业主委员会应当在物业管理区域内通报，并及时报告有关部门，有关部门应当依法及时处理。因上述行为导致他人合法权益受到侵害的，受害人可以依法向人民法院提起诉讼。

第七十四条　业主、物业使用人应当按照规划自然资源部门批准或者房地产权证载明的用途使用物业，不得擅自改变物业使用性质。确需改变的，除遵守法律、法规以及管理规约外，应当经有利害关系的业主同意。

第七十五条　利用小区住宅开展民宿等住宿服务的，应当符合本条例第七十四条的规定，并具备消防、安全、卫生等必要的条件。

利用小区住宅开展民宿等住宿服务的，应当遵守国家和本市相关管理规定和管理规约的约定，依法向市场监管、文化旅游、公安、商务等部门办理相关手续，并同时告知物业服务企业。

市、区县（自治县）人民政府及相关部门应当根据本地实际，加强对住宅小区内开展民宿等住宿服务活动的管理和监督。具体管理办法由市人民政府制定。

第七十六条　业主、物业使用人对物业进行装饰装修前，应当将装饰装修的时间、范围、方式等书面告知物业服务企业。

物业服务企业应当将告知事项进行登记并将装饰装修中的禁止行为和注意事项提醒业主或者物业使用人以及装饰装修人员，同时公告施工的时间和范围。

物业服务企业对违反装饰装修规定的行为，应当履行发现、劝阻、报告职责，并配合有关部门依法处理。

物业服务企业与业主、物业使用人约定装饰装修保证金的，装饰装修保证金应当存入共有资金账户进行管理，具体管理办法由市住房城乡建设主管部门另行制定。

第七十七条　物业管理区域内规划用于停放机动车的车位（库），应当首先满足业主的需要。

建设单位依法出售车位（库），应当进行公告，不得出售给业主以外的单位或者个人。公告之日起六个月内，属住宅配套车位（库）的，每户业主只能购买一个车位（库），公告之日起满六个月有多余车位（库）的，可以向其他业主出售，每户业主总计购买住宅配套车位（库）不得超过二个；属非住宅配套车位（库）的，每户业主购买的车位（库）数量的比例，不得超过持有房屋面积占总非住宅建筑物面积的比例。经人民法院生效法律文书或者仲裁裁决确认将建设单位的车位（库）权属登记给业主以外的单位或者个人的，其车位（库）的出售、租赁应当首先满足业主的需要。

建设单位应当公开未出售或者未附赠的车位（库），业主要求承租的，建设单位不得拒绝。

车位（库）有空余的，经公示后，可以临时出租给业主以外的单位或者个人，每次租期不得超过六个月。

第七十八条　占用物业管理区域内业主共有的道路或者其他场地用于停放机动车，以及相关收费和管理事项，由业主大会决定。业主大会成立前，前期物业服务合同不得对上述事项进行约定。

公安、消防、抢险、救护、环卫等特种车辆执行公务时在物业管理区域内临时停放，不得收费。

物业管理区域内停放车辆，不得影响其他车辆和行人的正常通行。物业服务企业应当按照物业服务合同的约定，履行车辆停放管理义务，并加强巡查，及时督促违反规定停放的车辆驶离；督促无效的，应当及时报告公安机关，公安机关应当及时依法处理。

第七十九条　物业专有部分出现危害或者可能危害公共安全、公共利益及他人合法权益的情形时，专有部分所有人应当及时修缮或者采取防范措施。经业主委员会或者物业服务企业通知后，在合理期限内仍未修缮或者采取防范措施的，业主委员会或者物业服务企业应当组织修缮或者采取防范措施，其费用由专有部分所有人承担。

物业共有部位、共有设施设备出现危害或者可能危害公共安全、公共利益及他人合法权益的情形时，业主委员会或者物业服务企业应当组织修缮或者采取防范措施。

第八十条　新建物业管理区域内的专业经营设施设备，应当与主体工程同步规划、同步建设、同步交付使用。

新建住宅物业区域内的供水、供电、供

气、通信、有线电视等专业经营设施设备竣工验收后，根据有关规定和要求将其移交给专业单位。专业单位应当接收并依法承担物业管理区域内分户终端计量装置或者入户端口以外相关管线和设施设备的维修、养护、更新的责任，有关费用由专业单位承担。

老旧住宅物业管理区域内的专业经营设施设备需要改造的，按照国家规定标准改造验收合格后，业主大会决定移交给专业单位管理的，专业单位应当接收。专业经营设施设备尚在质量保修期内的，其整改费用由建设单位承担。

第八十一条 物业专有部分、共有部分进行维护、更新和改造时，相关业主负有协助的义务。

因共有部分的维护、更新、改造，损害业主专有部分合法权益的，应当及时恢复原状或者赔偿损失。

第八十二条 业主转让或者出租物业时，应当将管理规约内容、物业服务费用标准等事项告知受让人或者承租人，并自物业转让合同或者租赁合同签订之日起十五日内，将物业转让或者出租情况告知业主委员会和物业服务企业。业主转让物业的，应当结清物业服务费。

第八十三条 区县（自治县）住房城乡建设主管部门、街道办事处、乡（镇）人民政府和居（村）民委员会应当加强对公共收益、物业专项维修资金、业主分摊费用、业主委员会工作经费等业主共有资金的监督和管理，共有资金的收支情况接受全体业主的监督。

业主大会成立前，物业专项维修资金由物业所在地区县（自治县）住房城乡建设部门代管，存入银行专户。公共收益应当存入物业专项维修资金账户，并设立单独账目。业主大会成立后，根据业主大会决定，选择代行管理或者自行管理。业主决定自行管理的共有资金，应当存入业主委员会账户，不得以任何个人或者其他组织名义进行管理。业主委员会可以持街道办事处、乡（镇）人民政府出具的业主委员会备案证明到物业所在地的物业专项维修资金专户管理银行开设账户。

业主大会可以委托具有资质的中介机构对共有资金进行财务管理。业主大会或者业主委员会自行管理共有资金的，应当每半年公布一次自行管理账目。

街道办事处、乡（镇）人民政府可以每年组织开展一次对共有资金使用和收支情况的检查，检查情况应当向全体业主公布。

第八十四条 利用物业共有部位、共有设施设备进行经营的，应当符合法律、法规的规定，并在物业服务合同或者管理规约中约定。业主大会成立前，需要利用共有部位、共有设施设备进行经营的，应当在前期物业服务合同或者管理规约中约定下列事项：

（一）可以开展经营的场地范围；

（二）电梯、电梯外大堂等部位设置广告的标准及要求；

（三）不同类型、区域的场地有偿利用的最低收费标准；

（四）物业服务企业管理服务费用的标准，比例不得超过所得收入的百分之三十；

（五）公共收益的财务管理要求；

（六）相关的合同、会计凭证的建档保管、公示及查询办法；

（七）公共收益收支情况的定期公示与审计办法；

（八）对可能影响业主公共利益的经营性活动的禁止性要求。

业主大会成立后，物业服务企业和业主大会可以对前款所列事项重新约定。

第八十五条 公共收益主要用于补充物业专项维修资金，也可以按照业主大会的决定使用。业主大会成立前或者业主大会未对公共收益用途作决定的，公共收益按年度全部纳入物业专项维修资金。按照业主大会决定使用公共收益的，物业专项维修资金余额不足首期交存金额百分之三十时，公共收益应当首先补足物业专项维修资金。

公共收益用于补充物业专项维修资金以外用途的，业主大会应当决定其年度预算方案，主要包括支出项目明细、使用审核、公示及决算办法。未经业主大会同意，公共收益支出金额和范围不得超过预算方案。

物业服务企业、业主委员会应当每半年公布一次公共收益收支情况。物业管理区域百分之二十以上业主书面对公共收益收支提出异议的，可以根据物业服务合同或者管理规约约定或者经业主大会决定后，在街道办事处、乡（镇）人民政府的指导监督下委托有资质的中介机构进行财务审计，也可以申请物业管理联席会议协调处理或者依法向人民法院提起诉讼。

第八十六条　保修期满后物业维修、更新、改造的费用，按照下列规定承担：

（一）专有部分的维修、更新、改造费用，由专有部分业主承担；

（二）部分共有部分的维修、更新、改造费用，由部分共有的业主分担；

（三）全体共有部分的维修、更新、改造费用，由全体业主分担。

因物业服务企业的责任，导致物业共有部分未到维修、更新年限维修、更新的，物业服务企业应当承担与其责任相当的费用。

第八十七条　一个物业管理区域内有两个以上独立产权单位的，应当设立物业专项维修资金。物业专项维修资金属于业主所有，专项用于保修期满后物业共有部位、共有设施设备的中修、大修或者更新、改造，不得挪作他用。

建设单位和业主应当按照国家和本市的规定交存物业专项维修资金。未交存首期物业专项维修资金或者物业专项维修资金余额不足首期交存金额百分之三十的，业主应当按照国家和本市的相关规定、管理规约和业主大会的决定，及时补交或者续筹物业专项维修资金。不动产登记机构在进行不动产权登记时，应当核验物业专项维修资金交存情况。

第八十八条　物业专项维修资金使用申请可以由业主、业主委员会或者物业服务企业提出。

下列费用不得从物业专项维修资金中支出：

（一）物业共有部位、共有设施设备的日常运行、维护和小修费用，由物业服务企业从业主交存的物业服务费中支出；

（二）物业在保修范围和保修期限内发生质量问题需要维修的费用，由建设单位承担；

（三）物业管理区域内供水、供电、供气、通讯、有线电视等相关管线和设施设备的维修、养护费用，由有关单位依法承担；

（四）物业共有部位、共有设施设备属人为损坏的，其维修、更新费用由责任人承担。

第八十九条　物业管理区域共有部位、共有设施设备维修、更新、改造费用情况应当及时进行公示。物业专项维修资金代管单位应当通过业主决策信息系统等方式，定期公布物业专项维修资金的收支情况，方便业主查询账户余额及使用情况。

对于十万元以上物业专项维修资金的使用，应当引入具有资质的第三方机构评审，评审费用从物业专项维修资金增值收益或者公共收益中列支，业主大会决定不聘请评审机构的除外。

第九十条　有下列情形之一，需要使用物业专项维修资金的，业主委员会、物业服务企业或者相关业主经街道办事处、乡（镇）人民政府书面同意，可以向区县（自治县）住房城乡建设主管部门申请适用应急简易程序：

（一）屋面防水损坏造成渗漏，严重影响正常使用的；

（二）电梯故障，无法正常运行的；

（三）高层住宅水泵损坏，导致供水中断的；

（四）楼体外立面有脱落危险，危及人身安全的；

（五）专用排水设施因坍塌、堵塞、爆裂等造成功能障碍的；

（六）消防设施损坏，危及公共消防安全的。

物业服务企业应当将紧急情况下专项维修资金申请、使用情况，及时予以公示。

第九十一条　物业专项维修资金的交存、使用、管理的具体办法，由市人民政府制定。

第九十二条　业主、物业使用人对物业服务企业在物业管理活动中侵害自己合法权益的行为，可以向物业所在地街道办事处、乡（镇）人民政府、区县（自治县）住房城乡建设主管部门投诉，街道办事处、乡（镇）人民政府、区县（自治县）住房城乡建设主管部门应当及时受理，并自受理之日起三十日内将处理结果回复投诉人。属于其他部门职责的，告知投诉人向相关部门投诉。

第七章 监督管理

第九十三条 市住房城乡建设主管部门履行下列职责：

（一）拟定或者制定物业管理相关政策措施和配套规定，以及临时管理规约、管理规约、业主大会议事规则、前期物业服务合同、物业服务合同、承接查验协议等示范文本；

（二）建立健全住宅等不同物业类型的物业服务标准和服务规范，建立物业服务信用信息管理体系，并定期向社会公布；

（三）建立和维护包括业主决策信息系统和信用信息管理系统在内的物业管理信息系统，供业主、业主委员会免费使用；

（四）指导全市物业专项维修资金监督管理工作；

（五）宣传和贯彻执行物业管理有关法律、法规，建立完善业主委员会和物业服务企业的培训制度；

（六）指导和监督区县（自治县）住房城乡建设主管部门开展物业管理活动的监督管理工作；

（七）法律、法规规定的其他职责。

第九十四条 区县（自治县）住房城乡建设主管部门履行下列职责：

（一）贯彻执行物业管理法律、法规和相关规定，负责物业管理区域、物业承接查验、前期物业服务合同、临时管理规约、管理规约、物业服务合同的备案；

（二）指导和监督街道办事处、乡（镇）人民政府依法开展物业管理相关工作、调处物业管理矛盾纠纷；

（三）负责物业服务企业和从业人员的监督管理，开展物业服务质量监督检查，建立物业管理诚信档案并接受查询；

（四）监督管理物业管理招投标活动和物业专项维修资金；

（五）查处违反第七十三条第二款第三项、第四项、第五项、第十二项规定的行为；

（六）宣传物业管理有关法律、法规和政策，定期开展物业管理业务培训；

（七）法律、法规规定的其他职责。

第九十五条 市、区县（自治县）人民政府其他相关部门依据各自职责，负责物业管理区域内下列工作：

（一）规划自然资源部门负责物业规划管理，查处违反第七十三条第二款第一项、第二项规定的行为；

（二）公安机关负责监督检查治安、交通安全、保安服务等活动，查处违反第七十三条第二款第七项、第十项规定的行为；

（三）市场监督管理部门负责监督检查电梯等特种设备使用、物业服务价格公示、违规收费等；

（四）应急管理部门负责监督检查消防安全，查处违反第七十三条第二款第九项规定的行为；

（五）生态环境部门负责监督检查污染环境行为，查处违反第七十三条第二款第六项规定的行为；

（六）城市管理部门负责查处违反第七十三条第二款第八项、第十一项规定的行为。

设立了综合执法机构的，可以由综合执法机构统一查处。

法律、法规对相关部门职责另有规定的，适用其规定。

第九十六条 街道办事处、乡（镇）人民政府履行下列职责：

（一）指导和监督业主大会、业主委员会的组建和换届改选，负责业主委员会备案；

（二）指导和监督业主大会、业主委员会依法履行职责；

（三）指导和监督物业服务企业履行法定义务，对物业服务实施情况开展监督检查；

（四）参加物业承接查验，指导和监督物业服务项目的移交、接管；

（五）建立物业管理矛盾投诉调解机制，调处物业管理纠纷；

（六）管理物业档案，协助开展辖区内物业服务信用信息的采集和核查工作；

（七）法律、法规规定的其他职责。

第九十七条 居（村）民委员会履行下列职责：

（一）协助和配合街道办事处、乡（镇）人民政府做好本条例第九十六条的相关工作；

（二）派员参加业主大会和业主委员会会议，了解物业管理工作情况；

（三）对业主大会、业主委员会和物业服务企业的日常工作进行指导和监督；

（四）法律、法规规定的其他职责。

鼓励在居（村）民委员会设立环境和物业管理委员会，具体指导和监督业主委员会、物业服务企业依法履行职责。

第九十八条　街道办事处、乡（镇）人民政府根据工作需要，召集由区县（自治县）住房城乡建设主管部门、其他有关部门、公安派出所、居（村）民委员会、专业单位、物业服务企业、业主委员会、业主代表、监事委员会、物业管理专家、人民调解委员会等参加的联席会议，协调解决下列问题：

（一）业主委员会不依法履行职责的问题；

（二）业主委员会成立和换届过程中出现的问题；

（三）履行物业服务合同中出现的重大问题；

（四）终止物业服务合同的重大问题；

（五）物业服务企业在退出和交接过程中出现的问题；

（六）需要协调解决的其他物业管理问题。

前款所列问题经人民调解委员会依法调解达成的调解协议，具有法律约束力。

第九十九条　相关部门应当建立违法行为投诉登记制度，并在物业管理区域内显著位置和业主决策信息系统公布联系单位、举报联系方式，依法处理物业管理区域内的违法行为。

任何单位和个人对违反本条例规定的行为，可以向住房城乡建设主管部门、街道办事处、乡（镇）人民政府及其他有关部门投诉举报，有关单位应当及时调查核实，并依法处理。

因行政执法需要进入物业管理区域开展执法工作的，业主、业主委员会、物业服务企业应当提供便利。

第八章　法律责任

第一百条　建设单位有下列行为之一的，由物业所在地区县（自治县）住房城乡建设主管部门予以处罚：

（一）违反本条例第十条、第四十五条、第四十六条，未按照规定备案或者公示的，责令限期改正；逾期未改正的，处五千元以上五万元以下罚款。

（二）违反本条例第十七条，未按照规定报送有关资料的，责令限期改正；逾期未改正的，予以通报，处一万元以上十万元以下罚款。

（三）违反本条例第四十四条，建设单位未通过公开招标方式或者未经批准擅自采用协议方式选聘物业服务企业，责令限期改正，给予警告，可以并处十万元以下罚款。

（四）违反本条例第五十一条，建设单位在物业管理区域内未按照规定配置物业服务用房的，责令限期改正，给予警告，没收违法所得，并处十万元以上五十万元以下罚款。

（五）违反本条例第五十二条，未按照规定移交资料的，责令限期改正；逾期未改正的，予以通报，处一万元以上十万元以下罚款。

（六）违反本条例第七十七条第二款、第三款，违反规定销售车位（库）的，或者对业主要求承租的车位（库）只售不租的，责令限期改正；逾期未改正的，处五万元以上二十五万元以下罚款。

（七）违反本条例第七十七条第二款、第四款，将未出售的车位（库）不优先出租给本区域内业主，或者出租给业主以外的单位或者个人期限超过六个月的，责令限期改正；逾期未改正的，处五万元以上十万元以下罚款。

第一百零一条　物业服务企业有下列行为之一的，由物业所在地区县（自治县）住房城乡建设主管部门予以处罚：

（一）违反本条例第十七条，未按照规定报送有关资料的，责令限期改正；逾期未改正的，予以通报，处一万元以上十万元以下罚款。

（二）违反本条例第五十条，未按照规定办理物业承接查验备案的，责令限期改正；逾期未改正的，处一万元以上十万元以下罚款。

（三）违反本条例第五十二条，未按照规定移交资料的，责令限期改正；逾期未改正的，予以通报，处一万元以上十万元以下罚款。

（四）违反本条例第五十四条、第六十一条，未按照规定填报或者公示信息的，责令限期改正；逾期未改正的，处一万元以上三万元以下罚款。

（五）违反本条例第五十七条，未将物业服务合同报送备案的，责令限期改正；逾期未改正的，处五千元以上五万元以下罚款。

（六）违反本条例第六十四条，未制定安全防范应急预案的，责令限期改正；逾期未改正的，处一万元以上十万元以下罚款。

（七）违反本条例第六十六条、第六十八条，擅自停止物业服务的，或者被解聘的物业服务企业、物业服务合同终止的物业服务企业拒不退出物业管理区域或者退出时不履行相关义务的，责令限期改正；逾期未改正的，处十万元以上三十万元以下罚款，并在一年内不得参加物业管理招标投标活动。

（八）违反本条例第六十条、第八十四条，擅自利用物业共有部位、共有设施设备进行广告宣传和经营等活动的，擅自设置或者允许他人设置临时摊点的，责令限期改正，给予警告，并处五万元以上二十万元以下罚款。

第一百零二条 违反本条例第六十条，物业服务企业侵犯或者越权限制业主权利的，由区县（自治县）住房城乡建设主管部门责令限期整改；逾期未整改的，纳入企业信用档案。违反治安管理规定的，由公安机关依法查处；构成犯罪的，依法追究刑事责任。

第一百零三条 业主委员会成员未履行本条例规定相关职责的，由物业所在地街道办事处、乡（镇）人民政府责令限期履行；逾期未履行的，予以通报，并组织召开业主大会会议决定有关事项。

第一百零四条 业主委员会及其成员违反法律、法规或者管理规约的规定，挪用、侵占、擅自处分业主共有财产，或者侵害业主合法权益，给业主造成损害的，应当承担相应的赔偿责任；构成犯罪的，依法追究刑事责任。

第一百零五条 违反物业服务合同约定，业主逾期不交纳物业服务费用的，物业服务企业应当书面催交；逾期仍不交纳的，物业服务企业可以向人民法院起诉，或者按照约定申请仲裁。

第一百零六条 违反本条例第七十三条规定，给他人造成损害的，依法承担民事责任；违反行政管理规定的，由行使监督管理权的有关部门依法查处；构成犯罪的，依法追究刑事责任。

第一百零七条 专业单位违反本条例第八十条，未按照规定接收专业经营设施设备或者未按照规定对专业经营设施设备进行维修、养护、更新的，由物业所在地有关部门责令限期改正；影响房屋交付使用、业主正常生活或者造成人身、财产损害的，依法承担民事责任。

第一百零八条 住房城乡建设主管部门、街道办事处、乡（镇）人民政府或者其他有关部门及其工作人员违反本条例规定，有下列情形之一的，由其所在单位、主管部门、上级机关或者监察机关责令改正；情节严重的，对直接负责的主管人员和其他直接责任人员依法给予处分；给当事人合法权益造成损害的，依法承担赔偿责任；构成犯罪的，依法追究刑事责任：

（一）未按照规定履行监督管理职责的；

（二）违法干预业主依法成立业主大会和业主委员会的；

（三）未按照规定在物业区域内显著位置公布联系方式或者对物业服务活动中的投诉，不及时受理、依法处理的；

（四）发现违法行为或者接到举报后不及时查处的；

（五）截留、挪用、侵占或者违法审核拨付物业专项维修资金的；

（六）其他滥用职权、玩忽职守或者徇私舞弊的行为。

第一百零九条 建设单位、物业服务企业、业主委员会违反本条例有关规定，非法使用、出售、提供、传播业主信息，不及时移交相关资料、印章和财物，或者不按照约定退出物业管理区域，违反治安管理规定的，由公安机关依法查处。

第九章 附则

第一百一十条 本条例下列用语的含义：

（一）物业，是指房屋及配套的设施设备和相关场地。

（二）业主，是指房地产权证载明或者其他法定文件确定的物业所有权人。

（三）物业使用人，是指物业的承租人或者其他实际使用物业的人。

（四）前期物业管理，是指物业出售后至业主大会成立之前进行的物业管理。

（五）公示、公告，是指在物业管理区域显著位置公开张贴，有条件的同时在业主决策信息系统发布，时间七日以上。

（六）物业交付之日，是指建设单位在建设工程竣工验收后，根据房屋买卖合同约定向买受人发出书面交付通知，买受人依照该通知接房的时间。买受人收到书面交付通知后，在通知期限内无正当理由拒绝接受的，视为交付。

（七）共有部位，是指根据法律法规、房屋买卖合同和建设工程规划许可证及附件、附图，由物业管理区域内全体业主或者部分业主共有的部位，一般包括：物业的基础、承重墙体、柱、梁、楼板、屋顶以及户外的墙面、门厅、楼梯间、走廊通道等。

（八）共有设施设备，是指根据法律法规、房屋买卖合同和建设工程规划许可证及附件、附图，由物业管理区域内全体业主或者部分业主共有的附属设施设备，一般包括：电梯、天线、照明、消防设施、防雷设施、绿地、道路、路灯、沟渠、池、井、管、公益性文体设施和共有设施设备使用的房屋等。

（九）物业管理区域公共收益，是指利用物业共有部位、共有设施设备经营所得收入扣除管理服务费用后的收益，主要包括公共场地的车位租金收益、公共区域的广告收益、公共区域设立摊位的租金收益以及其他收益。

第一百一十一条　单体物业或者规模较小的物业，经业主或者业主大会决定，由业主对物业实施自行管理。其业主大会、业主委员会及物业使用与维护的相关事项可以参照本条例执行。

业主自行管理的，应当对下列事项作出决定：

（一）自行管理的执行机构、管理人；

（二）自行管理的内容、标准、费用和期限；

（三）聘请专业机构的方案；

（四）其他有关自行管理的内容。

电梯、消防、监控安防等涉及人身、财产安全以及其他有特定要求的设施设备，应当委托专业机构进行维修和养护。

第一百一十二条　本条例自 2020 年 5 月 1 日起施行。

吉林省物业管理条例

（2021 年 5 月 27 日吉林省第十三届人民代表大会常务委员会第二十八次会议通过，
2021 年 5 月 27 日吉林省人大常委会公告第 64 号公布）

第一章　总则

第一条　为了规范物业管理活动，维护物业管理相关主体的合法权益，构建党建引领社区治理框架下的物业管理体系，营造和谐有序的生活和工作环境，根据《中华人民共和国民法典》《物业管理条例》等有关法律、行政法规，结合本省实际，制定本条例。

第二条　本条例适用于本省行政区域内的物业管理活动及其监督管理。

本条例所称物业管理，是指业主通过自行管理或者共同决定委托物业服务人的形式，对物业管理区域内的建筑物、构筑物及其配套的设施设备和相关场地进行维修、养护，管理、维护环境卫生和相关秩序的活动。物业服务人包括物业服务企业和其他管理人。

第三条　物业管理应当纳入社区治理体系，构建党建引领、政府主导、行业自律、居民自治、专业服务、多方参与、协商共建的工作格局。

第四条 县级以上人民政府应当加强对物业管理工作的组织和领导，建立健全物业管理工作综合协调机制和目标责任制；完善扶持、激励政策和措施，建立与之相适应的资金投入与保障机制；鼓励采用新技术、新方法，运用信息化手段，提高物业管理和服务质量。

第五条 县级以上人民政府物业行政主管部门负责本行政区域内物业管理活动的监督管理工作，依法履行下列职责：

（一）制定物业管理相关政策和措施；

（二）指导街道办事处、乡镇人民政府对物业管理活动进行监督管理；

（三）指导街道办事处、乡镇人民政府调解物业管理纠纷；

（四）建立健全物业服务规范与质量考核体系；

（五）建立健全物业服务信用管理体系；

（六）建立健全物业管理电子信息平台；

（七）对物业招投标活动进行监督管理；

（八）对建筑物及其附属设施的维修资金（以下统称专项维修资金）交存、使用情况进行监督管理；

（九）组织开展物业管理相关培训；

（十）实施法律、法规规定的物业管理方面的其他监督管理职责。

第六条 街道办事处、乡镇人民政府负责本行政区域内物业管理活动的指导和监督管理工作，依法履行下列职责：

（一）组织成立首次业主大会会议筹备组；

（二）指导和协助业主大会的成立、业主委员会的选举和换届；

（三）指导和监督业主大会、业主委员会、物业服务人依法履行职责；

（四）对物业管理区域内的物业服务实施监督检查；

（五）指导和监督物业承接查验、物业服务人退出交接活动；

（六）建立物业管理纠纷调解、投诉和举报处理机制，调解物业管理纠纷，处理物业管理相关投诉和举报；

（七）协调和监督老旧住宅小区物业管理；

（八）实施法律、法规规定的物业管理方面的其他监督管理职责。

第七条 居（村）民委员会应当协助街道办事处、乡镇人民政府做好物业管理相关具体工作，指导和监督业主大会、业主委员会、物业服务人依法履行职责，调解物业管理纠纷。

第八条 引导和支持业主中的中国共产党党员通过法定程序成为业主委员会成员。推动业主委员会、物业服务企业成立党组织。

鼓励和支持业主委员会成员、物业项目负责人中的中国共产党党员担任社区党组织兼职委员；符合条件的社区党组织、居（村）民委员会成员通过法定程序兼任业主委员会成员。

建立健全社区党组织、居（村）民委员会、业主委员会和物业服务人议事协调机制。

第九条 业主应当遵守法律、法规规定，弘扬和践行社会主义核心价值观，依法行使业主权利、履行业主义务，不得违背公序良俗，不得损害公共利益。

第十条 物业管理行业协会应当加强行业自律，规范行业经营行为，促进物业服务标准化建设，维护市场秩序和公平竞争，促进物业管理行业健康发展。

第十一条 突发事件应对期间，物业服务人应当执行县级以上人民政府依法实施的各项应急措施，积极配合开展相关工作，并由县级以上人民政府给予必要的物资和资金支持。

对物业服务人执行政府依法实施的各项应急措施，业主、物业使用人应当依法予以配合。

第十二条 县级以上人民政府物业行政主管部门、街道办事处、乡镇人民政府应当通过报刊、广播、电视、互联网、在物业管理区域内显著位置长期公开等多种方式，组织开展物业管理法律、法规的宣传工作。

第二章　物业管理区域及设施

第十三条 物业管理区域的划分以有利于实施物业管理为原则，综合考虑物业的共用设施设备、建筑物规模、社区布局、业主人数、土地使用权属范围、自然界限等因素确定：

（一）配套设施设备共用的，应当划分为

一个物业管理区域，影响设施设备共用功能使用的，不得分割划分；配套设施设备和相关场地能够分割并独立使用的，可以划分为不同的物业管理区域；

（二）原有住宅物业界线已自然形成且无争议的，划分为一个物业管理区域；

（三）商贸、办公、医院、学校、工厂、仓储等非住宅物业以及单幢商住楼宇具有独立共用设施设备并能够封闭的，划分为一个物业管理区域。

第十四条　已投入使用但尚未划分物业管理区域，或者需要调整物业管理区域的，物业所在地的县（市、区）人民政府物业行政主管部门应当会同街道办事处、乡镇人民政府，在征求业主意见后予以划分或者调整，并在相应区域内显著位置进行不少于七日的公告。

第十五条　建设单位应当在办理商品房预售许可证或者商品房现房销售前，将划定的物业管理区域资料报送物业所在地的街道办事处、乡镇人民政府备案。

建设单位应当将已备案的物业管理区域在商品房买卖合同中明示。

建设单位应当在物业管理区域内显著位置长期公开物业管理区域规划总平面图，并在图上标明或者使用文字辅助说明下列事项：

（一）物业管理区域的四至范围；

（二）属于业主共有的道路、绿地和其他公共场所的面积和位置；

（三）规划配建的车位数量和位置；

（四）地下室、地面架空层的面积；

（五）物业服务用房的面积和位置；

（六）共用设施设备名称；

（七）其他需要明示的场所和设施设备。

物业服务人应当对长期公开的物业管理区域规划总平面图做好维护管理工作。

第十六条　住宅小区的规划设计中，应当明确物业服务用房的具体位置和面积。建设单位应当按照下列规定配置物业管理区域内的物业服务用房：

（一）房屋总建筑面积二十万平方米以下的部分，按照不少于千分之四的标准配置，且物业服务用房建筑面积不得少于一百平方米；

（二）房屋总建筑面积超过二十万平方米的部分，按照不少于千分之二的标准配置；

（三）分期开发建设的，首期配置建筑面积不得少于一百平方米；

（四）物业服务用房应当在地面以上，具备独立使用功能，相对集中，便于开展物业服务活动，并具备采光、通风、供水、排水、供电、供热、通信等正常使用功能和独立通道。

第十七条　物业服务用房包括物业服务人办公用房和业主委员会办公用房。其中，业主委员会办公用房建筑面积不得少于二十平方米。

建设单位申请房屋所有权首次登记时，应当将物业服务用房申请登记为业主共有。

物业服务用房不计入分摊的公用建筑面积，其所有权属于全体业主。未经业主大会决定或者业主共同决定，任何单位和个人不得改变物业服务用房的用途，不得转让和抵押物业服务用房。

第十八条　建筑区划内的以下部分属于业主共有：

（一）道路、绿地，但是属于城镇公共道路、城镇公共绿地或者明示属于个人的除外；

（二）占用业主共有的道路或者其他场地用于停放汽车的车位；

（三）建筑物的基础、承重结构、外墙、屋顶等基本结构部分，通道、楼梯、大堂等公共通行部分，消防、公共照明等附属设施设备，避难层、架空层、设备层或者设备间等结构部分；

（四）物业服务用房和其他公共场所、公用设施；

（五）法律、法规规定或者商品房买卖合同依法约定的其他共有部分。

未经业主大会决定或者业主共同决定，任何单位和个人不得改变共有部分的用途，不得利用共有部分从事经营活动，不得处分共有部分。

第十九条　新建住宅物业管理区域内的供电、供水、供热、供燃气、排水、通讯等专业经营设施设备以及相关管线，应当符合国家技术标准和技术规范，并与主体工程同时设计、同时施工、同时交付。

建设单位在组织竣工验收时，应当通知供

电、供水、供热、供燃气等专业经营单位参加；验收合格后，建设单位应当将专业经营设施设备以及相关管线移交给专业经营单位维护管理，专业经营单位应当接收。

已投入使用的设施设备以及相关管线尚未移交专业经营单位维护管理的，物业所在地的县（市、区）人民政府应当组织专业经营单位接收。验收合格的，专业经营单位应当接收；验收不合格的，县（市、区）人民政府应当组织相关单位进行整改，整改合格后，由专业经营单位接收。

移交给专业经营单位的设施设备以及相关管线，其维修、养护、更新等费用，由专业经营单位依法承担，不得从物业费和专项维修资金中列支。尚在保修期内的，其费用由建设单位承担。

第三章 业主、业主组织及物业管理委员会

第一节 业主

第二十条 房屋的所有权人为业主。

本条例所称业主还包括：

（一）尚未登记取得所有权，但是基于买卖、赠与等旨在转移所有权的行为已合法占有建筑物专有部分的单位或者个人；

（二）因人民法院、仲裁机构的法律文书或者人民政府的征收决定等取得建筑物专有部分所有权的单位或者个人；

（三）因继承取得建筑物专有部分所有权的个人；

（四）因合法建造取得建筑物专有部分所有权的单位或者个人；

（五）其他符合法律、法规规定的单位或者个人。

第二十一条 业主在物业管理活动中，享有下列权利：

（一）按照物业服务合同约定，接受物业服务人提供的服务；

（二）提议成立业主大会，提议召开业主大会会议，并就物业管理的相关事项提出建议；

（三）提出制定和修改业主大会议事规则、管理规约的建议；

（四）参加业主大会会议，行使投票权；

（五）选举业主委员会成员，并享有被选举权；

（六）监督首次业主大会会议筹备组、业主委员会的工作；

（七）监督物业服务人履行物业服务合同；

（八）对物业共用部位、共用设施设备和相关场地使用情况享有知情权和监督权；

（九）监督专项维修资金的管理和使用；

（十）法律、法规规定的其他权利。

第二十二条 业主在物业管理活动中，履行下列义务：

（一）遵守业主大会议事规则、临时管理规约、管理规约；

（二）遵守物业管理区域内物业共用部位和共用设施设备的使用、公共秩序和环境卫生的管理、维护等方面的规章制度；

（三）执行业主大会的决定和业主大会授权业主委员会作出的决定；

（四）按照规定交存专项维修资金；

（五）按照约定向物业服务人支付物业费。物业服务人已按照约定和有关规定提供服务的，业主不得以未接受或者无需接受相关物业服务为由拒绝支付物业费；

（六）按照规定分类投放生活垃圾；

（七）法律、法规规定的其他义务。

业主对建筑物专有部分以外的共有部分，享有权利，承担义务；不得以放弃权利为由不履行义务。

第二节 业主大会

第二十三条 业主大会由物业管理区域内全体业主组成，代表和维护全体业主在物业管理活动中的合法权益。

一个物业管理区域成立一个业主大会。

只有一个业主，或者业主人数较少且经全体业主一致同意决定不成立业主大会的，由全体业主共同履行业主大会、业主委员会的职责。

第二十四条 一个物业管理区域内，已交付业主的专有部分面积占比百分之五十以上的，可以成立业主大会。

建设单位应当在具备成立业主大会条件之

日起三十日内向物业所在地的街道办事处、乡镇人民政府报送筹备首次业主大会会议所需的建筑物面积清册、业主名册、规划总平面图、交付使用共用设施设备证明、物业服务用房配置证明等资料。

第二十五条　符合成立业主大会条件的，百分之五以上的业主、专有部分面积占比百分之五以上的业主、居（村）民委员会或者建设单位，可以向物业所在地的街道办事处、乡镇人民政府提出筹备成立业主大会的书面申请。

街道办事处、乡镇人民政府应当在收到书面申请后六十日内，组织成立首次业主大会会议筹备组。

第二十六条　首次业主大会会议筹备组成员由业主代表，街道办事处、乡镇人民政府代表，社区党组织、居（村）民委员会代表和建设单位代表组成。筹备组成员人数应当为单数，其中业主代表人数不低于筹备组总人数的二分之一。业主代表的产生由物业所在地的街道办事处、乡镇人民政府组织业主推荐后确定。筹备组组长由街道办事处、乡镇人民政府指派的代表担任。

筹备组应当自成立之日起七日内，将其成员名单和工作职责，在物业管理区域内显著位置进行不少于七日的公示。业主对筹备组成员有异议的，由街道办事处、乡镇人民政府协调解决。

筹备组正式工作前，街道办事处、乡镇人民政府应当会同县（市、区）人民政府物业行政主管部门，对筹备组成员进行培训。

第二十七条　首次业主大会会议筹备组成员应当符合下列条件：

（一）具有完全民事行为能力；

（二）本人、配偶及其近亲属未在为本物业管理区域提供服务的物业服务人处任职；

（三）无非法收受建设单位、物业服务人或者其他利害关系人提供的利益、报酬或者向其索取利益、报酬的行为；

（四）法律、法规规定的其他条件。

第二十八条　首次业主大会会议筹备组履行下列职责：

（一）确认并公示业主身份、业主人数以及所拥有的专有部分面积；

（二）制定召开首次业主大会会议方案，确定首次业主大会会议召开的时间、地点、形式和内容；

（三）拟定业主大会议事规则草案和管理规约草案；

（四）确定首次业主大会会议表决规则；

（五）制定业主委员会成员候选人产生办法，确定业主委员会成员候选人名单；

（六）制定业主委员会选举办法；

（七）完成召开首次业主大会会议的其他准备工作。

前款内容所涉相关事项，应当在首次业主大会会议召开十五日前，以书面形式在物业管理区域内显著位置进行不少于七日的公示。业主对公示内容有异议的，筹备组应当记录并作出答复。

第二十九条　筹备组应当自组成之日起九十日内完成筹备工作，组织召开首次业主大会会议。

首次业主大会会议应当表决业主大会议事规则、管理规约，并选举业主委员会。

业主大会自首次业主大会会议审议通过业主大会议事规则、管理规约之日起成立。

首次业主大会会议未能选举产生业主委员会的，筹备组应当自会议结束之日起七日内，持首次业主大会会议记录和会议决定、业主大会议事规则、管理规约，向物业所在地的街道办事处、乡镇人民政府备案，并向业主公开业主大会决定、业主大会议事规则和管理规约。

首次业主大会会议选举产生业主委员会的，按照本条例第四十六条规定备案。

第三十条　业主大会决定下列事项：

（一）制定和修改业主大会议事规则；

（二）制定和修改管理规约；

（三）选举业主委员会或者更换业主委员会成员；

（四）选聘和解聘物业服务企业或者其他管理人；

（五）使用专项维修资金；

（六）筹集专项维修资金；

（七）改建、重建建筑物及其附属设施；

（八）改变共有部分用途或者利用共有部

分从事经营活动；

（九）制定和修改业主委员会工作规则；

（十）听取和审查业主委员会工作报告；

（十一）决定业主大会和业主委员会工作经费、业主委员会成员工作津贴及标准；

（十二）有关共有和共同管理权利的其他重大事项。

未成立业主大会的，前款规定的事项由业主共同决定。

第三十一条　业主大会决定事项或者业主共同决定事项，应当由物业管理区域内专有部分面积占比三分之二以上的业主且人数占比三分之二以上的业主参与表决。

决定本条例第三十条第一款第六项至第八项规定的事项，应当经参与表决专有部分面积四分之三以上的业主且参与表决人数四分之三以上的业主同意。

决定本条例第三十条第一款其他事项，应当经参与表决专有部分面积过半数的业主且参与表决人数过半数的业主同意。

第三十二条　业主行使投票权时，专有部分面积和业主人数按照下列方法确定：

（一）专有部分面积，按照不动产登记簿记载的面积计算；尚未进行物权登记的，暂按测绘机构的实测面积计算；尚未进行实测的，暂按商品房买卖合同记载的面积计算；

（二）业主人数，按照专有部分的数量计算，一个专有部分按照一人计算。但建设单位尚未出售或者虽已出售但尚未交付的部分，以及同一买受人拥有一个以上专有部分的，按照一人计算。

业主大会应当在业主大会议事规则中约定车位、摊位等特定空间是否计入用于确定业主投票权数的专有部分面积。

第三十三条　业主、物业使用人应当遵守管理规约。管理规约应当包括下列内容：

（一）物业的使用、维护和管理；

（二）专项维修资金的筹集、使用和管理；

（三）业主共有部分的经营与收益分配；

（四）业主共同利益的维护；

（五）业主共同管理权的行使；

（六）业主应当履行的义务；

（七）违反管理规约应当承担的责任。

对未及时支付物业费等情形，管理规约可以规定由业主委员会或者物业服务人采取合法方式，在物业管理区域内就相关情况予以公告。

本条例所称物业使用人，是指除业主以外合法占有、使用物业的单位或者个人，包括但是不限于物业的承租人。

第三十四条　业主大会议事规则应当就业主大会的议事方式、表决程序、业主投票权确定办法、业主委员会的组成和成员任期等事项作出约定。

第三十五条　业主拒绝支付物业费，或者不交存专项维修资金，以及实施其他损害业主共同权益行为的，业主大会可以在业主大会议事规则和管理规约中对其共同管理权的行使作出限制性规定。

第三十六条　业主大会会议分为定期会议和临时会议。业主大会定期会议应当按照业主大会议事规则的规定召开。

有下列情形之一的，业主委员会应当及时组织召集业主大会临时会议：

（一）经专有部分面积占比百分之二十以上的业主且人数占比百分之二十以上的业主提议的；

（二）发生重大事故或者紧急事件需要及时处理的；

（三）业主大会议事规则或者管理规约规定的其他情形。

第三十七条　业主大会会议可以采用集体讨论、书面征求意见或者通过互联网等方式召开。

召开业主大会会议的，业主委员会应当于会议召开十五日前通知业主，将会议议题及其具体内容、时间、地点、方式等在物业管理区域内显著位置公告。

住宅小区的业主大会会议，应当同时告知物业所在地的居（村）民委员会，居（村）民委员会应当派代表参加。

业主大会会议不得就已公告议题以外的事项进行表决。

第三十八条　业主因故不能参加业主大会会议的，可以书面委托代理人参加业主大会会议，委托书应当载明委托事项、权限和期限。

在业主身份确认的前提下，可以采用视频等信息化技术手段改进业主大会表决方式。

县级以上人民政府物业行政主管部门应当逐步建立业主决策信息平台，供业主和业主大会免费使用。

第三十九条　业主大会、业主委员会依法作出的决定，对本物业管理区域内的全体业主具有约束力。物业使用人应当依法遵守业主大会、业主委员会的决定。

业主大会决定应当自作出之日起七日内，由业主委员会以书面形式在物业管理区域内显著位置公告，并报送物业所在地的街道办事处、乡镇人民政府备案。

业主大会会议由业主委员会作书面记录并存档。

第四十条　业主委员会未按照业主大会议事规则的规定组织召集业主大会定期会议，或者发生应当召开业主大会临时会议的情况业主委员会不履行组织召集会议职责的，物业所在地的街道办事处、乡镇人民政府可以责令业主委员会限期召集；逾期仍不召集的，在街道办事处、乡镇人民政府的指导和监督下，可以由居（村）民委员会组织召集。

第三节　业主委员会

第四十一条　业主委员会是业主大会的执行机构，由业主大会会议选举产生。业主委员会应当依法履行下列职责：

（一）召集业主大会会议，报告物业管理的实施情况；

（二）代表业主与物业服务企业或者其他管理人签订物业服务合同；

（三）及时了解业主、物业使用人的意见和建议，监督和协助物业服务人履行物业服务合同；

（四）监督管理规约的实施；

（五）督促业主按时支付物业费以及其他相关费用；

（六）起草共有部分、共有资金使用与管理办法，并提请业主大会决定；

（七）组织和监督专项维修资金的筹集和使用；

（八）调解业主之间、业主与物业服务人之间因物业使用、维护和管理产生的纠纷；

（九）配合街道办事处、乡镇人民政府、居（村）民委员会等做好物业管理区域内的社区建设、社会治安和公益宣传等工作；

（十）制定印章管理和档案管理制度，并建立相关档案供业主查询；

（十一）存档业主大会、业主委员会会议记录和会议决定；

（十二）法律、法规以及业主大会赋予的其他职责。

第四十二条　业主委员会由五至十一名成员单数组成，其中中国共产党党员应当占多数。业主委员会每届任期不超过五年，可以连选连任。业主委员会成员具有同等表决权。

业主委员会应当自选举产生之日起七日内，召开首次业主委员会会议，推选业主委员会主任和副主任，并在推选完成之日起三日内，在物业管理区域内显著位置对业主委员会主任、副主任和其他成员的名单进行不少于七日的公告。

第四十三条　业主委员会成员候选人应当是物业管理区域内的自然人业主，或者单位业主授权的自然人代表，并符合下列条件：

（一）具有完全民事行为能力；

（二）热心公益事业，责任心强，公正廉洁，具有一定的组织能力；

（三）未有本条例第八十八条规定的禁止行为；

（四）本人、配偶及其近亲属与物业服务人无直接的利益关系；

（五）未有法律、法规规定的其他不宜担任业主委员会成员的情形。

第四十四条　业主委员会成员候选人通过下列方式产生：

（一）社区党组织推荐；

（二）居（村）民委员会推荐；

（三）业主自荐或者联名推荐。

第四十五条　业主委员会成员按照业主委员会成员候选人得票多少当选，所得票数相等的，抽签确定人选。

业主大会在选举业主委员会成员的同时，可以按照第三十一条第一款和第三款规定选举出业主委员会候补成员，候补成员人数按照不超过业主委员会成员人数确定。候补成员可以列席业主委员会会议，不具有表决权。在个别业主委员会成员资格终止时，经业主委员会决定，从候补成员中按照得票排名顺序依次递补，并在物业管理区域内显著位置进行不少于七日的公告。

第四十六条 业主委员会应当自选举产生之日起三十日内，持下列资料向物业所在地的街道办事处、乡镇人民政府备案：

（一）首次业主大会会议记录和会议决定；

（二）业主大会议事规则；

（三）管理规约；

（四）业主委员会首次会议记录和会议决定；

（五）业主委员会成员和候补成员的名单、联系方式、基本情况。

街道办事处、乡镇人民政府对以上资料进行核实，符合要求的，五个工作日内予以备案，并出具业主大会、业主委员会备案证明。

业主委员会可以持备案证明申请业主大会统一社会信用代码证书，向金融机构申请开立账户，并申请刻制业主大会印章和业主委员会印章。

备案内容发生变更的，业主委员会应当自变更之日起三十日内，向原备案机关备案。

第四十七条 业主委员会应当向业主公开下列情况和资料：

（一）业主大会议事规则、管理规约；

（二）业主大会和业主委员会的决定；

（三）物业服务合同；

（四）专项维修资金的筹集、使用情况；

（五）业主大会和业主委员会工作经费的收支情况；

（六）其他应当向业主公开的情况和资料。

业主有权查阅业主大会会议、业主委员会会议资料、记录，有权就涉及自身利益的事项向业主委员会提出询问，业主委员会应当予以解释、答复。

第四十八条 业主委员会应当按照业主大会议事规则的规定以及业主大会的决定召开会议。经三分之一以上业主委员会成员提议，应当在七日内召开业主委员会会议。

业主委员会会议由主任召集和主持。主任因故不能履行职责的，可以委托副主任召集和主持。

业主委员会主任、副主任无正当理由不召集业主委员会会议的，业主委员会其他成员或者业主可以请求物业所在地的居（村）民委员会、街道办事处、乡镇人民政府责令限期召集；逾期仍未召集的，由居（村）民委员会、街道办事处、乡镇人民政府组织召集，并重新推选业主委员会主任、副主任。

业主委员会会议应当有过半数的成员出席，作出的决定必须经全体成员过半数同意。会议决定应当由出席会议的业主委员会成员签字确认，未出席会议的业主委员会成员签字无效。业主委员会应当自作出决定之日起三日内，将会议决定在物业管理区域内显著位置公告。

业主委员会成员不得委托代理人参加业主委员会会议。

第四十九条 业主委员会应当于会议召开七日前，在物业管理区域内显著位置公示业主委员会会议的内容和议程，听取业主的意见和建议。

业主委员会应当在会议召开五日前，将会议议题告知物业所在地的居（村）民委员会，并听取意见和建议。居（村）民委员会可以根据情况派代表参加。

第五十条 业主大会和业主委员会的工作经费、业主委员会成员的工作津贴，经业主大会决定，由全体业主分摊，也可以从业主共有部分经营所得收益中列支。

第五十一条 业主委员会成员、候补成员有下列情形之一时，其成员资格自行终止，并由业主委员会向业主公告：

（一）因物业转让、灭失等原因不再是业主的；

（二）丧失民事行为能力的；

（三）以书面形式向业主委员会提出辞职的；

（四）法律、法规以及管理规约规定的其他情形。

第五十二条 业主委员会成员、候补成员有下列情形之一的，业主委员会应当提请业主大会罢免其成员资格：

（一）阻挠、妨碍业主大会行使职权或者

不执行业主大会决定的；

（二）业主委员会成员一年内缺席业主委员会会议总次数达到一半的；

（三）利用职务之便接受减免物业费、停车费等相关物业服务费用的；

（四）非法收受建设单位、物业服务人或者其他利害关系人提供的利益、报酬或者向其索取利益、报酬的；

（五）利用成员资格谋取私利损害业主共同利益的；

（六）泄露业主信息的；

（七）虚构、篡改、隐匿、销毁物业管理活动中形成的文件资料的；

（八）拒绝、拖延提供物业管理有关的文件资料，妨碍业主委员会换届交接工作的；

（九）擅自使用业主大会、业主委员会印章的；

（十）违反业主大会议事规则或者未经业主大会授权，与物业服务人签订、修改物业服务合同的；

（十一）将业主共有财产借给他人、设定担保等挪用、侵占业主共有财产的；

（十二）不宜担任业主委员会成员、候补成员的其他情形。

业主委员会未提请业主大会罢免其成员资格的，物业所在地的街道办事处、乡镇人民政府调查核实后，应当责令该成员暂停履行职责，由业主大会决定终止其成员资格。

第五十三条　业主委员会任期届满前三个月，应当召开业主大会会议进行换届选举。

业主委员会在规定时间内不组织换届选举的，在物业所在地的街道办事处、乡镇人民政府的指导和监督下，由居（村）民委员会组织换届选举工作。

业主委员会任期届满后，作出的决定不具有法律效力。

业主委员会应当将其保管的财务凭证、印章、业主名册、会议记录和会议决定等档案资料以及业主共有的其他财物，自新一届业主委员会履职之日起十日内予以移交。不按时移交的，新一届业主委员会可以请求居（村）民委员会、街道办事处、乡镇人民政府督促其移交；仍拒不移交的，新一届业主委员会可以请求公安机关予以协助。

业主委员会成员任期内资格终止的，应当自资格终止之日起三日内，向业主委员会移交其保管的前款规定的资料和财物。

第五十四条　业主大会、业主委员会应当依法履行职责，不得作出与物业管理无关的决定，不得从事与物业管理无关的活动。

业主大会、业主委员会作出的决定违反法律、法规、业主大会议事规则、管理规约等规定的，物业所在地的街道办事处、乡镇人民政府应当责令其限期改正或者撤销其决定，并向全体业主公告。

业主大会、业主委员会作出的决定侵害业主合法权益的，受侵害的业主可以请求人民法院予以撤销。

第四节　物业管理委员会

第五十五条　有下列情形之一的，物业所在地的街道办事处、乡镇人民政府负责组建物业管理委员会：

（一）不具备成立业主大会条件的；

（二）具备成立业主大会条件，但是因各种原因未能成立的；

（三）召开业主大会会议，未能选举产生业主委员会的；

（四）需要重新选举业主委员会，但是因各种原因未能选举产生的。

物业管理委员会作为临时机构，依照本条例承担业主委员会的相关职责，组织业主共同决定物业管理事项，推动符合条件的物业管理区域成立业主大会、选举产生业主委员会。

第五十六条　物业管理委员会由物业所在地的街道办事处、乡镇人民政府组织社区党组织、居（村）民委员会代表，业主代表等七人以上单数组成。其中业主代表应当不少于物业管理委员会成员人数的二分之一，由街道办事处、乡镇人民政府通过听取业主意见、召开座谈会等方式，在自愿参加的业主中确定。业主代表适用本条例第四十三条关于业主委员会成员候选人条件的规定。

物业管理委员会主任由社区党组织、居（村）民委员会代表担任；副主任由社区党组织、居（村）民委员会指定一名业主代表担任。物业管理委员会成员名单应当在物业管理区域内显著位置进行不少于七日的公告。

第五十七条 物业管理委员会会议由主任或者主任委托的副主任召集和主持。三分之一以上的成员提议召开物业管理委员会会议的，应当组织召开会议。

物业管理委员会会议应当有过半数成员出席。物业管理委员会成员不得委托代理人参加会议。会议作出的决定应当经全体成员过半数同意，并由出席会议的物业管理委员会成员签字确认，未出席会议的物业管理委员会成员签字无效。

物业管理委员会应当自作出决定之日起三日内，将会议决定在物业管理区域内显著位置公告。

第五十八条 物业管理委员会的任期一般不超过三年。任期届满仍未推动成立业主大会并选举产生业主委员会的，由物业所在地的街道办事处、乡镇人民政府重新组建物业管理委员会。

第五十九条 已成立业主大会并选举产生业主委员会的，或者因客观原因致使物业管理委员会无法存续的，物业所在地的街道办事处、乡镇人民政府应当在三十日内解散物业管理委员会，并在物业管理区域内显著位置公告。

第四章 前期物业

第六十条 新建物业出售前，建设单位应当选聘前期物业服务人，签订书面的前期物业服务合同。

前期物业服务合同签订之日起十五日内，建设单位应当将前期物业服务合同报送物业所在地的街道办事处、乡镇人民政府备案。

第六十一条 建设单位在出售物业前，应当制定临时管理规约，并报送物业所在地的街道办事处、乡镇人民政府备案。

临时管理规约不得侵害物业买受人的合法权益。

第六十二条 建设单位应当将前期物业服务人名称、物业服务内容、物业服务收费、物业服务合同期限、临时管理规约等内容在销售现场公开，并在与物业买受人签订商品房买卖合同时，将前期物业服务合同和临时管理规约作为商品房买卖合同附件。

前期物业服务合同约定的服务期限届满前，业主委员会或者业主与新物业服务人订立的物业服务合同生效的，或者业主大会决定自行管理的，前期物业服务合同终止。

第六十三条 住宅物业的建设单位应当通过招投标的方式选聘前期物业服务人。

投标人少于三个或者住宅规模较小的，经物业所在地的县（市、区）人民政府物业行政主管部门批准，可以采用协议方式选聘前期物业服务人；采用协议方式选聘前期物业服务人的住宅规模标准由市、州人民政府物业行政主管部门确定并公布。

第六十四条 住宅前期物业服务收费实行政府指导价，由县级以上人民政府价格主管部门会同物业行政主管部门制定，并定期公布。

第六十五条 新建物业的配套建筑、设施设备和相关场地经竣工验收合格后，建设单位方可向物业买受人办理房屋交付手续。将未达到交付条件的新建物业交付给买受人的，建设单位应当承担前期物业费。

具备交付条件已交付业主的物业，物业费由业主支付；未交付的或者已竣工但尚未售出的物业，物业费由建设单位支付。建设单位与物业买受人约定减免物业费的，减免的费用由建设单位支付。

第六十六条 建设单位应当在新建物业交付使用十五日前，与选聘的物业服务人按照国家有关规定和前期物业服务合同约定，完成对物业共用部位、共用设施设备的承接查验工作。

建设单位不得以物业交付期限届满为由，要求物业服务人承接未经查验或者不符合交付使用条件的物业。物业服务人不得承接未经查验的物业。

分期开发建设的物业项目，可以根据开发进度，对符合交付使用条件的物业分期承接查验，办理物业分期交接手续。建设单位与物业服务人应当在承接最后一期物业时，办理物业项目整体交接手续。

第六十七条 建设单位与前期物业服务人应当在物业所在地的街道办事处、乡镇人民政府的指导和监督下，对物业管理区域内的共用部位、共用设施设备进行查验，确认现场查验结果，形成书面查验记录，签订物业承接查验协议，形成书面交接记录，并向业主公开查验结果。

物业承接查验协议应当对物业承接查验基本情况、存在问题、解决方法及其时限、双方权利义务、违约责任等事项作出明确约定。

建设单位应当按照物业承接查验协议的约定对存在问题进行整改。建设单位未按照约定整改的，物业服务人应当及时向街道办事处、乡镇人民政府报告。街道办事处、乡镇人民政府应当责令建设单位在三十日内予以整改。

物业承接查验协议生效后，当事人一方不履行协议约定的交接义务，导致前期物业服务合同无法履行的，应当承担违约责任。

第六十八条　现场查验二十日前，建设单位应当向物业服务人移交下列资料：

（一）竣工总平面图，单体建筑、结构、设备竣工图，配套设施、地下管网工程竣工图等竣工验收资料；

（二）共用设施设备清单及其安装、使用和维护、保养等技术资料；

（三）供电、供水、供热、供燃气、通信、有线电视等准许使用文件；

（四）物业质量保修文件和物业使用说明文件；

（五）承接查验所必需的其他资料。

未能全部移交前款所列资料的，建设单位应当列出未移交资料的详细清单并书面承诺补交的具体时限。

第六十九条　物业服务人应当自物业交接后三十日内，持下列文件向物业所在地的街道办事处、乡镇人民政府备案：

（一）前期物业服务合同；

（二）临时管理规约；

（三）物业承接查验协议；

（四）建设单位移交资料清单；

（五）查验记录；

（六）交接记录；

（七）其他与承接查验有关的文件。

第七十条　物业服务人应当将与承接查验有关的文件、资料和记录建立物业承接查验档案，并妥善保管。

物业承接查验档案属于全体业主所有，业主有权查阅、复印。

第七十一条　建设单位应当按照国家规定的保修期限和保修范围，承担物业的保修责任。

对保修期限和保修范围内出现的物业质量问题，物业服务人应当及时通知建设单位。建设单位应当立即通知施工单位进入现场核查情况，予以保修。建设单位无法通知施工单位或者施工单位未按照约定进行保修的，建设单位应当另行委托其他单位保修。

建设单位不履行保修义务或者拖延履行保修义务的，业主、物业服务人可以向县级以上人民政府建设行政主管部门投诉，由建设行政主管部门依法监督管理。

第七十二条　物业交接后，发现隐蔽工程质量问题影响房屋结构安全和正常使用的，建设单位应当负责修复；给业主造成经济损失的，建设单位应当依法承担赔偿责任。

第七十三条　物业服务人应当按照法律、法规规定和物业服务合同约定履行维修、养护、管理义务，承担因管理服务不当致使物业共用部位、共用设施设备毁损或者灭失的责任。

第五章　物业服务

第七十四条　业主可以自行管理物业，也可以委托他人管理；委托物业服务人提供物业服务的，一个物业管理区域应当选定一个物业服务人提供物业服务。

物业服务人将物业管理区域内的部分专项服务事项委托给专业性服务组织或者其他第三人的，应当就该部分专项服务事项向业主负责。

物业服务人不得将其应当提供的全部物业服务转委托给第三人，或者将全部物业服务支解后分别转委托给第三人。

法律、法规规定应当由符合资质的专业机构或者人员实施维修、养护的设施设备，从其规定。

第七十五条 接受委托提供物业服务的企业应当具有独立法人资格，拥有相应的专业技术人员，具备为业主提供物业管理专业服务的能力。

第七十六条 物业服务人应当按照法律、法规规定和物业服务合同约定提供物业服务，并遵守下列规定：

（一）在业主、物业使用人使用物业前，将物业的共用部位、共用设施设备的使用方法、维护要求、注意事项等有关规定书面告知业主、物业使用人；

（二）发现有安全风险隐患的，及时设置警示标志，采取措施排除隐患或者向有关专业机构报告；

（三）做好物业维修、养护及其费用收支的各项记录，妥善保管物业服务档案和资料；

（四）对违法建设、私拉电线、占用消防车通道以及其他违反有关治安、环保、消防等法律、法规的行为进行劝阻、及时采取合理措施制止，向相关行政主管部门报告，并协助处理；

（五）对业主、物业使用人违反临时管理规约、管理规约的行为进行劝阻、制止，并及时报告业主委员会；

（六）对在提供物业服务过程中获取的业主、物业使用人的个人信息予以保密；

（七）指导和监督业主、物业使用人进行生活垃圾分类；

（八）执行政府依法实施的各项管理措施，积极配合开展相关工作。

物业服务人不得以业主拖欠物业费、不配合管理等理由，减少服务内容，降低服务质量；不得采取停止供电、供水、供热、供燃气以及限制业主进出小区、入户的方式催交物业费。

第七十七条 业主应当根据物业服务合同约定的付费方式和标准，按时足额支付物业费。

业主逾期不支付物业费的，业主委员会应当督促其支付；物业服务人可以催告其在合理期限内支付；合理期限届满仍不支付的，物业服务人可以依法提起诉讼或者申请仲裁。

第七十八条 业主大会成立后，应当根据业主大会的决定选择物业管理方式、选聘物业服务人。

业主大会决定采用招投标方式选聘物业服务人的，由业主委员会依法组织招标。

物业服务合同应当采用书面形式，内容一般包括服务事项、服务质量、服务费用的标准和收取办法、专项维修资金的使用、物业服务用房的使用和管理、服务期限、服务交接、违约责任等条款。物业服务人公开作出的有利于业主的服务承诺，为物业服务合同的组成部分。

物业服务人应当自物业服务合同签订之日起十五日内，将物业服务合同报送物业所在地的街道办事处、乡镇人民政府备案。

物业服务合同示范文本由省人民政府物业行政主管部门会同省市场监督管理行政主管部门制定。

第七十九条 物业费可以采取包干制或者酬金制等方式收取。

实行酬金制的，物业服务人应当向全体业主公开物业服务资金年度预决算，并每年定期公开物业服务资金的收支情况。

物业服务合同期限内，物业服务人不得擅自提高物业服务收费标准。如需提高的，物业服务人应当公示拟调价方案、调价理由、成本变动情况等相关资料，与业主委员会协商，并由业主大会决定或者业主共同决定。

第八十条 物业服务企业应当指派物业项目负责人。物业项目负责人应当在到岗之日起三日内，到物业项目所在地的居（村）民委员会报到，在居（村）民委员会的指导和监督下参与社区治理工作。

物业项目负责人的履职情况记入物业服务信用档案。

第八十一条 物业服务人应当在物业管理区域内显著位置向业主公开下列信息并及时更新，并可以通过互联网等方式告知业主：

（一）物业服务企业的营业执照或者其他管理人的基本情况、物业项目负责人的基本情况、联系方式、服务投诉电话；

（二）物业服务事项、负责人员、质量要求、收费项目、收费标准等；

（三）上一年度物业服务合同履行情况；

（四）上一年度专项维修资金使用情况；

（五）上一年度利用业主共有部分发布广告、停车等经营与收益情况；

（六）上一年度公共水电费用以及分摊详细情况；

（七）电梯、消防、水、电、气、暖等设施设备日常维护保养单位的名称和联系方式；

（八）其他应当公开的信息。

物业服务人应当定期将前款第三项至第六项规定的事项，向业主大会、业主委员会报告。

业主对公开内容有异议的，物业服务人应当在七日内予以答复。

第八十二条　物业服务人应当建立、保存下列物业服务档案和资料：

（一）业主共有部分经营管理档案；

（二）共用部位、共用设施设备档案及其运行、维修、养护记录；

（三）水箱清洗记录及水箱水质检测报告；

（四）业主名册；

（五）签订的供水、供电、垃圾清运等书面协议；

（六）物业服务活动中形成的与业主利益相关的其他资料。

第八十三条　物业服务合同终止的，原物业服务人应当在约定期限或者合理期限内退出物业管理区域，将下列资料、财物等交还业主委员会、决定自行管理的业主或者其指定的人，配合新聘物业服务人做好交接工作，并如实告知物业的使用和管理状况：

（一）本条例第六十八条、第八十二条规定的档案和资料；

（二）物业服务用房和物业共用部位、共用设施设备；

（三）结清预收、代收的有关费用；

（四）物业服务合同约定的其他事项。

物业服务人不得损坏、隐匿、销毁前款规定的资料、财物等。

原物业服务人违反前两款规定之一的，不得请求业主支付物业服务合同终止后的物业费；给业主造成损失的，应当赔偿损失。

原物业服务人不得以业主拖欠物业费、对业主共同决定有异议等为由拒绝办理交接，不得以任何理由阻挠新聘物业服务人进场服务。

原物业服务人拒不移交有关资料、财物等，或者拒不退出物业管理区域的，经业主或者业主委员会请求，物业所在地的居（村）民委员会、街道办事处、乡镇人民政府、县（市、区）人民政府物业行政主管部门应当予以协助。经协助，原物业服务人仍拒不移交或者拒不退出的，可以请求公安机关予以协助。

第八十四条　物业服务合同终止前，原物业服务人不得擅自退出物业管理区域，停止物业服务。

物业服务合同终止后，在业主或者业主大会选聘的新物业服务人或者决定自行管理的业主接管之前，原物业服务人应当继续处理物业服务事项，并可以请求业主支付该期间的物业费。

第八十五条　物业管理区域处于失管状态时，物业所在地的街道办事处、乡镇人民政府应当进行应急管理。在街道办事处、乡镇人民政府指导和监督下，居（村）民委员会应当根据应急管理的需要，提供基本保洁、秩序维护等应急物业服务，服务期限协商确定，费用由全体业主共同承担。

提供应急物业服务的，街道办事处、乡镇人民政府应当将服务内容、服务期限、服务费用等相关内容，在物业管理区域内显著位置公告。

提供应急物业服务期间，在街道办事处、乡镇人民政府指导和监督下，居（村）民委员会应当组织业主共同决定选聘物业服务人。

第八十六条　经业主大会决定或者业主共同决定对物业实施自行管理的，应当对管理负责人、自行管理的内容、标准、费用、责任和期限等事项作出规定。

第八十七条　物业管理区域内供水、供电、供热、供燃气、通讯、有线电视等专业经营单位，应当向最终用户收取有关费用。专业经营单位不得因部分最终用户未履行交费义务，停止已交费用户和共用部位的服务。

除业主自行增加的设施设备外，供电、供水、供热、供燃气经营单位，应当按照下列规定负责物业管理区域内相关设施设备的维修、养护和更新：

（一）业主终端计量水表及以外的供水设施设备；

（二）业主终端计量电表及以外的供电设施设备（集中设表的，为用户户外的供电设施设备）；

（三）业主燃气燃烧用具、连接燃气用具胶管以外的燃气设施设备；

（四）业主入户分户阀及以外的供热设施设备。

专业经营单位可以委托物业服务人代收有关费用，双方应当签订书面委托协议，明确委托的主要事项和费用支付的标准与方式，不得向业主收取手续费等额外费用。

第六章 物业的使用

第八十八条 任何单位和个人不得在物业管理区域内实施下列行为：

（一）擅自变动建筑主体和承重结构；

（二）违法搭建建筑物、构筑物或者私挖地下空间；

（三）占用、堵塞、封闭消防车通道、疏散通道、安全出口，损毁消防设施设备；

（四）违反规定制造、储存、使用、处置爆炸性、毒害性、放射性、腐蚀性物质或者传染病病原体等危险物质；

（五）违反规定制造噪声干扰他人正常生活；

（六）侵占、毁坏公共绿地、树木和绿化设施；

（七）饲养动物干扰他人正常生活或者放任动物恐吓他人；

（八）从建筑物中抛掷物品；

（九）违反规定出租房屋；

（十）违反规定私拉电线为电动车辆充电；

（十一）破坏、侵占人民防空设施；

（十二）法律、法规以及管理规约禁止的其他行为。

有前款所列行为之一的，物业服务人、业主委员会应当及时劝阻、制止；劝阻、制止无效的，应当及时报告相关行政主管部门。

业主、物业使用人对侵害自身合法权益的行为，可以依法向人民法院提起诉讼。业主大会、业主委员会对侵害业主共同权益的行为，可以依法向人民法院提起诉讼。

第八十九条 业主、物业使用人不得违反法律、法规以及管理规约，将住宅改变为经营性用房。业主、物业使用人将住宅改变为经营性用房的，除遵守法律、法规以及管理规约外，应当经有利害关系的业主一致同意。

第九十条 业主、物业使用人在物业管理区域内饲养犬只等动物的，应当遵守有关法律、法规以及管理规约。

饲养人携带犬只出户的，应当按照规定佩戴犬牌并采取系犬绳等措施，防止犬只伤人、疫病传播，并及时清理犬只的排泄物。

物业服务人应当采取劝阻、制止等措施，减少犬只等动物对环境卫生和其他业主产生的影响，并协助有关部门加强对物业管理区域内犬只等动物饲养行为的监督管理。

第九十一条 业主、物业使用人需要装饰装修房屋的，应当事先告知物业服务人，遵守物业服务人提示的合理注意事项，并配合其进行必要的现场检查。未事先告知的，物业服务人可以按照管理规约禁止装饰装修施工人员进入物业管理区域。

物业服务人应当将装饰装修的禁止行为和注意事项，书面告知业主、物业使用人。

房屋装饰装修过程中，污染物业共用部位、损坏共用设施设备的，物业服务人应当通知业主、物业使用人予以修复、清洁、恢复原状。业主、物业使用人在物业服务人通知的期限内未修复、清洁、恢复原状的，由物业服务人处理，所需费用由业主、物业使用人承担。

房屋装饰装修过程中，物业服务人发现业主、物业使用人、装饰装修施工人员违反有关法律、法规以及管理规约的，应当及时劝阻、制止；劝阻、制止无效的，应当及时报告相关行政主管部门、业主委员会。

第九十二条 电梯维护保养单位应当加强电梯日常运行的检查、维护和保养。

物业服务人应当对电梯运行进行日常巡查，发现电梯存在性能故障或者其他安全隐患的，应当立即采取措施，并及时通知电梯维护保养单位维修。

电梯维护保养单位接到故障通知后，应当

立即赶赴现场，并采取必要的应急救援措施。

电梯维护保养单位认为电梯存在严重安全隐患，无改造和修理价值，或者达到安全技术规范规定的报废条件的，物业服务人应当及时将相关情况向业主公告，并积极协调办理报废事宜。

鼓励老旧小区业主为满足日常生活需要加装电梯。

第九十三条　物业管理区域内规划用于停放汽车的车位、车库的归属，由当事人通过出售、附赠或者出租等方式约定，并应当首先满足本物业管理区域内业主的需要。

在满足本物业管理区域内业主的购买和承租需要后，还有剩余规划车位、车库的，应当将剩余规划车位、车库的数量、位置等信息在物业管理区域内显著位置进行不少于七日的公告，公告期满后可以出租给本物业管理区域外的其他使用人，每次租赁期限不得超过一年。

第九十四条　建设单位、物业服务企业或者其他管理人等利用业主共有部分产生的收入，在扣除合理成本之后，属于业主共有。属于业主共有的经营收益，应当按照业主大会决定或者业主共同决定使用，可以用于补充专项维修资金，也可以用于业主大会和业主委员会工作经费、业主委员会成员工作津贴或者物业管理等方面的其他需要。

任何单位和个人不得挪用、侵占属于业主共有的经营收益。经营收益由建设单位、物业服务企业或者其他管理人等代管的，应当单独列账，接受业主、业主委员会的监督。由业主委员会自行管理的，应当接受业主、居（村）民委员会的监督。

利用业主共有部分进行经营以及经营收益的分配与使用情况，应当向业主公开，且每年不得少于一次。

第七章　专项维修资金

第九十五条　住宅物业、住宅小区内的非住宅物业或者与单幢住宅楼结构相连的非住宅物业的业主，应当交存专项维修资金。但是一个业主所有且与其他物业不具有共用部位、共用设施设备的除外。

业主交存的专项维修资金属于业主共有，专项用于物业管理区域内物业共用部位、共用设施设备保修期满后的维修、更新和改造，不得挪作他用。

业主转让物业时，专项维修资金应当随房屋所有权一并转让，业主无权要求返还；因征收或者其他原因造成物业灭失的，专项维修资金余额应当退还业主。

第九十六条　专项维修资金应当按照专户存储、专款专用、所有权人决策、政府监督的原则进行管理。

业主大会成立前，专项维修资金由物业行政主管部门代行管理。业主大会成立后，根据业主大会决定，选择自行管理或者代行管理。

业主大会选择自行管理专项维修资金的，应当在银行设立专项维修资金账户。市、州、县（市）人民政府物业行政主管部门应当指导和监督专项维修资金的使用和管理。

专项维修资金的收益属于业主共有，应当转入业主专项维修资金账户滚存使用。

专项维修资金的使用和管理应当向业主公开，并依法接受审计部门的审计监督。

第九十七条　业主应当按时足额交存专项维修资金。

未建立首期专项维修资金或者专项维修资金余额不足首期筹集金额百分之三十的，市、州、县（市）人民政府物业行政主管部门应当通知业主委员会或者居（村）民委员会催告业主补建、续交专项维修资金。业主接到催告后，未能及时补建、续交专项维修资金的，业主委员会可以对未交清专项维修资金的业主依法提起诉讼。

业主申请房屋转让、抵押时，应当向房屋交易管理部门提供已足额交存专项维修资金的相关凭证。

专项维修资金的交存标准、补建、续交以及使用管理办法由市、州、县（市）人民政府制定。

第九十八条　专项维修资金的使用，仅涉及单元（栋）业主共有和共同管理权利事项的，可以根据维修范围，由该单元（栋）的业主共同决定。

第九十九条 物业保修期满后，发生以下严重危及人身、房屋安全等紧急情况，需要立即使用专项维修资金的，由业主委员会或者居（村）民委员会提出应急使用方案，也可以由相关业主、物业服务人提出应急使用方案经业主委员会或者居（村）民委员会同意，向物业行政主管部门书面提出资金使用申请：

（一）屋顶、外墙体防水损坏造成严重渗漏的；

（二）电梯出现故障危及人身安全的；

（三）楼体外立面有脱落危险的；

（四）共用消防设施设备出现故障，不能正常使用的；

（五）公共护（围）栏破损严重，危及人身、财产安全的；

（六）共用排水设施因坍塌、堵塞、爆裂等造成功能障碍，危及人身、财产安全的；

（七）发生其他严重危及人身、房屋安全紧急情况的。

物业行政主管部门应当自收到应急维修资金使用申请之日起两日内完成审核。维修工程竣工验收后，物业行政主管部门应当将维修资金使用情况在物业管理区域内显著位置进行不少于七日的公告。

第八章 监督管理

第一百条 县级以上人民政府物业行政主管部门应当建立健全物业服务信用档案，加强物业服务信用信息的采集、记录、使用和公开管理。

第一百零一条 有下列失信行为之一的，应当将物业服务企业、法定代表人、物业项目负责人记入物业服务信用档案：

（一）骗取、挪用或者侵占专项维修资金的；

（二）在物业管理招投标活动中，提供虚假信息骗取中标的；

（三）物业服务合同终止后，拒不移交或者损坏、隐匿、销毁有关资料、财物，或者拒不退出物业管理区域，或者退出时未按照规定办理交接手续的；

（四）擅自改变物业管理区域内物业服务用房、共用部位和共用设施设备用途的；

（五）擅自决定占用、挖掘物业管理区域内道路、场地，损害业主共同利益的；

（六）法律、法规规定的其他侵害业主合法权益的行为。

建设单位在前期物业招标文件中，应当将物业服务企业的信用评价作为评标标准。业主、业主委员会在选聘物业服务企业时，应当将物业服务企业的信用评价作为参考。

第一百零二条 县级以上人民政府物业行政主管部门应当根据物业服务规范与质量考核的相关规定，定期组织街道办事处、乡镇人民政府对物业服务企业进行考核。考核时，应当听取业主、业主委员会、社区党组织和居（村）民委员会的意见。考核结果应当向社会公布，并记入物业服务信用档案。

第一百零三条 县级以上人民政府相关行政主管部门按照各自职责，负责物业管理区域内的下列工作，依法处理违法违规行为：

（一）建设行政主管部门负责建设工程竣工验收备案，监督建设单位履行建筑工程质量保修责任，监督检查房屋装饰装修活动；

（二）城乡规划行政主管部门负责监督检查建设活动，开展定期巡查和重点巡查，认定违法建筑、违法建设行为，城市管理综合执法部门负责查处；

（三）市场监督行政主管部门负责监督检查无照经营活动，检查价格公示、违规收费活动，监督管理电梯等特种设备安全；

（四）公安机关负责监督检查治安、技防、保安服务等活动；

（五）应急管理部门负责监督管理消防工作，消防救援机构负责实施；

（六）人防行政主管部门负责监督检查人防工程维护管理；

（七）城市绿化行政主管部门负责查处侵占、毁坏公共绿地、树木和绿化设施的行为；

（八）其他行政主管部门按照各自职责，依法进行监督管理。

街道办事处、乡镇人民政府应当组织居（村）民委员会、物业服务人对物业管理区域进行定期巡查。发现违法违规行为的，应当及时劝阻、制止；劝阻、制止无效的，应当及时报告相关行政主管部门。定期巡查每年不得少于一次。

相关行政主管部门应当建立违法违规行为投诉和举报处理制度，并在物业管理区域内显著位置公布联系单位、投诉和举报电话。相关行政主管部门应当自收到投诉、举报之日起，按照规定时限进行调查、处理，并将调查、处理结果答复投诉人、举报人。

已实行城市管理综合执法体制改革，对相关部门职责分工另有规定的，从其规定。

第九章　法律责任

第一百零四条　违反本条例第十六条规定，建设单位在物业管理区域内未按照规定配置物业服务用房的，由县级以上人民政府物业行政主管部门责令限期改正，给予警告，没收违法所得，处十万元以上五十万元以下的罚款。

第一百零五条　违反本条例第十七条第三款规定，未经业主大会决定或者业主共同决定，改变物业服务用房用途的，由街道办事处、乡镇人民政府责令限期改正，给予警告，处一万元以上十万元以下的罚款；转让和抵押物业服务用房的，由街道办事处、乡镇人民政府责令限期改正，给予警告，对单位处五万元以上二十万元以下的罚款，对个人处一千元以上一万元以下的罚款；有收益的，所得收益用于物业管理区域内物业共用部位、共用设施设备的维修、养护，剩余部分按照业主共同决定使用；给业主造成损失的，依法承担赔偿责任。

第一百零六条　违反本条例第十八条第二款规定，未经业主大会决定或者业主共同决定，改变共有部分用途、利用共有部分从事经营活动或者处分共有部分的，由街道办事处、乡镇人民政府责令限期改正，给予警告，对单位处五万元以上二十万元以下的罚款，对个人处一千元以上一万元以下的罚款；有收益的，所得收益用于物业管理区域内物业共用部位、共用设施设备的维修、养护，剩余部分按照业主共同决定使用；给业主造成损失的，依法承担赔偿责任。

第一百零七条　违反本条例第十九条规定，专业经营单位拒绝接收专业经营设施设备以及相关管线的，由县级以上人民政府相关行政主管部门责令限期改正；给业主造成损失的，依法承担赔偿责任。

第一百零八条　违反本条例第二十四条第二款规定，建设单位未按照规定将全部资料报送街道办事处、乡镇人民政府的，由街道办事处、乡镇人民政府责令限期改正；逾期不改正的，处一万元以上五万元以下的罚款。

第一百零九条　违反本条例第六十条第二款规定，建设单位未按照规定将前期物业服务合同报送备案的，由街道办事处、乡镇人民政府责令限期改正；逾期不改正的，处五千元以上一万元以下的罚款。

第一百一十条　违反本条例第六十一条第一款规定，建设单位未按照规定将临时管理规约报送备案的，由街道办事处、乡镇人民政府责令限期改正；逾期不改正的，处五千元以上一万元以下的罚款。

第一百一十一条　违反本条例第六十三条规定，住宅物业的建设单位未通过招投标的方式选聘前期物业服务人，或者未经批准擅自采用协议方式选聘前期物业服务人的，由县级以上人民政府物业行政主管部门责令限期改正，给予警告，可以处十万元以下的罚款。

第一百一十二条　违反本条例规定，建设单位、物业服务人未按照规定履行承接查验义务的，按照以下规定给予处罚：

（一）违反本条例第六十六条第二款规定，建设单位要求物业服务人承接未经查验或者不符合交付使用条件的物业，或者物业服务人承接未经查验的物业的，由街道办事处、乡镇人民政府责令限期改正；逾期不改正的，处一万元以上三万元以下的罚款。

（二）违反本条例第六十七条第三款规定，建设单位未整改的，由街道办事处、乡镇人民政府责令限期改正；逾期不改正的，处一万元以上十万元以下的罚款。

（三）违反本条例第六十八条规定，建设单位不移交有关资料的，由街道办事处、乡镇人民政府责令限期改正；逾期不改正的，处一万元以上十万元以下的罚款。

（四）违反本条例第六十九条规定，物业服务人未将有关文件报送备案的，由街道办事处、乡镇人民政府责令限期改正；逾期不改正的，处五千元以上一万元以下的罚款。

（五）违反本条例第七十条第一款规定，物业服务人未建立物业承接查验档案，并妥善保管的，由街道办事处、乡镇人民政府责令限期改正；逾期不改正的，处五千以上一万元以下的罚款。

第一百一十三条 违反本条例第七十四条第三款规定，物业服务人将其应当提供的全部物业服务转委托给第三人，或者将全部物业服务支解后分别转委托给第三人的，由街道办事处、乡镇人民政府责令限期改正，处委托合同价款百分之三十以上百分之五十以下的罚款。委托所得收益，用于物业管理区域内物业共用部位、共用设施设备的维修、养护，剩余部分按照业主共同决定使用；给业主造成损失的，依法承担赔偿责任。

第一百一十四条 违反本条例第七十六条第一款第一项至第五项规定，物业服务人提供物业服务未遵守相关规定的，由街道办事处、乡镇人民政府责令限期改正；逾期不改正的，处一千元以上五千元以下的罚款。

第一百一十五条 违反本条例第七十六条第二款规定，物业服务人采取停止供电、供水、供热、供燃气以及限制业主进出小区、入户的方式催交物业费的，由街道办事处、乡镇人民政府责令限期改正，处五千元以上三万元以下的罚款。

第一百一十六条 违反本条例第七十八条第四款规定，物业服务人未按照规定将物业服务合同报送备案的，由街道办事处、乡镇人民政府责令限期改正；逾期不改正的，处五千元以上一万元以下的罚款。

第一百一十七条 违反本条例第八十条第一款规定，物业项目负责人未按照规定报到的，由街道办事处、乡镇人民政府责令限期改正；逾期不改正的，处一千元以上五千元以下的罚款。

第一百一十八条 违反本条例第八十一条第一款规定，物业服务人未按照规定在物业管理区域内显著位置公开相关信息的，由街道办事处、乡镇人民政府责令限期改正；逾期不改正的，处一千元以上五千元以下的罚款。

第一百一十九条 违反本条例第八十二条规定，物业服务人未按照规定建立、保存物业服务档案和资料的，由街道办事处、乡镇人民政府责令限期改正；逾期不改正的，处一千元以上五千元以下的罚款。

第一百二十条 违反本条例第八十三条规定，物业服务人拒不移交有关资料、财物，或者损坏、隐匿、销毁有关资料、财物，或者拒不退出物业管理区域的，由街道办事处、乡镇人民政府责令限期改正；逾期不改正的，对拒不移交有关资料、财物的，处一万元以上十万元以下的罚款；对损坏、隐匿、销毁有关资料、财物的，处五万元以上二十万元以下的罚款；对拒不退出物业管理区域的，自规定时间届满次日起，处每日一万元的罚款；给业主造成损失的，依法承担赔偿责任。

物业服务人有违反治安管理行为的，由公安机关依法给予治安管理处罚。

第一百二十一条 违反本条例第八十四条规定，物业服务合同终止前，原物业服务人擅自退出物业管理区域，停止物业服务，或者物业服务合同终止后，在业主或者业主大会选聘的新物业服务人或者决定自行管理的业主接管之前，原物业服务人未继续处理物业服务事项的，由街道办事处、乡镇人民政府责令限期改正；逾期不改正的，处三万元以上十万元以下的罚款。

第一百二十二条 违反本条例规定，在物业管理区域内有下列行为的，按照以下规定给予处罚：

（一）违反本条例第八十八条第一款第一项规定，擅自变动建筑主体和承重结构的，由县级以上人民政府建设行政主管部门责令改正，处五万元以上十万元以下的罚款；

（二）违反本条例第八十八条第一款第二项规定，违法搭建建筑物、构筑物或者私挖地下空间的，由城市管理综合行政执法部门责令改正，并依法给予处罚；

（三）违反本条例第八十八条第一款第三项规定，占用、堵塞、封闭消防车通道、疏散通道、安全出口，损毁消防设施设备的，由县级以上人民政府消防救援机构责令改正，对单位处五千元以上五万元以下的罚款，对个人处警告或者五百元以下的罚款；

（四）违反本条例第八十八条第一款第四项规定，违反规定制造、储存、使用、处置爆炸性、毒害性、放射性、腐蚀性物质或者传染病病原体等危险物质的，由公安机关依法予以处罚；

（五）违反本条例第八十八条第一款第五项规定，违反规定制造噪声干扰他人正常生活的，由公安机关依法予以处罚；

（六）违反本条例第八十八条第一款第六项规定，侵占、毁坏公共绿地、树木和绿化设施的，由县级以上人民政府城市绿化行政主管部门责令改正，处二百元以上二千元以下的罚款；

（七）违反本条例第八十八条第一款第七项规定，饲养动物干扰他人正常生活或者放任动物恐吓他人的，由公安机关依法予以处罚；

（八）违反本条例第八十八条第一款第八项规定，从建筑物中抛掷物品的，由公安机关依法予以处罚；

（九）违反本条例第八十八条第一款第九项规定，违反规定出租房屋的，由公安机关依法予以处罚。

第一百二十三条　违反本条例第九十三条第二款规定，建设单位将未出售或者未附赠的车位、车库出租给本物业管理区域外的其他使用人、每次租赁期限超过一年的，由街道办事处、乡镇人民政府责令限期改正；逾期不改正的，处三万元以上十万元以下的罚款。

第一百二十四条　违反本条例第九十四条第二款规定，挪用、侵占属于业主共有的经营收益的，由街道办事处、乡镇人民政府责令限期退还，处挪用、侵占金额一倍以上两倍以下的罚款。

第一百二十五条　违反本条例规定，各级人民政府工作人员在物业管理工作中玩忽职守、徇私舞弊、滥用职权的，应当依法给予处分；构成犯罪的，依法追究刑事责任。

居（村）民委员会工作人员有上述行为的，按照有关规定执行。

第十章　附则

第一百二十六条　省人民政府物业行政主管部门可以根据物业管理的实际需要，依据相关法律、法规和本条例，就相关方面制定具体规定。

第一百二十七条　本条例自2021年8月1日起施行。

陕西省物业服务管理条例

（2000年9月23日陕西省第九届人民代表大会常务委员会第十八次会议通过，2004年8月3日陕西省第十届人民代表大会常务委员会第十二次会议修正，2008年12月12日陕西省第十一届人民代表大会常务委员会第五次会议修订，2021年5月27日陕西省第十三届人民代表大会常务委员会第二十六次会议修订，2021年5月27日陕西省人民代表大会常务委员会公告〔十三届〕第56号公布）

第一章　总则

第一条　为了构建党建引领社区治理框架下的物业服务管理体系，促进和谐社区建设，规范物业服务管理活动，维护业主和物业服务人的合法权益，根据《中华人民共和国民法典》、国务院《物业管理条例》等有关法律、行政法规，结合本省实际，制定本条例。

第二条　本条例适用于本省行政区域内的物业服务管理及其监督管理活动。

第三条　本条例所称物业服务管理，是指业主选聘物业服务人按照物业服务合同约定，在物业服务区域内为业主提供建筑物及其附属设施的维修养护、环境卫生和相关秩序的管理维护等服务的活动。

物业服务人包括物业服务企业和其他管理人。

第四条 本省将物业服务管理纳入社区治理体系，遵循党的领导、政府主导、社区协管、业主自治、各方参与、协商共建、科技支撑的工作原则。

第五条 充分发挥基层党组织领导作用，街道、乡（镇）党的基层委员会根据《中国共产党章程》的规定，在社区、业主委员会、物业管理委员会和物业服务人中，设立党的基层组织，开展党的活动。加强社区党组织、居民委员会、村民委员会对业主委员会、物业管理委员会和物业服务人的指导和监督。建立健全社区党组织领导下的居民委员会、村民委员会、业主委员会、物业管理委员会和物业服务人等共同参与的议事协调机制，引领保障物业服务管理活动依法有序进行。

第六条 省人民政府住房和城乡建设主管部门负责全省物业服务管理活动的监督管理工作，具体履行下列职责：

（一）宣传贯彻物业服务管理相关法律、法规和政策，依法制定本省物业服务管理相关政策并组织实施；

（二）指导和监督设区的市、县（市、区）住房和城乡建设主管部门开展物业服务管理工作；

（三）负责全省维修资金管理工作的指导和监督；

（四）制定临时管理规约、管理规约、业主大会筹备组产生运行办法、首次业主大会表决规则、业主大会议事规则、业主委员会委员候选人产生办法、业主委员会选举办法、物业服务合同等示范文本和物业服务指导标准；

（五）建立健全业主委员会、物业管理委员会成员和物业服务工作人员培训制度；

（六）建立健全物业服务管理公共服务平台，并及时建立开通全省通用的业主决策网络信息系统；

（七）指导物业服务行业协会制定和实施自律性规范；

（八）实施物业服务管理方面的其他监督管理职责。

设区的市、县（市、区）住房和城乡建设主管部门履行下列职责：

（一）宣传贯彻执行物业服务管理相关法律、法规、政策和制度；

（二）监督管理辖区内物业服务人及其从业人员；

（三）指导、监督辖区内维修资金的筹集、管理和使用；

（四）组织对辖区内业主委员会、物业管理委员会成员和物业服务工作人员开展培训；

（五）指导街道办事处或者乡（镇）人民政府实施与物业服务管理相关的工作；

（六）监督建设单位履行建筑工程质量保修责任，监督检查建筑装饰装修等活动；

（七）指导、监督辖区内的物业服务行业协会依法开展活动；

（八）落实物业服务管理方面的其他监督管理职责。

第七条 县级以上人民政府有关部门应当按照各自职责，做好物业服务区域内的相关监督管理工作：

（一）发展改革部门会同住房和城乡建设部门、市场监督管理部门负责实行政府指导价的物业服务收费政策的制定；

（二）公安机关负责监督检查治安管理等相关工作；

（三）民政部门负责指导社区居民委员会、村民委员会发挥对业主大会、业主委员会、物业管理委员会和物业服务人的指导和监督作用；

（四）应急管理部门负责消防和其他应急救援工作，消防救援机构负责具体实施；

（五）卫生健康部门负责突发公共卫生事件的预防和应对处置；

（六）自然资源部门负责对违反规划建筑的认定；

（七）生态环境部门负责监督检查污染环境的行为；

（八）城市管理综合执法部门负责依法查处违规搭建，损坏绿地，任意涂写刻画、贴挂广告等影响城市市容环境的行为；

（九）市场监督管理部门负责监督检查价

格公示、违规收费、特种设备安全、市场计量等行为；

（十）人民防空部门负责查处破坏、侵占人民防空工程设施的行为，监督检查使用单位履行人民防空工程设施维护管理责任；

（十一）水、电、气、暖、通信等公共服务监管部门负责做好相关监督检查工作；

（十二）其他有关部门按照各自职责，做好物业服务区域内的相关监督管理工作。

县级以上人民政府应当建立健全物业服务区域内违法行为投诉举报制度，并公布统一的投诉举报电话，依法及时处理物业服务区域内的相关违法行为。

第八条　街道办事处或者乡（镇）人民政府以及其他承担政府基层管理职能的机构，组织、指导和协调本辖区内各物业服务区域业主大会的成立，业主委员会的选举和换届、物业管理委员会的组建；指导和监督业主大会、业主委员会和物业管理委员会依法履行职责；协调和监督老旧小区物业服务管理以及物业服务管理与社区建设之间的关系。

社区居民委员会或者村民委员会在街道办事处或者乡（镇）人民政府的指导下做好物业服务管理的相关工作。

第九条　省住房和城乡建设主管部门应当建立健全物业服务信用评价制度，制定统一的信用评价标准，开展物业服务优质项目评定，完善全省统一的物业服务信用信息平台，与全国公共信用信息共享平台（陕西）实现互联互通。

第十条　县级以上住房和城乡建设主管部门应当完善物业服务信用分级分类监管体系，按照不同的信用状况对物业服务人实行分级分类和差异化监管。

鼓励业主大会、业主委员会或者物业管理委员会根据物业服务信用分级分类情况选聘物业服务人。

第十一条　物业服务行业协会应当加强行业自律管理，规范从业行为，促进诚信经营，加强物业服务人及其从业人员培训，提高物业服务水平，维护物业服务人及其从业人员的合法权益。

县级以上住房和城乡建设主管部门应当指导物业服务行业协会依法制定行业规范，编制行业服务标准，逐步建立健全服务质量评价体系，推动物业服务行业健康有序发展。

鼓励物业服务人加入物业服务行业协会。

第十二条　物业服务人应当向社会作出信用承诺。

物业服务行业协会应当建立健全行业信用承诺制度，完善信用信息采集、共享机制，将严重失信行为记入会员信用档案。鼓励物业服务行业协会与有资质的第三方信用服务机构合作，开展物业服务人信用等级评价。

第十三条　设区的市、县（市、区）人民政府和公有住房出售单位应当推进住房制度改革，对不符合物业服务管理条件的居住区进行治理，完善市政、公用和生活服务设施，使其满足实施物业服务管理的条件。

鼓励社会力量参与老旧小区的改造和服务。老旧小区改造后，可以选择聘请物业服务人服务、居民自主管理或者社区党组织与居民委员会或者村民委员会协同管理的模式。

第二章　前期物业服务管理

第一节　物业服务区域划分

第十四条　物业服务区域的划分应当考虑共用设施设备、建筑物规模、社区建设等因素，按照相对独立、便于服务的原则划定，并在物业服务区域内显著位置公示。

第十五条　物业服务区域按照下列标准进行具体划分：

（一）按照物业项目的建设用地规划许可证确定的红线图范围划定；

（二）物业主要配套设施设备和相关场地共用的，应当划分为一个物业服务区域，但其主要配套设施设备和相关场地能够分割并独立使用的，可以划分为不同的物业服务区域；

（三）不同物业服务区域地理上自然相连的，可以合并为一个物业服务区域。

第十六条　新建建设项目拟实行物业服务管理的，建设单位在申请办理建设工程规划许可证的同时，持建设项目规划设计方案向县（市、区）住房和城乡建设主管部门提出划分物业服务区域的申请。

县（市、区）住房和城乡建设主管部门应当自受理之日起三十日内，在征求街道办事处或者乡（镇）人民政府的意见后进行划分，并书面告知建设单位。

建设单位对物业服务区域划分有异议的，由县（市、区）住房和城乡建设主管部门会同街道办事处或者乡（镇）人民政府确定。

第十七条 已投入使用、尚未划分物业服务区域或者已划分的区域确需调整的，依照本条例第三十八条规定程序形成共同意见后，由县（市、区）住房和城乡建设主管部门会同街道办事处或者乡（镇）人民政府，依照本条例第十五条规定的划分标准，确定物业服务区域并公示。

第十八条 新建物业服务区域内，建设单位应当按照下列规定配置物业服务用房：

（一）建筑面积三十万平方米以下的，按建筑面积的千分之三提供，但最低不得少于一百平方米；

（二）建筑面积超过三十万平方米的，除按照三十万平方米的千分之三提供外，超过部分按千分之一的标准提供；

（三）具备水、电等基本使用功能，且位于地面以上的建筑面积不低于物业服务用房建筑面积的百分之五十。建设单位应当对物业服务用房配置独立的水、电等计量器具。

业主委员会的办公用房从物业服务用房中调剂，建筑面积不少于三十平方米。

物业服务用房属于全体业主共有，并依法办理产权登记。建设单位、物业服务人、业主委员会或者物业管理委员会未经业主共同决定，不得擅自处分物业服务用房。

法律、法规对物业服务用房另有规定的，从其规定。

第十九条 建设单位在申请商品房预售许可证和办理所有权初始登记时，应当提供物业服务用房面积和位置，并在商品房预售或者销售时予以公示。

设区的市、县（市、区）不动产登记机构应当在不动产登记簿中注明物业服务用房面积和位置，业主有权查询。

第二节 前期物业服务管理规定

第二十条 前期物业服务是指建设单位通过招标或者协议方式选聘物业服务人，在物业服务区域内进行的物业服务活动。

第二十一条 建设单位应当在申请《商品房预售许可证》前或者现房销售三十日前，在县（市、区）住房和城乡建设主管部门、街道办事处或者乡（镇）人民政府的监督下通过招标方式选聘前期物业服务人。建设单位在招标过程中应当听取当地物业服务行业协会的意见和建议。

投标人少于三个或者物业服务区域房屋建筑面积小于三万平方米的，经县（市、区）住房和城乡建设主管部门批准，可以采用协议方式选聘物业服务人。

第二十二条 建设单位应当在房屋销售之前，制定临时管理规约，对有关物业的使用、维护、管理，业主的共同利益，业主应当履行的义务，违反临时管理规约应当承担的责任等事项依法作出约定。

建设单位制定的临时管理规约，不得侵害房屋买受人的合法权益。

临时管理规约对全体业主及其他物业使用人、物业服务人等具有约束力。

第二十三条 建设单位应当在房屋销售时将临时管理规约向房屋买受人明示，并予以说明。

房屋买受人在与建设单位签订房屋买卖合同时，应当对遵守临时管理规约予以书面承诺。

第二十四条 建设单位应当提供前期物业服务开办费，用于购买物业办公用品、开展服务必要的工具、器具、设备等固定资产。所购资产归全体业主所有，由物业服务人使用。

第二十五条 建设单位依法与物业服务人订立的前期物业服务合同约定的服务期限届满前，业主委员会或者物业管理委员会与新物业服务人签订的物业服务合同生效的，前期物业服务合同终止。

第二十六条 建设单位和物业服务人办理物业承接手续时，应当在县（市、区）住房和城乡建设主管部门和街道办事处或者乡（镇）人民政府的监督下，共同对物业服务区域的共有部分、共用设施设备进行承接查验，并公开承接查验结果。物业服务人应当将共有部分、共用设施设备的数量以及质量不符合约定或者规定的情形，书面通知建设单位，建设单位应当及时处理并组织物业服务人复验。复验仍与竣工验收资料不符的，不得承接。

第二十七条　在办理物业承接验收手续时，建设单位应当向物业服务人移交下列资料：

（一）竣工总平面图，单体建筑、结构、设备竣工图，配套设施、地下管网工程竣工图等竣工验收资料；

（二）设施设备的安装、使用和维护保养等技术资料；

（三）建筑物及其附属设施质量保修文件和使用说明文件；

（四）物业服务区域划分的相关文件；

（五）物业服务所必需的其他资料。

建筑物及其附属设施已投入使用，上述资料未移交的，应当及时移交；资料不全的，应当补齐。

物业服务人应当自物业交接后三十日内，将上述资料向县（市、区）住房和城乡建设主管部门备案。

物业服务人应当在前期物业服务合同终止时将上述资料及时移交业主委员会或者物业管理委员会。

第三章　业主和业主组织

第一节　业主和业主大会筹备组

第二十八条　房屋所有权人为业主。

本条例所称业主还包括：

（一）尚未登记取得所有权，但是基于买卖、赠与、拆迁补偿等转移所有权的行为并已经合法占有建筑物专有部分的单位或者个人；

（二）因人民法院、仲裁机构的生效法律文书取得建筑物专有部分所有权的单位或者个人；

（三）因继承取得建筑物专有部分所有权的个人；

（四）因合法建造取得建筑物专有部分所有权的单位或者个人；

（五）其他符合法律、法规规定的单位或者个人。

业主对建筑物专有部分以外的共有部分、共用设施设备享有权利、承担义务，不得以放弃权利为由不履行义务。

业主转让建筑物内的专有部分，其对共有部分、共用设施设备享有的共有和共同管理的权利一并转让。

第二十九条　业主依法享有下列权利：

（一）参加业主大会会议，发表意见，行使投票权；

（二）选举业主委员会，并享有被选举权；

（三）监督业主委员会或者物业管理委员会的工作和物业服务人履行物业服务合同；

（四）对共有部分、共用设施设备和业主共有资金使用管理的知情权、决定权和监督权；

（五）就制订或者修改管理规约、业主大会议事规则、物业服务合同及其他物业服务事项提出意见和建议；

（六）法律、法规规定的其他权利。

第三十条　业主应当依法履行下列义务：

（一）遵守管理规约（临时管理规约）、业主大会议事规则以及物业服务区域内治安、环保、消防、公共卫生、动物管理以及物业装饰装修和使用等方面的法律、法规；

（二）执行业主大会、业主委员会或者物业管理委员会依法作出的决定；

（三）依照物业服务合同约定缴纳物业费；

（四）依照规定缴纳维修资金；

（五）配合物业服务人实施物业服务以及配合物业服务人执行政府依法实施的应急响应预案和其他管理措施；

（六）法律、法规规定的其他义务。

第三十一条　一个物业服务区域成立一个业主大会。业主大会由该物业服务区域内全体业主组成。

物业服务区域内业主人数较少且经全体业主一致同意，不成立业主大会的，由全体业主共同履行业主大会和业主委员会职责。

第三十二条　物业服务区域符合下列条件之一的，可以召开首次业主大会会议：

（一）房屋出售并交付的建筑面积达到物业服务区域建筑物总面积百分之五十以上的；

（二）首套房屋出售并交付满两年的，且

房屋出售并交付的建筑面积达到物业服务区域建筑物总面积百分之二十以上的。

第三十三条 物业服务区域符合本条例第三十二条规定的，建设单位应当在三十日内书面告知县（市、区）住房和城乡建设主管部门和街道办事处或者乡（镇）人民政府，并在物业服务区域内公告。建设单位应当同时报送筹备首次业主大会会议所需资料：

（一）物业服务区域划分资料；

（二）物业服务区域内建筑物面积清册；

（三）业主名册及联系方式；

（四）建筑规划总平面图；

（五）共用设施设备的交接资料；

（六）物业服务用房配置确认资料；

（七）其他有关的文件资料。

街道办事处或者乡（镇）人民政府自收到前款资料六十日内，组织成立业主大会筹备组。县（市、区）住房和城乡建设主管部门应当予以指导和协助。

建设单位未履行告知义务或者无法确定建设单位的，物业服务区域内二十名以上业主可以向街道办事处或者乡（镇）人民政府提出成立业主大会的申请，街道办事处或者乡（镇）人民政府应当在三十日内予以核实，符合条件的，组织成立业主大会筹备组。

第三十四条 业主大会筹备组由业主代表、建设单位、街道办事处或者乡（镇）人民政府、社区党组织、居民委员会或者村民委员会等代表组成。筹备组人数应当为单数，其中业主代表人数不低于筹备组人数的二分之一。

业主大会筹备组组长由街道办事处或者乡（镇）人民政府工作人员担任，业主代表由业主推选产生；业主推选不能达成共同意见的，可以由社区党组织推荐产生。

业主大会筹备组成员名单应当自成立之日起七日内在物业服务区域内显著位置公示。

第三十五条 建设单位及物业服务人应当协助业主大会筹备组工作，提供成立业主大会必须的文件资料，并在物业服务区域内提供相应的人力、场地支持等保障措施。

第三十六条 业主大会筹备组应当依法履行下列职责：

（一）确定召开首次业主大会会议的时间、地点、形式和内容；

（二）拟定管理规约草案和业主大会议事规则草案；

（三）确认业主身份和专有部分面积，制作业主名册，确定业主在首次业主大会会议上的投票权数；

（四）拟定业主委员会选举办法；

（五）提出业主委员会成员候选人名单；

（六）承担召开首次业主大会会议的其他准备工作。

业主大会筹备组应当在首次业主大会会议召开的十五日前将前款规定的内容在物业服务区域内显著位置公示。

第三十七条 业主大会筹备组应当自成立之日起九十日内，组织召开首次业主大会会议，并选举产生业主委员会。因特殊情况未能在九十日内组织召开首次业主大会会议的，可以延长三十日。

业主大会筹备组应当自业主委员会选举产生之日起，向业主委员会移交本条例第三十三条规定的资料，并终止活动。

第二节 业主共同决定事项和业主大会

第三十八条 业主共同决定事项，可以采取召开业主大会会议的方式，也可以以书面征求意见等其他方式进行。下列事项由业主共同决定：

（一）制定和修改业主大会议事规则；

（二）制定和修改管理规约；

（三）选举业主委员会或者更换业主委员会成员；

（四）选聘和解聘物业服务人；

（五）使用建筑物及其附属设施的维修资金；

（六）筹集建筑物及其附属设施的维修资金；

（七）改建、重建建筑物及其附属设施；

（八）改变共有部分的用途或者利用共有部分从事经营活动；

（九）有关共有和共同管理权利的其他重大事项。

业主共同决定事项，应当由专有部分面积占比三分之二以上的业主且人数占比三分之二以上的业主参与表决。决定前款第（六）项至第（八）项规定的事项，应当经参与表决专有部分面积四分之三以上的业主且参与表决人数四分之三以上的业主同意。决定前款其他事项，应当经参与表决专有部分面积过半数的业主且参与表决人数过半数的业主同意。

本条规定中的专有部分面积，按照不动产登记簿记载的面积计算；尚未进行登记的，暂按测绘机构的实测面积计算；尚未进行实测的，暂按房屋买卖合同记载的面积计算。业主人数，按照专有部分的数量计算，一个专有部分按一人计算。建设单位尚未出售和虽已出售但尚未交付的部分，以及同一买受人拥有一个以上专有部分的，按一人计算。

第三十九条　业主大会会议投票表决应当为实名投票。业主可以委托代理人参加业主大会会议，但应当出具书面委托书，并载明委托事项。业主大会会议可以采用现场讨论或者书面征求意见的方式，也可以通过业主决策网络信息系统等互联网方式进行。

业主大会会议采用书面方式征求意见的，业主应当实名签署意见，并由业主委员会将征求意见的结果在物业服务区域内显著位置公示，业主有权查阅相关资料。

第四十条　管理规约应当对有关物业的使用、维护、管理，业主应当履行的义务，违反管理规约应当承担的责任等事项依法作出约定。管理规约对全体业主及其他物业使用人、物业服务人等具有约束力。

管理规约和业主大会议事规则不得违反法律、法规或者损害社会公共利益。

第四十一条　业主大会会议分为定期会议和临时会议。

业主大会定期会议应当按照业主大会议事规则的规定召开。业主大会议事规则应当就业主大会的议事方式、表决程序、业主委员会的组建和成员任期等事项作出约定。

有下列情形之一的，业主委员会应当组织召开业主大会临时会议：

（一）经专有部分占建筑总面积百分之二十以上且占总人数百分之二十以上业主提议的；

（二）发生重大事故或者紧急事件需要及时处理的；

（三）业主大会议事规则或者管理规约约定的其他事项。

业主委员会应当在组织召开业主大会会议十五日前，将会议议题、时间、地点、方式以及表决事项在物业服务区域内显著位置公示，并以适当方式告知全体业主，但前款第（二）项规定的情形除外。

第四十二条　业主委员会不按规定履行组织召开业主大会会议职责的，业主可以请求街道办事处或者乡（镇）人民政府责令其限期组织召开；逾期仍未召开的，由街道办事处或者乡（镇）人民政府组织召开业主大会。

第三节　业主委员会

第四十三条　业主委员会是业主大会的执行机构，由业主大会选举产生，向业主大会负责并报告工作，在社区党组织的指导下开展工作，受业主大会和业主监督。业主委员会应当履行下列职责：

（一）召集业主大会会议，报告物业服务的实施情况；

（二）代表业主与物业服务人签订物业服务合同；

（三）及时了解业主、其他物业使用人的意见和建议，监督和协助物业服务人履行物业服务合同；

（四）监督管理规约的实施；

（五）业主大会赋予的其他职责。

第四十四条　业主委员会由主任、副主任和委员组成。

业主委员会成员人数为单数，其任期除议事规则另有规定外一般为三年，可以连选连任。

业主委员会成员的具体人数等事项由业主大会议事规则规定。

第四十五条　经业主共同决定，业主委员会可以聘请执行秘书，负责处理业主委员会日常事务；也可以聘请法律、会计、评估等第三方机构和人员提供专业化服务。上述所需费用在业主大会、业主委员会工作经费中列支。

第四十六条　业主委员会成员应当是本物业服务区域内的自然人业主或者单位业主授权的自然人代表，并符合下列条件：

（一）具有完全民事行为能力；

（二）遵纪守法、公道正派、热心服务、责任心强、具有一定的公信力和组织能力；

（三）履行业主义务，未拖欠维修资金；

（四）本人、配偶及其近亲属未在本物业服务区域的物业服务人处任职；

（五）其他可能存在影响公正履行业主委员会成员职责的情形。

街道办事处或者乡（镇）人民政府负责指导业主委员会的选举换届工作，加强对业主委员会的人选推荐和审核把关。

社区党组织引导和支持业主中的党员积极参选业主委员会成员，通过法定程序担任业主委员会成员。

鼓励符合条件的社区党组织成员、居民委员会或者村民委员会委员通过法定程序兼任业主委员会成员；鼓励党代表、人大代表和政协委员参选业主委员会成员，发挥模范带头作用。

第四十七条 业主委员会应当自选举产生之日起三十日内，向县（市、区）住房和城乡建设主管部门进行备案，备案时应当提交下列材料：

（一）管理规约、业主大会议事规则；

（二）业主大会的会议记录和会议决定；

（三）业主委员会成员名单及其基本情况。

住房和城乡建设主管部门应当在收到上述材料后五日内出具备案回执。

业主委员会收到备案回执后，应当将备案情况告知物业服务人，并在物业服务区域内显著位置公告。

备案事项发生变更时，业主委员会应当自变更之日起十五日内书面报告原备案单位，并告知物业服务人。

业主委员会持备案回执和备案的相关资料到街道办事处或者乡（镇）人民政府开具业主委员会印章刻制证明。

第四十八条 业主委员会成员不得有下列行为：

（一）接受本物业服务区域的物业服务人及其利害关系人提供的利益或者财物；

（二）承揽本物业服务区域的物业服务人的业务或者推荐他人到该物业服务人处工作；

（三）其他可能妨碍公正履行职务或者损害业主利益的行为。

街道办事处或者乡（镇）人民政府应当对业主委员会及其成员的履职情况予以监督。对于业主委员会及其成员履职中违反法律、法规的行为，应当及时制止和通报全体业主，并向业主大会提出撤销业主委员会成员资格或者重新选举业主委员会的建议。

第四十九条 业主委员会成员有下列情形之一的，其业主委员会成员资格自然终止：

（一）因物业转让、灭失等原因不再是业主的；

（二）因健康原因无法履行职责的；

（三）被判处刑罚失去人身自由的；

（四）其他原因丧失履行职责能力的。

第五十条 业主委员会成员有下列情形之一的，经业主共同决定，其业主委员会成员资格终止：

（一）不履行业主委员会成员职责或者无正当理由三次缺席业主委员会会议的；

（二）不履行业主义务、不遵守管理规约情节严重的；

（三）违反本条例第四十八条规定的；

（四）自行提出辞呈的；

（五）本人、配偶及其近亲属在本物业服务区域的物业服务人处任职的；

（六）其他原因不宜担任业主委员会成员的。

第五十一条 业主委员会主任资格终止的，由业主委员会成员从副主任中推选主任；副主任资格终止的，由业主委员会成员从委员中推选副主任。业主委员会应当及时在物业服务区域内显著位置公告成员的变更情况。

业主委员会成员资格终止的，应当自终止之日起三日内将其保管的有关资料、印章等物品交回业主委员会。

第五十二条 业主委员会会议由主任召集。主任因故不能履行职责时，由其委托的副主任召集。

业主委员会应当自选举产生之日起十五日内，召开首次会议。业主委员会会议至少每季度召开一次，管理规约中另有约定的，从其约定。

经三分之一以上成员提议，主任应当召集业主委员会会议。主任或者受委托的副主任无正当理由不召集业主委员会会议的，由街道办事处或者乡（镇）人民政府指定业主委员会其他成员召集业主委员会会议。

第五十三条　业主委员会讨论、决定物业服务管理公共事项，应当于会议召开三日前，以书面形式向社区居民委员会或者村民委员会通报会议议程，听取其意见和建议；并在物业服务区域内显著位置公告会议议程，听取业主的意见和建议。

第五十四条　业主委员会会议应当有过半数成员出席，未出席会议的成员可以以书面形式、书面委托代理人或者通过业主决策网络信息系统等方式参与表决；业主委员会会议作出决定须经成员半数以上表决同意。

业主委员会会议应当制作书面记录并存档。业主委员会会议作出的决定，应当由全体参会成员签字确认，并自作出决定之日起三日内将会议情况以及决定事项在物业服务区域内显著位置公示。

第五十五条　业主委员会任期届满三个月前，应当书面向街道办事处或者乡（镇）人民政府报告，并在其指导下召开业主大会进行换届选举。

业主委员会在规定时间内不组织换届选举的，街道办事处或者乡（镇）人民政府应当责令其限期组织换届选举；逾期仍不组织的，由街道办事处或者乡（镇）人民政府在社区居民委员会或者村民委员会的协助下，组织换届选举工作。

业主委员会不能正常开展工作的，在县（市、区）住房和城乡建设主管部门指导下，由街道办事处或者乡（镇）人民政府组织，社区居民委员会或者村民委员会协助，召开业主大会临时会议，对业主委员会进行改选、换届，选举产生新的业主委员会。

原业主委员会应当在新一届业主委员会成立后十日内将其保管的有关财务账簿凭证、档案等文件资料、印章及其他属于全体业主所有的财物移交新一届业主委员会，并做好交接工作。逾期不移交的，新一届业主委员会可以请求街道办事处或者乡（镇）人民政府督促移交。

第五十六条　占总人数五分之一以上的业主联名，可以向业主大会或者业主委员会提出罢免业主委员会成员的建议。业主委员会应当在收到罢免建议之日起三十日内组织召开业主大会临时会议。

业主委员会收到罢免建议之日起三十日内未组织召开业主大会临时会议的，提出罢免建议的业主可以请求街道办事处或者乡（镇）人民政府责令其三十日内组织召开；逾期仍未召开的，由街道办事处或者乡（镇）人民政府组织召开临时业主大会。

第四节　物业管理委员会

第五十七条　物业管理委员会是业主大会、业主委员会成立前的过渡性机构，经业主申请，由街道办事处或者乡（镇）人民政府、社区党组织在县（市、区）住房和城乡建设主管部门的指导下组建。物业管理委员会组织业主共同决定物业服务区域内的事项，代行本条例规定的业主委员会的职责，推动符合条件的物业服务区域成立业主大会、选举产生业主委员会。

本条例对物业管理委员会相关事项没有规定的，适用本条例关于业主委员会的有关规定。物业管理委员会组建、运行、解散、职责以及监督管理等具体办法由省住房和城乡建设主管部门制定。

第五十八条　有下列情形之一的，业主可以申请组建物业管理委员会：

（一）业主大会筹备组未能在本条例第三十七条规定的期限内召开业主大会会议的；

（二）具备成立业主大会条件，但因其他原因未成立的；

（三）不具备成立业主大会条件的；

（四）已召开首次业主大会，但未能选举产生业主委员会的。

第五十九条　物业管理委员会由街道办事处或者乡（镇）人民政府代表、社区党组织代表、居民委员会或者村民委员会代表和业主代表等七人以上单数组成，其中业主代表不少于物业管理委员会成员人数的二分之一。业主代表由业主推选，业主推选不能达成共同意见的，可以由社区党组织推荐产生。

物业管理委员会主任由社区居民委员会或者村民委员会代表担任，副主任由业主代表推选。

物业管理委员会成员名单应当在物业服务区域内显著位置公示。

物业管理委员会持街道办事处或者乡（镇）人民政府出具的成立证明申请刻制物业管理委员会印章。

第六十条 物业管理委员会会议由主任或者由主任委托副主任召集和主持，三分之一以上的成员提出召开物业管理委员会会议的，主任应当组织召开会议。

会议应当有过半数成员且过半数业主代表成员参加，业主代表成员不能委托代理人参加会议。

物业管理委员会会议作出决定须经成员半数以上表决同意。会议结束后三日内，物业管理委员会应当将会议情况以及决定事项在物业服务区域内显著位置公示十五日。

第六十一条 物业管理委员会的任期一般不超过二年；超过二年的，街道办事处或者乡（镇）人民政府可以根据需要决定适当延长任期。

物业管理委员会应当在任期内推动成立业主大会、选举产生业主委员会；任期届满仍未成立业主大会、选举业主委员会的，由街道办事处或者乡（镇）人民政府、社区党组织重新组建物业管理委员会。

第六十二条 已召开业主大会并选举产生业主委员会，或者因物业服务区域调整、房屋灭失等原因物业管理委员会无存续必要的，街道办事处或者乡（镇）人民政府应当在该事由发生之日起三十日内解散物业管理委员会，并在物业服务区域内显著位置公示。

第五节 其他规定

第六十三条 业主大会和业主委员会或者物业管理委员会的决定，对物业服务区域内全体业主具有约束力。业主大会和业主委员会或者物业管理委员会不得作出违反法律、法规或者与本物业服务区域物业服务管理无关的决定。

业主大会和业主委员会或者物业管理委员会作出的决定违反法律、法规的，县（市、区）住房和城乡建设主管部门、街道办事处或者乡（镇）人民政府，应当责令其限期改正或者撤销其决定，并通告全体业主。

业主大会和业主委员会或者物业管理委员会作出的决定侵害业主合法权益的，受侵害的业主可以请求人民法院予以撤销。

第六十四条 业主委员会或者物业管理委员会超越职权作出的决定，或者作出与本物业服务区域物业服务管理无关的决定，由签名同意该决定的成员承担相应的法律责任。

业主委员会或者物业管理委员会成员擅自作出决定，侵害业主、物业服务人、第三方利益的，应当承担相应的法律责任。

第六十五条 业主大会筹备组或者物业管理委员会组建所需经费，由建设单位先行垫付；无法确定建设单位的老旧小区，由街道办事处或者乡（镇）人民政府垫付。业主委员会或者物业管理委员会组建后，所垫付费用从物业服务区域公共收益中支出。

业主大会和业主委员会或者物业管理委员会工作经费的筹集、管理、使用由业主共同决定，工作经费从物业服务区域公共收益中支出，不足部分由全体业主共同承担。业主大会和业主委员会或者物业管理委员会的经费使用情况，每年不得少于两次以书面形式在物业服务区域内显著位置公示，业主可以随时查询。

经业主共同决定，可以对业主委员会成员或者物业管理委员会中的业主代表成员发放工作津贴。

第四章 物业服务管理

第六十六条 一个物业服务区域由一个物业服务人实施物业服务。

第六十七条 业主可以根据本条例第三十八条的规定，决定采用招标或者协议的方式选聘物业服务人。

决定采用招标方式选聘物业服务人的，由业主委员会或者物业管理委员会组织招标，并代表业主与中标的物业服务人签订物业服务合同。

决定采用协议方式选聘物业服务人的，业主委员会或者物业管理委员会应当将两家以上备选物业服务人的基本情况、拟签订物业服务合同的主要内容在物业服务区域内显著位置公示。业主委员会或者物业管理委员会根据多数业主意见对公示内容调整后，由业主共同决定。

第六十八条　物业服务合同应当包括下列内容：

（一）物业服务区域的基本情况；

（二）委托方和受托方的权利义务；

（三）物业服务事项、服务质量等级和服务标准；

（四）物业服务费用、停车费等收费标准和收取办法；

（五）物业服务区域的养护和维修；

（六）合同的期限、变更和解除；

（七）合同终止时物业资料、财物以及服务的交接；

（八）维修资金的管理和使用；

（九）物业服务用房的管理和使用；

（十）违约责任及解决纠纷的途径；

（十一）双方当事人约定的其他内容。

物业服务人公开作出的有利于业主的服务承诺，视为物业服务合同的组成部分。

物业服务人在履行好物业服务合同约定的服务事项基础上，可以根据业主需要，提供物业服务合同约定之外的高品质、多样化服务，并按照市场价格收取服务费用。

物业服务人应当自与业主委员会或者物业管理委员会签订合同之日起十五日内，将物业服务合同报县（市、区）住房和城乡建设主管部门备案。

第六十九条　物业服务人应当按照物业服务合同约定的服务质量等级和服务标准提供下列服务：

（一）共有部分、共用设施设备的运行、维修、养护和经营管理；

（二）共有部分和相关场地的清洁卫生，病媒生物防治，雨、污水管道的疏通，公共垃圾的收集、清运以及依法履行垃圾分类相关事项；

（三）公共绿化的养护和管理；

（四）公共秩序维护、安全防范等事项；

（五）车辆停放服务管理；

（六）维护道路畅通；

（七）物业档案、资料管理；

（八）装饰装修服务管理；

（九）依照法律、法规规定公开服务、收费、经营与收益等方面事项；

（十）依照法律、法规规定收集、保存和使用在物业服务过程中获取的业主个人信息；

（十一）法律、法规规定或者物业服务合同约定的其他事项。

物业服务人应当按照物业服务合同约定，维护物业服务区域内的基本秩序，采取合理措施保护业主的人身、财产安全。对物业服务区域内违反有关治安、环保、消防、公共卫生、动物管理以及物业装饰装修和使用等法律、法规的行为，物业服务人应当及时采取合理措施制止和向有关部门报告，并协助处理。

物业服务人提供的服务达不到合同约定的等级和标准的，不得按照约定的等级和标准收取费用。物业服务人不得以通知、声明、告示等方式作出对业主不公平、不合理的规定，或者减轻、免除其损害业主合法权益应当承担的责任。

第七十条　物业服务人应当建立和保存与业主权益相关的下列物业服务档案和资料：

（一）小区共有部分经营管理档案；

（二）小区监控系统、电梯、水泵、消防设施等共有部分、共用设施设备档案及其管理、运行、维修、养护记录；

（三）水箱清洗记录及水箱水质检测报告；

（四）住宅装饰装修相关资料；

（五）业主名册及联系方式；

（六）签订的供水、供电、垃圾清运等书面协议；

（七）物业服务活动中形成的与业主权益相关的其他资料。

第七十一条　物业服务人将物业服务区域内的部分专项服务事项委托给专业性服务组织或者其他第三人的，应当就该部分专项服务事项向业主负责。

物业服务人不得将其应当提供的全部物业服务转委托给第三人，或者将全部物业服务支解后分别转委托给第三人。

第七十二条　物业服务收费应当遵循诚实守信、公平合理、质价相符的原则，依照有关规定分别实行政府指导价和市场调节价。

物业服务的收费标准和形式，由业主与物

业服务人依照国家和本省物业服务价格有关规定，在物业服务合同中约定。

物业服务人应当依照有关规定在物业服务区域内显著位置公示服务事项、服务质量等级、服务标准、收费项目及明细、收费标准等事项。

第七十三条 物业服务区域内供水、供电、供气、供热、通信、有线电视、宽带数据传输等专业经营单位，应当服务到最终用户，并依法承担分户终端计量装置或者入户端口以外相关设施设备的维修、养护、更新等责任。

专业经营单位对专业设施设备进行维修、养护、更新时，业主、物业服务人应当配合。

物业服务人接受专业经营单位委托代收相关费用的，不得向业主收取手续费等额外费用，但可以根据约定向专业经营单位收取一定的代收服务费。

专业经营单位不得强制物业服务人代收费用，不得因物业服务人拒绝代收费用而停止向最终用户提供服务。

第七十四条 物业服务人应当制定物业服务区域内突发公共事件应急预案，并定期组织演练。发生突发公共事件时，物业服务人在采取应急措施的同时，应当及时向有关部门报告，并协助做好相关配合工作。

物业服务人应当定期进行安全检查。发现事故隐患时，应当及时发出警示和采取处置措施，并向有关部门报告。

第七十五条 县级以上人民政府应当将物业服务人的应急职责纳入突发公共事件应急响应机制。物业服务人应当在街道办事处或者乡（镇）人民政府的领导下做好相关应急保障工作。

物业服务人承担应急保障工作的必要支出，县级以上人民政府应当给予支持。

第七十六条 物业服务合同期限届满九十日前，业主委员会或者物业管理委员会应当组织业主共同决定选聘或者续聘物业服务人。

决定续聘的，业主委员会或者物业管理委员会应当在物业服务合同期限届满前与物业服务人续签物业服务合同。决定选聘新的物业服务人的，应当提前六十日书面通知原物业服务人；原物业服务人应当在物业服务合同终止之日起十五日内退出物业服务区域。合同对通知期限另有约定的除外。

物业服务人决定不再续签物业服务合同的，应当在物业服务合同期限届满九十日前书面告知业主委员会或者物业管理委员会，合同对通知期限另有约定的除外。

物业服务期限届满后，业主委员会或者物业管理委员会没有依法作出续聘或者另聘物业服务人的决定，物业服务人继续提供物业服务的，原物业服务合同继续有效，但是服务期限为不定期。双方当事人可以随时解除不定期物业服务合同，但是应当提前六十日书面通知对方。

第七十七条 物业服务人应当在物业服务合同终止之日起十五日内，在县（市、区）住房和城乡建设主管部门和街道办事处或者乡（镇）人民政府的监督下，向业主委员会或者物业管理委员会移交下列资料和财物，并配合新的物业服务人做好交接工作：

（一）业主共有的结余资金；

（二）本条例第二十七条第一款规定的资料；

（三）物业服务用房；

（四）本条例第七十条规定的档案和资料；

（五）物业服务期间配置的属于业主共用的设施设备；

（六）其他应当移交的资料和财物。

物业服务人不得损坏、隐匿、销毁物业资料和财物。

第五章 物业的使用和维护

第七十八条 物业服务区域内不得有下列行为：

（一）擅自变动房屋建筑主体和承重结构或者改变房屋外貌，在外墙体开设、扩大门窗；

（二）擅自占用或者故意毁损共有部分、共用设施设备，擅自移动共用设施设备；

（三）擅自占用、改造和损坏人民防空工程设施；

（四）违反法律、法规以及管理规约（临时管理规约），未经有利害关系的业主一致同意，擅自将住宅改变为经营性用房；

（五）违反有关规定制造、存储、使用和处置爆炸性、毒害性、放射性和腐蚀性物质或者传染病病原体等危险物质；

（六）违反有关规定任意停放机动车和非机动车、私拉电线（缆）为电动车辆充电或者电动车辆进楼入户充电的；

（七）侵占绿地，毁坏花草树木；

（八）任意倾倒垃圾、堆放杂物、高空抛物；

（九）饲养动物干扰他人正常生活的；

（十）违反噪声污染防治法律、法规规定，制造噪声干扰他人正常生活的；

（十一）任意张贴、涂写、刻画、悬挂等；

（十二）违反法律、法规以及管理规约（临时管理规约）从事危害公共利益和侵害他人合法权益的其他行为。

发现有上述行为的，业主有权投诉、举报。物业服务人、业主委员会或者物业管理委员会应当劝阻、制止。劝阻、制止无效的，应当及时报告有关部门，有关部门应当依法及时处理。

第七十九条　单位和个人不得擅自占用、挖掘物业服务区域内的道路、场地，损害业主的共同利益。

确需临时占用、挖掘道路、场地的，应当征得业主委员会或者物业管理委员会及物业服务人的同意；物业服务人确需临时占用、挖掘道路、场地的，应当征得业主委员会或者物业管理委员会的同意。

单位和个人应当将临时占用、挖掘的道路、场地，在约定期限内恢复原状。

第八十条　物业服务区域内共有部分、共用设施设备维修养护时，相关业主或者使用人应当予以配合；相关业主或者使用人不予配合造成其他业主和物业服务人损失的，应当依法承担赔偿责任。

因维修养护共有部分、共用设施设备，造成相关业主的专有部分、专有设施设备损坏或者其他损失的，责任人应当依法承担赔偿责任。

第八十一条　业主装饰装修房屋，应当遵守房屋装饰装修和房屋安全使用的规定、管理规约（临时管理规约），并告知物业服务人。

物业服务人应当书面告知业主房屋装饰装修中的禁止行为和注意事项，并对房屋装修装饰施工进行监督。

业主违反房屋装修装饰规定、管理规约（临时管理规约）的，物业服务人应当予以制止。业主拒不改正或者已造成损害后果的，物业服务人应当报告有关部门依法处理；造成其他业主损失或者对公共利益造成损害后果的，责任人应当依法承担赔偿责任。

第八十二条　物业服务区域内，规划用于停放机动车辆的车位、车库，应当通过出售、附赠、出租等方式首先满足业主的需要。

占用物业服务区域内业主共有道路、场地停放机动车辆的，由业主共同决定是否收取场地占用费、收取标准和用途等。决定收取机动车辆场地占用费的，收取的场地占用费属于全体业主共有，业主委员会或者物业管理委员会可以委托物业服务人代为收取。

停车服务费收费标准，由业主与物业服务人按照国家和本省物业服务区域停车服务收费有关政策规定，在停车服务合同中约定。

机动车辆停放服务费、机动车辆场地占用费的收取标准应当在物业服务区域内公示。

第八十三条　物业服务区域内依法配建的人民防空工程，应当按照设计文件在实地标注。

物业服务区域内依法配建的人民防空工程平时用作停车位的，应当优先向业主出租，不得出售、附赠。

第八十四条　建设单位、物业服务人利用物业服务区域内共有部分、共用设施设备进行经营的，应当经业主共同决定。所得收益在扣除合理成本之后，属于业主共有，单位和个人不得擅自挪用和侵占。

建设单位、前期物业服务人利用共有部分、共用设施设备进行经营的收益应当主要用于补充维修资金，并按季度补充维修资金，补充比例应当高于经营收益的百分之五十。

利用共有部分、共用设施设备经营所得收益应当单独分类列账，独立核算，每半年公布一次经营所得收支情况，并接受业主监督。

第八十五条　业主委员会或者物业管理委员会可以聘请专业机构对公共收益的收支情况进行审计。审计结果应当向全体业主公告，审计费用从公共收益中支出。

第六章 维修资金的使用和管理

第八十六条 建设单位和业主应当依照有关规定缴存维修资金。未按照规定缴存首期维修资金的，建设单位不得将房屋交付买受人。建设单位、业主在申请不动产权登记或者抵押登记时，应当同时向不动产登记机构提供已足额缴纳维修资金的相关凭证。

第八十七条 业主缴存的维修资金属于全体业主所有；从公有住房售房款中提取的维修资金属于公有住房售房单位所有。

第八十八条 维修资金的管理，实行专户存储、专款专用、所有权人决策、政府监督的原则。省住房和城乡建设主管部门应当会同省财政部门对维修资金的缴存、使用、管理和退还等制定具体实施办法。

业主大会成立前，维修资金由住房和城乡建设主管部门代行管理。业主大会成立后，经业主共同决定后，选择自行管理或者代行管理。选择自行管理维修资金的，应当在银行设立维修资金账户，接受住房和城乡建设主管部门的监督，并由业主委员会定期在物业服务区域内显著位置公示维修资金的管理和使用情况。单位和个人不得擅自挪用或者侵占维修资金。

第八十九条 维修资金划转业主大会管理前，需要使用的，由物业服务人或者相关业主提出使用建议，经业主共同决定后，依照维修资金管理相关规定，向县（市、区）住房和城乡建设主管部门申请审核列支。

维修资金划转业主大会管理后，需要使用的，由物业服务人提出使用方案，经业主共同决定后，业主委员会依照维修资金管理相关规定，报县（市、区）住房和城乡建设主管部门审查通过后，向专户管理银行发出划转维修资金的通知。

已售公有住房的维修改造，可以申请使用公有住房维修资金或者公有住房出售资金进行维修改造。

第九十条 发生下列危及人身财产、房屋使用安全等紧急情况，需要立即对物业服务区域内共有部分、共用设施设备进行维修和更新、改造的，依照国家和本省应急使用维修资金的有关规定办理。

（一）电梯故障；

（二）消防设施故障；

（三）屋顶、外墙渗漏；

（四）二次供水水泵运行中断；

（五）排水设施堵塞、爆裂；

（六）楼体外立面存在脱落危险；

（七）其他危及人身财产、房屋使用安全的紧急情况。

各地在遵循方便快捷、公开透明的原则下，可以根据本地实际情况进一步细化应急维修资金使用办法。

第九十一条 未建立首期维修资金或者维修资金余额不足首期筹集金额百分之三十的，业主应当依照有关规定或者管理规约（临时管理规约），经业主共同作出决定，及时补建或者再次筹集维修资金。

维修资金补建或者再次筹集的方式分为分期缴纳和一次性缴纳，具体方式及筹集金额、期限、程序、资金入账等事项应当由业主共同作出决定。

县（市、区）住房和城乡建设主管部门应当指导、协调维修资金的补建或者再次筹集工作。

第九十二条 未建立维修资金或者已建立维修资金但续筹不足时，出现需要分摊维修费用的情形的，应当由维修涉及范围内共有或者共用关系的业主按照各自拥有房屋专有面积承担。

第九十三条 房屋所有权转让时，结余的维修资金随所有权同时转移。房屋灭失的，结余维修资金应返还给缴存主体，缴存主体灭失的依照有关法律规定处理。

第七章 法律责任

第九十四条 违反本条例第十八条第一款规定，建设单位在物业服务区域内不按照规定配置必要的物业服务用房的，由县级以上住房和城乡建设主管部门责令限期改正，给予警告，没收违法所得，并处十万元以上五十万元以下罚款。

违反本条例第十八条第三款规定，未经业主共同决定，擅自变更位置、抵押、分割、转让或者改变物业服务用房用途的，由县级以上住房和城乡建设主管部门责令限期改正，给予警告，并处一万元以上十万元以下罚款；有收益的，所得收益用于物业服务区域内共有部分、共用设施设备的维修、养护，剩余部分由业主共同决定使用。

第九十五条　违反本条例第二十一条的规定，建设单位应当通过招标方式选聘物业服务人而未招标，或者未经批准擅自采用协议方式选聘物业服务人的，由县级以上住房和城乡建设主管部门给予警告并责令限期改正；逾期未改正的，处十万元以下罚款。

第九十六条　违反本条例第二十三条第一款规定，建设单位未将备案后的临时管理规约向房屋买受人明示并予以说明的，由县级以上住房和城乡建设主管部门给予警告并责令限期改正；逾期未改正的，处五千元以上一万元以下罚款。

第九十七条　违反本条例第二十六条规定，建设单位在交接查验时，对不符合竣工验收资料的物业服务区域共有部分、共用设施设备拒不处理，或者物业服务人明知查验结果与竣工验收资料不符仍然承接的，由县级以上住房和城乡建设主管部门责令限期改正；逾期未改正的，处五万元以上三十万元以下罚款。

第九十八条　违反本条例第二十七条规定，建设单位未及时移交承接验收资料的，由县级以上住房和城乡建设主管部门责令限期改正；逾期仍不移交有关资料的，对建设单位予以通报，并处一万元以上十万元以下罚款。

第九十九条　违反本条例第三十三条第一款规定，建设单位未按规定书面告知并报送相关资料的，由县级以上住房和城乡建设主管部门责令限期改正；逾期未改正的，处一万元以上十万元以下罚款。

违反本条例第三十三条第二款规定，街道办事处或者乡（镇）人民政府自收到书面告知六十日内，未组织成立业主大会筹备组的，由有权机关责令限期改正；逾期未改正的，对负有责任的领导人员和其他直接责任人员依法给予处分。

第一百条　违反本条例第五十一条第二款规定，业主委员会成员资格终止后，逾期不交回有关资料、印章的，由街道办事处或者乡（镇）人民政府责令限期交回；逾期仍不交回的，处一千元以上五千元以下的罚款；造成损害后果的，依法承担民事责任。

第一百零一条　违反本条例第七十条规定，物业服务人未按规定建立和保存与业主权益相关的物业服务档案和资料的，由县级以上住房和城乡建设主管部门对物业服务人予以警告，并处三千元以上三万元以下罚款。

第一百零二条　违反本条例第七十一条第二款规定，物业服务人将其应当提供的物业服务转委托给第三人或者将全部物业服务支解后分别转委托给第三人的，由县级以上住房和城乡建设主管部门责令限期改正，处委托合同价款百分之三十以上百分之五十以下的罚款；委托所得收益，应当用于物业服务区域内共有部分、共用设施设备的维修、养护，剩余部分由业主共同决定使用；给业主造成损害后果的，依法承担民事责任。

第一百零三条　违反本条例第七十二条第三款规定，物业服务人未按规定公示相关事项的，由县级以上住房和城乡建设主管部门给予警告并责令限期改正，可以并处五千元以上三万元以下罚款。

第一百零四条　违反本条例第七十三条第三款规定，物业服务人在接受委托代收有关费用时向业主收取手续费等额外费用的，由县级以上市场监督管理部门责令限期改正，并退还已收取的费用。

第一百零五条　违反本条例第七十六条第二款规定，原物业服务人未按规定期限退出物业服务区域的，由县级以上住房和城乡建设主管部门责令其限期退出；逾期未退出的，处五万元以上三十万元以下罚款。

第一百零六条　物业服务人违反本条例第七十七条第一款规定，未按规定期限移交有关资料和财物的，由县级以上住房和城乡建设主管部门责令限期改正；逾期仍不移交有关资料和财物的，对物业服务人予以警告，并处一万元以上五万元以下罚款。

违反本条例第七十七条第二款规定，物业服务人损坏、隐匿、销毁物业档案、资料和财物的，由县级以上住房和城乡建设主管部门责令交回，并处五万元以上十万元以下罚款；造成损害后果的，依法承担民事责任。

第一百零七条 物业服务区域内有下列行为之一的，由有关部门按照下列规定予以查处：

（一）违反本条例第七十八条第一款第（一）项规定的，由县级以上住房和城乡建设主管部门责令限期改正，擅自变动房屋建筑主体和承重结构的，处五万元以上十万元以下的罚款；改变房屋外貌或者在外墙体开设、扩大门窗的，处一千元以上一万元以下罚款；造成损害后果的，依法承担民事责任。

（二）违反本条例第七十八条第一款第（二）项规定的，由县级以上住房和城乡建设主管部门给予警告并责令限期改正；擅自占用或者故意毁损共有部分、共用设施设备的，对单位处五万元以上二十万元以下罚款；对个人处一千元以上一万元以下罚款；有违法所得的，责令退还违法所得。

（三）违反本条例第七十八条第一款第（三）项规定的，由县级以上人民防空部门依照人民防空相关法律、法规予以处罚。

（四）违反本条例第七十八条第一款第（四）项规定的，由县级以上市场监督管理部门责令限期改正，依照相关法律、法规予以处罚。

（五）违反本条例第七十八条第一款第（五）项规定的，由公安机关依照《中华人民共和国治安管理处罚法》予以处罚。构成犯罪的，依法追究刑事责任。

（六）违反本条例第七十八条第一款第（六）项规定，违规停车堵塞消防通道的，由公安机关或者消防救援机构依照相关法律、法规予以处罚。违反规定私拉电线（缆）为电动车辆充电或者电动车辆进楼入户充电的，由公安机关或者消防救援机构责令改正；拒不改正的，处二百元以上一千元以下罚款。

（七）违反本条例第七十八条第一款第（七）项规定的，由城市管理综合执法部门依照《陕西省城镇绿化条例》予以处罚。

（八）违反本条例第七十八条第一款第（八）项规定任意倾倒垃圾、堆放杂物，导致消防通道或者疏散通道被占用、堵塞、封闭的，由公安机关或者消防救援机构责令限期改正；逾期拒不改正的，强制执行，所需费用由违法行为人承担，并对单位处五千元以上五万元以下罚款，对个人处五百元的罚款。占用、堵塞、封闭其他共有部分的，由城市管理综合执法部门给予警告并责令限期改正；逾期拒不改正的，对单位处二千元以上二万元以下罚款，对个人处二百元以上五百元以下罚款。

（九）违反本条例第七十八条第一款第（八）项规定高空抛物的，没有造成损害后果的，由公安机关予以警告，处五百元以上五千元以下的罚款；造成损害后果的，依法承担民事责任；构成犯罪的，依法追究刑事责任。

（十）违反本条例第七十八条第一款第（九）项规定的，由公安机关依照《中华人民共和国治安管理处罚法》予以处罚。

（十一）违反本条例第七十八条第一款第（十）项规定的，由公安机关依照《中华人民共和国治安管理处罚法》予以处罚。

（十二）违反本条例第七十八条第一款第（十一）项规定的，由城市管理综合执法部门依照《陕西省城市市容和环境卫生管理条例》予以处罚。

第一百零八条 违反本条例第七十九条规定，擅自占用、挖掘物业服务区域内道路、场地，损害业主共同利益的，由县级以上住房和城乡建设主管部门责令限期改正，给予警告，对单位处五万元以上二十万元以下罚款，对个人处一千元以上一万元以下罚款。

第一百零九条 违反本条例第八十三条第二款规定，将停车位出售、附赠的，由县级以上人民防空主管部门责令限期改正，没收违法所得；逾期不改正的，处五万元以上二十万元以下罚款。

第一百一十条 违反本条例第八十四条规定，擅自利用物业服务区域内共有部分、共用设施设备进行经营的，由县级以上住房和城乡建设主管部门责令限期改正，给予警告，对单位处五万元以上二十万元以下的罚款，对个人处一千元以上一万元以下的罚款；经营所得收益，应当用于物业服务区域内共有部分、共用设施设备的维修、养护，剩余部分由业主共同决定使用。

第一百一十一条 违反本条例第八十六条规定，业主未提供缴存维修资金凭证，建设单位擅自将房屋交付使用的，由县级以上住房和城乡建设主管部门责令限期改正；逾期不改正的，由建设单位代业主履行交纳维修资金的义务。

第一百一十二条　违反本条例第八十八条第二款规定，单位和个人擅自挪用或者侵占维修资金的，由县（市、区）住房和城乡建设主管部门追回，给予警告，没收违法所得，并处挪用或者侵占金额二倍以下罚款；构成犯罪的，依法追究刑事责任。

第一百一十三条　违反本条例规定，物业服务人不履行物业服务合同义务或者履行物业服务合同义务不符合约定，导致业主人身、财产受到损害的，依法承担民事责任。

业主未按物业服务合同约定交纳物业费的，物业服务人可以催告其在合理期限内支付，并听取业主意见；对于业主提出的合理意见，物业服务人应当及时予以解决；经物业服务人催告，业主在合理期限内无故仍不交纳的，业主委员会或者物业管理委员会应当督促其交纳，物业服务人也可以依法申请仲裁或者提起诉讼。

第一百一十四条　国家工作人员在物业服务监督管理工作中滥用职权、玩忽职守、徇私舞弊的，由有权机关依法给予处分；构成犯罪的，依法追究刑事责任。

第一百一十五条　违反本条例规定的其他行为，法律、法规已有处罚规定的，从其规定。

第八章　附则

第一百一十六条　本条例中有关的专业用语含义：

（一）专有部分，是指门户以内业主使用的房间、阳台、天井、庭院以及室内墙面等部位；

（二）专有设施设备，是指门户以内业主自用的门窗、卫生洁具和通向总管的供水、排水、供热、燃气的管道，电线以及水、电、气户表等设备；

（三）共有部分，是指属于业主共有共用的房屋主体承重结构部位（包括基础、内外承重墙体、柱、梁、楼板、屋顶等）、户外墙面、门厅、电梯井、楼梯间、走廊通道等；

（四）共用设施设备，是指物业服务区域内业主共同使用的供排水管道、水箱、加压水泵、电梯、天线、照明设施、供电线路、煤气（天然气）管道、消防设施、安防设施、垃圾转运、绿地、道路、沟渠、池、井、公益性文体等设施设备；

（五）公共收益，是指公共区域的广告收益、停车收益、租赁摊位收益、利用公共配套设施的经营收入、部分通信运营管理费、因小区公共设施损坏所得赔偿、物业服务用房等利用物业服务区域内业主共有部分、共用设施设备经营所取得的收益；

（六）老旧小区，是指建成年代较早、失养失修失管、市政配套设施不完善、社区服务设施不健全的居住区（含单栋住宅楼）。

第一百一十七条　本条例自2021年10月1日起施行。

湖南省物业管理条例

（2018年7月19日湖南省第十三届人民代表大会常务委员会第五次会议通过，根据2021年3月31日湖南省第十三届人民代表大会常务委员会第二十三次会议《关于修改〈湖南省建筑市场管理条例〉等三十件地方性法规的决定》修正，2021年3月31日湖南省第十三届人民代表大会常务委员会公告第67号公布）

第一章　总则

第一条　为了规范物业管理活动，维护业主和物业服务企业的合法权益，营造良好的生活和工作环境，促进社会和谐稳定，根据《中华人民共和国民法典》、国务院《物业管理条例》等法律、行政法规，结合本省实际，制定本条例。

第二条　本条例适用于本省行政区域内的

物业管理活动。

本条例所称物业管理，是指业主通过选聘物业服务企业，由业主和物业服务企业按照物业服务合同约定，对房屋及配套的设施设备和相关场地进行维修、养护、管理，维护物业管理区域内的环境卫生和相关秩序的活动。

第三条 县级以上人民政府应当将物业管理纳入现代服务业发展规划、社区建设和社区治理体系，建立和完善物业管理综合协调机制。

第四条 县级以上人民政府物业管理行政主管部门负责本行政区域内物业管理活动的监督管理工作，依法履行下列职责：

（一）对物业服务质量进行监督管理；

（二）对物业招投标活动进行监督管理；

（三）对物业承接查验、物业服务企业退出交接活动进行指导和监督；

（四）处理物业管理中的投诉；

（五）对专项维修资金缴存、使用情况进行监督管理；

（六）法律、法规规定的其他职责。

县级以上人民政府其他有关行政管理部门按照各自职责，做好物业管理活动相关监督管理工作。

第五条 街道办事处或乡镇人民政府依法监督指导业主大会的成立、业主委员会的选举等工作，督促业主大会和业主委员会依法履行职责，调解物业管理纠纷，协调物业管理与社区建设的关系。

居（村）民委员会协助街道办事处或乡镇人民政府开展物业管理相关工作，对业主大会筹备、召开及业主大会、业主委员会的日常工作进行具体指导。

第六条 物业服务行业组织应当加强行业自律，制定物业服务规范和标准，规范物业服务行为，督促物业服务企业和从业人员依法经营、诚信服务，提升物业服务水平。

第七条 鼓励采用互联网、物联网等信息化、智能化技术提升物业服务质量和管理水平，推进智慧小区建设。

第二章 业主大会和业主委员会

第八条 一个物业管理区域成立一个业主大会。

物业管理区域的划分应当以有利于实施物业管理为原则，综合考虑规划条件、土地使用权属范围、建筑物规模、共用设施设备、自然界限、社区建设等因素确定。

新建物业物业管理区域的划分由建设单位在编制建设项目规划设计方案时一并报城市规划主管部门核定。

尚未划分物业管理区域并已投入使用的，其物业管理区域划分由物业所在地县（市、区）人民政府物业管理行政主管部门会同街道办事处或乡镇人民政府征求业主意见后予以核定。

物业管理用房、供水、供电、消防等配套设施设备和相关场地共用不能分割的，应当划为一个物业管理区域。

第九条 已划定的物业管理区域不得擅自变更。确需变更的，应当由相关物业管理区域专有部分面积占比三分之二以上的业主且人数占比三分之二以上的业主参与表决，并经参与表决专有部分面积过半数的业主且参与表决人数过半数的业主同意，由物业所在地县（市、区）人民政府物业管理行政主管部门会同街道办事处或乡镇人民政府重新核定。

第十条 建设单位应当在申领商品房预售许可或者现房销售备案前，将物业管理区域资料报县（市、区）人民政府物业管理行政主管部门和街道办事处或乡镇人民政府备案，并在商品房买卖合同中载明。

物业服务企业应当将物业管理区域向全体业主、物业使用人公示。未聘请物业服务企业的，由街道办事处或乡镇人民政府向全体业主、物业使用人公示。

第十一条 具备下列条件之一的，应当召开首次业主大会会议：

（一）交付使用的物业专有部分建筑面积达到建筑物总面积百分之五十以上的；

（二）交付使用的物业专有部分建筑面积达到建筑物总面积百分之三十以上，且首期交付的物业专有部分交付使用时间满两年的；

（三）交付使用的户数达到总户数百分之五十以上的。

业主可以向建设单位查询前款规定的有关

资料和数据，建设单位应当予以配合。

第十二条　符合召开首次业主大会会议条件的，建设单位应当向物业所在地的街道办事处或乡镇人民政府提出筹备首次业主大会会议的申请，十名以上业主也可以联名申请。

街道办事处或乡镇人民政府应当在接到申请后三十日内组织成立首次业主大会会议筹备组。筹备组成立之日起七日内，建设单位应当向街道办事处或乡镇人民政府以及筹备组报送建筑物面积清册、业主名册、建筑规划总平面图、共用设施设备交接资料、物业服务用房配置确认资料等。

首次业主大会会议经费由建设单位承担。

第十三条　业主大会会议筹备组由业主推选代表、建设单位代表、街道办事处或乡镇人民政府代表、居（村）民委员会代表组成。筹备组人数应当为七至十三人的单数，其中业主推选代表不得少于百分之五十。筹备组组长由街道办事处或乡镇人民政府代表担任。

筹备组应当自成立之日起七日内将成员名单和工作职责予以公示，公示时间不得少于七日。

筹备组中的业主成员被提名为业主委员会委员候选人的，其筹备组成员资格即行终止，筹备组应当从符合条件的推选人员中依次递补。

第十四条　首次业主大会会议筹备组负责下列工作：

（一）确定首次业主大会会议召开的时间、地点和内容；

（二）起草业主大会议事规则、管理规约、业主委员会选举办法、业主委员会工作规则；

（三）确认业主身份、人数及业主投票权数；

（四）组织业主推选业主委员会委员候选人；

（五）确定首次业主大会会议表决规则；

（六）召开首次业主大会会议的其他准备工作。

筹备组应当在首次业主大会会议召开十五日前公示会议通知、业主及投票权数确认情况、业主委员会委员候选人情况、业主大会会议表决规则以及前款第二项规定的材料文本，公示时间不得少于七日。业主对公示内容有异议的，筹备组应当复核或者修改，并书面告知异议人。

筹备组应当自成立之日起三个月内组织召开首次业主大会会议。筹备组在业主委员会成立后即自行解散。

第十五条　业主大会决定下列事项：

（一）制定、修改业主大会议事规则；

（二）制定、修改管理规约；

（三）选举业主委员会或者更换业主委员会委员；

（四）改变和撤销业主委员会不适当的决定；

（五）决定业主大会、业主委员会工作经费、业主委员会委员工作津贴及标准；

（六）确定物业服务内容、标准及物业服务收费方案；

（七）决定选聘、续聘和解聘物业服务企业；

（八）筹集和使用专项维修资金；

（九）改建、重建建筑物及其附属设施；

（十）利用共用部位、共用设施设备进行经营的方式以及所得收益的分配与使用；

（十一）有关共有和共同管理权利的其他重大事项。

第十六条　业主大会可以采用集体讨论或者书面征求意见的形式。采用书面征求意见形式的，应当将征求意见书送达业主，并至少提前十五日公示相关文本和信息。

业主大会需要投票表决的，表决意见应当由业主本人签名；业主委托代理人表决的，代理人应当提交本人和业主的身份证复印件及委托书。提倡采用信息技术手段进行表决。

业主大会投票表决的全部资料应当保存三年以上，业主可以查询、复制相关原始资料，并依法实施监督。

第十七条　业主委员会不按照业主大会议事规则的规定组织召开业主大会会议的，街道办事处或乡镇人民政府应当责令业主委员会限期组织召开；逾期仍不组织召开的，街道办事处或乡镇人民政府应当指导监督居（村）民委员会及时组织召开。

第十八条　业主委员会由五至十一人单数

组成，每届任期三至五年，业主委员会委员可以连选连任。

业主委员会委员候选人应当从奉公守法、品行良好、公道正派、热心公益、责任心强、有一定组织能力的业主中产生。

业主委员会委员候选人的选举材料应当载明候选人是否受到过刑事处罚，是否有不良信用记录，是否违反临时管理规约、管理规约、业主大会议事规则的情况等信息，并向业主公开。

第十九条 业主委员会应当自选举产生之日起三十日内，将业主大会会议决定、管理规约、业主大会议事规则、业主委员会委员名单等材料报物业所在地的县（市、区）人民政府物业管理行政主管部门和街道办事处或乡镇人民政府备案，并书面告知相关居（村）民委员会。

第二十条 业主委员会执行业主大会的决定事项，履行下列职责：

（一）召集业主大会会议，报告物业管理的实施情况；

（二）代表业主与业主大会选聘的物业服务企业签订物业服务合同；

（三）及时了解业主、物业使用人的意见和建议，监督和协助物业服务企业履行物业服务合同；

（四）监督管理规约的实施；

（五）督促业主交纳物业服务费及其他相关费用；

（六）组织和监督专项维修资金的筹集和使用；

（七）业主大会赋予的其他职责。

业主委员会会议应当有过半数委员出席，作出决定应当经全体委员过半数通过。业主委员会委员不得委托他人出席业主委员会会议。

第二十一条 业主委员会应当建立信息公开制度，及时公示下列信息：

（一）业主大会议事规则、管理规约；

（二）业主大会和业主委员会决定；

（三）物业服务合同；

（四）经业主大会决定占用业主共有的道路或者其他场地设置的机动车停车位及其处分情况；

（五）专项维修资金的筹集、使用情况；

（六）物业共用部位、共用设施设备的经营收益及其分配与使用详细情况；

（七）业主大会、业主委员会的工作经费和业主委员会委员工作津贴详细情况；

（八）其他应当向业主、物业使用人公开的情况和资料。

前款第一、二、三、四项规定的事项应当持续公示；第五、六、七项规定的事项，业主委员会应当于每年三月底前公布上一年度的信息，公示期不少于三十日。

业主、物业使用人有权查询、复制本条第一款规定的信息及相关原始资料并依法实施监督，业主委员会、物业服务企业等应当予以配合。

第二十二条 业主委员会委员有下列情形之一的，经占总人数百分之二十以上的业主或者三分之一以上业主委员会委员提议，业主大会或者业主委员会根据业主大会的授权有权终止其委员资格：

（一）利用业主委员会委员身份牟取不正当利益，或者存在其他滥用职权行为，损害业主合法权益的；

（二）拒不履行业主义务的；

（三）无故缺席业主委员会会议连续三次以上的；

（四）法律、法规、业主大会议事规则规定的其他情形。

业主委员会委员因物业转让、灭失等原因不再是业主的，或者有丧失民事行为能力等情形的，其委员资格自行终止。

业主委员会委员资格终止的，应当自终止之日起三日内将其保管的档案资料、印章及属于业主共有的其他财物移交业主委员会。拒不移交的，业主委员会、业主或者居（村）民委员会可以请求街道办事处或乡镇人民政府督促移交。

第二十三条 业主委员会应当于任期届满三个月前召开业主大会会议进行换届选举；逾期未换届的，街道办事处或乡镇人民政府应当责令其限期换届选举。

业主委员会应当自任期届满之日起十日内，将保管的档案资料、印章及业主共有的其他财物移交新一届业主委员会。逾期不移交的，新一届业主委员会可以请求街道办事处或乡镇人民政府督促移交。

第二十四条 业主大会根据需要可以设立业主代表会议，履行业主大会赋予的职权职责；业主大会决定设立业主代表会议的，应当同时明确业主代表的产生及业主代表会议的权限及议事规则。

业主大会可以设立业主监督委员会，负责监督业主委员会的工作，并履行业主大会赋予的其他职责。

第三章 前期物业管理

第二十五条 在业主大会选聘物业服务企业之前，建设单位应当按照国家和省有关规定选聘前期物业服务企业，签订书面前期物业服务合同，实施前期物业管理服务。

第二十六条 新建物业交付使用前，建设单位和前期物业服务企业应当进行物业承接现场查验。未经现场查验的，建设单位不得交付使用，物业服务企业不得承接。

前期物业服务企业应当邀请业主代表、县（市、区）人民政府物业管理行政主管部门、街道办事处或乡镇人民政府、居（村）民委员会参加物业承接现场查验，必要时可以聘请有关专业机构予以协助。

第二十七条 实施承接查验的物业，应当符合下列要求：

（一）建设工程竣工验收合格，取得规划、消防、环保等部门出具的认可或者准许使用文件，并报建设行政主管部门备案；

（二）水、电已纳入城市管网，安装了分户计量装置和控制装置，并对物业服务用房、物业共用部位、共用设施设备及本物业管理区域内的非住宅用户配置了独立的水、电计量装置；

（三）管道燃气、集中供热主管网覆盖的区域，完成了住宅室内外燃气、供热管道的敷设且与相应管网连接，并按照规划要求安装了分户计量装置和控制装置；

（四）光纤、有线电视传输通信线路及电话、宽带和有线电视端口敷设到户，地下通信管道敷设到位且与城市公用通信管道相衔接，安全监控装置及其他安全防范设施设备按照规划设计要求配置到位；

（五）电梯、二次供水、高压供电、消防设施、压力容器、电子监控系统等公共设施设备取得使用合格证书；

（六）按照规划要求完成了教育、邮政、文化、医疗卫生、体育、环境卫生等设施以及社区管理用房建设；

（七）按照规划要求完成了小区道路建设，并与城市道路或者公路相连；

（八）按照规划要求完成了绿化建设及车库、车位配置；

（九）建筑物及其配套设施标志标识完整、清晰；

（十）法律、法规和前期物业服务合同规定的其他条件。

鼓励实行住宅物业住房品质分类。规划设计对住宅物业住房品质有明确标准要求的，前期物业服务企业应当按要求进行查验。

第二十八条 经现场查验，符合本条例第二十七条规定的，前期物业服务企业应当与建设单位签订物业承接协议；不符合的，应当制作书面整改计划，由建设单位按照计划要求整改，并于整改完毕后组织复验。

前期物业服务企业应当自物业承接协议签订之日起三日内，将承接查验情况和承接协议予以公示，公示时间不得少于十五日。

第二十九条 前期物业服务企业应当自物业交接后三十日内，持下列文件向物业所在地的县（市、区）人民政府物业管理行政主管部门办理备案手续：

（一）前期物业服务合同；

（二）临时管理规约；

（三）物业承接查验协议；

（四）建设单位移交资料清单；

（五）查验记录；

（六）交接记录；

（七）其他有关承接查验的文件。

第三十条 新建物业建设单位应当按照下列标准配置物业管理用房：

（一）建筑面积不少于建筑物总面积的千分之二，最低不少于八十平方米；

（二）具备水、电、采光、通风等正常使用功能的地面以上独立成套装修房屋；设置在无电梯的楼房的，所在楼层不得高于四楼。

第三十一条 建设单位应当按照规划要求配套建设业主基本公共活动用房和生活服务用房。业主基本公共活动用房和生活服务用房属于全体业主共有。

保障性住房小区、国有土地上房屋征收或者农村集体土地征收拆迁安置住房小区及有条件的其他项目，建设单位还可以按照建筑物总面积的一定比例配套建设经营性用房。经营性用房的收益主要用于物业共用部位、共用设施设备的维修、更新、改造和业主委员会工作经费。

第三十二条 建设单位销售物业时，应当在销售场所公示经批准的规划设计方案、物业管理区域资料、临时管理规约、前期物业服务合同等材料和物业服务用房、共用部位、共用设施设备等信息，并向物业买受人提供书面告知材料。

建设单位与物业买受人签订物业买卖合同时，应当将前期物业服务合同和临时管理规约作为物业买卖合同的附件。

第三十三条 建设单位应当按照国家规定及合同约定的保修期限和保修范围承担物业的保修责任。

建设单位在竣工验收备案前，应当按照物业建筑安装总造价百分之三的比例向设区的市、县（市）人民政府物业管理行政主管部门交存物业保修金，作为物业保修期内物业维修费用的保障。

建设单位在物业保修期内未及时履行保修义务的，业主或者物业服务企业可以申请使用物业保修金予以维修。

物业保修期满，设区的市、县（市）人民政府物业管理行政主管部门应当将剩余的物业保修金及孳息退还建设单位。

第四章 物业管理服务

第三十四条 业主大会可以决定采用招标或者协议的方式选聘物业服务企业。

业主大会决定采用招标方式选聘物业服务企业的，由业主委员会依照招标投标法律、法规组织招标。

业主大会决定采用协议方式选聘物业服务企业的，业主委员会应当将三家以上备选的物业服务企业的基本情况、拟签订的物业服务合同的主要内容予以公示，并根据业主意见对公示内容调整后，提请业主大会决定。

物业服务企业应当自物业服务合同签订之日起三十日内将物业服务合同报送县（市、区）人民政府物业管理行政主管部门备案。

第三十五条 物业服务企业在物业服务活动中享有下列权利：

（一）根据法律、法规规定和物业服务合同约定，对物业及物业管理区域内的环境、秩序进行管理；

（二）依照国家、省有关规定和物业服务合同约定收取物业服务费；

（三）劝阻、制止损害物业、妨碍物业管理区域秩序和其他损害业主利益的行为；

（四）法律、法规规定和物业服务合同约定以及业主大会授予的其他权利。

第三十六条 物业服务企业应当按照物业服务合同、物业服务规范提供物业管理服务，履行下列义务：

（一）落实消防、安防人员和措施，确保消防、安防监控设施正常使用，做好物业管理区域内的消防、安防和人民防空工程维护管理工作；

（二）负责业主共有道路及其他公共场地的清扫保洁，负责物业管理区域内的垃圾清运，维护物业管理区域的环境卫生；

（三）对物业共用部位、共用设施设备进行养护、维修；

（四）做好物业养护、维修、更新及费用开支的记录，妥善保管物业档案资料和有关财务账册，建立物业服务信息平台，为业主、物业使用人提供免费查询服务；

（五）实行二十四小时值班制，建立和完善物业服务工作应急预案，及时处理物业服务中的突发事件；

（六）法律、法规规定和物业服务合同约定的其他义务。

第三十七条 除有关国家机关依法调取

外，未经业主、物业使用人书面同意，物业服务企业不得向他人出售或者非法提供业主、物业使用人的个人信息。

未经法定程序并签订委托合同，物业服务企业不得利用业主共用部位、共用设施设备进行经营，不得侵占或者擅自使用、处分业主共有财产和依法归业主所有的收益。

第三十八条　物业管理服务实行项目经理人制度。物业服务企业应当按照物业服务合同约定指派项目经理人。

项目经理人不能履行职责或者业主大会、业主委员会要求更换项目经理人的，物业服务企业应当及时更换。

第三十九条　物业服务企业应当根据物业服务合同的约定，在业主委员会的监督下，委托专门机构承担电梯、防雷装置、消防设施和器材等的养护、检测、维修以及清扫保洁、园林绿化、工程施工等专项服务，但不得将物业管理区域内的全部物业服务一并委托或者转交给其他单位或者个人。

电梯、压力容器等特种设备和消防器材、设施应当委托具备专业资质的检测机构进行定期检验检测，委托具备专业资质的维护保养机构负责日常维护、保养。

第四十条　物业服务费可以采取包干制或者酬金制等方式收取，具体标准和方式由物业服务合同约定；实行政府指导价的，应当在指导价范围内确定。

物业服务企业应当公示物业服务合同约定的收费项目、收费标准、收费依据、收费方式。物业服务企业不得向业主收取任何未经合同约定并经公示的费用。

物业服务合同期内，物业服务企业不得擅自提高物业服务收费标准。如需提高的，物业服务企业应当按幢公示拟调价方案、调价理由、成本变动情况等相关资料，与业主委员会协商，并经业主大会同意；没有成立业主大会的，应当由相关物业管理区域专有部分面积占比三分之二以上的业主且人数占比三分之二以上的业主参与表决，并经参与表决专有部分面积过半数的业主且参与表决人数过半数的业主同意，并签订变更协议。

第四十一条　业主应当根据物业服务合同的约定交纳物业服务费。业主欠交物业服务费的，物业服务企业可以依法催交。

物业服务企业不得采取中断提供、限制或者变相限制购买水、电、气、热以及停运电梯等方式迫使业主交纳物业服务费。

第四十二条　产权转让的，业主应当结清物业服务费，并自转让合同签订之日起十五日内将转让事项告知业主委员会和物业服务企业。

物业出租的，出租人应当在租赁合同签订后及时将承租人及其联系方式、租赁期限、物业服务费交纳的约定等情况书面告知业主委员会和物业服务企业。

第四十三条　物业服务企业应当公示下列信息：

（一）物业服务企业项目经理人的姓名、联系方式和物业服务投诉电话；

（二）电梯、消防、监控等设施设备的日常维护保养单位的名称、资质、联系方式和应急处置方案等；

（三）公共水电费用及其分摊详细情况；

（四）房屋修缮、装饰装修以及使用过程中的结构变动等情况；

（五）其他应当公示的信息。

物业服务费采用酬金制方式收取的，物业服务企业应当按照规定建立物业服务各项资金收支台账，于每年三月底前公布上一年度物业服务各项成本费用、接受委托利用业主共用部位和共用设施设备进行经营的各项收支、公共水电费用分摊等详细情况。

业主、物业使用人可以查询、复制前款规定的相关原始资料，并依法实施监督；业主、物业使用人对公示内容有异议的，物业服务企业应当及时作出书面说明。

第四十四条　业主委员会应当在物业服务合同期限届满九十日前，组织召开业主大会会议讨论决定物业服务企业聘用事宜。业主大会决定续聘的，由业主委员会与物业服务企业重新签订物业服务合同；业主大会决定不续聘的，业主委员会应当及时告知物业服务企业。

第四十五条　原物业服务企业应当自物业服务合同期限届满或者解除之日起十五日内退出物业项目，但与业主委员会另有约定的除外。

原物业服务企业退出时，应当在业主委员会监督下，与新的物业服务企业办妥管理交接手续并移交下列资料和财物：

（一）物业承接查验资料；

（二）物业服务期间形成的物业及设施设备运行、保养、维修、改造、更新的有关资料和物业服务档案；

（三）物业服务用房、物业共用部位、共用设施设备；

（四）预收、代收的有关费用及相关账册、票据；

（五）法律、法规规定和物业服务合同约定应当移交的其他资料和财物。

第四十六条 物业服务企业退出物业项目时，尚未选聘新物业服务企业的，业主委员会可以申请街道办事处或乡镇人民政府进行应急管理；尚未成立业主大会的，十名以上业主可以联名申请街道办事处或乡镇人民政府进行应急管理。街道办事处或乡镇人民政府应当指导、督促居（村）民委员会组织不超过一年的基本保洁、秩序维护等服务，费用由全体业主共同承担。

第五章 物业的使用与维护

第四十七条 业主、物业使用人应当遵守管理规约和业主大会决定，不得损害公共利益和他人合法权益。

业主或者物业使用人封闭阳台以及安装空调外机、太阳能热水器、防盗网、遮阳罩、外置式晾衣架等设施，不得违反管理规约，应当保持物业的安全、整洁、美观。

第四十八条 物业管理区域内禁止下列行为：

（一）改变房屋、人民防空工程承重结构、主体结构；

（二）将没有防水要求的房间或者阳台改为卫生间、厨房，或者将卫生间改在下层卧室、客厅、餐厅、书房、厨房之上；

（三）擅自将住宅改变为经营性用房或者以其他形式擅自改变物业规划用途；

（四）侵占、损坏共用的屋顶、地面架空层等物业共用部位、共用设施设备；

（五）擅自改变房屋外观或者违法搭建建筑物、构筑物；

（六）违反规定存放易燃、易爆、剧毒、腐蚀性或者放射性等危险物品；

（七）高空抛物、随意弃置垃圾、排放污水；

（八）排放有毒、有害等污染环境的物质；

（九）侵占绿地、毁坏绿化和绿化设施；

（十）占用、堵塞、封闭疏散通道、安全出口、消防通道、消防登高面，损坏消防设施及器材；

（十一）使用地锁、石墩、栅栏等障碍物占用公共道路、公共停车泊位，违反规定停放车辆；

（十二）违反规定饲养动物；

（十三）法律、法规和管理规约、临时管理规约禁止的其他行为。

违反前款规定的，物业服务企业、业主委员会应当予以劝阻、制止。业主、物业使用人有权投诉、举报，物业服务企业、业主委员会应当及时处理。劝阻、制止无效的，应当及时报告有关行政主管部门，有关行政主管部门应当依法处理。

第四十九条 业主、物业使用人饲养犬只的，应当依法养犬、文明养犬，不得损害他人的合法权益。

物业服务企业应当采取有效措施，减少犬只对环境的影响，并协助有关部门加强对物业区域内养犬行为的监督管理。

第五十条 物业管理区域规划设置的机动车停车库、车位应当首先满足业主需要。建设单位不得将物业管理区域内规划的车库、车位出售给本区域以外的单位或者个人。业主要求承租尚未处置的规划车库、车位的，建设单位不得以只售不租为由拒绝出租。

占用业主共有的道路或者其他场地设置的机动车停车位，属于业主共有。

第五十一条 业主或者物业使用人装饰装修房屋，应当事先告知物业服务企业。物业服务企业应当告知房屋装饰装修的注意事项和禁止的行为。

物业服务企业应当加强房屋装饰装修现场

巡查，发现违反规定的应当立即制止；制止无效的，及时报告业主委员会和有关行政主管部门。

第五十二条　利用物业管理区域共用部位、共用设施设备进行经营的收益属于全体业主共有，主要用于补充专项维修资金，也可以按照业主大会的决定用于业主委员会工作经费或者物业管理方面的其他需要。

第五十三条　同一物业管理区域内，有两户以上业主的住宅物业和非住宅物业，业主应当交存专项维修资金。业主交存的专项维修资金属于业主所有，专项用于物业保修期满后物业共用部位和共用设施设备的维修、更新、改造，不得挪作他用。

首期物业专项维修资金，由物业买受人在办理商品房预售合同备案前存入物业专项维修资金专户。房屋竣工后尚未售出和建设单位自留的物业，由建设单位在竣工验收备案前存入物业专项维修资金专户。

业主分户账面专项维修资金余额不足首期交存额百分之三十的，应当及时续交；未建立物业专项维修资金的物业，应当按照相关规定进行补建。

续交、补交的物业专项维修资金可以一次性交存，也可随物业管理费逐月交存。

第五十四条　在保证专项维修资金正常使用的前提下，可以将专项维修资金用于购买国债。

利用专项维修资金购买国债，应当在银行间债券市场或者商业银行柜台市场购买一级市场新发行的国债。

利用业主交存的专项维修资金购买国债，应当由相关物业管理区域专有部分面积占比三分之二以上的业主且人数占比三分之二以上的业主参与表决，并经参与表决专有部分面积过半数的业主且参与表决人数过半数的业主同意。

利用专项维修资金购买国债的增值收益应当转入专项维修资金。

第五十五条　物业管理区域内共用部位、共用设施设备出现下列紧急情况的，业主、业主委员会、物业服务企业应当立即组织应急维修：

（一）物业管理区域内发生的屋面、外墙防水严重损坏；

（二）消防、电力、供水、排水、供气系统出现功能障碍或者部分设备严重损坏等重大安全隐患或者紧急情况；

（三）电梯故障；

（四）建筑外立面装饰和公共构件严重脱落松动，玻璃幕墙炸裂；

（五）其他发生危及人身安全、房屋使用安全和公共安全的紧急情形。

第五十六条　业主大会可以在管理规约和议事规则中约定对专项维修资金使用采取异议表决方式投票表决。

采取异议方式投票表决的，业主大会应当在表决期限届满后将初步表决结果予以公示，并规定不少于十五日的催告期。未提出反对意见的业主在催告期内提出反对意见的，计入反对票总数；最终表决结果以催告期届满时的票数为准。

异议方式投票表决的全部资料应当保存三年以上，业主可以查询、复制相关原始资料，并依法实施监督。

第五十七条　业主大会成立前，物业专项维修资金由物业管理行政主管部门设立的物业专项维修资金管理机构代管。业主大会成立后，由业主大会决定自行管理或者委托代管。物业专项维修资金划转业主大会管理的，业主大会应当依照有关法律、法规和国家、省有关规定筹集和使用物业专项维修资金。

第五十八条　设区的市、自治州、县（市、区）人民政府应当采取措施，支持老旧住宅小区内的道路、照明、绿地及文化体育、安全防范、物业服务用房等配套建筑及设施设备的改造建设。

老旧住宅小区业主需要增设电梯的，规划、国土资源、住房和城乡建设、质量技术监督、财政、消防等有关部门应当根据国家和省有关规定予以支持。

第六章　监督管理

第五十九条　县级人民政府发展和改革、城乡规划、住房和城乡建设、城市管理、公安、环境保护、卫生和计生、园林等部门应当依照职责分工，加强物业管理区域内物业服务收费、房屋使用、治安秩序、消防、环境卫生、园林绿化等方面的监督管理，并在物业管理区域内显著位置公布联系方式。

前款规定的部门接到业主、业主委员会或者物业服务企业的投诉举报，应当及时进行调查、处理，并将调查、处理结果告知投诉举报人。

第六十条 住宅专项维修资金的管理和使用，应当依法接受审计部门的审计监督。

住宅专项维修资金的财务管理和会计核算应当依法接受财政部门监督。

第六十一条 省人民政府物业管理行政主管部门应当组织建立全省统一的物业服务行业信用信息平台，记录物业服务企业的信用信息并通过本部门网站向社会公布。

设区的市、自治州、县（市、区）人民政府物业管理行政主管部门应当加强对物业服务企业的监督管理，及时将物业服务企业的有关信息纳入统一的物业服务行业信用信息平台。业主、物业使用人有权对本物业管理区域物业服务企业的信息依法进行监督。

第六十二条 街道办事处或乡镇人民政府、居（村）民委员会、企业事业单位、社会团体和其他组织应当支持城乡社区人民调解组织及时调解物业纠纷，鼓励社会工作者、人民调解员、法律专业人士等参加物业纠纷调解。

第六十三条 物业服务企业应当依照法律、法规及物业服务合同约定落实安全防范措施，将安全台账按月送交居（村）民委员会。

居（村）民委员会应当协助街道办事处或乡镇人民政府对物业服务企业安全防范措施的落实情况进行指导监督。

第六十四条 设区的市、自治州、县（市、区）人民政府应当建立物业管理联席会议制度，定期研究解决物业管理活动中的重大问题。

街道办事处或乡镇人民政府应当及时召集县（市、区）人民政府物业管理行政主管部门、公安派出所、司法所、居（村）民委员会、物业服务企业等单位和业主委员会、业主代表参与协调解决物业管理活动中的矛盾纠纷。

第七章 法律责任

第六十五条 违反本条例第二十六条第一款规定，建设单位、物业服务企业未履行承接查验义务的，由县级以上人民政府物业管理行政主管部门责令限期改正；逾期不改正的，作为不良经营行为记入企业信用档案，并予以通报。

第六十六条 违反本条例第四十五条规定，物业服务企业无正当理由拒不移交有关资料的，由县级以上人民政府物业管理行政主管部门责令限期改正；逾期仍不改正的，对物业服务企业予以通报，处一万元以上十万元以下罚款。

物业服务企业拒不移交有关财物的，业主委员会可以依法向人民法院提起诉讼。

第六十七条 违反本条例第四十八条第一款第一项规定，改变房屋、人民防空工程承重结构、主体结构的，由县级以上地方人民政府物业管理行政主管部门责令限期改正，造成他人损失的，依法承担赔偿责任；违反第五项规定，违法搭建建筑物、构筑物的，由县级以上人民政府城市管理执法部门责令限期拆除。

第六十八条 违反本条例规定，物业服务企业、业主委员会成员侵害业主利益的，依法承担赔偿责任；构成犯罪的，依法追究刑事责任。

第六十九条 物业服务企业未履行物业服务合同义务或者履行合同不符合约定导致业主人身、财产受到损害的，应当依法承担相应的法律责任。

第七十条 县级以上人民政府物业管理行政主管部门或者其他有关行政主管部门、街道办事处或乡镇人民政府及其工作人员在物业管理工作中不依法履行监督管理职责的，依法给予行政处分；构成犯罪的，依法追究刑事责任。

第七十一条 违反本条例规定的其他行为，法律、法规规定处罚的，从其规定。

第八章　附则

第七十二条　本条例下列用语的含义是：

（一）业主，是指房屋的所有权人；

（二）物业使用人，是指物业的承租人和实际使用物业的其他人；

（三）共用部位，是指房屋主体承重结构部位（包括基础、内外承重墙体、柱、梁、楼板、屋顶等）、户外墙面、门厅、管道及电梯等设施设备井、楼梯间、地面架空层、走廊通道等；

（四）共用设施设备，是指物业管理区域内建设费用已分摊进入房屋销售价格的共用上下水管道、落水管、水箱、加压水泵、电梯、天线、照明、锅炉、消防设施、绿地、道路、路灯、渠、池、湖、井、露天广场、非经营性车场车库、公益性文体器械与场所及其使用的房屋等；

（五）公示，是指在物业管理区域的公告栏及其他显著位置和物业管理信息平台公开张贴、发布信息。

第七十三条　业主大会及业主委员会指导细则、物业管理联席会议制度、物业保修金管理办法及住宅物业住房品质分类制度等，由省人民政府物业管理行政主管部门按照《湖南省地方立法条例》的有关规定制定。

第七十四条　本条例自2019年1月1日起施行。

安徽省物业管理条例

（2004年12月23日安徽省第十届人民代表大会常务委员会第十三次会议通过，2009年10月23日安徽省第十一届人民代表大会常务委员会第十四次会议第一次修订，2016年7月29日安徽省第十二届人民代表大会常务委员会第三十一次会议第二次修订，根据2021年3月26日安徽省第十三届人民代表大会常务委员会第二十六次会议《关于修改和废止部分地方性法规的决定》修正，2021年3月29日安徽省人民代表大会常务委员会公告第43号公布）

第一章　总则

第一条　为了规范物业管理活动，提升物业服务水平，维护业主、物业使用人和物业服务企业的合法权益，营造良好的居住和工作环境，根据《中华人民共和国民法典》、国务院《物业管理条例》和有关法律、行政法规，结合本省实际，制定本条例。

第二条　本条例适用于本省行政区域内物业管理活动及其监督管理。

本条例所称物业管理，是指业主通过选聘物业服务企业，由业主和物业服务企业按照物业服务合同约定对建筑物、构筑物及配套的设施设备和相关场地进行维修、养护、管理、维护物业管理区域内的环境卫生和相关秩序的活动。

第三条　物业管理应当遵循党建引领、业主自治、专业服务与依法监管相结合的原则。

第四条　县级以上人民政府应当将物业服务纳入现代服务业发展规划、社区建设和社区治理体系，建立和完善专业化、社会化、市场化的物业管理机制。鼓励采用新技术、新方法，提高物业管理和服务水平。

第五条　县级以上人民政府住房和城乡建设或者房地产行政主管部门（以下简称物业管理行政主管部门）负责本行政区域内物业管理活动的监督管理工作，履行以下职责：

（一）拟定、制定和宣传物业管理相关政策措施；

（二）依照职权制定物业服务质量标准和技术规范；

（三）指导街道办事处、乡镇人民政府依法开展物业管理相关工作；

（四）指导、监督和管理物业管理招投标活动；

（五）监督、管理建筑物及其附属设施的维修资金（以下简称专项维修资金）；

（六）建立物业管理诚信档案制度；

（七）法律、法规规定的其他职责。

县级以上人民政府发展改革、公安、司法、民政、财政、环保、城乡规划、城市管理、工商、价格、质监、人防等部门，应当按照各自的职责，相互配合，做好相关监督管理工作。

第六条 街道办事处、乡镇人民政府履行以下职责：

（一）指导和协助业主大会的成立、业主委员会的选举；

（二）指导和监督业主大会、业主委员会开展工作；

（三）协调物业管理与社区管理、社区服务之间关系，调处业主、业主委员会、物业使用人、物业服务企业在物业管理活动中的纠纷；

（四）协调和监督物业服务企业的交接；

（五）协调和监督老旧小区物业管理。

居民委员会、村民委员会应当予以协助和配合。

第七条 物业管理协会应当加强行业自律，规范行业经营行为，促进物业服务企业提高服务质量和水平。

第二章 业主、业主大会及业主委员会

第八条 房屋所有权人为业主。

业主身份的确认，以不动产登记簿或者法律、行政法规规定的其他有效证明为依据。

第九条 业主在物业管理活动中享有以下权利：

（一）提议召开业主大会会议，参加业主大会会议，提出制定和修改管理规约、业主大会议事规则的建议；

（二）向业主委员会和物业服务企业提出建议或者质询；

（三）推选业主代表，并享有被推选权；

（四）依法使用物业共用部位、共用设施设备的权利，监督专项维修资金的管理和使用；

（五）要求其他业主、物业使用人停止违反共同利益的行为；

（六）法律、法规规定的其他权利。

第十条 业主在物业管理活动中履行以下义务：

（一）遵守管理规约、业主大会议事规则，执行业主大会的决定和业主大会授权业主委员会作出的决定；

（二）遵守物业管理区域内物业共用部位和共用设施设备的使用、公共秩序和环境卫生的维护等方面的规章制度；

（三）按照国家有关规定交纳专项维修资金；

（四）按照物业服务合同约定交纳物业服务费用；

（五）配合、支持物业服务企业按照管理规约、物业服务合同实施的物业管理活动；

（六）法律、法规规定的其他义务。

第十一条 一个物业管理区域成立一个业主大会，由一个物业服务企业实施物业管理。

物业管理区域的划分应当充分考虑共用设施设备、建筑物规模、社区建设、方便管理、降低管理成本等因素，按照以下规定进行：

（一）新建住宅小区，包括分期建设或者由两个以上单位开发建设的，应当按照小区整体规划设计范围划分为一个物业管理区域；

（二）地理上自然连接规模较小的住宅小区，经各自的业主大会同意后，可以合并为一个物业管理区域；

（三）规模较大的住宅小区，且配套设施设备能够分割、独立使用的，可以划定或者调整为不同的物业管理区域；

（四）住宅小区内的非住宅物业应当与住宅小区划分为同一个物业管理区域；商贸、办公、医院、学校、工厂、仓储等非住宅物业及单幢商住楼宇具有独立共用设施设备，并能够独立管理的，可以划分为一个物业管理区域。

第十二条 新建物业建设单位在办理商品房预售许可证或者商品房现售备案前，应当按照第十一条规定划分物业管理区域，向县级人民政府物业管理行政主管部门备案。建设单位应当将经备案的物业管理区域向物业买受人明示。

物业管理区域划定后，确需调整的以及已投入使用但尚未划分物业管理区域的，县级人民政府物业管理行政主管部门应当会同街道办事处、乡镇人民政府听取业主意见后作出决定，并在相关物业管理区域内显著位置公告。

第十三条　物业管理区域内全体业主组成业主大会，选举产生业主委员会作为业主大会的执行机构。业主大会和业主委员会代表和维护物业管理区域内全体业主在物业管理活动中的合法权益。

业主人数较少且经全体业主一致同意，决定不成立业主大会的，由业主共同履行业主大会、业主委员会职责。

第十四条　业主大会可以设立业主监事会或者独立监事，负责监督业主委员会的工作，并履行业主大会赋予的其他职责。

业主大会设立业主监事会或者独立监事的，业主大会议事规则应当对业主监事会或者独立监事的职责、议事规则和工作经费，以及监事的选举规则、资格、人数、任期等事项进行约定。

第十五条　物业管理区域内，已交付的专有部分面积超过建筑物总面积百分之五十或者首批物业交付满三年的，建设单位应当向县级物业管理行政主管部门和街道办事处、乡镇人民政府报送下列筹备成立首次业主大会会议所需的文件资料：

（一）物业管理区域划分资料；

（二）房屋等建筑物面积清册；

（三）业主名册；

（四）建筑规划总平面图；

（五）共用设施设备的交接资料；

（六）物业服务用房配置确认资料；

（七）其他有关的文件资料。

第十六条　业主筹备成立业主大会的，应当在街道办事处、乡镇人民政府的指导下，成立业主大会会议筹备组。筹备组一般由业主代表、建设单位代表、街道办事处或者乡镇人民政府、居民委员会或者村民委员会代表组成，人数应当为单数，其中业主代表由街道办事处、乡镇人民政府或者居民委员会组织业主推荐，所占比例不得低于筹备组总人数的二分之一。筹备组组长由街道办事处或者乡镇人民政府代表担任。前期物业服务企业应当协助业主大会筹备组做好相关工作。

符合首次业主大会会议召开条件，但未及时召开大会的，街道办事处、乡镇人民政府应当在接到建设单位、前期物业服务企业或者业主书面报告之日起四十五日内组建业主大会会议筹备组。

筹备组应当自成立之日起十五日内，将其成员名单和工作职责在物业管理区域内显著位置进行公告。

首次业主大会会议的筹备经费由建设单位承担。

第十七条　首次业主大会会议筹备组履行以下职责：

（一）确定首次业主大会会议召开的时间、地点和内容；

（二）草拟管理规约、业主大会议事规则、业主委员会工作规则；

（三）确认业主身份，确定业主人数、所拥有的专有部分面积，以及业主在首次业主大会会议上的投票权数；

（四）提出首届业主委员会委员选举办法，确定候选人名单；

（五）依法确定首次业主大会会议表决规则；

（六）召开首次业主大会会议的其他准备工作。

对前款规定的内容，筹备组应当在首次业主大会会议召开十五日前，在物业管理区域内显著位置公告，并将首次业主大会会议召开的时间、地点书面通知全体业主。业主对业主身份、投票权数和管理规约、业主大会议事规则、业主委员会工作规则草案等提出异议的，业主大会筹备组应当予以复核或者修改，并告知异议人。

筹备组应当自组成之日起三个月内组织召开首次业主大会会议。筹备组在业主委员会成立后自行解散。

第十八条　业主大会决定以下事项：

（一）制定、修改业主大会议事规则；

（二）制定、修改管理规约；

（三）选举业主委员会或者更换业主委员会委员；

（四）听取和审查业主委员会的工作报告；

（五）改变和撤销业主委员会不适当的决定；

（六）决定业主大会、业主委员会工作经费的相关事项；

（七）确定物业服务内容、标准以及物业服务收费方案；

（八）选聘、续聘和解聘物业服务企业；

（九）筹集和使用专项维修资金；

（十）改建、重建建筑物及其附属设施；

（十一）改变共有部分的用途或者利用共有部分从事经营活动；

（十二）法律法规或者管理规约确定应由业主共同决定的事项。

首次业主大会会议应当制定管理规约和业主大会议事规则，选举产生业主委员会，批准业主委员会工作规则等。

第十九条 业主共同决定事项，应当由专有部分面积占比三分之二以上的业主且人数占比三分之二以上的业主参与表决。业主大会决定筹集专项维修资金，改建、重建建筑物及其附属设施，改变共有部分的用途或者利用共有部分从事经营活动的，应当经参与表决专有部分面积四分之三以上的业主且参与表决人数四分之三以上的业主同意。决定本条例第十八条的其他事项，应当经参与表决专有部分面积过半数的业主且参与表决人数过半数的业主同意。

前款规定的面积和业主人数，按照下列规定确定：

（一）专有部分面积，按照不动产登记簿记载的面积计算；尚未进行物权登记的，按照测绘机构的实测面积计算；尚未进行实测的，按照房屋买卖合同记载的面积计算。建筑物总面积，按照专有部分面积之和计算。

（二）业主人数，按照专有部分的数量计算，一个专有部分按一人计算。建设单位尚未出售和虽已出售但尚未交付的部分，以及同一买受人拥有一个以上专有部分的，按照一人计算。业主总人数，按照两者之和计算。

第二十条 物业管理区域内业主人数较多的，可以以幢、单元或者楼层等为单位，推选业主代表参加业主大会会议。业主代表的推选、权限由业主大会议事规则规定。

业主可以委托代理人参加业主大会会议。业主委托代理人参加业主大会会议的，应当出具书面或者数据电文委托书，载明委托事项、委托权限及期限。

物业使用人可以列席业主大会。

第二十一条 业主大会会议可以采用集体讨论的形式，也可以采用书面征求意见的形式。采用书面征求意见形式的，应当将征求意见书送达每一位业主；无法送达的，应当在物业管理区域内显著位置公告。凡需投票表决的，表决意见应由业主本人或者其委托的代理人签名。

提倡采用信息化技术，改进业主大会表决方式。

第二十二条 业主大会会议分为定期会议和临时会议。

业主大会定期会议应当按照业主大会议事规则的规定召开。有下列情形之一的，业主委员会应当及时组织召开业主大会临时会议：

（一）经专有部分占建筑物总面积百分之二十以上且占总人数百分之二十以上业主提议的；

（二）发生重大事故或者紧急事件需要及时处理的；

（三）业主大会议事规则或者管理规约规定的其他情形。

业主委员会未按照上述规定及时组织召开业主大会临时会议的，街道办事处、乡镇人民政府应当督促或者组织召开业主大会临时会议。

第二十三条 业主大会应当建立规范的财务管理制度。业主委员会应当对专项维修资金、物业共用部位和共用设施设备经营收益、业主大会和业主委员会工作经费按照财务要求建账并及时入账，并对原始凭证及形成的会计资料妥善保管，不得损毁。

第二十四条 不具备成立业主大会条件，或者具备成立条件但未成立业主大会的住宅小区，经县级人民政府物业管理行政主管部门或者街道办事处、乡镇人民政府指导后仍不能成立的，可以由街道办事处或者乡镇人民政府组织业主自行或者聘请物业服务企业实施物业管理。成立业主大会的条件具备后，应当及时成立业主大会。

第二十五条　业主委员会委员候选人由业主推荐或者自荐，经业主大会会议选举产生。业主委员会一般由五至十一人的单数委员组成，每届任期一般不超过五年，委员可以连选连任。

业主委员会应当自选举产生之日起三日内召开首次会议，推选产生主任一人、副主任一至二人。经业主大会同意，业主委员会可以聘请执行秘书，负责处理业主委员会日常事务。

业主委员会应当自选举产生之日起三十日内，将业主大会会议的决定、管理规约、业主大会议事规则以及业主委员会组成人员名单等材料报县级人民政府物业管理行政主管部门、街道办事处或者乡镇人民政府备案，并书面告知相关居民委员会、村民委员会。

业主委员会办理备案手续后，持街道办事处或者乡镇人民政府备案证明向公安机关申请刻制业主大会印章和业主委员会印章。

第三款规定的备案事项发生变更的，业主委员会应当在三十日内重新备案，并告知相关居民委员会、村民委员会。

第二十六条　业主委员会委员应当符合下列条件：

（一）本物业管理区域内的自然人业主或者单位业主代表；

（二）具有完全民事行为能力；

（三）遵守业主大会的决定、管理规约、业主大会议事规则，履行业主义务；

（四）热心公益事业，责任心强，公正廉洁；

（五）身体健康，具有一定的组织协调能力和必要的工作时间；

（六）本人、配偶及其直系亲属未在为本物业管理区域提供物业服务的企业任职或者有其他利害关系。

第二十七条　业主委员会履行以下职责：

（一）执行业主大会的决定和决议；

（二）召集业主大会会议，报告业主委员会工作和物业管理实施情况，报告业主大会、业主委员会工作经费和公共收益的分配与使用情况；

（三）与业主大会选聘的物业服务企业签订物业服务合同；

（四）及时了解业主、物业使用人、物业服务企业的意见和建议，监督和协助物业服务企业履行物业服务合同；

（五）监督管理规约的实施；

（六）督促业主交纳物业服务费及其他相关费用；

（七）组织和监督专项维修资金的筹集和使用；

（八）调解物业使用、维护和管理等方面的纠纷；

（九）业主大会赋予的其他职责。

第二十八条　业主委员会应当在物业管理区域显著位置向业主公开下列情况和资料：

（一）管理规约、业主大会议事规则；

（二）业主大会和业主委员会的决定；

（三）物业服务合同；

（四）专项维修资金的筹集、使用情况；

（五）物业共有部分的收益和使用、分配情况；

（六）占用业主共有的道路或者其他场地用于停放汽车车位的处分情况；

（七）业主大会和业主委员会工作经费的收支情况；

（八）其他应当向业主公开的情况和资料。

第二十九条　业主委员会会议由主任召集和主持。主任因故不能履行职责时，由副主任召集和主持。经三分之一以上委员提议召开业主委员会会议的，应当在七日内召开。主任、副主任无正当理由不召集业主委员会会议的，由街道办事处或者乡镇人民政府指定一名委员召集和主持业主委员会会议。

业主委员会会议应当有过半数委员出席，作出的决定应当经全体成员过半数通过，并在物业管理区域内显著位置公告。

业主委员会委员不得委托他人出席业主委员会会议。

业主委员会要求物业服务企业列席会议的，物业服务企业的负责人或者其书面委托的代理人应当列席会议。

第三十条　业主委员会任期届满三个月

前，应当召开业主大会进行业主委员会的换届选举；逾期未换届的，街道办事处、乡镇人民政府应当责令其限期组织换届选举；逾期仍未组织的，可以由居民委员会、村民委员会在街道办事处、乡镇人民政府的指导和监督下，组织换届选举工作。

业主委员会应当自新一届业主委员会履职之日起十日内，将其保管的档案资料、印章及其他属于全体业主所有的财物予以移交。拒不移交的，新一届业主委员会可以请求街道办事处或者乡镇人民政府督促其移交。

业主委员会委员资格终止的，应当自终止之日起三日内将其保管的档案资料、印章及其他属于全体业主所有的财物移交本届业主委员会。拒不移交的，业主委员会、业主或者居民委员会、村民委员会可以请求街道办事处或者乡镇人民政府督促其移交。

移交过程中出现治安事件的，公安机关应当依法及时处理。

第三十一条 业主委员会委员有下列情形之一的，其委员职务自行终止，由业主委员会以书面形式在物业管理区域内显著位置公告：

（一）因物业转让、灭失等原因，不再是业主的；

（二）无故缺席业主委员会会议连续三次以上的；

（三）丧失履行职责能力的；

（四）被依法追究刑事责任的；

（五）以书面形式向业主大会或者业主委员会提出辞职的。

第三十二条 业主委员会委员有下列情况之一的，由业主委员会三分之一以上委员或者持有百分之二十以上投票权数的业主提议，业主大会或者业主大会授权的业主委员会，可以决定终止其委员资格：

（一）收受物业服务企业或者有利害关系业主提供的利益或者报酬的；

（二）向物业服务企业销售商品、承揽业务，牟取不当利益的；

（三）损坏共用设施设备，违法搭建，破坏房屋外观和承重结构，擅自改变物业使用性质，拒缴物业服务费和专项维修资金，以及违法出租房屋的；

（四）侵害业主合法权益的；

（五）因其他原因不宜担任业主委员会委员的。

业主大会会议审议决定是否终止业主委员会委员职务时，应当允许该委员提出申辩，并记录归档。

第三十三条 经业主委员会或者持有百分之二十以上投票权数的业主提议增减或者调整业主委员会委员的，由业主大会会议作出决定，并以书面形式在物业管理区域显著位置公告。

第三十四条 管理规约应当包括以下内容：

（一）物业基本情况；

（二）公共场所及共用设施设备状况；

（三）业主使用其物业和物业管理区域内公共场所及共用设施设备的权益；

（四）业主参与物业管理的权利和义务；

（五）业主对业主委员会及物业服务企业的监督权；

（六）物业的使用、维护、装饰装修管理；

（七）业主应当遵守的行为准则；

（八）物业共有部分的经营与收益分配；

（九）物业管理区域内共用部位、共用设施设备产生的供水、供电、供气、供热等费用的分摊方式；

（十）专项维修资金筹集、使用和管理；

（十一）违反管理规约的责任；

（十二）其他有关事项。

第三十五条 业主大会议事规则应当就以下事项作出约定：

（一）业主大会的议事方式；

（二）业主大会的表决程序；

（三）业主委员会的组成和委员任期；

（四）业主大会定期会议召开的时间或次数；

（五）其他有关事项。

第三十六条 业主大会、业主委员会作出的决定和管理规约、业主大会议事规则，应当符合法律、法规的规定，对物业管理区域内的全体业主具有约束力。

业主大会、业主委员会作出的决定违反法

律、法规的，县级人民政府物业管理行政主管部门或者街道办事处、乡镇人民政府，应当责令限期改正或者予以撤销，并通告全体业主。

业主大会、业主委员会作出的决定侵害业主合法权益的，受侵害的业主可以依法请求人民法院予以撤销。

第三十七条　业主大会、业主委员会工作经费，以及业主委员会委员的补贴和执行秘书的酬金，可以由业主分摊，也可以从物业共有部分经营所得收益中列支。具体筹集、管理和使用办法由业主大会确定。

业主委员会应当于每年 3 月底前以书面形式在物业管理区域内显著位置公布上一年业主大会、业主委员会经费收支情况，接受业主监督。业主监事会或者独立监事应当进行检查；发现问题的，应当要求业主委员会予以纠正。经持有百分之二十以上投票权数的业主提议，业主委员会应当对经费收支情况进行审计。

推进建立业主委员会主任离任审计制度。

第三章　前期物业管理

第三十八条　新建物业实行前期物业管理。在业主大会选聘物业服务企业之前，建设单位应当依法选聘物业服务企业实施前期物业管理。

第三十九条　建设单位应当在销售物业前通过政府公共资源交易平台或者其他公开招投标的方式，选聘物业服务企业实施前期物业管理。

投标人少于三个或者建筑面积五万平方米以下的住宅物业、建筑面积二万平方米以下的非住宅物业，经物业管理行政主管部门批准，可以采用协议方式选聘物业服务企业。

建设单位应当与选聘的物业服务企业签订书面的前期物业服务合同，对前期物业管理的内容予以约定。

建设单位应当提供前期物业管理开办费，用于购买物业办公设备等固定资产。

第四十条　建设单位可以邀请前期物业服务企业提前介入项目的开发建设，对项目的规划设计方案、配套设施建设、工程质量控制、设备运行管理等事项，提出与物业管理有关的建议。

建设单位组织项目工程验收和分户验收时，应当通知前期物业服务企业参与。

第四十一条　新建物业的建设单位在申领商品房预售许可证或者现房销售备案前，应当向设区的市、县级人民政府物业管理行政主管部门报送以下材料：

（一）建设单位与物业服务企业签订的前期物业服务合同；

（二）经批准的物业项目规划设计方案；

（三）标注物业服务用房具体位置、面积的样图和配置标准的书面承诺；

（四）应当招投标的物业管理项目招投标情况的书面材料；

（五）物业配套建筑和设施设备的清单及产权归属说明等资料。

第四十二条　新建物业的配套建筑及设施设备符合下列条件后，建设单位方可办理物业交付手续：

（一）水、电纳入城市管网，安装分户计量装置和控制装置，并对物业服务用房、共用部位、共用设施设备以及同一物业管理区域内非住宅用户配置独立的水、电计量装置；

（二）在城市管道燃气、集中供热主管网覆盖的区域，完成住宅室内外燃气、供热管道的敷设且与相应管网连接，并按照规划要求安装分户计量装置和控制装置；

（三）电话通信线、有线电视线和宽带数据传输信息端口敷设到户，安全监控装置及其他安全防范设施设备按照规划设计要求配置到位；

（四）按照规划要求完成消防和人民防空工程设施建设；

（五）按照规划要求完成教育、邮政、文化、医疗卫生、体育、环境卫生等设施以及社区管理用房建设；

（六）按照规划要求完成小区道路建设，并与城市道路或者公路相连；

（七）按照规划要求完成绿化建设及车库、车位的配置；

（八）建筑物及其配套设施的标志标识完整、清晰；

（九）法律、法规规定的其他条件。

第四十三条 对新建住宅物业，设区的市、县级人民政府物业管理行政主管部门应当对本条例第四十二条规定的事项进行现场综合查验。对综合查验发现的问题，责令建设单位限期整改。

综合查验结果和整改情况应当在物业管理区域内显著位置公告。

第四十四条 建设单位应当依照省人民政府住房和城乡建设行政主管部门公布的临时管理规约示范文本，制定临时管理规约，报县级人民政府物业管理行政主管部门、街道办事处、乡镇人民政府备案。临时管理规约不得侵害物业买受人的合法权益。

在首次业主大会通过的管理规约生效后，临时管理规约即行失效。

第四十五条 建设单位销售物业时，应当在销售场所将经批准的规划设计方案、物业管理区域的划分、临时管理规约及物业服务用房和物业共用部位、共用设施设备、前期物业服务合同等相关材料予以公示，并向物业买受人提供书面公示材料。

物业买受人在与建设单位签订物业买卖合同时，应当书面承诺遵守临时管理规约。

第四十六条 建设单位与物业买受人签订物业买卖合同时，应当向物业买受人明示前期物业服务合同及物业服务企业名称、服务内容、服务标准、收费标准、计费方式和起始时间等内容。

前期物业服务合同作为物业买卖合同的附件，对物业买卖双方和物业服务企业具有约束力。前期物业服务合同可以约定期限；约定期限未满，业主委员会与物业服务企业签订的物业服务合同生效的，前期物业服务合同终止。

前期物业服务费用由物业买受人按照房屋买卖合同约定的标准承担，房屋买卖合同未约定的，由建设单位承担。

第四十七条 业主依法享有的物业共用部位、共用设施设备的所有权或者使用权，建设单位和物业服务企业不得擅自处分。

业主大会成立前，建设单位或者前期物业服务企业利用物业共用部位、共用设施设备获得的收益应当单独列账，扣除合理成本之后，属于业主共有。

第四十八条 物业管理区域内属业主共有的物业服务用房等配套建筑，由建设单位负责申请房屋权属登记。登记机构应当在不动产登记簿中对属业主共有的物业服务用房等配套建筑予以记载。业主有权查询。

第四十九条 物业服务用房的配置应当符合下列规定：

（一）物业管理区域物业总建筑面积五万平方米以下的，按照不少于建筑面积一百五十平方米配置；

（二）物业管理区域物业总建筑面积二十五万平方米以下的，按照物业总建筑面积千分之三配置；总建筑面积超过二十五万平方米的，超过部分按千分之一的标准配置；

（三）物业服务用房应当在地面以上，相对集中，便于开展物业服务活动，并且具备采光、通风、水、电、通信等正常使用功能和具有独立的通道。

物业服务用房包括物业服务办公用房、业主委员会办公用房等，其中，用于业主委员会议事活动用房的，应当按照配置物业服务用房的比例合理确定，一般按照建筑面积二十至四十平方米配置。

物业服务用房不得计入公摊面积，所有权属于全体业主。建设单位移交物业服务用房，不得收取任何费用，并提交登记证明。

未经业主大会同意，不得改变物业服务用房的用途。

集中建设的保障性住房应当按照不低于总建筑面积千分之三增加配置物业服务经营性用房，收益用于弥补物业服务费不足。

第五十条 建筑区划内的道路，属于业主共有，但属于城镇公共道路的除外。建筑区划内的绿地，属于业主共有，但属于城镇公共绿地或者明示属于个人的除外。建筑区划内的其他公共场所、公用设施，属于业主共有。

第五十一条 新建物业交付使用前，物业服务企业和建设单位，应当按照国家有关规定和前期物业服务合同约定，共同对物业共用部位、共用设施设备进行承接查验；未进行承接查验的，不得交付使用。物业服务企业不得承接未经查验或者查验不合格的物业。

第五十二条　在办理物业承接查验时，建设单位应当向物业服务企业移交下列资料：

（一）竣工总平面图，单体建筑、结构、设备竣工图，配套设施、地下管网工程竣工图、分户验收等竣工验收资料；

（二）共用设施设备的安装、使用和维护保养等技术资料；

（三）物业质量保修文件和物业使用说明文件；

（四）物业管理区域内各类建筑物、场地、设施设备的清单；

（五）园林施工图纸及树种清单；

（六）业主名册；

（七）物业的使用、维护、管理必需的其他资料。

前期物业服务合同终止时，物业服务企业应当将物业服务用房和物业共用部位、共用设施设备及相关资料移交业主委员会。

建设单位、物业服务企业、业主委员会及其工作人员不得泄露业主个人信息资料。

第五十三条　物业服务企业应当自物业交接后三十日内，持下列文件向县级人民政府物业管理行政主管部门办理备案手续：

（一）前期物业服务合同；

（二）临时管理规约；

（三）物业承接查验协议；

（四）建设单位移交资料清单；

（五）查验记录；

（六）交接记录；

（七）其他承接查验有关的文件。

第五十四条　建设单位应当按照国家规定的保修期限和保修范围，承担物业的保修责任。

建设单位提取的工程质量保证金，应当专户存储，专项用于物业保修期内的维修，并接受业主、业主委员会和物业服务企业的监督。保证金期满后，建设单位申请返还的，设区的市、县（市）人民政府建设行政管理部门应当征求业主委员会、物业服务企业和县级人民政府物业管理行政主管部门意见。工程质量保证金提取的比例与管理使用办法，由设区的市人民政府制定。

第五十五条　新建物业管理区域内的供水、供电、供气、供热、通信等最终用户的分户计量表或者最终用户入户端口以外的专业经营设施设备，应当符合国家技术标准和专业技术规范。

建设单位在组织竣工验收时，应当通知供水、供电、供气、供热、通信等专业经营单位参加；在竣工验收合格后，应当将物业管理区域内专业经营设施设备移交给专业经营单位负责管理，专业经营单位应当接收并承担维修、养护和更新的责任，有关费用由专业经营单位承担。

老旧住宅小区内的专业经营设施设备需要改造的，按专业经营单位要求改造后，业主大会决定移交给专业经营单位管理的，专业经营单位应当接收。

第四章　物业服务

第五十六条　物业服务企业在非注册地承接物业服务项目，应当向物业项目所在地设区的市或者县（市）人民政府物业管理行政主管部门备案。

物业管理行政主管部门应当加强物业管理专业人才队伍建设，建立物业服务企业信用信息系统和信用档案，对物业服务企业实行动态监督管理。

第五十七条　物业服务企业享有以下权利：

（一）根据有关法律、法规规定和物业服务合同约定，对物业及其环境、秩序进行管理；

（二）依照国家、省有关规定和物业服务合同约定收取服务费用；

（三）制止违反物业管理规约的行为；

（四）可以将专项服务业务委托给专业性服务企业，但不得将该区域内的全部物业管理一并委托给他人，或者将全部物业服务支解后分别转委托给第三人；

（五）法律、法规规定或者业主大会授予的其他权利。

第五十八条　物业服务企业应当履行以下义务：

（一）按照物业服务合同约定，提供物业服务；

（二）按照规定每年公布物业服务费收支情况；

（三）及时向业主、物业使用人告知安全合理使用物业的注意事项；

（四）接受业主和业主委员会的监督，定期听取业主的意见和建议，改进和完善服务；

（五）协助有关部门提供社区服务，开展社区文化活动；

（六）法律、法规规定或者物业服务合同约定的其他义务。

第五十九条 业主大会可以通过政府公共资源交易平台或者其他公开招投标的方式，选聘物业服务企业。

业主大会决定采用协议方式选聘物业服务企业的，业主委员会应当将两家以上备选的物业服务企业的基本情况、拟签订的物业服务合同的主要内容在物业管理区域内显著位置公示。业主委员会根据多数业主意见对公示内容调整后，提请业主大会投票表决。

第六十条 业主委员会应当与业主大会选聘的物业服务企业依法订立书面物业服务合同。

物业服务企业应当自物业服务合同签订之日起三十日内，将物业服务合同报送县级人民政府物业管理行政主管部门、街道办事处或者乡镇人民政府。

省人民政府住房和城乡建设行政主管部门应当制定、公布物业服务合同示范文本。

第六十一条 物业服务合同签订前，业主委员会应当将拟签订的物业服务合同在物业管理区域内显著位置公示，充分听取业主意见后，再提交业主大会通过。物业服务合同内容确需调整的，业主委员会应当将调整的内容在物业管理区域内显著位置公示，并按照业主大会规定的程序确认调整合同。

前款规定的公示时间不得少于十日。

物业服务企业应当按照物业服务合同指派项目负责人。更换项目负责人的，应当及时告知业主并在物业管理区域内显著位置进行公示。

第六十二条 物业服务合同期限届满前九十日，业主委员会应当召集业主大会会议，讨论决定物业服务企业的聘用事宜。业主大会决定继续聘用的，应当与物业服务企业签订新的物业服务合同；业主大会决定不续聘的，应当及时告知物业服务企业。

提前解除物业服务合同的，提出解除合同的一方应当于六十日前书面告知合同另一方，在物业管理区域内显著位置公告，并书面告知所在地的县级人民政府物业管理行政主管部门、街道办事处或者乡镇人民政府。

第六十三条 物业服务合同解除或者终止后，原物业服务企业应当在物业服务合同解除或者终止，并在新的物业服务企业选聘后十五日内退出，并按照法律、法规规定和合同约定，向业主委员会或者其他代管单位移交下列资料和财物：

（一）移交本条例第五十二条规定的材料；

（二）移交物业服务期间形成的有关物业及设施设备改造、维修、运行、保养的有关资料及物业服务档案；

（三）物业服务用房和物业共用部位、共用设施设备；

（四）移交清算预收、代收的有关费用及相关账册、票据；

（五）法律、法规规定的应当移交的其他事项。

业主大会重新选聘物业服务企业后，业主委员会或者其他代管单位应当将前款所列资料和财物移交重新选聘的物业服务企业，原物业服务企业应当与新选聘的物业服务企业做好物业管理交接工作。

原物业服务企业在办理交接至撤出物业管理区域的期间内，应当维持正常的物业管理秩序，但物业服务合同另有约定的除外。

物业服务企业未办理交接手续，不得擅自撤离物业管理区域、停止物业服务。

第六十四条 县级人民政府物业管理行政主管部门、街道办事处、乡镇人民政府应当加强对物业管理交接工作的指导、协调和监管。

被解聘的物业服务企业拒不撤出物业管理区域的，街道办事处或者乡镇人民政府应当责令其限期撤出，发生治安事件的，公安机关应当依法及时处理；业主委员会或者业主可以依法提起诉讼或者申请仲裁。

第六十五条　物业服务企业退出物业项目时，业主大会仍未选聘到新物业服务企业的，经业主委员会申请，街道办事处、乡镇人民政府应当进行应急管理。居民委员会、村民委员会可以在街道办事处、乡镇人民政府指导和监督下，根据应急管理的需要负责组织不超过六个月的基本保洁、秩序维护等服务。物业管理费用由业主承担。

第六十六条　物业服务收费应当遵循合理、公开以及费用与服务质量相适应的原则，由业主和物业服务企业在物业服务合同中约定。业主应当按照物业服务合同的约定交纳物业服务费用。

物业发生转移或者灭失的，业主或者物业使用人应当结清物业服务费用。

第六十七条　物业服务企业应当按照国家和省有关规定公布物业服务内容、服务标准、收费项目、收费标准等情况，业主委员会应当对所公布的内容进行监督核查，并将核查报告在本物业管理区域内显著位置公布。

物业服务企业应当将规定比例的物业公共服务费独立建账，专项用于物业共用部位、共用设施设备维修养护，每年公布一次收支使用情况，接受业主监督。物业服务企业撤出后，将剩余部分按本条例第六十三条规定一并移交。

县级以上人民政府价格部门应当会同物业管理行政主管部门，加强对物业服务企业收费项目、标准的监督。

第六十八条　物业服务收费可以采取包干制或者酬金制等方式，具体收费方式由物业服务合同约定。实行酬金制收费方式的，物业服务企业应当按照规定对物业服务各项资金的收支建立台账，并接受业主委员会的核查。

物业服务企业应当定期公布共用部位、共用设施设备产生的供水、供电、供热的用量、单价、金额，并按照实际费用和物业服务合同约定的方式由全体业主分摊。

业主或者业主委员会对公布的共用部位、共用设施设备产生的供水、供电、供热费用的分摊情况提出异议的，物业服务企业应当答复。

第六十九条　物业管理区域内，供水、供电、供气、供热等专业经营单位应当按照最终用户使用的计量器具显示的量值向其收取费用，不得转嫁户外管线或者其他设施的损耗和损失。

住宅物业管理区域内的公共路灯、楼梯灯、人防工程、车库、电梯、二次供水、安全防范设施设备的用电，绿化用水用电，消防用水等的收费，应当执行居民用水用电价格标准。

专业经营单位可以委托物业服务企业代收有关费用，并按约定支付手续费，但接受委托的物业服务企业，不得向业主收取手续费等额外费用。

第七十条　已交付业主的物业，物业服务费由业主承担；未交付业主的或者已竣工但尚未售出的物业，物业服务费由建设单位承担。

前款所称交付是指在房屋买卖合同约定的时间内，业主收到书面交付通知并办妥相关交付手续。业主收到书面交付通知后，在通知期限内无正当理由不办理相关交付手续的，视为交付。建设单位没有事先书面通知的，以业主实际办妥相关交付手续为准。

第七十一条　物业服务企业应当严格按照国家有关物业服务规范和标准提供服务，加强物业共用部位、共用设施设备运行状况的日常检查；对物业共用部位、共用设施设备运行状况应当于每年第四季度向业主委员会书面报告，并在物业管理区域内显著位置公告。

第七十二条　物业服务企业应当按照物业服务合同中关于安全防范的约定，落实安全防范措施，做好物业管理区域内的安全防范工作。物业服务企业未履行物业服务合同义务或者履行合同义务不符合约定，导致业主、物业使用人人身、财产受到损害的，应当依法承担相应的法律责任。

物业管理区域内发生安全事故等突发事件时，物业服务企业在采取应急措施的同时，应当及时向有关行政管理部门报告，协助做好救助工作。

业主、物业使用人对人身、财产安全有特殊保护要求的，由业主、物业使用人与物业服务企业另行约定。

物业服务企业人员在维护物业管理区域内的公共秩序时，应当履行职责，但不得侵害业主、物业使用人的合法权益。

第七十三条 物业管理行政主管部门应当加强对物业服务企业的监督管理，定期对其服务质量进行考核，并向社会公开考核结果。

推进建立物业服务第三方评估监理机制。

物业服务评估监理机构从事物业服务评估监理活动，应当遵循独立、客观、公正的原则。

物业管理协会可以依照国家和省有关规定，制定物业服务规范和等级标准，建立和完善物业服务企业以及物业服务从业人员的自律制度，配合物业管理行政主管部门建立健全信用档案。

第七十四条 县级人民政府城市管理、公安、价格、工商、环保、卫生、城乡规划、园林等部门，应当加强物业管理区域内公共秩序、治安消防、物业服务收费、环境卫生、房屋使用、小区绿化等方面的监督管理，建立违法行为投诉登记制度，并在物业管理区域内显著位置公布联系方式，依法处理物业管理区域内的违法行为；有关部门应当自收到投诉之日起十五日内进行调查、处理，并将调查或者处理结果答复投诉人。

第七十五条 县级以上人民政府有关部门、街道办事处、乡镇人民政府和居民委员会、村民委员会以及人民调解组织应当加强物业管理矛盾纠纷调处工作。

第七十六条 实行物业管理联席会议制度。物业管理联席会议由街道办事处或者乡镇人民政府负责召集，县级人民政府物业管理行政主管部门、城市管理机构、公安派出所、司法所、居民委员会或者村民委员会、物业服务企业等单位以及业主委员会或者业主代表参加。物业管理联席会议主要协调解决下列事项：

（一）业主委员会未依法履行职责；

（二）业主委员会未依法换届；

（三）物业服务企业未依法退出和办理交接手续；

（四）物业服务过程中发生的重大矛盾纠纷；

（五）其他需要协调解决的相关事项。

第五章 物业的使用与维护

第七十七条 业主或者物业使用人对房屋装饰装修的，应当事先告知物业服务企业。物业服务企业应当告知房屋装饰装修的禁止行为和注意事项。

物业服务企业应当加强对房屋装饰装修现场的巡查；业主或者物业使用人、装饰装修施工人员应当配合。

第七十八条 物业出租的，业主或者物业使用人应当在签订物业租赁合同后，及时将物业承租人、出租期限、物业服务费用交纳的约定等情况书面告知业主委员会和物业服务企业。

第七十九条 物业管理区域内禁止下列行为：

（一）装修过程中擅自变动房屋建筑主体和承重结构；

（二）侵占、损坏物业的共用部位、共用设施设备；

（三）违法搭建建筑物、构筑物；

（四）违反法律、法规和管理规约，以及未经有利害关系的业主同意，改变建筑物及其附属设施的用途；

（五）擅自改变房屋外观；

（六）在建筑物、构筑物上涂写、刻画或者违反规定悬挂、张贴宣传品；

（七）堆放易燃、易爆、剧毒或者含有放射性物质的物品，排放有毒、有害物质或者发出超过规定标准的噪音；

（八）损坏公共绿化及其附属设施；

（九）违反规定倾倒垃圾、污水和杂物，焚烧垃圾；

（十）违反规定停放车辆；

（十一）违反规定摆摊设点、占道经营；

（十二）违反规定饲养宠物；

（十三）法律、法规禁止的其他行为。

违反前款规定的，业主委员会、物业服务企业应当制止。制止无效的，物业服务企业、业主委员会应当及时报告有关行政主管部门。有关行政主管部门在接到报告后，应当依法予以制止或者依法处理。

第八十条　业主或者物业使用人封闭阳台以及安装空调外机、太阳能热水器、防盗网、遮阳罩、外置式晾衣架等设施的，应当遵守临时管理规约或者管理规约，保持物业的安全、整洁、美观。

第八十一条　物业存在安全隐患，危及公共利益及他人合法权益时，责任人应当及时维修养护，有关业主应当给予配合。

责任人不履行维修养护义务的，经业主大会或业主委员会同意，可以由物业服务企业维修养护，费用由责任人承担。

第八十二条　物业管理区域内规划用于停放汽车的车位、车库的，应当首先满足本区域内业主的需要，其归属由当事人通过出售、附赠或者出租等方式约定。建设单位未出售或者未附赠的车位、车库，应当公开；业主要求承租的，建设单位不得拒绝。

第八十三条　任何单位和个人不得擅自占用业主共有的道路或者其他场地用于停放车辆。确需占用的，应当经业主大会同意。

车辆在物业管理区域内行驶、停放，应当遵守物业管理区域相关管理规定，不得占用消防通道。

城乡规划、消防、公安机关交通管理等部门应当加强对物业管理区域停车位施划的指导。

第八十四条　利用业主共用部位、共用设施设备从事广告等经营性活动的，物业服务企业应当提请业主大会或者业主大会授权的业主委员会决定后，依法办理有关手续并公示。利用业主共用部位、共用设施设备从事广告等经营性活动的，还应当经有利害关系的业主同意。

第八十五条　物业服务企业应当将第八十三条、第八十四条规定的车辆停放费、公共经营收益单独列账，前述收益扣除合理成本之后，属于业主共有。

建立物业管理区域公共经营收益财务账目定期审计和公示制度。

第八十六条　物业管理区域内依法配建的人民防空工程平时用作停车位的，应当向全体业主开放，建设单位不得将停车位出售、附赠。

人民防空工程平时用作停车位收取的停车费、租金，应当保障该人民防空工程的维护管理和停车管理的必要支出。

第八十七条　住宅物业、住宅小区内的非住宅物业或者住宅小区外与单幢住宅楼结构相连的非住宅物业的业主，应当交存专项维修资金。但一个业主所有且与其他物业不具有共用部位、共用设施设备的除外。

业主交存的专项维修资金属于业主所有，专项用于物业保修期满后物业共用部位和共用设施设备的维修、更新、改造，不得挪作他用。设区的市、县级人民政府物业管理行政主管部门、业主委员会应当按照国家规定每年至少一次向业主公布专项维修资金的交存、使用、增值、结存等情况。

第八十八条　专项维修资金的管理，实行专户存储、专款专用、所有权人决策、政府监督的原则。设区的市、县（市）人民政府物业管理行政主管部门应当会同同级人民政府财政部门建立健全专项维修资金的使用、管理和监督制度。

业主大会成立前，专项维修资金由物业管理行政主管部门代行管理。业主大会成立后，根据业主大会决定，选择代行管理或自行管理。

业主大会选择自行管理专项维修资金的，应当接受物业管理行政主管部门的监督，在物业管理行政主管部门指定的银行设立专项维修资金专户。

第八十九条　发生下列危及安全情形之一，需要使用专项维修资金的，由业主委员会、相关业主提出应急处置方案，或者物业服务企业提出建议，经业主委员会、相关业主同意，并报专项维修资金代管或者监管部门审核后，直接申请使用：

（一）屋面、外墙体防水损坏造成渗漏的；

（二）电梯故障危及人身安全的；

（三）消防设施损坏的；

（四）公共护（围）栏破损严重，危及人身、财产安全的；

（五）楼体外立面有脱落危险的；

（六）专用排水设施因坍塌、堵塞、爆裂

等造成功能障碍，危及人身、财产安全的；

（七）二次供水设施损坏的；

（八）其他危及房屋安全的情形。

应急维修费用应当向业主公示，并从相关业主的专项维修资金分户账中按照专有面积分摊列支。

第九十条 物业共用部位、共用设施设备维修、更新时，相邻业主、物业使用人应当予以配合；因相邻业主、物业使用人阻挠维修、更新造成其他业主、物业使用人财产损失的，责任人应当负责修复或者赔偿。因物业维修、更新造成相邻业主、物业使用人的自用部位、自用设备损坏或者其他财产损失的，责任人应当负责赔偿。

第九十一条 住宅物业需要使用共有部分增设电梯等进行改造的，应当由本幢或者本单元专有部分面积占比三分之二以上的业主且人数占比三分之二以上的业主参与表决，经参与表决专有部分面积四分之三以上的业主且参与表决人数四分之三以上的业主同意，符合规划、土地、建设、环境保护、消防管理等法律、法规和技术标准，并且依法办理相关批准手续。

第九十二条 对配套设施不齐全、环境较差的老旧住宅小区，设区的市、县级人民政府应当采取措施进行改造整治，并将改造整治规划和年度计划向社会公布。老旧住宅小区的范围，由设区的市、县级人民政府确定。

老旧住宅小区内的道路、照明、绿地及文化体育、安全防范、物业服务用房等配套建筑及设施设备的改造建设资金，主要由政府承担；业主专有部分的设施设备改造支出，由业主承担。

第六章 法律责任

第九十三条 有下列行为之一的，依照国务院《物业管理条例》的规定处罚：

（一）住宅物业的建设单位未通过政府公共资源交易平台或者其他公开招投标的方式，选聘物业服务企业实施前期物业管理的；

（二）擅自处分属于业主的物业共用部位、共用设施设备的所有权或者使用权的；

（三）不移交有关资料的；

（四）建设单位在物业管理区域内不按照规定配置物业服务用房的；

（五）挪用专项维修资金的；

（六）未经业主大会同意，物业服务企业擅自改变物业服务用房的用途的。

违反前款第二项、第六项规定，有收益的，所得收益用于物业管理区域内物业共用部位、共用设施设备的维修、养护，剩余部分按照业主大会的决定使用。

第九十四条 违反本条例第十五条规定，建设单位未向物业管理行政主管部门或者街道办事处、乡镇人民政府报送筹备首次业主大会会议所需文件资料的，由县级人民政府物业管理行政主管部门责令限期改正；逾期不改正的，处二万元以上十万元以下的罚款。

第九十五条 违反本条例第十六条第二款规定，街道办事处或者乡镇人民政府在收到筹备首次业主大会书面报告后，未按规定时间组建业主大会筹备组的，由县级人民政府责令限期改正；逾期不改正的，对负有直接责任的主管人员和其他直接责任人员，依法给予处分。

违反本条例第十六条第四款规定，建设单位拒不承担首次业主大会筹备经费的，由县级人民政府物业管理行政主管部门责令限期改正；逾期不改正的，处五万元以上十五万元以下的罚款。

第九十六条 违反本条例第五十五条第二款规定，专业经营单位拒不承担维修、养护或者更新责任的，由县级以上人民政府依法行使监督管理权的部门责令限期改正，造成业主损失的，应当依法承担赔偿责任。

第九十七条 违反本条例第六十三条第一款、第四款规定，物业服务企业未按期退出或者擅自撤离的，由县级以上人民政府物业管理行政主管部门责令限期改正；逾期不改正的，由县级以上人民政府物业管理行政主管部门处以五万元以上十万元以下的罚款。

第九十八条 违反本条例第六十六条第一款规定，业主未按照物业服务合同的约定交纳物业服务费用的，物业服务企业可以催交，也可以申请调解，或者提起诉讼、申请仲裁。

第九十九条 违反本条例第六十七条第一

款规定，物业服务企业未按照国家和省有关规定公布物业服务内容、服务标准、收费项目、收费标准或者公布失实的，由县级人民政府价格部门责令限期改正并依法处罚。

第一百条　违反本条例第七十九条第一款第一项规定的，由县级以上人民政府住房和城乡建设部门责令限期改正，恢复原状，处以五万元以上十万元以下罚款。给他人造成损失的，责任人应当依法予以赔偿。

违反本条例第七十九条第一款第二项规定的，由物业管理行政主管部门或者其他依法行使监督管理权的部门责令限期改正、恢复原状，并对个人处以二千元以上一万元以下罚款；对单位处以五万元以上二十万元以下罚款。

违反本条例第七十九条第一款第四项规定，擅自改变建筑物及其附属设施用途的，由业主委员会根据管理规约约定进行协调、处理；协调处理不成的，由物业管理行政主管部门或者其他依法行使监督管理权的部门责令限期改正、恢复原状；情节严重的，可处以五千元以上二万元以下的罚款。

违反本条例第七十九条第一款第三项、第五项至十一项规定的，由依法行使监督管理权的部门依照相关法律法规实施行政处罚。

第一百零一条　违反本条例第八十二条规定，建设单位拒绝出租车位、车库的，由县级人民政府物业管理行政主管部门责令限期改正。

第一百零二条　违反本条例规定，业主委员会及其成员、物业服务企业及其工作人员挪用、贪污、侵占、擅自处分业主共同利益的，依法承担赔偿责任；构成犯罪的，依法追究刑事责任。

第一百零三条　违反本条例规定，县级以上人民政府物业管理行政主管部门、街道办事处、乡镇人民政府或者其他有关行政主管部门及其工作人员有下列情形之一的，由有关行政机关责令改正；对直接负责的主管人员和其他直接责任人员，依法给予行政处分；构成犯罪的，依法追究刑事责任：

（一）违法干预业主依法成立业主大会和业主委员会的；

（二）未按照本条例规定组织召开业主大会会议的；

（三）违法实施物业管理行政许可的；

（四）未履行综合查验职责的；

（五）未在土地出让合同中明确住宅小区内相关公共设施权属的；

（六）违反物业管理投诉处理规定的；

（七）发现违法行为或者接到违法行为报告不及时作出处理的；

（八）有滥用职权、徇私舞弊、玩忽职守等其他行为的。

第七章　附则

第一百零四条　本条例下列用语的含义是：

（一）“物业使用人”，是指物业的承租人和实际使用物业的其他人；

（二）“自用设备”是指一套房屋户门以内，由业主、物业使用人自用的门窗、卫生洁具及水、电、气户表以内的管线等设施；

（三）“自用部位”是指一套房屋户门以内，由业主、物业使用人自用的部分（包括一楼房屋业主自用的天井、庭院等）；

（四）“共用部位”是指房屋主体承重结构部位（包括基础、内外承重墙体、柱、梁、楼板、屋顶等）、户外墙面、门厅、管道及电梯等设施设备井、楼梯间、地面架空层、走廊通道等；

（五）“共用设施设备”是指物业管理区域内建设费用已分摊进入房屋销售价格的共用上下水管道、落水管、水箱、加压水泵、电梯、天线、照明、锅炉、消防设施、绿地、道路、路灯、渠、池、湖、井、露天广场、非经营性车场车库、公益性文体器械与场所及其使用的房屋等；

（六）“专业经营设施设备”是指变（配）电、二次供水、燃气调压、供热等设施设备及相关管线；

（七）“最终用户”是指接受供水、供电、供气、供热等服务的最终分户业主或者实际使用人。

第一百零五条　业主依法决定对物业管理区域实施自行管理的，参照本条例有关规定执行。但电梯、消防等有特定要求的设施设备，应当委托专业机构进行维修和养护。

第一百零六条 本条例自2016年10月1日起施行。

上海市住宅物业管理规定

（2004年8月19日上海市第十二届人民代表大会常务委员会第十四次会议通过，2010年12月23日上海市第十三届人民代表大会常务委员会第二十三次会议修订，根据2018年11月22日上海市第十五届人民代表大会常务委员会第七次会议《关于修改〈上海市住宅物业管理规定〉的决定》第一次修正，根据2020年12月30日上海市第十五届人民代表大会常务委员会第二十八次会议《上海市人民代表大会常务委员会关于修改本市部分地方性法规的决定》第二次修正，2020年12月30日上海市人民代表大会常务委员会公告第60号公布）

第一章　总则

第一条 为了规范住宅物业管理活动，维护业主和物业服务企业的合法权益，根据《中华人民共和国民法典》、国务院《物业管理条例》和其他有关法律、行政法规，结合本市实际情况，制定本规定。

第二条 本市行政区域内住宅物业管理、使用及其监督管理，适用本规定。

第三条 本规定所称住宅物业管理（以下简称物业管理），是指住宅区内的业主通过选聘物业服务企业，由业主和物业服务企业按照物业服务合同约定，或者通过其他形式，对房屋及配套的设施设备和相关场地进行维修、养护、管理，维护相关区域内的环境卫生和秩序的活动。

本规定所称业主，是指房屋的所有权人。

本规定所称使用人，是指房屋的承租人和实际居住人。

第四条 市房屋行政管理部门负责全市物业管理的监督管理工作。区房屋行政管理部门负责本辖区内物业管理的监督管理，指导和监督乡、镇人民政府和街道办事处实施与物业管理相关的行政管理工作。

市房屋行政管理部门履行以下职责：

（一）制定本市物业管理相关政策；

（二）建立完善本市物业管理分级培训体系；

（三）指导区房屋行政管理部门开展辖区内物业管理的监督管理工作；

（四）指导物业管理行业协会开展自律性规范的制定和实施工作；

（五）建立全市统一的物业管理监管与服务信息平台；

（六）实施对物业服务行业及其他物业管理相关工作的监督管理。

区房屋行政管理部门履行以下职责：

（一）组织实施物业管理相关政策和制度；

（二）实施辖区内物业服务企业和从业人员的监督管理；

（三）指导和监督物业管理招投标活动；

（四）实施业主大会成立前专项维修资金的归集和日常使用管理；

（五）实施物业管理区域核定、物业服务企业用房和业主委员会用房（以下合称物业管理用房）确认等事项；

（六）指导乡、镇人民政府和街道办事处对业主大会、业主委员会的工作以及其他物业管理工作实施监督管理；

（七）指导乡、镇人民政府和街道办事处开展物业管理业务培训；

（八）落实物业管理方面的其他监督管理职责。

本市发展改革、建设、交通、公安、水务、绿化市容、民政、规划资源、财政、税务、司法行政、城管执法、市场监管、应急管理等行政管理部门，按照各自职责协同实施本规定。

第五条　区人民政府应当建立住宅小区综合管理工作制度，组织区相关行政管理部门，乡、镇人民政府和街道办事处以及相关单位，部署、推进和协调辖区内物业管理各项工作。

乡、镇人民政府和街道办事处应当建立本辖区住宅小区综合管理工作制度，协调和处理辖区内物业管理综合事务和纠纷；其设立的房屋管理事务机构（以下简称房管机构）承担房屋管理的相关具体事务。

乡、镇人民政府和街道办事处履行以下职责：

（一）指导和监督业主大会、业主委员会的组建和换届改选，办理相关备案手续；

（二）指导和监督业主大会、业主委员会的日常运作，对业主大会筹备组（以下简称筹备组）成员、业主委员会委员和业主委员会换届改选小组成员进行培训；

（三）参加物业承接查验，指导和监督辖区内物业管理项目的移交和接管工作；

（四）办理物业服务合同备案，对物业管理区域内的物业服务实施日常监督检查，指导和监督物业服务企业履行法定的义务；

（五）监督业主、使用人按照规定使用和维护物业；

（六）建立物业管理纠纷调解和投诉、举报处理机制，调解物业管理纠纷，处理物业管理相关投诉和举报；

（七）建立物业应急服务保障机制；

（八）法律、法规、规章规定的其他职责。

第六条　本市建立健全以居民区党组织为领导核心，居民委员会或者村民委员会、业主委员会、物业服务企业、业主等共同参与的住宅小区治理架构，推动住宅物业管理创新。

居民委员会、村民委员会依法协助乡、镇人民政府和街道办事处开展社区管理、社区服务中与物业管理相关的工作，加强对业主委员会的指导和监督，引导其以自治方式规范运作。

第七条　市物业管理行业协会是实行行业服务和自律管理的社会组织，依法制定和组织实施自律性规范，组织业务培训，对物业服务企业之间的纠纷进行调解，维护物业服务企业合法权益。

本市鼓励物业服务企业加入市物业管理行业协会。

第二章　业主及业主大会

第八条　住宅小区，包括分期建设或者两个以上单位共同开发建设的住宅小区，其设置的配套设施设备是共用的，应当划分为一个物业管理区域；但被道路、河道等分割为两个以上自然街坊或者封闭小区，且能明确共用配套设施设备管理、维护责任的，可以分别划分为独立的物业管理区域。

第九条　区房屋行政管理部门负责核定物业管理区域。

建设单位在申请办理住宅建设工程规划许可证的同时，应当向区房屋行政管理部门提出划分物业管理区域的申请，区房屋行政管理部门应当在五日内核定物业管理区域。

建设单位在房屋销售时，应当将区房屋行政管理部门核定的物业管理区域范围，通过合同约定方式向物业买受人明示。

第十条　尚未划分或者需要调整物业管理区域的，区房屋行政管理部门应当会同乡、镇人民政府或者街道办事处，按照第八条的规定，结合当地居民委员会、村民委员会的布局划分物业管理区域。调整物业管理区域的，还应当由专有部分面积占比三分之二以上的业主且人数占比三分之二以上的业主参与表决，并应当经参与表决专有部分面积过半数的业主且参与表决人数过半数的业主同意。

物业管理区域调整后，区房屋行政管理部门应当在相关物业管理区域内公告。

第十一条　建设单位在办理房屋交付使用许可手续时，应当向房管机构提交下列资料：

（一）竣工总平面图，单体建筑、结构、设备竣工图，配套设施、地下管网工程竣工图等竣工验收资料；

（二）设施设备的安装、使用和维护保养等技术资料；

（三）物业质量保修文件和物业使用说明文件；

（四）物业管理所必需的其他资料。

建设单位在办理物业承接验收手续时，应当向物业服务企业移交前款规定的资料。

业主可以向房管机构、物业服务企业申请查询本物业管理区域内第一款规定的资料。

第十二条 业主在物业管理活动中，享有下列权利：

（一）按照物业服务合同的约定，接受物业服务企业提供的服务；

（二）提议召开业主大会会议、业主小组会议，并就物业管理的有关事项提出建议；

（三）提出制定和修改管理规约、专项维修资金管理规约、业主大会议事规则的建议；

（四）参加业主大会会议、业主小组会议，行使投票权；

（五）选举业主委员会委员，并享有被选举权；

（六）监督业主委员会的工作；

（七）监督物业服务企业履行物业服务合同；

（八）对物业管理区域内物业共用部位、共用设施设备和相关场地使用情况享有知情权和监督权；

（九）监督专项维修资金的管理和使用；

（十）法律、法规规定的其他权利。

业主在物业管理活动中，履行下列义务：

（一）遵守临时管理规约、管理规约、业主大会议事规则和专项维修资金管理规约；

（二）遵守物业管理区域内物业共用部位、共用设施设备和相关场地的使用，公共秩序、公共安全和环境卫生维护等方面的规章制度；

（三）执行业主大会的决定和业主大会授权业主委员会作出的决定；

（四）按照有关规定交纳专项维修资金；

（五）按时交纳物业服务费；

（六）履行其承担的房屋使用安全责任；

（七）向业主委员会提供联系地址、通讯方式；

（八）法律、法规规定的其他义务。

业主对建筑物专有部分以外的共有部分，享有权利，承担义务；不得以放弃权利不履行义务。

第十三条 业主大会由一个物业管理区域内的全体业主组成。

一个物业管理区域内，房屋出售并交付使用的建筑面积达到百分之五十以上，或者首套房屋出售并交付使用已满两年的，应当召开首次业主大会会议，成立业主大会。但只有一个业主的，或者业主人数较少且经全体业主一致同意，决定不成立业主大会的，由业主共同履行业主大会、业主委员会职责。

第十四条 物业管理区域符合本规定第十三条第二款所列应当成立业主大会条件之一的，建设单位应当在三十日内向物业所在地的乡、镇人民政府或者街道办事处提出成立业主大会的书面报告，并提供下列资料：

（一）物业管理区域核定意见；

（二）物业管理用房配置证明；

（三）业主清册和物业建筑面积；

（四）物业出售并交付使用时间；

（五）已筹集的专项维修资金清册。

建设单位未及时提出书面报告的，业主可以向乡、镇人民政府或者街道办事处提出成立业主大会的书面要求。

第十五条 乡、镇人民政府或者街道办事处应当在接到建设单位书面报告或者业主书面要求后的六十日内组建筹备组。筹备组应当自成立之日起七日内，将成员名单在物业管理区域内公告。

筹备组由业主代表，建设单位代表，乡、镇人民政府或者街道办事处代表，物业所在地居民委员会或者村民委员会代表组成。筹备组人数应当为单数，其中业主代表应当符合本规定第二十条第二款的规定，人数所占比例应当不低于筹备组总人数的二分之一。筹备组组长由乡、镇人民政府或者街道办事处代表担任。

筹备组中的业主代表，由乡、镇人民政府或者街道办事处组织业主推荐产生。

业主对筹备组成员有异议的，由乡、镇人民政府或者街道办事处协调解决。

乡、镇人民政府或者街道办事处应当在筹备组开展筹备工作前，组织筹备组成员进行培训。

第十六条 筹备组应当做好以下筹备工作：

（一）确认并公示业主身份、业主人数以

及所拥有的专有部分面积；

（二）确定首次业主大会会议召开的时间、地点、形式和内容；

（三）草拟管理规约、业主大会议事规则；

（四）确定首次业主大会会议表决规则；

（五）制定业主委员会委员候选人产生办法，确定业主委员会委员候选人名单；

（六）制定业主委员会选举办法；

（七）完成召开首次业主大会会议的其他准备工作。

前款内容应当在首次业主大会会议召开十五日前在物业管理区域内公告。业主对公告内容有异议的，筹备组应当记录并作出答复。

筹备组应当自成立之日起九十日内，组织召开首次业主大会会议。

筹备组在业主委员会依法成立后自行解散。

第十七条　业主大会除履行《中华人民共和国民法典》、国务院《物业管理条例》规定的职责外，还可以决定业主委员会的工作经费、撤销业主小组不适当的决定。

第十八条　业主大会会议可以采用集体讨论形式，也可以采用书面征求意见的形式。业主大会会议应当由物业管理区域内专有部分面积占比三分之二以上的业主且人数占比三分之二以上的业主参与表决。

业主大会作出决定，应当经参与表决专有部分面积过半数的业主且参与表决人数过半数的业主同意。业主大会决定筹集建筑物及其附属设施的专项维修资金，改建、重建建筑物及其附属设施，或者改变共有部分的用途、利用共有部分从事经营活动的，应当经参与表决专有部分面积四分之三以上的业主且参与表决人数四分之三以上的业主同意。

业主可以委托代理人参加业主大会会议，代理人应当持业主书面委托书并依据委托人对所议事项的意见进行投票表决。

第十九条　首次业主大会会议通过的议事规则，应当就业主大会的议事方式、表决程序，业主小组的设立，业主委员会的组成、任期、罢免和补选等事项作出约定。

第二十条　业主委员会由业主大会会议选举产生，依法履行职责。业主委员会由五人以上单数组成，但建筑面积在一万平方米以下的住宅小区，业主委员会可以由三人组成。筹备组应当根据物业管理区域规模和建筑物区分所有权的比例，确定业主委员会委员的人数和构成比例。业主委员会的任期为三年到五年。

业主委员会委员应当符合国务院《物业管理条例》规定的条件，且本人、配偶及其直系亲属未在本物业管理区域服务的物业服务企业任职。业主在本物业管理区域内有损坏房屋承重结构、违法搭建、破坏房屋外貌、擅自改变物业使用性质、欠交物业服务费或者专项维修资金、违法出租房屋等情形之一且未改正的，不得担任业主委员会委员。业主大会可以依法决定增加不得担任业主委员会委员的情形。

业主委员会委员候选人应当书面承诺符合前款规定的条件，全面履行工作职责，不以权谋私。

业主委员会履行下列职责：

（一）召集业主大会会议，报告年度物业管理的实施情况、业主委员会履职情况；

（二）执行业主大会决定，处理业主大会的日常管理事务；

（三）代表业主与业主大会选聘的物业服务企业签订物业服务合同；

（四）拟订业主大会年度财务预算方案和决算方案；

（五）拟订物业共用部分经营管理方案以及收益的管理、使用和分配方案；

（六）拟订印章管理、财务管理、档案管理、停车管理、宠物管理、装饰装修管理等规章制度；

（七）监督专项维修资金的使用以及组织专项维修资金的补建、再次筹集；

（八）及时了解业主、物业使用人的意见和建议，督促业主交纳物业服务费，监督和协助物业服务企业履行物业服务合同；

（九）监督管理规约的实施，对业主违反管理规约的行为进行制止；

（十）业主大会赋予的其他职责。

业主委员会应当接受业主大会和业主的监督，接受相关行政管理部门，乡、镇人民政府或者街道办事处，居民委员会或者村民委员会的指导和监督。

第二十一条 业主委员会委员候选人由筹备组通过直接听取业主意见、召开座谈会、发放推荐表等方式产生。筹备组应当审查候选人资格，提出候选人名单，并报送乡、镇人民政府或者街道办事处。候选人的基本信息，由筹备组在物业管理区域内公告。

业主委员会委员由业主大会会议选举产生。业主委员会主任、副主任在业主委员会委员中推选产生。筹备组应当自选举完成之日起三日内，在物业管理区域内公告业主委员会主任、副主任和其他委员的名单。

业主委员会主任负责主持业主委员会日常工作，并履行以下职责：

（一）召集和主持业主委员会会议；

（二）提出业主委员会会议议题；

（三）按照业主大会会议的决定，签署有关文书。

业主委员会主任因故不能履行职责时，由副主任履行。

第二十二条 乡、镇人民政府或者街道办事处应当会同区房屋行政管理部门定期组织业主委员会委员，进行物业管理相关法律、法规、规章、规范性文件和日常运作规范等培训。

第二十三条 业主委员会自选举产生之日起三十日内，持下列文件向乡、镇人民政府或者街道办事处备案：

（一）业主大会会议记录和会议决定；

（二）业主大会议事规则；

（三）管理规约；

（四）专项维修资金管理规约；

（五）业主委员会委员的名单、基本情况和书面承诺；

（六）业主委员会委员的培训记录。

乡、镇人民政府或者街道办事处对依法选举产生的业主委员会出具业主大会、业主委员会备案证明和印章刻制证明。备案证明应当载明业主大会名称，业主委员会名称、届别、任期、负责人和办公地址。

业主委员会应当依法刻制和使用印章。印章印文中应当包含业主委员会名称以及届别。

第二十四条 业主大会可以根据业主委员会工作情况决定给予业主委员会委员适当的津贴。津贴可以在公共收益中列支，也可以通过其他方式筹集。具体津贴标准，资金筹集、管理和使用办法应当由业主大会决定。

第二十五条 业主大会会议分为定期会议和临时会议。业主大会定期会议应当按照业主大会议事规则的规定召开。经百分之二十以上业主提议，业主委员会应当组织召开业主大会临时会议。

召开业主大会会议，业主委员会应当事先将会议时间、地点、议题和议程书面通知所在地房管机构、居民委员会或者村民委员会，邀请房管机构、居民委员会或者村民委员会派代表参加，并听取房管机构、居民委员会或者村民委员会的意见、建议。

业主委员会不依法组织召开业主大会会议的，乡、镇人民政府或者街道办事处应当督促其限期召开；逾期不召开的，乡、镇人民政府或者街道办事处可以应业主要求组织召开业主大会会议。

第二十六条 业主委员会会议分为定期会议和临时会议。业主委员会定期会议应当按照业主大会议事规则的规定召开，至少每两个月召开一次。经三分之一以上业主委员会委员提议，应当及时召开业主委员会临时会议。

业主委员会会议应当有全体委员过半数出席，并邀请物业所在地居民委员会或者村民委员会派员列席，也可以邀请业主旁听。业主委员会委员不得委托他人出席业主委员会会议。

业主委员会作出决定应当经全体委员过半数签字同意，在作出决定之日起三日内将会议情况以及决定事项在物业管理区域内公告，并告知物业所在地居民委员会或者村民委员会。

业主委员会主任、副主任无正当理由不召集业主委员会会议的，乡、镇人民政府或者街道办事处应业主书面要求可以指定一名其他委员召集和主持。

第二十七条 业主委员会应当建立定期接待制度，听取业主和使用人对物业管理和业主委员会日常工作的意见和建议，接受业主和使用人的咨询、投诉和监督。

业主委员会应当建立工作记录制度，做好业主大会会议、业主委员会会议、物业服务合同协商签订活动，以及物业管理中各项重要事项的记录，并妥善保管。

业主委员会应当建立信息公开制度，按照规定及时公布业主大会和业主委员会作出的决定，物业服务企业选聘、物业服务合同等物业管理中的各项决定和重大事项；定期公布专项维修资金和公共收益收支；接受业主查询所保管的物业管理信息。

第二十八条　业主委员会任期届满的五个月前，应当书面报告乡、镇人民政府或者街道办事处。乡、镇人民政府或者街道办事处应当在收到书面报告之日起六十日内组建换届改选小组，并在业主委员会任期届满前，由换届改选小组组织召开业主大会会议选举产生新一届业主委员会。

业主委员会未按照前款规定报告的，乡、镇人民政府或者街道办事处可以应业主书面要求组建换届改选小组，由换届改选小组组织召开业主大会会议选举产生新一届业主委员会。

换届改选小组由业主代表，乡、镇人民政府或者街道办事处代表，物业所在地居民委员会或者村民委员会代表组成。换届改选小组人数应当为单数，其中业主代表应当符合本规定第二十条第二款的规定，人数所占比例应当不低于换届改选小组总人数的二分之一。换届改选小组组长由乡、镇人民政府或者街道办事处代表担任。

自换届改选小组产生至新一届业主委员会选举产生期间，业主委员会不得组织召开业主大会会议对下列事项作出决定：

（一）选聘、解聘物业服务企业；

（二）调整物业收费标准；

（三）除管理规约规定情形之外的物业维修、更新、改造等重大事项；

（四）其他重大事项。

第二十九条　业主委员会应当自换届改选小组成立之日起十日内，将其保管的有关财务凭证、业主清册、会议纪要等档案资料、印章及其他属于业主大会所有的财物移交物业所在地房管机构保管。业主大会、业主委员会依法需要使用上述物品的，物业所在地房管机构应当及时提供。

新一届业主委员会选举产生后，应当在三十日内向乡、镇人民政府或者街道办事处办理换届备案手续，并由物业所在地房管机构在备案后十日内，将其保管的前款所述物品移交新一届业主委员会。

拒不移交第一款所述物品的，新一届业主委员会可以请求物业所在地乡、镇人民政府或者街道办事处督促移交，物业所在地公安机关应当予以协助。

第三十条　不再担任业主委员会委员的，应当在十日内将其保管的本规定第二十九条第一款所述物品移交业主委员会；拒不移交的，业主委员会可以按照本规定第二十九条第三款规定处理。

第三十一条　业主委员会委员有下列情形之一的，其业主委员会委员资格按照本条第二款处理：

（一）已不再是本物业管理区域内业主的；

（二）以书面形式向业主委员会提出辞职的；

（三）因健康等原因无法履行职责且未提出辞职的；

（四）拒不召集业主委员会会议的；

（五）一年内累计缺席业主委员会会议总次数一半以上的；

（六）违反书面承诺的。

属于前款第一项、第二项情形的，其委员资格自情形发生之日起自然终止；属于前款第三项情形的，经业主大会会议讨论通过，其委员资格终止；属于前款第四项至第六项情形的，经业主大会会议讨论通过，罢免其委员资格。业主委员会应当将委员资格终止或者罢免的情况在物业管理区域内公告。

第三十二条　业主委员会委员人数不足但超过半数的，业主大会可以补选业主委员会委员。

业主委员会出现下列情形之一时，乡、镇人民政府或者街道办事处应当组织召开业主大会会议；业主大会应当启动提前换届改选程序：

（一）业主委员会委员人数不足半数的；

（二）业主委员会连续六个月未开展工作的；

（三）业主委员会作出的决定严重违反法

律、法规的；

（四）因其他原因导致业主委员会无法正常运作的。

业主大会决定对业主委员会提前换届改选的，乡、镇人民政府或者街道办事处应当依法组建换届改选小组，由换届改选小组组织召开业主大会会议选举产生新一届业主委员会。

第三十三条 业主委员会的名称、所辖区域范围、委员、业主大会议事规则和管理规约发生变更的，业主委员会应当在三十日内向乡、镇人民政府或者街道办事处办理变更备案手续。

因物业管理区域调整、房屋灭失或者其他原因致使业主委员会无法存续的，业主委员会应当在三十日内向乡、镇人民政府或者街道办事处办理注销备案手续。

第三十四条 按照本规定第二十三条、第二十九条、第三十三条规定，乡、镇人民政府或者街道办事处受理业主委员会备案后，应当在二十日内完成备案手续，并将备案资料抄送区房屋行政管理部门。

第三十五条 同一物业管理区域内有两幢以上房屋的，可以以幢、单元为单位成立业主小组。业主小组由该幢、单元的全体业主组成。

业主小组应当履行下列职责：

（一）推选业主代表出席业主大会会议，表达本小组业主的意愿；

（二）决定本小组范围内住宅共用部位、共用设施设备的维修、更新、改造和养护；

（三）决定本小组范围内的其他事项。

业主小组议事由该业主小组产生的业主代表主持。业主小组行使前款规定职责的程序，参照本物业管理区域业主大会议事规则执行。

第三十六条 居民委员会、村民委员会设立的人民调解委员会，可以依法调解本地区业主、业主委员会、物业服务企业之间的物业管理纠纷。

第三章 物业管理服务

第三十七条 房屋行政管理部门应当依法对物业服务企业服务活动实施监督检查。

物业服务项目经理承接物业管理区域数量和建筑面积的规范，由市房屋行政管理部门制定。

第三十八条 市房屋行政管理部门应当根据物业服务合同履行、投诉处理和日常检查等情况，建立物业服务企业信用档案库和物业服务项目经理信用档案库。

第三十九条 选聘物业服务企业前，业主委员会应当拟订选聘方案。选聘方案应当包括拟选聘物业服务企业的信用状况、专业管理人员的配备、管理实绩要求、物业服务内容和收费标准、物业服务合同期限和选聘方式等内容。

选聘方案经业主大会会议表决通过后，业主委员会应当在物业管理区域内公告。

第四十条 建设单位应当通过公开招标方式选聘物业服务企业，签订书面的前期物业服务合同，并作为房屋销售合同的附件。

鼓励业主大会采用招投标方式，公开、公平、公正地选聘物业服务企业。

采取招投标方式选聘物业服务企业的，应当通过本市统一的物业管理监管与服务信息平台进行招标。

第四十一条 建设单位在申请房屋预售许可前，应当参照市房屋行政管理部门制作的示范文本，制定临时管理规约和房屋使用说明书，作为房屋销售合同的附件。

临时管理规约应当对物业的使用和维护管理、业主义务、违反临时管理规约应当承担的责任等事项作出规定，但不得与法律、法规、规章相抵触，不得侵害物业买受人的合法权益。临时管理规约应当报区房屋行政管理部门备案。

房屋使用说明书应当载明房屋平面布局、结构、附属设备，注明房屋承重结构的房屋结构图，不得占用、移装的共用部位、共用设备，以及其他有关安全合理使用房屋的注意事项。

建设单位与物业买受人签订的房屋销售合同，应当包含前期物业服务合同约定的内容，以及建设工程规划许可文件载明的建设项目平面布局图，并在房屋交接书中列明物业管理区域内归全体业主所有的配套设施设备。

建设单位不得将物业共用部分的所有权或者使用权单独转让。

第四十二条　建设单位应当在物业管理区域地面上配置独用成套的物业管理用房，其中物业服务企业用房按照物业管理区域房屋总建筑面积的千分之二配置，但不得低于一百平方米；业主委员会用房按照不低于三十平方米配置。在物业交付时，物业管理用房由建设单位交付物业服务企业代管，并在业主大会成立后三十日内无偿移交给业主大会。

规划资源行政管理部门在核发建设工程规划许可证时，应当在许可证附图上注明物业管理用房的具体部位。

区房屋行政管理部门在核发房屋预售许可证和办理房屋所有权首次登记时，应当注明物业管理用房室号。

物业管理用房不得擅自变更位置，也不得分割、转让、抵押。

第四十三条　物业管理区域内的下列配套设施设备归业主共有：

（一）物业管理用房；

（二）门卫房、电话间、监控室、垃圾箱房、共用地面架空层、共用走廊；

（三）物业管理区域内按规划配建的非机动车车库；

（四）单独选址、集中建设的共有产权保障住房、征收安置住房小区的停车位；

（五）物业管理区域内的共有绿化、道路、场地；

（六）建设单位以房屋销售合同或者其他书面形式承诺归全体业主所有的物业；

（七）其他依法归业主共有的设施设备。

建设单位申请房屋所有权首次登记时，应当提出前款规定的配套设施设备登记申请，由不动产登记机构在不动产登记簿上予以记载，但不颁发不动产权属证书。建设单位应当在物业管理区域内显著位置公开业主共有配套设施设备的位置、面积等信息。

第四十四条　物业服务企业应当按照物业服务合同的约定，提供相应的服务。物业服务合同可以约定下列服务事项：

（一）物业共用部位、共用设施设备的使用管理和维护；

（二）共有绿化的维护；

（三）共有区域的保洁；

（四）共有区域的秩序维护；

（五）车辆的停放管理；

（六）物业使用中对禁止性行为的管理措施；

（七）物业维修、更新、改造和养护费用的账务管理；

（八）物业档案资料的保管；

（九）业主大会或者业主委托的其他物业服务事项。

物业服务企业将物业服务区域内的部分专项服务事项委托给专业性服务组织或者其他第三人的，应当就该部分专项服务事项向业主负责。物业服务企业不得将其应当提供的全部物业服务转委托给第三人，或者将全部物业服务支解后分别转委托给第三人。

物业服务企业应当在签订物业服务合同之日起三十日内，将物业服务合同报房管机构备案。

第四十五条　物业服务企业提供物业服务，应当遵守下列规定：

（一）符合国家和本市规定的技术标准、规范；

（二）及时向业主、使用人告知安全合理使用物业的注意事项；

（三）定期听取业主的意见和建议，改进和完善服务；

（四）配合居民委员会、村民委员会做好社区管理相关工作。

物业服务企业应当协助做好物业管理区域内的安全防范工作。

第四十六条　物业服务合同期限届满前，业主委员会应当组织召开业主大会，作出续聘或者另聘物业服务企业的决定，并将决定书面通知物业服务企业。业主大会决定续聘且物业服务企业接受的，业主委员会与物业服务企业应当在物业服务合同届满前重新签订物业服务合同。

物业服务企业决定物业服务合同期限届满后不再为该物业管理区域提供物业服务的，应当在合同期限届满前九十日书面通知业主或者业主委员会，但是合同对通知期限另有约定的除外。

物业服务合同期限届满后，业主大会没有依法作出续聘或者另聘物业服务企业决定，物业服务企业按照原合同继续提供物业服务的，原合同继续有效，但是服务期限为不定期。在原合同继续有效期间，任何一方可以随时解除不定期物业服务合同，但是应当提前六十日书面通知对方。

第四十七条 物业服务企业应当建立和保存下列档案和资料：

（一）小区共有部分经营管理档案；

（二）小区监控系统、电梯、水泵、电子防盗门等共用设施设备档案及其运行、维修、养护记录；

（三）水箱清洗记录及水箱检测报告；

（四）住宅装饰装修管理资料；

（五）业主清册；

（六）物业服务企业或者建设单位与相关公用事业单位签订的供水、供电、垃圾清运、电信覆盖等书面协议；

（七）物业服务活动中形成的与业主利益相关的其他重要资料。

物业服务企业对前款第一项至第三项规定的有关信息资料，应当定期予以公示。

物业服务企业应当采取有效措施，妥善保管在物业服务过程中获得的业主信息资料。

第四十八条 物业服务收费实行市场调节价，由业主和物业服务企业遵循合理、公开、质价相符的原则进行协商，并在物业服务合同中予以约定。

同一物业管理区域内实施同一物业服务内容和标准的，物业服务收费执行同一价格标准。

市房屋行政管理部门应当定期发布住宅小区物业服务标准。物业管理行业协会应当定期发布物业服务价格监测信息，供业主和物业服务企业在协商物业服务费用时参考。

物业服务企业应当将服务事项、服务标准、收费项目、收费标准等有关情况在物业管理区域内公告。实行物业服务酬金制收费方式的，物业服务企业应当每年向业主委员会或者全体业主报告经审计的上一年度物业服务项目收支情况，提出本年度物业服务项目收支预算，并在物业管理区域内公告；实行物业服务包干制收费方式的，物业服务企业应当在调整物业服务收费标准前，将经审计的物业服务费用收支情况或者经第三方机构评估的收费标准向业主委员会或者全体业主报告，并在物业管理区域内公告。

前款中的公告应当在物业管理区域内显著位置予以公示。

第四十九条 前期物业服务合同生效之日至出售房屋交付之日的当月发生的物业服务费用，由建设单位承担。

出售房屋交付之日的次月至前期物业服务合同终止之日的当月发生的物业服务费用，由物业买受人按照房屋销售合同约定的前期物业服务收费标准承担；房屋销售合同未约定的，由建设单位承担。

业主应当根据物业服务合同约定，按时支付物业服务费；业主逾期不支付物业服务费的，业主委员会应当督促其支付；物业服务企业可以催告其在合理期限内支付；合理期限届满仍不支付的，物业服务企业可以提起诉讼或者申请仲裁。

业主转让物业时，应当与物业服务企业结清物业服务费；未结清的，买卖双方应当对物业服务费的结算作出约定，并告知物业服务企业。

第五十条 物业服务企业应当自物业服务合同终止之日起十日内，向建设单位或者业主委员会移交下列资料和财物：

（一）本规定第十一条第一款、第四十七条规定的资料；

（二）物业服务期间形成的物业共用部分运行、维修、更新、改造和养护的有关资料；

（三）公共收益的结余；

（四）采用酬金制计费方式的，产生的物业服务资金结余以及用物业服务资金购置的财物；

（五）物业管理用房；

（六）应当移交的其他资料和财物。

第五十一条 利用物业共用部分从事广告、商业推广等活动的，应当经业主大会或者共同拥有该物业的业主同意，并在物业管理区域内公告。业主大会可以授权业主委员会同意利用全体业主共用部分从事相关活动。

公共收益归全体业主或者共同拥有该物业的业主所有，并应当单独列账。

公共收益应当主要用于补充专项维修资金，也可以按照业主大会的决定使用。公共收益主要用于补充专项维修资金的，应当按季度补充专项维修资金，补充比例应当高于百分之五十；剩余部分应当按照业主大会或者共同拥有该收益业主的决定，用于业主大会和业主委员会工作经费、物业管理活动的审计费用、拥有该收益业主的物业维护费用或者物业管理方面的其他需要。

第五十二条　区房屋行政管理部门应当建立临时物业服务企业预选库。物业服务企业退出且业主大会尚未选聘新物业服务企业的，由业主委员会报乡、镇人民政府或者街道办事处在预选库中选定物业服务企业提供临时服务。未成立业主委员会的，经百分之二十以上业主提请，由居民委员会或者村民委员会报乡、镇人民政府或者街道办事处在预选库中选定物业服务企业提供临时服务。

临时物业服务期限不超过六个月，费用由全体业主承担。

第五十三条　经物业管理区域内专有部分面积占比三分之二以上的业主且人数占比三分之二以上的业主参与表决，并经参与表决专有部分面积过半数的业主且参与表决人数过半数的业主同意，业主可以自行管理物业，并对下列事项作出决定：

（一）自行管理的执行机构以及负责人；

（二）自行管理的内容、标准、费用和期限；

（三）聘请专业机构的方案；

（四）其他有关自行管理的内容。

电梯、消防、技防等涉及人身、财产安全以及其他有特定要求的设施设备管理，应当委托专业机构进行维修和养护。

业主大会聘请单位或者自然人提供保洁、保安、绿化养护、设施设备保养等服务的，应当与其签订服务合同；聘请自然人的，被聘用人员可以根据约定自行购买意外伤害等保险，费用由业主大会承担。

业主自行管理物业需要开具收费票据的，业主委员会可以持房管机构的证明材料，向物业所在地的税务部门申请领取。

业主大会可以委托具有资质的中介机构对管理费用、专项维修资金、公共收益等进行财务管理，根据委托财务管理合同开通专项维修资金账户，并应当向业主每季度公布一次自行管理账目。

第四章　物业的使用和维护

第五十四条　建设单位在申请物业交付使用前，应当与物业服务企业共同对物业管理区域内的物业共用部分进行查验，共同确认现场查验的结果，签订物业承接查验协议，并向业主公开查验的结果。物业承接查验可以邀请业主代表以及物业所在地的房管机构参加。

承接查验协议应当对物业承接查验基本情况、存在问题、解决方法及其时限、双方权利义务、违约责任等事项作出约定。对于承接查验发现的问题，建设单位应当在三十日内予以整改，或者委托物业服务企业整改。

物业承接查验协议应当作为前期物业服务合同的补充协议。

物业承接查验的费用由建设单位承担，但另有约定的除外。

第五十五条　建设单位应当按照国家规定的保修期限和保修范围，承担物业的保修责任。建设单位委托物业服务企业维修的，应当与物业服务企业另行签订委托协议。

第五十六条　业主、使用人应当遵守国家和本市的规定以及临时管理规约、管理规约，按照房屋安全使用规定使用物业。

禁止下列损害公共利益及他人利益的行为：

（一）损坏房屋承重结构；

（二）违法搭建建筑物、构筑物；

（三）破坏房屋外貌；

（四）擅自改建、占用物业共用部分；

（五）损坏或者擅自占用、移装共用设施设备；

（六）存放不符合安全标准的易燃、易爆、剧毒、放射性等危险性物品，或者存放、铺设超负荷物品；

（七）排放有毒、有害物质；

（八）发出超过规定标准的噪声；

（九）法律、法规和规章禁止的其他行为。

第五十七条 业主、使用人装饰装修房屋，应当遵守国家和本市的规定以及临时管理规约、管理规约。

业主、使用人装饰装修房屋的，应当事先告知物业服务企业，并与物业服务企业签订装饰装修管理协议。装饰装修管理协议应当包括装饰装修工程的禁止行为、垃圾堆放和清运、施工时间等内容。

业主、使用人未与物业服务企业签订装饰装修管理协议的，物业服务企业可以按照临时管理规约或者管理规约，禁止装饰装修施工人员、材料进入物业管理区域。

物业服务企业对装饰装修活动进行巡查时，业主、使用人或者装饰装修施工人员应当予以配合。

第五十八条 业主、使用人应当按照规划资源行政管理部门批准或者不动产权属证书载明的用途使用物业，不得擅自改变物业使用性质。

确需改变物业使用性质的，由区规划资源行政管理部门会同区房屋行政管理部门提出允许改变物业使用性质的区域范围和方案，并召开听证会听取利害关系人意见后，报区人民政府决定。

在允许改变物业使用性质的区域范围内，具体房屋单元的业主需要改变使用性质的，应当符合法律、法规以及管理规约，经有利害关系的业主一致同意后报区房屋行政管理部门审批，并依法向其他行政管理部门办理有关手续。

第五十九条 物业服务企业发现业主、使用人在物业使用、装饰装修过程中有违反国家和本市有关规定以及临时管理规约、管理规约行为的，应当依据有关规定或者临时管理规约、管理规约予以劝阻、制止；劝阻、制止无效的，应当在二十四小时内报告业主委员会和有关行政管理部门。有关行政管理部门在接到物业服务企业的报告后，应当依法对违法行为予以制止或者处理。

第六十条 供水、供电、供气等专业单位应当承担分户计量表和分户计量表前管线、设施设备的维修养护责任。

第六十一条 物业管理区域内，建设单位所有的机动车停车位数量少于或者等于物业管理区域内房屋套数的，一户业主只能购买或者附赠一个停车位；超出物业管理区域内房屋套数的停车位，一户业主可以多购买或者附赠一个。

占用业主共有的道路或者其他场地用于停放机动车的车位，属于业主共有。

建设单位所有的机动车停车位向业主、使用人出租的，其收费标准应当在前期物业合同中予以约定。业主大会成立前，收费标准不得擅自调整；业主大会成立后，需要调整的，建设单位应当与业主大会按照公平、合理的原则协商后，向区房屋行政管理部门备案。

车辆在全体共用部分的停放、收费标准、费用列支和管理等事项，由业主大会决定。业主大会决定对车辆停放收费的，参照物业管理行业协会发布的价格监测信息确定收费标准。业主大会成立前，其收费标准由建设单位参照物业管理行业协会发布的价格监测信息确定。收费标准、费用列支和管理等事项应当在前期物业服务合同中予以约定。

车主对车辆有保管要求的，由车主和物业服务企业另行签订保管合同。

公安、消防、抢险、救护、环卫等特种车辆执行公务时在物业管理区域内停放，不得收费。

第六十二条 物业管理区域内的机动车停车位，应当提供给本物业管理区域内的业主、使用人使用。建设单位尚未出售的停车位，应当出租给业主、使用人停放车辆，不得以只售不租为由拒绝出租。停车位不得转让给物业管理区域外的单位、个人；停车位满足业主需要后仍有空余的，可以临时按月出租给物业管理区域外的单位、个人。

物业管理区域内停放车辆，不得影响其他车辆和行人的正常通行。

第六十三条 区人民政府应当组织区交通、公安、房屋、建设等行政管理部门建立停车资源共享协调制度。停车位供需矛盾突出的住宅小区，其周边商业配建停车场（库）、道路具备夜间等时段性停车条件的，乡、镇人民政府或者街道办事处应当提出错时停车方案。鼓励业主与住宅小区周边单位通过协商实现停车资源共享。

第六十四条　新建商品住宅、公有住宅以及住宅区内的非住宅物业出售时，物业出售人和买受人应当按照国家和本市的规定交纳专项维修资金。专项维修资金应当用于物业共用部分的维修、更新和改造，不得挪作他用。

物业出售人应当在办理房屋所有权首次登记前，交纳其应交的专项维修资金，并垫付尚未销售物业部分的应由物业买受人交纳的专项维修资金。

第六十五条　未建立首期专项维修资金或者专项维修资金余额不足首期筹集金额百分之三十的，业主应当按照国家和本市的相关规定、专项维修资金管理规约和业主大会的决定，及时补建或者再次筹集专项维修资金。

专项维修资金补建或者再次筹集的方式分为分期交纳和一次性交纳，具体方式及筹集金额、期限、程序、资金入账等事项应当由业主大会作出决定。

专项维修资金管理规约未就补建或者再次筹集专项维修资金进行约定，且业主大会在本条第一款规定的情形发生之日起九十日内未作出决定的，业主委员会应当书面通知专项维修资金开户银行向需要交纳专项维修资金的业主发出交款通知，通知其应交金额和交纳时间。业主应当自收到交款通知之日起九十日内，一次性将专项维修资金账户余额补至首期筹集金额的百分之五十。

乡、镇人民政府和街道办事处应当指导、协调专项维修资金补建或者再次筹集工作。

业主申请不动产转移登记或者抵押登记时，应当同时向不动产登记机构提供已足额交纳专项维修资金的相关凭证。

业主经催告后仍不交纳专项维修资金的，经业主大会决定，业主委员会可以依法向人民法院提起诉讼。

第六十六条　专项维修资金应当存入银行专户，按幢立账、按户核算。

业主委员会和受委托的物业服务企业应当至少每半年公布一次专项维修资金的收支情况，每季度公布一次公共收益的收支情况，并接受业主的监督。

第六十七条　专项维修资金和公共收益的使用实行工程审价和使用程序审核。

业主大会、业主委员会应当委托有资质的中介机构对专项维修资金、公共收益的收支情况以及业主委员会工作经费进行年度财务审计和换届财务审计。审计结果应当在物业管理区域内显著位置公告三十日。

第六十八条　物业维修、更新、改造和养护的费用，按照下列规定承担：

（一）专有部分的所需费用，由拥有专有部分的业主承担；

（二）部分共用部分的所需费用，由拥有部分共用部分业主按照各自拥有的房屋建筑面积比例共同承担；

（三）全体共用部分的所需费用，由物业管理区域内的全体业主按照各自拥有的房屋建筑面积比例共同承担。

按照本规定设立专项维修资金的，部分共用部分、全体共用部分的维修、更新和改造费用在专项维修资金中列支。但物业的共用部分属于人为损坏的，费用应当由责任人承担。

第六十九条　物业部分共用部分的维修、更新和改造，应当由部分共用的业主决定，由部分共用部分专有部分面积占比三分之二以上的业主且人数占比三分之二以上的业主参与表决，其中，涉及筹集专项维修资金或者改建、重建建筑物及其附属设施的，应当经参与表决专有部分面积四分之三以上的业主且参与表决人数四分之三以上的业主同意；其他决定事项，应当经参与表决专有部分面积过半数的业主且参与表决人数过半数的业主同意。

前款决定不得与业主大会对全体共用部分作出的决定相抵触；对上述决定，业主委员会应当执行。

第七十条　机动车停车场（库）的维修、养护费用由其所有人承担。机动车停车场（库）的专项维修资金按照物业管理专项维修资金标准交纳，纳入业主大会的专项维修资金账户管理，单独核算。

第七十一条　建设单位未按照规定提出成

立业主大会书面报告前，专项维修资金不得动用，住宅共用部位、共用设施设备需要维修、更新和改造的，应当由建设单位承担物业维修责任。

建设单位已经按照规定提出成立业主大会的书面报告但业主大会尚未成立期间，需要动用专项维修资金的，物业服务企业应当提出维修实施方案，由物业所在地的居民委员会或者村民委员会组织征询业主意见，经全体共用部分业主依法讨论通过后，由物业服务企业组织实施。仅涉及部分共用部分的，可以提交涉及共用部分的业主依法讨论通过。

维修费用经市房屋行政管理部门指定的中介机构审价后，在专项维修资金中列支。

第七十二条 业主应当定期对物业进行维修养护，并按照规定检测和鉴定。

物业服务企业应当根据物业服务合同的约定，履行物业维修养护义务。

物业出现国家和本市规定的必须维修养护的情形时，业主或者物业服务企业应当及时履行维修养护义务。

第七十三条 发生危及房屋安全等紧急情况时，物业服务企业或者自行管理执行机构应当立即采取应急防范措施。

发生下列情况，需要对住宅共用部位、共用设施设备进行维修、更新的，物业服务企业或者自行管理执行机构应当及时制定维修、更新方案：

（一）水泵、水箱（池）故障，影响正常使用的；

（二）电梯故障，电梯专业检测机构出具整改通知书要求停运的；

（三）火灾自动报警系统、自动喷淋系统、消火栓系统损坏，消防部门出具整改通知书的；

（四）外墙墙面、建筑附属构件有脱落危险，经有资质的鉴定机构出具证明的；

（五）屋顶或外墙渗漏等情况，严重影响房屋使用，经有资质的鉴定机构出具证明的。

前款规定的维修、更新事项不属于工程质量保证范围，需要使用专项维修资金的，按照下列规定办理：

（一）业主大会成立前，物业服务企业应当持有关材料，报房管机构审核同意后组织实施。维修、更新费用经具有相应资质的中介机构审价后，报区房屋行政管理部门在专项维修资金中直接列支；

（二）业主大会成立后，物业服务企业或者自行管理执行机构应当持有关材料向业主委员会和物业所在地房管机构报告，并向业主委员会提出列支专项维修资金的申请，经业主委员会审核同意后组织实施。维修、更新费用经具有相应资质的中介机构审价后，在专项维修资金中列支。业主委员会对维修、更新方案未在七日内审核同意，且已出现影响房屋正常使用或者居民人身财产安全情形的，区房屋行政管理部门可以组织代为维修。维修费用经具有相应资质的中介机构审价后，凭审价报告和区房屋行政管理部门出具的支取通知，在专项维修资金中列支。

第七十四条 物业存在房屋结构安全隐患或者被鉴定为危险房屋，可能危及公共利益或者他人合法权益时，责任人应当及时维修养护，有关业主应当予以配合。责任人不履行维修养护义务的，可以由物业服务企业报经业主大会同意或者直接按照管理规约的规定，代为维修养护或者采取应急防范措施，费用由责任人承担。

第七十五条 物业管理区域内的房屋外墙应当保持整洁和完好，并定期进行清洗或者粉刷，具体办法由市人民政府另行制定。

第七十六条 物业共用部分需要维修、养护、更新、改造的，相关专有部分的业主、使用人应当予以配合。

供水、供电、供气、信息、环卫、邮政、民防等专业单位进行相关作业需要进入物业管理区域的，物业服务企业应当予以配合；需要进入专有部分的，相关业主、使用人应当予以配合。

上述作业造成共有部分或者专有部分损失的，责任人应当依法恢复原状、承担赔偿责任。

第七十七条 业主、业主委员会、物业服务企业应当按照本市生活垃圾分类管理的规定，履行相应的义务。

第五章　法律责任

第七十八条　违反本规定的行为，法律、行政法规或者本市其他法规有处罚规定的，依照有关法律、法规处理。

第七十九条　业主、使用人违反管理规约应当承担相应的民事责任。对违反管理规约的，业主委员会应当予以劝阻、制止；对不听劝阻的，业主委员会可以在物业管理区域内就相关情况予以公示；相关业主可以依法向人民法院提起民事诉讼。

第八十条　建设单位违反本规定第十四条第一款规定，未将物业管理区域符合业主大会成立条件的情况书面报告物业所在地乡、镇人民政府或者街道办事处，或者未按照规定提供有关资料的，由区房屋行政管理部门责令限期改正，可处一万元以上十万元以下的罚款。

第八十一条　违反本规定第五十条规定，物业服务企业不移交有关资料或者财物的，由区房屋行政管理部门责令限期改正；逾期不改正的，对物业服务企业予以通报，处一万元以上十万元以下的罚款。

第八十二条　违反本规定第五十一条规定，业主委员会委员、物业服务企业、自行管理执行机构或者代理记账机构挪用、侵占公共收益的，由区房屋行政管理部门追回挪用、侵占的公共收益，并归还业主，没收违法所得，并处挪用、侵占金额二倍以下的罚款；挪用、侵占公共收益构成犯罪的，依法追究直接负责的主管人员和其他直接责任人员的刑事责任。

第八十三条　违反本规定第五十六条第二款第一项规定，损坏房屋承重结构的，由区房屋行政管理部门责令立即改正，恢复原状，可处一万元以上十万元以下的罚款；情节严重的，可处十万元以上二十万元以下的罚款。

第八十四条　违反本规定第五十六条第二款第二项规定，违法搭建建筑物、构筑物的，由城管执法或者规划资源行政管理部门根据职责分工，依照《上海市拆除违法建筑若干规定》的相关规定予以拆除，可处一万元以上十万元以下的罚款。

第八十五条　违反本规定第五十六条第二款第三项、第四项、第五项规定，破坏房屋外貌，擅自改建、占用物业共用部分，损坏或者擅自占用、移装共用设施设备的，由区房屋行政管理部门责令改正，恢复原状，可处一千元以上一万元以下的罚款；情节严重的，可处一万元以上十万元以下的罚款。

第八十六条　业主、使用人违反本规定第五十八条规定，擅自改变物业使用性质的，由区房屋行政管理部门责令限期改正，恢复原状，可处一万元以上五万元以下的罚款。

第八十七条　物业服务企业违反本规定第五十九条规定，对业主、使用人的违法行为未予以劝阻、制止或者未在规定时间内报告有关行政管理部门的，由区房屋行政管理部门责令改正，可处一千元以上一万元以下的罚款。

第八十八条　建设单位违反本规定第六十二条第一款规定，不将机动车停车位提供给本物业管理区域内业主、使用人使用的，由区房屋行政管理部门责令立即改正，并处一万元以上十万元以下的罚款。

第八十九条　违反本规定第六十四条第一款规定，物业出售人未按规定交纳专项维修资金的，由区房屋行政管理部门责令限期改正，可处应交专项维修资金数额一倍以下的罚款。

违反本规定第六十五条第一款规定，业主未按要求补建或者再次筹集专项维修资金的，由区房屋行政管理部门责令限期改正。

第九十条　当事人对房屋行政管理部门以及其他有关行政管理部门的具体行政行为不服的，可以依照《中华人民共和国行政复议法》或者《中华人民共和国行政诉讼法》的规定，申请行政复议或者提起行政诉讼。

当事人对具体行政行为逾期不申请复议，不提起诉讼，又不履行的，作出具体行政行为的行政管理部门可以依法申请人民法院强制执行。

第九十一条　房屋行政管理部门，乡、镇人民政府，街道办事处，房管机构以及相关行政管理部门的工作人员违反本规定，有下列情形之一的，由其所在单位或者上级主管部门依法给予处分；构成犯罪的，依法追究刑事责任：

（一）违法实施行政许可或者行政处罚的；

（二）未按照本规定履行监督检查职责的；

（三）发现违法行为不及时查处，或者包庇、纵容违法行为，造成后果的；

（四）其他玩忽职守、滥用职权、徇私舞弊的情形。

第六章　附则

第九十二条　本规定中有关专业用语的含义：

（一）专有部分，是指在构造上及利用上具有独立性，由单个业主独立使用、处分的物业部位。

（二）部分共用部分，是指由部分业主共同使用、管理的物业部位、设施设备及场地等部分。

（三）全体共用部分，是指由全体业主共同使用、管理的物业部位、设施设备及场地等部分。

第九十三条　市房屋行政管理部门应当制定临时管理规约、管理规约、首次业主大会会议表决规则、业主大会议事规则、业主委员会委员候选人产生办法、业主委员会选举办法、物业服务合同等示范文本。

第九十四条　非住宅物业管理，参照本规定执行。

第九十五条　本规定自2011年4月1日起施行。

黑龙江省住宅物业管理条例

（2020年12月24日黑龙江省第十三届人民代表大会常务委员会第二十二次会议通过，2020年12月24日黑龙江省第十三届人民代表大会常务委员会公告第29号公布）

第一章　总则

第一条　为了规范住宅物业管理活动，维护住宅物业管理相关主体的合法权益，营造良好的生活和工作环境，根据《中华人民共和国民法典》《物业管理条例》等有关法律、行政法规，结合本省实际，制定本条例。

第二条　本省行政区域内的住宅物业管理以及相关监督管理活动，适用本条例。

本条例所称住宅物业管理（以下简称物业管理），是指住宅区内的业主通过选聘物业服务人，由业主和物业服务人按照物业服务合同约定，对房屋及配套的设施设备和相关场地进行维修、养护、管理，维护物业管理区域内的环境卫生和相关秩序的活动。

物业服务人包括物业服务企业和其他管理人。

第三条　物业管理应当坚持党委领导、政府主导、居民自治、多方参与、专业服务、行业自律的原则。

建立健全社区党建引领，居（村）民委员会、业主委员会或者物业管理委员会、业主、物业使用人、物业服务人等共同参与的治理机制；建立健全人民调解、行业性专业性调解、行政调解、司法调解的多元纠纷解决机制。

创新治理模式，利用大数据和云平台将物业管理融入社区治理。推动物业服务线上线下融合发展，推进物业管理智能化。

鼓励和引导中国共产党党员、各级人大代表和政协委员参与社区治理，推动在物业服务企业、业主委员会、物业管理委员会中建立党组织，符合条件的社区党组织和居民委员会成员通过法定程序兼任业主委员会成员。

第四条　县级以上人民政府应当加强对物业管理工作的领导，将物业管理纳入本地现代服务业发展规划和社区治理体系，建立健全物业管理联席会议制度，协调解决重大问题。将街道办事处、乡镇人民政府履行物业管理职责所需经费纳入财政预算。鼓励设立行业性专业性人民调解组织，依法调解物业管理纠纷。

县级以上物业行政主管部门负责本行政区域内物业管理活动的监督管理工作，按照职责分工，履行下列职责：

（一）贯彻、执行物业管理法律、法规和相关规定；

（二）制定物业管理相关政策并组织实施；

（三）指导、监督建筑物及其附属设施的维修资金（以下简称维修资金）交存、管理和使用；

（四）组织物业管理相关人员业务培训；

（五）建立或者共享物业管理信息平台；

（六）指导、监督街道办事处或者乡镇人民政府物业管理相关工作；

（七）建立物业服务诚信评价制度；

（八）法律、法规规定的其他职责。

县级以上人民政府其他有关行政主管部门，按照各自职责，做好相关监督管理工作。

第五条　街道办事处或者乡镇人民政府应当统筹协调、监督管理辖区内物业管理活动，履行下列职责：

（一）组织、协助、指导业主大会成立和业主委员会选举换届、物业管理委员会组建；

（二）指导、监督业主大会、业主委员会或者物业管理委员会依法履行职责；

（三）测评业主委员会年度工作；

（四）参加物业承接查验，指导、监督物业服务项目移交和接管；

（五）指导、检查、监督物业服务人依法履行义务，配合采集物业服务信用信息；

（六）依法调处物业管理纠纷；

（七）依照法律授权规定行使相应的行政处罚权；

（八）法律、法规规定或者市、县级人民政府确定的其他职责。

居（村）民委员会应当协助街道办事处或者乡镇人民政府做好与物业管理有关的具体工作，并在筹备首次业主大会会议、选举业主委员会、组建物业管理委员会时，协助做好相关人员推荐工作。

第六条　物业管理行业协会应当加强行业自律管理，制定并组织实施自律性行业规范，规范从业行为，调解行业纠纷，促进物业服务人依法经营和诚信服务。

物业服务人应当加强对员工、物业服务外包人员的文明服务教育和管理。

第七条　物业服务人应当执行县级以上人民政府依法实施的应急处置措施和其他管理措施，积极配合开展相关工作，并由县级以上人民政府给予必要的物资和资金支持。

对物业服务人执行政府依法实施的应急处置措施和其他管理措施，业主、物业使用人应当依法予以配合，街道办事处、乡镇人民政府应当对物业服务人进行监督和指导。

第二章　物业管理区域以及相关配置

第八条　物业管理区域的划分，应当遵循规划在先、自然分割、功能完善、便民利民的原则，以建设用地宗地确定的用地范围为基础，综合考虑物业共用设施设备、建筑物规模、社区建设、业主人数、自然界线、有利于实施物业管理等因素。

物业服务用房、供水、供气、供热、供电、消防、人防等配套设施设备和相关共用场地不能分割的，应当划分为一个物业管理区域；被道路、河道等分割为两个以上自然街坊或者封闭小区，且能明确共用配套设施设备维护管理责任的，可以分别划分为独立的物业管理区域；配套设施设备能够分割独立使用的，可以划分为不同的物业管理区域。

第九条　建设单位应当在办理商品房预售许可或者现售备案前，向所在地县级物业行政主管部门备案物业管理区域，并将经备案的物业管理区域在房屋买卖合同中明示，在商品房销售现场公示。经备案的物业管理区域，由县级物业行政主管部门及时告知物业所在地街道办事处或者乡镇人民政府。

本条例施行前已经划分物业管理区域，但尚未向物业行政主管部门备案的，由物业服务人或者业主委员会，或者物业管理委员会向物业所在地县级物业行政主管部门备案。

已投入使用、尚未划分物业管理区域或者划分的物业管理区域确需调整的，物业所在地县级物业行政主管部门应当会同街道办事处或者乡镇人民政府，结合物业管理实际，在征求业主意见后确定物业管理区域并公告。

第十条　建设单位应当按照下列规定配置物业服务用房；物业服务用房一般包括物业办公用房，业主委员会办公用房，维修、保洁等辅助用房：

（一）房屋总建筑面积五万平方米以下的，按照不低于建筑面积一百平方米的标准配置；

（二）房屋总建筑面积五万平方米以上二十五万平方米以下的，按照不低于总建筑面积千分之二的标准配置；

（三）房屋总建筑面积超过二十五万平方米的，超过部分按照不低于总建筑面积千分之一的标准配置；

（四）分期开发建设的，首期配置建筑面积不得低于一百平方米，后期建设应当按照标准配齐物业服务用房；

（五）业主委员会办公用房建筑面积，不得低于二十平方米。

未经业主大会同意，物业服务人不得改变物业服务用房的用途。

第十一条 物业办公用房、业主委员会办公用房应当位于地面以上并能够独立使用，具备供水、排水、供热、供电、通信以及通风、采光等使用功能和独立通道。所在楼层不得高于二层，但配置电梯和单独建设的除外。

国土空间规划行政主管部门在核发建设工程规划许可证时，应当在附图中注明物业办公用房、业主委员会办公用房的具体位置和面积。建设单位应当按照建设工程规划许可证注明的位置和面积进行建设。

第三章 业主、业主组织和物业管理委员会

第十二条 房屋的所有权人为业主。

基于人民法院、仲裁机构作出的生效法律文书，以及征收安置、继承、受遗赠、买卖、赠与、合法建造等事由合法占有房屋，但尚未依法办理不动产登记的自然人、法人和非法人组织，在物业管理中享有业主权利，承担业主义务。

业主在物业管理中的权利、义务，依照法律、法规规定以及管理规约、物业服务合同约定确定。

第十三条 物业管理区域内的下列部分依法属于业主共有：

（一）道路、绿地，但是属于城镇公共道路、城镇公共绿地或者明示属于个人的除外；

（二）占用业主共有的道路或者其他场地用于停放汽车的车位；

（三）建筑物的基础、承重结构、外墙、屋顶等基本结构部分，通道、楼梯、大堂等公共通行部分，消防、公共照明等附属设施、设备，避难层、架空层、设备层或者设备间等结构部分；

（四）物业服务用房、其他公共场所和公用设施，以及其他依法属于业主共有的共用部位、共用设施设备；

（五）法律、法规规定或者房屋买卖合同依法约定的其他共有部分。

不动产（房屋所有权）首次登记时，未对包括大堂、物业服务用房、门卫用房、设备间和其他公共场所在内的业主共有部分进行登记的，共有的业主、业主委员会或者物业管理委员会可以在建设工程交付使用后，到不动产登记机关依法申请登记。

第十四条 业主可以设立业主大会，选举业主委员会。业主大会由物业管理区域内全体业主组成。符合下列条件之一的，建设单位应当向物业所在地街道办事处或者乡镇人民政府提出召开首次业主大会会议的申请，十名以上业主也可以联名申请：

（一）交付房屋专有部分建筑面积超过建筑物总面积百分之五十的；

（二）交付房屋套数超过房屋总套数百分之五十的；

（三）首套房屋交付满两年且交付房屋套数超过房屋总套数百分之二十五的。

分期开发建设的住宅项目，其首期交付使用房屋满足前款规定条件之一的，按照前款规定执行。

符合本条第一款和第二款规定条件建设单位未提出申请的，街道办事处、乡镇人民政府应当责令限期改正；逾期仍未申请的，街道办事处、乡镇人民政府应当启动业主大会筹备工作。

建设单位应当按照有关要求提供相关资料，并承担召开首次业主大会会议所需费用。

第十五条 符合首次业主大会会议召开条件的，街道办事处或者乡镇人民政府应当自收

到筹备业主大会书面申请之日起四十五日内，组织、指导成立首次业主大会会议筹备组（以下简称筹备组）。

筹备组成员除业主代表，街道办事处或者乡镇人民政府，居（村）民委员会代表外，可以吸收建设单位、辖区公安派出所等单位代表参加，组长由街道办事处或者乡镇人民政府代表担任。筹备组成员人数应当为九人以上单数，其中业主代表所占比例不得低于筹备组总人数的百分之五十。

筹备组中的业主代表由街道办事处或者乡镇人民政府在业主自荐或者推荐的基础上确定，业主代表应当符合本条例第十九条有关业主委员会成员条件的规定。筹备组成员中应当有中国共产党党员，鼓励和支持各级人大代表、政协委员参加筹备组。

筹备组应当自成立之日起三日内，将成员名单以及与筹备工作相关的个人信息、工作职责在物业管理区域显著位置公示，公示期不少于七日。业主对筹备组成员有异议的，由街道办事处或者乡镇人民政府协调处理。

筹备组决定重大事项须经筹备组成员过半数同意方为有效。

筹备组发布的通知或者公告，应当加盖居（村）民委员会公章。

第十六条　筹备组履行下列职责：

（一）确认并公示业主身份、业主人数以及所拥有的专有部分面积；

（二）确定首次业主大会会议召开的时间、地点、形式和内容；

（三）草拟管理规约、业主大会议事规则；

（四）确定首次业主大会会议表决规则；

（五）制定业主委员会成员候选人产生办法，确定业主委员会成员候选人名单；

（六）制定业主委员会选举办法；

（七）完成召开首次业主大会会议的其他准备工作。

前款内容应当在首次业主大会会议召开十五日前，在物业管理区域显著位置公示。业主对公示内容有异议的，筹备组应当记录并作出答复。

筹备组应当自组建之日起九十日内组织召开首次业主大会会议。首次业主大会会议结束时，筹备组自动解散。

第十七条　下列事项由业主共同决定：

（一）制定和修改业主大会议事规则；

（二）制定和修改管理规约；

（三）选举业主委员会或者更换业主委员会成员，决定每届业主委员会任期；

（四）选聘和解聘物业服务人；

（五）使用维修资金；

（六）筹集维修资金；

（七）改建、重建建筑物及其附属设施；

（八）改变共有部分的用途或者利用共有部分从事经营活动；

（九）确定和调整物业服务方式、服务内容、服务标准以及物业服务收费方案；

（十）审查业主委员会工作报告、收支预算决算报告；

（十一）业主大会、业主委员会工作经费的筹集、管理和使用，业主委员会成员工作补贴以及聘用专职人员数量和薪酬的来源、支付标准；

（十二）改变或者撤销业主委员会不适当的决定；

（十三）有关共有和共同管理权利的其他重大事项。

第十八条　业主大会会议可以采用集体讨论的形式，也可以采用书面征求意见的形式，应当由专有部分面积占比三分之二以上的业主且人数占比三分之二以上的业主参与表决。业主委托其他业主代理参加业主大会会议的，应当出具书面委托书，载明委托事项、权限和期限。

业主大会决定本条例第十七条第六项至第八项规定的事项，应当经参与表决专有部分面积四分之三以上的业主且参与表决人数四分之三以上的业主同意。决定本条例第十七条规定的其他事项，应当经参与表决专有部分面积过半数的业主且参与表决人数过半数的业主同意。

在业主身份确认的前提下，可以采用短信、微信和电子邮件等信息化技术手段改进业主大会表决方式。

市（地）、县（市）物业行政主管部门应当在物业管理信息平台中设定业主议事功能，供业主、业主委员会或者物业管理委员会、业主大会免费使用，并提供指导。

第十九条 业主委员会由五至十五人的单数成员组成，每届任期一般不超过五年，成员可以连选连任。一个物业管理区域分期建设或者尚有部分物业未交付使用的，应当预留成员名额，待交付使用后陆续补充。业主委员会主任、副主任在业主委员会成员中推选产生。业主委员会成员中应当有中国共产党党员，鼓励和支持各级人大代表、政协委员参加业主委员会。

业主委员会成员应当是物业管理区域内的业主，并具备下列条件：

（一）具有完全民事行为能力；

（二）遵守法律、法规，热心公益事业，责任心强，具有一定的组织能力和文化水平，具备必要的工作时间；

（三）未被列为失信被执行人；

（四）依法交纳物业费用和维修资金；

（五）本人、配偶及其直系亲属未在为本物业管理区域服务的物业服务企业任职；

（六）未有本条例规定的物业使用和维护禁止性规定的行为；

（七）未有法律、法规规定的其他不宜担任业主委员会成员的情形。

业主委员会成员候选人应当书面承诺符合前款规定的条件，全面履行工作职责，不以权谋私。

业主委员会成员可以实行差额或者等额选举，具体选举办法由业主大会议事规则规定。实行差额选举的，未当选但得票数达到规定票数的候选人，可以当选候补成员，并按照得票多少的顺序在业主委员会成员出现空缺时依次递补。候补成员人数不得超过业主委员会成员总数的百分之五十；候补成员可以列席业主委员会会议，可以发表意见，但不享有表决权。

业主委员会应当自依法选举产生之日起五日内，在物业管理区域显著位置公示业主委员会成员、候补成员名单以及联系方式。

第二十条 业主委员会应当自选举产生之日起三十日内，向物业所在地街道办事处或者乡镇人民政府备案，并提供下列资料：

（一）业主大会会议记录和会议决定；

（二）业主大会议事规则；

（三）管理规约；

（四）业主委员会首次会议记录和会议决定；

（五）业主委员会成员和候补成员名单等基本信息。

街道办事处或者乡镇人民政府对符合前款规定条件的，应当在五日内予以备案，并出具业主大会、业主委员会备案证明和印章刻制证明。业主委员会可以持备案证明和印章刻制证明按照有关规定刻制业主大会印章和业主委员会印章。业主委员会印章印文中应当包含名称和届别。

备案事项发生变更的，业主委员会应当自变更之日起三十日内，向原备案机关备案。

街道办事处或者乡镇人民政府应当将备案情况及时告知所在地县级物业行政主管部门。

第二十一条 业主委员会应当执行业主大会的决定，接受业主大会和业主的监督，并履行下列职责：

（一）召集业主大会会议，报告业主委员会年度履职情况；

（二）代表业主与业主大会依法选聘的物业服务人订立物业服务合同，与解聘的物业服务人进行交接；

（三）拟定物业共有部分、共有资金使用与管理办法；

（四）组织维修资金的使用以及维修资金的补交、续交；

（五）及时了解业主、物业使用人的意见和建议，监督和协助物业服务人履行物业服务合同，督促物业服务人对物业服务中存在的问题进行整改，督促业主交纳物业费用；

（六）监督管理规约的实施，对业主、物业使用人违反管理规约的行为进行制止；

（七）制作和保管会议记录、共有部分的档案、会计凭证和账簿、财务报表等有关文件；

（八）定期向业主通报工作情况，每年公示业主委员会成员、候补成员应当交纳的物业费用情况；

（九）协调解决因物业使用、维护和管理

产生的纠纷；

（十）配合行政执法部门在物业管理区域内开展的执法管理工作；

（十一）配合、支持居（村）民委员会依法履行职责，并接受其指导和监督；

（十二）业主大会赋予的其他职责。

第二十二条 经业主大会同意，业主委员会可以聘用专职人员负责办理业主委员会日常事务和财务工作，协调解决业主投诉等工作。

聘用的专职人员应当接受业主委员会领导、监督和管理，在业主委员会授权范围内开展工作。

聘用专职人员的薪酬标准不得低于当地最低工资标准；业主委员会按照合同约定，决定对聘用的专职人员减薪或者解聘的，应当经半数以上成员同意。

第二十三条 除首次业主大会会议外，业主大会、业主委员会的工作经费和业主委员会成员的工作补贴以及聘用专职人员的薪酬，从物业共用部位、共用设施设备经营收益中列支，或者由全体业主分摊，具体办法和标准由业主大会决定。

业主委员会应当在物业管理区域显著位置公示工作经费和工作补贴的筹集、使用和管理情况，每年不少于两次，每次公示期不少于十日。公示期满后，业主可以在业主委员会办公场所随时查阅。

第二十四条 业主委员会未按照规定组织召开业主大会会议的，由街道办事处或者乡镇人民政府责令限期召开；业主委员会逾期仍未召开业主大会会议的，可以由所在地居（村）民委员会，在街道办事处或者乡镇人民政府指导和监督下组织召开。

第二十五条 在业主委员会履职的一个任期内，出现业主委员会成员经递补，人数仍不足总数二分之一等无法正常履行职责或者拒不履行职责的情况，以及对业主委员会工作年度测评连续两年不合格的，物业所在地街道办事处或者乡镇人民政府应当组织召开业主大会临时会议，重新选举业主委员会。

第二十六条 业主委员会成员不得有下列行为：

（一）干扰、阻挠、妨碍业主大会行使职权或者不执行业主大会决定；

（二）虚构、篡改、隐匿、毁弃物业管理活动中形成的文件资料；

（三）拒绝、拖延提供物业管理有关的文件资料，妨碍业主委员会换届交接工作；

（四）擅自使用业主大会、业主委员会印章；

（五）违反业主大会议事规则或者未经业主大会授权与物业服务人订立、变更、解除物业服务合同；

（六）违规使用经费，将业主共有财产借给他人，或者挪用、侵占业主共有财产；

（七）与物业服务人有可能影响其公正履行职务的经济往来或者利益交换；

（八）泄露业主信息；

（九）其他侵害业主合法权益的行为。

违反前款规定的，经业主大会会议讨论通过，罢免其成员资格。

第二十七条 业主委员会成员有下列情形之一的，成员资格应当终止：

（一）以书面形式向业主委员会提出辞职的；

（二）不再是本物业管理区域内业主的；

（三）因健康等原因无法履行职责但未提出辞职的；

（四）拒不召集、拒不参加或者阻挠召开业主委员会会议的；

（五）违反书面承诺的；

（六）一年内累计缺席业主委员会会议总次数一半以上的；

（七）法律、法规以及管理规约规定的其他情形。

属于前款第一项、第二项情形的，其成员资格自情形发生之日起自然终止；属于前款第三项情形的，经业主大会会议讨论通过，其成员资格终止；属于前款第四项、第五项、第六项情形的，经业主大会会议讨论通过，罢免其成员资格；属于前款第七项情形的，按照相关规定处理。

业主委员会成员资格根据本条例规定自然终止、被终止或者被罢免的，业主委员会应当停止其履行职责，报所在地街道办事处、乡镇人民政府备案，并在物业管理区域显著位置公示。

业主委员会成员应当自资格终止之日起五日内将其保管的有关财务账簿凭证、档案等文件资料、印章以及其他属于全体业主所有的财物移交给业主委员会。

第二十八条 有下列情形之一的，街道办事处或者乡镇人民政府负责组建物业管理委员会，业主自行管理的除外：

（一）不具备成立业主大会条件的；

（二）具备成立业主大会条件但因各种原因未成立的；

（三）业主大会会议召开后，未能选举产生业主委员会的；

（四）需要重新选举业主委员会，经物业所在地街道办事处或者乡镇人民政府指导、协助后仍不能选举产生业主委员会的。

物业管理委员会作为临时机构，依据本条例承担业主委员会相关职责，组织业主共同决定物业管理事项。在征求业主意见的基础上，组织业主选聘、解聘物业服务人，代表业主与物业服务人订立期限一般不超过三年的书面物业服务合同，并推动符合条件的物业管理区域成立业主大会、选举产生业主委员会。

物业管理委员会自业主大会依法选举产生业主委员会之日起停止履行职责，并在与业主委员会办理移交手续后解散。

第二十九条 物业管理委员会由街道办事处或者乡镇人民政府组织居（村）民委员会、业主代表等七人以上单数组成，其中业主代表占物业管理委员会成员总人数半数以上，由街道办事处或者乡镇人民政府在业主自荐或者推荐的基础上确定。业主代表应当适用本条例第十九条有关业主委员会成员条件的规定。物业管理委员会成员中应当有中国共产党员，鼓励和支持各级人大代表、政协委员参加物业管理委员会。

物业管理委员会主任由居（村）民委员会代表担任；副主任由居（村）民委员会指定一名业主代表担任；物业管理委员会成员名单应当在物业管理区域显著位置公示。

第三十条 物业管理委员会成立后满三年，仍未推动成立业主大会、选举产生业主委员会的，由街道办事处或者乡镇人民政府重新组建物业管理委员会。

第四章 前期物业管理

第三十一条 新建住宅物业实行前期物业管理。建设单位应当在销售房屋前，按照国家规定通过招投标方式选聘前期物业服务人。

投标人不足三个或者住宅规模较小的，经物业所在地县级物业行政主管部门批准，建设单位可以采用协议方式选聘前期物业服务人。规模较小的认定标准由市（地）、县（市）确定。

新建住宅物业的建设单位不得选聘其出资设立的物业服务企业，以及建设单位法定代表人或者股东参股的物业服务企业承接该物业的前期物业服务。但被评为省物业行业信用评价最高等级和全国物业服务企业综合实力五百强的物业服务企业除外。

第三十二条 建设单位应当依法与选聘的物业服务人订立前期物业服务合同，并在销售场所公示。前期物业服务合同不得包含拓展收费服务事项。前期物业服务合同期限不得超过三年，具体期限在前期物业服务合同中约定。

利用物业共用部位、共用设施设备从事经营活动的，建设单位与前期物业服务人应当在前期物业服务合同中，对经营项目、收费标准、经营收益收支及使用分配、财务管理、经营性活动的禁止性要求等事项进行约定，且不得损害业主的共同利益。

建设单位与物业买受人签订的买卖合同应当包含前期物业服务合同约定的内容，或者同时签订前期物业服务委托协议，对前期物业服务的内容进行约定。

第三十三条 前期物业服务合同生效之日至出售房屋交付之日发生的物业费用，由建设单位承担；出售房屋交付之日至前期物业服务合同终止之日发生的物业费用，由业主承担。

第三十四条 建设单位可以邀请物业服务人提前介入，就住宅物业的规划设计方案、配套设施建设、工程质量、设备运行管理等事项，提出与物业管理有关的建议。

建设单位应当邀请物业服务人参加竣工

验收。

第三十五条 物业服务人承接前期物业服务项目时，应当按照国家有关规定与建设单位对物业共用部位、共用设施设备进行承接查验，承接查验相关费用由建设单位和物业服务人在前期物业服务合同中约定。没有约定或者约定不明确的，由建设单位承担。

建设单位可以邀请居（村）民委员会、业主代表、专业机构参与承接查验，进行见证和监督，并在承接查验记录上签字确认。

建设单位应当对承接查验全过程进行影像记录，并在业主办理入住手续时，主动公开承接查验协议，现场播放承接查验影像资料。影像资料应当包含安防监控、消防、特种设备等重要设施设备查验内容。

第三十六条 建设单位应当与物业服务人共同确认物业共用部位、共用设施设备查验结果，签订物业承接查验协议。物业承接查验协议应当对承接查验的基本情况、存在问题、解决方法及其时限、双方权利义务、违约责任等事项作出约定。

建设单位应当按照承接查验协议内容及时解决、整改落实并组织复验。建设单位未按照约定期限整改落实的，物业服务人应当及时向所在地县级物业行政主管部门报告，县级物业行政主管部门应当依法处理。物业服务人未及时报告的，承担整改落实责任。

第三十七条 物业承接现场查验二十日前，建设单位应当向物业服务人移交相关资料，并将复印件或者电子文档交所在地县级物业行政主管部门存档。

物业服务人应当自物业交接之日起三十日内，向物业所在地县级物业行政主管部门备案，并提供下列资料：

（一）前期物业服务合同；

（二）临时管理规约；

（三）物业承接查验协议；

（四）建设单位移交资料以及清单；

（五）查验记录和承接查验影像资料；

（六）交接记录；

（七）其他承接查验有关的资料。

县级物业行政主管部门应当将备案情况及时告知街道办事处或者乡镇人民政府。

第五章 物业服务管理

第三十八条 选聘物业服务人，除业主决定继续聘用原物业服务人外，应当公开招标。投标人不足三个或者住宅规模较小的，可以协议选聘物业服务人。规模较小的认定标准由市（地）、县（市）确定。

第三十九条 业主委员会应当与业主大会依法选聘的物业服务人订立书面物业服务合同。

物业服务合同的内容一般包括服务事项、服务质量、服务费用的标准和收取办法、维修资金的使用、服务用房的管理和使用、服务期限、服务交接、纠纷解决方式、双方违约责任、解除合同条件等条款。

物业服务合同示范文本由省物业行政主管部门制定，报省市场监督管理部门备案。

物业服务人公开作出的有利于业主的服务承诺，为物业服务合同的组成部分。

物业服务人应当自物业服务合同订立或者变更之日起十五日内，向物业所在地县级物业行政主管部门备案。

物业行政主管部门应当将备案情况及时告知街道办事处或者乡镇人民政府。

第四十条 物业服务事项一般包括下列基础内容：

（一）物业共用部位的日常维护和管理；

（二）物业共用设施设备运行、保养和管理；

（三）环境卫生、绿化养护管理服务；

（四）安全防范、车辆停放管理等公共秩序维护；

（五）房屋装饰装修管理；

（六）物业档案资料的保管。

物业服务人应当为业主接收邮件、快件提供便利，除执行政府依法实施的应急处置措施和其他管理措施等原因外，不得阻挠快递企业进入物业管理区域按址投递。阻碍、拒绝进入的，物业服务人应当提供免费的代投递服务。因执行政府依法实施的应急处置措施和其他管理措施等原因不能进入时，物业服务人应当提供免费的寄存场所。

物业服务人应当按照相关规定设置生活垃圾分类收集容器，提示、引导业主和物业使用人进行生活垃圾分类。

鼓励和支持物业服务人在保证业主知情同意的前提下，依法采用信息化、智能化技术开展物业服务相关活动，但不得将人脸识别、指纹等生物识别技术作为唯一服务手段。

第四十一条 物业服务收费可以采取包干制或者酬金制等形式，具体收费形式在物业服务合同中约定。

第四十二条 物业服务收费按照有关规定实行政府指导价和市场调节价。业主、业主委员会、物业管理委员会有权对物业服务人违法收取物业费的行为向市场监督管理部门举报、投诉。

市（地）、县（市）物业行政主管部门制定并发布基本物业服务项目清单，明确服务内容和服务等级标准，供价格主管部门定价和业主协商物业费时参考。

实行政府指导价的，市（地）、县（市）价格主管部门会同物业行政主管部门，依据物业服务项目、服务内容、服务等级标准等，制定相应的物业服务收费基准价格和浮动幅度，依法向社会公布，并每三年进行一次评估，根据评估结果适时调整。

实行市场调节价的，物业服务收费可以参照基本物业服务项目清单和物业服务收费基准价格及其浮动幅度，遵循合理、公开、费用与服务水平相适应、优质优价的原则，由业主与物业服务人在物业服务合同中约定。

第四十三条 物业服务人拓展收费服务事项的，应当公示服务标准和收费标准。

物业服务人可以根据物业管理区域居民宠物代管、车辆租借、家电维修、家政保洁、助老、托幼、代购等服务需求，与业主或者物业使用人订立个性化服务合同，提供有偿服务。

第四十四条 业主应当按照物业服务合同的约定交纳物业费，物业服务人应当按照物业服务合同的约定提供相应的服务。物业服务人已经按照约定和有关规定提供服务的，业主不得以未接受或者无需接受相关物业服务为由拒绝支付物业费。

业主违反约定逾期不支付物业费的，物业服务人可以催告其在合理期限内支付；合理期限届满仍不支付的，物业服务人可以申请街道办事处、乡镇人民政府进行调解，也可以依法提起诉讼或者申请仲裁。物业服务人不得采取停止供电、供水、供热、供气的方式，也不得采取限制业主进出小区、入户、使用电梯以及车辆进出车位等其他方式催交物业费。

业主违反约定逾期不支付物业费超过三个月，且经两次以上催告仍不支付的，物业服务人可以根据管理规约的规定对相关业主，在物业管理区域显著位置公示。

物业服务人可以根据物业服务合同约定预收物业费，预收期限最长不得超过一年。

业主转让物业时，转让双方应当对物业费的结算作出约定，并告知物业服务人。

第四十五条 物业服务人应当在物业管理区域显著位置公示、及时更新下列信息，并可以通过电子信息方式告知全体业主：

（一）物业服务人营业执照，物业服务事项和质量要求，收费项目、标准和方式等；

（二）物业项目负责人的基本情况、联系方式以及物业服务投诉电话；

（三）物业服务合同履行以及物业服务项目收支情况；

（四）利用物业共用部位、共用设施设备经营情况以及收益收支情况等；

（五）维修资金使用情况；

（六）其他应当公示的信息。

业主、业主委员会或者物业管理委员会对公示内容有异议的，物业服务人应当及时答复。

物业服务人应当听取业主意见和建议，接受业主监督，每年向业主大会、业主委员会或者物业管理委员会报告工作情况。

第四十六条 物业服务人负责管理的物业共用部位、共用设施设备可能存在安全隐患时，物业服务人应当设置警示标识，采取防范措施，及时消除安全隐患；不能自行处置的，应当及时报告相关县级行政主管部门处理。

物业服务人发现由其他单位负责管理的物业共用部位、共用设施设备存在安全隐患时，应当及时通知相关管理单位。相关管理单位未及时消除安全隐患的，物业服务人应当报告相关县级行政主管部门，由其督促相关单位消除安全隐患。

物业服务人应当履行安全保障提示义务，采取合理措施保护业主的人身和财产安全，可以采取安装监控、加强日常巡查、建立举报制度等方式，预防和制止从建筑物中抛掷物品或者从建筑物上坠落物品等危险行为。

第四十七条　物业服务合同当事人一方依法提出解除物业服务合同的，应当按照有关规定执行。物业服务合同未约定通知期限的，提出解除合同的当事人应当提前六十日书面通知另一方，并在物业管理区域显著位置公示。

业主依法共同决定续聘的，业主委员会或者物业管理委员会应当在物业服务合同期满前三十日内与物业服务人续订物业服务合同。

解除物业服务合同前，物业服务人不得擅自停止物业服务。解除物业服务合同后，业主委员会或者物业管理委员会应当在五日内向所在地县级物业行政主管部门备案。物业行政主管部门应当将备案情况及时告知街道办事处或者乡镇人民政府，并在物业管理信息平台公示相关信息。

第四十八条　物业服务合同终止的，原物业服务人应当在约定期限或者物业服务合同依法解除后十五日内，或者在接到解聘通知之日起三十日内退出物业管理区域，结清预收、代收和预付、代付的有关费用，将物业共用部位、共用设施设备、物业服务用房等资产和相关设施，以及物业服务所必须的相关资料，交还给业主委员会、物业管理委员会、决定自行管理的业主或者其指定的人，并配合新选聘的物业服务人做好其他交接工作。

原物业服务人不得以业主欠交物业费、对业主共同决定有异议等为由拒绝办理交接，不得以任何理由阻挠、干扰、妨碍新选聘的物业服务人进行服务。

新选聘的物业服务人按照约定承接物业时，应当对物业共用部位、共用设施设备进行查验，并保存查验记录。

第四十九条　原物业服务人拒不退出物业管理区域，或者拒不移交有关资料、财物、资产的，业主委员会或者物业管理委员会应当与原物业服务人协商；协商不成的，业主委员会或者物业管理委员会可以依法提起诉讼或者申请仲裁，也可以向街道办事处或者乡镇人民政府、县级物业行政主管部门报告。

街道办事处或者乡镇人民政府、县级物业行政主管部门接到业主委员会或者物业管理委员会报告后，应当组织调解；调解不成的，向所在地县级人民政府报告。县级人民政府经评估论证确有必要的，可以组织城市管理、市场监督管理、物业管理、公安等部门现场监督原物业服务人退出；有妨碍公务或者扰乱公共秩序行为的，由公安机关依法处理。

第五十条　物业档案属于全体业主所有。选聘物业服务人的，物业服务人应当妥善保管，保证档案资料齐全，不得泄露业主信息；业主自行管理的，由自行管理组织或者机构履行保管义务。

第五十一条　市（地）、县（市）物业行政主管部门应当组织实施物业服务诚信评价制度，根据物业服务合同履行、投诉处理和日常检查等情况，对物业服务人实行等级评定，采取相应的激励或者惩戒措施。省物业行政主管部门负责对市（地）、县（市）物业行政主管部门进行指导、监督和考核。等级评定和考核的具体办法由省物业行政主管部门制定。

市（地）、县（市）物业行政主管部门应当及时记载更新物业服务人、物业项目负责人、物业从业人员诚信履约信息，并通过物业管理信息平台予以公布。

推进物业服务第三方评估机构参与物业项目承接查验、物业服务成本监审、物业服务质量评估等活动，出具公正、客观、真实、准确的评估结论。

第五十二条　物业管理区域出现突发失管、弃管状态时，街道办事处或者乡镇人民政府应当组织确定应急物业服务单位，提供维持业主基本生活服务事项的应急服务，并公示应急服务的内容、期限、费用等相关情况。应急服务期限不得超过十二个月，费用由全体业主承担。

在应急服务期间，街道办事处、乡镇人民政府应当推动成立或者改选业主委员会；应急服务期满后仍未成立或者改选业主委员会的，街道办事处、乡镇人民政府应当组建物业管理委员会。

第六章 物业的使用与维护

第五十三条 业主、物业使用人或者物业服务人对物业的使用和维护，应当遵守有关规定，不得有下列行为：

（一）擅自改变物业规划用途；

（二）损坏或者擅自变动房屋建筑主体、承重结构；

（三）违法搭建建筑物、构筑物或者乱挖地下空间；

（四）破坏或者擅自改变房屋外貌；

（五）损坏或者擅自占用、改动物业共用部位、共用设施设备；

（六）擅自设置或者改变烟道、排风、排水管道；

（七）存放易燃、易爆、剧毒、腐蚀性、放射性物质或者超负重物品；

（八）侵占、损坏消防设施，占用消防车通道，堵塞、封闭疏散通道以及安全出口；

（九）在共用走廊、楼梯间、安全出口等公共区域堆放杂物、停放摩托车、电动车、自行车或者为电动车充电；

（十）产生明显异味或者超过规定标准的噪声；

（十一）不当妨碍其他业主采光、通风；

（十二）从建筑物中抛掷物品；

（十三）违反规定倾倒垃圾、排放污水和露天焚烧；

（十四）在建筑物、构筑物上乱悬挂、乱张贴、乱涂写、乱刻画；

（十五）违反规定饲养动物干扰他人正常生活；

（十六）法律、法规、规章以及管理规约和业主大会决定禁止的其他行为。

有前款规定行为之一的，物业服务人、业主委员会或者物业管理委员会、业主或者物业使用人有权劝阻、制止；劝阻、制止无效的，应当及时报告相关县级行政主管部门，相关县级行政主管部门应当及时依法处理。

发生本条第一款第七项、第十二项、第十五项情形的，公安机关接到报警后，应当及时调查并依法处理。

业主或者物业使用人对侵害自身合法权益的行为，可以依法提起诉讼；业主委员会或者物业管理委员会对侵害业主共同利益的行为，可以依法提起诉讼。

第五十四条 县级人民政府应当确定对物业管理区域内的物业管理、公共秩序、消防、人防工程、房屋经营、建设工程质量、环境保护、园林绿化、特种设备安全、环境卫生等活动实施监督管理的行政主管部门。

前款规定的相关行政主管部门，应当建立违法行为投诉登记制度，并在物业管理区域显著位置公布所负责的执法事项和联系方式，依法及时处理物业管理区域内的违法行为。

第五十五条 利用物业共用部位、共用设施设备从事经营活动产生的收入，扣除合理成本后归全体业主所有。经营收益的使用按照国家有关规定执行。

经营收益由物业服务人代管的，应当单独列账，不得挪用或者侵占，并接受业主委员会或者物业管理委员会的监督；由业主委员会或者物业管理委员会自行管理的，应当接受业主和居（村）民委员会的监督。

第五十六条 在物业管理区域内需要临时占用物业共用部位，或者开挖、埋设、维修有关供水、排水、排污、供气、供热、供电、通信、有线电视等管线的，施工单位应当了解相关地下管线布局，在施工现场做好安全防护，并按照约定的时间、标准恢复原状；有停水、停电、停热、停气等情形的，施工单位应当在物业管理区域显著位置公告，公告内容包括施工周期、地点。物业服务人或者物业管理委员会可以通过电子信息方式告知全体业主。

物业服务人应当在施工过程中进行必要的巡查，维护施工现场秩序，对施工过程中产生的破坏行为及时向有关部门报告。

第五十七条 业主或者物业使用人装饰装修房屋的，应当事先告知物业服务人。物业服务人应当将装饰装修的禁止行为和注意事项书面告知业主或者物业使用人。

房屋装饰装修污染物业共用部位、损坏共用设施设备的，由业主或者物业使用人负责修复、清洁、恢复原状；业主或者物业使用人在物业服务人通知期限内未修复、清洁、恢复原状的，由物业服务人按照管理规约或者约定处理，所需费用由业主或者物业使用人承担。房屋装饰装修产生的垃圾，业主或者物业使用人应当及时清理；委托物业服务人清理的，按照约定支付清理费用。

物业服务人应当对房屋装饰装修情况进行现场检查，业主或者物业使用人、装饰装修施工人员应当予以配合。

业主或者物业使用人违反房屋装饰装修和安全生产管理规定的，物业服务人应当及时制止，并督促其改正；经督促未改正的，物业服务人应当及时报告相关县级行政主管部门依法处理。

第五十八条　物业管理区域内，规划用于停放汽车的车位、车库应当首先满足业主的需要。用于出售的，应当出售给本物业管理区域内的业主；不能出售或者尚未售出的，应当提供给本物业管理区域内的业主使用。满足业主需要后仍有空余的，可以出租给物业管理区域外的其他人，每次期限不超过六个月。

物业管理区域内依法配建的人防工程，用作车位、车库或者储藏室的，应当按照设计文件实地标注，并向全体业主开放。建设单位不得将其出售、附赠，收取的停车费、租金应当保障人防工程的维护管理和停车管理的必要支出。法律、法规另有规定的，从其规定。

同一物业管理区域内全部建设项目竣工验收五年后未售出的地下车位、车库，可以整体转让给专业资产管理公司，由其统一出租经营或者出售给业主。

第五十九条　利用物业共用部位停放车辆的，车位的设置、使用、收费和管理等事项，由业主共同决定。

物业管理区域内设置车位、停放车辆，不得占用疏散通道、消防车通道、安全通道、公共绿地、公共健身场地和其他机动车通道，不得影响其他车辆和行人通行。

工程车辆、大中型客货车辆和危险品运输车辆不得在物业管理区域内停放，但因急救、安全、工程建设或者设施设备维修等确需停放的除外。

物业服务人应当按照物业服务合同的约定，履行车辆停放管理义务，及时督促违反规定停放的车辆驶离；督促无效的，应当及时报告有关部门依法处理。

第六十条　电梯、机械式停车设备等特种设备，应当按照特种设备安全管理有关规定，委托具有相应资质的专业机构进行定期检验、检测和维护；消防、安防监控等涉及人身、财产安全以及有其他特定要求的设施设备，可以委托专业机构进行维护。

第六十一条　住宅物业建设工程质量保修期满后，需要对物业共用部位、共用设施设备进行维修、更新和改造的，应当按照国家有关规定申请使用维修资金。经业主共同决定，可以用于电梯、屋顶、外墙、无障碍设施等共有部分的维修、更新和改造。

第六十二条　首期维修资金，由业主在办理房屋入住手续前存入维修资金专户。业主未按照规定交存首期维修资金的，开发建设单位不得将房屋交付买受人。

未建立维修资金的物业，应当按照有关规定进行补建。维修资金余额不足首期交存额百分之三十的，业主委员会或者物业管理委员会应当及时通知、督促业主续交。

第六十三条　在物业管理区域发生下列危及房屋安全等紧急情况的，应当启动维修资金的应急使用程序，物业服务人或者物业管理委员会应当采取必要的应急措施：

（一）电梯、消防等共用设施设备出现故障损坏情况，经有关行政主管部门出具整改通知，或者专业机构出具检验、检测、评估整改报告的；

（二）物业共用部位屋顶、外墙出现严重渗漏的；

（三）建筑立面瓷砖等外墙装饰层发生脱落或者存在脱落危险的；

（四）共用排水设施因坍塌、堵塞、爆裂等造成功能障碍，公共护（围）栏破损严重，危及人身、财产安全的；

（五）突发事件造成物业共用部位、共用设施设备损坏的；

（六）其他危及房屋安全的紧急情况。

维修资金的应急使用办法可以由市（地）根据国家规定制定。

发生本条第一款规定情形后，未按照规定实施维修、更新和改造的，市、县级物业行政主管部门可以组织代修，代修费用以及物业服务人在紧急情况下垫付的维修、更新和改造费用，从相关业主维修资金分户账中列支。

第六十四条 维修资金的使用接受业主和有关部门的监督。物业共用部位、共用设施设备的维修、更新和改造费用情况，应当在维修资金拨付前进行公示。

维修资金管理部门应当建立维修资金管理系统，定期公布维修资金的收支情况，方便业主查询账户余额以及使用情况。

第六十五条 新建物业管理区域内的供水、供气、供热、供电、通信、有线电视等专业经营设施设备及相关管线，应当按照国家、省技术标准和专业技术规范设计、施工。

建设单位应当通知供水、供气、供热、供电、通信、有线电视等专业经营单位参加竣工验收；验收合格后，应当将物业管理区域内分户终端计量装置或者入户端口以外的专业经营设施设备及相关管线，移交给专业经营单位维护管理，专业经营单位应当接收。管道燃气经营单位的维护管理范围包括除燃气器具外的所有设施设备和相关管线。

已投入使用的物业管理区域内分户终端计量装置或者入户端口以外的专业经营设施设备及相关管线，专业经营单位应当承担维护管理责任。市（地）、县（市）人民政府（行政公署）应当组织有关专业经营单位接收。经评估确需更新改造的，市（地）、县（市）人民政府（行政公署）应当组织有关专业经营单位进行更新改造。具体接收方式和费用承担由市（地）、县（市）确定。

移交给专业经营单位维护管理的设施设备及相关管线，其维护、更新和改造等费用，由专业经营单位依法承担。尚在保修期内的，其费用由建设单位承担。

价格主管部门在制定专业经营单位收费价格时，应当考虑维护、更新和改造成本。

第六十六条 供水、供气、供热、供电、通信、有线电视等专业经营单位应当在物业管理区域显著位置，公示服务范围和联系方式。

除执行政府依法实施的应急处置措施和其他管理措施等原因外，物业服务人不得限制、阻碍专业经营单位进入物业管理区域提供相应服务。

供水、供气、供热、供电、通信、有线电视等专业经营单位对应当接收的设施设备和相关管线不接收，以及不履行维护管理责任的，由所在地市、县级人民政府约谈相关主管部门和单位。

第六十七条 市、县级人民政府实施老旧小区改造时，应当完善配套基础设施和公共服务设施，改善小区居住环境，建立健全物业管理长效机制。

第七章 法律责任

第六十八条 违反本条例规定，物业行政主管部门、街道办事处或者乡镇人民政府以及其他有关行政主管部门的工作人员不依法履行监督管理职责，有下列行为之一的，由有权机关依法给予处分：

（一）与物业服务人串通，阻碍业主大会成立、业主委员会选举的；

（二）对符合备案条件的申请，不予备案的；

（三）对物业管理区域内违法行为不予查处的；

（四）其他玩忽职守、滥用职权、徇私舞弊的行为。

第六十九条 违反本条例规定，建设单位未对承接查验全过程进行影像记录，或者在业主办理入住手续时，未主动公开承接查验协议或者现场未播放承接查验影像资料，或者影像资料未包含安防监控、消防、特种设备等重要设施设备查验内容的，由市、县级物业行政主管部门处以一万元以上三万元以下罚款。

第七十条 违反本条例规定，对物业承接查验发现的问题，建设单位未按照约定期限整改落实或者未签订承接查验协议的，由市、县级物业行政主管部门责令限期改正；逾期不改正的，处以五万元以上十万元以下罚款。

第七十一条　违反本条例规定，建设单位有下列行为之一的，由市、县级物业行政主管部门责令限期改正；逾期不改正的，处以一万元以上三万元以下罚款：

（一）未备案物业管理区域的；

（二）未在房屋买卖合同中明示经备案的物业管理区域的；

（三）未提出召开首次业主大会会议申请或者提供筹备首次业主大会会议所需资料的；

（四）未承担前期物业承接查验费用和首次业主大会会议筹备经费的；

（五）未在销售场所公示前期物业服务合同的。

第七十二条　违反本条例规定，业主未交存首期维修资金，建设单位将房屋交付买受人的，由市、县级物业行政主管部门责令限期改正；逾期不改正的，处以三万元以下罚款。

第七十三条　违反本条例规定，新建住宅物业的建设单位选聘其出资设立的物业服务企业，以及建设单位法定代表人或者股东参股的物业服务企业承接该物业的前期物业服务的，由市、县级物业行政主管部门责令限期改正，并没收物业服务企业此项目经营所得。

第七十四条　违反本条例规定，前期物业服务人未按照规定在交接后办理备案或者物业服务人在订立、变更物业服务合同后未按照规定备案的，由县级物业行政主管部门责令限期改正；逾期不改正的，处以三万元以上五万元以下罚款。

第七十五条　违反本条例规定，物业服务人有下列行为之一的，由市、县级物业行政主管部门处以十万元以上二十万元以下罚款，并在二年以内不得参加物业服务招投标活动；有违法所得的，没收违法所得：

（一）未经法定程序，擅自接管物业服务项目的；

（二）违反法律、法规规定或者物业服务合同约定，停止物业服务的；

（三）被解聘或者物业服务合同终止后，拒不退出物业管理区域的。

两次违反前款第二项规定的，除依法处罚外，该物业服务企业不得承接新的物业服务项目，其法定代表人和股东不得在新成立的物业服务企业担任法定代表人或者股东。

第七十六条　违反本条例规定，物业服务人有下列行为之一的，由市、县级物业行政主管部门责令限期改正；逾期不改正的，处以一万元以上十万元以下罚款，并在二年以内不得参加物业服务招投标活动：

（一）未按照规定办理交接手续的；

（二）拒不移交有关资料、财物、资产的。

第七十七条　违反本条例规定，物业服务人有下列行为之一的，由市、县级物业行政主管部门责令限期改正；逾期不改正的，处以五千元以上二万元以下罚款：

（一）物业档案资料缺失的；

（二）在不得设置车位的物业管理区域设置车位的；

（三）采取停止供电、供水、供热、供气，限制业主进出小区、入户、使用电梯以及车辆进出车位方式，催交物业费的；

（四）泄露业主信息的；

（五）未按照规定提供免费代投递服务或者提供免费寄存场所的；

（六）除执行政府依法实施的应急处置措施和其他管理措施等原因外，限制、阻碍专业经营单位进入物业管理区域提供相应服务的；

（七）未公示有关信息的。

第七十八条　违反本条例规定，物业服务人挪用、侵占属于业主共有的经营收益的，由市、县级物业行政主管部门责令退还，处以挪用、侵占金额二倍以下罚款；有违法所得的，没收违法所得。

第七十九条　业主、物业使用人和物业服务人违反本条例禁止行为规定的，由县级物业行政主管部门或者其他有关行政主管部门，依照相关法律、法规给予行政处罚。

物业服务人对业主和物业使用人违反本条例规定的禁止行为负有报告义务而未及时报告的，处以二千元以上五千元以下罚款；有违法所得的，没收违法所得。

第八十条　违反本条例规定，业主委员会未按照业主大会议事规则、管理规约履行工作职责的，由县级物业行政主管部门责令限期改正；有违法所得的，没收违法所得，并对直接负责的主管人员和其他直接责任人员处以三千元以上一万元以下罚款。

第八十一条 街道办事处、乡镇人民政府对违反本条例规定的行为，应当依照有关法律授权规定依法处罚。

违反本条例规定，给他人造成损失的，依法承担民事责任；构成违反治安管理行为的，依法给予治安管理处罚；构成犯罪的，依法追究刑事责任。

第八章 附则

第八十二条 法律、法规和规章对物业管理有规定的，依照其规定。

业主依法决定对物业管理区域实行自行管理的，参照本条例有关规定执行。

第八十三条 本条例下列用语的含义：

（一）承接查验，是指承接新建物业前，物业服务企业和建设单位按照国家有关规定以及前期物业服务合同的约定，共同对物业共用部位、共用设施设备进行检查和验收的活动。

（二）专业经营设施设备，是指变（配）电、二次供水、换热、燃气调压、通信、有线电视等设施设备及相关管线和计量装置。

（三）入户端口，是指包括变（配）电、二次供水、换热、燃气调压、通信、有线电视等设施设备及相关管线和计量装置与最终用户交接处。

（四）共用部位，是指根据法律、法规和房屋买卖合同，由单幢住宅内业主或者单幢住宅内业主以及与之结构相连的非住宅业主共有的部位。包括住宅物业的基础、承重墙体、柱、梁、楼板、屋顶以及户外的墙面、门厅、楼梯间、走廊通道等。

（五）共用设施设备，是指根据法律、法规和房屋买卖合同，由住宅业主或者住宅业主以及有关非住宅业主共有的附属设施设备。一般包括电梯、天线、照明、消防设施、绿地、道路、路灯、沟渠、池、井、非经营性车场车库、公益性文体设施和共用设施设备使用的房屋等。

（六）专有部分，是指在构造和利用方面具有独立性，由单独业主独立使用和处分，能够为特定业主登记所有权的物业部位。

（七）物业管理区域显著位置，包括物业管理区域的主要出入口、房屋单元门厅、公共活动场所等。

（八）物业档案，包括物业权属资料、技术资料、验收资料，业主、物业使用人的权属资料、个人资料，物业运行、维修、服务记录和物业管理相关合同资料等。

（九）经营收益，是指经营所得收入扣除管理服务费用后的收益，主要包括公共场地的车位租金收益、公共区域的广告收益、公共区域设立摊位的租金收益以及其他收益。

第八十四条 本条例规定的面积和人数，除国家另有规定外，按照下列方式计算：

（一）专有部分面积，按照不动产登记簿记载的面积计算；尚未进行物权登记的，暂按测绘机构的实测面积计算；尚未进行实测的，暂按房屋买卖合同记载的面积计算。

（二）业主人数，按照专有部分的数量计算，一个专有部分按照一人计算。但建设单位尚未出售和虽已出售但尚未交付的部分，以及同一买受人拥有一个以上专有部分的，按照一人计算。

（三）建筑物总面积与总人数，分别按照前两项的统计总和计算。

第八十五条 非住宅物业管理，参照本条例执行。

第八十六条 本条例自 2021 年 3 月 1 日起施行。

辽宁省物业管理条例

（2017年11月30日辽宁省第十二届人民代表大会常务委员会第三十八次会议通过，根据2020年11月24日辽宁省第十三届人民代表大会常务委员会第二十三次会议《关于修改〈辽宁省城镇房地产交易管理条例〉等12件地方性法规的决定》第一次修正，2020年11月25日辽宁省人民代表大会常务委员会公告〔十三届〕第62号公布）

第一章　总则

第一条　为了规范物业管理活动，维护物业管理各方的合法权益，营造和谐有序的生活和工作环境，根据《中华人民共和国民法典》、国务院《物业管理条例》等法律、法规，结合本省实际，制定本条例。

第二条　本条例适用于本省行政区域内物业管理及其监督管理活动。

第三条　物业管理应当遵循业主自治管理、专业服务、社区治理、政府监管相结合的原则。

第四条　省、市、县（含县级市、区，下同）人民政府应当将物业服务纳入本地区现代服务业发展规划、社区建设和社区治理体系，建立健全物业管理服务综合协调机制和目标责任制，完善激励政策和措施，促进物业服务发展与和谐社区建设。鼓励采用新技术、新方法，运用信息化手段，提高物业管理和服务质量。

第五条　省住房城乡建设行政主管部门和市、县房地产行政主管部门（以下简称物业行政主管部门）负责本行政区域内物业管理活动的监督管理工作。

公安、民政、财政、市场监管、发展改革、自然资源、生态环境、人民防空、城市综合执法等有关行政管理部门应当按照各自职责，依法做好物业管理的相关工作。

第六条　街道办事处或者乡镇人民政府应当履行下列物业管理职责：

（一）组织成立首次业主大会会议筹备组；

（二）指导和协助业主大会的成立、业主委员会的选举；

（三）指导和监督业主大会、业主委员会开展日常工作；

（四）协调和指导老旧住宅区物业管理工作；

（五）协调物业管理与社区管理服务之间关系，调解业主、业主委员会、物业使用人、物业服务企业、建设单位之间在物业管理活动中的纠纷；

（六）法律、法规规定的其他职责。

居（村）民委员会应当协助街道办事处或者乡镇人民政府做好与物业管理有关的工作。

第七条　物业服务行业协会应当加强行业自律管理，规范行业行为，加强物业服务行业人员培训，提高物业服务水平，促进物业服务企业依法诚信经营，维护物业服务企业的合法权益。

第二章　物业管理区域的规划与建设

第八条　物业管理区域的划分，应当遵循规划优先、相对集中、功能完善、资源共享、便民利民的原则，以土地使用权证或者不动产登记证确定的用地范围为基础，综合考虑物业的共用设施设备、建筑物规模、业主人数、自然界限、社区布局建设、利于自治管理等因素。

物业配套设施设备共用的，应当划分为一个物业管理区域。规模过大划分为一个物业管理区域不便于管理或者已经分割成多个自然街区，且其配套设施设备能够分割、独立使用的，可以划分为不同的物业管理区域；影响设施设备共有功能使用的，不得分割划分。

第九条　在办理商品房预售许可证或者商品房现售备案前，建设单位应当将划定的物业管理区域资料送交县物业行政主管部门备案，并在房屋买卖合同中明示和在商品房销售现场公示。

第十条 已投入使用但尚未划分物业管理区域的或者需要调整物业管理区域的，县物业行政主管部门应当会同街道办事处或者乡镇人民政府，在征求相关业主意见后划分或者调整，并在相应 区域内显著位置进行不少于七日的公告。调整物业管理区域的，还应当征得相应区域内专有部分占建筑物总面积过半数的业主且占总人数过半数的业主同意。

第十一条 县物业行政主管部门应当建立物业管理区域档案。

物业管理区域档案应当载明物业管理区域的地理位置、四至界限、建筑物总面积、专有部分数量、共有部分主要情况、建设单位以及其他需要载明的事项。

第十二条 建设单位应当按照下列规定配置物业管理区域内物业服务用房：

（一）房屋总建筑面积五万平方米以下的，按照不少于建筑面积一百五十平方米配置；

（二）房屋总建筑面积五万平方米以上二十五万平方米以下的，按照不少于总建筑面积千分之三配置；

（三）房屋总建筑面积超过二十五万平方米的，超过部分按照不少于千分之一的标准配置；

（四）分期开发建设的，首期配置建筑面积不得少于一百五十平方米，且集中建设；

（五）物业服务用房应当在地面以上，相对集中，便于开展物业服务活动，并具备采光、通风、供水、排水、供电、供热、通信等正常使用功能和独立通道。

第十三条 物业服务用房包括物业服务办公用房、业主委员会办公用房等。其中，业主委员会办公用房建筑面积按照二十至四十平方米配置。

物业服务用房不计入分摊共用建筑面积，其所有权属于全体业主。建设单位在申请办理不动产所有权初始登记时，应当注明物业服务用房并申请登记。

物业服务用房不得转让和抵押，未经业主大会同意，任何单位和个人不得变更用途。

第十四条 城乡规划行政主管部门在规划许可、竣工验收过程中，应当对物业服务用房建筑面积、位置等作为规划设计指标进行审查。

房地产行政主管部门在核发商品房预售许可证时，应当对物业服务用房建筑面积、位置进行核查；不动产登记机构在办理不动产所有权登记时，应当在不动产登记簿中注明物业服务用房建筑面积、位置。

建设单位应当将物业服务用房相关信息在商品房销售现场或者物业管理区域内显著位置公示。

第十五条 新建住宅物业管理区域内的供水、供电、供气、供热等专业经营设施设备及相关管线，应当符合国家技术标准和技术规范，并与主体工程同时设计、同时施工、同时交付。建设单位在组织竣工验收时，应当通知供水、供电、供气、供热等专业经营单位参加；验收合格后，建设单位应当将专业经营设施设备及相关管线移交给专业经营单位维护管理，专业经营单位应当接收。

已投入使用的设施设备及相关管线尚未移交专业经营单位维护管理的，物业行政主管部门应当组织专业经营单位按照国家有关规定进行验收。验收合格的，专业经营单位应当接收；验收不合格的，由市、县人民政府组织相关单位整改合格后，专业经营单位应当接收。

移交给专业经营单位维护管理的设施设备及相关管线，其维修、养护、更新和改造等费用，由专业经营单位依法承担，不得从物业服务费和住宅专项维修资金中列支。尚在保修期内的，其费用由建设单位承担。

第三章 业主、业主大会及业主委员会

第十六条 房屋的所有权人为业主。

依法登记取得或者根据物权法有关规定取得建筑物专有部分所有权的人，应当认定为业主。

基于房屋买卖等民事法律行为，已经合法占有建筑物专有部分，但尚未依法办理所有权登记的人，可以认定为业主。

第十七条 物业管理区域内全体业主组成

业主大会，选举产生业主委员会作为业主大会的执行机构。业主大会和业主委员会代表和维护全体业主在物业管理活动中的合法权益。

第十八条　符合下列条件之一的，街道办事处或者乡镇人民政府应当会同县物业行政主管部门组织成立首次业主大会会议筹备组、召开首次业主大会会议：

（一）交付的专有部分面积超过建筑物总面积百分之五十的；

（二）交付的房屋户数达到总户数百分之五十的；

（三）自交付首位业主之日起满二年且已交付户数比例达到百分之三十的。

只有一个业主的，或者业主人数较少且经全体业主一致同意，决定不成立业主大会的，由业主共同履行业主大会、业主委员会职责。

第十九条　建设单位应当将物业管理内房屋交付情况定期报送县物业行政主管部门，并抄送街道办事处或者乡镇人民政府。符合成立首次业主大会会议筹备组、召开首次业主大会会议条件的，县物业行政主管部门应当及时书面通知街道办事处或者乡镇人民政府，也可以由建设单位、居（村）民委员会或者十人以上业主联名向街道办事处或者乡镇人民政府提出成立申请；街道办事处或者乡镇人民政府应当在收到通知或者申请后六十日内，组建首次业主大会会议筹备组，并书面通知建设单位或者委托的物业服务企业向其及时报送物业管理区域划分资料、房屋等建筑物面积清册、业主名册、建筑规划总平面图等筹备首次业主大会会议必要的资料。

第二十条　首次业主大会会议筹备经费根据物业管理区域规模、业主人数和建筑面积等因素确定，由建设单位承担；老旧住宅区首次业主大会会议的筹备经费由县人民政府承担。

第二十一条　首次业主大会会议筹备组由业主代表、建设单位代表、街道办事处或者乡镇人民政府代表、居（村）民委员会代表组成，人数为七人以上至十五人以下单数，其中业主代表由街道办事处或者乡镇人民政府征求业主意见后确定，所占比例不得低于筹备组总人数的二分之一。筹备组组长由街道办事处或者乡镇人民政府的代表担任。

筹备组应当自成立之日起七日内，将其成员名单和工作职责在物业管理区域内显著位置进行不少于七日的公告。百分之二十以上业主对筹备组成员有异议的，由街道办事处或者乡镇人民政府协调更换。

筹备组正式工作前，县物业行政主管部门、街道办事处或者乡镇人民政府应当对筹备组成员进行物业管理相关知识的培训。

第二十二条　筹备组成员应当符合下列相关条件：

（一）具有完全民事行为能力；

（二）本人、配偶及其亲属未在为本物业管理区域提供服务的物业服务企业任职；

（三）无索取、非法收受建设单位、物业服务企业的利益或者报酬的行为；

（四）按时支付物业服务费用和住宅专项维修资金；

（五）法律、法规规定的其他条件。

第二十三条　首次业主大会会议筹备组履行下列职责：

（一）确定首次业主大会会议召开的时间、地点和内容；

（二）草拟管理规约、业主大会议事规则、业主委员会工作规则；

（三）确认业主身份，确定业主人数、所拥有的专有部分面积，以及业主在首次业主大会会议上的投票权数；

（四）制定首届业主委员会委员、候补委员选举办法，确定候选人名单；

（五）依法确定首次业主大会会议表决规则；

（六）召开首次业主大会会议的其他准备工作。

对前款规定的内容，筹备组应当在首次业主大会会议召开十五日前，在物业管理区域内显著位置进行不少于七日的公告。业主对业主身份、投票权数和管理规约、业主大会议事规则草案等提出异议的，业主大会筹备组应当予以复核或者修改，并告知异议人。

筹备组应当自组成之日起六十日内组织召开首次业主大会会议。业主大会自首次业主大会会议表决通过管理规约、业主大会议事规则，并选举产生业主委员会之日起成立。筹备组在业主大会成立后自行解散。

第二十四条 业主大会会议讨论决定下列事项：

（一）制定和修改管理规约、业主大会议事规则、业主委员会选举办法、业主委员会工作规则；

（二）选举、罢免或者更换业主委员会成员；

（三）确定物业管理方式，选聘、续聘和解聘物业服务企业；

（四）确定物业服务内容、标准以及物业服务收费方案；

（五）使用建筑物及其附属设施的维修资金；

（六）筹集建筑物及其附属设施的维修资金；

（七）改建、重建建筑物及其附属设施；

（八）改变共有部分的用途；

（九）共用部位、共用设施设备经营方式和所得收益的管理、分配、使用；

（十）制定公共绿地管护办法；

（十一）业主大会、业主委员会工作经费的筹集、管理、使用，以及业主委员会委员津贴的来源、支付标准；

（十二）改变或者撤销业主委员会作出的不适当决定；

（十三）法律、法规或者管理规约规定的应由业主共同决定的其他事项。

第二十五条 业主大会决定事项，应当由专有部分面积占比三分之二以上的业主且人数占比三分之二以上的业主参与表决。决定前条第六项至第九项规定的事项，应当经参与表决专有部分面积四分之三以上的业主且参与表决人数四分之三以上的业主同意。决定前条其他事项，应当经参与表决专有部分面积过半数的业主且参与表决人数过半数的业主同意。

前款规定的面积和业主人数，按照下列规定确定：

（一）专有部分面积，按照不动产登记簿记载的面积计算；尚未进行物权登记的，按照测绘机构的实测面积计算；尚未进行实测的，按照房屋买卖合同记载的面积计算。建筑物总面积，按照本项统计总和计算。

（二）业主人数，按照专有部分的数量计算，一个专有部分按一人计算。建设单位尚未出售和虽已出售但尚未交付的部分，以及同一买受人拥有一个以上专有部分的，按照一人计算。业主总人数，按照本项统计总和计算。

第二十六条 业主大会定期会议由业主委员会按照业主大会议事规则的规定组织召开。有下列情形之一的，业主委员会应当及时组织召开业主大会临时会议：

（一）业主委员会半数以上委员或者百分之二十以上业主提议的；

（二）需要提前解除物业服务合同或者重新选聘物业服务企业的；

（三）发生重大事故或者紧急事件需要及时处理的；

（四）管理规约、业主大会议事规则规定的其他情形。

业主委员会不履行组织召开业主大会会议义务的，街道办事处或者乡镇人民政府应当责令业主委员会三十日内组织召开；业主委员会逾期仍不组织召开的，由街道办事处或者乡镇人民政府组织召开。

第二十七条 业主大会会议可以采用集中讨论、书面征求意见的形式，也可以采用信息化方式。采用书面征求意见形式的，应当将征求意见书送交业主签收；无法送达的，应当在物业管理区域内显著位置公告。

业主因故不能参加业主大会会议的，可以书面委托代理人参加业主大会会议，委托书应当载明委托事项、权限及期限。

物业管理区域内业主人数较多的，可以以幢、单元或者楼层等为单位，推选业主代表参加业主大会会议。业主代表的推选、权限由业主大会议事规则规定。

业主大会投票表决应当为实名投票。提倡采用信息化手段进行投票表决。

第二十八条 业主大会应当在业主大会议事规则中约定车位、摊位等特定空间是否计入用于确定业主投票权数的专有部分面积。

一个专有部分有两个以上所有权人的，应当推选一人行使表决权，但所代表的业主人数为一人。

业主为无民事行为能力人或者限制民事行为能力人的，由其法定代理人行使投票权。

第二十九条　业主大会可以设立监事会或者执行监事。业主大会议事规则应当对其职责、议事规则和工作经费，以及监事的选举规则、资格、人数、任期等事项进行约定。

第三十条　不具备成立业主大会条件的物业管理区域，或者具备成立条件而未成立，且经街道办事处或者乡镇人民政府指导后仍不能成立的物业管理区域，可以由街道办事处或者乡镇人民政府指导物业管理区域所在的居（村）民委员会临时代行业主委员会职责。

第三十一条　业主委员会由业主大会会议选举产生，委员候选人由居（村）民委员会、业主推荐和业主自荐，经业主大会会议选举产生。业主委员会由五至十一名委员单数组成，每届任期不超过五年，可以连选连任。业主委员会应当自选举产生之日起七日内召开首次业主委员会会议，推选产生业主委员会主任一人，副主任一至二人，并在物业管理区域内显著位置进行不少于七日的公告。

业主委员会委员应当是物业管理区域内的业主，并符合下列条件：

（一）具有完全民事行为能力；

（二）遵守国家有关法律、法规以及管理规约、业主大会议事规则，履行业主义务；

（三）按时支付物业服务费用和住宅专项维修资金；

（四）热心公益事业，责任心强，公正廉洁；

（五）具有一定的组织能力和文化水平；

（六）具备与履行职责相适应的时间；

（七）本人、配偶及其亲属未在为本物业管理区域提供服务的物业服务企业任职。

业主大会在选举业主委员会委员的同时，可以选举出业主委员会候补委员。候补委员列席业主委员会会议，不具有表决权。在个别业主委员会委员资格终止时，经业主委员会决定，从候补委员中按照得票多少依次递补，并在物业管理区域内显著位置进行不少于七日的公示。

第三十二条　业主委员会应当自选举产生之日起三十日内，持下列资料到县物业行政主管部门办理备案：

（一）业主大会成立和业主委员会选举决议；

（二）管理规约；

（三）业主大会议事规则；

（四）业主委员会主任、副主任及其他成员名单；

（五）业主大会决定的其他重大事项。

符合备案条件的，县物业行政主管部门自收到备案资料后十日内予以备案并出具备案证明。

业主委员会任期内，备案内容发生变更的，业主委员会应当自变更之日起三十日内将变更内容书面报告备案部门。

第三十三条　业主委员会办理备案后，可以持备案证明、申请人身份证等刻章材料，到所在地具有公章刻制资质的刻章企业，申请刻制业主大会印章和业主委员会印章。设立监事会或者执行监事的，业主大会印章应当由其保管并监督使用。

业主委员会可以持备案证明等资料向金融机构申请开立账户，并按照有关规定对业主共有资金的收支、核销进行统一管理，不得以个人名义进行存储和管理。

市、县物业行政主管部门应当加强对街道办事处或者乡镇人民政府、居（村）民委员会、业主委员会工作的指导，提高依法依规履职能力和管理水平。

第三十四条　业主委员会履行下列职责：

（一）执行业主大会的决定和决议，维护业主合法权益；

（二）召集业主大会会议，报告物业管理实施情况；

（三）代表业主与业主大会选聘的物业服务企业签订物业服务合同；

（四）及时了解业主、物业使用人的意见和建议，监督和支持物业服务企业履行物业服务合同；

（五）监督管理规约的实施；

（六）督促业主按时支付物业服务费及其他相关费用；

（七）组织和监督住宅专项维修资金的筹集和使用；

（八）调解业主之间、物业服务企业与业主之间因物业使用、维护和管理产生的纠纷；

（九）业主大会赋予的其他职责。

第三十五条 业主委员会会议由主任召集和主持，主任因故不能履行职责，可以委托副主任召集。

三分之一以上业主委员会委员提议或者业主委员会主任认为有必要的，应当召开业主委员会会议。业主委员会会议每年至少召开一次。

召开业主委员会会议，应当有过半数委员出席。业主委员会作出决定应当经全体委员半数以上同意。

业主委员会的决定应当自决定作出之日起三日内，在物业管理区域内显著位置进行不少于七日的公告。

业主委员会委员不能委托代理人参加会议。

第三十六条 业主委员会应当向业主公布下列情况和资料：

（一）管理规约、业主大会议事规则；

（二）业主大会和业主委员会的决定；

（三）物业服务合同；

（四）住宅专项维修资金的筹集、使用情况；

（五）物业共有部分的使用和收益情况；

（六）占用业主共有的道路或者其他场地用于停放汽车车位的处分情况；

（七）业主大会和业主委员会工作经费的收支情况；

（八）其他应当向业主公开的情况和资料。

业主有权查阅业主大会会议、业主委员会会议资料、记录，有权就涉及自身利益的事项向业主委员会提出询问，业主委员会应当予以解释、答复。业主要求出具书面答复意见的，业主委员会应当出具。

第三十七条 业主委员会委员不得有下列行为：

（一）拒绝或者放弃履行委员职责；

（二）挪用、侵占业主共有财产；

（三）利用职务之便接受减免物业服务费、停车费等相关物业费用，以及索取、非法收受建设单位、物业服务企业或者有利害关系业主提供的利益、报酬；

（四）打击、报复、诽谤、陷害有关投诉、举报人；

（五）泄露业主信息或者将业主信息用于与物业服务无关的活动；

（六）其他损害业主共同利益或者可能影响其公正履行职责的行为。

业主委员会委员违反前款规定的，街道办事处或者乡镇人民政府调查核实后，责令其暂停履行职责，由业主大会决定终止其委员资格。

第三十八条 经业主大会同意，业主委员会可以聘请执行秘书，负责处理业主委员会日常事务。

业主大会、业主委员会工作经费由全体业主承担。经业主大会同意，可以对业主委员会委员发放工作津贴。工作经费筹集、管理和使用办法由业主委员会提出，经业主大会会议表决通过。业主委员会应当于每年三月底前在物业管理区域内显著位置公布上一年度业主大会、业主委员会经费收支情况，接受业主监督。业主大会监事会或者执行监事应当进行检查，发现问题的，应当要求业主委员会予以纠正。经百分之二十以上业主提议，应当对经费收支情况进行审计。

推进建立业主委员会主任离任审计制度。

第三十九条 因物业转让、灭失等原因不再是业主，丧失民事行为能力或者依法被限制人身自由的，委员、候补委员资格自行终止。

有下列情况之一的，业主委员会可以决定终止其委员、候补委员资格：

（一）以书面形式向业主大会、业主委员会或者居（村）民委员会提出辞职的；

（二）因疾病等原因丧失履行职责能力的；

（三）不履行业主义务的；

（四）无正当理由连续三次不参加业主委员会会议的；

（五）本人、配偶及其亲属在为本物业管理区域提供服务的物业服务企业任职的；

（六）法律、法规以及管理规约规定的其他情形。

第四十条 业主委员会任期届满六十日前，应当召开业主大会会议，完成换届选举；

逾期未完成的，街道办事处或者乡镇人民政府应当组织完成。

业主委员会应当自新一届业主委员会履职之日起十日内，将其保管的档案资料、印章及业主共有的其他财物予以移交。拒不移交的，新一届业主委员会可以请求街道办事处或者乡镇人民政府督促其移交；必要时，由公安机关依法给予协助。

业主委员会委员任期内资格终止的，应当自终止之日起三日内移交其保管的前款规定的财物。

第四章　前期物业管理

第四十一条　建设单位应当按照国家有关规定选聘前期物业服务企业，并接受县物业行政主管部门、街道办事处或者乡镇人民政府的监督。

建设单位应当与选聘的物业服务企业签订书面的前期物业服务合同，合同期满继续聘用的，应当续签物业服务合同。更换前期物业服务企业的，应当由专有部分面积占比三分之二以上的业主且人数占比三分之二以上的业主参与表决。在决定该表决事项时，应当经参与表决专有部分面积过半数的业主且参与表决人数过半数的业主同意。

住宅前期物业服务企业应当通过招投标的方式选聘；建筑面积不超过三万平方米的，经县物业行政主管部门批准，可以采取协议方式选聘。

第四十二条　住宅前期物业服务收费实行政府指导价，由市、县价格主管部门会同物业行政主管部门制定，并定期公布。

建设单位应当提供前期物业管理开办费，用于购买物业办公设备等固定资产。所购资产归全体业主所有，由物业服务企业使用。

第四十三条　建设单位可以邀请委托的物业服务企业提前介入项目的开发建设，对项目的规划设计方案、配套设施建设、工程质量控制、设备运行管理等事项，提出与物业管理有关的建议。

建设单位组织项目工程验收和分户验收时，应当通知物业服务企业参加。

第四十四条　新建物业的配套建筑及设施设备经建设行政主管部门竣工综合验收合格后，建设单位方可向物业买受人办理物业交付手续。将未达到交付条件的新建物业交付给买受人的，应当承担相应的责任，并承担前期物业服务费用。

已交付业主的物业，物业服务费由业主承担；未交付的或者已竣工但尚未售出的物业，物业服务费由建设单位全额承担。建设单位与物业买受人约定减免物业服务费的，减免费用由建设单位承担。

前款所称交付是指按照房屋买卖合同约定的时间，业主收到书面交付通知并办妥相关交付手续。业主收到书面交付通知后，在通知期限内无正当理由不办理相关交付手续的，视为交付。建设单位没有事先书面通知的，以业主实际办完相关交付手续为准。

第四十五条　新建物业交付使用前，物业服务企业和建设单位应当按照国家有关规定和前期物业服务合同约定，共同对物业共用部位、共用设施设备进行承接查验；未经承接查验的，不得交付使用。物业服务企业不得承接未经查验或者查验不合格的物业。

现场查验物业二十日前，建设单位应当向物业服务企业移交国家规定的有关资料；未能全部移交的，建设单位应当列出未移交资料清单并书面承诺补交时限。

第四十六条　物业服务企业应当自新建物业交接后三十日内，持下列文件向县物业行政主管部门办理备案：

（一）前期物业服务合同；

（二）临时管理规约；

（三）物业承接查验协议；

（四）建设单位移交资料清单；

（五）查验记录；

（六）交接记录；

（七）其他与承接查验有关的文件。

物业服务企业应当在备案后十五日内将备案情况，在物业管理区域内显著位置公告。

第四十七条　物业服务企业应当及时将承接查验有关的文件、资料和记录归档，建立物业承接查验档案，并妥善保管。物业承接查验档案属于全体业主所有，业主有权查阅、复印。

第五章 物业服务

第四十八条 物业服务企业享有以下权利：

（一）根据法律、法规规定和物业服务合同约定，对物业及其环境、秩序进行管理；

（二）依照国家、省有关规定和物业服务合同约定收取服务费用；

（三）劝阻违反物业管理规约的行为；

（四）可以将专项服务业务委托给专业性服务企业，但不得将该区域内的全部物业管理一并委托给他人，或者将全部物业管理支解后分别转委托给他人；

（五）法律、法规规定或者业主大会授予的其他权利。

第四十九条 物业服务企业应当履行以下义务：

（一）按照物业服务合同约定，提供物业服务；

（二）及时向业主、物业使用人告知安全合理使用物业的注意事项；

（三）接受业主和业主委员会的监督，定期听取业主的意见和建议，改进和完善物业服务；

（四）协助有关部门开展社区文化和精神文明建设活动；

（五）受委托管理电梯、消防设施的，应当依法依规履行安全管理职责；

（六）法律、法规规定或者物业服务合同约定的其他义务。

第五十条 业主大会成立后，应当根据业主大会的决定选择物业管理方式。提倡业主大会通过招投标方式选聘物业服务企业。业主委员会应当与业主大会决定选聘的物业服务企业签订物业服务合同。

物业服务合同应当包括物业服务事项、服务质量标准、收费方式、收费标准及调整机制、共用设施设备维修范围和责任、双方权利义务、合同期限、违约责任等内容。

物业服务合同示范文本由省物业行政主管部门会同省市场监督管理部门制定。

第五十一条 物业服务合同签订前，业主委员会应当将拟签订的物业服务合同在物业管理区域内显著位置公示，充分听取业主意见后，再提交业主大会通过。物业服务合同内容确需调整的，业主委员会应当将调整的内容在物业管理区域内显著位置公示，并按照业主大会规定的程序确认调整。

前款规定的公示时间不得少于十日。

物业服务企业应当按照物业服务合同约定指派项目负责人。

第五十二条 物业服务合同期限届满九十日前，业主委员会应当召集业主大会会议，讨论决定物业服务企业的聘用事宜。业主大会决定续聘的，应当与物业服务企业签订新的物业服务合同；不续聘的，应当及时告知物业服务企业。

提前解除物业服务合同的，提出解除合同的一方应当于六十日前书面告知合同另一方，在物业管理区域内显著位置进行不少于七日的公告，并书面告知县物业行政主管部门、街道办事处或者乡镇人民政府。

第五十三条 业主大会决定自行管理或者选聘新物业服务企业的，原物业服务企业应当在物业服务合同解除或者终止二十日前，向业主委员会或者在业主委员会的监督确认下向新选聘的物业服务企业移交下列资料和财物，办理完交接手续：

（一）物业承接查验档案；

（二）物业服务期间形成的有关物业及设施设备改造、维修、运行、保养的有关资料及物业服务档案；

（三）物业服务用房和物业共用部位、共用设施设备；

（四）清算后的预收、代收的有关费用及相关账册、票据；

（五）法律、法规规定的应当移交的其他事项。

第五十四条 县物业行政主管部门、街道办事处或者乡镇人民政府应当加强对物业管理交接工作的指导、协调和监管。

在物业服务合同解除或者终止前，原物业服务企业不得擅自撤离物业管理区域、停止物业服务。在物业服务合同解除或者终止时，拒不撤离物业管理区域的，县物业行政主管部门应当责令其限期撤离，逾期不撤离的，将其行为记入诚信档案。违反治安管理法律、法规的，由公安机关依法给予治安处罚。业主委员会或者业主可以依法申请仲裁或者提起诉讼。

第五十五条　物业服务企业撤离后，仍未选聘到新物业服务企业的，经业主委员会或者业主代表申请，街道办事处或者乡镇人民政府应当进行应急管理。在街道办事处或者乡镇人民政府指导和监督下，居（村）民委员会可以根据应急管理的需要提供基本保洁、秩序维护等服务，服务期限协商确定，费用由业主承担。

第五十六条　物业服务收费应当遵循合理、公开以及费用与服务水平相适应的原则，区分不同物业的性质和特点，依法在物业服务合同中约定。物业服务收费应当明码标价，物业服务企业应当在物业管理区域内显著位置，将服务事项、服务质量标准、收费方式、收费标准等有关情况公示。

第五十七条　物业服务收费可以采取包干制或者酬金制等方式。实行酬金制的，物业服务企业应当按照规定对物业服务各项资金的收支建立台账，定期如实公示并接受业主监督和业主委员会核查。

物业服务企业可以根据物业服务合同预收物业服务费用，预收期限最长不得超过一年。

业主委员会可以根据物业服务合同向物业服务企业收取履约保证金，收取标准由双方协商确定。

第五十八条　业主应当按照物业服务合同约定按时支付物业服务费用。业主欠交物业服务等费用的，物业服务企业可以通过上门催交等方式，督促其限期支付；逾期不支付的，物业服务企业可以依法申请仲裁或者提起诉讼。拒不履行仲裁裁决和生效判决的，物业服务企业可以依法向人民法院申请强制执行，人民法院按照有关规定录入个人信用信息系统。

物业发生转移或者灭失的，业主或者物业使用人应当结清物业服务费用。

第五十九条　物业管理区域内，供水、供电、供气、供热等专业经营单位应当按照最终用户使用的计量器具显示计量值向其收取费用（未安装供热计量器具的除外），不得转嫁户外管线或者其他设施的损耗和损失。

住宅物业管理区域内的公共路灯、楼梯灯、人民防空工程、车库、电梯、二次供水、安全防范设施设备的用电，绿化用水用电，消防用水等的收费，应当执行居民使用价格标准。洗车、餐饮等经营性用水、用电、用气、用热除外。物业服务用房的供热费用按照居民使用价格收取。双方合同另有约定的，从其规定。专业经营单位可以委托物业服务企业代收有关费用，并按照约定支付手续费，但接受委托的物业服务企业，不得向业主收取手续费等额外费用。

第六十条　市、县物业行政主管部门应当建立物业管理服务投诉受理制度，公布投诉方式，接受业主、业主委员会、物业使用人的投诉，及时答复处理结果。经核查属实的，县物业行政主管部门应当向物业服务企业发出整改通知，责令其限期整改。

县城市综合执法、公安、市场监管、生态环境、卫生健康、发展改革、住房城乡建设等部门，应当加强物业管理区域内公共秩序、治安消防、物业服务收费、环境卫生、房屋使用、小区绿化等方面的监督管理，建立违法行为投诉登记制度，并在物业管理区域内显著位置公布联系方式，依法处理违法行为；有关部门应当自收到投诉之日起十五日内进行调查、处理，并答复投诉人。

第六十一条　物业服务企业应当按照法律规定和物业服务合同约定，采取网络信息化安全防范措施，协助做好物业管理区域内的安全防范工作。公安派出所应当加强对物业服务企业安全防范的监督指导。

物业服务企业未履行物业服务合同义务或者履行合同义务不符合约定，导致业主、物业使用人人身、财产、个人隐私受到损害的，应当依法承担相应的法律责任。

业主、物业使用人对人身、财产、个人隐私安全有特殊保护要求的，由业主、物业使用人与物业服务企业另行约定。

第六十二条　物业服务企业应当按照物业服务合同约定和国家有关物业服务标准和规范提供服务，加强物业共用部位、共用设施设备运行状况的日常检查；运行状况应当于每年第四季度向业主委员会书面报告，并在物业管理区域内显著位置进行不少于七日的公告。

物业服务企业不得以业主拖欠物业服务费用、不配合管理等理由，中断或者以限时限量等方式变相中断供水、供电、供气、供热，阻碍业主进入物业管理区域以及实施其他损害业主合法权益的行为。

物业服务企业违反规定以及物业服务合同约定，擅自扩大收费范围、提高收费标准、重复收费，以及合同期满继续服务收费的，业主有权拒绝。

物业服务企业不履行或者不完全履行物业服务合同约定或者法律、法规规定，以及相关行业规范确定的维修、养护、管理和维护义务的，业主委员会可以依法提起诉讼，要求物业服务企业承担继续履行、采取补救措施或者赔偿损失等违约责任。

第六十三条 物业行政主管部门应当建立物业服务企业服务标准与质量考核和信用评价体系，定期组织对其进行考核，听取业主、业主委员会和居（村）民委员会的评价意见，并将考核结果向社会公布。

推进建立物业服务第三方评估机制。物业服务评估机构从事物业服务评估活动，应当遵循独立、客观、公正的原则。物业行政主管部门、业主、居（村）民委员会、建设单位、物业服务企业可以委托物业服务评估机构对物业服务标准和质量、物业服务合同履行情况进行评估。

物业服务企业质量考核结果可以作为企业信用评价的重要依据，并与物业服务评估结果作为确定下一年度物业服务收费标准的重要依据。考核评价和评估办法由省物业行政主管部门制定。

第六十四条 实行物业管理协调会议制度。物业管理协调会议应当由街道办事处或者乡镇人民政府负责召集，物业行政主管部门、公安派出所、司法所、居（村）民委员会、物业服务企业等单位以及业主委员会或者业主代表参加。物业管理协调会议主要协调解决下列事项：

（一）具备成立业主大会条件而未依法成立；

（二）业主委员会未依法履行职责；

（三）业主委员会委员不足半数或者未依法换届；

（四）物业服务企业未依法撤离和办理交接手续；

（五）物业管理服务过程中发生的纠纷；

（六）其他需要协调解决的物业管理事项。

第六十五条 经业主共同或者业主大会决定，在街道办事处或者乡镇人民政府的监督指导下，可以对物业实施自行管理。决定实施自行管理的，应当就管理负责人、管理事项、管理实施方式、管理责任的承担人、人员雇佣等事项作出决定。

第六章　物业的使用与维护

第六十六条 业主对物业专有部分享有占有、使用、收益和处分的权利。业主行使权利不得危及建筑物的安全，不得损害其他业主的合法权益。

业主对物业专有部分以外的共有部分，享有共有和共同管理的权利，承担义务。

业主不得以放弃权利为由，不承担义务。

第六十七条 业主大会成立前，利用共用部位、共用设施设备从事经营性活动的，应当在物业服务合同中约定。经营所得的百分之七十纳入住宅专项维修资金，其余部分可以用于补贴物业服务费。

业主大会成立后，利用共用部位、共用设施设备从事经营性活动的，应当经业主大会、相关业主同意。经营收益归全体业主共有，主要用于补充住宅专项维修资金，也可以按照业主大会的决定使用。

经营所得应当单独分类列账，独立核算，每半年公布一次经营所得收支情况，并接受业主监督。

第六十八条 任何单位和个人不得擅自占用物业管理区域内归业主共有的道路或者其他共有场地用于停放车辆。确需占用的，应当经业主大会同意。

物业管理区域内行驶、停放车辆等行为，应当遵守管理规约或者相关管理规定，不得占用消防通道和影响其他车辆及行人正常通行。

规划、公安交通、消防等部门应当加强对物业管理区域内停车位施划的指导。

第六十九条　物业管理区域内规划用于停放汽车的车位、车库，应当首先满足本物业管理区域内业主的需要，其归属由当事人通过出售、附赠或者出租等方式约定。建设单位未出售或者未附赠的车位、车库，应当公开；业主要求承租的，建设单位不得拒绝。

在满足本物业管理区域内业主的购买和承租需要后还有剩余车位、车库的，可以出租给本物业管理区域外的使用人，但租赁期限不得超过六个月。

第七十条　物业管理区域内依法配建的人民防空工程平时用作停车位的，应当按照设计文件在实地标注，并向全体业主开放。建设单位不得将停车位出售、附赠，法律、法规另有规定的，从其规定。

人民防空工程平时用作停车位收取的停车费、租金，应当保障该工程的维护管理和停车管理的必要支出。

第七十一条　物业管理区域内禁止下列行为：

（一）装修过程中擅自变动房屋建筑主体和承重结构；

（二）侵占、损坏物业的共用部位、共用设施设备；

（三）违法搭建建筑物、构筑物；

（四）擅自改变建筑物及其附属设施用途；

（五）擅自改变房屋外观；

（六）违反规定在建筑物、构筑物上涂写、刻画或者悬挂、张贴宣传品；

（七）堆放易燃、易爆、剧毒或者含有放射性物质的物品，排放有毒、有害物质或者发出超过规定标准的噪音；

（八）侵占、损坏公共绿地及其附属设施；

（九）违反规定倾倒垃圾、污水和杂物，焚烧垃圾；

（十）违反规定停放车辆；

（十一）违反规定摆摊设点、占道经营；

（十二）违反规定饲养宠物、家畜家禽；

（十三）违反规定种植果树、蔬菜；

（十四）法律、法规和管理规约禁止的其他行为。

违反前款规定的，业主委员会、物业服务企业应当制止。制止无效的，物业服务企业、业主委员会应当及时报告城市综合执法等有关行政主管部门。有关行政主管部门在接到报告后，应当依法予以处理。

第七十二条　业主、物业使用人修缮、装饰装修房屋的，应当事先告知物业服务企业，物业服务企业应当将禁止行为和注意事项告知业主、物业使用人，业主、物业使用人和房屋修缮、装饰装修单位或者个人应当遵守。

第七十三条　物业出租的，业主或者物业使用人应当在签订物业租赁合同后，及时将物业承租人、出租期限、物业服务费用支付的约定等情况告知业主委员会、物业服务企业。

第七十四条　建设单位应当按照国家规定的物业保修范围和保修期限，承担保修责任。物业服务企业对业主专有部分和共用部位、共用设施设备保修期内出现的质量问题，应当及时通知建设单位。建设单位应当立即通知施工单位到现场核查情况，予以保修。建设单位无法通知施工单位或者施工单位未按照约定进行保修的，建设单位应当另行委托其他单位保修。

建设单位不履行保修义务或者拖延履行保修义务的，物业服务企业、业主可以向建设行政主管部门反映，由建设行政主管部门依法监管。

保修期满或者保修范围以外的物业维修、保养由物业服务企业按照物业服务合同约定承担。

电梯、消防等涉及人身、财产安全并有特定要求的设施设备，应当按照有关法律、法规规定，由共有人或者实际管理人履行管理义务，委托专业机构定期维修和养护，确保使用安全。

第七十五条　物业维修、更新时，相邻业主、物业使用人应当予以配合；因阻挠维修、更新造成其他业主、物业使用人财产损失的，责任人应当依法负责修复或者赔偿。因物业维修、更新造成相邻业主、物业使用人财产损失的，责任人应当依法负责赔偿。

第七十六条　住宅物业、住宅小区内的非住宅物业或者与单幢住宅楼结构相连的非住宅物业的业主，应当按照规定支付住宅专项维修资金。但一个业主所有且与其他物业不具有共用部位、共用设施设备的除外。

业主应当在办理房屋入住手续前，将首期住宅专项维修资金存入住宅专项维修资金专户，在国家规定的保修期届满后未出售的物业，由建设单位先行交存。

业主交存的住宅专项维修资金属于业主所有，专项用于物业保修期满后物业共用部位、共用设施设备的维修、更新、改造，不得挪作他用。市物业行政主管部门、业主委员会应当按照国家规定每年至少向业主公布一次住宅专项维修资金的交存、使用、增值、结存等情况。

第七十七条 未建立首期住宅专项维修资金或者余额不足首期筹集金额百分之三十的，业主应当按照国家和省、市的相关规定、管理规约和业主大会的决定，及时补建或者再次筹集。

业主大会成立前，住宅专项维修资金由物业行政主管部门代行管理。业主大会成立后，根据业主大会决定，选择自行管理或者代行管理。选择自行管理的，应当在银行设立住宅专项维修资金专户，接受物业行政主管部门的监督。

住宅专项维修资金补交、续交以及管理使用办法由市人民政府按照国家有关规定制定。

第七十八条 住宅专项维修资金的使用，经业主大会决定，可以根据维修范围以单元（栋）为单位进行表决。

第七十九条 物业保修期满后，发生下列危及安全情形之一，需要立即使用住宅专项维修资金的，由业主委员会或者居（村）民委员会、相关业主提出应急处置方案，或者由物业服务企业提出建议，经业主委员会或者居（村）民委员会、相关业主同意，报送物业行政主管部门于三个工作日内审核同意后使用：

（一）屋面、外墙体防水损坏造成渗漏的；

（二）电梯故障危及人身安全的；

（三）消防设施损坏的；

（四）公共护（围）栏破损严重，危及人身、财产安全的；

（五）楼体外立面有脱落危险的；

（六）共用排水设施因坍塌、堵塞、爆裂等造成功能障碍，危及人身、财产安全的；

（七）其他危及房屋安全的情形。

应急维修费用应当从相关业主的住宅专项维修资金分户账中按照专有部分面积分摊列支，使用情况在物业管理区域内显著位置向相关业主进行不少于七日的公示；涉及已售公有住房的，从公有住房住宅专项维修资金中列支。

第八十条 市、县人民政府应当对配套设施不齐全、环境较差的老旧住宅区进行改造整治，并向社会公布改造整治规划和年度计划。老旧住宅区的范围由市、县人民政府确定并公布。

鼓励具备条件的老旧住宅区，经业主大会同意，按照改造整治规划，可以建设经营性用房、车库、车位，经营收益弥补改造整治资金不足或者纳入住宅专项维修资金管理。

第八十一条 县物业行政主管部门、街道办事处或者乡镇人民政府应当督促、指导老旧住宅区成立业主大会，选举业主委员会，实行物业服务企业管理或者业主自行管理。

第七章　法律责任

第八十二条 违反本条例，法律、法规有规定的，从其规定；造成他人损害的，依法承担民事责任；构成犯罪的，依法追究刑事责任。

第八十三条 业主委员会作出的决定，违反法律、法规规定或者业主大会决定，给业主、物业服务企业造成损害的，由签字同意该决定的业主委员会成员承担民事责任；严重损害业主合法权益或者严重影响公共秩序的，依法追究相关责任。

第八十四条 违反本条例规定的，按照下列规定处罚：

（一）违反本条例第十五条规定，物业管理区域内相关管线和设施设备验收合格后，专业经营单位未接收的，由物业行政主管部门责令限期改正，造成业主损失的，应当依法承担赔偿责任；

（二）违反本条例第十九条第二款规定，建设单位或者委托的物业服务企业未按照通知要求，向街道办事处或者乡镇人民政府报送筹备成立首次业主大会会议必要的资料的，由物业行政主管部门责令限期改正；逾期不改正的，处五万元以上十万元以下罚款；

（三）违反本条例第二十条规定，建设单位拒不承担首次业主大会会议筹备经费的，由物业行政主管部门责令限期改正；逾期不改正的，处五万元以上十五万元以下罚款；

（四）违反本条例第五十三条、第五十四条规定，原物业服务企业未按期移交资料、财物或者擅自撤离的，由物业行政主管部门责令限期改正；逾期不改正的，由物业行政主管部门处以五万元以上十万元以下罚款。

第八十五条 违反本条例第七十一条规定的，由物业行政主管部门或者其他依法行使监督管理权的部门按照下列规定予以处罚：

（一）违反第一款第一项规定，装修过程中擅自变动房屋建筑主体和承重结构的，责令限期改正，恢复原状，处以五万元以上十万元以下罚款。给他人造成损失的，责任人应当依法予以赔偿；

（二）违反第一款第二项规定，侵占、损坏物业共用部位、共用设施设备的，责令限期改正、恢复原状，并对个人处以二千元以上一万元以下罚款；对单位处以五万元以上十五万元以下罚款；

（三）违反第一款第四项规定，擅自改变建筑物及其附属设施用途，由业主委员会根据管理规约约定进行协调、处理；协调处理不成的，责令限期改正、恢复原状；情节严重的，可处以五千元以上二万元以下罚款；

（四）违反第一款第三项、第五项至十二项规定的，依照相关法律、法规实施行政处罚。

第八十六条 违反本条例规定，物业行政主管部门、街道办事处或者乡镇人民政府以及其他有关行政主管部门及其工作人员有下列情形之一，由其主管机关或者监察机关对直接负责的主管人员和其他直接责任人员依法给予行政处分：

（一）未按照规定履行监督管理职责，造成严重社会不良影响的；

（二）未按照规定及时组织成立首次业主大会会议筹备组、召开首次业主大会会议，造成不良后果的；

（三）未按照规定在物业管理区域内显著位置公布联系方式或者对物业服务活动中的投诉，不及时受理、依法处理的；

（四）发现违法行为或者接到举报后不及时查处的；

（五）截留、挪用、侵占或者未按时审核拨付住宅专项维修资金的；

（六）其他玩忽职守、徇私舞弊、滥用职权的行为。

第八章 附则

第八十七条 本条例下列用语的含义是：

（一）物业使用人，是指物业的承租人和实际使用物业的其他人；

（二）共用部位，是指房屋主体承重结构部位（包括基础、内外承重墙体、柱、梁、楼板、屋顶等）、户外墙面、门厅、管道及电梯等设施设备井、楼梯间、地面架空层、走廊通道等；

（三）共用设施设备，是指物业管理区域内建设费用已分摊进入房屋销售价格的共用上下水管道、落水管、水箱、加压水泵、电梯、天线、照明设施、锅炉、消防设施、安防监控设施、绿地、道路、区域围护、避雷装置、渠、池、湖、井、露天广场、非经营性车场车库、自行车棚、公益性文体器械与场所及其使用的房屋等；

（四）专业经营设施设备，是指变（配）电、二次供水、燃气调压、供热等设施设备及相关管线；

（五）最终用户，是指接受供水、供电、供气、供热等服务的最终分户业主或者实际使用人。

第八十八条 本条例自 2018 年 2 月 1 日起施行。2008 年 11 月 28 日辽宁省第十一届人民代表大会常务委员会第五次会议通过的《辽宁省物业管理条例》同时废止。

广西壮族自治区物业管理条例

（2001 年 5 月 26 日广西壮族自治区第九届人民代表大会常务委员会第二十四次会议通过，根据 2004 年 6 月 3 日广西壮族自治区第十届人民代表大会常务委员会第八次会议《关于修改〈广西壮族自治区物业管理条例〉的决定》第一次修正，2012 年 11 月 30 日广西壮族自治区第十一届人民代表大会常务委员会第三十一次会议第一次修订，根据 2016 年 11 月 30 日广西壮族自治区第十二届人民代表大会常务委员会第二十六次会议《关于废止和修改部分地方性法规的决定》第二次修正，2020 年 7 月 24 日广西壮族自治区第十三届人民代表大会常务委员会第十七次会议第二次修订，2020 年 7 月 24 日广西壮族自治区人大常委会公告〔十三届〕第 33 号公布）

第一章 总则

第一条 为了规范物业管理活动，维护业主、物业服务人以及物业管理各方的合法权益，保障物业的依法、安全、合理使用，促进社会和谐，根据《中华人民共和国民法典》和国务院《物业管理条例》等法律、行政法规的规定，结合本自治区实际，制定本条例。

第二条 本自治区行政区域内的物业管理活动及其监督管理，适用本条例。

本条例所称物业管理，是指对物业管理区域内的房屋及配套设施设备和相关场地进行维修、养护、清洁、绿化、巡查，经营管理业主共有部分，采取合理措施保护业主的人身和财产安全，维护物业管理区域内的相关秩序等活动。

经业主共同决定，可以委托物业服务企业或者其他物业管理人进行管理，也可以由业主自行管理。

第三条 物业管理应当遵循公开、公平、公正、诚信、市场竞争、依法管理的原则，推动物业管理专业化、智能化、法治化、绿色化发展。

第四条 物业管理实行以街道、乡镇党组织为领导，业主自治、专业服务、政府有关主管部门监督管理和指导相结合的治理机制，发挥街道办事处、乡镇人民政府以及居（村）民委员会对物业管理的指导和监督作用，推动物业管理工作创新。

第五条 县级以上人民政府应当将物业管理纳入本级现代服务业发展规划、城乡建设和社区治理体系，建立物业管理资金投入、考核激励和综合协调机制，部署、推进和协调辖区内物业管理各项工作。

第六条 县级以上人民政府住房城乡建设主管部门负责本行政区域内物业管理活动的监督管理工作，指导和监督街道办事处、乡镇人民政府实施与物业管理相关的行政管理工作。

县级以上人民政府发展改革、财政、民政、公安、自然资源（城乡规划）、市场监督管理、应急管理及消防救援、司法行政、生态环境、卫生健康、人民防空、城市管理综合行政执法等有关主管部门按照各自职责和本条例的规定共同做好对物业管理活动的相关监督管理工作。

街道办事处、乡镇人民政府按照规定职责，指导、监督本辖区内物业管理活动。

居（村）民委员会依法协助街道办事处、乡镇人民政府开展物业管理相关工作。

第七条 鼓励物业服务人加入物业服务行业组织。物业服务行业组织应当依法加强行业自律管理，组织业务培训，规范行业行为，提高行业服务水平，维护市场秩序和公平竞争，促进物业服务人和从业人员依法经营、诚信服务，推动物业服务行业健康发展。

物业服务行业组织应当接受人民政府住房城乡建设主管部门的指导和监督，协助人民政府住房城乡建设主管部门开展物业服务监督管理工作。

第二章　业主、业主大会及业主委员会

第一节　业主

第八条　本条例所称业主，是指物业管理区域内不动产登记簿记载的房屋的所有权人。

尚未依法办理房屋所有权登记，但是符合下列条件之一的，认定为业主：

（一）因人民法院、仲裁机构的生效法律文书或者人民政府的征收决定取得建筑物专有部分所有权的单位或者个人；

（二）因继承取得建筑物专有部分所有权的单位或者个人；

（三）因合法建造取得建筑物专有部分所有权的单位或者个人；

（四）基于与建设单位之间的房屋买卖民事法律行为，已经合法占有建筑物专有部分的单位或者个人；

（五）符合法律、法规规定的其他单位或者个人。

第九条　业主在物业管理活动中，享有下列权利：

（一）按照物业服务合同的约定，接受物业服务人提供的服务；

（二）提议召开业主大会会议、业主小组会议，并就物业管理的有关事项提出建议；

（三）提出制定和修改管理规约、业主大会议事规则的建议；

（四）参加业主大会会议、业主小组会议，行使投票权；

（五）推选业主代表，选举业主委员会委员、业主监督委员会委员，并享有被选举权；

（六）监督业主大会筹备组、业主委员会的工作；

（七）监督物业服务人履行物业服务合同；

（八）对物业共用部位、共用设施设备和相关场地使用情况享有知情权和监督权；

（九）监督物业专项维修资金和公共收益的管理和使用；

（十）法律、法规规定的其他权利。

业主行使权利不得危及建筑物的安全，不得损害其他业主的合法权益。

第十条　业主在物业管理活动中，履行下列义务：

（一）遵守临时管理规约、管理规约、业主大会议事规则；

（二）遵守物业管理区域内物业共用部位和共用设施设备的使用、公共秩序、消防安全、环境卫生的维护和应对突发事件等方面的制度；

（三）执行业主大会的决定和业主大会授权业主委员会作出的决定；

（四）按照国家和自治区有关规定交纳物业专项维修资金；

（五）按照物业服务合同约定支付物业费；

（六）履行其承担的房屋使用安全责任；

（七）配合物业服务人实施物业管理，向物业服务人、业主委员会提供联系地址、通讯方式；

（八）法律、法规规定的其他义务。

业主对建筑物专有部分以外的共有部分，享有权利，承担义务；不得以放弃权利为由不履行义务。

第二节　业主大会

第十一条　一个物业管理区域成立一个业主大会，业主大会由物业管理区域内全体业主组成。

业主大会自首次业主大会会议审议通过管理规约和业主大会议事规则之日起成立。

第十二条　物业管理区域的划分遵循规划在先、有利于实施物业管理的原则，综合考虑建设用地宗地范围、物业类型、建筑物规模、共用设施设备、自然界限、社区建设等因素确定。

新建物业项目内住宅和非住宅等不同物业类型，具有独立的配套设施设备并能够独立管理的，可以分别划分为独立的物业管理区域。

已经投入使用且形成二个以上独立院落或者封闭区域的，在明确附属设施设备管理、维护责任和不影响使用功能的情况下，可以分别划分为独立的物业管理区域。

第十三条　新建物业项目的土地使用权出让、划拨前，人民政府自然资源（城乡规划）主管部门应当征求住房城乡建设主管部门划分物业管理区域的意见。物业管理区域划分意见应当在土地出让合同、划拨文件中予以确定，

并向社会公布。

新建物业项目的建设单位在办理销售手续前，应当向物业所在地的县级人民政府住房城乡建设主管部门提出划分物业管理区域的书面申请。县级人民政府住房城乡建设主管部门应当自收到申请之日起十个工作日内，会同街道办事处或者乡镇人民政府按照本条例第十二条的规定划分物业管理区域。

建设单位应当将确定的物业管理区域在销售场所显著位置以图文形式予以公示。公示的内容包括：

（一）物业管理区域的四至范围；

（二）地上地下物业共用部位、共用设施设备名称、位置和面积；

（三）规划车位数量和位置；

（四）物业服务用房的位置和面积；

（五）人民防空工程位置和面积；

（六）需要公示的其他场所和设施设备。

业主可以向县级以上人民政府住房城乡建设主管部门等有关主管部门申请查询本条第三款规定的资料。

第十四条 已投入使用，但物业管理区域尚未划定或者确需调整的，由物业所在地的县级人民政府住房城乡建设主管部门会同街道办事处或者乡镇人民政府、居（村）民委员会按照本条例第十二条规定，在征得拟划分或者拟调整区域业主同意后划定或者调整。

物业管理区域划定或者调整后，县级人民政府住房城乡建设主管部门应当在相关物业管理区域内公告本条例第十三条第三款规定的内容。

物业管理区域内不动产权属登记已经完成，涉及业主共有的道路、绿地、其他公共场所、公用设施和物业服务用房调整的，相关权利人应当办理不动产权属变更登记。

第十五条 物业管理区域符合下列条件之一的，应当召开首次业主大会会议，成立业主大会：

（一）交付使用的专有部分建筑面积达到物业管理区域内建筑物总建筑面积三分之二以上；

（二）交付使用的专有部分业主人数达到物业管理区域内业主总人数的三分之二以上；

（三）首套房屋交付使用满两年。

物业管理区域符合前款所列条件之一的，建设单位应当在三十日内书面向物业所在地的街道办事处或者乡镇人民政府提出成立业主大会的报告；建设单位逾期未提出书面报告的，十人以上的业主联名，可以书面向物业所在地的街道办事处或者乡镇人民政府提出成立业主大会的申请。

只有一个业主的，或者业主人数较少且经全体业主一致同意，决定不成立业主大会的，由业主履行业主大会、业主委员会职责。

第十六条 街道办事处、乡镇人民政府应当在收到建设单位书面报告或者业主联名书面申请的五个工作日内在拟成立业主大会的物业管理区域内显著位置发布公告，开展宣传工作，并要求人民政府自然资源（城乡规划）、住房城乡建设等有关主管部门提供下列资料：

（一）规划总平面图，业主以及房屋、建筑物面积清册，房屋测绘报告；

（二）已竣工验收的房屋买卖合同清册。

有关主管部门应当自收到街道办事处、乡镇人民政府要求提供资料函件之日起五个工作日内予以免费提供。

第十七条 街道办事处、乡镇人民政府应当自收到建设单位书面报告或者业主联名书面申请的六十日内组建首次业主大会会议筹备组，并将筹备组成员名单在物业管理区域内公示，公示期不少于七日。筹备组发布的通知或者公告，应当加盖街道办事处、乡镇人民政府的公章。

筹备组由业主代表若干名、建设单位代表一名、街道办事处或者乡镇人民政府代表一名、社区或者村党组织代表一名、辖区公安派出所代表一名以及居（村）民委员会代表一名组成，其中业主代表所占比例不得低于筹备组总人数的二分之一。筹备组组长由街道办事处或者乡镇人民政府的在职在编人员担任。

筹备组中的业主代表应当符合本条例第三十一条的规定，由业主自荐或者业主推选、居（村）民委员会推荐，经街道办事处或者乡镇人民政府综合考虑物业类型、组团、楼栋、业主代表性等因素确定并公示。业主代表人数超过预定人数的，可以采取分类后随机抽选的方式确定。业主对筹备组成员有异议的，由街道办事处或者乡镇人民政府协调解决。

业主代表被提名为业主委员会委员候选人的，不得参与核实投票人资格、发放和回收选票、计票、唱票、监票等工作。

建设单位不存在或者经街道办事处、乡镇人民政府书面通知后未在通知期限内委托代表参加筹备组的，可以不作为筹备组成员。

街道办事处或者乡镇人民政府应当在筹备组开展筹备工作前，组织筹备组成员进行培训。

第十八条 新建物业的首次业主大会会议筹备经费由建设单位承担，建设单位应当在办理首栋物业销售手续前，将筹备经费交至街道办事处或者乡镇人民政府设立的专用账户，供业主大会筹备组使用。建设单位交存的筹备经费由设区的市人民政府住房城乡建设主管部门根据新建物业建筑面积、业主户数、所在地最低工资标准、筹备工作时限、楼栋数等因素确定并公布。

首次业主大会会议召开后，筹备组应当将筹备经费的使用情况在物业管理区域内显著位置予以公布，接受业主的监督。剩余筹备经费作为下一次业主委员会换届经费。

第十九条 首次业主大会会议筹备组应当做好以下筹备工作：

（一）公示首次业主大会会议召开的时间、地点、内容和形式；

（二）参照人民政府住房城乡建设主管部门制订的有关示范文本拟订管理规约、业主大会议事规则草案；

（三）公示业主房号、业主人数以及所拥有的专有部分面积；

（四）公示业主委员会委员候选人基本信息以及候选人对本人符合本条例第三十一条规定的书面承诺；

（五）公示首次业主大会会议的表决规则；

（六）需要公示的其他事项。

前款内容应当在首次业主大会会议召开前十五日确定并在物业管理区域内显著位置公示，公示期不少于七日。业主对公示内容提出异议的，首次业主大会会议筹备组应当予以复核并将复核结果告知提出异议的业主。

第二十条 首次业主大会会议筹备组应当自成立之日起九十日内组织召开首次业主大会会议。

因特殊情况未在前款规定的期限内成立业主大会的，筹备工作期限可以延长不超过六十日。

筹备组在业主委员会依法成立之日起自行解散。

筹备组组织开展筹备工作后，业主大会未能在规定期限内成立的，或者业主大会成立后未能在规定期限内选举业主委员会的，筹备组自筹备工作期限届满之日起自行解散。

第二十一条 下列事项由业主共同决定：

（一）制定和修改管理规约、业主大会议事规则；

（二）选举、更换、罢免业主委员会委员，决定业主委员会的任期；

（三）选聘、续聘、解聘物业服务人或者决定自行管理；

（四）确定或者调整物业服务内容、标准以及物业服务收费方案；

（五）使用物业专项维修资金；

（六）筹集物业专项维修资金；

（七）改建、重建建筑物及其附属设施；

（八）改变共有部分的用途或者利用共有部分从事经营活动以及经营收益的分配与使用；

（九）业主大会、业主委员会工作经费以及业主委员会委员工作津贴的筹集、管理和使用；

（十）改变和撤销业主委员会不适当的决定；

（十一）成立业主监督委员会，选举、更换业主监督委员会委员，决定业主监督委员会委员任期、职责、工作规则；

（十二）法律、法规或者管理规约确定应当由业主共同决定的其他事项。

决定前款规定的事项，应当由专有部分面积占比三分之二以上的业主且人数占比三分之二以上的业主参与表决。决定前款第六项至第八项规定的事项，应当经参与表决专有部分面积四分之三以上的业主且参与表决人数四分之三以上的业主同意。决定前款其他事项，应当经参与表决专有部分面积过半数的业主且参与表决人数过半数的业主同意。

第二十二条 业主可以委托代理人参加业主大会会议。委托代理人参加业主大会会议的，代理人应当出具身份证和书面委托书的原件以及委托人的身份证及不动产产权证明文件的复制件；委托书应当载明委托事项、委托权限以及期限。

第二十三条 同一物业管理区域，有二栋以上房屋的，可以以栋或者单元为单位成立业主小组。业主小组由该栋、单元的全体业主组成。

业主小组履行下列职责：

（一）推选业主代表参加业主大会会议；

（二）推选本小组代表作为业主委员会委员候选人；

（三）决定本小组范围内物业共用部位、共用设施设备的维修、更新、改造和养护；

（四）决定本小组范围内的其他公共事项。

业主小组应当按照业主大会议事规则履行前款规定的职责，并接受业主大会的监督。

经业主共同决定，业主小组推选业主代表参加业主大会会议的，业主代表应当提前就业主大会会议拟讨论的事项征求其所在业主小组的业主的意见。凡需投票表决的，业主赞同、反对或者弃权的意见应当经本人确认后，由业主代表在业主大会会议投票时如实反映。

第二十四条 业主大会会议采用记名投票方式进行表决。表决事项、表决结果、参与表决和未参与表决业主的房号及其专有部分面积、委托表决的委托人和代理人房号、表决意见等情况按规定进行公示，公示期不少于十五日。

公示期内，业主对表决结果有异议的，可以凭有效身份证明原件向街道办事处、乡镇人民政府查询本人的投票信息。委托他人查询的，代理人应当出具身份证明原件和书面委托书，委托书应当载明委托事项、委托权限以及期限。

业主大会筹备组或者业主大会会议召集人应当对参与表决和未参与表决业主的房号及其专有部分面积、姓名、委托表决的委托人和代理人房号、表决意见等情况进行详细记录，汇总全体业主表决意见及其结果，并将相关资料交街道办事处或者乡镇人民政府保存三年。

物业管理公共事务电子投票系统由设区的市人民政府住房城乡建设主管部门建立，不动产登记机构等有关单位应当予以协助。业主大会会议采用电子投票方式表决的，应当通过设区的市人民政府住房城乡建设主管部门建立的物业管理公共事务电子投票系统进行。

第二十五条 业主大会会议可以采用集体讨论、书面征求意见或者互联网方式召开。

业主大会会议分为定期会议和临时会议。定期会议至少每年召开一次，具体时间由业主委员会按照业主大会议事规则执行。

有下列情况之一的，业主委员会应当及时组织召开临时业主大会会议：

（一）占总人数百分之二十以上的业主以书面形式提议；

（二）发生安全事故或者紧急情况需要业主大会决定；

（三）管理规约或者业主大会议事规则规定的其他情况。

除发生安全事故或者紧急情况需要临时召开业主大会会议外，业主委员会应当在会议召开前十五日将会议议题及其具体内容、时间、地点、方式等在物业管理区域内显著位置予以公示，并书面告知居（村）民委员会。居（村）民委员会应当派人进行指导和监督。

业主大会会议不得对已公示会议议题以外的议题进行表决。

第二十六条 业主大会议事规则应当对业主大会的议事方式、表决程序以及业主委员会的选举、人数、任期、换届等事项作出规定。

提倡业主大会参照人民政府住房城乡建设主管部门公布的示范文本制定业主大会议事规则。业主大会会议筹备组、业主委员会提交的业主大会议事规则草案内容与示范文本内容不一致的，应当在提请业主大会会议表决前以醒目方式将不一致的内容进行公示和说明。

第二十七条 管理规约应当对物业的使用、维护和管理，业主的共同利益，业主应当履行的义务，违反管理规约应当承担的责任等事项依法作出约定；管理规约对全体业主具有约束力。

管理规约不得违反法律、法规，不得违背公序良俗，不得损害国家利益和社会公共利益，不得制定对部分业主显失公平的内容。

提倡业主大会参照人民政府住房城乡建设主管部门公布的示范文本制定管理规约。业主大会会议筹备组、业主委员会提交的管理规约草案内容与示范文本内容不一致的，应当在提请业主大会会议表决前以醒目方式将不一致的内容进行公示和说明。

第二十八条　业主大会应当建立健全业主大会、业主委员会印章管理使用制度。

业主共同作出的决定，应当加盖业主大会印章并在物业管理区域内显著位置予以公告。

业主大会可以委托居（村）民委员会代为保管业主大会印章；需要使用业主大会印章的，由业主委员会或者自行管理的执行人向居（村）民委员会提出。

第三节　业主委员会

第二十九条　业主委员会由业主大会会议依法选举产生，对业主大会负责，受业主大会监督，履行下列职责：

（一）执行业主大会的决定；

（二）召集业主大会会议，报告物业管理实施情况、业主委员会履职情况；

（三）与业主大会选聘、续聘的物业服务人签订物业服务合同，与退出的物业服务人进行交接；

（四）及时了解业主、物业使用人的意见和建议，监督和协助物业服务人履行物业服务合同，调解业主之间、业主与物业服务人之间因物业使用、维护和管理产生的纠纷；

（五）监督管理规约的实施，对违反管理规约的行为进行制止；

（六）督促业主支付物业费及其他相关费用；

（七）组织和监督物业专项维修资金的筹集和使用；

（八）提出业主共有部分经营管理方案以及经营收益的管理、分配与使用方案；

（九）在物业管理区域内配合有关主管部门开展执法工作；

（十）配合、支持街道办事处、乡镇人民政府、居（村）民委员会依法履行职责，在街道办事处、乡镇人民政府、居（村）民委员会监督、指导下参与社区治理工作；

（十一）业主大会赋予的其他职责。

第三十条　业主委员会人数为五至十一人单数；每届任期不超过五年，可以连选连任。具体人数、任期由业主大会决定。

业主委员会委员候选人通过业主自荐或者业主推选、居（村）民委员会推荐的方式产生。业主大会筹备组应当审查候选人资格，参照本条例第十七条第三款规定的方式提出候选人名单，并报街道办事处、乡镇人民政府确认。业主大会筹备组应当在物业管理区域内公告候选人涉及本条例第三十一条相关的信息。

业主委员会委员选举产生后的七日内，由街道办事处、乡镇人民政府和居（村）民委员会组织召开首次业主委员会会议，推选产生业主委员会主任、副主任，并自选举完成之日起三日内，在物业管理区域内公告业主委员会主任、副主任和其他委员的名单。

同一个物业管理区域内分期开发的物业，在分期开发期间成立业主大会、选举业主委员会的，应当按照规划建筑面积比例预留尚未开发物业的业主委员会委员名额，预留名额由业主大会议事规则明确。分期开发期间成立的业主大会、选举的业主委员会，作出的决定不能损害后期开发物业业主的合法权益。

鼓励业主中的中国共产党党员以及法律、财务、工程等专业人员通过法定程序成为业主委员会委员。

支持符合条件的居（村）民委员会成员通过法定程序兼任业主委员会委员。

街道办事处、乡镇人民政府应当会同县级人民政府住房城乡建设主管部门定期组织对业主委员会全体成员进行物业管理相关法律、政策和日常运作规范等培训。

第三十一条　业主委员会委员应当是本物业管理区域内的业主并符合下列条件：

（一）具有完全民事行为能力；

（二）遵守国家有关法律、法规；

（三）遵守业主大会议事规则、管理规约，模范履行业主义务；

（四）具有一定的组织能力和必要的工作

时间，热心公益事业，责任心强，公正廉洁；

（五）在本物业管理区域内实际居住。

有下列情形之一的，不得担任业主委员会委员：

（一）刑罚尚未执行完毕或者处于缓刑、假释考验期间；

（二）本人、配偶及其直系亲属在本物业管理区域内服务的物业服务人任职；

（三）本人、配偶及其直系亲属是本物业管理区域内服务的物业服务人的出资人；

（四）有损坏房屋承重结构、违法搭建、破坏房屋外貌、擅自改变物业使用性质、欠交物业费或者物业专项维修资金、违法出租房屋等情形且未改正；

（五）被列为失信被执行人；

（六）业主大会依法决定不得担任业主委员会委员的其他情形。

业主原则上只在一个物业管理区域内担任业主委员会委员。

第三十二条 业主大会可以根据物业管理区域规模、业主户数等因素，选举业主委员会候补委员。候补委员人数不超过业主委员会委员人数的百分之五十。

候补委员的任职条件、选举规则和任职终止等按照选举产生业主委员会委员的有关规定执行。候补委员可以列席业主委员会会议，但不具有表决权。

业主委员会出现缺额时，按照候补委员的得票多少依次递补，同时在物业管理区域内显著位置予以公告。

第三十三条 业主委员会自选举产生之日起三十日内，持下列资料向街道办事处或者乡镇人民政府备案：

（一）业主大会成立和业主委员会选举情况；

（二）业主大会议事规则、管理规约以及业主大会议事规则、管理规约内容与示范文本内容不一致的说明；

（三）业主委员会委员、候补委员的名单、基本情况和书面承诺。

前款所列资料齐全的，街道办事处或者乡镇人民政府应当自收到资料起五个工作日内出具业主大会、业主委员会备案文书，并将备案资料抄送县级人民政府住房城乡建设主管部门。备案文书应当载明业主大会名称，业主委员会名称，委员、候补委员名单，届别、任期、负责人和办公地址。

业主大会议事规则、管理规约、业主委员会委员发生变更的，业主委员会应当自变更之日起十五日内将变更后有关情况按照本条第一款的规定进行备案。

因物业管理区域调整、物业灭失或者其他原因致使业主委员会无法存续的，业主委员会应当在三十日内向街道办事处或者乡镇人民政府办理注销备案手续。

第三十四条 业主委员会应当依法刻制业主大会、业主委员会印章。业主委员会印章的印文应当包含业主委员会名称、届别。

业主委员会应当严格按照有关法律、法规和印章管理使用制度管理和使用业主大会、业主委员会印章。

第三十五条 经业主大会决定，可以从下列渠道筹集经费用于业主委员会开展工作：

（一）从业主共有部分经营所得收益中提取；

（二）业主自愿捐赠；

（三）其他合法方式。

第三十六条 业主委员会会议分为定期会议和临时会议。业主委员会定期会议应当按照业主大会议事规则的规定召开。经三分之一以上业主委员会委员提议，应当及时召开业主委员会临时会议。已经成立业主小组、业主监督委员会的，应当在业主委员会会议召开前告知业主小组代表、业主监督委员会。

业主委员会会议应当有全体委员过半数出席，并邀请物业所在地的居（村）民委员会派员列席，也可以邀请业主旁听，成立业主监督委员会的应当派员列席。业主委员会委员不得委托他人出席业主委员会会议。

业主委员会会议应当制作会议记录，业主委员会作出的决定应当经全体委员过半数签字同意，自作出决定之日起三日内，将会议情况以及决定事项在物业管理区域内显著位置予以公告，公告应当注明签字同意决定的业主委员会委员名单、加盖业主委员会印章，并书面告知物业所在地的居（村）民委员会。

业主委员会主任、副主任无正当理由不召集业主委员会会议的，街道办事处或者乡镇人民政府应当责令其限期召集。

第三十七条 业主委员会应当建立信息公开制度，及时公开下列信息：

（一）业主大会议事规则、管理规约；

（二）业主大会和业主委员会决定；

（三）物业服务合同或者自行管理方案；

（四）业主大会决定利用物业管理区域内道路、场地、架空层等业主共有部分划定公共车位停放车辆的位置及其处分情况；

（五）物业专项维修资金的筹集、使用、收益情况；

（六）物业共用部位、共用设施设备的经营收益及其分配、使用详细情况；

（七）业主大会、业主委员会的工作经费和业主委员会委员工作津贴详细情况；

（八）应当向业主、物业使用人公开的其他情况和资料。

前款第一项至第四项规定的事项应当持续公开；第五项至第七项规定的事项，应当每半年公布一次，公示期不少于三十日。

业主、物业使用人有权查询、复制本条第一款规定的信息及相关原始资料并依法实施监督，业主委员会、物业服务人等应当予以配合。

业主委员会应当每半年公布一次业主委员会委员、候补委员交纳物业专项维修资金、物业费、停车费等相关费用情况以及停车位使用情况。

第三十八条 业主委员会委员、候补委员应当遵守法律、法规和管理规约，不得有下列行为：

（一）挪用、侵占物业专项维修资金、公共收益等业主共有财产，将业主共有财产借贷给他人或者以业主共有财产为他人提供担保；

（二）索取、非法收受建设单位、物业服务人或者其他利害关系人提供的红包礼金、减免物业费、停车便利等利益或者报酬；

（三）伪造或者指使他人伪造业主的选票、表决票、书面委托书或者业主签名；

（四）转移、隐匿、篡改、毁弃物业管理活动中形成的文件、资料。业主委员会委员资格自行终止、被罢免或者业主委员会换届时拒绝、拖延提供有关文件、资料、印章及其他属于全体业主共有的财物；

（五）违反业主大会、业主委员会印章管理使用制度，擅自使用业主大会或者业主委员会印章；

（六）泄露或者擅自使用业主的信息，或者对业主进行骚扰、恐吓、打击报复、采取暴力行为；

（七）违反业主大会议事规则，未经业主大会授权与物业服务人签订、修改物业服务合同或者擅自修改自行管理方案；

（八）不支付物业费或者延迟支付物业费超过六个月经物业服务人催告后仍拒绝支付，或者诱导、鼓动、威胁其他业主不支付物业费；

（九）损害业主利益或者可能影响其公正履行职责的其他行为。

业主委员会委员、候补委员有前款行为的，由街道办事处或者乡镇人民政府在调查核实后公告结果；情况属实的，街道办事处或者乡镇人民政府应当责令业主委员会提请业主大会罢免其资格。在委员资格被罢免前，业主委员会应当暂停该委员履行职责，并向业主公告。

第三十九条 业主委员会委员、候补委员任职期间有下列情形之一的，其任职资格自行终止，业主委员会应当在物业管理区域内进行公告：

（一）因物业转让、灭失等原因不再是本物业管理区域内业主；

（二）丧失履行职责能力；

（三）自愿以书面形式提出辞职；

（四）本人、配偶及其直系亲属在本物业管理区域内服务的物业服务人任职或者是物业服务人的出资人；

（五）被判处刑罚；

（六）被列为失信被执行人；

（七）法律、法规以及管理规约规定的其他情形。

第四十条 业主委员会任期届满前九十日，应当书面报告街道办事处或者乡镇人民政府；业主委员会未按照规定报告的，业主可以向街道办事处或者乡镇人民政府提出书面申请。街道办事处或者乡镇人民政府应当自收到书面报告或者书面申请之日起三十日内组建换届选举筹备组。筹备组应当按照筹备召开首次业主大会会议的有关规定，组织召开业主大会会议，在业主委员会任期届满前，选举新一届业主委员会。

业主委员会任职期间有下列情形之一的，街道办事处或者乡镇人民政府应当组建换届选举筹备组，并由筹备组按照筹备召开首次业主大会会议的有关规定，组织召开业主大会会议；业主大会应当启动提前换届选举程序：

（一）作出的决定严重违反法律、法规的；

（二）业主委员会连续六个月不履行或者不正确履行职责，经街道办事处或者乡镇人民政府责令限期整改后拒不改正的；

（三）按照本条例第三十二条规定递补后，业主委员会委员仍不足五人的；

（四）业主委员会无法正常履行职责的其他情形。

换届选举经费在公共收益中列支。

自换届选举筹备组产生至新一届业主委员会选举产生期间，业主委员会不得组织召开业主大会会议对下列事项作出决定：

（一）选聘、续聘、解聘物业服务人；

（二）调整物业收费标准；

（三）除严重影响物业正常使用的紧急情况需要立即对物业共用部位、共用设施设备进行紧急维修、更新、改造之外的物业维修、更新、改造等重大事项；

（四）其他重大事项。

第四十一条 鼓励业主大会建立业主委员会委员任中审计和离任审计制度。审计可以委托专业审计机构实施，费用在公共收益中列支。

第四十二条 业主委员会委员资格自行终止或者被罢免，或者业主委员会换届的，应当在十日内移交其保管的有关财务凭证、业主名册、会议纪要等档案资料、印章及其他属于全体业主共有的财物。

业主委员会委员资格自行终止或者被罢免的，向业主委员会移交。

业主委员会换届的，由上一届业主委员会向新一届业主委员会移交。

拒不移交本条第一款规定的档案资料、印章和财物的，新一届业主委员会可以请求物业所在地的街道办事处或者乡镇人民政府督促移交，并可以向辖区公安派出所请求协助。

第三章　前期物业管理

第四十三条 住宅小区的建设单位应当在办理预售许可或者现房销售备案前，通过招投标方式选聘物业服务人，签订前期物业服务合同，制定临时管理规约。建设单位应当在招标文件中对物业服务人的信用提出相应要求；物业服务人在编制投标文件时应当载明信用信息。投标人少于三人或者建筑面积在三万平方米以下的，经物业所在地的县级人民政府住房城乡建设主管部门批准，可以采用协议方式选聘物业服务人；拟选聘物业服务人应当注明其信用信息。

住宅小区的建设单位与物业服务人按照招投标文件签订前期物业服务合同后，不得签订背离招投标文件实质性内容和前期物业服务合同的补充协议。

第四十四条 建设单位应当参照人民政府住房城乡建设主管部门制定的前期物业服务合同和临时管理规约示范文本制定前期物业服务合同和临时管理规约，并自签订和发布之日起十五日内报物业所在地的县级人民政府住房城乡建设主管部门备案。前期物业服务合同和临时管理规约内容与示范文本内容不一致的，应当在备案时作出书面说明。

前期物业服务合同和临时管理规约作为建设单位与物业买受人签订的物业买卖合同的附件。物业买受人在与建设单位签订物业买卖合同时，应当对遵守临时管理规约和履行依法签订的前期物业服务合同予以书面承诺。

前期物业服务合同的期限一般不超过五年。合同有效期内，业主委员会或者业主与新物业服务人订立的物业服务合同生效的，前期物业服务合同终止。前期物业服务合同期限届满前九十日，由业主依法共同决定是否续聘；前期物业服务合同期限届满，业主没有依法共同作出续聘或者另聘物业服务人的决定，物业服务人仍按照原物业服务合同继续提供服务的，原物业服务合同继续有效，但是服务期限为不定期，当事人可以随时解除不定期物业服务合同。

首次业主大会会议通过的管理规约生效的，临时管理规约失效。

第四十五条　新建物业交付使用前，建设单位和前期物业服务人应当在物业所在地的县级人民政府住房城乡建设主管部门的指导、监督下，按照国家有关规定和前期物业服务合同约定，共同对物业共用部位、共用设施设备进行查验，确认现场查验结果，形成查验记录。未进行承接查验的，不得交付使用。

实施承接查验时，应当邀请街道办事处或者乡镇人民政府、居（村）民委员会派人参与现场查验，必要时可以聘请第三方机构予以协助。

承接查验后，建设单位应当与物业服务人签订物业承接查验协议，对物业承接查验基本情况、存在的问题和解决方法及其时限、双方权利义务、责任归属等进行明确。物业承接查验协议作为前期物业服务合同的补充协议，与前期物业服务合同具有同等效力。

物业承接查验的费用由建设单位承担，但是另有约定的除外。

第四十六条　建设单位应当在物业承接查验前二十日内向物业服务人移交下列资料：

（一）竣工总平面图，单体建筑、结构、设备竣工图，配套设施、地下管网工程竣工图、绿化工程竣工图等竣工验收资料；

（二）共用设施设备清单及其安装、使用和维护保养等技术资料；

（三）供电、供水、供燃气、通信、有线电视等准许使用文件；

（四）物业质量保修文件和物业使用说明文件；

（五）物业服务用房的清单；

（六）按照国家有关规定承接查验所必需的其他资料。

建设单位未在前款规定的期限内全部移交前款所列资料的，应当列出未移交资料的详细清单，并书面承诺补交的具体期限。

第四十七条　物业服务人应当自物业交接后三十日内，持以下资料的复印件并加盖公章，向物业所在地的县级人民政府住房城乡建设主管部门办理物业承接查验备案：

（一）物业承接查验协议；

（二）建设单位移交资料清单；

（三）查验、交接记录；

（四）与承接查验有关的其他资料。

报送资料齐全的，物业所在地的县级人民政府住房城乡建设主管部门应当予以备案并将备案意见抄送街道办事处或者乡镇人民政府。报送资料不齐全的，物业所在地的县级人民政府住房城乡建设主管部门应当责令物业服务人限期补齐。

物业服务人应当将物业承接查验备案情况书面告知业主或者买受人，并将物业承接查验资料作为物业管理档案长期保存。

物业服务人擅自承接未经查验的物业，因房屋质量、物业共用部位、共用设施设备缺陷给业主造成损害的，应当依法承担赔偿责任。

物业承接查验资料属于全体业主共有，业主有权免费查询。

物业服务合同终止的，原物业服务人应当及时将物业承接查验档案向业主委员会移交。

第四十八条　建设单位应当按照国家规定及合同约定的保修期限和保修范围承担物业的保修责任。建设单位委托物业服务人保修的，应当与物业服务人另行签订委托协议并在物业管理区域内向业主公示。

在物业保修期限和保修范围内发生质量问题的，物业服务人应当向建设单位发出保修通知，建设单位应当履行保修义务，并对造成的损失承担赔偿责任。

第四十九条　物业服务用房由建设单位无偿配置，由全体业主共有，其费用列入开发建设成本，任何单位和个人不得擅自变更用途和位置，也不得占用、转让、抵押。

物业服务用房包括物业办公用房和业主委员会用房。建设单位应当按照不低于物业管理区域内总建筑面积千分之二的比例且不少于一百平方米的标准配置。业主委员会用房占物业服务用房比例不超过百分之二十且面积不低于二十平方米。物业服务用房应当为地面以上，具备水、电、网络、通风、采光等基本使用条件的房屋。没有配置电梯的物业服务用房所在楼层不得高于标准层二楼。

人民政府自然资源（城乡规划）主管部门应当按照本条第二款的规定核定物业服务用房的位置和面积，在建设工程规划许可证附图上注明物业服务用房的具体位置和面积。

建设单位申请房屋预售许可证时，不得将物业服务用房纳入可销售范围。物业服务用房应当与所在楼栋同时交付使用。

第五十条 分期建设的物业，前期未配置足额物业服务用房的，建设单位应当在前期物业服务合同备案时按照本条例第四十九条第二款规定划出相应面积的房屋，临时替代物业服务用房。临时替代物业服务用房不能抵押、转让。物业服务用房配置达到规定标准后，解除对临时替代物业服务用房的抵押、转让限制。

第五十一条 前期物业费按照不同物业的使用性质和特点，实行政府指导价和市场调节价。政府指导价由设区的市、县级人民政府发展改革主管部门会同同级人民政府住房城乡建设主管部门，根据物业类型、物业服务等级、服务成本和物价指数变动等情况，分类制定相应的基准价和浮动幅度，每三年调整一次并向社会公布。

业主或者物业服务人因政府指导价变动需要调整前期物业费标准的，应当按照前期物业服务合同约定，根据自治区物业服务等级评定的有关规定先行核定物业服务等级后，按照核定的物业服务等级在政府指导价的范围内调整。

第五十二条 建设单位与前期物业服务人应当按照设区的市、县级人民政府物业费相关规定，在前期物业服务合同中明确约定各项收费标准。建设单位出售物业时，不得承诺或者代物业服务人承诺或者约定减免物业费。

自前期物业服务合同签订之日至物业交付使用之日发生的前期物业费，由建设单位承担；自物业交付使用之日至前期物业服务合同终止之日发生的前期物业费，由建设单位和买受人按照物业买卖合同的约定承担。物业交付使用时，除物业买卖合同另有约定外，物业服务人不得向买受人收取任何费用。

物业管理区域内已竣工验收但尚未出售或者尚未交付给买受人的房屋、车位等物业，其前期物业费由建设单位按照该区域同类物业的标准全额支付。

第五十三条 未达到成立业主大会条件，前期物业服务人退出的，建设单位应当按照选聘前期物业服务人的规定和物业买卖合同中物业服务方面相关约定，通过招投标重新选聘物业服务人，并报告物业所在地的县级人民政府住房城乡建设主管部门和街道办事处或者乡镇人民政府，同时在物业管理区域显著位置公告。新物业服务人确定后的十五日内，建设单位应当将招投标情况书面告知全体业主。

重新选聘的物业服务人的信用等级不得低于原物业服务人信用等级，物业服务等级标准不得低于原前期物业服务合同约定的等级标准，物业收费标准不得高于原前期物业服务合同约定的标准。

第四章　物业管理服务

第五十四条 接受业主委托的物业服务企业应当具有独立法人资格，拥有相应的专业技术人员，具备为业主提供物业管理专业服务的能力。

电梯、消防等具有专业技术要求的设施设备的维修和养护，应当委托具有资质的专业机构或者人员实施。

第五十五条 业主大会选聘物业服务人前，业主委员会应当拟订选聘方案并经业主大会会议审议通过。选聘方案应当包括拟选聘物业服务人的信用信息、服务实绩要求、物业服务等级及收费标准、物业服务合同期限和选聘方式、评分标准、评委组成等内容。

除续聘物业服务企业外，鼓励通过招投标方式选聘物业服务企业。招投标具体办法由自治区人民政府住房城乡建设主管部门制定。

业主大会选聘物业服务人的物业服务合同期限一般不超过五年，具体期限由业主依法共同决定。

第五十六条 自治区人民政府住房城乡建设主管部门应当制定物业服务合同示范文本，并向社会公布。

物业服务合同示范文本一般包括服务事项、服务质量、服务费用的标准和收取办法、物业专项维修资金的使用、物业服务用房的管理和使用、服务期限、服务交接等条款。

签订或者变更物业服务合同应当加盖业主大会印章，并自签订或者变更之日起十五日内，由物业服务人将物业服务合同报物业所在地的县级人民政府住房城乡建设主管部门备案。县级人民政府住房城乡建设主管部门应当自收到之日起十五日内抄送物业所在地的街道办事处或者乡镇人民政府。

提倡业主或者业主大会参照人民政府住房城乡建设主管部门制定的物业服务合同示范文本与物业服务人签订物业服务合同。

第五十七条 业主依照法定程序共同决定解聘物业服务人的，可以解除物业服务合同。决定解聘的，应当提前六十日书面通知物业服务人，但是合同对通知期限另有约定的除外。

物业服务期限届满前，物业服务人要求提前解除物业服务合同的，应当提前九十日书面通知业主或者业主委员会，并在物业管理区域内显著位置公告，但是合同对通知期限另有约定的除外。

提前解除物业服务合同的，业主委员会应当在业主大会作出决定或者接到物业服务人书面通知后的三十日内依照业主大会议事规则，组织召开业主大会会议，选聘新的物业服务人。

第五十八条 物业服务合同期限届满前九十日，业主应当依法共同决定续聘或者另聘物业服务人。决定解聘原物业服务人的，应当提前六十日书面通知原物业服务人，但是合同对通知期限另有约定的除外。

物业服务人决定在物业服务合同期限届满后不再提供物业服务的，应当在物业服务合同期限届满前九十日书面通知业主或者业主委员会，但是合同对通知期限另有约定的除外。

物业服务合同期限届满后，业主没有依法作出续聘或者另聘的决定，物业服务人继续提供服务的，原物业服务合同继续有效，但是服务期限为不定期。当事人可以随时解除不定期物业服务合同，但是应当提前六十日书面通知对方。

第五十九条 物业服务人享有下列权利：

（一）根据法律、法规规定，临时管理规约、管理规约、物业服务合同等约定，对物业及其环境、秩序进行管理；

（二）依照物业服务合同约定收取物业费；

（三）法律、法规规定，临时管理规约、管理规约、物业服务合同等约定的其他权利。

任何单位和个人不得强制物业服务人代收有关费用或者提供无偿服务。

第六十条 物业服务人应当按照法律、法规规定和临时管理规约、管理规约、物业服务合同的约定以及有关物业管理的技术标准和行业规范提供服务，执行业主大会、业主委员会的决定。

物业服务人应当及时向业主、物业使用人告知安全、合理使用物业的注意事项，及时对业主提出的意见和建议进行答复并改进和完善服务。

物业服务人发现业主、物业使用人在物业使用过程中有违反法律、法规规定以及临时管理规约、管理规约行为的，应当予以劝阻、制止；劝阻、制止无效的，对违反法律、法规规定的行为应当报告街道办事处、乡镇人民政府或者有关主管部门，对违反临时管理规约、管理规约的行为应当及时报告业主委员会和居（村）民委员会。

物业服务人应当建立健全安全管理制度，定期检查物业管理区域内各项安全防范措施的落实情况，发现有安全隐患的，及时设置警示标志，采取措施消除安全隐患或者向相关专业经营单位报告；发生安全事故或者其他紧急情况时，物业服务人应当及时采取应急处置措施，并按照规定向有关主管部门或者相关专业经营单位报告。

物业服务人应当协助成立业主大会、选举业主委员会，在物业管理区域内为业主大会筹备组和业主大会、业主委员会的活动提供相应的人力、场地等支持。

第六十一条 物业服务人应当建立、保存下列档案和资料：

（一）业主共有部分经营管理档案；

（二）小区监控系统、电梯、水泵、消防设施、消防器材、防盗门等物业共用部位、共用设施设备档案及其改造、维修、运行、保养、检验检测的有关资料；

（三）水箱清洗记录及水箱水质检测报告；

（四）住宅装饰装修管理资料；

（五）业主名册；

（六）签订的供电、供水、垃圾清运、通信网络等书面协议；

（七）物业服务活动中形成的与业主利益相关的其他资料。

第六十二条 物业服务人应当在物业管理区域内显著位置如实公示并及时更新下列信息，同时通过其他便捷方式告知全体业主：

（一）物业服务人的营业执照、信用信息和服务咨询投诉电话，项目负责人的基本情况和联系方式；

（二）物业服务内容、服务质量标准，收费项目、收费标准、收费方式等；

（三）物业承接查验情况和物业承接查验协议；

（四）电梯、消防、二次供水等专项设施设备的日常维修保养单位的名称、资质、联系方式和应急处置方案等；

（五）物业专项维修资金使用情况，包括涉及维修、更新、改造项目的明细；

（六）水、电等公共能耗总量、明细及费用分摊情况；

（七）物业管理区域公共收益收支情况，包括与公共收益相关的合同或者协议等；

（八）业主、物业使用人进行房屋装饰装修活动的情况；

（九）法律、法规规定及物业服务合同约定应当公示的其他信息。

前款第一项至第四项和第八项应当持续公示并及时更新，第五项至第七项至少每半年公布一次，公示期不少于三十日。

业主对公示内容有异议的，物业服务人应当及时解答。

第六十三条 物业服务人不得有下列行为：

（一）将物业管理区域内的全部物业服务委托给第三人或者将全部物业服务支解后分别转委托给第三人；

（二）挪用或者擅自使用物业专项维修资金和公共收益；

（三）擅自改变物业共用部位、共用设施设备和物业服务用房用途；

（四）擅自占用、挖掘物业管理区域内道路、场地，擅自侵占绿地、砍伐树木；

（五）擅自利用、许可或者默许他人在公共场地、共用部位从事经营活动，或者利用公共场地、共用部位、共用设施设备进行广告宣传等；

（六）未依法终止物业服务合同，擅自停止服务或者退出物业管理区域；

（七）限定业主、物业使用人购买其指定的商品、装修装饰材料或者提供的服务；

（八）擅自提高收费标准或者扩大收费范围、重复收费、捆绑收费以及收取物业服务合同约定外的费用；

（九）以部分业主拖欠物业费、不配合管理等为由减少服务内容、降低服务质量标准；

（十）采取停止供电、供水、供燃气等方式催交物业费；

（十一）泄露或者擅自使用业主信息，或者对业主进行骚扰、恐吓、打击报复、采取暴力行为；

（十二）损害业主权益的其他行为。

第六十四条 业主应当按照物业服务合同的约定支付物业费。业主与物业使用人约定物业费由物业使用人支付的，业主负有连带责任。

业主违反约定逾期不支付物业费的，物业服务人可以通过信函、电话、短信息等方式催告其在合理期限内支付；合理期限届满后仍不支付的，物业服务人、业主委员会可以在业主户门、物业管理区域内显著位置将欠费情况予以公告，物业服务人也可以提起诉讼或者申请仲裁。

业主转让物业时，应当与物业服务人结清物业费；未结清的，买卖双方应当对物业费的结算作出约定，并告知物业服务人；约定由买受方支付的，业主负有连带责任。

第六十五条 供电、供水、供燃气、通信、有线电视等专业经营单位应当根据国家、自治区有关规定及行业技术规范向最终用户提供装表到户、维护到户、收费到户的服务。

相关专业经营单位不得强制物业服务人代收费用，不得因部分最终用户未交费而对已交费用户和物业共用部位、共用设施设备停止服务。委托物业服务人代收费用和对相关设施设备进行日常维修、养护的，应当签订书面协议，明确委托事项、委托期限、委托费用及支付方式等。未签订书面委托协议的，由相关专业经营单位自行负责相关工作。

物业服务人接受相关专业经营单位委托代收相关费用的，不得向业主收取额外手续费等费用。退出物业管理区域的，应当与相关专业经营单位进行代收费用清算。未清算的，相关专业经营单位不得以未收到费用为由停止向最终用户提供服务。

第六十六条　物业服务人退出物业管理区域时应当按照下列规定办理：

（一）与业主或者业主大会选聘的新物业服务人、业主委员会办理移交手续；

（二）没有业主委员会或者业主委员会不能正常履行职责，且未选聘新物业服务人的，与居（村）民委员会办理移交手续；

（三）业主或者业主大会决定自行管理的，与自行管理的执行人或者负责人办理移交手续。

移交各方应当做好查验记录。查验记录应当包括查验时间、查验内容、查验结论、存在问题及其处理意见等，并由移交双方当事人签字盖章。

第六十七条　除物业服务合同另有约定期限外，物业服务人应当自物业服务合同终止之日起十日内，对下列事项进行交接并退出物业管理区域：

（一）移交本条例第四十六条、第六十一条规定的全部物业档案资料；

（二）移交业主共有部分；

（三）公共收益的结余；

（四）清算预收、代收的有关费用；

（五）物业服务合同约定的其他事项。

原物业服务人不得以业主欠交物业费、对业主共同决定有异议、与业主大会或者业主委员会有其他纠纷等为由拒绝办理交接，不得以任何理由阻挠新物业服务人进场服务。原物业服务人拒不移交前款事项或者拒绝退出物业管理区域的，业主委员会或者业主可以向街道办事处或者乡镇人民政府和县级人民政府住房城乡建设主管部门报告，并可以向辖区公安派出所请求协助，或者提起诉讼，要求原物业服务人移交前款事项并退出物业管理区域；原物业服务人有破坏设施设备、毁坏账册等违法行为的，由公安机关依法处理。

第六十八条　物业服务人退出物业管理区域且业主大会尚未选聘新物业服务人的，由业主委员会在街道办事处或者乡镇人民政府监督下，从应急物业服务人备选库中随机抽选一家物业服务人，提供供电、供水、垃圾清运、电梯运行等维持业主基本生活服务事项的应急服务。

没有业主委员会或者业主委员会不能正常履行职责的，经百分之二十以上业主申请，由居（村）民委员会在街道办事处或者乡镇人民政府监督下，从应急物业服务人备选库中随机抽选一家物业服务人提供应急服务。

提供应急物业服务的，业主委员会或者居（村）民委员会应当将服务事项、负责人员、服务期限、服务费用等相关内容在物业管理区域内显著位置公示。应急物业服务合同期限最长不超过六个月，费用由全体业主承担。

应急物业服务期间，街道办事处、乡镇人民政府、居（村）民委员会应当组织业主依法共同决定选聘新物业服务人，协调新物业服务人和应急物业服务人做好交接。

应急物业服务人备选库由设区的市人民政府住房城乡建设主管部门按照公开、自愿、择优的原则建立。

第六十九条　业主或者业主大会决定自行管理的住宅小区，应当制定业主自行管理方案。方案应当经全体业主依法表决通过，并书面向街道办事处或者乡镇人民政府备案。

业主自行管理方案包括下列内容：

（一）自行管理的执行人或者负责人及其权利和责任；

（二）管理的事项、费用、期限；

（三）选聘专业性服务机构的类型、资格条件及选聘的方式，选聘劳务人员的数量、资格条件及选聘的方式；

（四）业主支付物业费的标准和方式；

（五）自行管理的其他事项。

本条例对业主委员会委员、物业服务人的相关规定适用于自行管理的执行人或者负责人。

第七十条 业主或者业主大会决定自行管理的住宅小区，可以将物业管理区域内的秩序维护、清洁卫生、园林绿化、设施设备维修养护、工程施工等专项服务业务委托给专业性服务机构或者个人，专业性服务机构或者个人不得将承接的专项服务业务再次委托给他人。

业主自行管理的住宅小区收取物业费等费用需要开具发票的，按照税收法律、法规相关规定向物业所在地的税务部门申请领用或者代开，并依法纳税。

第七十一条 老旧小区可以通过市场化管理、单位自管、业主自行管理等模式进行管理。

县级人民政府应当根据国家和自治区有关老旧小区整治改造规划和年度计划，加强对老旧小区的指导和管理，及时解决老旧小区在物业管理方面的困难和问题。

第七十二条 发生突发事件，县级人民政府有关主管部门、街道办事处、乡镇人民政府应当组织、指导物业服务人在物业管理区域内落实各项应急处置措施和其他管理措施，并给予物资和资金支持。物业服务人应当按照政府要求开展相关应对工作，业主委员会、业主、物业使用人应当予以配合。

第五章 物业使用与维护

第七十三条 业主、物业使用人、业主委员会、物业服务人应当遵守法律、法规和临时管理规约、管理规约，按照规划用途安全、合理使用物业。

物业管理区域内禁止下列行为：

（一）损坏、擅自改变房屋承重结构、主体结构；

（二）将房间或者阳台改为卫生间、厨房；

（三）侵占、损坏物业共用部位、共用设施设备；

（四）擅自占用、挖掘物业管理区域内的道路、场地，毁坏绿化植物和绿化设施；

（五）违法搭建建筑物、构筑物、障碍物，破坏或者擅自改变房屋外观；

（六）违反安全管理规定生产、经营、储存易燃、易爆、剧毒、腐蚀性、放射性等危险物品；

（七）擅自架设电线、电缆；

（八）从建筑物中抛掷物品；

（九）随意弃置垃圾，将有毒有害废液排入城镇污水收集管网，露天烧烤，露天焚烧产生有毒有害烟尘和恶臭气体的物质；

（十）擅自排放超过国家环境噪声排放标准的噪声；

（十一）占用、堵塞、封闭消防通道、疏散通道、消防车登高操作场地，损坏消防、人民防空设施及器材；

（十二）违反法律、法规和临时管理规约、管理规约饲养动物；

（十三）法律、法规和临时管理规约、管理规约禁止的其他行为。

物业管理区域内发生前款行为时，物业服务人、业主委员会、业主、物业使用人有权投诉、举报、劝阻、制止；劝阻、制止无效的，应当及时报告街道办事处或者乡镇人民政府。街道办事处或者乡镇人民政府接到报告并在调查、了解情况后按照法定权限予以依法处置；超出权限范围的，分别通知人民政府住房城乡建设、自然资源（城乡规划）、公安、消防救援、城市管理综合行政执法等主管部门到场依法处置。行为人的行为给其他业主和物业使用人造成损害的，依法承担赔偿责任。

第七十四条 业主、物业使用人、业主委员会、物业服务人不得违反法律、法规和临时管理规约、管理规约，将住宅、车位、车库等改变为经营性用房或者经营场所。确需将住宅、车位、车库等改变为经营性用房或者经营场所的，应当经有利害关系的业主一致同意，并依法办理相关手续。

第七十五条 业主出租或者转让物业的，可以在物业租赁或者转让合同中对物业费的支付作出约定，并在合同签订后十日内，将承租人或者受让人的姓名、联系方式、身份证复印件、租赁期限以及物业费、公共水电分摊支付等事项书面告知业主委员会和物业服务人。

第七十六条　业主、物业使用人装饰装修房屋，应当遵守法律、法规、临时管理规约或者管理规约，开工前应当与物业服务人签订装饰装修管理协议，对房屋装饰装修的时间、垃圾处理、噪声扬尘控制、外立面管控、防盗网和空调室外机安装以及电梯、消防设施等共用设施设备的保护、禁止行为等注意事项以及违约责任作出明确约定。

业主、物业使用人拒绝与物业服务人签订装饰装修管理协议的，物业服务人可以按照临时管理规约或者管理规约的规定，禁止装饰装修施工人员、材料进入物业管理区域。

物业服务人应当派人对装饰装修现场进行巡查；巡查时，业主、物业使用人或者装饰装修施工人员应当予以配合。巡查人员发现有违反装饰装修管理协议的，应当予以劝阻；劝阻无效的，物业服务人应当及时报告相关主管部门。

装饰装修施工损坏共用设施设备、污染共用部位的，由业主、物业使用人负责修复、清洁；拒绝修复、清洁的，由物业服务人代为修复、清洁，所需费用由业主或者物业使用人承担。

第七十七条　业主、物业使用人对其使用的窗户、阳台或者其他设施及其搁置物、悬挂物承担安全管理责任。物业服务人应当对物业管理区域内的天面、外墙、楼梯间等易于发生安全风险的设施设备和公共区域加强日常巡查，发现业主、物业使用人使用的窗户、阳台或者其他设施及其搁置物、悬挂物存在脱落、坠落等安全隐患的，应当及时通知并督促业主或者物业使用人尽快消除安全隐患。

第七十八条　新建住宅小区应当规划和配套建设电动汽车、电动自行车集中停放和集中充电设施。已投入使用的住宅小区，根据实际情况增建、改建电动汽车、电动自行车集中停放场所，完善集中充电等配套设施。

禁止在建筑物内的首层门厅、疏散通道、安全出口、楼梯间等影响消防通道畅通的区域停放电动自行车，为电动自行车充电；禁止在标准层二楼以上建筑物专有部分为电动自行车、电动自行车蓄电池充电；禁止违反安全用电要求乱拉电线和插座为电动自行车、电动自行车蓄电池充电。

第七十九条　人民政府自然资源（城乡规划）主管部门应当将规划用于停车的车位、车库在建设工程规划许可证的附件中予以注明，同时明确物业管理区域内车位、车库的配置比例。

建设单位应当将规划车位、车库的形式或者类型、数量、处置方式等信息向物业买受人公示。用于销售的车位、车库，应当在销售前办理车位、车库预售许可或者现售备案。

物业管理区域内规划用于停车的车位、车库应当首先满足业主的需要。不出售或者尚未出售的，应当出租给本物业管理区域的业主、物业使用人停放车辆，且不得以只售不租为由拒绝出租，租金按照自治区、设区的市有关规定执行。

建设单位、物业服务人应当按季度公示车位、车库数量和使用信息等。在满足本物业管理区域内业主的购买和承租需要并提前七日向业主公示后，可以临时按月将剩余车位、车库出租给本物业管理区域外的单位或者个人。

第八十条　业主大会成立前，利用物业管理区域内道路、场地、架空层等业主共有部分划定公共车位停放车辆的，应当在前期物业服务合同和临时管理规约中明确约定。业主大会成立后，利用物业管理区域内道路、场地、架空层等业主共有部分划定公共车位停放车辆的，应当经业主大会同意。

划定车位和停放车辆不得占用、堵塞、封闭疏散通道、安全出口、消防车通道和消防车登高操作场地。在消防车通道沿途设置警示标志、标线，提示严禁占用消防车通道停放车辆，确保消防车通道畅通。

设区的市、县级人民政府应当组织交通运输、公安、住房城乡建设、大数据、城市管理综合行政执法等有关主管部门建立停车资源共享协调制度。停车位供需矛盾突出的住宅小区，在其周边商业配建停车场（库）、道路具备夜间等时段性停车条件的，县级以上人民政府住房城乡建设主管部门应当商有关主管部门提出错时停车方案。鼓励业主与住宅小区周边单位通过协商实现停车资源共享。

第八十一条　利用物业管理区域内物业共

用部位、共用设施设备从事商业推广、停车、广告等经营活动的，应当按照前期物业服务合同约定或者经业主大会决定。业主大会可以授权业主委员会同意利用全体业主共有部分从事相关活动。

利用物业管理区域内物业共用部位、共用设施设备经营产生的商业推广、停车、广告等公共收益归全体业主共有，并应当单独列账。百分之五十以上的公共收益优先用于补充物业专项维修资金，剩余部分可以用于业主大会和业主委员会工作经费、消防设施和消防器材更新、电动车停放充电场所改造、业主委员会审计等经业主大会决定的其他支出。

前款所称的公共收益是指公共收入在扣除适当的经营管理成本后的净收入。业主大会成立前扣除的比例不得超过公共收入的百分之三十，业主大会成立后的扣除比例由业主大会决定。

公共收益应当存入银行专户，接受政府监管，并接受业主监督，业主有权查询与公共收益相关的收支明细、合同、协议等材料。业主大会成立前的公共收益统一存入设立的专门账户，并在业主大会成立后转入业主大会指定的账户。

物业服务人、业主委员会应当每季度核对一次公共收益账目，并在物业管理区域内显著位置公示公共收益收支明细、增值和结存情况。必要时，业主大会可以对公共收益进行审计，审计费用在公共收益中列支。

第八十二条 物业保修期限内发生的维修、更新、改造责任和费用，由建设单位承担；保修期限届满后的维修、更新、改造责任和费用，按照下列规定承担：

（一）业主专有部分由业主承担；

（二）物业共用部位、共用设施设备，由业主按照专有部分建筑面积分摊，从物业专项维修资金中支付。未设立物业专项维修资金或者专项维修资金不足的，由业主按照专有部分建筑面积承担。属于人为损坏的，费用由责任人承担；

（三）物业管理区域内供电、供水、供燃气、通信、有线电视等相关管线和设施设备，按照有关规定承担；

（四）物业共用部位、共用设施设备的日常运行、维护费用，由物业服务人从业主支付的物业费中支出。

业主部分共有部分的维修、更新、改造需要使用物业专项维修资金的，由拥有部分共有部分的业主共同决定并按照专有部分建筑面积分摊；拥有部分共有部分的业主作出的决定不得与业主大会对业主共有部分作出的决定相抵触。

第八十三条 建筑物专有部分存在安全隐患，危及公共利益或者他人合法权益的，相关业主应当及时维修、养护，其他业主应当予以配合。责任人不履行维修养护义务的，可以由物业服务人报经业主委员会同意，或者按照临时管理规约、管理规约的规定，代为维修、养护，费用由责任人承担。

第八十四条 业主应当按照国家和自治区、设区的市有关规定，将首期物业专项维修资金存入人民政府住房城乡建设主管部门设立的物业专项维修资金专户。

首期物业专项维修资金由建设单位在办理销售手续前预交。买受人在签订房屋买卖合同时应当向建设单位支付其代垫的物业专项维修资金。

物业专项维修资金属于业主共有，专项用于物业共用部位、共用设施设备保修期满后的维修、更新和改造，不得挪作他用。

人民政府住房城乡建设主管部门应当按照方便快捷、公开透明、受益人与负担人相一致的原则，建立健全物业专项维修资金列支预公示、列支后公示、业主即时查询制度，依法保障物业专项维修资金的正常使用和监督管理。

第八十五条 物业专项维修资金的管理，实行专户存储、专款专用、所有权人决策、政府监督的原则。设区的市、县级人民政府应当建立健全物业专项维修资金的使用、管理和监督制度。

业主大会成立前，物业专项维修资金由人民政府住房城乡建设主管部门代管。业主大会成立后，根据业主大会决定，选择自行管理或者代管。业主大会选择自行管理物业专项维修资金的，应当在银行设立物业专项维修资金账户，接受人民政府住房城乡建设主管部门的监督和指导。

第八十六条　物业专项维修资金余额不足首期筹集金额百分之三十的，业主应当按照相关规定以及业主大会的决定续筹。

国家实施专项维修资金制度之前已交付使用的物业项目、物业专项维修资金余额不足首期筹集金额百分之三十的，公共收益应当优先补足物业专项维修资金。

物业所有权发生转移时，交存的物业专项维修资金随物业转移。

第八十七条　发生下列严重影响物业正常使用的紧急情况，需要立即对物业共用部位、共用设施设备进行紧急维修、更新、改造的，应当及时制定维修、更新、改造的方案并在物业管理区域内显著位置公告：

（一）水泵、水箱（池）发生故障，影响正常使用的；

（二）电梯发生故障，电梯专业检测机构出具整改通知书要求停运的；

（三）外墙墙面、建筑附属构件有脱落危险，有资质的鉴定机构出具鉴定文件的；

（四）屋顶或者外墙渗漏，严重影响房屋使用，有资质的鉴定机构出具鉴定文件的；

（五）专用给排水设施坍塌、堵塞、爆裂的；

（六）消防设施和消防器材缺失、破损严重，危及公共安全，消防救援机构出具整改通知书的；

（七）其他紧急情况。

前款规定的维修、更新、改造事项不属于工程质量保修范围，需要使用物业专项维修资金的，按照下列规定办理：

（一）业主大会成立前，物业服务人应当持有关材料向物业专项维修资金管理机构申报。管理机构收到申报后五个工作日内按照相关程序审核同意，在物业专项维修资金中直接列支；

（二）业主大会成立后，业主大会决定物业专项维修资金由人民政府住房城乡建设主管部门代管的，物业服务人或者业主自行管理的执行人持有关材料向业主委员会提出列支专项维修资金的申请，经业主委员会审核同意后，向物业专项维修资金管理机构申报，管理机构收到申报后五个工作日内按照相关程序审核同意，在物业专项维修资金中直接列支；

（三）业主大会成立后，业主大会决定自行管理物业专项维修资金的，物业服务人或者业主自行管理的执行人应当按照业主大会议事规则的有关规定申领，在物业专项维修资金中列支；

（四）业主委员会未在七日内审核同意，且已出现影响房屋正常使用或者人身财产安全情形的，县级以上人民政府住房城乡建设主管部门可以组织代为维修，物业专项维修资金管理机构按照相关程序审核同意后，在物业专项维修资金中直接列支。

物业服务人先行垫付紧急维修、更新、改造费用的，可以在工程竣工验收合格后，按规定办理核销手续。

第六章　监督管理

第八十八条　县级以上人民政府住房城乡建设主管部门履行下列职责：

（一）研究制定物业管理活动相关政策；

（二）对物业服务企业实施分类监管，加强对物业服务质量监督检查；

（三）对物业服务人及其从业人员、业主大会筹备组成员、业主委员会委员进行业务指导、培训和监督管理；

（四）指导监督物业管理招投标活动；

（五）对物业承接查验、物业服务人退出交接活动进行指导和监督；

（六）制定临时管理规约、管理规约、业主大会议事规则、前期物业服务合同、物业服务合同等与物业管理有关的示范文本和指导规则；

（七）处理物业管理活动中的投诉、举报；

（八）对物业专项维修资金交存、管理和使用情况以及公共收益收支情况进行监督管理；

（九）对物业服务人及其从业人员开展信用评价管理；

（十）指导监督与物业管理有关的第三方评估；

（十一）法律、法规规定的其他职责。

第八十九条 县级以上人民政府有关主管部门负责物业管理区域内的下列工作：

（一）自然资源（城乡规划）主管部门负责共用设施设备、物业服务用房的规划审查和规划验收、整治改造，对专有部分、共有部分权属的登记，依法提供业主大会会议所需的资料，以及违法建筑、违法搭建的认定；

（二）市场监督管理部门负责经营证照、物业服务收费、车辆停放收费、电梯等特种设备安全使用以及计量器具等监督检查；

（三）公安机关负责公共安全、公共秩序、养犬、保安服务、车辆停放等监督管理；

（四）应急管理部门及消防救援机构负责消防、突发公共事件等处置、应急救援；

（五）财政、审计部门负责对人民政府住房城乡建设主管部门管理的物业专项维修资金筹集、使用和管理情况的监督检查；

（六）民政部门负责指导居（村）民委员会、业主大会、业主委员会、物业服务人依法开展社区建设和治理相关工作，指导小区配套社区居家养老服务用房并开展养老服务；

（七）卫生健康主管部门负责指导居（村）民委员会、业主大会、业主委员会、物业服务人依法开展疾病防控、计划生育工作；

（八）司法行政部门负责指导街道办事处、乡镇人民政府、居（村）民委员会、业主大会、业主委员会、物业服务人依法开展物业服务与管理纠纷人民调解工作，以及依法提供公共法律服务；

（九）生态环境部门负责污染排放等监督检查；

（十）人民防空主管部门负责对人防工程维护管理的监督检查；

（十一）城市管理综合行政执法部门按照本级人民政府规定的职责，依法查处物业管理区域内发生的违法行为。

已经实行城市管理综合行政执法体制改革的设区的市、县级人民政府对有关主管部门职责分工另有调整的，从其规定。

第九十条 街道办事处、乡镇人民政府应当明确负责物业管理的工作机构，配备和落实与物业管理工作相适应的人员、经费，协调和处理辖区内物业管理综合事务和纠纷，履行下列职责：

（一）配合有关主管部门开展物业管理区域的划分、调整工作；

（二）指导和监督业主大会、业主委员会筹备、成立、选举、换届等工作；

（三）指导和监督业主大会、业主委员会的日常工作，依法纠正或者撤销业主大会、业主委员会作出的违法决定；

（四）培训业主大会筹备组成员，每年开展业主委员会委员的培训；

（五）办理业主大会、业主委员会相关备案手续；

（六）参与物业承接查验，指导和监督辖区内物业管理项目的移交和接管工作；

（七）指导和监督应急物业服务人选聘；

（八）组织召开物业管理工作联席会议，研究处理物业管理工作的有关问题；

（九）建立完善物业管理纠纷调解和投诉、举报处理机制；

（十）提供物业管理活动各方的信用信息；

（十一）对物业管理区域内的物业服务实施日常监督检查，指导和监督物业服务人履行法定的义务；

（十二）监督业主、物业使用人按照规定使用和维护物业；

（十三）法律、法规规定的其他职责。

第九十一条 居（村）民委员会依法协助街道办事处、乡镇人民政府开展物业管理相关的下列工作：

（一）配合开展物业管理区域的划分工作；

（二）参与首次业主大会会议筹备工作，推荐业主委员会委员人选；

（三）指导、监督业主大会、业主委员会依法开展工作；

（四）依法参加业主大会、业主委员会会议；

（五）调解物业管理活动中的矛盾和纠纷；

（六）法律、法规规定的其他职责。

鼓励居（村）民委员会下设环境和物业管理小组，督促业主委员会和物业服务人履行职责。

第九十二条 自治区人民政府住房城乡建设主管部门应当建立物业管理信用信息监管平

台，制定物业服务人信用等级评价体系，建立业主委员会、物业服务人、物业管理项目负责人等信用信息档案，记录业主委员会履职情况、物业服务人合同履行、涉及物业管理的违法行为、行政处罚决定等情况并向社会公开。

第九十三条　县级以上人民政府应当培育和支持与物业管理活动有关的评估机构，鼓励业主或者业主大会、建设单位、物业服务人等通过引入第三方评估机构对物业承接查验和物业服务标准、服务质量、收费标准、履行情况等进行评估，及时有效解决物业管理纠纷。具体办法由自治区人民政府住房城乡建设主管部门制定。

人民政府住房城乡建设主管部门和街道办事处、乡镇人民政府可以通过政府购买服务等方式，按照规定程序委托第三方评估机构开展物业管理评估工作。

第三方评估机构及其评估人员开展物业管理评估工作应当遵守法律、法规和评估准则，遵循独立、客观、公正的原则，保证评估报告的客观、真实、合理。

第九十四条　县级人民政府有关主管部门应当建立健全物业管理违法行为投诉、举报处理制度，并在本行政区域内各物业管理区域内显著位置公布联系单位、举报电话。

县级人民政府有关主管部门接到投诉、举报或者街道办事处、乡镇人民政府要求处置违法行为的，应当及时依法处理，有权进入被检查的物业管理区域和相关单位工作场所实施现场检查，要求被检查单位提供有关文件、资料并对有关情况作出说明。业主、业主委员会、物业服务人等有关单位和个人应当予以配合和协助，不得拒绝或者阻碍监督检查人员依法执行职务。

第九十五条　设区的市、县级人民政府应当建立健全物业管理工作联席会议制度。县级联席会议由街道办事处、乡镇人民政府负责组织召集，住房城乡建设、市场监督管理、应急管理、公安、民政、城市管理综合行政执法、居（村）民委员会、物业服务人和供电、供水、供燃气等单位以及业主委员会或者业主、行业专家等组成。

联席会议主要协调解决下列问题：

（一）业主委员会不依法履行职责的问题；

（二）业主委员会换届过程中出现的问题；

（三）履行物业服务合同中出现的重大问题；

（四）提前终止物业服务合同的问题；

（五）物业服务人在退出和交接过程中的问题；

（六）物业管理与社区管理的衔接和配合；

（七）需要协调解决的其他物业管理问题。

第九十六条　街道办事处、乡镇人民政府应当建立健全物业管理纠纷的投诉、举报处理机制，配备或者确定专（兼）职人员，及时调解纠纷，处理相关投诉和举报。

基层人民调解委员会应当依法及时受理和调解物业管理纠纷。

发生物业管理争议后，当事人双方可以通过协商解决，也可以向基层人民调解委员会或者街道办事处、乡镇人民政府申请调解，也可以直接提起诉讼或者申请仲裁。调解达成协议的，双方应当签订调解协议书；调解未达成协议的，可以依法提起诉讼或者申请仲裁。

第七章　法律责任

第九十七条　违反本条例规定的行为，法律、法规已有法律责任规定的，从其规定。

第九十八条　建设单位有下列行为之一的，由物业所在地的县级以上人民政府住房城乡建设主管部门予以处罚：

（一）违反本条例第十三条第二款和第三款规定，不申请划分物业管理区域或者不按照规定公示物业管理区域的，责令限期改正；逾期未改正的，处一万元以上五万元以下罚款；

（二）违反本条例第十五条规定，逾期未将物业管理区域符合业主大会成立条件的情况书面报告物业所在地的街道办事处或者乡镇人民政府的，责令限期改正，可以处一万元以上十万元以下罚款；

（三）违反本条例第十八条规定，未按照要求交纳首次业主大会会议筹备经费的，责令限期改正；逾期未改正的，处一万元以上五万元以下罚款；

（四）违反本条例第四十五条规定，未进

行物业承接查验的，责令限期改正；逾期未改正的，处五万元以上十万元以下罚款；

（五）违反本条例第四十八条第一款规定，不履行保修义务或者拖延履行保修义务的，责令改正，处十万元以上二十万元以下罚款，并对在保修期限内因质量缺陷造成的损失承担赔偿责任；

（六）违反本条例第七十九条第三款规定，未首先满足业主的需要，将车位、车库出售给本物业管理区域内业主外的单位或者个人的，责令限期改正，按每个违法出售车位、车库处五万元以上十五万元以下罚款；

（七）违反本条例第七十九条第三款规定，以只售不租为由拒绝向业主或者物业使用人出租尚未出售的车位、车库的，责令限期改正；逾期未改正的，处十万元以上五十万元以下罚款；

（八）违反本条例第七十九条第四款规定，将尚未出售的车位、车库出租给本物业管理区域内业主外的单位或者个人的，责令限期改正，按每个违法出租车位、车库处五千元以上一万元以下罚款；逾期未改正的，按每个违法出租车位、车库处每月一千元罚款。

第九十九条 违反本条例第四十三条第二款规定，建设单位与物业服务人签订背离招投标文件实质性内容和前期物业服务合同的补充协议的，由物业所在地的县级以上人民政府住房城乡建设主管部门责令改正，给予警告，可以并处十万元以下罚款。

第一百条 物业服务人有下列情形之一的，由物业所在地的县级以上人民政府住房城乡建设主管部门责令限期改正；逾期未改正的，处二万元以上五万元以下罚款：

（一）违反本条例第四十七条规定，未向物业所在地的县级人民政府住房城乡建设主管部门办理物业承接查验备案；

（二）违反本条例第四十八条第二款规定，在物业保修期限和保修范围内发生质量问题，未向建设单位发出保修通知；

（三）违反本条例第五十六条第三款规定，未将物业服务合同报物业所在地的县级人民政府住房城乡建设主管部门备案；

（四）物业服务人违反本条例第六十条第三款规定，对业主、物业使用人的违法行为未予以劝阻、制止或者未报告街道办事处、乡镇人民政府或者有关主管部门；

（五）物业服务人违反本条例第六十条第四款规定，发现有安全隐患的，未及时设置警示标志，未采取措施消除安全隐患或者向相关专业经营单位报告。发生安全事故或者其他紧急情况时，未采取应急处置措施并按照规定向有关主管部门或者相关专业经营单位报告；

（六）物业服务人违反本条例第九十四条第二款规定，拒绝、阻碍县级以上人民政府住房城乡建设主管部门等有关主管部门进入物业管理区域实施现场检查，拒绝提供有关文件、资料并对有关情况作出说明。

第一百零一条 物业服务人违反本条例第六十二条第一款规定的，按照下列规定予以处罚：

（一）违反第一项和第二项规定，不公示其营业执照、信用信息和服务咨询投诉电话，以及项目负责人的基本情况和联系方式的，或者不按照规定公布其物业服务内容、服务质量标准，收费项目、收费标准、收费方式等信息的，由市场监督管理部门按照有关法律、法规处罚；

（二）违反第三项规定，不公示物业承接查验情况和物业承接查验协议的，由物业所在地的县级以上人民政府住房城乡建设主管部门责令限期改正；逾期未改正的，处一万元以上三万元以下罚款；

（三）违反第五项至第七项规定，不公示物业专项维修资金使用情况，或者水、电等公共能耗情况，或者公共收益收支情况的，由物业所在地的县级以上人民政府住房城乡建设主管部门责令限期改正；逾期未改正的，处一万元以上三万元以下罚款。

第一百零二条 物业服务人违反本条例第六十三条规定，按照下列规定予以处罚：

（一）违反第一项规定，将物业管理区域内的全部物业服务委托给第三人或者将全部物业服务支解后分别转委托给第三人的，由物业所在地的县级以上人民政府住房城乡建设主管部门责令限期改正，处委托合同价款百分之三十以上百分之五十以下罚款。委托所得收益，用于物业管理区域内物业共用部位、共用设施设备的维修、养护，剩余部分按照业主大会的决定使用。给业主造成损失的，依法承担赔偿责任；

（二）违反第六项规定，未依法终止物业服务合同，擅自停止服务或者退出物业管理区域的，由物业所在地的县级以上人民政府住房城乡建设主管部门责令限期改正，处五万元以上十万元以下罚款。给业主造成损失的，依法承担赔偿责任；

（三）违反第七项规定，限定业主、物业使用人购买其指定的商品、装修装饰材料或者提供的服务的，由物业所在地的县级以上人民政府住房城乡建设主管部门责令限期改正，处二万元以上五万元以下罚款；

（四）违反第八项规定，擅自提高收费标准或者扩大收费范围、重复收费、捆绑收费以及收取物业服务合同约定外的费用的，由市场监督管理部门按照权限依法进行处罚；

（五）违反第十项规定，采取停止供电、供水、供燃气等方式催交物业费的，由物业所在地的县级以上人民政府住房城乡建设主管部门责令改正，处二万元以上五万元以下罚款。

物业服务人违反本条例第六十七条规定，由物业所在地的县级以上人民政府住房城乡建设主管部门责令限期改正；逾期未改正的，对物业服务人予以通报，对拒不移交第六十七条第一款规定事项的，处一万元以上十万元以下罚款；拒绝退出物业管理区域的，自规定时间届满次日起按照每日一万元的数额按日连续罚款，并可以依法申请人民法院强制执行。给业主造成损失的，依法承担赔偿责任。

第一百零三条　违反本条例第七十三条第二款第一项规定，损坏、擅自改变房屋承重结构、主体结构的，由物业所在地的县级以上人民政府住房城乡建设主管部门责令改正，处五万元以上十万元以下罚款。造成损失的，依法承担赔偿责任。

违反本条例第七十三条第二款第二项规定，将房间或者阳台改为卫生间、厨房的，由物业所在地的县级以上人民政府住房城乡建设主管部门责令限期改正，恢复原状，可以处一万元以上五万元以下罚款。

违反本条例第七十三条第二款第八项规定，从建筑物中抛掷物品的，由物业所在地的县级以上人民政府公安机关给予警告，并处五百元以上五千元以下罚款。

违反本条例第七十八条第二款规定，在建筑物内的首层门厅、疏散通道、安全出口、楼梯间等影响消防通道畅通的区域停放电动自行车，为电动自行车充电，在标准层二楼以上建筑物专有部分为电动自行车、电动自行车蓄电池充电，违反安全用电要求乱拉电线和插座为电动自行车、电动自行车蓄电池充电的，由消防救援机构责令改正，对单位处五千元以上五万元以下罚款，对个人处警告或者五百元以下罚款。

第一百零四条　违反本条例第八十一条第二款规定，挪用、侵占公共收益的，由物业所在地的县级以上人民政府住房城乡建设主管部门责令限期归还，没收违法所得，并处挪用、侵占金额二倍以下罚款。给业主造成损失的，依法承担赔偿责任。挪用、侵占公共收益构成犯罪的，依法追究刑事责任。

违反本条例第八十一条第四款规定，未将公共收益存入银行专户的，由物业所在地的县级以上人民政府住房城乡建设主管部门责令限期改正；逾期未改正的，处五万元以上十万元以下罚款。

第一百零五条　业主委员会作出的决定违反法律、法规规定或者业主大会决定，给业主、物业使用人、物业服务人造成损害的，由签字同意该决定的业主委员会委员承担民事责任。

业主委员会委员、候补委员违反本条例第三十八条第一款第二项至第七项规定，由物业所在地的县级以上人民政府住房城乡建设主管部门给予警告，并处一万元以上三万元以下罚款，有违法所得的，没收违法所得。

第一百零六条　各级人民政府及有关主管部门工作人员违反本条例规定，有下列情形之一的，由其上级机关或者监察机关责令改正，并依法给予处分；构成犯罪的，依法追究刑事责任：

（一）不履行或者不正当履行筹备、组织、

召开业主大会会议职责；

（二）不履行或者不正当履行监督检查职责；

（三）不处理或者不及时处理物业管理投诉、举报；

（四）发现违法行为或者接到违法行为报告不及时处理；

（五）其他玩忽职守、滥用职权、徇私舞弊的行为。

第一百零七条 违反本条例规定，造成他人损失的，依法承担民事责任；构成违反治安管理行为的，依法给予治安管理处罚；构成犯罪的，依法追究刑事责任。

第八章 附则

第一百零八条 本条例所称“共用部位”，是指根据法律、法规和房屋买卖合同，由单幢住宅内业主或者单幢住宅内业主及与之结构相连的非住宅业主共有的部位，主要包括住宅的基础、承重墙体、柱、梁、楼板、屋顶以及户外的墙面、门厅、楼梯间、走廊通道、架空层、避难层等。

本条例所称“共用设施设备”，是指根据法律、法规和房屋买卖合同，由住宅业主共有的附属设施设备，以及在使用上、功能上为住宅或者整个物业管理区域服务的设施设备，主要包括电梯、给排水系统、供气管道及设施设备、供电线路及设施设备、空调系统、避雷设施、安防监控设施、智能化系统和音乐背景系统、树木、消防设施、消防器材、天线、照明、绿地、道路、路灯、沟渠、池、井、非经营性车场车库、公益性文体设施和共用设施设备使用的房屋等。

第一百零九条 本条例自 2021 年 1 月 1 日起施行。

青海省物业管理条例

（2015 年 3 月 27 日青海省第十二届人民代表大会常务委员会第十八次会议通过，根据 2020 年 7 月 22 日青海省第十三届人民代表大会常务委员会第十八次会议《关于修改〈青海省预算管理条例〉等五十四部地方性法规的决定》修正，2020 年 7 月 22 日青海省人民代表大会常务委员会公告第 28 号公布）

第一章 总则

第一条 为了规范物业管理活动，维护业主和物业服务企业的合法权益，营造良好的生活和工作环境，促进社会和谐，根据《物业管理条例》等法律、行政法规，结合本省实际，制定本条例。

第二条 本省行政区域内物业管理及其监督管理活动适用本条例。

本条例所称物业管理，是指业主通过选聘物业服务企业，由业主和物业服务企业按照物业服务合同约定，或者通过其他形式，对物业管理区域内的房屋及配套的设施设备和相关场地进行维修、养护、管理，维护环境卫生和相关秩序的活动。

第三条 省人民政府住房和城乡建设行政主管部门负责全省物业管理活动的监督管理工作。

市（州）、县（市、区）人民政府房地产行政主管部门负责本行政区域内物业管理活动的监督管理工作，履行下列职责：

（一）对业主大会和业主委员会业务的指导和监督；

（二）对物业服务企业服务质量、物业服务招投标、物业服务合同签订的监督管理；

（三）物业服务企业信用评价；

（四）专项维修资金和物业保修金交存、使用的监督管理；

（五）物业使用和维护的监督管理；

（六）物业承接查验、退出交接活动的指导和监督；

（七）处理在物业管理活动中的投诉；

（八）其他监督管理职责。

县级以上人民政府发展和改革、城乡规划、自然资源、财政、公安、民政、卫生健康、生态环境、市场监管等有关部门，按照各自职责，负责物业管理活动的有关监督管理和服务工作。

第四条　街道办事处、乡（镇）人民政府依法组织和指导本辖区内的业主成立业主大会、选举业主委员会，督促业主大会和业主委员会履行职责，调解物业管理纠纷，协调物业管理与社区建设的关系。

社区居（村）民委员会负责指导、监督业主大会、业主委员会依法开展业主自治管理，协助街道办事处、乡（镇）人民政府开展物业管理相关工作。

第五条　街道办事处、乡（镇）人民政府应当建立物业管理联席会议制度。物业管理联席会议由房地产行政主管部门、公安派出所、社区居（村）民委员会、业主委员会、物业服务企业、专业经营单位等各方代表组成，由街道办事处、乡（镇）人民政府负责召集。

物业管理联席会议主要协调解决下列重大问题：

（一）业主委员会不依法履行职责；

（二）业主委员会成立、换届过程中出现的问题；

（三）物业服务合同履行过程中出现的问题；

（四）物业服务企业在变更交接过程中出现的问题；

（五）需要协调解决的其他物业管理问题。

第六条　县级以上人民政府应当将物业服务纳入服务业发展规划、社区建设和社区管理体系，制定扶持政策，加强行业管理，提高专业化水平，促进物业服务行业发展。

第七条　物业服务行业协会应当加强行业自律管理，规范行业行为，提高物业服务水平，促进物业服务企业依法诚信经营，维护物业服务企业的合法权益。

第二章　物业管理区域与相关配置

第八条　物业管理区域的划分应当以土地使用权证确定的用地范围为基础，综合考虑规划条件、建筑物规模、共用设施设备、业主人数、自然界限、社区布局、社区建设等因素确定。物业设施设备共用的，应当划分为一个物业管理区域；配套设施设备能够分割独立使用的，可以划分为不同的物业管理区域。

第九条　建设单位应当在取得商品房预售许可或者现房销售前，向项目所在地县级人民政府房地产行政主管部门提出划分物业管理区域的申请，房地产行政主管部门应当自受理申请之日起二十日内，在征求街道办事处、乡（镇）人民政府、城乡规划行政主管部门等单位的意见后划分物业管理区域，并书面告知项目所在地街道办事处、乡（镇）人民政府。

建设单位应当将物业管理区域核定内容在商品房销售现场进行公示。

第十条　尚未划分或者需要调整物业管理区域的，由县级人民政府房地产行政管理部门会同街道办事处、乡（镇）人民政府征求业主、社区居（村）民委员会的意见，结合社区居（村）民委员会的布局划分物业管理区域。调整物业管理区域的，还应当征得专有部分占建筑物总面积过半数的业主且占总人数过半数的业主同意。

第十一条　县级人民政府房地产行政主管部门应当建立物业管理区域档案。

物业管理区域档案应当载明物业管理区域的地理位置、四至界限、建筑物总面积、专有部分数量、共有部分情况、建设单位以及其他需要载明的事项。

第十二条　建设单位新建住宅物业时，应当以物业管理区域为单位，按照下列要求无偿配置物业服务用房：

（一）物业服务用房按照房屋建筑总面积千分之三的比例配置，且不得低于七十平方米；房屋建筑总面积超过三万平方米的，按照超过部分建筑面积千分之一的比例增加配置。物业服务用房不包含门岗值班室。

（二）物业服务用房应当具备水、电、暖、卫、采光等基本使用功能和条件，配置独立的水、电、暖等计量装置。

业主委员会办公用房从物业服务用房中调剂，面积不得低于二十平方米；房屋建筑总面积超过三万平方米的，面积不得低于四十平方米。

物业服务用房属于全体业主共有，任何单位和个人不得擅自变更用途，也不得分割、转让、抵押。

第十三条 城乡规划行政主管部门在规划许可、验收过程中，应当对物业服务用房建筑面积、位置等作为规划设计指标进行审查。

房地产行政主管部门或者不动产登记机构，在核发商品房预售许可证和办理房屋所有权初始登记时，应当对物业服务用房进行核查，并在房屋登记簿中注明物业服务用房面积和位置。

建设单位应当将相关信息在商品房销售现场或者物业管理区域内公示。

第十四条 新建住宅物业管理区域内的供水、供电、供气、供热等计量装置应当按照专有部分一户一表、共有部分独立计量表配置。信息通信、消防、电梯、安全防范、环卫、邮政等附属设施设备的配置应当符合国家技术标准和专业技术规范。

配套设施不齐全的老旧住宅区，专业经营单位应当配合县级以上人民政府采取措施逐步改造，实现供水、供电、供气、供热等专业经营设施设备的分户计量、分户控制。业主及物业服务企业应当为改造工作提供便利。

第十五条 新建住宅物业管理区域内的供水、供电、供气、供热等最终用户分户计量表和分户计量表以前的专业经营设施设备按照国家技术标准和专业技术规范设计，由相关专业经营单位依法组织具有资质的单位安装施工，并与建设项目同步设计、同步施工、同步交付。所需费用依照国家和省住房城乡建设行政主管部门制定的有关工程计价规定确定，由建设单位承担。建设单位应当配合专业经营设施设备的施工。

建设单位在竣工验收后，应当将专业经营设施设备的所有权移交给组织安装施工的专业经营单位。专业经营单位应当接收，并负责专业经营设施设备的管理、维修、养护和更新。

专业经营设施设备包括变（配）电、二次供水、换热、燃气调压等设施设备及相关管线。

第十六条 本条例实施前建设的住宅物业管理区域内的供水、供电、供气、供热等最终用户分户计量表和分户计量表以前的专业经营设施设备的所有权，由业主大会决定是否移交给专业经营单位。决定移交的，县级人民政府房地产行政主管部门应当组织有关专业经营单位按照国家技术标准和专业技术规范进行验收。验收合格的，专业经营单位应当接收，并负责专业经营设施设备的管理、维修、养护和更新。

验收不合格的，由专业经营单位按照国家技术标准和专业技术规范提出整改方案，经整改合格后移交。住宅物业尚在工程质量保修期内的整改费用由建设单位承担，超出保修期的由全体业主共同承担。

第三章　业主、业主大会及业主委员会

第十七条 房屋的所有权人为业主。

业主在物业管理活动中，享有下列权利：

（一）按照物业服务合同的约定，接受物业服务企业提供的服务；

（二）提议召开业主大会会议，并就物业管理的有关事项提出建议；

（三）提出制定和修改管理规约、业主大会议事规则的建议；

（四）参加业主大会会议，行使投票权；

（五）选举业主委员会成员，并享有被选举权；

（六）监督业主委员会的工作；

（七）监督物业服务企业履行物业服务合同；

（八）对物业共有部分及其附属设施设备使用情况享有知情权和监督权；

（九）监督专项维修资金的管理和使用；

（十）法律、法规规定的其他权利。

第十八条 业主在物业管理活动中，履行下列义务：

（一）遵守管理规约、业主大会议事规则；

（二）遵守物业管理区域内物业共有部分及其附属设施设备的使用、公共秩序和环境卫生的维护等方面的规章制度；

（三）执行业主大会的决定和业主大会授权业主委员会作出的决定；

（四）按照有关规定交纳专项维修资金；

（五）遵守房屋装饰装修的规定；

（六）支持和配合物业服务企业的合法经营和管理活动；

（七）按时交纳物业服务费用；

（八）法律、法规规定的其他义务。

第十九条　物业的承租人、借用人等物业使用人，根据法律、法规、管理规约、业主大会依法作出的决定，以及其与业主的约定，享有相应权利，履行相应义务。

第二十条　一个物业管理区域成立一个业主大会。业主大会由物业管理区域内全体业主组成，代表和维护全体业主在物业管理活动中的合法权益。

物业所在地街道办事处、乡（镇）人民政府应当会同县级人民政府房地产行政主管部门指导本辖区的物业管理区域成立业主大会，并选举产生业主委员会。

业主人数较少且经全体业主一致同意，决定不成立业主大会的，由业主共同履行业主大会、业主委员会职责。

第二十一条　物业管理区域内，符合下列条件之一的，应当召开首次业主大会：

（一）交付的房屋专有部分面积超过建筑物总面积百分之五十以上；

（二）交付的房屋套数达到总套数百分之五十以上；

（三）首套房屋交付已满两年且交付的房屋套数达到总套数的百分之三十以上。

第二十二条　符合成立业主大会条件的，街道办事处、乡（镇）人民政府应当在收到建设单位或者百分之十以上业主联名提出成立业主大会申请后三十日内，会同县级人民政府房地产行政主管部门组建首次业主大会筹备组。

筹备召开新建住宅小区首次业主大会会议所需费用由建设单位承担。

第二十三条　建设单位应当向物业所在地街道办事处、乡（镇）人民政府报送物业管理区域证明、房屋及建筑物面积清册、业主名册、建筑规划总平面图、交付使用共用设施设备的证明、物业服务用房配置证明等筹备首次业主大会会议所需的文件资料。

第二十四条　筹备组由业主代表、建设单位代表、街道办事处、乡（镇）人民政府代表和社区居（村）民委员会代表组成。筹备组人数应当为单数，其中业主代表应当不低于筹备组人数的一半，筹备组组长由街道办事处、乡（镇）人民政府代表担任。

筹备组中业主代表的产生，由街道办事处、乡（镇）人民政府或者社区居（村）民委员会组织业主推荐。

筹备组应当自成立之日起七日内，将成员名单在物业管理区域内公告。业主对筹备组成员有异议的，由街道办事处、乡（镇）人民政府协调解决。

第二十五条　筹备组应当做好以下筹备工作：

（一）确定首次业主大会会议召开的时间、地点和内容；

（二）草拟管理规约、业主大会议事规则、业主委员会工作规则；

（三）确认并公示业主身份、业主人数以及所拥有的专有部分面积；

（四）制定业主委员会委员候选人产生办法，确定候选人名单，制定业主委员会选举办法；

（五）依法确定首次业主大会会议表决规则；

（六）召开首次业主大会会议的其他准备工作。

前款规定的内容，筹备组应当在首次业主大会会议召开十五日前，在物业管理区域内公告。业主对公告内容有异议的，筹备组应当予以答复；异议成立的，筹备组应当对公告内容予以修改并重新公告。

第二十六条　筹备组应当自成立之日起六十日内组织召开首次业主大会会议。

首次业主大会会议表决通过管理规约、业主大会议事规则，并选举产生业主委员会。

第二十七条　业主大会讨论决定下列事项：

（一）制定和修改业主大会议事规则、业主委员会议事规则、管理规约；

（二）选举业主委员会或者更换业主委员会成员；

（三）选定物业服务内容、标准以及物业服务收费方案；

（四）选聘和解聘物业服务企业；

（五）筹集和使用专项维修资金；

（六）新建、改建和重建建筑物及其附属设施；

（七）改变共有部分的用途；

（八）利用共有部分进行经营以及所得收益的分配与使用；

（九）法律、法规或者管理规约确定应由业主共同决定的其他事项。

决定前款第五项和第六项规定的事项，应当经专有部分占建筑物总面积三分之二以上的业主且占总人数三分之二以上的业主同意；决定前款其他事项，应当经专有部分占建筑物总面积过半数的业主且占总人数过半数的业主同意。

第二十八条 业主大会会议分为定期会议和临时会议。

业主大会定期会议按照业主大会议事规则的规定召开。

有下列情形之一的，业主委员会应当组织召开业主大会临时会议：

（一）百分之二十以上业主提议的；

（二）业主委员会委员缺员需要补选的；

（三）业主委员会决定集体辞职，需要重新选举业主委员会的；

（四）物业服务合同期限届满前，需要重新选聘物业服务企业，或者需要对原物业服务合同主要事项进行变更的；

（五）发生重大事故或者紧急事件需要及时处理的；

（六）法律、法规、管理规约及业主大会议事规则规定的其他情形。

业主委员会应当在召开业主大会会议十五日前，将会议的时间、地点、形式、议题、议程等内容在物业管理区域内公告，并书面告知所在地社区居（村）民委员会。

第二十九条 业主委员会不按照规定组织召开业主大会会议的，街道办事处、乡（镇）人民政府应当责令业主委员会限期组织召开；业主委员会逾期仍不组织召开的，业主可以请求街道办事处、乡（镇）人民政府组织召开；街道办事处、乡（镇）人民政府应当在接到请求之日起十日内通知业主，并在三十日内组织召开。

第三十条 不具备成立业主大会条件，或者具备成立条件但未成立业主大会的住宅小区，经街道办事处、乡（镇）人民政府和县级人民政府房地产行政主管部门指导后仍不能成立的，可以由街道办事处、乡（镇）人民政府、社区居（村）民委员会、建设单位、业主代表等组成所在物业管理区域内的物业管理委员会，代行业主大会和业主委员会职责。

物业管理委员会的人员组成，应当在物业管理区域内公告。

第三十一条 业主大会会议可以采用集体讨论或者书面征求意见的形式。采用集体讨论形式的，应当有专有部分占建筑物总面积过半数的业主且占总人数过半数的业主参加。

采用书面征求意见形式的，应当将征求意见书送交每一位业主；无法送达的，应当在物业管理区域内公告。需投票表决的，表决意见应由业主本人签名。

业主委托他人参加业主大会会议的，应当出具委托书，载明委托事项、委托权限及期限。

业主大会会议表决采取记名投票的方式。业主委员会应当妥善保管选票、表决票和委托书，以备查询。

第三十二条 物业管理区域内业主人数较多的，可以幢、单元、楼层为单位，推选一名业主代表参加业主大会会议，推选及表决办法应当在业主大会议事规则中规定。

第三十三条 业主委员会委员应当符合下列条件：

（一）具有完全民事行为能力；

（二）遵守国家有关法律、法规、管理规约、业主大会议事规则，模范履行业主义务；

（三）热心公益事业，责任心强，公正廉洁；

（四）具有一定的组织能力和文化水平；

（五）具有与履行职责相适应的工作时间；

（六）本人及其近亲属未在本物业管理区

域内的物业服务企业从事物业服务。

第三十四条　业主委员会由五人以上单数组成，具体人数由业主大会议事规则确定。业主委员会每届任期三年，委员可以连选连任，业主委员会主任、副主任在业主委员会委员中推选产生。

业主委员会会议应当有过半数委员出席，作出的决定必须经全体委员半数以上同意。业主委员会作出的决定，应书面告知社区居（村）民委员会。

第三十五条　业主委员会应当自选举产生之日起三十日内，持以下资料向物业所在地县级人民政府房地产行政主管部门和街道办事处、乡（镇）人民政府备案：

（一）业主大会成立和业主委员会选举情况的报告；

（二）业主大会决议；

（三）管理规约、业主大会议事规则；

（四）业主委员会委员名单；

（五）其他必要资料。

业主委员会持备案证明向公安机关申请刻制业主大会印章和业主委员会印章。

第三十六条　业主委员会履行下列职责：

（一）召集业主大会会议，报告物业管理实施情况；

（二）执行业主大会决定和决议，维护业主共同利益；

（三）与业主大会选聘的物业服务企业签订物业服务合同；

（四）及时了解业主、物业使用人的意见和建议，监督物业服务企业履行物业服务合同；

（五）监督管理规约的实施；

（六）督促业主交纳物业服务费及其他相关费用；

（七）组织和监督专项维修资金的筹集和使用；

（八）调解业主之间因物业使用、维护和管理产生的纠纷；

（九）法律、法规以及业主大会赋予的其他职责。

第三十七条　业主委员会应当建立信息公开制度，定期在物业管理区域内向业主公布下列情况和资料：

（一）管理规约、业主大会议事规则；

（二）业主大会和业主委员会的决定；

（三）物业服务合同等物业管理中的各项决定和重大事项；

（四）专项维修资金的筹集和使用情况；

（五）物业共有部分的使用和收益情况；

（六）占用业主共有的道路或者其他场地用于停放车辆车位的使用、经营情况；

（七）业主大会、业主委员会工作经费和工作补贴的筹集、使用情况；

（八）其他应当向业主公开的情况和资料。

第三十八条　业主委员会委员有下列情形之一的，由业主委员会三分之一以上委员或者百分之二十以上的业主提议，业主大会或者业主委员会根据业主大会的授权，决定是否终止其委员资格：

（一）以书面方式提出辞职请求的；

（二）不履行业主委员会委员职责和业主义务的；

（三）利用委员资格谋取私利的；

（四）侵害他人合法权益的；

（五）因其他原因不宜担任业主委员会委员的。

第三十九条　业主委员会委员有下列情形之一的，其委员职务自行终止：

（一）不再具备业主身份的；

（二）丧失履行职责能力的；

（三）任职期间被追究刑事责任的；

（四）法律、法规以及管理规约规定的其他情形。

第四十条　业主大会、业主委员会应当依法履行职责，不得作出与物业管理无关的决定，不得从事与物业管理无关的活动。

业主大会、业主委员会作出的决定违反法律、法规的，物业所在地的县级人民政府房地产行政主管部门或者街道办事处、乡（镇）人民政府，应当责令限期改正或者撤销其决定，并通告全体业主。

第四十一条　业主委员会任期届满九十日前，应当组织召开业主大会会议，进行换届选举，并书面报告县级人民政府房地产行政主管部门和街道办事处、乡（镇）人民政府。逾期未换届选举的，街道办事处、乡（镇）人民政府应当协调、督促或者组织召开业主大会会议进行换届选举。

第四十二条 业主委员会应当自任期届满之日起十日内，将其保管的档案资料、印章及其他属于全体业主所有的财物，移交新一届业主委员会。拒不移交的，可以请求物业所在地街道办事处、乡（镇）人民政府督促移交，物业所在地公安机关应当予以协助。

业主委员会委员资格在任期内终止的，应当自终止之日起三日内将其保管的前款所列财物移交给业主委员会。

第四十三条 业主大会、业主委员会工作经费以及业主委员会委员的工作补贴由全体业主承担。工作经费和补贴的筹集、管理和使用由业主大会决定，可以由全体业主分摊，也可以从物业共有部分及其附属设施设备经营所得收益中列支，但不得从物业服务企业经营收益中列支。

第四章 前期物业管理

第四十四条 建设单位应当在住宅物业的业主、业主大会首次选聘物业服务企业之前，通过招投标的方式选聘前期物业服务企业，提供前期物业服务。但投标人少于三个或者住宅规模不超过三万平方米的，经县级人民政府房地产行政主管部门批准，可以采用协议方式选聘物业服务企业。

第四十五条 建设单位选聘的物业服务企业的，应当签订书面的前期物业服务合同，前期物业服务合同可以约定期限，但期限未满、业主委员会与物业服务企业签订的物业服务合同生效的，前期物业服务合同终止。

建设单位与物业买受人签订的商品房买卖合同，应当包含前期物业服务合同约定的内容。

第四十六条 物业服务企业承接物业前，应当与建设单位按照国家相关规定和前期物业服务合同的约定，共同对物业的共有部分及其附属设施设备进行查验，并由双方签字确认查验记录。

第四十七条 建设单位应当按照国家有关规定和商品房买卖合同约定，移交权属明确、资料完整、质量合格、功能完备、配套齐全的物业。

实施承接查验的物业，应当具备以下条件：

（一）建设工程竣工验收合格，取得城乡规划、消防、生态环境等主管部门出具的认可或者准许使用文件，并经住房城乡建设行政主管部门备案；

（二）供水、排水、供电、供气、供热、信息通信、公共照明、有线电视等市政公用设施设备按规划设计要求建成，供水、供电、供气、供热已安装独立合格的计量表具；

（三）教育、邮政、医疗卫生、文化体育、环卫、社区服务等公共服务设施已按规划设计要求建成；

（四）道路、车位、绿地和物业服务用房等公共配套设施按照规划设计要求建成，并满足使用功能要求；

（五）电梯、二次供水、高压供电、消防设施、压力容器、电子监控系统等共用设施设备取得使用合格证书；

（六）住宅小区分期建设的，已建成的住宅周边场地与施工工地之间设置符合安全要求的隔离设施；

（七）物业使用、维护和管理的相关技术资料完整齐全；

（八）法律、法规规定的其他条件。

第四十八条 建设单位应当在现场查验二十日前向物业服务企业移交下列资料：

（一）物业管理区域划分资料；

（二）建设用地规划许可证和建设工程规划许可证复印件、附图；

（三）竣工总平面图，单体建筑、结构、设备竣工图，配套设施、地下管网工程竣工图、消防验收等竣工验收资料；

（四）共用设施设备清单及其安装、使用和维护保养等技术资料；

（五）供水、供电、供气、供热、信息通信、有线电视等准许使用文件；

（六）物业质量保修文件和物业使用说明文件；

（七）业主名册；

（八）物业管理必需的其他资料。

未能全部移交前款所列资料的，建设单位应当列出未移交资料的详细清单并书面承诺补交的具体时限。

第四十九条　物业服务企业应当自物业交接后三十日内，持下列资料向物业所在地县级人民政府房地产行政主管部门办理备案手续：

（一）前期物业服务合同；

（二）临时管理规约；

（三）物业承接查验协议；

（四）建设单位移交资料清单；

（五）查验记录；

（六）交接记录；

（七）其他与承接查验有关的资料。

物业服务企业应当将物业承接查验备案情况书面告知业主。

第五十条　物业服务企业应当将承接查验有关的文件、资料和记录建立档案，并妥善保管。

物业承接查验档案属于全体业主所有。前期物业服务合同终止，业主大会选聘新的物业服务企业的，原物业服务企业应当在前期物业服务合同终止之日起十日内，向业主委员会移交物业承接查验档案。

第五章　物业管理服务

第五十一条　一个物业管理区域由一个物业服务企业提供物业管理服务。

物业服务企业在非注册地承接物业服务项目，应当向物业所在地县级人民政府房地产行政主管部门备案。

第五十二条　业主大会可以决定采用招投标或者协议的方式，选聘物业服务企业。

业主大会决定采用招投标方式选聘物业服务企业的，由业主委员会按照国家有关规定组织招投标。

业主大会决定采用协议方式选聘物业服务企业的，由业主委员会拟订选聘方案，提请业主大会投票表决。

物业所在地县级人民政府房地产行政主管部门、街道办事处、乡（镇）人民政府应当指导、监督选聘物业服务企业的活动。

第五十三条　业主委员会应当与业主大会选聘的物业服务企业订立书面的物业服务合同。

物业服务合同应当对物业管理事项、服务标准、服务费用、双方的权利义务、物业服务用房、专项维修资金的管理与使用、合同期限、违约责任等内容进行约定。

物业服务合同应当对物业服务企业在有关业主、物业使用人人身、财产安全防范方面的义务和责任作出约定。

物业服务企业应当自物业服务合同签订之日起十五日内，将物业服务合同报县级人民政府房地产行政主管部门和街道办事处、乡（镇）人民政府备案。

第五十四条　物业服务企业根据物业服务合同的约定，提供下列服务：

（一）物业共有部分及其附属设施设备的维护和管理；

（二）公共秩序维护、安全防范、车辆停放管理；

（三）环境卫生清洁和公共绿化养护；

（四）物业装饰装修管理服务；

（五）物业档案及相关资料的保管；

（六）其他物业管理服务事项。

第五十五条　物业服务企业可以将物业管理区域内的专项服务业务委托给专业性服务企业，但不得将该区域内的全部物业服务一并委托给其他单位或者个人。

第五十六条　物业服务企业应当依照法律、法规规定，委托具有相应资质的专业机构维修和养护电梯、压力容器等特种设备，并向特种设备检验检测机构申请定期检验。

第五十七条　物业服务收费遵循公平、合理、质价相符的原则，收费标准应与物业服务等级对应。具体收费标准和收费事项由业主委员会与物业服务企业在物业服务合同中约定。

物业服务收费管理办法由省人民政府价格主管部门会同住房城乡建设行政主管部门制定。

物业服务企业可以根据业主的委托，提供物业服务合同约定以外的服务项目，服务报酬由双方协商确定。

第五十八条 物业服务企业应当在物业管理区域内公示服务内容、服务标准、收费标准等事项。

物业服务企业应当按照物业服务合同的约定，定期将物业服务费用和经营设施收益收支情况、公共水电费分摊情况如实公示。

物业服务费按月计收，最长预收期限不得超过六个月，业主自愿交纳的除外。

第五十九条 业主应当根据物业服务合同的约定交纳物业服务费用。业主未按约定交纳物业服务费用的，业主委员会、物业服务企业督促其限期交纳；逾期不交纳的，物业服务企业可以请求物业所在地社区居（村）民委员会进行调解，也可以按照合同约定依法申请仲裁或者向人民法院提起诉讼。

业主与物业使用人约定由物业使用人交纳物业服务费用的，从其约定，业主承担连带责任。

已竣工但尚未出售或者尚未交付物业买受人的物业，物业服务费用由建设单位承担。物业交付后，业主未实际入住使用的，应交纳物业服务费总额百分之七十的费用。

物业服务企业已经按照合同约定以及相关规定提供服务的，业主不得以存在开发建设遗留问题、未享受物业服务或者无需接受相关物业服务等理由拒交物业服务费用。

第六十条 物业服务企业应当按照物业服务合同的约定提供物业管理服务，不得以部分业主拖欠物业服务费用、不配合管理等为由减少服务内容或者降低服务质量，不得采取中断供水、供电、供气、供热等方式限制或者变相限制专业服务。

第六十一条 供水、供电、供气、供热等专业经营单位应当按照最终用户使用的计量器具显示的量值向最终用户收取费用。业主专有部分使用的，由业主承担；物业服务企业使用的，由物业服务企业承担；部分业主或者全体业主共同使用的，由相关业主共同承担。

专业经营单位不得对符合条件的用户无正当理由拒绝服务或者停止服务，不得强制物业服务企业代收有关费用或者提供无偿服务。

物业服务企业接受专业经营单位委托代收费用的，不得向业主收取手续费等额外费用，但可以根据约定向专业经营单位收取报酬。

第六十二条 规划设计为集中供热的物业管理区域内，业主要求停止供热的，应当在本供热期开始三十日前与供热单位签订停热协议，并交纳采暖费总额百分之五十的费用。可能危害其他用户用热或者影响室内公共设施安全运行的不得停止用热。

具备供热计量条件的物业管理区域，应当实行供热计量收费制度。

第六十三条 物业服务企业应当协助做好物业管理区域内的安全防范工作，制定安全防范应急预案。发生突发性自然灾害、公共卫生事件、火灾和供水、供电、供气、特种设备等安全事故时，物业服务企业在采取应急措施的同时，应当及时向有关部门和专业经营单位报告，并协助做好救助工作。

物业服务人员在从事物业服务活动时，应当依法履行职责，不得侵害公民的合法权益。

第六十四条 业主委员会应当在物业服务合同期限届满九十日前组织召开业主大会，决定续聘或者选聘物业服务企业。决定续聘的，业主委员会应当在物业服务合同期限届满三十日前与物业服务企业续签物业服务合同。决定选聘新物业服务企业的，原物业服务企业应当自物业服务合同终止之日起十五日内退出物业管理区域，并配合新选聘的物业服务企业接管。

物业服务企业决定不再续签物业服务合同的，应当在物业服务合同期限届满九十日前书面告知业主或者业主委员会，同时书面告知县级人民政府房地产行政主管部门、街道办事处、乡（镇）人民政府。

物业服务合同期限届满，业主大会没有作出续聘或者选聘决定，也没有要求物业服务企业退出物业管理区域，原物业服务企业按照合同约定继续提供服务的，物业服务合同有效期自动延续至新的物业合同约定提供物业服务之日止。

第六十五条 物业服务企业应当自物业合同终止之日起十五日内，向业主委员会履行下列交接义务：

（一）移交物业服务用房等共有部分及其

附属设施设备；

（二）移交本条例第四十八条规定的资料；

（三）移交物业档案、维修和保养物业形成的技术资料及保养记录；

（四）结清预收、代收和预付、代付的有关费用；

（五）法律、法规规定和物业服务合同约定的其他事项。

物业服务企业未办理退出交接手续，不得擅自撤离物业管理区域、停止物业服务；不得损坏、隐匿、销毁有关资料和财物。

第六十六条　业主共同决定对物业实施自行管理的，应当就管理事项、管理实施方式、管理责任的承担、人员雇佣、管理费用等事项共同作出约定。

自行管理可以采取由业主直接执行管理事务、选举业主委员会或者成立其他管理机构统一执行管理事务以及业主共同决定的其他形式进行。自行管理应当推选管理负责人。

第六十七条　自行管理的业主委员会、管理负责人应当在物业管理区域内每半年公布管理费用的收支情况。业主针对收支情况提出的询问，业主委员会、管理负责人应当及时答复。

第六十八条　县级人民政府房地产行政主管部门、街道办事处、乡（镇）人民政府和社区居（村）民委员会应当指导帮助本辖区内自行管理的小区做好物业服务工作，协调物业管理与社区建设的关系。

第六十九条　县级以上人民政府房地产行政主管部门应当加强物业服务企业从业人员培训，定期对物业服务企业的服务质量进行规范化考核。

第六章　物业的使用和维护

第七十条　业主、物业使用人对物业的使用和维护应当遵守法律、法规、管理规约及业主大会的决定，不得损害公共利益和他人合法权益。

第七十一条　物业管理区域内禁止下列行为：

（一）擅自改变按照规划建设的公共建筑和共用设施用途；

（二）擅自占用、挖掘物业管理区域内的道路、场地；

（三）损坏房屋承重结构、主体结构；

（四）违法搭建建筑物、构筑物；

（五）破坏或者擅自改变房屋外观；

（六）存放不符合安全标准的易燃、易爆、剧毒、腐蚀性、放射性等危险物品，或者存放、铺设超负荷物品；

（七）排放有毒、有害物质；

（八）随意堆放、倾倒、抛掷垃圾、杂物和露天焚烧；

（九）制造超标准的噪音、振动或者影响邻居采光、通风；

（十）侵占绿地、毁坏绿化植物和绿化设施；

（十一）占用、堵塞消防通道、安全出口，损坏消防设施、器材；

（十二）违反规定摆摊设点、占道经营、停放车辆；

（十三）违反规定饲养动物；

（十四）法律、法规以及管理规约禁止的其他行为。

违反前款规定的，业主、物业使用人有权投诉、举报，物业服务企业、业主委员会应当予以劝阻、制止；劝阻、制止无效的，应当及时报告有关行政主管部门，有关行政主管部门应当及时依法处理。业主、物业使用人对侵害自己合法权益的行为，可以依法向人民法院提起诉讼；业主委员会对侵害业主共同利益的行为，可以依法向人民法院提起诉讼。

第七十二条　物业管理区域内按照规划建设的公共建筑和共用设施确需改变用途的，应当经业主大会讨论决定同意后，依法办理有关手续。

因维修物业或者公共利益确需临时占用、挖掘道路、场地的，应当征得业主委员会和物业服务企业的同意，并在约定期限内恢复原状。

第七十三条　业主应当按照城乡规划行政主管部门批准或者房地产权属证书载明的用途使用物业，不得违反法律、法规以及管理规约，擅自改变物业使用性质。

业主将住宅改变为经营性用房的，应当经有利害关系的业主书面同意后，依法办理相关手续。

住宅改变为经营性用房的，业主应当及时告知业主委员会、物业服务企业。物业服务企业应当在物业管理区域内进行公示，并按照非住宅类用房收取物业服务费。

第七十四条 物业管理区域内规划用于停放车辆的车库、车位，应当首先满足业主的需要。建设单位应当与物业买受人在商品房买卖合同中约定车库、车位的出售、附赠或者出租方式、租售价格、租售时间、租售期限等内容。

建设单位不得将物业配套的车库、车位出售给业主以外的其他人。业主要求承租尚未出售并空置的车库、车位的，建设单位不得以只售不租为由拒绝出租。在满足本物业管理区域业主、物业使用人的需要后，车库、车位有空余的，可以临时出租给其他人，租赁合同期限不得超过六个月。

第七十五条 在物业管理区域内，条件允许并经业主大会同意，可以在业主共有的道路、场地新划定车位，用于业主停车。新划定车位不得占用消防通道、公共绿地，不得妨碍行人和其他车辆的正常通行。

车辆停放、收费和管理等事项，由业主大会决定。业主大会决定对车辆停放收费的，参照价格主管部门的规定确定收费标准。

业主对车辆停放有保管要求的，应当与物业服务企业另行签订保管合同。

第七十六条 利用业主共有部分及其附属设施进行经营的，应当经业主大会、物业服务企业、有利害关系的业主同意后，按照规定办理有关手续。经营所得收益，属于全体业主共有，应当主要用于补充专项维修资金，也可以按照业主大会的决定使用。

业主大会决定利用共有部分及其附属设施进行经营的，可以委托物业服务企业代为管理，并向其支付报酬。物业服务企业应当将经营所得收益单独分类列账，每半年公布一次经营所得收益收支情况，并接受业主的监督。

第七十七条 执行公务的公安、消防、救护、抢险、环卫、邮递、信息通信等特种车辆以及为业主提供配送、搬家、维修等服务的车辆，在物业管理区域内临时停放，免交停车费。因业主需要进入住宅物业管理区域临时停车未超过半小时的，免交停车费。

大型车辆、载有易燃、易爆、剧毒、放射性物品和危险化学品的车辆不得进入住宅小区。

第七十八条 业主、物业使用人装饰装修房屋，应当遵守房屋装饰装修和房屋安全使用的规定以及管理规约，并告知物业服务企业。物业服务企业应当与业主、物业使用人签订装饰装修管理服务协议，将装饰装修活动中的禁止行为和注意事项书面告知业主、物业使用人。

物业服务企业应当对装饰装修活动进行监督和巡查，业主、物业使用人和装饰装修施工人员应当予以配合。

第七十九条 物业存在安全隐患，危及公共利益及他人合法权益时，责任人应当及时维修养护，有关业主或者使用人应当给予配合。

责任人不履行维修养护义务的，经业主大会同意，可以由物业服务企业维修养护，费用由责任人承担。

第八十条 建设单位应当按照国家规定的保修期限和保修范围，承担物业的保修责任。

建设单位在办理房屋所有权初始登记前，应当将物业保修金交存至房地产行政主管部门设立的专户，专项用于保修期内物业的维修。

第八十一条 住宅物业和住宅小区内的非住宅物业或者与单幢住宅楼结构相连的非住宅物业的业主，应当在办理房屋入住手续或者房屋所有权登记时，将首期住宅专项维修资金存入住宅专项维修资金专户。

专项维修资金的交存、使用、管理按照国家和地方有关规定执行，接受审计、财政主管部门的监督管理及业主的查询。

第八十二条 专项维修资金专项用于物业共用部位、共用设施设备保修期满后的维修、更新和改造，不得挪作他用。

业主分户账面专项维修资金余额不足首期交存百分之三十的，由业主大会决定续交方案。

第八十三条 发生下列紧急情况时，物业服务企业、业主委员会、相关业主、社区居（村）民委员会应当先行采取应急措施，同时由业主委员会向物业所在地房地产行政主管部门提出紧急情况维修申请报告，房地产行政主管部门接到报告后，应当在三个工作日内办理相关手续。经核准后，维修、更新和改造的费用在专项维修资金中列支：

（一）屋面防水损坏造成渗漏的；

（二）电梯、消防、安防等共用设施设备存在严重安全隐患的；

（三）楼体外墙墙面有脱落危险，危及人身安全的；

（四）专用排水设施因坍塌、堵塞、爆裂等造成功能障碍，危及人身、财产安全的；

（五）其他危及公共安全和物业使用功能的紧急情况。

发生前款所列情形，未按规定实施维修、更新和改造的，房地产行政主管部门可以组织代为维修，维修费用在专项维修资金中列支。

第八十四条　已由专业经营单位接收的专业经营设施设备管理、维修、养护和更新等费用，由专业经营单位承担，不得从专项维修资金中列支。

专业经营设施设备发生故障或者损坏时，专业经营单位应当及时进行维修、养护和更新，物业服务企业、业主应当予以配合。

专业经营单位可以将专业经营设施设备的维护、保养等事宜委托给物业服务企业承担，物业服务企业可以按照委托合同向专业经营单位收取报酬。

第七章　法律责任

第八十五条　违反本条例规定的行为，法律、行政法规已规定法律责任的，从其规定。

第八十六条　建设单位有下列行为之一的，由县级以上人民政府房地产行政主管部门予以处罚：

（一）违反本条例第十二条规定，未按照要求配置物业服务用房的，责令限期改正，给予警告，没收违法所得，并处十万元以上五十万元以下罚款。

（二）违反本条例第四十四条规定，未通过招投标方式选聘物业服务企业或者未经批准擅自采用协议方式选聘物业服务企业的，责令限期改正，给予警告，可以并处十万元以下罚款。

（三）违反本条例第七十四条规定，未按规定出售或者出租车库、车位的，责令限期改正；逾期未改正的，处五万元以上十万元以下罚款。

（四）违反本条例第八十条规定，在保修期内未按国家规定履行保修责任的，责令限期改正；逾期未改正的，处五万元以上二十万元以下罚款。

第八十七条　供水、供电、供气、供热等专业经营单位有下列行为之一的，由县级以上人民政府房地产行政主管部门予以处罚：

（一）违反本条例第十五条、第十六条规定，无正当理由拒绝、拖延组织安装施工、验收的，或者拒绝接收住宅物业管理区域内专业经营设施设备的，责令限期改正；影响房屋交付使用、业主正常生活或者造成人身、财产损害的，承担赔偿责任。

（二）违反本条例第十五条、第十六条、第八十四条规定，未履行管理、维修、养护、更新义务及承担相关费用的，责令限期改正；逾期未改正的，处五万元以上二十万元以下罚款。

（三）违反本条例第六十一条规定，无正当理由拒绝或者停止服务的，责令限期改正；逾期未改正的，处二万元以上十万元以下罚款。

第八十八条　物业服务企业有下列行为之一的，由县级以上人民政府房地产行政主管部门予以处罚：

（一）违反本条例第四十六条规定，承接物业未进行查验的，责令限期改正，并记入物业服务企业信用档案。

（二）违反本条例第四十九条、第五十一条、第五十三条规定，未按照规定进行备案的，责令限期改正；逾期未改正的，处二千元以上五千元以下罚款。

（三）违反本条例第五十八条规定，未按规定公示有关物业管理事项的，责令限期改正；逾期未改正的，处五千元以上一万元以下罚款。

（四）违反本条例第六十条规定，未能履行物业服务合同的约定，减少物业服务内容、降低物业服务质量和标准的，责令限期改正，逾期未改正的，降低其等级，并记入物业服务企业信用档案；采取中断供水、供电、供气、供热等方式限制或者变相限制专业服务的，责令限期改正，逾期未改正的，处五千元以上二万元以下罚款；造成损失的，承担赔偿责任。

（五）违反本条例第六十四条、第六十五条规定，被解聘的物业服务企业拒不退出物业管理区域，未履行交接义务擅自撤离物业管理区域、停止物业服务的，责令限期改正，逾期未改正的，处一万元以上五万元以下罚款；损坏、隐匿、销毁有关资料和财物的，责令限期改正，逾期未改正的，处一万元以上五万元以下罚款；造成损失的，承担赔偿责任。

（六）违反本条例第七十六条第二款规定，未按照要求公布经营所得收益收支情况的，责令限期改正；逾期未改正的，处五千元以上一万元以下罚款。

第八十九条 业主、物业使用人有下列行为之一的，由相关行政主管部门予以处罚：

（一）违反本条例第七十一条第一款第三项规定，损坏房屋承重结构、主体结构的，由县级以上人民政府住房城乡建设行政主管部门责令立即改正，恢复原状，可以处一万元以上五万元以下罚款；情节严重的，处五万元以上十万元以下罚款。

（二）违反本条例第七十一条第一款第四项、第五项规定，违法搭建建筑物、构筑物，破坏或者擅自改变房屋外观的，由县级以上人民政府城乡规划行政主管部门责令限期改正，恢复原状，可以处二千元以上一万元以下罚款；情节严重的，处二万元以上十万元以下罚款；逾期未改正的，由县级人民政府依法组织强制拆除或者恢复原状。

（三）违反本条例第七十三条规定，擅自改变物业使用性质，将住宅改变为经营性用房的，由业主委员会根据管理规约约定进行协调、处理；协调、处理不成的，由县级以上人民政府房地产行政主管部门会同市场监管、生态环境、卫生健康等有关行政主管部门责令限期改正；逾期未改正的，由县级以上人民政府房地产行政主管部门处五千元以上二万元以下罚款。

第九十条 房地产行政主管部门、街道办事处、乡（镇）人民政府和其他有关行政主管部门工作人员有下列情形之一的，依法给予处分；构成犯罪的，依法追究刑事责任：

（一）未按照本条例规定履行监督检查职责的；

（二）未按照本条例规定召集或者参加物业管理联席会议的；

（三）未按照本条例规定筹备、组织召开业主大会会议的；

（四）违法实施行政许可或者行政处罚的；

（五）对物业管理活动中的投诉，不及时受理，依法调处的；

（六）发现违法行为或者接到举报后不及时查处的；

（七）截留、挪用、侵占或者未按时审核拨付住宅专项维修资金的；

（八）其他玩忽职守、徇私舞弊、滥用职权的行为。

第八章　附则

第九十一条 本条例下列用语的含义：

（一）最终用户，是指接受供水、供电、供气、供热等服务的最终分户业主或者实际使用人。

（二）专有部分，是指物业管理区域内的房屋（含整栋建筑物）、车位、摊位，以及规划专属于特定房屋且建设单位销售时已经根据规划列入该特定房屋买卖合同中的露台等特定空间。其具有构造上的独立性，能够明确区分；具有利用上的独立性，可以排他使用；能够登记成为特定业主所有权的客体。

（三）共有部分，是指物业管理区域内依法属于业主共有的道路、绿地、公共场所、公用设施、物业服务用房、占用业主共有道路或者其他场地设置的车位；建筑物的基础、承重结构、外墙、屋顶等基本结构部分，通道、楼梯、大堂等公共通行部分，消防、公共照明等附属设施、设备，避难层、设备层或者设备间等结构部分；其他不属于业主专有部分，也不属于市政公用部分或者其他权利人所有的场所及设施等。

（四）共用设施设备，是指根据法律、法规和房屋买卖合同，由住宅业主或者住宅业主和有关非住宅业主共有的附属设施设备，一般包括电梯、天线、照明、消防设施、绿地、道路、路灯、沟渠、池、井、非经营性车场车库、公益性文体设施和共用设施设备使用的房屋等。

（五）有利害关系的业主，是指本幢建筑物内的其他业主及本幢建筑物之外能证明其房屋价值、生活质量受到或者可能受到不利影响的业主。

第九十二条　本条例自2015年7月1日起施行。

北京市物业管理条例

（北京市人民代表大会常务委员会公告〔十五届〕第24号，2020年3月27日）

《北京市物业管理条例》已由北京市第十五届人民代表大会常务委员会第二十次会议于2020年3月27日通过，现予公布，自2020年5月1日起施行。

第一章　总则

第一条　为了构建党建引领社区治理框架下的物业管理体系，建设和谐宜居社区，规范物业管理，维护物业管理相关主体的合法权益，保障物业的依法、安全、合理使用，根据相关法律法规，结合本市实际，制定本条例。

第二条　本市行政区域内的住宅物业管理活动适用本条例；非住宅物业管理参照执行。

本条例所称物业管理，是指业主通过自行管理或者共同决定委托物业服务人的形式，对物业管理区域内的建筑物、构筑物及其配套的设施设备和相关场地进行维修、养护、管理，维护环境卫生和相关秩序的活动。物业服务人包括物业服务企业、专业单位和其他物业管理人。

第三条　本市物业管理纳入社区治理体系，坚持党委领导、政府主导、居民自治、多方参与、协商共建、科技支撑的工作格局。建立健全社区党组织领导下居民委员会、村民委员会、业主委员会或者物业管理委员会、业主、物业服务人等共同参与的治理架构。

推动在物业服务企业、业主委员会、物业管理委员会中建立党组织，发挥党建引领作用。

第四条　物业管理相关主体应当遵守权责一致、质价相符、公平公开的物业服务市场规则，维护享受物业服务并依法付费的市场秩序，优化市场环境。

支持社会资本参与老旧小区综合整治和物业管理。

第五条　本市支持在物业管理区域内成立业主大会、选举产生业主委员会决定物业管理区域内的重大事项及有关共有部分利用和管理等事项。

第六条　市住房和城乡建设主管部门履行下列职责：

（一）制定本市物业管理相关政策并组织实施；

（二）指导和监督区住房和城乡建设或者房屋主管部门开展物业管理的监督管理工作；

（三）指导和监督本市住宅专项维修资金的筹集、管理和使用；

（四）建立健全业主委员会、物业管理委员会委员培训制度；

（五）制定临时管理规约、管理规约、业主大会议事规则、物业服务合同等示范文本和相关标准；

（六）建立全市统一的物业管理信用信息、业主电子共同决策等信息系统；

（七）指导行业协会制定和实施自律性规范；

（八）实施物业管理方面的其他监督管理职责。

区住房和城乡建设或者房屋主管部门履行下列职责：

（一）贯彻执行物业管理相关政策和制度；

（二）监督管理辖区内物业服务企业和从业人员；

（三）指导、监督辖区内住宅专项维修资金的筹集、管理和使用；

（四）组织对辖区内业主委员会、物业管理委员会委员开展培训；

（五）指导街道办事处、乡镇人民政府实施与物业管理相关工作；

（六）落实物业管理方面的其他监督管理职责。

发展改革、民政、财政、规划自然资源、城市管理、水务、市场监管、园林绿化、人防等相关主管部门，按照各自职责，负责物业管理相关监督管理工作。

第七条　区人民政府应当加强对本辖区内物业管理工作的组织领导，建立物业管理综合协调工作机制，组织辖区内街道办事处、乡镇人民政府、住房和城乡建设或者房屋主管部门及相关部门和单位，统筹推进辖区内物业管理各项工作，协调解决辖区内物业管理重大问题。

第八条　街道办事处、乡镇人民政府组织、协调、指导本辖区内业主大会成立和业主委员会选举换届、物业管理委员会组建，并办理相关备案手续；指导、监督业主大会、业主委员会、物业管理委员会依法履行职责，有权撤销其作出的违反法律法规和规章的决定；参加物业承接查验，指导监督辖区内物业管理项目的移交和接管，指导、协调物业服务人依法履行义务，调处物业管理纠纷，统筹协调、监督管理辖区内物业管理活动。

居民委员会、村民委员会在街道办事处、乡镇人民政府的指导下开展具体工作，建立党建引领下的物业管理协商共治机制；有权就业主反映的物业管理事项向业主大会、业主委员会进行询问，引导规范运作；指导、监督物业服务人依法履行义务，调解物业管理纠纷。

第九条　街道办事处、乡镇人民政府根据市人民政府确定的行政执法事项清单，依法行使行政执法权，建立综合执法工作机制，加强对住宅小区内违法行为的巡查、检查和处理。

第十条　突发事件应对期间，街道办事处、乡镇人民政府负责落实市人民政府依法采取的各项应急措施；指导物业服务人开展相应级别的应对工作，并给予物资和资金支持。

物业服务人应当按照要求服从政府统一指挥，在街道办事处、乡镇人民政府指导下积极配合居民委员会、村民委员会开展工作，依法落实应急预案和各项应急措施。

第十一条　业主大会和业主委员会，对任意弃置垃圾、排放污染物或者噪声、违反规定饲养动物、违法搭建、侵占通道、拒付物业费等损害他人合法权益的行为，有权依照法律法规以及管理规约，要求行为人停止侵害、排除妨碍、消除危险、恢复原状、赔偿损失。

第十二条　本市支持物业管理、专业评估机构等行业协会依法制定和组织实施自律性规范，实行自律管理，编制团体标准、调解行业纠纷，组织业务培训，维护企业合法权益，推动行业健康有序发展。

支持、鼓励物业服务企业加入行业协会。

第十三条　本市支持法律、会计、工程、评估、咨询等专业服务机构和人员参与物业管理和服务活动，为物业管理相关主体提供公正、专业的咨询、培训、评价、检验、监督和审计等服务。支持非营利性社会组织参与物业服务活动。

业主、物业使用人、物业服务人因物业管理事项需要法律咨询的，可以向公共法律服务机构咨询；符合法律援助条件的，可以依法申请法律援助。

第十四条　本市建立健全人民调解、行业调解、行政调解、司法调解构成的多元纠纷解决机制，化解物业管理纠纷。

第二章　物业管理区域

第十五条　物业管理区域的划分应当符合法律法规的规定，综合考虑建设用地宗地范围、共用设施设备、建筑物规模和类型、社区建设等因素，以利于服务便利、资源共享、协商议事。

规划城市道路、城市公共绿地、城市河道等公共区域不得划入物业管理区域。

第十六条 新开发建设项目的土地使用权划拨、出让前，住房和城乡建设主管部门应当就物业管理区域的划分提出意见，纳入区域规划综合实施方案、土地出让合同或者划拨文件，并向社会公布。

建设单位应当在房屋买卖合同中明示核定的物业管理区域。

第十七条 已投入使用、尚未划分物业管理区域或者划分的物业管理区域确需调整的，物业所在地的街道办事处、乡镇人民政府会同区住房和城乡建设或者房屋主管等部门，结合物业管理实际需要，征求业主意见后确定物业管理区域并公告。

第十八条 新开发建设项目，一个物业管理区域内应当配建独立且相对集中的物业服务用房，满足物业管理设施设备、办公及值班需求，具体面积按照本市公共服务设施配置指标执行。物业服务用房的面积、位置应当在规划许可证、房屋买卖合同中载明。

已投入使用但是未配建物业服务用房的，建设单位或者产权单位应当通过提供其他用房、等值的资金等多种方式提供；建设单位和产权单位已不存在的，由街道办事处、乡镇人民政府统筹研究解决。

第三章 前期物业

第十九条 建设单位承担前期物业服务责任。建设单位销售房屋前，应当选聘前期物业服务人，签订前期物业服务合同。

前期物业服务合同应当就前期物业服务是否收费、服务内容以及收费标准进行约定，约定的内容作为房屋买卖合同的附件或者直接纳入房屋买卖合同。

前期物业服务合同期限最长不超过二年，具体期限在前期物业服务合同中约定。期限届满前三个月，由业主共同决定是否继续使用前期物业服务人。期限届满，业主与新物业服务人签订的物业服务合同生效之前，前期物业服务人继续提供服务；期限未满或者未约定前期物业服务期限，业主与新物业服务人签订的物业服务合同生效的，前期物业服务合同终止。

第二十条 建设单位与前期物业服务人应当在区住房和城乡建设或者房屋主管部门的指导、监督下，共同确认物业管理区域，对物业管理区域内的共用部位、共用设施设备进行查验，确认现场查验结果，形成查验记录，签订物业承接查验协议，并向业主公开查验的结果。

承接查验协议应当对物业承接查验基本情况、存在问题、解决方法及其时限、双方权利义务、违约责任等事项作出约定。对于承接查验发现的问题，建设单位应当在三十日内予以整改，或者委托前期物业服务人整改。

未经业主同意，建设单位不得占用物业管理区域内的共用部位、共用设施设备。

第二十一条 在办理物业承接查验手续时，建设单位应当向前期物业服务人移交下列资料：

（一）物业管理区域划分相关文件；

（二）竣工总平面图，单体建筑、结构、设备的竣工图，配套设施、地下管网工程竣工图等竣工验收资料；

（三）设施设备的安装、使用和维护保养等技术资料；

（四）物业质量保修文件和物业使用说明文件；

（五）物业管理必需的其他资料。

物业已投入使用，上述资料未移交的，应当移交；资料不全的，应当补齐。

第二十二条 前期物业服务合同生效之日至出售房屋交付之日的当月发生的物业费，由建设单位承担。

出售房屋交付之日的次月至前期物业服务合同终止之日的当月发生的物业费，由业主按照房屋买卖合同的约定承担；房屋买卖合同未约定的，由建设单位承担。

第二十三条 建设单位在销售物业前，应当制定临时管理规约，对有关物业的使用、维护、管理，业主的共同利益，业主应当履行的义务，违反临时管理规约应当承担的责任等事项依法作出约定，并在销售场所显著位置公示。临时管理规约不得侵害物业买受人的合法权益。

市住房和城乡建设主管部门应当制定并发布临时管理规约的示范文本。

第二十四条 前期物业服务合同期限届满前六个月，街道办事处、乡镇人民政府应当组织业主成立业主大会，选举产生业主委员会或者组建物业管理委员会，就物业管理事项进行表决。

第四章 业主、业主组织和物业管理委员会

第一节 业主和业主大会

第二十五条 房屋的所有权人为业主。

公房尚未出售的，产权单位是业主；已出售的，购房人是业主。

本条例所称业主还包括：

（一）尚未登记取得所有权，但是基于买卖、赠与、拆迁补偿等旨在转移所有权的行为已经合法占有建筑物专有部分的单位或者个人；

（二）因人民法院、仲裁机构的生效法律文书取得建筑物专有部分所有权的单位或者个人；

（三）因继承取得建筑物专有部分所有权的个人；

（四）因合法建造取得建筑物专有部分所有权的单位或者个人；

（五）其他符合法律法规规定的单位或者个人。

第二十六条 物业管理区域内的以下部分属于业主共有：

（一）道路、绿地，但是属于城市公共道路、城市公共绿地或者明示属于私人所有的除外；

（二）占用业主共有的道路或者其他场地用于停放汽车的车位；

（三）建筑物的基础、承重结构、外墙、屋顶等基本结构部分，通道、楼梯、大堂等公共通行部分，消防、公共照明等附属设施、设备，避难层、架空层、设备层或者设备间等；

（四）物业服务用房和其他公共场所、共用设施；

（五）法律法规规定或者房屋买卖合同依法约定的其他共有部分。

第二十七条 业主在物业管理活动中，享有下列权利：

（一）自行管理物业；

（二）要求物业服务人按照物业服务合同的约定提供服务；

（三）提议召开业主大会，并就物业管理的有关事项提出建议；

（四）提出制定和修改临时管理规约、管理规约、业主大会议事规则的建议；

（五）参加业主大会会议，行使投票权；

（六）选举业主委员会委员，并享有被选举权；

（七）监督业主大会筹备组、业主委员会或者物业管理委员会的工作；

（八）监督物业服务人履行物业服务合同；

（九）对共用部位、共用设施设备和相关场地使用享有知情权、监督权和收益权；

（十）监督专项维修资金的管理和使用；

（十一）法律法规规定的其他权利。

业主行使权利不得危及物业的安全，不得损害其他业主的合法权益。

第二十八条 业主应当履行下列义务：

（一）遵守临时管理规约、管理规约和业主大会议事规则；

（二）遵守物业管理区域内共用部位和共用设施设备的使用、公共秩序和环境卫生的维护以及应对突发事件等方面的制度要求；

（三）执行业主大会的决定和业主大会授权业主委员会或者物业管理委员会作出的决定；

（四）配合物业服务人实施物业管理；

（五）按照国家和本市有关规定交纳专项维修资金；

（六）按时足额交纳物业费；

（七）履行房屋安全使用责任；

（八）按照规定分类投放生活垃圾；

（九）法律法规规定的其他义务。

业主对建筑物专有部分以外的共有部分，享有权利，承担义务；不得以放弃权利不履行义务。

第二十九条 业主可以成立业主大会。业

主大会由物业管理区域内全体业主组成，代表和维护物业管理区域内全体业主在物业管理活动中的合法权益。

一个物业管理区域成立一个业主大会。

第三十条　一个物业管理区域内，已交付业主的专有部分达到建筑物总面积百分之五十以上的，百分之五以上的业主、专有部分占建筑物总面积百分之五以上的业主或者建设单位均可以向街道办事处、乡镇人民政府提出成立业主大会的申请，居民委员会、村民委员会也可以组织达到前述条件的业主或者建设单位提出成立业主大会的申请。

第三十一条　街道办事处、乡镇人民政府应当在接到成立业主大会书面申请后三十日内，对提出申请的业主身份和申请进行审核，对符合业主大会成立条件的，指定居民委员会、村民委员会工作人员担任筹备组组长。

筹备组组长应当于三十日内组织业主代表、建设单位、产权单位、街道办事处、乡镇人民政府、社区党组织、居民委员会、村民委员会代表召开首次筹备组会议，成立筹备组。

筹备组中的业主代表可以由业主自荐或者居民委员会、村民委员会推荐产生，由街道办事处、乡镇人民政府确定；业主代表资格应当参照适用本条例第三十九条有关业主委员会委员候选人资格的规定。

筹备组人数应当为单数，其中业主代表人数不低于筹备组人数的二分之一。

筹备组成立七日内，筹备组组长应当将筹备组成员名单、分工、联系方式等在物业管理区域内显著位置公示。

第三十二条　筹备组应当开展以下工作，并就其确定的事项在首次业主大会会议召开十五日前在物业管理区域内显著位置公示：

（一）确认业主身份、人数及所拥有的专有部分面积；

（二）制定首次业主大会会议召开方案；

（三）拟订管理规约和业主大会议事规则草案；

（四）制定业主委员会委员候选人产生办法，确定业主委员会委员候选人名单；

（五）制定业主委员会选举办法；

（六）完成召开首次业主大会会议的其他准备工作。

前款规定的业主大会议事规则，至少应当包括业主大会的议事方式、表决程序，业主委员会的组成、任期、罢免和递补等事项，并不得违反法律法规的强制性规定。

业主对公示内容有异议的，筹备组应当研究处理并在首次业主大会会议召开前作出答复。

筹备组应当自成立之日起六十日内，组织召开首次业主大会会议。

第三十三条　首次业主大会应当通过管理规约、业主大会议事规则，选举产生业主委员会委员和候补委员。

第三十四条　业主大会依照法律法规的规定召开，决定下列事项：

（一）制定或者修改管理规约、业主大会议事规则；

（二）选举或者更换业主委员会委员和候补委员；

（三）确定或者调整物业服务方式、服务内容、服务标准和服务价格；

（四）选聘、解聘物业服务人或者不再接受事实服务；

（五）筹集、管理和使用专项维修资金；

（六）申请改建、重建建筑物及其附属设施；

（七）决定共用部分的经营方式，管理、使用共用部分经营收益等共有资金；

（八）确定业主委员会委员津贴或者补助的标准，对业主委员会主任实施任期、离任经济责任审计；

（九）改变或者撤销业主委员会作出的与业主大会决定相抵触的决议；

（十）有关共有和共同管理权利的其他重大物业管理事项。

业主委员会应当就前款规定的决定事项向业主大会提出讨论方案。

第三十五条　业主大会会议分为定期会议和临时会议。

业主大会定期会议应当按照业主大会议事规则的规定召开，每年至少召开一次。经百分之二十以上业主提议，业主委员会应当组织召开业主大会临时会议。

业主大会会议可以采用书面形式或者通过互联网方式召开；采用互联网方式表决的，应当通过市住房和城乡建设主管部门建立的电子投票系统进行。

召开业主大会会议的，业主委员会应当于会议召开十五日前通知全体业主，将会议议题及其具体内容、时间、地点、方式等在物业管理区域内显著位置公示，并报物业所在地的居民委员会、村民委员会。居民委员会、村民委员会应当派代表列席会议。

业主大会会议不得就已公示议题以外的事项进行表决。

第三十六条 业主委员会未按照规定召集业主大会会议的，业主可以请求物业所在地的街道办事处、乡镇人民政府责令限期召集；逾期仍未召集的，由物业所在地的街道办事处、乡镇人民政府组织召集。

第三十七条 业主大会会议依法作出的决定，对本物业管理区域内的全体业主具有约束力。

业主大会会议的决定应当自作出之日起三日内在物业管理区域内显著位置公示。

物业使用人应当依法遵守业主大会会议的决定。物业使用人，是指除业主以外合法占有、使用物业的单位或者个人，包括但是不限于物业的承租人。

第三十八条 业主大会可以委托街道办事处、乡镇人民政府或者居民委员会、村民委员会代为保管业主大会印章；需要使用业主大会印章的，由业主委员会向街道办事处、乡镇人民政府或者居民委员会、村民委员会提出。

第二节 业主委员会

第三十九条 业主委员会由五人以上单数组成，具体人数根据本物业管理区域的实际情况确定。户数一百户以下的住宅小区，业主委员会可以由三人组成。候补委员人数按照不超过业主委员会委员人数确定。

业主委员会委员、候补委员应当为本物业管理区域的自然人业主或者单位业主授权的自然人代表。

业主是自然人的，应当符合下列条件：

（一）遵纪守法、热心公益事业、责任心强、具有一定组织能力；

（二）具有完全民事行为能力；

（三）符合业主委员会委员候选人产生办法中关于居住期限的要求；

（四）按时足额交纳物业费、不存在欠缴专项维修资金及其他需要业主共同分担费用的情况；

（五）本人、配偶及其直系亲属与物业服务人无直接的利益关系；

（六）未被列为失信被执行人；

（七）未有本条例规定的房屋使用禁止规定的行为；

（八）未有法律法规规定的其他不宜担任业主委员会委员的情形。

第四十条 业主委员会委员候选人通过下列方式产生：

（一）社区党组织推荐；

（二）居民委员会、村民委员会推荐；

（三）业主自荐或者联名推荐。

筹备组根据业主委员会委员候选人产生办法从按照前款方式推荐的人员中确定业主委员会委员候选人名单，报社区党组织。

社区党组织引导和支持业主中的党员积极参选业主委员会委员，通过法定程序担任业主委员会委员。

第四十一条 业主委员会委员实行任期制，每届任期不超过五年，可以连选连任。

业主委员会委员具有同等表决权。

任期内业主委员会委员出现空缺的，由候补委员递补剩余任期。具体递补办法由业主大会议事规则约定。

第四十二条 业主委员会应当自选举产生之日起七日内召开首次会议，在业主委员会委员中推选业主委员会主任和副主任，并在推选完成之日起三日内，在物业管理区域内显著位置公示业主委员会主任、副主任和其他委员的名单。

第四十三条 业主委员会应当自选举产生之日起三十日内，持下列材料向物业所在地的街道办事处、乡镇人民政府申请备案：

（一）首次业主大会会议记录和会议决定；

（二）业主大会议事规则；

（三）管理规约；

（四）业主委员会首次会议记录和会议

决定；

（五）业主委员会委员和候补委员的名单、基本情况。

街道办事处、乡镇人民政府对以上材料的真实性、规范性进行核实，符合要求的，五个工作日内予以备案，并出具业主大会、业主委员会备案证明和印章刻制证明，解散筹备组。

业主委员会可持备案证明和印章刻制证明向公安机关申请刻制业主大会印章和业主委员会印章。

业主委员会印章由业主委员会保管，需要使用业主委员会印章的，应当有业主委员会过半数委员签字。

第四十四条　业主委员会应当执行业主大会的决定，接受业主大会和业主的监督，并履行下列职责：

（一）召集业主大会会议，报告年度物业管理的实施情况、业主委员会履职情况；

（二）代表业主与业主大会选聘的物业服务人签订物业服务合同，与解聘的物业服务人进行交接；

（三）拟定共有部分、共有资金使用与管理办法；

（四）监督专项维修资金的使用以及组织专项维修资金的补建、再次筹集；

（五）及时了解业主、物业使用人的意见和建议，督促业主交纳物业费，监督物业服务人履行物业服务合同；

（六）监督管理规约的实施，对业主、物业使用人违反管理规约的行为进行制止；

（七）制作和保管会议记录、共有部分的档案、会计凭证和账簿、财务报表等有关文件；

（八）定期向业主通报工作情况，每半年公示业主委员会委员、候补委员交纳物业费、停车费情况；

（九）协调解决因物业使用、维护和管理产生的纠纷；

（十）在物业管理区域内配合行政执法机关开展执法工作；

（十一）配合、支持居民委员会、村民委员会依法履行职责，并接受其指导和监督；

（十二）业主大会赋予的其他职责。

业主委员会不得擅自决定本条例第三十四条第一款规定事项；业主大会不得授权业主委员会决定本条例第三十四条第一款规定事项。

第四十五条　业主委员会会议分为定期会议和临时会议。业主委员会定期会议应当按照业主大会议事规则的规定召开，至少每两个月召开一次；经三分之一以上业主委员会委员提议，业主委员会应当召开临时会议。

定期会议和临时会议应当有过半数委员参加，委员不得委托他人参会。

业主委员会应当在会议召开五日前将会议议题告知物业所在地的居民委员会、村民委员会，并听取意见和建议。居民委员会、村民委员会可以根据情况派代表参加。

业主委员会确定的事项应当经过半数委员签字同意。会议结束后三日内，业主委员会应当将会议情况以及确定事项在物业管理区域内显著位置公示。

业主委员会主任、副主任无正当理由不召集业主委员会会议的，业主委员会其他委员或者业主可以请求物业所在地的居民委员会、村民委员会或者街道办事处、乡镇人民政府责令限期召集；逾期仍未召集的，由物业所在地的居民委员会、村民委员会或者街道办事处、乡镇人民政府组织召集，并重新推选业主委员会主任、副主任。

第四十六条　业主委员会委员有下列情形之一的，委员资格自情形发生之日起自然终止，由业主委员会向业主公示，并提请业主大会确认：

（一）不再是本物业管理区域内业主；

（二）以书面形式向业主委员会提出辞职；

（三）因健康等原因无法履行职责且未提出辞职。

业主委员会委员一年内累计缺席业主委员会会议总次数一半以上，或者不再符合本条例第三十九条规定的委员条件的，业主委员会应当提请业主大会罢免其委员资格；业主委员会未提请的，街道办事处、乡镇人民政府可以责令业主委员会提请业主大会罢免有关委员资格。在委员资格被罢免前，业主委员会应当停止该委员履行职责，并向业主公示。

第四十七条　业主委员会委员、候补委员不得实施下列行为：

（一）阻挠、妨碍业主大会行使职权或者不执行业主大会决定；

（二）虚构、篡改、隐匿、毁弃物业管理活动中形成的文件资料；

（三）拒绝、拖延提供物业管理有关的文件资料，妨碍业主委员会换届交接工作；

（四）擅自使用业主大会、业主委员会印章；

（五）违反业主大会议事规则或者未经业主大会授权与物业服务人签订、修改物业服务合同；

（六）将业主共有财产借给他人或者设定担保等挪用、侵占业主共有财产；

（七）与物业服务人有可能影响其公正履行职务的经济往来或者利益交换；

（八）泄露业主信息；

（九）侵害业主合法权益的其他行为。

业主委员会委员、候补委员有前款规定的第（一）项至第（五）项行为的，街道办事处、乡镇人民政府责令业主委员会提请业主大会罢免有关委员资格。在委员资格被罢免前，业主委员会应当停止该委员履行职责，并向业主公示。

第四十八条 一个任期内，出现业主委员会委员经递补人数仍不足总数的二分之一等无法正常履行职责的情形，或者业主委员会拒不履行职责的，物业所在地的居民委员会、村民委员会或者街道办事处、乡镇人民政府应当组织召开业主大会临时会议，重新选举业主委员会。

第四十九条 业主委员会任期届满前六个月，应当书面报告街道办事处、乡镇人民政府。街道办事处、乡镇人民政府应当在收到书面报告之日起六十日内组建换届小组，并在业主委员会任期届满前，由换届小组组织召开业主大会会议选举产生新一届业主委员会。业主委员会未按规定提出申请的，街道办事处、乡镇人民政府应当督促其履行职责。

街道办事处、乡镇人民政府也可以应业主书面要求组建换届小组。

换届小组依照筹备组的人员构成组建。

第五十条 业主委员会的名称、委员、业主大会议事规则和管理规约发生变更的，业主委员会或者物业管理委员会应当在三十日内向街道办事处、乡镇人民政府办理变更备案手续。

因物业管理区域调整、房屋灭失等客观原因致使业主大会、业主委员会无法存续的，街道办事处、乡镇人民政府应当办理业主大会、业主委员会注销手续，并公告其印章作废。

第五十一条 业主大会、业主委员会应当依法履行职责。街道办事处、乡镇人民政府对业主大会、业主委员会作出的违反法律法规和规章的决定，应当责令限期改正或者撤销其决定，并通告全体业主。

第三节 物业管理委员会

第五十二条 街道办事处、乡镇人民政府负责组建物业管理委员会。物业管理委员会作为临时机构，依照本条例承担相关职责，组织业主共同决定物业管理事项，并推动符合条件的物业管理区域成立业主大会、选举产生业主委员会。

第五十三条 有下列情形之一的，可以组建物业管理委员会：

（一）不具备成立业主大会条件；

（二）具备成立业主大会条件，但是确有困难未成立；

（三）业主大会成立后，未能选举产生业主委员会。

第五十四条 物业管理委员会由居民委员会、村民委员会、业主、物业使用人代表等七人以上单数组成，其中业主代表不少于物业管理委员会委员人数的二分之一。

物业管理委员会主任由居民委员会、村民委员会代表担任，副主任由居民委员会、村民委员会指定一名业主代表担任。物业管理委员会委员名单应当在物业管理区域内显著位置公示。

第五十五条 成立业主大会但是尚未成立业主委员会的，物业管理委员会自成立之日起三十日内，持下列材料向物业所在地的街道办事处、乡镇人民政府申请备案：

（一）业主大会会议记录和会议决定；

（二）业主大会议事规则；

（三）管理规约。

街道办事处、乡镇人民政府对以上材料进行核实，符合要求的，五个工作日内予以备案，并出具业主大会备案证明和印章刻制证明。物业管理委员会持业主大会备案证明和印章刻制证明向公安机关申请刻制业主大会印章，持街道办事处、乡镇人民政府出具的成立证明申请刻制物业管理委员会印章。

未成立业主大会的，物业管理委员会持街道办事处、乡镇人民政府出具的成立证明申请刻制物业管理委员会印章。

第五十六条　成立业主大会但是尚未成立业主委员会的，物业管理委员会组织业主大会按照本条例第三十四条的规定履行职责，并组织执行业主大会的决定。

未成立业主大会的，物业管理委员会组织业主行使本条例第三十四条和第四十四条规定的业主大会和业主委员会的职责。

第五十七条　物业管理委员会会议由主任或者由主任委托副主任召集和主持，三分之一以上委员提出召开物业管理委员会会议的，主任应当组织召开会议。

会议应当有过半数委员且过半数业主代表委员参加，业主代表委员不能委托代理人参加会议。

物业管理委员会按照本条例第五十六条确定的事项应当经过半数委员签字同意。会议结束后三日内，物业管理委员会应当将会议情况以及确定事项在物业管理区域内显著位置公示十个工作日。

第五十八条　物业管理委员会的任期一般不超过三年。期满仍未推动成立业主大会、选举产生业主委员会的，由街道办事处、乡镇人民政府重新组建物业管理委员会。

第五十九条　已成立业主大会、选举产生业主委员会，并按照本条例第四十三条规定备案的，或者因物业管理区域调整、房屋灭失等其他客观原因致使物业管理委员会无法存续的，街道办事处、乡镇人民政府应当在三十日内解散物业管理委员会，并在物业管理区域内显著位置公示。

第六十条　物业管理委员会组建的具体办法，由市住房和城乡建设主管部门制定。

第五章　物业服务

第六十一条　业主可以自行管理物业，也可以委托他人管理；委托物业服务企业提供物业服务的，一个物业管理区域应当选定一个物业服务企业提供物业服务。

电梯、消防等具有专业技术要求的设施设备的维修和养护，应当由符合资质的专业机构或者人员实施。

第六十二条　接受委托提供物业服务的企业应当具有独立法人资格，拥有相应的专业技术人员，具备为业主提供物业管理专业服务的能力，有条件在物业管理区域设立独立核算的服务机构。

第六十三条　业主委员会或者物业管理委员会应当代表业主与业主共同选聘的物业服务人签订书面合同，就物业服务内容和标准、费用、物业服务用房、合同期限、违约责任等内容进行约定。

业主与物业服务人对收费标准未能达成一致意见的，双方可以委托专业评估机构评估；双方对委托专业评估机构未能达成一致意见的，可以从区住房和城乡建设或者房屋主管部门确定的专业评估机构目录中随机选定。

物业服务合同签订或者变更之日起十五日内，物业服务人应当将物业服务合同报街道办事处、乡镇人民政府、区住房和城乡建设或者房屋主管部门备案。

市住房和城乡建设主管部门应当会同有关部门、协会制定物业服务合同示范文本，并向社会公布。

第六十四条　业主共同决定由物业服务企业提供物业服务的，可以授权业主委员会或者物业管理委员会进行招标，继续聘用原物业服务企业的除外。

鼓励业主通过市住房和城乡建设主管部门建立的招投标平台选聘物业服务企业。

第六十五条　物业服务人应当按照物业服务合同的约定提供物业服务，并且遵守下列规定：

（一）提供物业服务符合国家和本市规定的标准、规范；

（二）及时向业主、物业使用人告知安全、合理使用物业的注意事项；

（三）定期听取业主的意见和建议，接受业主监督，改进和完善服务；

（四）对违法建设、违规出租房屋、私拉电线、占用消防通道等行为进行劝阻、制止，劝阻、制止无效的，及时报告行政执法机关；

（五）发现有安全风险隐患的，及时设置警示标志，采取措施排除隐患或者向有关专业机构报告；

（六）对业主、物业使用人违反临时管理规约、管理规约的行为进行劝阻、制止，并及时报告业主委员会或者物业管理委员会；

（七）不得泄露在物业服务活动中获取的业主信息；

（八）履行生活垃圾分类管理责任人责任，指导、监督业主和物业使用人进行生活垃圾分类；

（九）配合街道办事处、乡镇人民政府、行政执法机关和居民委员会、村民委员会做好物业管理相关工作。

第六十六条 物业服务企业应当指派项目负责人。项目负责人应当在到岗之日起三日内到项目所在地的居民委员会、村民委员会报到，在居民委员会、村民委员会的监督、指导下参与社区治理工作。

第六十七条 区住房和城乡建设或者房屋主管部门、街道办事处、乡镇人民政府、居民委员会、村民委员会可以根据物业服务标准和社区治理要求，委托专业评估机构对物业服务企业参与社区治理情况和共用部分管理状况进行评估。

物业管理相关主体可以委托专业评估机构对物业承接和查验、物业服务标准和费用测算、专项维修资金使用方案、物业服务质量等进行评估。具体办法由市住房和城乡建设主管部门制定。

专业评估机构应当按照本市相关规定提供专业服务，提供客观、真实、准确的评估报告。

第六十八条 市住房和城乡建设主管部门应当根据物业服务合同履行、投诉处理和日常检查等情况，对物业服务企业实施分类监管，建立激励和惩戒制度。具体办法由市住房和城乡建设主管部门制定。

第六十九条 物业服务人可以将物业服务合同中的专项服务事项委托给专业服务企业，但是不得将物业服务合同约定的全部事项一并委托给第三方。

第七十条 物业服务人应当在物业管理区域内显著位置设置公示栏，如实公示、及时更新下列信息，并且可以通过互联网方式告知全体业主：

（一）物业服务企业的营业执照、项目负责人的基本情况、联系方式以及物业服务投诉电话；

（二）物业服务内容和标准、收费标准和方式等；

（三）电梯、消防等具有专业技术要求的设施设备的日常维修保养单位名称、资质、联系方式、维保方案和应急处置方案等；

（四）上一年度物业服务合同履行及物业服务项目收支情况、本年度物业服务项目收支预算；

（五）上一年度公共水电费用分摊情况、物业费、公共收益收支与专项维修资金使用情况；

（六）业主进行房屋装饰装修活动的情况；

（七）物业管理区域内车位、车库的出售和出租情况；

（八）其他应当公示的信息。

业主对公示内容提出异议的，物业服务人应当予以答复。

第七十一条 物业服务人应当建立、保存下列档案和资料：

（一）小区共有部分经营管理档案；

（二）小区监控系统、电梯、水泵、有限空间等共用部位、共用设施设备档案及其管理、运行、维修、养护记录；

（三）水箱清洗记录及水箱水质检测报告；

（四）住宅装饰装修管理资料；

（五）业主名册；

（六）签订的供水、供电、垃圾清运等书面协议；

（七）物业服务活动中形成的与业主利益相关的其他资料。

第七十二条　业主应当根据物业服务合同约定的付费方式和标准，按时足额交纳物业费。业主逾期不交纳物业费的，业主委员会或者物业管理委员会应当督促其交纳；拒不交纳的，物业服务人可以依法提起诉讼或者申请仲裁。业主拒不执行人民法院生效法律文书的，人民法院可以依法对业主作出限制消费令、纳入失信被执行人名单。

采取酬金制交纳物业费的，物业服务企业应当与业主委员会或者物业管理委员会建立物业费和共用部分经营收益的共管账户。业主委员会或者物业管理委员会可以委托第三方对物业服务收支情况进行审计。

第七十三条　物业服务收费实行市场调节价并适时调整。

市住房和城乡建设主管部门应当发布住宅小区物业服务项目清单，明确物业服务内容和标准。物业管理行业协会应当监测并定期发布物业服务项目成本信息和计价规则，供业主和物业服务人在协商物业费时参考。

第七十四条　物业服务人利用共用部分从事经营活动的，应当将公共收益单独列账。

公共收益归全体业主所有。专项维修资金余额不足首期应筹集金额百分之三十的，百分之五十以上的公共收益金额应当优先用于补充专项维修资金，剩余部分的使用由业主共同决定。

第七十五条　物业服务合同期限届满前六个月，业主委员会或者物业管理委员会应当组织业主共同决定续聘或者另聘物业服务人，并将决定书面告知原物业服务人。原物业服务人接受续聘的，双方应当在物业服务合同届满前重新签订物业服务合同。物业服务人不接受续聘的，应当提前九十日书面告知业主委员会或者物业管理委员会。

物业服务合同期限届满、业主没有共同作出续聘或者另聘物业服务人决定，物业服务人按照原合同继续提供服务的，原合同权利义务延续。在合同权利义务延续期间，任何一方提出终止合同的，应当提前六十日书面告知对方。

第七十六条　业主共同决定解聘物业服务人的，物业服务人应当自接到通知之日起三十日内履行下列交接义务，并且退出物业管理区域：

（一）移交物业共用部分；

（二）移交本条例第二十一条、第七十一条规定的档案和资料；

（三）结清预收、代收的有关费用；

（四）物业服务合同约定的其他事项。

原物业服务人不得以业主欠交物业费、对业主共同决定有异议等为由拒绝办理交接，不得以任何理由阻挠新物业服务人进场服务。原物业服务人拒不移交有关资料或者财物的，或者拒不退出物业管理区域的，业主委员会或者物业管理委员会可以向街道办事处、乡镇人民政府、区住房和城乡建设或者房屋主管部门报告，并向辖区内公安机关请求协助，或者依法向人民法院提起诉讼，要求原物业服务人退出物业管理区域。物业所在地的街道办事处、乡镇人民政府、区住房和城乡建设或者房屋主管部门应当加强对物业服务人交接工作的监管。

原物业服务人应当在办理交接至退出物业管理区域期间，维持正常的物业管理秩序。

新物业服务人不得强行接管物业，按照约定承接物业时，应当对共用部位、共用设施设备进行查验。

第七十七条　本市建立应急物业服务机制。物业管理区域突发失管状态时，街道办事处、乡镇人民政府应当组织有关单位确定应急物业服务人，提供供水、垃圾清运、电梯运行等维持业主基本生活服务事项的应急服务。

提供应急物业服务的，街道办事处、乡镇人民政府应当将服务内容、服务期限、服务费用等相关内容在物业管理区域内显著位置公示。应急物业服务期限不超过六个月，费用由全体业主承担。

应急物业服务期间，街道办事处、乡镇人民政府应当组织业主共同决定选聘新物业服务人，协调新物业服务人和应急物业服务人做好交接。

第六章　物业的使用和维护

第七十八条　业主、物业使用人应当遵守法律法规和规章的规定以及临时管理规约、管理规约的约定，按照规划用途合理、安全使用物业。

业主、物业使用人、物业服务人等不得实施下列行为：

（一）损坏、擅自拆改建筑物承重结构、主体结构；

（二）擅自利用共用部位、共用设施设备进行经营；

（三）违法搭建建筑物、构筑物、障碍物或者私挖地下空间；

（四）违反国家规定，制造、储存、使用、处置爆炸性、毒害性、放射性、腐蚀性物质或者传染病病原体等危险物质；

（五）违规私拉电线、电缆为电动汽车、电动自行车、电动摩托车和电动三轮车等充电；

（六）擅自拆改供水、排水、再生水等管线；

（七）从建筑物中抛掷物品；

（八）制造超标噪音；

（九）侵占绿地、毁坏绿化植物和绿化设施；

（十）擅自通过设置地锁、石墩、栅栏等障碍物和乱堆乱放杂物等方式，占用、堵塞、封闭消防通道、疏散通道等共用部位，或者损坏消防设施等共用设施设备；

（十一）擅自改变物业规划用途；

（十二）违反规定饲养动物；

（十三）违反规定出租房屋。

发生本条第二款规定行为的，利害关系人有权投诉、举报，业主委员会或者物业管理委员会、物业服务人应当及时劝阻；劝阻无效的，应当向街道办事处、乡镇人民政府或者行政执法机关报告。

第七十九条 业主、物业使用人装饰装修房屋的，应当事先告知物业服务人，与物业服务人签订装饰装修服务协议，并配合其进行必要的现场检查。协议应当包括装饰装修工程的禁止行为、垃圾堆放和清运要求以及费用、施工时间等内容。

业主、物业使用人或者物业服务人应当将装饰装修的时间、地点等情况在拟装饰装修的物业楼内显著位置公示。

物业服务人应当加强对装饰装修活动的巡查和监督。业主或者物业使用人未签订装饰装修服务协议或者违反相关规定及装饰装修服务协议的，物业服务人应当及时劝阻；拒不改正的，物业服务人应当及时向有关主管部门报告。

第八十条 物业管理区域内规划用于停放车辆的车位、车库，应当首先满足业主的需要。用于出售的，应当优先出售给本物业管理区域内的业主；不出售或者尚未售出的，应当提供给本物业管理区域内的业主使用。满足业主需要后仍有空余的，可以临时按月出租给物业管理区域外的其他人。

第八十一条 物业买受人应当遵守国家有关专项维修资金制度，按照规定足额交纳专项维修资金。

业主转让物业、办理转移登记后，转让物业的专项维修资金余额随物业一并转让，业主无权要求返还；因征收或者其他原因造成物业灭失的，专项维修资金余额归业主所有。

已售公房的业主转让公房前，应当按照届时适用的商品房标准补足公房的专项维修资金；因继承、赠予、执行生效法律文书而发生已售公房产权人变更的，继承人、受赠人、受偿人应当按照届时适用的商品房标准补足专项维修资金。

第八十二条 国家实施专项维修资金制度之前的未售公房，没有专项维修资金的，产权单位应当按照规定建立并足额交纳专项维修资金。

国家实施专项维修资金制度之后出售的公房，业主和售房单位应当按照国家和本市规定的比例交纳专项维修资金；未按规定交纳专项维修资金的，业主和售房单位应当足额补交，未足额补交的，已出售的公房不得再次转让。

第八十三条 专项维修资金余额不足首期筹集金额百分之三十的，业主委员会或者物业管理委员会应当及时通知、督促业主按照届时适用的标准补足专项维修资金。

业主申请不动产转移登记或者抵押登记时，应当向不动产登记机构提供已足额交纳专项维修资金的相关凭证。

第八十四条 未选举产生业主委员会的，

专项维修资金由市住房资金管理部门代管，存入银行专用账户。

选举产生业主委员会的，业主大会可以决定自行管理专项维修资金，或者委托市住房资金管理部门代管。业主大会决定自行管理的，应当以自己名义设立专用账户，区住房和城乡建设或者房屋主管部门应当监督、指导专项维修资金的使用管理。

业主大会可以委托具有资质的中介机构对共有资金进行财务管理。业主大会或者业主委员会自行管理共有资金的，应当每季度公布一次自行管理账目。

第八十五条 专项维修资金属于业主共有，应当专项用于共用部位、共用设施设备保修期满后的维修、更新和改造，不得挪作他用。

第八十六条 维修、更新和改造共用部位、共用设施设备，需要使用专项维修资金的，应当按照下列规定分摊：

（一）商品住宅之间或者商品住宅和非住宅之间共用部位、共用设施设备的维修、更新和改造费用，由相关业主按照各自专有物业建筑面积比例分摊。

（二）售后公房之间共用部位、共用设施设备的维修、更新和改造费用，由相关业主和售房单位按照所交存专项维修资金的比例分摊；其中，应当由业主承担的，再由相关业主按照各自专有物业建筑面积的比例分摊。

（三）售后公房与商品房住宅或者非住宅之间共用部位、共用设施设备的维修、更新和改造费用，先按照建筑面积比例分摊到各相关物业，再按照第（一）项、第（二）项的规定比例分摊。

共用部位、共用设施设备需要维修、更新和改造，但是没有专项维修资金的，维修、更新和改造费用按照前款的规定由业主共同分摊。

第八十七条 新开发建设项目，建设单位可以接受专业设施设备专业运营单位委托，按照国家技术标准和专业技术规范建设物业管理区域内业主专有部分以外的水、电、气、热以及通讯等专业设施设备；经验收合格，将专业设施设备及工程图纸等资料交由专业运营单位承担维修、养护和更新改造责任。

已入住项目，物业管理区域内业主专有部分以外的水、电、气、热以及通讯等专业设施设备发生故障、不能正常使用的，物业服务人应当立即报告相关专业运营单位；专业运营单位应当及时采取措施，排除故障。

专业运营单位对专业设施设备进行维修、养护和更新改造，进入物业管理区域的，业主、物业使用人和物业服务人应当予以配合，不得以任何方式阻挠、妨碍其正常作业。

第八十八条 物业服务人应当对物业管理区域内的电梯、消防设施等易于发生安全风险的设施设备和部位加强日常巡查和定期养护；采取必要的安全保障措施，防止建筑物、构筑物或者其他设施及其搁置物、悬挂物发生脱落、坠落。

排除安全风险隐患需要使用专项维修资金的，按照本市相关规定办理。

第八十九条 建筑物专有部分存在安全隐患，危及公共利益或者他人合法权益的，相关业主应当及时采取修缮以及其他消除危险的安全治理措施。

业主不履行维修养护义务的，可以由物业服务人报经业主委员会、物业管理委员会同意，或者按照临时管理规约、管理规约的约定，代为维修养护或者采取应急防范措施，费用由业主承担。

经鉴定为停止使用、整体拆除的危险房屋的，业主或者物业使用人应当停止使用，立即搬出；拒不搬出的，区住房和城乡建设或者房屋主管部门应当书面责令业主或者物业使用人搬出，情况紧急危及公共安全的，区人民政府可以责成有关部门组织强制搬出，并妥善安置。

第七章 法律责任

第九十条 违反本条例第二十一条规定，建设单位不移交或者补齐资料的，由区住房和城乡建设或者房屋主管部门责令限期改正；逾期不改的，处五万元以上十万元以下的罚款。

第九十一条 违反本条例第六十三条规定，物业服务人未按规定将物业服务合同报街道办事处、乡镇人民政府、区住房和城乡建设或者房屋主管部门备案的，由街道办事处、乡镇人民政府责令限期改正，给予警告；逾期不改的，处五千元以上一万元以下的罚款。

第九十二条 违反本条例第六十五条第（一）项至第（六）项规定，物业服务人提供服务未遵守相关规定的，由区住房和城乡建设或者房屋主管部门给予警告，处五千元以上一万元以下的罚款；违反第（七）项规定，物业服务人泄露业主个人信息的，由公安机关依法处理；违反第（八）项规定，物业服务人未履行生活垃圾分类管理责任人责任的，由城市管理综合行政执法部门依照生活垃圾管理法律法规予以处理。

第九十三条 违反本条例第六十六条规定，物业服务企业项目负责人未按时报到的，由街道办事处、乡镇人民政府责令限期改正；逾期不改的，处五千元以上一万元以下的罚款。

第九十四条 违反本条例第七十条规定，物业服务人未按照规定如实公示有关信息的，由区住房和城乡建设或者房屋主管部门责令限期改正，给予警告；逾期不改的，处一千元以上五千元以下的罚款。

第九十五条 违反本条例第七十一条规定，物业服务人未建立、保存相关档案和资料的，由区住房和城乡建设或者房屋主管部门责令限期改正，处二万元以上五万元以下的罚款。

第九十六条 违反本条例第七十四条规定，物业服务人挪用、侵占公共收益的，由区住房和城乡建设或者房屋主管部门责令退还，并处挪用、侵占金额二倍以下的罚款。

第九十七条 物业服务人违反本条例第七十六条第一款规定的，由区住房和城乡建设或者房屋主管部门责令限期改正；逾期不改的，对物业服务人予以通报，对拒不移交有关资料或者财物的，处一万元以上十万元以下的罚款；拒不退出物业管理区域的，自规定时间届满次日起处每日一万元的罚款。物业服务人有违反治安管理行为的，由公安机关依法给予治安管理处罚。

第九十八条 物业管理区域内有下列行为之一的，由有关主管部门按照下列规定予以查处：

（一）违反本条例第七十八条第二款第（一）项规定的，由区住房和城乡建设或者房屋主管部门责令限期改正，处五万元以上十万元以下的罚款；

（二）违反本条例第七十八条第二款第（二）项规定的，由区住房和城乡建设或者房屋主管部门责令限期改正，给予警告，对单位处五万元以上二十万元以下的罚款；对个人处一千元以上一万元以下的罚款；有违法所得的，责令退还违法所得；

（三）违反本条例第七十八条第二款第（三）项规定的，由城市管理综合行政执法部门依照城乡规划法律法规给予责令拆除或者回填、罚款等处罚；

（四）违反本条例第七十八条第二款第（四）项规定的，由公安机关依照治安管理处罚法律法规予以处罚；

（五）违反本条例第七十八条第二款第（五）项规定的，由消防救援机构责令改正，拒不改正的，处五百元以上五千元以下的罚款；

（六）违反本条例第七十八条第二款第（六）项规定的，由水主管部门责令限期改正，处一万元以上三万元以下的罚款；

（七）违反本条例第七十八条第二款第（七）项规定的，由公安机关给予警告，处五百元以上五千元以下的罚款；

（八）违反本条例第七十八条第二款第（八）项规定的，由公安机关责令改正，拒不改正的，处二百元以上五百元以下的罚款；

（九）违反本条例第七十八条第二款第（九）项规定的，由城市管理综合行政执法部门责令改正，拒不改正的，处五百元以上五千元以下的罚款；

（十）违反本条例第七十八条第二款第（十）项规定，占用、堵塞、封闭消防通道、疏散通道，或者损坏消防设施的，由消防救援机构责令改正，对单位处五千元以上五万元以下的罚款，对个人处五百元的罚款；占用、堵塞、封闭其他共用部位，或者损坏其他共用设施设备的，由城市管理综合行政执法部门责令改正，给予警告，对单位处二千元以上二万元以下的罚款，对个人处二百元以上五百元以下的罚款；

（十一）违反本条例第七十八条第二款第（十一）项规定的，由规划自然资源主管部门责令当事人限期改正、按照实际使用用途类型应当缴纳的土地使用权地价款数额的二倍处以罚款；情节严重的，依法无偿收回土地使用权；

（十二）违反本条例第七十八条第二款第（十二）项、第（十三）项规定的，由公安机关依照治安管理处罚法律法规予以处罚。

第九十九条　违反本条例第八十条规定，将车位、车库提供给业主以外的其他人的，由区住房和城乡建设或者房屋主管部门责令限期改正，有违法出租所得的，责令退还违法所得，按每个违法出租车位处五千元以上一万元以下的罚款；拒不改正的，按每个违法出租车位处每月二千元的罚款。

第一百条　物业服务人违反本条例第八十八条第一款规定的，由区住房和城乡建设或者房屋主管部门责令限期改正，处二万元以上五万元以下的罚款。

第一百零一条　本条例规定退还的违法所得，应当用于物业管理区域内共用部位、共用设施设备的维修、养护，剩余部分按照业主大会的决定使用。

第一百零二条　违反本条例规定，造成他人损失的，依法承担民事责任；构成违反治安管理行为的，依法给予治安管理处罚；构成犯罪的，依法追究刑事责任。

第一百零三条　行政执法机关应当将物业管理相关主体受到行政处罚或者行政强制的情况共享到本市的公共信用信息平台。行政机关根据本市关于公共信用信息管理规定可以对其采取惩戒措施。

第八章　附则

第一百零四条　本条例自 2020 年 5 月 1 日起施行。

湖北省物业服务和管理条例

（2016 年 7 月 28 日湖北省第十二届人民代表大会常务委员会第二十三次会议通过，根据 2017 年 11 月 29 日湖北省第十二届人民代表大会常务委员会第三十一次会议《关于集中修改、废止部分省本级地方性法规的决定》第一次修正，根据 2019 年 11 月 29 日湖北省第十三届人民代表大会常务委员会第十二次会议《关于集中修改、废止部分省本级地方性法规的决定》第二次修正，2019 年 11 月 29 日湖北省人民代表大会常务委员会公告第 264 号公布）

第一章　总则

第一条　为了维护业主和物业服务企业的合法权益，规范物业服务和监督管理活动，营造安全、舒适、文明、和谐的生活和工作环境，根据《中华人民共和国物权法》《物业管理条例》等法律、行政法规，结合本省实际，制定本条例。

第二条　本条例适用于本省行政区域内的物业服务及其监督管理活动。

本条例所称物业服务，是指业主自行或者通过选聘物业服务企业等形式，对房屋及其配套设施设备和相关场地进行维修、养护和管理，维护物业区域内环境卫生和相关秩序的活动。

第三条　县级以上人民政府应当将物业服务纳入现代服务业发展规划、社区建设规划和社会治理体系，建立物业服务综合协调机制和目标责任制，完善激励政策和措施，促进物业服务发展与和谐社区建设。

第四条　县级以上人民政府房产行政主管部门负责本行政区域内物业服务活动的监督管理工作，依法履行下列职责：

（一）对物业服务企业服务质量进行监督

管理；

（二）对物业服务企业组织开展信用评价；

（三）对物业服务企业及其从业人员、业主委员会进行业务指导、培训和监督管理；

（四）对物业的使用与维护进行监督管理；

（五）对物业承接查验、物业服务企业退出交接活动进行指导和监督；

（六）对住宅专项维修资金的交存、使用进行监督管理；

（七）建立、维护物业服务和管理电子信息平台；

（八）处理物业服务活动中的投诉；

（九）法律、法规规定的其他职责。

县级以上人民政府城乡规划、建设、公安、民政、生态环境、城市管理、市场监督管理等行政主管部门，按照各自职责共同做好物业服务监督管理工作。

第五条 街道办事处、乡镇人民政府应当在同级党组织领导和民政部门指导监督下，依法组织和指导本辖区内的业主成立业主大会、选举业主委员会，监督业主大会、业主委员会依法履行职责，协调物业服务与社区管理、社区服务的关系，调解物业服务纠纷；居（村）民委员会协助街道办事处、乡镇人民政府做好与物业服务有关的工作。

物业服务和管理应当纳入基层精神文明建设的考核内容。

第六条 街道办事处、乡镇人民政府应当建立物业服务联席会议制度。

联席会议由街道办事处、乡镇人民政府召集，房产、公安、民政、城市管理等行政主管部门和居（村）民委员会、业主委员会、物业服务企业、专业经营单位等各方代表参加，具体解决物业服务和管理活动中需要协调的问题。

第七条 物业服务行业协会应当加强行业自律管理，制定物业服务规范和等级标准，建立和完善物业服务企业及其从业人员的自律制度，提高物业服务水平。

第二章 物业区域的规划与建设

第八条 物业区域的划分，应当遵循规划优先、功能完善、资源共享、便民利民的原则。

城乡规划行政主管部门审查项目规划设计方案时，应当征求房产行政主管部门对物业区域划分的意见。

第九条 建设单位应当根据建设项目用地规划许可证确定的红线图，结合物业的共用设施设备、社区建设等因素划分物业区域。

物业配套设施设备共用的，应当划分为一个物业区域；规模过大划分为一个物业区域不便于管理或者已经分割成多个自然街区，且其配套设施设备能够分割、独立使用的，可以划分为不同的物业区域。

第十条 建设单位应当在取得房屋预售许可或者现房销售前，向房产行政主管部门提出划分物业区域的备案申请。房产行政主管部门应当征求城乡规划行政主管部门、街道办事处、乡镇人民政府、居（村）民委员会等单位的意见，自受理备案申请之日起二十日内核定并予以答复。

建设单位应当在核定的物业区域内显著位置公示物业区域详细分布图，以及属于全体业主共有部分、共用设施设备的配置和建设标准，并在房屋买卖合同中明示。

第十一条 已投入使用但尚未划分物业区域或者需要调整物业区域的，由房产行政主管部门征求城乡规划行政主管部门、街道办事处、乡镇人民政府、居（村）民委员会以及相关业主意见后，确定物业区域。

调整物业区域的，应当经专有部分占建筑物总面积过半数的业主且占总人数过半数的业主同意。

第十二条 新建住宅的，建设单位应当按照下列要求在物业区域内配置物业服务用房：

（一）不低于总建筑面积千分之二，且最少不低于一百平方米；

（二）应当具备通水、通电、通信、采光、通风等基本使用功能和办公条件，配置独立合格的水、电等计量装置。

物业服务用房属于全体业主共有，任何单位和个人不得分割、转让、抵押，也不得擅自变更用途。

业主委员会办公用房从物业服务用房中安

排，其面积不低于二十平方米。

第十三条　城乡规划行政主管部门在建设工程规划许可过程中，应当对物业服务用房的设计指标进行审查。

房产行政主管部门在核发房屋销售许可时，应当对物业服务用房进行核查。

第十四条　集中建设的保障性住房应当按照不低于总建筑面积千分之三的比例增加配置物业服务经营性用房，由物业服务企业经营管理，收益用于补充物业服务费。

第十五条　新建住宅物业区域内的供水、供电、供气、供热等专业经营设施设备，应当符合国家技术标准和技术规范，并与主体工程同时设计、同时施工、同时交付。

建设项目竣工验收合格后，建设单位应当将物业区域内供水、供电、供气、供热等专业经营设施设备移交给专业经营单位维护管理，专业经营单位应当接收。

第十六条　住宅物业区域内已投入使用的专业经营设施设备尚未移交专业经营单位维护管理的，由业主大会决定是否移交。

决定移交的，房产行政主管部门应当组织有关专业经营单位按照国家技术标准和技术规范进行验收。验收合格的，专业经营单位应当接收。验收不合格的，由专业经营单位提出整改方案，经整改合格后移交。

专业经营设施设备尚在质量保修期内的，其整改费用由建设单位承担。

第十七条　对配套设施设备不齐全的老旧住宅区，县级以上人民政府应当制定老旧住宅区物业改造规划和年度实施计划，加大资金投入，完善配套基础设施和公共服务设施，改善老旧住宅区的综合环境和物业服务。

街道办事处、乡镇人民政府、居（村）民委员会应当在征求老旧住宅区业主意见后，划分物业区域，并报房产行政主管部门备案。

第三章　业主及业主大会

第十八条　房屋所有权人为业主。尚未登记取得所有权，但基于买卖、赠与、继承、拆迁或者征收补偿等法律行为已经合法占有该房屋的人，认定为物业服务关系中的业主。

业主可以依法委托物业使用人行使业主权利、履行业主义务。委托应当以书面形式提交业主委员会。

第十九条　一个物业区域成立一个业主大会，业主大会由物业区域内全体业主组成。业主人数超过三百人的物业区域可以成立业主代表大会，履行业主大会议事规则规定的职责，业主代表的产生方式由业主大会决定。

业主人数较少且经全体业主一致同意，决定不成立业主大会的，由业主共同履行业主大会、业主委员会职责。

第二十条　符合下列条件之一的，街道办事处、乡镇人民政府应当组织召开物业区域内首次业主大会会议：

（一）交付的房屋专有部分面积达到建筑物总面积百分之五十的；

（二）交付的房屋套数达到总套数百分之五十的；

（三）自首位业主入住之日起满两年且已入住户数比例达到百分之二十的。

首次业主大会会议的筹备经费根据物业区域规模、业主人数和建筑面积等因素确定，由建设单位承担；老旧住宅区首次业主大会会议的筹备经费由县级人民政府承担。

第二十一条　符合首次业主大会会议召开条件的，建设单位应当书面报告房产行政主管部门；业主也可以向房产行政主管部门提出召开首次业主大会会议的书面报告；房产行政主管部门应当书面通知街道办事处、乡镇人民政府。

街道办事处、乡镇人民政府应当在收到通知之日起三十日内组织成立业主大会会议筹备组，并自筹备组成立之日起六十日内组织召开首次业主大会会议。

第二十二条　业主大会会议筹备组由街道党工委、办事处或者乡镇党委、人民政府和业主、居（村）民委员会、建设单位的代表组成，其中业主代表人数比例不低于二分之一；业主代表的产生方式由街道办事处、乡镇人民政府征求业主意见后确定。筹备组组长由街道党工委、办事处或者乡镇党委、人民政府的代表担任。

业主大会会议筹备组应当做好以下工作：

（一）确认业主身份、业主人数以及业主所有的专有部分面积；

（二）确定首次业主大会会议召开的时间、地点、形式、内容以及表决规则；

（三）起草业主公约或者管理规约、业主大会议事规则、业主委员会选举办法、业主委员会工作规则；

（四）提出首届业主委员会委员候选人名单；

（五）首次业主大会会议的其他准备工作。

前款内容应当在首次业主大会会议召开十五日前以书面形式告知全体业主，前款第二项内容还应当在物业区域内显著位置公告。业主对前款内容有异议的，业主大会会议筹备组应当记录、处理并答复。

第二十三条 建设单位应当在首次业主大会会议召开前向街道办事处、乡镇人民政府报送物业区域证明、房屋及建筑面积清册、业主名册、竣工总平面图、交付使用共用设施设备的证明、物业服务用房配置证明等筹备首次业主大会会议所需的文件资料。街道办事处、乡镇人民政府应当将上述资料建档保存。

第二十四条 业主大会会议讨论决定下列事项：

（一）制定和修改业主公约或者管理规约、业主大会议事规则、业主委员会选举办法、业主委员会工作规则；

（二）选举业主委员会、更换业主委员会委员或者撤销业主委员会委员职务；

（三）选聘、续聘和解聘物业服务企业或者决定自行管理物业；

（四）审议业主委员会提交的物业服务合同草案；

（五）依法筹集、管理、使用住宅专项维修资金；

（六）改建、重建共有建筑物及其附属设施；

（七）改变共有部分的用途；

（八）共用部位、共用设施设备经营的方式和所得收益的管理、分配、使用；

（九）业主大会、业主委员会工作经费的筹集、管理、使用，以及业主委员会委员津贴的来源、支付标准；

（十）改变或者撤销业主委员会作出的决定；

（十一）法律、法规规定应当由业主共同决定的其他事项。

业主大会的决定，对全体业主具有约束力。

第二十五条 业主大会决定本条例第二十四条第一款第五项和第六项规定的事项，应当经专有部分占建筑物总面积三分之二以上的业主且占总人数三分之二以上的业主同意；决定其他事项的，应当经专有部分占建筑物总面积过半数的业主且占总人数过半数的业主同意。面积和业主人数按照下列方式确定：

（一）专有部分面积按照建筑面积计算，建筑物总面积按照专有部分面积之和计算；

（二）业主人数按照专有部分的数量计算，一个专有部分按照一人计算；建设单位尚未销售和虽已销售但尚未交付的部分，以及同一买受人拥有一个以上专有部分的，按照一人计算；总人数按照以上统计的总和计算。

第二十六条 业主大会定期会议由业主委员会按照业主大会议事规则的规定组织召开。有下列情形之一的，业主委员会应当组织召开业主大会临时会议：

（一）业主委员会半数以上委员或者百分之二十以上业主提议的；

（二）需要提前终止物业服务合同或者重新选聘物业服务企业的；

（三）业主公约或者管理规约、业主大会议事规则规定的其他情形。

业主委员会不履行组织召开业主大会会议义务的，街道办事处、乡镇人民政府应当责令业主委员会三十日内组织召开；业主委员会逾期仍不组织召开的，由街道办事处、乡镇人民政府组织召开。

第二十七条 业主委员会由业主大会依法选举产生，对其负责、受其监督。业主委员会委员名单应当在物业区域内显著位置公告。

业主委员会由五至十一人单数组成，每届任期不超过五年，可以连选连任。业主委员会主任、副主任由业主委员会在业主委员会委员中推选产生。

业主委员会委员只能由业主担任并履行职

责，不得由他人代理。业主委员会委员出现空缺时，应当按照规定及时补足；缺额人数超过委员总人数百分之五十的，应当重新选举业主委员会。

第二十八条　业主委员会应当自选举产生之日起三十日内，将业主大会决议和业主委员会委员名单向房产行政主管部门和街道办事处、乡镇人民政府备案。

业主委员会持备案证明向公安机关申请刻制业主大会和业主委员会印章。业主大会印章根据业主大会决定使用；业主委员会印章经半数以上委员签字同意方可使用。

第二十九条　业主委员会应当履行下列职责：

（一）执行业主大会的决定和决议；

（二）召集业主大会会议，定期向业主大会报告工作，并在物业区域内显著位置公布书面报告，接受业主询问；

（三）根据业主大会决定，代表业主与业主大会选聘或者续聘的物业服务企业签订物业服务合同；

（四）及时了解业主、物业使用人的意见和建议，监督物业服务企业履行物业服务合同，协调处理物业服务活动中的相关问题，维护业主合法权益；

（五）督促业主、物业使用人遵守业主公约或者管理规约，调解因物业使用、维护和管理产生的纠纷；

（六）组织、监督住宅专项维修资金的筹集和使用；

（七）根据业主大会决定或者授权，决定共用部位、共用设施设备的经营方式和所得收益的管理、分配、使用，并公布经营所得收益和支出情况；

（八）配合街道办事处、乡镇人民政府、居（村）民委员会、公安机关等做好物业区域内的社会治安、社区建设和公益宣传等工作；

（九）法律、法规和业主公约或者管理规约规定的其他职责。

业主委员会会议应当有过半数的委员出席，作出的决定应当经全体委员过半数同意。

第三十条　业主委员会委员不得有下列行为：

（一）拒绝或者放弃履行委员职责；

（二）挪用、侵占业主共有财产；

（三）利用职务之便接受减免物业服务费、停车费，以及索取、非法收受建设单位、物业服务企业或者有利害关系业主提供的利益、报酬；

（四）打击、报复、诽谤、陷害有关投诉、举报人；

（五）泄露业主信息或者将业主信息用于与物业服务无关的活动；

（六）其他损害业主共同利益或者可能影响其公正履行职责的行为。

业主委员会委员违反前款规定的，街道办事处、乡镇人民政府调查核实后，责令其暂停履行职责，由业主大会决定终止其委员职务。

第三十一条　业主委员会委员有下列情形之一的，其委员职务自行终止：

（一）以书面形式向业主大会、业主委员会或者居（村）民委员会提出辞职的；

（二）不再具备业主身份的；

（三）不再具备履行职责能力的；

（四）任职期间被追究刑事责任的；

（五）法律、法规和业主公约或者管理规约规定的其他情形。

第三十二条　业主委员会任期届满六十日前，应当组织召开业主大会会议，完成换届选举。逾期未完成的，街道办事处、乡镇人民政府应当组织召开业主大会会议完成换届选举。

第三十三条　业主委员会应当自任期届满之日起十日内，将其保管的档案资料、印章及其他属于全体业主所有的财物，移交新一届业主委员会。

业主委员会委员职务在任期内终止的，应当自终止之日起三日内将其保管的前款所列财物移交业主委员会。

拒不移交的，街道办事处、乡镇人民政府应当督促其移交，公安机关应当依法协助。

第三十四条　业主大会、业主委员会工作经费从共用部位、共用设施设备经营所得收益中列支，不足部分由全体业主分摊。工作经费的收支情况，应当每年在物业区域内显著位置公布一次，接受业主监督。

第四章　物业服务企业

第三十五条　从事物业服务业的企业应当具有独立的法人资格和相应的专业技术人员，具备为业主提供专业服务的能力。

第三十六条　物业服务企业在物业服务活动中享有下列权利：

（一）根据物业服务合同约定收取物业服务费用；

（二）劝阻、制止损害物业或者其他损害业主共同利益和公共安全的行为；

（三）法律、法规规定和物业服务合同约定的其他权利。

任何单位和个人不得强制物业服务企业代收有关费用或者提供无偿服务。

第三十七条　物业服务企业在物业服务活动中应当履行下列义务：

（一）按照物业服务合同、国家有关物业服务的规范提供物业服务；

（二）在业主、物业使用人使用物业前，将物业的共用部位、共用设施设备的使用方法、维护要求、注意事项等有关规定书面告知业主、物业使用人；

（三）落实安防人员、设施及安保措施，确保安防监控设施正常运转，按照法律、法规规定和物业服务合同约定做好物业区域内的安全防范工作；

（四）维护物业区域环境卫生，引导业主进行垃圾分类处理；

（五）定期对物业的共用部位、共用设施设备进行养护，按照物业服务合同约定组织维修；

（六）做好物业维修、养护、更新及其费用收支的各项记录，妥善保管物业档案资料和有关财务账册，建立物业服务信息平台，为业主提供免费查询服务；

（七）实行二十四小时值班制，建立和完善物业服务工作应急预案，及时处理物业服务中的突发事件；

（八）听取业主委员会、业主、物业使用人的意见，改进和完善物业服务；

（九）法律、法规规定和物业服务合同约定的其他义务。

物业服务企业不得以业主拖欠物业服务费用、不配合管理等理由，减少服务内容，降低服务质量，中断或者以限时限量等方式变相中断供水、供电、供气、供热，以及实施损害业主合法权益的其他行为。

第三十八条　物业服务企业应当将下列信息在物业区域内显著位置公示：

（一）物业服务企业项目负责人的基本情况、联系方式、物业服务投诉电话；

（二）物业服务合同约定的服务内容、服务标准、收费项目、收费标准、收费方式等；

（三）电梯、消防、监控等专业设施设备的日常维修保养单位的名称、资质、联系方式和应急处置方案等；

（四）业主交纳物业服务费用、公共水电分摊费用情况、住宅专项维修资金使用情况，物业共用部位、共用设施设备经营所得收益和支出情况；

（五）物业区域内停车位、车库的销售、出租、分配以及使用情况；

（六）房屋修缮、装饰装修以及使用过程中的结构变动等安全事项；

（七）其他应当公示的信息。

业主对公示内容有异议的，物业服务企业应当答复。

第三十九条　物业服务企业不得在物业服务活动中有下列行为：

（一）擅自允许他人利用共用部位、共用设施设备进行广告、宣传、经营等活动；

（二）擅自设置营业摊点；

（三）法律、法规和业主公约或者管理规约规定的其他行为。

物业服务企业不得泄露业主信息，不得对业主进行骚扰、恐吓、打击报复或者采取暴力行为。

第四十条　县级以上人民政府房产行政主管部门应当建立物业服务企业考核和信用评价体系，听取业主和业主委员会的评价意见，将评价意见作为物业服务企业服务质量考核的内容；定期组织对物业服务企业进行检查和考核，并向社会公布。

物业服务企业应当向房产行政主管部门定

期报送信用档案信息、统计报表等资料。

第五章　物业服务

第四十一条　住宅物业的建设单位在业主、业主大会首次选聘物业服务企业前，应当采取招标投标方式公开选聘前期物业服务企业。投标人少于三个或者住宅面积不超过三万平方米的，经房产行政主管部门批准，可以采取协议方式选聘前期物业服务企业。建设单位选聘前期物业服务企业应当接受街道办事处、乡镇人民政府监督。

业主购买住宅物业后，建设单位更换前期物业服务企业的，应当征得半数以上业主同意。

建设单位应当与选聘的物业服务企业签订前期物业服务合同，并报房产行政主管部门备案。

第四十二条　前期物业服务收费标准纳入政府定价目录管理。

前期物业服务合同生效之日至物业交付之日的前期物业服务费用，由建设单位承担；物业交付之日后的前期物业服务费用，由业主承担。

第四十三条　建设单位应当按照国家规定和房屋买卖合同、前期物业服务合同的约定，向业主和前期物业服务企业交付权属明确、资料完整、质量合格、功能完备、配套齐全的物业。

交付的物业应当具备以下条件：

（一）建设项目竣工验收合格，取得城乡规划、消防、生态环境等行政主管部门出具的认可或者准许使用文件，并经建设行政主管部门备案；

（二）供水、排水、供电、供气、供热、通信、公共照明、有线电视等市政公用设施设备按照规划设计要求建成，供水、供电、供气等计量装置已按照专有部分一户一终端结算表、共有部分独立计量表配置；

（三）教育、邮政、医疗卫生、文化体育、环境卫生、社区服务等公共服务设施已按照规划设计要求建成；

（四）道路、车位、绿地和物业服务用房等公共配套设施按照规划设计要求建成，并满足使用功能要求；

（五）电梯、二次供水、高压供电、消防设施、压力容器、监控系统等共用设施设备取得使用合格证书；

（六）同一住宅建设项目分期建设的，已建成的住宅周边场地与施工工地之间设置符合安全要求的隔离设施；

（七）物业使用、维护和管理的相关技术资料完整齐全；

（八）法律、法规规定的其他条件。

建设单位将未达到交付条件的新建物业交付给买受人的，应当承担相应的责任，并承担前期物业服务费用。

第四十四条　建设单位应当在物业交付十五日前，与选聘的前期物业服务企业完成物业共用部位、共用设施设备的承接查验工作，按照国家规定移交承接查验资料。承接查验后，双方应当签订物业承接查验协议，作为前期物业服务合同的补充协议。

第四十五条　前期物业服务企业应当自物业承接查验完成之日起三十日内，向房产行政主管部门备案下列资料：

（一）前期物业服务合同；

（二）物业承接查验协议；

（三）建设单位移交资料清单；

（四）查验、交接记录；

（五）其他与承接查验有关的资料。

第四十六条　物业服务企业应当将承接查验有关的文件、资料和记录建档保存。

物业承接查验档案属于全体业主所有，业主有权免费查询。前期物业服务企业应当在业主大会成立之日起十日内，向业主委员会移交物业承接查验档案。

第四十七条　业主大会成立后，业主委员会应当与业主大会决定选聘的物业服务企业签订物业服务合同。鼓励业主大会采用招标投标方式选聘物业服务企业。

物业服务合同应当对物业服务内容、服务标准、收费项目、收费标准及调整办法、收费方式、双方权利义务、物业服务用房、住宅专项维修资金的管理与使用、共用部位和共用设施设备的管理与使用、合同期限、物业服务企业的退出、资料的移交、违约责任等内容进行约定。

物业服务企业应当自物业服务合同签订之日起十五日内，将物业服务合同报房产行政主管部门备案。

第四十八条 业主、物业使用人应当遵守业主公约或者管理规约，按照物业服务合同约定履行义务。

业主、物业使用人有权向相关行政主管部门投诉和举报，对侵害自己合法权益的行为，可以依法向人民法院提起诉讼。

业主、物业使用人未按照合同约定交纳物业服务费用的，物业服务企业可以依法申请仲裁或者提起诉讼。

第四十九条 业主委员会应当在物业服务合同期满九十日前组织召开业主大会会议，决定续聘或者选聘新的物业服务企业。合同期满仍未决定的，原物业服务合同应当继续履行，物业服务企业在物业服务合同期满九十日前书面告知业主委员会到期终止合同的除外。

业主大会决定选聘新的物业服务企业的，原物业服务企业应当在物业服务合同终止之日与业主委员会办理完全部交接手续，并履行下列交接义务：

（一）移交本条例第四十五条规定的资料；

（二）移交物业服务用房；

（三）提供物业服务期间形成的有关物业及设施设备改造、维修、运行、保养的有关资料；

（四）移交提供物业服务期间配置的固定设施设备及其资料；

（五）结清预收、代收和预付、代付的有关费用；

（六）提供电梯、消防、监控等专业设施设备的技术手册、维护保养记录等相关资料；

（七）移交利用共用部位、共用设施设备经营的相关资料、物业服务费用和公共水电分摊费用交纳记录等资料；

（八）法律、法规规定和物业服务合同约定的其他事项。

第五十条 业主可以采取业主直接管理、业主委员会负责管理、成立其他管理机构管理等形式对物业实施自行管理，并对下列事项作出决定：

（一）自行管理的执行机构、管理人；

（二）自行管理的内容、标准、费用和期限；

（三）聘请专业经营单位的方案；

（四）其他有关自行管理的内容。

第六章 物业的使用与维护

第五十一条 业主对物业专有部分享有占有、使用、收益和处分的权利。业主行使权利不得危及建筑物的安全，不得损害其他业主的合法权益。

业主对物业专有部分以外的共有部分，享有共有和共同管理的权利，承担义务。

第五十二条 业主将住宅改变为经营性用房的，除遵守法律、法规和业主公约或者管理规约外，影响相邻人合法权益的，应当经有利害关系的业主同意，并依法办理有关手续，同时告知业主委员会和物业服务企业。

第五十三条 利用业主共用部位、共用设施设备进行经营的，应当在征得相关业主、业主委员会、物业服务企业的同意后，按照规定办理有关手续，经营所得收益属于全体业主共有。

业主委员会、物业服务企业应当每半年公布一次经营所得收益和支出情况，接受业主监督。

第五十四条 物业区域内按照建设工程规划许可证确定且初始登记所有权人为建设单位的停车位、车库的归属，由当事人通过销售、附赠或者出租等方式约定，不得销售给业主以外的单位和个人。优先满足业主需要后对外出租的，每次租赁期限不得超过一年。

物业区域内占用业主共有道路或者场地用于停放车辆的车位，属于全体业主共有，其分配、使用及收费管理具体事项由业主大会决定；建设单位、物业服务企业不得销售或者变相销售。

第五十五条 物业区域内划定车位、停放车辆，不得占用、堵塞、封闭疏散通道、安全出口、消防通道，不得妨碍其他车辆和行人的正常通行。

第五十六条　业主、物业使用人修缮、装饰装修房屋的，应当事先告知物业服务企业。物业服务企业应当将房屋修缮、装饰装修中的禁止行为和注意事项告知业主、物业使用人，业主、物业使用人和房屋修缮、装饰装修单位或者个人应当遵守。

第五十七条　物业区域内禁止下列行为：

（一）损坏或者擅自改变房屋承重结构、主体结构和门窗位置，超荷载存放物品；

（二）将没有防水功能的房间或者阳台改为卫生间、厨房，或者将卫生间改在下层住户的客厅、厨房、卧室、书房的上方；

（三）违法建设建筑物、构筑物，破坏、擅自改变房屋外貌或者擅自改变架空层、设备层等共用部位、共用设施设备规划用途；

（四）擅自占用、挖掘物业区域内道路、场地，损毁树木、绿地；

（五）违反安全标准存放易燃、易爆、剧毒、放射性等危险物品，擅自占压、迁移燃气管道，损坏或者擅自停用公共消防设施和器材，妨碍公共通道、安全出口、消防通道畅通；

（六）随意弃置垃圾、排放污水、高空抛物或者露天焚烧杂物，制造超过规定标准的噪声、振动、光源等；

（七）擅自架设电线、电缆，在建筑物、构筑物上悬挂、张贴、涂写、刻画，在楼道等业主共用部位堆放物品；

（八）违反规定停放车辆；

（九）违反规定出租房屋；

（十）违反规定饲养动物或者种植植物；

（十一）法律、法规和业主公约或者管理规约禁止的其他行为。

有前款所列行为的，物业服务企业应当及时劝阻、制止，并向业主委员会和建设、公安、生态环境、城市管理等有关行政主管部门报告，有关行政主管部门应当依法处理。

第五十八条　禁止在物业区域内饲养烈性犬和大型犬，具体品种和体高、体重标准由省人民政府公安机关确定，并向社会公布。

业主、物业使用人在物业区域内饲养前款规定以外其他犬只应当遵守有关法律、法规和业主公约或者管理规约，携犬只出户的，应当束犬链牵引；犬只伤害他人的，养犬人应当依法承担相应的法律责任。

物业服务企业应当加强物业区域内养犬行为的监督，及时制止违法违规养犬行为。

第五十九条　城乡规划、建设、公安、生态环境、城市管理、市场监督管理等行政主管部门，应当加强物业区域内公共秩序、治安消防、环境卫生、房屋使用、物业收费等方面的监督管理，建立违法行为投诉、处理和回复制度，并在物业区域内显著位置公布联系方式，依法及时处理物业区域内的违法行为。

第六十条　建设单位应当按照国家和省有关规定承担物业的保修责任。

第六十一条　业主专有部分出现危害安全、影响观瞻、妨碍公共利益及其他影响物业正常使用情形时，业主应当及时养护、维修，相邻业主应当提供便利。

第六十二条　物业保修期满后，物业区域内共用部位、共用设施设备的维修和更新改造，由全体业主共同承担，法律、法规另有规定的除外。

共用部位主要包括建筑物的基础、承重墙体、柱、梁、楼板、屋顶以及户外的墙面、门厅、楼梯间、走廊通道等；共用设施设备主要包括电梯、天线、公共照明、消防设施、安防设施、绿地、道路、沟渠、池、井、非专有车位车库、公益性文体设施和共用设施设备使用的房屋等。

电梯等属于业主共有的特种设备，由物业服务企业或者业主根据物业服务合同约定，按照特种设备管理法律、法规的有关规定，委托专业服务单位负责定期维护、保养，确保使用安全。

第六十三条　住宅物业、住宅物业区域内的非住宅物业或者与单幢住宅结构相连的非住宅物业的业主，应当交存住宅专项维修资金。

住宅专项维修资金的交存、使用、管理，按照国家和省有关规定执行。住宅专项维修资金的使用，经业主大会依法决定，可以根据维修范围以单元（栋）为单位进行表决，也可以采取异议表决，即根据业主公约或者管理规约的规定，持不同意见的业主专有部分占建筑物总面积三分之一以下且占总人数三分之一以下的，视为表决通过。

第六十四条 物业保修期满后，发生下列危及房屋安全和人身财产安全等紧急情况时，物业服务企业、业主委员会、居（村）民委员会应当先行采取应急措施，并向房产行政主管部门提出使用住宅专项维修资金的申请：

（一）屋面、外墙渗漏的；

（二）电梯故障的；

（三）消防设施故障的；

（四）公共护栏（围）破损严重的；

（五）楼体外立面有脱落危险的；

（六）共用排水设施因坍塌、堵塞、爆裂等造成功能障碍的；

（七）危及房屋安全和人身财产安全的其他情形。

房产行政主管部门收到维修申请后，应当即时核准并拨付住宅专项维修资金。

第六十五条 住宅物业区域内供水、供电、供气、供热、通信、有线电视、宽带数据传输等专业经营单位，应当负责分户终端计量装置或者入户端口以外设施设备的维修、养护、更新，并承担相关费用。法律、法规另有规定的，从其规定。

已经移交给专业经营单位维护管理的设施设备，其维修、养护、更新等费用，不得从物业服务费中列支。

专业经营单位对专业经营设施设备进行维修、养护、更新时，业主应当配合。

第七章 法律责任

第六十六条 违反本条例，法律、法规有规定的，从其规定；造成他人损害的，依法承担民事责任；构成犯罪的，依法追究刑事责任。

第六十七条 建设单位有下列行为之一的，由县级以上人民政府房产行政主管部门依照下列规定处罚，并录入企业信用档案：

（一）违反本条例第二十三条、第四十一条第三款，未按照规定报送相关资料或者备案的，责令限期改正；逾期未改正的，处1万元以上3万元以下罚款；

（二）违反本条例第四十一条第一款，未通过招标投标方式或者未经批准擅自采用协议方式选聘前期物业服务企业的，责令限期改正，处5万元以上10万元以下罚款；

（三）违反本条例第六十条，在物业保修期内未按照规定履行保修责任的，责令限期改正；逾期未改正的，依法确定有法定资质的第三方进行维修，所需费用由建设单位承担，并处所需维修费用一倍以上三倍以下罚款。

第六十八条 专业经营单位违反本条例第十五条第二款、第十六条第二款和第六十五条第一款，未按照规定接收专业经营设施设备或者未按照规定对专业经营设施设备进行维修、养护、更新的，由县级以上人民政府相关行政主管部门责令限期改正；影响房屋交付使用、业主正常生活或者造成人身、财产损害的，依法承担民事责任。

第六十九条 物业服务企业有下列行为之一的，由县级以上人民政府房产行政主管部门依照下列规定处罚，并录入物业服务企业信用档案：

（一）违反本条例第三十七条第二款，中断或者以限时限量等方式变相中断供水、供电、供气、供热以及实施损害业主合法权益的其他行为的，责令限期改正，处1万元以上5万元以下罚款；逾期未改正的，按照原处罚数额按日连续处罚；

（二）违反本条例第三十八条第一款，未按照规定在物业区域内公示有关信息的，责令限期改正；逾期未改正的，处1万元以上3万元以下罚款；

（三）违反本条例第三十九条第一款规定的，责令限期改正，处1万元以上5万元以下罚款；有收益的，用于物业区域内共用部位、共用设施设备的维修和养护；逾期未改正的，按照原处罚数额按日连续处罚；

（四）违反本条例第四十五条、第四十六条第一款、第四十七条第三款，未按照规定备案或者保存、移交物业承接查验资料、档案的，责令限期改正；逾期未改正的，处1万元以上3万元以下罚款；

（五）违反本条例第四十九条，擅自撤离物业区域、停止物业服务的，或者被解聘的物业服务企业未按照规定办理交接手续、拒不退出的，责令限期改正，处5万元以上10万元以下罚款；逾期未改正的，按照原处罚数额按日连续处罚。

第七十条　物业服务企业违反本条例第三十九条第二款，泄露业主信息或者对业主进行骚扰、恐吓、打击报复、采取暴力行为的，由公安机关按照《中华人民共和国治安管理处罚法》处罚，由房产行政主管部门录入物业服务企业信用档案。

第七十一条　建设单位、物业服务企业违反本条例第五十四条，销售或者变相销售停车位、车库的，由县级以上人民政府房产行政主管部门责令改正，退还违法所得，并处违法所得一倍以上三倍以下罚款；未按照规定出租停车位、车库的，责令限期改正，没收违法所得，并处违法所得一倍以上三倍以下罚款。

第七十二条　业主、物业使用人违反本条例第五十八条第一款，在物业区域内饲养烈性犬和大型犬的，由公安机关没收犬只，并处5千元以上1万元以下罚款。

业主、物业使用人违反本条例第五十八条第二款，携犬只出户未束犬链牵引的，由公安机关责令改正；拒不改正的，处500元以上1千元以下罚款；情节恶劣或者造成严重后果的，没收犬只。

第七十三条　国家机关及其工作人员有下列情形之一的，由其主管机关或者监察机关依法对直接负责的主管人员和其他直接责任人员给予处分：

（一）未按照规定履行监督管理职责的；

（二）未按照规定筹备、组织召开业主大会会议的；

（三）未按照规定在物业区域内显著位置公布联系方式或者对物业服务活动中的投诉，不及时受理、依法处理的；

（四）发现违法行为或者接到举报后不及时查处的；

（五）截留、挪用、侵占或者未按时审核拨付住宅专项维修资金的；

（六）违法实施行政许可或者行政处罚的；

（七）其他玩忽职守、徇私舞弊、滥用职权的行为。

第八章　附则

第七十四条　本条例规定的业主公约或者管理规约、业主大会议事规则、业主委员会工作规则、物业服务合同示范文本，由省人民政府住房和城乡建设行政主管部门制订。

第七十五条　本条例自2016年10月1日起施行。

江西省物业管理条例

（2012年5月25日江西省第十一届人民代表大会常务委员会第三十一次会议通过，2018年5月31日江西省第十三届人民代表大会常务委员会第三次会议第一次修正，2019年11月27日江西省第十三届人民代表大会常务委员会第十六次会议第二次修正）

第一章　总则

第一条　为了规范物业管理活动，维护业主和物业服务企业的合法权益，改善人民群众的生活和工作环境，根据《中华人民共和国物权法》和国务院《物业管理条例》等法律、行政法规的规定，结合本省实际，制定本条例。

第二条　本省行政区域内的物业管理活动及其监督管理适用本条例。

本条例所称物业管理，是指业主通过选聘物业服务企业，由业主和物业服务企业按照物业服务合同约定，对房屋及配套的设施设备和相关场地进行维修、养护、管理，为业主提供服务，维护物业管理区域内的环境卫生和相关秩序的活动。

第三条　物业管理应当遵循公开公平、诚实信用、市场竞争、服务规范的原则。

第四条　省人民政府住房和城乡建设主管部门负责全省物业管理活动的监督管理工作。

市、县（区）人民政府房地产主管部门负责本行政区域内物业管理活动的监督管理工作，履行下列职责：

（一）业主大会和业主委员会的业务指导；

（二）物业服务企业服务质量的监督管理，物业服务的招投标、物业服务合同的签订、收费的监督管理；

（三）专项维修资金和住宅物业质量保修金的交存、使用的监督管理；

（四）受理、处理对物业服务企业和从业人员的投诉；

（五）物业使用和维护的监督管理；

（六）其他监督管理职责。

市政、城市管理、发展改革、市场监督管理、市容环境卫生、自然资源、公安、人防、生态环境、民政、消防救援等部门及供水、供电、供气等企业应当按照各自的职责，依法做好物业管理的相关管理和服务工作。

第五条 街道办事处、乡镇人民政府应当建立本辖区物业管理工作制度，会同市、县（区）人民政府房地产主管部门具体指导、监督所辖区域内的业主依法成立业主大会和选举业主委员会，并监督业主大会和业主委员会依法履行职责，依法调解物业管理纠纷，协调物业管理与社区管理的关系。

社区居民委员会、村民委员会应当协助街道办事处、乡镇人民政府依法开展物业管理的相关工作。

物业服务企业应当配合街道办事处、乡镇人民政府开展物业管理的相关工作。拒不配合的，街道办事处、乡镇人民政府应当提请市、县（区）人民政府房地产主管部门依法处理。

第六条 物业管理行业协会应当依法加强行业自律管理，规范行业行为，维护市场秩序和公平竞争，促进物业服务企业和从业人员依法经营、诚信服务，推动物业管理行业健康发展。

第七条 配套设施不齐全、环境质量较差且未实行物业管理的原有住宅小区，由所在地的市、县（区）人民政府区分情况采取措施进行整治改造，逐步实行物业管理。

第二章　业主、业主大会和业主委员会

第八条 房屋的所有权人为业主。

业主在物业管理活动中，享有下列权利：

（一）按照物业服务合同的约定，接受物业服务企业提供的服务；

（二）提议召开业主大会会议，并就物业管理的有关事项提出建议；

（三）提出制定和修改管理规约、业主大会议事规则的建议；

（四）参加业主大会会议，行使投票权；

（五）选举业主委员会成员，并享有被选举权；

（六）监督业主委员会的工作；

（七）监督物业服务企业履行物业服务合同；

（八）对物业共用部位、共用设施设备和相关场地使用情况享有知情权和监督权；

（九）监督物业共用部位、共用设施设备专项维修资金的管理和使用；

（十）法律、法规规定的其他权利。

业主的配偶、父母或者成年子女在物业管理区域内居住，经业主本人书面授权，享有前款规定的业主权利。

第九条 业主在物业管理活动中，履行下列义务：

（一）遵守管理规约、业主大会议事规则；

（二）遵守物业管理区域内物业共用部位和共用设施设备的使用、公共秩序和环境卫生的维护等方面的规章制度；

（三）执行业主大会的决定和业主大会授权业主委员会作出的决定；

（四）遵守国家和省有关房屋装饰装修的规定；

（五）按照国家有关规定交纳专项维修资金；

（六）按时交纳物业服务费用；

（七）法律、法规规定的其他义务。

业主不得以放弃权利为由不履行义务。

第十条 业主大会根据物业管理区域的划分成立，一个物业管理区域成立一个业主大会。

物业所在地的街道办事处、乡镇人民政府应当会同市、县（区）人民政府房地产主管部门指导本辖区的物业管理区域成立业主大会，并选举产生业主委员会。

业主人数较少且经全体业主一致同意，决定不成立业主大会的，由业主共同履行业主大会、业主委员会职责。

第十一条　物业管理区域根据物业建设用地规划许可证确定的红线图范围，结合物业的共用设施设备、建筑物规模、社区建设等因素划定。物业的配套设施设备共用的，应当划定为一个物业管理区域；但其设施设备能够分割、独立使用的，可以划定为不同的物业管理区域。

新建房屋建设单位在办理房屋预售许可证或者房屋现售备案前，应当按照前款规定划分物业管理区域，向物业所在地的市、县（区）人民政府房地产主管部门申请划分登记，将登记的物业管理区域在商品房买卖合同中明示，并告知物业所在地的街道办事处、乡镇人民政府。

已经实行物业管理的区域，由物业服务企业向物业所在地的市、县（区）人民政府房地产主管部门申请登记。

第十二条　一个物业管理区域内，房屋出售并交付的建筑物总面积达到百分之五十以上的，建设单位应当在三十日内向物业所在地的街道办事处、乡镇人民政府提出召开首次业主大会的书面报告，并提供下列资料：

（一）物业管理区域登记证明；

（二）建筑规划总平面图；

（三）物业建筑面积清册；

（四）业主名册；

（五）交付使用的共用设施设备证明；

（六）物业管理用房配置证明。

建设单位未及时书面报告的以及未成立业主大会的原有住宅小区，十名以上业主可以联名向物业所在地的街道办事处、乡镇人民政府提出召开首次业主大会的书面要求。

第十三条　街道办事处、乡镇人民政府应当在接到建设单位书面报告或者业主书面要求后的六十日内，会同物业所在地的市、县（区）人民政府房地产主管部门组建业主大会筹备组（以下简称筹备组）。筹备组应当自成立之日起七日内，将成员名单在物业管理区域内公告。

筹备组由业主、建设单位代表，物业所在地的街道办事处、乡镇人民政府、房地产主管部门、社区居民委员会、村民委员会代表组成。筹备组人数应当为单数，其中业主代表人数所占比例应当不低于筹备组总人数的二分之一。筹备组组长由物业所在地的街道办事处、乡镇人民政府代表担任。

筹备组中的业主代表，由街道办事处、乡镇人民政府或者社区居民委员会、村民委员会组织业主推荐产生。

第十四条　筹备组应当履行下列职责：

（一）确认并公示业主身份、业主人数以及所拥有的专有部分面积；

（二）确定首次业主大会会议召开的时间、地点、形式和内容；

（三）草拟管理规约、业主大会议事规则；

（四）确定首次业主大会会议表决规则；

（五）制定业主委员会成员候选人产生办法，提出业主委员会成员候选人名单；

（六）制定业主委员会选举办法；

（七）完成召开首次业主大会会议的其他准备工作。

前款内容应当在首次业主大会会议召开十五日前在物业管理区域内公告。业主对公告内容有异议的，筹备组应当记录并作出答复。

筹备组应当自成立之日起九十日内，组织召开首次业主大会会议。

筹备组履行职责的期限，应当到首次业主大会会议选举产生业主委员会之日终止。

第十五条　业主大会履行下列职责：

（一）制定和修改业主大会议事规则及管理规约；

（二）选举业主委员会或者更换业主委员会成员；

（三）监督业主委员会工作，听取业主委员会的工作报告，改变或者撤销业主委员会不适当的决定；

（四）选聘、解聘物业服务企业；

（五）拟订物业服务内容、标准以及物业服务收费方案；

（六）筹集和使用共用部位、共用设施设备专项维修资金；

（七）依法决定改建、重建建筑物及其附属设施；

（八）依法决定改变共有部分的用途；

（九）决定利用共有部分进行经营以及所得收益的分配和使用；

（十）法律、法规或者管理规约规定的应当由业主共同决定的事项。

第十六条 业主大会会议可以采用集体讨论的形式，也可以采用书面征求意见的形式。业主大会会议应当有物业管理区域内专有部分占建筑物总面积过半数的业主且占总人数过半数的业主参加。

业主大会会议采用书面征求意见形式的，应当将征求意见书送交每一位业主；无法送达的，应当在物业管理区域内公告。

业主大会决定本条例第十五条第五项至第八项规定的事项，应当经专有部分占建筑物总面积三分之二以上的业主且占总人数三分之二以上的业主同意；决定本条例第十五条规定的其他事项，应当经专有部分占建筑物总面积过半数的业主且占总人数过半数的业主同意。

第十七条 物业管理区域内业主人数较多的，可以以幢、单元、楼层为单位，推选业主代表参加业主大会会议。业主代表参加业主大会会议前，应当事先征求其所代表的业主意见，并在业主大会会议上如实反映。

第十八条 业主大会会议分为定期会议和临时会议。定期会议每年至少召开一次，具体安排由业主大会议事规则确定。

有下列情形之一的，业主委员会应当组织召开业主大会临时会议：

（一）有百分之二十以上业主提议的；

（二）发生重大事故或者紧急事件需要及时处理的；

（三）业主大会议事规则或者管理规约规定的其他情形。

第十九条 业主委员会负责执行业主大会决定的事项，履行下列职责：

（一）召集业主大会会议，报告物业管理的实施情况；

（二）代表业主与业主大会选聘的物业服务企业签订物业服务合同；

（三）及时了解业主、物业使用人的意见和建议，监督和协助物业服务企业履行物业服务合同；

（四）监督专项维修资金的使用；

（五）督促业主按时交纳物业服务费用；

（六）监督管理规约的实施；

（七）调解业主间因物业使用、维护和管理产生的纠纷；

（八）劝阻业主或者物业使用人违法装饰装修房屋；

（九）业主大会赋予的其他职责。

第二十条 业主委员会成员由五至十一人单数组成。业主委员会成员的每届任期由业主大会议事规则确定。

业主委员会应当自选举产生之日起七日内召开首次会议，在业主委员会成员中推选主任、副主任。

选举业主委员会成员时，应当按照成员人数的百分之四十配备候补成员。业主委员会成员缺员时，应当由候补成员递补。候补成员全部递补为成员后仍有缺员的，应当召开业主大会会议补选。

第二十一条 业主委员会成员应当是物业管理区域内的业主，并符合下列条件：

（一）具有完全民事行为能力；

（二）遵守有关法律、法规；

（三）遵守业主大会议事规则、管理规约，履行业主义务；

（四）热心公益事业，责任心强，公道正派，廉洁自律；

（五）具有一定的组织能力和文化水平。

第二十二条 业主委员会应当自选举产生之日起三十日内，持下列资料向物业所在地的市、县（区）人民政府房地产主管部门、街道办事处、乡镇人民政府备案：

（一）业主大会成立和业主委员会选举情况；

（二）业主大会议事规则；

（三）管理规约；

（四）业主大会决定的其他重大事项。

业主委员会任期内，备案内容发生变更

的，业主委员会应当自变更之日起三十日内书面报告原备案单位。

第二十三条　业主委员会应当按照业主大会的决定及议事规则召开会议。

业主委员会会议由主任负责召集，主任因故不能履行职责，可以委托副主任召集。

业主委员会会议应当有过半数的成员出席，作出的决定应当经全体成员过半数同意。

第二十四条　业主大会、业主委员会应当依法履行职责，不得作出与物业管理无关的决定，不得从事与物业管理无关的活动。

业主大会、业主委员会作出的决定违反法律、法规的，物业所在地的市、县（区）人民政府房地产主管部门或者街道办事处、乡镇人民政府应当责令限期改正或者撤销其决定，并通告全体业主。

第二十五条　同一物业管理区域内有两幢以上房屋的，可以以幢、单元为单位成立业主小组。业主小组由该幢、单元的全体业主组成。

业主小组应当履行下列职责：

（一）推选业主代表出席业主大会会议，反映本小组业主的意见；

（二）提出、讨论本小组范围内共用部位、共用设施设备的维修、更新、改造和养护的方案；

（三）讨论涉及本小组的其他物业管理事项。

业主小组议事由该业主小组产生的业主代表主持。业主小组行使前款规定职责的程序，参照本物业管理区域业主大会议事规则规定。

第二十六条　业主委员会应当建立定期接待制度，及时了解业主、物业使用人对物业管理和业主委员会日常工作的意见和建议，接受业主、物业使用人的咨询、投诉和监督。

业主委员会应当建立工作记录制度，做好业主大会会议、业主委员会会议、物业服务合同协商签订活动以及物业管理中各项重要事项的记录，并妥善保管。

业主委员会应当建立信息公开制度，按照规定及时公布业主大会和业主委员会作出的决定、物业服务企业选聘、物业服务合同等物业管理中的各项决定和重大事项；定期公布专项维修资金和公共收益的收支情况；接受业主查询所保管的物业管理信息。

第二十七条　业主委员会任期届满六十日前，应当开始筹备召开业主大会会议进行换届选举。业主委员会任期届满前，应当组织召开业主大会会议，选举产生新一届业主委员会。无正当理由逾期未换届的，物业所在地的街道办事处、乡镇人民政府应当协调督促其尽快完成换届选举工作或者组织业主召开业主大会会议进行换届选举。

新一届业主委员会产生后，原业主委员会应当在十日内将其保管的有关财务凭证、档案等文件资料、印章以及其他属于业主共有的财物移交新一届业主委员会，并做好其他交接工作。

第二十八条　业主委员会成员有下列情形之一的，由业主委员会三分之一以上成员或者百分之二十以上业主提议，由业主大会或者业主委员会根据业主大会的授权，决定是否终止其成员资格：

（一）以书面方式向业主大会提出辞职请求的；

（二）不履行成员职责的；

（三）利用成员资格谋取私利的；

（四）违法搭建建筑物和构筑物、拒付物业服务费用以及有其他违反管理规约和侵害其他业主合法权益行为的；

（五）因其他原因不适合继续担任业主委员会成员的。

第二十九条　业主大会与业主委员会的活动经费及成员的报酬，从业主共有部分的收益中提取或者由全体业主承担，具体办法和标准由业主大会决定，并报物业所在地的市、县（区）人民政府房地产主管部门、街道办事处、乡镇人民政府备案。

第三章　前期物业管理

第三十条　在业主、业主大会选聘物业服务企业之前，建设单位选聘物业服务企业的，应当签订书面的前期物业服务合同。

住宅物业的建设单位应当通过招投标的方

式选聘物业服务企业实施前期物业管理；投标人少于三个的，经物业所在地的市、县（区）人民政府房地产主管部门批准，可以采用协议方式选聘物业服务企业。

提倡非住宅物业的建设单位通过招投标方式选聘物业服务企业。

第三十一条 建设单位可以邀请前期物业服务企业提前介入项目的开发建设，对项目的规划设计方案、配套设施建设、工程质量控制、设备运行管理等事项，提出与物业服务有关的建议。

建设单位组织项目工程验收和分户验收时，应当通知前期物业服务企业参与。

第三十二条 建设单位出售新建房屋之前，应当制定临时管理规约，并在售房时向购房人明示前期物业服务合同和临时管理规约。购房人在购买新建房屋时，应当对前期物业服务合同和临时管理规约予以书面确认，并受其约束。

建设单位制定的临时管理规约，不得损害购房人的合法权益。

省人民政府住房和城乡建设主管部门应当制定、公布物业服务合同和临时管理规约示范文本。建设单位、物业服务企业应当自签订物业服务合同和制定临时管理规约之日起十日内，向物业所在地的市、县（区）人民政府房地产主管部门备案。

第三十三条 建设单位应当按照物业总建筑面积千分之二的标准，在物业管理区域内配置物业管理用房，最低不少于一百二十平方米；其中，业主委员会办公用房最低不少于二十平方米。物业交付时，物业管理用房由建设单位交付物业服务企业代管。

城市、县人民政府城乡规划主管部门或者省人民政府确定的镇人民政府在核发建设工程规划许可证时，应当在许可证附图上注明物业管理用房的具体部位。物业管理用房应当为地面以上的独立成套装修房屋，具备通风、采光条件和水、电使用功能；没有配置电梯的物业，物业管理用房所在楼层不得高于四层。物业管理用房的位置和面积，建设单位应当在房屋预售时予以公布。

物业管理用房的所有权依法属于全体业主，无偿专用于物业管理、服务工作，不得挪作他用。县级以上人民政府不动产登记机构在办理不动产首次登记时，应当在不动产登记簿中注明物业管理用房面积、房号以及物业的其他共有部分，不颁发产权证书。业主有权查询。

物业管理用房不得擅自变更位置，也不得分割、租赁、转让和抵押。

第三十四条 新建房屋符合下列条件后，建设单位方可办理物业交付手续：

（一）建设工程竣工验收合格，取得自然资源、住房和城乡建设、人防等部门出具的认可或者准许使用文件，并经县级以上人民政府住房和城乡建设主管部门备案；

（二）供水、排水、供电、供气、供热、通信、公共照明、有线电视等设施设备按照规划设计要求建成且达到国家、本省有关建设标准，供水、供电、供气、供热已安装独立计量表具；

（三）按照规划设计要求视频监控装置、生活购物场所、幼儿园、邮政、医疗卫生、文化体育、环卫、社区服务等公共服务设施已建成；

（四）道路、绿地和物业管理用房等公共配套设施已按照规划设计要求建成，并满足使用功能要求；

（五）电梯、二次供水、高压供电、消防、压力容器、电子监控系统等共用设施设备依照法律、法规规定取得合法使用手续，需要进行检测的，还应当由具备相应资质的检测机构检测合格；

（六）消防车通道、消防登高场地、人防工程已设置显著标志；

（七）物业使用、维护和管理的相关技术资料完整齐全；

（八）法律、法规规定的其他条件。

第三十五条 在办理物业承接验收手续时，建设单位应当向前期物业服务企业移交物业管理用房和下列资料：

（一）竣工总平面图，单体建筑、结构、设备竣工图，配套设施、地下管网工程竣工图等竣工验收资料；

（二）设施设备清单及其安装、使用和维

护保养等技术资料、出厂资料；

（三）物业质量保修文件和物业使用说明文件；

（四）物业管理所必需的其他资料。

物业服务企业应当在前期物业服务合同终止时将上述资料移交给业主委员会。

第三十六条　物业服务企业承接物业时，应当对物业共用部位、共用设施设备进行查验并记录，发现问题应当书面告知建设单位，并向物业所在地的市、县（区）人民政府房地产主管部门、街道办事处、乡镇人民政府报告有关情况，建设单位应当及时整修并组织物业服务企业复验。

第三十七条　建设单位在房屋交付时，应当向购房人提供房屋质量保证书和房屋使用说明书，并按照国家规定的保修期限和保修范围，承担物业的保修责任，在物业管理区域内公布维修联系电话和地址。

物业服务企业应当协助业主或者业主委员会联系建设单位落实保修责任。

第三十八条　新建住宅物业实行质量保修金制度。

建设单位应当在物业竣工验收合格后、申请不动产权属初始登记前，按照物业建筑安装总造价百分之一至百分之三的比例向物业所在地的市、县（区）人民政府房地产主管部门设立的物业质量保修金专门账户交存物业质量保修金。

物业质量保修金专门账户以物业管理区域为单位设立专户。建设单位在办理不动产权属初始登记时，应当提供专户银行出具的物业质量保修金全额交存证明。

第三十九条　物业质量保修金保证的保修责任期限，自建设单位将住宅交付业主使用之日起计算，保修责任期满后，根据建设单位的申请退还。物业质量保修金全部退还后，建设单位应当依法、依约继续履行相应的质量责任。

第四十条　物业保修期限内物业出现质量问题的，建设单位在接到业主、业主委员会或者其委托的物业服务企业的维修要求后，应当在二十四小时内派人到现场核查情况，情况属实的应当在七十二小时内予以维修。

第四十一条　物业保修期限内，建设单位不履行保修义务的，业主、业主委员会或者其委托的物业服务企业可以提出申请，经物业所在地的市、县（区）人民政府房地产主管部门委托的建筑工程质量检测机构鉴定后，属于保修责任范围内建筑工程质量问题的，由业主委员会或者受委托的物业服务企业组织维修，其费用从物业质量保修金中列支。

市、县（区）人民政府房地产主管部门应当在物业质量保修金动用后三日内书面通知建设单位，建设单位应当自收到书面通知之日起十五日内足额补存。

建设单位对维修责任承担有异议的，可以依法提起民事诉讼或者依法申请仲裁。

第四十二条　物业保修期间，建设单位因破产、解散、被撤销等原因注销的，市、县（区）人民政府房地产主管部门应当将物业质量保修金本息余额提存。

第四十三条　符合下列条件之一的，保修责任期满后物业质量保修金本息余额退还建设单位：

（一）未出现属于保修范围内的物业质量问题；

（二）出现物业质量问题，但建设单位已按照相关规定进行维修并经验收合格，或者与业主就维修费用承担达成和解协议并履行给付义务；

（三）出现物业质量问题且双方就责任承担发生争议，但建设单位已按照人民法院或者仲裁委员会的法律文书履行义务。

物业保修期间建设单位已经注销的，保修责任期满后其交付的物业质量保修金本息余额依法列入清算财产。

第四十四条　物业保修责任期满三十日前，市、县（区）人民政府房地产主管部门应当将拟退还物业质量保修金事项在相关物业管理区域内书面公示。

第四十五条　省人民政府住房和城乡建设主管部门应当加强对物业质量保修金的交存、使用、管理的监督检查。市、县（区）人民政府房地产主管部门应当每年定期向相关物业管理区域的业主和建设单位，公布该物业管理区域物业质量保修金的交存、使用情况，接受业主和建设单位的监督。具体办法由省人民政府住房和城乡建设主管部门制定后，报省人民政府批准。

第四章 物业管理服务

第四十六条 县级以上人民政府房地产主管部门应当加强物业管理专业人才队伍建设，建立物业服务企业及其管理人员的信用档案。

第四十七条 业主委员会应当与业主大会选聘的物业服务企业签订书面的物业服务合同。

物业服务合同签订后，业主委员会应当向业主公示或者印发给业主，物业服务企业应当向业主提供物业服务手册。

只有一个业主或者业主人数较少且经全体业主一致同意的，业主可以直接选聘物业服务企业并签订物业服务合同。

物业服务企业应当自签订物业服务合同之日起十日内，向物业所在地的市、县（区）人民政府房地产主管部门备案。

第四十八条 物业服务合同应当包括下列事项：

（一）物业管理区域的范围及基本情况；

（二）物业服务合同期限；

（三）物业服务质量标准；

（四）物业服务费用的收取标准和方式、公布物业服务费用收支情况的时间；

（五）物业共用部位及共用设施设备的使用、管理和维护；

（六）环境卫生清扫保洁和公共绿化及其设施的养护、管理；

（七）对外来人员和车辆登记、定期巡逻，以及管理视频监控装置等维护小区秩序、安全防范事项；

（八）车辆的停放管理；

（九）物业维修、养护、更新、改造费用的管理；

（十）物业服务、财务档案和物业档案的保管；

（十一）物业服务合同终止、解除条件；

（十二）双方约定的其他物业管理事项；

（十三）违约责任。

第四十九条 物业服务企业应当履行下列义务：

（一）以服务业主为宗旨，提高服务质量和水平；

（二）按照物业服务合同，提供安全防范、卫生保洁、绿化、共用部位及共用设施设备日常维修养护等服务；

（三）定期向业主公布物业服务费用的收支情况；

（四）接受业主委员会和业主的监督；

（五）协助有关部门提供社区服务，开展社区文体活动；

（六）物业使用中对禁止行为的告知、劝阻、报告；

（七）为业主提供水、电、气维修等便民有偿服务；

（八）协助调解业主间的物业纠纷；

（九）法律、法规规定或者物业服务合同约定的其他义务。

第五十条 物业服务企业可以根据物业服务合同的约定，聘请专业经营者承担电梯、防雷装置、消防器材等设备维修养护、检测，清洁卫生、园林绿化、工程施工等专项服务，但不得将物业管理区域内的全部物业服务一并委托或者转交给其他单位或者个人。

第五十一条 物业服务企业应当按照物业服务合同的约定以及国家有关物业服务的规范和标准提供服务，加强物业共用部位、共用设施设备运行状况的日常检查，依照法律、法规规定委托具备相应资质的检测机构对电梯、压力容器等特种设备进行定期检验检测；并于每年第四季度向业主委员会书面报告物业共用部位、共用设施设备运行状况。

第五十二条 物业服务企业应当按照物业所在地的街道办事处、乡镇人民政府社会治安综合治理的有关规定，协助做好物业管理区域内的安全防范工作，制定安全防范应急预案，对突发性事件应当采取应急措施，及时报告有关主管部门和相关单位，并协助做好救助工作。

物业服务企业从业人员在维护物业管理区域内的公共秩序时，不得侵害公民的合法权益。

物业服务企业应当对进出物业管理区域的外来人员和车辆进行登记，并定时对物业管理区域进行巡逻。对物业管理区域内安装的视频监控装置，物业服务企业应当派人监视，并按照国家和本省有关规定保存相关数据。物业管理区域内出入卡口以及电梯、道路、主要通道等的电子探头和抓拍设施，物业服务企业应当定期维护，确保其正常运行。

物业服务企业未能履行物业服务合同的约定，导致业主人身、财产安全受到损害的，应当依法承担相应的法律责任。

第五十三条　物业服务企业应当建立和保存下列档案和资料，供业主委员会查验：

（一）共有部分经营管理档案；

（二）监控系统、电梯、消防、水泵、防雷装置、电子防盗门等共用设施设备和人防工程防护设施的档案及其运行、维修、养护、检测记录；

（三）水箱清洗记录及水箱检测报告；

（四）房屋装饰装修管理资料；

（五）业主清册；

（六）物业服务企业或者建设单位与相关单位签订的供水、供电、供气、供热、垃圾清运、通信、有线电视覆盖等书面协议；

（七）物业服务活动中形成的与业主利益相关的其他重要资料。

第五十四条　物业服务收费应当遵循合理、公开以及费用与服务水平相适应的原则，区别不同物业的性质和特点，按照国务院相关主管部门和省政府相关主管部门规定的定价权限和管理办法，由业主和物业服务企业在物业服务合同中约定。

物业服务企业应当按照物业服务合同的约定提供物业服务，并按照县级以上人民政府相关主管部门的规定实行明码标价，在物业管理区域内的显著位置公示收费标准和项目。

第五十五条　已交付业主的房屋，物业服务费用由业主承担。未交付业主的房屋，物业服务费用由建设单位承担。

建设单位限定购房人办理交付手续的时间不得少于两个月。

第五十六条　业主应当根据物业服务合同的约定交纳物业服务费用。房屋所有权发生转移时，业主应当与物业服务企业结清物业服务费用。业主与物业使用人约定由物业使用人交纳物业服务费用的，从其约定，业主负连带交纳责任。

电梯、转供电和二次供水等设施运行费用未纳入物业服务费用的，物业服务企业应当按照实际支出和约定的收费方式向相关业主公平、合理分摊，并定期公布。

第五十七条　物业管理区域内，供水、供电、供气、供热、通信、有线电视等企业应当向最终用户提供装表到户、收费到户的服务。物业管埋区域内园林绿化用水费用，应当按照符合其使用性质的标准收取。居民住宅楼内电梯、楼道照明、车库（停车场）、二次供水、中央空调、电子对讲门等直接服务于居民生活的附属设施用电，执行居民生活用电价格；楼外附属设施用电按其实际用电性质执行相应类别电价。

供水、供电、供气、供热、通信、有线电视等企业可以委托物业服务企业代收有关费用，并按照约定支付手续费。

物业服务企业接受委托代收前款费用的，不得向业主收取手续费等额外费用。

第五十八条　物业服务合同期限届满的三个月前，业主委员会应当组织召开业主大会对续聘或者另聘物业服务企业作出决定，并将决定书面告知物业服务企业。业主大会决定续聘且物业服务企业接受的，业主委员会与物业服务企业应当在物业服务合同届满前重新签订物业服务合同。

物业服务企业在物业服务合同期限届满后不再为该物业管理区域提供物业服务的，应当提前三个月书面告知业主委员会。物业服务合同终止前，物业服务企业不得擅自停止服务。

物业服务合同期限届满后，业主大会没有作出续聘或者另聘物业服务企业决定，物业服务企业按照原合同继续提供服务的，原合同权利义务延续。在合同权利义务延续期间，任何一方提出终止合同的，应当提前三个月书面告知对方。

第五十九条　物业服务合同终止时，物业服务企业应当向业主委员会交还下列资料和财物：

（一）本条例第三十五条第一款和第五十三条规定的资料；

（二）物业管理用房；

（三）物业服务期间改造、维修、保养有关物业形成的技术资料；

（四）物业服务期间业主出资配置的固定设施设备；

（五）其他应当移交的财物、资料。

新选聘的物业服务企业承接物业时，业主委员会应当向物业服务企业移交前款规定的资料和财物，不得拒交。

第六十条 业主大会选聘新的物业服务企业的，原物业服务企业应当与业主委员会做好交接工作，新物业服务企业应当按照合同约定的时间进入物业管理区域服务。

第六十一条 县级以上人民政府房地产主管部门应当制定物业服务规范和等级标准，加强对物业服务企业的监督管理，定期对其服务质量进行考核，促进物业服务企业提高服务水平。

县级以上人民政府房地产主管部门对物业服务企业服务质量考核时，应当听取业主以及物业所在地的街道办事处、乡镇人民政府的意见。

第六十二条 县级以上人民政府房地产主管部门应当建立物业管理投诉受理制度，对业主、业主委员会、物业使用人和物业服务企业在物业管理活动中的投诉，应当自受理之日起十五日内进行调查、处理，并将调查或者处理结果答复投诉人；属于其他部门、单位职责的，应当及时转交有关部门或者单位并告知投诉人。

第六十三条 县级以上人民政府应当通过联席会议等方式建立物业管理综合协调机制。

物业管理联席会议由市、县（区）人民政府房地产主管部门会同街道办事处、乡镇人民政府召集，城市管理、公安等部门、社区居民委员会、村民委员会、物业服务企业、专业经营者、业主委员会或者业主代表参加。

物业管理联席会议主要协调解决下列事项：

（一）业主委员会未依法履行职责；

（二）业主委员会换届过程中出现的问题；

（三）物业服务合同履行过程中出现的重大问题；

（四）物业服务企业在变更交接过程中出现的问题；

（五）其他需要协调解决的重大事项。

第五章 物业的使用和维护

第六十四条 物业管理区域内按照规划建设的公共建筑和共用设施，不得擅自改变用途。

业主、物业使用人和物业服务企业不得擅自占用、挖掘物业管理区域的道路、场地，损害业主的共同利益。

第六十五条 利用物业共用部位、共用设施设备设置户外广告、停车场或者从事租赁等的，应当在征得相关业主、业主大会、物业服务企业的同意后，按照规定办理有关手续。

经营所得收益经业主大会决定可以由业主委员会负责管理，也可以委托物业服务企业代为收取或者管理，主要用于补充专项维修资金，也可以按照业主大会的决定使用。业主委员会或者物业服务企业应当将收益和使用情况每半年公示一次。

第六十六条 物业管理区域内规划用于停放机动车辆的车位、车库，应当首先满足本物业管理区域业主的需要。

规划用于停放机动车辆的车位、车库的归属，由当事人通过出售、附赠或者出租等方式约定。

建设单位依法取得车位、车库权属登记后方能出售、出租车位、车库。建设单位应当在出售车位、车库一个月前，以书面形式告知本区域全体业主，并在物业管理区域的显著位置公示拟出售车位、车库的产权证明文件和出售价格。

出租规划用于停放机动车辆的车位、车库的，应当首先出租给本物业管理区域业主、物业使用人。在满足本物业管理区域业主、物业使用人的需要后，出租给其他人的，其租赁合同期限不得超过六个月。

第六十七条　占用物业管理区域内业主共有的道路或者其他场地停放机动车辆的，应当确保消防通道和道路畅通。业主大会决定收取车辆停放费用的，其收益扣除物业服务成本后应当属于业主共有。

第六十八条　物业管理区域内根据规划建设的人防工程，依照有关法律、法规的规定使用和管理。

第六十九条　业主、物业使用人装饰装修房屋应当遵守国家和省的规定以及管理规约，禁止下列行为：

（一）损坏或者擅自变动房屋承重结构、主体结构；

（二）违法搭建建筑物、构筑物；

（三）将没有防水要求的房间或者阳台改为卫生间、厨房，或者将卫生间改在下层住户的卧室、起居室（厅）、书房和厨房的上方；

（四）破坏或者擅自改变房屋外观；

（五）损坏房屋原有节能设施，降低节能效果；

（六）擅自改变暗埋、燃气管线等；

（七）挪用、损坏或者擅自拆除消防器材、设施；

（八）法律、法规和管理规约禁止的其他行为。

业主、物业使用人封闭阳台、露台以及安装空调外机、太阳能热水器、防盗网、遮阳罩等设施的，应当保持物业的整洁、美观。

第七十条　业主、物业使用人装饰装修房屋的，应当事先告知物业服务企业。物业服务企业应当将装饰装修中的禁止行为和注意事项书面告知业主、物业使用人。

在业主、物业使用人装饰装修房屋期间，物业服务企业应当对装饰装修房屋情况进行现场巡查，业主、物业使用人应当予以配合。

第七十一条　业主、物业使用人应当合理、正当地使用物业，禁止下列行为：

（一）违反法律、法规以及管理规约，改变房屋用途，将住宅改变为经营性用房；

（二）存放不符合安全标准的易燃、易爆、剧毒、放射性等危险性物品，或者存放、铺设超负荷物品；

（三）排放有毒、有害物质；

（四）发出超过规定标准的噪声或者影响邻居通风、采光；

（五）乱设摊点或者乱倒垃圾，堆放杂物，高空抛物；

（六）违反规定饲养动物，影响物业管理区域的卫生和业主正常生活；

（七）占用消防车通道、妨碍消防车通行；

（八）法律、法规和管理规约禁止的其他行为。

第七十二条　物业服务企业发现业主或者物业使用人在物业装饰装修、使用过程中有违反国家和本省有关规定以及临时管理规约、管理规约行为的，应当予以劝阻、制止；劝阻、制止无效的，应当在二十四小时内报告业主委员会和有关主管部门。有关主管部门在接到物业服务企业的报告后，应当依法对违法行为予以制止或者处理。

第七十三条　住宅物业、住宅小区内的非住宅物业或者与单幢住宅楼结构相连的非住宅物业的业主，应当按照国务院住房和城乡建设部、财政部《住宅专项维修资金管理办法》的规定交存专项维修资金。

业主交存的专项维修资金属于业主所有，专项用于物业保修期满后物业共用部位和共用设施设备的维修、更新、改造，不得挪作他用。

第七十四条　发生下列紧急情况时，物业服务企业应当立即采取应急防范措施，并制定维修、更新方案，同时向业主委员会报告：

（一）电梯、水泵故障影响正常使用的；

（二）消防设施损坏，消防救援机构出具整改通知书的；

（三）外墙墙面有脱落危险、屋顶或者外墙渗漏等情况，影响房屋使用和安全，经有资质的鉴定机构出具证明的。

前款规定涉及维修费用需要动用专项维修资金的，业主大会成立前，物业服务企业应当持有关材料，报物业所在地的市、县（区）人民政府房地产主管部门审核同意，并经具有相应资质的中介机构审价后，在专项维修资金中直接列支；已经成立业主大会的，物业服务企业应当持有关材料，向业主委员会提出列支专项维修资金，由业主委员会审核同意，报物业所在地的市、县（区）人民政府房地产主管部门备案，并经具有相应资质的中介机构审价后，在专项维修资金中列支。市、县（区）人民政府房地产主管部门应当及时划拨专项维修资金。

发生本条第一款所列情形，未按照规定实施维修、更新或者改造的，物业所在地的市、县（区）人民政府房地产主管部门可以组织代为维修，维修费用在专项维修资金中列支。

第七十五条 物业共用部位、共用设施设备维修、更新、改造时，相邻业主、物业使用人应当予以配合；因相邻业主、物业使用人阻挠维修、更新、改造造成其他业主、物业使用人财产损失的，责任人应当负责修复或者赔偿。因物业维修、更新、改造造成相邻业主、物业使用人的自用部位、自用设备损坏或者其他财产损失的，责任人应当负责赔偿。

第六章 法律责任

第七十六条 建设单位违反本条例第十二条第一款规定，未将物业管理区域符合业主大会成立条件的情况书面报告物业所在地的街道办事处、乡镇人民政府，或者未按照规定提供有关资料的，由市、县（区）人民政府房地产主管部门责令限期改正；逾期不改正的，处两千元以上一万元以下罚款。

第七十七条 违反本条例第三十二条第三款和第四十七条第四款规定，建设单位、物业服务企业未按时将物业服务合同和临时管理规约报送备案的，由市、县（区）人民政府房地产主管部门责令限期改正；逾期不改正的，处五千元以上一万元以下罚款。

第七十八条 建设单位违反本条例第三十八条第二款规定，未交存物业质量保修金的，由市、县（区）人民政府房地产主管部门责令限期交存；逾期不交存的，处一万元以上五万元以下罚款。

第七十九条 违反本条例第五十八条第二款规定，物业服务企业不履行物业服务合同约定擅自停止服务的，由市、县（区）人民政府房地产主管部门责令限期改正；逾期不改正的，处五万元以上十万元以下罚款。

第八十条 物业服务合同终止后，物业服务企业拒不退出的，由市、县（区）人民政府房地产主管部门责令限期改正；逾期不改正的，处五万元以上十万元以下罚款。

第八十一条 物业服务企业的服务质量不符合服务规范和等级标准的，由县级以上人民政府房地产主管部门责令限期改正。

第八十二条 违反本条例第六十五条第一款规定，擅自利用物业共用部位、共用设施设备进行经营的，由县级以上人民政府房地产主管部门责令限期改正，给予警告，并对个人处一千元以上一万元以下罚款，对单位处五万元以上二十万元以下罚款；所得收益，用于物业管理区域内物业共用部位、共用设施设备的维修、养护，剩余部分按照业主大会的决定使用。

第八十三条 违反本条例第六十九条和第七十一条规定，业主、物业使用人有下列行为之一的，按照下列规定给予处罚；给他人造成损失的，责任人应当依法予以赔偿：

（一）损坏或者擅自变动房屋承重结构、主体结构的，由县级以上人民政府住房和城乡建设主管部门责令限期改正，处五万元以上十万元以下罚款；

（二）未取得建设工程规划许可证或者未按照建设工程规划许可证的规定违法搭建建筑物、构筑物的，由县级以上人民政府自然资源主管部门责令停止建设；尚可采取改正措施消除影响的，限期改正，处违法搭建建筑物、构筑物造价百分之五以上百分之十以下罚款；无法采取改正措施消除影响的，限期拆除，不能拆除的，没收实物或者违法收入，可以并处违法搭建建筑物、构筑物造价百分之十以下罚款；

（三）破坏或者擅自改变房屋外观，不符合城市容貌标准、环境卫生标准的，由县级以上人民政府市容环境卫生主管部门会同自然资源主管部门责令限期改造或者拆除；逾期不改造或者拆除的，处一千元以上一万元以下罚款；情节严重的，处一万元以上十万元以下罚款；

（四）擅自改变物业使用性质的，由县级以上人民政府住房和城乡建设主管部门责令限期改正，恢复原状；逾期不改正、恢复原状的，处一万元以上五万元以下罚款。

第八十四条　县级以上人民政府房地产主管部门、街道办事处、乡镇人民政府以及相关部门的工作人员违反本条例，有下列情形之一的，由上级行政机关或者主管部门责令改正，并依法给予处分；构成犯罪的，依法追究刑事责任：

（一）未按照本条例规定筹备、组织成立业主委员会的；

（二）未按照本条例规定履行监督检查职责的；

（三）发现违法行为不及时查处，或者包庇、纵容违法行为，造成后果的；

（四）其他玩忽职守、滥用职权、徇私舞弊的情形。

第八十五条　对违反本条例规定的其他行为，法律、法规已有法律责任规定的，适用其规定。

第七章　附则

第八十六条　本条例施行前已实施物业管理且符合本条例关于召开业主大会、选举业主委员会条件的物业管理区域，尚未组织召开业主大会、选举产生业主委员会的，应当在本条例施行后六个月内组织召开业主大会、选举产生业主委员会。

第八十七条　本条例下列用语的含义：

（一）专有部分，是指在构造上、利用上具有独立性，能够明确区分、可以排他使用，能够登记成为特定业主所有权的客体；

（二）共用部位，是指根据法律、法规、规章和房屋买卖合同，由单幢住宅内业主或者单幢住宅内业主及与之结构相连的非住宅业主共有的部位，一般包括：住宅的基础、承重墙体、柱、梁、楼板、屋顶以及户外的墙面、门厅、楼梯间、走廊通道等；

（三）共用设施设备，是指根据法律、法规、规章和房屋买卖合同，由住宅业主或者住宅业主及有关非住宅业主共有的附属设施设备，一般包括电梯、天线、照明、消防设施、绿地、道路、路灯、沟渠、池、井、非经营性车场车库、公益性文体设施和共用设施设备使用的房屋等；

（四）房屋承重结构，是指直接将本身自重与各种外加作用力系统地传递给基础地基的主要结构构件和其连接接点，包括承重墙体、立杆、柱、框架柱、支墩、楼板、梁、屋架、悬索等。

第八十八条　本条例规定的面积和人数，按照下列方式计算：

（一）专有部分面积，按照不动产登记簿记载的面积计算；尚未进行物权登记的，暂时按照测绘机构的实测面积计算；尚未进行实测的，暂时按照房屋买卖合同记载的面积计算。

（二）业主人数，按照专有部分的数量计算，一个专有部分按照一人计算。但建设单位尚未出售或者虽已出售但尚未交付的部分，以及同一买受人拥有一个以上专有部分的，按照一人计算。

（三）建筑物总面积与总人数，分别按照前两项的统计总和计算。

第八十九条　本条例自2012年10月1日起施行。1998年12月18日江西省第九届人民代表大会常务委员会第六次会议通过、2001年12月22日江西省第九届人民代表大会常务委员会第二十七次会议修正的《江西省城市居住小区物业管理条例》同时废止。

天津市物业管理条例

（2002 年 10 月 24 日天津市第十三届人民代表大会常务委员会第三十六次会议通过，2008 年 9 月 10 日天津市第十五届人民代表大会常务委员会第四次会议修订，根据 2018 年 5 月 28 日天津市第十七届人民代表大会常务委员会第三次会议《关于修改〈天津市物业管理条例〉的决定》第一次修正，根据 2018 年 12 月 14 日天津市第十七届人民代表大会常务委员会第七次会议《关于修改〈天津市植物保护条例〉等三十二部地方性法规的决定》第二次修正，2018 年 12 月 14 日天津市人民代表大会常务委员会公告第 17 号公布）

第一章　总则

第一条　为了规范物业管理活动，维护业主和物业服务企业的合法权益，根据《中华人民共和国物权法》和国务院《物业管理条例》等有关法律、法规，结合本市实际情况，制定本条例。

第二条　本条例适用于本市行政区域内的物业管理活动。

第三条　业主是指物业的所有权人。

本条例所称物业，是指房屋和与其相配套的共用设施、设备和场地。

本条例所称物业管理，是指业主通过选聘物业服务企业，由业主和物业服务企业按照物业服务合同约定，对房屋及其配套的设施设备和相关场地进行维修、养护、管理，维护物业管理区域内的环境卫生和相关秩序的活动。

第四条　物业管理应当遵循公开公平、诚实信用、市场竞争、服务规范的原则。

第五条　有两个以上业主的新建住宅物业，应当实行物业管理；商贸、办公、医院、学校、工厂、仓储等非住宅物业，推行物业管理。

第六条　市住房建设部门是本市物业管理的行政主管部门，负责全市物业管理活动的监督管理。

区房地产管理部门是本辖区物业管理的行政主管部门，负责本辖区内物业管理活动的监督管理。

发展改革、规划和自然资源、城市管理、公安、民政、市场监管等相关部门，按照各自职责负责物业管理区域内相关的行政管理和服务工作。

第七条　街道办事处、乡镇人民政府应当明确部门和人员，负责本辖区内业主大会成立和业主委员会换届等项工作的组织、指导，监督业主大会和业主委员会依法履行职责，调解业主、业主委员会与物业服务企业之间的物业管理纠纷，协调物业管理与社区管理、社区服务的关系。

第八条　在业主委员会和物业服务企业中，根据中国共产党章程的规定，设立中国共产党的组织，开展党的活动，保障物业管理活动依法有序进行。

第九条　业主委员会和物业服务企业要在党组织的领导下开展物业管理活动，建立健全社区党组织领导下的居民委员会、业主委员会和物业服务企业议事协调机制。

第十条　引导和支持业主中的党员通过法定程序成为业主代表、业主委员会成员，发挥先锋模范作用，依法履行职责。

推动符合条件的社区党组织成员或者居民委员会成员中的党员通过法定程序兼任业主委员会主任。

第二章　业主、业主大会和业主委员会

第十一条　业主享有下列权利：

（一）参加业主大会会议，发表意见，行使表决权；

（二）推选业主代表，选举业主委员会成

员，享有被选举权；

（三）监督业主委员会的工作；

（四）提议召开业主大会会议，就物业管理的有关事项提出建议；

（五）提出制定或者修改管理规约、业主大会议事规则的建议；

（六）按照物业服务合同的约定，接受物业服务企业提供的服务；

（七）监督物业服务企业履行物业服务合同；

（八）监督专项维修资金的管理和使用；

（九）对共用部位、共用设施设备和相关场地使用情况的知情权和监督权；

（十）法律、法规规定的其他权利。

第十二条 业主应当履行下列义务：

（一）遵守业主大会议事规则和管理规约；

（二）执行业主大会通过的决定和业主大会授权业主委员会作出的决定；

（三）配合物业服务企业按照物业服务合同和管理规约实施的物业管理活动；

（四）按照物业服务合同的约定，按时交纳物业管理服务费；

（五）维护物业管理区域内公共秩序和环境卫生；

（六）按照规定交存或者续交专项维修资金；

（七）法律、法规规定的其他义务。

第十三条 一个物业管理区域成立一个业主大会，应当由一个物业服务企业实施物业管理服务。

新建物业项目，包括分期建设或者由两个以上开发建设单位建设的物业项目，其配套的设施设备是共用的，应当划为一个物业管理区域。

同一个物业管理区域内的地上、地下建筑物和设施设备、相关场地，不得分割进行物业管理。

物业管理区域的划分，应当考虑物业的共用设施设备、建筑物规模、社区建设等因素，并遵循相对集中、便于管理的原则。物业管理区域划分的具体办法，由市人民政府规定。

第十四条 已交付使用的新建物业有下列情形之一的，应当成立业主大会：

（一）业主入住率达百分之五十以上；

（二）首位业主实际入住达到二年以上。

第十五条 业主大会由同一个物业管理区域内的全体业主组成。业主大会是业主集体行使权利和维护全体业主在物业管理活动中合法权益的组织。

下列事项由业主大会决定：

（一）制定、修改业主大会议事规则和管理规约；

（二）选举、更换业主委员会成员，监督业主委员会的工作；

（三）审定物业服务合同内容，选聘、解聘物业服务企业；

（四）制定、修改、审议物业管理区域内共用部位和共用设施设备的使用、公共秩序和环境卫生的维护等方面的规章制度或者物业服务企业提出的其他管理事项；

（五）专项维修资金的筹集、使用方案，并监督实施；

（六）改建、重建建筑物及其附属设施；

（七）涉及业主共有和共同管理权利的其他重大事项。

第十六条 同一个物业管理区域内业主人数不足一百人的，全体业主组成业主大会；业主人数在一百人以上的，可以按照业主总数的一定比例推选业主代表，组成业主代表会，代表业主履行业主大会职责。业主代表会的代表组成，不得少于三十五人。

业主代表在行使所代表业主的表决权前，应当事先书面征求其所代表的业主意见，并在业主代表会会议上如实反映所代表业主的意见。

业主代表以幢、门、楼层等为单位，由业主推选，并在推选后以书面形式在物业管理区域内公告。

第十七条 符合成立业主大会条件的，业主、开发建设单位或者物业服务企业应当书面告知物业所在地的街道办事处或者乡镇人民政府。街道办事处、乡镇人民政府应当在收到书面告知后一个月内，在物业所在地的区物业管理行政主管部门的指导下，负责核实并组织、协调成立首次业主大会会议筹备组。

筹备组由业主三至七名，街道办事处或者

乡镇人民政府、居民委员会、开发建设单位代表各一名组成。筹备组负责人由街道办事处或者乡镇人民政府的代表担任。筹备组成员名单应当以书面形式在物业管理区域内公告。开发建设单位和物业服务企业应当为筹备组开展工作提供条件。

第十八条 筹备组履行下列职责：

（一）确定首次业主大会会议召开的时间、地点、形式和内容；

（二）确认业主身份和业主人数；

（三）确定业主委员会成员候选人产生方案和名单，并公示征询意见；

（四）拟定业主大会议事规则草案，提出临时管理规约的修订意见；

（五）确定业主代表产生的条件、方式和人数，组织推选业主代表；

（六）做好召开首次业主大会会议的其他准备工作。

前款规定的各项内容，应当在首次业主大会会议召开十五日前，以书面形式在物业管理区域内公告。

筹备组履行职责的期限，应当到首次业主大会会议选举产生业主委员会之日终止。

第十九条 首次业主大会会议应当讨论决定下列事项：

（一）业主大会议事规则；

（二）管理规约；

（三）选举业主委员会；

（四）物业管理服务内容和服务标准；

（五）涉及业主共有和共同管理权利的其他重大事项。

第二十条 业主大会会议可以采用集体讨论的形式，也可以采用书面征求意见的形式；但应当有物业管理区域内专有部分占建筑物总面积过半数的业主且占总人数过半数的业主参加。

业主可以书面委托代理人行使业主权利。

第二十一条 业主大会议事规则应当就业主大会的议事方式、表决程序、业主大会定期会议的时间和形式、业主投票权确定办法、业主委员会的组成和任期等事项作出规定。

第二十二条 管理规约应当对有关物业的使用、维护、管理，业主的共同利益，业主享有的权利和履行的义务，违反管理规约应当承担的责任等事项，依法作出约定。

管理规约对全体业主具有约束力。

第二十三条 业主大会决定筹集和使用专项维修资金以及决定改建、重建建筑物及其附属设施设备，应当经专有部分占建筑物总面积三分之二以上的业主且占总人数三分之二以上的业主同意。

制定和修改业主大会议事规则，制定和修改管理规约，选举业主委员会或者更换业主委员会成员，选聘和解聘物业服务企业，决定有关共有和共同管理权利的其他重大事项，应当经专有部分占建筑物总面积过半数的业主且占总人数过半数的业主同意。

第二十四条 业主大会会议，由业主委员会组织召集。经全体业主五分之一以上提议，业主委员会应当召开业主大会临时会议。业主委员会应当召开业主大会会议或者业主大会临时会议而不组织召集的，由街道办事处或者乡镇人民政府组织召集，其他任何单位和个人不得组织召集。

物业管理行政主管部门、街道办事处、乡镇人民政府、公安派出所、居民委员会和使用人的代表可以列席业主大会会议。

第二十五条 业主大会应当按照法律、法规和业主大会议事规则开展活动。

业主大会作出的决定，应当在物业管理区域内公告，对全体业主具有约束力。

第二十六条 业主委员会成员在业主中选举产生。业主委员会的成员人数应为单数，由五至十五人组成。业主委员会主任、副主任在业主委员会成员中推举产生。

业主委员会成员应当符合下列条件：

（一）遵守国家有关法律、法规；

（二）具有完全民事行为能力；

（三）遵守业主大会议事规则和管理规约，按时交纳物业管理服务费；

（四）热心公益事业，责任心强，公正廉洁，具有社会公信力；

（五）具有一定的组织能力和协调沟通能力；

（六）身体健康，能保证必要的工作时间。

业主委员会不得从事经营活动。

第二十七条　业主委员会作为业主大会的日常工作机构，执行业主大会的决定事项，履行下列职责：

（一）召集业主大会会议；

（二）定期报告有关决定执行情况，提出物业管理建议；

（三）在业主大会作出决定后三十日内，代表业主大会与物业服务企业签订、续签、变更或者解除物业服务合同；

（四）及时了解业主、物业使用人的意见和建议，监督和协助物业服务企业履行物业服务合同；

（五）督促不交纳物业管理服务费的业主限期交纳；

（六）组织业主对物业共用部位、共用设施设备的维修、更新、改造方案进行书面确认，并监督实施；

（七）监督管理规约的实施；

（八）组织筹集专项维修资金；

（九）组织业主委员会换届和补选工作；

（十）完成业主大会交办的其他事项。

业主委员会不履行上述第三项、第九项职责的，在区物业管理行政主管部门的指导下，由街道办事处、乡镇人民政府可以按照有关规定组织选举新的业主委员会。

第二十八条　业主委员会应当自选举产生之日起三十日内，持下列文件向物业所在地的街道办事处、乡镇人民政府办理备案手续：

（一）业主委员会选举情况和业主委员会成员的基本情况；

（二）业主大会议事规则；

（三）管理规约。

街道办事处、乡镇人民政府应当将备案情况，及时书面告知区物业管理行政主管部门。

备案内容发生变更的，业主委员会应当自变更之日起三十日内，将变更内容书面告知原备案部门。

第二十九条　业主委员会召开会议应当有超过半数成员出席，作出的决定必须经全体成员半数以上同意。

第三十条　业主委员会成员有下列情形之一的，其业主委员会成员职务自行终止：

（一）不再是本物业管理区域业主或者连续一年以上不在本物业管理区域居住的；

（二）以书面形式提出辞职的；

（三）因身体健康原因丧失工作能力的；

（四）在为本物业管理区域提供服务的物业服务企业中任职的。

业主委员会成员有上述情形之一的，业主委员会应当在物业管理区域内公告。

第三十一条　业主委员会换届的，原业主委员会应当在二十日内将保管的档案资料、印章和其他属于全体业主共同所有的财物，移交给新一届业主委员会。

业主委员会成员职务终止的，应当在五日内将其保管的有关资料、印章和财物移交业主委员会。

第三十二条　物业使用人根据与业主的双方约定，享有业主相应的权利和履行业主相应的义务。物业使用人不履行约定的，由业主承担连带责任。业主与物业使用人约定的内容，不得违反法律、法规和管理规约的规定。

业主或者物业使用人应当将双方的约定书面告知物业服务企业。

本条例所称物业使用人，是指物业的承租人或者实际合法使用物业的人。

第三十三条　业主大会和业主委员会可以按照每年不超过实收物业管理服务费百分之一的比例提取活动经费，具体办法在物业服务合同中约定。

第三十四条　本市实行物业管理联席会议制度。

物业管理联席会议由街道办事处或者乡镇人民政府负责组织召集，由区物业管理行政主管部门、居民委员会、公安派出所、物业服务企业、业主委员会或者业主代表等各方代表组成。

物业管理联席会议主要协调解决下列问题：

（一）业主委员会不依法履行职责的问题；

（二）业主委员会换届过程中出现的问题；

（三）履行物业服务合同中出现的重大问题；

（四）提前终止物业服务合同的问题；

（五）物业服务企业在退出和交接过程中出现的问题；

（六）需要协调解决的其他物业管理问题。

第三章　物业服务企业

第三十五条　物业服务企业应当具有独立的法人资格。

第三十六条　物业服务企业按照物业服务合同，对物业及其环境、秩序进行管理，提供相应服务，依照合同约定收取物业管理服务费，接受业主和业主委员会对履行物业服务合同情况的监督。

物业服务企业对侵害物业共用部位、共用设施设备的行为，要求责任人停止侵害、排除妨害、恢复原状。

物业服务企业应当向业主公布专项维修资金使用情况和利用共用部位、共用设施的经营收益，对业主个人信息和资料负有保密义务。

第三十七条　物业服务企业可以将物业管理区域内的专项服务业务委托给专业服务企业，但不得将全部物业管理委托给他人。

第三十八条　物业服务企业应当协助公安部门做好物业管理区域内的公共秩序维护和安全防范工作。在物业管理区域内发生治安案件或者各类灾害事故时，应当及时向公安和有关部门报告，并积极协助做好调查和救助工作。

政府有关部门、街道办事处、乡镇人民政府和居民委员会、村民委员会应当支持物业服务企业工作，不得干预物业服务企业正常经营和服务活动，不得乱摊派、乱收费。

第四章　前期物业管理

第三十九条　前期物业管理是指在业主大会成立前，开发建设单位委托物业服务企业进行物业管理服务的活动。

第四十条　新建物业出售前，开发建设单位应当委托物业服务企业进行前期物业管理，并签订前期物业服务合同。

前期物业服务合同至业主大会与物业服务企业签订新的物业服务合同生效之日终止。

第四十一条　开发建设单位对新建物业，应当通过招标投标方式选聘物业服务企业进行物业管理。住宅物业建筑面积三万平方米以下、非住宅物业建筑面积一万平方米以下的，经物业所在地的区物业管理行政主管部门批准，可以采用协议方式选聘物业服务企业。

第四十二条　开发建设单位出售新建房屋之前，应当制定临时管理规约，并在售房时向购房人明示前期物业服务合同和临时管理规约。购房人在购买新建房屋时，应当对前期物业服务合同和临时管理规约予以书面确认，并受其约束。

开发建设单位制定的临时管理规约，不得损害购房人的合法权益。

第四十三条　规划、设计新建物业项目时，应当统筹规划、合理布局物业管理服务的各项设施，并按照开发建设项目规划出售部分总建筑面积的千分之三至千分之四确定物业管理用房，用于物业管理服务和业主活动。

开发建设单位应当按照规划、设计的要求和标准建设物业管理用房，并向业主进行公示。

开发建设单位应当自物业竣工验收合格之日起三十日内，将物业管理用房无偿移交给物业服务企业使用，并接受所在地的街道办事处、乡镇人民政府的监督。

第四十四条　物业管理用房属于全体业主共有，由物业服务企业负责维修、养护，不得买卖和抵押；任何单位和个人不得占用或者改作他用。

开发建设单位在申请办理房屋所有权首次登记时，应当将物业管理用房一并申请登记，不动产登记机构应当在不动产登记簿上予以记载。

第四十五条　开发建设单位应当自新建物业竣工验收合格之日起六十日内，向前期物业服务企业提供下列资料：

（一）竣工总平面图，单体建筑、结构、设备的竣工图，附属配套设施、地下管网工程竣工图等资料；

（二）物业竣工验收资料；

（三）共用设施设备安装、使用、维护和保养技术资料；

（四）物业质量保证书和使用说明书；

（五）物业管理需要的其他资料。

第四十六条　物业服务企业在承接新建物业项目时，应当对物业管理区域内的房屋及其附属设施设备的共有部分进行查验，发现问题应当书面告知开发建设单位，开发建设单位应当及时进行整改。

第五章　物业使用和维护

第四十七条　在国家规定的保修期限内，物业由开发建设单位负责维修。保修期限届满后，业主对专有部分负责维修、养护；业主专有部分以外的共用部位、共用设施设备，由物业服务企业按照物业服务合同约定负责维修、养护。

在物业出现危及安全、影响观瞻或者影响他人正常使用情况时，业主、物业使用人或者物业服务企业应当及时维修，所需费用由相关责任人承担。

物业服务企业对物业共用部位、共用设施设备进行维修、养护时，相关业主和物业使用人必须给予配合。

第四十八条　业主和物业使用人使用物业，应当遵守法律、法规和规章的规定，在供水、排水、通风、采光、通行、维修、装饰装修、环境卫生、环境保护等方面，按照有利于物业安全使用、外观整洁以及公平合理、不损害公共利益和他人利益的原则，处理相邻关系。

第四十九条　供水、供电、供气、供热、通信、有线电视等专业经营服务单位，应当直接为业主提供服务，向最终用户收取有关费用，并依法承担物业管理区域内相关管线和设施设备维修、养护责任。

开发建设单位应当在物业建成后，将供水、供电、供气、供热、通信、有线电视、路灯等设施，按照规定移交给专业经营服务单位进行维护管理。

第五十条　业主大会和业主委员会，对任意弃置垃圾、排放污染物或者噪声、违反规定饲养动物、违章搭建、擅自改变住宅房屋使用用途、随意占用共用部位、损坏共用设施设备、侵占或者毁坏绿地树木和绿化设施、侵占通道、拒交物业管理服务费和专项维修资金等损害他人合法权益的行为，有权依照法律、法规和管理规约，要求行为人停止侵害、消除危险、排除妨害、赔偿损失。业主对侵害自己合法权益的行为，可以依法向人民法院提起诉讼。业主大会对侵害业主共同利益的行为，可以依法向人民法院提起诉讼。

第五十一条　业主或者物业使用人装饰装修房屋，应当遵守国家和本市有关规定。

业主、物业使用人和装饰装修企业应当与物业服务企业签订装饰装修管理服务协议。装饰装修管理服务协议一般包括装饰装修工程的内容和期限、允许施工的时间、废弃物的清运和处置以及相关费用等。

第五十二条　利用物业共用部位、共用设施设备从事经营活动的，不得影响房屋安全和正常使用，并应当征得相关业主和业主大会的同意。物业服务企业代表业主大会收取的相关收益，主要用于补充专项维修资金、改善共用设施设备，也可以按照业主大会的决定使用。

第五十三条　占用物业管理区域内业主共有的道路或者其他场地停放机动车辆的，应当确保消防通道和道路畅通，并征得业主大会同意。

占用业主共有的道路或者其他场地停放机动车辆的车位，应当交纳场地占用费。场地占用费主要用于养护维修小区道路和停车设施、改善共用设施设备等。场地占用费的收取标准和使用办法，由业主大会或者开发建设单位与物业服务企业在物业服务合同中约定。场地占用费收取和使用情况应当向业主公示。

业主对机动车辆有保管要求的，由业主和物业服务企业另行签订机动车辆保管合同。

机动车辆和非机动车辆在物业管理区域内行驶、停放的具体管理办法，由业主大会决定并公示。未成立业主大会的，按照前期物业管理服务合同的约定执行。

第五十四条　物业服务企业应当加强对物业管理共用部位、共用设施设备运行状况的日常检查，每年第四季度将物业管理共用部位、共用设施设备运行状况的报告提交业主委员会，并在物业管理区域内公告。

第五十五条　有两个以上业主的新建住宅

和非住宅物业，应当按照规定交纳专项维修资金。专项维修资金应当按照规定给业主计息。

未建立专项维修资金或者专项维修资金余额不足的物业项目，业主委员会根据业主大会的决定组织业主交纳或者续交专项维修资金。

第五十六条 市房屋维修资金管理中心负责全市专项维修资金的统一归集和管理。

专项维修资金的管理，接受财政、审计部门的监督。

第五十七条 专项维修资金的管理费用由市财政部门核定，在专项维修资金的增值资金中列支。专项维修资金增值资金除核定管理费用外，应当建立房屋应急解危专项资金，专项用于房屋应急解危支出。

专项维修资金的具体管理办法，由市人民政府规定。

第六章 物业管理服务

第五十八条 物业服务企业接受委托从事物业管理服务活动，应当与业主大会签订物业服务合同。物业服务合同，对物业服务企业和全体业主具有约束力。

物业服务合同主要包括下列内容：

（一）业主大会和物业服务企业的名称；

（二）物业管理区域的范围；

（三）服务的内容；

（四）服务的标准；

（五）服务的费用；

（六）合同的期限；

（七）违约责任；

（八）合同的解除条件；

（九）双方需要约定的其他事项。

物业服务企业应当自物业服务合同签订之日起三十日内，将物业服务合同报物业所在地的区物业管理行政主管部门备案。

第五十九条 物业服务合同中约定的物业管理服务，应当包括下列主要内容：

（一）共用部位和共用设施设备的使用、维修、养护和管理；

（二）电梯、智能系统等设备的运行服务；

（三）环境卫生清扫保洁和绿地、树木、绿化设施的养护、管理；

（四）物业装饰装修的管理；

（五）车辆行驶和停放秩序的服务、管理；

（六）物业管理区域内公共秩序的服务、管理；

（七）物业资料的查询服务和管理；

（八）双方约定的其他物业管理服务内容。

第六十条 物业服务合同的期限一般不低于两年。物业服务合同期限届满的三个月前，物业服务企业与业主大会应当协商续约事宜。双方续约的，应当重新签订物业服务合同。双方不再续约的，物业服务企业应当书面告知街道办事处或者乡镇人民政府以及物业所在地的区物业管理行政主管部门，并继续按照合同约定做好服务，协助业主大会选聘新的物业服务企业；业主应当按时交纳物业管理服务费，至合同终止。

第六十一条 提前解除物业服务合同的，解除合同的一方应当在三个月前将解除时间、原因书面告知合同另一方。物业服务企业应当书面告知街道办事处或者乡镇人民政府以及物业所在地的区物业管理行政主管部门后，在物业管理区域内公告。

第六十二条 物业服务企业依照有关规定履行退出程序，并在合同终止之日起十日内，除向业主委员会移交本条例第四十五条规定的资料外，还应当同时移交下列资金、物品和资料：

（一）预收的物业管理服务费、场地占用费和收取的利用物业共用部位、设施和场地经营所得的收益余额；

（二）物业管理用房和属于业主共有的场地、设施设备；

（三）物业管理项目的档案资料；

（四）实行酬金制的，应当移交管理期间的财务资料。

未成立业主委员会的，在区物业管理行政主管部门监督下，向街道办事处或者乡镇人民政府移交。

新物业服务企业确定后，业主委员会或者街道办事处、乡镇人民政府应当将本条第一款所列资金、物品和资料，移交给新的物业服务企业。

第七章　物业管理服务费

第六十三条　物业管理实行有偿服务。物业管理服务费应当按照与物业管理服务内容、服务质量相适应的原则确定。

普通住宅的物业管理服务费，由业主大会、开发建设单位与物业服务企业在政府指导价格范围内协商确定；其他住宅和非住宅的物业管理服务费，由业主大会、开发建设单位与物业服务企业自主协商确定。

第六十四条　普通住宅物业管理服务费的政府指导价格标准以及上下浮动比例，依据社会平均物价指数变动情况适时进行调整，由市价格主管部门会同市物业管理行政主管部门制定，并向社会公布。

确定和调整普通住宅物业管理服务费政府指导价格时，有关部门应当听取群众意见。

第六十五条　物业管理服务费可以采取包干制或者酬金制等形式。

包干制是指由业主向物业服务企业支付固定物业管理服务费，盈余或者亏损均由物业服务企业享有或者承担的物业管理服务计费方式。

酬金制是指在预收的物业管理服务费中按约定比例或者约定数额提取酬金支付给物业服务企业，其余部分全部用于物业服务合同约定的物业服务支出，结余或者不足均由业主享有或者承担的物业管理服务计费方式。

实行酬金制的物业服务企业，应当至少每季度向业主大会或者全体业主公布一次物业管理服务费的收支情况。

物业服务企业应当在物业管理区域内的显著位置，将服务内容、服务标准和收费项目、收费标准等有关情况进行公示。

第六十六条　物业管理服务费应当按照业主拥有物业的建筑面积计算，按月交纳，业主或者物业使用人与物业服务企业另有约定的，从其约定。

第六十七条　物业竣工验收合格交付使用前发生的物业管理相关费用，由开发建设单位承担。物业竣工验收合格交付业主后发生的物业管理服务费，由业主承担；但开发建设单位与业主约定由开发建设单位承担物业管理服务费的，由开发建设单位承担。

物业管理区域内未售出空置房屋的物业管理服务费，由开发建设单位交纳。

第六十八条　供水、供电、供热、供气、通信、有线电视等专业经营服务单位，可以将服务和收费事项委托物业服务企业并支付代办服务费。物业服务企业不得向业主收取手续费等额外费用。

第八章　法律责任

第六十九条　业主、业主大会、物业服务企业、开发建设单位之间因物业管理发生争议的，可以自行协商解决；不能自行协商解决的，可以向物业管理行政主管部门申请调解，也可以依法申请仲裁或者向人民法院提起诉讼。

第七十条　业主、物业使用人、业主委员会和物业服务企业对违反本条例的行为，可以向街道办事处、乡镇人民政府、相关行政主管部门投诉和举报。有关部门受理投诉后，应当及时进行调查、核实并依法作出处理。

业主大会、业主委员会作出的决定违反法律、法规的，物业所在地的物业管理行政主管部门或者街道办事处、乡镇人民政府，应当责令限期改正或者撤销其决定，并通告全体业主。

第七十一条　开发建设单位违反本条例规定，有下列行为之一的，由相关行政主管部门予以处罚：

（一）未按照规划、设计要求建设物业管理用房的，由规划行政主管部门责令补建，并可处以物业管理用房总价款一倍以上二倍以下罚款。

（二）未在规定时间内向物业服务企业移交物业管理用房的，由区物业管理行政主管部门责令限期移交；逾期不移交的，处以物业管理用房总价款一倍以上二倍以下罚款。

（三）未在申请房屋所有权首次登记时，将物业管理用房登记的，由不动产登记机构责令限期改正；逾期不改正的，处以五万元以上十万元以下罚款。

（四）未通过招标投标的方式选聘物业服务企业或者未经批准擅自采用协议方式选聘物业服务企业的，由区物业管理行政主管部门责令限期改正；逾期不改正的，处以五万元以上十万元以下罚款。

（五）出售新建房屋时，未向购房人明示并组织购房人书面确认前期物业服务合同和临时管理规约的，由区物业管理行政主管部门责令限期改正；逾期不改正的，处以五千元以上三万元以下罚款。

（六）未向前期物业服务企业提供资料的，由区物业管理行政主管部门责令限期提供；逾期不提供的，处以五万元以上十万元以下罚款。

第七十二条 物业服务企业违反本条例规定，有下列行为之一的，由区物业管理行政主管部门按照下列规定给予处罚：

（一）将一个物业管理区域内的物业管理项目全部委托给他人管理的，责令限期改正，没收违法所得；逾期不改正的，处以委托项目收益百分之三十以上百分之五十以下罚款。

（二）不按照规定履行退出程序和相应义务的，责令限期改正；逾期不改正的，处以一万元以上五万元以下罚款。

第七十三条 业主、物业使用人违反本条例规定，拒绝、阻碍物业服务企业对物业共用部位、共用设施设备进行维修、养护的，物业服务企业可以向人民法院提起诉讼，排除妨害；造成损失的，由违规行为的业主或者物业使用人承担赔偿责任。

第七十四条 业主委员会及其成员违反本条例规定，未在法定时间内将保管的资料、印章和财物移交的，由区物业管理行政主管部门责令限期改正；逾期不改正的，业主委员会可以请求街道办事处或者乡镇人民政府和辖区的公安派出所协助移交，也可以依法向人民法院提起诉讼；造成财物毁坏、灭失的，依法承担赔偿责任。

第七十五条 当事人对物业管理行政主管部门的处罚决定不服的，可以依法申请行政复议或者向人民法院起诉；逾期不申请行政复议或者不起诉，又不履行行政处罚决定的，由作出处罚决定的机关申请人民法院强制执行。

第七十六条 与物业管理有关的行政管理部门及其工作人员滥用职权、玩忽职守、徇私舞弊的，由其所在单位或者上级主管部门给予行政处分；构成犯罪的，依法追究刑事责任。

第九章 附则

第七十七条 管理规约和业主大会议事规则的示范文本，由市物业管理行政主管部门制定。

物业服务合同和前期物业服务合同的示范文本，由市物业管理行政主管部门会同市市场监督管理部门制定。

第七十八条 业主自行管理物业、委托其他管理人管理物业和原有住宅区实施物业管理的，可以参照本条例执行。

第七十九条 本条例自2008年12月1日起施行。

甘肃省物业管理办法

（2006年3月29日甘肃省人民政府令第26号公布，2010年9月9日甘肃省人民政府令第68号第一次修正，2018年10月17日甘肃省人民政府令第146号第二次修正）

第一条 根据国务院《物业管理条例》和有关法律、法规规定，结合我省实际，制定本办法。

第二条 本省行政区域内的物业管理活动适用本办法。

新建住宅区和配套设施比较齐全的原有住宅区，应当实行物业管理。

配套设施不全的原有住宅区，由所在城市人民政府有关部门和公有住房出售单位筹措资金，组织整治，创造条件，逐步实行物业管理。

配套设施比较齐全的大厦、工业区等其他物业，推行物业管理。

第三条　省建设行政主管部门负责全省物业管理活动的统一监督管理，县级以上房地产行政主管部门负责本行政区域内物业管理活动的监督管理。

其他有关行政主管部门在各自的职责范围内，做好相关的监督管理工作。

第四条　县级以上人民政府应当扶持物业管理行业发展，物业服务企业按照国家有关规定享受优惠政策。

第五条　物业服务企业应当具有独立的法人资格，在领取营业执照后依法从事物业服务活动，接受行政主管部门的监督和指导。

第六条　划分物业管理区域，应当充分考虑共用设施设备、建筑物规模、社区建设等因素，遵循方便生活和工作，有利于社区建设和管理，降低管理成本，提高服务水平的原则。

第七条　有以下情形之一的，物业所在地县级房地产行政主管部门可以将其确定为1个物业管理区域，并由1个物业服务企业实施物业管理：

（一）属于独立封闭式小区的；

（二）处于同一街区或者位置相邻的；

（三）配套设施设备可以共享的；

（四）商贸、办公、医院、学校、工厂、仓储等非住宅物业及单幢商住楼宇具有独立共用设施设备，并能够封闭管理的；

（五）其他可以整治成一个物业管理区域的。根据前款第（二）、（三）、（五）项确定的物业管理区域，建筑物规模一般不小于3万平方米。

物业管理区域划分后，县级房地产行政主管部门应当在物业管理区域内公告。

第八条　物业所在地县级房地产行政主管部门应当建立物业管理区域档案。档案资料应当载明以下事项：

（一）物业管理区域的范围、占地面积和建筑面积；

（二）共用设施设备情况；

（三）建设单位、产权单位；

（四）业主总户数、居住人口、产权构成比例；

（五）物业服务企业名称、管理时间。

物业服务企业变更的，业主委员会应当及时向物业所在地县级房地产行政主管部门备案。

第九条　物业管理区域内的全体业主组成业主大会，并选举产生业主委员会，业主大会、业主委员会按照国家有关规定开展活动。

业主人数少于50人，且经全体业主一致同意，决定不成立业主大会的，由业主共同履行业主大会和业主委员会职责。

业主人数在100人以上（含本数）的，可按幢、单元、楼层等为单位推举业主代表参加业主大会，业主代表一般不得少于30人。

第十条　下列事项由业主共同决定：

（一）制定和修改业主大会议事规则；

（二）制定和修改管理规约；

（三）选举业主委员会或者更换业主委员会成员；

（四）选聘和解聘物业服务企业；

（五）筹集和使用专项维修资金；

（六）改建、重建建筑物及其附属设施；

（七）有关共有和共同管理权利的其他重大事项。

第十一条　业主大会会议可以采用集体讨论的形式，也可以采用书面征求意见的形式；但是，应当有物业管理区域内专有部分占建筑物总面积过半数的业主且占总人数过半数的业主参加。

业主大会决定本办法第十条第（五）项和第（六）项规定的事项，应当经专有部分占建筑物总面积2/3以上的业主且占总人数2/3以上的业主同意；决定本办法第十条规定的其他事项，应当经专有部分占建筑物总面积过半数的业主且占总人数过半数的业主同意。业主大会或者业主委员会的决定，对业主具有约束力。业主大会或者业主委员会作出的决定侵害业主合法权益的，受侵害的业主可以请求人民法院予以撤销。

第十二条　一个物业管理区域内，已交付业主使用的房屋建筑面积达到50%以上，或者达到30%以上不足50%，但首个房屋单元出售并实际交付使用已满两年的，应当召开首次业主大会。

符合前款规定的，建设单位应当书面报告县级房地产行政主管部门，并提供业主清册、物业建筑面积、物业出售并交付使用时间等文件资料；建设单位未及时书面报告的，业主可以向县级房地产行政主管部门提出成立业主大会的书面要求。

第十三条 首次业主大会筹备组应当在物业所在地的县级房地产行政主管部门和街道办事处（乡镇人民政府）的指导下，由业主代表、建设单位（包括公有住房出售单位）组成。

县级房地产行政主管部门在首次业主大会筹备组成立15日内，应当以书面形式在物业管理区域内公告。

第十四条 业主大会确定业主投票权数，可以按照下列方法认定专有部分面积和建筑物总面积：

（一）专有部分面积按照不动产登记簿记载的面积计算；尚未进行登记的，暂按测绘机构的实测面积计算；尚未进行实测的，暂按房屋买卖合同记载的面积计算；

（二）建筑物总面积，按照前项的统计总和计算。

第十五条 业主大会确定业主投票权数，可以按照下列方法认定业主人数和总人数：

（一）业主人数，按照专有部分的数量计算，一个专有部分按一人计算。但建设单位尚未出售和虽已出售但尚未交付的部分，以及同一买受人拥有一个以上专有部分的，按一人计算；

（二）总人数，按照前项的统计总和计算。

第十六条 业主大会召开时间按规定公布后，业主因故不能参加的，可书面委托代理人参加；业主代表因故不能参加的，其所代表的业主可以重新选举1名业主代表参加；未书面委托他人和另外推选业主代表参加的，视为弃权，但必须服从业主大会的决定。

第十七条 业主委员会委员的组成应为5人以上的单数，具体人数由业主大会确定。业主委员会根据业主大会赋予的职责作出的决定，对业主和使用人具有约束力。

业主委员会委员应当由热心公益事业、责任心强、具有一定组织能力的业主担任。

业主委员会主任、副主任在业主委员会成员中推选产生。

业主委员会不得从事经营活动，其成员不得在为本物业管理区域提供管理服务的物业企业中任职。

第十八条 业主委员会应当在选举产生之日起30日内，将业主大会会议决定、业主大会议事规则、管理规约及业主委员会名单等向物业所在地的县级房地产行政主管部门和街道办事处、乡镇人民政府备案。

业主委员会任期和换届由业主大会决定。

第十九条 首次业主大会工作经费由建设单位或原产权单位承担。无建设单位或原产权单位的，由全体业主承担。

业主大会和业主委员会工作经费由全体业主承担；经费的筹集、管理、使用由业主大会议事规则具体规定。

业主大会和业主委员会工作经费使用情况每半年以书面形式在物业管理区域内公告，接受业主监督和质询。

第二十条 住宅物业管理区域内，业主、业主大会选聘物业服务企业前，建设单位应当按照国家有关规定通过招标投标方式选聘物业服务企业进行前期物业管理。

投标人少于3个或者房屋建筑面积小于3万平方米（包括同一建设项目内非住宅的房屋建筑面积），经物业所在地县级房地产行政主管部门批准，可以采用协议方式选聘物业服务企业。

第二十一条 建设单位或前期物业服务企业应当在业主大会选聘物业服务企业后，在业主委员会的监督下，办理资料、设施设备、物业共用部位及其他应管事项的物业管理移交验收手续。

第二十二条 商品房销（预）售前，建设单位应当参照国家建设部制定的示范文本，制定临时管理规约与选聘的物业服务企业签订前期物业服务合同，作为房屋买卖合同的附件。房屋买卖合同应包括前期物业服务合同约定的内容。

第二十三条 规划、设计新建住宅小区时，应当按照不低于开发建设住宅总建筑面积的2‰—3‰的比例确定物业管理用房。但最低不能低于40平方米。物业管理用房应为地面以上，且设有服务厅、办公用房、卫生间、库房等设施。

第二十四条 建设单位不得单独转让物业共用部分的所有权和使用权。

任何单位和个人不得侵占物业管理区域内的共用部分。

利用物业共用部位、共用设施设备进行经营性活动的，应当在征得相关业主、业主大会、物业服务企业的同意后，按照规定办理有关手续。所得收益应当主要用于补充专项维修资金，也可以按照业主大会的决定使用。

第二十五条 物业管理区域内的机动车停车场（库），应当优先提供给本物业管理区域内的业主、使用人使用。停车位不得转让给物业管理区域外的单位、个人；停车位满足业主需要后仍有空余的，经业主委员会同意后，可以临时有偿提供给物业管理区域外的单位、个人使用。所得收益应按前条规定使用。

第二十六条 普通商品住宅小区物业管理服务收费实行政府指导价和级别管理，物业服务等级标准、基准价及浮动幅度，由省物价、建设行政主管部门制定。

普通商品住宅小区以外的物业管理服务收费实行市场调节价。

物业管理费按月收取，经业主同意，也可按季收取。

第二十七条 建设单位未售出的及业主购房未入住的空置物业，应当缴纳物业管理费用。缴纳比例为收费标准的70%，但不得因此而增加其他业主的负担。

第二十八条 物业服务费主要用于以下事项：

（一）管理服务人员的工资、社会保险费和按规定提取的福利费用；

（二）物业共用部分、共用设施设备的日常运行、维护费用；

（三）物业管理区域清洁卫生费用；

（四）物业管理区域绿化养护费用；

（五）物业管理区域秩序维护费用；

（六）办公费用；

（七）物业服务企业固定资产折旧；

（八）物业服务合同约定的其他事项。

第二十九条 物业管理区域内，供水、供电、供暖、燃气、通讯等单位应当收费到户，服务过程中产生的损耗由供应单位承担：

（一）业主专有部分以单个业主作为最终用户；

（二）业主共有部分以共有业主作为最终用户。

第三十条 专有物业部分有危害或可能危害公共安全、公共利益及他人合法权益的，所有人应当及时修缮。业主委员会或物业服务企业通知后，仍未进行修缮的，经业主委员会同意，由物业服务企业进行修缮。费用由所有人承担。

共用物业部分危害或可能危害公共安全、公共利益及他人合法权益的，经业主委员会同意由物业服务企业进行修缮，维修费用由共用物业部分所有人承担。

物业出现必须维修养护的情形，业主或者物业服务企业未进行维护的，县级房地产行政主管部门应当督促实施。

第三十一条 建设单位应当按照下列规定时限完成前期物业服务的招标投标工作：

（一）新建现售商品房项目应当在现售前30日完成；

（二）预售商品房项目应当在取得《商品房预售许可证》之前完成；

（三）非出售的新建物业项目应当在交付使用前90日完成。

县级房地产行政主管部门负责本行政区域内物业服务招标投标活动的监督管理。

前期物业服务企业选聘后，建设单位应当和物业服务企业签订书面的前期物业服务合同。合同内容应当包括物业基本情况，管理服务的具体内容、标准和费用，双方权利和义务，合同期限，违约责任等。

第三十二条 业主将住宅改变为经营性用房的，除遵守法律、法规和管理规约的规定外，还应当经有利害关系业主的书面同意，且不得影响物业管理区域内的公共空间使用、维护。

第三十三条 住宅物业、住宅小区内的非住宅物业或者与单幢住宅楼结构相连的非住宅物业的业主，应当按照国家有关规定交纳专项维修资金。

专项维修资金属于业主所有，专项用于物业保修期满后物业共用部位、共用设施设备的维修和更新、改造，不得挪作他用。

第三十四条 供排水、供电、供气、供热等经营单位，应当按以下规定负责物业管理区域内相关设施设备（业主自行增加的设施设备除外）的维修、养护和更新：

（一）业主终端计量水表及以外的供水设施设备；

（二）业主终端计量电表及以外的供电设施设备（集中设表的，为用户户外的供电设施设备）；

（三）业主燃气用具、连接燃气用具胶管以外的燃气设施设备；

（四）业主户外分户阀及以外的供热设施设备；

（五）业主楼外排水井及以外的排水设施设备。

第三十五条 房屋业主或使用人不得随意改变房屋的总体设计功能和公共设施使用功能。确需改变的，应当符合规划设计要求和结构安全标准，并征得相邻业主、使用人和业主委员会的书面同意。

业主或者使用人不得有以下行为：

（一）损坏房屋承重结构，破坏房屋外貌，擅自改变房屋用途；

（二）对房屋的内外承重墙、梁、柱、楼板、阳台、天台、屋面等进行违章凿、拆、搭占等；

（三）存放不符合安全标准的易燃、易爆、剧毒、放射性危险物品和超过荷载的物品；

（四）利用房屋从事危害公共利益和侵害他人正当权益的活动。

第三十六条 物业服务企业要求提前解除物业合同，应提前60天告知业主委员会，按规定做好各项移交工作，并承担相应责任。

业主大会决定解聘物业服务企业，业主委员会应当提前60天通知物业服务企业。

业主大会决定选聘新的物业服务企业后，原物业服务企业不移交有关资料的，由县级以上房地产行政主管部门责令限期改正；逾期仍不移交有关资料的，处1万元以上10万元以下的罚款。

第三十七条 业主、使用人或者其他单位和个人违反本办法第三十五条规定的，由县级以上房地产行政主管部门责令限期改正，恢复原状，按情节轻重，可以并处1000元以上3万元以下罚款。造成他人损失的，应赔偿损失。

第三十八条 物业服务企业、业主、使用人违反本办法的，按照国务院《物业管理条例》和有关法律、法规的规定予以处罚。

第三十九条 房地产行政主管部门及其工作人员未按规定履行职责，严重影响本行政区域物业管理的，依法追究直接负责的主管人员和有关责任人员的责任；玩忽职守、滥用职权、徇私舞弊，构成犯罪的，依法追究刑事责任。

第四十条 本办法中以下用语的含义：

共用部位，是指住宅主体承重结构部位（包括基础、内外承重墙体、柱、梁、楼板、屋顶等）、户外墙面、门厅、楼梯间、走廊通道等。

共用设施设备，是指住宅小区或单幢住宅内，共用的上下水管道、落水管、水箱、加压水泵、电梯、天线、供电线路、照明、锅炉、暖气线路、燃气线路、消防设施、绿地、道路、路灯、沟渠、池、井、非经营性车场车库、公益性文体设施和共用设施设备使用的房屋等。

第四十一条 本办法自2006年5月1日起施行。

福建省物业管理条例

（2018 年 9 月 30 日福建省第十三届人民代表大会常务委员会第六次会议通过，
2018 年 9 月 30 日福建省人民代表大会常务委员会公告〔十三届〕第八号公布）

第一章 总则

第一条 为了规范物业管理活动，提升物业服务水平，维护业主和物业服务企业的合法权益，改善人民群众生活和居住环境，弘扬社会主义核心价值观，促进和谐社区建设，根据《中华人民共和国物权法》、国务院《物业管理条例》等法律、行政法规，结合本省实际，制定本条例。

第二条 本条例适用于本省行政区域内的住宅物业管理及其监督管理活动。

非住宅物业管理及其监督管理活动，参照本条例有关规定执行。

第三条 物业管理推行业主自主管理与专业服务相结合的社会化、市场化管理体制，遵循以人为本、公开公平、诚实信用、市场竞争、规范服务的原则。

第四条 县级以上地方人民政府应当加强对物业管理工作的领导，建立物业管理工作综合协调机制，协调解决物业管理工作中的重大问题，将物业管理纳入社区治理范畴和现代服务业发展规划。

第五条 县级以上地方人民政府住房和城乡建设或者房地产行政主管部门（以下统称物业管理主管部门）负责本行政区域内物业管理活动的监督管理工作。

县级以上地方人民政府公安、民政、城市管理、国土资源、质量技术监督以及其他有关部门应当按照各自职责做好与物业管理有关的管理工作。

乡（镇）人民政府或者街道办事处按照规定职责负责辖区内物业管理活动的指导、协助和有关监督工作。

村（居）民委员会应当协助、配合乡（镇）人民政府或者街道办事处做好物业管理相关工作。

第六条 鼓励物业服务企业加入物业管理行业协会。物业管理行业协会应当加强行业自律，促进诚信经营，开展物业服务培训，提高物业服务意识和服务水平，维护物业服务企业的合法权益。

第二章 业主大会和业主委员会

第一节 物业管理区域

第七条 物业管理区域的划分应当以经批准的物业项目规划用地范围、社区布局、物业的共用设施设备、建筑物规模等因素确定。

分期建设或者有两个以上建设单位开发建设的区域，其设置的配套设施设备共用的，应当划分为一个物业管理区域。但该区域内已自然形成多个相对独立小区的，可以划分为不同的物业管理区域。

不同物业管理区域，经各自的业主大会同意后可以合并为一个物业管理区域。

第八条 建设单位在办理新建项目建设工程规划许可证时，应当向县（市、区）人民政府物业管理主管部门提出划分物业管理区域申请，县（市、区）人民政府物业管理主管部门按照本条例第七条的规定核定物业管理区域，出具核定意见，并将核定意见抄送物业管理区域所在地乡（镇）人民政府或者街道办事处。

对已经自然形成且无争议的区域，所在地乡（镇）人民政府或者街道办事处向县（市、区）人民政府物业管理主管部门书面提议后，经其确认无异议的，不再重新划分。

物业管理区域划定后需要调整以及已投入使用但尚未划分的，县（市、区）人民政府物业管理主管部门应当会同乡（镇）人民政府或者街道办事处，按照本条例第七条的规定，结合社区布局划分物业管理区域。

第二节 业主大会筹备

第九条 业主大会由物业管理区域内全体业主组成，一个物业管理区域成立一个业主大会。

一个物业管理区域内，出售并交付使用的物业建筑面积达到百分之五十以上，或者首套物业出售并交付满两年的，建设单位应当向所在地的乡（镇）人民政府或者街道办事处申请筹备召开业主大会首次会议。十个以上业主也可以向所在地的乡（镇）人民政府或者街道办事处提出书面申请。乡（镇）人民政府或者街道办事处应当自收到筹备业主大会首次会议申请之日起三十日内，会同当地村（居）民委员会组织成立业主大会首次会议筹备组。

第十条 业主大会首次会议筹备组由业主和建设单位、乡（镇）人民政府或者街道办事处、村（居）民委员会等单位代表五人以上的单数组成。筹备组召集人由乡（镇）人民政府或者街道办事处代表担任。筹备组中的业主代表由筹备组召集人确定，业主代表人数不低于筹备组总人数的百分之五十。

建设单位已不存在或者经乡（镇）人民政府、街道办事处书面通知后未在通知期限内委托代表参加筹备组的，建设单位可以不作为筹备组成员。

筹备组应当自成立之日起七日内，将成员名单以书面形式在物业管理区域内醒目位置公示，公示日期应当不少于七日，并可以通过移动通信等电子信息方式告知全体业主。业主对筹备组成员有异议的，由乡（镇）人民政府或者街道办事处协调解决。

第十一条 筹备组可以向建设单位或者物业服务企业要求提供物业管理区域核定证明、房屋及建筑物面积清册、业主名册等筹备工作所需资料。建设单位或者物业服务企业应当自接到通知之日起十五日内向筹备组提供资料。建设单位或者物业服务企业未能提供的，由筹备组书面申请，经乡（镇）人民政府或者街道办事处确认，可以向房屋登记机构等单位查阅、复制。

筹备组应当在所在地的乡（镇）人民政府或者街道办事处及村（居）民委员会指导下做好以下筹备工作：

（一）确定业主大会首次会议召开的时间、地点和议程；

（二）草拟业主大会议事规则、管理规约和业主委员会章程；

（三）确认业主身份和核计业主在业主大会首次会议上的票数及表决规则；

（四）确定业主委员会委员候选人产生办法；

（五）组织产生首届业主委员会委员候选人名单；

（六）做好召开业主大会首次会议的其他准备工作。

前款规定内容应当在业主大会首次会议召开十五日前在物业管理区域内醒目位置公告，并可以通过移动通信等电子信息方式告知全体业主。业主对公告内容有异议的，筹备组应当记录并作出书面答复。

第十二条 业主大会首次会议筹备经费根据物业管理区域规模、业主户数和建筑面积等因素确定，可以通过业主自愿承担、建设单位赞助、政府财政补助等方式筹集。

第三节 业主大会

第十三条 筹备组应当自组成之日起六十日内，召开业主大会首次会议。业主大会首次会议应当制定业主大会议事规则、管理规约和业主委员会章程，并选举产生业主委员会。

业主大会可以从业主中选举产生三至五人的业主监事会，根据业主大会的授权和管理规约的规定，行使对业主委员会的监督权。业主监事会有权对业主委员会工作情况进行核查，发现存在问题的，有权要求业主委员会纠正。监事会每届任期与业主委员会任期相同。

第十四条 业主大会决定业主大会议事规则、管理规约、业主委员会章程等有关共有和共同管理权利的重大事项，应当经物业管理区域内专有部分占建筑物总面积过半数的业主且占总人数过半数的业主同意。业主大会决定专项维修资金的筹集和使用方案或者改建、重建建筑物以及附属设施设备的，应当经专有部分占建筑物总面积三分之二以上的业主且占总人数三分之二以上的业主同意。面积、业主人数按照下列规定确定：

（一）专有部分面积按照房屋产权证、不

动产权证书或者其他能证明其权属的合法有效文件记载的面积计算，建筑物总面积按照专有部分面积之和计算。

（二）业主人数按照专有部分的数量计算，一个专有部分按一人计算。建设单位尚未出售和虽已出售但尚未交付的部分，以及同一买受人拥有一个以上专有部分的，按照一人计算。

业主为无民事行为能力人或者限制民事行为能力人的，由其法定监护人行使投票权。

公共租赁住房承租人可以根据租赁合同的约定，代行部分业主权利，其面积以及业主人数的计算方式由管理规约确定。

第十五条 召开业主大会可以采用集体讨论的形式，也可以采用电子信息技术或者书面征求意见的形式，但应当有物业管理区域内专有部分占建筑物总面积过半数的业主且占总人数过半数的业主参加。

采用集体讨论方式的，可以按照幢、单元、楼层为单位，推选若干名业主代表参加业主大会会议，也可以由业主决定以其他方式推选业主代表参加业主大会会议；数人共有一个物业的，共有人可以推选其中一名共有人参加业主大会会议。业主可以委托代理人参加业主大会会议。

凡需投票表决的，应当由业主本人或者其书面委托的代理人签名，每一代理人接受的委托不得超过三人。未参与表决的，其票数如何计算，由业主大会管理规约规定。提倡采用信息化技术，改进业主大会表决方式。

第十六条 业主大会会议分为定期会议和临时会议。

业主大会定期会议应当按照业主大会议事规则的规定由业主委员会组织召开；业主委员会应当于会议召开十五日前将业主大会会议有关事项告知业主和所在地村（居）民委员会。

经占总人数百分之二十以上业主提议，或者有业主大会议事规则、管理规约、业主委员会章程规定的其他情形，业主委员会应当及时组织召开业主大会临时会议。

第十七条 业主大会议事规则应当就业主大会的议事方式、表决程序以及业主委员会的组成、补选、任期、换届等事项作出规定。

同一个物业管理区域内分期开发的物业在分期开发期间成立业主委员会的，业主大会议事规则应当明确本物业管理区域的业主委员会委员总数，以及按照建筑面积比例预留尚未开发物业的业主委员会委员名额。

业主大会设立业主监事会的，业主大会议事规则应当对业主监事会的职责、议事规则和工作经费，以及监事的选举规则、资格、人数等事项进行约定。

业主委员会章程应当就业主委员会议事规则、业主委员会委员的权利和义务、印章使用和管理办法等事项作出规定。

第十八条 管理规约是以全体业主合意为基础，通过业主大会确定的程序以书面形式订立的，规范有关物业的使用、维护、管理以及业主的权利、义务，对全体业主具有约束力的自主管理行为准则，包括以下主要内容：

（一）共有或者共用物业的使用、维护要求；

（二）物业管理区域内专项维修资金及其他各类公共费用的分担；

（三）业主大会、业主委员会工作经费的筹集、管理和使用，明确业主委员会办公地点；

（四）全体业主及物业使用人应当共同遵守的行为准则；

（五）住宅装饰装修工程质量和安全；

（六）物业管理争议的处理方式；

（七）违反管理规约应当承担的责任。

管理规约可以授权物业服务企业在物业管理区域内限制违规装修施工人员和施工机具、车辆进入，根据管理规约约定的方式对违规停放车辆采取临时管理措施。

第十九条 经物业管理区域内专有部分占建筑物总面积过半数的业主且占总人数过半数的业主同意，业主可以实行自主管理物业，并对下列事项作出决定：

（一）自主管理的执行机构；

（二）自主管理的内容、标准、期限；

（三）费用的标准和收取、使用办法；

（四）其他有关自主管理的内容。

电梯、消防等涉及人身财产安全以及其他有特定要求的设施设备，应当委托专业机构进行维修和养护。

住宅小区实行业主自主管理的，乡（镇）人民政府或者街道办事处应当予以帮助指导。

未实行业主自主管理又未聘请物业服务企业的住宅小区，由乡（镇）人民政府或者街道办事处组织实施环境卫生、电梯的日常维护保养、秩序维护等基本物业服务，所需费用由物业使用人承担。

第四节 业主委员会

第二十条 业主委员会由委员五人以上的单数组成，具体人数由筹备组按该物业管理区域内总户数的一定比例确定。

业主大会可以根据物业管理区域规模、业主户数等因素，选举业主委员会候补委员。候补委员人数按照委员人数的百分之四十设置。候补委员可以列席业主委员会会议，不具有表决权。在个别业主委员会委员资格终止时，经业主委员会决定，从候补委员中按照得票多少依次递补，并在本物业管理区域内醒目位置予以公告。

业主委员会应当自选举产生之日起三日内召开首次会议，在业主委员会委员中推选主任一人，副主任若干人。推选结果应当在物业管理区域内醒目位置公告，并可以通过移动通信等电子信息方式告知全体业主。业主委员会以其选举产生之日为成立日期，每届任期三至五年。

第二十一条 业主委员会委员应当符合下列条件：

（一）具有业主身份。业主身份的认定以房屋产权证或者不动产权证书记载的权利人为准；尚未领取产权证的，以房屋销（预）售合同及合同备案证明记载的购房人为准。业主可以通过书面形式，委托父母、配偶或者成年子女在委托期间代其行使全部或者部分业主权利；

（二）具有完全民事行为能力；

（三）遵纪守法；

（四）遵守管理规约或者临时管理规约；

（五）与本物业管理区域内的物业服务企业无利害关系；

（六）法律、法规、规章规定的其他条件。

业主被判处剥夺人身自由刑罚执行期未满的，或者有损坏房屋承重结构、违法搭建、破坏房屋外貌、擅自改变物业使用性质、恶意欠缴物业服务费或者专项维修资金、违法出租房屋等情形且未改正的，不得担任业主委员会委员。

鼓励在村（居）民委员会中任职的业主兼任所在物业管理区域的业主委员会委员。

第二十二条 业主委员会按照业主大会议事规则、管理规约、业主委员会章程，依法维护业主合法权益，促进小区和谐，履行下列职责：

（一）执行业主大会的决定和决议；

（二）召集业主大会会议，报告物业管理的实施情况；

（三）代表业主与物业服务企业签订物业服务合同；

（四）协调业主之间、业主与物业服务企业之间的关系；

（五）督促业主履行管理规约，交纳物业服务费、专项维修资金和水电公摊费等相关费用；

（六）及时了解业主、物业使用人的意见和建议，监督物业服务企业履行物业服务合同，并定期审核由业主分摊的公共费用；

（七）就涉及全体业主的物业管理纠纷依法参加诉讼；

（八）根据业主大会授权在金融机构开设专项维修资金和业主大会专户，并按照法律、法规以及国家和本省的有关规定使用和管理；

（九）审议业主和物业服务企业提出的维修、更新、改造物业共用部位、共用设施设备的申请；

（十）定期公布专项维修资金使用和利用共用部位、共用设施设备的经营性收支情况；

（十一）业主大会赋予的其他职责。

业主大会已成立但未选举产生业主委员会，或者业主委员会任期届满未如期换届改选的，可以由乡（镇）人民政府或者街道办事处、村（居）民委员会、建设单位、业主代表等组成临时物业管理委员会，就住宅小区共同管理事项征求业主意见，形成业主共同决定，并代为履行协调业主之间及业主与物业服务企业之间关系、督促业主履行有关交费义务、监督物业服务企业履行物业服务合同等业主委员会的职责。业主大会选举产生业主委员会或者改选新的业主委员会后，临时物业管理委员会解散。临时物业管理委员会产生办法由省人民政府物业管理主管部门制定，报省人民政府批准后执行。

第二十三条　业主委员会可以要求建设单位或者物业服务企业提供下列资料：

（一）物业管理区域核定证明；

（二）房屋及建筑物面积清册；

（三）业主名册；

（四）竣工总平面图、单体建筑、结构、设备竣工图和配套设施、地下管网工程竣工图等竣工验收资料；

（五）交付使用的共用设施设备的相关资料；

（六）物业服务企业办公用房、门卫房等配置证明；

（七）业主委员会办公用房配置证明；

（八）属全体业主共有的不动产清单；

（九）物业管理所需的其他资料。

建设单位或者物业服务企业应当自接到通知之日起三十日内向业主委员会提供资料。建设单位或者物业服务企业已经根据本条例第十一条规定提交业主大会首次会议筹备组的资料，由业主大会首次会议筹备组负责提供。

业主委员会应当建立健全物业管理档案资料，物业管理档案资料可以委托档案保管机构保管。

第二十四条　业主委员会应当自选举产生之日起三十日内，向所在地县（市、区）人民政府物业管理主管部门备案，并提交下列资料：

（一）业主大会会议记录和会议决定；

（二）业主大会议事规则；

（三）管理规约；

（四）业主委员会章程；

（五）业主委员会委员基本情况。

业主委员会应当依法刻制、使用和管理印章。

业主大会议事规则、管理规约、业主委员会章程、业主委员会委员发生变更的，业主委员会应当自变更之日起十五日内将变更内容进行备案。

第二十五条　业主委员会符合非营利法人登记条件的，可以向物业所在地县（市、区）人民政府民政部门申请登记。

第二十六条　业主委员会会议每季度至少召开一次，由业主委员会主任召集。经三分之一以上业主委员会委员提议或者业主委员会主任认为有必要的，应当召开业主委员会会议。

业主委员会会议应当有过半数委员出席，作出决定应当经全体委员人数过半数以上同意。

业主委员会的决定应当在作出之日起三日内在物业管理区域内醒目位置公告，公告日期应当不少于十五日，并可以通过移动通信等电子信息方式告知全体业主。

第二十七条　业主委员会任期届满三个月前，应当召开业主大会进行换届选举。

业主委员会在规定时间内不组织换届选举的，物业所在地的乡（镇）人民政府或者街道办事处应当责令其限期组织换届选举；逾期仍不组织的，由物业所在地的乡（镇）人民政府或者街道办事处在村（居）民委员会的协助下，组织换届选举工作。

业主委员会不能正常开展工作的，在所在地物业管理主管部门指导下，由乡（镇）人民政府或者街道办事处组织，村（居）民委员会协助，召开业主大会临时会议，对业主委员会进行改选、换届，选举产生新的业主委员会。

原业主委员会应当在新一届业主委员会成立后十日内将其保管的有关财务账簿凭证、档案等文件资料、印章及其他属于全体业主所有的财物移交新一届业主委员会，并做好交接工作。逾期不移交的，新一届业主委员会可以请求乡（镇）人民政府或者街道办事处督促移交。

第二十八条　因物业管理区域调整等原因需要解散业主大会的，由业主委员会、业主监事会、物业服务企业、村（居）民委员会组成清算组，在乡（镇）人民政府或者街道办事处监督下，做好物业管理区域内业主共同财产清算工作。

第二十九条　业主大会和业主委员会工作

经费的筹集、管理、使用办法，由业主大会决定。业主大会、业主委员会工作经费从物业共有部分经营所得收益中列支，也可以由业主分摊。业主委员会委员的补贴和酬金从业主大会和业主委员会工作经费中支出。业主大会和业主委员会工作经费的使用情况、上一年度本区域物业共有部位经营所得收益收支明细情况应当定期在物业管理区域内醒目位置公布，并可以通过移动通信等电子信息方式告知全体业主。

业主委员会换届前应当进行资产清查，清查结果应当在物业管理区域内醒目位置公示，并可以通过移动通信等电子信息方式告知全体业主。业主对清查结果有异议的，经业主大会决定聘请第三方审计机构审计。

第三十条 业主委员会委员不得在本区域内物业服务企业中任职或者兼职。有下列情形之一的，其委员资格自行终止：

（一）任期届满的；

（二）因物业转让、灭失等原因不再是业主的；

（三）因疾病等原因丧失民事行为能力的；

（四）被判处剥夺人身自由刑罚的；

（五）以书面形式向业主大会或者业主委员会提出辞职并获批准的；

（六）无正当理由连续三次不参加业主委员会会议的。

第三十一条 业主委员会委员有利用职务之便谋取不正当利益，以及其他损害业主共同利益，拒不履行委员职责，或者有违反法律、法规、管理规约等行为的，业主委员会在调查核实后应当责令其暂停履行职责，并提请业主大会终止其委员资格。业主大会或者业主委员会不做处理决定的，乡（镇）人民政府或者街道办事处应当予以督促。

第三十二条 业主委员会委员资格终止的，业主委员会应当在物业管理区域内醒目位置公告，并可以通过移动通信等电子信息方式告知全体业主；业主委员会不公告的，乡（镇）人民政府或者街道办事处应当督促业主委员会公告。业主委员会委员应当自资格终止或者停止职务之日起五日内将其保管的有关财务账簿凭证、档案等文件资料、印章及其他属于全体业主所有的财物移交给业主委员会。

第三章 物业服务

第一节 物业服务合同

第三十三条 新建物业出售前，建设单位应当按照国家和本省的有关规定选聘物业服务企业，签订前期物业服务合同，新建物业交付使用后，实施前期物业服务。

前期物业服务合同、临时管理规约、物业使用说明书以及共用配套设施设备平面图作为商品房预售合同的附件，由建设单位、购房人在签订商品房预售合同时一并签订。建设单位应当在确定前期物业服务企业之日起三十日内，将前期物业服务合同报所在地县（市、区）人民政府物业管理主管部门备案。

第三十四条 前期物业服务合同期限不超过三年。前期物业服务合同期限届满、业主委员会未成立的，前期物业服务合同可以顺延；期限未满，但业主委员会与物业服务企业签订的物业服务合同生效的，前期物业服务合同终止。

前期物业服务合同终止后，业主大会决定重新选聘物业服务企业的，物业服务收费应当经专有部分占建筑物总面积过半数的业主且占总人数过半数的业主同意，由业主委员会代表全体业主与选定的物业服务企业参照当年物业服务市场价格行情签订物业服务合同约定。

物业服务企业应当自签订物业服务合同之日起三十日内，将物业服务合同报所在地县（市、区）人民政府物业管理主管部门备案。

第三十五条 建设单位在出售物业前，应当制定临时管理规约，并报物业所在地县（市、区）人民政府物业管理主管部门备案。

建设单位制定的临时管理规约违反有关规定或者侵害物业买受人合法权益的，由所在地县（市、区）人民政府物业管理主管部门责令其重新制定。

第三十六条 物业服务合同（包括前期物业服务合同）应当约定下列主要事项：

（一）物业名称、地址、类型、建筑面积等物业的基本情况；

（二）物业服务合同期限、服务事项和服

务标准；

（三）物业服务费的标准和收取办法；

（四）物业水电公摊费分摊方式；

（五）业主和物业服务企业的权利义务；

（六）物业服务人员办公用房、业主委员会办公用房分配比例；

（七）共用部位及共用设施设备的经营管理费用；

（八）物业使用中对禁止性行为的管理措施；

（九）争议处理方式；

（十）违约责任。

物业服务企业可以将物业服务合同中的专项服务事项委托给专业性服务企业，但不得将物业服务合同约定的全部事项一并委托。

第三十七条　物业服务事项应当包括下列主要内容：

（一）物业共用部位和共用设施设备的使用、管理和维护以及车位（库）、电梯、变配电房、发电机房、消防设施的日常安全管理；

（二）绿化养护；

（三）环卫保洁、垃圾分类等公共卫生维护；

（四）公共秩序维护；

（五）安全防范；

（六）车辆停放管理；

（七）物业装饰装修管理；

（八）为业主接收邮件、快递提供便利；

（九）物业及其附属设施设备维修、更新、改造、检测、检验和养护费用的账务管理；

（十）物业档案资料保管。

第三十八条　物业服务企业在物业服务活动中应当履行下列义务：

（一）按照物业服务合同、国家和本省有关物业服务的规范提供物业服务；

（二）定期对物业的共用部位、共用设施设备进行养护，按照物业服务合同约定组织维修，并将物业的共用部位、共用设施设备的使用方法、维护要求、注意事项等在物业管理区域内醒目位置予以公示；

（三）做好物业维修、养护、更新及其费用收支记录，妥善保管物业档案资料和有关财务账册，建立物业服务信息平台，为业主提供免费查询服务；

（四）落实安防人员、设施及安保措施，确保安防监控设施正常运转；

（五）维护物业区域环境卫生，引导业主进行垃圾分类处理；

（六）实行二十四小时值班制，建立和完善物业服务工作应急预案，及时处理物业服务中的突发事件及其他日常纠纷；

（七）听取业主委员会、业主、物业使用人的意见，改进和完善物业服务；

（八）法律、法规规定和物业服务合同约定的其他义务。

除有关国家机关依法调取外，未经业主、物业使用人书面同意，物业服务企业不得向其他单位和个人出售或者提供业主、物业使用人的个人信息。

第三十九条　物业服务企业和业主委员会无正当理由不得单方面提前解除物业服务合同；一方要求提前解除物业服务合同的，应当提前两个月书面告知对方。

业主委员会接到物业服务企业提前解除物业服务合同的通知后，应当在三十日内召开业主大会，决定选聘新的物业服务企业。

第四十条　物业服务合同期满的，原物业服务企业和业主委员会应当在期满前两个月在管理区域内醒目位置公告，并可以通过移动通信等电子信息方式告知全体业主。

原物业服务企业应当自合同期满之日起三十日内退出该物业管理区域，并向业主委员会移交物业管理用房、预收或者拖欠的物业服务费及其账目以及其他物业管理所需相关资料。

物业服务合同终止时，原物业服务企业不得拒绝移交资料或者退出物业管理区域。

第四十一条　物业服务合同期满，业主大会选聘新物业服务企业前，业主委员会或者临时物业管理委员会负责组织电梯日常管理、基本保洁、秩序维护等管理和服务，相关费用按照原物业服务合同约定的标准由业主承担。

第四十二条　物业服务企业、业主委员会应当配合公安机关共同做好物业管理区域的社会治安工作。

物业服务企业应当按照法律、法规规定和物业服务合同约定，做好物业管理区域内的安全防范工作。发生突发公共事件时，物业服务企业应当采取应急措施，同时向有关部门报告，协助做好救助工作。

第二节 承接查验

第四十三条 新建物业交付使用前，物业服务企业和建设单位应当按照国家有关规定和前期物业服务合同约定，共同对物业共用部位、共用设施设备进行承接查验。

建设单位应当组织村（居）民委员会、业主代表、物业管理行业协会或者专业机构参与承接查验，进行见证和监督，承接查验记录须经参与承接查验各方代表签字确认，并允许业主查阅。承接查验相关费用由建设单位承担。

承接查验结果经各方代表签字确认后，建设单位与物业服务企业应当签订物业承接查验协议。物业承接查验协议应当对承接查验的基本情况、存在问题、解决方法及其时限、双方权利义务、违约责任等事项作出约定。所在地县级以上地方人民政府物业管理主管部门应当督促建设单位及时整改遗留问题，建设单位应当及时解决并组织复验。

物业承接查验发现的问题，建设单位未整改落实的，新建物业不得移交给物业服务企业。物业服务企业应当自物业交接后三十日内，向物业所在地县（市、区）人民政府物业管理主管部门办理备案手续。

第四十四条 物业承接查验前二十日内，建设单位应当向物业服务企业移交下列资料，并将复印件或者电子文档交物业所在地乡（镇）人民政府或者街道办事处存档：

（一）竣工总平面图，单体建筑、结构、设备竣工图，配套设施、地下管网工程竣工图等竣工验收资料；

（二）设施设备清单及其安装、使用和维护保养等技术资料；

（三）供水、供电、供气、供热、通信、有线电视等准许使用文件；

（四）物业质量保修文件和物业使用说明文件；

（五）物业管理用房的清单；

（六）承接查验所必需的其他资料。

共用部位、共用设施设备出现质量、使用功能问题或者未能全部移交前款所列资料的，由所在地县级以上地方人民政府物业管理主管部门责令建设单位限时整改、移交。

前期物业服务合同终止时，物业服务企业应当将前款所列资料移交给业主委员会或者临时物业管理委员会。

第四十五条 物业服务用房包括物业服务人员办公用房、业主委员会办公用房、门卫房等，分别交由物业服务企业和业主委员会无偿使用。未成立业主委员会的，业主委员会办公用房由全体业主共同使用。任何单位和个人不得擅自变更用途，也不得占用、转让、抵押。

建设单位应当按照总建筑面积千分之二，最少不低于一百平方米的标准配置物业服务用房；物业服务用房应当为地面以上能够独立使用的房屋，并具备水、电、网络、通风、采光等基本使用功能和条件。

建设工程规划许可证及其附图应当载明配套建设的物业服务用房的建筑面积和具体位置。商品房预售许可部门在核发房屋预售许可证、不动产登记机构在办理房屋所有权首次登记时，应当审查此项内容落实情况。

第三节 物业收费

第四十六条 商品房的物业服务收费，实行市场调节价，并遵循合理、公开、收费标准与服务质量相适应的原则，采取酬金制、包干制等方式收取。按照国家和本省的有关规定实行政府指导价的除外。

前款所称酬金制是指物业服务企业在预收的物业服务资金中按约定的比例或者约定数额提取酬金，其余全部用于物业服务合同约定的支出，结余或者不足均由业主享有或者承担的物业服务计费方式。包干制是指由业主向物业服务企业支付固定物业服务费用，盈余或者亏损均由物业服务企业享有或者承担的物业服务计费方式。

物业服务收费实行政府指导价的，县（市、区）人民政府价格主管部门应当会同物业管理主管部门根据物业管理服务等级标准等因素，制定相应的基准价及其浮动幅度，并定期公布。实行市场调节价的，物业管理行业协会可以根据本行政区域经济发展水平和成本变动情况，定期发布各类物业服务项目、服务标准及参考价格。

因政府指导价变动需要调整物业服务费标准的，物业服务企业应当在政府指导价变动范围内作相应调整；因服务成本变化需要调整物业服务费标准的，应当经专有部分面积占建筑物总面积过半数的业主且占总人数过半数的业主同意。

已竣工未出售或者已出售未交付物业的服务费由建设单位承担。买受人无正当理由拒绝接收达到交付条件物业的，自出售人送达交付物业通知之日起承担物业服务费。

第四十七条　物业服务企业应当在物业管理区域内醒目位置公示服务内容、服务事项、服务标准、收费项目、计费方式、收费标准、公共部位经营收益情况、公共水电分摊情况、电梯维修保养检验费用等有关事项，并可以通过移动通信等电子信息方式告知全体业主，接受业主监督。

物业服务收费实行酬金制的，物业服务企业应当每年向业主大会或者全体业主公布物业服务资金年度预决算，每季度公布物业服务资金的收支情况。业主或者业主委员会提出异议的，物业服务企业应当自收到书面异议之日起七日内作出书面答复。

第四十八条　业主应当按照物业服务合同约定及时足额交纳物业服务费。业主与物业使用人约定由物业使用人交纳物业服务费的，从其约定，业主负连带交纳责任。

对经两次催缴仍不交纳物业服务费的业主，业主委员会、临时物业管理委员会或者物业服务企业可以在物业管理区域内将欠费情况在醒目位置予以公告，并可以通过移动通信等电子信息方式告知全体业主。经公告仍不交纳的，物业服务企业可以向人民法院提起诉讼。

物业所有权发生转移时，原业主应当结清物业服务费以及水电公摊等相关费用。

第四十九条　供水、供电、供气、通信、有线电视等单位应当承担物业管理区域内相关管线和设施设备的维修、养护等管理责任。法律、法规另有规定的，从其规定。

供水、供电、供气、通信、有线电视等单位，按下列规定向物业管理区域内最终用户收取有关费用：

（一）业主自用的向业主收取；

（二）物业服务企业自用的向物业服务企业收取；

（三）公共使用的由业主分摊，按照合同约定收取；

（四）未售和已售未交付物业由建设单位承担。

供水、供电、供气、通信、有线电视等单位不得强制物业服务企业代收费用，不得因物业服务企业拒绝代收有关费用而停止提供服务。委托物业服务企业代收代交有关费用和进行有关设施设备日常维修养护的，双方应当签订书面委托协议，明确委托的主要事项和费用支付的标准与方式，不得向业主收取手续费等额外费用。

物业服务企业应当每月将供水、供电部门收取的公共水费与电费清单及分摊情况在物业管理区域内醒目位置公示，并可以通过移动通信等电子信息方式告知全体业主。

第四章　物业的使用与维护

第一节　业主和物业服务企业行为

第五十条　业主或者物业使用人对物业的使用与维护，应当遵守法律、法规、管理规约或者临时管理规约的规定，以及业主大会、业主委员会、临时物业管理委员会的决定，遵守公序良俗，维护良好邻里关系，不得损害公共利益和他人合法权益，禁止在物业管理区域内从事下列行为：

（一）擅自拆改房屋承重结构，在外墙开设门窗、破坏外立面，改变设计图纸确定的卫生间、厨房位置；

（二）侵占或者损坏公共场地、共用部位、共用设施设备；

（三）违法搭盖建筑物、构筑物，挖掘房屋地下空间；

（四）擅自改变规划用途，将住宅、车位（库）、储藏间改变为经营性用房；

（五）违反规定倾倒垃圾、污水和抛掷杂物，高空抛物；

（六）在建筑物、构筑物上涂写、刻画或者违反规定悬挂、张贴宣传品；

（七）堆放杂物以及易燃、易爆、剧毒或者含有放射性物质的物品，排放有毒、有害物质或者超过规定标准的噪音；

（八）损坏消防设施，占用、堵塞、封闭消防通道或者消防登高面等消防场地；

（九）损坏公共安全技术防范装置或者治安防范设施；

（十）从事妨碍业主正常生活的经营活动；

（十一）乱停放机动车和非机动车，违规布设电动车充电装置；

（十二）违反法律、法规和管理规约的规定饲养动物；

（十三）法律、法规禁止的其他行为。

业主、物业使用人饲养犬只的，不得干扰他人正常生活，不得破坏环境卫生和公共设施；携犬出户时，应当束犬链牵引，携大型犬出户时，还应当为大型犬配戴嘴套。

第五十一条　业主或者物业使用人装饰装修房屋，应当遵守法律、法规、管理规约或者临时管理规约，开工前应当与物业服务企业签订协议，对房屋装饰装修的时间、垃圾处理、噪音扬尘控制、外立面管控、防盗网和空调外机安装以及电梯等共用设施设备的保护管理等事项和违约责任进行约定，明确禁止行为和注意事项。

房屋装饰装修损坏共用设施设备、污染共用部位的，由业主或者物业使用人负责修复、清洁、恢复原状；业主或者物业使用人不修复、清洁、恢复原状的，由物业服务企业代为修复、清洁、恢复原状，所需费用由业主或者物业使用人承担。

房屋装饰装修产生的垃圾，业主或者物业使用人应当及时清理；委托物业服务企业清理的，按约定支付清理费用。

第五十二条　物业服务企业发现业主或者物业使用人违反法律、法规以及管理规约或者临时管理规约的，应当予以劝阻、制止，经劝阻、制止无效的，应当在十二小时内告知业主委员会或者临时物业管理委员会，并根据管理规约的规定采取临时管理措施；对违反法律、法规的行为，应当在十二小时内报告有关部门。有关部门接到报告后，应当按照有关法律、法规规定的时限进小区调查核实查处，并将查处情况告知业主委员会。

第五十三条　在物业管理区域内开挖、埋设或者维修供电、给排水、排污、燃气、电信等管道管线的，施工单位在开工前应当与物业服务企业就路面、绿地等恢复原状等事项签订协议，并在施工现场做好安全防护；有停水、停电、停气等情形的，物业服务企业应当在物业管理区域内醒目位置公告，并可以通过移动通信等电子信息方式告知全体业主。

第五十四条　业主出租或者出售物业的，应当在物业租赁或者买卖合同中对物业服务费的交纳作出约定。物业承租人或者买受人应当在合同签订后十日内，将本人相关资料（包括联系方式、身份证复印件、租赁合同复印件等）、出租期限及物业服务费的交纳等约定事项告知业主委员会和物业服务企业。

物业服务企业应当督促房屋出租人及时采集并依法报送承租房屋的流动人口信息。

第二节　专项维修资金管理和使用

第五十五条　一个物业管理区域内有两个以上独立产权单位的，应当设立专项维修资金。专项维修资金属于业主所有，专项用于物业共用部位、共用设施设备保修期满后的维修、更新和改造。老旧住宅电梯的安全评估费用可以从专项维修资金专户列支。

第五十六条　专项维修资金以物业管理区域或者建设项目为单位设立账户，按照房屋户门号设立分户账。

业主大会成立前，专项维修资金由县级以上地方人民政府物业管理主管部门或者其委托的单位代管，孳息归业主所有；业主大会成立后，专项维修资金的代管由业主大会决定。

第五十七条　住宅物业、住宅小区内的非住宅物业或者与单幢住宅楼结构相连的非住宅物业的业主，应当按照国家和本省的有关规定，将首期专项维修资金一次性足额交存至专项维修资金专户。

专项维修资金的余额不足首期专项维修资金金额百分之三十的，由专项维修资金管理部门向业主和业主委员会发出续交通知，业主接到通知后应当及时续交，未能及时续交的，由业主委员会督促其续交。业主委员会可以对未交清专项维修资金的业主依法提起诉讼。

对本条例实施前应交未交或者拒不续交专项维修资金的业主，由专项维修资金管理部门责令其限期交纳，经两次催收仍不交纳的，可以通过公告催交，公告期满仍不交纳的，业主大会或者业主委员会可以依据管理规约向人民法院提起诉讼。

第五十八条 使用专项维修资金应当具备下列条件：

（一）物业共用部位、共用设施设备保修期已满或者保修期未满但保修责任主体不存在；

（二）维修项目符合专项维修资金使用范围；

（三）法律、法规或者业主大会规定的其他条件。

第五十九条 专项维修资金使用申请可以由业主、业主委员会或者物业服务企业提出。

专项维修资金的使用接受业主和有关部门的监督。物业管理区域共用部位、共用设施设备维修、更新、改造费用情况应当在专项维修资金拨付前进行公示。

专项维修资金代管单位应当建立专项维修资金管理系统，定期公布专项维修资金的收支情况，方便业主查询账户余额及使用情况。

第六十条 发生以下危及房屋使用安全或者公共安全的紧急情况时，物业服务企业应当及时通知业主委员会、临时物业管理委员会或者相关业主，并立即组织维修、更新或者采取应急防范措施：

（一）共有用房及共用部位屋顶、外墙出现严重渗漏；

（二）电梯出现安全隐患或者出现故障无法正常运行；

（三）高层住宅水泵等二次供水设施出现故障，不能正常供水；

（四）建筑立面瓷砖等外墙装饰层发生脱落或者存在脱落危险；

（五）共用给排水、供用电设施设备不能正常使用，依照法律、法规由供水供电企业负责维护的除外；

（六）消防、安防等建筑智能化系统出现故障，不能正常使用；

（七）因台风、洪水等自然原因造成物业共用部位、共用设施设备损坏；

（八）根据公安、消防、人民防空、气象、特种设备、物业管理等主管部门限期整改要求，需对物业共用部位、共用设施设备进行维修、更新、改造；

（九）物业共用部位、共用设施设备存在其他安全隐患，需对物业共用部位、共用设施设备进行定期检测、检验、维修、更新、改造；

（十）其他危及房屋使用安全或者公共安全的紧急情况。

第六十一条 在紧急情况下使用专项维修资金，物业服务企业已垫付的物业共用部位、共用设施设备维修、更新、改造费用，从专项维修资金列支。

物业服务企业、业主委员会、临时物业管理委员会、业主自主管理机构可以向本条例第五十六条第二款规定的专项维修资金代管单位申请拨付审核。代管单位自收到申请之日起五个工作日内完成审核；经审核符合拨付要求的，代管单位应当及时向专项维修资金专户管理银行发出划转专项维修资金的通知；代管单位逾期不审核的，视为同意。

业主大会可以在管理规约中规定，在专项维修资金中抽取一定比例设立紧急情况小额专项维修资金专户。具体抽取比例以及紧急情况小额专项维修资金的使用条件和程序，由省人民政府物业管理主管部门规定。

物业服务企业应当将紧急情况下专项维修资金申请、使用情况，在物业管理区域内醒目位置公告，并可以通过移动通信等电子信息方式告知全体业主。

第六十二条 专项维修资金收取、使用、管理和监督的具体办法，由省人民政府物业管理主管部门会同财政部门制定，报省人民政府批准后执行。

第三节 公共收益

第六十三条 物业服务企业利用物业管理区域内属于业主共用部位、共用设施设备所产生的公共收益归全体业主所有。

前期物业服务期间，物业管理区域内公共收益在扣除物业服务企业的经营管理费用后，应当存入专项维修资金专户。经营管理费用支出不得超过公共收益的百分之三十。

业主大会成立后，可以将物业共用部位、共用设施设备委托物业服务企业进行经营管理。取得的公共收益按照前款规定扣除物业服务企业的经营管理费用后，存入业主大会或者业主委员会专用账户，经业主大会决定，可以用于抵扣业主的物业管理费用以及业主大会决定的其他事项支出。

公共收益收入及使用情况，应当至少每季度在物业管理区域内醒目位置公布一次，并可以通过移动通信等电子信息方式告知全体业主。

第六十四条 占用物业管理区域内业主共有的道路或者其他共有场地用于车辆停放收取的场地使用费属于全体业主所有，可以用于消防、电梯、人民防空等设施维护管理的必要支出。车位划定、车辆停放、管理和收费等事项，由业主大会决定，但不得占用消防车通道、消防登高面或者影响其他车辆和行人的正常通行。

业主大会决定对共有车位车辆停放收取场地使用费的，可以将共有车位委托物业服务企业进行经营管理，取得的场地使用费按照本条例第六十三条第三款的规定执行。

物业管理区域规划设置的机动车车位（库）应当首先满足业主需要。建设单位不得将物业管理区域内规划的车位（库）出售给本区域以外的单位或者个人。业主要求承租尚未处置的规划车位（库）的，建设单位不得以只售不租为由拒绝出租。

除本条规定收费项目外，不得向物业管理区域内停放的车辆收取其他费用。

第六十五条 鼓励具备条件的老旧住宅小区结合改造整治，依法建设经营性用房、车位（库），经营收益归全体业主共有，可以纳入专项维修资金管理。

第五章 监督管理

第六十六条 省人民政府物业管理主管部门履行下列职责：

（一）研究制定全省物业管理活动相关政策；

（二）建立全省物业管理行业监管和信用信息平台；

（三）负责全省专项维修资金管理工作；

（四）制定临时管理规约、管理规约、业主大会议事规则、物业服务合同（前期物业服务合同）示范文本；

（五）制定物业行业服务规范；

（六）法律、法规规定的其他职责。

第六十七条 设区的市、县（市、区）物业管理主管部门或者其委托的物业管理机构履行下列职责：

（一）组织实施物业管理的法律法规；

（二）负责制定本辖区物业管理相关政策；

（三）负责本辖区物业管理行业信用信息的征集、考核、评价、汇总和核查工作；

（四）负责物业管理区域核定和物业服务合同备案，指导和监督前期物业承接查验；

（五）负责前期物业管理项目招标投标管理和专项维修资金监管；

（六）定期开展物业服务质量、服务行为和日常监管检查；

（七）建立、维护物业服务和管理电子信息平台；

（八）建立物业管理投诉登记制度，公布投诉电话；

（九）建立本辖区物业管理项目档案。

第六十八条 省人民政府物业管理主管部门应当建立物业服务企业信用评价体系及惩戒机制，制定物业服务企业信用标准，定期组织考核，并在物业管理行业监管和信用信息平台公布信用信息和考核结果。业主、物业使用人有权对本物业管理区域物业服务企业的信息依法进行监督。

价格主管部门和物业管理主管部门，应当加强对物业服务企业的服务内容、服务质量、收费项目、收费标准的监督检查。

建立物业服务第三方评估机制。物业服务评估机构从事物业服务评估活动，应当遵循独立、客观、公正的原则。物业管理主管部门、业主、村（居）民委员会、建设单位、物业服务企业可以委托物业服务评估机构对物业服务标准和质量、物业服务合同履行情况进行评估。

第六十九条　县级以上地方人民政府城市管理、公安、应急管理、工商、环保、卫生、规划、价格以及其他有关部门应当加强物业管理区域公共秩序、治安、消防、环境卫生、房屋使用、物业服务收费等方面的监督管理，建立违法行为投诉登记制度，并在物业管理区域内醒目位置公布联系人姓名和联系方式，依法处理物业管理区域内的违法行为。

第七十条　乡（镇）人民政府或者街道办事处履行以下职责：

（一）明确物业管理机构；

（二）指导和协助业主大会的成立、业主委员会的选举；

（三）指导和监督业主大会、业主委员会开展工作；

（四）协调物业管理与社区管理、社区服务之间关系，调处业主、业主委员会、物业使用人、物业服务企业在物业管理活动中的纠纷；

（五）协调和监督物业服务企业的交接。

第七十一条　村（居）民委员会应当协助和配合乡（镇）人民政府或者街道办事处做好物业管理相关工作，并履行下列职责：

（一）组织开展社区物业管理政策法规宣传；

（二）教育引导居民参与支持物业管理，按时交纳物业服务费；

（三）指导监督业主大会、业主委员会依法开展工作；

（四）协助乡（镇）人民政府或者街道办事处组织成立业主大会和业主委员会换届选举工作；

（五）及时协调化解物业管理矛盾和纠纷；

（六）配合有关部门对社区物业服务企业或者老旧小区管理服务单位物业服务情况进行考评。

第七十二条　物业管理行业协会应当加强对物业服务企业和从业人员的自律性监管。

物业管理行业协会可以开展下列活动：

（一）定期公布物业服务收费的市场动态信息；

（二）制定行业服务标准；

（三）开展物业服务从业人员培训；

（四）开展物业服务质量评价；

（五）协助开展物业服务企业及从业人员信用评价。

第七十三条　建立物业管理工作联席会议制度，协调处理物业管理与社区管理之间的相关问题。物业管理联席会议由乡（镇）人民政府或者街道办事处负责召集，由县（市、区）物业管理主管部门、公安派出所、村（居）民委员会、业主委员会和物业服务企业等方面的代表参加，共同协调解决物业管理中遇到的问题。

第七十四条　建立以乡（镇）人民政府或者街道办事处、村（居）民委员会为主的物业服务纠纷便捷处理机制。

乡（镇）人民政府或者街道办事处、村（居）民委员会应当建立物业管理投诉受理制度，对物业管理活动中的投诉，及时进行调查处理。乡（镇）人民政府或者街道办事处应当配备负责纠纷调查处理的专（兼）职工作人员；基层人民调解委员会应当成立物业纠纷调解工作室，聘请相关领域专业人员，专门调解物业服务纠纷。

物业服务企业与业主发生物业服务争议的，当事人双方可以协商解决，也可以向基层人民调解委员会或者乡（镇）人民政府、街道办事处申请调解。有关机构接到申请后，应当在五个工作日内征求另一方当事人意见，对方无异议的，应当当即进行调解。达成调解协议的，双方应当签订调解协议书，申请人民法院确认调解协议效力的，人民法院应当予以确认；未达成调解协议的，也可以依法向人民法院提起诉讼。

物业管理主管部门应当建立健全物业纠纷行政调解与人民调解、司法调解的衔接机制，加强物业纠纷行政调解队伍建设，保障所需工作经费。

第六章　法律责任

第七十五条　违反本条例规定的行为，法律、法规已有法律责任规定的，从其规定。

第七十六条　违反本条例第十一条第一

款、第二十三条规定，建设单位或者物业服务企业未按要求提供或者移交物业管理区域核定证明、房屋及建筑物面积清册、业主名册等筹建工作所需资料的，由县级以上地方人民政府物业管理主管部门责令限期改正；逾期不改正的，处一万元以上三万元以下罚款。

第七十七条 违反本条例第二十二条规定，业主委员会未按照业主大会议事规则、管理规约、业主委员会章程履行工作职责，由县级以上地方人民政府物业管理主管部门责令限期改正，有违法所得的，没收违法所得，并对直接负责的主管人员和其他直接责任人员处三千元以上一万元以下罚款，侵犯业主合法权益的，处一万元以上三万元以下罚款，情节严重构成犯罪的依法追究刑事责任。

第七十八条 违反本条例第二十七条第四款、第二十九条第二款、第三十二条规定，未按期移交有关文件资料、印章及其他财物，或者未按规定公示资产清查结果的，由县级以上地方人民政府物业管理主管部门责令限期改正；逾期不改正的，对原业主委员会相关责任人或者终止资格的原业主委员会委员处三千元以上一万元以下罚款，造成财物损坏或者灭失的由相关责任人依法承担相应的赔偿责任。

第七十九条 违反本条例第四十条规定，物业服务合同终止，原物业服务企业拒不移交有关资料的，由县级以上地方人民政府物业管理主管部门责令限期改正；逾期不改正的，对物业服务企业予以通报，并处一万元以上三万元以下罚款。

第八十条 违反本条例第四十三条、第四十四条规定，建设单位、物业服务企业未按照规定履行承接查验义务的，由县级以上地方人民政府物业管理主管部门责令限期改正；逾期不改正的，处三万元以上十万元以下罚款。

第八十一条 违反本条例第四十七条、第四十九条第四款规定，物业服务企业未按照规定进行公布、公示的，由县级以上地方人民政府物业管理主管部门责令限期改正；逾期不改正的，处一万元以上三万元以下罚款。

第八十二条 违反本条例第四十二条第二款、第五十二条规定，物业服务企业未按照法律、法规规定和物业服务合同的约定做好安全防范工作，对业主或者物业使用人的违法行为未予以劝阻、制止或者未在规定时间内报告有关行政管理部门，导致业主人身、财产安全受到损害的，应当依法承担相应的法律责任。

原物业服务企业拒不退出该物业管理区域的，由县级以上地方人民政府物业管理主管部门责令限期改正；逾期不改正的，处五万元以上二十万元以下罚款，并予以通报，两年内不得承接新的物业服务项目。

第八十三条 违反本条例第五十条第一款规定，有下列行为之一的，由县级以上地方人民政府物业管理主管部门责令限期改正；逾期不改正的，按下列规定处以罚款；造成损失的，责任人应当依法予以赔偿：

（一）侵占物业管理区域内的公共场地、共用部位、共用设施设备的，对个人处一千元以上五千元以下罚款，对单位处五万元以上十万元以下罚款；

（二）损坏物业管理区域内的公共场地、共用部位、共用设施设备的，对个人处二千元以上一万元以下罚款，对单位处五万元以上二十万元以下罚款。

违反本条例第五十条第二款规定，业主、物业使用人饲养犬只干扰他人正常生活，破坏环境卫生和公共设施，或者携犬出户时未束犬链牵引、未为大型犬配戴嘴套的，依照《中华人民共和国治安处罚法》等法律、法规的规定予以处罚。

第八十四条 业主违反本条例规定，无正当理由拒不交纳物业服务费，且拒不履行经人民法院司法确认的调解协议，或者拒不履行人民法院生效判决的，作为失信行为记入个人征信系统。

物业服务企业违反本条例规定或者物业服务合同约定，经主管部门责令整改，未整改到位的，或者拒不履行和解协议和法院生效判决的，作为失信行为记入企业征信系统。

第八十五条 违反本条例规定，地方各级人民政府和有关部门及其工作人员在物业管理工作中滥用职权、玩忽职守、徇私舞弊的，对直接负责的主管人员和其他直接责任人员依法给予处分；构成犯罪的，依法追究刑事责任。

第七章　附则

第八十六条　本条例所称物业共用部位包括：建筑的基础、承重墙体、柱、梁、楼板、屋顶以及户外的墙面、门厅、楼梯间、走廊通道、通风采光井等；物业共用设施设备包括电梯、天线、照明、消防设施、人民防空设施、绿地、道路、路灯、沟渠、池、井、非经营性车场车库、公益性文体设施和共用设施设备使用的建筑物、构筑物等。

地下室、底层架空层等共用部位和共用设施设备的权属在购房合同中没有约定或者约定不明确的，归全体业主所有。

第八十七条　本条例自2019年1月1日起施行，2006年9月28日福建省第十届人民代表大会常务委员会第二十五次会议通过的《福建省物业管理条例》同时废止。

山东省物业管理条例

（2009年1月8日山东省第十一届人民代表大会常务委员会第八次会议通过，根据2018年9月21日山东省第十三届人民代表大会常务委员会第五次会议《关于修改〈山东省民用建筑节能条例〉等十件地方性法规的决定》修正，2018年9月21日山东省人民代表大会常务委员会公告第31号公布）

第一章　总则

第一条　为了规范物业管理活动，维护业主、物业使用人、物业服务企业、其他管理人的合法权益，改善人民群众的居住和工作环境，促进和谐社区建设，根据《中华人民共和国物权法》和《物业管理条例》等法律、行政法规，结合本省实际，制定本条例。

第二条　本条例所称物业管理，是指业主通过自治管理，选聘物业服务企业或者其他管理人，按照物业服务合同约定，对物业进行维修、养护、管理，维护物业管理区域内的环境卫生及相关秩序的活动。

第三条　本条例适用于本省行政区域内物业的管理、使用、维护、服务及监督管理活动。

第四条　物业管理应当坚持以人为本，实行业主自治与专业服务、社区管理相结合的原则。

第五条　省人民政府建设行政主管部门负责全省物业管理活动的监督管理工作。

设区的市、县（市、区）人民政府房地产管理部门或者建设行政主管部门（以下统称物业主管部门），负责本行政区域内物业管理活动的监督管理工作。

城管执法、房地产开发、财政、民政、价格、公安、城乡规划、市政公用、环境保护、工商行政管理等有关部门按照各自职责，做好与物业管理有关的工作。

第六条　街道办事处、乡（镇）人民政府负责组织、指导本辖区业主大会成立和业主委员会换届工作，监督业主大会和业主委员会依法履行职责，调解处理物业管理纠纷。

社区居民委员会负责指导、监督业主大会、业主委员会依法开展业主自治管理，协助街道办事处、乡（镇）人民政府开展社区管理、社区服务中与物业管理有关的工作。

第七条　县级以上人民政府应当制定扶持政策，采取措施，推动住宅区、商业区、工矿区及机关、学校、医院等实行社会化、专业化、市场化的物业服务，促进物业服务行业发展。

鼓励采用节能、环保的新技术、新方法，依靠科技进步提高物业管理和服务水平。

第二章　新建物业与前期物业管理

第一节　物业管理区域

第八条　物业管理区域的划分，应当以建设用地规划许可证确定的红线图范围为基础，并考虑建筑物规模、共用设施设备、社区建设等因素。

分期开发建设或者两个以上建设单位开发建设的物业，其配套设施设备是共用的，应当划定为一个物业管理区域；配套设施设备能够分割并独立使用的，可以划定为不同的物业管理区域。

第九条 建设单位办理商品房预售许可证或者商品房现售备案前，应当持房地产项目开发经营权证明、建设用地规划许可证、建设用地使用权证书、项目规划设计方案和地名核准文件等资料，向物业主管部门申请划分物业管理区域。

物业主管部门应当自受理申请之日起二十日内，在征求街道办事处、乡（镇）人民政府、房地产开发主管部门等单位的意见后进行划分登记，并告知建设单位。建设单位应当将划定的物业管理区域向物业买受人明示。

第十条 物业管理区域划定后，确需调整的，由物业主管部门按照本条例的规定重新进行划分登记，但应当经相关物业管理区域内已入住面积且已入住户数的比例达到百分之五十以上的业主同意。

第二节 配套建筑与设施设备

第十一条 物业管理区域内的各类配套建筑与设施设备，应当严格按照国家和省有关住宅小区规划、设计规范和工程标准进行建设。

物业管理区域内的配套建筑应当依法办理权属登记手续，不得擅自改变用途。

第十二条 物业服务用房的配置应当符合下列规定：

（一）建筑面积按照建设工程项目总建筑面积的千分之三至千分之五配置，最少不低于一百平方米；

（二）具备水、电、采光、通风等正常使用功能。

业主委员会办公用房从物业服务用房中调剂，其建筑面积不低于二十平方米。

物业服务用房由建设单位无偿提供，属于全体业主共有。

第十三条 宅小区内城管执法、治安管理等政务管理用房的建筑面积不低于五十平方米；住宅小区内的社区居民委员会用房，应当按照规划要求进行配套建设。

住宅小区内按照规划配套建设的政务管理用房、社区居民委员会用房和承担义务教育的中小学校，属于政府所有，建设投资由政府承担，具体投资来源应当在项目建设条件意见书中载明。

第十四条 按照规划要求在住宅小区内配套建设的会所、幼儿园的归属，应当在商品房买卖合同中约定。约定属于建设单位所有的，建设单位应当提供产权归其所有的证明文件，并优先为业主提供服务。

第十五条 物业管理区域内规划用于停放汽车的车库（包括专用车库和共用车库内的车位，下同）的归属，由建设单位与物业买受人在商品房买卖合同中约定属于建设单位所有或者相关业主共有。约定属于建设单位所有的，建设单位应当提供产权归其所有的证明文件，并可以附赠、出售或者出租给业主。

占用业主共有的道路或者其他场地用于停放汽车的车位，属于全体业主共有，建设单位不得销售。

第十六条 住宅小区内的专业经营设施设备，由专业经营单位负责投资建设、维护和管理。专业经营设施设备的施工，应当严格执行招投标法律、法规。建设单位应当协调配合专业经营设施设备的施工，并承担相关管沟、设备用房等土建工程的配套建设。

住宅小区内供水、供电、供气、供热分户计量装置或者入户端口以外设施设备的各类建设资金，统一并入城市基础设施配套费（含综合开发费），并根据公用事业价格改革和调整情况逐步核减，交由专业经营单位专项用于住宅小区内专业经营设施设备的投资建设。住宅小区内专业经营设施设备归专业经营单位所有。具体办法由省建设行政主管部门会同有关部门制定，城市基础设施配套费的收取标准由设区的市人民政府合理确定。

专业经营设施设备包括变电、二次供水、换热、燃气调压等设施设备及相关管线和计量装置。

第十七条 本条例实施前建设的住宅小区

内专业经营设施设备，由业主大会决定移交给专业经营单位，专业经营单位应当接收。具体办法由设区的市人民政府制定。

第十八条 专业经营单位应当依法履行专业经营设施设备的维修养护责任，按照与业主签订的服务合同服务到最终用户，保证服务质量。

各级人民政府和有关主管部门应当加强对专业经营单位的监督管理，督促专业经营单位履行投资、建设和维护管理义务。

第十九条 物业管理区域内封闭运行的太阳能热水、中水处理、直饮水、地源热泵、区域锅炉等设施设备，属于相关业主共有，但由经营单位投资经营的除外。

第二十条 城乡规划、建设行政主管部门在进行建设工程规划审批和设计审查时，应当就住宅小区配套建筑及设施设备的配置、专业经营设施设备的建设标准征求房地产开发、物业管理等部门和专业经营单位的意见。

第三节 前期物业管理与物业交付

第二十一条 住宅物业的建设单位应当依法通过招标的方式选聘前期物业服务企业，鼓励非住宅物业通过招标方式选聘前期物业服务企业。

招标人应当在发布招标公告或者发出投标邀请书十日前，持招标公告或者投标邀请书、招标文件等有关资料，向物业主管部门备案。

第二十二条 鼓励前期物业服务企业提前介入项目的开发建设，对项目的规划设计方案、配套设施建设、工程质量控制、设备运行管理等事项，提出与物业管理有关的建议。

建设单位组织单位工程竣工验收和分户验收时，应当通知前期物业服务企业参与监督。

第二十三条 建设单位在申请办理商品房预售许可证或者商品房现售备案前，应当将前期物业服务合同、临时管理规约、住宅小区配套建筑和设施设备的清单及其产权归属等资料报物业主管部门备案，并在商品房销售时将上述资料作为商品房买卖合同约定的内容。

前期物业服务合同应当对物业服务内容、服务标准、收费标准、收费方式及收费起始时间、合同终止情形等内容进行约定；涉及物业买受人共同利益的，其约定应当一致。

第二十四条 新建住宅小区的配套建筑及设施设备符合下列条件后，建设单位方可办理物业交付手续：

（一）生活用水纳入城市公共供水管网，并安装分户计量装置；

（二）雨水、污水排放纳入城市雨水、污水排放系统；

（三）小区用电纳入城市供电网络，并安装分户计量装置；

（四）在城市管道燃气、集中供热主管网覆盖的区域，完成住宅室内、室外燃气、供热管道的敷设且与相应管网连接，并安装燃气分户计量装置和供热分户控制装置；

（五）电话通信线、有线电视线和宽带数据传输信息端口敷设到户，安全监控装置及其他安全防范设施设备、信报箱等按规划设计要求配置到位；

（六）按照规划要求完成消防供水、消防自动报警装置、消防车通道等共用消防设施建设；

（七）小区道路与城市道路或者公路之间有直达的道路相连；

（八）按照规划要求完成教育、文化、卫生、体育、邮政、环境卫生、商业网点、物业服务和政务管理等配套建筑及设施建设；

（九）按照规划要求完成绿化建设及车库、车位的配置；

（十）住宅小区分期建设的，已建成的住宅周边场地与施工工地之间设置有效的隔离设施；

（十一）法律、法规规定的其他条件。

建设单位应当组织有关部门及专业经营单位按照前款规定，对住宅小区进行综合验收，接受房地产开发、城乡规划、物业管理等有关部门的监管，并向房地产开发主管部门办理综合验收备案手续。

第二十五条 建设单位应当自住宅小区综合验收合格之日起三十日内，与相关专业经营单位办理专业经营设施设备接收管理手续，并协助物业买受人与相关专业经营单位分别签订供水、供电、供气、供热等服务合同。

第二十六条 建设单位交付住宅物业时，应当向业主提供住宅质量保证书、住宅使用说明书等资料。

前期物业服务企业应当向业主提供物业服务手册，并可以接受建设单位的委托，协助建设单位办理住宅物业交付的有关具体事宜。

第二十七条 建设单位应当在物业主管部门、街道办事处、乡（镇）人民政府的监督下，按规定向前期物业服务企业移交物业服务用房和下列资料：

（一）竣工总平面图，单体建筑、结构、设备竣工图，配套设施、地下管网工程竣工图、分户验收等竣工验收资料；

（二）设施设备的安装、使用和维护保养等技术资料；

（三）物业质量保修文件和物业使用说明文件；

（四）业主名册；

（五）物业管理必需的其他资料。

前期物业服务企业应当在前期物业服务合同终止时，将物业服务用房及有关资料移交给业主委员会。

鼓励建设单位为其开发的住宅小区的物业管理，提供部分经营用房或者给予资金支持。

第三章 业主大会与业主委员会

第一节 业主大会筹备组

第二十八条 房屋的所有权人为业主。

建设单位或者前期物业服务企业应当将业主入住情况及时报告物业主管部门和街道办事处、乡（镇）人民政府。

符合下列条件之一的，应当召开首次业主大会会议：

（一）业主已入住面积的比例达到百分之五十以上；

（二）业主已入住户数的比例达到百分之五十以上；

（三）自首位业主入住之日起满两年且已入住户数的比例达到百分之二十五以上。

第二十九条 符合首次业主大会会议召开条件的，街道办事处、乡（镇）人民政府应当在三十日内组建业主大会筹备组。

筹备组由七人以上单数组成，由建设单位、前期物业服务企业、业主和街道办事处、乡（镇）人民政府、社区居民委员会等派员组成，其中业主所占比例不得低于筹备组总人数的二分之一。

筹备组应当自成立之日起十日内，将其成员名单和工作职责在物业管理区域内进行书面公告。

第三十条 筹备组履行下列职责：

（一）确定首次业主大会会议召开的时间、地点和内容；

（二）草拟管理规约、业主大会议事规则、业主委员会工作规则；

（三）确认业主身份，确定业主在首次业主大会会议上的投票权数；

（四）提出首届业主委员会委员候选人条件、名单和选举办法；

（五）召开首次业主大会会议的其他准备工作。

对前款规定的内容，筹备组应当在首次业主大会会议召开十五日前，在物业管理区域内公告，并书面通知全体业主。业主对业主身份和投票权数等提出异议的，筹备组应当予以复核并告知异议人复核结果。

筹备组应当自成立之日起六十日内组织召开首次业主大会会议。

第二节 业主大会

第三十一条 一个物业管理区域成立一个业主大会。

物业管理区域内业主人数较少且经全体业主一致同意决定不成立业主大会的，由全体业主共同履行业主大会职责。

第三十二条 业主大会履行下列职责：

（一）制定和修改业主大会议事规则及管理规约；

（二）选举业主委员会或者更换业主委员会成员；

（三）监督业主委员会工作，听取业主委员会的工作报告，改变或者撤销业主委员会不适当的决定；

（四）选聘、解聘物业服务企业；

（五）筹集和使用共用部位、共用设施设

备专项维修资金（以下简称专项维修资金）；

（六）决定改建、重建建筑物及其附属设施；

（七）决定物业管理区域内的其他物业管理事项。

第三十三条　业主大会对业主投票权的计算有约定的，从其约定。未作约定的，按照下列规定确定：

（一）按照业主户数计算的，一户计算为一票；建设单位未售出的专有部分，计算为一票；

（二）按照建筑面积计算的，每一平方米建筑面积计算为一票；建筑面积不足一平方米的按一票计算。

业主身份以及建筑面积的确认，以不动产登记簿或者其他能够证明其权属的合法有效文件为依据。

第三十四条　业主大会会议可以采用集体讨论的形式，也可以采用书面征求意见的形式。采用书面征求意见形式的，应当将征求意见书送交每一位业主；无法送达的，应当在物业管理区域内公告。

不参加投票业主的投票权数是否计入已表决的多数票数，由管理规约或者临时管理规约规定。

第三十五条　物业管理区域内业主人数较多的，可以以幢、单元、楼层为单位，推选业主代表参加业主大会会议。业主代表参加业主大会会议前，应当事先书面征求其所代表的业主意见，并将经业主本人签字的书面意见在业主大会会议上如实反映。

第三十六条　业主大会会议由业主委员会负责召集，每年至少召开一次。

有下列情形之一的，业主委员会应当召集业主大会临时会议：

（一）有百分之二十以上业主提议的；

（二）发生重大事故或者紧急事件需要及时处理的；

（三）业主大会议事规则或者管理规约规定的其他情形。

业主委员会不履行召集义务的，经业主申请，由街道办事处、乡（镇）人民政府负责组织业主召开业主大会。

第三节　业主委员会

第三十七条　业主委员会是业主大会的执行机构，业主委员会依照国家有关法律、法规和业主大会的授权开展活动。

业主委员会履行下列职责：

（一）召集并主持业主大会会议，报告物业管理的实施情况；

（二）代表业主与业主大会选聘的物业服务企业签订物业服务合同；

（三）执行业主大会的决议、决定；

（四）及时了解业主、物业使用人的意见和建议，督促业主按时交纳物业服务费，监督和协助物业服务企业履行物业服务合同；

（五）监督管理规约的实施；

（六）业主大会赋予的其他职责。

第三十八条　业主委员会由业主大会会议选举产生，由三人以上单数组成。业主委员会委员应当由物业管理区域内的业主担任，每届任期不超过五年，可连选连任。

业主委员会应当自选举产生之日起三日内召开首次会议，在业主委员会委员中推选主任、副主任和执行委员，主任、副主任可以兼任执行委员。

执行委员负责业主委员会的日常事务工作，经推荐可以依照法定程序进入所在地社区居民委员会任职。

第三十九条　业主委员会应当自选举产生之日起三十日内，持下列资料向物业主管部门和街道办事处、乡（镇）人民政府备案：

（一）业主大会会议决议；

（二）业主大会议事规则；

（三）管理规约；

（四）业主委员会委员名单和基本情况；

（五）法律、法规规定的其他资料。

物业主管部门应当自收到前款规定资料之日起十日内，对符合条件的发给业主委员会备案证明，并出具业主委员会刻制印章证明。业主委员会应当依法刻制、使用、管理印章和开立账户。

业主大会议事规则、管理规约、业主委员会委员发生变更的，业主委员会应当自变更之日起三十日内书面告知物业主管部门和街道办事处、乡（镇）人民政府。

第四十条 业主委员会应当按照业主大会的决定及议事规则召开会议。

业主委员会会议由主任或者执行委员负责召集，可以邀请社区居民委员会派人参加会议。

业主委员会会议应当有三分之二以上委员出席，作出决定时应当经全体委员过半数同意。

业主委员会应当自业主大会、业主委员会作出决定之日起三日内，将业主大会、业主委员会的决定以书面形式在物业管理区域内公告。

业主可以查阅业主委员会会议资料，并有权就涉及自身利益的事项向业主委员会提出询问，业主委员会应当予以答复。

第四十一条 业主委员会任期届满六十日前，应当召开业主大会会议进行换届选举。

业主委员会应当及时将业主委员会印章、档案资料以及属于全体业主的财物等移交给新一届业主委员会；不及时移交的，街道办事处、乡（镇）人民政府应当协调督促其移交。

第四十二条 业主委员会委员有下列情形之一的，由业主大会或者业主委员会根据业主大会的授权，决定是否终止其委员资格：

（一）以书面方式向业主大会提出辞职请求的；

（二）拒不履行委员职责的；

（三）业主委员会过半数委员或者百分之二十以上业主提议撤销其委员资格的；

（四）违章搭建建筑物和构筑物、拒付物业服务费以及有其他违反管理规约和侵害业主合法权益行为的；

（五）因其他原因不适合继续担任业主委员会委员的。

第四十三条 业主大会与业主委员会的活动经费及执行委员、委员的报酬，从业主共有部分的收益中提取或者由全体业主承担，具体办法与标准由业主大会决定。

第四章 物业的使用与业主自治管理

第一节 一般规定

第四十四条 业主或者物业使用人使用物业应当遵守有关法律、法规和管理规约、临时管理规约的规定，不得有下列行为：

（一）损坏房屋承重结构等违反房屋装饰装修规定的行为；

（二）违章搭建建筑物和构筑物、私开门窗等违反规划规定的行为；

（三）侵占、损坏楼道、绿地等物业共用部位、共用设施设备等违反物业管理规定的行为；

（四）擅自改变房屋用途等违反房屋管理规定的行为；

（五）随意倾倒垃圾、杂物等违反市容环境卫生规定的行为；

（六）堆放易燃、易爆、剧毒、放射性物品，排放有毒、有害物质或者超过规定标准的噪声等违反环境保护规定的行为；

（七）占用消防通道等违反消防管理规定的行为；

（八）赌博、利用迷信活动危害社会、饲养动物干扰他人正常生活等违反治安管理规定的行为；

（九）法律、法规和管理规约、临时管理规约禁止的其他行为。

物业服务企业、业主委员会发现有前款规定行为的，应当予以劝阻、制止，并报告有关部门。

第四十五条 业主或者物业使用人封闭阳台以及安装空调外机、太阳能热水器、防盗网、遮阳罩等设施的，应当遵守管理规约、临时管理规约和物业管理的有关规定，保持物业的整洁、美观。

业主利用屋面安装太阳能热水器等设施的，不得破坏屋面，影响房屋安全，物业顶层的业主和物业服务企业应当予以配合。

业主应当按照垃圾分类收集的有关规定倾倒垃圾。

第四十六条 业主出租房屋的，应当告知业主委员会和物业服务企业。

业主不得违反法律、法规和管理规约、临时管理规约，将住宅、车库或者其他附属设施改变为经营性用房。业主因特殊情况需要将住宅、车库或者其他附属设施改变为经营性用房的，应当向业主委员会或者社区居民委员会提出书面申请，并经有利害关系的业主同意后，方可依法向有关部门办理相关手续。

第二节　住宅物业的装饰装修

第四十七条　业主或者物业使用人在住宅装饰装修工程开工前，应当持有关资料向物业服务企业办理登记手续；按照规定需要报有关部门批准的，应当依法办理批准手续。

业主拒不办理登记、批准手续的，物业服务企业有权按照管理规约或者临时管理规约，禁止装饰装修施工人员进入物业管理区域。

第四十八条　业主或者物业使用人应当与物业服务企业签订住宅装饰装修服务协议。

住宅装饰装修服务协议应当包括下列内容：

（一）装饰装修工程的实施内容和实施期限；

（二）允许施工的时间；

（三）废弃物的清运与处置；

（四）住宅外立面设施及防盗设施的安装要求；

（五）禁止行为和注意事项；

（六）装修保证金的收取和退还；

（七）违约责任；

（八）其他需要约定的事项。

第四十九条　业主或者物业使用人在住宅装饰装修工程开工前，应当告知相邻业主。

物业服务企业对住宅装饰装修活动进行巡查时，业主不得拒绝和阻碍。

第三节　车库与车位的使用

第五十条　车库应当优先满足业主、物业使用人停车需要。业主、物业使用人要求承租车库的，建设单位不得以只售不租为由拒绝，车库租赁费的标准按照有关部门发布的指导价格确定。在满足业主、物业使用人需要后，建设单位将车库出租给物业管理区域外的单位和个人的，其每次租赁合同期限最长不得超过六个月。

物业管理区域内规划用于停放汽车的车库应当优先投入使用；车库尚未充分利用的，不得在物业管理区域内占用业主共有的道路或者其他场地设置规划以外的车位。

第五十一条　占用物业管理区域内业主共有的道路或者其他场地停放汽车的，应当交纳车位场地使用费，收费标准由业主大会综合考虑车库租赁费的价格等因素确定。车位场地使用费属于全体业主共有。

第五十二条　鼓励建设单位或者其他投资人在住宅小区规划条件允许，并经业主大会和城乡规划主管部门同意的情况下，建设、经营车库和立体停车设施，满足业主停车需求。

利用地下空间建设、经营车库的，县级以上人民政府应当在容积率的认定等方面给予优惠。

第五十三条　业主需要在物业管理区域内停放汽车的，应当事先与物业服务企业商定停车位置，不得擅自占用道路或者其他场地。

业主对汽车有看管要求的，应当与物业服务企业另行约定。

第四节　业主自治管理

第五十四条　业主在物业管理活动中，享有下列权利：

（一）按照物业服务合同的约定，接受物业服务企业提供的服务；

（二）提议召开业主大会会议，并就物业管理的有关事项提出建议；

（三）提出制定和修改管理规约、临时管理规约、业主大会议事规则的建议；

（四）参加业主大会会议，行使投票权；

（五）选举业主委员会成员，并享有被选举权；

（六）监督业主委员会的工作；

（七）监督物业服务企业履行物业服务合同；

（八）对物业共用部位、共用设施设备使用情况享有知情权和监督权；

（九）监督专项维修资金的管理和使用；

（十）法律、法规规定的其他权利。

第五十五条　业主在物业管理活动中，履行下列义务：

（一）遵守管理规约、临时管理规约、业主大会议事规则；

（二）遵守物业管理区域内物业共用部位、共用设施设备的使用、公共秩序和环境卫生的维护等方面的规章制度；

（三）执行业主大会的决定和业主大会授权业主委员会作出的决定；

（四）按照国家有关规定交纳专项维修资金；

（五）按时交纳物业服务费；

（六）法律、法规规定的其他义务。

第五十六条 管理规约、临时管理规约应当对物业的使用、管理、业主公共利益、业主的权利义务、物业服务费的收交方式、违反规定应当承担的责任等事项作出规定。

管理规约、临时管理规约对全体业主及物业使用人具有约束力。对拒不交纳物业服务费的业主，由业主委员会督促其交纳，并可以在物业管理区域内的显著位置予以公示。

第五十七条 提倡业主委员会直接向业主收取物业服务费，并按照合同约定将物业服务费支付给物业服务企业；业主委员会直接向业主收取物业服务费的，物业服务企业应当予以协助。

业主对物业共有部分使用所产生收益的分配，由业主大会决定；未作决定的，主要用于补充专项维修资金，也可以作为业主委员会、业主大会的活动经费或者折抵物业服务费。

第五十八条 业主委员会应当定期在物业管理区域内的显著位置书面公告专项维修资金的筹集使用及共有部分收益的账目等情况；业主委员会直接向业主收取物业服务费或者采用酬金制收费方式的，还应当将物业服务费的收支情况予以公告。

第五章 物业服务企业

第一节 物业服务企业

第五十九条 物业服务企业应当具有相应的专业工程技术人员，具备为业主提供专项服务的能力。

第六十条 物业服务企业可以聘请专业服务单位承担设施设备维修养护、清洁卫生、园林绿化、房屋修缮、秩序维护等专项服务，但不得将物业管理区域内的全部物业管理一并委托给其他单位或者个人。

第六十一条 物业主管部门应当加强对物业服务企业的监督管理，开展物业服务企业信用评价，促进物业服务企业提高服务水平。

物业服务企业应当向物业主管部门定期报送信用档案信息、统计报表等相关资料。

第六十二条 物业服务企业的合法权益受法律保护。任何单位和个人不得强制物业服务企业代收有关费用和提供无偿服务。

第二节 行业自律

第六十三条 物业服务企业应当在物业主管部门的指导下，建立行业自律组织，规范行业行为，促进诚信经营，提高物业服务水平，维护物业服务企业的合法权益。

第六十四条 物业行业自律组织可以依照国家和省有关规定，制定物业服务规范和等级标准，建立和完善物业服务企业以及物业服务从业人员的自律制度，配合物业主管部门建立健全信用档案。

第六章 物业服务

第一节 物业服务内容与合同

第六十五条 物业服务内容主要包括下列事项：

（一）物业共用部位及共用设施设备的使用、管理和维护；

（二）公共绿化的维护；

（三）公共区域环境卫生的维护；

（四）公共区域的秩序维护、安全防范等事项的协助管理服务；

（五）物业使用中对禁止行为的告知、劝阻、报告等义务；

（六）物业维修、更新、改造费用的账务管理；

（七）物业服务档案和物业档案的保管；

（八）其他物业管理事项。

第六十六条 业主委员会经业主大会授权，与通过招投标或者协议方式选聘的物业服务企业或者其他管理人签订物业服务合同。

物业服务合同应当对物业服务内容、服务标准、收费标准、物业服务用房、专项维修资金的管理与使用、合同期限以及双方的权利义务、违约责任等内容进行约定。

物业服务合同应当对物业服务企业在有关业主、物业使用人人身、财产安全防范方面的义务和责任作出约定。

物业服务合同签订后，业主有权进行查询。

物业服务企业应当自签订物业服务合同之日起十日内，向物业主管部门备案。

第六十七条　解除或者终止物业服务合同，应当依据合同履行必要的通知义务；合同未约定通知期限的，应当提前六十日通知。

物业服务合同解除或者终止后，物业服务企业应当与业主委员会按照法律规定和合同约定办理退出手续，并履行下列交接义务：

（一）移交保管的物业档案、物业服务档案；

（二）提供物业服务期间形成的有关物业及设施设备改造、维修、运行、保养的有关资料；

（三）移交物业服务用房；

（四）清算预收、代收的有关费用；

（五）法律、法规规定的其他事项。

物业服务企业未依据合同履行通知义务并办理退出交接手续的，不得擅自撤离物业管理区域或者停止物业服务。

第二节　物业服务收费

第六十八条　物业服务收费实行政府指导价和市场调节价。实行政府指导价的具体范围由《山东省定价目录》确定。

实行政府指导价的，价格主管部门应当会同物业主管部门，根据住宅物业种类、服务内容、服务等级和物价指数变动情况等，制定相应的基准价和浮动幅度，并每年向社会公布。具体收费标准由业主与物业服务企业根据基准价和浮动幅度在物业服务合同中约定。

物业服务企业为业主或者物业使用人提供物业服务合同约定以外的专项服务的，其收费标准可以另行约定。

第六十九条　物业服务费可以采取包干制或者酬金制等方式，具体收费方式由物业服务合同约定。实行酬金制收费方式的，物业服务企业应当按照规定对物业服务的各项资金的收支建立台账，并接受业主委员会的核查。

第七十条　已竣工尚未出售或者尚未交付的物业，物业服务费由建设单位承担。已交付的物业，物业服务费由业主承担，建设单位与业主另有约定的除外。

物业交付后长期空置的，其物业服务费收费标准应当在物业服务合同中约定。

第七十一条　物业服务企业违反规定及物业服务合同，擅自扩大收费范围、提高收费标准、重复收费的，业主委员会或者业主有权拒绝。

物业服务企业依约履行义务的，业主应当按时交纳物业服务费，不得以放弃共有权利为由拒绝交纳。物业产权转移时，业主应当结清物业服务费。

第七十二条　专业经营单位应当按照与业主签订的服务合同，向最终用户收取费用。

物业服务企业接受专业经营单位委托代收费用的，不得向业主收取手续费等额外费用，但可以根据约定向专业经营单位收取报酬。

专业经营单位不得强制物业服务企业代收费用，不得因物业服务企业拒绝代收有关费用而停止向最终用户提供服务。

第七章　物业的维护

第一节　建设单位的保修责任

第七十三条　建设单位应当建立健全物业售后维修服务体系，按照国家和省有关规定的保修期限、范围，承担物业的保修责任。

建设单位可以将物业保修的有关事宜委托物业服务企业承担，并签订委托合同，向物业服务企业支付相应的报酬。

第二节　专有部分的维护

第七十四条　物业保修期届满后，业主专有部分的养护、维修，由业主负责。

业主专有部分出现危害安全、影响观瞻、妨碍公共利益及其他影响物业正常使用情形时，业主或者物业使用人应当及时养护、维修，相邻物业业主应当提供便利。

第七十五条　业主长期空置物业时，应当告知物业服务企业，并与物业服务企业就专有部分的养护、维修、管理等事项进行协商，采取措施防止漏水、漏气等事故的发生。

第三节　共用部位及共用设施设备的维护

第七十六条　物业保修期届满后，物业管理区域内共用部位及共用设施设备的维护和管理责任，由业主共同承担；业主可以将其委托给物业服务企业承担。

共用部位主要包括住宅的基础、承重墙体、柱、梁、楼板、屋顶以及户外的墙面、门厅、楼梯间、走廊通道等；共用设施设备主要包括电梯、天线、照明、消防设施、绿地、道路、路灯、沟渠、池、井、公益性文体设施和共用设施设备使用的房屋等。

电梯、区域锅炉等属于业主共有的特种设备，由物业服务企业或者业主根据物业服务合同约定，按照特种设备管理法律、法规的有关规定，委托专业服务单位负责维护、保养。

第七十七条 住宅物业和住宅小区内的非住宅物业的业主，应当在入住前将首期专项维修资金存入专项维修资金专户。专项维修资金的交存、使用、管理，按照国家和省有关规定执行。

其他非住宅物业参照住宅物业交纳专项维修资金。

第四节 专业经营设施设备的维护

第七十八条 住宅小区内供水、供电、供气、供热、通信、有线电视、宽带数据传输等专业经营单位，应当承担分户计量装置或者入户端口以外设施设备的维修、养护、更新等责任及相关费用。

专业经营单位对专业经营设施设备进行维修、养护、更新时，业主应当予以配合。

第七十九条 专业经营单位可以将专业经营设施设备的维护、保养等事宜委托给物业服务企业承担，物业服务企业可以按照委托合同向专业经营单位收取报酬。

专业经营设施设备的维护、保养等费用，不得从专项维修资金中列支。

第八章 社区物业管理与旧住宅区物业管理

第一节 社区物业管理

第八十条 街道办事处、乡（镇）人民政府的社区管理机构，具体指导、协调物业管理的有关工作。

第八十一条 物业管理、城管执法、公安、城乡规划、环境保护等部门应当建立违法行为投诉登记制度，并在物业管理区域公布联系人姓名和联系方式，对违法行为及时作出处理。

第八十二条 实行物业管理联席会议制度。

物业管理联席会议由街道办事处、乡（镇）人民政府负责召集，由社区居民委员会、公安派出所、物业服务企业、业主委员会或者业主代表、专业经营单位和城管执法、物业管理等部门参加。

联席会议主要协调下列事项：

（一）业主委员会和有关部门不依法履行职责的情况；

（二）物业服务企业在履行退出程序以及交接工作中出现的问题；

（三）物业管理区域内发生的突发事件；

（四）物业管理与社区管理的衔接和配合；

（五）需要协调的其他物业管理事项。

第八十三条 业主、业主大会、业主委员会、物业服务企业、专业经营单位、建设单位之间因物业管理发生争议的，应当自行协商解决；协商不成的，可以向社区居民委员会或者联席会议申请调解，也可以申请仲裁或者依法向人民法院起诉。

第八十四条 有关部门、单位在物业管理区域内开展文化教育、医疗卫生、体育健身、计划生育等社区服务活动以及突发事件应急知识的宣传普及和应急演练活动，业主、业主委员会、物业服务企业和专业经营单位应当给予协助、配合。

第二节 旧住宅区物业管理

第八十五条 设区的市、县（市、区）人民政府对已建成交付使用，但配套设施不齐全、环境质量较差的旧住宅区，应当采取措施进行改造整治，并将改造整治规划和年度计划向社会公布。

旧住宅区的范围，由设区的市、县（市、区）人民政府划定。

旧住宅区内的道路、照明、绿地及社区服务、文化体育、安全防范、物业服务用房等配套建筑及设施设备改造建设资金，由政府承担；开发项目设施不配套等遗留问题由原建设单位投资解决；供水、供电、供气、供热、通信、有线电视、宽带数据传输等专业经营设施设备改造应当达到分户计量、分户控制条件，其建设支出由相关专业经营单位承担；业主专有部分的设施设备改造支出，由业主承担。设区的市、县（市、区）人民政府对投资责任另有规定的，从其规定。

第八十六条　旧住宅区改造整治中，经有利害关系的业主同意，在规划许可的情况下，可以按照有关规定建设物业服务用房和一定比例的经营性用房。经营性用房可用于出租经营，经营收益作为旧住宅区维护管理费用的补充资金，由业主大会监督使用。

改造整治前由相关部门、单位承担的环卫绿化、市政设施养护等费用，改造整治后仍由其给予补助。

第八十七条　旧住宅区改造整治完成后，街道办事处、乡（镇）人民政府应当组织业主成立业主大会，由业主大会决定选聘物业服务企业或者其他管理人管理物业。业主大会成立前的物业管理，由社区居民委员会组织实施。

第八十八条　未建立专项维修资金制度的旧住宅区，业主应当按照国家和省有关规定交纳专项维修资金；物业服务企业可以根据物业服务合同约定，代业主归集专项维修资金。有车位场地使用费等共有部分收益的，主要用于补充专项维修资金。

第九章　法律责任

第八十九条　违反本条例规定的行为，法律、法规已作出处罚规定的，按照其规定执行；法律、法规未作出处罚规定的，按照本条例的规定执行。

第九十条　违反本条例规定，有下列行为之一的，由物业主管部门予以处罚：

（一）物业服务企业未按照规定报送信用档案信息、统计报表等相关资料的，责令限期改正；逾期未改正的，处以三千元以上一万元以下的罚款；

（二）物业服务企业擅自撤离物业管理区域、停止物业服务或者未办理退出手续、履行相应义务的，处以五万元以下的罚款。

第九十一条　违反本条例规定，专业经营单位无正当理由拒绝、拖延投资建设或者接收专业经营设施设备的，由设区的市、县（市、区）人民政府责令限期改正。影响房屋交付使用、业主正常生活或者造成人身、财产损害的，专业经营单位应当承担相应的赔偿责任。

第九十二条　业主或者物业使用人违反本条例第四十四条、第四十五条规定的，由物业主管部门或者其他有关部门给予警告，责令限期改正；逾期未改正的，处以两千元以上一万元以下的罚款。给其他业主造成损失的，应当依法承担民事责任。

第九十三条　业主大会、业主委员会作出的决定违反法律、法规的，物业主管部门或者街道办事处、乡（镇）人民政府，应当责令限期改正或者撤销其决定，并通告全体业主。

第九十四条　物业主管部门、街道办事处、乡（镇）人民政府和其他有关部门的工作人员在物业管理工作中，有下列行为之一的，依法给予处分；构成犯罪的，依法追究刑事责任：

（一）在进行建设工程规划审批和设计审查时，未就住宅小区配套建筑及设施设备的配置、专业经营设施设备的建设标准征求房地产开发、物业管理等部门和专业经营单位意见的；

（二）未按照本条例规定对住宅小区综合验收、交接进行监管的；

（三）未按照本条例规定筹备、组织召开业主大会会议的；

（四）挪用专项维修资金的；

（五）未按照本条例规定召集或者参加物业管理联席会议的；

（六）发现违法行为或者接到违法行为报告、投诉不及时作出处理的；

（七）其他滥用职权、玩忽职守、徇私舞弊的行为。

第十章　附则

第九十五条　业主自行管理物业的，参照本条例的有关规定执行。

第九十六条　本条例自2009年5月1日起施行。

新疆维吾尔自治区物业管理条例

（2017 年 5 月 27 日新疆维吾尔自治区第十二届人民代表大会常务委员会第二十九次会议通过，2017 年 5 月 27 日新疆维吾尔自治区第十二届人民代表大会常务委员会公告第 41 号公布）

第一章　总则

第一条　为了规范物业管理活动，维护业主、物业服务企业合法权益，改善人居环境，促进和谐社区建设，根据《中华人民共和国物权法》、国务院《物业管理条例》和有关法律、法规，结合自治区实际，制定本条例。

第二条　自治区行政区域内物业管理及其监督管理活动，适用本条例。

本条例所称物业管理，是指业主选聘物业服务企业、委托其他管理人（以下统称物业管理人）或者自行对房屋及配套的设施和相关场地进行维修、养护、管理，维护物业管理区域内的环境卫生及相关秩序的活动。

第三条　县级以上人民政府应当将物业服务纳入现代服务业发展规划、社区建设规划和社会治理体系，建立物业服务综合协调机制，促进物业服务发展与民族团结、平安和谐的社区建设。

第四条　县级以上人民政府房地产行政主管部门对本行政区域内物业管理活动实施监督管理。

规划、建设、公安、消防、价格、民政、质量技术监督、环境保护、城市管理、市政公用等有关部门，按照各自职责，负责有关物业管理的监督管理工作。

第五条　街道办事处或者乡镇人民政府在同级党组织领导下，负责组织、指导本辖区的业主成立业主大会，选举业主大会执行机构，监督业主大会和业主大会执行机构依法履行职责，协调物业服务与社区管理、社区服务的关系，调解处理物业管理服务纠纷；居民委员会协助街道办事处或者乡镇人民政府开展物业管理相关工作。

调解处理物业管理服务纠纷纳入社会治安综合治理的考核内容。

第六条　街道办事处或者乡镇人民政府建立物业管理联席会议制度。

联席会议由街道办事处或者乡镇人民政府负责召集，房地产、公安、民政、城市管理等行政主管部门和居民委员会、业主委员会、物业服务企业、专业经营单位等各方代表参加，具体解决物业管理服务活动中需要协调的问题。

第七条　县级以上人民政府应当制定政策，鼓励物业管理区域实行社会化、专业化、市场化的物业服务，采用新技术、新方法，依靠科技进步提高物业管理和服务水平。

第八条　物业服务行业组织应当加强行业自律管理，建立诚信档案，建立和完善物业服务企业及其从业人员的自律制度，督促物业服务企业诚信经营和服务。

第二章　新建物业与前期物业管理

第一节　物业管理区域

第九条　新建建筑按照建设用地规划许可证确定的红线图范围，综合考虑建筑物规模、共用设施、社区建设等因素，合理划分物业管理区域。

分期开发建设或者两个以上建设单位开发建设，使用同一配套设施的，应当划定为一个物业管理区域。

第十条　建设单位销售房屋前，应当持建设用地规划许可证、建设用地使用权证书、建设工程规划许可证和地名核准文件等资料，向县（市）房地产行政主管部门申请划分物业管理区域。

县（市）房地产行政主管部门应当自受理申请之日起二十日内，征求街道办事处或者乡镇人民政府以及公安、消防、市政公用等部门的意见后，划分物业管理区域，并书面告知建设单位。

建设单位应当将划定的物业管理区域在房屋销售前向房屋买受人明示。

第十一条 物业管理区域划定后需要调整的，应当经物业管理区域内专有部分占建筑物总面积三分之二以上的业主且占总人数三分之二以上的业主同意后，由县（市）房地产行政主管部门按照本条例的规定重新划分。

第二节 配套设施

第十二条 物业管理区域内按照规划配建的教育、医疗卫生、社区服务等公共服务设施，由政府建设并承担相应费用；配建的供热交换、变电配电、燃气调压、垃圾转运、公共厕所、消防以及商业服务等设施，应当在建设项目核准、备案文件中载明建设单位、明确产权归属，建设费用由产权单位承担。

物业管埋区域内的水、电、气、热等市政公用设施、设备、由建设单位出资建设的，建设单位应当分别与水、电、气、热等专业经营单位就供应方式、主要技术指标、质量保证和使用年限等进行协商，签订书面协议。协议中应当明确设计、施工要求和材料、设备选型等内容，明确有关产品供应单位参与项目竣工验收的权利义务。

第十三条 物业管理区域内按照规划建造的非公益性教育、文化、体育等设施，应当明确投资主体、产权归属。属于建设单位所有的，应当优先为本物业管理区域内业主服务。

第十四条 物业管理区域内应当按照方便业主、满足物业管理需要配建物业服务用房；物业服务用房建筑面积不低于物业管理区域总建筑面积的千分之二，除老旧住宅区外，总面积不应少于三百平方米；物业服务用房分处设置的，单处建筑面积不小于五十平方米。物业服务用房的水、电、气、热应当独立调控与计量。

业主大会执行机构办公用房从物业服务用房中调剂，建筑面积不应少于三十平方米。

物业服务用房不计入建筑物共用面积分摊，建设费用计入项目建设成本，产权归全体业主共有。

第十五条 物业管理区域内按照规划建造的车库、车位，计入容积率且未作为建筑物共有部分进行分摊的，建设单位可以向业主附赠、出售、出租。

下列车库、车位属于业主共有：

（一）计入容积率且作为建筑物共有部分进行分摊的；

（二）未计入容积率，或者利用建筑物防空地下室、建筑物共用设备层建造、划定的车库、车位；

（三）占用小区道路、共用场地划定的车位。

第十六条 物业管理区域内水、电、气、热、通信、有线电视等市政公用设施应当敷设到最终用户。

需要加装二次供水、变电配电、供热交换、燃气调压等设施的，建设单位应当与有关专业经营单位就相关设施投资、产权归属等事项进行约定。

物业管理区域内封闭运行的太阳能热水、中水处理、直饮水、地源热泵、区域锅炉等设施，属于相关业主共有，但由专业经营单位投资的除外。

第三节 前期物业管理与物业交付

第十七条 建设单位可以委托物业管理人管理前期物业。

业主大多属于同一单位的，可以依托单位工会组织或者生活后勤服务组织，确定前期物业管理方式。

使用政府投资或者政府融资的保障性住房，应当通过招投标的方式，选聘物业服务企业进行前期物业管理。

第十八条 委托物业管理人管理前期物业的，建设单位应当与物业管理人签订前期物业服务合同，对物业服务内容、服务标准等级、收费标准、收费方式及收费起始时间、合同终止情形、房屋质量缺陷责任承担等内容进行约定。

保障性住房项目，前期物业服务合同中约定的物业服务标准等级应当符合自治区的规定。

第十九条 建设单位应当按照国家和自治区有关规定制定前期物业临时管理规约。

鼓励使用前期物业临时管理规约示范

文本。

第二十条 建设单位应当在销售房屋前，向房屋买受人明示前期物业服务合同、前期物业临时管理规约，房屋买受人应当遵守相关约定。

县（市）房地产行政主管部门应当加强对前期物业服务合同、前期物业临时管理规约制定的监督、指导，依法履行备案管理职责。

第二十一条 建设单位交付前期物业应当符合下列条件：

（一）取得建设工程竣工规划认可，建设工程竣工验收合格；

（二）供水、排水纳入市政公共管网系统，用电纳入市政供电网络，安装计量装置符合设计标准；

（三）在城市管道燃气、集中供热管网覆盖区，按照设计完成燃气、供热管道敷设与管网连接，安装燃气、供热分户控制装置和计量装置，满足分户计量收费要求；

（四）通信、有线电视数据传输信息端口敷设到户，信报箱等按规划设计要求配置到位；

（五）安全监控装置或者电梯、锅炉等特种设备以及消防供水、火灾自动报警和灭火装置、消防车通道等共用消防设施，检查验收合格；

（六）按照规划完成物业服务用房以及停车库、车位的配建；

（七）按照设计完成绿化工程建设，因季节原因需延后完成的，建设单位作出的书面保证已在物业管理区域内公示。

分期建设的项目，建成区应当符合前款规定，并与施工区设置隔离设施。

第二十二条 建设单位交付前期物业，应当向物业管理人移交物业服务用房和下列资料：

（一）竣工总平面图，单体建筑、结构、设备竣工图，配套设施、地下管网工程竣工图，分户验收等竣工验收资料；

（二）共用设施清单及其安装、使用和保养、维修等技术资料；

（三）园林施工图、树种清单；

（四）物业质量保修文件和物业使用说明文件；

（五）业主名册；

（六）法律、法规的规定或者双方约定交付的其他资料。

前期物业服务合同终止的，物业管理人应当将物业服务用房及前款所列资料移交给业主大会执行机构。

第三章 业主、业主大会与执行机构

第一节 业主、业主大会

第二十三条 房屋的所有权人为业主。

尚未申请不动产登记，但基于法律规定、法院或者仲裁委员会法律文书、征收补偿决定、继承或者受遗赠、合法建造以及基于合同关系的占有房屋的物业使用人，适用本条例关于业主的规定。

业主对房屋专有部分享有所有权，对专有部分以外的共有部分，依法享有共有权和共同管理权，并承担相应的义务；业主不得以放弃权利不承担义务。

第二十四条 建设单位或者其委托的物业管理人应当将业主入住情况及时报送县（市）房地产行政主管部门，并抄送居民委员会、街道办事处或者乡镇人民政府。

符合下列条件之一的，应当召开业主大会成立会议：

（一）业主已入住面积的比例达到百分之五十以上；

（二）业主已入住户数的比例达到百分之五十以上；

（三）自首位业主入住之日起满两年且已入住户数的比例达到百分之二十五以上。

第二十五条 符合召开业主大会条件的，县（市）房地产行政主管部门接到建设单位、业主或者委托的物业管理人的报告后，应当书面通知街道办事处或者乡镇人民政府。街道办事处或者乡镇人民政府应当在收到通知之日起六十日内组建业主大会筹备组。

筹备组由街道党工委、办事处或者乡镇党委、人民政府和业主、居民委员会、建设单位代表七人以上十一人以下单数组成，其中业主所占比例不得低于筹备组总人数的二分之一。

筹备组组长由街道办事处或者乡镇人民政府代表担任。

筹备组应当自成立之日起十日内，在物业管理区域内公示其成员名单和工作职责。

第二十六条　业主大会筹备组应当履行下列职责：

（一）确认业主身份、户数及所持有专有部分建筑面积；

（二）确定召开业主大会成立会议的时间、地点、形式和内容；

（三）草拟管理规约、业主大会议事规则；

（四）确定业主大会表决权计票方法；

（五）提出业主大会执行机构选定方案、入选条件，公布执行机构人员名单或者提出候选人名单和选举办法；

（六）需要在业主大会成立会议上决定的其他事项。

筹备组应当在业主大会成立会议召开十五日前，将前款规定的事项书面通知全体业主，并在物业管理区域内公告；业主对公告事项提出异议的，筹备组应当予以复核并告知异议人复核结果。

筹备组应当自成立之日起九十日内组织召开业主大会成立会议。

筹备组召开首次业主大会会议所需费用由建设单位承担。

第二十七条　业主大会由物业管理区域内全体业主组成。业主因故不能参加业主大会的，可以委托代理人参加，并出具委托书，明确委托事项、权限、期限等。

业主大会应当代表和维护物业管理区域内全体业主在物业管理活动中的合法权益。

物业管理区域内业主人数较少，全体业主一致同意不成立业主大会的，由全体业主共同履行业主大会职责。

第二十八条　业主大会履行下列职责：

（一）制定和修改业主大会议事规则及管理规约；

（二）选举或者更换业主大会执行机构成员；

（三）选择物业管理方式，选聘和解聘物业管理人；

（四）筹集和使用共有部分、共用设施专项维修资金；

（五）决定改建、重建建筑物及其附属设施；

（六）决定改变共有部分的用途，利用共有部分进行经营以及经营收益的分配与使用；

（七）决定业主大会与业主大会执行机构的活动经费及执行委员工作报酬；

（八）物业管理区域内其他共有和共同管理的事项。

前款第四项至六项的决定，除本条例另有规定外，需经物业管理区域内专有部分占建筑物总面积三分之二以上的业主且占总人数三分之二以上的业主同意；其他事项的决定，需经专有部分占总建筑物面积过半数业主且占总人数过半的业主同意。

第二十九条　业主大会投票权数按下列方式确定：

（一）业主人数，按照专有部分数量计算，一个专有部分为一人，未交付的部分，以及同一产权人拥有一个以上专有部分的，按照一人计算；

（二）专有部分建筑面积，按照不动产登记的建筑面积计算；尚未登记的，暂按测绘机构实测建筑面积计算；尚未实测的，暂按房屋买卖合同约定的建筑面积计算。

第三十条　业主大会会议决定事项可以采用集中投票表决的方式，也可以采用书面征求意见的方式。

采用书面征求意见方式的，应当将征求意见书送交业主签收；无法送交业主签收的，应当在物业管理区域内公示，并设置密封箱回收业主意见，公示期不得少于十五日。

第三十一条　物业管理区域内业主人数较多的，可以以幢、单元为单位推选业主代表参加业主大会。业主代表参加业主大会的，应当事先书面征求所代表的业主的意见，并经业主签字确认。

第三十二条　未参加表决的业主，其投票权数是否计入已表决的多数票，由管理规约或者业主大会议事规则规定。

第三十三条　业主大会会议每年至少召开一次。有下列情形之一的，应当召开业主大会临时会议：

（一）有百分之二十以上业主提议的；

（二）发生重大事故或者紧急事件需要及时处理的；

（三）业主大会议事规则或者管理规约规定的其他情形的。

第二节 业主大会执行机构

第三十四条 业主大会可以选举业主委员会作为业主大会执行机构。未依法成立业主大会和选举产生业主委员会的物业管理区，可以由街道办事处或者乡镇人民政府，在征求该物业管理区业主意见并取得过半数业主书面同意后，指导物业管理区所在地社区居民委员会临时代行本条例规定的业主委员会职责。

业主委员会的主要职责是：

（一）召集并主持业主大会会议、临时会议，报告物业管理的实施情况；

（二）代表业主与物业管理人签订物业服务合同；

（三）执行业主大会的决议、决定；

（四）及时了解业主、物业使用人的意见和建议，督促业主按时交纳物业服务费，监督和协助物业管理人履行物业服务合同；

（五）监督管理规约的实施；

（六）组织监督专项维修资金的筹集和使用；

（七）调解业主之间因物业使用、维护和管理产生的纠纷；

（八）业主大会赋予的其他职责。

第三十五条 业主委员会由五至十一人单数业主组成，设主任、副主任和若干执行委员和候补委员，主任、副主任可以兼任执行委员。业主委员会每届任期不超过五年，业主委员会委员可连选连任。

第三十六条 业主委员会应当自选举产生之日起三十日内，向物业管理区域所在地的县（市）房地产行政主管部门提交下列备案资料：

（一）业主大会会议决议；

（二）业主大会议事规则；

（三）管理规约；

（四）业主委员会委员名单和基本情况；

（五）法律、法规规定的其他资料。

受理备案的部门自收到备案资料之日起十日内，对备案资料进行核查，并书面征求街道办事处或者乡镇人民政府的意见；符合规定的，予以备案登记，出具备案证明和业主委员会刻制印章的证明。

备案事项发生变更的，业主委员会应当自变更之日起三十日内到备案部门办理备案变更。

第三十七条 业主委员会应当按照业主大会的决定及议事规则召开会议。

业主委员会会议由主任或者副主任主持，有三分之二以上委员出席，做出的决定应当经业主委员会全体委员半数以上同意。

第三十八条 业主大会、业主委员会会议做出的决定，应当在做出之日起三日内在物业管理区域内进行公告。

业主有权查阅业主大会会议、委员会会议的资料、记录，有权就涉及自身利益的事项向业主委员会提出询问，业主委员会应当予以解释、答复。业主要求出具书面答复意见的，业主委员会应当出具。

第三十九条 业主委员会任期届满九十日前，应当召开业主大会会议进行换届选举。

根据管理规约或者业主大会决定，可以委托审计机构对业主委员会任期内财物状况进行审计。换届后，原业主委员会应当将印章、档案资料以及属于全体业主的财物等移交给新一届业主委员会。

第四十条 业主委员会委员不得有下列行为：

（一）挪用、侵占业主共有财产；

（二）非法索取、收受建设单位、物业管理人或者有利害关系业主提供的利益或者报酬；

（三）利用职务之便要求物业管理人减免其个人物业服务费；

（四）其他有损业主共同利益或者可能影响其公正履行职责的行为。

第四十一条 业主委员会委员有下列情形之一的，经业主委员会过半数委员或者百分之二十以上业主提议，由业主大会或者业主委员会根据业主大会的授权终止其委员资格：

（一）超越职责权限或者不执行业主大会决议、决定，不履行委员职责的；

（二）违反本条例第四十条规定的；

（三）不适合担任业主委员会委员的其他行为；

业主委员会委员以书面方式向业主大会提出辞职请求或者不再是物业管理区域内业主的，其委员资格自行终止。

第四十二条　业主共同决定对物业实施自行管理的，应当就管理负责人、管理事项、管理实施方式、管理责任的承担、人员雇佣等事项共同作出约定。

第四章　物业使用

第一节　一般规定

第四十三条　物业使用应当遵守法律、法规的规定和管理规约及业主大会的决定，妥善处理相邻关系，不得违背社会公德，损害公共利益和他人的合法权益。

第四十四条　违反管理规约有下列行为之一的，业主、业主大会执行机构、物业管理人有权对行为人进行劝阻、制止，要求行为人停止侵害、消除危险、排除妨碍、赔偿损失：

（一）任意弃置垃圾、抛掷杂物、排放污水的；

（二）擅自占用物业共有部分的；

（三）产生噪音、振动对相邻业主造成不利影响的；

（四）其他违反管理规约的行为。

第四十五条　物业使用中不得实施下列行为：

（一）擅自改变物业管理区域内按照规划建设的公共建筑、共用设施用途的；

（二）擅自改变房屋用途或者对原有建筑物加层、改建、扩建的；

（三）非法处分或者占用物业共用部分、共用设施设备进行经营的；

（四）侵占、损坏物业管理区域内道路、场地、公共绿地、共用设施的；

（五）擅自改动房屋承重结构、围护结构，扩大承重墙原有门窗尺寸，降低抗震、消防、节能标准的；

（六）损坏屋面、楼层防水，擅自改装燃气、热力管线、设施，超出设计标准增加楼面荷载的；

（七）违法存储、堆放易燃、易爆、危险化学、放射性物品，违法排放有毒、有害物质或者超标排放噪声污染环境的；

（八）违反规定悬挂、张贴宣传品或者架设户外广告，在沿街阳台外晾晒衣物、堆放物品等影响市容市貌的；

（九）占用、堵塞消防通道、消防施救场地，违反消防安全技术标准和规范安装设施、设备的；

（十）其他违反法律、法规规定，危及公共利益和他人合法权益的行为。

物业管理人发现有前款规定行为的，应当予以劝阻、制止并报告有关行政主管部门。

第四十六条　规划、建设、公安、消防、价格、质量技术监督、环境保护、城市管理、市政公用等有关部门应当加强对物业管理区域内规划建设、治安、消防、价格、特种设备、环境卫生等方面的监督管理，建立违法行为投诉登记制度，公布受理方式、程序和期限，依法及时处理物业区域内的违法行为。

第四十七条　业主出租房屋及车库、车位的，应当在租赁合同中载明承租人在物业管理活动中的权利与义务，并将承租人、租赁期限、物业服务和水、电、气、热等费用交纳的约定等情况，书面告知业主大会执行机构和物业管理人。

第二节　房屋装修与改变用途

第四十八条　业主进行房屋装修，应当将装修内容、计划工期、装修工程负责人姓名、联系方式等告知相邻业主、物业管理人。

物业管理人应当就下列事项与业主签订书面协议：

（一）装修施工的时间；

（二）装修垃圾的处置与清运；

（三）电梯使用、共用部分临时占用等注意事项；

（四）楼顶、窗外、阳台安装设施、设备、护栏等的要求；

（五）法律、法规和管理规约禁止的行为；

（六）违约责任。

第四十九条　物业管理区域内按照规划建设的公共服务设施、市政公用建筑和物业服务用房，不得擅自改变用途。

有下列情形之一确需改变用途的，应当经物业管理区域内专有部分占建筑物总面积三分之二以上的业主且占总人数三分之二以上的业主同意后，向有关部门申请办理相关手续：

（一）因物业管理区域调整，公共服务设施、市政公用建筑和物业服务用房超出配建要求和使用需要的；

（二）水、电、气、热等的供应方式、技术等发生变化造成原有公共服务设施闲置的；

（三）建筑物共用设备层等闲置的。

第五十条 业主将住宅改变为经营性用房的，应当符合法律、法规和管理规约，主动与有利害关系的业主沟通，也可请求业主大会执行机构予以协助，并经有利害关系业主书面同意。

第五十一条 住宅物业需要使用共有部分增设电梯等进行二次开发、改造的，在符合规划、土地、建设、环境保护、消防、特种设备安全管理等法律、法规的规定和技术标准要求的前提下，应当经本幢或本单元房屋专有部分占建筑物总面积三分之二以上且占总人数三分之二以上的业主同意，并依法办理相关手续。

第三节 车库与车位的使用

第五十二条 物业管理区域内的车库、车位应当优先满足业主的需要。车库、车位总量少于业主总数或者需要数的，应当在临时管理规约、管理规约中明确取得车库、车位的方法。

车库、车位满足业主需要后，可以向物业管理区域以外的其他人出租，但不得出售，除管理规约、业主大会另有规定的外，出租期限一次不超过十二个月；租赁合同期满后，业主有新增需要的，应当优先满足。

第五十三条 物业管理区域内规划的车库、车位尚有空余的，物业管理人不得占用业主共有道路、场地设置车库、车位。

确需占用业主共有道路、场地划定车位，不得占用消防车通道、消防车登高操作场地，不得遮挡消火栓，不得堵塞疏散通道、安全出口。

第五章 物业管理服务与收费

第一节 物业管理服务

第五十四条 物业管理服务应当包括下列主要内容：

（一）共有部分、共用设施以及业主共有车库、车位的使用管理、维护养护；

（二）公共绿化管护；

（三）共有部分、公共区域的清扫保洁、冰雪清除等环境卫生维护；

（四）公共区域的秩序维护，安全防范、救助等事项的协助工作；

（五）物业使用中对禁止行为的告知、劝阻、报告等工作；

（六）代收取的业主共有房屋、设施、车库（位）等使用费的账务管理；

（七）制定物业专项维修资金使用方案；

（八）保管物业服务档案和物业档案；

（九）其他物业管理服务事项。

鼓励物业管理人拓展服务范围，满足业主多元化生活服务需求。

第五十五条 业主大会决定委托物业管理人进行物业管理的，应当与受委托方签订物业服务合同，明确双方的权利和义务。

物业服务合同应当对物业服务内容、服务标准、计费方式、物业管理用房、合同期限、合同解除、违约责任等事项作出约定。

鼓励使用物业服务合同示范文本。

第五十六条 物业管理人经业主大会或者业主大会执行机构同意，可以将共有部分、共用设施的维修养护、绿化管护、清扫保洁、冰雪清除、秩序维护、安全防范，以及业主共有收益账务管理等事项委托专业单位实施，并明确管理责任和服务标准。受委托的专业单位对业主权益造成损害的，物业管理人承担连带责任。

第五十七条 业主对物业管理服务合同以外的买卖、装修房屋交付验收，停车保管、人身财产安全防范，房屋、车位中介服务，房屋专有部分清扫、保洁、维修，物流配送、养老护理等事项有服务要求的，可以与物业管理人协商，就服务事项、服务标准、费用收取、违约责任等事项进行约定。

第五十八条　解除或者终止物业服务合同，应当依据合同履行必要的通知义务；合同未约定通知期限的，应当提前九十日通知。

第五十九条　物业服务合同解除或者终止后，物业管理人与业主大会执行机构应当按照合同约定办理退出手续，并履行下列交接义务：

（一）移交保管的物业档案、物业服务档案；

（二）提供物业服务期间形成的有关物业及设施设备改造、维修、运行、保养的有关资料；

（三）移交物业服务用房；

（四）清算预收、代收的有关费用；

（五）法律、法规规定的其他事项。

物业管理人未履行通知义务或者未办理物业移交手续的，不得擅自撤离物业管理区域或者停止物业服务。

第六十条　业主认为物业服务质量未达到合同约定标准，或者对物业管理服务有异议的，可以向业主大会执行机构或者县（市）房地产行政主管部门投诉。

业主大会执行机构或者县（市）房地产行政主管部门，应当对投诉事实及时核查；涉及房屋共有部分、共用设施的，应当询问所涉范围其他业主的意见。经核查属实的，业主大会执行机构或者县（市）房地产行政主管部门应当向物业管理人发出整改通知，督促其限期整改；业主投诉不成立的，予以回复并进行说明。

第六十一条　县级以上人民政府房地产行政主管部门应当加强对物业服务活动的监督管理，建立健全物业服务企业信用体系和企业信用信息披露制度，将物业服务质量列入信用考核指标，提高业主、业主大会执行机构、居民委员会考评意见的权重系数。

第六十二条　任何单位和个人不得强迫物业管理人代收有关费用和提供无偿服务。

有关行政主管机关不得作出减损物业管理人权益或者增加其义务的决定。

第六十三条　物业管理人依法享受国家和自治区有关税收优惠政策。

物业管理区域内共用设施维护、保洁、绿化等使用水的，水费按照绿化用水价格执行；使用电、气的，电费、燃气费按照居民用电、用气价格执行。

第二节　物业服务收费

第六十四条　物业服务收费实行政府指导价和市场调节价。普通住宅类前期物业服务收费和保障性住房物业服务收费实行政府指导价，其他物业服务收费，实行市场调节价。

实行政府指导价的，价格主管部门应当会同房地产主管部门，根据物业类型、服务内容、服务等级等，制定相应的基准价和浮动幅度，并综合物价指数变动情况，适时予以调整，及时向社会公布。

实行市场调节价的，物业管理人应当就完成服务项目进行成本测算，并在物业服务合同中约定服务标准、服务质量、计费方式等。

政府在商品住宅小区配建的保障性住房，保障户无法单独选择物业服务等级标准的，市、县人民政府应当根据保障对象的经济承受能力，对保障户交纳物业服务费给予补助。

第六十五条　尚未出售或者尚未交付的物业，物业服务费由建设单位承担。已交付的物业，物业服务费由业主承担，建设单位与业主另有约定的除外。

第六十六条　物业管理人违反价格管理规定及物业服务合同约定，擅自扩大收费范围、提高收费标准、重复收费的、强制服务或者变相强制服务并收费、或者不按规定实行明码标价的，业主大会执行机构对超收部分有权制止或者纠正，业主有权拒交。

物业管理人履行合同义务的，业主应当按照合同约定交纳物业服务费，不得拒交或者恶意拖欠。

第六十七条　业主将物业交付他人使用，约定由物业使用人交纳物业费的，应当督促物业使用人履行约定；物业使用人欠交物业服务费的，业主承担连带责任。

业主将物业产权转移时，应当结清物业服务费。

第六十八条　水、电、气、热供应单位应当向最终用户直接收取费用，不得强迫物业管理人代收代交。物业管理人代收水、电、气、热费用的，不得向业主加收手续费。

物业管理人不得因业主欠缴物业服务费限制业主的水、电、气、热卡充值，影响业主正常生活。

第六章　物业的保修与维护

第一节　物业保修、维护责任

第六十九条　建设单位应当按照国家和自治区规定的保修范围和保修期限，承担物业保修责任。建设单位将保修责任委托物业管理人承担的，应当在物业管理区域内公示，给业主造成损失的，依法承担连带责任。

建设单位应当建立物业投诉处理制度。物业存在缺陷，属于保修范围和保修期限的，建设单位应当即时登记、查看，与业主、物业管理人商定修复方式、期限。因物业质量缺陷或者有安全隐患影响使用的，建设单位或者其委托的物业管理人应当采取补救措施，并对造成的损失依法承担赔偿责任。

第七十条　物业保修期限届满后，房屋专有部分的养护、维修，由业主负责。

房屋专有部分出现危害安全、公共利益和他人合法权益的，业主应当及时处理，相邻业主应当提供便利。

第七十一条　物业保修期限届满后，建筑物共有部分及共用设施的维护、保养由物业管理人负责。电梯、锅炉等特种设备，应当由特种设备生产厂商负责维护、保养或者由取得相应资质的专业维修单位负责。

第七十二条　物业管理区域内供水、供电、供气、供热、通信、有线电视等专业经营单位，应当承担分户计量装置或者入户端口以外设施的维修、养护、更新等责任及相关费用。

专业经营单位对专业经营设施设备进行维修、养护、更新时，业主应予以配合。

第二节　住宅专项维修资金

第七十三条　专项维修资金用于共有部分、共用设施保修期满后的养护、维修和更新、改造。专项维修资金的交存、续交、使用、管理，按照国家和自治区有关规定执行。

第七十四条　需要使用专项维修资金的，应当经维修、更新、改造共有部分、共用设施最小使用单元三分之二以上且专有部分占建筑物总面积三分之二以上的业主同意。发生下列危及房屋使用安全的紧急情况，经业主大会执行机构同意，物业管理人可以委托维修、更新、改造单位制定紧急处置方案，即时组织抢修。处置方案、抢修结果、费用支出等在物业管理区域内公布，接受业主的监督：

（一）屋面防水损坏造成渗漏的；

（二）电梯故障停止使用的；

（三）经房地产行政主管部门鉴定为危房需要加固、维修的；

（四）房屋局部有垮塌、脱落危险的；

（五）共用消防设施、设备损坏已不具备防火、灭火功能的；

（六）其他危及房屋使用安全的情形。

国家对老旧小区改造和老旧电梯更新需要使用维修资金另有规定的，从其规定。

第七章　老旧住宅区物业管理

第七十五条　对配套设施不齐全、环境质量较差的老旧住宅区，县（市）人民政府应当采取措施进行改造整治，改造整治规划和年度计划应当向社会公布。

第七十六条　对业主数量较少的老旧住宅区，市或者县（市）房地产行政主管部门应当合理整合物业管理区域，也可以组织协调多个老旧住宅区共同委托一个物业服务企业或者其他管理人管理。

第七十七条　老旧住宅区内的道路、照明、绿地、消防、文化体育设施、物业服务用房的建设、改造资金，由政府承担；属于设施不配套等遗留问题的，由原产权单位或者建设单位承担；老旧住宅区水、电、气、热、通信、有线电视等市政公用设施、设备建设、改造资金，由专业经营单位承担。

第七十八条　鼓励具备条件的老旧住宅区，结合改造整治，建设经营性用房、车库、车位，规划行政主管部门办理规划许可时，可以适度提高容积率和建筑密度。新建的经营性用房、车库、车位归全体业主共有，经营收益可以弥补改造整治资金的不足，或者纳入住宅专项维修资金管理。

第七十九条 县（市）房地产行政主管部门和街道办事处或者乡镇人民政府应当督促、指导老旧住宅区成立业主大会实行业主自治管理。

第八章 法律责任

第八十条 建设单位违反本条例第十条第三款、第二十条第一款规定，未向房屋买受人明示物业管理区域、前期物业服务合同、临时管理规约的，由县级以上人民政府房地产行政主管部门责令改正；逾期不改的，处一万元以上五万元以下的罚款。

第八十一条 建设单位违反本条例第十五条规定，擅自处分属于业主共有车库、车位的，由县级以上人民政府房地产行政主管部门责令限期改正，并处五万元以上二十万元以下的罚款，给业主造成损失的，依法承担赔偿责任。

第八十二条 建设单位违反本条例第二十一条、第二十二条规定，交付的前期物业不符合要求的，不得收取物业服务费，并由县级以上人民政府房地产行政主管部门责令限期改正；逾期不改的，对建设单位处建设工程合同价款百分之二以上百分之四以下的罚款；

物业管理人违反前款规定，承接的前期物业不符合要求的，不得收取物业服务费，并由县级以上人民政府房地产行政主管部门处五万元以上十万元以下的罚款。

第八十三条 建设单位、物业管理人、专业维修单位、专业经营单位违反本条例规定，不履行或者拖延履行保修、维修、养护责任的，由县级以上人民政府房地产行政主管部门责令限期改正；逾期不改的，处十万元以上二十万元以下的罚款，造成业主损失的，依法承担赔偿责任。

第八十四条 业主委员会委员违反本条例第四十条规定，退还挪用、侵占业主的共有财产和索取、收受的报酬及得到的不当利益；造成损失的，依法承担赔偿责任；构成犯罪的，依法追究刑事责任。

第八十五条 业主、物业管理人和物业使用人违反本条例第四十五条第一款规定，给他人造成损害的，依法承担民事责任；违反行政管理规定的，由县级以上人民政府规划、建设、房地产、城市管理、公安、环境保护等有关行政主管部门按照各自职责依法查处。

第八十六条 物业管理人违反本条例五十九条规定，解除、终止物业服务合同后拒不办理退出手续的，由县级以上人民政府房地产行政主管部门处五万元以上二十万元以下罚款；造成损失的，依法承担赔偿责任。

第八十七条 物业管理人违反本条例第六十六条规定，擅自扩大收费范围、提高收费标准、重复收费的、强制服务或者变相强制服务并收费、或者不按规定实行明码标价的，由县级以上人民政府价格主管部门责令改正，限期退还违规收取的收费；情节严重的，依照有关法律法规的规定予以处罚。

第八十八条 物业管理人违反本条例第六十八条代收水、电、气、热等费用向业主加收手续费的，或者限制为业主水、电、气、热卡充值，影响业主生活的，由县级以上人民政府房地产行政主管部门责令改正，限期退还加收费用。

第八十九条 县级以上人民政府房地产行政主管部门，街道办事处或者乡镇人民政府，以及其他有关行政主管部门及其工作人员有下列情形之一的，对直接负责的主管人员和其他直接责任人员依法给予处分：

（一）未按照规定的期限、条件划分物业管理区域的；

（二）未按照规定组织指导成立业主大会筹备组、业主大会或者干预、阻挠业主大会执行机构选举的；

（三）接到举报投诉不及时处理的；

（四）其他不履行法定职责的行为。

第九十条 违反本条例规定，应当予以处罚的其他行为，依照有关法律、法规的规定执行。

第九章 附则

第九十一条 本条例下列用语的含义：

（一）容积率，是指建设用地合理使用的

规划控制指标，以建设用地规划许可范围内总建筑面积与用地面积的比值表示。

（二）其他管理人，是指社区（居委会）依法成立的便民服务组织，或者提供清扫保洁、冰雪清除、保安巡查、绿化管护、房屋修缮与设施养护、维修与抢修、管道疏通等专业服务的单位。

（三）共有部分，是指承担建筑物主体承重结构的基础、承重墙体、柱、梁、楼板、屋顶以及户外的墙面、门厅、楼梯间、走廊、楼道、扶手、护栏、电梯井道、避难层、设备间等。

（四）共用设施，是指业主共有的建筑物附属设施、设备，主要包括电梯、水泵、水箱、天线、楼道灯、避雷装置、消防设施、给排水管线、共用采暖及空调管线设备，物业管理区域内的道路、绿地、人造景观、路灯、沟渠、池、井、视频监控、门禁、围栏、垃圾容器、公益性文体设施和市政公用产品供应管线，以及共用设施使用的房屋等。

第九十二条 自治区人民政府可以根据本条例，制定物业管理的具体规定和办法。

第九十三条 本条例自 2017 年 7 月 1 日起施行。

宁夏回族自治区物业管理条例

（2010 年 12 月 3 日宁夏回族自治区第十届人民代表大会常务委员会第二十一次会议通过，2010 年 12 月 3 日宁夏回族自治区人民代表大会常务委员会公告第 81 号公布）

第一章 总则

第一条 为了规范物业管理活动，维护业主及物业管理各方的合法权益，改善居民生活和工作环境，根据《中华人民共和国物权法》和国务院《物业管理条例》，结合自治区实际，制定本条例。

第二条 本条例适用于自治区行政区域内物业服务及其监督管理活动。

本条例所称物业管理，是指业主通过选聘物业服务企业，由业主和物业企业按照物业服务合同约定，对物业管理区域内的房屋及其配套设施设备和相关场地进行维修、养护、管理，维护物业管理区域环境卫生和相关秩序的活动。

第三条 县级以上人民政府房地产行政主管部门或者负责物业监督管理工作的部门（以下统称房地产行政主管部门）负责本行政区域内物业管理活动的监督管理工作。

环保、价格、规划、公安、民政等有关行政主管部门，依据各自职责做好物业管理区域内的相关监督管理工作。

街道办事处、乡（镇）人民政府在房地产行政主管部门的指导下，具体负责组织、指导业主大会成立和业主委员会换届工作，监督业主大会和业主委员会依法履行职责，调解业主、业主委员会与物业服务企业之间的管理纠纷，协调物业管理工作。

第二章 前期物业管理

第四条 建设单位在销售房屋前，应当根据建设用地规划许可证确定的红线图范围，结合物业共用设施设备、建筑物规模、社区建设等因素划分物业管理区域，并在房屋买卖合同中明示。

物业主要配套设施设备和相关场地共用的，应当划分为一个物业管理区域。住宅区和非住宅区配套设施设备能够分割、独立使用的，可以划分为不同的物业管理区域。

第五条 对物业管理区域内的各类配套建筑与设施设备，建设单位应当严格按照国家和自治区有关住宅小区规划、设计规范和工程标准进行建设。

第六条 建设单位应当为新建住宅物业配置物业服务用房。物业服务用房的配置应当符合下列规定：

（一）建筑面积在五万平方米以内的，按不低于建筑总面积的千分之四配置，最少不低于一百二十平方米；

（二）建筑面积超过五万平方米的，除按照五万平方米的千分之四配置外，超过部分按不低于千分之二的标准配置；

（三）位于地面以上一至二层，具备基本装修和水、暖、电、采光、通风等功能，可直接投入使用。

物业服务用房属于全体业主共有，任何单位和个人不得转让、抵押或者改变其用途。

规划行政主管部门在规划许可、验收过程中，应当对物业服务用房建筑面积、位置、配置等规划设计指标进行审查。房地产行政主管部门在办理房产测绘成果备案时应当核查物业服务用房配置情况。

第七条　在业主、业主大会选聘物业服务企业之前，建设单位选聘物业服务企业的，应当依法通过招标的方式选聘前期物业服务企业，签定前期物业服务合同，进行前期物业管理。前期物业服务期限一般不超过两年。

建设单位承担前期物业服务责任。已竣工但尚未出售或者尚未交给物业买受人的物业，物业服务费用由建设单位承担。

建设单位销售房屋时，前期物业服务合同应当作为房屋买卖合同的附件。

第八条　建设单位可以邀请前期物业服务企业对共用配套设施建设、设备运行管理等事项，提出与物业管理相关的建议。

建设单位组织工程竣工验收和分户验收时，应当通知前期物业服务企业参与。

建设单位应当自住宅小区综合验收合格之日起三十日内，与相关专业经营单位办理专业经营设施设备接收管理手续，并协助物业买受人与相关专业经营单位分别签订供水、供电、供气、供热等服务合同。

第九条　办理前期物业承接验收手续，建设单位应当向前期物业服务企业移交物业服务用房和下列资料：

（一）物业管理区域划分资料；

（二）建设用地规划许可证和建设工程规划许可证的复印件、附图；

（三）竣工验收报告以及竣工总平面图，单体建筑、结构、设备竣工图，配套设施、地下管网工程竣工图、消防验收等竣工验收资料；

（四）设施设备的出厂随机资料（包括出厂合格证明），安装、验收、使用、维护保养和定期检验等技术资料，运行、维护保养记录；

（五）物业质量保修文件和物业使用说明文件；

（六）业主名册；

（七）物业管理必需的其他资料。

建设单位应当在《住宅使用说明书》中明确物业公摊面积和共有部分的范围，并应当写入《房屋买卖合同》。

前期物业服务企业应当在前期物业服务合同终止或者解除前期物业服务合同时，将物业服务用房以及上述资料移交业主委员会。

第三章　业主、业主大会与业主委员会

第十条　房屋的所有权人为业主。

业主身份的确认，以房屋登记簿或者法律、行政法规规定的其他能够证明其权属的有效证明为依据。

第十一条　业主对物业管理区域共有部分实施共同管理，监督物业服务企业履行物业服务合同。

第十二条　物业管理区域内全体业主组成业主大会，并选举产生业主委员会作为业主大会的执行机构。一个物业管理区域成立一个业主大会。业主大会应当代表和维护物业管理区域内全体业主在物业管理活动中的合法权益。

物业管理区域内业主人数较少且经三分之二以上业主同意，决定不成立业主大会的，由业主共同履行业主大会、业主委员会的职责。

物业管理区域内业主人数较多的，可以以幢、单元为单位，推选业主代表参加业主大会会议。业主代表参加业主大会会议前，应当事先书面征求其所代表的业主意见，并将经业主本人签字的书面意见在业主大会会议上如实反映。

第十三条　未设立业主大会，发生物业服务企业停止服务或者其他重大、紧急物业管理

事件，需要业主共同决定解聘、选聘物业服务企业或者其他事项的，由物业所在地房地产行政主管部门和街道办事处或者乡（镇）人民政府协助业主决定有关事项。

第十四条 物业管理区域内，交付业主的专有部分建筑面积达到建筑总面积百分之五十以上的，建设单位应当向物业所在地街道办事处或者乡（镇）人民政府书面申请成立业主大会。

街道办事处、乡（镇）人民政府应当自接到申请之日起六十日内，推举业主代表担任筹备组组长，组织成立首次业主大会会议筹备组。筹备组主要由业主代表组成，也可以吸收建设单位、前期物业服务企业、街道办事处或者乡（镇）人民政府的代表各一人参加。

筹备组成员名单确定后，应当将其成员名单和工作职责在物业管理区域内显著位置公示。

筹备组应当自成立之日起六十日内组织召开首次业主大会会议。

第十五条 建设单位应当自首次业主大会会议筹备组成立之日起七日内，向筹备组提供业主名册、业主专有和共有部分面积、建筑总面积等资料，并承担召开首次业主大会会议所需费用。

第十六条 业主大会履行下列职责：

（一）制定和修改业主大会议事规则及管理规约；

（二）选举业主委员会或者更换业主委员会成员；

（三）监督业主委员会工作，听取业主委员会的工作报告，改变或者撤销业主委员会不适当的决定；

（四）选聘、解聘物业服务企业；

（五）筹集和使用物业专项维修资金；

（六）决定改建、重建建筑物及其附属设施；

（七）决定物业管理区域内的其他物业管理事项。

第十七条 业主委员会应当自选举产生之日起二十日内，持以下材料向物业所在地街道办事处或者乡（镇）人民政府备案：

（一）业主大会设立和业主委员会选举情况的报告；

（二）业主大会决议；

（三）管理规约、业主大会议事规则；

（四）业主委员会委员名单。

街道办事处或者乡（镇）人民政府应当在五日内将备案证明复印件分送县（市、区）房地产行政主管部门和物业所在地公安派出所、社区居民委员会。前款（二）、（三）、（四）项内容发生变更时，应当及时办理备案变更手续。

第十八条 业主委员会应当根据业主大会的授权，履行下列职责：

（一）执行业主大会的决议、决定；

（二）召集并主持业主大会会议，报告物业管理的实施情况；

（三）代表业主与业主大会选聘的物业服务企业签订物业服务合同；

（四）及时了解业主、物业使用人的意见和建议，督促业主按时交纳物业服务费用，监督和协助物业服务企业履行物业服务合同；

（五）监督管理规约的实施；

（六）组织、监督专项维修资金的筹集和使用；

（七）调解业主之间因物业使用、维护和管理产生的纠纷；

（八）业主大会赋予的其他职责。

业主委员会成员实行任期制，有关任期、候补、空缺、资格终止等事项由业主大会议事规则规定。

业主委员会的办公经费和成员的工作津贴应当从业主共有部分的收益中提取或者由全体业主负担，具体办法和标准由业主大会决定。

业主委员会应当定期向业主公布办公经费的收支情况。

第十九条 有下列情形之一的，业主委员会成员资格终止：

（一）任职期限届满的；

（二）不履行业主义务的；

（三）不再具备业主身份的；

（四）限制民事行为能力或者无民事行为能力的；

（五）被依法追究刑事责任的；

（六）以书面形式向业主大会或者业主委

员会提出辞职的；

（七）业主大会议事规则规定的其他情形。

业主委员会成员资格终止的，应当自终止之日起三日内将所保管的档案资料、印章及其他应当移交的财物移交给业主委员会；拒不移交的，房地产行政主管部门、街道办事处或者乡（镇）人民政府应当责令移交。

过半数业主要求撤换业主委员会或者业主委员会成员的，房地产行政主管部门、街道办事处或者乡（镇）人民政府应当及时协助全体业主重新选举。

第二十条　主要配套设施设备和相关场地共用的旧住宅区、分散小区可以划分为一个物业管理区域。业主可以向街道办事处、乡（镇）人民政府申请成立一个业主大会。

不具备成立业主大会条件的旧住宅区、分散小区，街道办事处或者乡（镇）人民政府应当组织业主自行管理，或者经过半数业主同意，委托他人进行清洁卫生、园林绿化、秩序维护等物业管理。

第四章　物业服务

第二十一条　业主委员会根据业主大会的决定，与通过招投标或者协议方式选聘的物业服务企业或者其他管理人签订物业服务合同。

物业服务合同应当包括下列事项：

（一）物业管理区域范围以及基本情况；

（二）物业共用部位、共用设施设备的使用、管理和维护；

（三）物业服务用房的配置、使用、维修和管理；

（四）公共绿化的维护，以及公共区域的环境卫生、安全等秩序维护；

（五）车辆的停放管理；

（六）物业服务质量标准；

（七）物业服务费用收取标准和方式；

（八）物业档案资料的保管；

（九）物业服务合同期限；

（十）双方的权利义务；

（十一）违约责任；

（十二）物业服务合同终止、解除条件；

（十三）其他事项。

正式签订合同前，业主委员会应当将拟签定的物业服务合同文本在物业管理区域内公示，公开征求业主的意见，并提交业主大会通过。公开征求意见的期限不得少于七日。

物业服务合同签订后，物业服务企业应当将签订的物业服务合同在物业管理区域内公示，或者以电子邮件等形式告知业主，业主有权进行查询。

物业服务合同示范文本由自治区住房和城乡建设行政主管部门制订。

第二十二条　物业服务企业应当按照物业服务合同的约定，提供相应的服务。物业服务企业未能履行物业服务合同的约定，导致业主人身、财产安全受到损害的，应当依法承担相应的法律责任。

第二十三条　物业服务合同期限届满前九十日内，业主委员会应当召集业主大会会议，决定物业服务企业的聘用事项。业主大会决定继续聘用的，应当与物业服务企业签订新的物业服务合同；不继续聘用的，应当重新选聘物业服务企业，于合同期限届满前九十日内告知原物业服务企业，并在物业管理区域内公告。

物业服务合同届满，物业服务企业决定不再续签物业服务合同的，应当于合同期限届满前履行必要的告知义务；合同未约定告知期限的，应当于合同期限届满前九十日内告知业主。

提前解除物业服务合同的，提出解除合同的一方应当书面告知合同另一方，在物业管理区域内公告，并书面告知所在地的县级人民政府房地产行政主管部门、街道办事处或者乡（镇）人民政府。

第二十四条　物业服务合同解除或者终止后，物业服务企业应当按照有关规定和合同约定向业主委员会移交下列材料和财物：

（一）本条例第九条规定的材料；

（二）物业服务期间形成的有关物业以及设施设备改造、维修、运行、保养的有关资料以及物业服务档案；

（三）物业服务用房和物业共用部位、共用设施设备；

（四）清算预收、代收的有关费用及相关

账册、票据；

（五）法律、法规规定的应当移交的其他事项。

业主大会重新选聘物业服务企业后，业主委员会应当将前款所列资料和财物移交重新选聘的物业服务企业，原物业服务企业应当与新选聘的物业服务企业做好物业管理交接工作。

物业服务合同终止前，或者物业服务企业未依照合同履行告知义务、未办理退出交接手续，不得擅自撤离物业管理区域、停止物业服务。

第二十五条 物业服务企业可以将清洁卫生、园林绿化、秩序维护等专项服务委托给专业性服务企业，但不得将全部物业服务一并委托给其他单位或者个人。

未选聘物业服务企业的，过半数业主可以决定将专项服务委托给专业性服务企业或者个人。

第二十六条 物业服务企业应当按照国家和自治区有关物业服务规范和标准，以及物业服务合同中约定的服务标准提供服务。

第二十七条 物业服务费用的收取可以采取包干制或者酬金制等方式。

实行酬金制的物业服务企业应当于每年第一季度公示上一年度物业服务项目收支情况、本年度物业服务项目收支预算。业主提出质询的，物业服务企业应当及时答复。

第二十八条 旧住宅区、分散小区的业主将物业服务承包给物业服务企业的，房地产行政主管部门、街道办事处或者乡（镇）人民政府应当协助承包合同的签订并监督履行。

旧住宅区、分散小区物业服务事项、服务标准、服务费用等，根据物业的具体情况，由过半数主业或者业主代表、承包人和街道办事处、乡（镇）人民政府共同商定。

第二十九条 物业服务企业应当制定物业管理区域内安全防范应急预案，对突发性事件采取应急措施，及时报告有关行政管理部门和相关单位，并协助做好救助工作。

第五章 物业的使用与维护

第三十条 物业管理区域内，禁止下列行为：

（一）违法修建建筑物、构筑物，或者违规在建筑物、构筑物上悬挂、张贴、涂写、刻画；

（二）损坏或者擅自变动房屋承重结构、主体结构和房屋外观；

（三）损坏或者擅自占用、改建物业共用部位；

（四）损坏或者擅自占用、移动、改装共用设施设备；

（五）擅自改变房屋设计用途，影响相邻关系人的生活；

（六）存放、铺设超负荷物品；

（七）发出超过规定标准的噪音；

（八）存放不符合安全标准的易燃、易爆、剧毒、放射性等危险物品；

（九）擅自改变房屋用途，将住宅改变为经营性用房；

（十）随意倾倒或者丢弃垃圾、杂物；

（十一）损毁树木、园林；

（十二）违规饲养动物影响他人正常生活；

（十三）法律法规和管理规约禁止的其他行为。

有前款行为之一的，其他业主、业主委员会、物业服务企业有权予以制止，要求行为人停止侵害、消除危险、排除危害、赔偿损失。制止无效的，物业服务企业、业主委员会应当及时报告有关行政主管部门。有关行政主管部门接到报告后，应当依法处理。

第三十一条 物业服务收费应当区别不同物业的性质和特点，由业主和物业服务企业按照国家和自治区物业服务收费办法，在物业服务合同中约定。

实行政府指导价的，价格主管部门应当会同房地产行政主管部门根据物业类型、服务内容、服务等级和物价指数变动等情况，制定相应的基准价和浮动幅度，并及时向社会公开。

物业服务企业违反有关规定和物业服务合同，擅自扩大收费范围、提高收费标准、重复收费的，业主委员会或者业主有权拒绝。

物业服务企业履行物业服务合同约定义务的，业主应当按时交纳物业服务费用，不得以放弃共用权利为由拒绝交纳。物业产权转移时，业主应当结清物业服务费。

第三十二条　业主应当按照国家和自治区有关规定交纳专项维修资金，用于建筑物保修期满后住宅和物业共用部位、共用设施设备的维修、更新和改造。

专项维修资金应当统一归集管理、使用，专户储存，每年公布一次收交、使用、节余情况，并接受业主的查询和审计、财政、房地产行政主管部门的监督管理，不得挪作他用。

第三十三条　专项维修资金属于业主所有。有下列情形之一的，按照有关规定使用专项维修资金：

（一）屋面防水损坏造成渗漏的；

（二）更换电梯或者电梯故障危及人身安全的；

（三）高层住宅水泵损坏导致供水中断的；

（四）楼体单侧外立面有脱落危险的；

（五）专用排水设施因坍塌、堵塞、爆裂等造成功能障碍，危及人身财产安全的；

（六）对消防设施设备维修、更新、改造的。

业主转让物业时，应当将物业分户账中结余的专项维修资金与物业同时过户。

第三十四条　利用业主共有部分进行经营性活动的，应当在征得相关业主、业主大会、物业服务企业的书面同意后，按照规定办理有关手续。共有部分产生的收益应当公开，并纳入专项维修资金专户或者由业主大会决定其用途。

第三十五条　建设单位应当按照国家规定和房屋买卖合同约定的保修期限、范围等承担建筑物以及附属设施设备保修责任。保修过程中，业主、物业使用人和物业服务企业应当给予协助、配合。

在物业保修期内，业主专有部分或者共有部分存在质量问题的，建设单位应当及时进行维修或者更换。房地产行政主管部门应当监督物业保修活动。

第三十六条　物业维修、更新、改造的费用，按照下列规定承担：

（一）专有部分的维修、更新、改造费用，由专有部分业主承担；

（二）部分共有部分的维修、更新、改造费用，由部分共有的业主分担；

（三）全体共有部分的维修、更新、改造费用，由全体业主分担。

因物业服务企业的过错，造成共有部分未到维修、更新年限需要维修、更新的，物业服务企业应当承担与其责任相当的费用。

第三十七条　共有部分维修、养护、更新、改造时，相关专有部分的业主、物业使用人应当予以配合。

因维修、更新、改造造成业主专有部分损失的，责任人应当依法承担恢复原状、赔偿损失等责任。

第三十八条　住宅装饰装修工程开工前，业主或者物业使用人应当与物业服务企业签订住宅装饰装修服务协议。物业服务企业应当将装饰装修的时间、地点等情况在业主所在楼内公示。

物业服务企业应当对住宅装饰装修活动进行巡查、监督。

第三十九条　物业管理区域内规划用于停放车辆的车库、车位应当优先满足业主、物业使用人的停车需要。在满足业主、物业使用人的需要后，可以将物业管理区域内的车库、车位出租给物业管理区域业主以外的单位和个人，每次租赁合同期限最长不得超过六个月。

物业管理区域内规划利用停放车辆的车库、车位尚未充分利用的，不得占用业主共有的道路或者其他场地停放车辆。确需占用物业管理区域内业主共有的道路或者其他场地停放车辆的，应当经业主大会同意并收取车位场地使用费，车位场地使用费属于全体业主共有。

停放车辆的，不得堵塞消防通道，不得妨碍行人和其他车辆正常通行。

第四十条　供水、供电、供气、供热、通信、有线电视等专业经营单位应当向物业管理区域内的最终用户收取费用，并依法承担分户计量装置或者入户端口以外设施设备的维修、养护、更新责任。

供水、供电、供气、供热、通信、有线电视等专业经营单位可以委托物业服务企业代收有关费用，并按约定支付手续费。任何单位和个人不得强制物业服务企业代收有关费用和提供无偿服务。

物业服务企业接受委托代收前款费用的，

不得向业主收取手续费等额外费用。

第四十一条 业主空置物业的，应当告知物业企业，并采取措施防止漏水、漏气等事故的发生；影响其他业主正常生活，造成损失的，应当依法承担赔偿责任。

物业空置期间，不免除业主部分共有部分和全体共有部分的维修、更新、改造费用。空置期间，物业服务费用的缴纳数额由业主委员会与物业服务企业商定。

第六章 管理措施

第四十二条 自治区住房和城乡建设行政主管部门应当制定物业服务标准和规范，并定期向社会公布。

县级以上人民政府房地产行政主管部门应当加强对物业服务企业的监督管理，督促物业服务企业定期公示物业服务项目收支情况等，建立物业管理投诉受理制度，定期对其服务质量进行考核。

市容、公安、环保、卫生等行政管理部门应当加强对物业管理区域内公共秩序、治安消防、市容卫生、房屋使用等的监督管理。

第四十三条 物业管理区域内，可以召开物业管理联席会议。物业管理联席会议由县级人民政府房地产行政主管部门负责召集，街道办事处、乡（镇）人民政府，居（村）民委员会、公安派出所、物业服务企业、业主委员会或者业主代表等参加，共同协调解决物业管理与服务过程中发生重大矛盾纠纷和其他物业管理事项。

第四十四条 县级以上人民政府应当加强物业服务监督管理，建立重大物业纠纷处理应急机制，及时协调解决群体性或者重大物业管理纠纷。

发生群体性或者重大物业管理纠纷时，房地产行政主管部门和街道办事处、乡（镇）人民政府应当进行教育疏导，及时妥善处理，并向县级以上人民政府报告，不得推诿、敷衍、拖延。

第四十五条 发生物业服务争议的，应当协商解决，也可以向人民调解组织申请调解。

人民调解组织应当按照有关规定，及时受理、调解物业服务争议，并督促当事人履行调解协议。

第四十六条 县级以上人民政府应当加强对旧住宅区、分散小区内的道路、照明、绿地以及社区服务、文化体育、安全防范、物业服务用房等配套建筑以及设施设备建设改造，并将其纳入城乡建设规划。

第四十七条 房地产行政主管部门应当采取各种形式，开展物业管理法律、法规、规章以及相关政策的宣传、培训，引导业主、物业服务企业依法行使权利、履行义务。

街道办事处或者乡（镇）人民政府、居（村）民委员会，应当将物业管理法律、法规、规章以及相关政策宣传，作为社区建设工作的重要内容。

第四十八条 价格行政主管部门应当加强对物业服务企业收费项目、标准执行情况的监督，定期发布物业服务成本信息，及时查处违反规定收取物业费的行为，并适时调整物业收费标准。

第七章 法律责任

第四十九条 违反本条例规定，建设单位在物业管理区域内不按照规定配置物业服务用房的，由市、县（市、区）房地产行政主管部门依据职权责令限期改正，给予警告，没收违法所得，并处十万元以上五十万元以下罚款。

第五十条 违反本条例规定，建设单位或者前期物业服务企业不履行交接义务或者不移交有关资料和财物的，由市、县（市、区）房地产行政主管部门依据职权责令限期改正，给予警告；逾期不改正的，处以一万元以上十万元以下罚款。

第五十一条 违反本条例规定，建设单位擅自处分属于业主的物业共用部位、共用设施设备的所有权或者使用权的，由市、县（市、区）房地产行政主管部门依据职权处以五万元以上二十万元以下罚款；给业主造成损失的，依法承担赔偿责任。

第五十二条 违反本条例规定，物业服务企业将物业管理区域内的全部物业管理委托给他人的，由市、县（市、区）房地产行政主管部门依据职权责令限期改正，处以委托合同价款百分之三十以上百分之五十以下的罚款。

第五十三条　违反本条例规定，物业服务企业擅自停止物业服务或者擅自改变物业服务用房用途的，由市、县（市、区）房地产行政主管部门责令限期改正，给予警告；逾期不改正的，处以一万元以上十万元以下罚款；造成损失的，依法承担赔偿责任。

第五十四条　违反本条例规定，业主、物业使用人有下列行为之一的，由市、县（市、区）房地产行政主管部门依据职权责令限期改正，恢复原状，并可以按照以下规定给予处罚；给他人造成损失的，责任人应当依法承担赔偿责任：

（一）拆改房屋承重结构的，处以五万元以上十万元以下罚款；

（二）损坏、擅自占用物业管理区域内道路、场地或者其他共用设施设备的，个人处以一千元以上一万元以下罚款；单位处以五万元以上二十万元以下罚款；

（三）擅自利用业主共有部分进行经营活动的，处以一千元以上一万元以下罚款。

第五十五条　违反物业服务合同约定，业主逾期不交纳物业服务费用的，业主委员会应当督促其限期交纳；逾期仍不交纳的，物业服务企业可以向人民法院提起诉讼。

第五十六条　房地产行政主管部门、街道办事处或者乡（镇）人民政府及其工作人员，在物业管理工作中玩忽职守、滥用职权、徇私舞弊的，对直接负责的主管人员和其他直接责任人员依法给予处分。

第八章　附则

第五十七条　本条例中，下列专业用语的含义是：

（一）共用部位包括建筑物的基础、内外承重墙体、柱、梁、楼板、屋顶、户外的墙面、门厅、楼梯间、走廊、通道、扶手、护栏、电梯井道、架空层以及设备间等；

（二）共用设施设备，包括供排水管道、水箱、水泵、电梯、天线、发电机、变配电设备、照明设施、供电线路、煤气（天然气）管道、消防设备、避雷设施、污水处理设施、安防监控设施、人造景观、信报箱、沟、渠、池、垃圾容器、垃圾转运设施等；

（三）共有部分，包括物业管理区域内的绿地、道路、非经营性车场（车库）、公益性文体设施、共用设施设备用房、物业服务用房等。

第五十八条　本条例自2011年2月1日起施行。1998年8月12日宁夏回族自治区人民政府发布的《宁夏回族自治区城市居住小区物业管理办法》同时废止。

山西省物业管理条例

（2004年9月25日山西省第十届人民代表大会常务委员会第十三次会议通过，
根据2010年11月26日山西省第十一届人民代表大会常务委员会
第二十次会议《关于修改部分地方性法规的决定》修正）

第一章　总则

第一条　为规范物业管理活动，维护业主和物业服务企业的合法权益，改善居民的生活和工作环境，根据国务院《物业管理条例》和其他有关法律、法规的规定，结合本省实际，制定本条例。

第二条　本条例所称物业，是指房屋及配套的设施设备和相关场地。

本条例所称物业管理，是指业主通过选聘物业服务企业，由业主和物业服务企业按照物业服务合同约定，对房屋及配套的设施设备和相关场地进行维修、养护、管理，维护相关区域内的环境卫生和秩序的活动。

第三条　配套设施齐全的物业推行物业管

理；配套设施不齐全的，由物业所在地人民政府、建设单位（或者公有住房出售单位）和公用企（事）业单位完善配套设施。

鼓励机关、企（事）业等单位推行物业管理。

第四条 省人民政府建设行政主管部门负责全省物业管理活动的监督管理工作。

设区的市、县（市、区）人民政府房地产行政主管部门负责本行政区域内物业管理活动的监督管理工作。

县级以上人民政府其他有关部门应当在各自的职责范围内，依法做好物业管理活动的有关工作。

第二章 业主和业主大会

第五条 房屋的所有权人为业主。业主在物业管理活动中的权利和义务按照国务院《物业管理条例》的有关规定执行。

第六条 物业的承租人或者实际使用物业的其他人为物业使用人。

物业使用人在物业管理活动中的权利、义务由业主和物业使用人约定，但约定不得违反法律、法规和管理规约的有关规定。物业使用人违反本条例和管理规约的规定，有关业主应当承担连带责任。

第七条 一个物业管理区域成立一个业主大会。业主大会由物业管理区域内的全体业主组成。

只有一个业主的，由其履行业主大会、业主委员会职责。

业主人数较少且经全体业主一致同意，决定不成立业主大会的，由业主共同履行业主大会、业主委员会职责。

第八条 物业管理区域的划分应当遵循下列原则：

（一）方便居民的生活和工作；

（二）有利于对物业实施统一管理；

（三）有利于社区建设与管理。

第九条 有下列情形之一的，物业所在地设区的市、县（市、区）房地产行政主管部门可以将其确定为一个物业管理区域：

（一）属于独立封闭式小区的；

（二）处于同一街区或者位置相邻的；

（三）配套设施设备可以共享的；

（四）其他可以整治成一个物业管理区域的。

根据前款第（二）、（三）、（四）项确定的物业管理区域，建筑物规模一般不小于3万平方米。

物业管理区域划分后，设区的市、县（市、区）房地产行政主管部门应当在物业管理区域内公告。

第十条 物业所在地设区的市、县（市、区）房地产行政主管部门应当建立物业管理区域档案。档案资料应当载明下列事项：

（一）物业管理区域的范围、占地面积和建筑面积；

（二）共用设施设备情况；

（三）建设单位、产权单位；

（四）业主总户数、居住人口、产权构成比例；

（五）物业服务企业名称、管理时间。

物业服务企业变更的，业主委员会应当及时向物业所在地设区的市、县（市、区）房地产行政主管部门备案。

第十一条 在一个物业管理区域内，有下列情形之一的，业主、建设单位（或者公有住房出售单位）、物业服务企业均可以向物业所在地设区的市、县（市、区）房地产行政主管部门或者街道办事处、乡（镇）人民政府提出召开首次业主大会会议的报告：

（一）房屋出售并交付使用的建筑面积达到50%以上的；

（二）房屋出售并交付使用的建筑面积不足50%，但自第一个业主入住之日起满2年的。

设区的市、县（市、区）房地产行政主管部门或者街道办事处、乡（镇）人民政府应当自收到报告之日起30日内，指导成立首次业主大会会议筹备组（以下简称筹备组）。

筹备组由业主直接推举产生的业主代表和建设单位（或者公有住房出售单位）组成。筹备组组成人员名单确定后，以书面形式在物业管理区域内公告。公告时间不少于7日。

第十二条 筹备组负责下列筹备工作：

（一）确定首次业主大会会议召开的时间、地点、形式和内容；

（二）提出业主大会议事规则和管理规约草案；

（三）登记和确认业主身份；

（四）提出业主委员会委员产生办法草案；

（五）其他准备工作。

筹备组应当在首次业主大会会议召开15日前，将前款所列内容以书面形式在物业管理区域内公告。公告时间不少于7日。

第十三条　筹备组应当自成立之日起30日内，在物业所在地设区的市、县（市、区）房地产行政主管部门或者街道办事处、乡（镇）人民政府的指导下，组织业主召开首次业主大会会议。

第十四条　业主大会会议应当有物业管理区域内专有部分占建筑物总面积过半数的业主且占总人数过半数的业主参加。

业主大会决定筹集、使用专项维修资金和改建、重建建筑物及其附属设施等事项，应当经专有部分占建筑物总面积2/3以上的业主且占总人数2/3以上的业主同意；决定制定和修改业主大会议事规划、制定和修改管理规约、选举业主委员会或者更换业主委员会成员、选聘和解聘物业服务企业、有关共有和共同管理权利的其他重大事项，应当经专有部分占建筑物总面积过半数的业主且占总人数过半数的业主同意。

第十五条　一个物业管理区域内业主在300人以上的，可以以幢、单元、楼层等为单位推举一名业主参加业主大会会议。被推举业主应当于参加业主大会会议7日前，就业主大会会议拟讨论的事项书面征求推举业主的意见。凡需投票表决的事项，应当由推举业主本人签署赞同、反对或者弃权的书面意见，由被推举业主收集并提交业主大会，作为投票时的表决意见。被推举业主因故不能参加业主大会的，推举业主可以另外推举一名业主参加。

第十六条　业主委员会由业主大会选举产生，是业主大会的执行机构。

业主委员会委员的人数应当是5至15人的单数，业主委员会任期为3至5年，可以连选连任。

召开业主委员会会议必须有过半数委员出席，所作决定必须经业主委员会全体委员半数以上同意。

第十七条　业主委员会应当自选举产生之日起30日内，持下列资料向物业所在地设区的市、县（市、区）房地产行政主管部门备案：

（一）业主大会成立的情况；

（二）业主大会议事规则；

（三）管理规约；

（四）业主委员会委员的基本情况。

设区的市、县（市、区）房地产行政主管部门或者街道办事处、乡（镇）人民政府应当自收到备案资料之日起7日内，协助业主委员会办理印章刻制等相关手续。业主委员会换届、委员资格终止或者变更，应当重新备案。

第十八条　业主委员会认为有必要，或者有百分之二十以上业主提议，可以变更业主委员会委员；变更业主委员会委员的，应当召开业主大会会议作出决定，并以书面形式在物业管理区域内公告。

第十九条　业主委员会委员有下列情形之一的，经业主大会会议通过，其业主委员会委员资格终止：

（一）因物业转让、灭失等原因不再是本物业管理区域业主的；

（二）连续3次无故缺席业主委员会会议的；

（三）因疾病等原因丧失履行职责能力的；

（四）以书面形式向业主大会提出辞呈的；

（五）拒不履行业主义务的；

（六）因其他原因不宜继续担任业主委员会委员的。

业主委员会委员应当自委员资格终止之日起3日内，将其保管的财务凭证、档案资料、印章及其他属于业主大会所有的财物移交业主委员会。

第二十条　业主大会、业主委员会应当按照国务院《物业管理条例》有关规定履行职责，不得作出与物业管理无关的决定，不得从事与物业管理无关的活动。

业主委员会委员不得在为本物业管理区域提供服务的物业服务企业中任职。

业主大会、业主委员会作出的决定，应当予以公布。业主大会、业主委员会作出的决定对物业管理区域内全体业主和物业使用人具有约束力。

业主大会、业主委员会作出的决定违反法律、法规的，物业所在地设区的市、县（市、区）房地产行政主管部门或者街道办事处、乡（镇）人民政府应当责令限期改正或者撤销其决定，并通告全体业主。

第二十一条 业主大会和业主委员会开展工作的经费由全体业主承担；经费的筹集、管理和使用的具体办法，由业主大会议事规则规定。

业主大会和业主委员会工作经费的使用情况应当定期在物业管理区域内的显著位置公布，并接受业主的监督。

第三章 物业服务企业

第二十二条 物业服务企业应当依法取得物业服务企业资质，并在资质等级许可的范围内从事物业管理活动。从事物业管理的人员，应当依法取得职业资格证书。

物业服务企业应当在经营服务场所公示营业执照、资质证书和从业人员的职业资格证书。

第二十三条 物业服务企业在物业管理活动中享有下列权利：

（一）根据法律、法规的规定和物业服务合同的约定，制定物业管理工作制度；

（二）根据物业服务合同实施物业管理，收取物业服务费用；

（三）选择专业性服务企业承担专项服务业务；

（四）制止损害物业或者其他侵害业主公共利益的行为；

（五）法律、法规规定的其他权利。

物业管理工作制度涉及约束业主行为的，应当经专有部分占建筑物总面积过半数的业主且占总人数过半数的业主同意。

第二十四条 物业服务企业在物业管理活动中应当履行下列义务：

（一）履行物业服务合同；

（二）接受业主、业主大会和业主委员会的监督；

（三）执行物业管理行业规范、服务标准；

（四）妥善保管物业有关资料；

（五）接受有关行政管理部门的监督管理；

（六）法律、法规规定的其他义务。

第二十五条 物业服务企业被解聘的，应当自收到解聘通知之日起10日内与建设单位或者业主委员会办理物业的交接验收手续，并退出该物业管理区域。

第四章 物业管理招标投标

第二十六条 前期物业管理招标人是在业主、业主大会选聘物业服务企业之前，依法提出招标项目、进行招标的建设单位。

物业管理招标人是依法提出招标项目、进行招标的业主或者业主大会。

物业管理投标人是响应物业管理招标、参加投标竞争的、具有相应物业服务企业资质的企业法人。

第二十七条 新建住宅物业的建设单位应当通过招标投标的方式选聘具有相应资质的物业服务企业；投标人少于3个或者住宅规模小于3万平方米的，经物业所在地设区的市、县（市、区）房地产行政主管部门批准，可以采用协议方式选聘具有相应资质的物业服务企业。

业主、业主大会可以通过招标投标方式选聘具有相应资质的物业服务企业。

第二十八条 建设单位应当按照下列规定时限完成前期物业管理的招标投标工作：

（一）现售商品房在现售30日前；

（二）预售商品房在取得商品房预售许可证前；

（三）非出售的新建物业在交付使用90日前。

业主、业主大会通过招标投标方式选聘物业服务企业的，应当在物业服务合同期满前60日内或者合同解除之日起60日内，完成物业管理招标投标工作。

第二十九条 评标由招标人代表和物业管理方面的专家组成的评标委员会负责。

依法必须进行招标的项目，其评标委员会由招标人的代表和有关物业管理的技术、经济等方面的专家组成，成员人数为 5 人以上单数，其中专家人数不得少于成员总数的三分之二。

第三十条　招标人应当当场宣布中标人，向中标人发送中标通知书，同时将中标结果通知所有未中标的投标人。

招标人应当自确定中标人之日起 15 日内，向物业所在地设区的市、县（市、区）房地产行政主管部门提交招标投标情况的书面报告。

第三十一条　物业管理招标投标的具体程序按照国家有关规定执行。

第五章　前期物业管理

第三十二条　本条例所称前期物业管理，是指业主、业主大会选聘物业服务企业之前，由建设单位选聘具有相应资质的物业服务企业实施的物业管理。

建设单位选聘物业服务企业，应当与其签订书面的前期物业服务合同。签订合同时，可以参照国家制定的前期物业服务合同示范文本。

第三十三条　前期物业服务合同的内容由建设单位与物业服务企业约定，一般包括下列事项：

（一）双方的权利和义务；

（二）物业的基本情况；

（三）服务事项、质量和费用；

（四）计费方式和收费起始时间；

（五）合同期限和合同解除条件；

（六）违约责任。

前款规定的服务事项一般包括下列内容：

（一）物业共用部位、共用设施设备的日常维护和管理；

（二）环境卫生、绿化管理；

（三）物业管理区域内公共秩序的维护、消防等协助管理事项；

（四）物业装饰装修管理；

（五）物业档案资料管理。

第三十四条　建设单位应当自物业竣工验收备案之日起 30 日内，与物业服务企业办理物业的交接验收手续。

分期建设的物业，建设单位应当与物业服务企业或者业主、业主委员会，分期办理已竣工验收备案的物业的交接验收手续。

第三十五条　建设单位和物业服务企业办理物业的交接验收手续时，物业服务企业应当对物业共用部位、共用设施设备进行查验；建设单位应当向物业服务企业移交物业管理用房、共用设施设备和下列资料，并办理书面移交手续：

（一）物业（不合业主个人房屋）权属资料；

（二）设施设备的订货合同、产品合格证书、销售凭证，安装、使用和维护保养等技术资料；

（三）规划设计图及批准文件，竣工总平面图，单体建筑、结构、设备竣工图，配套设施、地下管网工程竣工图等竣工验收资料；

（四）物业质量保修文件和物业使用说明文件；

（五）前期物业管理所必需的其他资料。

第三十六条　未经竣工验收或者竣工验收不合格的物业，以及已竣工验收合格但尚未出售或者虽已出售但尚未交给物业买受人的物业，物业服务费用由建设单位承担。

第三十七条　建设单位应当在物业管理区域内配套建设房屋总建筑面积千分之三至千分之五的物业管理用房（包括业主委员会工作用房）。

物业管理用房所有权属于业主，不得买卖或者抵押；未经业主大会同意，任何单位和个人不得占用或者改变其用途。

第六章　物业管理服务

第三十八条　业主委员会应当与业主大会选聘的物业服务企业签订书面的物业服务合同。签订合同时，可以参照国家制定的物业服务合同示范文本。

物业服务企业根据业主的委托提供物业服务合同约定以外的服务项目，服务报酬由双方约定。

第三十九条　业主委员会应当自物业服务合同签订之日起 30 日内，按照本条例第三十五条的规定，与物业服务企业办理物业的交接验收手续。

第四十条 物业服务企业应当协助做好物业管理区域内的安全防范工作。发生安全事故时，物业服务企业在采取应急措施的同时，应当及时向有关部门报告，协助做好救助工作。

物业服务企业雇请保安人员的，应当遵守国家有关规定。保安人员在维护物业管理区域内的公共秩序时，应当认真履行职责，不得侵害居民的合法权益，不得妨碍国家机关工作人员依法执行公务。

第四十一条 物业管理区域内，供水、供电、供气、供热、通讯、有线电视等单位，应当直接向最终用户收取有关费用。最终用户是指接受供水、供电、供气、供热、通讯、有线电视等服务的最终分户使用人。

前款所列单位不得强制物业服务企业代收前款规定费用，也不得因物业服务企业拒绝代收前款规定费用而停止提供服务。

物业服务企业接受委托代收第一款规定费用的，可以向委托单位收取手续费，但不得向业主收取手续费等额外费用。

第四十二条 物业服务收费应当遵循合理、公开、费用与服务水平相适应的原则。

物业服务收费应当区别不同物业的性质和特点分别实行政府指导价和市场调节价。物业服务企业应当遵守国家有关价格的法律、法规，实行明码标价，在物业管理区域内的显著位置公示服务内容、服务标准、收费项目、计费方式、收费依据和标准等有关事项。

物业服务收费实行政府指导价的，物业服务企业应当按照国家和省价格主管部门的规定，同时标明基准收费标准、浮动幅度和实际收费标准。

第四十三条 业主与物业服务企业可以采取包干制或者酬金制等形式约定物业服务费用。

物业服务费用实行酬金制的，物业服务企业应当向业主大会或者全体业主公布物业服务资金的年度预决算，并每年不少于一次公布物业服务资金的收支情况。业主或者业主大会对公布的物业服务资金年度预决算和物业服务资金的收支情况提出质疑时，物业服务企业应当及时答复。

第四十四条 物业所在地设区的市、县（市、区）房地产行政主管部门应当及时处理业主、物业使用人、业主委员会和物业服务企业在物业管理活动中的投诉，并将处理结果回复投诉人。

房地产行政主管部门接到投诉后，认为该投诉事项不属于其职责范围的，应当及时告知投诉人向有关部门投诉。

第七章 物业的使用和维护

第四十五条 业主、物业使用人和物业服务企业使用物业应当遵守有关法律、法规、规章的规定，在供水、排水、通风、采光、通行、维修、装饰装修、环境卫生、环境保护等方面，按照有利于物业安全使用、外观整洁以及公平合理、不损害公共利益和他人利益的原则，处理相邻关系。

业主、物业使用人应当按照城市规划行政主管部门批准或者房屋权属证书载明的用途使用房屋，不得擅自改变其使用性质。擅自改变房屋使用性质的，物业服务企业应当制止，并及时向有关行政管理部门报告。

第四十六条 物业管理区域内禁止下列行为：

（一）破坏房屋承重结构和主体结构、损坏房屋外貌；

（二）违法修建建筑物、构筑物；

（三）损坏物业共用部位、共用设施设备及场地，擅自移动、拆改共用设施设备；

（四）擅自设置营业摊点；

（五）占用、损坏绿地、树木和绿化设施；

（六）擅自在物业共用部位、共用设施设备上安装、放置、悬挂、张贴物品或者涂写、刻划；

（七）擅自在城市中的住宅小区内饲养畜禽；

（八）违反有关规定存放易燃、易爆、剧毒、放射性等危险物品，排放有毒、有害气体、液体，堆放、抛撒废弃物，产生超过规定标准的噪音；

（九）利用物业从事损害公共利益和侵害他人合法权益的活动；

（十）法律、法规、规章和管理规约禁止的其他行为。

第四十七条　车辆在物业管理区域内停放、收费和管理等事项，由业主大会决定。业主大会决定对车辆停放收费的，参照价格主管部门的规定确定收费标准。

车主对车辆有保管要求的，由车主和物业服务企业另行签订保管合同。

公安、消防、抢险、救护、环卫等特种车辆执行公务，在物业管理区域内停放的，不得向其收费。

第四十八条　物业管理区域内的机动车停车场（库），应当提供给本物业管理区域内的业主、物业使用人使用；停车位有空余的，可以临时出租给物业管理区域外的单位、个人，但不得转让给物业管理区域外的单位、个人。

第四十九条　物业服务企业利用物业的共用部位、共用设施设备及场地从事经营性活动的，应当经物业管理区域内相关业主和业主委员会书面同意并报有关部门批准。经营性活动的收益，主要用于补贴相关业主的物业服务费用和专项维修资金，具体补贴办法由物业服务企业和相关业主、业主委员会约定。业主委员会应当将有关情况报告业主大会。

第五十条　供水、供电、供气、供热、通讯、有线电视等单位，应当依法承担物业管理区域内的相关管线和设施设备维修、养护的责任和费用。

前款规定的单位因维修、养护等需要临时占用、挖掘道路、场地的，应当及时恢复原状。

第五十一条　住宅物业、住宅小区内的非住宅物业或者与单幢住宅楼结构相连的非住宅物业的业主，应当按照国家有关规定交纳专项维修资金。

本条例实施前，商品住房和公有住房出售后未交纳专项维修资金的，住房购买人和公有住房出售单位应当按照国家有关规定补交专项维修资金。

专项维修资金余额不足时，业主应当按照国家有关规定续交。

省建设行政主管部门和设区的市、县（市、区）房地产行政主管部门会同同级财政部门负责本行政区域内专项维修资金收取、使用、管理的监督工作。

第五十二条　专项维修资金由物业所在地设区的市、县（市、区）房地产行政主管部门或者其委托的单位代收。

未成立业主委员会的，专项维修资金由物业所在地设区的市、县（市、区）房地产行政主管部门代管；业主委员会成立的，物业所在地设区的市、县（市、区）房地产行政主管部门应当自业主委员会成立之日起30日内，将其代管的专项维修资金本息一并移交业主委员会。

第五十三条　专项维修资金应当在金融机构开设专户储存，按幢建账，按户核算。

专项维修资金的代管单位和业主委员会应当每半年公布一次专项维修资金的收支情况。

专项维修资金的使用，应当按照国家有关规定接受审计监督。

第五十四条　专项维修资金属业主所有，专项用于物业保修期满后物业共用部位、共用设施设备的维修和更新、改造，不得挪作他用。

专项维修资金按照下列规定使用：

（一）一幢住宅只有一个单元的，共用部位、共用设施设备的维修和更新、改造费用，从该幢住宅的专项维修资金中支出；

（二）一幢住宅有两个以上单元的，共用部位、共用设施设备的维修和更新、改造费用，从各单元的专项维修资金中支出；

（三）物业管理区域内共用设施设备的维修和更新、改造费用，按照各幢住宅的建筑面积比例从各幢住宅的专项维修资金中支出。

第五十五条　业主转让物业的，专项维修资金中的剩余部分应当结转受让人。

因拆迁或者其他原因造成物业灭失的，剩余的专项维修资金应当退还业主。

第八章　法律责任

第五十六条　违反本条例规定，法律、法规有处罚规定的，依照有关法律、法规的规定处罚。

第五十七条 违反本条例规定，未取得物业服务企业资质证书从事物业管理活动的，或者超越资质等级从事物业管理活动的，由县级以上人民政府房地产行政主管部门责令改正，没收违法所得，并处5万元以上20万元以下的罚款；给业主造成损失的，依法承担赔偿责任。

第五十八条 违反本条例规定，物业服务企业自接到解聘通知之日起10日内不退出该物业管理区域的，由县级以上人民政府房地产行政主管部门责令退出；拒不退出的，颁发资质证书的部门可以降低其资质等级直至吊销其资质证书，资质证书由国家有关部门颁发的，建议国家有关部门予以处理。

第五十九条 违反本条例规定，擅自改变房一屋使用性质的，由县级以上人民政府房地产行政主管部门责令改正，有关行政管理部门依法予以处罚；给业主造成损失的，依法承担赔偿责任。

第六十条 违反本条例规定，破坏房屋承重结构和主体结构的，由县级以上人民政府房地产行政主管部门责令改正，恢复原状；造成损失的，依法承担赔偿责任。

第六十一条 违反本条例规定，县级以上人民政府房地产行政主管部门挪用专项维修资金的，由同级人民政府追回挪用的专项维修资金，没收违法所得，对直接负责的主管人员和其他直接责任人员依法给予行政处分。

物业服务企业挪用专项维修资金的，由县级以上人民政府房地产行政主管部门追回挪用的专项维修资金，给予警告，没收违法所得，可以并处挪用数额2倍以下的罚款；情节严重的，由颁发资质证书的部门吊销其资质证书，资质证书由国家有关部门颁发的，建议吊销其资质证书。

业主委员会的成员及其工作人员、物业服务企业的工作人员挪用专项维修资金的，由县级以上人民政府房地产行政主管部门追回挪用的专项维修资金，给予警告，没收违法所得，可以并处挪用数额2倍以下的罚款。

挪用专项维修资金构成犯罪的，依法追究刑事责任。

第六十二条 违反本条例规定，县级以上人民政府房地产行政主管部门的工作人员或者其他有关行政管理部门的工作人员，利用职务上的便利，收受他人财物或者其他好处，不依法履行监督管理职责，或者发现违法行为不予查处的，依法给予行政处分；构成犯罪的，依法追究刑事责任。

第九章 附则

第六十三条 本条例所称共用部位，是指房屋主体承重结构部位（包括基础、内外承重墙体、柱、梁、楼板、屋顶等）、户外墙面、门厅、楼梯间、走廊通道等。

本条例所称共用设施设备，是指物业管理区域内，建设费用已分摊进入房屋销售价格的共用上下水管道、落水管、水箱、加压水泵、电梯、天线、供电线路、照明、锅炉、暖气线路、消防设施、绿地、道路、路灯、沟渠、池、井、非经营性车场（库）、公益性文体设施和共用设施设备使用的房屋等。

本条例所称包干制，是指业主向物业服务企业支付固定物业服务费用，盈余或者亏损均由物业服务企业享有或者承担的物业服务计费方式。

本条例所称酬金制，是指在预收的物业服务资金中按约定比例或者约定数额提取酬金支付给物业服务企业，其余全部用于物业服务合同约定的支出，结余或者不足均由业主享有或者承担的物业服务计费方式。

第六十四条 本条例自2005年1月1日起施行。

贵州省物业管理条例

（2010年9月17日贵州省第十一届人民代表大会常务委员会第十八次会议通过，2010年9月17日贵州省第十一届人民代表大会常务委员会公告〔2010〕第19号公布）

第一章　总则

第一条　为了规范物业管理活动，维护业主、物业使用人、物业服务企业和其他管理人的合法权益，改善人居环境，促进社会和谐，根据《中华人民共和国物权法》、《物业管理条例》等法律、法规的规定，结合本省实际，制定本条例。

第二条　本省行政区域内的物业管理及相关监督管理活动适用本条例。

本条例所称物业管理，是指业主、物业服务企业或者其他管理人对房屋及其配套设施设备和相关场地进行维修、养护、管理，维护物业管理区域内的环境卫生和相关秩序的活动。

第三条　物业管理活动遵循权利与义务相一致，业主自治与政府指导和监管相结合的原则。

第四条　业主可以委托物业服务企业或者其他管理人实施物业管理，也可以自行管理。

鼓励业主委托专业化、社会化、市场化的物业服务企业实施物业管理。

第五条　省人民政府住房和城乡建设行政主管部门负责全省物业管理活动的监督管理工作。

县级以上人民政府房屋行政主管部门负责本行政区域内物业管理活动的监督管理工作。

规划、国土资源、工商、价格、城管、环保、公安、民政等有关部门，按照各自职责，负责物业管理的有关监督管理工作。

第六条　街道办事处、乡镇人民政府会同县级房屋行政主管部门指导本辖区内的业主依法设立业主大会和选举业主委员会，督促业主大会和业主委员会依法履行职责，依法调解物业管理纠纷，协调物业管理与社区建设的关系。

居（村）民委员会协助街道办事处、乡镇人民政府开展物业管理相关工作。

第七条　物业管理协会应当加强行业自律，规范行业行为，促进物业服务企业和从业人员依法经营、诚信服务，推动物业管理行业健康发展。

第二章　物业管理区域及相关配置

第八条　物业管理区域的划分应当有利于实施物业管理，以建设用地规划许可证确定的红线图范围为基础，并综合考虑共用设备设施、建筑物规模、业主人数、社区布局、自然界线等因素。

物业的配套设备设施是共用的，应当划分为一个物业管理区域；配套设备设施能够分割独立使用的，可以划分为不同的物业管理区域。

第九条　建设单位向规划行政主管部门申请建设工程规划许可证时，应当同时向建设项目所在地县级房屋行政主管部门提出物业管理区域划分申请。规划行政主管部门在审查批准建设项目规划设计方案时，应当考虑实施物业管理的需要，并征求房屋行政主管部门关于物业管理区域划分的意见，房屋行政主管部门应当在5日内予以回复。

县级房屋行政主管部门应当根据规划行政主管部门审查批准的建设项目规划设计方案，及时向建设单位出具物业管理区域划分决定，并书面告知建设项目所在地街道办事处、乡镇人民政府。

建设单位应当将物业管理区域划分决定的内容在房屋销售现场公示。

第十条 已经建成并交付使用的物业，尚未实施物业管理的，需要划分区域实施物业管理时，由物业所在地县级房屋行政主管部门在街道办事处、乡镇人民政府的配合下，征求业主、居（村）民委员会的意见，划分物业管理区域并在相应区域内公告。

已实施物业管理且业主对管理范围没有异议的，物业所在地县级房屋行政主管部门可以将现有管理范围直接确认为一个物业管理区域。

第十一条 县级房屋行政主管部门应当建立物业管理区域档案。

物业管理区域档案应当载明物业管理区域的地理位置、四至界限、建筑物总面积、专有部分数量、业主共有部分主要情况、建设单位以及其他需要载明的事项。

第十二条 物业管理区域划分后不得擅自变更。

根据物业管理的需要确需变更物业管理区域的，获得销售许可之前的建设单位或者专有部分占建筑物总面积过半数的业主且占总人数过半数的业主可以向物业所在地县级房屋行政主管部门提出变更申请。

房屋行政主管部门应当自收到申请之日起30日内作出决定。决定予以变更的，对新建物业项目应当撤销原物业管理区域划分决定，向建设单位重新作出物业管理区域划分决定；对已经建成并交付使用的物业应当在相应区域进行变更公告。决定不予变更的，应当向申请人书面说明理由。

第十三条 建设单位应当以物业管理区域为单位按照下列要求无偿配置物业服务用房：

（一）房屋建筑总面积不足10万平方米的，物业服务用房按照房屋建筑总面积3‰的比例配置，最低不得低于90平方米；房屋建筑总面积在10万平方米以上的，物业服务用房的配置以300平方米为起点，超过10万平方米的部分，按照超过部分建筑面积2‰的比例增加配置，超过50万平方米的部分，按照超过部分建筑面积1‰的比例增加配置。

（二）应当为地面以上能够计算建筑面积的房屋，具备供水、供电设施及其他基本使用条件，能直接投入使用。

规划行政主管部门在审查批准建设项目规划设计方案时，应当按照前款规定明确物业服务用房的位置和面积。建设单位应当将物业服务用房的位置和面积在房屋销售现场公示。

业主委员会办公用房从物业服务用房中调剂，物业管理区域内房屋建筑总面积不足10万平方米的，不得低于15平方米；房屋建筑总面积在10万平方米以上的，不得低于60平方米。

第十四条 物业管理区域内车位、车库的配置，不得低于规划行政主管部门规定的车位、车库与房屋套数（含商铺间数）之间的最低配置比例。

已经建成并交付使用的物业，物业管理区域条件允许并经业主大会同意，可以按照规划行政主管部门审查批准的方案建设车位、车库，满足业主停车需求。

第十五条 物业管理区域内分户计量装置或者入户端口以外的供水、供电、供气、供热、通信、有线电视等专业经营设施设备，由相应的专业经营单位负责设计和建设，并与建设项目同步施工、同步竣工。建设单位应当配合专业经营设施设备的施工，并承担相关土建工程的配套建设。

本条例施行前建设的专业经营设施设备，业主大会决定移交给专业经营单位的，专业经营单位应当接收。

第三章　业主、业主大会及业主委员会

第十六条 依法登记取得房屋所有权的人为业主。

通过诉讼、仲裁取得房屋所有权的，生效法律文书所确认的所有权人为业主；继承或者受遗赠取得房屋所有权的，自继承或者受遗赠开始时，继承人、受遗赠人为业主；合法建造的房屋，房屋的建造人为业主。

基于买卖、赠与、拆迁安置等已经合法占有房屋，但尚未依法登记取得房屋所有权的人，在物业管理活动中享有业主权利，并承担相应义务。

第十七条　业主在物业管理活动中，享有下列权利：

（一）按照物业服务合同的约定，接受物业服务企业或者其他管理人提供的服务；

（二）提议召开业主大会会议，并就物业管理形式以及有关事项提出建议；

（三）提出制定和修改管理规约、业主大会议事规则的建议；

（四）参加业主大会会议，行使表决权；

（五）选举业主委员会成员，并享有被选举权；

（六）监督业主委员会的工作；

（七）监督物业服务企业或者其他管理人履行物业服务合同；

（八）对共有部分的使用、维护等情况享有知情权和监督权；

（九）监督专项维修资金的管理和使用；

（十）法律、法规规定的其他权利。

第十八条　业主在物业管理活动中，应当履行下列义务：

（一）遵守管理规约、业主大会议事规则；

（二）遵守物业管理区域内物业共有部分的使用、公共秩序和环境卫生的维护等方面的规章制度；

（三）执行业主大会的决定和业主大会授权业主委员会作出的决定；

（四）按照国家有关规定交纳专项维修资金；

（五）按照物业服务合同的约定交纳物业服务费；

（六）法律、法规规定的其他义务。

业主不得以放弃权利为由不履行义务。

第十九条　物业的承租人、借用人等物业使用人，根据法律、法规、管理规约、业主大会或者业主委员会依法作出的决定，以及其与业主的约定，享有相应权利，承担相应义务。

第二十条　物业管理区域内的业主可以设立业主大会，选举业主委员会。未设立业主大会的，由业主共同履行业主大会、业主委员会职责。

业主大会由物业管理区域内的全体业主组成，代表和维护全体业主在物业管理活动中的合法权益。

一个物业管理区域内只能设立一个业主大会。

第二十一条　物业管理区域内，符合下列条件之一的，可以召开首次业主大会会议：

（一）交付使用的房屋专有部分面积达到建筑物总面积50%以上；

（二）交付使用的房屋套数达到总套数50%以上；

（三）首套房屋交付使用已满两年且交付使用的房屋套数达到总套数25%以上；

（四）物业服务企业在前期物业服务合同期限内依法解除合同或者前期物业服务合同期限即将届满。

建设单位应当自前款第一项至第三项规定的条件具备之日起30日内将房屋交付使用情况书面报告物业所在地街道办事处、乡镇人民政府和县级房屋行政主管部门，街道办事处、乡镇人民政府应当自收到报告之日起10日内在物业管理区域内予以公告。

第二十二条　符合首次业主大会会议召开条件，业主书面申请街道办事处、乡镇人民政府组成业主大会筹备组的，街道办事处、乡镇人民政府应当自收到申请之日起60日内，会同县级房屋行政主管部门负责组织、指导成立首次业主大会筹备组。业主大会筹备组由业主代表、建设单位代表、街道办事处或者乡镇人民政府代表、居（村）民委员会代表等组成，人数应为7人以上单数，其中业主代表所占比例不得低于筹备组总人数的1/2，筹备组组长由街道办事处或者乡镇人民政府代表担任。

筹备组成员名单及基本情况应当自确定之日起3日内在物业管理区域内公示。

第二十三条　物业服务企业应当协助业主大会筹备组开展工作，向业主大会筹备组提供业主清册及通讯方式、物业管理状况等文件资料。

建设单位、物业服务企业不得妨碍业主大会筹备组开展工作。

第二十四条　业主大会筹备组负责首次业主大会会议召开的下列筹备工作：

（一）确定首次业主大会会议召开的时间、地点、内容和形式；

（二）拟定管理规约草案和业主大会议事

规则草案；

（三）确认业主身份、业主人数和业主专有部分面积；

（四）拟定业主委员会选举办法草案，提出候选人建议名单；

（五）依法确定首次业主大会会议表决规则；

（六）召开首次业主大会会议的其他准备工作。

前款规定内容，筹备组应当在首次业主大会会议召开15日前以书面形式在物业管理区域内公示。业主对业主身份、专有部分面积提出异议的，筹备组应当予以复核并告知异议人复核结果。

第二十五条 业主大会筹备组应当自组成之日起3个月内组织召开首次业主大会会议。

首次业主大会会议议程应当首先表决业主大会议事规则，会议按照表决通过的业主大会议事规则的规定召开。

业主大会自首次业主大会会议有效召开之日起设立。

第二十六条 业主大会决定下列事项，需要办理相关手续的，由业主委员会依法办理：

（一）制定和修改管理规约及业主大会议事规则；

（二）选举业主委员会或者更换业主委员会成员；

（三）业主大会、业主委员会的工作经费以及业主委员会成员的工作补贴；

（四）实施委托管理或者自行管理；

（五）选聘和解聘物业服务企业或者其他管理人；

（六）筹集和使用专项维修资金；

（七）改建、重建建筑物及其附属设施；

（八）改变共有部分的用途、利用共有部分从事经营性活动、处分共有部分；

（九）业主大会依法决定或者管理规约依法确定应当由业主共同决定的事项。

决定前款第六项和第七项规定的事项，应当经专有部分占建筑物总面积2/3以上的业主且占总人数2/3以上的业主同意；决定前款其他事项，应当经专有部分占建筑物总面积过半数的业主且占总人数过半数的业主同意。

第二十七条 物业管理区域内，幢、单元等特定范围内的业主，在不损害该特定范围之外其他业主合法权益的前提下，根据管理规约的约定可以共同决定下列事项：

（一）对该范围内的共有部分进行维修、更新、改造；

（二）就该范围内的共有部分筹集和依法使用住宅专项维修资金。

特定范围内的业主决定前款规定的事项，应当经专有部分占所在幢、单元等特定范围建筑物总面积2/3以上的业主且占总人数2/3以上的业主同意。

第二十八条 管理规约应当对有关物业的使用、维护、管理，业主的共同利益，业主应当履行的义务，违反管理规约应当承担的责任等事项依法作出约定。

制定管理规约，应当尊重社会公德，不得违反法律、法规的规定和损害社会公共利益。

管理规约对全体业主具有约束力。

第二十九条 业主大会议事规则应当就业主大会的议事方式、表决程序、业主委员会的组成、成员任期等事项作出约定，并可以约定业主委员会候补成员的设立、缺席业主表决权计算规则等事项。

第三十条 业主大会会议分为定期会议和临时会议。

业主大会定期会议应当按照业主大会议事规则的约定召开。

有下列情形之一的，业主委员会应当组织召开业主大会临时会议：

（一）经占总人数20%以上的业主提议；

（二）业主委员会成员缺员需要补选的；

（三）业主委员会决定集体辞职，需要重新选举业主委员会的；

（四）物业服务合同期限届满前，需要重新选聘物业服务企业或者其他管理人，或者需要对原物业服务合同主要事项进行变更的；

（五）发生重大事故或者紧急事件需要及时处理的；

（六）法律、法规、管理规约及业主大会议事规则规定的其他情形。

业主委员会不按照第二款、第三款规定组

织召开业主大会会议的，街道办事处、乡镇人民政府应当责令业主委员会限期组织召开；业主委员会逾期仍不组织召开的，业主可以请求街道办事处、乡镇人民政府组织召开，街道办事处、乡镇人民政府应当在接到请求之日起30日内组织召开。

第三十一条　业主大会会议可以采用集体讨论、书面征求意见以及业主大会议事规则约定的其他形式召开，但应当有物业管理区域内专有部分占建筑物总面积过半数的业主且占总人数过半数的业主参加。

采用书面形式征求意见的，业主委员会应当将征求意见书送达业主，涉及表决事项的，征求意见书应当载明表决事项，由业主签收并按照业主大会议事规则的约定行使表决权。不能送达的，可以将征求意见书的内容在物业管理区域内便于业主知晓的显著位置进行公示，由业主在公示期限内到公示指示地点行使表决权。书面征求意见的结果应当在物业管理区域内便于业主知晓的显著位置公示，公示期限不得低于7日，业主有权查阅相关资料。

业主委托他人参加业主大会会议的，应当出具委托书，载明委托事项、委托权限及期限。

第三十二条　召开业主大会会议，业主委员会应当在召开15日前将会议的时间、地点、形式、议题、议程等内容在物业管理区域内便于业主知晓的显著位置公示。

发生重大事故或者紧急事件需要召开临时会议的，可以根据实际情况在7日内公示、召开。

第三十三条　业主大会会议采用记名投票方式表决，但业主大会议事规则另有约定的除外。

任何人不得伪造业主选票、表决票、业主签名或者委托书。业主委员会应当妥善保管选票、表决票和委托书，以备查询。

第三十四条　业主大会议事规则可以约定，业主大会会议经有效召开，与会业主就会议事项形成多数决议但未达到本条例第二十六条第二款规定的，由缺席业主补充表决，经补充表决仍未达到要求的，最终缺席业主的人数和相应的专有部分面积直接计入行使表决权的业主多数人数和多数面积之内。

第三十五条　业主委员会执行业主大会决定的事项，依法履行下列职责：

（一）召集业主大会会议，报告物业管理实施情况；

（二）业主大会决定委托管理时，代表业主与业主大会选聘的物业服务企业或者其他管理人签订物业服务合同；

（三）收集和了解业主、物业使用人的意见和建议，监督和协助物业服务合同的履行；

（四）监督管理规约的实施；

（五）调解物业使用和维护中的纠纷；

（六）法律、法规以及业主大会赋予的其他职责。

第三十六条　业主委员会成员应当符合下列条件：

（一）本物业管理区域内具有完全民事行为能力的业主，业主为单位的，应当为单位授权的自然人代表；

（二）遵守法律、法规和管理规约；

（三）热心公益事业，责任心强，具有较强公信力和组织能力；

（四）具有与履行职责相适应的工作时间；

（五）本人及其近亲属未在本物业管理区域内从事物业服务；

（六）管理规约或者业主大会议事规则约定的其他条件。

符合前款第二项至第六项规定的条件，合法使用业主房屋并具有完全民事行为能力的业主直系亲属、与业主共同生活的监护人，是否可以当选为业主委员会成员，由管理规约或者业主大会议事规则约定。

业主大会议事规则约定设立业主委员会候补成员的，候补成员的资格条件适用本条规定。

第三十七条　业主委员会成员应当遵守法律、法规、管理规约和业主大会议事规则，不得有下列行为：

（一）挪用、侵占业主共有财产；

（二）非法索取、收受建设单位、物业服务企业或者其他管理人及有利害关系业主提供的利益或者报酬；

（三）利用职务之便要求物业服务企业或

者其他管理人减免物业服务费；

（四）其他有损业主共同利益或者可能影响其公正履行职责的行为。

第三十八条 业主委员会应当自选举产生之日起3日内召开首次业主委员会会议，按照业主大会议事规则的约定在业主委员会成员中选举主任、副主任，明确业主委员会成员职责。

第三十九条 业主委员会应当自选举产生之日起30日内，将业主大会成立情况、管理规约、业主大会议事规则以及业主委员会成员、候补成员基本情况等材料向物业所在地房屋行政主管部门备案。房屋行政主管部门应当将备案情况及时书面告知相关街道办事处或者乡镇人民政府。

物业所在地房屋行政主管部门应当自收到前款规定材料之日起10日内向业主委员会出具备案证明。

备案的有关事项发生变更的，应当重新备案。

第四十条 业主委员会会议应当按照业主大会议事规则的约定定期召开。经1/3以上业主委员会成员提议或者业主委员会主任认为有必要的，应当及时召开业主委员会会议。

业主委员会会议由业主委员会主任召集并主持，业主委员会主任因故不能召集或者主持会议的，可以委托业主委员会副主任召集或者主持。

业主委员会会议应当有过半数的成员出席方可举行，作出决议必须经全体成员过半数以上同意。业主委员会候补成员列席业主委员会会议，不具有表决权。业主委员会应当自作出决定之日起3日内，将决定内容在物业管理区域内公示。

业主可以查阅业主委员会会议资料，并有权向业主委员会提出询问，业主委员会应当予以答复。

第四十一条 业主大会、业主委员会作出的有关物业管理的决定，对全体业主具有约束力。

业主大会、业主委员会作出的决定违反法律、法规的，物业所在地街道办事处、乡镇人民政府或者县级房屋行政主管部门，应当责令改正或者撤销，并通告全体业主。

业主认为业主大会、业主委员会作出的决定侵害其合法权益的，可以请求人民法院予以撤销。但在人民法院作出生效判决之前，不影响业主大会、业主委员会决定的约束力。

第四十二条 业主委员会成员因物业转让或者灭失等原因丧失业主身份、被判处刑罚、死亡、失踪的，其成员资格自行终止。

业主委员会成员任职期间，出现管理规约、业主大会议事规则约定的资格终止情形的，按照管理规约或者业主大会议事规则的约定终止其成员资格。

资格终止的业主委员会成员应当自终止之日起3日内将其保管的财物、档案资料、印章等物品移交业主委员会。拒不移交的，其他业主委员会成员可以请求物业所在地公安机关协助移交。

第四十三条 业主委员会因成员资格终止等原因缺员，有候补成员的，由候补成员按照当选票数依次递补。经候补成员递补后仍低于业主大会议事规则约定组成人数的，业主委员会应当组织召开业主大会会议补选。

业主委员会成员决定集体辞职的，应当在辞职30日前召开业主大会会议重新选举业主委员会。

第四十四条 业主委员会任期届满60日前，应当召开业主大会会议进行业主委员会的换届选举；逾期未换届选举的，适用本条例第三十条第四款的规定。

原业主委员会应当在其任期届满之日起10日内，将其保管的财物、档案资料、印章等物品移交新一届业主委员会，并做好交接手续。

第四十五条 业主大会、业主委员会需要刻制印章的，应当持本条例第三十九条规定的备案证明按照国家有关规定到公安机关批准的单位刻制。

业主大会、业主委员会印章应当按照法律、法规、管理规约、业主大会议事规则的规定使用。

第四十六条 业主大会、业主委员会应当配合有关管理部门，与居（村）民委员会相互协作，共同做好维护物业管理区域内的社会管理工作。

在物业管理区域内，业主大会、业主委员会应当积极配合所在地的居（村）民委员会依法履行自治管理职责，支持居（村）民委员会开展工作。

第四十七条　因物业管理区域发生变更等原因导致业主大会解散的，在解散前，业主大会、业主委员会应当在物业所在地街道办事处或者乡镇人民政府会同房屋行政主管部门的指导监督下进行财产清算。

第四十八条　业主大会筹备组、业主委员会及其成员、建设单位、物业服务企业或者其他管理人等应当保守业主秘密，不得披露业主信息或者将业主信息用于与物业管理无关的活动，法律、法规另有规定的除外。

第四章　前期物业管理

第四十九条　包含住宅物业的建设项目，建设单位应当通过招投标方式选聘具有相应资质的物业服务企业。对于预售项目，建设单位应当在申请商品房预售许可之前选聘物业服务企业；对于现售项目，建设单位应当在物业销售前选聘物业服务企业。

一个物业管理区域应当作为一个整体进行招投标。

投标人不足3人或者房屋建筑总面积在3万平方米以下的，经物业所在地县级房屋行政主管部门批准，建设单位可以采用协议方式选聘物业服务企业。

通过招投标或者协议方式未能选聘到物业服务企业的，经物业所在地县级房屋行政主管部门同意，可以由建设单位实施前期物业服务。

鼓励不包含住宅物业的建设项目通过招投标方式选聘具有相应资质的物业服务企业。

第五十条　建设单位应当与选聘的物业服务企业订立前期物业服务合同，并于合同订立之日起15日内报物业所在地县级房屋行政主管部门和街道办事处或者乡镇人民政府备案。

推行前期物业服务合同示范文本。

第五十一条　建设单位应当在房屋销售之前拟订临时管理规约，报物业所在地县级房屋行政主管部门和街道办事处或者乡镇人民政府备案。临时管理规约不得侵害房屋买受人的合法权益。

推行临时管理规约示范文本。

首次业主大会通过管理规约后，临时管理规约失效。

第五十二条　建设单位应当在房屋销售现场公示临时管理规约和前期物业服务合同，并向房屋买受人说明。

房屋买受人应当遵守临时管理规约，履行前期物业服务合同。

第五十三条　保障性住房前期物业服务收费实行政府指导价，具体办法由省人民政府价格行政主管部门会同住房和城乡建设行政主管部门制定。

第五十四条　前期物业服务合同生效之日至房屋交付使用之前发生的物业服务费，由建设单位承担。房屋交付给买受人之日至前期物业服务合同终止之日发生的物业服务费，由买受人按照前期物业服务合同约定的物业服务收费标准承担。

房屋达到交付条件，买受人迟延接受房屋交付的，前款规定物业服务费发生的开始日期自建设单位催告房屋买受人接受交付的期限结束次日起算。

建设单位与房屋买受人约定减免物业服务费的，减免部分由建设单位承担。

第五十五条　前期物业服务合同期限内，物业服务企业在业主大会成立前依法行使合同解除权的，应当书面报告物业所在地县级房屋行政主管部门和街道办事处、乡镇人民政府，并在物业管理区域内公示。物业服务企业应当自公示之日起给业主3个月的准备时间，但业主同意物业服务企业提前退出物业管理区域的除外。

在前款规定的准备时间内，当事人应当继续履行合同。

第五十六条　前期物业服务合同约定的期限尚未届满或者未约定期限的，业主委员会与业主大会选聘的物业服务企业订立的物业服务合同生效时，其权利义务终止。

第五十七条　物业服务企业承接前期物业

服务项目时，应当与建设单位共同对建筑物及配套的设备设施和相关场地进行查验，查验记录由双方签字确认。

建设单位在办理物业管理交接手续时，应当向物业服务企业移交下列资料：

（一）竣工总平面图，单体建筑、结构、设备竣工图，配套设施、地下管网工程竣工图等竣工验收资料；

（二）设施设备的安装、使用和维护保养等技术资料；

（三）物业质量保修文件和物业使用说明文件；

（四）建筑物及其配套设施设备和相关场地清单；

（五）物业管理所必需的其他资料。

第五十八条 前期物业服务合同终止时，物业服务企业应当向业主委员会移交物业管理用房、场地、设施设备、物业服务期间建立的物业管理相关资料以及本条例第五十七条第二款规定的资料。

第五十九条 本章未规定事项，适用本条例第五章委托管理的相关规定。

第五章 业主委托管理与自行管理

第六十条 业主共同决定选聘物业服务企业或者其他管理人提供物业服务的，由业主委员会代表业主与物业服务企业或者其他管理人以书面形式订立物业服务合同。

业主委员会依法与业主共同选聘的物业服务企业或者其他管理人订立的物业服务合同，对全体业主具有约束力。

第六十一条 物业服务企业应当在其资质等级许可的范围内从事物业服务活动。

其他管理人应当在其经营范围内从事保洁、绿化、秩序维护、设备维护等物业服务活动。依法需要取得资质许可的，应当具有相应资质。

从事物业管理的人员应当按照国家有关规定，取得职业资格证书。

省外物业服务企业进入本省从事物业服务活动，应当到省人民政府住房和城乡建设行政主管部门办理资质核验备案手续。省人民政府住房和城乡建设行政主管部门应当自受理之日起 3 日内完成核验备案手续。

房屋行政主管部门应当加强对物业服务企业的监督检查，加强对物业服务项目的动态管理，促进物业服务企业提高服务水平。

第六十二条 物业服务合同的主要内容包括物业服务项目、服务质量、服务费、物业服务用房、合同期限、违约责任、专项维修资金的管理和使用等事项。物业服务企业或者其他管理人公开作出的服务承诺及制定的服务细则，属于物业服务合同的组成部分。

物业服务项目包括保安服务的，应当在物业服务合同中就保安服务的服务内容、服务质量、责任区分、违约责任等作出明确约定。

物业服务质量可以参照有关行政主管部门或者行业组织制定的服务质量标准体系约定。

物业服务费的具体计费方式和标准由业主大会或者全体业主与物业服务企业或者其他管理人协商约定。

物业服务企业或者其他管理人应当于物业服务合同订立之日起 15 日内，将合同在物业管理区域内公示。

第六十三条 物业服务合同订立后，业主委员会应当与物业服务企业或者其他管理人办理物业交接手续，交接记录由各方签字确认。

业主委员会应当向物业服务企业或者其他管理人移交本条例第五十八条规定的资料。

第六十四条 物业服务合同终止时，物业服务企业或者其他管理人应当自合同终止之日起 15 日内退出物业管理区域，物业服务企业或者其他管理人继续提供服务的，业主可以不支付该期间物业服务费，符合本条例第七十二条第三款规定的除外。

物业服务企业或者其他管理人退出物业管理区域时，应当根据本条例第五十八条的规定与业主委员会办理移交。

物业服务合同终止时，业主大会选聘了新的物业服务企业或者其他管理人的，原物业服务企业或者其他管理人应当协助做好交接工作。

第六十五条 物业服务企业或者其他管理人可以根据业主的委托提供物业服务合同约定以外的服务项目，具体服务事项、服务质量、服务费用、违约责任等内容由当事人另行约定。

第六十六条　物业服务企业或者其他管理人应当按照物业服务合同的约定、法律、法规的规定以及相关行业规范的要求履行维修、养护、管理和维护义务。不得违反物业服务合同约定擅自扩大收费范围、提高收费标准或者重复收费。

物业服务企业或者其他管理人未能履行物业服务合同约定或者法律、法规的义务，导致业主人身、财产权益受到损害的，应当依法承担相应的法律责任。

第六十七条　业主应当根据物业服务合同的约定交纳物业服务费。物业服务企业或者其他管理人已经按照合同约定以及相关规定提供服务的，业主不得以未享受物业服务或者无需接受相关物业服务为由拒交。

对未按照物业服务合同约定交纳物业服务费的业主，业主委员会应当督促其交纳，经督促仍未交纳的，业主委员会或者物业服务企业、其他管理人可以在物业管理区域内公告。物业服务企业或者其他管理人可以依法请求支付。

业主与物业使用人约定由物业使用人交纳物业服务费的，从其约定。物业使用人不履行交费义务的，业主承担连带交纳责任。业主转让房屋所有权时，应当与物业服务企业或者其他管理人结清物业服务费。

物业管理区域内已竣工但尚未出售或者尚未交付给买受人的物业，物业服务费由建设单位交纳。

第六十八条　业主不得违反物业服务合同或者法律、法规、管理规约，实施妨害物业服务与管理的行为。

第六十九条　物业服务企业可以将物业管理区域内的专项物业服务业务转委托给专业性服务企业，但不得将该区域内的全部物业服务事项一并委托给他人。

其他管理人不得将其专项物业服务事项转委托他人。

第七十条　物业服务合同期限内，未经业主大会同意，业主委员会不得与物业服务企业或者其他管理人变更物业服务合同的主要内容。

经业主大会同意变更合同的，应当根据本条例第六十二条第五款的规定进行公示。

第七十一条　物业服务合同期限内，当事人一方依法行使合同解除权的，应当以书面形式告知对方，并应当自告知之日起给对方3个月的准备时间，但双方当事人就准备时间另有约定的除外。

双方当事人应当在前款规定的准备时间内继续履行合同。

第七十二条　物业服务合同期限届满3个月前，业主委员会应当组织召开业主大会，作出续聘或者另行选聘物业服务企业或者其他管理人的决定，并将决定书面告知物业服务企业或者其他管理人。业主大会决定续聘的，业主委员会应当在物业服务合同期限届满1个月前与同意接受续聘的物业服务企业或者其他管理人重新订立物业服务合同。

物业服务企业或者其他管理人决定不再接受续聘的，应当在物业服务合同期限届满3个月前书面告知业主委员会；没有业主委员会的，应当在合同期限届满3个月前在物业管理区域内公示。

物业服务合同约定期限届满，业主大会没有作出续聘或者另行选聘决定，也没有要求物业服务企业或者其他管理人退出物业管理区域，物业服务企业或者其他管理人按照原合同继续提供服务的，原合同权利义务延续。合同权利义务延续期间，当事人可以根据本条例第七十一条的规定解除物业服务合同。

第七十三条　供水、供电、供气、供热等单位不得因物业服务企业拒绝代收有关费用而停止提供服务。

物业服务企业接受供水、供电、供气、供热等单位的委托代为收取有关费用的，不得向业主收取手续费等额外费用，但可以与专业经营单位约定收取报酬。

第七十四条　物业管理区域内发生违反治安、消防、规划、环保、物业装饰装修和使用等方面法律、法规的行为，物业服务企业应当制止，并及时向有关部门报告。

有关行政管理部门在物业管理区域内查处违法行为的，物业服务企业应当协助和配合。

第七十五条　物业服务企业应当做好物业管理区域内的安全防范工作。发生突发性自然灾害、公共卫生事件、火灾和供水、供电、供气等安全事故时，物业服务企业在采取应急措施的同时，应当及时向有关部门和专业经营单位报告，并协助做好救助工作。

第七十六条 业主共同决定对物业实施自行管理的，应当就管理事项、管理实施方式、管理责任的承担、人员雇佣等事项共同作出约定。

第七十七条 自行管理可以采取由业主直接执行管理事务、选举业主委员会或者成立其他管理机构统一执行管理事务以及业主共同决定的其他形式进行。

前款规定由业主直接执行管理事务以及成立管理机构统一执行管理事务的，应当推选管理负责人。

第七十八条 业主、业主委员会或者管理机构在执行管理事务中的权利、义务及其责任，由管理规约约定或者由业主共同约定。

第七十九条 自行管理需要雇佣人员的，由业主委员会与雇佣人员依法订立合同。没有成立业主大会选举业主委员会的，适用本条例第二十条第一款的规定。

第八十条 自行管理的业主委员会、管理负责人应当在物业管理区域内按照约定的期限定期公布管理费用的收支情况，没有约定或者约定不明的，应当按季度公布。业主针对收支情况提出的询问，业主委员会、管理负责人应当及时答复。

第八十一条 物业管理区域内因委托管理或者自行管理的连续性中断，致使物业管理区域内环境恶化、秩序混乱，严重影响业主生活的，街道办事处或者乡镇人民政府应当指导物业管理区域所在地的居（村）民委员会就环境卫生、秩序维护等必要事项组织临时管理，相关费用由业主共同承担。

前款规定居（村）民委员会组织临时管理的期限不超过3个月。在临时管理期限内街道办事处或者乡镇人民政府应当督促业主决定有效的管理形式。

第六章 物业的使用与维护

第八十二条 业主、物业使用人对物业的使用与维护，应当遵守法律、法规、管理规约的规定及业主大会的决定，不得损害公共利益和他人合法权益。

第八十三条 业主、物业使用人应当按照规划许可、房屋和土地权属证书载明的用途使用物业，不得擅自改变物业使用性质。

因物业管理的需要确需改变物业管理区域内的道路、场地、物业服务用房等共有部分用途的，应当遵守法律、法规规定，并由业主大会作出决定，需要办理有关手续的由业主委员会依法办理。

业主、物业使用人将住宅改变为经营性用房的，除遵守法律、法规以及管理规约外，应当经有利害关系的业主书面同意。

第八十四条 任何单位和个人不得非法处分、侵占或者损坏物业管理区域内业主共有部分。

因公共利益或者物业维护的需要，供电、供水、供热、供气、通信、有线电视等单位确需临时占用、挖掘道路、场地等共有部分的，应当告知业主委员会或者物业服务企业或者其他管理人；物业服务企业或者其他管理人确需临时占用、挖掘道路、场地等共有部分的，应当征得业主委员会的同意；业主确需临时占用、挖掘道路、场地等共有部分的，应当征得业主委员会和物业服务企业或者其他管理人同意。

前款规定的单位和个人应当于施工前在物业管理区域内公示，并采取安全保障措施，施工结束后应当及时恢复原状。

第八十五条 业主共同决定利用共有部分进行经营的，应当征得相关业主同意。物业服务企业、其他管理人未经业主共同决定，不得利用共有部分进行经营。

利用共有部分进行经营获得的收益，有约定的按照约定分配；没有约定或者约定不明确的，按照业主专有部分占物业管理区域内建筑物总面积的比例补充专项维修资金、支付物业服务费以及业主大会或者业主委员会工作经费等。业主委员会应当按照管理规约的规定定期公布经营收益的收支情况。

第八十六条 物业服务费以外的管理业主共同事务支出的费用，有约定的按照约定分担；没有约定或者约定不明确的，按照业主专有部分占物业管理区域内建筑物总面积的比例分担。

第八十七条 物业管理区域内按照规划建设的车位、车库，应当首先满足业主的需要，其归属由建设单位与房屋买受人在商品房买卖合同中依法约定。

约定属于建设单位所有的车位、车库出租的，应当首先出租给物业管理区域内的业主、物业使用人。业主、物业使用人要求承租车位、车库的，建设单位不得以只售不租为由拒绝。在满足业主、物业使用人现有需要后，建设单位将车位、车库出租给物业管理区域以外的其他人的，其租赁合同期限不得超过6个月。

约定属于建设单位所有的车位、车库出售时，车位、车库数量少于或者等于物业管理区域房屋套数的，每户业主只能购买1个车位或者车库；车位、车库数量多于物业管理区域房屋套数的，每户业主至少可以购买1个车位或者车库，业主自愿放弃的除外。除超过规划配置比例且多于物业管理区域房屋套数修建的车位、车库外，不得出售给业主以外的其他人。

约定属于建设单位所有的车位、车库出租、出售的，应当在15日前以书面形式在物业管理区域内公示拟出租（售）车位、车库的数量、相关证明文件和出租（售）价格及承租（购买）人条件等。

第八十八条 利用物业管理区域内共有道路或者其他相关场地停放车辆，有关车位的设置、使用、收费等管理事项，由业主大会决定。车位经营所得收益的分配适用本条例第八十五条第二款的规定。

在物业管理区域内的共有道路或者其他相关场地停放车辆，不得影响其他车辆和行人的正常通行。

第八十九条 物业管理区域内车辆通行发生事故，公安机关交通管理部门接到报案的，应当及时依法处理。

第九十条 物业管理区域内根据规划修建的会所、幼儿园、学校等，其相关活动不得违反法律、法规和管理规约的规定，应当优先为业主提供服务。

第九十一条 物业管理区域内根据规划建设的人防工程，平时由投资者依照法律、法规规定使用和管理，经营所得收益归投资者所有。

利用人防工程进行经营活动的，不得违反法律、法规和管理规约的规定。投资者根据规划许可利用人防工程设置车位、车库出租的，适用本条例第八十七条第二款的规定。

物业管理区域内利用人防工程进行经营活动的，应当按照非住宅物业的标准交存住宅专项维修资金、交纳物业服务费。

第九十二条 物业管理区域内供水、供电、供气、供热、通信、有线电视等专业经营单位，应当负责分户计量装置或者入户端口以外设施设备的管理、维修、养护、更新等责任及相关费用。法律、行政法规另有规定的，从其规定。

专业经营设施设备的维护、保养等费用，不得从专项维修资金中列支。

第九十三条 业主、物业使用人对专有部分进行装饰装修，禁止下列行为：

（一）损坏或者擅自改动建筑物的承重结构、主体结构；

（二）将没有防水要求的房间或者阳台改为卫生间、厨房，或者将卫生间改在下层住户卧室、起居室（厅）、书房和厨房等上方；

（三）扩大承重墙上原有的门窗尺寸；

（四）损坏房屋原有节能设施，降低节能效果；

（五）未经供气、供暖管理单位的批准，擅自拆改、移动或者覆盖供气、供暖管道和设施；

（六）未经主管部门批准搭建建筑物和构筑物、改变外墙面颜色或者在外墙立面开设门窗；

（七）法律、法规、规章和管理规约禁止的其他行为。

业主、物业使用人进行装饰装修之前，应当告知相邻业主和物业服务企业，物业服务企业应当将装饰装修中的禁止行为和注意事项告知业主、物业使用人以及装饰装修人员。物业服务企业不得限制业主、物业使用人除前款规定之外的其他装饰装修活动。

第九十四条 业主、物业使用人应当合理、正当地使用专有部分，禁止下列行为：

（一）堆放易燃、易爆、剧毒、放射性物质或者超负重的物品；

（二）制造超过规定标准的噪音、振动；

（三）违反规定饲养动物；

（四）任意弃置垃圾、排放污水、抛掷杂物；

（五）法律、法规和管理规约禁止的其他行为。

第九十五条 物业专有部分出现安全隐患，危及公共安全、公共利益和他人合法权益时，业主应当及时维修养护，排除隐患。未维修养护、排除隐患的，物业服务企业或者业主委员会应当采取防范措施或者及时报告相关管理部门。

物业共有部分出现安全隐患，危及公共安全、公共利益和他人合法权益时，业主委员会或者物业服务企业应当及时组织修缮或者采取防范措施。

本条规定的安全隐患属于建设单位责任的，建设单位应当及时排除隐患。

第九十六条 物业专有部分、共有部分进行维护、更新和改造时，相关业主或者物业使用人应当予以协助。

第九十七条 新建物业实行质量保修金制度。

建设单位应当在申请商品房交付备案时，按照物业建筑安装总造价3%的比例，一次性向房屋行政主管部门设立的账户交存物业质量保修金。建设单位已经投保工程质量责任保险的，所投保的物业可以不交存物业质量保修金。

建设单位在保修期限内不履行保修义务的，业主、业主委员会或者其委托的物业服务企业可以提出申请，经房屋行政主管部门核实后，维修费用在物业质量保修金中列支。

物业分部保修范围在质量保修期届满后，建设单位履行了法定保修责任的，房屋行政主管部门应当向建设单位退还与分部保修范围相对应的物业质量保修金本息。

物业质量保修金的交存、使用、管理和退还等具体办法，由省人民政府制定。

第九十八条 住宅物业、住宅小区内的非住宅物业或者住宅小区外与单幢住宅结构相连的非住宅物业的业主，在办理房屋交付手续时，应当按照国家规定交存专项维修资金。

住宅专项维修资金用于物业保修期届满以后共有部分的维修、更新和改造，不得挪作他用。

住宅专项维修资金管理实行专户存储、专款专用、所有权人决策、政府监督的原则。

自建设单位办结交付备案手续之日起2年仍未出售的住宅物业、住宅小区内的非住宅物业或者住宅小区外与单幢住宅结构相连的非住宅物业，由建设单位交存首期住宅专项维修资金。

首期住宅专项维修资金应当由业主直接存入住宅专项维修资金专户，建设单位、物业服务企业不得代收。

第九十九条 住宅专项维修资金管理部门应当加强对代管住宅专项维修资金的管理，建立维修项目审查和住宅专项维修资金使用审核制度，并依法接受审计部门的审计监督。

物业服务企业或者相关业主按照有关规定向住宅专项维修资金管理部门申请使用住宅专项维修资金的，住宅专项维修资金管理部门应当在10日内审核办理。

第七章 法律责任

第一百条 建设单位有下列情形之一的，由建设项目所在地县级以上房屋行政主管部门给予处罚：

（一）违反本条例第九条第三款规定的，责令限期改正，给予警告；逾期未改正的，处以1万元以上5万元以下罚款；

（二）违反本条例第二十一条第二款、第二十三条，违反第五十条、第五十一条规定未备案以及违反第五十二条规定未公示的，责令限期改正，给予警告；逾期未改正的，处以5000元以上1万元以下罚款；

（三）违反本条例第八十七条第二款、第三款规定的，责令限期改正，给予警告；逾期未改正的，处以5万元以上10万元以下罚款，有违法所得的，没收违法所得。

第一百零一条　物业服务企业、其他管理人有下列情形之一的，由建设项目所在地的县级以上房屋行政主管部门给予处罚：

（一）违反本条例第二十三条规定，致使业主大会筹备组不能正常开展工作的，责令限期改正，给予警告；逾期未改正的，处以5000元以上1万元以下罚款；

（二）违反本条例第六十二条第五款规定的，责令限期改正，给予警告；

（三）违反本条例第六十四条第一款规定的，责令限期退出，给予警告；逾期未退出的，处以1万元以上10万元以下罚款。

第一百零二条　业主、物业使用人违反本条例第九十三条第一款规定的，由物业所在地县级房屋行政主管部门或者其他有关行政主管部门责令改正，恢复原状，处以1000元以上5000元以下罚款；情节严重的，处以5000元以上5万元以下罚款；造成他人损害的，依法承担民事责任。

第一百零三条　违反本条例规定的其他违法行为，按照有关法律、法规的规定处罚。

第一百零四条　县级以上住宅专项维修资金管理部门违反本条例第九十八条第二款规定，挪用专项维修资金的，由其上一级人民政府主管部门追回被挪用的专项维修资金，对直接负责的主管人员和其他直接责任人员依法给予处分。

住宅专项维修资金管理部门违反本条例第九十九条第二款规定，未按时审核办理或者无正当理由不予拨付住宅专项维修资金的，对直接负责的主管人员和其他直接责任人员依法给予处分。

第八章　附则

第一百零五条　本条例使用的下列用语，其含义为：

（一）委托管理，是指业主选聘物业服务企业或者其他管理人，由物业服务企业或者其他管理人按照物业服务合同的约定实施物业管理。

（二）自行管理，是指业主自行或者雇佣人员实施物业管理。

（三）物业服务企业，是指具有独立法人资格和物业服务资质等级，根据物业服务合同的约定从事物业服务活动的企业。

（四）其他管理人，是指根据物业服务合同的约定从事保洁、绿化、保安服务、设备维护等专项物业服务的企业。

（五）共有部分，包括物业管理区域内依法属于业主共有的道路、绿地、公共场所、公用设施、物业服务用房、占用业主共有道路或者其他场地设置的车位；建筑物的基础、承重结构、外墙、屋顶等基本结构部分，通道、楼梯、大堂等公共通行部分，消防、防雷、公共照明等附属设施、设备，避难层、设备层或者设备间等结构部分；其他不属于业主专有部分，也不属于市政公用部分或者其他权利人所有的场所及设施等。

第一百零六条　本条例规定的面积和人数，按照下列方式计算：

（一）专有部分面积，按照不动产登记簿记载的面积计算；尚未进行房屋登记的，暂按测绘机构的实测面积计算；尚未进行实测的，暂按房屋买卖合同记载的面积计算；

（二）业主人数，按照专有部分的数量计算，一个专有部分按照一人计算。但建设单位尚未出售或者虽已出售但尚未交付的部分，以及同一买受人拥有二个以上专有部分的，按照一人计算；

（三）建筑物总面积与总人数，分别按照前两项的统计总和计算。

第一百零七条　市辖区人民政府未设立房屋行政主管部门的，本条例规定的县级房屋行政主管部门的职责由市房屋行政主管部门履行；县级人民政府未设立街道办事处的，本条例规定的街道办事处的职责由县级人民政府确定的机构履行。

第一百零八条　本条例自2011年1月1日起施行。

浙江省物业管理条例

(2006年5月24日浙江省第十届人民代表大会常务委员会第二十五次会议通过，根据2009年11月27日浙江省第十一届人民代表大会常务委员会第十四次会议通过的《浙江省人民代表大会常务委员会关于修改〈浙江省物业管理条例〉的决定》修正，2009年11月27日浙江省人民代表大会常务委员会公告第40号公布)

第一章　总则

第一条　为规范物业管理活动，维护业主和物业服务企业的合法权益，根据国务院《物业管理条例》和其他有关法律、行政法规规定，结合本省实际，制定本条例。

第二条　本省行政区域内的物业管理、使用及其监督管理适用本条例。

第三条　本条例所称物业管理，是指业主通过选聘物业服务企业，由业主与物业服务企业按照物业服务合同约定，对房屋及其配套设施、设备和相关场地进行维修、养护、管理，维护相关区域内的环境卫生和秩序的活动。

第四条　县级以上人民政府房产行政主管部门（以下称物业主管部门）负责本行政区域内物业管理的监督管理工作。

县级以上人民政府有关行政管理部门按照各自职责，协助做好本行政区域内物业管理的监督管理工作。

街道办事处、乡镇人民政府负责协调物业管理与社区建设之间的关系，协助物业主管部门对物业管理进行指导和监督。

第二章　业主、业主大会和业主委员会

第五条　业主在物业管理活动中，享有国务院《物业管理条例》规定的权利，并应当履行国务院《物业管理条例》规定的义务。

第六条　物业管理区域内全体业主组成业主大会。

业主大会代表和维护全体业主有关物业管理的合法权益，履行国务院《物业管理条例》规定的职责。

物业管理区域内业主人数较少且经全体业主一致同意，可以不成立业主大会，由业主共同履行业主大会、业主委员会职责。

第七条　一个物业管理区域成立一个业主大会。

物业管理区域由物业所在地县级物业主管部门会同街道办事处、乡镇人民政府根据物业的共用设施设备配置、建筑规模、社区建设等因素划分。物业管理区域的划分，应当征求居民委员会的意见。

新建住宅区，包括分期建设或者两个以上单位开发建设的住宅区，拥有共同的配套设施设备的，应当划分为一个物业管理区域。

旧城区规划范围内新开发建设的住宅，与周边原有住宅区房屋相毗连的，经相关业主同意，可以归并为一个物业管理区域。

第八条　物业管理区域具备下列条件之一的，物业主管部门应当指导业主成立业主大会筹备组，筹备召开首次业主大会会议，街道办事处、乡镇人民政府、居民委员会应当予以协助：

（一）房屋出售并交付使用的建筑面积达到物业总建筑面积百分之六十以上的；

（二）首套房屋出售并交付使用已满两年，且房屋出售并交付使用的建筑面积达到物业总建筑面积百分之三十以上的。

业主大会筹备组由业主推举的代表和建设单位、居民委员会的代表组成。筹备组成员名单应当自成立之日起三日内在物业管理区域内书面公告。

业主大会筹备组应当于首次业主大会会议召开十五日前将会议时间、地点、议题和议程通知全体业主，并告知所在地物业主管部门、街道办事处、乡镇人民政府、居民委员会，接

受告知的单位应当派代表参加会议，并给予必要的指导。

首次业主大会会议的筹备经费由建设单位承担。

第九条 业主大会会议可以采用集体讨论的形式，也可以采用书面征求意见的形式；但应当有物业管理区域内持有二分之一以上投票权数的业主参加。

业主可以以幢、单元或者楼层等为单位推选业主代表。业主因故不能参加业主大会会议需要由业主代表代为表达意愿的，应当于业主大会会议召开前，将其书面意见提交业主代表，由业主代表代为转交。凡需投票表决的，业主的赞同、反对、弃权意见须由业主本人签字。

业主或者业主代表因故不能参加业主大会会议的，可以书面委托代理人代为参加业主大会会议。

召开业主大会会议，应当于会议召开十五日前将会议时间、地点、议题和议程书面通知业主本人。

第十条 业主在首次业主大会会议上的投票权数，按每一房地产权证计一票原则确定，建筑面积超过二百平方米的部分，每满二百平方米另计一票。但单个业主所计票数不得超过物业管理区域内全体业主总票数的百分之三十。

建设单位未出售或者已经出售但未交付的物业，按前款规定计投票权数。

业主在首次业主大会会议后的业主大会会议上的投票权数，按照业主大会议事规则约定的投票权数确定办法计算；业主大会议事规则未作约定的，按照本条第一款规定计算。

第十一条 业主大会作出决定，必须经与会业主所持投票权数二分之一以上通过。

业主大会制定和修改业主公约、业主大会议事规则，选聘和解聘物业服务企业，对专项维修资金使用和续筹方案作出决定，必须经物业管理区域内全体业主所持投票权数三分之二以上通过。逾期不参加投票业主的投票权数是否计入已表决的多数票数，由业主大会议事规则约定。但该已表决的多数票数应当达到物业管理区域内全体业主所持投票权数的二分之一以上。

业主大会在其职责范围内作出的决定对物业管理区域内的全体业主具有约束力。

第十二条 业主大会会议分为定期会议和临时会议。

业主大会定期会议应当按照业主大会议事规则规定召开。

物业管理区域内有百分之二十以上的业主提议或者符合业主大会议事规则规定条件的，业主委员会应当组织召开业主大会临时会议。

第十三条 业主委员会由业主大会会议选举产生。业主委员会委员应当符合国务院《物业管理条例》规定的条件。

业主委员会是业主大会的执行机构，依法履行国务院《物业管理条例》规定的职责。

第十四条 业主委员会自选举产生之日起三十日内，持下列文件向所在地县级物业主管部门备案：

（一）业主大会会议记录和会议决定；

（二）业主大会议事规则；

（三）业主公约；

（四）业主委员会委员的名单。

所在地县级物业主管部门应当对依法选举产生的业主委员会出具业主大会、业主委员会备案证明和印章刻制证明。业主委员会应当依法刻制和使用印章。

业主委员会备案的内容发生变更的，应当重新备案。

第十五条 业主委员会会议由主任或者主任委托的副主任召集。业主委员会召开会议必须有半数以上委员出席，所作决定须经业主委员会全体委员半数以上同意。

业主委员会需要讨论、决定的事项应当于会议召开三日前在物业管理区域内公告，听取业主和非业主使用人的建议和意见。

第十六条 业主委员会每届任期为三年至五年。

业主委员会任期届满二个月前，应当召开业主大会会议对业主委员会进行换届改选。业主委员会任期届满仍未换届改选的，物业主管部门、街道办事处、乡镇人民政府、居民委员会应当指导业主召开业主大会会议进行换届改选。

业主大会会议选举产生新一届业主委员会的，原业主委员会应当自任期届满之日起十日内将其保管的有关财务凭证、档案等文件资料、印章及其他属于全体业主所有的财物移交新一届业主委员会。

第十七条 业主委员会在物业管理活动中为维护物业管理区域内业主共同权益的需要，经业主大会决定，可以以自己的名义依法提起诉讼。

第十八条 业主委员会及其委员未能依法履行职责或者其行为损害全体业主共同利益的，物业管理区域内的业主可以根据本条例第十二条第三款规定提议召开业主大会临时会议。业主委员会不按规定组织召开业主大会临时会议的，物业主管部门、街道办事处、乡镇人民政府、居民委员会应当指导业主召开。

业主大会临时会议有权根据业主大会议事规则提出质询、依法撤销业主委员会所作的决定或者改选业主委员会。

第十九条 业主公约应当对物业共用部位、共用设施设备的使用、维护、管理，物业管理区域环境卫生和秩序的管理，房屋外观的维护，业主的其他义务以及违反业主公约应当承担的责任等事项依法作出约定。

业主公约自业主大会会议审议通过之日起生效，对全体业主、非业主使用人均具有约束力。

第二十条 业主大会议事规则应当就业主大会的议事方式、表决程序、业主投票权数确定办法、业主委员会委员资格和人数以及任期等事项作出约定。

第三章 前期物业管理

第二十一条 建设单位应当在取得商品房预售证前选聘物业服务企业，对物业进行前期管理。

提倡建设单位按照房地产开发与物业管理相分离的原则，通过招标投标方式选聘物业服务企业。

住宅物业的建设单位应当通过招标投标方式选聘物业服务企业。但是，投标人少于三个或者物业管理区域的建筑面积较小的，经所在地县级物业主管部门同意，建设单位可以采取协议方式选聘物业服务企业。

前款规定的物业管理区域的建筑面积标准由市、县人民政府具体规定。

第二十二条 建设单位在销售物业前应当制定业主临时公约，作为物业买卖合同的附件。

业主临时公约应当对物业共用部位、共用设施设备的使用、维护、管理，物业管理区域环境卫生和秩序的管理，房屋外观的维护，业主的其他义务以及违反业主公约应当承担的责任等事项依法作出约定，但不得侵害物业买受人的合法权益。

建设单位在销售物业时应当将业主临时公约向物业买受人予以明示，并有义务作出说明。

物业买受人在与建设单位签订物业买卖合同时，应当对遵守业主临时公约予以书面承诺。

第二十三条 建设单位与物业买受人签订的物业买卖合同应当包含前期物业服务合同的主要内容。

第二十四条 前期物业服务合同约定期限尚未届满，但业主大会已按规定选聘物业服务企业的，自业主委员会与物业服务企业签订的物业服务合同生效之日起，该前期物业服务合同终止。

第二十五条 物业未经竣工验收或者竣工验收不合格的，不得交付使用。

物业服务企业接管物业时，应当对物业的共用部位、共用设施设备及相关场地进行查验，作相应记录，发现与竣工验收资料不相符合或者有质量问题的，应当向物业主管部门或者其他有关行政管理部门报告。

第二十六条 在办理物业交接手续时，建设单位应当向物业服务企业移交下列资料：

（一）竣工总平面图，单体建筑、结构、设备竣工图，分幢分层平面图和套型图，物业区域内道路、地下停车库、地下管网工程竣工图等竣工验收资料；

（二）共用设施设备清单；

（三）设施设备的安装、使用和维护保养等技术资料；

（四）物业质量保修和物业使用说明文件；

（五）业主名册；

（六）物业管理需要的其他资料。

前期物业服务合同终止时，物业服务企业应当将上述接收的资料移交给业主委员会。

第二十七条　建设单位应当按照物业建设工程规划许可证载明的地上总建筑面积千分之七的例配置物业管理用房；但物业管理区域内的物业均为非住宅的，物业管理用房的配置比例为物业建设工程规划许可证载明的地上总建筑面积的千分之三。

物业管理用房应当与新建物业同步设计、同步施工、同步交付，其面积、位置应当在批准的建设工程规划设计方案中载明。

因依法调整规划，物业竣工验收后的实测地上建筑面积超过建设工程规划许可证载明的地上建筑面积的，建设单位应当对超过部分按照本条第一款规定的比例补充配置物业管理用房；确实无法补充配置的，应当按照该物业管理区域内的物业平均销售价格支付不足部分的相应价款，列入专项维修资金或者按照业主大会的决定用于物业管理方面的其他需要。

第二十八条　物业管理用房依法属于全体业主共同所有。未经业主大会同意，不得改变其用途。

第四章　物业管理服务

第二十九条　一个物业管理区域由一个物业服务企业提供物业服务。

提倡业主通过公开、公平、公正的市场竞争机制选择物业服务企业。

第三十条　物业服务合同由业主委员会与业主大会选聘的物业服务企业签订，其内容由双方约定，一般包括以下条款：

（一）当事人的名称或者姓名和住所；

（二）物业的基本情况；

（三）物业服务事项和服务质量要求；

（四）物业服务费的标准和收取办法；

（五）专项维修资金的管理和使用；

（六）物业管理用房的管理和使用；

（七）合同期限；

（八）违约责任；

（九）解决争议的办法。

物业服务合同的条款应当事先经业主大会审查同意，但业主大会已授权业主委员会决定的除外。

当事人对本条第一款第（三）项内容进行约定时，一般应当明确物业服务企业有关业主人身、财产安全防范方面的义务和责任。

当事人对本条第一款第（四）项内容的约定，应当符合国家和省物业服务收费管理的规定。

当事人可以参照物业服务合同的示范文本签订合同。

第三十一条　物业服务企业承接物业时，应当与业主委员会办理物业交接验收手续。

业主委员会应当向物业服务企业移交本条例第二十六条第一款规定的资料。

第三十二条　物业服务企业应当按照物业服务合同的约定提供服务。

物业服务企业应当定期听取业主和非业主使用人的意见和建议，配合居民委员会做好社区管理相关工作。

第三十三条　物业服务企业可以将物业管理区域内的专项服务业务委托专业公司实施，但不得将该物业的整体服务事项委托他人。

物业服务企业可以根据业主的委托提供物业服务合同约定以外的服务项目，服务报酬由双方协商确定。

第三十四条　业主应当根据物业服务合同约定按时足额交纳物业服务费。业主与非业主使用人约定由非业主使用人交纳物业服务费的，从其约定，业主负连带交纳责任。

已竣工但尚未出售或者尚未交付给物业买受人的物业，其物业服务费由建设单位全额交纳。

物业产权交易时买卖双方当事人应当对物业服务费结算有明确的约定。

第三十五条　物业管理区域内供水、供电、供气、供热、通信、有线电视等专业单位应当向最终用户收取有关费用。

住宅物业的最终用户，按照下列规定确定：

（一）专有部分以单个业主作为最终用户；

（二）部分业主共有部分以该共有部分的全体业主作为最终用户；

（三）全体业主共有部分以全体业主作为最终用户。

第三十六条 供水、供电、供气、供热、通信、有线电视等专业单位不得强制要求物业服务企业代收有关费用。确需委托物业服务企业代收有关费用的，应当签订委托代收协议，并支付相应的代收手续费。

第三十七条 物业服务企业实行酬金制收费方式的，物业管理的各项资金应当按规定建账立制，其收支情况应当定期公布，接受全体业主的监督；实行包干制收费方式的，应当定期公布物业共用部位、共用设施设备以及相关场地经营所得的收支情况。

第三十八条 物业服务合同终止时，物业服务企业应当将本条例第二十六条第一款规定的资料和物业管理用房等交还给业主委员会。

第三十九条 街道办事处、乡镇人民政府和居民委员会应当配合物业主管部门或者受其委托调解业主或者非业主使用人与物业服务企业在物业管理活动中发生的矛盾和争议。

第五章 物业使用与维护

第四十条 业主、物业服务企业不得擅自占用、挖掘物业管理区域内的道路、场地、绿地及其他共用部位、共用设施设备，损害业主共同利益。

因物业维修或者公共利益，业主确需临时占用、挖掘道路、场地、绿地及其他共用部位、共用设施设备的，应当征得业主委员会、物业服务企业和直接利害关系人的同意，并依法办理相关手续；物业服务企业确需临时占用、挖掘道路、场地、绿地及其他共用部位、共用设施设备的，应当征求直接利害关系人的意见，征得业主委员会同意，事先在物业管理区域内公告，并依法办理相关手续。

业主、物业服务企业临时占用、挖掘道路、场地、绿地及其他共用部位、共用设施设备，应当采取措施保障通行安全，并及时恢复原状。

第四十一条 业主、非业主使用人应当按照房地产权证书载明的用途或者规划行政主管部门批准的设计用途使用物业，不得改变物业使用性质。确需改变的，应当征得利害关系人的同意，报经规划、国土资源等有关部门批准，并依法办理相关手续。

第四十二条 经业主大会同意，在物业管理区域内设置临时停车位的，不得影响其他车辆和行人的正常通行，不得损坏绿地等共用部位、共用设施设备，不得阻碍消防通道。

第四十三条 物业管理区域内依法属于全体业主共有的供水、供电、供气、供热、通信、有线电视等设施设备，经业主大会决定可以移交给相关专业单位，相关专业单位应当接收，并承担维修、更新、养护责任。具体办法由省人民政府制定。

相关专业单位因维修、养护、改建、扩建等需要，临时占用、挖掘道路、场地、绿地及其他共用部位、共用设施设备的，应当预先在物业管理区域内公告，并及时恢复原状，业主应当积极配合。

第四十四条 禁止下列损害公共利益的行为：

（一）违法改变房屋承重结构；

（二）违法搭建建筑物、构筑物；

（三）擅自改建、占用物业共用部位；

（四）损坏或者擅自占用、移装共用设施设备；

（五）存放不符合安全标准的易燃、易爆、剧毒、放射性等危险性物品，或者存放、铺设超负荷物品；

（六）超标排放有毒、有害物质；

（七）排放超过规定标准的噪声；

（八）法律、法规禁止的其他行为。

第四十五条 业主或者非业主使用人装饰装修房屋的，应当事先告知物业服务企业。物业服务企业应当将装饰装修的禁止行为和注意事项告知业主或者非业主使用人。

业主或者非业主使用人装饰装修房屋，应当遵守国家和本条例的规定以及业主临时公约、业主公约。

第四十六条 物业服务企业应当加强物业管理区域内装饰装修安全事项的巡查，业主应当予以配合。物业服务企业发现业主、非业主使用人在物业使用、装饰装修过程中有违反国家和本条例规定以及业主临时公约、业主公约行为的，应当依据有关规定以及业主临时公约、业主公约予以劝阻、制止；劝阻、制止无效的，应当及时报告物业主管部门或者有关行政管理部门。

其他单位或者个人发现业主、非业主使用人在物业使用、装饰装修过程中有违反法律、法规和本条例规定行为的，可以向物业主管部门或者有关行政管理部门投诉或者举报。

物业主管部门或者有关行政管理部门接到报告、投诉、举报后，应当依法及时处理。

第四十七条　利用物业共用部位、共用设施设备进行经营活动的，在征得相关业主、业主大会、物业服务企业同意后，方可向有关部门申请办理审批手续。业主所得收益主要用于补充专项维修资金，也可以按照业主大会的决定用于物业管理方面的其他需要。

第四十八条　住宅物业、住宅小区内的非住宅物业或者与单幢住宅楼结构相连的非住宅物业的业主，应当按照国家和省的有关规定交纳专项维修资金。

第四十九条　专项维修资金实行“业主交纳、统一存储、按幢核算、建账到户”和“业主决策、专款专用、政府监管”的原则。

专项维修资金属于业主所有，专项用于物业保修期满后物业共用部位、共用设施设备的维修、更新和改造，不得挪作他用。

专项维修资金收取、使用、管理的办法由省人民政府制定。

第五十条　物业存在安全隐患，危及公共利益及其他业主合法权益的，责任人应当及时维修养护，消除隐患，有关业主应当给予必要配合。

责任人不履行维修养护义务的，经业主大会或者业主委员会同意，可以由物业服务企业代为维修养护，所需费用由责任人承担。

业主、非业主使用人在物业使用中发生权益争议的，可以要求所在地街道办事处、乡镇人民政府或者县级物业主管部门调解。

第五十一条　建设单位按照国家规定的保修期限和保修范围，承担物业的保修责任。建设单位可以委托物业服务企业维修，也可以自行组织维修。

建设单位在物业竣工验收前，应当一次性向所在地县级物业主管部门交纳物业建筑安装总造价百分之二的保修金，存入指定银行，作为物业维修费用保证。

保修金交纳、使用、管理和退还的办法由省人民政府制定。

第六章　法律责任

第五十二条　违反本条例规定的行为，国务院《物业管理条例》及其他有关法律、法规已有处罚规定的，从其规定。

第五十三条　违反本条例第二十七条规定，建设单位在物业管理区域内不按规定配置物业管理用房或者不按规定支付不足部分相应价款的，由县级以上物业主管部门责令限期改正，给予警告，没收违法所得，并处十万元以上五十万元以下的罚款。

第五十四条　违反本条例第五十一条第二款规定，建设单位不按规定交纳物业保修金的，由县级以上物业主管部门责令限期交纳；逾期仍不交纳的，自逾期之日起按日加收滞纳部分万分之五的滞纳金，并可以处一万元以上三万元以下的罚款。

第五十五条　业主、非业主使用人违反业主临时公约、业主公约，损害其他业主、非业主使用人合法权益的，业主委员会、物业服务企业应当予以劝阻、制止；相关业主、非业主使用人可以依法提起诉讼。

第五十六条　物业服务企业未履行物业服务合同约定义务，导致业主人身、财产受到损害的，依法承担民事责任。

业主未按物业服务合同约定交纳物业服务费的，业主委员会应当督促该业主交纳，物业服务企业可以依法申请仲裁或者提起诉讼。

第五十七条　违反本条例规定，物业主管部门或者其他有关行政管理部门的工作人员有下列行为之一的，对直接负责的主管人员和其他直接责任人员依法给予行政处分；构成犯罪的，依法追究刑事责任：

（一）挪用专项维修资金或者保修金的；

（二）对投诉、举报不及时处理或者发现违法行为不依法予以查处的；

（三）不按规定出具业主大会、业主委员会备案证明和印章刻制证明的；

（四）利用职务之便，收受建设单位或者其他人的财物等不正当利益的；

（五）其他玩忽职守、滥用职权、以权谋私的行为。

第七章 附则

第五十八条 本条例所称业主，是指房屋等物业的所有权人。

本条例所称非业主使用人，是指房屋等物业的承租人和其他实际合法使用房屋等物业的人，物业服务企业除外。

本条例所称物业，是指各类房屋及其配套的共用部位、共用设施设备，包括地下停车泊位。

本条例所称物业服务企业，是指依法设立、具有独立法人资格和规定条件，依据物业服务合同从事专业物业服务活动的企业。

第五十九条 本条例所称共用部位，是指物业管理区域内属于全体业主或者单幢物业的业主、非业主使用人共同使用的公共门厅、楼梯间、电梯间、管道井、设备间、过道、值班保安室、公共停车位、房屋承重结构、户外墙面、屋面和道路、场地、绿地等部位。

本条例所称共用设施设备，是指物业管理区域内属于全体业主或者单幢物业的业主、非业主使用人共同使用的供水箱、水泵、排水管道、窨井、化粪池、垃圾箱（房）、电梯、楼道照明设施、小区道路照明设施、安全防范智能系统、避雷装置、单元防盗门、文化体育设施和区域围护等设施设备。

第六十条 业主决定不选聘物业服务企业实行自我管理的，依照本条例相关规定执行。

第六十一条 本条例自2006年10月1日起施行。1999年5月11日省人民政府颁布的《浙江省住宅区物业管理办法》同时废止。

广东省物业管理条例

（1998年7月29日广东省第九届人民代表大会常务委员会第四次会议通过，
2008年11月28日广东省第十一届人民代表大会常务委员会第七次会议修订，
2008年11月28日广东省人民代表大会常务委员会公告第10号公布）

第一章 总则

第一条 为了规范物业管理活动，维护业主、物业服务企业的合法权益，营造和谐、安全、文明、整洁的居住和工作环境，根据《中华人民共和国物权法》《物业管理条例》等法律、行政法规，结合本省实际，制定本条例。

第二条 本条例适用于本省行政区域内物业管理活动。

本条例所称物业管理，是指业主通过选聘物业服务企业，由业主和物业服务企业按照物业服务合同约定，对房屋及配套的设施设备和相关场地进行维修、养护、管理，维护物业管理区域内的环境卫生和相关秩序的活动。

第三条 各级人民政府应当规范物业管理工作，保障业主对物业依法享有的管理权，促进物业管理向专业化、市场化发展，鼓励采用新技术、新方法，提高物业管理和服务水平。

第四条 省人民政府建设行政主管部门负责全省物业管理活动的监督管理工作。

市、县（区）人民政府房地产行政主管部门负责本行政区域内物业管理活动的监督管理工作。

各级人民政府有关行政管理部门在各自职责范围内，做好物业管理区域内的有关工作。

第五条 街道办事处、乡镇人民政府会同物业所在地的区、县人民政府房地产行政主管部门对设立业主大会和选举业主委员会给予指导和协助，协调处理物业管理中的纠纷。居民委员会、村民委员会予以协助和配合。

第六条　物业管理行业协会应当依法加强行业自律管理，规范行业行为，维护市场秩序和公平竞争，建立物业服务企业及其从业人员诚信档案，督促其依法、诚信经营和服务，对违反法律法规和行业规范的行为给予通报批评和公开谴责，促进行业健康发展。

第二章　物业管理区域

第七条　物业管理区域根据物业建设用地规划许可证确定的红线图范围，结合物业的共用设施设备、社区建设等因素划定。物业的配套设施设备共用的，应当划定为一个物业管理区域；但其设施设备能够分割、独立使用的，可以划定为不同的物业管理区域。

旧城区、城中村等没有实施物业管理的建成居住区需要实施物业管理的，由街道办事处、乡镇人民政府征求相关业主意见后，确定物业管理区域。

对物业管理区域划定有争议的，物业所在地的区、县人民政府房地产行政主管部门应当征求物业所在地街道办事处、乡镇人民政府、相关业主、居民委员会的意见后确定。

第八条　新建物业出售前，建设单位应当将划定的物业管理区域向物业所在地的区、县人民政府房地产行政主管部门备案，并将经备案的物业管理区域在商品房买卖合同中明示。

已经实施物业管理的区域，由物业服务企业向物业所在地的区、县人民政府房地产行政主管部门备案。

街道办事处、乡镇人民政府确定的物业管理区域，由街道办事处、乡镇人民政府向物业所在地的区、县人民政府房地产行政主管部门备案。

第九条　一个物业管理区域成立一个业主大会，由一个物业服务企业提供物业管理服务。

第三章　业主、业主大会及业主委员会

第十条　房屋的所有权人为业主。

尚未登记取得所有权，但基于买卖、赠与、拆迁补偿等旨在转移所有权的法律行为已经合法占有该房屋的人，在物业管理活动中享有法律法规规定的业主的权利，并承担相应的义务。

第十一条　业主依法成立业主大会，选举业主委员会。

业主大会由物业管理区域内全体业主组成，代表和维护全体业主在物业管理活动中的合法权益，依法履行职责。

一个物业管理区域内业主人数较少且经全体业主一致同意，决定不成立业主大会的，由业主共同履行业主大会、业主委员会的职责。

第十二条　已交付使用的物业建筑面积达到物业管理区域建筑面积百分之五十的，建设单位应当书面报告物业所在地街道办事处、乡镇人民政府，并在物业管理区域的显著位置公告。

第十三条　百分之二十以上业主可以联名向街道办事处、乡镇人民政府提出成立业主大会的书面要求。

已交付使用的物业建筑面积达到物业管理区域建筑面积百分之五十以上的，业主可以向街道办事处、乡镇人民政府提出成立业主大会的书面要求。

符合前两款情形之一的，街道办事处、乡镇人民政府应当在三十日内会同物业所在地的区、县人民政府房地产行政主管部门指导、协助业主推荐产生业主大会筹备组。

业主大会筹备组由业主代表、建设单位以及街道办事处、乡镇人民政府代表七至十五人组成，其中业主代表应当不少于首次业主大会筹备组人数的百分之六十。业主大会筹备组成员名单应当自成立之日起七日内在物业管理区域的显著位置公告。

第十四条　建设单位和物业服务企业应当协助业主大会筹备组工作，向业主大会筹备组提供业主清册、物业建筑的基本资料（包括物业管理区域内地上、地下的建筑物、设施设备和相关场地等）、已筹集的专项维修资金清册等文件资料，并在物业管理区域提供相应的人力、场地支持。

业主大会筹备组应当对业主资料保密，不得将前款资料用于与业主大会筹备无关的

活动。

第十五条 业主大会筹备组应当自成立之日起六个月内，组织召开首次业主大会会议。

业主大会筹备组履行下列职责：

（一）确定首次业主大会会议召开的时间、地点、形式和内容；

（二）拟订管理规约草案和业主大会议事规则草案；

（三）确认业主身份，确定业主在首次业主大会会议上的投票权数；

（四）确定业主委员会委员候选人产生办法及名单；

（五）召开首次业主大会会议的其他准备工作。

前款（一）至（四）项的内容应当在首次业主大会会议召开十五日前在物业管理区域的显著位置公告并书面通知全体业主。

第十六条 首次业主大会会议应当对管理规约、业主大会议事规则进行表决，并选举业主委员会。

第十七条 管理规约应当对有关物业的使用、维护、管理，业主的共同利益，业主应当履行的义务，违反管理规约应当承担的责任等事项依法作出约定。管理规约对全体业主、物业使用人具有约束力。

业主大会议事规则应当就业主大会的议事方式、表决程序，业主委员会的组成、成员任期及职务终止等事项作出约定。

第十八条 业主大会会议分为定期会议和临时会议。

业主大会定期会议应当按照业主大会议事规则的规定召开。

经业主委员会决定，或者百分之二十以上的业主提议，业主委员会应当组织召开业主大会临时会议。

业主委员会不按照前两款规定组织召开业主大会定期会议、临时会议的，业主可以向物业所在地街道办事处、乡镇人民政府提出协助要求，街道办事处、乡镇人民政府应当协调组织召开。

第十九条 召开业主大会会议，应当于会议召开十五日前将会议时间、地点、议题和议程在物业管理区域的显著位置公告，并书面通知全体业主。

业主大会会议可以采用集体讨论的形式，也可以采用书面征求意见等形式。采用书面征求意见形式的，应将书面征求意见的结果在物业管理区域内公示三十日以上，业主有权查阅相关资料。

第二十条 业主可以幢、单元或者楼层为单位，推选业主代表参加业主大会会议。

推选业主代表参加业主大会会议的，业主代表应当在参加业主大会会议三日前，就业主大会会议拟讨论的事项书面征求其所代表的业主意见；需要投票表决的，业主的赞同、反对及弃权的具体票数经本人签字后，由业主代表在业主大会投票时如实反映。

第二十一条 业主可以委托他人参加业主大会会议。业主委托他人参加业主大会会议的，应当出具书面委托书，载明委托事项、委托权限及期限。

第二十二条 业主大会决定筹集和使用专项维修资金、改建或者重建建筑物及其附属设施的，应当经专有部分占建筑物总面积三分之二以上的业主且占总人数三分之二以上的业主同意；决定其他有关共有和共同管理权利重大事项的，应当经专有部分占建筑物总面积过半数的业主且占总人数过半数的业主同意。面积和业主人数按照下列方式确定：

（一）专有部分面积，按照建筑面积计算；建筑物总面积，按专有部分面积之和计算。

（二）建设单位已经出售的专有部分的业主人数，一户按一人计算；建设单位未出售的专有部分按一人计算；总人数，按照两者之和计算。

第二十三条 业主大会会议表决采用记名投票的方式。

任何人不得伪造业主选票、表决票、业主签名或者书面委托书。选票、表决票和书面委托书应当妥善保管，以备查询。

第二十四条 业主委员会是业主大会的执行机构，履行下列职责：

（一）召集业主大会会议，向业主大会报告工作；

（二）代表业主与业主大会决定选聘或者

续聘的物业服务企业签订物业服务合同；

（三）及时了解业主、物业使用人的意见和建议，监督和协助物业服务企业履行物业服务合同；

（四）督促业主、物业使用人遵守管理规约，协调处理物业管理活动中的相关问题；

（五）配合街道办事处、乡镇人民政府、居民委员会做好物业管理区域的社区建设工作；

（六）法律法规规定或者业主大会赋予的其他职责。

业主委员会对全体业主负责，接受业主监督。

第二十五条　业主委员会委员应当从具备以下条件的业主中选举产生：

（一）具有完全民事行为能力；

（二）遵纪守法，热心公益事业，责任心强，具有较强的公信力和组织能力；

（三）遵守管理规约，履行业主义务，按时交纳住宅专项维修资金和物业服务费用，无损害公共利益行为；

（四）本人及其近亲属未在为本物业管理区域提供物业服务的企业及其下属单位任职。

第二十六条　业主委员会一般由五至十五人的单数委员组成，每届任期不超过五年，可以连选连任，具体人数、任期由业主大会议事规则约定。业主委员会主任、副主任在业主委员会成员中推选产生。

业主委员会委员候选人由业主联名推荐、业主自荐等方式产生。

业主委员会是否实行差额选举以及实行差额选举的差额比例由业主大会议事规则约定。

业主委员会实行差额选举的，未当选业主委员会委员且得票数达到法定票数的候选人，可以按照得票顺序当选业主委员会候补委员。候补委员人数由业主大会议事规则约定。候补委员可以列席业主委员会会议，不具有表决权。

第二十七条　业主委员会应当自选举产生之日起三十日内，向物业所在地的区、县人民政府房地产行政主管部门和街道办事处、乡镇人民政府备案。备案时应提交以下材料：

（一）管理规约、业主大会议事规则；

（二）业主大会的会议记录和会议决定；

（三）业主委员会委员（候补委员）名单及其基本情况。

物业所在地的区、县人民政府房地产行政主管部门应当在收到上述材料后五日内发出备案回执。

业主委员会收到备案回执后，应将备案情况告知物业服务企业，并在物业管理区域的显著位置公告。

备案的有关事项发生变更的，业主委员会应当自变更之日起十五日内书面报告物业所在地的区、县人民政府房地产行政主管部门和街道办事处、乡镇人民政府。

第二十八条　业主委员会凭物业所在地的区、县人民政府房地产行政主管部门的备案回执，向公安机关申请刻制印章，按照业主大会议事规则的规定和业主大会的决定使用。

第二十九条　业主委员会会议应当按照业主大会议事规则的规定定期召开。经三分之一以上业主委员会委员提议或者业主委员会主任认为有必要的，可以召开业主委员会会议。

业主委员会会议应当有过半数委员出席，作出决定必须经全体委员过半数同意，并在物业管理区域的显著位置公布。

第三十条　业主委员会委员应当遵守法律法规和管理规约，不得有下列行为：

（一）挪用、侵占业主共有财产；

（二）索取、非法收受建设单位、物业服务企业或者有利害关系业主提供的利益或者报酬；

（三）利用职务之便要求物业服务企业减免物业服务费；

（四）违反物业服务合同拒不交纳物业服务费用；

（五）泄露业主资料或者将业主资料用于与物业管理无关的活动；

（六）其他损害业主共同利益或者可能影响其公正履行职责的行为。

业主委员会委员违反前款规定的，经业主委员会会议决定中止其委员职务，并提请业主大会会议决定终止其委员职务。

第三十一条　业主委员会委员有下列情形

之一的，其委员职务自行终止：

（一）因物业转让等原因不再是业主的；

（二）因疾病等原因丧失履行职责能力的；

（三）任职期间被依法追究刑事责任的；

（四）本人以书面形式向业主大会或者业主委员会提出辞职的；

（五）业主大会议事规则约定的其他情形。

第三十二条 业主委员会委员职务终止，有候补委员的，由候补委员依次递补。业主委员会应当及时将业主委员会委员职务终止和候补委员递补的情况在物业管理区域的显著位置公告。

职务终止的业主委员会委员应当自公告之日起三日内将其保管的属于业主大会、业主委员会所有的资料、印章等物品交回业主委员会。

第三十三条 业主委员会委员缺员，由候补委员递补后仍不足五人，或者后期物业的业主入住后需增补业主委员会委员的，业主委员会应当组织召开业主大会会议补选业主委员会委员。

业主委员会委员集体辞职的，应当召开业主大会会议重新选举业主委员会。业主可以向物业所在地街道办事处、乡镇人民政府提出协助要求，街道办事处、乡镇人民政府应当给予协助。

第三十四条 业主委员会任期届满三个月前，应当组织召开业主大会会议选举产生新一届业主委员会。业主委员会任期届满仍未组织召开业主大会会议进行换届选举的，业主可以向物业所在地街道办事处、乡镇人民政府提出协助要求，街道办事处、乡镇人民政府应当给予协助。

业主委员会应当在任期届满三日内，将属于业主大会、业主委员会的有关财物、文件资料、印章等移交给新一届业主委员会。

业主委员会任期届满，不得继续履行职责。

第三十五条 业主委员会日常工作经费由全体业主承担，经费的筹集、管理和使用由业主大会决定。

业主委员会应当按季度在物业管理区域的显著位置公布工作经费的使用情况，接受业主监督。

第四章 前期物业管理

第三十六条 前期物业管理阶段的住宅物业，建设单位应当通过招投标的方式选聘具有相应资质的物业服务企业进行前期物业管理服务，并签订书面的前期物业服务合同。投标人少于三个或者总建筑面积不超过五万平方米的住宅物业，经物业所在地的区、县人民政府房地产行政主管部门批准，可以采用协议方式选聘具有相应资质的物业服务企业。

分期开发的物业划定为一个物业管理区域的，应当由同一物业服务企业提供服务。

物业服务企业应当于合同签订之日起十五日内将前期物业服务合同报物业所在地的区、县人民政府房地产行政主管部门和街道办事处、乡镇人民政府备案。

第三十七条 建设单位与物业买受人签订的商品房买卖合同，应当包含前期物业服务合同约定的内容，载明由物业买受人交纳的前期物业服务费的时间、标准和方式。

实行政府指导价的前期物业服务费标准，应当按照政府指导价的有关规定执行。

第三十八条 建设单位应当按照不少于物业管理区域总建筑面积千分之二的比例，在物业管理区域内配置物业服务用房，最低不少于五十平方米，最高不超过三百平方米；其中，业主委员会办公用房最低不少于十平方米，最高不超过六十平方米。分期开发建设的物业，建设单位应当在先期开发的区域按照不少于先期开发房屋建筑面积千分之二的比例配置物业服务用房。

物业服务用房应当为地面以上的独立成套装修房屋，具备水、电使用功能；没有配置电梯的物业，物业服务用房所在楼层不得高于四层。

物业服务用房的所有权依法属于全体业主，专用于物业管理服务工作，不得挪作他用。

第三十九条 县级以上人民政府城乡规划行政主管部门应当在审批建设工程规划许可证时，按前条规定明确物业服务用房的位置和面积。建设单位应当在商品房预售时予以公布。

县级以上人民政府房地产行政主管部门应当在办理所有权初始登记时，在房地产登记簿中注明物业服务用房面积和房号以及物业的其他共有部分。业主有权查询。

第四十条　建设单位在交付物业前，应当对物业服务用房、共用场地、共用设施设备配置独立的水电气计量器具。

第四十一条　物业买受人应当在建设单位交付物业后按照商品房买卖合同的约定交纳物业服务费用。

物业管理区域尚未出售或者已出售但尚未交付给物业买受人的物业，其物业服务费用由建设单位按照该物业区域同类物业的标准全额交纳。

建设单位出售物业时，不得承诺或者约定减免物业服务费用。建设单位已经承诺或者约定减免的物业服务费用，由建设单位承担。

第四十二条　物业服务企业承接物业时，应当对物业共用部位、共用设施设备进行查验。

在办理物业承接验收手续时，建设单位应当向物业服务企业移交下列资料：

（一）物业的报建、批准文件，竣工总平面、单体建筑、结构、设备竣工图，配套设施、地下管网工程竣工图等竣工验收资料；

（二）设施设备买卖合同复印件及安装、使用和维护保养等技术资料；

（三）物业质量保修文件和物业使用说明文件；

（四）物业管理区域内各类建筑物、场地、设施设备的清单；

（五）物业及配套设施的产权清单；

（六）物业服务用房的清单；

（七）物业的使用、维护、管理必需的其他资料。

建设单位、物业服务企业不得泄露业主资料，物业服务企业不得将业主资料用于与物业管理服务无关的活动。在前期物业服务合同终止时，物业服务企业应当将前款资料移交给业主委员会。

第四十三条　物业服务企业应当听取业主、物业使用人对物业管理服务的意见和建议，及时处理业主投诉，改进物业管理服务。

物业服务企业不及时处理业主的投诉的，居民委员会、街道办事处、乡镇人民政府、物业所在地的区、县人民政府房地产行政主管部门应当及时协调处理；对物业服务企业损害业主、物业使用人合法权益的，物业所在地的区、县人民政府房地产行政主管部门应当责令其限期整改，物业服务企业应当按期整改。

第五章　物业管理服务

第四十四条　业主大会成立后，业主委员会应当与业主大会选聘或者续聘的物业服务企业签订物业服务合同。签订合同时，业主委员会应当出具业主大会选聘或者续聘物业服务企业的决定和业主委员会的合法有效证明。

物业服务合同应当对物业管理范围、物业管理服务事项、服务标准、服务费用、双方的权利义务、专项维修资金的管理与使用、物业服务用房的使用、共用部位和共用设施设备的管理使用、合同期限、物业服务企业的退出、资料的移交、违约责任等内容进行约定。

物业服务企业应当于合同签订之日起十五日内将物业服务合同报物业所在地的区、县人民政府房地产行政主管部门和街道办事处、乡镇人民政府备案。

第四十五条　物业服务企业应当按照法律法规的规定和物业服务合同的约定，为业主提供服务，并配合政府有关部门、街道办事处、乡镇人民政府开展社区服务和社区文化活动。

第四十六条　物业服务企业应当明码标价，将服务内容、服务标准以及收费项目、收费标准等有关情况在物业管理区域的显著位置进行公示。

物业服务企业可以根据业主的委托提供物业服务合同约定以外的服务项目，服务报酬由双方协商确定。

第四十七条　业主应当按照物业服务合同的约定，按时交纳物业服务费用；物业产权转移时，业主应当与物业服务企业结清物业服务费用。

第四十八条　物业管理区域内，供水、供电、供气、通信、有线电视等单位应当服务到最终用户，并向最终用户收取有关费用。

第四十九条 物业服务收费实行酬金制的，物业服务企业应当向业主大会或者全体业主公布物业服务资金年度预决算，并每年不少于一次公布物业服务资金的收支情况。业主委员会可以聘请专业机构对物业服务资金的收支情况进行审计。

物业服务企业应当定期公布共用场地、共用设施设备产生的水电用量、单价、金额，按照实际费用和约定的方式向全体业主合理分摊。没有约定或者约定不明确的，按照业主专有部分占建筑物总面积的比例分摊。

业主或者业主大会对公布的物业服务资金年度预决算和物业服务资金的收支情况，以及共用场地、共用设施设备产生的水电费的分摊情况提出异议时，物业服务企业应当及时答复。

第五十条 物业服务合同期限届满三个月前，业主委员会应当组织召开业主大会决定选聘或者续聘物业服务企业，并将决定书面告知物业服务企业；物业服务企业决定不再续签物业服务合同的，应当在物业服务合同期限届满三个月前书面告知业主委员会。

业主大会决定续聘的，业主委员会应当在物业服务合同期限届满一个月前与物业服务企业续签物业服务合同。

业主大会决定选聘新的物业服务企业的，原物业服务企业应当在物业服务合同终止之日起十五日内退出物业管理区域。

物业服务合同期限届满，业主大会没有作出选聘或者续聘决定，原物业服务企业自愿按照原合同约定继续提供服务的，物业服务合同自动延续至业主大会作出选聘或者续聘决定为止。

第五十一条 物业服务企业退出时，应当向业主委员会移交其合法占有的下列资料和财物，并配合新的物业服务企业做好交接工作：

（一）第四十二条规定的资料；

（二）物业服务用房；

（三）物业管理服务期间改造、维修、保养有关物业形成的技术资料；

（四）物业管理服务期间配置的固定设施设备；

（五）其他应当移交的财物、资料。

第五十二条 业主委员会应当督促物业服务企业按照物业服务合同的约定做好物业管理服务，协调、处理业主、物业使用人对物业管理服务的投诉。

业主、物业使用人、业主委员会和物业服务企业对于物业管理服务有争议的，可以向物业所在地的区、县人民政府房地产行政主管部门、街道办事处、乡镇人民政府、居民委员会申请协调处理。

业主、物业使用人、业主委员会和物业服务企业对有关物业服务收费有争议的，可以向物业所在地价格行政主管部门申请协调处理。

第六章 物业的使用和维护

第五十三条 物业管理区域内按照规划建设的公共建筑和共用设施，不得擅自改变用途。

任何人不得擅自占用、挖掘物业管理区域的道路、场地，损害业主的共同利益。

利用物业管理区域属于业主共有的道路、绿地或者其他场地作为停放车辆的车位或者利用物业共用部位、共用设施设备进行经营的，应当征得相关业主和业主大会的同意，并依法办理相关手续。所得收益依法归全体业主共有。

第五十四条 物业管理区域内，规划用于停放汽车的车位、车库，应当首先满足本区域业主的需要。

物业管理区域内规划用于停放汽车的车位、车库，建设单位应当首先出租给本区域业主、物业使用人。在满足本区域业主、物业使用人需要后，建设单位将车位、车库出租给本区域业主、物业使用人以外的其他人的，其租赁合同期限不得超过六个月。

建设单位依法取得车位、车库权属登记后方能出售车位、车库。建设单位应当在出售车位、车库一个月前，以书面形式告知本区域全体业主，并在物业管理区域的显著位置公示拟出售车位、车库的产权证明文件和出售价格。

拟出售车位、车库数量少于本区域房屋套数时，每户业主只能购买一个车位、车库。

第五十五条　物业管理区域内禁止下列行为：

（一）损坏或者擅自变动房屋承重结构、主体结构；

（二）违反法律法规以及管理规约，改变房屋用途，将住宅改变为经营性用房；

（三）将没有防水要求的房间或者阳台改为卫生间、厨房，或者将卫生间改在下层住户的卧室、起居室（厅）、书房和厨房的上方；

（四）破坏或者擅自改变房屋外观；

（五）违法搭建建筑物、构筑物；

（六）损坏或者擅自占用、改建物业共用部位；

（七）损坏或者擅自占用、移装共用设施设备；

（八）损毁树木、园林；

（九）存放不符合安全标准的易燃、易爆、剧毒、放射性等危险性物品，存放、铺设超负荷物品；

（十）乱丢垃圾，高空抛物；

（十一）发出超过规定标准的噪声或者影响邻居采光、通风；

（十二）法律法规和管理规约禁止的其他行为。

物业管理区域内发生上述行为时，业主、物业使用人有权投诉、举报，物业服务企业、业主委员会应当根据物业服务合同或者管理规约及时予以劝阻、制止；劝阻、制止无效的，物业服务企业、业主委员会应当及时报告有关行政主管部门，有关部门应当依法及时处理，相关业主和物业使用人应当积极予以配合。

第五十六条　物业共用部位、共用设施设备维修、更新时，相关业主、物业使用人应当予以配合。因相关业主、物业使用人阻挠维修、更新，造成其他业主、物业使用人财产损失的，责任人应当予以赔偿。

因物业共用部位、共用设施设备维修、更新等原因，造成房屋、设施设备等损害的，责任人应当予以恢复原状或者赔偿。

第五十七条　业主转让或者出租物业时，应当将管理规约内容、物业服务费用标准等事项告知受让人或者承租人，并自物业转让合同或者租赁合同签订之日起十五日内，将物业转让或者出租情况告知业主委员会和物业服务企业。

第五十八条　住宅物业、住宅小区内的非住宅物业或者与单幢住宅楼结构相连的非住宅物业的业主，应当按照国家规定交存住宅专项维修资金。

住宅专项维修资金实行专户存储、专款专用、业主决策、政府监督的原则。

住宅专项维修资金专户以物业管理区域为单位设账，并按房屋户门号设分户账；未划定物业管理区域的，以幢为单位设账，按房屋户门号设分户账。

住宅专项维修资金属于业主所有，专项用于物业保修期满后物业共用部位、共用设施设备的维修和更新、改造，不得挪作他用。

第五十九条　业主转让物业时，其交存的住宅专项维修资金余额不予退还，一并转让给新业主。

第六十条　共有物业的维修、更新、改造费用，由共有该物业的业主按照各自拥有的物业专有部分建筑面积比例分摊。

第六十一条　物业保修期内发生的维修费用，由建设单位承担，不得从住宅专项维修资金中列支。

物业管理区域内依法应当由供水、供电、供气、通讯、有线电视等单位承担的相关管线和设施设备的维修、养护费用，不得从住宅专项维修资金中列支。

第七章　法律责任

第六十二条　建设单位未按照本条例第十二条规定向物业所在地街道办事处、乡镇人民政府报告并在物业管理区域公告的，或者未按照本条例第十四条规定向业主大会筹备组提供相关文件资料的，由物业所在地县级以上人民政府房地产行政主管部门责令限期改正；逾期不改正的，可以处五万元以下的罚款。

建设单位未按照本条例第三十八条规定提供物业服务用房的，由县级以上人民政府房地产行政主管部门责令限期提供；逾期不提供的，责令向业主大会交纳相应价款，用于解决物业服务用房，没收违法所得，并处十万元以上五十万元以下的罚款。

第六十三条 物业服务企业有下列情形之一的，由县级以上人民政府房地产行政主管部门按照以下规定予以处罚：

（一）业主大会决定选聘新的物业服务企业后，原物业服务企业不按规定退出物业管理区域的，责令限期退出；逾期拒不退出的，处五万元以上十五万元以下的罚款，并由颁发其资质证书的房地产行政主管部门吊销其资质证书；

（二）损毁或者破坏属于全体业主的档案资料、财物和共用设施设备的，可处五万元以上二十万元以下的罚款。

物业服务企业违反本条例第三十七条第二款规定，擅自提高收费标准，增加收费项目的，由县级以上人民政府价格行政主管部门根据有关法律法规的规定予以处罚。

第六十四条 物业服务企业人员对业主或者物业使用人采取人身、财产侵害等行为的，应当依法承担民事责任；对违反治安管理的行为，依照《中华人民共和国治安管理处罚法》予以处罚；构成犯罪的，依法追究刑事责任。

第六十五条 业主委员会作出的决定违反法律法规规定或者业主大会决定，给业主、物业服务企业造成损害的，由签字同意该决定的业主委员会委员承担民事责任。

业主委员会违反法律法规规定，严重侵害业主合法权益或者严重影响公共秩序的，由政府有关部门依法追究责任。

第六十六条 业主委员会委员违反本条例第三十条规定的，由县级以上人民政府相关行政主管部门依法处理，并在其物业管理区域内予以通报；构成犯罪的，依法追究刑事责任。

业主委员会委员职务终止后未将其保管的属于业主大会、业主委员会所有的资料、印章等物品交回业主委员会，业主委员会任期届满后未及时将有关财物、文件资料、印章等移交新一届业主委员会的，由县级以上人民政府房地产行政主管部门责令限期改正，并给予警告。

第六十七条 违反本条例规定，泄露业主资料或者将业主资料用于与物业管理服务无关的活动的，依法追究法律责任。

第六十八条 违反本条例第五十五条规定，给他人造成损害的，依法承担民事责任，并由有关行政主管部门按照下列规定予以查处；构成犯罪的，依法追究刑事责任：

（一）违反第一项规定的，由县级以上人民政府建设行政主管部门责令限期改正，处五万元以上十万元以下的罚款。

（二）违反第二项、第四项、第五项规定的，由县级以上人民政府城乡规划行政主管部门依照有关法律法规的规定查处。

（三）违反第三项规定的，由县级以上人民政府建设行政主管部门责令限期拆除，并对业主、物业使用人处一千元以上五千元以下的罚款，对装饰装修企业处五千元以上五万元以下的罚款；逾期未拆除的，县级以上人民政府建设行政主管部门可以申请人民法院强制执行。

（四）违反第六项、第七项规定的，由县级以上人民政府房地产行政主管部门责令限期改正，给予警告；对个人可以处一万元以下的罚款；对单位可以处二十万元以下的罚款。

（五）违反第八项、第九项、第十项、第十一项、第十二项规定的，由相关行政主管部门依法查处。

第六十九条 县级以上人民政府房地产行政主管部门、街道办事处、乡镇人民政府以及其他有关行政管理部门的工作人员利用职务上的便利，收受他人财物或者其他好处，不依法履行监督管理职责，或者发现违法行为不予查处，尚未构成犯罪的，依法给予处分；构成犯罪的，依法追究刑事责任。

第八章 附则

第七十条 本条例所称共用部位，是指属于业主共有共用的房屋主体承重结构部位（包括基础、内外承重墙体、柱、梁、楼板、屋面等）、走廊通道、楼梯间、电梯井、物业服务用房，以及房屋外墙面等。

本条例所称共用设施设备，是指物业区域内供排水管道、水箱、加压水泵、电梯、天线、照明设施、供电线路、煤气（天燃气）管道、消防设施、沟渠、池、井、公益性文体等设施设备。

第七十一条　本条例自2009年3月1日起施行。

云南省物业管理规定

（2005年8月5日省人民政府第33次常务会议通过，根据2008年10月27日云南省人民政府第13次常务会议通过的《云南省人民政府关于修改〈云南省物业管理规定〉的决定》修正，2008年11月22日云南省人民政府令第151号公布）

第一条　为了规范物业管理区域的划分，维护业主和物业服务企业的合法权益，根据国务院公布的《物业管理条例》第九条的授权规定，结合本省实际，制定本规定。

第二条　本省行政区域内的物业管理活动应当遵守《物业管理条例》及国务院主管部门制定的《物业服务企业资质管理办法》、《前期物业管理招标投标管理暂行办法》、《物业服务收费管理办法》、《业主大会规程》等配套规定和本规定。

第三条　省建设行政主管部门负责全省物业管理活动的监督管理工作。州（市）、县（市、区）建设行政主管部门或者房地产管理部门（以下统称建设主管部门）负责本行政区域内物业管理活动的监督管理工作。

第四条　物业管理区域的划分，应当综合考虑物业的共用部位和共用设施设备、建筑物规模、建设工程项目、物业类型、社区建设等因素。

按照城市规划建设的住宅小区，一个小区划分为一个物业管理区域；但建筑面积在50万平方米以上分多期开发的住宅小区，可以划分为两个以上物业管理区域。

属于城市建设中自然形成的相对独立的住宅区和非住宅物业，可以划分为一个物业管理区域。

第五条　物业管理区域的具体范围，由县（市、区）建设主管部门会同同级民政等部门负责划分；跨县（市、区）的物业管理区域的具体范围，由州（市）建设主管部门会同同级民政等部门负责划分。

第六条　物业管理区域应当命名。

新建住宅小区等物业管理区域按照建设工程规划许可证的项目名称命名；已形成的物业管理区域按照住宅小区、街道、社区的名称等因素命名。

第七条　物业管理区域的具体范围、名称需要调整的，应当经原负责划分物业管理区域的部门核定。

第八条　物业管理区域符合下列条件之一的，应当召开首次业主大会会议：

（一）将物业交给业主的建筑面积达物业管理区域总建筑面积50%以上的；

（二）将物业交给第一个业主之日起满两年的；

（三）占全体业主30%以上的业主提议的。

第九条　业主大会作出决定的表决权限，依照《物业管理条例》第十二条规定执行。

第十条　本规定自2005年10月1日起施行。省人民政府批准、省建设厅1996年1月28日发布的《云南省城市住宅小区物业管理办法》同时废止。

西藏自治区城镇住宅物业管理暂行办法

（藏建房〔2006〕102号，2006年10月11日西藏自治区建设厅发布）

第一章 总则

第一条 为了规范城镇住宅物业管理，维护业主和物业管理企业的合法权益，构建和谐住宅小区，根据《物业管理条例》，结合自治区实际，制定本办法。

第二条 本办法所称住宅物业，是指城镇和工矿区内的住宅及其配套的共用设施设备和公共场地。

第三条 住宅物业实行属地化管理。自治区建设行政主管部门负责全区城镇住宅物业管理的宏观指导和监督；各地（市）、县建设行政主管部门（房地产管理部门）对本行政区域内城镇住宅物业服务的具体工作实施监督、管理。

各级规划（土地）、工商、公安等行政主管部门按照各自职责，对住宅物业管理服务活动实施监督、指导。

第四条 住宅小区的物业由业主通过招投标委托物业管理企业实施专业服务管理，也可以实行业主自行管理。

对新建住宅小区，原则上应当实行物业管理。

第五条 业主或者使用人对住宅的所有权、使用权以及对配套共用设施设备和公共场地、绿地依法共同享有的所有权、使用权受法律保护，任何单位和个人不得侵占。

第二章 业主委员会

第六条 城镇住宅区有下列情形之一的，由当地县级建设行政主管部门（房地产管理部门）会同住宅出售单位召开业主大会：

（一）住房出售率达到住宅小区总建筑面积40%的；

（二）住户入住率达到住宅小区总户数50%的。

第七条 业主在业主大会上的投票权以套计算，有单独房屋产权证的一套计一票。

非住宅物业业主在首次业主大会上的投票权，按物业建筑面积计算，不超过100平方米有单独房屋产权证的计一票；超过100平方米的，每超过100平方米再计一票。

单个业主在首次业主大会上的投票权最高不超过全部投票权的30%，剩余投票权按照其他业主占全部投票权的比例分摊。

第八条 首次业主大会应当在当地县级建设行政主管部门（房地产管理部门）指导下制定《业主大会议事规则》，就业主大会的议事方式、表决程序、业主投票权决定办法，业主委员会的组成，委员的资格、任期、改选、罢免，经费筹集、使用、管理等事项作出具体约定。

第九条 业主大会可以采用集体讨论或者书面征求意见的形式进行；但应当有物业管理区域内持有1/2以上投票权的业主参加。

业主可以委托代理人参加业主大会会议，代理人应当出具书面授权委托书。

业主大会所作决定，必须经与会业主所持投票权1/2以上通过。业主大会做出制定和修改《业主委员会章程》、《业主公约》、《业主大会议事规则》，选聘和解聘物业管理企业，专项维修资金筹集和使用方案的决定，必须经物业管理区域内的全体业主所持投票权2/3以上通过。

第十条 业主大会行使下列职权：

（一）选举、罢免业主委员会组成人员，监督业主委员会的工作；

（二）审议通过《业主委员会章程》和《业主公约》；

（三）听取和审议物业管理工作报告；

（四）决定或者授权业主管理委员会选聘、解聘物业管理企业；

（五）决定物业管理的其他重要事项。

第十一条　首次业主大会选举产生业主委员会。业主委员会委员应当由热心公益事业、责任心强、有一定组织能力的业主担任。同时，业主委员会委员不得领取报酬，也不得在所聘任的物业管理企业中任职。

业主委员会由主任、副主任、委员组成，主任、副主任在委员中选举产生，委员在业主中选举产生，名额应当为5个以上单数，每届任期3年，可以连任；因物业产权变更不再是业主的，应当予以改选。

一个住宅小区内只能成立一个业主委员会。

业主委员会选举产生后应当及时在物业管理区域内公告，并在选举产生之日起30日内向当地县级建设行政主管部门（房地产管理部门）备案。备案时应提交《业主委员会章程》、《业主公约》、《业主大会议事规则》、业主大会决定、选举结果及组成人员名单等相关资料。

第十二条　业主委员会应当按照《业主大会议事规则》定期召开业主大会会议；经20%以上的业主提议或者发生重大事故、经济事件需要及时处理的，业主委员会应当组织召开业主大会临时会议。

第十三条　业主委员会应履行下列职责：

（一）召集并主持业主大会，并向业主大会报告物业管理实施情况；

（二）代表业主招标选聘物业管理企业，并与物业管理企业签订物业服务合同；

（三）听取业主、使用人的意见和建议，监督物业管理企业履行物业服务合同，协助物业管理企业落实各项管理措施；

（四）按照物业服务合同的约定，变更、解除物业服务合同；

（五）接受建设行政主管部门等有关部门和所在地人民政府（居民委员会）的指导和监督；

（六）与当地消费者协会和建设行政主管部门就物业管理服务中存在的争议进行协商。

业主委员会不得从事以营利为目的的经营活动。

第三章　物业管理企业

第十四条　物业管理企业应当按照《西藏自治区物业管理企业资质暂行办法》规定向县级建设行政主管部门（房地产管理部门）申领物业管理资质证书，经工商管理部门登记注册后，方可从事物业管理活动。

凡区外物业管理企业在我区从事物业服务活动的，应当持《资质证书》及相关材料到自治区建设行政主管部门办理资质验证和备案手续。

从事物业管理的人员应当按照国家有关规定，取得职业资格证书。

第十五条　物业管理企业的义务包括：

（一）全面履行物业服务合同，提供优质服务，提高物业管理水平；

（二）接受业主委员会的监督，定期向业主委员会报告工作；

（三）组织开展社区综合服务和健康有益的娱乐活动；

（四）加强内部管理，建立健全物业维修费用收支记录等制度；

（五）接受当地建设、规划、公安等部门的指导监督。

第十六条　物业管理企业的权利包括：

（一）依据物业服务合同的约定收取物业服务费；

（二）依据当地物价部门的规定收取代办服务费；

（三）依法开展多种经营活动和特约有偿服务；

（四）有权制止违反本住宅区《业主公约》和物业服务合同的行为；对造成共用设施设备损坏的，有权要求赔偿；对严重违反《业主公约》和物业服务合同的行为，有权依照《业主公约》和合同约定及时予以处理，或者交由有关部门依法处理。

第四章　物业管理服务

第十七条　房地产开发企业在销售住房前，应当通过公开招标的方式选聘具有相应资质的物业管理企业实施前期物业服务。但投标人少于3个或者建筑面积不超过5万平方米的，经当地县级以上人民政府建设行政主管部门（房地产管理部门）批准，可以采取协议方式选聘具有相应资质的物业管理企业实施物业服务。前期物业服务费用由房地产开发企业承担，不得变相向购房者收取物业服务费。

第十八条 房地产开发企业在与物业管理企业签订前期物业服务合同时，应当明确前期物业服务内容、服务费用、物业保修范围和时限、违约责任等物业管理具体事项。房地产开发企业在销售商品住房时，应当公告并告之购房者物业服务的标准、收费等相关事项。

第十九条 前期物业服务合同期限应当到新成立的业主委员会与物业管理企业签订的物业服务合同生效时终止。

第二十条 前期物业服务合同终止时，房地产开发企业应当在当地县级建设行政主管部门（房地产管理部门）监督指导下，向业主委员会移交下列工程建设资料：

（一）住宅规划图、竣工总平面图；

（二）单体建筑及结构、设备竣工图；

（三）住宅地下管网结构图；

（四）有关设施设备的使用和维修技术资料；

（五）依法签定的房屋质量保证协议；

（六）物业管理必需的其他工程建设资料。

第二十一条 商品房开发企业应当按照总建筑面积0.3%的比例在物业管理区域内提供必要的物业管理用房，但最低不低于50平方米、最高不超过300平方米。

物业管理用房属于全体业主共同所有，业主大会成立后，房地产开发企业应当将物业管理用房产权证书移交给业主委员会，仅供物业管理企业使用；未经业主大会同意，物业管理企业不得将物业管理用房转让、出租或者挪作他用。

第二十二条 业主大会或者业主委员会委托物业管理企业实施物业服务，应当与物业管理企业签定物业服务合同，并将住宅小区的工程建设资料移交给物业管理企业。

物业服务合同应当包括管理事项、管理权限、管理期限、管理费用、双方的权利和义务、违约责任、合同变更与解除等条款。物业服务合同应当使用自治区建设行政主管部门规定的示范文本，并报当地县级建设行政主管部门（房地产管理部门）备案。

第二十三条 物业服务合同中应当约定下列事项：

（一）住宅共用部位、共用设施设备以及各类管道、线路的使用管理、维修和更新；

（二）保洁服务、绿化服务、保安服务、车辆管理；

（三）住宅自用部位和自用设备的维修、更新；

（四）业主或者业主委员会委托的其他事项。

第二十四条 物业管理企业可以将物业管理区域内的专项服务业务委托给专业性服务企业，但不得将该区域内的全部物业管理一并委托给他人。

第二十五条 出售商品住房和公有住房，购房者按购房款3%、房地产销售商按售房款5%的比例提取共用部位、共用设施设备维修基金，用于住宅共用部位和共用设施设备的维修及设备重置、改造、更新。

共用部位、共用设施设备维修基金的管理使用，按照财政部、建设部《住宅共用部位共用设施设备维修基金管理办法》执行。

共用部位、共用设施设备维修基金的使用情况由业主委员会在每年定期召开的业主大会上向全体业主作具体说明。

第二十六条 住宅自用部位、自用设备超过法定保修期后的维修、更新，由业主或者使用人负责，费用自理。物业服务合同另有约定的除外。

住宅共用部位和共用设施设备超过法定保修期后的维修、更新，由业主委员会委托物业管理企业负责，其费用在住宅共用部位维修基金、共用设施设备维修基金中列支。

住宅户外供水、供电等设施设备的管理、维护，由供水、供电等企业负责。

第二十七条 业主需要装饰装修房屋的，应当事先告知物业管理企业。

物业管理企业应当将房屋装饰装修中的禁止行为和注意事项告知业主，并与业主就共用部位和共用设施设备的损坏赔偿、废弃物清运处置、装修人员管理等有关事项签订协议。

房屋装饰装修企业在住宅小区内从事房屋装饰装修的，应当向所在小区的物业管理企业办理《临时施工人员证》，施工期间应接受物业管理企业的监督。

物业管理企业发现业主、使用人在房屋装饰装修中出现违反法律、法规、规章或者《业主公约》的行为，应当予以劝阻；对拒不改正的，应当及时报告业主委员会处理，情况严重的报当地县级建设行政主管部门（房地产管理部门）依法处理。

第二十八条　因装饰装修危及公共安全或者影响毗邻正常使用物业的，业主或者使用人应当及时改正并负责维修；对发生危及他人房屋使用安全或者公共安全的紧急情况时，物业管理企业应当立即组织维修、更新或者采取应急措施，并及时通知业主委员会。维修费用由肇事业主承担。

第二十九条　业主在使用物业中不得有下列行为：

（一）破坏房屋承重结构、主体结构；

（二）损坏或者擅自占用物业共用部位、共用设施设备，移动共用设备；

（三）破坏房屋外观；

（四）违法搭建建筑物、构筑物；

（五）擅自改变物业的使用性质；

（六）侵占绿地，损毁花草树木；

（七）随意停放车辆；

（八）随意堆放、倾倒或者抛弃垃圾、杂物；

（九）违反规定放置易燃、易爆、剧毒、放射性物品，排放有毒、有害物质，或者产生超过规定标准的噪声；

（十）擅自设置摊点；

（十一）法律、法规、规章禁止的其他行为。

第三十条　物业管理企业应当在物业服务合同终止或者解除后30日内，向业主委员会办理交接手续，并报县级建设行政主管部门（房地产管理部门）备案。

第三十一条　物业管理企业应当根据自治区服务收费的有关规定，向当地县级物价管理部门申领经营性收费许可证。

第五章　物业服务收费

第三十二条　物业管理企业的具体收费标准由业主委员会在选聘物业管理企业时，按照物业管理企业提供服务水平，参照当地地（市）建设行政主管部门（房地产管理部门）和物价部门制定的标准协商确定。

在已委托实施物业管理的住宅区内，已购买商品房取得产权后尚未入住的业主，减半缴纳物业服务费；尚未售出的商品房，房地产开发企业应当按照一定比例缴纳物业服务费，具体比例由房地产开发企业与物业管理企业协商确定。

第三十三条　物业管理企业受供水、供电、通讯、光纤网络等企业的委托，代收水、电、通讯、有线电视等费用的，由委托企业按代收总费用的一定比例向物业管理企业支付代办服务费，具体比例由双方协商，但不得向业主或者使用人另收代办服务费。

第三十四条　物业管理企业可以为业主或者使用人提供代请家政服务人员或者钟点工、清洗家用电器、代购商品等专项特约服务，并由物业管理企业与业主或者使用人协商收取特约服务费。

第三十五条　房地产开发企业委托物业管理企业承担住宅法定保修期内的保修义务的，应当将保修费用交由物业管理企业按规定使用。

第三十六条　物业管理经费的收取和使用，应当统一管理、专款专用。对物业服务合同约定实行筹金制的，物业管理企业应当按年度向物业业主和使用人公布。对物业服务合同约定实行包干制的，物业管理企业可以不向物业业主和使用人公布。

第三十七条　业主未按物业服务合同规定缴纳物业服务费的，应当由业主委员会和物业管理企业出面协调解决，超过两个月仍不缴纳的，物业管理企业可拒绝为其提供服务，并向当地建设行政主管部门（房地产管理部门）申诉或向司法部门依法起诉。

对业主确因家庭生活困难、享受低保的，

物业管理企业可适当减免其物业服务费。

第三十八条 物业管理企业不按物业管理服务合同约定提供服务，或者因管理不善给业主造成损失的，业主委员会可依法要求其按照合同提供服务，或者依法向当地县级建设行政主管部门（房地产管理部门）投诉，要求其赔偿。

对情节严重的，除要求物业管理企业进行赔偿外，业主委员会还可以依法解除其物业服务合同。

第六章 附则

第三十九条 违反本办法规定的，由县级建设行政主管部门（房地产管理部门）依据《物业管理条例》的有关规定进行处罚。

第四十条 自治区城镇和工矿区内的办公楼、写字楼、商业楼等各类房屋建筑实施物业服务，参照本办法执行。

第四十一条 建设行政主管部门（房地产管理部门）在划分物业管理区域时应当考虑下列因素：

（一）业主共用供水、排水、供电、消防等设施设备；

（二）属于一个自然街道或者封闭小区；

（三）与社区居民委员会设置大体相适应。

第四十二条 本办法中有关用语的含义为：

（一）住宅自用部位，是指一套住宅户内自用的客厅、房间、厨房、卫生间、阳台、天井和庭院（含围墙）以及室内装饰等部位。

（二）住宅自用设备，是指住宅户内的门窗、卫生洁具和供水、排水、电线、电表、水表等设备。

（三）住宅共用部位，是指住宅建筑的主体承重结构部位（包括基础、内外承重墙体、柱、梁、楼板、屋顶等）、户外墙面、门厅、楼梯间、走廊通道等。

（四）住宅共用设施设备，是指住宅区（楼）内，建筑费用已分摊进住房销售价格的共用上下水管道、落水管、天线、水箱、加压水泵、锅炉、电梯、供电线路、照明、消防设施、道路、沟渠、池、井、非经营性车场车库、公益性文体设施及共用设施设备使用的房屋等。

第四十三条 本办法由自治区建设行政主管部门负责解释。

第四十四条 本办法自发布之日起施行。

郑州市物业管理条例

（2021年6月24日郑州市第十五届人民代表大会常务委员会第二十六次会议通过，
2021年7月30日河南省第十三届人民代表大会常务委员会第二十六次会议批准，
2021年9月2日郑州市人民代表大会常务委员会公告〔十五届〕第25号公布）

第一章 总则

第一条 为了规范物业管理活动，维护业主、物业服务人以及相关主体合法权益，营造安全、和谐、文明、美好的人居环境，构建共建共治共享的社会治理格局，根据《中华人民共和国民法典》、国务院《物业管理条例》等法律、法规，结合本市实际，制定本条例。

第二条 本条例适用于本市行政区域内的物业管理及其监督管理活动。

本条例所称物业管理，是指业主通过选聘物业服务人或者自行管理等方式，对物业服务区域内的建筑物及其附属设施和相关场地进行维修、养护、管理，维护环境卫生和相关秩序的活动。

第三条 物业管理应当坚持党的领导、政府监管、业主自治、专业服务、行业自律的原则。

第四条 发挥党组织的战斗堡垒作用，构建基层党建引领社区治理下的物业管理体系，建立居（村）民委员会、业主委员会、物业服务人协调运行机制，充分调动居民参与积极性，形成社区治理合力。

第五条　市、区县（市）人民政府应当将物业管理纳入同级现代服务业发展规划和社区治理体系，加强对物业管理活动及其监督管理工作的组织领导，所需经费纳入同级财政预算，建立健全物业管理综合协调机制，研究解决重大事项。

街道办事处、乡镇人民政府负责辖区内物业管理活动的组织、指导和监督工作。居（村）民委员会在街道办事处、乡镇人民政府指导下开展物业管理相关工作。

第六条　市住房保障和房地产管理部门负责本市行政区域内物业管理活动的监督管理工作，具体履行下列职责：

（一）制定本市物业管理相关政策并组织实施；

（二）指导和监督区县（市）物业管理主管部门开展物业管理活动的监督管理工作；

（三）建立本市统一的物业服务技术规范；

（四）建立和维护物业信息化系统；

（五）指导和监督本市物业专项维修资金的筹集、管理和使用；

（六）推动建立老旧小区物业管理机制；

（七）开展物业管理相关法律、法规的宣传和培训；

（八）实施监督管理的其他职责。

区县（市）物业管理主管部门负责本行政区域内物业管理活动的监督管理工作，具体履行下列职责：

（一）贯彻执行物业管理相关法律法规、政策制度；

（二）指导街道办事处、乡镇人民政府实施物业管理工作；

（三）定期对辖区内物业服务与管理情况进行评估，及时完善监督管理措施；

（四）组织业主委员会、物业服务行业等相关人员进行业务培训；

（五）监督辖区内物业服务人遵守法律法规、履行物业服务合同；

（六）实施监督管理的其他职责。

发展改革、城乡建设、自然资源和规划、司法行政、市场监督管理、应急管理、公安、城市管理、园林绿化、生态环境、卫生健康、消防救援机构等部门和单位按照各自职责，做好物业管理活动的监督管理相关工作。

第七条　市物业管理行业协会应当加强行业自律，规范从业行为，调解行业纠纷，督促物业服务人及从业人员依法经营、诚信服务、提升物业服务水平，推动物业服务行业健康发展。

第八条　鼓励和支持互联网、大数据、人工智能等信息技术手段在物业服务与管理中的应用，建设智慧物业管理服务平台，提高智慧物业服务品质，推进社区治理能力现代化建设。

对涉及老年人、残疾人的高频事项和服务场景，坚持传统服务方式与智能化服务融合并行，为其提供便利化物业服务。

第九条　鼓励单位和个人以志愿服务、公益宣传、科普教育等形式参与社区物业服务和管理活动。

第二章　业主和业主组织

第十条　房屋的所有权人为业主。

尚未依法办理房屋所有权登记，但符合下列情形之一的，在物业管理活动中享有业主权利、承担业主义务：

（一）因人民法院、仲裁机构的生效法律文书等取得房屋所有权的；

（二）因继承取得房屋所有权的；

（三）因合法建造等事实行为取得房屋所有权的；

（四）基于与建设单位之间的商品房买卖民事法律行为，已经合法占有建筑物专有部分的；

（五）法律、法规规定的其他情形。

已经达到交付使用条件，尚未出售或者尚未向物业买受人交付的专有部分，建设单位为业主。

业主可以依法委托物业使用人行使业主权利、履行业主义务，委托应当采用书面形式。

第十一条　业主依照法律、法规规定以及管理规约、物业服务合同约定行使权利，承担义务，不得以放弃权利为由不履行义务。

业主转让建筑物内住宅、经营性用房，其对共有部分享有的共有和共同管理的权利一并转让。

第十二条 业主大会由全体业主组成，代表并维护物业服务区域内全体业主在物业管理活动中的合法权益。

一个物业服务区域成立一个业主大会。只有一个业主的，或者业主人数较少且经全体业主一致同意不成立业主大会的，由业主共同履行业主大会、业主委员会职责。

第十三条 物业服务区域达到成立业主大会法定条件的，建设单位应当在六十日内按照规定向街道办事处、乡镇人民政府提交下列文件资料：

（一）物业服务区域证明；

（二）业主名册；

（三）房屋及建筑物面积清册；

（四）建筑规划总平面图；

（五）交付使用共用设施设备的证明；

（六）物业服务用房配置证明；

（七）其他有关的文件资料。

建设单位对提交文件资料的真实性、完整性负责，不得隐匿、篡改、伪造。

第十四条 物业服务区域达到成立业主大会法定条件的，十人以上业主联名或者建设单位可以申请成立首次业主大会筹备组。

街道办事处、乡镇人民政府应当在收到申请后三十日内组织成立首次业主大会筹备组。筹备组由街道办事处、乡镇人民政府和业主、居（村）民委员会、建设单位的代表组成，人数为七至十一人单数，其中业主代表人数比例不得低于二分之一。建设单位经通知未派员参加的，不影响筹备组成立。筹备组组长由街道办事处、乡镇人民政府的代表担任。

筹备组中的业主代表可以由业主自荐或者居（村）民委员会推荐产生，由街道办事处、乡镇人民政府征求业主意见后确定；业主代表资格参照适用本条例第十八条有关业主委员会成员资格的规定。

筹备组应当自成立之日起三日内，将组成人员名单以及与筹备工作相关的个人信息、工作职责在物业服务区域内显著位置公布。

筹备组决定的重大事项应当经筹备组全体成员过半数同意。

第十五条 筹备组应当自成立之日起六十日内组织召开首次业主大会会议。首次业主大会会议结束时，筹备组自行解散。

筹备组未能按照前款规定组织召开首次业主大会会议的，由街道办事处、乡镇人民政府重新组建筹备组。

第十六条 下列事项由业主依法共同决定：

（一）制定和修改业主大会议事规则；

（二）制定和修改管理规约；

（三）选举业主委员会或者更换业主委员会成员；

（四）选聘和解聘物业服务人；

（五）使用、筹集专项维修资金；

（六）改建、重建建筑物及其附属设施；

（七）改变共有部分的用途或者利用共有部分从事经营活动；

（八）确定公共收益及孳息的管理、使用、监督、审计等方式；

（九）确定和调整物业服务方式、服务内容、服务标准以及收费方案；

（十）审查业主委员会工作报告、收支预算决算报告；

（十一）业主大会、业主委员会工作经费的筹集、管理和使用，业主委员会成员工作补贴以及聘用专职人员数量和薪酬的来源、支付标准；

（十二）改变或者撤销业主委员会不适当的决定；

（十三）有关共有和共同管理权利的其他重大事项。

前款业主共同决定事项应当在物业服务区域内显著位置公示。

第十七条 业主大会会议分为定期会议和临时会议。定期会议每年至少召开一次，由业主委员会召集。

有下列情形之一的，业主委员会应当及时召集业主大会临时会议：

（一）发生重大事故或者紧急事件，需要立即处理的；

（二）经百分之二十以上业主提议的；

（三）业主委员会成员缺额人数超过总人

数三分之一，或者业主委员会主任辞职、离职，或者两名以上业主委员会副主任辞职、离职的；

（四）业主大会议事规则规定需要召开业主大会临时会议的情形。

业主委员会未按照规定召集业主大会会议的，街道办事处、乡镇人民政府责令其限期召开。业主委员会逾期仍不召开的，由街道办事处、乡镇人民政府负责召集。

业主大会会议可以采用集体讨论或者书面征求意见的形式。在业主身份确认的前提下，业主大会会议可以采用书面、电话、短信、即时通讯工具等多种表决方式。

第十八条　业主委员会成员应当符合下列条件：

（一）具有完全民事行为能力；

（二）遵纪守法、热心公益、责任心强，具有一定组织能力；

（三）本人、配偶及其直系亲属与物业服务人无直接利害关系；

（四）法律、法规规定的其他条件。

第十九条　业主委员会是业主大会的执行机构，执行业主大会的决定事项，履行法律、法规规定和业主大会赋予的职责，向业主大会报告工作，接受业主大会和业主的监督。

业主委员会成员候选人可以通过社区党组织推荐、居（村）民委员会推荐、业主联名推荐或者自荐产生，由街道办事处、乡镇人民政府予以公示，公示期不少于七日。

业主委员会经业主大会会议依法选举产生，由主任、副主任及委员组成，每届任期不超过五年，可以连选连任。具体人数、任期由业主大会议事规则确定。

业主大会或者业主委员会的决定，对全体业主具有法律约束力。

第二十条　业主委员会应当自选举产生之日起三十日内，向物业所在地街道办事处、乡镇人民政府备案，并提供下列资料：

（一）业主大会会议记录和会议决定；

（二）业主大会议事规则；

（三）管理规约；

（四）业主委员会首次会议记录和会议决定；

（五）业主委员会成员名单等基本信息。

备案事项发生变更的，业主委员会应当自变更之日起三十日内，向原备案机关备案。

街道办事处、乡镇人民政府应当将备案情况及时抄送所在地区县（市）物业管理主管部门。

第二十一条　业主大会印章、业主委员会印章由业主委员会按照有关规定刻制。业主委员会印章印文应当载明名称、届别和有效年限等内容。

业主委员会应当建立印章管理制度，并指定专人保管印章。使用业主大会印章，应当根据业主大会议事规则规定或者业主大会会议决定；使用业主委员会印章，应当经业主委员会全体成员过半数签字同意。

第二十二条　业主委员会应当建立工作档案制度，对业主大会会议、业主委员会会议、物业服务合同签订等物业管理的重要事项如实记录，建立档案并长期保管，业主可以查阅、复制。

业主委员会应当建立物业服务接待制度，接受业主、物业使用人的咨询、投诉和监督。

第二十三条　业主大会、业主委员会应当依法履行职责。业主大会、业主委员会作出的决定违反法律、法规和规章规定的，街道办事处、乡镇人民政府应当责令限期改正或者撤销其决定，并通告全体业主。

业主大会或者业主委员会作出的决定侵害业主合法权益的，受侵害的业主可以请求人民法院予以撤销。

第二十四条　业主委员会成员不得实施下列行为：

（一）阻挠、妨碍业主大会行使职权或者不执行业主大会决定；

（二）违反业主大会议事规则或者未经业主大会授权与物业服务人签订、修改物业服务合同；

（三）虚构、篡改、隐匿、毁弃物业管理活动中形成的文件资料；

（四）泄露业主的个人信息或者将其用于与物业管理无关的活动；

（五）侵占、毁损、挪用、擅自处置业主共有财产或者设定抵押、担保等他项权利；

（六）在物业服务区域内违法搭建、违法占用物业共有部分；

（七）欠交专项维修资金；

（八）利用职务之便接受减免物业费、停车费，以及索取、非法收受建设单位、物业服务人、有利害关系业主提供的利益、报酬等影响履行职责的行为；

（九）擅自使用业主大会印章、业主委员会印章；

（十）拒绝、拖延提供物业管理有关的文件资料，妨碍业主委员会换届交接工作；

（十一）侵害业主合法权益的其他行为。

业主委员会成员有前款行为之一的，街道办事处、乡镇人民政府应当责令业主委员会暂停其履行职责。是否罢免其职务，由业主委员会按照有关规定提请业主大会决定。

第二十五条 街道办事处、乡镇人民政府应当在业主委员会任期届满前九十日内，指导和监督业主委员会换届选举。

业主委员会应当在任期届满前组织召开业主大会会议，完成换届选举，并将换届选举情况书面报告街道办事处、乡镇人民政府。

业主委员会任期内拒不履行或者无法正常履行职责，或者逾期未完成换届选举的，街道办事处、乡镇人民政府应当组织召开业主大会临时会议，重新选举业主委员会。

第二十六条 除业主自行管理外，物业服务区域有下列情形之一的，街道办事处、乡镇人民政府应当组建物业管理委员会，作为承担业主委员会职责的临时机构：

（一）未达到成立业主大会法定条件的；

（二）达到成立业主大会法定条件但未能自行成立，经街道办事处、乡镇人民政府组织仍未能成立的；

（三）未能选举产生业主委员会或者业主委员会未完成换届选举，经街道办事处、乡镇人民政府组织仍未能选举产生业主委员会或者新一届业主委员会的。

第二十七条 物业管理委员会应当由业主代表和街道办事处、乡镇人民政府、居（村）民委员会的代表组成。

物业管理委员会由七至十一人单数组成。其中业主代表不得少于二分之一，由街道办事处、乡镇人民政府在业主自荐或者推荐的基础上确定。物业管理委员会主任由街道办事处、乡镇人民政府或者居（村）民委员会的代表担任。

街道办事处、乡镇人民政府应当自物业管理委员会成立之日起十日内，将成员名单在物业服务区域内显著位置公布。

物业管理委员会应当组织业主共同决定物业管理事项，推动成立业主大会并选举产生业主委员会。物业管理委员会自业主委员会选举产生之日起停止履行职责，并在与业主委员会办理移交手续后解散。

物业管理委员会具体工作办法，由市人民政府另行制定。

第二十八条 鼓励和支持业主中的中国共产党员通过法定程序成为业主代表、业主委员会或者物业管理委员会成员，发挥模范带头作用，依法履行职责。

第三章 物业服务

第二十九条 物业服务区域的划分以有利于实施物业管理为原则，综合考虑规划条件、土地使用权属范围、建筑物规模、共用设施设备、自然界限、社区建设等因素确定。

物业服务用房、供水、供电、消防等配套设施设备和相关场地共用不能分割的，应当划为一个物业服务区域。

物业服务用房按照规定由建设单位配置，其产权属于业主共有。物业服务用房包括物业办公用房、业主委员会办公用房以及维修、保洁等辅助用房。

第三十条 建设单位在办理商品房预售许可或者现房销售备案前，应当按照划定的物业服务区域，在区县（市）物业管理主管部门和街道办事处、乡镇人民政府的监督下，依法通过招投标或者协议方式选聘物业服务企业，签订前期物业服务合同，提供前期物业服务。

前期物业服务合同应当就前期物业服务内容、收费标准以及合同期限进行约定，约定的内容作为房屋买卖合同的附件或者直接纳入房屋买卖合同。

第三十一条 建设单位在销售物业前，应当制定临时管理规约，对有关物业的使用、维护、管理，业主的共同利益，业主应当履行的义务，违反临时管理规约应当承担的责任等事项依法作出约定，向物业买受人明示并予以说明。

建设单位制定的临时管理规约，不得侵害物业买受人的合法权益。

第三十二条　新建物业交付使用前，建设单位和物业服务人应当在区县（市）物业管理主管部门和街道办事处、乡镇人民政府的指导、监督下，按照有关规定和前期物业服务合同的约定，对物业服务区域内共有部分、共用设施设备进行查验，形成查验记录，公开查验结果。

物业服务人应当自物业交接之日起三十日内，将承接查验相关资料报送至区县（市）物业管理主管部门和街道办事处、乡镇人民政府。

第三十三条　业主可以自行管理物业，也可以委托物业服务人提供物业服务。业主委托服务的，一个物业服务区域由一个物业服务人提供物业服务。

委托物业服务人的，物业服务人应当确定负责该物业服务区域的项目负责人，在项目负责人到岗之日起七日内将其基本信息报送至区县（市）物业管理主管部门和街道办事处、乡镇人民政府。物业服务人未按时报送的，由区县（市）物业管理主管部门或者街道办事处、乡镇人民政府责令其限期报送。

暂不具备专业化物业管理条件且不能自行管理的老旧小区，由街道办事处、乡镇人民政府采取分项委托、社区代管等方式开展物业服务。

第三十四条　从事物业服务活动的企业应当依法设立，具有独立的法人资格，遵守法律、法规，遵守社会公德、商业道德，诚实守信，接受政府和社会公众的监督，承担社会责任。

物业服务人应当积极协助街道办事处、乡镇人民政府、公安机关及其派出机构做好社区安全防范管理工作。

物业服务人应当加强对员工、物业服务外包人员的文明服务教育和管理。

第三十五条　物业服务人可以将物业服务区域内的秩序维护、清洁、绿化、共有部分和共用设施设备的维修养护等专项服务事项，委托给专业性服务组织或者其他第三人。

电梯、消防设施等具有专业技术要求的设施设备，应当由具有相应资质的专业性服务组织进行维修养护。

物业服务人不得将其应当提供的全部物业服务转委托给第三人，或者将全部物业服务支解后分别转委托给第三人。

第三十六条　物业服务人应当健全物业服务质量保障措施，建立服务投诉快速处理机制，定期收集业主意见建议，接受业主监督，提升物业服务质量。

第三十七条　物业服务人应当按照约定和物业的使用性质，妥善维修养护、清洁、绿化和经营管理业主共有部分，并履行下列义务：

（一）及时向业主、物业使用人告知安全、合理使用物业的注意事项；

（二）采取加强日常巡查、设置警示标志等合理措施保护业主的人身和财产安全，及时排除安全隐患或者向有关部门报告；

（三）对业主、物业使用人违反管理规约的行为进行劝阻、制止，并及时报告业主委员会；

（四）制定突发事件应急预案，定期组织演练；

（五）引导业主和物业使用人进行垃圾分类处理；

（六）配合街道办事处、乡镇人民政府、行政执法机关和居（村）民委员会做好物业服务区域内的相关工作；

（七）法律、法规规定和物业服务合同约定的其他义务。

第三十八条　物业服务人应当在物业服务区域内显著位置公示并及时更新下列信息：

（一）物业服务人营业执照，物业服务事项和质量要求，收费项目、标准和方式等；

（二）物业项目负责人的基本情况、联系方式以及物业服务投诉电话；

（三）物业服务合同履行以及物业服务项目收支情况；

（四）利用物业共有部分、共用设施设备

经营以及收益情况等；

（五）专项维修资金使用情况；

（六）电梯、水、电、气、暖等设施设备日常维修保养单位的名称、资质、联系方式及维修养护情况；

（七）其他需要公示的信息。

业主、业主委员会对公示内容提出异议的，物业服务人应当及时答复。

第三十九条 物业服务收费应当参考物业服务技术规范和相关标准，按照有关规定实行政府指导价和市场调节价。

实行政府指导价的，根据国家、省有关规定执行。实行市场调节价的，物业服务收费遵循合理、公开、费用与服务水平相适应、优质优价的原则，由业主与物业服务人在物业服务合同中约定。

业主、业主委员会有权对物业服务人违法收取物业费的行为，向市场监督管理部门投诉、举报。

第四十条 物业服务人可以根据物业服务区域居民宠物代管、车辆租借、家电维修、家政保洁、助老托幼等生活需求，与业主或者物业使用人依法订立个性化服务合同，提供有偿服务。

物业服务人提供个性化服务事项的，应当公示服务标准和收费标准。

第四十一条 鼓励和扶持物业服务人、专业服务机构及其他单位和个人，为物业服务区域内的老年人提供助餐助洁、医疗照料、精神关爱等多种形式的服务。

第四十二条 业主应当按照合同约定支付物业费。物业费可以按月、季度预收，但是预收期限最长不得超过一年。

业主违反约定逾期不支付物业费的，物业服务人可以催告其在合理期限内支付；合理期限届满仍不支付的，物业服务人可以提起诉讼或者申请仲裁。

物业服务人不得采取停止或者限制供电、供水、供热、供气等方式催交物业费，也不得采取限制或者变相限制业主进出小区、入户、使用电梯以及车辆进出车位等方式催交物业费。

第四十三条 物业服务人应当妥善保管下列物业档案：

（一）业主档案；

（二）规划、设计、施工、承接查验阶段的相关手续及资料；

（三）房屋权属清册、房屋维修养护记录等房屋基础资料；

（四）物业服务区域内监控系统、消防设施、电梯等共用设施设备档案及其管理、运行、维修、养护记录；

（五）专项维修资金使用的相关资料；

（六）物业服务活动中形成的与业主利益相关的其他资料。

业主自行管理的，由自行管理组织或者机构履行保管义务。

第四十四条 建设单位、物业服务人、首次业主大会筹备组、业主大会、业主委员会等组织和个人在收集、使用业主或者物业使用人相关信息时，应当遵循合法、必要、正当的原则，采取充分的安全技术防范措施，确保其收集、存储的个人信息安全。

前款规定的组织和个人不得泄露或者篡改其收集、存储的个人信息；未经本人同意，不得将个人信息用于与物业服务与管理无关的事项。

第四十五条 物业服务合同终止的，物业服务人应当退出物业服务区域，依法履行交接义务，不得以业主拖欠物业费、对业主共同决定有异议等为理由拒绝办理交接，不得以任何理由阻挠新物业服务人进入物业服务区域提供服务。

原物业服务人拒不交接，或者拒不退出物业服务区域的，业主委员会可以向街道办事处、乡镇人民政府、区县（市）物业管理主管部门报告，或者依法向人民法院提起诉讼，要求原物业服务人退出物业服务区域。

新物业服务人不得强行接管物业，按照约定承接物业时，应当对共有部分、共用设施设备进行查验。

第四章 物业使用

第四十六条 业主、物业使用人、物业服务人应当遵守法律、法规和规章的规定以及管理规约的约定，按照规划用途安全、合理使用物业。

物业服务区域内禁止下列行为：

（一）损坏房屋承重结构、主体结构；

（二）侵占、损坏共有部分、共用设施设备；

（三）擅自占用、挖掘物业服务区域内的道路、绿地或者其他场地；

（四）违法搭建建筑物、构筑物、障碍物，破坏或者擅自改变房屋外观；

（五）违反安全管理规定存放易燃、易爆、剧毒、腐蚀性、放射性等危险物品；

（六）擅自架设或者私自拉设电线、电缆；

（七）高空抛物、随意弃置垃圾、排放污水；

（八）在公共走道、楼梯间、门厅内存放电动自行车或者携带电动自行车乘坐电梯；

（九）排放有毒、有害等污染环境的物质，露天烧烤、露天焚烧杂物；

（十）制造超过规定标准的噪音或者影响邻居采光通风；

（十一）侵占绿地、毁坏绿化植物和绿化设施；

（十二）占用、堵塞、封闭消防通道、消防登高面，损坏消防设施及器材；

（十三）在建筑物、构筑物上涂写、刻画、张贴，楼道、门厅、电缆井内堆放杂物；

（十四）违规出租房屋或者擅自改变房屋用途；

（十五）使用地锁、石墩、栅栏等障碍物占用公共道路、公共停车泊位，违反规定停放车辆；

（十六）违反规定饲养动物或者饲养动物干扰他人正常生活；

（十七）利用房屋从事危害公共安全、公共利益和侵害他人正当权益的活动；

（十八）法律、法规、规章和管理规约禁止的其他行为。

违反前款规定的，物业服务人、业主委员会应当采取合理措施予以劝阻、制止。劝阻、制止无效的，及时报告有关行政主管部门并协助处理，有关行政主管部门应当依法处理。

第四十七条　物业服务区域内按照规划建设的共有部分、共用设施，任何单位和个人不得擅自改变其用途。确需改变的，应当经业主共同决定并依法办理相关审批手续。

维修、更新共有部分、共用设施设备的，相关业主、物业使用人应当予以配合。

第四十八条　物业服务区域内下列收益是依法属于业主共有的公共收益：

（一）依法利用业主共有的停车场、公共场地、绿地、道路等共有部分经营所得的收益；

（二）利用业主共有的游泳池、篮球场等共用设施经营所得的收益；

（三）利用业主共有的停车场出入设施、电梯间、楼道及户外区域设置广告获得的收益；

（四）因共用设施设备被侵占、损害所得的补偿、赔偿费用；

（五）公共电信设施占用场地使用费等；

（六）共有部分被依法征收的补偿费用；

（七）公共收益的孳息；

（八）依法属于全体业主的其他收益。

公共收益主要用于补充专项维修资金，也可以经业主共同决定用于业主委员会工作经费，或者物业管理其他事项。任何组织和个人不得擅自挪用、侵占公共收益。

第四十九条　公共收益应当存入以业主大会或者业主委员会名义开设的专用银行账户，业主委员会可以自行管理，也可以委托专业机构进行管理。公共收益收支账目等会计资料应当在物业服务区域内显著位置公示。业主有异议的，有权查询相关账簿。

未成立业主委员会的，公共收益可由物业服务人代为收取、保管，并单独列账，独立核算，接受业主监督。业主委员会成立后，物业服务人应当将经审计的公共收益会计资料及款项移交业主委员会。

业主委员会或者物业服务人不得转移、隐匿、篡改、毁弃会计凭证、会计账簿、财务会计报告以及其他与财务收支有关的资料。

第五十条　新建物业服务区域内的供电、供水、供热、供气、通信、有线电视等专业经营设施设备及其安装，应当符合国家技术标准和专业技术规范；老旧小区内的专业经营设施设备需要改造的，应当依法进行改造。

除与设施产权人另有约定外，专业经营单位负责分户终端计量装置或者入户端口以外设施设备的运行、维修、养护、更新，相关费用依法计入成本。

第五十一条 建设单位应当在物业服务区域内公布维修联系方式，按照规定或者合同约定履行物业保修责任。物业服务人应当协助业主联系建设单位履行保修责任。

第五十二条 因维修、养护或者保护公共利益，业主、物业使用人、相关单位确需临时挖掘道路、绿地、其他场地的，应当征得业主委员会和物业服务人的同意，并与物业服务人协商确定施工方案，接受物业服务人现场检查。

因维修、养护或者保护公共利益，物业服务人确需临时挖掘道路、绿地、其他场地的，应当征得业主委员会的同意，向全体业主及时公告施工方案和施工期限，并按照有关法律、法规规定办理相关手续。

业主、物业使用人、相关单位、物业服务人应当将临时挖掘的道路、绿地、其他场地以及临时迁移的共用设施设备，在约定期限内恢复原状。

第五十三条 鼓励和支持符合条件的既有住宅加装电梯。既有住宅加装电梯应当坚持业主自愿、社区引导、充分协商、保障安全、依法监管的原则。

既有住宅加装电梯的安装使用、资金筹集由业主共同决定。

既有住宅安装电梯的物业管理由业主与物业服务人另行约定，其维修养护应当委托专业性服务组织进行。

既有住宅加装电梯的具体办法由市人民政府另行制定。

第五十四条 物业服务区域内未设置车辆集中充电设施，或者车辆集中充电设施不能满足业主生活需求的，在不影响道路通行和消防安全的前提下，物业服务人可以按照本条例第十六条规定，依法在业主共有部分增设车辆集中充电设施。

安装使用充电设施应当符合消防、用电等安全技术标准。依照规定需经有关部门批准的，应当依法办理批准手续。

第五十五条 业主应当按照规定足额交存专项维修资金。不动产登记机构在进行不动产权登记时，应当核验专项维修资金交存情况。

未建立专项维修资金或者专项维修资金余额不足首期交存金额百分之三十的，业主应当按照相关规定、管理规约和业主大会的决定，交存专项维修资金。业主委员会应当督促业主及时交存。

第五十六条 专项维修资金属于业主共有，专项用于物业共有部分、共用设施设备保修期满后的维修、更新和改造，不得挪作他用。

专项维修资金管理机构应当优化资金使用流程，简化申请材料，缩短办理时限，提高资金使用效率。

第五十七条 物业服务区域内共有部分、共用设施设备出现下列紧急情况之一的，物业服务人应当立即组织应急维修；没有物业服务人的，由区县（市）物业管理主管部门、街道办事处、乡镇人民政府组织应急维修：

（一）电梯、消防等共用设施设备故障损坏，无法正常使用的；

（二）屋面、外墙渗漏的；

（三）楼体外墙墙面有脱落危险的；

（四）专用排水设施因坍塌、堵塞、爆裂等造成功能障碍的；

（五）公共护（围）栏破损严重的；

（六）其他紧急情况。

出现前款情形进行应急维修的，相关费用从专项维修资金中列支并向业主公示。业主、业主委员会可以按照规定或者委托物业服务人申请使用专项维修资金；没有业主委员会或者物业管理委员会的，由业主申请或者街道办事处、乡镇人民政府代为申请。

专项维修资金管理机构接到申请后，应当即时核准并予以拨付。

第五章 监督管理

第五十八条 市住房保障和房地产管理部门建立物业服务信用管理制度，根据投诉处理、合同履行、事中事后监管等情况，对物业服务市场主体实施信用信息采集和诚信档案管理，依法在前期物业服务招投标、选聘物业服务人、政府采购等方面使用信用信息。

第五十九条　市住房保障和房地产管理部门、区县（市）物业管理主管部门应当在物业管理信息平台中设定业主议事功能，供业主、业主大会、业主委员会、物业服务人免费使用，并提供指导。

第六十条　城市管理、园林绿化、应急管理、消防救援机构等相关部门和单位，应当建立物业管理行政执法片区责任制度和行政执法移交衔接机制，在物业服务区域内显著位置公布执法事项和联系方式，依法查处物业服务区域内的违法行为。

建立健全人民调解、行政调解、司法调解等多元纠纷解决机制，及时化解物业服务区域内的矛盾和纠纷。

第六十一条　街道办事处、乡镇人民政府应当建立物业服务举报受理处置机制。

业主、物业使用人、物业服务人等对物业服务区域内的违法违规行为，可以向街道办事处、乡镇人民政府举报。

街道办事处、乡镇人民政府应当按照职权依法处理前款举报事项，并将处理结果及时告知举报人。属于其他部门和单位职责的，应当及时转交有关部门和单位并告知举报人。

第六十二条　物业服务区域出现失管弃管状态时，街道办事处、乡镇人民政府应当确定应急物业服务人，提供垃圾清运、电梯运行等应急服务，维持业主基本生活需求。

提供应急物业服务的，街道办事处、乡镇人民政府应当将服务事项、服务期限、服务费用等相关内容在物业服务区域内显著位置公示。应急物业服务期限不超过一年，服务费用由全体业主共同承担。

应急物业服务期间，街道办事处、乡镇人民政府应当指导业主共同决定物业管理方式；选聘新物业服务人的，应当协调新物业服务人和应急物业服务人做好交接。

第六十三条　物业服务人应当配备必要的防汛、防火、防疫等应急救援物资和设施设备，在抢险救灾、疫情防控等公共突发事件应对期间，及时采取措施，会同业主委员会积极组织开展自救和互助，维护生产生活秩序。

第六十四条　市、区县（市）人民政府在抢险救灾、疫情防控等公共突发事件应对期间，应当按照应急措施妥善安排业主、物业使用人的生产生活。

抢险救灾、疫情防控等公共突发事件应对期间，街道办事处、乡镇人民政府负责落实市、区县（市）人民政府依法采取的各项应急措施，指导物业服务人开展相应级别的应对工作。

物业服务人应当服从市、区县（市）人民政府统一指挥，配合居（村）民委员会开展工作，依法落实应急预案和各项应急措施。市、区县（市）人民政府对物业服务人在公共突发事件应对期间的活动给予物资和资金支持。

业主委员会或者物业管理委员会依法落实市、区县（市）人民政府的各项应急措施，积极开展自救。

第六章　法律责任

第六十五条　违反本条例规定的行为，法律、法规已有法律责任规定的，从其规定。

第六十六条　违反本条例第十三条第二款规定，建设单位隐匿、篡改、伪造有关文件资料的，由区县（市）物业管理主管部门责令改正，并由城市管理综合执法部门处以十万元以上二十万元以下罚款。

第六十七条　违反本条例第四十二条第三款规定，物业服务人采取停止或者限制供电、供水、供热、供气，限制或者变相限制业主进出小区、入户、使用电梯以及车辆进出车位等方式催交物业费的，由区县（市）物业管理主管部门责令限期改正；逾期不改正的，由城市管理综合执法部门处以一万元以上五万元以下罚款。

第六十八条　违反本条例第四十三条第一款规定，物业服务人未按照规定妥善保管物业档案的，由区县（市）物业管理主管部门责令限期改正；逾期不改正的，由城市管理综合执法部门处以五千元以上一万元以下罚款。

第六十九条　违反本条例第四十八条第二

款规定，擅自挪用、侵占公共收益的，由城市管理综合执法部门责令退还，处以挪用、侵占金额二倍以下罚款，有违法所得的，没收违法所得；构成犯罪的，依法追究刑事责任。

第七十条 物业管理主管部门、其他有关部门和单位及其工作人员，有下列情形之一的，由监察机关或者任免机关依法给予处分；构成犯罪的，依法追究刑事责任：

（一）未按照本条例规定履行职责的；

（二）未按照本条例规定筹备、组织召开业主大会会议的；

（三）发现违法行为或者接到投诉、举报后不及时处理的；

（四）截留、挪用、侵占或者未按时审核拨付专项维修资金的；

（五）其他玩忽职守、徇私舞弊、滥用职权的情形。

第七章 附则

第七十一条 郑州航空港经济综合实验区、郑东新区、郑州经济技术开发区、郑州高新技术产业开发区等区域的物业管理及其监督管理活动，适用本条例。

第七十二条 本条例自2021年10月1日起施行。2007年11月1日郑州市第十二届人民代表大会常务委员会第三十一次会议通过、2007年12月3日河南省第十届人民代表大会常务委员会第三十四次会议批准的《郑州市物业管理条例》同时废止。

广州市物业管理条例

（2020年10月28日广州市第十五届人民代表大会常务委员会第四十二次会议通过，
2020年11月27日广东省第十三届人民代表大会常务委员会第二十六次会议批准，
2020年12月8日广州市第十五届人民代表大会常务委员会公告第66号公布）

第一章 总则

第一条 为了规范本市物业管理活动，维护业主、物业使用人和物业服务人的合法权益，营造安全、舒适、文明、和谐的居住和工作环境，构建共建共治共享的社会治理格局，根据相关法律、法规，结合本市实际，制定本条例。

第二条 本条例适用于本市行政区域内物业管理活动及其监督管理。

本条例所称物业管理，是指业主通过自行管理或者选聘物业服务人的形式，对物业服务区域内的建筑物、构筑物及其配套的设施设备和相关场地进行维修、养护、管理，维护环境卫生和相关秩序的活动。

第三条 市、区人民政府应当加强对物业管理活动监督管理工作的领导和组织，将物业管理纳入社会治理体系，建立联席会议制度，统筹解决物业管理重大问题。

区人民政府应当为镇人民政府、街道办事处配备物业管理的专职工作人员，落实工作经费。

第四条 市房屋行政主管部门组织实施本条例，负责本市行政区域内物业管理活动的监督管理工作，具体履行下列职责：

（一）制定本市物业管理相关政策并组织实施；

（二）建立本市物业管理信用制度；

（三）建立、维护本市物业管理信息平台；

（四）负责本市维修资金的监督管理工作；

（五）制定管理规约、业主大会议事规则、物业服务合同等示范文本；

（六）组织开展物业管理相关法律、法规的宣传和培训；

（七）指导和监督区房屋行政主管部门开展物业管理活动的监督管理工作；

（八）指导和监督本市物业服务行业协会开展行业自律和服务工作；

（九）法律、法规等规定的其他职责。

第五条 区房屋行政主管部门负责本行政区域内物业管理活动的监督管理工作，具体履行下列职责：

（一）负责依法划定、调整物业服务区域；

（二）监督管理前期物业服务招标投标、物业承接查验、维修资金使用等物业管理活动；

（三）建立和完善业主决策电子投票系统数据库；

（四）依法开展物业管理行政执法工作；

（五）指导镇人民政府、街道办事处和居民委员会开展物业管理相关工作；

（六）组织开展本行政区域内物业管理相关法律、法规的宣传和培训；

（七）法律、法规等规定的其他职责。

第六条 土地、规划、财政、市场监督管理、应急管理、公安、消防、价格、交通、水务、城市管理综合执法、生态环境、卫生健康等相关行政管理部门应当按照各自职责，做好物业管理活动的监督管理工作。

第七条 镇人民政府、街道办事处和居民委员会应当依法指导和协助业主召开业主大会会议、选举业主委员会，监督业主大会、业主委员会依法履行职责，协调处理物业管理纠纷。

镇人民政府、街道办事处应当将物业管理纳入社区治理工作，根据需要建立物业管理联席会议制度，加强对物业管理活动的指导、协助和监督。

居民委员会应当建立业主、业主委员会和物业服务人协调机制，协助镇人民政府、街道办事处指导和监督社区内物业管理活动。

镇、街道、社区党组织应当加强对物业服务区域基层党组织的指导，支持业主、业主大会、业主委员会、物业管理委员会、物业服务人依法开展物业管理活动。

第八条 物业服务行业协会应当在房屋行政主管部门的指导和监督下，维护物业服务人的合法权益，采取下列措施促进行业规范、持续、健康发展，提升物业服务水平：

（一）依法加强行业自律，建立健全物业服务人及其从业人员的自律和诚信管理制度；

（二）制定物业服务标准和物业服务费市场参考价；

（三）调解物业服务纠纷，维护公平竞争的市场秩序；

（四）推行智慧物业服务，倡导物业服务人采用新技术、新方法推动资源节约和环境保护，提升物业服务水平；

（五）组织开展物业管理相关法律法规、物业服务标准、专业服务等行业培训，提升物业服务人及其从业人员的服务水平；

（六）对物业服务人及其从业人员的服务质量和行为进行监督，发现有违法行为的，应当向相关行政管理部门报告。

第九条 房屋行政主管部门、镇人民政府、街道办事处、居民委员会、行业协会等有关单位应当完善物业管理纠纷处理机制，鼓励通过和解、调解、仲裁、诉讼等途径解决物业管理纠纷，促进和谐社区建设。

第十条 建设单位、物业服务人、业主大会、业主委员会、物业管理委员会以及镇人民政府、街道办事处和居民委员会按照本条例规定需要向业主公开信息的，应当采取书面通知、在物业服务区域内显著位置公布或者按照管理规约、业主大会议事规则约定的其他方式公开信息。

第二章 物业服务区域

第十一条 划定物业服务区域应当遵循规划在先、自然分割、功能完善、便民利民的原则，结合物业的共用设施设备、建筑物规模、社区治理等因素，具体按照以下规定划定：

（一）建设用地规划许可证或者土地使用权证确定的红线图范围一般划定为一个物业服务区域，但红线图范围内的城镇公共道路、城镇公共绿地、城镇河道等不得划入物业服务区域；

（二）已投入使用的物业，共用设施设备能够分割、独立使用的，可以划定为不同的物业服务区域；

（三）已投入使用的毗邻物业，规模较小的，依法经各自的业主大会同意后，可以划定为一个物业服务区域。

第十二条 新开发建设项目的土地使用权

划拨、出让前，土地行政管理部门应当在征求房屋行政主管部门的意见后确定物业服务区域。物业服务区域应当纳入区域规划综合实施方案、土地出让合同或者划拨文件。

新建物业出售时，建设单位应当将物业服务区域范围在销售现场的显著位置公布，并在房屋买卖合同中明示。

第十三条 土地使用权已划拨、出让的新开发建设项目或者已实施物业管理的建设项目物业服务区域划定有争议的，区房屋行政主管部门应当征求区规划行政管理部门、镇人民政府、街道办事处、居民委员会的意见后确定，并将确定的物业服务区域向全体业主公示，公示期不少于十五个工作日。

业主对前款公示的物业服务区域有异议的，应当在公示期间书面实名提出。区房屋行政主管部门应当自受理异议之日起三十日内办结并答复，情况复杂的，可以延长三十日。异议成立的，区房屋行政主管部门应当重新划定并公示物业服务区域。公示期满，对公示的物业服务区域无异议或者异议不成立的，区房屋行政主管部门应当将确定的物业服务区域向全体业主公告。

旧城区、城中村等没有实施物业管理的建成居住区需要实施物业管理的，由镇人民政府、街道办事处征求相关业主意见后，确定物业服务区域。

第十四条 对已划定的物业服务区域需要合并或者分割的，占业主总人数百分之二十以上的业主可以向区房屋行政主管部门提出调整方案，区房屋行政主管部门应当自收到调整方案之日起三十日内予以答复。

区房屋行政主管部门同意调整方案的，业主委员会、物业管理委员会或者居民委员会应当组织物业服务区域内全体业主投票表决，物业服务人应当予以协助。业主决定调整方案，应当由专有部分面积占比三分之二以上的业主且人数占比三分之二以上的业主参与表决，经参与表决专有部分面积过半数的业主且参与表决人数过半数的业主同意，物业服务区域可以调整。

第十五条 建设单位编制建设项目设计方案时，应当遵循一个物业服务区域配套建设独立使用的共用设施设备和物业服务用房的原则。

规划行政管理部门在核发建设工程规划许可证时，应当审核配套建设的物业服务用房是否符合建设项目配套建设指标的要求，不符合配套建设指标要求的，不予核发建设工程规划许可证。

规划行政管理部门在办理规划条件核实时，应当审核配套建设的物业服务用房是否符合规划条件和规划报建的要求；不符合规划条件和规划报建要求的，不予通过规划条件核实。

第十六条 建设单位应当在物业服务区域内配置物业服务用房和共用设施设备用房。物业服务用房的面积、位置应当在房屋买卖合同中载明。

物业服务用房应当按照下列规定配置：

（一）物业服务用房总建筑面积按照物业服务区域内计算容积率的总建筑面积千分之二的比例，且最低不少于五十平方米配置；分期开发建设的物业，应当在先期开发的区域按照不少于先期开发计算容积率的建筑面积千分之二的比例配置；

（二）地面以上的独立成套装修房屋，具备通水、通电、通信、采光、通风等基本使用功能和办公条件，配置独立合格的水、电等计量装置；

（三）没有配置电梯的物业，物业服务用房所在楼层不得高于四层；

（四）业主委员会的办公用房从物业服务用房中安排，最低不少于十平方米。

共用设施设备用房应当符合相应设施设备安装、安全使用的技术标准。

第十七条 对配套设施不齐全、环境较差的旧居住区，区人民政府应当采取措施鼓励和支持业主自主开展改造提升，结合城市环境综合整治和更新改造，逐步完善配套基础设施和公共服务设施，改善旧居住区综合环境。旧居住区的范围由区人民政府确定。

鼓励旧居住区综合改造后实施物业管理，由物业服务人根据业主的需求，提供环境卫生保洁、公共秩序维护、设施维修养护、绿化养护和房屋维修养护等物业服务，合理收取物业服务费。

第三章　业主和业主组织

第一节　业主和业主大会

第十八条　业主对建筑物内的住宅、经营性用房等专有部分享有所有权，对专有部分以外的共有部分享有共有和共同管理的权利。

尚未依法办理所有权登记，但因买卖、赠与、遗赠、继承、合法建造、人民法院及仲裁机构的法律文书或者人民政府的征收决定等旨在转移所有权的法律行为已经合法占有该房屋的单位或者个人，在物业管理活动中享有法律、法规规定的业主权利，并承担相应的义务。

第十九条　业主在物业管理活动中，享有下列权利：

（一）按照物业服务合同的约定，接受物业服务人提供的服务；

（二）提议召开业主大会会议，并就物业管理的有关事项提出建议；

（三）参加业主大会会议，行使表决权；

（四）推荐或者自荐业主委员会委员的候选人，选举业主委员会，并享有被选举权；推荐或者自荐物业管理委员会的业主代表；

（五）监督业主委员会和物业管理委员会的工作；

（六）监督物业服务人履行物业服务合同；

（七）对专有部分以外的共有部分享有共有和共同管理的权利；

（八）监督维修资金和共有资金的管理和使用；

（九）法律、法规规定的其他权利。

第二十条　业主在物业管理活动中，履行下列义务：

（一）遵守管理规约、业主大会议事规则；

（二）遵守物业服务区域内共有部分的使用、公共秩序、环境卫生、装饰装修、消防安全、房屋安全、垃圾分类、噪声管理、排水管理、动物饲养、卫生防疫等方面的规章制度；

（三）执行业主大会的决定和业主大会授权业主委员会作出的决定；

（四）依法配合物业服务人，执行政府依法实施的应急处置措施和其他管理措施；

（五）按照规定交纳维修资金；

（六）按照物业服务合同的约定交纳物业服务费；

（七）法律、法规规定的其他义务。

业主不得以放弃权利为由不履行义务。

第二十一条　业主大会由物业服务区域内全体业主组成。

物业服务区域内只有一个业主的，由业主自行决定本区域的物业管理事务。

第二十二条　下列事项由业主共同决定：

（一）制定和修改业主大会议事规则；

（二）制定和修改管理规约；

（三）选举业主委员会或者更换业主委员会委员；

（四）选聘和解聘物业服务企业或者其他管理人；

（五）使用建筑物及其附属设施的维修资金；

（六）筹集建筑物及其附属设施的维修资金；

（七）改建、重建建筑物及其附属设施；

（八）改变共有部分的用途或者利用共有部分从事经营活动；

（九）物业服务区域调整、业主自行管理、物业服务合同、物业服务费、共有资金、业主委员会委员及专职工作人员补贴标准等有关共有和共同管理权利的其他重大事项。

业主共同决定事项，应当由专有部分面积占比三分之二以上的业主且人数占比三分之二以上的业主参与表决。决定本条第一款第六项至第八项规定的事项，应当经参与表决专有部分面积四分之三以上的业主且参与表决人数四分之三以上的业主同意。决定本条第一款其他事项，应当经参与表决专有部分面积过半数的业主且参与表决人数过半数的业主同意。

业主大会不得授权、委托业主委员会、物业管理委员会等其他主体决定本条第一款规定的事项。

第二十三条　管理规约应当对物业的使用、维护、管理，业主共同权益、业主义务、共有资金、审计制度、印章管理、违约责任等事项依法作出约定。管理规约对全体业主、物业使用人具有约束力。

业主大会议事规则应当就业主大会的名称、议事方式、业主投票权数认定方法、表决程序，业主委员会的选举和议事规则、人员组成、职责、任期及职务终止等事项依法作出约定。

管理规约和业主大会议事规则不得违反法律、法规，不得违背公序良俗，不得损害国家利益和社会公共利益，不得制定对部分业主显失公平的内容。管理规约和业主大会议事规则的示范文本由市房屋行政主管部门制定公布。

第二十四条 有下列情形之一的，业主委员会或者物业管理委员会应当在三十日内组织召开业主大会会议：

（一）占业主总人数百分之二十以上的业主提议召开业主大会会议；

（二）业主委员会或者物业管理委员会决定召开；

（三）发生重大事故或者紧急事件需要及时处理；

（四）业主大会议事规则约定的需要召开业主大会会议的其他情形。

业主委员会或者物业管理委员会未按照规定组织召开业主大会会议的，由镇人民政府、街道办事处责令限期组织召开，并通告全体业主。

第二十五条 有下列情形之一的，居民委员会应当在三十日内组织召开业主大会会议：

（一）占业主总人数百分之二十以上的业主提议罢免、更换业主委员会委员；

（二）任期内业主委员会委员人数在候补委员递补后未达到本条例第三十七条规定的业主委员会最低人数要求；

（三）业主委员会被责令限期召开业主大会会议，但逾期不召开；

（四）镇人民政府、街道办事处提议罢免业主委员会全体委员；

（五）发生重大事故或者紧急事件需要及时处理。

第二十六条 建设单位、物业服务人应当协助业主大会会议组织者召开业主大会会议，并在物业服务区域内提供相应的人力、场地支持。

业主大会会议组织者向区房屋行政主管部门申请查询物业服务区域内业主清册等文件资料的，区房屋行政主管部门应当自受理申请之日起二十日内免费提供。

不动产登记行政管理部门与房屋行政主管部门应当建立业主清册等相关信息的共享机制，及时将相关信息共享。

业主大会会议组织者应当对业主资料保密，不得将业主资料用于与召开业主大会会议无关的活动。

第二十七条 业主大会会议组织者应当于会议召开三十日前，将会议的时间、地点、形式、议题、议程、表决规则、业主委员会委员候选人等事项向全体业主公示，公示期不少于十五日。因发生重大事故或者紧急事件需要召开业主大会临时会议的，可以于会议召开前通知全体业主并告知临时召开的事由。重大事故或者紧急事件由镇人民政府、街道办事处确认。

公示期间，业主大会会议组织者应当通过召开座谈会等方式听取业主意见并集体讨论。业主对公示事项有异议的，应当在公示期间以书面形式实名向业主大会会议组织者提出，业主大会会议组织者应当自收到异议之日起五日内处理并答复。经核实异议成立的，业主大会会议组织者应当调整会议召开时间，并重新公示。

业主大会会议组织者未及时处理业主异议或者业主对答复不满的，业主可以向镇人民政府、街道办事处提出。镇人民政府、街道办事处应当在十日内提出处理意见，公示事项违反法律、法规等规定的，镇人民政府、街道办事处应当责令业主大会会议组织者限期改正。未经改正，业主大会会议组织者不得召开业主大会会议。

业主委员会组织召开业主大会会议，应当在会前告知居民委员会。

第二十八条 业主大会应当按照本条例第二十二条的规定进行表决，未投票表决业主的投票权数不得计入已表决票。在物业服务区域内，使用维修资金等仅涉及部分业主共有和共同管理权利的事项，由该部分业主共同决定。

业主大会会议组织者应当在表决前，确认业主身份、业主总人数、专有部分面积和专有部分总面积。

本条例规定的专有部分面积、专有部分总面积和业主人数、业主总人数按照下列方式确定：

（一）专有部分面积，按照不动产登记簿记载的面积计算；尚未登记的，按照测绘机构的实测面积计算；尚未实测的，按照房屋买卖合同记载的面积计算。专有部分总面积，按照专有部分面积的总和计算；

（二）业主人数按照专有部分的数量计算，一个专有部分按照一人计算；但建设单位尚未出售和虽已出售但尚未交付的部分，以及同一买受人拥有一个以上专有部分的，按照一人计算。业主总人数，按照本项规定的总和计算。

第二十九条　专有部分有两个以上所有权人的，其所有权人应当推选一人行使表决权。

业主为无民事行为能力人或者限制民事行为能力人的，由其法定监护人行使表决权。

业主为法人的，由其法定代表人行使表决权。业主为非法人组织的，由非法人组织确定的代表人行使表决权。法人业主、非法人组织业主及其派出的代表应当依法行使表决权，积极参与业主投票表决。

业主可以委托代理人行使表决权。代理人应当出具由业主签名或者盖章的载明委托事项、委托权限及期限的书面委托书。

第三十条　业主大会会议可以采用电子投票、书面征求意见和集体讨论的形式表决事项。采用电子投票形式的，业主大会会议表决的投票期限不超过三十日。采用书面征求意见形式的，业主大会会议表决的投票期限不超过六十日。采用集体讨论形式的，业主大会会议当场表决。

业主大会会议表决事项应当采用记名投票的方式，业主应当明示同意、反对或者弃权的表决意见。以书面征求意见、集体讨论形式投票的，业主应当出示不动产权属证明或者其他证明业主身份的材料，选票、表决票应当由有表决权的业主签名。

任何人不得伪造或者指使他人伪造选票、表决票、业主签名或者书面委托书。业主大会会议组织者应当妥善保管业主的选票、表决票和书面委托书，以备查询，保管期限不少于五年。采用电子投票的，业主决策电子投票系统应当保存业主投票结果不少于五年。

第三十一条　市房屋行政主管部门应当建立完善本市业主决策电子投票系统，电子投票系统的建设和维护经费列入财政预算。电子投票的具体规则由市房屋行政主管部门制定公布。

区房屋行政主管部门应当建立完善本市业主决策电子投票系统中的电子投票数据库。业主大会应当优先采用本市业主决策电子投票系统进行表决。

第三十二条　采用集体讨论、书面征求意见形式的，业主大会会议组织者应当邀请不少于五名业主担任监票人、计票人，可以邀请第三方参与监票。业主委员会委员、业主委员会委员候选人及其近亲属不得担任监票人、计票人。监票人、计票人应当签名确认统计的表决结果。

采用集体讨论形式的，业主大会会议组织者应当组织监票人、计票人当场统计选票、表决票。

采用书面征求意见形式的，业主大会会议组织者应当于业主大会会议投票期限届满之日起三十日内完成选票、表决票的统计。业主大会会议组织者应当在表决结果公示前将选票、表决票交由镇人民政府、街道办事处临时保管。公示期满无异议或者异议处理完毕后，镇人民政府、街道办事处应当将选票、表决票交还业主大会会议组织者。

采用电子投票形式的，业主大会会议表决结果由业主决策电子投票系统自动统计。

业主大会会议组织者未按照本条规定统计表决结果的，由镇人民政府、街道办事处责令改正并通告全体业主。

第三十三条　业主大会会议组织者应当自业主大会会议表决结果产生之日起七日内公示表决结果。采用集体讨论或者电子投票形式的，表决结果公示期为十五日。采用书面征求意见形式的，表决结果公示期为三十日。

业主大会会议表决结果的公示内容应当包

括已投票业主的房号、专有部分面积、表决意见，已投票业主的总人数和专有部分总面积，未投票业主的总人数和专有部分总面积、全体业主表决意见的汇总结果等。

业主大会会议组织者逾期未公示业主大会会议表决结果，或者公示内容不符合本条第二款规定的，由镇人民政府、街道办事处责令限期改正并通告全体业主。业主大会会议组织者逾期未改正的，由镇人民政府、街道办事处公示。

业主大会会议表决结果公示期限届满，对表决结果无异议或者异议不成立的，表决结果自公示期限届满次日起生效，业主大会会议组织者应当及时通告全体业主。

第三十四条 对业主大会会议表决结果有异议的，异议提出人应当在表决结果公示期间以书面形式实名向镇人民政府、街道办事处提出，并出示身份证明、不动产权属证明等相关证明材料。

街道办事处、镇人民政府应当自受理之日起三十日内对异议进行核实处理；情况复杂的，可以延长三十日。经核实异议成立的，镇人民政府、街道办事处应当重新统计表决结果并向全体业主通告。经核实异议不成立的，镇人民政府、街道办事处应当书面答复异议提出人，并告知业主大会会议组织者。

第二节 业主委员会

第三十五条 业主委员会是业主大会的执行机构，对全体业主负责，接受业主监督，依法履行下列职责：

（一）组织召开业主大会会议，执行业主大会的决定和决议；

（二）定期向业主大会报告年度物业管理的实施情况、业主委员会履职情况；

（三）拟订物业服务合同草案，并提交业主大会决定；

（四）根据业主大会决定，与续聘或者选聘的物业服务人签订物业服务合同，与解聘的物业服务人进行交接；

（五）及时了解业主、物业使用人的意见和建议，监督和协助物业服务人履行物业服务合同；

（六）监督管理规约的实施；

（七）将业主大会会议、业主委员会会议的记录，以及履职期间产生和保管的其他文件资料建立档案并妥善保管；

（八）调解因物业使用、维护和管理产生的纠纷；

（九）每半年公布业主委员会委员、候补委员交纳物业服务费、停车服务费的情况；

（十）配合相关行政管理部门和镇人民政府、街道办事处、居民委员会，做好物业服务区域内秩序维护、社区治理和公益宣传等工作，接受相关行政管理部门、镇人民政府、街道办事处、居民委员会的指导和监督；

（十一）法律、法规等规定和业主大会赋予的其他职责。

第三十六条 业主委员会委员、候补委员应当从符合下列条件的业主中选举产生：

（一）具有完全民事行为能力；

（二）热心公益事业，责任心强，具有较强的公信力和组织能力；

（三）按照有关规定或者约定交纳维修资金以及需业主共同分摊的费用，且未欠交物业服务费；

（四）本人及其近亲属未在为本物业服务区域提供物业服务的企业及其下属单位任职；

（五）遵守法律法规和管理规约，履行业主义务，无损害业主共同利益的行为。

业主大会会议组织者应当审查业主委员会委员候选人的资格条件，不符合前款条件的，不得列入业主委员会委员候选人名单。

业主大会会议组织者可以采取业主联名推荐、业主自荐或者社区党组织、居民委员会推荐等方式产生业主委员会委员候选人。鼓励和支持党员业主通过法定程序成为业主委员会委员。

第三十七条 业主委员会由五至十五人的单数委员组成，但户数一百户以下的住宅小区，业主委员会可以由三人组成。业主大会会议选举产生的业主委员会委员人数未达到业主大会议事规则约定人数，但达到本条规定的业主委员会最低人数要求的，业主委员会成立。

业主委员会的任期由业主大会议事规则约定，每届任期不得超过五年。修改业主大会议事规则约定业主委员会任期的，任期内业主委员会的任期按照修改后的业主大会议事规则确定。

业主委员会应当自成立之日起十日内召开首次会议，在业主委员会委员中推选产生业主委员会主任和副主任。业主委员会委员的任期与每届业主委员会任期相同，委员可以连选连任。

业主委员会实行差额选举的，未当选业主委员会委员但得票数达到法定票数的候选人，可以当选业主委员会候补委员，候补委员的任期与业主委员会委员任期相同。候补委员可以列席业主委员会会议，但不享有表决权。

第三十八条　业主委员会委员人数低于业主大会议事规则约定的人数时，由候补委员按照得票数依次递补。

按照前款规定递补后，业主委员会人数未达到本条例第三十七条规定的最低人数要求的，居民委员会应当在六十日内组织召开业主大会会议补选，任期内的业主委员会委员应当予以协助。业主委员会人数已达到本条例第三十七条规定的最低人数要求，但少于业主大会议事规则约定的人数的，业主委员会应当组织召开业主大会会议补选。

后期物业的业主入住后需增补业主委员会委员的，业主委员会应当及时组织召开业主大会会议补选业主委员会委员。

第三十九条　业主委员会应当自选举产生之日起三十日内，向镇人民政府、街道办事处备案。备案时应当提交下列资料：

（一）业主大会议事规则、管理规约；

（二）业主大会表决结果明细表、汇总表；

（三）业主大会会议决定；

（四）业主委员会委员和候补委员的姓名、职务、房号、联系方式等基本情况。

报送资料齐全、符合法定条件的，镇人民政府、街道办事处应当自收到上述资料后五个工作日内发出备案回执，同时将备案的回执和资料抄送区房屋行政主管部门。

业主委员会应当持备案回执向公安机关申请刻制业主委员会、业主大会印章，并自刻制业主委员会、业主大会印章之日起十日内，将印章样式书面报告镇人民政府、街道办事处。业主委员会印章应当刻制业主委员会的名称、届别和任期终止日期。业主委员会、业主大会印章由业主委员会保管，需要使用业主委员会印章的，应当有业主委员会过半数委员签字同意。

管理规约、业主大会议事规则修改，或者业主委员会委员、候补委员更换的，业主委员会应当自变更之日起十五日内向原备案机关办理变更备案。

第四十条　业主委员会会议由主任或者副主任组织召开。经三分之一以上业主委员会委员提议召开业主委员会会议的，由提议的委员组织召开。

业主委员会会议应当有过半数的委员出席，作出的决定应当经全体委员过半数同意并签字确认。业主委员会应当自作出决定之日起七日内通告全体业主。业主委员会会议的书面记录应当妥善保存，保存时间为五年。

业主委员会召开会议讨论重大事项时，应当邀请居民委员会参加，并接受居民委员会的指导。

物业服务区域内的出租面积达到一定比例的，应当邀请租户代表列席业主委员会会议，具体办法由业主大会议事规则确定。

第四十一条　业主委员会应当向全体业主公布下列信息：

（一）业主委员会的委员和专职工作人员的姓名、职务、联系方式等信息；

（二）管理规约、业主大会议事规则；

（三）业主大会、业主委员会的决定；

（四）物业服务合同；

（五）业主委员会工作经费的预算和结算情况；

（六）业主大会决定由业主委员会管理维修资金或者共有资金的，维修资金或者共有资金的筹集、使用、管理等情况；

（七）按照法律、法规等规定以及管理规约、业主大会议事规则的约定，应当向业主公布的其他信息。

本条第一款规定的信息有变更的，业主委员会应当自变更之日起七日内重新公布。

业主委员会应当在本市物业管理信息平台填报、更新本条第一款规定的信息，房屋行政主管部门应当向业主公开相关信息。

业主委员会未按照本条规定公布相关信息的，由镇人民政府、街道办事处责令其限期公布，并通告全体业主。

第四十二条 业主委员会的委员、候补委员、专职工作人员应当遵守法律、法规和管理规约、业主大会议事规则，不得有下列行为：

（一）挪用、侵占业主共有财产，未按照规定移交属于业主大会和业主委员会的有关财物；

（二）索取、非法收受建设单位、物业服务人或者有利害关系业主提供的利益或者报酬；

（三）利用职务之便要求物业服务人减免物业服务费；

（四）违反物业服务合同拒不交纳物业服务费；

（五）泄露业主资料或者将业主资料用于与物业管理无关的活动；

（六）伪造或者指使他人伪造业主的选票、表决票、书面委托书或者业主签名，冒充业主或者指使他人冒充业主进行电子投票；

（七）未妥善保管会计凭证、会计账簿、财务会计报告等会计资料，伪造、变造、隐匿、故意销毁会计资料或者不按照规定提供、移交会计资料；

（八）未按照本条例规定刻制、使用、移交业主大会或者业主委员会印章；

（九）损害业主共同利益或者未正当履行其职责的其他行为。

业主委员会的委员、候补委员有本条第一款规定行为之一的，业主委员会应当自发现之日起十日内召开业主委员会会议，作出中止其委员职务的决定，并提请业主大会会议决定终止其委员职务，但已按本条例第四十三条规定自行终止职务的除外。

专职工作人员有本条第一款规定行为之一的，业主委员会应当自发现之日起十日内召开业主委员会会议作出终止其职务的决定，并将决定通告全体业主。

第四十三条 业主委员会委员、候补委员有下列情形之一的，其委员职务自行终止：

（一）因物业转让等原因丧失业主身份的；

（二）因疾病等原因丧失履行职责能力的；

（三）任职期间被依法追究刑事责任的；

（四）任职期间因违反本条例规定受到行政处罚的；

（五）本人以书面形式向业主大会或者业主委员会提出辞职的；

（六）管理规约、业主大会议事规则约定的其他情形。

业主委员会应当及时将委员、候补委员职务终止情况通告全体业主。

第四十四条 业主委员会有下列情形之一，镇人民政府、街道办事处责令其改正但拒不改正，造成严重后果的，镇人民政府、街道办事处可以向业主大会提议罢免业主委员会全体委员，涉嫌违法行为的，应当向相关行政管理部门报告：

（一）不执行业主大会决定；

（二）业主自行管理期间存在安全生产、消防安全隐患；

（三）未按照规定组织召开业主大会会议；

（四）业主大会决定由业主委员会管理维修资金或者共有资金的，未按照规定筹集、使用、管理维修资金或者共有资金；

（五）挪用、侵占维修资金或者共有资金；

（六）违反法律、法规等规定，侵害业主合法权益的其他行为。

第四十五条 业主委员会任期届满、全体委员集体辞职或者被依法罢免的，不得继续履行职责。

业主委员会应当在停止履行职责之日起三日内将属于业主大会和业主委员会的有关财物、文件资料、印章等全部移交给新一届业主委员会；未成立新一届业主委员会的，全部移交给居民委员会临时保管。

业主委员会委员职务中止或者终止的，应当自职务中止或者终止之日起三日内将其保管的属于业主大会和业主委员会的有关财物、文件资料、印章等移交给业主委员会。

第四十六条 任何单位或者个人不得阻挠业主依法召开业主大会会议或者成立业主委员会。

业主大会、业主委员会应当依法履行职责，不得作出与物业管理无关的决定，不得从事与物业管理无关的活动。

业主大会、业主委员会作出的决定违反法律、法规等规定的，镇人民政府、街道办事处应当责令限期改正或者撤销其决定，并通告全体业主。业主大会、业主委员会作出的决定侵害业主合法权益的，受侵害的业主可以请求人民法院撤销其决定。

第三节　物业管理委员会

第四十七条　符合下列条件的，镇人民政府、街道办事处应当自收到业主申请之日起六个月内组织成立物业管理委员会：

（一）已划定物业服务区域；

（二）已交付使用的专有部分面积达到建筑规划总面积百分之五十以上；

（三）未成立业主委员会，或者需要换届选举业主委员会；

（四）占业主总人数百分之十以上的业主申请。

物业管理委员会自业主委员会选举产生之日起停止履行职责，并在十日内与业主委员会办理移交手续后解散。

第四十八条　物业管理委员会依法履行下列职责：

（一）负责筹备成立业主委员会；

（二）组织换届选举业主委员会；

（三）组织召开业主大会会议；

（四）根据业主大会的决议、决定，办理物业管理相关事务。

物业管理委员会应当接受镇人民政府、街道办事处与区房屋行政主管部门的指导和监督。

第四十九条　物业管理委员会成员人数为九人以上单数，由下列人员组成：

（一）镇人民政府代表或者街道办事处代表一人；

（二）居民委员会代表一人；

（三）区房屋行政主管部门代表一人；

（四）物业服务人代表一人；

（五）业主代表，具体人数由镇人民政府、街道办事处根据物业服务区域规模、物业类型、业主户数等因素确定。

物业管理委员会主任由镇人民政府代表或者街道办事处代表担任，副主任由居民委员会代表和一名业主代表担任。

物业管理委员会单位代表人选由各自单位推荐产生。业主代表人选应当符合本条例第三十六条关于业主委员会委员条件的规定，由镇人民政府或者街道办事处通过听取业主意见、召开座谈会等方式，在自愿参加的业主中推荐产生。鼓励和支持党员业主成为物业管理委员会的成员。

物业服务人未派代表参加物业管理委员会的，不影响物业管理委员会的成立。

第五十条　镇人民政府、街道办事处应当将物业管理委员会成员的名单、简历等基本情况向全体业主公示，公示期不少于十五日。

公示期间业主对名单有异议的，应当以书面形式实名向镇人民政府、街道办事处提出。经核实异议成立的，镇人民政府、街道办事处应当更换物业管理委员会成员人选并重新公示。公示期满无异议或者异议不成立的，物业管理委员会成立。镇人民政府、街道办事处应当将物业管理委员会成员名单告知全体业主。

物业管理委员会可以持镇人民政府、街道办事处出具的成立证明，向公安机关申请刻制物业管理委员会印章。

第五十一条　物业管理委员会成员有下列情形之一的，镇人民政府、街道办事处应当按照本条例第五十条的规定，更换物业管理委员会成员人选：

（一）单位代表因工作变动或者其他原因不能履行职责；

（二）业主代表不符合本条例第三十六条关于业主委员会委员条件的规定，或者有本条例第四十二条和第八十六条规定的行为；

（三）业主代表以书面形式向物业管理委员会提出辞职。

第五十二条　物业管理委员会会议由主任或者副主任召集和主持。

物业管理委员会会议应当有过半数成员出席，作出的决定应当经全体成员过半数同意并签字确认。物业管理委员会应当自作出决定之日起七日内通告全体业主。

物业管理委员会应当将业主大会会议、物业管理委员会会议的记录，以及履职期间产生和保管的其他文件资料建立档案并妥善保管。

第五十三条　物业管理委员会应当依法履

行职责，不得作出与物业管理无关的决定，不得从事与物业管理无关的活动。

物业管理委员会办理物业管理相关事务时违反法律、法规等规定，损害业主共同利益的，区房屋行政主管部门应当责令限期改正，并通告全体业主。

第四章 前期物业管理

第五十四条 建设单位应当在销售首套房屋前，以公开招标方式选聘前期物业服务企业，并签订前期物业服务合同。前期物业管理招标的服务范围是整个物业服务区域。投标人少于三个或者总建筑面积不超过五万平方米的，经区房屋行政主管部门批准，可以采用协议方式选聘物业服务企业。

建设单位应当自前期物业服务企业确定中标之日起十五日内，在本市物业管理信息平台填报招标、评标和中标的相关信息。建设单位与中标的前期物业服务企业签订前期物业服务合同的，物业服务企业应当自合同签订之日起十五日内在本市物业管理信息平台填报合同信息。

前期物业服务招标投标管理的具体办法，由市房屋行政主管部门制定公布。

第五十五条 建设单位应当在销售物业前，按照下列规定制定临时管理规约：

（一）临时管理规约应当符合本条例第二十三条关于管理规约的规定；

（二）临时管理规约应当对全体业主同意授权物业服务企业代为查验共用部位、共用设施设备的事项作出约定。

建设单位应当在销售物业时，将临时管理规约向物业买受人明示，并予以说明。临时管理规约不得减损、侵害业主的合法权益。物业买受人在与建设单位签订物业买卖合同时，应当对遵守临时管理规约予以书面承诺。业主大会表决通过管理规约后，临时管理规约即失效。

第五十六条 在承接新建物业前，物业服务企业和建设单位应当在区房屋行政主管部门的指导、监督下，按照国家有关规定和前期物业服务合同的约定，对物业服务区域内共用部位、共用设施设备进行检查和验收，确认现场查验结果，形成查验记录，签订物业承接查验协议。

承接查验协议应当对物业承接查验基本情况、存在问题、解决方法及时限、双方权利义务、违约责任等事项作出约定。对于承接查验发现的问题，建设单位应当在三十日内予以整改。

物业服务企业可以通过参与建设工程的设计、施工、分户验收和竣工验收等活动，向建设单位提供有关物业管理的建议，为实施物业管理创造有利条件。

第五十七条 实施承接查验的物业，应当具备下列条件：

（一）通过规划条件核实，取得建设工程竣工验收、消防验收、环境保护验收等合格证明文件；

（二）供水、排水、供电、供气、通信、公共照明、有线电视等设施设备已按照规划设计要求建成，专有部分和共有部分的供水、供电、供气已安装经强制检定合格的独立计量器具，排水管网实现雨污分流，建设单位已依法办理排水手续；

（三）教育、养老、邮政、医疗卫生、文化体育、环境卫生、社区服务、生活垃圾分类投放和收运设施等公共服务设施已按照规划设计要求建成；

（四）道路、绿地和物业服务用房等公共配套设施已按照规划设计要求建成，并满足使用功能要求；

（五）电梯、二次供水、高压供电、消防设施、压力容器、电子监控系统等设施设备取得使用合格证书；

（六）物业使用、维护和管理的相关技术资料完整齐全；

（七）法律、法规等规定的其他条件。

分期开发建设的物业，建设单位和物业服务企业可以根据开发进度，对符合交付使用条件的物业分期承接查验。

第五十八条 对物业服务区域内共用部位、共用设施设备现场查验前，建设单位应当向物业服务企业移交下列资料：

（一）物业的报建、批准文件，竣工总平

面图，单体建筑、结构、设备竣工图，配套设施、地下管线工程竣工图等竣工验收资料；

（二）共用设施设备的清单、排水管网平面图、买卖合同复印件，共用设施设备的安装、使用和维护保养等技术资料；

（三）共用部位、共用设施设备的质量保修文件和使用说明文件；

（四）供水、排水、供电、供气、通信、有线电视等准许使用文件；

（五）物业的使用、维护、管理必需的其他资料。

未能全部移交前款所列资料的，建设单位应当列出未移交资料的详细清单并书面承诺补交的具体时限。

第五十九条　建设单位应当在签订物业承接查验协议后，及时向物业服务企业移交共用部位、共用设施设备。

建设单位与物业服务企业应当对交接共用部位、共用设施设备签署书面物业交接记录。物业交接记录应当包括移交资料明细、共用部位和共用设施设备明细、交接时间、交接方式等内容。

物业项目分期开发建设的，建设单位与物业服务企业可以根据开发进度分期办理物业交接手续，在承接最后一期物业时，办理物业项目整体交接手续。

第六十条　建设单位应当自物业交接后三十日内，在本市物业管理信息平台上填报承接查验资料。承接查验资料应当包括临时管理规约、建设单位移交资料清单、承接查验协议、查验记录、交接记录等。

物业服务企业应当将物业承接查验资料建档保存。物业承接查验档案属于全体业主所有，业主有权免费查询。

第六十一条　建设单位应当按照法律、法规规定和物业买卖合同约定，向物业买受人交付物业，并将物业承接查验协议交付给物业买受人。建设单位与物业买受人应当签署物业交付文件。

建设单位不得将不符合交付条件的物业交付使用。建设单位交付的物业符合法律、法规规定和物业买卖合同约定的，物业买受人不得拒绝接收。

建设单位委托物业服务企业向物业买受人交付物业的，建设单位和物业服务企业应当签订委托协议，对委托的事项、权限、期限等作出约定。物业服务企业向物业买受人交付物业时，应当向物业买受人出示委托协议。

第六十二条　建设单位应当按照国家、省、市有关规定的保修期限和保修范围，承担共用部位、共用设施设备以及专有部分的保修责任。

物业服务企业不得承接未经查验的物业。物业服务企业擅自承接未经查验的物业，因共用部位、共用设施设备缺陷给业主造成损害的，应当依法承担赔偿责任。

第六十三条　物业买受人应当自签署物业交付文件之日起，按照物业买卖合同约定交纳前期物业服务费。

物业买受人无正当理由不接收物业的，物业买受人应当自建设单位通知其办理交付手续的期限届满之次月起，按照物业买卖合同的约定交纳前期物业服务费。

物业服务区域内尚未出售或者已出售但尚未交付给物业买受人的房屋、车位等物业，其前期物业服务费由建设单位按照该区域同类物业的标准全额交纳。

第六十四条　新建物业办理房屋所有权首次登记时，建设单位应当将建筑区划内依法属于业主共有的道路、绿地、其他公共场所、共用设施和物业服务用房及其占用范围内的建设用地使用权一并申请登记为业主共有。

建设单位应当在登记后六十日内，在物业服务区域内显著位置长期公开物业服务区域的建设工程总平面图，并在图上标明或者文字辅助说明业主共有的道路、绿地、其他公共场所、共用设施和物业服务用房的位置与建筑面积。物业服务人应当对长期公开的建设工程总平面图做好相应维护管理工作。

第五章　物业管理服务

第六十五条　物业服务人包括物业服务企业和其他管理人。物业服务人应当遵守下列规定：

（一）按照物业服务合同约定和物业的使

用性质，妥善维修、养护、清洁、绿化和经营管理物业服务区域内的业主共有部分，维护物业服务区域内的基本秩序，采取合理措施保护业主的人身、财产安全；

（二）接受业主的监督，并及时答复业主对物业服务情况提出的询问；对业主、物业使用人违反管理规约的行为进行劝阻、制止，并及时报告业主委员会或者物业管理委员会；

（三）对物业服务区域内违反公共秩序、环境卫生、装饰装修、消防安全、房屋安全、垃圾分类、噪声管理、排水管理、动物饲养、卫生防疫等法律、法规的行为，及时采取合理措施制止、向相关行政管理部门报告并协助处理；

（四）配合业主和相关单位做好供水、排水、供电、供气、通信、有线电视、新能源充电桩等相关设施设备的安装、维修、养护和改造工作，做好病媒生物预防控制；

（五）配合镇人民政府、街道办事处、居民委员会做好社会治理相关工作，配合行政管理部门及其委托单位的监督管理工作，接受相关行政管理部门、镇人民政府、街道办事处、居民委员会的指导和监督；

（六）法律、法规等规定的其他职责。

第六十六条 物业服务人应当制定安全管理制度，配置必要的安全防范设施及物资，设置安全警示标志，发现有安全隐患的，及时采取措施排除隐患或者向有关专业机构报告；采取必要的安全保障措施，防止从建筑物中抛掷物品或者从建筑物上坠落的物品造成他人损害等。

发生自然灾害、公共卫生等突发事件以及火灾、供水、排水、供电、供气等安全事故时，物业服务人应当采取应急措施，并及时向相关行政管理部门和专营服务单位报告，协助做好处置工作。

物业服务人应当执行政府依法实施的应急处置措施和其他管理措施，积极配合政府及其有关部门、街道办事处、居民委员会、村民委员会等开展应急处置、基层治理等工作。市、区人民政府可以给予必要的物资和资金支持。

第六十七条 物业服务人可以将物业服务区域内的秩序维护、清洁卫生、园林绿化、共用部位和共用设施设备的维修养护等专项服务业务委托给专业性服务企业，但不得将该区域内的全部物业管理一并委托给他人。

电梯、消防设施等涉及人身、财产安全的设施设备，应当委托具有相应资质的专业性服务企业进行维修和养护。

第六十八条 物业服务人应当建立完善档案制度，将共用设施设备管理养护记录、共用部位经营管理、业主清册、各类合同协议等与业主利益相关的资料进行存档。

物业服务人应当按照下列规定在物业服务区域内公开并及时更新有关信息：

（一）在楼宇的大堂或者入口处张贴物业服务人名称、服务电话；

（二）在收费地点张贴企业营业执照、服务事项、负责人员、质量要求、收费项目、收费标准和方式；

（三）在电梯内张贴电梯维护保养单位的名称、联系电话和应急处置措施等；

（四）在显著位置张贴消防、安防、供水、排水、供电、供气、通信、有线电视等共用设施设备安全警示标志、人民防空工程标志牌和应急处置联系电话等；

（五）在显著位置张贴服务履行情况、维修资金使用情况、业主共有部分的经营与收益情况；

（六）按照法律、法规等规定以及管理规约的约定，在显著位置张贴应当向业主公布的其他信息。

第六十九条 物业服务费实行政府指导价和市场调节价。实行政府指导价的具体范围根据省有关规定确定。

物业服务费实行政府指导价的，价格行政管理部门应当会同房屋行政主管部门根据物业管理服务等级标准等因素，制定公布并定期调整相应的基准价及其浮动幅度。

物业服务费实行市场调节价的，物业服务行业协会应当在房屋行政主管部门的指导、监督下，根据本行政区域经济发展水平和成本变动情况，定期发布各类物业服务项目、服务标准及参考价格，供业主和物业服务人参考。

第七十条 物业服务费可以采取包干制或

者酬金制等方式。

物业服务人应当每年向全体业主公布物业服务费年度预决算，每季度公布物业服务费的收支情况。业主、业主大会或者业主委员会对公布的物业服务费的年度预决算和收支情况提出异议的，物业服务人应当自收到异议之日起七日内书面答复。

业主委员会可以聘请专业机构对采取酬金制的物业服务费收支情况进行审计，物业服务人应当予以配合。

第七十一条　物业服务费标准应当保持相对稳定。因物价变动、职工最低工资标准调整等原因，物业服务人需要调整物业服务费标准的，应当遵守下列规定：

（一）委托会计师事务所对上一年度物业项目经营情况进行审计，将审计报告在物业服务区域内显著位置公示三十日以上；

（二）制定调整收费标准的方案，调整方案包括拟调整收费标准的范围和理由，调整后的收费标准、服务内容和服务标准等事项，将调整方案在物业服务区域内显著位置公示三十日以上；

（三）调整方案应当由业主共同决定。

物业服务人违反前款规定的，不得调整物业服务费标准。物业服务人应当将调整物业服务费标准的事项和结果及时报告镇人民政府、街道办事处和居民委员会。

第七十二条　业主应当按照约定按时足额交纳物业服务费。物业服务人已经按照约定和有关规定提供服务的，业主不得以未接受或者无需接受相关物业服务为由拒绝支付物业服务费。

业主违反约定逾期不支付物业服务费的，物业服务人可以催告其在合理期限内支付；合理期限届满仍不支付的，物业服务人可以提起诉讼或者申请仲裁。

物业服务人不得采取停止供电、供水、供气等方式催交物业服务费。

第七十三条　业主转让、出租物业或者设立居住权时，应当将管理规约、物业服务费标准等事项告知受让人、承租人或者居住权人。转让人、受让人、承租人、居住权人应当自物业转让合同、房屋租赁合同或者居住权合同签订之日起十五日内，将物业转让、出租或者设立居住权情况、受让人、承租人或者居住权人的联系方式告知业主委员会和物业服务人。

业主转让物业所有权时，应当与物业服务人结清物业服务费。业主出租物业或者设立居住权时，应当与承租人或者居住权人约定物业服务费的交纳责任。

第七十四条　供水、供电、供气、通信、有线电视等专营服务单位应当按照法律、法规等相关规定承担物业服务区域内相关管线和设施设备的维修、养护责任。

专营服务单位应当服务到物业服务区域内的最终用户，并向最终用户收取费用。专营服务单位不得强制物业服务人代收费用，不得因物业服务人拒绝代收费用而停止向最终用户提供服务。

物业服务人接受专营服务单位委托代收费用的，可以根据约定向专营服务单位收取劳务费。物业服务人不得向业主收取手续费、周转金、保证金等费用，但法律、法规等另有规定的除外。

物业服务人退出物业服务区域时已代收但未向专营服务单位缴清的费用，专营服务单位应当向原物业服务人追缴，不得因未缴清费用而停止向用户提供服务。

第七十五条　住宅物业服务区域内已独立装表计费的水泵、电梯以及大堂、走廊、楼梯、小区道路和场地等公共照明产生的用电量，供电单位应当按照本市居民用电收费标准和实际费用直接向业主收取分摊电费。

物业服务人对共用部位、共用设施设备产生的水电用量执行分摊工作的，应当按水电收费周期及时向业主公开公共水电用量、单价、金额等情况，按照约定方式向业主合理分摊实际费用。没有约定或者约定不明确的，按照业主专有部分面积占专有部分总面积的比例分摊。

物业服务人不得将下列费用列入分摊：

（一）物业服务人办公、生活的自用水电费用；

（二）物业服务区域内地下停车场、绿化养护、园林水池喷泉、值班室、保安亭的水电费用；

（三）物业服务区域内开展喜庆、宣传、装饰等公共活动的水电费用；

（四）利用共用部位、共用设施设备开展经营活动的水电费用。

业主、业主大会对分摊情况提出异议时，供电单位、供水单位或者物业服务人应当及时答复。

第七十六条 物业服务合同的内容一般包括服务事项、服务质量、服务费用的标准和收取办法、维修资金的使用、服务用房的管理和使用、服务期限、服务交接、违约责任等条款。物业服务合同的示范文本由市房屋行政主管部门制定公布。

物业服务费包括电梯、消防设施、监控设施维修费用的，应当在物业服务合同中列明服务的内容、标准，以及相应的维修费用标准。

物业服务合同应当采用书面形式。物业服务人公开作出的有利于业主的服务承诺，为物业服务合同的组成部分。

第七十七条 建设单位依法与物业服务人订立的前期物业服务合同，以及业主委员会与业主大会依法选聘的物业服务人订立的物业服务合同，对业主具有法律约束力。

建设单位依法与物业服务人订立的前期物业服务合同约定的服务期限届满前，业主委员会或者业主与新物业服务人订立的物业服务合同生效的，前期物业服务合同终止。

物业服务人应当自物业服务合同订立之日起十五日内在本市物业管理信息平台填报合同信息。

第七十八条 前期物业服务合同或者物业服务合同终止的，物业服务人应当在合同终止之日起十五日内退出物业服务区域，同时向业主委员会、决定自行管理的业主或者其指定的人移交下列资料、财物：

（一）承接查验时建设单位移交的资料；

（二）业主清册；

（三）共用部位和共用设施设备；

（四）物业服务期间改造、维修、保养有关物业形成的技术资料；

（五）物业服务期间配置的属于业主所有的固定设施设备；

（六）共有资金；

（七）实行酬金制的，预收的物业服务资金和服务期间的财务资料；

（八）其他应当移交的财物、资料。

物业服务人不得损坏、隐匿、销毁本条前款规定的资料、财物，并配合业主大会选聘的新物业服务人做好交接工作。

业主委员会、决定自行管理的业主或者其指定的人应当和业主大会选聘的新物业服务人对共用部位、共用设施设备进行查验，签订物业验收协议，并向新物业服务人移交本条第一款规定的资料。

第七十九条 前期物业服务合同或者物业服务合同终止后，原物业服务人拒不移交有关资料、财物，或者拒不退出物业服务区域的，业主可以不支付合同终止后的物业服务费。业主委员会、物业管理委员会或者居民委员会可以向镇人民政府、街道办事处、区房屋行政主管部门报告，并向辖区内公安机关请求协助。

原物业服务人退出物业服务区域后，请求业主支付拖欠的物业服务费的，业主大会选聘的新物业服务人应当给予必要的协助。

第八十条 前期物业服务合同或者物业服务合同终止后，在业主或者业主大会选聘的新物业服务人或者决定自行管理的业主接管之前，原物业服务人应当继续处理物业服务事项，并可以请求业主支付该期间的物业服务费。

业主大会决定拒绝原物业服务人继续提供服务，或者原物业服务人无法再提供服务的，镇人民政府、街道办事处应当会同区房屋行政主管部门确定临时物业服务人，由临时物业服务人提供保安、保洁、共用设施设备运行等基本物业服务。

提供临时物业服务的，镇人民政府、街道办事处应当将服务内容、服务期限、服务费用等相关内容在物业服务区域内显著位置公示。临时物业服务期限一般不超过六个月，费用由全体业主承担。

临时物业服务期间，居民委员会应当组织业主共同决定后续的物业管理方式。

第八十一条 市房屋行政主管部门应当依法建立健全物业服务人信用管理制度，建立信用档案，将物业服务信用信息纳入公共信用信息管理目录，实行守信联合激励和失信联合惩戒措施。

第八十二条　业主自行管理本物业服务区域的，自行管理的执行机构、管理方案、收费标准、管理期限等应当经业主大会表决同意。业主委员会应当自业主大会决定自行管理之日起三十日内向镇人民政府、街道办事处备案。备案时应当提交业主大会表决结果、业主大会决定和自行管理方案。

业主大会、业主委员会应当依法实施管理和经营，承担安全生产、消防安全、经营管理等相关责任，接受镇人民政府、街道办事处和相关行政管理部门的指导和监督。

业主自行管理物业服务区域的具体办法，由市房屋行政主管部门制定公布。

第六章　物业的使用和维护

第八十三条　物业服务区域内按照规划建设的共用部位、共用设施，任何单位和个人不得擅自改变其用途。

确需改变共用部位、共用设施用途的，应当提请业主大会讨论决定同意后，由业主、业主委员会或者物业服务人依法办理有关手续。

维修、更新共用部位、共用设施设备的，相关业主、物业使用人应当予以配合。因相关业主、物业使用人阻挠维修、更新，造成其他业主、物业使用人财产损失的，责任人应当予以赔偿。

因共用部位、共用设施设备维修、更新等原因，造成房屋、设施设备等损害的，责任人应当予以恢复原状或者赔偿。

第八十四条　任何单位、个人不得擅自挖掘物业服务区域内的道路、绿地、其他场地，损害业主的共同利益。

因维修、养护或者公共利益，业主、物业使用人、相关单位确需临时挖掘道路、绿地、其他场地的，应当征得业主委员会和物业服务人的同意，并与物业服务人协商确定施工方案，接受物业服务人现场检查。物业服务人确需临时挖掘道路、绿地、其他场地的，应当征得业主委员会的同意。

物业服务人应当向全体业主及时公告施工方案和施工期限。业主、物业使用人、相关单位、物业服务人应当将临时挖掘的道路、绿地、其他场地以及临时迁移的共用设施设备，在约定期限内恢复原状。

第八十五条　利用共用部位、共用设施设备进行经营的，应当征得相关业主、业主大会、物业服务人的同意后，依法办理有关手续。

利用物业服务区域内业主共有的道路或者其他场地设置临时停车场的，机动车停放服务收费标准应当经本条例第二十二条规定比例的业主同意。

第八十六条　相关单位和个人应当维护物业服务区域内建筑物安全，保护共用部位、共用设施设备，维护良好的秩序和环境，不得有下列行为：

（一）损坏或者擅自变动房屋承重结构、主体结构；

（二）违反法律、法规等规定以及管理规约，擅自改变房屋用途，将住宅改变为经营性用房；

（三）将没有防水要求的房间或者阳台改为卫生间、厨房，或者将卫生间改在下层住户的卧室、起居室、客厅、书房和厨房的上方；

（四）破坏或者擅自改变房屋外立面；

（五）违法搭建建筑物、构筑物；

（六）损坏或者擅自占用、改建共用部位；

（七）损坏或者擅自占用、移装共用设施设备；

（八）损毁树木、园林；

（九）存放不符合安全标准的易燃、易爆、剧毒、放射性等危险性物品，存放、铺设超负荷物品；

（十）损坏或者擅自停用公共消防设施和器材，妨碍公共疏散通道、消防车通道畅通，堵塞安全出口；

（十一）乱丢垃圾、未分类排放生活垃圾或者从建筑物中抛掷物品；

（十二）发出超过规定标准的噪声或者影响邻居采光、通风；

（十三）违反法律、法规等规定饲养动物；

（十四）擅自变动排水设施、雨污混接、污水直排等违法排水行为；

（十五）法律、法规等规定和管理规约禁止的其他行为。

有本条第一款行为之一的，物业服务人、业主委员会有权依照法律、法规等规定以及管理规约、物业服务合同，要求行为人停止侵害、排除妨碍、消除危险、恢复原状、赔偿损失；劝阻、制止无效的，物业服务人、业主委员会应当及时报告相关行政管理部门。相关行政管理部门应当依法及时处理，相关业主和物业使用人应当积极配合。

本条第一款行为侵害业主、物业使用人合法权益的，业主、物业使用人可以依法提起诉讼。业主委员会可以依据管理规约的约定或者业主大会的决定，对侵害业主共同利益的行为提起诉讼。

第八十七条 物业服务区域内业主、物业使用人对房屋室内进行装饰装修的，应当在装饰装修工程开工前告知物业服务人，并提供下列资料：

（一）业主、物业使用人身份证件，不动产权证明材料或者证明其合法权益的有效凭证；

（二）物业使用人申请装饰装修的，需提交业主同意装饰装修的文书；

（三）装饰装修方案；变动建筑主体或者承重结构的，以及超过设计标准或者规范增加楼面荷载的，装饰装修方案应当包括原设计单位或者具有相应资质等级的设计单位提出的设计方案；涉及排水管道变动的，装饰装修方案应当包括排水管道变动、接驳的设计图纸；

（四）依法需要取得施工许可的建设工程，应当按照规定提交消防设计意见书或者满足施工需要的消防设计图纸及技术资料。

业主、物业使用人提交的装饰装修方案、设计方案违反法律、法规等规定以及管理规约的约定，或者未取得相关行政管理部门批准文件的，物业服务人应当告知其修改相应方案、取得相关批准文件后施工。

第八十八条 业主、物业使用人和装饰装修企业，应当与物业服务人签订装饰装修服务协议，对装饰装修工程实施内容、实施期限、施工时间、垃圾清运处置、设施设备安装要求、违约责任等事项进行约定。物业服务人应当将施工时间和期限告知相邻业主，为装饰装修材料的搬运和装饰装修废弃物的处置提供明确指引。

装饰装修期间，业主、物业使用人或者装饰装修企业应当配合物业服务人对装饰装修现场进行检查。物业服务人发现有违反装饰装修服务协议或者违反法律、法规等规定以及管理规约行为的，应当及时予以劝阻、制止，已造成事实后果或者拒不改正的，应当及时报告有关部门依法处理。

装饰装修造成共用部位、共用设施设备损坏的，业主、物业使用人、装饰装修企业应当及时修复。造成损失的，责任人应当依法承担赔偿责任。

第八十九条 物业服务人及其工作人员在装饰装修活动中不得有下列行为：

（一）指派装饰装修企业或者强行推销装饰装修材料；

（二）索取不正当利益；

（三）无正当理由以断水、断电等方式阻止装饰装修施工；

（四）无正当理由阻止装饰装修企业人员和材料进出物业服务区域；

（五）法律、法规等规定的其他禁止性行为。

第九十条 因房屋建设质量问题出现渗水，房屋保修期限未届满的，建设单位应当及时维修。

房屋保修期限届满后出现渗水影响相邻房屋的，责任人应当及时维修，依法承担赔偿责任。责任人不履行维修义务的，管理规约或者物业服务合同可以约定由物业服务人维修，所需费用由责任人承担。因共用设施设备损坏造成渗水的，物业服务人应当及时维修，所需费用在维修资金或者共有资金中列支。

物业服务人、业主委员会、物业管理委员会和居民委员会应当为业主处理渗水纠纷提供协助。

第九十一条 建筑物及其附属设施的维修资金属于业主共有，经业主共同决定，可以用于电梯、屋顶、外墙、无障碍设施等共有部分的维修、更新和改造。维修资金的筹集、使用情况应当定期公布。任何单位、个人不得挪用、侵占维修资金。

业主应当按照所拥有物业的建筑面积交存维修资金。业主拒不交纳维修资金的，业主委员会应当督促其限期交纳。业主经催告后仍不交纳的，经业主大会决定，业主委员会可以依法向人民法院提起诉讼。

建设单位应当在物业所有权首次登记前，将首期维修资金存入房屋行政主管部门开立的维修资金专户。建设单位可以凭已交存的首期维修资金凭证，向物业买受人收回其代交的维修资金。

市房屋行政主管部门应当根据有关规定制定和公布本市首期维修资金每平方米建筑面积交存数额，并适时调整。

第九十二条　维修资金应当实行专户存储，以物业服务区域为单位设账，按照幢、房屋户门号分级设分户账。未划定物业服务区域的，以幢为单位设账，按照房屋户门号设分户账。

维修资金的管理单位由业主大会决定，业主大会未决定的，由市房屋行政主管部门代为管理。

第九十三条　共用部位、共用设施设备维修、更新、改造的费用，有维修资金的，由共有该共用部位、共用设施设备的业主从维修资金中列支；没有维修资金或者维修资金余额不足的，由共有该共用部位、共用设施设备的业主分摊。

共用部位、共用设施设备的维修、更新、改造的费用分摊，可以约定以户为单位平均分摊。没有约定或者约定不明确的，由共有该物业的业主按照专有部分面积占专有部分总面积的比例分摊。

紧急情况下需要维修建筑物及其附属设施的，业主大会或者业主委员会可以依法申请使用维修资金。

维修资金交存、管理、使用的具体办法由市房屋行政主管部门制定公布。

第九十四条　物业服务区域内依法属于全体业主所有的共有资金包括：

（一）利用共用部位、共用设施设备经营产生的收入，在扣除合理成本之后所得收益；

（二）管理规约、业主大会议事规则约定或者业主大会决定由全体业主共同分摊缴交的费用；

（三）共用部位被依法征收的补偿费；

（四）共有资金产生的孳息；

（五）其他合法收入。

第九十五条　共有资金的管理单位和财务管理制度，由业主共同决定。

一个物业服务区域应当开立一个共有资金账户，账户开户单位是共有资金管理单位，不得以个人名义开立共有资金账户。

共有资金管理单位应当将全部共有资金存入其开立的共有资金账户。业主大会决定新共有资金管理单位的，原共有资金管理单位应当自业主大会决定生效之日起三十日内，将所有共有资金转入新共有资金管理单位开立的共有资金账户。

共有资金管理单位应当按照《中华人民共和国会计法》等相关规定和共有资金财务管理制度，设置会计账户，进行会计核算，制作并妥善保管会计凭证、会计账簿、财务会计报告等会计资料。共有资金管理单位不得伪造、变造、隐匿、故意销毁共有资金的会计资料。

第九十六条　共有资金用于物业管理的下列支出：

（一）补充维修资金；

（二）共用部位、共用设施设备的维修养护费用和专项财产保险，但物业服务合同另有约定的除外；

（三）业主委员会的办公经费，业主委员会委员的补贴，业主委员会专职工作人员的薪酬，召开业主大会会议所需费用；

（四）对共有资金的审计费用；

（五）业主共同决定用于物业管理的其他费用。

物业服务合同或者管理规约可以约定共有资金的用途。共有资金管理单位可以制定共有资金使用规则或者年度使用计划，经业主大会决定后使用共有资金。

未经业主共同决定，不得使用共有资金。任何单位和个人不得挪用、侵占共有资金。

第九十七条　共有资金管理单位应当向业主每季度公开共有资金的收支情况。业主、业主委员会、物业管理委员会或者居民委员会对共有资金收支情况提出异议的，共有资金管理单位应当自收到异议之日起七日内书面答复。

业主委员会、物业管理委员会或者居民委员会可以聘请专业机构对共有资金的收支情况进行审计，共有资金管理单位应当依法配合。

共有资金管理、使用的具体办法由市房屋行政主管部门制定公布。

第七章 法律责任

第九十八条 房屋行政主管部门及其工作人员有下列行为之一的，由上级主管机关或者监察机关责令改正，对部门给予通报批评，对直接负责的主管人员和其他直接责任人员依法给予处分：

（一）违反本条例第十三条和第十四条规定，未按照规定划定、调整物业服务区域；

（二）违反本条例第二十三条第三款规定，未按照规定制定公布管理规约和业主大会议事规则的示范文本；

（三）违反本条例第二十六条第二款规定，未按照规定提供业主清册等文件资料；

（四）违反本条例第三十一条规定，未按照规定建立完善本市业主决策电子投票系统以及电子投票数据库，或者未按照规定制定电子投票的具体规则；

（五）违反本条例第五十四条第三款规定，未按照规定制定前期物业服务招标投标管理的具体办法；

（六）违反本条例第七十六条第一款规定，未按照规定制定物业服务合同示范文本；

（七）违反本条例第八十二条第三款规定，未按照规定制定业主自行管理物业服务区域的具体办法；

（八）违反本条例第九十三条第四款和第九十七条第三款规定，未按照规定制定维修资金、共有资金的具体办法；

（九）其他违反本条例规定的行为。

第九十九条 镇人民政府、街道办事处、其他行政管理部门及其工作人员违反本条例规定，不依法履行职责的，由上级主管机关或者监察机关责令改正，对部门给予通报批评，对直接负责的主管人员和其他直接责任人员依法给予处分。

居民委员会中从事管理的人员违反本条例规定，不依法履行职责的，由监察机关依法给予处分。

第一百条 违反本条例第三十九条第一款、第四款和第八十二条第一款规定，业主委员会逾期未备案或者逾期未办理变更备案的，由镇人民政府、街道办事处责令限期报送备案，并通告全体业主；隐瞒有关情况或者提供虚假资料报送备案的，由镇人民政府、街道办事处责令限期提供真实资料，并通告全体业主。

违反本条例第五十四条第二款、第六十条第一款和第七十七条第三款规定，建设单位、物业服务人未按照规定在本市物业管理信息平台填报、更新相关资料的，由区房屋行政主管部门责令限期改正；逾期未改的，处以二千元以上五千元以下罚款；隐瞒有关情况或者填报虚假资料的，由区房屋行政主管部门责令限期填报真实资料，给予警告，可以并处五千元以上一万元以下罚款。

第一百零一条 违反本条例第四十二条规定，业主委员会委员、候补委员或者专职工作人员有下列行为之一的，由相关行政主管部门按照下列规定处罚：

（一）有本条例第四十二条第一款第一项、第二项、第三项、第五项、第六项和第八项规定行为的，由区房屋行政主管部门责令限期改正，给予警告；逾期未改的，处以一千元以上三千元以下罚款；情节严重的，处以三千元以上一万元以下罚款；给他人造成损害的，依法承担赔偿责任；

（二）有本条例第四十二条第一款第七项规定行为的，由财政行政管理部门依照《中华人民共和国会计法》有关规定予以处罚。

第一百零二条 违反本条例第十六条规定，建设单位未按照规定配置物业服务用房的，由区房屋行政主管部门责令限期改正，给予警告，没收违法所得，并处十万元以上五十万元以下罚款。

违反本条例第五十四条第一款规定，建设

单位未按照规定选聘前期物业服务企业的，由区房屋行政主管部门责令限期改正，给予警告，可以并处二万元以上十万元以下罚款。

违反本条例第五十八条规定，建设单位未按照规定移交有关资料的，由区房屋行政主管部门责令限期改正；逾期仍不移交的，对建设单位予以通报，处以一万元以上十万元以下罚款。

违反本条例第六十四条第二款规定，建设单位未公开物业服务区域的建设工程总平面图，或者未按照规定在图上标明相关信息的，由区房屋行政主管部门责令限期改正；逾期未改的，处以一万元以上十万元以下罚款。

第一百零三条　违反本条例第六十七条第一款规定，物业服务人将一个物业服务区域内的全部物业管理一并委托给他人的，由区房屋行政主管部门责令限期改正，处以委托合同价款百分之三十以上百分之五十以下罚款。委托所得收益，用于物业服务区域内物业共用部位、共用设施设备的维修、养护，剩余部分按照业主大会的决定使用；给业主造成损失的，依法承担赔偿责任。

违反本条例第七十条第二款和第三款规定，物业服务人未依法公布物业服务费的年度预决算及收支情况、未按时书面答复异议或者不配合审计的，由区房屋行政主管部门责令限期改正；逾期未改的，处以一万元以上十万元以下罚款。

第一百零四条　违反本条例第七十八条规定，物业服务人有下列行为之一的，由区房屋行政主管部门按照下列规定处罚，并依法纳入本市公共信用信息管理系统：

（一）未按照规定退出物业服务区域的，责令限期退出；逾期拒不退出的，处以五万元以上十五万元以下罚款；

（二）未按照规定移交有关资料、财物的，责令限期改正；逾期仍不移交有关资料、财物的，予以通报，处以一万元以上十万元以下罚款；

（三）损坏、隐匿、销毁属于全体业主的资料、财物的，处以五万元以上二十万元以下罚款；给业主造成损失的，依法承担赔偿责任。

第一百零五条　违反本条例第八十三条第一款、第八十四条第一款、第八十五条规定，擅自改变共用部位、共用设施用途，擅自挖掘道路、绿地、其他场地，或者擅自利用共用部位、共用设施设备经营的，由区房屋行政主管部门责令限期改正，给予警告，对个人处以一千元以上一万元以下罚款，对单位处以五万元以上二十万元以下罚款。所得收益，用于物业服务区域内共有部分的维修、养护，剩余部分按照业主大会的决定使用。

第一百零六条　违反本条例第八十六条第一款规定，单位或者个人有下列行为之一的，由相关行政管理部门按照下列规定处罚：

（一）有本条例第八十六条第一款第一项规定行为的，由区房屋行政主管部门责令限期改正，处以五万元以上十万元以下罚款；

（二）有本条例第八十六条第一款第二项和第五项规定行为的，由城市管理综合执法部门依照有关法律法规的规定查处；

（三）有本条例第八十六条第一款第三项规定行为的，由区房屋行政主管部门责令限期拆除，并对业主、物业使用人处以一千元以上五千元以下罚款，对装饰装修企业处以五千元以上五万元以下罚款；

（四）有本条例第八十六条第一款第四项规定行为的，由区城市管理综合执法部门责令限期改正，恢复原状；逾期未改的，对个人处以一万元以下罚款；对单位处以十万元以下罚款；

（五）有本条例第八十六条第一款第六项和第七项规定行为的，由区房屋行政主管部门责令限期改正，恢复原状，给予警告；对个人可以处以一万元以下罚款；对单位可以处以二十万元以下罚款；

（六）有本条例第八十六条第一款第八项至第十四项规定行为的，由相关行政管理部门依法查处。

第一百零七条　违反本条例第八十九条规定，物业服务人或者其工作人员有下列行为之一，由区房屋行政主管部门按照下列规定处罚；给业主、物业使用人、装饰装修企业造成损害的，依法承担赔偿责任：

（一）有本条例第八十九条第一项和第二

项规定行为的，责令限期改正，没收违法所得，并处五万元以上十五万元以下罚款；

（二）有本条例第八十九条第三项和第四项规定行为的，责令限期改正；逾期未改的，处以二万元以上五万元以下罚款。

第一百零八条 违反本条例第九十五条第二款和第三款、第九十六条第三款、第九十七条第一款和第二款规定，未按照规定开立共有资金账户或者存放共有资金，未经业主共同决定擅自使用共有资金，未按照规定公开共有资金收支情况，未按照规定答复异议，或者未依法配合审计的，由区房屋行政主管部门责令限期改正，给予警告；逾期未改的，处以十五万元以上三十万元以下罚款；给业主造成损失的，依法承担赔偿责任。对业主委员会的罚款由直接负责的业主委员会委员分摊。

违反本条例第九十五条第四款规定，单位或者个人未按照规定设置共有资金会计账户，未按照规定保管共有资金会计资料，或者伪造、变造、隐匿、故意销毁共有资金会计资料的，依照《中华人民共和国会计法》相关规定予以处罚。

违反本条例第九十一条第一款、第九十六条第三款规定，单位或者个人挪用、侵占维修资金或者共有资金的，由区房屋行政主管部门给予警告，没收违法所得，并处挪用、侵占数额二倍以下罚款；给业主造成损失的，依法承担赔偿责任；构成犯罪的，依法追究刑事责任。

第八章 附则

第一百零九条 本条例中下列用语的含义是指：

（一）专有部分，是指具有构造上、利用上的独立性，能够明确区分、可以排他使用并且能够登记成为特定业主所有权的房屋以及车位、摊位等特定空间；

（二）共用部位，是指根据法律、法规和房屋买卖合同，属于业主共有的部位，一般包括建筑物的基础、承重结构（包括内外承重墙体、柱、梁、楼板等）、外墙、屋顶等基本结构部分，通道、楼梯、大堂等公共通行部分，电梯井、架空层、避难层、设备层或者设备间等结构部分，绿地、道路、公共场所、物业服务用房等；

（三）共用设施设备，是指根据法律、法规和房屋买卖合同，属于业主共有的附属设施设备，一般包括电梯设备、共用供排水设施（包括建筑区划内共用的管道、管渠、出户管、接户井、接驳井、检查井、水质检测井、雨水口、泵房、水箱、加压水泵、闸门井、雨水径流控制设施、隔油池、沉淀池等供排水设施设备）、公共照明设施（包括照明供电线路、路灯）、安防设施、消防设施、通信设施（包括通信线路、通信管道、通信暗管）、避雷设施、环境卫生设施、燃气管道、沟渠、池、井、信报箱、宣传栏等；

（四）物业服务用房，是指用于办公、值班、保卫的房屋；

（五）共用设施设备用房，是指用于安放供水、排水、供电、消防、通信、网络等设施设备的房屋；

（六）包干制，是指由业主向物业服务企业支付固定物业服务费，盈余或者亏损均由物业服务企业享有或者承担的物业服务计费方式；

（七）酬金制，是指在预收的物业服务资金中按约定比例或者约定数额提取酬金支付给物业服务企业，其余全部用于物业服务合同约定的支出，结余或者不足均由业主享有或者承担的物业服务计费方式。

第一百一十条 本条例自2021年1月1日起施行。

兰州市物业管理条例

（2020年8月28日兰州市第十六届人民代表大会常务委员会第三十次会议通过，
2020年12月3日甘肃省第十三届人民代表大会常务委员会第二十次会议批准，
2020年12月8日兰州市人民代表大会常务委员会公告第122号公布）

第一章　总则

第一条　为了规范本市物业管理活动，维护物业管理相关主体的合法权益，保障依法、安全、合理使用物业，营造安全、舒适、文明、美丽的人居环境，促进社会和谐，根据《中华人民共和国民法典》《物业管理条例》等法律、法规的规定，结合本市实际，制定本条例。

第二条　本市行政区域内物业的使用、维护、服务及其监督管理活动，适用本条例。

本条例所称物业管理，是指业主通过自行管理或者共同决定委托物业服务人的形式，对物业管理区域内的建筑物、构筑物及其配套的设施设备和相关场地进行维修、养护、管理，维护环境卫生和相关秩序的活动。物业服务人包括物业服务企业和其他物业管理人。

第三条　本市物业管理应当遵循业主自治、专业服务、社区指导、政府监管的原则。

第四条　市、区（县）人民政府应当加强对本行政区域内物业管理工作的组织领导，将物业管理纳入现代服务业发展规划和社区治理体系，鼓励采用新技术、新方法提高物业服务水平，推动物业服务管理规范化、市场化。兰州新区管委会、兰州高新技术产业开发区管委会在各自的管辖范围内做好物业管理的组织领导工作。

街道办事处、乡（镇）人民政府负责指导、协调业主大会成立以及业主委员会的选举工作和业主大会、业主委员会的日常活动，调解物业服务管理纠纷，并配合住房和城乡建设行政主管部门对物业服务管理活动进行监督管理。

社区居民委员会（村民委员会）应当协助、配合街道办事处、乡（镇）人民政府开展对业主大会、业主委员会、物业管理委员会、物业服务人的指导和监督工作。

第五条　建立党建引领下的物业管理协商共治机制，支持业主、业主委员会、物业管理委员会和物业服务人依法开展物业管理活动。

鼓励和支持业主委员会、物业管理委员会、物业服务人根据有关法律和章程设立工会、共青团、妇女组织，发挥群团组织在物业管理中的作用。

第六条　市、区（县）住房和城乡建设行政主管部门负责本行政区域内物业服务管理活动的监督管理工作。

市住房和城乡建设行政主管部门履行下列职责：

（一）制定本市物业服务管理相关政策并组织实施；

（二）指导和监督区（县）住房和城乡建设行政主管部门开展物业服务管理的监督管理工作；

（三）指导和监督本市住宅专项维修资金的筹集、管理和使用；

（四）建立健全业主委员会、物业管理委员会成员培训制度；

（五）制定临时管理规约、管理规约、业主大会议事规则、物业服务合同等示范文本和相关标准；

（六）建立全市统一的物业服务管理信用信息、业主电子共同决策等信息系统；

（七）指导行业协会制定自律性规范并监督实施；

（八）实施物业服务管理方面的其他监督管理职责。

区（县）住房和城乡建设行政主管部门履行下列职责：

（一）贯彻执行物业服务管理相关法律法规、政策制度；

（二）监督管理辖区内物业服务人遵守法律法规和物业服务合同、依法公开必须公开的各种事项和费用；

（三）指导、监督辖区内住宅专项维修资金的筹集、管理和使用；

（四）组织对辖区内业主委员会、物业管理委员会成员开展培训；

（五）指导街道办事处、乡（镇）人民政府实施物业服务管理相关工作；

（六）落实物业服务管理方面的其他监督管理职责。

第七条 发展和改革部门负责物业区域内物业服务收费项目和收费标准政府指导价的制定工作。

城市管理执法行政主管部门负责物业区域私搭乱建、不即时清理犬只粪便、不按照规定进行垃圾分类投放行为的查处和流浪犬捕捉工作。

公安机关负责物业管理区域内饲养禁养犬、犬吠扰民、生活环境噪声污染、高空抛物违法行为的查处。

市场监管部门负责物业区域内物业服务收费、电梯安全监管和违反本条例第六十五条规定住宅改变为经营性用房行为的查处。

林业部门负责物业区域内损毁树木、绿地违法行为的查处。

水行政主管部门负责物业区域内供水使用违法行为的查处。

卫生健康部门负责物业区域内生活饮用水卫生监督检查和相应违法行为的查处。

生态环境部门负责物业区域内锅炉烟尘、餐饮业油烟污染违法行为的查处。

应急管理部门负责物业区域内存放危险物品、妨害消防安全违法行为的查处。

除本条上述各款明确规定的职责以外，上述各款所列的政府部门还应当按照各自的职责，负责物业管理活动的其他有关监督管理工作。

自然资源、人防及其他有关部门按照各自职责，负责物业管理活动的有关监督管理工作。

第八条 突发事件发生期间，街道办事处、乡（镇）人民政府负责落实市、区（县）人民政府依法采取的各项应急措施，指导物业服务人开展相应级别的应对工作。

物业服务人应当服从市、区（县）人民政府统一指挥，在街道办事处、乡（镇）人民政府指导下积极配合社区居民委员会（村民委员会）开展工作，依法落实应急预案和各项应急措施。市、区（县）人民政府对物业服务人在采取应急措施期间的工作可以适当给予物资支持和资金补贴。

业主、业主大会、业主委员会应当配合物业服务人、社区居民委员会（村民委员会）、街道办事处、乡（镇）人民政府依法落实市、区（县）人民政府的各项应急措施。

第九条 市物业服务管理行业协会应当加强行业自律管理，规范行业行为，促进物业服务人及从业人员依法经营、诚信服务，提升物业服务水平。协助市住房和城乡建设行政主管部门调解物业服务管理纠纷，推动物业管理行业健康发展。

市住房和城乡建设行政主管部门应当加强对市物业服务管理行业协会的指导和监督。

第二章　业主、业主组织和物业管理委员会

第十条 房屋的所有权人为业主。

因买卖、赠与、继承、拆迁补偿、生效的法律文书、合法建造等情形已经合法占有房屋或者取得房屋所有权，但尚未依法办理所有权变更登记的人，在物业服务管理中享有业主权利，承担业主相应义务。

业主对建筑物专有部分以外的共有部分，享有权利，承担义务；不得以放弃权利为由不履行义务。业主转让建筑物内的住宅、经营性用房，其对共有部分享有的共有和共同管理的权利一并转让。

第十一条 建筑物专有部分的承租人、借用人等物业使用人，根据法律、法规、管理规约、业主大会依法作出的决定，以及其与业主的约定，享有相应权利，承担相应义务。

第十二条 一个物业管理区域只能成立一

个业主大会。业主大会由全体业主组成。业主大会应当代表和维护物业管理区域内全体业主在物业服务管理活动中的合法权益。

业主因故不能参加业主大会会议的，可以依法书面授权代理人参加，也可以通过信件、传真、微信、QQ、电子邮件等由业主大会同意的多种方式参加讨论和表决。

第十三条　交付使用的专有部分建筑面积达到物业管理区域内建筑物总面积百分之五十以上的，或者达到百分之三十以上不足百分之五十，但首个房屋单元出售并实际交付使用已满两年的，应当召开首次业主大会。

只有一个业主的，或者业主人数较少且经全体业主一致同意，决定不成立业主大会的，由业主共同履行业主大会、业主委员会职责。

物业管理区域符合本条第一款所列应当成立业主大会条件之一的，建设单位应当自符合条件之日起三十日内，向物业所在地的街道办事处、乡（镇）人民政府提出成立业主大会书面报告并提供下列资料：

（一）物业管理区域划分的资料；

（二）房屋及建筑面积清册；

（三）建设用地规划许可证、建设工程规划许可证复印件；

（四）房屋建筑工程竣工验收备案表及附属设施设备交付使用证明；

（五）物业服务用房配置的资料；

（六）业主名册。

建设单位未及时书面报告的，已交付专有部分的业主可以联名向物业所在地的街道办事处、乡（镇）人民政府提出召开首次业主大会会议的书面要求。

第十四条　街道办事处、乡（镇）人民政府应当在接到建设单位书面报告或者业主书面要求后的六十日内组建筹备组，筹备召开首次业主大会会议。首次业主大会会议召开后，业主大会会议筹备组自行解散。

第十五条　筹备组成员由业主代表、街道办事处、乡（镇）人民政府、社区居民委员会（村民委员会）和建设单位派员共同组成，筹备组组长由街道办事处、乡（镇）人民政府派员担任。

筹备组应当做好下列筹备工作：

（一）确定首次业主大会会议召开的时间、地点、形式和内容；

（二）参照市住房和城乡建设行政主管部门制定的示范文本，拟订管理规约草案和业主大会议事规则草案；

（三）确定业主人数和业主所有的物业专有部分建筑面积；

（四）拟订业主委员会成员产生办法，确定候选人名单；

（五）召开首次业主大会会议的其他准备工作。

第十六条　下列事项由业主共同决定：

（一）制定和修改业主大会议事规则、制定和修改管理规约、批准业主委员会议事规则；

（二）选举业主委员会或者更换业主委员会成员；

（三）选聘和解聘物业服务人；

（四）使用建筑物及其附属设施的维修资金；

（五）筹集建筑物及其附属设施的维修资金；

（六）改建、重建建筑物及其附属设施；

（七）改变共有部分的用途或者利用共有部分从事经营活动；

（八）确定物业服务方式、内容、标准以及物业服务收费方案；

（九）业主大会、业主委员会工作经费的筹集、管理和使用。确定业主委员会成员津贴或者补助的标准，决定是否对业主委员会主任实施任期、离任财务审计；

（十）改变和撤销业主委员会不适当的决定；

（十一）法律、法规或者管理规约约定应当由业主大会决定的其他事项。

业主共同决定事项，应当经专有部分面积占比三分之二以上的业主且人数占比三分之二以上的业主参与表决。决定前款第五、六、七项规定的事项，应当经参与表决专有部分面积四分之三以上的业主且参与表决人数四分之三以上的业主同意。决定前款其他事项，应当经参与表决的专有部分占建筑物面积过半数的业主且参与表决人数过半数的业主同意。

第十七条 业主委员会是业主大会的执行机构，由业主大会会议选举产生，执行业主大会决定的事项，履行法律、法规规定的职责，接受业主的监督。

业主委员会由五至十一人的单数组成。业主委员会成员由业主担任，每届任期为五年，可连选连任。业主委员会主任、副主任在业主委员会成员中推选产生。业主委员会会议应当有三分之二以上委员出席，作出的决定应当经全体委员过半数同意。

业主大会或者业主委员会的决定，对业主具有法律约束力。

业主大会或者业主委员会作出的决定侵害业主合法权益的，受侵害的业主可以请求人民法院予以撤销。

业主大会或者业主委员会做出的决定，应当自作出决定之日起三日内向全体业主进行公示。

第十八条 业主委员会成员应当符合下列条件：

（一）系本物业管理区域内业主。业主为法人或者非法人组织的，应当是其书面授权的自然人代表；

（二）具有完全民事行为能力，能够履行委员职责；

（三）遵纪守法，热心公益，模范履行业主义务，责任心强，有社会公信力，有一定组织能力；

（四）书面承诺积极、及时、全面履行工作职责；

（五）本人、配偶及其近亲属与本物业管理区域提供服务的物业服务人没有利害关系；

（六）法律、法规规定的其他条件。

第十九条 业主大会每年至少召开一次会议，由业主委员会召集。

业主委员会未按业主大会议事规则按期召集业主大会会议的，街道办事处、乡（镇）人民政府应当督促召开业主大会会议。

有下列情形之一的，业主委员会应当召集业主大会临时会议：

（一）发生重大事故或者紧急事件，需要及时处理的；

（二）专有部分面积和人数比占百分之二十以上业主就物业管理共同事项提议的；

（三）业主委员会成员缺额人数超过总人数三分之一，或者业主委员会主任辞职、离职，或者两名以上业主委员会副主任辞职、离职的；

（四）业主大会议事规则规定需要召开业主大会临时会议的。

第二十条 业主委员会成员候选人通过下列方式产生：

（一）社区居民委员会（村民委员会）党组织推荐；

（二）社区居民委员会（村民委员会）推荐；

（三）业主自荐或者联名推荐；

（四）产权单位推荐。

筹备组根据业主委员会成员候选人产生办法，在按照前款方式推荐的人员中，确定业主委员会成员候选人名单，征求社区居民委员会（村民委员会）党组织的意见。

社区居民委员会（村民委员会）的党组织鼓励和支持党员业主通过法定程序成为业主代表、物业管理委员会成员、业主委员会成员，充分发挥模范带头作用，依法履行职责。

第二十一条 业主大会、业主委员会工作经费开支范围、标准和业主委员会成员的补助或者工作津贴，由业主大会决定。业主委员会应当每年向业主大会报告收支情况。

前款所述费用由全体业主承担，有公共收益的，从公共收益中支付。筹备和召开首次业主大会的经费由建设单位或者原产权单位承担，无建设单位或者原产权单位的，由全体业主承担。

第二十二条 业主委员会应当自选举产生之日起三十日内，持下列材料向区（县）住房和建设行政主管部门和街道办事处、乡（镇）人民政府备案，并书面告知相关社区居民委员会（村民委员会）：

（一）业主大会成立和业主委员会选举情况；

（二）业主委员会组成人员名单及其基本情况；

（三）管理规约、业主大会和业主委员会议事规则；

（四）业主大会会议记录和会议决定。

第二十三条 业主委员会应当建立接待制度，接受业主、物业使用人的咨询、投诉和监督。

业主委员会应当建立工作记录制度，做好业主大会会议、业主委员会会议、物业服务合同协商签订活动以及物业服务管理中各项重要事项的记录，并建立工作档案。

第二十四条 业主委员会应当建立信息公开制度，及时公示下列信息：

（一）业主委员会成员姓名、职责分工和联系方式；

（二）管理规约、业主大会议事规则、物业服务合同；

（三）业主大会和业主委员会决定；

（四）专项维修资金的筹集、使用情况；

（五）经业主大会决定占用业主共有的道路或者其他场地设置的机动车停车位及其处分情况；

（六）物业共用部位、共用设施设备的经营收益及其分配与使用详细情况；

（七）业主大会、业主委员会的工作经费和业主委员会成员工作津贴详细情况；

（八）其他应当向业主、物业使用人公开的情况和资料。

前款第四项至第七项应当每半年向全体业主公布一次，公布时间不少于十五日。

业主、物业使用人有权查询、复制本条第一款规定的信息及相关原始资料并依法实施监督，业主委员会、物业服务人等应当予以配合。

第二十五条 业主大会、业主委员会可以委托有资质的中介机构对公共收益的收支情况、业主委员会工作经费进行年度财务审计和换届财务审计。审计结果应当向全体业主公告三十日。审计费用从公共收益中列支。

第二十六条 业主委员会任期届满前九十日，应当召集业主大会会议进行换届选举。

业主委员会任期届满逾期未进行换届选举的，街道办事处、乡（镇）人民政府应当指导督促换届选举。

第二十七条 业主大会会议选举出新一届业主委员会之日起十日内，上一届业主委员会应当将其保管的有关凭证、档案等文件资料、印章及其属于全体业主共有的财物移交新一届业主委员会。拒不移交的，新的业主委员会可以请求物业所在地的街道办事处、乡（镇）人民政府协助移交。

第二十八条 业主委员会及其成员应当遵守法律、法规和管理规约，诚实守信、勤勉尽责，不得有下列行为：

（一）拒绝或者放弃履行委员职责；

（二）挪用、侵占业主共有财产；

（三）在本物业管理区域内违法搭建、违法占用物业共有部分；

（四）利用职务之便接受减免物业服务费、停车费，以及索取、非法收受建设单位、物业服务人、有利害关系业主提供的利益、报酬；

（五）与为本物业管理区域提供服务的物业服务人之间具有关联关系；

（六）打击、报复、诽谤、陷害有关投诉、举报人；

（七）泄露业主信息或者将业主信息用于与物业管理无关的活动；

（八）其他损害业主共同利益或者可能影响其公正履行职责的情形。

业主发现业主委员会成员有前款所列行为的，可以依照法律、法规和业主大会议事规则的规定，提议业主大会定期会议或者临时会议审议决定是否终止其委员职务。终止业主委员会成员职务时，应当允许该成员提出申辩并记录归档。

业主大会决定终止业主委员会成员职务的，应当同时补选新的业主委员，并向全体业主公告。

第二十九条 有下列情形之一的，由街道办事处、乡（镇）人民政府负责组建物业管理委员会，组织业主共同决定物业服务管理事项：

（一）不具备成立业主大会条件的；

（二）具备成立业主大会条件但因各种原因未成立的；

（三）业主大会成立后，未能选举产生业主委员会的；

（四）需要重新选举业主委员会，经物业所在地街道办事处、乡（镇）人民政府组织、指导后仍不能选举产生业主委员会的。

第三十条 物业管理委员会由物业所在地街道办事处、乡（镇）人民政府组织成立，成员可以由街道办事处、乡（镇）人民政府、辖区派出所、社区居民委员会（村民委员会）、业主代表等组成。物业管理委员会总人数应当为七到十一人的单数，其中业主代表应当不少于物业管理委员会人数的百分之五十。

业主代表的资格应当符合本条例第十八条的规定，物业管理委员会成员候选人产生方式应当符合本条例第二十条的规定，业主代表经业主推荐或者自荐，由街道办事处、乡（镇）人民政府审定。物业管理委员会的主任由业主代表担任。

物业管理委员会组成后，应当由街道办事处、乡（镇）人民政府向全体业主公示。

第三十一条 物业管理委员会成立之日起三十日内应当向物业所在地的街道办事处、乡（镇）人民政府备案。物业管理委员会应当履行以下职责：

（一）组织、筹备召开业主大会会议，选举或改选业主委员会；

（二）就物业管理事项广泛征求业主意见，形成业主共同决定，就物业管理重大事项，组织业主代表投票表决；

（三）调解业主、物业使用人、物业服务人之间因物业使用、维护和管理产生的纠纷；

（四）配合街道办事处、乡（镇）人民政府做好物业管理区域的社区建设工作。

物业管理委员会会议由主任或者由主任委托副主任召集和主持，三分之一以上成员提出召开物业管理委员会会议的，主任应当组织召开会议。

会议应当有半数以上成员且半数以上业主代表成员参加，业主代表成员不能委托代理人参加会议。物业管理委员会确定的事项应当经半数以上的成员签字同意。会议结束后三日内，物业管理委员会应当将会议情况以及确定事项向全体业主公示，公示时间不得少于十个工作日。

第三十二条 物业管理委员会的任期一般不超过三年。期满仍未推动成立业主大会、选举产生业主委员会的，由街道办事处、乡（镇）人民政府重新组建物业管理委员会。

已成立业主大会、选举产生业主委员会，并依照本条例第二十二条规定备案的，或者因物业管理区域调整、房屋灭失等其他客观原因致使物业管理委员会无法存续的，街道办事处、乡（镇）人民政府应当在三十日内解散物业管理委员会，并向全体业主公示。

第三章 前期物业管理

第三十三条 物业管理区域划分应当充分考虑建筑规模、共用设施设备、社区建设等因素，由区（县）住房和城乡建设行政主管部门会同街道办事处、乡镇人民政府以及社区共同划定确定。

建设项目已经按照规划分割成两个以上独立院落或者封闭区域的，在明确附属设施设备管理、维护责任和不影响使用功能的情况下，可以分别划分为独立的物业管理区域。

影响消防通道、避难场所、燃气使用安全、楼宇通道、电梯使用以及共用设施设备共有功能的，不得分割划分为独立的物业管理区域。

物业管理区域划分后，区（县）住房和城乡建设行政主管部门应当在物业管理区域内公告。

第三十四条 住宅物业的建设单位在办理销售手续前，应当持建设项目核准或者备案文件、建设用地规划许可证、建设用地使用权证书、项目规划设计方案等资料，向项目所在地区（县）住房和城乡建设行政主管部门申请划分物业管理区域。区（县）住房和城乡建设行政主管部门应当自收到申请之日起二十日内，按照本条例第三十三条的规定进行物业管理区域划分。

第三十五条 建筑区划内的其他公共场所、公用设施和物业服务用房，属于业主共有。

建设单位应当在规划报建图中明确标明物业服务用房的位置和面积，并纳入建设计划，同步设计、同步施工、同步交付使用，不得出售或者改变用途。配置的物业服务用房，应当相对集中，便于实施物业服务管理，建筑面积不得低于物业总建筑面积的千分之二到千分之三，并不得少于四十平方米。业主委员会办公用房从物业服务用房中予以调剂安排。

物业服务用房应当为地面以上能够使用的房屋，具备水、电、通风、采光、简单装修等使用条件，且设有服务厅、办公用房、卫生间、库房等设施。

第三十六条 物业管理区域划定后，建设单位在销售房屋时，应当以图文形式将划定的物业管理区域向买受人明示并作为销售合同的附件。明示下列内容：

（一）物业管理区域的范围；

（二）地上地下物业共用部位名称、位置和面积；

（三）公共场所、公共绿化的面积和位置；

（四）公共车位数量和位置；

（五）地下室（不含人防地下室部分）、底层架空层面积及其权属；

（六）物业服务用房的面积和位置；

（七）共用设施设备名称及其权属；

（八）其他需要明示的场所和设施设备。

第三十七条 住宅物业的建设单位应当通过招标投标方式选聘物业服务人进行前期物业服务，并签订前期物业服务合同。投标人少于三个或者房屋建筑面积少于三万平方米（包括同一建设项目内非住宅的房屋建筑面积），经物业所在地的区（县）住房和城乡建设行政主管部门批准，可以采用协议方式选聘物业服务人。

前期物业服务合同可以约定服务期限。但合同期未满，如业主委员会与其选定的物业服务人签订的物业服务合同生效，前期物业服务合同终止。

第三十八条 住宅建设单位与买受人签订物业销售合同时，应当将临时管理规约、前期物业服务合同作为销售合同的附件。买受人应当遵守临时管理规约。

第三十九条 新建物业的建设单位应当按照国家规定的保修期限和保修范围，承担物业的保修责任。并在物业管理区域内公布物业保修联系电话和地址。

物业服务人应当协助业主或者业主委员会联系建设单位落实保修责任。

第四十条 物业服务人应当在前期物业服务管理期间履行以下职责：

（一）参与工程的查验，对发现的工程质量问题和其他不利于物业使用和管理的问题，及时向建设单位或者相关专业管理部门提出整改建议，并协助专业管理部门督促落实；

（二）就共用设施设备的安装位置、管线走向等事项向建设单位提出建议，并参与共用设施设备的安装、调试等工作；

（三）建立物业共用部位、共用设施设备等工程信息资料，建立日常管理档案；

（四）根据临时管理规约、前期物业服务合同的约定，向业主提供物业服务并引导业主遵守约定，维护物业公共利益和管理秩序。

第四十一条 物业服务人对物业的共用部位、共用设施设备及相关场地等进行查验时，应当和建设单位或者业主委员会签订承接查验协议，对物业承接查验基本情况、存在问题、解决方法及其时限、双方权利义务、违约责任等事项作出明确约定。

第四十二条 物业服务人应当将承接查验的有关文件、资料和记录建立档案，并妥善保管。

物业承接查验档案属于全体业主所有。前期物业服务合同终止，业主大会选聘新的物业服务人的，原物业服务人应当在前期物业服务合同终止之日起十日内，向业主委员会移交物业承接查验档案。拒不移交的，新的物业服务人可以请求街道办事处、乡（镇）人民政府协助移交。

第四章 物业管理

第四十三条 业主可以委托物业服务人管理建筑物及其附属设施，也可以自行管理。对建设单位聘请的物业服务人，业主有权依法更换。

历史形成的、经区（县）人民政府认定的老旧楼院的物业服务管理由市、区（县）人民政府适当提供补贴，街道办事处、社区居民委员会负责通过招投标引入有实力的物业服务人进行管理。

本条第二款的业主应当按照国家有关规定

主动交纳维修资金，由街道办事处、社区居民委员会和承接管理的物业服务人负责督促收缴。

本条第二款的业主应当按照有关规定主动交纳物业费和水电气暖等费用，不得无故拖欠。街道办事处、社区居民委员会应当协助承接管理的物业服务人督促催缴。

第四十四条 从事物业服务活动的企业应当依法设立，具有独立的法人资格，遵守法律、法规，遵守社会公德、商业道德，诚实守信，接受政府和社会公众的监督，承担社会责任。

物业服务人应当积极协助街道办事处、乡（镇）人民政府、公安机关及其派出机构做好社区安全防范管理工作。

物业服务人应当聘请专业人员从事相关服务工作。法律、法规对物业服务人员从业资格有规定的，从其规定。

第四十五条 市住房和城乡建设行政主管部门应当会同有关部门、协会制定物业服务合同示范文本，并向社会公布。

业主委员会或者物业管理委员会应当代表业主与业主共同选聘的物业服务人订立书面合同，就服务事项、服务质量、服务费用的标准和收取办法、维修资金的使用、服务用房的管理和使用、服务期限、服务交接等条款作出规定。物业服务人公开作出的有利于业主的服务承诺，为物业服务合同的组成部分。物业服务合同应当采用书面形式。

物业服务合同签订或者变更之日起十五日内，物业服务管理人应当将物业服务合同副本报物业所在地区（县）住房和城乡建设行政主管部门及街道办事处、乡（镇）人民政府备案。

第四十六条 物业服务人应当按照物业服务合同的约定和物业的使用性质提供相应的服务，并遵守下列规定：

（一）符合国家、省和本市规定的技术标准、规范；

（二）及时向业主、物业使用人告知安全合理使用物业的注意事项；

（三）定期听取业主的意见和建议，改进和完善服务，及时办理业主投诉，提高服务质量；

（四）做好物业管理区域内的门卫、巡逻、房屋装饰装修、技防监控等秩序维护和安全防范工作，并接受公安机关的指导检查；

（五）为业主的身份、住宅等个人信息保密，未经业主本人同意或者法定事项不得向其他单位和个人透露；

（六）积极配合供水、供电、供气、供热、通讯、有线电视、宽带数据传输等相关专业单位进入物业区域开展服务，为其提供便利；

（七）积极配合消防部门做好消防设施维护管理、消防通道畅通、消防隐患消除等工作；

（八）接受社区居民委员会（村民委员会）监督指导，配合做好社区管理相关工作。

第四十七条 业主依照法定程序共同决定解聘物业服务人的，可以解除物业服务合同。决定解聘的，应当提前六十日书面通知物业服务人，但是合同对通知期限另有约定的除外。

依据前款规定解除合同造成物业服务人损失的，除不可归责于业主的事由外，业主应当赔偿损失。

自物业服务合同解除之日起十日内，原物业服务人、新物业服务人与业主委员会应当办理下列交接事宜：

（一）移交业主和物业的基础档案；

（二）移交物业服务中形成的物业服务档案；

（三）移交物业服务用房和业主共有的其他房屋、场地和财物；

（四）移交物业共用设施设备及其改造、维修、运行、保养的有关资料；

（五）清交预收、代收和清算欠收的有关费用；

（六）其他需要交接的事项。

原物业服务人违反前款规定的，不得请求业主支付物业合同终止后的物业费；造成业主损失的，应当赔偿损失。

物业服务合同终止后，在业主或者业主大会选聘的新物业服务人或者决定自行管理的业主接管之前，原物业服务人应当继续处理物业服务事项，并可以请求业主支付该期间的物业费。

第四十八条 物业服务人未经业主大会或

者业主委员会同意不得擅自在物业管理区域内进行下列活动：

（一）改变物业共用部位、共用设施设备规划用途；

（二）设置营业摊点；

（三）许可或者默许他人利用共用部位、共用设施设备从事广告宣传、经营活动；

（四）向业主、物业使用人指定装饰装修企业或者强行推销装饰装修材料；

（五）提高利用业主共有的道路、场地设置的车位停车费标准；

（六）其他与物业服务无关的活动。

第四十九条　物业服务收费根据不同物业的性质和特点，分别实行政府指导价和市场调节价。保障性住房、房改房、国家规定的老旧住宅小区和普通住宅前期物业服务收费实行政府指导价，其他类型的物业服务收费实行市场调节价。

政府指导价的适用范围和收费标准由发展和改革部门制定。

市场调节价的物业服务收费标准应当在成本核算、公开公示、与业主充分协商的基础上，由业主与物业服务人在物业服务合同中约定，并报区（县）发展和改革部门备案。

第五十条　物业交付使用前，建设单位应当依照前期物业服务合同的约定向物业服务人支付物业服务费；物业交付使用后，物业服务费由业主承担。物业交付但没有实际入住的，由业主提出申请，物业服务人核实，按百分之七十收取物业费。

业主应当依照物业服务合同的约定及时交纳物业服务费。物业服务人已经按照约定和有关规定提供服务的，业主不得以未接受或者无需接受相关物业服务为由拒绝支付物业费。业主违反物业服务合同约定，经书面催告，逾期仍不交纳物业服务费的，业主委员会可以采用在本物业管理区域公示等方式，协助物业服务人催交。对无正当理由经催交仍拒不交纳的，物业服务人可以申请仲裁或者提起诉讼。

第五十一条　建设单位、物业服务人等利用业主的共有部分产生的收入，在扣除合理成本之后，属于业主共有。该项收益可用于共用部位、共用设施设备的维修、更新、改造或者补充专项维修资金，也可以根据业主大会的决定使用。

物业经营性收益由物业服务人代管的，应当单独列账，扣除约定手续费后，于次年二月底以前交存业主委员会，并将收支具体情况向业主公布；由业主委员会自行管理的，应当以业主委员会名义开设账户，不得以任何个人或者其他组织名义进行管理。

实行物业服务酬金制收费方式的物业服务项目，每半年公布一次物业服务资金的收支情况。

第五十二条　物业管理区域内按照规划建造的车库、车位，未作为建筑物共有部分进行分摊的，建设单位可以出售、附赠或者出租。

利用建筑物防空地下室、建筑物共用设备层建造、划定的车库、车位，谁投资谁受益，可以出租，但不得出售。

下列车库、车位属于业主共有：

（一）计入容积率且作为建筑物共有部分进行分摊的。

（二）占用小区道路、共用场地划定的车位。

物业管理区域内规划用于停放机动车的车位（库），应当首先满足业主的需要。

当车位（库）无法满足本物业管理区域内业主、物业使用人需要时，可采用业主大会会议决定的公平方式予以确定。

物业管理区域内停放车辆，不得占用消防通道，不得影响其他车辆和行人的正常通行。

建设单位在预售或者现售房屋时，应当公示本物业管理区域内用于出售、出租、附赠的车位（库）的数量。

建设单位用于销售的车位（库），应当与房屋同步销售。物业管理区域内利用业主共有的道路、场地设置的车位（库）不得销售。

建设单位配套建设的车位（库）可以向业主出售、出租。拟出售的车位（库）数量等于或低于物业管理区域内的房屋套数时，原则上每户业主只能购买一个车位（库）。车位（库）数量超过本建筑区域内房屋套数的，在保证本建筑区域内业主可购买或租用一个车位（库）的前提下，方可将剩余车位（库）出售给需要购买两个或两个以上车位（库）的业主。

车位（库）有空余的，可以临时出租给业

主以外的单位、个人。但是每次租期不得超过六个月。建设单位尚未出售的停车位，应当出租给业主、物业使用人停放车辆，不得以只售不租为由拒绝出租。

第五十三条 占用物业管理区域内业主共有的道路或者其他场地用于停放机动车，以及相关收费和管理事项，由业主大会或者业主委员会决定，车位使用费属于全体业主共有。

执行任务的军、警车辆和救护车、救灾抢险车、邮递车、环卫车、市政设施维护维修车及殡仪车，在物业管理区域内临时停放，不得收费。

物业管理区域内依法配建的人民防空工程平时用作停车位的，应当向全体业主、物业使用人开放。人防工程停车位的使用费，扣除人民防空工程设施的维护管理费用后，剩余部分归投资者所有。投资者或者物业服务人应当配合政府有关部门做好人民防空工程设施的维护管理工作。

第五十四条 市、区（县）住房和城乡建设行政主管部门应当做好物业服务人物业服务管理事中和事后的监督管理，对物业服务人实行动态测评，测评的具体办法由市住房和城乡建设行政主管部门会同市发展改革行政主管部门制定，报市人民政府批准后施行。

第五十五条 物业服务人不得有下列行为：

（一）在物业服务管理招标投标活动中提供虚假信息，骗取中标的；

（二）将其应当提供的全部物业服务转委托给第三人，或者将全部物业服务支解后分别转委托给第三人；

（三）违反物业服务合同约定降低物业服务标准；

（四）擅自提高物业服务收费标准；

（五）擅自处分业主共有财产，擅自允许他人利用共有部位、共有设施设备从事广告、宣传、经营等活动；

（六）以业主拖欠物业服务费、不配合管理等理由，中断或者以限时限量等方式变相中断供水、供电、供热、供气等；

（七）原物业服务人拒不撤出物业管理区域，或者撤出时未按规定办理交接手续，造成物业服务管理状况混乱的；

（八）泄露在物业服务活动中获取的业主信息的；

（九）未履行垃圾分类管理人责任的；

（十）对物业管理区域内的乱搭乱建、饲养禁养犬等违法行为不劝阻、不报告的；

（十一）法律法规和管理规约规定的其他行为。

业主对建设单位、物业服务人以及其他业主侵害自己合法权益的行为，有权请求其承担民事责任。

第五十六条 业主应当遵守管理规约，按照物业服务合同约定履行义务。

业主有欠交物业服务费用等违反物业服务合同以及违反管理规约等行为，经仲裁裁决或者生效判决确认后仍不履行合同约定义务的，依法录入个人信用档案。

第五十七条 区（县）住房和城乡建设行政主管部门和街道办事处、乡（镇）人民政府应当加强对本辖区内物业服务情况的监督检查，并及时共享物业服务人诚信管理信息、物业服务合同、物业管理区域划分、承接查验备案等信息。

第五十八条 市人民政府应当建立覆盖建设单位、物业服务人、物业服务企业负责人、物业服务项目负责人、业主委员会和物业管理委员会成员等的物业服务管理信用体系。

市住房和城乡建设行政主管部门会同相关部门建立守信联合激励和失信联合惩戒机制。

区（县）住房和城乡建设行政主管部门应当建立本辖区内物业服务管理参与主体的信用档案，实行动态管理，并纳入市物业服务管理信用信息系统。

街道办事处、乡（镇）人民政府应当协助开展辖区内物业服务信用信息的征集核查工作。

物业服务管理信用信息应当按照相关规定纳入市公共信用信息系统。

鼓励社会组织和个人在信用交易和其他活动中，查询并运用物业服务管理信用信息。

物业服务管理信用信息管理具体办法由市住房和城乡建设行政主管部门会同市信用信息主管部门制定，报市人民政府批准后施行。

第五十九条 市住房和城乡建设行政主管部门应当与法院、仲裁机构、相关部门、物业服务管理行业协会、街道办事处、乡（镇）人民政府和公用企事业单位等建立物业服务管理信用信息汇集共享机制，及时收集物业服务管理相关信用信息。

违反物业服务管理相关法律、法规被行政处罚的信息，应当录入市物业服务管理信用信息系统，由作出行政处罚决定的主管部门采集并推送至市物业服务管理信用信息系统。其他失信信息，由区（县）住房和城乡建设行政主管部门、街道办事处、乡（镇）人民政府采集；由街道办事处、乡（镇）人民政府采集的，应当经市住房和城乡建设行政主管部门复核后推送至市物业服务管理信用信息系统。

市、区（县）住房和城乡建设行政主管部门根据失信行为的程度，可以通过在市物业服务管理公共服务平台公开失信信息、限制物业服务示范项目申报、建议取消先进评比表彰资格以及按照规定向市公共信用信息系统推送纳入社会联合惩戒等方式，对物业服务管理中的失信行为予以惩戒。

第六十条　市、区（县）住房和城乡建设行政主管部门、街道办事处、乡（镇）人民政府应当建立物业服务管理投诉受理制度，对业主、业主委员会、物业使用人和物业服务人在物业服务管理活动中的投诉，应当及时受理，并将调查或者处理结果答复投诉人；属于其他部门和单位职责的，应当及时转交有关部门和单位并告知投诉人。

第五章　物业使用与维护

第六十一条　业主、物业使用人在使用物业时应当依照有利于使用安全、团结互助和公平合理的原则，正确处理用水、排水、通行、通风、采光、管线铺设和建筑维修、有害物质排放等方面的相邻关系。

第六十二条　业主在物业使用中不得危及建筑物的安全，不得损害其他业主的合法权益，不得有下列行为：

（一）损坏、拆改房屋承重结构、主体结构，破坏房屋外貌，擅自改变房屋用途；

（二）侵占或者损坏物业共用部位、共用设施设备，擅自移动共用设施设备或者擅自改变共用设施设备用途；

（三）将无防水要求的房间或者阳台改为卫生间、厨房，或者将卫生间改在下层住户的卧室、起居室（厅）、书房和厨房的上方；

（四）损害、占用、堵塞、封闭燃气管道及其他管道设施，影响公共安全；

（五）违法搭建、改建建筑物、构筑物；

（六）违法挖掘房屋地下空间；

（七）擅自占用绿地，损毁树木、绿化设施；

（八）随意倾倒或者抛弃垃圾、污水、废旧家具和杂物，违反垃圾分类的规定乱投放垃圾；

（九）违反规定出租房屋，将住宅合租作为员工宿舍供多人居住，影响物业管理区域内的卫生和居民的正常生活；

（十）违反有关法律法规和管理规约的规定饲养动物，影响物业管理区域内的卫生和居民的正常生活；

（十一）排放超过规定标准的噪声；

（十二）高空抛掷物品；

（十三）存放超过安全标准的易燃、易爆、剧毒、放射性物品，排放有毒、有害物质；

（十四）损坏消防设施，占用、堵塞、封闭消防通道、消防登高面等消防场地；

（十五）违规私拉电线、电缆为电动车辆充电；

（十六）法律、法规以及管理规约禁止的其他行为。

对违反前款规定的行为，其他业主和物业使用人、业主委员会、物业管理委员会、物业服务人有权予以劝阻、制止。劝阻、制止无效的，物业服务人、业主委员会、物业管理委员会应当及时报告有关行政主管部门。有关行政主管部门在接到报告后，应当依法予以制止或者依法追究业主、物业使用人的法律责任。

第六十三条　业主转让或者出租物业应当将转让或者出租的有关情况告知业主委员会、物业管理委员会和物业服务人。

第六十四条　业主或者物业使用人装饰装修房屋，应当事先告知物业服务人，遵守房屋装饰装修和房屋安全使用的有关规定和管理规约。

物业服务人应当将房屋装饰装修中的禁止行为和注意事项告知业主或者物业使用人，并进行现场巡查。

第六十五条 业主不得违反法律、法规以及管理规约，将住宅变为经营性用房。业主将住宅改变为经营性用房的，除遵守法律、法规和管理规约的规定外，应当经有利害关系的业主一致同意，并将改变情况告知业主委员会和物业服务人。

按照前款规定，将住宅改变为经营性用房的，不得从事有污染、扰民和安全隐患的经营项目，不得影响物业管理区域内的公共空间使用、维护，其所承担的电梯维护费等费用应当与其他住宅业主有区别，通过合同约定，单列计入维修资金。

物业管理区域内按照规划建设的共用部位、共用设施设备和物业服务用房，需要改变原使用性质的，应当经业主大会同意并依法办理有关手续。

第六十六条 物业交付使用前，建设单位应当依照国家标准和有关规定将验收合格的供水、供电、供气、供热、通讯、有线电视、宽带数据传输等设施设备移交给相关专业单位负责管理，并移交有关技术资料。相关专业单位应当及时接收。相关专业单位自建的由其自行负责管理。物业交付使用时，建设单位应当将有关设施设备移交专业单位管理的情况予以公示。

专业单位接收后，应当及时做好有关设施设备的维修、更新和养护，确保物业管理区域内有关设施设备的安全运转和正常使用。

第六十七条 物业管理区域内供水、供电、供气、供热、通讯、有线电视、宽带数据传输等专业单位，应当服务到最终用户，并承担分户终端计量装置或者入户端口之前设施设备的维护、养护、更新责任。

专业单位对专业经营设施设备进行维修、养护、更新时，业主、物业使用人、物业服务人应当配合。

第六十八条 物业管理区域内，供水、供电、供气、供热、通讯、有线电视、宽带数据传输等专业单位应当向最终用户收取有关费用。其中，属物业专有部分的费用，由业主交纳；属物业服务人使用的费用，由物业服务人交纳。

相关专业单位在老旧住宅小区的服务项目暂不具备向最终用户收取费用的，应当制定和实施限期改造计划，过渡实现向最终用户收取费用。限期和过渡的具体办法由市人民政府制定。

专业单位不得强制物业服务人代收有关费用，不得因物业服务人拒绝代收而停止提供服务。

物业服务人接受专业单位委托代收有关费用的，可以根据双方约定向委托单位收取代收服务费，但不得向业主收取服务费等额外费用，也不得以业主拖欠物业服务费用等理由限制或者变相限制专业服务。

第六十九条 住宅物业、住宅小区内的非住宅物业或者与单幢住宅楼结构相连的非住宅物业的业主，应当按照国家和本省、市有关规定交存专项维修资金。

专项维修资金属于业主所有，专项用于物业保修期满后物业共用部位、共用设施设备的维修和更新、改造，不得挪作他用。

专项维修资金的交存、使用、管理和监督，按照国家和省、市的有关规定执行，对一次性缴存有困难的老旧住宅小区可以允许分期缴存，对紧急情况下使用的可以开通资金使用的绿色通道，先使用后补办手续，对维修单幢住宅的电梯、屋顶、消防等急用设施设备需要执行本条例第十六条第二款的可以限定在该单幢住宅业主的范围内。

专项维修资金监管部门应当每年公示一次资金的使用情况，公示内容应当包括上年度本金结余、利息结余、本年度使用金额等。业主委员会应当每半年公示一次专项维修资金的使用情况，公示内容应当包括小区总账和每个业主的分账资金使用、结余情况，半年以来的使用次数、用途、每次使用金额等。业主对专项维修资金使用有异议的，专项维修资金监管部门、业主委员会应当予以答复。

第七十条 物业保修期内发生的维修、更新、改造责任和费用，由建设单位承担；保修期满后的维修、更新、改造责任和费用，按照下列规定承担：

（一）业主专有部分由业主承担；

（二）业主共用部位、共用设施设备，从

专项维修资金中支付，不足部分，由相关业主按照专有部分建筑面积分摊，属于人为损坏的，费用由责任人承担；

（三）物业管理区域内供水、供电、供气、供热、通讯、有线电视、宽带数据传输等专业经营设施设备部分，业主专有部分的，由业主承担；业主专有部分之外的，由相关专业单位承担。

第七十一条　维修、更新、改造物业共用部位、共用设施设备时，相邻物业的业主、物业使用人应当予以配合。因相邻业主、物业使用人阻挠维修、更新、改造造成其他业主、物业使用人财产损失的，或者因物业维修、更新、改造造成相邻业主、物业使用人的自用部位、自用设备损坏或者其他财产损失的，责任人应当依法承担民事责任。

第七十二条　物业管理区域内共用部位、共用设施设备存在安全隐患时，物业服务人应当设置相应的警示标志，采取具体防范措施，并立即向业主委员会和有关行政管理部门报告。

第六章　法律责任

第七十三条　对违反本条例规定的行为，法律、法规已有处罚规定的，从其规定。

第七十四条　物业服务人违反本条例第四十七条第三款规定的，由市、区（县）住房和城乡建设行政主管部门责令限期改正；逾期不改正的，予以通报，处一万元以上十万元以下的罚款。

第七十五条　违反本条例第四十八条第一、二、三项规定的，由市、区（县）住房和城乡建设行政主管部门责令限期改正，给予警告，并对个人处一千元以上一万元以下的罚款，对单位处五万元以上二十万元以下的罚款。所得收益用于物业管理区域内物业共用部位、共用设施的维修、养护，剩余部分按照业主大会的决定使用。

违反本条例第四十八条第四项、第五项规定的，由市、区（县）市场监督管理行政主管部门责令限期改正，有违法所得的，没收违法所得；逾期不改正的，处一万元以上五万元以下的罚款。

第七十六条　违反本条例第五十五条规定的，由市、区（县）市场监督管理部门通过企业信用信息公示系统向社会公示，并依据《企业信息公示暂行条例》的相关规定予以处罚。违反相关法律法规的，同时由有关行政管理部门追究相应的法律责任。

第七十七条　业主违反本条例第六十二条规定的，物业服务人和业主委员会有权依照法律、法规以及管理规约，请求行为人停止侵害、排除妨害、消除危险、恢复原状，赔偿损失。业主或者其他行为人拒不履行相关义务的，有关当事人、物业服务人、业主委员会可以向有关行政部门报告或者投诉，有关行政主管部门应当依法处理。

违反本条例第六十二条第一款第一、二、三、四项规定的，由市、区（县）住房和城乡建设行政主管部门责令改正；逾期不改正的，处一万元以上五万元以下的罚款。

违反本条例第六十二条第一款第五、六项规定的，由市、区（县）城市管理行政主管部门责令改正；逾期不改正的，处一万元以上五万元以下的罚款。

违反本条例第六十二条第一款第七项规定的，由市、区（县）林业行政主管部门责令改正；逾期不改正的，处五百元以上五千元以下的罚款。

违反本条例第六十二条第一款第八项规定的，由市、区（县）城市管理行政主管部门责令改正；逾期不改正的，处五百元以上五千元以下的罚款。

违反本条例第六十二条第一款第九项规定的，由市、区（县）住房和城乡建设行政主管部门责令改正；逾期不改正的，处五百元以上五千元以下的罚款。

违反本条例第六十二条第一款第十项规定，影响居民正常生活的，由市、区（县）公安机关依法查处；影响物业管理区域环境卫生的，由市、区（县）城市管理行政主管部门依法查处。

违反本条例第六十二条第一款第十一、十二项规定的，由市、区（县）公安机关依法查处。

违反本条例第六十二条第一款第十三、十四、十五项规定的由市、区（县）应急管理部门依法查处。

第七十八条 业主违反法律、法规以及管理规约，将住宅变为经营性用房的，物业服务企业应当制止，并向有关行政主管部门报告。有关行政主管部门接到物业服务企业的报告后，应当依法对违法行为予以制止或者依法处理。

第七十九条 不属于本条例第六十八条第二款的情形且违反本条例第六十八条第三款规定的，由市、区（县）住房和城乡建设行政主管部门责令限期改正；逾期不改正的，处一万元以上十万元以下的罚款。

不属于本条例第六十八条第二款的情形且违反本条例第六十八条第四款规定的，由市、区（县）住房和城乡建设行政主管部门责令限期改正；逾期不改正的，处三千元以上三万元以下的罚款。

第八十条 市、区（县）住房和城乡建设行政主管部门及其他相关政府部门的工作人员及街道办事处、乡（镇）人民政府、社区居民委员会（村民委员会）的工作人员在物业服务管理工作中滥用职权、玩忽职守、徇私舞弊，给予行政处分；构成犯罪的，依法追究刑事责任。

第七章 附则

第八十一条 本条例下列用语的含义是：

本条例所称的老旧楼院是指：建设时间长、历史遗留问题多，经区（县）人民政府确认的无专业化的物业企业管理、无建设主体单位管理、无业主委员会管理的老旧住宅小区或者楼院。

本条例所称的公共部位是指住宅主体承重结构部位（包括基础、内外承重墙体、柱、梁、楼板、屋顶等）、户外墙面、门厅、楼梯间、走廊通道等。

本条例所称的共用设施设备是指住宅小区或单幢住宅内，共用的下水管道、落水管、水箱、加压水泵、电梯、照明、消防设施、绿地、道路、路灯、沟渠、池、井、非经营性车场车库、公益性文体设施和共用设施设备使用的房屋等。

第八十二条 经专有部分面积占比三分之二以上且人数占比三分之二以上的业主参与表决，且过半数同意的，业主可以自行管理物业。具体办法参照本条例执行。

第八十三条 在村民委员会范围内实行物业服务管理的，由村民大会或者村民代表大会决定，具体办法参照本条例执行。

第八十四条 本条例自2021年3月1日起施行。2015年12月30日兰州市第十五届人民代表大会常务委员会第二十八次会议通过、2016年4月1日甘肃省第十二届人民代表大会常务委员会第二十二次会议批准的《兰州市物业管理条例》同时废止。

深圳经济特区物业管理条例

（2007年9月25日深圳市第四届人民代表大会常务委员会第十四次会议通过，
2019年8月29日深圳市第六届人民代表大会常务委员会第三十五次会议修订，
2019年9月4日深圳市第六届人民代表大会常务委员会公告第158号公布）

第一章 总则

第一条 为了规范深圳经济特区物业管理活动，维护业主、物业服务企业以及其他当事人的合法权益，根据有关法律、行政法规的基本原则，结合实际，制定本条例。

第二条 深圳经济特区物业管理活动适用本条例。

前款所称物业管理，是指对物业管理区域的建筑物、构筑物及其配套的设施设备和相关场地进行维修、养护、巡查以及其他日常管理，维护环境卫生和相关秩序的活动。

经业主共同决定，可以委托物业服务企业

或者其他管理人管理，也可以由业主自行管理。

第三条 物业管理实行业主自治、专业服务与政府监督管理和指导相结合的原则。

第四条 市、区人民政府应当将物业管理纳入现代服务业发展规划和社区治理体系，推动物业管理规范化、市场化。

第五条 业主大会、业主委员会、物业服务企业等在中国共产党社区委员会（以下简称社区党委）的领导下依法依规开展物业管理活动。

业主委员会、物业服务企业应当依照中国共产党章程的规定设立中国共产党的基层组织，开展党的活动。

第六条 市人民政府住房和建设部门负责本市物业管理活动的监督管理和指导工作，履行下列职责：

（一）贯彻执行物业管理法律、法规和相关规定；

（二）研究拟定或者制定物业管理规划、标准、规范和措施；

（三）指导、协调全市物业使用安全监督检查工作；

（四）统筹全市物业专项维修资金管理工作；

（五）建立全市统一的物业管理信息平台；

（六）统筹、协调全市物业管理培训与宣传工作；

（七）法律、法规规定的其他职责。

区人民政府住房和建设部门负责辖区内物业管理的监督管理和指导工作。

市、区住房和建设部门可以委托具有管理公共事务职能的组织对本条第一款第四至六项等相关物业管理活动进行监督管理。

市、区人民政府公安、规划和自然资源、城市管理和综合执法等相关部门按照各自职责，依法开展物业管理相关工作。

街道办事处负责组织、协调业主大会成立以及业主委员会的选举工作，指导、监督业主大会和业主委员会的日常活动，调解物业管理纠纷，并配合住房和建设部门对物业管理活动进行监督管理。

支持社区居民委员会发挥对业主大会、业主委员会、物业服务企业的指导和监督作用。

第七条 倡导绿色、智慧物业管理。鼓励采用新技术、新方法提高物业管理质量和服务水平，营造安全、舒适、文明、和谐、美好的工作和生活环境。

第二章 物业管理区域及共用设施设备

第八条 物业管理区域由市规划和自然资源部门在土地出让合同中予以确定。

确定物业管理区域应当考虑建设用地宗地范围、共用设施设备、建筑物规模、社区建设等因素，遵循相对集中、资源共享、便于管理的原则。

已经形成独立物业管理区域的，不再重新调整，但物业管理区域业主共同决定分割或者合并物业管理区域的除外。

物业管理区域地上以及地下建筑物、设施设备和相关场地不得分割管理。

第九条 建设单位应当在物业管理区域无偿提供符合功能要求的业主委员会办公用房、物业服务办公用房、物业管理设施设备用房等物业管理用房。

业主委员会办公用房、物业服务办公用房、物业管理设施设备用房属于业主共有，应当办理产权登记并具有正常使用功能，任何单位和个人不得将其分割、转让、抵押，不得擅自变更用途。

第十条 业主委员会办公用房建筑面积应当不少于二十平方米。

物业服务办公用房面积按照下列标准提供：

（一）物业管理区域物业总建筑面积未超过二十五万平方米的，按照不少于物业总建筑面积的千分之二提供，并不得少于一百平方米；

（二）物业管理区域物业总建筑面积超过二十五万平方米的，二十五万平方米以内部分，按照该部分面积的千分之二提供；二十五万平方米以外部分，按照该部分面积的千分之一提供。

物业管理设施设备用房面积根据设施设备安装、使用、维护的实际需要提供。

第十一条 物业管理区域的道路属于业主共有，但属于城市公共道路的除外。物业管理区域的绿地属于业主共有，但属于城市公共绿地或者明示属于私人所有的除外。物业管理区域的其他公共场所和公共设施，属于业主共有。

物业管理区域物业的以下部分属于业主共有：

（一）建筑物的基础、承重结构、外墙、屋顶等基本结构部分，通道、楼梯、大堂等公共通行部分，消防、公共照明等附属设施设备，避难层、架空层、设备层或者设备间等；

（二）其他不属于业主专有部分，也不属于市政公用部分或者其他权利人所有的场所及设施设备；

（三）房地产买卖合同约定属于业主共有的物业；

（四）法律、法规规定的其他共有部分。

建设单位申请国有建设用地使用权及房屋所有权首次登记时，应当提出共有物业产权登记申请，由不动产登记机构在不动产登记簿上予以记载。

第十二条 利用物业管理区域共有物业进行经营活动的，应当由业主共同决定，其收益属于业主共有。可能损害特定业主就其专有部分享有的合法权益的，还应当经该业主同意。

第十三条 新建住宅建设项目竣工验收备案之日起三个月内，建设单位应当将附着于物业管理区域共有物业符合国家标准和技术规范的供水、排水、供电、供气、通讯等设施设备移交相关专营单位管理养护，相关专营单位应当接收。

现有住宅物业区域附着于共有物业的供水、供电、供气、通讯等设施设备，符合国家标准和技术规范，经业主共同决定移交的，相关专营单位应当接收，物业服务企业应当配合移交工作。

第三章 业主和业主组织

第一节 业主

第十四条 本条例所称业主，是指物业管理区域不动产权属证书或者不动产登记簿记载的房屋所有权人。

除前款规定外，符合下列条件之一的，可以认定为业主：

（一）尚未登记取得所有权，但基于买卖、赠与、拆迁补偿等旨在转移所有权的法律行为已经合法占有建筑物专有部分的单位或者个人；

（二）因人民法院、仲裁机构的生效法律文书取得建筑物专有部分所有权的单位或者个人；

（三）因继承或者受遗赠取得建筑物专有部分所有权的单位或者个人；

（四）因合法建造取得建筑物专有部分所有权的单位或者个人；

（五）其他符合法律、法规规定的单位或者个人。

第十五条 业主依法享有下列权利：

（一）参加业主大会会议，发表意见，行使投票权；

（二）选举业主委员会、业主监事会或者监事，并依法依规享有被选举权；

（三）监督业主委员会、业主监事会或者监事的工作和物业服务企业履行物业服务合同的情况；

（四）对共有物业和业主共有资金使用管理的知情权和监督权；

（五）就制订或者修改物业管理区域管理规约（以下简称管理规约）、业主大会议事规则、物业服务合同及其他物业管理事项提出意见和建议；

（六）法律、法规规定的其他权利。

第十六条 业主、物业使用人应当依法履行下列义务：

（一）遵守管理规约、业主大会议事规则以及物业管理区域物业使用、公共秩序和环境卫生等方面的规章制度；

（二）执行业主大会、业主委员会依法作出的决定；

（三）按时缴纳物业管理费、物业专项维修资金；

（四）配合物业服务企业或者其他管理人实施物业管理；

（五）法律、法规以及管理规约规定的其他义务。

第十七条 管理规约应当包括下列内容：

（一）共有物业的使用和维护规则；

（二）合理使用物业专有部分的权利和义务；

（三）维护物业管理区域公共秩序的权利和义务；

（四）物业管理区域相关费用的分摊规则；

（五）违反管理规约应当承担的责任。

业主大会议事规则应当就业主大会的议事方式、表决程序、业主委员会的具体职责和会议规则以及依法应当由业主大会议事规则规定的其他事项作出规定。

业主、物业使用人违反管理规约的，业主委员会、物业服务企业应当予以劝阻；不听劝阻的，业主委员会或者物业服务企业可以将相关情况予以公示。

第十八条 业主投票权数、业主人数和业主总人数按照下列方法确定：

（一）业主投票权数按照业主专有部分建筑面积计算，每平方米计算为一票，不足一平方米的按照四舍五入计算；

（二）业主人数按照专有部分的数量计算，一个专有部分按照一人计算；建设单位尚未出售和虽已出售但尚未交付，或者同一业主拥有两个以上专有部分的，均按照一人计算；

（三）业主总人数，按照本款第二项业主人数的总和计算。

一个专有部分有两个以上所有权人的，应当推选一人行使表决权，所代表的业主人数为一人。

业主可以自行投票，也可以委托他人投票。委托他人投票的，应当出具书面委托书，载明委托事项和投票权数。一个受托人最多可以接受三名业主的委托进行投票。

第二节 首次业主大会会议筹备

第十九条 新建物业管理区域物业出售且已经交付使用的建筑面积达到物业总建筑面积百分之二十以上或者首套物业出售并交付使用满一年之日起十五日内，建设单位应当书面报告物业所在地街道办事处，并提供物业出售和物业交付资料、物业测绘文件、已筹集的物业专项维修资金清册等相关资料。

物业管理区域占业主总人数百分之二十以上的业主或者占全体业主所持投票权数百分之二十以上的业主联名，可以向街道办事处书面要求成立首次业主大会会议筹备组（以下简称筹备组）。

街道办事处应当在收到本条第一款规定的书面报告或者本条第二款规定的书面要求后一个月内成立筹备组，也可以根据物业管理区域实际情况主动组织成立筹备组。

第二十条 筹备组由街道办事处、社区党委或者物业管理区域基层党组织、辖区公安派出所、社区居民委员会、建设单位派员和业主代表组成。建设单位未派员参加筹备组的，不影响筹备组的成立。物业服务企业应当协助筹备组开展筹备工作。

筹备组由七至十名成员组成，其中街道办事处代表一名、社区党委或者物业管理区域基层党组织代表一名、业主代表三至五名、辖区公安派出所代表一名、社区居民委员会代表一名、建设单位代表一名，筹备组组长由街道办事处代表担任。

筹备组中的业主代表由街道办事处在民主推荐的基础上从遵纪守法、热心公益的业主中确定并公示，业主代表资格应当符合本条例有关业主委员会委员候选人资格的规定。

筹备组业主代表不得担任首届业主委员会委员。

第二十一条 筹备组应当自成立之日起一个月内组织召开首次筹备工作会议。

筹备组应当自首次筹备工作会议召开之日起六个月内组织召开首次业主大会会议。首次筹备工作会议召开之日起六个月内无法召开首次业主大会会议或者首次业主大会会议未能选举产生业主委员会的，经街道办事处批准，可以延长三个月。

筹备组自物业承接查验工作结束后，自行解散。

第二十二条 筹备组负责下列筹备工作：

（一）确认并公示业主名单、业主人数和总投票权数；

（二）确定首次业主大会会议召开时间、地点、方式和议题；

（三）拟订管理规约草案和业主大会议事规则草案；

（四）确定首次业主大会会议表决规则；

（五）确定业主委员会委员、候补委员候选人产生办法和名单；

（六）制定首届业主委员会选举办法；

（七）首次业主大会会议的其他准备工作。

筹备组成员就筹备工作意见不一致的，由筹备组组长作出决定。筹备组发布的通知或者公告，应当加盖街道办事处公章。

本条第一款所列事项应当在首次业主大会会议召开十五日前予以公示。业主对公示内容有异议的，筹备组应当在首次业主大会会议召开之前研究处理并作出答复。

第三节　业主大会

第二十三条　物业管理区域全体业主组成业主大会。

一个物业管理区域依法成立一个业主大会，并选举产生业主委员会。业主大会通过业主大会会议和业主委员会行使职权。

物业管理区域业主不足十人，经全体业主一致同意并作出书面决定不成立业主大会的，由全体业主共同履行业主大会和业主委员会职责。

第二十四条　首次业主大会会议召开并选举产生业主委员会之日起十五日内，由业主委员会向物业所在地区住房和建设部门办理业主大会备案。

区住房和建设部门受理备案材料后，经审查符合条件的，应当在十个工作日内颁发备案通知书并发放统一社会信用代码证书。业主大会取得备案通知书后，由业主委员会依法申请刻制业主大会、业主委员会相关印章。

第二十五条　除本条例另有规定外，下列事项由业主大会会议作出决定：

（一）制定或者修改管理规约、业主大会议事规则；

（二）选举或者更换业主委员会委员、选举业主委员会候补委员；

（三）审议业主大会年度计划和预算方案；

（四）审议业主委员会工作报告；

（五）制定共有物业和业主共有资金使用与管理办法；

（六）选聘、续聘、解聘物业服务企业；

（七）筹集、管理和使用物业专项维修资金；

（八）申请改建、重建建筑物及其附属设施，改变共有物业用途；

（九）确定或者变更物业管理方式、服务内容、服务标准和收费方案，确定需要由全体业主公摊费用的收取标准；

（十）决定物业管理区域其他有关事项。

前款第一至八项所列事项不得授权业主委员会决定。

管理规约和业主大会议事规则应当自通过之日起三日内予以公示，并由业主委员会保管。

第二十六条　业主大会会议分为定期会议和临时会议，由业主委员会召集，或者由物业所在地街道办事处依法召集。

业主大会会议召集人应当于会议召开十五日前将会议议题及其具体内容、时间、地点、方式等予以公示。

业主大会会议不得就已公示议题以外的事项进行表决。

业主大会会议可以采用书面形式或者通过互联网方式召开。

业主大会会议采用互联网方式表决的，应当通过市住房和建设部门建立的电子投票系统进行。

第二十七条　业主大会定期会议每年至少召开一次。

经业主总人数百分之二十以上业主或者持投票权数百分之二十以上业主提议，或者有业主大会议事规则规定的其他情形时，业主委员会应当召集业主大会临时会议。

召开住宅物业的业主大会会议，应当提前三个工作日书面告知物业所在地社区居民委员会。社区居民委员会应当派员列席会议或者了解会议情况。

业主大会未能及时召开，或者会议未能形成相关决议决定，以及业主就会议议题内容存在重大意见分歧的，业主委员会应当及时向社区党委报告。

第二十八条　业主委员会未按照规定召集业主大会会议的，业主可以请求物业所在地街道办事处责令限期召集；逾期仍未召集的，由物业所在地街道办事处组织召集。

第二十九条　业主大会会议表决采用记名投票的方式进行。

一个专有部分拥有一个表决票或者选举票，每张表决票或者选举票上应当标明该专有部分的投票权数。

第三十条　业主大会会议参会业主人数和参会业主所持投票权数符合法律规定比例的，业主大会会议方为有效。业主大会会议作出决定，应当符合法律规定的参会业主人数比例和参会业主所持投票权数比例。

第三十一条　业主大会会议依法作出的决定，对本物业管理区域全体业主、物业使用人具有约束力。

业主大会会议召集人应当自业主大会会议作出决定之日起三日内将决定予以公示。

第三十二条　业主大会可以设立业主监事会或者监事，监督业主委员会的工作。具体办法由市住房和建设部门另行制定。

第四节　业主委员会

第三十三条　业主委员会由五至十七名委员组成，组成人数为单数，具体人数根据该物业管理区域的实际情况确定。候补委员人数按照不超过委员人数确定。候补委员列席业主委员会会议，不具有表决权。

业主委员会设主任一名，由业主委员会从委员中选举产生。

鼓励和支持符合条件的物业管理区域中国共产党基层组织委员会委员通过规定程序担任业主委员会委员。

业主委员会可以聘请执行秘书和财务人员，负责处理业主委员会日常事务和财务工作。执行秘书、财务人员的工作职责及薪酬标准由业主大会确定。

业主委员会应当向全体业主公开业主委员会主任、委员、执行秘书的联系方式。

第三十四条　业主委员会是业主大会的执行机构，接受业主大会、业主监事会或者监事以及业主的监督。业主委员会履行下列职责：

（一）召集业主大会会议，向业主大会报告工作；

（二）编制业主大会年度预算、决算方案；

（三）拟订共有物业、业主共有资金使用与管理办法；

（四）组织和监督物业专项维修资金的筹集和使用；

（五）拟订物业服务内容、标准以及收费方案或者需要由全体业主公摊费用的收取标准；

（六）制定档案和印章管理制度，制作和保管会议记录、共有物业档案、会计凭证、会计账簿、财务报表等有关文件及印鉴，并建立相关档案；

（七）督促业主、物业使用人遵守管埋规约，催缴拖欠的物业管理费、物业专项维修资金；

（八）调解物业管理纠纷；

（九）法律、法规规定或者业主大会授予的其他职责。

第三十五条　业主委员会委员、候补委员应当为本物业管理区域的自然人业主或者单位业主授权的自然人代表，并符合下列条件：

（一）具有完全民事行为能力；

（二）本人、配偶及其直系亲属未在为本物业管理区域提供物业服务的企业任职；

（三）书面承诺积极、及时、全面履行工作职责。

有下列情形之一的，不得担任业主委员会委员、候补委员：

（一）因故意犯罪被判处刑罚，执行期满未逾五年；

（二）候选人报名日期截止前三年内，因物业管理相关违法行为受到行政处罚；

（三）候选人报名日期截止前三年内欠缴物业管理费或者物业专项维修资金累计达三个月以上；

（四）因违法违纪等原因被国家机关、企业事业单位开除公职或者辞退；

（五）有较为严重的个人不良信用记录或者严重违反社会公德造成恶劣影响；

（六）法律、法规规定其他不宜担任业主委员会委员、候补委员的情形。

第三十六条　业主委员会委员、候补委员候选人由筹备组进行资格审查与确定。十名以上业主联名可以向筹备组推荐候选人，物业所在地社区党委也可以向筹备组推荐候选人。同一业主只能推荐一名候选人。筹备组在确定候选人名单之前应当征得物业所在地社区党委同意。

筹备组确定业主委员会委员、候补委员候选人名单后，应当予以公示。

业主委员会委员实行差额选举，差额比例不得低于百分之二十。

第三十七条 业主委员会委员、候补委员的首轮选举应当获得参会业主所持投票权数过半数和参会业主人数过半数同意。

如果首轮选举未能足额选出委员、候补委员的，则按照不少于尚未选出的委员、候补委员名额的百分之一百二十从尚未当选的候选人中依照首轮选举的得票顺序确定第二轮选举的候选人。第二轮选举的候选人按照该轮选举的得票顺序当选。

得票顺序按照所得投票权数占参会业主总投票权数的比例，与所得投票人数占参会业主人数的比例之和的大小确定，两者之和相等的，所得投票权数较多者排名靠前，所得投票权数相等的，抽签确定排名顺序。

第三十八条 业主委员会委员、候补委员、监事、执行秘书和财务人员不得有下列行为：

（一）阻挠、妨碍业主大会行使职权或者拒不执行业主大会决定；

（二）弄虚作假，隐瞒事实真相，转移、隐匿、篡改、毁弃或者拒绝、拖延提供物业管理有关文件、资料，或者擅自使用业主大会、业主委员会印章；

（三）违反业主大会议事规则或者未经业主大会授权与物业服务企业签订、修改物业服务合同；

（四）侵占、挪用业主共有资金，将业主共有资金借贷给他人或者以业主共有资金为他人提供担保；

（五）收受物业服务企业或者与其履行职务有利害关系的单位或者个人提供的红包礼金、减免收费、停车便利等利益；

（六）违规泄露业主信息；

（七）与本业主大会订立合同或者进行交易；

（八）为在本物业管理区域提供服务的物业服务企业承揽、介绍相关业务或者推荐他人就业；

（九）拒不执行街道办事处、相关主管部门关于本物业管理区域的整改要求或者人民法院有关裁判；

（十）侵害业主合法权益的其他行为。

第三十九条 除任期届满外，业主委员会委员、候补委员有下列情形之一时，其职务自行终止，由业主委员会公示，并向业主大会报告：

（一）不再是本物业管理区域的业主；

（二）丧失民事行为能力；

（三）因犯罪被判处刑罚；

（四）存在本条例第三十八条所列禁止行为且受到行政处罚；

（五）以书面形式向业主大会或者业主委员会提出辞职之日起一个月后。

第四十条 业主委员会委员、候补委员有下列情形之一的，由业主委员会决定中止其职务并予以公示，提请下次业主大会会议决定终止或者恢复其职务：

（一）不履行业主义务、不遵守管理规约，经劝阻后拒不改正；

（二）一年内两次无故缺席或者一年内五次请假缺席业主委员会会议；

（三）本人、配偶及其直系亲属在为本物业管理区域提供物业服务的企业任职；

（四）因违法违纪接受调查且被采取相应强制措施；

（五）其他不适宜担任业主委员会委员、候补委员的情形。

业主委员会未依照前款规定作出中止职务决定的，由街道办事处责令限期作出；逾期未作出的，由街道办事处作出中止相应人员职务的决定并予以公示。

中止业主委员会委员、候补委员职务时，应当允许该委员、候补委员提出申辩并记录归档。

第四十一条 业主委员会委员职务终止后，由业主委员会从候补委员中按照得票顺序依次递补为委员并予以公示，在公示结束之日起十五日内向区住房和建设部门备案。

全部候补委员递补为委员后，业主委员会委员人数低于原有人数百分之五十的，应当告知街道办事处，依照本条例关于业主委员会换届选举的规定重新选举业主委员会。

第四十二条　业主委员会每届任期五年，委员任期与业主委员会任期相同。

业主委员会任期届满六个月前，街道办事处应当成立由业主代表和街道办事处、社区党委或者物业管理区域基层党组织、辖区公安派出所、社区居民委员会派员组成的业主委员会换届小组（以下简称换届小组）。

换届小组具体组成和工作办法由市住房和建设部门参照本条例有关筹备组的规定制定。

第四十三条　业主委员会委员不领取劳动报酬。业主大会可以根据业主委员会委员的工作情况，决定给予其适当津贴。

实行业主委员会主任任期和离任经济责任审计，审计事项由业主大会决定，审计费用从业主共有资金中列支。

第四十四条　业主委员会应当自换届小组成立后三个工作日内，将其保管的有关财务凭证、业主清册、会议纪要等档案资料、印章以及其他属于业主大会所有的财物移交换届小组。业主大会、业主委员会依法需要使用上述物品的，换届小组应当及时提供。

新一届业主委员会选举产生后向区住房和建设部门办理备案。换届小组应当在完成备案后十个工作日内，将其保管的前款物品移交新一届业主委员会，并自行解散。

业主委员会未按照本条第一款规定移交有关物品的，由街道办事处责令限期移交；拒不移交的，辖区公安机关应当予以协助。

第四十五条　物业管理区域分期开发的，可以在分期开发期间成立业主大会，选举产生业主委员会，并为后期开发物业预留业主委员会委员名额。

后期开发物业交付使用后，应当增补业主委员会委员和候补委员，但增补后的业主委员会委员总人数不得超过本条例第三十三条规定的最高人数。

第四十六条　业主可以查阅业主大会、业主委员会、监事会所有会议资料，并有权就物业管理事项向业主委员会、监事会或者监事提出询问，业主委员会、监事会或者监事应当及时予以答复。

业主委员会应当定期将工作情况通报全体业主，并每半年公示业主委员会委员、候补委员、监事缴纳物业专项维修资金、物业管理费、停车费情况以及停车位使用情况。

第四十七条　业主大会、业主委员会的决定应当符合法律、法规和管理规约、业主大会议事规则的规定，且不得作出与本物业管理区域物业管理无关的决定。业主委员会作出的决定违反法律、法规和管理规约、业主大会议事规则的规定，或者作出与本物业管理区域物业管理无关的决定，由签字同意该决定的业主委员会委员承担相应的法律责任。

业主大会、业主委员会作出的决定侵害业主合法权益的，受侵害的业主可以请求人民法院予以撤销；业主大会、业主委员会作出的决定侵害公共利益的，由街道办事处或者区住房和建设部门责令改正，拒不改正的，由街道办事处或者区住房和建设部门予以撤销。

第四十八条　住宅物业管理区域物业出租面积达到一定比例的，应当邀请承租人代表列席业主委员会会议，具体办法由业主大会议事规则确定。

第四章　前期物业管理

第四十九条　物业管理区域依法成立业主大会之前，建设单位应当选聘物业服务企业提供前期物业服务，并按照有关规定拟定临时管理规约。

建设单位选聘物业服务企业提供前期物业服务，应当签订前期物业服务合同，前期物业服务合同期限由建设单位和物业服务企业约定，最长期限不超过二年。

前期物业服务合同期满，尚未成立业主大会，物业服务企业继续按照原合同提供服务的，经物业管理区域占业主总人数百分之五十以上的业主或者占全体业主所持投票权数百分之五十以上的业主联名书面提出更换物业服务企业的，可以由街道办事处通过招投标方式选取物业服务企业提供物业服务。

第五十条 建设单位在办理房地产买卖合同备案时，应当将前期物业服务合同、临时管理规约同时报送备案。

经备案的前期物业服务合同和临时管理规约，应当作为建设单位与物业买受人签订的房地产买卖合同附件。

第五十一条 提供前期物业服务的企业应当自与建设单位签订前期物业服务合同之日起十日内，在与物业管理信息平台共享相关数据的银行（以下简称数据共享银行）设立用于存储业主共有资金的专门账户，作为业主共有资金共管账户。业主大会设立业主共有资金基本账户后十五日内，物业服务企业应当将业主共有资金转入业主共有资金基本账户，并撤销业主共有资金共管账户。

提供前期物业服务企业应当接受筹备组、业主大会对业主共有资金收支情况的监督。

第五十二条 前期物业服务合同期间，住宅物业管理费实行政府指导价。

前期物业管理合同期间的物业管理费和日常收取的专项维修资金由业主承担，共有物业收益属于业主共有，由前期物业服务企业代为收取，并存入业主共有资金共管账户。物业管理费不足以支付保修责任范围之外的共有物业维修、养护费用时，建设单位应当及时补足。

第五十三条 物业承接查验应当自业主大会完成备案之日起三十日内由业主大会与建设单位、物业服务企业共同进行。提供前期物业服务的企业不得擅自代为承接查验。筹备组应当对承接查验过程进行指导和协调。

筹备组依照本条例规定，经街道办事处批准延长三个月仍无法召开首次业主大会并选举产生业主委员会的，由筹备组监督指导提供前期物业服务的企业代为承接查验。

物业承接查验前，业主大会、物业服务企业应当与建设单位签订承接查验协议，对承接查验的基本内容、各方权利义务、存在问题的解决方式及其时限、违约责任等事项作出明确约定。

市住房和建设部门应当组织制定物业承接查验规范，明确承接查验具体标准和程序。

第五十四条 物业承接查验的费用由建设单位承担。业主大会或者筹备组可以聘请专业机构或者技术人员参与承接查验，费用由业主大会或者全体业主承担。

第五十五条 前期物业服务合同期满后，业主共同决定更换物业服务企业的，提供前期物业服务的企业应当在业主委员会要求或者业主共同决定的合理期限内退出物业管理区域，并配合选聘的物业服务企业接管。

第五章 物业服务

第五十六条 一个物业管理区域应当由一个物业服务企业统一提供物业服务，但是业主自行管理的除外。

除业主大会决定继续聘用原物业服务企业之外，住宅物业管理区域业主大会选聘物业服务企业应当公开招标。投标人少于三个的，应当依法重新招标；重新招标后投标人仍少于三个的，经业主大会决定可以协议选聘物业服务企业。

鼓励业主大会通过住房和建设部门建立的招投标平台选聘物业服务企业。

由政府财政性资金支付物业服务费的物业，其管理单位选聘物业服务企业时，相关标准和程序按照政府采购的有关规定执行。

第五十七条 从事物业服务的企业应当具有独立法人资格。物业服务企业应当在物业管理区域设立独立核算的服务机构。

物业服务企业应当按照法律、法规的规定和物业服务合同的约定履行义务。

鼓励和引导物业服务企业参与基层社会治理，履行综合治理相关责任。

第五十八条 业主大会选聘物业服务企业提供物业服务，应当签订物业服务合同，约定物业服务内容、物业服务费标准、合同期限等。

本条例实施前签订的物业服务合同，合同期限延续至本条例实施后的，继续按照合同约定执行；合同到期后，按照本条例的相关规定执行。

物业服务内容约定不明的，参照市住房和建设部门发布的物业服务标准执行。

物业服务企业应当在签订物业服务合同之日起十五日内将物业服务合同副本报物业所在地区住房和建设部门备案。

第五十九条 物业服务费由业主大会与物业服务企业根据服务内容、服务标准、人力成本、物价水平等因素在物业服务合同中约定，按照一定比例或者数额从物业管理费中提取并支付给物业服务企业。

第六十条 物业服务实行项目负责人制度。物业服务企业应当按照物业服务合同约定，指派项目负责人负责物业服务项目的运营和管理。除物业服务合同另有约定外，项目负责人只能在一个物业服务项目任职。

物业服务企业更换项目负责人的，应当及时告知业主委员会并予以公示。

第六十一条 物业服务企业应当将下列信息予以公示：

（一）物业服务企业的营业执照、项目负责人的基本情况、联系方式以及物业服务投诉电话；

（二）物业服务内容、服务标准、收费项目、收费标准、收费方式等；

（三）电梯、消防、监控、人民防空等专项设施设备的日常维修保养单位名称、资质、联系方式、应急处置方案等；

（四）上一年度物业服务合同履行以及物业服务项目收支情况、本年度物业服务项目收支预算；

（五）公共水电费用分摊情况、物业管理费与物业专项维修资金使用情况；

（六）业主进行房屋装饰装修活动的情况。

业主对公示内容有异议的，物业服务企业应当予以答复。

第六十二条 物业服务企业及其工作人员不得有下列行为：

（一）挪用、侵占业主共有资金；

（二）擅自改变物业管理用房等共有物业用途；

（三）违规泄露业主信息；

（四）其他违反相关规定，损害业主利益的行为。

第六十三条 物业服务企业可以根据物业服务合同约定，聘请专业机构承担特种设备维修养护、清洁卫生、园林绿化、工程施工等专项服务。但是，不得将该物业管理区域全部物业服务一并委托给其他单位或者个人。

第六十四条 物业服务企业应当遵守安全生产、公共卫生、治安、消防、防灾管理等有关公共安全法律、法规的规定，制定物业管理区域安全防范应急预案，在相关部门指导下做好物业管理区域的安全管理工作。安全防范应急预案应当报区住房和建设部门备案，区住房和建设部门应当对安全防范应急预案的制定和实施给予必要的指导。

发生安全事故或者其他突发事件时，物业服务企业应当及时采取应急措施，并按照规定向有关行政管理部门或者相关专营单位报告，协助做好相关工作。

第六十五条 物业服务企业应当在物业服务合同终止之日起三十日内与业主大会办理交接，退出物业管理区域。

物业服务合同终止后，物业服务企业不得以业主欠交物业管理费、部分物业权属存在争议或者对业主大会、业主委员会、筹备组以及行政主管部门的决定有异议等为由拒绝办理交接。

物业服务企业应当在办理交接至退出物业管理区域期间，维持正常的物业管理秩序。

第六十六条 物业服务企业办理物业管理交接，应当同时移交下列资金、资料和物品：

（一）业主共有资金共管账户内业主共有资金结余；

（二）业主委员会办公用房、物业服务办公用房、物业管理设施设备用房；

（三）物业承接查验资料；

（四）提供物业服务期间形成的有关物业及设施设备改造、维修、运行、保养的资料；

（五）利用共有物业从事经营活动的相关资料、公共水电分摊费用缴纳记录等资料；

（六）其他应当移交的资金、资料和物品。

物业服务企业拒不移交前款资金、资料和物品或者拒绝退出物业管理区域的，业主委员会或者业主可以向街道办事处和区住房和建设部门报告，并可以向辖区公安机关请求协助；物业服务企业有破坏设施设备、毁坏账册等违法行为的，由公安机关依法处理。

第六十七条 物业服务合同期满前，业主大会或者物业服务企业解除合同，或者物业服务合同期满后，业主大会未与物业服务企业续签合同且未另行选聘物业服务企业的，业主委员会可以提请街道办事处选取物业服务企业提供物业服务。

街道办事处选取物业服务企业应当通过招投标方式。

第六十八条 物业管理区域供水、供电、供气、通讯等相关专营单位应当向最终用户收取有关费用。相关专营单位委托物业服务企业代收代缴有关费用和进行有关设施设备日常维修养护的，应当签订委托协议，明确委托的主要事项和费用支付标准与方式。未签订委托协议的，由相关专营单位自行负责相关工作，法律、法规另有规定的除外。

未经供水、供电、供气等相关专营单位或者业主授权、行政决定或者司法裁决，物业服务企业不得对共有物业或者物业专有部分实施停水、停电、停气。但是，可能对业主利益或者公共安全造成重大损失的紧急情形除外。

第六十九条 业主大会可以决定自行管理本物业管理区域。

业主大会决定自行管理的，应当在区住房和建设部门指导下制定自行管理方案。电梯、消防、人民防空、技术安全防范等涉及人身财产安全以及其他有特定要求的设施设备的维修和养护，应当按照有关规定管理。

第六章 业主共有资金管理

第七十条 业主共有资金包括：

（一）共有物业收益；

（二）物业专项维修资金；

（三）物业管理费；

（四）业主依据管理规约或者业主大会决定分摊的费用；

（五）其他合法收入。

未经业主大会决定或者授权，任何单位和个人不得使用业主共有资金。

业主共有资金监督管理办法由市住房和建设部门另行制定。

第七十一条 除物业专项维修资金外，业主共有资金用于下列支出：

（一）物业服务费；

（二）业主委员会委员津贴、业主大会聘用人员的费用；

（三）经业主大会会议决定的其他年度预算支出；

（四）业主大会会议决定或者依法应当支出的其他费用。

业主共有资金除银行储蓄或者依法购买国债外，不得用于其他投资，不得借贷给他人或者为他人提供担保。

第七十二条 业主大会可以在数据共享银行开设业主共有资金基本账户，也可以继续使用物业服务企业在数据共享银行开设的业主共有资金共管账户。

业主共有资金开户账户单位应当按照国家有关规定建立健全财务管理制度，保证资金安全，并通过物业管理信息平台，向全体业主实时公开业主共有资金基本账户或者共管账户信息。

第七十三条 业主共有资金账户开户单位应当定期与数据共享银行核对业主共有资金账目，并按季度公示下列情况：

（一）业主共有资金缴存及结余情况；

（二）发生列支的项目、费用和分摊情况；

（三）业主拖欠物业管理费、物业专项维修资金和其他分摊费用的情况；

（四）其他有关业主共有资金使用和管理情况。

第七十四条 设立业主监事会或者监事的，业主监事会或者监事应当按季度对业主共有资金收支情况进行核查并公示核查情况。

未设立业主监事会或者监事的，业主大会可以委托专业机构对业主共有资金收支情况进行核查并公示核查情况。

业主对业主共有资金收支情况有异议的，经物业管理区域占业主总人数百分之二十以上的业主或者占全体业主所持投票权数百分之二十以上的业主联名，可以提议业主大会进行审计。提议经业主大会会议表决通过后，由业主大会委托会计师事务所进行审计并公示审计报告，审计费用从业主共有资金中列支。

业主对前款审计报告有异议的，经与前款

相同比例的业主联名向物业所在地街道办事处提出书面要求后，由街道办事处组织另行进行审计。

第七章　物业安全管理与使用维护

第一节　物业安全管理

第七十五条　物业服务企业负责物业管理区域共有物业安全检查和维护保养，并承担超过保修期或者合理使用年限后的物业安全管理责任。

业主负责物业专有部分安全检查和维护保养。

业主委员会、物业服务企业对维护保养、改造物业及配置固定设施设备而形成的资料，应当妥善保管并建立电子档案。

第七十六条　建立房屋安全定期检测检验制度。业主大会应当委托专业机构对房屋安全定期进行检测检验，并加强房屋使用安全管理。

鼓励业主、业主大会、物业服务企业购买物业安全、房屋及公共设施维修保险。

第七十七条　业主、物业使用人对其所有或者使用的窗户、阳台、搁置物、悬挂物等可能影响公共安全的物品和设施承担安全管理责任。

物业服务企业应当加强对物业天面、外墙、楼梯间等共有物业的日常巡查。发现业主、物业使用人使用的窗户、阳台、搁置物、悬挂物存在安全隐患的，应当通知业主或者物业使用人及时处理；发现有影响相关专营设施安全情形的，应当及时报告相关专营单位；发现本条例第八十二条第一款第三项所列情形的，依照该条第二款、第三款的规定处理。

物业天面、外墙的清洗、粉刷事项，按照本市有关建筑物和公共设施清洗翻新的相关规定执行，所需费用从业主共有资金中列支。

第七十八条　物业管理区域禁止从建筑物抛掷物品危害他人安全或者破坏环境卫生。

经业主共同决定，物业服务企业可以采取适当的技术措施就前款禁止的行为采集相应证据，但是不得侵犯他人隐私。

第七十九条　物业管理区域禁止下列行为：

（一）损坏或者擅自变动房屋承重结构和主体结构；

（二）将房间或者阳台改为卫生间、厨房，或者将卫生间改在下层住户的卧室、起居室（厅）、书房和厨房的上方；

（三）未经批准擅自改变房屋内部防火分隔，影响消防安全和疏散要求；

（四）破坏或者擅自改变房屋外观；

（五）违法建造建筑物、构筑物；

（六）损坏或者擅自占用、改建共有物业；

（七）损坏或者擅自占用、移装共用设施设备；

（八）擅自建设、接驳排水系统；

（九）法律、法规禁止的其他行为。

物业管理区域发生前款所列行为时，业主、物业使用人有权投诉、举报，物业服务企业、业主委员会应当及时劝阻；劝阻无效的，物业服务企业、业主委员会应当及时报告街道办事处或者有关职能部门；街道办事处或者有关职能部门应当依法及时处理，相关业主、物业使用人应当予以配合。

第八十条　业主或者物业使用人装饰装修物业专有部分，或者进行其他涉及专有部分安装、维修及高空作业等活动的，应当事先告知物业服务企业；物业使用人应当同时提供业主同意装饰装修物业专有部分，或者其他涉及专有部分安装、维修及高空作业的书面意见。

物业服务企业应当将相关禁止行为和其他注意事项书面告知业主或者物业使用人，并按照物业服务合同约定或者管理规约规定进行监督。

第八十一条　物业服务企业从事装饰装修和安装、维修及高空作业监督工作时，业主或者物业使用人应当予以配合。

供水、排水、供电、供气、通讯等相关专营单位因维修养护、改造物业管理区域设施设备或者设置管线等，需要进入物业管理区域或者使用物业专有部分时，物业服务企业、业主委员会和业主等应当予以配合，并不得违规收取费用。

第八十二条　物业管理区域有下列情形时，物业服务企业应当立即采取应急处置措施，保障安全：

（一）供水、排水、供电、供气设施设备发生故障或者其他影响正常使用的情况；

（二）电梯、消防设施发生故障；

（三）外墙墙面存在脱落危险、外墙或者屋顶出现渗漏等情况；

（四）其他危及物业安全的紧急情况。

发生前款第一项情形的，物业服务企业应当及时报告相关专营单位；发生前款第二项至四项情形的，物业服务企业应当及时报告业主委员会、街道办事处，并进行应急维修，应急维修费用从业主共有资金账户或者物业专项维修资金专户中支出。

物业存在安全隐患经鉴定属于危险房屋的，按照国家有关危险房屋的规定处理。

第八十三条 应急维修费用从物业专项维修资金专户中支出的，由物业服务企业向区住房和建设部门申请划拨。金额在十万元以下的，物业服务企业持业主委员会的书面意见向区住房和建设部门申请划拨；金额在十万元以上的，物业服务企业还应当出具街道办事处的审核意见或者相关部门整改通知书等资料，以及具有造价咨询资质的专业机构审核的预算报告。应急维修费用具体划拨程序按照物业专项维修资金管理的相关规定执行。物业服务企业先行垫付应急维修费用的，可以在维修工程竣工验收合格以后，向区住房和建设部门出具上述相关文件，办理核销手续。

第八十四条 对住宅物业共有部分进行增设电梯等二次开发、改造的，应当经本幢或者本单元全体业主所持投票权数三分之二以上和业主总人数三分之二以上多数同意，并符合规划、土地、建设、特种设备、环境保护、消防等法律、法规规定和技术规范。

住宅物业共有部分增设电梯免于规划选址、建设用地规划许可和用地审批手续。

第二节 物业使用及专项维修资金

第八十五条 物业管理区域用于停放汽车的车位、车库，应当首先满足本区域内业主的停车需要。

物业服务企业应当将车位、车库的使用情况按月予以公示。公示内容包括可以使用车位、车库的总数，车位、车库使用信息等。

第八十六条 规划和自然资源部门应当在土地出让合同中与建设单位约定物业管理区域的车位、车库权属。

住宅物业的车位、车库约定归建设单位所有的，其所有的车位、车库只能出售、附赠、出租给本物业管理区域的业主。建设单位应当在房屋预售或者现售时，将本物业管理区域用于出售、附赠、出租的车位、车库的数量予以公示，并在房地产买卖合同中明示。

第八十七条 物业管理区域依法配建的人民防空工程平时用于停放汽车的，应当开放使用并保持人民防空功能，按照“谁受益、谁负责”的原则，由人民防空工程停车位使用费收取方负责维修、保养。

第八十八条 一个物业管理区域有两个以上独立产权单位和房屋所有权人的，应当设立物业专项维修资金。物业专项维修资金包括首期归集的专项维修资金和日常收取的专项维修资金。

物业专项维修资金的管理，遵循按幢立账、专户存储、核算到户、专款专用、拨付快捷的原则。

物业专项维修资金具体管理办法，由市住房和建设部门另行制定。

第八十九条 市住房和建设部门应当在数据共享银行设立物业专项维修资金专户，对物业专项维修资金的收取、存储、使用、增值和查询等进行统一监督管理。

第九十条 首期归集的专项维修资金由建设单位按照物业项目建筑安装工程总造价的百分之二，在办理该物业项目不动产首次登记前一次性划入指定的物业专项维修资金专户。市住房和建设部门应当根据物业不同类型，分别制定各类物业建筑安装工程总造价标准，并向社会公布。

市人民政府可以根据本市实际情况，对首期归集的专项维修资金缴纳标准在不超过国家规定的幅度范围内进行适度调整。

第九十一条 业主应当按照规定缴纳日常收取的专项维修资金。业主缴纳日常收取的专项维修资金可以在缴纳物业管理费时一并缴纳；经业主共同决定，也可以用共有物业收益缴纳或者补足。

业主大会决定将物业管理区域日常收取的专项维修资金移交市物业专项维修资金管理机构统一管理的，由业主大会或者物业服务企业按月存入物业专项维修资金专户；业主大会决定不将日常收取的专项维修资金移交市物业专项维修资金管理机构统一管理的，应当存入业主共有资金账户，由业主大会自行依法管理。

日常收取的专项维修资金的缴纳标准由市住房和建设部门会同市发展改革部门制定。

第九十二条　物业专项维修资金用于物业保修期满后共有物业的安全检测鉴定、维修、更新、改造。除本条例第八十二条规定的应急维修情形外，由业主大会根据物业专项维修资金管理的相关规定决定使用。

第九十三条　物业专项维修资金专户的余额低于首期归集的专项维修资金百分之三十的，业主大会应当续筹。

第九十四条　建设单位未按照规定缴清首期归集的专项维修资金的，不动产登记机构不予办理该项目不动产首次登记。

业主未缴清物业专项维修资金的，物业专项维修资金管理机构可以向不动产登记机构提出不予办理转移或者抵押登记的意见，不动产登记机构不予办理转移或者抵押登记。业主缴清物业专项维修资金后，物业专项维修资金管理机构应当及时告知不动产登记机构解除对其房地产登记的限制措施。

物业被依法拍卖的，拍卖机构应当在拍卖前明示该物业的专项维修资金缴纳情况。

物业管理区域由一个独立产权单位申请分割为两个以上独立产权单位的，申请人应当按照首次转移登记时同类物业项目缴纳标准缴清物业专项维修资金，未缴清的，不动产登记机构不予办理不动产转移登记。

第九十五条　建设单位未按照规定缴纳公用设施专用基金或者首期归集的专项维修资金的，由区住房和建设部门予以追缴，业主大会也可以依法追缴。

业主未按照规定缴纳住宅维修基金或者物业专项维修资金的，由业主委员会催缴，也可以由业主委员会委托物业服务企业代为催缴。

第九十六条　业主转让物业并办理转移登记的，其名下的物业专项维修资金余额随物业一并转让，业主无权要求返还物业专项维修资金余额；因拆迁或者其他原因造成物业灭失的，经业主大会或者建设单位申请，应当将物业专项维修资金余额退还业主。

第九十七条　物业共同共有部分的维修、更新、改造需要使用物业专项维修资金的，应当符合法律规定的业主人数比例和业主所持投票权数比例。支出的资金由物业管理区域全体业主按照各自拥有的物业专有部分建筑面积比例共同承担。

物业部分共有部分的维修、更新、改造需要使用物业专项维修资金的，应当经该部分共有物业总建筑面积三分之二以上的业主且占该部分共有物业总人数三分之二以上的业主同意，但不得与业主大会对物业共同共有部分作出的决定相抵触。支出的资金由该共有部分业主按照各自拥有的物业专有部分建筑面积比例共同承担。

第九十八条　除本条例第八十二条规定的情形外，未将日常收取的专项维修资金移交物业专项维修资金管理机构统一管理的物业管理区域，需要使用物业专项维修资金的，应当首先使用未移交的物业专项维修资金。

物业专项维修资金专户余额低于首期归集专项维修资金百分之三十的，只能用于本条例第八十二条所列应急维修事项。

第八章　监督管理

第九十九条　市、区住房和建设部门、街道办事处依法履行本条例规定的职责时，有权进入被检查的物业管理区域和相关单位工作场所实施现场检查，要求被检查单位提供有关文件、资料并对有关情况作出说明。

有关单位和个人应当配合市、区住房和建设部门、街道办事处的监督检查，不得拒绝或者阻碍监督检查人员依法执行职务。

第一百条　市、区住房和建设部门应当建立业主、业主委员会、监事、物业服务企业、物业管理项目负责人、执行秘书信用信息档案，将涉及物业管理的违法行为、行政处罚决定等有关信息进行记录并通过物业管理信息平台予以公布。

第一百零一条 市住房和建设部门可以根据本条例第一百条所列单位和人员的信用信息记录等情况依法实施分类监管，建立相应的激励和惩戒制度。分类监管的具体办法，由市住房和建设部门依照有关规定另行制定。

第一百零二条 公安机关负责依法查处住宅物业管理区域影响公共安全和公共秩序的违法行为，对监控安防、车辆停放等开展监督检查。

消防救援机构负责依法查处物业管理区域的消防违法行为。

第一百零三条 城市管理和综合执法部门负责物业管理区域乱设摊点、占用和损坏绿地、擅自伐移树木、违规养犬、户外广告、垃圾分类、饮食服务业油烟污染等行为的监督检查。

第一百零四条 鼓励物业服务企业加入物业服务行业协会，加强自律管理，规范行业经营行为，促进行业健康发展。

第一百零五条 完善物业管理纠纷处理机制，鼓励通过协商、调解、仲裁等方式解决物业管理纠纷，促进和谐社区建设。

第九章 法律责任

第一百零六条 业主大会有下列情形之一的，由区住房和建设部门给予警告，并责令限期改正；逾期未改正的，对相关责任人处一万元以上三万元以下罚款：

（一）违反本条例第八条第四款规定，将物业管理区域地上以及地下建筑物、设施设备和相关场地进行分割管理；

（二）违反本条例第七十二条第二款规定，未按照国家有关规定建立财务管理制度；

（三）违反本条例第七十三条规定，未定期与数据共享银行核对本物业管理区域业主共有资金账目并按季度公示；

（四）违反本条例第九十三条规定，未续筹物业专项维修资金。

第一百零七条 业主委员会有下列情形之一的，由区住房和建设部门给予警告，并责令限期改正；逾期未改正的，对相关责任人处一万元以上三万元以下罚款：

（一）违反本条例第二十七条规定，逾期未召集业主大会会议；

（二）违反本条例第三十九条规定，未公示终止职务的业主委员会委员、候补委员名单；

（三）违反本条例第四十一条第一款规定，未办理业主委员会候补委员递补备案手续；

（四）违反本条例第四十六条规定，未按照规定将业主大会、业主委员会会议资料提供给业主查阅，或者未定期公示业主委员会委员、候补委员、监事缴纳物业管理费、停车费情况以及停车位使用情况；

（五）违反本条例第八十一条第二款规定，未配合相关专营单位维修养护、改造物业管理区域相关设施设备或者设置管线。

第一百零八条 业主大会、业主委员会违反本条例第七十一条第二款规定，将业主共有资金用于银行储蓄和依法购买国债以外的其他投资、借贷给他人或者为他人提供担保的，由区住房和建设部门责令限期改正；逾期未改正的，对相关责任人处二万元以上五万元以下罚款。

第一百零九条 业主委员会委员、候补委员、监事、执行秘书和财务人员违反本条例第三十八条规定，由区住房和建设部门给予警告，并处一万元以上三万元以下罚款，有违法所得的，没收违法所得。

第一百一十条 建设单位有下列情形之一的，由区住房和建设部门给予警告，并责令限期改正；逾期未改正的，处二万元以上十万元以下罚款：

（一）违反本条例第十三条第一款规定，未及时移交供水、排水、供电、供气、通讯等设施设备；

（二）违反本条例第五十条规定，未将前期物业服务合同、临时管理规约作为房地产买卖合同附件报送备案；

（三）违反本条例第八十六条第二款规定，未将本物业管理区域用于出售、附赠或者出租的车位、车库的数量予以公示，并在房地产买卖合同中明示。

第一百一十一条　建设单位有下列情形之一的，由区住房和建设部门给予警告，并责令限期改正；逾期未改正的，处五万元以上二十万元以下罚款：

（一）违反本条例第八条第四款规定，将物业管理区域地上以及地下建筑物、设施设备和相关场地进行分割管理；

（二）违反本条例第十九条第一款规定，在物业出售且已经交付使用的建筑面积达到物业总建筑面积百分之二十以上或者首套物业出售并交付使用满一年之日起十五日内未书面报告物业所在地街道办事处并提供相关资料；

（三）违反本条例第五十三条规定，拒不履行物业承接查验义务。

第一百一十二条　建设单位违反本条例第九条、第十条规定，未按照要求提供物业管理用房的，由区住房和建设部门责令限期三个月内提供；逾期未提供的，责令建设单位按照本物业管理区域物业市场平均售价和规定的物业管理用房面积支付专款，存入业主共有资金账户，用于购置、租赁物业管理用房，并处二十万元以上五十万元以下罚款。

第一百一十三条　建设单位违反本条例第九十条第一款规定，未缴清首期归集的专项维修资金，由区住房和建设部门责令限期三个月内缴清；逾期未缴清的，以未缴清款项为基数，按照逾期天数每日万分之五的标准处以罚款。

第一百一十四条　物业服务企业有下列情形之一的，由区住房和建设部门给予警告，并责令限期改正；逾期未改正的，处二万元以上五万元以下罚款：

（一）违反本条例第五十一条第一款规定，未设立业主共有资金共管账户，或者未将业主共有资金转入业主共有资金基本账户；

（二）违反本例第五十七条第一款规定，未在物业管理区域设立独立核算的服务机构；

（三）违反本条例第五十八条第四款规定，未将物业服务合同副本报区住房和建设部门备案；

（四）违反本条例第六十一条第一款第五项规定，未公示公共水电分摊费用情况、物业管理费与物业专项维修资金使用情况；

（五）违反本条例第六十四条第一款规定，未制定物业管理区域安全防范应急预案并报区住房和建设部门备案；

（六）违反本条例第七十二条第二款规定，未按照国家有关规定建立财务管理制度；

（七）违反本条例第七十三条规定，未定期与数据共享银行核对本物业管理区域业主共有资金账目并按季度公示；

（八）违反本条例第七十九条第二款规定，未及时对违法行为予以劝阻、未及时报告街道办事处或者有关职能部门；

（九）违反本条例第八十五条第二款规定，未将车位、车库的使用情况按月予以公示。

第一百一十五条　物业服务企业有下列情形之一的，由区住房和建设部门责令立即改正，给予警告，并处二万元以上五万元以下罚款：

（一）违反本条例第六十八条第二款规定，无正当理由擅自对共有物业或者物业专有部分实施停水、停电、停气；

（二）违反本例第八十一条第二款规定，未配合相关专营单位维修养护、改造物业管理区域相关设施设备或者设置管线；

（三）违反本条例第八十二条规定，未立即采取应急处置措施、及时报告相关紧急情况和进行应急维修的。

第一百一十六条　物业服务企业违反本条例第五十五条、第六十五条、第六十六条规定，拒不退出物业管理区域并移交相关资料、资金和物品的，由区住房和建设部门责令限期三个月内退出、移交相关资料、资金和物品；逾期仍不退出、移交相关资料、资金和物品的，责令退还逾期所收取的物业服务费，按照逾期天数处以每日二千元罚款，并可以依法申请人民法院强制执行。

第一百一十七条　物业服务企业违反本条例第九十一条第二款规定，逾期未将物业专项维修资金存入专户的，由区住房和建设部门责令限期一个月内改正；逾期未改正的，按照逾期月数每月处一万元罚款。

第一百一十八条　物业服务企业及其工作人员违反本条例第六十二条规定，侵占、挪用业主共有资金的，由区住房和建设部门依法追回，给予警告，并处被侵占或者挪用资金金额两倍的罚款；擅自改变物业管理用房等共有物业用途的，由区住房和建设部门给予警告，并责令限期改正，逾期未改正的，对物业服务企业处五万元以上二十万元以下罚款；违规泄露业主信息的，由区住房和建设部门对物业服务企业处一万元以上三万以下罚款；有违法所得的，没收违法所得。

第一百一十九条 物业管理区域有下列行为之一的，由有关行政主管部门按照下列规定予以查处：

（一）违反本条例第七十九条第一款第一项规定的，由区住房和建设部门责令限期改正，对违法行为人处五万元以上二十万元以下罚款；

（二）违反本条例第七十九条第一款第二项规定的，由区规划土地监察机构责令限期拆除，并对业主或者物业使用人处一万元以上三万元以下罚款；逾期未拆除的，由区规划土地监察机构依法申请人民法院强制执行；

（三）违反本条例第七十九条第一款第三项至五项规定的，由区规划土地监察机构依照有关法律、法规的规定查处；

（四）违反本条例第七十九条第一款第六项规定的，由区住房和建设部门给予警告，并责令限期改正；逾期不改正的，对实施违法行为的个人处一万元以上三万元以下罚款，对实施违法行为的单位处五万元以上二十万元以下罚款；

（五）违反本条例第七十八条第一款、第七十九条第一款第七项、第八项规定的，由相关行政主管部门依法查处。

第一百二十条 相关专营单位违反本条例第十三条、第六十八条第一款规定，拒绝接收移交的供水、排水、供电、供气、通讯等设施设备或者不履行维修养护责任的，由相关专营单位主管部门给予警告，并责令限期改正；逾期不改正的，处二万元以上十万元以下罚款。

第一百二十一条 市、区住房和建设部门、街道办事处、其他相关行政管理部门及其工作人员未依照本条例规定履行相关职责的，按照有关规定追究主要负责人和其他直接责任人的责任。

第一百二十二条 违反本条例规定，给他人造成损失的，依法承担赔偿责任；构成犯罪的，依法追究刑事责任。

第十章 附则

第一百二十三条 本条例下列用语的含义：

（一）物业，是指各类房屋及其附属的设施设备和相关场地。

（二）物业使用人，是指除业主以外合法使用物业的单位和个人，包括但不限于物业承租人。

（三）物业管理费，是指由业主或者物业使用人缴纳的物业管理预付金，包括支付给物业服务企业的物业服务费和除物业专项维修资金以外其他应当由业主共同支付的管理费用。

（四）公示，是指在物业管理区域显著位置公开张贴并同时在物业管理信息平台发布，时间不少于十日。

（五）物业承接查验，是指承接新建物业前，建设单位、业主大会、物业服务企业在筹备组的指导、协调下，根据国家和本条例有关规定以及三方协议约定，共同对共有物业进行检查和验收的活动。

（六）业主共同决定，是指物业管理区域多数业主就某一事项达成一致意见。成立业主大会的，包括业主大会依法作出的决定和业主委员会根据业主大会授权作出的决定；未成立业主大会的，指占业主总人数和业主投票权数过半数的业主同意作出的决定。

第一百二十四条 未依法成立业主大会和选举产生业主委员会的住宅物业管理区域，可以由区住房和建设部门会同街道办事处，征求该区域业主、物业使用人意见之后，指定物业所在地社区居民委员会负责召集需要业主共同决定事项的会议，并代行本条例规定的选聘、续聘、解聘物业服务企业，筹集、管理和使用物业专项维修资金，调解因物业使用、维护和管理产生的纠纷等业主大会和业主委员会职责。在代行职责过程中违反本条例规定的，由相关责任人承担相应的法律责任。具体办法由市住房和建设部门会同市民政部门制定。

第一百二十五条　原农村城市化社区可以在区人民政府统筹协调下，由原农村集体经济组织继受单位作为责任主体，参照本条例及相关规定，成立物业管理自治机构。物业管理自治机构的职责限于自行组织提供物业服务，或者购买物业服务并处理与物业服务企业履行合同相关的事项。

原农村城市化社区物业管理自治机构成立和运作的具体办法，由区人民政府制定。

第一百二十六条　本条例自 2020 年 3 月 1 日起施行。

附　录

附录一　其他相关法规文件

序号	文件名称	文号	印发日期	备　注
第一部分　综合管理				
1	中华人民共和国道路交通安全法	主席令第81号	2021年4月29日	2003年10月28日第十届全国人民代表大会常务委员会第五次会议通过，根据2007年12月29日第十届全国人民代表大会常务委员会第三十一次会议《关于修改〈中华人民共和国道路交通安全法〉的决定》第一次修正，根据2011年4月22日第十一届全国人民代表大会常务委员会第二十次会议《关于修改〈中华人民共和国道路交通安全法〉的决定》第二次修正，根据2021年4月29日第十三届全国人民代表大会常务委员会第二十八次会议《关于修改〈中华人民共和国道路交通安全法〉等八部法律的决定》第三次修正，2021年4月29日中华人民共和国主席令第81号公布
2	中华人民共和国节约能源法	主席令第16号	2018年10月26日	1997年11月1日第八届全国人民代表大会常务委员会第二十八次会议通过，2007年10月28日第十届全国人民代表大会常务委员会第三十次会议修订，根据2016年7月2日第十二届全国人民代表大会常务委员会第二十一次会议《关于修改〈中华人民共和国节约能源法〉等六部法律的决定》第一次修正，根据2018年10月26日第十三届全国人民代表大会常务委员会第六次会议《关于修改〈中华人民共和国野生动物保护法〉等十五部法律的决定》第二次修正，2018年10月26日中华人民共和国主席令第16号公布
3	中华人民共和国反恐怖主义法	主席令第6号	2018年4月27日	2015年12月27日第十二届全国人民代表大会常务委员会第十八次会议通过，根据2018年4月27日第十三届全国人民代表大会常务委员会第二次会议《关于修改〈中华人民共和国国境卫生检疫法〉等六部法律的决定》修正，2018年4月27日中华人民共和国主席令第6号公布
4	中华人民共和国招标投标法	主席令第86号	2017年12月27日	1999年8月30日第九届全国人民代表大会常务委员会第十一次会议通过，根据2017年12月27日第十二届全国人民代表大会常务委员会第三十一次会议修正，2017年12月27日中华人民共和国主席令第86号公布

续表

序号	文件名称	文号	印发日期	备注
5	中华人民共和国网络安全法	主席令第 53 号	2016 年 11 月 7 日	2016 年 11 月 7 日第十二届全国人民代表大会常务委员会第二十四次会议通过，2016 年 11 月 7 日中华人民共和国主席令第 53 号公布
6	中华人民共和国居民身份证法	主席令第 51 号	2011 年 10 月 29 日	2003 年 6 月 28 日第十届全国人民代表大会常务委员会第三次会议通过，根据 2011 年 10 月 29 日第十一届全国人民代表大会常务委员会第二十三次会议《关于修改〈中华人民共和国居民身份证法〉的决定》修正，2011 年 10 月 29 日中华人民共和国主席令第 51 号公布
7	中华人民共和国道路交通安全法实施条例	国令第 687 号	2017 年 10 月 7 日	2004 年 4 月 30 日中华人民共和国国务院令第 405 号公布，根据 2017 年 10 月 7 日《国务院关于修改部分行政法规的决定》修订，2017 年 10 月 7 日中华人民共和国国务院令第 687 号公布
8	无障碍环境建设条例	国令第 622 号	2012 年 6 月 28 日	2012 年 6 月 13 日国务院第 208 次常务会议通过，2012 年 6 月 28 日中华人民共和国国务院令第 622 号公布
9	中共中央 国务院关于新时代加快完善社会主义市场经济体制的意见		2020 年 5 月 11 日	
10	中共中央 国务院关于构建更加完善的要素市场化配置体制机制的意见		2020 年 3 月 30 日	
11	中共中央关于坚持和完善中国特色社会主义制度 推进国家治理体系和治理能力现代化若干重大问题的决定		2019 年 10 月 31 日	2019 年 10 月 31 日中国共产党第十九届中央委员会第四次全体会议通过
12	中共中央办公厅 国务院办公厅关于构建现代环境治理体系的指导意见		2020 年 3 月 3 日	

续表

序号	文件名称	文号	印发日期	备　注
13	中共中央办公厅关于加强和改进城市基层党的建设工作的意见	中办发〔2019〕30号	2019年5月8日	
14	国务院关于印发国家职业教育改革实施方案的通知	国发〔2019〕4号	2019年1月24日	
15	国务院关于建立完善守信联合激励和失信联合惩戒制度 加快推进社会诚信建设的指导意见	国发〔2016〕33号	2016年5月30日	
16	国务院办公厅关于以新业态新模式引领新型消费加快发展的意见	国办发〔2020〕32号	2020年9月16日	
17	国务院办公厅关于支持多渠道灵活就业的意见	国办发〔2020〕27号	2020年7月28日	
18	国务院办公厅关于进一步优化营商环境更好服务市场主体的实施意见	国办发〔2020〕24号	2020年7月15	
19	中国证监会国家发展改革委关于推进基础设施领域不动产投资信托基金（REITs）试点相关工作的通知	证监发〔2020〕40号	2020年4月24日	

续表

序号	文件名称	文号	印发日期	备注
第二部分 房屋及设备设施管理				
设备设施管理				
20	市政公用设施抗灾设防管理规定	住房和城乡建设部令第23号	2015年1月22日	2008年9月18日经住房和城乡建设部第20次常务会议审议通过，根据2015年1月22日中华人民共和国住房和城乡建设部令第23号《住房和城乡建设部关于修改〈市政公用设施抗灾设防管理规定〉等部门规章的决定》修订
21	城市照明管理规定	住房和城乡建设部令第4号	2010年5月27日	《城市照明管理规定》已经第55次部常务会议审议通过，现予发布，自2010年7月1日起施行
22	民用建筑节能管理规定	建设部令第143号	2005年11月10日	《民用建筑节能管理规定》已于2005年10月28日经第76次部常务会议讨论通过，现予发布，自2006年1月1日起施行
23	卫生部关于印发《公共场所集中空调通风系统卫生规范》等三个规范的通知	卫监督发〔2006〕58号	2006年2月16日	各省、自治区、直辖市卫生厅局，新疆生产建设兵团卫生局，中国疾病预防控制中心，卫生部卫生监督中心： 《公共场所集中空调通风系统卫生管理办法》已于2006年2月10日颁布，我部根据该办法制定了《公共场所集中空调通风系统卫生规范》《公共场所集中空调通风系统卫生学评价规范》和《公共场所集中空调通风系统清洗规范》现印发给你们，请遵照执行
第三部分 安全生产				
基本规定				
24	安全生产许可证条例	国令第653号	2014年7月29日	2004年1月7日国务院第34次常务会议通过，根据2013年5月31日《国务院关于废止和修改部分行政法规的决定》第一次修正，根据2014年7月9日《国务院关于修改部分行政法规的决定》第二次修正，2014年7月29日中华人民共和国国务院令第653号公布
25	中华人民共和国防汛条例	国令第588号	2011年1月8日	1991年7月2日中华人民共和国国务院令第86号公布，根据2005年7月15日《国务院关于修改〈中华人民共和国防汛条例〉的决定》第一次修订，根据2011年1月8日中华人民共和国国务院令第588号公布的《国务院关于废止和修改部分行政法规的决定》第二次修订

续表

序号	文件名称	文号	印发日期	备　注
消防安全				
26	中华人民共和国消防法	主席令第 81 号	2021 年 4 月 29 日	1998 年 4 月 29 日第九届全国人民代表大会常务委员会第二次会议通过，2008 年 10 月 28 日第十一届全国人民代表大会常务委员会第五次会议修订，根据 2019 年 4 月 23 日第十三届全国人民代表大会常务委员会第十次会议《关于修改〈中华人民共和国建筑法〉等八部法律的决定》第一次修正，根据 2021 年 4 月 29 日第十三届全国人民代表大会常务委员会第二十八次《关于修改〈中华人民共和国道路交通安全法〉等八部法律的决定》第二次修正，2021 年 4 月 29 日中华人民共和国主席令第 81 号公布
27	特种设备作业人员监督管理办法	国家质量监督检验检疫总局令第 140 号	2011 年 5 月 3 日	《国家质量监督检验检疫总局关于修改〈特种设备作业人员监督管理办法〉的决定》已经 2010 年 11 月 23 日国家质量监督检验检疫总局局务会议审议通过，现予公布，自 2011 年 7 月 1 日起施行
第四部分　客户服务				
物业收费				
28	中华人民共和国价格法	主席令第 92 号	1997 年 12 月 29 日	《中华人民共和国价格法》已由中华人民共和国第八届全国人民代表大会常务委员会第二十九次会议于 1997 年 12 月 29 日通过，现予公布，自 1998 年 5 月 1 日起施行
29	中华人民共和国发票管理办法实施细则	国家税务总局令第 48 号	2019 年 7 月 24 日	2011 年 2 月 14 日国家税务总局令第 25 号公布，根据 2014 年 12 月 27 日《国家税务总局关于修改〈中华人民共和国发票管理办法实施细则〉的决定》、2018 年 6 月 15 日《国家税务总局关于修改部分税务部门规章的决定》、2019 年 7 月 24 日国家税务总局令第 48 号公布的《国家税务总局关于公布取消一批税务证明事项以及废止和修改部分规章规范性文件的决定》修正
第五部分　环境管理				
环境保护				
30	中华人民共和国环境保护法	主席令第 9 号	2014 年 4 月 24 日	1989 年 12 月 26 日第七届全国人民代表大会常务委员会第十一次会议通过，2014 年 4 月 24 日第十二届全国人民代表大会常务委员会第八次会议修订，2014 年 4 月 24 日中华人民共和国主席令第 9 号公布

续表

序号	文件名称	文号	印发日期	备　注
第六部分　秩序维护				
治安协助				
31	中华人民共和国治安管理处罚法	主席令第67号	2012年10月26日	2005年8月28日第十届全国人民代表大会常务委员会第十七次会议通过，根据2012年10月26日第十一届全国人民代表大会常务委员会第二十九次会议通过的《全国人民代表大会常务委员会关于修改〈中华人民共和国治安管理处罚法〉的决定》修正，2012年10月26日中华人民共和国主席令第67号公布
第七部分　传染病防治与突发事件应对				
32	中华人民共和国国境卫生检疫法	主席令第6号	2018年4月27日	1986年12月2日第六届全国人民代表大会常务委员会第十八次会议通过，根据2007年12月29日第十届全国人民代表大会常务委员会第三十一次会议《关于修改〈中华人民共和国国境卫生检疫法〉的决定》第一次修正，根据2009年8月27日第十一届全国人民代表大会常务委员会第十次会议《关于修改部分法律的决定》第二次修正，根据2018年4月27日第十三届全国人民代表大会常务委员会第二次会议《关于修改〈中华人民共和国国境卫生检疫法〉等六部法律的决定》第三次修正，2018年4月27日中华人民共和国主席令第6号公布
33	中华人民共和国传染病防治法	主席令第5号	2013年6月29日	1989年2月21日第七届全国人民代表大会常务委员会第六次会议通过，2004年8月28日第十届全国人民代表大会常务委员会第十一次会议修订，根据2013年6月29日第十二届全国人民代表大会常务委员会第三次会议《关于修改〈中华人民共和国文物保护法〉等十二部法律的决定》修正，2013年6月29日中华人民共和国主席令第5号公布
34	中华人民共和国突发事件应对法	主席令第69号	2007年8月30日	《中华人民共和国突发事件应对法》已由中华人民共和国第十届全国人民代表大会常务委员会第二十九次会议于2007年8月30日通过，现予公布，自2007年11月1日起施行
35	最高人民法院 最高人民检察院关于办理利用信息网络实施诽谤等刑事案件适用法律若干问题的解释	法释〔2013〕21号	2013年9月6日	2013年9月5日最高人民法院审判委员会第1589次会议、2013年9月2日最高人民检察院第十二届检察委员会第9次会议通过，2013年9月6日最高人民法院、最高人民检察院公告公布，自2013年9月10日起施行

续表

序号	文件名称	文号	印发日期	备　注
36	最高人民法院 最高人民检察院关于办理妨害预防、控制突发传染病疫情等灾害的刑事案件具体应用法律若干问题的解释	法释〔2003〕8号	2003年5月14日	2003年5月13日由最高人民法院审判委员会第1269次会议、2003年5月13日由最高人民检察院第十届检察委员会第3次会议通过。现予公布，自2003年5月15日起施行
37	公共场所卫生管理条例	国令第714号	2019年4月23日	1987年4月1日国务院国发〔1987〕24号发布，根据2016年2月6日《国务院关于修改部分行政法规的决定》第一次修订，根据2019年4月23日中华人民共和国国务院令第714号公布的《国务院关于修改部分行政法规的决定》第二次修订
38	传染性非典型肺炎防治管理办法	卫生部令第35号	2003年5月12日	《传染性非典型肺炎防治管理办法》已于2003年5月4日经卫生部部务会议讨论通过，现予以发布，自发布之日起施行
39	中华人民共和国传染病防治法实施办法	卫生部令第17号	1991年12月6日	《中华人民共和国传染病防治法实施办法》已经一九九一年十月四日国务院国函〔1991〕66号批准，现予发布施行
40	国务院办公厅关于加强传染病防治人员安全防护的意见	国办发〔2015〕1号	2015年1月6日	
41	国务院办公厅关于印发突发事件应急预案管理办法的通知	国办发〔2013〕101号	2013年10月25日	
42	关于印发公共场所新型冠状病毒感染的肺炎卫生防护指南的通知	肺炎机制发〔2020〕15号	2020年1月30日	发文单位：国务院应对新型冠状病毒感染的肺炎疫情联防联控机制

续表

序号	文件名称	文号	印发日期	备注
43	关于印发近期防控新型冠状病毒感染的肺炎工作方案的通知	肺炎机制发〔2020〕9号	2020年1月27日	发文单位：国务院应对新型冠状病毒感染的肺炎疫情联防联控机制
44	关于加强新型冠状病毒感染的肺炎疫情社区防控工作的通知	肺炎机制发〔2020〕5号	2020年1月24日	发文单位：国务院应对新型冠状病毒感染的肺炎疫情联防联控机制
45	关于依法科学精准做好新冠肺炎疫情防控工作的通知	联防联控机制发〔2020〕28号	2020年2月24日	发文单位：国务院应对新型冠状病毒肺炎疫情联防联控机制
46	关于印发《低风险地区夏季重点场所重点单位重点人群新冠肺炎疫情常态化防控相关防护指南（修订版）》的通知	联防联控机制综发〔2020〕192号	2020年6月17日	发文单位：国务院应对新型冠状病毒肺炎疫情联防联控机制综合组
47	关于印发《公众科学戴口罩指引（修订版）》和《夏季空调运行管理与使用指引（修订版）》的通知	联防联控机制综发〔2020〕174号	2020年5月21日	发文单位：国务院应对新型冠状病毒肺炎疫情联防联控机制综合组
48	关于切实做好新冠肺炎聚集性疫情防控工作的紧急通知	联防联控机制综发〔2020〕81号	2020年2月25日	发文单位：国务院应对新型冠状病毒肺炎疫情联防联控机制综合组

续表

序号	文件名称	文号	印发日期	备　注
49	关于印发新冠肺炎流行期间办公场所和公共场所空调通风系统运行管理指南的通知	肺炎机制综发〔2020〕50号	2020年2月12日	发文单位：国务院应对新型冠状病毒肺炎疫情联防联控机制综合组
第八部分　增值服务				
50	中华人民共和国行政处罚法	主席令第70号	2021年1月22日	1996年3月17日第八届全国人民代表大会第四次会议通过，根据2009年8月27日第十一届全国人民代表大会常务委员会第十次会议《关于修改部分法律的决定》第一次修正，根据2017年9月1日第十二届全国人民代表大会常务委员会第二十九次会议《关于修改〈中华人民共和国法官法〉等八部法律的决定》第二次修正，2021年1月22日第十三届全国人民代表大会常务委员会第二十五次会议修订，2021年1月22日中华人民共和国主席令第70号公布

附录二　相关标准和规范目录

国家标准

强制标准

《消防安全标志设置要求》(GB 15630—1995)
《二次供水设施卫生规范》(GB 17051—1997)
《建筑给水排水及采暖工程施工质量验收规范》(GB 50242—2002)
《电梯工程施工质量验收规范》(GB 50310—2002)
《空调通风系统清洗规范》(GB 19210—2003)
《建筑内部装修防火施工及验收规范》(GB 50354—2005)
《生活饮用水卫生标准》(GB 5749—2006)
《泡沫灭火系统施工及验收规范》(GB 50281—2006)
《便携式金属梯安全要求》(GB 12142—2007)
《气体灭火系统施工及验收规范》(GB 50263—2007)
《安全标志及其使用导则》(GB 2894—2008)
《给水排水管道工程施工及验收规范》(GB 50268—2008)
《建筑灭火器配置验收及检查规范》(GB 50444—2008)
《建筑用安全玻璃　第1部分：防火玻璃》(GB 15763.1—2009)
《建筑用安全玻璃　第2部分：钢化玻璃》(GB 15763.2—2005)
《建筑用安全玻璃　第3部分：夹层玻璃》(GB 15763.3—2009)
《建筑用安全玻璃　第4部分：均质钢化玻璃》(GB 15763.4—2009)
《安全防范报警设备　安全要求和试验方法》(GB 16796—2009)
《锅炉安装工程施工及验收规范》(GB 50273—2009)
《消防应急照明和疏散指示系统》(GB 17945—2010)
《建筑消防设施的维护管理》(GB 25201—2010)
《消防控制室通用技术要求》(GB 25506—2010)
《建筑物防雷设计规范》(GB 50057—2010)
《电气装置安装工程　高压电器施工及验收规范》(GB 50147—2010)
《电气装置安装工程　母线装置施工及验收规范》(GB 50149—2010)
《建筑地面工程施工质量验收规范》(GB 50209—2010)
《风机、压缩机、泵安装工程施工及验收规范》(GB 50275—2010)
《电力安全工作规程　电力线路部分》(GB 26859—2011)
《地下防水工程质量验收规范》(GB 50208—2011)
《电气装置安装工程　盘、柜及二次回路接线施工及验收规范》(GB 50171—2012)
《电气装置安装工程　蓄电池施工及验收规范》(GB 50172—2012)
《屋面工程质量验收规范》(GB 50207—2012)
《建筑照明设计标准》(GB 50034—2013)
《建筑工程施工质量验收统一标准》(GB 50300—2013)
《智能建筑工程质量验收规范》(GB 50339—2013)

《1000kV 电力变压器、油浸电抗器、互感器施工及验收规范》（GB 50835—2013）
《手持式、可移式电动工具和园林工具的安全　第 1 部分：通用要求》（GB 3883.1—2014）
《建筑设计防火规范》（GB 50016—2014）（2018 年版）
《电气装置安装工程 66kV 及以下架空电力线路施工及验收规范》（GB 50173—2014）
《消防安全标志　第 1 部分：标志》（GB 13495.1—2015）
《低压熔断器　第 1 部分：基本要求》（GB 13539.1—2015）
《建筑电气工程施工质量验收规范》（GB 50303—2015）
《电气装置安装工程　电器设备交接试验标准》（GB 50150—2016）
《电气装置安装工程　接地装置施工及验收规范》（GB 50169—2016）
《通风与空调工程施工质量验收规范》（GB 50243—2016）
《公共安全视频监控联网信息安全技术要求》（GB 35114—2017）
《建筑内部装修设计防火规范》（GB 50222—2017）
《自动喷水灭火系统施工及验收规范》（GB 50261—2017）
《室内消火栓》（GB 3445—2018）
《危险化学品重大危险源辨识》（GB 18218—2018）
《公共安全重点区域视频图像信息采集规范》（GB 37300—2018）
《电气装置安装工程　电缆线路施工及验收标准》（GB 50168—2018）
《建筑地基基础工程施工质量验收标准》（GB 50202—2018）
《建筑装饰装修工程质量验收规范》（GB 50210—2018）
《公共场所卫生管理规范》（GB 37487—2019）
《火灾自动报警系统施工及验收标准》（GB 50166—2019）
《空调通风系统运行管理标准》（GB 50365—2019）
《建筑节能工程施工质量验收标准》（GB 50411—2019）
《消防设施操作员》（GZB 职业编码：4－07－05－04）
《工业金属管道工程施工规范》（GB 50235—2010）
《制冷设备、空气分离设备安装工程施工及验收规范》（GB 50274—2010）

推荐标准

《建筑及居住区数字化技术应用　第 3 部分：物业管理》（GB/T 20299.3—2006）
《社区服务指南　第 9 部分：物业服务》（GB/T 20647.9—2006）
《高处作业分级》（GB/T 3608—2008）
《个体防护装备选用规范》（GB/T 11651—2008）
《特低电压（ELV）限值》（GB/T 3805—2008）
《住宅小区安全防范系统通用技术要求》（GB/T 21741—2008）
《公共信息图形符号　第 1 部分：通用符号》（GB/T 10001.1—2012）
《消防词汇　第 1 部分：通用术语》（GB/T 5907.1—2014）
《消防词汇　第 2 部分：火灾预防》（GB/T 5907.2—2015）
《消防词汇　第 3 部分：灭火救援》（GB/T 5907.3—2015）
《消防词汇　第 4 部分：火灾调查》（GB/T 5907.4—2015）
《消防词汇　第 5 部分：消防产品》（GB/T 5907.5—2015）
《建筑物防雷装置检测技术规范》（GB/T 21431—2015）
《质量管理体系　基础和术语》（GB/T 19000—2016）
《质量管理体系　要求》（GB/T 19001—2016）

《环境管理体系　要求及使用指南》（GB/T 24001—2016）
《企业安全生产标准化基本规范》（GB/T 33000—2016）
《10kV 及以上电力用户变电站运行管理规范》（GB/T 32893—2016）
《制冷系统及热泵　安全与环境要求》（GB/T 9237—2017）
《用电安全导则》（GB/T 13869—2017）
《电力系统继电保护及安全自动装置户外柜通用技术条件》（GB/T 34125—2017）
《公共体育设施　室外健身设施应用场所安全要求》（GB/T 34284—2017）
《公共体育设施　室外健身设施的配置与管理》（GB/T 34290—2017）
《电力用户供配电设施运行维护规范》（GB/T 37136—2018）
《公共安全　应急管理　突发事件响应要求》（GB/T 37228—2018）
《公共安全　应急管理　预警颜色指南》（GB/T 37230—2018）
《生活垃圾分类标志》（GB/T 19095—2019）
《社会单位灭火和应急疏散预案编制及实施导则》（GB/T 38315—2019）
《绿色建筑评价标准》（GB/T 50378—2019）
《图形符号　安全色和安全标志　第 5 部分：安全标志使用原则与要求》（GB/T 2893.5—2020）
《应急导向系统　设置原则与要求　第 1 部分：建筑物内》（GB/T 23809.1—2020）
《应急导向系统　设置原则与要求　第 2 部分：建筑物外》（GB/T 23809.2—2020）
《生产经营单位生产安全事故应急预案编制导则》（GB/T 29639—2020）
《职业健康安全管理体系　要求及使用指南》（GB/T 45001—2020）
《人员密集场所消防安全管理》（GB/T 40248—2021）

行业标准

强制标准

《房屋接管验收标准》（ZBP 30001—90）
《电工作业人员安全技术考核标准》（LD 28—1992）
《电力设备预防性试验规程》（DL/T 596—1996）
《建筑消防设施检测技术规程》（XF 503—2004）
《制冷空调作业安全技术规范》（AQ 7004—2007）
《公共场所集中空调通风系统卫生规范》（WS 394—2012）
《危险房屋鉴定标准》（JGJ 125—2016）
《住宅室内装饰装修设计规范》（JGJ 367—2015）
《住宅物业消防安全管理》（XF 1283—2015）
《新冠肺炎疫情期间办公场所和公共场所空调通风系统运行管理卫生规范》（WS 696—2020）

推荐标准

《电力设备预防性试验规程》（DL/T 596—2005）
《公共场所集中空调通风系统清洗消毒规范》（WS/T 396—2012）
《住宅室内装饰装修工程质量验收规范》（JGJ/T 304—2013）
《多产权建筑消防安全管理》（XF/T 1245—2015）
《生产安全事故应急演练评估规范》（AQ/T 9009—2015）
《生产安全事故应急演练基本规范》（AQ/T 9007—2019）

《新冠肺炎疫情期间重点场所和单位卫生防护指南》（WS/T 698—2020）

《人群聚集场所手卫生规范》（WS/T 699—2020）

规范文件

《住宅物业管理区域新型冠状病毒肺炎疫情防控工作操作指引》（T/CPMI 004—2020）

《写字楼物业管理区域新型冠状病毒肺炎疫情防控工作操作指引》（T/CPMI 005—2020）

《高校物业管理区域新型冠状病毒肺炎疫情防控工作操作指引》（T/CPMI 006—2020）

《产业园区物业管理区域新型冠状病毒肺炎疫情防控工作操作指引》（T/CPMI 007—2020）

《医院物业管理区域新型冠状病毒肺炎疫情防控工作操作指引》（T/CPMI 008—2020）

《新型冠状病毒肺炎疫情防控期间公共建筑空调通风系统运行管理技术指南》（T/CPMI 009—2020）

《物业管理员（师）职业能力评价规范》（T/CPMI 010—2020）

《设施设备绿色运行管理服务规范》（T/CPMI 011—2020）

《高等学校物业服务规范》（T/CPMI 012—2021）

中国物业管理协会关于印发《普通住宅小区物业管理服务等级标准》（试行）的通知（中物协〔2004〕1号）

附录三　旧版法规文件选录

最高人民法院关于修改《最高人民法院关于在民事审判工作中适用〈中华人民共和国工会法〉若干问题的解释》等二十七件民事类司法解释的决定（摘）

（法释〔2020〕17号，2020年12月29日）

《最高人民法院关于修改〈最高人民法院关于在民事审判工作中适用《中华人民共和国工会法》若干问题的解释〉等二十七件民事类司法解释的决定》已于2020年12月23日由最高人民法院审判委员会第1823次会议通过，现予公布，自2021年1月1日起施行。

根据审判实践需要，经最高人民法院审判委员会第1823次会议决定，对《最高人民法院关于在民事审判工作中适用〈中华人民共和国工会法〉若干问题的解释》等二十七件司法解释作如下修改：

…………

十三、修改《最高人民法院关于审理建筑物区分所有权纠纷案件具体应用法律若干问题的解释》

1. 将名称修改为：

"最高人民法院关于审理建筑物区分所有权纠纷案件适用法律若干问题的解释"。

2. 将引言修改为：

"为正确审理建筑物区分所有权纠纷案件，依法保护当事人的合法权益，根据《中华人民共和国民法典》等法律的规定，结合民事审判实践，制定本解释。"

3. 将第一条修改为：

"依法登记取得或者依据民法典第二百二十九条至第二百三十一条规定取得建筑物专有部分所有权的人，应当认定为民法典第二编第六章所称的业主。

基于与建设单位之间的商品房买卖民事法律行为，已经合法占有建筑物专有部分，但尚未依法办理所有权登记的人，可以认定为民法典第二编第六章所称的业主。"

4. 将第二条修改为：

"建筑区划内符合下列条件的房屋，以及车位、摊位等特定空间，应当认定为民法典第二编第六章所称的专有部分：

（一）具有构造上的独立性，能够明确区分；

（二）具有利用上的独立性，可以排他使用；

（三）能够登记成为特定业主所有权的客体。

规划上专属于特定房屋，且建设单位销售时已经根据规划列入该特定房屋买卖合同中的露台等，应当认定为前款所称的专有部分的组成部分。

本条第一款所称房屋，包括整栋建筑物。"

5. 将第三条修改为：

"除法律、行政法规规定的共有部分外，建筑区划内的以下部分，也应当认定为民法典第二编第六章所称的共有部分：

（一）建筑物的基础、承重结构、外墙、屋顶等基本结构部分，通道、楼梯、大堂等公共通行部分，消防、公共照明等附属设施、设备，避难层、设备层或者设备间等结构部分；

（二）其他不属于业主专有部分，也不属于市政公用部分或者其他权利人所有的场所及设施等。

建筑区划内的土地，依法由业主共同享有建设用地使用权，但属于业主专有的整栋建筑物的规划占地或者城镇公共道路、绿地占地除外。”

6. 将第五条修改为：

“建设单位按照配置比例将车位、车库，以出售、附赠或者出租等方式处分给业主的，应当认定其行为符合民法典第二百七十六条有关‘应当首先满足业主的需要’的规定。

前款所称配置比例是指规划确定的建筑区划内规划用于停放汽车的车位、车库与房屋套数的比例。”

7. 将第六条修改为：

“建筑区划内在规划用于停放汽车的车位之外，占用业主共有道路或者其他场地增设的车位，应当认定为民法典第二百七十五条第二款所称的车位。”

8. 将第七条修改为：

“处分共有部分，以及业主大会依法决定或者管理规约依法确定应由业主共同决定的事项，应当认定为民法典第二百七十八条第一款第（九）项规定的有关共有和共同管理权利的‘其他重大事项’。”

9. 将第八条修改为：

“民法典第二百七十八条第二款和第二百八十三条规定的专有部分面积可以按照不动产登记簿记载的面积计算；尚未进行物权登记的，暂按测绘机构的实测面积计算；尚未进行实测的，暂按房屋买卖合同记载的面积计算。”

10. 将第九条修改为：

“民法典第二百七十八条第二款规定的业主人数可以按照专有部分的数量计算，一个专有部分按一人计算。但建设单位尚未出售和虽已出售但尚未交付的部分，以及同一买受人拥有一个以上专有部分的，按一人计算。”

11. 将第十条修改为：

“业主将住宅改变为经营性用房，未依据民法典第二百七十九条的规定经有利害关系的业主一致同意，有利害关系的业主请求排除妨害、消除危险、恢复原状或者赔偿损失的，人民法院应予支持。

将住宅改变为经营性用房的业主以多数有利害关系的业主同意其行为进行抗辩的，人民法院不予支持。”

12. 将第十一条修改为：

“业主将住宅改变为经营性用房，本栋建筑物内的其他业主，应当认定为民法典第二百七十九条所称‘有利害关系的业主’。建筑区划内，本栋建筑物之外的业主，主张与自己有利害关系的，应证明其房屋价值、生活质量受到或者可能受到不利影响。”

13. 将第十二条修改为：

“业主以业主大会或者业主委员会作出的决定侵害其合法权益或者违反了法律规定的程序为由，依据民法典第二百八十条第二款的规定请求人民法院撤销该决定的，应当在知道或者应当知道业主大会或者业主委员会作出决定之日起一年内行使。”

14. 将第十四条修改为：

“建设单位、物业服务企业或者其他管理人等擅自占用、处分业主共有部分、改变其使用功能或者进行经营性活动，权利人请求排除妨害、恢复原状、确认处分行为无效或者赔偿损失的，人民法院应予支持。

属于前款所称擅自进行经营性活动的情形，权利人请求建设单位、物业服务企业或者其他管理人等将扣除合理成本之后的收益用于补充专项维修资金或者业主共同决定的其他用途的，人民法院应予支持。行为人对成本的支出及其合理性承担举证责任。”

15. 将第十五条修改为：

“业主或者其他行为人违反法律、法规、国家相关强制性标准、管理规约，或者违反业主大会、业主委员会依法作出的决定，实施下列行为的，可以认定为民法典第二百八十六条第二款所称的其他‘损害他人合法权益的行为’：

（一）损害房屋承重结构，损害或者违章使用电力、燃气、消防设施，在建筑物内放置危险、放射性物品等危及建筑物安全或者妨碍建筑物正常使用；

（二）违反规定破坏、改变建筑物外墙面的形状、颜色等损害建筑物外观；

（三）违反规定进行房屋装饰装修；

（四）违章加建、改建，侵占、挖掘公共通道、道路、场地或者其他共有部分。”

十四、修改《最高人民法院关于审理物业服务纠纷案件具体应用法律若干问题的解释》

1. 将名称修改为：

“最高人民法院关于审理物业服务纠纷案件适用法律若干问题的解释”。

2. 将引言修改为：

“为正确审理物业服务纠纷案件，依法保护当事人的合法权益，根据《中华人民共和国民法典》等法律规定，结合民事审判实践，制定本解释。”

3. 删除第一条、第二条、第三条、第六条、第七条、第八条、第十条、第十一条。

4. 将第四条修改为：

“业主违反物业服务合同或者法律、法规、管理规约，实施妨碍物业服务与管理的行为，物业服务人请求业主承担停止侵害、排除妨碍、恢复原状等相应民事责任的，人民法院应予支持。”

5. 将第五条修改为：

“物业服务人违反物业服务合同约定或者法律、法规、部门规章规定，擅自扩大收费范围、提高收费标准或者重复收费，业主以违规收费为由提出抗辩的，人民法院应予支持。

业主请求物业服务人退还其已经收取的违规费用的，人民法院应予支持。”

6. 将第九条修改为：

“物业服务合同的权利义务终止后，业主请求物业服务人退还已经预收，但尚未提供物业服务期间的物业费的，人民法院应予支持。”

7. 将第十二条修改为：

“因物业的承租人、借用人或者其他物业使用人实施违反物业服务合同，以及法律、法规或者管理规约的行为引起的物业服务纠纷，人民法院可以参照关于业主的规定处理。”

8. 条文顺序作相应调整。

…………